~ LE SAVOIR

DICTIONNAIRE
DE LA
LANGUE FRANÇAISE

Plus de 40 000 sens, emplois
&
locutions

●

Éditions de la Connaissance

PRÉSENTATION

L'essentiel de la langue française, mais aussi de nombreux termes appartenant aux différents domaines de la connaissance scientifique et de la culture générale : telle est la richesse de ce dictionnaire. Tous les curieux pourront y chercher le sens des mots qu'ils rencontrent au fil de leurs lectures ou dans la vie courante. L'écolier le consultera pour répondre à ses questions d'orthographe, de grammaire, de phonétique...

Chaque notice récapitule les principaux sens du mot, clairement séparés les uns des autres. Des exemples viennent apporter les précisions nécessaires sur son emploi. Des indications de spécialité permettent de savoir dans quel contexte apparaît tel ou tel sens. En outre, les locutions courantes sont mentionnées et expliquées.

Une notice du dictionnaire se divise toujours en trois parties : l'entrée ; les définitions ; les informations grammaticales et la phonétique, identifiées par le pictogramme 🔊.

L'entrée
C'est dans l'entrée que sont mentionnées les variantes orthographiques proches. Lorsque deux mots s'écrivent de la même façon, un chiffre entre parenthèses permet de les distinguer. Tous les adjectifs sont assortis de leur féminin, dès lors que ce dernier diffère de la forme du masculin. Le pluriel des adjectifs et des noms simples est donné lorsqu'il présente une difficulté.

Viennent ensuite les indications concernant la nature du mot, avec, pour les verbes, un numéro qui renvoie au tableau des conjugaisons donné en annexe. Lorsqu'un mot est adjectif et substantif, le genre est indiqué pour chacun de ces emplois. L'absence d'une précision de genre signifie toujours que le mot est à la fois masculin et féminin. De même, l'absence des mentions « trans. » et « intrans. », pour un verbe, signifie que ce verbe connaît les deux emplois.

Les définitions
Dans les définitions se trouve alors indiquée la distinction entre les emplois transitifs et intransitifs, masculins et féminins, etc. Les précisions de nature (« adj. », « subst. », « trans. », « intrans. », « pronom. », etc.) sont données en tête des sens sur lesquels elles portent. Une telle précision reste valable pour tous les sens qui la suivent aussi longtemps qu'elle n'est pas contredite par une nouvelle indication.

Chacun des sens principaux est séparé du suivant par un tiret, le point-virgule intervenant pour séparer deux sens appartenant au même champ sémantique lorsque plusieurs champs sont représentés.

Toutes les fois où un exemple est nécessaire à la compréhension d'un mot ou à la connaissance de son emploi (avec quelle préposition, dans quel contexte particulier, avec une majuscule, etc.), il est mentionné avec le sens correspondant, en *italique*. Un exemple peut aussi bien se trouver avant une définition qu'après elle ; il en est toujours séparé par un deux-points.

Quand un mot est couramment employé dans un domaine particulier du savoir (en histoire, en architecture, en littérature, en physique, en chimie, en zoologie, etc.), une abréviation en *italique* situe la définition dans la spécialité concernée.

Certaines définitions sont en outre accompagnées d'une indication de niveau de langue (familier, péjoratif, ironique...). Cette dernière se trouve le plus souvent après la définition, entre parenthèses. Cependant, lorsque plusieurs sens appartiennent au même niveau de langue, la précision est placée en tête de la première des définitions concernées.

La grammaire et la phonétique (🕮)

Les informations grammaticales, quant à elles, apparaissent toutes les fois où un mot présente une difficulté particulière. C'est dans cette partie de la notice que l'on trouvera le pluriel des mots composés, les spécificités orthographiques, les particularités d'emploi (cas d'élision, féminins rares, restrictions d'emploi de certains verbes...), etc.

Enfin, chaque mot est accompagné de sa phonétique et de celle du féminin et du pluriel lorsque ces derniers se prononcent différemment.

Les annexes

En complément de ce corpus de définitions, l'utilisateur découvrira, à la fin du dictionnaire, un ensemble d'annexes comprenant :
- une présentation complète des conjugaisons du français ;
- les règles de l'accord du participe passé ;
- une liste des habitants des pays, des principales régions et des villes importantes ;
- un récapitulatif des monnaies des différents pays ;
- les principaux sigles français et étrangers ;
- les chiffres romains ;
- les unités de mesure ;
- les symboles chimiques.

ABRÉVIATIONS

abrév.	abréviation	*Électr.*	électricité	*Myth.*	mythologie
abs.	absolu	empl.	emploi	n.	nom
Acoust.	acoustique	env.	environ	*Océanogr.*	océanographie
adj.	adjectif,	ex.	exemple	oppos.	opposé, opposition
	adjectival(e)	exclam.	exclamatif	p.p.	participe passé
adv.	adverbe,	f., fém.	féminin	p.pr.	participe présent
	adverbial(e)	fam.	familier	partic.	particulier
Aéron.	aéronautique	fig.	figuré	péj.	péjoratif
Agric.	agriculture	*Fin.*	finances	pers.	personne,
Anat.	anatomie	gén.	général,		personnel
Antiq.	Antiquité		généralement	*Pharm.*	pharmacie
Archit.	architecture	*Géogr.*	géographie	*Philos.*	philosophie
art.	article	*Géol.*	géologie	*Phys.*	physique
Astron.	astronomie	*Géom.*	géométrie	plur.	pluriel
auj.	aujourd'hui	*Hérald.*	héraldique	*Pol.*	politique
auxil.	auxiliaire	*Hist.*	histoire	poss.	possessif
B.-A.	beaux-arts	*Hortic.*	horticulture	prép.	préposition,
Belg.	belgicisme	impers.	impersonnel		prépositionnel(le)
Biol.	biologie	*Impr.*	imprimerie	pron.	pronom
Bot.	botanique	ind.	indicatif	pronom.	pronominal
Bouch.	boucherie	indéf.	indéfini	prop.	proposition
c.-à-d.	c'est-à-dire	indir.	indirect	*Psych.*	psychiatrie
Can.	canadianisme	inf.	infinitif	*Psychan.*	psychanalyse
Ch. de fer	chemin de fer	*Informat.*	informatique	*Psychol.*	psychologie
Chim.	chimie	interj.	interjection	qqch.	quelque chose
Chir.	chirurgie	interr.	interrogatif	qqn	quelqu'un
Cin.	cinéma	intrans.	intransitif	réf.	référence
circ.	circonstanciel	inv.	invariable	rel.	relatif
Comm.	commerce	iron.	ironique	*Relig.*	religion
compl.	complément	*Journ.*	journalisme	*Sc.*	sciences
cond.	conditionnel	*Ling.*	linguistique,	sing.	singulier
conj.	conjonction,		grammaire	souv.	souvent
	conjonctive	*Litt.*	littérature	*Sp.*	sports
conjug.	conjugaison	littér.	littéraire	*Stat.*	statistiques
contr.	contraire	loc.	locution	subj.	subjonctif
Cout.	couture	m., masc.	masculin	subst.	substantif
Cuis.	cuisine	*Mar.*	marine	symb.	symbole
déf.	défini	*Math.*	mathématiques	synon.	synonyme
dém.	démonstratif	*Mécan.*	mécanique	*Tech.*	technique,
dir.	direct	*Méd.*	médecine		technologie
Dr.	droit	*Milit.*	militaire	trans.	transitif
Écon.	économie	*Mus.*	musique	*Zool.*	zoologie

ALPHABET PHONÉTIQUE

Ce tableau des sons du français reprend les conventions
de l'Association phonétique internationale (A.P.I.).

CONSONNES

[b]	bec, snob	[snɔb]
[p]	pire, cap	[kap]
[d]	dur, rade	[ʀad]
[t]	terre, luth	[lyt]
[k]	car, écho, tank, exciter	[ɛksite]
[g]	dégât, guerre	[gɛʀ]
[f]	for, phase	[fɑz]
[v]	ville, avoir	[avwaʀ]
[l]	loin, aller	[ale]
[s]	souci, scène, ration	[ʀasjɔ̃]
[z]	raison, ruse, ozone	[ozon]
[ʒ]	jour, agir, cageot	[kaʒo]
[ʃ]	choc, schisme	[ʃism]
[ʀ]	rat, carré	[kaʀe]
[m]	mal, commun	[kɔmœ̃]
[n]	note, anneau	[ano]
[ɲ]	rognon, pagne	[paɲ]
[ŋ]	meeting, yachting	[*jotiŋ]

VOYELLES

[a]	sac, natte	[nat]
[ɑ]	pâte, cas	[kɑ]
[e]	nez, bébé	[bebe]
[ɛ]	règne, laid	[lɛ]
[ə]	ce, que	[kə]
[œ]	jeune, œuf	[œf]
[ø]	jeûne, feu	[fø]

[i]	nid, lycée	[lise]
[ɔ]	port, noble	[nɔbl]
[o]	sot, peau	[po]
[u]	four, clou	[klu]
[y]	lu, mûr	[myʀ]

nasales

[ɛ̃]	rein, fin	[fɛ̃]
[ɑ̃]	rang, dent	[dɑ̃]
[ɔ̃]	long, non	[nɔ̃]
[œ̃]	humble, lundi	[lœ̃di]

semi-voyelles

[j]	entier, quille, lion	[ljɔ̃]
[ɥ]	nuit, fuir	[fɥiʀ]
[w]	ouest, loi	[lwa]

signes particuliers

[*]	halte	[*alt]
	yoga, onze, oui	[*wi]

avant le mot, empêche la liaison
avec le mot qui précède

[ˌ]	capable, marxisme	[maʀksism̩]
	cidre	[sidʀ̩]

sous la dernière lettre (l, m, r), indique
que le *e* final se prononce légèrement

A

A, a, subst. m. inv.
Première lettre et première voyelle de l'alphabet français. 🕮 [a].

À, prép.
Introduit des compléments de verbe, de nom et d'adjectif : *Je donne un livre à Pierre* (attribution) ; *Je vis à Paris, je vais à Londres* (lieu) ; *À demain* (temps) ; *Songer à sa destinée* (but). 🕮 [a].

ABAISSEMENT, subst. m.
Action d'abaisser. – État de ce qui est abaissé. 🕮 [abɛsmã].

ABAISSER, verbe trans. [3]
Faire descendre. – Fig. Humilier. 🕮 [abese].

ABANDON, subst. m.
Action de renoncer à qqch. ou de laisser qqn. – Nonchalance. 🕮 [abãdõ].

ABANDONNER, verbe trans. [3]
Renoncer à. – Laisser, quitter. – Confier. – Pronom. Se livrer à. 🕮 [abãdɔne].

ABAQUE, subst. m.
Tableau facilitant le calcul. – Boulier. – *Archit.* Tablette surmontant un chapiteau. 🕮 [abak].

ABASOURDIR, verbe trans. [19]
Étourdir. – Fig. Déconcerter. 🕮 [abazuʀdiʀ].

ABAT-JOUR, subst. m. inv.
Dispositif qui rabat ou qui tamise la lumière d'une lampe. 🕮 [abaʒuʀ].

ABATS, subst. m. plur.
Viscères d'animaux de boucherie ou de volailles (cœur, foie, etc.). 🕮 [aba].

ABATTAGE, subst. m.
Action d'abattre (un arbre, un animal, une construction). 🕮 [abataʒ].

ABATTEMENT, subst. m.
Affaiblissement. – Découragement. – Déduction sur une somme due. 🕮 [abatmã].

ABATTIS, subst. m. plur.
Abats de volaille. 🕮 [abati].

ABATTOIR, subst. m.
Lieu où l'on abat les animaux de boucherie. 🕮 [abatwaʀ].

ABATTRE, verbe trans. [61]
Jeter à bas. – Tuer. – Fig. Démoraliser. – Pronom. Tomber brusquement. 🕮 [abatʀ].

ABBATIAL, ALE, AUX, adj. et subst. f.
Adj. Relatif à un abbé ou à une abbaye. – Subst. Église d'une abbaye. 🕮 [abasjal].

ABBAYE, subst. f.
Monastère dirigé par un abbé ou une abbesse. 🕮 [abei].

ABBÉ, ABBESSE, subst.
Supérieur d'une abbaye. – Masc. Titre donné à un prêtre séculier. 🕮 [abe, abɛs].

ABC, subst. m. inv.
Les rudiments d'une connaissance, d'une pratique. 🕮 [abese].

ABCÈS, subst. m.
Amas de pus. 🕮 [apsɛ].

ABDIQUER, verbe trans. [3]
Renoncer à. – Empl. abs. Renoncer au pouvoir suprême ; se décourager. 🕮 [abdike].

ABDOMEN, subst. m.
Partie inférieure du tronc, qui contient les viscères de l'appareil digestif. 🕮 [abdɔmɛn].

ABDOMINAL, ALE, AUX, adj. et subst. m. plur.
Adj. De l'abdomen. – Subst. Les muscles de l'abdomen. 🕮 [abdɔminal].

ABEILLE, subst. f.
Insecte social vivant dans une ruche et produisant le miel. 🕮 [abɛj].

ABERRANT, ANTE, adj.
Qui dévie du bon sens, de la norme. – Absurde. 🕮 [abeʀã, -ãt].

ABERRATION, subst. f.
État de ce qui s'écarte de la norme. – Erreur de jugement, absurdité. 🕮 [abeʀasjõ].

ABÊTIR, verbe trans. [19]
Rendre bête. 🕮 [abetiʀ].

ABHORRER, verbe trans. [3]
Détester, avoir en horreur. 🕮 [abɔʀe].

ABÎME, subst. m.
Gouffre insondable. – Fig. Très grande différence. 🕮 [abim].

ABÎMER, verbe trans. [3]
Détériorer. 🕮 [abime].

ABJECT, ECTE, adj.
Qui suscite la répugnance, méprisable. 🕮 [abʒɛkt].

ABJECTION, subst. f.
Le comble de l'ignominie. 🕮 [abʒɛksjõ].

ABJURER, verbe trans. [3]
Renoncer à (une foi, une opinion). 🕮 [abʒyʀe].

ABLATION, subst. f.
Chir. Action d'enlever un organe, une partie d'organe, un tissu, etc. 🕮 [ablasjõ].

ABLUTION, subst. f.
Action de se laver, par hygiène ou pour se purifier rituellement. 🕮 [ablysjõ].

ABNÉGATION, subst. f.
Renoncement. – Sacrifice volontaire de soi. – Dévouement. 🕮 [abnegasjõ].

ABOLIR, verbe trans. [19]
Supprimer. – *Dr.* Abroger ; mettre fin à une coutume. 🕮 [abɔliʀ].

ABOLITION, subst. f.
Action d'abolir : *L'abolition de l'esclavage.* 🕮 [abɔlisjõ].

ABOMINABLE, adj.
Qui inspire l'horreur, le dégoût. – Très mauvais. 📖 [abominabl].

ABONDANCE, subst. f.
Quantité plus que suffisante. – Richesse. 📖 [abɔ̃dɑ̃s].

ABONDER, verbe intrans. [3]
Être en très grande quantité. – Abonder dans le sens de qqn : l'approuver pleinement. 📖 [abɔ̃de].

ABONNEMENT, subst. m.
Contrat portant sur la fourniture d'une prestation régulière. 📖 [abɔnmɑ̃].

ABONNER, verbe trans. [3]
Souscrire un abonnement pour (qqn). – Pronom. Prendre un abonnement pour soi. 📖 [abɔne].

ABORD, subst. m.
Action d'arriver en un lieu. – Apparence extérieure de qqn. – Plur. Environs. – D'abord : en premier lieu. 📖 [abɔʀ].

ABORDER, verbe trans. [3]
Atteindre (un lieu, un rivage). – Fig. Entrer en contact (avec qqn). – Commencer à traiter (une question). 📖 [abɔʀde].

ABORIGÈNE, adj. et subst.
Qui est originaire du pays où il vit. 📖 [abɔʀiʒɛn].

ABOUTIR, verbe [19]
Trans. indir. Aboutir à : se terminer à ; avoir pour résultat. – Intrans. Réussir. 📖 [abutiʀ].

ABOYER, verbe intrans. [17]
Pousser son cri (aboiement), en parlant du chien. 📖 [abwaje].

ABRACADABRANT, ANTE, adj.
Incompréhensible, incohérent, invraisemblable. 📖 [abʀakadabʀɑ̃, -ɑ̃t].

ABRASIF, IVE, adj. et subst. m.
Se dit d'une matière pouvant polir par frottement. 📖 [abʀazif, -iv].

ABRÉGÉ, subst. m.
Forme condensée d'un texte. – Ouvrage résumant une science. 📖 [abʀeʒe].

ABRÉGER, verbe trans. [9]
Raccourcir (une durée, un discours, un écrit). 📖 [abʀeʒe].

ABREUVER, verbe trans. [3]
Faire boire. 📖 [abʀœve].

ABREUVOIR, subst. m.
Lieu où vont boire les animaux. – Auge destinée à abreuver le bétail. 📖 [abʀœvwaʀ].

ABRÉVIATION, subst. f.
Action d'abréger. – Mot ou groupe de mots abrégé. 📖 [abʀevjasjɔ̃].

ABRI, subst. m.
Lieu où l'on peut se protéger du soleil, des intempéries, des dangers. 📖 [abʀi].

ABRICOT, subst. m.
Fruit de l'abricotier, à peau duveteuse et à chair jaune orangé. 📖 [abʀiko].

ABRITER, verbe trans. [3]
Mettre à l'abri. – Héberger. – Protéger des agents naturels ou des dangers. 📖 [abʀite].

ABROGER, verbe trans. [5]
Annuler (une loi, un règlement, un décret). 📖 [abʀɔʒe].

ABRUPT, UPTE, adj.
Escarpé, raide. – Fig. Qui manque de douceur, rude. 📖 [abʀypt].

ABRUTIR, verbe trans. [19]
Rendre semblable à une brute. – Épuiser intellectuellement. 📖 [abʀytiʀ].

ABSCISSE, subst. f.
L'une des deux coordonnées d'un point dans un plan. 📖 [apsis].

ABSCONS, ONSE, adj.
Difficile à comprendre. 📖 [apskɔ̃, -ɔ̃s].

ABSENCE, subst. f.
Fait de ne pas être présent. – Manque. – Perte passagère de mémoire ou de connaissance. 📖 [apsɑ̃s].

ABSENT, ENTE, adj. et subst.
Adj. Qui n'est pas dans un lieu. – Qui manque. – Fig. Inattentif. – Subst. Personne qui n'est pas présente. 📖 [apsɑ̃, -ɑ̃t].

ABSENTER (S'), verbe pronom. [3]
S'éloigner pour un temps. 📖 [apsɑ̃te].

ABSINTHE, subst. f.
Plante amère et aromatique. – Liqueur toxique tirée de cette plante. 📖 [apsɛ̃t].

ABSOLU, UE, adj. et subst. m.
Adj. Qui est total, sans réserves. – Qui n'est soumis à aucune condition. – Qui est sans concessions, intransigeant. – Subst. Ce qui est parfait, idéal (oppos. relatif). 📖 [apsɔly].

ABSOLUTION, subst. f.
Rémission des péchés accordée par un prêtre. – Pardon d'une faute. 📖 [apsɔlysjɔ̃].

ABSOLUTISME, subst. m.
Régime politique dans lequel une seule personne a les pleins pouvoirs. 📖 [apsɔlytism].

ABSORBER, verbe trans. [3]
Faire pénétrer et retenir en soi. – Avaler, ingérer. – Fig. Occuper le temps de (qqn). 📖 [apsɔʀbe].

ABSORPTION, subst. f.
Action d'absorber, d'ingérer, de s'imprégner de. 📖 [apsɔʀpsjɔ̃].

ABSOUDRE, verbe trans. [76]
Pardonner. 📖 [apsudʀ].

ABSTENIR (S'), verbe pronom. [22]
Renoncer à (un plaisir, une activité, une habitude, etc.). – Ne pas voter. 📖 [apstəniʀ].

ABSTENTION, subst. f.
Fait de ne pas voter. 📖 [apstɑ̃sjɔ̃].

ABSTINENCE, subst. f.
Fait de s'interdire (un plaisir, un aliment). 📖 [apstinɑ̃s].

ABSTRACTION, subst. f.
Action ou faculté d'abstraire ; son résultat. – Idée abstraite. 📖 [apstʀaksjɔ̃].

ABSTRAIRE, verbe trans. [58]
Isoler une idée, une qualité particulière, pour l'envisager à part. 📖 [apstʀɛʀ].

ABSTRAIT, AITE, adj. et subst. m.
Qui ne se réfère pas à la réalité concrète :
Art **abstrait.** 🕮 [apstʀɛ, -ɛt].

ABSURDE, adj. et subst. m.
Qui est contraire aux principes de la raison,
au sens commun. 🕮 [apsyʀd].

ABSURDITÉ, subst. f.
Caractère de ce qui est absurde. – Chose
absurde, bêtise. 🕮 [apsyʀdite].

ABUS, subst. m.
Action d'abuser. – Son résultat. 🕮 [aby].

ABUSER, verbe trans. [3]
Trans. indir. **Abuser** *de qqch.* : en user mal
ou avec excès ; **Abuser** *d'une femme* : la
violenter. – Trans. dir. **Abuser** *qqn* : le
tromper. – Pronom. Se tromper. 🕮 [abuze].

ABUSIF, IVE, adj.
Qui constitue un abus. 🕮 [abyzif, -iv].

ABYSSE, subst. m.
Grand fond marin (à partir de 2 000 m
de profondeur). 🕮 [abis].

ACABIT, subst. m.
Qualité d'une chose. – Sorte, espèce.
🕮 [akabi].

ACACIA, subst. m.
Arbre à fleurs jaunes odorantes. – Robinier
(abusivement). 🕮 [akasja].

ACADÉMICIEN, IENNE, subst.
Membre d'une académie (en partic. de
l'Académie française). 🕮 [akademisjɛ̃, -jɛn].

ACADÉMIE, subst. f.
Cercle de lettrés, de savants, d'artistes.
– Circonscription administrative de l'ensei-
gnement. 🕮 [akademi].

ACAJOU, subst. m.
Arbre dont le bois est de couleur rougeâtre.
– Bois de cet arbre. 🕮 [akaʒu].

A CAP(P)ELLA, loc. adv.
Mus. Sans accompagnement instrumental.
🕮 [akapela].

ACARIÂTRE, adj.
D'un tempérament grincheux, aigri, querel-
leur. 🕮 [akaʀjɑtʀ].

ACARIEN, subst. m.
Petit arachnide, souv. parasite. 🕮 [akaʀjɛ̃].

ACCABLER, verbe trans. [3]
Écraser de maux, de travaux pénibles.
– Confondre (un accusé). 🕮 [akable].

ACCALMIE, subst. f.
Apaisement momentané d'une tempête,
d'une agitation. 🕮 [akalmi].

ACCAPARER, verbe trans. [3]
S'emparer (de qqch.) pour son usage
exclusif. – Occuper totalement (qqn).
🕮 [akapaʀe].

ACCÉDER, verbe trans. indir. [8]
Accéder *à un lieu, à la réussite* : y parvenir.
– Accéder *à une demande* : y répondre
positivement. 🕮 [aksede].

ACCÉLÉRATEUR, subst. m.
Ce qui accélère un processus. – Dans un
véhicule, pédale ou poignée permettant
d'accélérer. 🕮 [akseleʀatœʀ].

ACCÉLÉRATION, subst. f.
Augmentation de la vitesse. 🕮 [akseleʀasjɔ̃].

ACCÉLÉRER, verbe trans. [8]
Augmenter la vitesse (d'un corps, d'un
processus, d'un rythme). 🕮 [akseleʀe].

ACCENT, subst. m.
Signe graphique placé au-dessus de certaines lettres. – Manière de prononcer
propre à une région. – *Ling.* Mise en valeur
d'une syllabe. – *Fig. Mettre l'***accent** *sur* :
mettre en valeur ; insister sur. 🕮 [aksɑ̃].

ACCENTUER, verbe trans. [3]
Mettre un accent au-dessus d'une lettre.
– Prononcer un son, une syllabe avec plus
de force. – Fig. Intensifier. 🕮 [aksɑ̃tɥe].

ACCEPTATION, subst. f.
Fait d'accepter, de donner son consentement. 🕮 [aksɛptasjɔ̃].

ACCEPTER, verbe trans. [3]
Consentir à recevoir. – Admettre, se soumettre à. 🕮 [aksɛpte].

ACCEPTION, subst. f.
Sens que prend un mot dans un contexte.
🕮 [aksɛpsjɔ̃].

ACCÈS, subst. m.
Moyen d'accéder à un lieu, à une personne.
– Manifestation soudaine (d'un trouble,
d'une affection). 🕮 [aksɛ].

ACCESSIBLE, adj.
Dont l'abord est possible. – Que l'on peut
obtenir. 🕮 [aksesibl].

ACCESSION, subst. f.
Action de parvenir à (un droit, une fonction, un état, etc.). 🕮 [aksesjɔ̃].

ACCESSOIRE, adj. et subst. m.
Adj. Secondaire, moins important. – Subst.
Objet qui complète un ensemble principal.
🕮 [akseswaʀ].

ACCIDENT, subst. m.
Événement imprévu, souv. fâcheux, qui
interrompt le cours naturel des choses.
🕮 [aksidɔ̃].

ACCIDENTÉ, ÉE, adj.
Qui a subi un accident. – Irrégulier : *Un
parcours* **accidenté.** 🕮 [aksidɑ̃te].

ACCLAMATION, subst. f.
Clameur collective de joie, d'approbation,
saluant qqn ou un succès. 🕮 [aklamasjɔ̃].

ACCLAMER, verbe trans. [3]
Manifester (à qqn) sa joie, son accord par
des acclamations. 🕮 [aklame].

ACCLIMATATION, subst. f.
Action d'acclimater. 🕮 [aklimatasjɔ̃].

ACCLIMATER, verbe trans. [3]
Adapter (un organisme) à un nouvel environnement. 🕮 [aklimate].

ACCOLADE, subst. f.
Action de serrer qqn dans ses bras, en signe
d'affection ou dans le cadre d'un rituel.
– Signe graphique utilisé pour réunir
plusieurs lignes. 🕮 [akɔlad].

ACCOLER, verbe trans. [3]
Réunir par une accolade. – Rapprocher deux éléments. 🕮 [akɔle].

ACCOMMODANT, ANTE, adj.
Tolérant, conciliant. 🕮 [akɔmɔdɑ̃, -ɑ̃t].

ACCOMMODATION, subst. f.
Adaptation réflexe de l'œil permettant d'obtenir une image nette. 🕮 [akɔmɔdasjɔ̃].

ACCOMMODEMENT, subst. m.
Arrangement. 🕮 [akɔmɔdmɑ̃].

ACCOMMODER, verbe trans. [3]
Adapter. – Apprêter, assaisonner (des aliments). – Pronom. S'accommoder de : se satisfaire de ; S'accommoder à : s'adapter à. 🕮 [akɔmɔde].

ACCOMPAGNEMENT, subst. m.
Action d'accompagner ; ce qui accompagne. – Mus. Partie accessoire jouée en même temps qu'une mélodie, ou qu'un solo. 🕮 [akɔ̃paɲmɑ̃].

ACCOMPAGNER, verbe trans. [3]
Aller avec. – Joindre à. – Mus. Soutenir par un accompagnement. 🕮 [akɔ̃paɲe].

ACCOMPLI, IE, adj.
Réalisé complètement. – Parfait en son genre. 🕮 [akɔ̃pli].

ACCOMPLIR, verbe trans. [19]
Exécuter jusqu'à son terme. – Faire, exécuter. – Pronom. Se réaliser, s'épanouir. 🕮 [akɔ̃pliʀ].

ACCOMPLISSEMENT, subst. m.
Action d'accomplir. – Son résultat. 🕮 [akɔ̃plismɑ̃].

ACCORD, subst. m.
Convention entre deux parties. – Marque d'assentiment : D'accord. – Union, harmonie. – Ling. Concordance du genre et du nombre des mots dans une phrase. – Mus. Combinaison simultanée d'au moins trois notes. 🕮 [akɔʀ].

ACCORDÉON, subst. m.
Mus. Instrument à soufflet. 🕮 [akɔʀdeɔ̃].

ACCORDER, verbe trans. [3]
Mettre en harmonie. – Concéder, donner. – Ling. Appliquer les règles de l'accord à. – Mus. Régler (un instrument). 🕮 [akɔʀde].

ACCOSTAGE, subst. m.
Action d'accoster. 🕮 [akɔsta3].

ACCOSTER, verbe trans. [3]
S'approcher de qqn en vue de lui parler. – Pour un navire, se placer le long d'un quai ou d'un autre navire. 🕮 [akɔste].

ACCOTEMENT, subst. m.
Bordure d'une route, d'une voie ferrée. 🕮 [acɔtmɑ̃].

ACCOUCHEMENT, subst. m.
Action d'accoucher, enfantement. – Fig. Élaboration lente et difficile d'une œuvre, d'un projet. 🕮 [akuʃmɑ̃].

ACCOUCHER, verbe [3]
Intrans. et trans. indir. Donner naissance à (un enfant). – Trans. dir. Aider à accoucher. 🕮 [akuʃe].

ACCOUDER (S'), verbe pronom. [3]
Poser son ou ses coudes sur un point d'appui. 🕮 [akude].

ACCOUDOIR, subst. m.
Appui auquel on s'accoude. 🕮 [akudwaʀ].

ACCOUPLEMENT, subst. m.
Union sexuelle, en parlant des animaux. – Réunion mécanique de deux éléments. 🕮 [akupləmɑ̃].

ACCOUPLER, verbe trans. [3]
Réunir par paire. – Unir un mâle et une femelle de sorte qu'ils se reproduisent. 🕮 [akuple].

ACCOURIR, verbe intrans. [25]
Venir en courant. 🕮 [akuʀiʀ].

ACCOUTREMENT, subst. m.
Habillement insolite. 🕮 [akutʀəmɑ̃].

ACCOUTRER, verbe trans. [3]
Vêtir d'une manière surprenante ou ridicule. 🕮 [akutʀe].

ACCOUTUMANCE, subst. f.
Fait de s'habituer ou d'être habitué à. – Dépendance à l'égard d'une drogue, associée à la nécessité d'augmenter les doses. 🕮 [akutymɑ̃s].

ACCOUTUMER, verbe trans. [3]
Donner une habitude à. – Pronom. S'habituer à. 🕮 [akutyme].

ACCRÉDITER, verbe trans. [3]
Rendre croyable (une idée). – Accréditer un ambassadeur : le faire reconnaître officiellement. 🕮 [akʀedite].

ACCROC, subst. m.
Déchirure dans un tissu. – Fig. Incident. 🕮 [akʀo].

ACCROCHAGE, subst. m.
Action d'accrocher. – Accident bénin entre deux véhicules. – Querelle, dispute (fam.). 🕮 [akʀɔʃa3].

ACCROCHER, verbe trans. [3]
Suspendre à un crochet ou à un objet analogue. – Heurter. – Parvenir à saisir. – Pronom. Se cramponner. – Se disputer (fam.). 🕮 [akʀɔʃe].

ACCROISSEMENT, subst. m.
Augmentation. 🕮 [akʀwasmɑ̃].

ACCROÎTRE, verbe trans. [72]
Rendre plus grand ; augmenter (en quantité ou en qualité). 🕮 [akʀwatʀ].

ACCROUPIR (S'), verbe pronom. [19]
S'asseoir sur ses talons, en pliant les genoux. 🕮 [akʀupiʀ].

ACCUEIL, subst. m.
Fait ou manière d'accueillir qqn ou qqch. – Pièce, comptoir où l'on reçoit les visiteurs, dans une administration ou une entreprise. 🕮 [akœj].

ACCUEILLIR, verbe trans. [30]
Recevoir (qqn ou qqch.). 🕮 [akœjiʀ].

ACCULER, verbe trans. [3]
Pousser (qqn) dans une impasse. – Fig. Mettre (qqn) dans une situation extrême. 🕮 [akyle].

ACCULTURATION, subst. f.
Assimilation, par un groupe humain, d'une culture étrangère. 🔊 [akyltyʀasjɔ̃].

ACCUMULATEUR, subst. m.
Appareil qui accumule l'énergie électrique et restitue du courant. 🔊 [akymylatœʀ].

ACCUMULATION, subst. f.
Action d'accumuler. − Son résultat. 🔊 [akymylasjɔ̃].

ACCUMULER, verbe trans. [3]
Amasser, réunir progressivement en grande quantité ; entasser. 🔊 [akymyle].

ACCUSATIF, subst. m.
Cas complément d'objet direct des langues à déclinaison. 🔊 [akyzatif].

ACCUSATION, subst. f.
Fait d'accuser. − Dr. Action en justice, plainte ; ministère public, par oppos. à la défense. 🔊 [akyzasjɔ̃].

ACCUSÉ, ÉE, adj. et subst.
Se dit d'une personne à qui l'on impute une infraction. − Accusé de réception : avis de réception d'un envoi. − Adj. Souligné, mis en relief. 🔊 [akyze].

ACCUSER, verbe trans. [3]
Imputer une faute à (qqn). − Fig. Souligner, mettre en relief. 🔊 [akyze].

ACE, subst. m.
Au tennis, balle de service manquée par l'adversaire. 🔊 [ɛs].

ACERBE, adj.
Dur, agressif : Un rire acerbe. − Âpre, piquant : Un citron acerbe. 🔊 [asɛʀb].

ACÉRÉ, ÉE, adj.
Pointu, tranchant. − Fig. Caustique, blessant. 🔊 [aseʀe].

ACÉTIQUE, adj.
Acide acétique : constituant du vinaigre. 🔊 [asetik].

ACÉTONE, subst. f.
Liquide très volatil, d'odeur éthérée, excellent solvant. 🔊 [asetɔn].

ACHALANDÉ, ÉE, adj.
Qui a de nombreux chalands (clients), en parlant d'un commerce. 🔊 [aʃalɑ̃de].

ACHARNEMENT, subst. m.
Action de s'acharner. − Ardeur, opiniâtreté. 🔊 [aʃaʀnəmɑ̃].

ACHARNER (S'), verbe pronom. [3]
S'acharner contre, sur qqn : s'en prendre à lui avec opiniâtreté. − S'attacher avec ténacité à (un projet, une œuvre). 🔊 [aʃaʀne].

ACHAT, subst. m.
Action d'acheter. − Acquisition. − Ce que l'on a acheté (souv. au plur.). 🔊 [aʃa].

ACHEMINER, verbe trans. [3]
Conduire vers un but : Acheminer du courrier, une affaire. 🔊 [aʃ(ə)mine].

ACHETER, verbe trans. [13]
Acquérir contre un paiement. − Fig. Corrompre (qqn) avec de l'argent. 🔊 [aʃte].

ACHEVER, verbe trans. [10]
Mettre fin à, terminer. − Donner le coup de grâce à, tuer. − Anéantir. 🔊 [aʃve].

ACIDE (I), adj.
Qui a une saveur aigre et piquante. − Fig. Mordant, désagréable. 🔊 [asid].

ACIDE (II), subst. m.
Composé chimique ou ion qui agit sur certains indicateurs colorés et sur les bases pour donner des sels. 🔊 [asid].

ACIDITÉ, subst. f.
Saveur aigre, piquante. − Caractère acide d'une solution. − Fig. Causticité. 🔊 [asidite].

ACIDULÉ, ÉE, adj.
Légèrement acide. 🔊 [asidyle].

ACIER, subst. m.
Alliage de fer et de carbone. 🔊 [asje].

ACIÉRIE, subst. f.
Usine où l'on produit de l'acier. 🔊 [asjeʀi].

ACNÉ, subst. f.
Dermatose se traduisant par des boutons, surtout sur le visage. 🔊 [akne].

ACOLYTE, subst. m.
Compagnon, complice. 🔊 [akɔlit].

ACOMPTE, subst. m.
Paiement partiel d'un dû. 🔊 [akɔ̃t].

ACOQUINER (S'), verbe pronom. [3]
Se lier à (des gens douteux). 🔊 [akɔkine].

À-CÔTÉ, subst. m.
Ce qui est accessoire. 🔊 Plur. à-côtés ; [akote].

À-COUP, subst. m.
Brusque irrégularité dans un mouvement, dans un processus. 🔊 Plur. à-coups ; [aku].

ACOUSTIQUE, adj. et subst. f.
Adj. Relatif au son. − Subst. Science des sons ; qualité sonore d'un lieu. 🔊 [akustik].

ACQUÉREUR, subst. m.
Personne qui acquiert. 🔊 [akeʀœʀ].

ACQUÉRIR, verbe trans. [33]
Devenir propriétaire (d'un bien, d'un droit). − Obtenir : Acquérir une grande expérience. 🔊 [akeʀiʀ].

ACQUIESCER, verbe trans. indir. [4]
Acquiescer à : consentir à. − Exprimer, donner son accord à. 🔊 [akjese].

ACQUIS, ISE, adj. et subst. m.
Adj. Qui a été obtenu ; qui n'est pas héréditaire ou naturel à l'individu (oppos. inné). − Fig. Totalement dévoué. − Subst. Ce qui est acquis. − Savoir-faire. 🔊 [aki, -iz].

ACQUISITION, subst. f.
Action d'acquérir ; son résultat. − Fruit de l'effort ou de l'apprentissage. 🔊 [akizisjɔ̃].

ACQUIT, subst. m.
Reconnaissance d'un paiement. − Par acquit de conscience : afin de libérer sa conscience. 🔊 [aki].

ACQUITTEMENT, subst. m.
Action de payer son dû. − Action de déclarer qqn non coupable. 🔊 [akitmɑ̃].

ACQUITTER, verbe trans. [3]
Payer un dû. – Déclarer (qqn) non coupable. – Pronom. Se libérer de (ses dettes, son devoir). 🔊 [akite].

ÂCRE, adj.
Qui irrite (l'odorat ou le goût). – Fig. Blessant, agressif. 🔊 [akʀ].

ÂCRETÉ, subst. f.
Qualité de ce qui est âcre. 🔊 [akʀəte].

ACRIMONIE, subst. f.
Aigreur du caractère qui se manifeste dans les propos. 🔊 [akʀimɔni].

ACROBATE, subst.
Artiste qui exécute des exercices d'adresse, de force. – Fig. Individu habile à manier les choses et les idées. 🔊 [akʀɔbat].

ACROBATIE, subst. f.
Exercice fait par un acrobate. 🔊 [akʀɔbasi].

ACROPOLE, subst. f.
Citadelle, dans la Grèce antique. – L'Acropole : celle d'Athènes. 🔊 [akʀɔpɔl].

ACRYLIQUE, adj. et subst. m.
Adj. Qualifie des produits obtenus à partir du propène. – Subst. Fibre textile synthétique. 🔊 [akʀilik].

ACTE, subst. m.
Écrit officiel : Acte d'état civil. – Mouvement (ou ensemble de mouvements) adapté à une fin : Acte de courage. – Chacune des parties d'une pièce de théâtre. 🔊 [akt].

ACTEUR, ACTRICE, subst.
Personne qui joue un rôle dans un événement, un film ou une pièce. 🔊 [aktœʀ, aktʀis].

ACTIF (I), IVE, adj.
Qui agit ; qui aime agir. – Qui est en exercice. – Qualifie la forme d'un verbe : Voix active (contr. passif). 🔊 [aktif, -iv].

ACTIF (II), subst. m.
Ce que possède un particulier ou une entreprise, par oppos. à son passif (ses dettes). 🔊 [aktif].

ACTION, subst. f.
Fait d'agir. – Acte. – Effet produit par qqch. – Fin. Titre représentant une fraction du capital d'une société. 🔊 [aksjɔ̃].

ACTIONNAIRE, subst.
Propriétaire d'une ou de plusieurs actions d'une société. 🔊 [aksjɔneʀ].

ACTIONNER, verbe trans. [3]
Mettre en mouvement. 🔊 [aksjɔne].

ACTIVER, verbe trans. [3]
Rendre plus actif. – Rendre plus rapide ; hâter. – Pronom. S'affairer (fam.). 🔊 [aktive].

ACTIVITÉ, subst. f.
Faculté d'agir. – Ardeur à l'action. – Être en activité : avoir une fonction professionnelle (contr. être retraité) ; fonctionner. 🔊 [aktivite].

ACTUALISER, verbe trans. [3]
Rendre actuel ; mettre à jour. 🔊 [aktɥalize].

ACTUALITÉ, subst. f.
Caractère de ce qui est actuel. – Ensemble des événements présents ou récents : L'actualité sportive. – Plur. Informations télévisées ou radiodiffusées. 🔊 [aktɥalite].

ACTUEL, ELLE, adj.
Qui appartient, qui convient au temps présent. 🔊 [aktɥɛl].

ACUITÉ, subst. f.
Qualité de ce qui est aigu, intense. – Degré de finesse d'un sens. 🔊 [akɥite].

ACUPUNCTURE, subst. f.
Médecine chinoise qui utilise de fines aiguilles piquées en des points précis du corps. 🔊 [akypɔ̃ktyʀ].

ADAGE, subst. m.
Brève sentence, maxime. 🔊 [adaʒ].

ADAGIO, subst. m. et adv.
Mus. Se dit d'un morceau joué lentement. 🔊 [ada(d)ʒjo].

ADAPTATION, subst. f.
Action d'adapter ou de s'adapter. – Son résultat. 🔊 [adaptasjɔ̃].

ADAPTER, verbe trans. [3]
Ajuster. – Mettre en accord. – Transposer (une œuvre) d'un mode d'expression en un autre. – Pronom. Se modifier en fonction du milieu. 🔊 [adapte].

ADDITIF, IVE, adj. et subst. m.
Qui s'ajoute. 🔊 [aditif, -iv].

ADDITION, subst. f.
Fait d'ajouter qqch. – Opération, symbolisée par le signe +, consistant à ajouter des quantités arithmétiques. – Note de restaurant ou de café. 🔊 [adisjɔ̃].

ADDITIONNER, verbe trans. [3]
Effectuer l'addition de. – Ajouter (qqch.) pour modifier : Additionner d'eau un breuvage. 🔊 [adisjɔne].

ADDUCTION, subst. f.
Action de rapprocher un membre de l'axe du corps. – Apport de gaz ou d'eau par des canalisations. 🔊 [adyksjɔ̃].

ADÉNOME, subst. m.
Tumeur qui se développe à partir d'une glande. 🔊 [adenom].

ADEPTE, subst.
Membre d'une secte, d'un groupement. – Personne qui adhère à une doctrine, à une religion. 🔊 [adɛpt].

ADÉQUAT, ATE, adj.
Qui est parfaitement approprié à son objet. 🔊 [adekwa(t), -at].

ADHÉRENCE, subst. f.
État de ce qui adhère. 🔊 [adeʀɑ̃s].

ADHÉRENT, ENTE, adj. et subst.
Adj. Qui adhère à. – Subst. Membre d'une organisation. 🔊 [adeʀɑ̃, -ɑ̃t].

ADHÉRER, verbe trans. indir. [8]
Adhérer à : coller, s'attacher fortement à. – Fig. Souscrire, se rallier à. 🔊 [adeʀe].

ADHÉSIF, IVE, adj. et subst. m.
Adj. Qui adhère, qui colle. – Subst. Substance, matière collante. 🔊 [adezif, -iv].

ADHÉSION, subst. f.
Inscription à un organisme. – Soutien apporté à qqn, à un groupe, à une idée. 🔊 [adezjɔ̃].

ADIEU, ADIEUX, subst. m. et interj.
Formule adressée à qqn dont on prend congé pour toujours ou pour longtemps. – Subst. Séparation d'avec qqn ou qqch. ; rite de séparation. 🔊 [adjø].

ADIPEUX, EUSE, adj.
Qui contient de la graisse : *Tissu* adipeux. 🔊 [adipø, -øz].

ADJACENT, ENTE, adj.
Attenant. – *Angles* adjacents : dont le sommet et un côté sont communs. 🔊 [adʒasã, -ãt].

ADJECTIF, subst. m.
Mot qui se rapporte à un substantif, avec lequel il s'accorde. 🔊 [adʒɛktif].

ADJOINT, OINTE, adj. et subst.
Se dit d'une personne associée à une autre comme auxiliaire. 🔊 [adʒwɛ̃, -wɛ̃t].

ADJUDANT, subst. m.
Sous-officier de grade immédiatement supérieur à celui de sergent-chef. 🔊 [adʒydã].

ADJUDICATION, subst. f.
Attribution d'un bien mis aux enchères ou d'un marché public au mieux disant. 🔊 [adʒydikasjɔ̃].

ADJUGER, verbe trans. [5]
Attribuer par jugement ou par adjudication. – Pronom. S'attribuer. 🔊 [adʒyʒe].

ADJURER, verbe trans. [3]
Supplier au nom de ce qui est sacré. 🔊 [adʒyʀe].

ADMETTRE, verbe trans. [60]
Agréer, laisser entrer. – Accepter, tolérer. – Recevoir à un examen. 🔊 [admɛtʀ].

ADMINISTRATEUR, TRICE, adj. et subst.
Personne qui administre (un bien) ; gestionnaire. 🔊 [administʀatœʀ, -tʀis].

ADMINISTRATIF, IVE, adj.
Qui relève de l'administration ou en fait partie. 🔊 [administʀatif, -iv].

ADMINISTRATION, subst. f.
Gestion (d'affaires privées ou publiques). – L'**Administration** : l'ensemble de toutes les institutions et des personnes assurant l'administration publique d'un État. 🔊 [administʀasjɔ̃].

ADMINISTRER, verbe trans. [3]
Gérer (des affaires, un service publics ou privés). – Donner, dispenser : *Administrer une correction, un médicament.* 🔊 [administʀe].

ADMIRABLE, adj.
Digne d'être admiré. 🔊 [admiʀabl].

ADMIRATEUR, TRICE, adj. et subst.
Qui admire. 🔊 [admiʀatœʀ, -tʀis].

ADMIRATIF, IVE, adj.
Qui exprime l'admiration. 🔊 [admiʀatif, -iv].

ADMIRATION, subst. f.
Sentiment d'émerveillement, d'enthousiasme pour qqn ou pour qqch. de beau, de vrai ou de bien. 🔊 [admiʀasjɔ̃].

ADMIRER, verbe trans. [3]
Considérer avec émerveillement ou enthousiasme. 🔊 [admiʀe].

ADMIS, ISE, adj.
Accepté. – Considéré comme étant vrai ou bien. – Reçu (à un examen, à un concours). 🔊 [admi, -iz].

ADMISSIBLE, adj. et subst.
Se dit d'un candidat jugé apte à subir les dernières épreuves d'un examen ou d'un concours. – Adj. Acceptable, en accord avec une norme, avec la raison. 🔊 [admisibl].

ADMISSION, subst. f.
Action d'admettre. – Fait d'être admis. 🔊 [admisjɔ̃].

ADMONESTER, verbe trans. [3]
Rappeler à l'ordre. 🔊 [admɔnɛste].

A.D.N., subst. m.
Sigle pour « acide désoxyribonucléique », très longue molécule porteuse du patrimoine génétique d'un individu. 🔊 [adeɛn].

ADOLESCENCE, subst. f.
Période de la vie humaine comprise entre l'enfance et l'âge adulte. 🔊 [adɔlesãs].

ADOLESCENT, ENTE, adj. et subst.
Qui est dans la période de l'adolescence. 🔊 [adɔlesã, -ãt].

ADONIS, subst. m.
Jeune homme très beau. – Papillon diurne. 🔊 [adɔnis].

ADONNER (S'), verbe pronom. [3]
Se livrer à : *S'adonner au jeu.* 🔊 [adɔne].

ADOPTER, verbe trans. [3]
Prendre légalement (qqn, un enfant) pour fille ou pour fils. – Faire sien : *Adopter une doctrine.* – Approuver, voter (une loi, un texte). 🔊 [adɔpte].

ADOPTIF, IVE, adj.
Qui a été adopté ou qui a adopté : *Un enfant, un père* adoptif. 🔊 [adɔptif, -iv].

ADORABLE, adj.
Gentil, charmant, gracieux. – Qu'on aime. 🔊 [adɔʀabl].

ADORATEUR, TRICE, adj. et subst.
Qui adore. 🔊 [adɔʀatœʀ, -tʀis].

ADORATION, subst. f.
Culte rendu à Dieu ou à un dieu. – Passion, amour intense. 🔊 [adɔʀasjɔ̃].

ADORER, verbe trans. [3]
Rendre un culte à (Dieu ou un dieu). – Aimer passionnément ; apprécier. 🔊 [adɔʀe].

ADOSSER, verbe trans. [3]
Appuyer le dos, l'arrière de (qqch.) contre. – Pronom. Mettre son dos contre : *S'adosser à un mur.* 🔊 [adose].

ADOUBEMENT, subst. m.
Cérémonie féodale par laquelle un seigneur armait qqn chevalier. 🔊 [adubmɔ̃].

ADOUCIR, verbe trans. [19]
Rendre plus doux. 🔊 [adusiʀ].

ADOUCISSANT, ANTE, adj. et subst. m.
Qui adoucit. – Qui calme l'irritation. 🔊 [adusisɑ̃, -ɑ̃t].

ADOUCISSEMENT, subst. m.
Action d'adoucir ; son résultat. – Fig. Atténuation. 🔊 [adusismɔ̃].

ADRÉNALINE, subst. f.
Hormone sécrétée par les glandes surrénales. 🔊 [adʀenalin].

ADRESSE (I), subst. f.
Destination : *A votre* **adresse**, à votre intention. – Coordonnées du domicile de qqn. 🔊 [adʀɛs].

ADRESSE (II), subst. f.
Habileté corporelle ou intellectuelle. 🔊 [adʀɛs].

ADRESSER, verbe trans. [3]
Faire parvenir (une lettre, une requête). – Exprimer à l'intention de. – Envoyer (qqn) auprès de. 🔊 [adʀese].

ADRET, subst. m.
Versant montagnard ensoleillé, gén. exposé au midi (oppos. *ubac*). 🔊 [adʀɛ].

ADROIT, OITE, adj.
Habile ; qui a du savoir-faire. – Fig. Subtil. 🔊 [adʀwa, -wat].

ADULATEUR, TRICE, adj. et subst.
Qui flatte par intérêt, servilement (littér.). 🔊 [adylatœʀ, -tʀis].

ADULER, verbe trans. [3]
Louer avec excès. 🔊 [adyle].

ADULTE, adj. et subst.
Qui est complètement développé. – Qui est sorti de l'adolescence. 🔊 [adylt].

ADULTÈRE, adj. et subst.
Qui viole le devoir conjugal de fidélité. 🔊 [adyltɛʀ].

ADULTÉRIN, INE, adj. et subst.
Qui est né d'un adultère. 🔊 [adylteʀɛ̃, -in].

ADVENIR, verbe intrans. [22]
Arriver, se produire. 🔊 Employé uniquement aux 3es personnes, au p.p. et à l'inf. ; [advəniʀ].

ADVERBE, subst. m.
Mot invariable qui précise le sens d'un verbe, d'un adjectif ou d'un autre adverbe. 🔊 [advɛʀb].

ADVERSAIRE, adj. et subst.
Personne, groupe, État à qui l'on s'oppose, dont on est l'ennemi. 🔊 [advɛʀsɛʀ].

ADVERSE, adj.
Situé à l'opposé. – Hostile. 🔊 [advɛʀs].

ADVERSITÉ, subst. f.
Obstacle, coup du sort, malchance que l'on doit affronter. 🔊 [advɛʀsite].

AÈDE, subst. m.
Dans la Grèce antique, poète itinérant. 🔊 [aɛd].

AÉRATION, subst. f.
Action de renouveler l'air (d'un local). – Son résultat. 🔊 [aeʀasjɔ̃].

AÉRER, verbe trans. [8]
Renouveler l'air de, ventiler. – Exposer à l'air. – Fig. Rendre moins serré, moins compact. 🔊 [aeʀe].

AÉRIEN, IENNE, adj.
Constitué d'air. – Situé dans l'air. – Léger. – Qui concerne les avions. 🔊 [aeʀjɛ̃, -jɛn].

AÉROBIC, subst. m.
Gymnastique dynamique, rythmée par une musique. 🔊 [aeʀɔbik].

AÉROBIE, adj. et subst. m.
Se dit d'un être qui a besoin d'oxygène ou d'air pour vivre (contr. *anaérobie*). 🔊 [aeʀɔbi].

AÉRODROME, subst. m.
Terrain aménagé pour le décollage, l'atterrissage et l'entretien des avions. 🔊 [aeʀodʀom].

AÉRODYNAMIQUE, adj. et subst. f.
Adj. Qui offre une résistance minimale à l'air. – Subst. Science étudiant le déplacement des corps dans l'air. 🔊 [aeʀodinamik].

AÉROGARE, subst. f.
Ensemble des installations d'un aéroport conçues pour les voyageurs et le fret. 🔊 [aeʀogaʀ].

AÉROGLISSEUR, subst. m.
Véhicule qui se déplace au-dessus du sol ou de l'eau grâce à un mince coussin d'air. 🔊 [aeʀoglisœʀ].

AÉRONAUTE, subst.
Personne qui navigue dans un aérostat ou qui le dirige. 🔊 [aeʀonot].

AÉRONAUTIQUE, adj. et subst. f.
Subst. Science de la navigation aérienne. – Adj. Qui se rapporte à la navigation aérienne. 🔊 [aeʀonotik].

AÉRONAVAL, ALE, ALS, adj. et subst. f.
Adj. Relatif à l'aviation et à la marine de guerre. – Subst. Force aérienne de la marine militaire. 🔊 [aeʀonaval].

AÉRONEF, subst. m.
Tout appareil capable de se déplacer et de se diriger dans les airs. 🔊 [aeʀonɛf].

AÉROPHAGIE, subst. f.
Déglutition d'air, qui pénètre dans l'estomac. 🔊 [aeʀofaʒi].

AÉROPLANE, subst. m.
Synon. désuet d'« avion ». 🔊 [aeʀoplan].

AÉROPORT, subst. m.
Lieu aménagé pour le décollage, l'atterrissage, l'entretien des avions et pour la gestion des voyages aériens. 🔊 [aeʀopɔʀ].

AÉROSOL, subst. m.
Suspension de fines particules dans un gaz. – Vaporisateur permettant la projection de cette suspension. 🔊 [aeʀosol].

AÉROSPATIAL, ALE, AUX, adj.
Qui concerne la navigation aérienne et spatiale. 🔊 [aeʀospasjal].

AÉROSTAT, subst. m.
Aéronef (ballon, dirigeable) qui peut s'élever au moyen d'un gaz plus léger que l'air. 📾 [aerɔsta].

AFFABLE, adj.
Accueillant, avenant. 📾 [afablə].

AFFABULATION, subst. f.
Récit imaginaire présenté comme s'il se rapportait à des faits réels, sans intention mensongère. 📾 [afabylasjɔ̃].

AFFADIR, verbe trans. [19]
Rendre fade, insipide. – Affaiblir (une idée, un style, une œuvre). 📾 [afadiʀ].

AFFAIBLIR, verbe trans. [19]
Rendre faible. – Atténuer. 📾 [afebliʀ].

AFFAIBLISSEMENT, subst. m.
Fait d'affaiblir. – Son résultat. 📾 [afeblismɑ̃].

AFFAIRE, subst. f.
Occupation ; question qu'il faut traiter : *Avoir* **affaire** ; *Une* **affaire** *d'argent*. – Ce qui concerne qqn en propre : *C'est mon* **affaire**. – Entreprise. – Opération commerciale : *Conclure une* **affaire**. – Opération avantageuse : *Ce lot, c'est une* **affaire** ! – Procès, scandale suscitant l'intérêt du public. – Conflit. – *Avoir* **affaire** *à qqn* : être en contact avec qqn ; l'avoir pour adversaire. – Plur. Objets usuels d'une personne. – Ensemble des activités financières et commerciales. 📾 [afɛʀ].

AFFAIRÉ, ÉE, adj.
Très occupé. 📾 [afeʀe].

AFFAIRER (S'), verbe pronom. [3]
S'empresser, s'activer. 📾 [afeʀe].

AFFAIRISME, subst. m.
Activité d'une personne guidée par la recherche du profit à tout prix. 📾 [afeʀismə].

AFFAISSEMENT, subst. m.
Fait de s'affaisser. – État qui en résulte. – Fig. Abattement moral. 📾 [afɛsmɑ̃].

AFFAISSER (S'), verbe pronom. [3]
Baisser de niveau sous l'effet de son propre poids : *Le terrain s'est* **affaissé**. – Tomber de sa hauteur, en parlant d'un être vivant. 📾 [afese].

AFFALER, verbe trans. [3]
Mar. Faire descendre (une voile, par ex.). – Pronom. Se laisser tomber, s'effondrer (fam.). 📾 [afale].

AFFAMÉ, ÉE, adj. et subst.
Qui a très faim. – Fig. Qui est très désireux de qqch. 📾 [afame].

AFFAMER, verbe trans. [3]
Faire souffrir de la faim. 📾 [afame].

AFFAMEUR, EUSE, subst.
Qui réduit à la famine. 📾 [afamœʀ, -øz].

AFFECTATION (I), subst. f.
Simulation, comportement qui manque de naturel. 📾 [afɛktasjɔ̃].

AFFECTATION (II), subst. f.
Imputation de qqch. à un usage précis. – Désignation de qqn à une fonction ou à un poste. 📾 [afɛktasjɔ̃].

AFFECTER (I), verbe trans. [3]
Feindre avec ostentation, faire semblant de. 📾 [afɛkte].

AFFECTER (II), verbe trans. [3]
Imputer pour un usage. – Désigner pour un poste. 📾 [afɛkte].

AFFECTER (III), verbe trans. [3]
Atteindre, causer une douleur à. – Affliger. – Faire sentir son action sur. 📾 [afɛkte].

AFFECTIF, IVE, adj.
Qui est du domaine des émotions, des sentiments. 📾 [afɛktif, -iv].

AFFECTION, subst. f.
Amitié, tendresse envers qqn. – Prédilection pour. – Maladie. 📾 [afɛksjɔ̃].

AFFECTIONNER, verbe trans. [3]
Éprouver du goût pour. 📾 [afɛksjone].

AFFECTIVITÉ, subst. f.
Faculté d'éprouver des émotions et des sentiments. – Ces phénomènes. 📾 [afɛktivite].

AFFECTUEUX, EUSE, adj.
Qui témoigne de l'affection, de la tendresse. 📾 [afɛktɥø, -øz].

AFFÉRENT, ENTE, adj.
Relatif à. – *Dr.* Qui revient à. – *Anat.* Qui arrive à un organe. 📾 [afeʀɑ̃, -ɑ̃t].

AFFERMIR, verbe trans. [19]
Rendre plus ferme. 📾 [afɛʀmiʀ].

AFFICHAGE, subst. m.
Action de coller des affiches. – Son résultat : *L'affichage des listes électorales*. 📾 [afiʃaʒ].

AFFICHE, subst. f.
Annonce écrite, apposée dans les lieux publics. 📾 [afiʃ].

AFFICHER, verbe trans. [3]
Apposer une affiche ; annoncer par voie d'affiche. – Fig. Exhiber. – Pronom. Se montrer avec ostentation. 📾 [afiʃe].

AFFILÉE (D'), loc. adv.
D'une seule traite, sans interruption. 📾 [dafile].

AFFILIATION, subst. f.
Action d'affilier, de s'affilier à. 📾 [afiljasjɔ̃].

AFFILIER, verbe trans. [6]
Rattacher (qqn) à un groupe, à un organisme. – Pronom. Adhérer à. 📾 [afilje].

AFFINER, verbe trans. [3]
Épurer. – Rendre plus fin. – **Affiner** *un fromage* : achever sa maturation. 📾 [afine].

AFFINITÉ, subst. f.
Ressemblance, analogie, rapprochement. – Harmonie, accord. 📾 [afinite].

AFFIRMATIF, IVE, adj. et subst. f.
Adj. Qui énonce ou constitue une affirmation. – Subst. *Répondre par l'***affirmative** : dire oui. 📾 [afiʀmatif, -iv].

AFFIRMATION, subst. f.
Action d'affirmer la véracité (d'un jugement). – Proposition affirmative. – Action d'imposer avec netteté et vigueur (sa personnalité, ses idées, etc.). 📾 [afiʀmasjɔ̃].

AFFIRMER, verbe trans. [3]
Énoncer que qqch. est vrai. – Rendre plus net, plus solide. – Pronom. S'imposer avec netteté. 🐚 [afiʀme].

AFFLEURER, verbe trans. [3]
Mettre de niveau. – Parvenir à fleur de. 🐚 [aflœʀe].

AFFLICTION, subst. f.
Chagrin, douleur accablante. 🐚 [afliksjɔ̃].

AFFLIGER, verbe trans. [5]
Accabler, éprouver très durement. – Faire souffrir moralement, attrister. 🐚 [afliʒe].

AFFLUENCE, subst. f.
Rassemblement important de personnes. 🐚 [aflyɑ̃s].

AFFLUENT, subst. m.
Cours d'eau qui se jette dans un autre, plus important. 🐚 [aflyɑ̃].

AFFLUER, verbe intrans. [3]
Couler abondamment. – Arriver en grand nombre, en grande quantité. 🐚 [aflye].

AFFLUX, subst. m.
Fait d'affluer. – Arrivée en masse. 🐚 [afly].

AFFOLANT, ANTE, adj.
Qui affole, qui trouble. 🐚 [afolɑ̃, -ɑ̃t].

AFFOLEMENT, subst. m.
Grand trouble, agitation très intense et confuse. 🐚 [afolmɑ̃].

AFFOLER, verbe trans. [3]
Rendre comme fou (d'amour, de terreur, de colère, etc.). 🐚 [afole].

AFFRANCHI, IE, adj. et subst.
Adj. Rendu libre. – Libéré de préjugés et d'idées préconçues. – *Lettre* **affranchie** : timbrée. – Subst. Esclave qui a été **affranchi**. 🐚 [afʀɑ̃ʃi].

AFFRANCHIR, verbe trans. [19]
Libérer d'une autorité physique ou morale. – Payer le port d'un envoi postal. – Pronom. Se dégager d'une emprise. 🐚 [afʀɑ̃ʃiʀ].

AFFRANCHISSEMENT, subst. m.
Action d'affranchir. – Paiement du port d'un envoi postal. 🐚 [afʀɑ̃ʃismɑ̃].

AFFRES, subst. f. plur.
Angoisse extrême. – Torture : *Les* **affres** *de la soif dans le désert.* 🐚 [afʀ].

AFFRÉTER, verbe trans. [8]
Prendre en location un navire, un avion ou tout autre moyen de transport. 🐚 [afʀete].

AFFREUX, EUSE, adj.
Qui engendre l'épouvante ; hideux, repoussant. – Détestable. 🐚 [afʀø, -øz].

AFFRIOLANT, ANTE, adj.
Qui provoque le désir. 🐚 [afʀijolɑ̃, -ɑ̃t].

AFFRIOLER, verbe trans. [3]
Séduire, exciter. 🐚 [afʀijole].

AFFRONT, subst. m.
Marque d'offense, souv. en public. – Humiliation. 🐚 [afʀɔ̃].

AFFRONTEMENT, subst. m.
Rencontre face à face de deux personnes ou de deux forces, souv. hostiles. – Opposition de deux idées, de deux sentiments. 🐚 [afʀɔ̃tmɑ̃].

AFFRONTER, verbe trans. [3]
Faire front, livrer bataille contre. – Combattre hardiment (un adversaire, une doctrine, des préjugés, etc.). 🐚 [afʀɔ̃te].

AFFUBLER, verbe trans. [3]
Vêtir de façon bizarre. 🐚 [afyble].

AFFÛT, subst. m.
Support d'une pièce d'artillerie. – Lieu d'où l'on guette un gibier, un adversaire. – *Être à l'*affût : aux aguets. 🐚 [afy].

AFFÛTER, verbe trans. [3]
Aiguiser, rendre pointu. 🐚 [afyte].

AFIN DE, AFIN QUE, loc.
Loc. prép. **Afin de** + inf : pour, en vue de. – Loc. conj. **Afin que** + subj. : pour que. 🐚 [afɛ̃də, afɛ̃kə].

A FORTIORI, loc. adv.
À plus forte raison. 🐚 [afɔʀsjoʀi].

AFTER-SHAVE, subst. m. inv.
Lotion après-rasage. 🐚 [aftœʀʃɛv].

AGACEMENT, subst. m.
Légère irritation, impatience. 🐚 [agasmɑ̃].

AGACER, verbe trans. [4]
Causer une légère irritation à ; impatienter, énerver. 🐚 [agase].

AGAPES, subst. f. plur.
Repas entre amis, copieux et gai. 🐚 [agap].

AGATE, subst. f.
Variété de quartz présentant des couches concentriques colorées. 🐚 [agat].

AGAVE, subst. m.
Plante grasse, originaire d'Amérique centrale. 🐚 [agav].

ÂGE, subst. m.
Temps écoulé depuis la naissance de qqn ou la fabrication de qqch. – Période de la vie. – Période de l'histoire : *Le Moyen* Âge. – Étage géologique. 🐚 [ɑʒ].

ÂGÉ, ÂGÉE, adj.
Qui a atteint tel âge : Âgé *de quatre ans.* – Vieux, vieille : *Une femme* âgée. 🐚 [ɑʒe].

AGENCE, subst. f.
Organisme administratif. – Succursale d'une entreprise. – Établissement commercial servant d'intermédiaire. 🐚 [aʒɑ̃s].

AGENCER, verbe trans. [4]
Organiser (les parties d'un ensemble). 🐚 [aʒɑ̃se].

AGENDA, subst. m.
Carnet sur lequel on note ce que l'on doit faire jour par jour. 🐚 [aʒɛ̃da].

AGENOUILLER (S'), verbe pronom. [3]
Se mettre à genoux. 🐚 [aʒnuje].

AGENT, subst. m.
Celui qui agit. – Celui qui agit pour le compte d'autrui. – Ce qui produit un effet : *Le bacille de Koch est l'*agent *de la tuberculose.* 🐚 [aʒɑ̃].

AGGLOMÉRATION, subst. f.
Action d'agglomérer. – Ensemble urbain. 🔊 [aglɔmeʀasjɔ̃].

AGGLOMÉRÉ, subst. m.
Matériau obtenu par l'agglomération d'éléments disparates. 🔊 [aglɔmeʀe].

AGGLOMÉRER, verbe trans. [8]
Agréger en une masse compacte d'aspect unifié. 🔊 [aglɔmeʀe].

AGGLUTINER, verbe trans. [3]
Concentrer en une masse compacte. 🔊 [aglytine].

AGGRAVER, verbe trans. [3]
Rendre plus grave. – Pronom. Empirer. 🔊 [agʀave].

AGILE, adj.
Adroit, prompt dans ses mouvements. – Fig. Vif, délié : *Une intelligence* agile. 🔊 [aʒil].

AGILITÉ, subst. f.
Adresse et rapidité corporelles. – Fig. Vivacité intellectuelle. 🔊 [aʒilite].

AGIO, subst. m.
Commission de banque. 🔊 [aʒjo].

AGIR, verbe intrans. [19]
Accomplir des actes, des actions. – Se comporter : *Agir en brave.* – Produire un effet : *Ce sirop* agit *sur la toux.* – Agir *auprès de qqn* : tenter de l'influencer ; Agir *sur qqch.* : le modifier. – Intenter une action (en justice). – Pronom. impers. *Il s'agit de* : il est question de. 🔊 [aʒiʀ].

AGISSEMENTS, subst. m. plur.
Activité critiquable. 🔊 [aʒismɑ̃].

AGITATEUR, TRICE, subst.
Personne qui cherche à susciter des troubles politiques ou sociaux. 🔊 [aʒitatœʀ, -tʀis].

AGITER, verbe trans. [3]
Remuer fortement, de manière plus ou moins irrégulière. – Troubler, exciter. – Fig. Agiter *des idées* : débattre. 🔊 [aʒite].

AGNEAU, ELLE, subst.
Petit de la brebis. 🔊 [aɲo, -εl].

AGNOSTICISME, subst. m.
Doctrine qui considère que toute recherche de l'absolu est illusoire. 🔊 [agnɔstisism].

AGNOSTIQUE, adj. et subst.
Qui professe l'agnosticisme. 🔊 [agnɔstik].

AGONIE, subst. f.
Moment qui précède immédiatement la mort, caractérisé par l'affaiblissement des fonctions vitales. – Fig. Déclin, approche de la fin. 🔊 [agɔni].

AGONISER, verbe intrans. [3]
Être à l'agonie. 🔊 [agɔnize].

AGORA, subst. f.
Dans la Grèce antique, place publique d'une cité, centre politique et social. 🔊 [agɔʀa].

AGORAPHOBIE, subst. f.
Crainte obsessionnelle des grands espaces vides ou de la foule. 🔊 [agɔʀafɔbi].

AGRAFE, subst. f.
Petit crochet de métal servant à assembler des choses : Agrafe *de bureau.* 🔊 [agʀaf].

AGRAFER, verbe trans. [3]
Attacher avec une agrafe. 🔊 [agʀafe].

AGRAFEUSE, subst. f.
Machine servant à agrafer. 🔊 [agʀaføz].

AGRAIRE, adj.
Qui concerne les terres cultivées. 🔊 [agʀεʀ].

AGRANDIR, verbe trans. [19]
Accroître les dimensions de. 🔊 [agʀɑ̃diʀ].

AGRANDISSEMENT, subst. m.
Action d'agrandir (un domaine, un cliché, etc.). – Son résultat. 🔊 [agʀɑ̃dismɑ̃].

AGRANDISSEUR, subst. m.
Appareil servant à agrandir les photographies lors du tirage. 🔊 [agʀɑ̃disœʀ].

AGRÉABLE, adj.
Que l'on trouve à son gré. – Séduisant pour les sens ou pour l'esprit. 🔊 [agʀeabl].

AGRÉÉ, ÉE, adj.
Reconnu officiellement. 🔊 [agʀee].

AGRÉER, verbe trans. [7]
Trans. dir. Accueillir favorablement. – Reconnaître officiellement. – Trans. indir. Convenir, plaire à. 🔊 [agʀee].

AGRÉGAT, subst. m.
Agglomération d'éléments différents ; ensemble hétérogène. – Écon. Grandeur calculée à l'échelle d'une population. 🔊 [agʀega].

AGRÉGATION, subst. f.
Action d'agréger. – Concours de recrutement de certains professeurs (de lycée, de droit, etc.). 🔊 [agʀegasjɔ̃].

AGRÉGÉ, ÉE, adj. et subst.
Adj. Formé d'éléments hétérogènes. – Subst. Personne reçue à l'agrégation. 🔊 [agʀeʒe].

AGRÉGER, verbe trans. [3]
Réunir étroitement. – Incorporer à un ensemble constitué. 🔊 [agʀeʒe].

AGRÉMENT, subst. m.
Consentement donné par une autorité ; reconnaissance officielle. – Qualité de ce qui est agréable. 🔊 [agʀemɑ̃].

AGRÉMENTER, verbe trans. [3]
Rendre plus agréable, orner. 🔊 [agʀemɑ̃te].

AGRÈS, subst. m. plur.
Éléments de la mâture d'un navire (voiles, poulies, cordages, etc.). – Appareils de gymnastique. 🔊 [agʀε].

AGRESSER, verbe trans. [3]
Attaquer brutalement (qqn). 🔊 [agʀese].

AGRESSIF, IVE, adj.
Qui est porté à agresser autrui. – Qui choque : *Un parfum* agressif. 🔊 [agʀesif, -iv].

AGRESSION, subst. f.
Attaque violente. – Fig. Comportement, parole tendant à blesser. 🔊 [agʀesjɔ̃].

AGRESSIVITÉ, subst. f.
Tendance à agresser. – Ensemble des pulsions agressives d'un sujet. 🔊 [agʀesivite].

AGRICOLE, adj.
Relatif à l'agriculture. 🔊 [agʀikɔl].

AGRICULTEUR, TRICE, subst.
Personne qui a l'agriculture pour métier.
🔊 [agʀikyltœʀ, -tʀis].

AGRICULTURE, subst. f.
Activité économique dont l'objet est la culture du sol et l'élevage des animaux, afin de produire des denrées alimentaires.
🔊 [agʀikyltyʀ].

AGRIPPER, verbe trans. [3]
Saisir fermement. – Pronom. S'accrocher (à). 🔊 [agʀipe].

AGROALIMENTAIRE, adj. et subst. m.
Se dit du traitement industriel des produits agricoles. 🔊 [agʀoalimɑ̃tɛʀ].

AGRONOME, subst.
Spécialiste en agronomie. 🔊 [agʀɔnɔm].

AGRONOMIE, subst. f.
Approche scientifique (biologie, chimie, physique) de l'agriculture. 🔊 [agʀɔnɔmi].

AGRUME, subst. m.
Nom générique de certains fruits (orange, citron, pamplemousse, etc.). 🔊 [agʀym].

AGUERRIR, verbe trans. [19]
Endurcir, accoutumer aux épreuves, aux souffrances. 🔊 [ageʀiʀ].

AGUETS, subst. m. plur.
Être aux **aguets** : être très vigilant. 🔊 [agɛ].

AGUICHER, verbe trans. [3]
Chercher à séduire par une attitude coquette ou provocante. 🔊 [agiʃe].

AH, interj.
Cri ou soupir renforçant l'expression d'une émotion, d'une idée, etc. 🔊 [*ɑ].

AHURI, IE, adj. et subst.
Qui a l'air très étonné, hébété. 🔊 [ayʀi].

AHURISSANT, ANTE, adj.
Qu'on a peine à croire. 🔊 [ayʀisɑ̃, -ɑ̃t].

AHURISSEMENT, subst. m.
Stupéfaction. 🔊 [ayʀismɑ̃].

AIDE (I), subst. f.
Assistance, soutien. – Secours matériel accordé à qqn par une institution. 🔊 [ɛd].

AIDE (II), subst.
Personne qui aide, auxiliaire : *Aide de camp* ; *Aide familiale*. 🔊 [ɛd].

AIDE-MÉMOIRE, subst. m. inv.
Note, résumé, contenant l'essentiel de ce qui doit être su. 🔊 [ɛdmemwaʀ].

AIDER, verbe trans. [3]
Trans. dir. Apporter une aide, un soutien à (qqn). – Trans. indir. Aider *à* : contribuer à. – Pronom. Se servir de : *S'aider d'une canne.* 🔊 [ede].

AÏE, interj.
Cri exprimant la douleur ou une désapprobation ironique. 🔊 [aj].

AÏEUL, AÏEULE, subst.
Le grand-père ou la grand-mère de qqn. 🔊 Plur. *aïeuls, aïeules* : [ajœl].

AÏEUX, subst. m. plur.
Ancêtres (littér.). 🔊 [ajø].

AIGLE, subst.
Masc. Oiseau rapace diurne. – Fém. Enseigne militaire portant une figure d'aigle : *Les aigles romaines.* 🔊 [ɛgl].

AIGLEFIN, voir ÉGLEFIN

AIGRE, adj.
Piquant, acide : *Saveur, odeur aigre.* – Criard, perçant : *Voix aigre.* 🔊 [ɛgʀ].

AIGRE-DOUX, -DOUCE, adj.
Dont la saveur est à la fois aigre et sucrée. 🔊 [ɛgʀedu, -dus].

AIGRETTE, subst. f.
Échassier blanc, voisin du héron. – Faisceau de plumes sur la tête de certains oiseaux. – Plumet servant d'ornement. 🔊 [ɛgʀɛt].

AIGREUR, subst. f.
Saveur ou odeur aigre, piquante. – Fig. Amertume, animosité. 🔊 [ɛgʀœʀ].

AIGRI, IE, adj.
Devenu, rendu aigre. 🔊 [egʀi].

AIGRIR, verbe [19]
Intrans. Devenir aigre, tourner. – Trans. Rendre acariâtre, amer. 🔊 [egʀiʀ].

AIGU, UË, adj.
Pointu. – Fig. Fin, pénétrant : *Un esprit aigu.* – Mus. Qualifie un son de fréquence élevée (contr. *grave*). 🔊 [egy].

AIGUIÈRE, subst. f.
Vase à eau pourvu d'une anse et d'un bec. 🔊 [ɛgjɛʀ].

AIGUILLAGE, subst. m.
Dispositif permettant de faire passer un train d'une voie sur une autre. – Manœuvre de ce dispositif. – Fig. Orientation (de personnes, d'idées). 🔊 [egɥijaʒ].

AIGUILLE, subst. f.
Petite tige d'acier percée d'un trou, servant à coudre et à broder. – Aiguilles *à tricoter* : tiges servant à tricoter. – Tech. Élément terminé en pointe, en gén. mobile : Aiguille *d'une boussole.* 🔊 [egɥij].

AIGUILLER, verbe trans. [3]
Diriger un train à l'aide d'un aiguillage. – Orienter (une personne ou un véhicule) dans une direction définie. 🔊 [egɥije].

AIGUILLEUR, subst. m.
Agent chargé d'aiguiller les convois ferroviaires. – Aiguilleur *du ciel* : agent chargé du contrôle de la navigation aérienne. 🔊 [egɥijœʀ].

AIGUILLON, subst. m.
Dard de certains animaux. – Pointe de fer fixée au bout d'un bâton, utilisée pour stimuler les bœufs. – Fig. Incitation, stimulation. 🔊 [egɥijɔ̃].

AIGUISER, verbe trans. [3]
Affûter (une lame). – Stimuler, donner de l'acuité à. 🔊 [egize].

AÏKIDO, subst. m.
Art martial japonais. 🔊 [aikido].

AIL, AILS ou AULX, subst. m.
Plante dont le bulbe est utilisé comme condiment. 🔊 [aj], plur. [o].

AILE, subst. f.
Chacun des membres mobiles des oiseaux, des chauves-souris et des insectes, qui leur servent en gén. à voler. – Chacune des surfaces planes qui assurent la sustentation d'un avion. – Partie latérale d'un bâtiment, d'une armée, etc. – Élément de la carrosserie recouvrant le haut de la roue d'une automobile. 🔊 [ɛl].

AILÉ, ÉE, adj.
Qui possède des ailes. 🔊 [ele].

AILERON, subst. m.
Extrémité de l'aile d'un oiseau. – Nageoire des requins, des raies. – Volet mobile à l'arrière d'une aile d'avion. 🔊 [ɛlʀɔ̃].

AILIER, subst. m.
Joueur qui se trouve à l'aile d'une équipe de football, de rugby, etc. 🔊 [elje].

AILLEURS, adv.
Dans un autre lieu. – Fig. *Être ailleurs* : être distrait. – *D'ailleurs* : en outre ; *Par ailleurs* : d'autre part. 🔊 [ajœʀ].

AILLOLI, voir **AÏOLI**

AIMABLE, adj.
Bienveillant, doux. 🔊 [emabl].

AIMANT, subst. m.
Pièce d'oxyde de fer (**aimant** naturel) ou corps traité (**aimant** artificiel) qui a la propriété d'attirer le fer. 🔊 [emɑ̃].

AIMANTATION, subst. f.
Action d'aimanter. – État d'un corps aimanté. 🔊 [emɑ̃tasjɔ̃].

AIMANTER, verbe trans. [3]
Communiquer des propriétés magnétiques à (un corps). 🔊 [emɑ̃te].

AIMER, verbe trans. [3]
Éprouver de l'affection, une passion amoureuse pour (qqn). – Montrer de l'intérêt, une inclination pour (qqch). 🔊 [eme].

AINE, subst. f.
Région du corps située entre la cuisse et le bas du ventre. 🔊 [ɛn].

AÎNÉ, ÉE, adj. et subst.
Qui est né le premier. – Qui est plus âgé : *Elle est son aînée de un an.* 🔊 [ene].

AÎNESSE, subst. f.
Droit d'aînesse : droit qui privilégiait l'aîné dans la succession. 🔊 [ɛnɛs].

AINSI, adv.
De cette manière, de la sorte. – En conséquence. – Par exemple. 🔊 [ɛ̃si].

AÏOLI, subst. m.
Mayonnaise à l'huile d'olive et à l'ail. – Le plat (morue bouillie, légumes) servi avec cette sauce. 🔊 [ajɔli].

AIR (I), subst. m.
Mélange gazeux invisible, incolore et sans saveur qui enveloppe la Terre et constitue l'atmosphère. – L'espace au-dessus du sol : *En l'air* ; *À l'air libre*, dehors. 🔊 [ɛʀ].

AIR (II), subst. m.
Attitude, allure, apparence : *Avoir l'air*, sembler. 🔊 [ɛʀ].

AIR (III), subst. m.
Mélodie. – Chanson. 🔊 [ɛʀ].

AIRAIN, subst. m.
Alliage de cuivre et d'étain (synon. *bronze*). 🔊 [ɛʀɛ̃].

AIR BAG, subst. m.
Coussin de protection à l'intérieur d'une voiture, qui se gonfle lors d'un choc. 🔊 N. déposé ; [ɛʀbag].

AIRE, subst. f.
Nid d'un grand oiseau de proie. – Espace aménagé pour une activité : *Aire de jeu.* – Superficie : *L'aire d'un cercle.* – *Aires cérébrales* : régions du cortex. – Zone où a lieu une activité ou un phénomène : *Aire culturelle.* 🔊 [ɛʀ].

AIRELLE, subst. f.
Arbrisseau des montagnes, à baies comestibles. – Son fruit. 🔊 [ɛʀɛl].

AISANCE, subst. f.
Facilité, élégance naturelle. – Bonne situation de fortune. – *Lieux, cabinets d'aisances* : pour les besoins naturels (vieilli). 🔊 [ɛzɑ̃s].

AISE (I), subst. f.
Confort, absence de gêne (physique ou monétaire) : *Vivre à l'aise.* 🔊 [ɛz].

AISE (II), subst. f.
Satisfait, comblé : *J'en suis fort aise.* 🔊 [ɛz].

AISÉ, ÉE, adj.
Qui se fait sans difficulté. – Qui vit dans l'aisance. 🔊 [eze].

AISSELLE, subst. f.
Creux situé sous l'attache du bras au tronc. 🔊 [ɛsɛl].

AJONC, subst. m.
Arbuste à fleurs jaunes. 🔊 [aʒɔ̃].

AJOURER, verbe trans. [3]
Percer de jours, dans un but d'ornementation. 🔊 [aʒuʀe].

AJOURNEMENT, subst. m.
Report à une date ultérieure. 🔊 [aʒuʀnəmɑ̃].

AJOURNER, verbe trans. [3]
Remettre à plus tard. – Renvoyer (un candidat) à une autre session d'examen. 🔊 [aʒuʀne].

AJOUT, subst. m.
Ce qui est mis en plus. 🔊 [aʒu].

AJOUTER, verbe trans. [3]
Mettre en plus. – Dire en plus : *J'ajoute que.* 🔊 [aʒute].

AJUSTÉ, ÉE, adj.
Se dit d'un vêtement qui épouse la forme du corps. 🔊 [aʒyste].

AJUSTER, verbe trans. [3]
Rendre conforme à une norme. – Adapter parfaitement (une chose à une autre), assembler. 🔊 [aʒyste].

ALACRITÉ, subst. f.
Ardeur joyeuse, entrain. 🔊 [alakʀite].

ALAISE, subst. f.
Tissu recouvrant un matelas pour le protéger. 🔊 [alɛz].

ALAMBIC, subst. m.
Appareil servant à la distillation, en partic. de l'alcool. ◪ [alãbik].

ALAMBIQUÉ, ÉE, adj.
Trop subtil. – Obscur. ◪ [alãbike].

ALANGUI, IE, adj.
Affaibli. – Envahi par une tendre mélancolie, langoureux. ◪ [alãgi].

ALARME, subst. f.
Signal qui avertit d'un danger. – Trouble, inquiétude. ◪ [alaʀm].

ALARMER, verbe trans. [3]
Avertir d'un danger, proche ou lointain. – Pronom. Se soucier vivement de, redouter. ◪ [alaʀme].

ALBÂTRE, subst. m.
Roche calcaire blanche et fine, translucide. – Fig. D'albâtre : d'un blanc très pur. ◪ [albɑtʀ].

ALBATROS, subst. m.
Grand oiseau marin de l'hémisphère Sud. ◪ [albatʀos].

ALBIGEOIS, OISE, subst.
Adepte de l'hérésie cathare dans le sud de la France, au Moyen Âge. ◪ [albiʒwa, -waz].

ALBINOS, adj. et subst.
Se dit de qqn ou d'un animal qui est atteint d'une anomalie congénitale caractérisée par l'absence de pigmentation de la peau, des cheveux. ◪ [albinos].

ALBUM, subst. m.
Cahier où l'on réunit des dessins, des timbres, des photographies, etc. – Livre illustré, de grandes dimensions. – Disque. ◪ [albɔm].

ALBUMINE, subst. f.
Substance organique azotée (protéine), présente notamment dans le blanc d'œuf, le lait et le plasma sanguin. ◪ [albymin].

ALCALIN, INE, adj.
Chim. Qui a les propriétés d'une base : Solution alcaline. – Méd. Qui a des propriétés antiacides. ◪ [alkalɛ̃, -in].

ALCHIMIE, subst. f.
Science occulte visant à la transmutation de l'être et de la matière, en partic. du plomb en or. ◪ [alʃimi].

ALCHIMISTE, subst. m.
Celui qui pratiquait l'alchimie. ◪ [alʃimist].

ALCOOL, subst. m.
Liquide obtenu par la distillation de jus sucrés fermentés. – Chim. Composé organique dont la molécule contient un ou plusieurs groupements – OH. ◪ [alkɔl].

ALCOOLÉMIE, subst. f.
Taux d'alcool dans le sang. ◪ [alkɔlemi].

ALCOOLIQUE, adj. et subst.
Adj. Qui contient de l'alcool ; relatif à l'alcool. – Subst. Personne qui souffre d'alcoolisme. ◪ [alkɔlik].

ALCOOLISME, subst. m.
Dépendance à l'égard de l'alcool, intoxication par l'alcool. ◪ [alkɔlism].

ALCO(O)TEST, subst. m.
Appareil permettant de mesurer le degré d'alcoolémie de qqn. ◪ N. déposé ; [alkɔtɛst].

ALCÔVE, subst. f.
Renfoncement, dans une chambre, où l'on peut placer un lit. ◪ [alkov].

ALÉA, subst. m.
Hasard. – Plur. Risques. ◪ [alea].

ALÉATOIRE, adj.
Qui dépend du hasard. ◪ [aleatwaʀ].

ALENTOUR, adv.
Aux environs. ◪ [alãtuʀ].

ALENTOURS, subst. m. plur.
Voisinage, lieux environnants. ◪ [alãtuʀ].

ALERTE (I), adj.
Éveillé, vif. ◪ [alɛʀt].

ALERTE (II), subst. f. et interj.
Signal notifiant un danger imminent. ◪ [alɛʀt].

ALERTER, verbe trans. [3]
Avertir d'un danger ou d'une situation anormale. ◪ [alɛʀte].

ALÈSE, voir ALAISE

ALEVIN, subst. m.
Jeune poisson à son éclosion. ◪ [alvɛ̃].

ALEXANDRIN, subst. m.
Litt. Vers de douze syllabes. ◪ [alɛksɔ̃dʀɛ̃].

ALEZAN, ANE, adj. et subst.
Se dit d'un cheval dont la robe et les crins sont brun-rouge. ◪ [alzã, -an].

ALÈZE, voir ALAISE

ALGÈBRE, subst. f.
Méthode de calcul symbolique pour poser et résoudre des équations. – Branche des mathématiques qui a pour objet l'étude de la structure d'un ensemble. ◪ [alʒɛbʀ].

ALGÉBRIQUE, adj.
Qui relève de l'algèbre. ◪ [alʒebʀik].

ALGUE, subst. f.
Végétal, gén. aquatique, n'ayant ni racines, ni tige, ni feuilles. ◪ [alg].

ALIAS, adv.
Autrement nommé. ◪ [aljas].

ALIBI, subst. m.
Preuve fournie par un suspect, un accusé attestant qu'il ne se trouvait pas sur le lieu du délit ou du crime quand ce dernier a été commis. – Fig. Justification, excuse. ◪ [alibi].

ALIÉNATION, subst. f.
Dr. Cession d'un bien ou d'un droit. – Asservissement de l'individu résultant des conditions extérieures. – Aliénation mentale : folie. ◪ [aljenasjɔ̃].

ALIÉNÉ, ÉE, adj. et subst.
Adj. Dr. Transmis par aliénation. – Subst. Fou. ◪ [aljene].

ALIÉNER, verbe trans. [8]
Céder (un bien ou un droit). – Fig. Renoncer à : Aliéner sa liberté. ◪ [aljene].

ALIGNEMENT, subst. m.
Action d'aligner ; son résultat. – Fait de se conformer à la position d'autrui. 🕮 [aliɲmɑ̃].

ALIGNER, verbe trans. [3]
Mettre sur une ligne. – Présenter d'une façon méthodique : **Aligner** *des arguments*. – Pronom. S'**aligner** *sur qqn, qqch.* : l'imiter, s'y conformer. 🕮 [aliɲe].

ALIMENT, subst. m.
Ce qui sert de nourriture aux êtres vivants. 🕮 [alimɑ̃].

ALIMENTATION, subst. f.
Action d'alimenter, de s'alimenter. – Industrie et commerce des produits alimentaires. – Approvisionnement. 🕮 [alimɑ̃tasjɔ̃].

ALIMENTER, verbe trans. [3]
Nourrir (qqn). – Approvisionner (qqch.). 🕮 [alimɑ̃te].

ALINÉA, subst. m.
Retrait au début de la première ligne d'un paragraphe. – Le paragraphe lui-même. 🕮 [alinea].

ALITER, verbe trans. [3]
Faire garder le lit à (qqn). – Pronom. Se mettre au lit à cause d'une maladie. 🕮 [alite].

ALIZÉ, adj. m. et subst. m.
Se dit d'un vent marin régulier de la zone tropicale. 🕮 [alize].

ALLAITEMENT, subst. m.
Action d'allaiter. 🕮 [alɛtmɑ̃].

ALLAITER, verbe trans. [3]
Nourrir de son lait (un bébé), donner le sein. 🕮 [alete].

ALLANT, subst. m.
Ardeur, entrain : *Être plein d'***allant***.* 🕮 [alɑ̃].

ALLÉCHANT, ANTE, adj.
Qui met en appétit. – Attirant. 🕮 [aleʃɑ̃, -ɑ̃t].

ALLÉCHER, verbe trans. [8]
Attirer par une excitation des sens, par des promesses. 🕮 [aleʃe].

ALLÉE, subst. f.
Voie bordée d'arbres, de végétation. – Passage entre des rangées de sièges. 🕮 [ale].

ALLÉGATION, subst. f.
Citation d'une autorité. – Affirmation. 🕮 [al(l)egasjɔ̃].

ALLÉGEANCE, subst. f.
Obligation de fidélité et d'obéissance d'une personne envers l'autorité dont elle relève (suzerain, État). 🕮 [aleʒɑ̃s].

ALLÉGEMENT, subst. m.
Diminution d'une charge. 🕮 On écrit aussi *allègement* ; [alɛʒmɑ̃].

ALLÉGER, verbe trans. [9]
Rendre plus léger. – Rendre plus supportable : **Alléger** *les impôts.* 🕮 [aleʒe].

ALLÉGORIE, subst. f.
Représentation d'une idée abstraite par une figure symbolique ou une narration. 🕮 [al(l)egɔri].

ALLÈGRE, adj.
Vif, joyeux. 🕮 [al(l)ɛgʀ].

ALLÉGRESSE, subst. f.
Joie vive, qui se manifeste. – État de celui qui est allègre. 🕮 [a(l)legʀɛs].

ALLEGRO, adv.
Gaiement, vivement. 🕮 [a(l)legʀo].

ALLÉGRO, subst. m.
Mus. Morceau joué allegro. 🕮 [a(l)legʀo].

ALLÉGUER, verbe trans. [8]
Citer comme autorité ou comme preuve. – Prétexter. 🕮 [al(l)ege].

ALLÉLUIA, subst. m. et interj.
Cri d'allégresse, dans la liturgie juive et chrétienne. – Subst. Chant d'allégresse. 🕮 [al(l)eluja].

ALLEMAND, subst. m.
Langue germanique parlée surtout en Allemagne et en Autriche. 🕮 [almɑ̃].

ALLER (I), verbe intrans. [21]
Se déplacer, se rendre dans un lieu ; conduire vers : **Aller** *à Londres* ; *Cette route va jusqu'à Lyon.* – Être dans un état donné : *Mes affaires* **vont** *bien* ; *Ça va !* – S'accorder, convenir : *Ce chapeau ne me* **va** *pas.* – **Aller** + inf. indique le futur proche : *Il* **va** *manger.* – À l'impératif, interj. d'encouragement : **Allons !** *Au travail !* – Pronom. S'en **aller** : partir ; disparaître. 🕮 [ale].

ALLER (II), subst. m.
Trajet. – Billet de transport : *Un* **aller** *simple.* 🕮 [ale].

ALLERGIE, subst. f.
Réaction de l'organisme à la présence de certaines substances étrangères. 🕮 [alɛʀʒi].

ALLERGIQUE, adj.
Qui relève de l'allergie. 🕮 [alɛʀʒik].

ALLIAGE, subst. m.
Corps métallique obtenu en mélangeant à un métal d'autres éléments (métalliques ou non). 🕮 [aljaʒ].

ALLIANCE, subst. f.
Action d'allier, de s'allier ; résultat de cette action. – Anneau de mariage. – Lien de parenté établi par un mariage. 🕮 [aljɑ̃s].

ALLIÉ, ÉE, adj. et subst.
Se dit de personnes ou de collectivités qui sont unies par un pacte, ou de personnes liées par le mariage d'un membre de leur famille. 🕮 [alje].

ALLIER, verbe trans. [6]
Combiner (des métaux). – Assembler harmonieusement, associer (des choses). – Pronom. S'unir ; s'ajouter. 🕮 [alje].

ALLIGATOR, subst. m.
Reptile proche du crocodile, qui vit essentiellement en Amérique. 🕮 [aligatɔʀ].

ALLITÉRATION, subst. f.
Reprise de sonorités identiques (le plus souv. des consonnes) dans un énoncé. 🕮 [al(l)iteʀasjɔ̃].

ALLÔ, interj.
Terme qui introduit une communication téléphonique. 🕮 [alo].

ALLOCATION, subst. f.
Action d'allouer qqch. à qqn. – Somme allouée. 🕮 [alɔkasjɔ̃].

ALLOCUTION, subst. f.
Bref discours. 🕮 [alɔkysjɔ̃].

ALLONGÉ, ÉE, adj.
Étiré dans le sens de la longueur. – Rendu plus long. – Couché. 🕮 [alɔ̃ʒe].

ALLONGER, verbe [5]
Trans. Rendre plus long, étirer. – Étendre. – Délayer. – Intrans. *Les jours allongent.* – Pronom. Devenir plus long ; s'étendre. 🕮 [alɔ̃ʒe].

ALLOPATHIE, subst. f.
Médecine qui emploie des médicaments dont l'effet est contraire à celui de la maladie. 🕮 [alɔpati].

ALLOUER, verbe trans. [3]
Donner, accorder : Allouer *une bourse, du temps.* 🕮 [alwe].

ALLUMAGE, subst. m.
Action d'allumer ; son résultat. – Inflammation du mélange gazeux, dans un moteur à explosion. 🕮 [alymaʒ].

ALLUMER, verbe trans. [3]
Mettre le feu à. – Éclairer. – Faire fonctionner (fam.) : Allumer *la télévision.* – Provoquer ; exciter. – Pronom. S'enflammer ; devenir lumineux. 🕮 [alyme].

ALLUMETTE, subst. f.
Brin de bois dont l'extrémité est enduite d'une matière inflammable par frottement. 🕮 [alymɛt].

ALLURE, subst. f.
Vitesse de déplacement. – Manière de marcher, de se tenir ; aspect. 🕮 [alyʀ].

ALLUSIF, IVE, adj.
Qui contient une allusion. – Qui s'exprime par allusion. 🕮 [al(l)yzif, -iv].

ALLUSION, subst. f.
Évocation implicite. 🕮 [al(l)yzjɔ̃].

ALLUVIAL, ALE, AUX, adj.
Composé d'alluvions. 🕮 [al(l)yvjal].

ALLUVION, subst. f.
Géol. Dépôt sédimentaire laissé sur un terrain par un cours d'eau, par un glacier (gén. au plur.). 🕮 [al(l)yvjɔ̃].

ALMANACH, subst. m.
Calendrier populaire comportant des indications astronomiques, météorologiques, etc. 🕮 [almana].

ALOI, subst. m.
De bon, de mauvais aloi : de bonne, de mauvaise qualité. 🕮 [alwa].

ALORS, adv.
En ce temps-là. – En conséquence, donc. – Empl. conj. Alors *que* : au moment où ; tandis que. 🕮 [alɔʀ].

ALOUETTE, subst. f.
Oiseau passereau des champs. 🕮 [alwɛt].

ALOURDIR, verbe trans. [19]
Rendre plus lourd. 🕮 [aluʀdiʀ].

ALPAGA, subst. m.
Mammifère ruminant d'Amérique du Sud, élevé pour son poil long et fin. – Tissu en laine d'alpaga. 🕮 [alpaga].

ALPAGE, subst. m.
Prairie de haute montagne où paissent les troupeaux pendant l'été. 🕮 [alpaʒ].

ALPESTRE, adj.
Propre aux Alpes. 🕮 [alpɛstʀ].

ALPHABET, subst. m.
Ensemble des signes figurant les phonèmes d'une langue, disposés selon un ordre déterminé, dit alphabétique. 🕮 [alfabɛ].

ALPHABÉTIQUE, adj.
Qui a rapport à l'alphabet. 🕮 [alfabetik].

ALPHABÉTISATION, subst. f.
Action d'alphabétiser une population. – Son résultat. 🕮 [alfabetizasjɔ̃].

ALPHABÉTISER, verbe trans. [3]
Enseigner la lecture et l'écriture (à des adultes). 🕮 [alfabetize].

ALPHANUMÉRIQUE, adj.
Qui combine les lettres de l'alphabet et les chiffres. 🕮 [alfanymeʀik].

ALPIN, INE, adj.
Relatif aux Alpes. – Qui a rapport à la haute montagne : Le ski alpin. 🕮 [alpɛ̃, -in].

ALPINISME, subst. m.
Sport et technique de l'ascension et de l'escalade en haute montagne. 🕮 [alpinism].

ALPINISTE, subst.
Celui qui pratique l'alpinisme. 🕮 [alpinist].

ALTÉRATION, subst. f.
Modification en mal de l'état normal d'une chose. – Falsification. – *Mus.* Signe, placé au début d'une portée, qui modifie la hauteur d'une note. 🕮 [alteʀasjɔ̃].

ALTERCATION, subst. f.
Échange violent de propos hostiles, dispute. 🕮 [altɛʀkasjɔ̃].

ALTER EGO, subst. m. inv.
Personne de toute confiance, qu'on juge digne d'agir à sa place. 🕮 [alteʀego].

ALTÉRER, verbe trans. [8]
Modifier en mal la nature de ; détériorer. – Donner soif à. 🕮 [alteʀe].

ALTERNANCE, subst. f.
Succession à tour de rôle, dans l'espace ou dans le temps. 🕮 [altɛʀnɑ̃s].

ALTERNATEUR, subst. m.
Générateur de courant électrique alternatif. 🕮 [altɛʀnatœʀ].

ALTERNATIF, IVE, adj.
Périodique, successif. – Qualifie un courant électrique dont l'intensité varie (oppos. *continu*). 🕮 [altɛʀnatif, -iv].

ALTERNATIVE, subst. f.
Option entre deux propositions ou deux situations possibles. 🕮 [altɛʀnativ].

ALTERNER, verbe [3]
Intrans. Se relayer tour à tour dans une tâche ; se succéder. – Trans. Faire se succéder. 🐌 [altɛʀne].

ALTESSE, subst. f.
Titre donné aux princes et aux princesses. 🐌 [altɛs].

ALTIER, IÈRE, adj.
Fier, hautain. 🐌 [altje, -jɛʀ].

ALTITUDE, subst. f.
Hauteur, élévation, par rapport à un niveau donné (gén. celui de la mer). 🐌 [altityd].

ALTO, adj. et subst. m.
Subst. Instrument à cordes, entre le violon et le violoncelle. – Voix de femme la plus grave (synon. *contralto*) ; cantatrice qui possède cette voix (parfois fém. en ce cas). – Adj. Entre le soprano et le ténor, en parlant d'un instrument à vent. 🐌 [alto].

ALTRUISME, subst. m.
Disposition à se montrer bienveillant envers les autres. 🐌 [altʀɥism].

ALTRUISTE, adj. et subst.
Qui relève de l'altruisme. – Personne soucieuse des autres. 🐌 [altʀɥist].

ALUMINIUM, subst. m.
Métal léger blanc, brillant quand il est poli. 🐌 [alyminjɔm].

ALUNIR, verbe intrans. [19]
Se poser sur la Lune. 🐌 [alyniʀ].

ALUNISSAGE, subst. m.
Action de se poser sur la Lune. 🐌 [alynisaʒ].

ALVÉOLE, subst. f.
Petite cavité. 🐌 Le fém. est admis ; [alveɔl].

AMABILITÉ, subst. f.
Qualité d'une personne aimable ; affabilité. – Plur. Prévenances, civilités. 🐌 [amabilite].

AMADOU, subst. m.
Substance facilement inflammable tirée de certains champignons. 🐌 [amadu].

AMADOUER, verbe trans. [3]
Cajoler, adoucir en flattant. 🐌 [amadwe].

AMAIGRI, IE, adj.
Devenu maigre. 🐌 [amegʀi].

AMAIGRIR, verbe trans. [19]
Rendre maigre. – Fig. Affaiblir. – Pronom. Maigrir. 🐌 [amegʀiʀ].

AMAIGRISSEMENT, subst. m.
Le fait de maigrir. – L'état d'une personne amaigrie. 🐌 [amegʀismã].

AMALGAME, subst. m.
Assemblage hétérogène. – Assimilation abusive. 🐌 [amalgam].

AMANDE, subst. f.
Fruit de l'amandier. – Graine contenue dans un noyau. – Ce qui évoque la forme ou la couleur de l'amande. 🐌 [amãd].

AMANITE, subst. f.
Champignon dont la plupart des espèces sont vénéneuses et dont certaines sont mortelles : **Amanite** *phalloïde*. 🐌 [amanit].

AMANT, AMANTE, subst.
Personne qui aime et qui est aimée (vieilli). – Masc. Homme qui entretient une liaison avec une femme qui n'est pas son épouse. – Masc. plur. Couple uni par un amour réciproque. 🐌 [amã, amãt].

AMARIL, ILE, adj.
Qui concerne la fièvre jaune. 🐌 [amaʀil].

AMARRAGE, subst. m.
Action d'amarrer. – Résultat de cette action. 🐌 [amaʀaʒ].

AMARRE, subst. f.
Cordage, chaîne servant à amarrer (un navire). 🐌 [amaʀ].

AMARRER, verbe trans. [3]
Maintenir en place, en gén. un quai, un navire, à l'aide de cordages ou de chaînes. 🐌 [amaʀe].

AMAS, subst. m.
Accumulation, tas (d'objets). 🐌 [amɑ].

AMASSER, verbe trans. [3]
Amonceler, réunir en grande quantité, accumuler. 🐌 [amase].

AMATEUR, adj. et subst. m.
Qui aime ou qui montre un goût vif pour qqch. – Qui exerce une activité sans en faire sa profession. – Dilettante. 🐌 [amatœʀ].

AMATEURISME, subst. m.
Caractère d'une activité pratiquée pour le plaisir, sans rémunération. – Dilettantisme ; négligence. 🐌 [amatœʀism].

AMAZONE, subst. f.
Cavalière. – *Monter en amazone* : avec les deux jambes du même côté de la selle. 🐌 [amazon].

AMBAGES, subst. f. plur.
Sans ambages : franchement, sans détours. 🐌 [ɑ̃baʒ].

AMBASSADE, subst. f.
Mission officielle auprès d'un haut personnage. – Mission diplomatique d'un État auprès d'un autre État. – Bâtiment abritant le personnel d'une **ambassade**. 🐌 [ɑ̃basad].

AMBASSADEUR, DRICE, subst.
Personne qui est à la tête d'une ambassade. – Fig. Porteur d'un message, annonciateur. 🐌 [ɑ̃basadœʀ, -dʀis].

AMBIANCE, subst. f.
Qualité d'un environnement. – Atmosphère gaie, allégresse (fam.). 🐌 [ɑ̃bjɑ̃s].

AMBIANT, ANTE, adj.
Qui appartient au milieu environnant : *La température ambiante*. 🐌 [ɑ̃bjɑ̃, -ɑ̃t].

AMBIDEXTRE, adj. et subst.
Qui se sert également de ses deux mains. 🐌 [ɑ̃bidɛkstʀ].

AMBIGU, UË, adj.
À double sens, équivoque. 🐌 [ɑ̃bigy].

AMBIGUÏTÉ, subst. f.
Caractère de ce qui est ambigu. 🐌 [ɑ̃bigɥite].

AMBITIEUX, IEUSE, adj. et subst.
Qui a de l'ambition. – Qui marque de l'ambition. 🐌 [ɑ̃bisjø, -jøz].

AMBITION, subst. f.
Appétit de pouvoir ou de réussite. – Idéal, aspiration. ◉ [ɑ̃bisjɔ̃].

AMBIVALENCE, subst. f.
Caractère de ce qui présente deux aspects, deux valeurs opposés. ◉ [ɑ̃bivalɑ̃s].

AMBLE, subst. m.
Allure naturelle ou artificielle de certains quadrupèdes, qui lèvent simultanément les deux membres du même côté. ◉ [ɑ̃bl].

AMBRE, subst. m.
Ambre *gris* : sécrétion intestinale du cachalot utilisée en parfumerie. – Ambre *jaune* : résine fossile de conifères, dont on fait des objets précieux et des vernis. ◉ [ɑ̃bʀ].

AMBRÉ, ÉE, adj.
Parfumé d'ambre gris. – De la couleur de l'ambre jaune. ◉ [ɑ̃bʀe].

AMBULANCE, subst. f.
Véhicule servant au transport des malades et des blessés. ◉ [ɑ̃bylɑ̃s].

AMBULANCIER, IÈRE, subst.
Personne qui conduit une ambulance. ◉ [ɑ̃bylɑ̃sje, -jɛʀ].

AMBULANT, ANTE, adj. et subst.
Qui se déplace. ◉ [ɑ̃bylɑ̃, -ɑ̃t].

ÂME, subst. f.
Principe de vie et de pensée de l'être humain. – Personnalité, sensibilité : *L'âme d'un peuple.* – Habitant : *Un village de 1 200 âmes.* – Partie essentielle de qqch. – *Rendre l'âme* : mourir. ◉ [ɑm].

AMÉLIORATION, subst. f.
Action d'améliorer. – Résultat de cette action. ◉ [ameljɔʀasjɔ̃].

AMÉLIORER, verbe trans. [3]
Rendre meilleur. – Pronom. Devenir meilleur, se perfectionner. ◉ [ameljɔʀe].

AMEN, interj.
Mot hébreu signifiant « Ainsi soit-il », et qui termine les prières chrétiennes. – *Dire amen à* : approuver. ◉ [amɛn].

AMÉNAGEMENT, subst. m.
Action d'aménager, d'agencer (une habitation, une entreprise, un territoire). ◉ [amenaʒmɑ̃].

AMÉNAGER, verbe trans. [5]
Agencer, organiser ou équiper en vue d'un résultat précis. ◉ [amenaʒe].

AMENDE, subst. f.
Pénalité pécuniaire infligée à l'auteur d'une infraction. – *Faire amende honorable* : reconnaître ses torts. ◉ [amɑ̃d].

AMENDEMENT, subst. m.
Agric. Substance apportée à un sol pour le rendre plus fertile. – *Dr.* Modification apportée à un projet ou à une proposition de loi. ◉ [amɑ̃dmɑ̃].

AMENDER, verbe trans. [3]
Réformer en vue d'améliorer. – *Agric.* Augmenter la fertilité d'un sol. – Pronom. S'améliorer, se corriger. ◉ [amɑ̃de].

AMÈNE, adj.
Agréable, avenant, bienveillant. ◉ [amɛn].

AMENER, verbe trans. [10]
Faire venir (qqn) avec soi. – Conduire (qqn) dans un lieu. – Fig. Pousser, inciter : *Amener qqn à se décider.* – Causer, occasionner : *La guerre amène le malheur.* ◉ [amne].

AMÉNITÉ, subst. f.
Douceur. – Plur. Injures, méchancetés (iron.) : *Échanger des aménités.* ◉ [amenite].

AMENUISER, verbe trans. [3]
Rendre plus menu. – Fig. Réduire l'importance d'un propos, d'une situation, etc. – Pronom. Devenir de plus en plus fin ; diminuer. ◉ [amənɥize].

AMER, AMÈRE, adj.
Qui a une saveur âpre, mauvaise. – Fig. Qui manifeste de l'amertume. ◉ [amɛʀ].

AMERRIR, verbe intrans. [19]
Se poser sur un plan d'eau. ◉ [ameʀiʀ].

AMERTUME, subst. f.
Saveur amère. – Fig. Tristesse. ◉ [amɛʀtym].

AMÉTHYSTE, subst. f.
Variété de quartz, de couleur violette. ◉ [ametist].

AMEUBLEMENT, subst. m.
Ensemble des meubles et des objets d'une habitation, d'une pièce. ◉ [amœbləmɑ̃].

AMEUBLIR, verbe trans. [19]
Rendre (la terre, le sol) plus meuble. ◉ [amœbliʀ].

AMEUTER, verbe trans. [3]
Regrouper des chiens en meute. – Provoquer un attroupement de. ◉ [amøte].

AMI, AMIE, adj. et subst.
Subst. Personne à laquelle on est lié par un sentiment d'amitié, d'amour, ou par un idéal commun. – Personne qui manifeste du goût pour qqch. : *Un ami des arts.* – Adj. Accueillant, favorable, allié : *Pays ami.* ◉ [ami].

AMIABLE, adj.
Qui se règle sans procédure judiciaire, d'un commun accord. ◉ [amjabl].

AMIANTE, subst. m.
Substance minérale blanche et fibreuse, incombustible et isolante. ◉ [amjɑ̃t].

AMIBE, subst. f.
Animal unicellulaire aquatique dont certaines espèces peuvent parasiter l'homme. ◉ [amib].

AMICAL, ALE, AUX, adj. et subst. f.
Adj. Qui est inspiré par l'amitié ; qui la manifeste. – Subst. Association. ◉ [amikal].

AMIDON, subst. m.
Substance organique qui constitue la réserve alimentaire de nombreux végétaux et qu'on utilise, en solution, pour empeser du linge. ◉ [amidɔ̃].

AMIDONNER, verbe trans. [3]
Empeser, imprégner d'amidon. ◉ [amidɔne].

AMINCIR, verbe trans. [19]
Rendre ou donner une apparence plus mince. 🐌 [amɛ̃siʀ].

AMIRAL, ALE, AUX, adj. et subst.
Subst. Chef d'une flotte de guerre, officier général de la marine de guerre ; au fém., femme d'un amiral. – Adj. Qualifie le navire à bord duquel se trouve un amiral. 🐌 [amiʀal].

AMIRAUTÉ, subst. f.
Office d'amiral. – Siège des services du haut commandement de la marine. 🐌 [amiʀote].

AMITIÉ, subst. f.
Sentiment d'affection qui s'installe entre des personnes. – Entente entre deux groupes. – Marques d'affection (gén. au plur.). 🐌 [amitje].

AMMONIAC, subst. m.
Gaz incolore et suffocant, dont la solution aqueuse est l'« ammoniaque ». 🐌 [amɔnjak].

AMNÉSIE, subst. f.
Perte totale ou partielle de la mémoire. 🐌 [amnezi].

AMNÉSIQUE, adj. et subst.
Adj. Relatif à l'amnésie. – Subst. Personne atteinte d'amnésie. 🐌 [amnezik].

AMNIOTIQUE, adj.
Relatif à la membrane (amnios) qui enveloppe le fœtus. 🐌 [amnjɔtik].

AMNISTIE, subst. f.
Acte législatif prescrivant l'oubli officiel de certaines condamnations ou poursuites et qui en annule les conséquences pénales. 🐌 [amnisti].

AMNISTIER, verbe trans. [6]
Faire bénéficier (qqn ou qqch.) d'une amnistie. 🐌 [amnistje].

AMOINDRIR, verbe trans. [19]
Diminuer. – Pronom. Devenir moindre, perdre de sa vitalité. 🐌 [amwɛ̃dʀiʀ].

AMOLLIR, verbe trans. [19]
Rendre mou, moins ferme. 🐌 [amɔliʀ].

AMONCELER, verbe trans. [12]
Mettre en monceau, réunir en un grand tas. – Pronom. S'accumuler. 🐌 [amɔ̃sle].

AMONCELLEMENT, subst. m.
Action d'amonceler. – Accumulation. 🐌 [amɔ̃sɛlmɑ̃].

AMONT, subst. m.
Partie d'un cours d'eau située entre sa source et un point déterminé (oppos. aval). 🐌 [amɔ̃].

AMORAL, ALE, AUX, adj.
Qui ignore la morale. – Qui agit contre la morale. 🐌 [amɔʀal].

AMORCE, subst. f.
Appât servant à capturer des poissons ou à attirer un gibier. – Ce qui déclenche l'explosion d'une charge. – Fig. Ébauche, phase initiale d'un processus. 🐌 [amɔʀs].

AMORCER, verbe trans. [4]
Garnir d'une amorce. – Mettre en route un processus. – Pronom. Débuter. 🐌 [amɔʀse].

AMORPHE, adj.
Qui n'a pas de forme déterminée. – Sans énergie. 🐌 [amɔʀf].

AMORTIR, verbe trans. [19]
Atténuer l'action de, diminuer l'intensité de. – Rembourser (un emprunt) par paiements successifs. – Amortir une machine, un véhicule : en l'utilisant, reconstituer le capital employé pour l'acquérir. – Pronom. Devenir plus faible. 🐌 [amɔʀtiʀ].

AMORTISSEMENT, subst. m.
Action d'amortir ou de s'amortir : Amortissement d'une dette. 🐌 [amɔʀtismɑ̃].

AMORTISSEUR, subst. m.
Dispositif destiné à amortir les chocs, les vibrations, les oscillations. 🐌 [amɔʀtisœʀ].

AMOUR, subst. m.
Sentiment intense qui attache une personne à une autre. – Sentiment de dévouement ou d'adoration : Amour de la patrie. Amour divin. – Personne aimée. – Goût prononcé pour une chose : L'amour de la lecture. 🐌 Genre fém. au plur., dans un style littér. ; [amuʀ].

AMOURACHER (S'), verbe pronom. [3]
Éprouver une passion soudaine et fugace pour (qqn). 🐌 [amuʀaʃe].

AMOURETTE, subst. f.
Liaison amoureuse passagère. 🐌 [amuʀɛt].

AMOUREUX, EUSE, adj. et subst.
Qui est épris de. – Qui manifeste de l'amour, qui le dénote ou s'y rapporte. 🐌 [amuʀø, -øz].

AMOUR-PROPRE, subst. m.
Sentiment de dignité personnelle. 🐌 Plur. amours-propres ; [amuʀpʀɔpʀ].

AMOVIBLE, adj.
Que l'on peut déplacer ou ôter. 🐌 [amɔvibl].

AMPHÉTAMINE, subst. f.
Substance médicamenteuse agissant sur le système nerveux central. 🐌 [ɑ̃fetamin].

AMPHIBIE, adj. et subst. m.
Qui peut vivre dans l'air ou dans l'eau. – Une voiture amphibie : se déplaçant sur le sol et sur l'eau. 🐌 [ɑ̃fibi].

AMPHIBIEN, subst. m.
Animal vertébré dont la larve a une vie aquatique et l'adulte une vie aérienne (synon. batracien). – Plur. La classe correspondante. 🐌 [ɑ̃fibjɛ̃].

AMPHITHÉÂTRE, subst. m.
Bâtiment en gradins où se tenaient les jeux du cirque. – Grande salle à gradins, dans un théâtre, une université. 🐌 [ɑ̃fiteatʀ].

AMPHORE, subst. f.
Antiq. Vase en terre cuite à deux anses. 🐌 [ɑ̃fɔʀ].

AMPLE, adj.
Vaste, large. – Puissant. 🐌 [ɑ̃pl].

AMPLEUR, subst. f.
Qualité de ce qui est ample. 🐌 [ɑ̃plœʀ].

AMPLIFICATEUR, TRICE, adj. et subst. m.
Adj. Qui amplifie. – Subst. Appareil qui augmente l'intensité d'un signal électrique (abrév. fam. *ampli*). 🕮 [ɑ̃plifikatœʀ, -tʀis].

AMPLIFIER, verbe trans. [6]
Rendre plus ample, plus intense. – Pronom. S'agrandir, s'intensifier. 🕮 [ɑ̃plifje].

AMPLITUDE, subst. f.
État de ce qui est ample, vaste, prestigieux. – Mesure maximale de l'écart réalisé par une grandeur qui varie périodiquement. 🕮 [ɑ̃plityd].

AMPOULE, subst. f.
Petit récipient de verre utilisé pour conserver des liquides (médicaments). – *Ampoule électrique* : enveloppe de verre contenant un filament qui devient lumineux au passage du courant électrique. – Cloque pleine de sérosité, sous la peau. – 🕮 [ɑ̃pul].

AMPOULÉ, ÉE, adj.
Emphatique, pompeux. 🕮 [ɑ̃pule].

AMPUTATION, subst. f.
Action d'amputer (qqn ou qqch.). – Son résultat. 🕮 [ɑ̃pytasjɔ̃].

AMPUTER, verbe trans. [3]
Méd. Retrancher chirurgicalement un membre ou une partie de membre. – Retrancher une partie de. 🕮 [ɑ̃pyte].

AMULETTE, subst. f.
Petit objet auquel on attribue, par superstition, des vertus protectrices. 🕮 [amylɛt].

AMUSANT, ANTE, adj.
Qui amuse, divertit. 🕮 [amyzɑ̃, -ɑ̃t].

AMUSE-GUEULE, subst. m.
Petit hors-d'œuvre servi avant un repas. 🕮 Plur. *amuse-gueule(s)* ; 🕮 [amyzgœl].

AMUSEMENT, subst. m.
Ce qui amuse. – Divertissement, distraction. 🕮 [amyzmɑ̃].

AMUSER, verbe trans. [3]
Divertir agréablement, distraire. – Tromper ou retarder par des feintes : *Amuser l'ennemi.* – Pronom. Se divertir. 🕮 [amyze].

AMYGDALE, subst. f.
Glande en forme d'amande, située au fond de la gorge. 🕮 [amidal].

AN, subst. m.
Année civile. – Temps que met la Terre pour accomplir une révolution autour du Soleil ; année. 🕮 [ɑ̃].

ANABOLISANT, ANTE, adj. et subst. m.
Se dit d'une substance favorisant le développement artificiel des tissus musculaires. 🕮 [anabɔlizɑ̃, -ɑ̃t].

ANACHORÈTE, subst. m.
Moine ermite vivant dans la solitude. – Fig. Personne qui a choisi de vivre retirée du monde. 🕮 [anakɔʀɛt].

ANACHRONISME, subst. m.
Faute chronologique qui consiste à situer à une époque ce qui appartient à une autre. – Objet, usage dépassé. 🕮 [anakʀɔnism].

ANACONDA, subst. m.
Serpent d'Amérique du Sud. 🕮 [anakɔ̃da].

ANAÉROBIE, adj. et subst. m.
Se dit d'un être vivant qui peut se développer normalement en l'absence d'air ou d'oxygène. 🕮 [anaeʀɔbi].

ANAGRAMME, subst. f.
Mot formé des lettres d'un autre mot disposées différemment. 🕮 [anagʀam].

ANAL, ANALE, ANAUX, adj.
Qui se rapporte à l'anus. 🕮 [anal].

ANALGÉSIQUE, adj. et subst. m.
Qui supprime la douleur. 🕮 [analʒezik].

ANALOGIE, subst. f.
Ressemblance entre des choses ou des êtres, similitude. 🕮 [analɔʒi].

ANALOGUE, adj.
Qui présente une analogie avec. 🕮 [analɔg].

ANALPHABÈTE, adj. et subst.
Qui ne sait ni lire ni écrire. – Fig. Qui est peu instruit, ignorant. 🕮 [analfabɛt].

ANALYSE, subst. f.
Décomposition d'un tout en ses parties. – Étude détaillée de qqch. – *Ling.* Étude de la nature et de la fonction des mots et des propositions dans une phrase. – *Math.* Branche comprenant le calcul différentiel et intégral, et la théorie des fonctions. – Synon. de « psychanalyse ». 🕮 [analiz].

ANALYSER, verbe trans. [3]
Faire l'analyse de. 🕮 [analize].

ANALYTIQUE, adj. et subst. f.
Qui se rapporte à l'analyse. 🕮 [analitik].

ANANAS, subst. m.
Plante des régions chaudes, cultivée pour son fruit très sucré. – Ce fruit. 🕮 [anana(s)].

ANARCHIE, subst. f.
Doctrine politique refusant toute organisation de la société fondée sur la notion d'État. – Fig. Désordre. 🕮 [anaʀʃi].

ANATHÈME, subst. m.
Sentence d'excommunication. – Personne frappée d'**anathème**. – Fig. Blâme solennel, condamnation publique. 🕮 [anatɛm].

ANATOMIE, subst. f.
Science qui étudie les parties et la constitution des êtres vivants ; son objet. – Plastique, aspect extérieur du corps (fam.). 🕮 [anatɔmi].

ANCESTRAL, ALE, AUX, adj.
Propre aux ancêtres ; qui vient d'eux. – Très ancien. 🕮 [ɑ̃sɛstʀal].

ANCÊTRE, subst.
Personne dont on descend, ascendant éloigné. – Plur. Ceux qui ont vécu dans les temps anciens : *Nos* **ancêtres** *les Gaulois.* 🕮 [ɑ̃sɛtʀ].

ANCHE, subst. f.
Mus. Languette dont les vibrations produisent un son, dans certains instruments à vent. 🕮 [ɑ̃ʃ].

ANCHOIS, subst. m.
Petit poisson osseux, commun en Méditerranée. 🐟 [ɑ̃ʃwa].

ANCIEN, IENNE, adj. et subst.
Qui existe depuis longtemps. – Qui n'existe plus, révolu ; qui a perdu sa qualité, ses fonctions. – Qui a de l'ancienneté. – *Les Anciens* : personnages et écrivains de l'Antiquité. 🐟 [ɑ̃sjɛ̃, -jɛn].

ANCIENNETÉ, subst. f.
Caractère de ce qui est ancien. – Temps écoulé depuis l'entrée en fonction, la nomination. 🐟 [ɑ̃sjɛnte].

ANCRE, subst. f.
Lourde pièce de métal, fixée au bout d'une chaîne, qu'on immerge pour immobiliser un navire : *Jeter, lever l'ancre.* 🐟 [ɑ̃kʀ].

ANCRER, verbe trans. [3]
Mettre (un navire) à l'ancre. – Fixer fortement. – Fig. Implanter. 🐟 [ɑ̃kʀe].

ANDANTE, subst. m. et adv.
Se dit d'une œuvre musicale jouée dans un mouvement modéré. 🐟 [ɑ̃dɑ̃t].

ANDOUILLE, subst. f.
Boyau de porc farci de tripes et de viande. – Fig. Imbécile (fam.). 🐟 [ɑ̃duj].

ANDROGYNE, adj. et subst. m.
Qui tient des deux sexes ; hermaphrodite. 🐟 [ɑ̃dʀɔʒin].

ANDROÏDE, subst. m.
Robot à forme humaine. 🐟 [ɑ̃dʀɔid].

ÂNE, ÂNESSE, subst.
Mammifère voisin du cheval, à longues oreilles. – Masc. Fig. Personne stupide et têtue ; personne ignorante. 🐟 [ɑn, ɑnɛs].

ANÉANTIR, verbe trans. [19]
Réduire à néant, annihiler. – Fig. Exténuer ; accabler. 🐟 [aneɑ̃tiʀ].

ANÉANTISSEMENT, subst. m.
Fait d'être anéanti. – Destruction totale, effondrement. 🐟 [aneɑ̃tismɑ̃].

ANECDOTE, subst. f.
Petit récit concernant un fait secondaire, mais amusant ou révélateur. 🐟 [anɛkdɔt].

ANÉMIE, subst. f.
Appauvrissement du sang en globules rouges. – Fig. Affaiblissement. 🐟 [anemi].

ANÉMIQUE, adj. et subst.
Qui est atteint d'anémie. – Fig. Qui est faible, sans vigueur. 🐟 [anemik].

ANÉMONE, subst. f.
Plante herbacée aux fleurs de couleurs vives. 🐟 [anemɔn].

ÂNERIE, subst. f.
Ignorance. – Propos d'ignorant. 🐟 [ɑnʀi].

ANESTHÉSIE, subst. f.
Méd. Suppression, totale ou partielle, de la sensibilité. 🐟 [anɛstezi].

ANESTHÉSIER, verbe trans. [6]
Procéder à une anesthésie sur. – Fig. Rendre indifférent, endormir. 🐟 [anɛstezje].

ANETH, subst. m.
Plante aromatique au goût d'anis. 🐟 [anɛt].

ANFRACTUOSITÉ, subst. f.
Cavité irrégulière et profonde (dans une masse rocheuse). 🐟 [ɑ̃fʀaktɥozite].

ANGE, subst. m.
Être spirituel, intermédiaire entre Dieu et l'homme. – Fig. Personne parfaite. 🐟 [ɑ̃ʒ].

ANGÉLIQUE, adj.
Qui a les qualités d'un ange. 🐟 [ɑ̃ʒelik].

ANGÉLUS, subst. m.
L'Angélus : prière chrétienne. – Son de cloche annonçant cette prière. 🐟 [ɑ̃ʒelys].

ANGINE, subst. f.
Inflammation de l'isthme du gosier et du pharynx. 🐟 [ɑ̃ʒin].

ANGIOSPERME, subst. f.
Plante dont les ovules sont enfermés dans un ovaire clos. – Plur. Le sous-embranchement correspondant. 🐟 [ɑ̃ʒjospɛʀm].

ANGLAIS, subst. m.
Langue germanique parlée en Grande-Bretagne, aux États-Unis, etc. 🐟 [ɑ̃glɛ].

ANGLE, subst. m.
Figure formée par deux demi-droites ou demi-plans qui se coupent. – Partie saillante ou rentrante d'un objet, coin. 🐟 [ɑ̃gl].

ANGLICISME, subst. m.
Tournure propre à la langue anglaise. – Mot ou expression empruntés à l'anglais. 🐟 [ɑ̃glisism].

ANGLOPHONE, adj. et subst.
Qui est de langue anglaise. 🐟 [ɑ̃glofon].

ANGOISSE, subst. f.
Inquiétude profonde, peur, anxiété extrême due à un sentiment de menace imminente. 🐟 [ɑ̃gwas].

ANGOISSER, verbe trans. [3]
Causer de l'angoisse à. 🐟 [ɑ̃gwase].

ANGORA, adj. et subst.
Se dit de certains animaux aux poils longs et soyeux (chat, lapin, chèvre). 🐟 [ɑ̃gɔʀa].

ANGUILLE, subst. f.
Poisson d'eau douce (mais se reproduisant dans la mer des Sargasses), au corps allongé et à la peau visqueuse. 🐟 [ɑ̃gij].

ANGULAIRE, adj.
Qui forme un angle ou qui est situé à un angle. 🐟 [ɑ̃gylɛʀ].

ANICROCHE, subst. f.
Petit incident, petit obstacle. 🐟 [anikʀɔʃ].

ANIMAL, ALE, AUX, adj. et subst. m.
Subst. Être vivant non végétal, autre que l'être humain. – Adj. Qui concerne les animaux, qui leur est spécifique. – Bestial. 🐟 [animal].

ANIMALIER, IÈRE, adj.
Se dit d'un art ou d'un artiste qui représente des animaux : *Peintre* animalier. 🐟 [animalje, -jɛʀ].

ANIMATION, subst. f.
Fait d'animer (un groupe, un lieu, etc.).
– Mouvement, vivacité, agitation. – *Cin.*
Technique consistant à filmer des dessins
et à leur donner l'apparence du mouve-
ment. 📷 [animasjɔ̃].

ANIMÉ, ÉE, adj.
Plein de vie, d'animation. – Qui manifeste
de l'entrain, de la vivacité. 📷 [anime].

ANIMER, verbe trans. [3]
Insuffler la vie à. – Entraîner, communiquer
l'enthousiasme à. – Pronom. Se remplir de
vie, se mettre en mouvement. 📷 [anime].

ANIMOSITÉ, subst. f.
Hostilité, désir de nuire. 📷 [animozite].

ANION, subst. m.
Ion de charge électrique négative (oppos.
cation). 📷 [anjɔ̃].

ANIS, subst. m.
Plante aromatique dont on extrait une huile
au goût typique. 📷 [ani(s)].

ANKYLOSE, subst. f.
Blocage partiel ou total d'une articulation ;
raideur. 📷 [ɑ̃kiloz].

ANKYLOSER, verbe trans. [3]
Produire l'ankylose. – Pronom. Se raidir par
ankylose. 📷 [ɑ̃kiloze].

ANNALES, subst. f. plur.
Chronique rapportant les événements année par année. – *Rester dans les* **annales** :
marquer son époque. 📷 [anal].

ANNEAU, subst. m.
Objet circulaire et évidé à usages divers.
– Bague. – Toute forme circulaire. 📷 [ano].

ANNÉE, subst. f.
Unité servant à mesurer le temps par réf.
au mouvement de la Terre autour du Soleil.
– Période de douze mois. – *Année civile* :
du 1ᵉʳ janvier au 31 décembre. – Période
d'activité annuelle : *L'année scolaire*.
📷 [ane].

ANNÉE-LUMIÈRE, subst. f.
Distance parcourue par la lumière en une
année (symb. *al*). 📷 Plur. *années-lumière* :
[anelymjɛʀ].

ANNELÉ, ÉE, adj.
Composé d'anneaux. 📷 [anle].

ANNEXE, adj. et subst. f.
Qui est joint, lié à une chose principale.
📷 [anɛks].

ANNEXER, verbe trans. [3]
Rattacher, joindre à un ensemble plus
important. – Faire passer (un territoire)
sous sa souveraineté. 📷 [anɛkse].

ANNEXION, subst. f.
Action d'annexer. – Territoire ou pays
annexé. 📷 [anɛksjɔ̃].

ANNIHILER, verbe trans. [3]
Anéantir. – Supprimer. 📷 [aniile].

ANNIVERSAIRE, adj. et subst. m.
Adj. Qui rappelle un événement survenu le
même jour, une ou plusieurs années aupa-

ravant. – Subst. Jour anniversaire, en partic.
de la naissance. 📷 [anivɛʀsɛʀ].

ANNONCE, subst. f.
Information portée à la connaissance d'un
public. – Signe précurseur. 📷 [anɔ̃s].

ANNONCER, verbe trans. [4]
Faire connaître un fait. – Laisser présager
un événement à venir. – Pronom. Laisser
prévoir sa venue. – Se présenter. 📷 [anɔ̃se].

ANNOTATION, subst. f.
Remarque, note portée en marge d'un texte.
📷 [anɔtasjɔ̃].

ANNOTER, verbe trans. [3]
Marquer d'une ou de plusieurs annotations.
📷 [anɔte].

ANNUAIRE, subst. m.
Publication annuelle contenant divers ren-
seignements dans un domaine déterminé :
L'annuaire du téléphone. 📷 [anɥɛʀ].

ANNUEL, ELLE, adj.
Qui a lieu chaque année. – Qui dure un
an. 📷 [anɥɛl].

ANNUITÉ, subst. f.
Paiement annuel. 📷 [anɥite].

ANNULAIRE, subst. m.
Quatrième doigt de la main, en partant du
pouce. 📷 [anɥlɛʀ].

ANNULATION, subst. f.
Action d'annuler. – Résultat de cette action.
📷 [anylasjɔ̃].

ANNULER, verbe trans. [3]
Considérer comme nul, sans effet. – Supprimer. 📷 [anyle].

ANOBLIR, verbe trans. [19]
Conférer la noblesse à (qqn). 📷 [anɔbliʀ].

ANODE, subst. f.
Électrode reliée au pôle positif d'un générateur électrique (oppos. *cathode*). 📷 [anɔd].

ANODIN, INE, adj.
Sans danger, sans gravité. 📷 [anɔdɛ̃, -in].

ANOMALIE, subst. f.
Caractère anormal, inhabituel de qqch.
– Bizarrerie, étrangeté. 📷 [anɔmali].

ÂNONNER, verbe [3]
Lire, réciter avec peine, en balbutiant.
📷 [anɔne].

ANONYMAT, subst. m.
Qualité de qqn, de qqch. qui est anonyme.
📷 [anɔnima].

ANONYME, adj. et subst.
Adj. Dont le nom est inconnu. – Dont
l'auteur est inconnu ; sans signature. – Fig.
Impersonnel, sans originalité : *Un appartement* anonyme. – Subst. Personne anonyme. 📷 [anɔnim].

ANORAK, subst. m.
Veste courte, chaude et imperméable, avec
ou sans capuche. 📷 [anɔʀak].

ANOREXIE, subst. f.
Disparition pathologique de l'appétit.
📷 [anɔʀɛksi].

ANORMAL, ALE, AUX, adj. et subst.
Adj. Contraire à la norme, aux règles habituelles. – Subst. Personne ou chose anormale ; sujet déficient mentalement. [anɔʀmal].

ANOURE, subst. m.
Amphibien sans queue tel que le crapaud. – Plur. La classe correspondante. [anuʀ].

ANSE, subst. f.
Partie courbe, gén. en forme d'arc, par laquelle on saisit un objet. – *Géogr*. Petite baie peu profonde. [ɑ̃s].

ANTAGONISME, subst. m.
Rivalité, lutte, opposition. [ɑ̃tagɔnism].

ANTALGIQUE, adj. et subst. m.
Se dit d'une substance qui apaise la douleur. [ɑ̃talʒik].

ANTAN (D'), loc. adj.
Du temps jadis (littér.). [dɑ̃tɑ̃].

ANTARCTIQUE, adj.
Du pôle Sud et des régions qui l'environnent. [ɑ̃taʀktik].

ANTÉCÉDENT, ENTE, adj. et subst. m.
Adj. Qui est antérieur. – Subst. *Ling*. Nom ou pronom représenté par un pronom relatif. – Plur. Événements passés permettant de comprendre l'état présent. [ɑ̃tesedɑ̃, -ɑ̃t].

ANTÉDILUVIEN, IENNE, adj.
D'avant le Déluge. – Vieux, démodé, révolu (iron.). [ɑ̃tedilyvjɛ̃, -jɛn].

ANTENNE, subst. f.
Organe sensoriel de certains invertébrés. – Dispositif servant à diffuser et à recevoir des ondes électromagnétiques. [ɑ̃tɛn].

ANTÉPÉNULTIÈME, adj. et subst. f.
Adj. Qui précède immédiatement l'avant-dernier. – Subst. Dans un mot, syllabe qui précède l'avant-dernière syllabe. [ɑ̃tepenyltjɛm].

ANTÉRIEUR, IEURE, adj.
Qui est devant, qui précède. [ɑ̃teʀjœʀ].

ANTÉRIORITÉ, subst. f.
Caractère de ce qui est antérieur dans le temps. [ɑ̃teʀjɔʀite].

ANTHOLOGIE, subst. f.
Recueil de morceaux choisis, littéraires ou musicaux. [ɑ̃tɔlɔʒi].

ANTHRACITE, subst. m.
Houille riche en carbone, qui brûle sans fumée et presque sans flamme. – Empl. adj. inv. Gris foncé : *Des vestons* anthracite. [ɑ̃tʀasit].

ANTHROPOÏDE, adj. et subst.
Se dit des grands singes qui ressemblent le plus à l'homme. [ɑ̃tʀɔpɔid].

ANTHROPOLOGIE, subst. f.
Science qui étudie les croyances, mœurs et coutumes des sociétés humaines. [ɑ̃tʀɔpɔlɔʒi].

ANTHROPOPHAGE, adj. et subst.
Qui mange de la chair humaine. – Cannibale. [ɑ̃tʀɔpɔfaʒ].

ANTI-, préfixe
Exprime l'idée de « contre » ou, plus rarement, d'« avant » ou d'« en face de ». [ɑ̃ti-].

ANTIAÉRIEN, IENNE, adj.
Relatif à la défense contre les attaques aériennes. [ɑ̃tiaeʀjɛ̃, -jɛn].

ANTIATOMIQUE, adj.
Qui protège des radiations ou des armes atomiques. [ɑ̃tiatɔmik].

ANTIBIOTIQUE, adj. et subst. m.
Se dit de substances qui empêchent le développement des micro-organismes. [ɑ̃tibjɔtik].

ANTIBROUILLARD, adj. inv. et subst. m.
Se dit d'un phare qui perce le brouillard. [ɑ̃tibʀujaʀ].

ANTICHAMBRE, subst. f.
Salle d'attente, vestibule. [ɑ̃tiʃɑ̃bʀ].

ANTICIPER, verbe trans. [3]
Devancer ; prévoir. – Anticiper *sur* : user de qqch. par avance. [ɑ̃tisipe].

ANTICORPS, subst. m.
Molécule synthétisée par l'organisme en présence d'antigènes et capable de les neutraliser. [ɑ̃tikɔʀ].

ANTICYCLONE, subst. m.
Centre de hautes pressions atmosphériques. [ɑ̃tisiklɔn].

ANTIDATER, verbe trans. [3]
Inscrire sur (un écrit, un acte) une date antérieure à la date réelle. [ɑ̃tidate].

ANTIDÉPRESSEUR, adj. m. et subst. m.
Se dit d'une substance qui combat les états dépressifs. [ɑ̃tidepʀesœʀ].

ANTIDOTE, subst. m.
Substance qui combat les effets d'un poison. – Fig. Remède moral. [ɑ̃tidɔt].

ANTIGEL, subst. m.
Produit qui abaisse le point de congélation de l'eau. [ɑ̃tiʒɛl].

ANTI-INFLAMMATOIRE, adj. et subst. m.
Se dit d'un médicament qui combat l'inflammation. [ɑ̃tiɛ̃flamatwaʀ].

ANTILOPE, subst. f.
Mammifère ruminant d'Afrique. [ɑ̃tilɔp].

ANTIMILITARISTE, adj. et subst.
Adversaire de l'institution et de l'esprit militaires. [ɑ̃timilitaʀist].

ANTIMITE, adj. inv. et subst. m.
Qui préserve des mites. [ɑ̃timit].

ANTINOMIE, subst. f.
Opposition, contradiction entre deux idées, deux principes. [ɑ̃tinɔmi].

ANTIPATHIE, subst. f.
Aversion spontanée, hostilité. [ɑ̃tipati].

ANTIPHRASE, subst. f.
Manière de s'exprimer consistant à employer un mot ou une phrase pour son contraire. [ɑ̃tifʀɑz].

ANTIPODE, subst. m.
Lieu du globe terrestre diamétralement opposé à un autre. 📖 [ɑ̃tipɔd].

ANTIPOISON, adj. inv.
Centre **antipoison** : spécialisé dans le traitement des intoxications. 📖 [ɑ̃tipwazɔ̃].

ANTIQUAIRE, subst.
Marchand d'antiquités. 📖 [ɑ̃tikɛʀ].

ANTIQUE, adj.
Qui appartient à l'Antiquité ou qui l'évoque. – Très ancien. – Vieux, passé de mode (iron.). 📖 [ɑ̃tik].

ANTIQUITÉ, subst. f.
Caractère de ce qui est ancien. – *L'Antiquité* : période de l'histoire allant de la fin de l'âge des métaux à la chute de l'Empire romain. – Œuvre d'art de cette période. – Objet d'art, meuble ancien. 📖 [ɑ̃tikite].

ANTISÉMITE, adj. et subst.
Qui relève de ou qui professe l'antisémitisme. 📖 [ɑ̃tisemit].

ANTISÉMITISME, subst. m.
Forme de racisme dirigée contre les Juifs. 📖 [ɑ̃tisemitismə].

ANTISEPSIE, subst. f.
Méthode destinée à prévenir l'infection par la destruction systématique des bactéries qui en sont la cause. 📖 [ɑ̃tisɛpsi].

ANTISEPTIQUE, adj. et subst. m.
Se dit d'une substance ou d'une pratique qui prévient l'infection. 📖 [ɑ̃tisɛptik].

ANTITHÈSE, subst. f.
Rapprochement de deux mots ou expressions contraires. – *L'antithèse de* : l'opposé de. 📖 [ɑ̃titɛz].

ANTIVOL, adj. inv. et subst. m.
Se dit d'un dispositif protégeant contre le vol. 📖 [ɑ̃tivɔl].

ANTONYME, subst. m.
Terme dont le sens s'oppose à celui d'un autre terme (contr. *synonyme*). 📖 [ɑ̃tɔnim].

ANTRE, subst. m.
Caverne servant de gîte à un animal. – Fig. Lieu retiré ou sordide. 📖 [ɑ̃tʀ].

ANUS, subst. m.
Orifice du rectum, extrémité terminale du tube digestif. 📖 [anys].

ANXIÉTÉ, subst. f.
Inquiétude, sentiment confus d'un danger imminent (réel ou imaginaire). 📖 [ɑ̃ksjete].

ANXIEUX, IEUSE, adj. et subst.
Sujet à l'anxiété. 📖 [ɑ̃ksjø, -jøz].

AORTE, subst. f.
Artère qui part du ventricule gauche du cœur. 📖 [aɔʀt].

AOÛT, subst. m.
Huitième mois de l'année. 📖 [u(t)].

AOÛTAT, subst. m.
Acarien dont la piqûre provoque de fortes démangeaisons. 📖 [auta].

APAISEMENT, subst. m.
Retour au calme, à la paix. 📖 [apɛzmɑ̃].

APAISER, verbe trans. [3]
Amener la paix. – Calmer (une souffrance, un besoin). 📖 [apeze].

APANAGE, subst. m.
Ce qui est le propre d'une personne, d'une chose. 📖 [apanaʒ].

APARTÉ, subst. m.
Réplique qu'un acteur dit pour lui-même, et qui est censée n'être entendue que du public. – Entretien particulier, au sein d'une réunion. 📖 [apaʀte].

APARTHEID, subst. m.
Régime sud-africain de ségrégation raciale, aujourd'hui aboli. 📖 [apaʀtɛd].

APATHIE, subst. f.
Absence de volonté, d'énergie. 📖 [apati].

APATRIDE, adj. et subst.
Qui n'est reconnu comme citoyen par aucun État. 📖 [apatʀid].

APERCEVOIR, verbe trans. [38]
Commencer à voir (qqch. ou qqn), soudainement ou après un effort d'attention. – Pronom. Se rendre compte de (qqch.). 📖 [apɛʀsəvwaʀ].

APERÇU, subst. m.
Vue succincte, rapide d'un sujet. 📖 [apɛʀsy].

APÉRITIF, IVE, adj. et subst. m.
Adj. Qui ouvre, stimule l'appétit. – Subst. Boisson alcoolisée, que l'on sert en gén. avant les repas. 📖 [apeʀitif, -iv].

APESANTEUR, subst. f.
Disparition des effets de la pesanteur terrestre. 📖 [apəzɑ̃tœʀ].

APEURER, verbe trans. [3]
Effrayer. 📖 [apœʀe].

APHONE, adj.
Qui a perdu momentanément l'usage de la voix. 📖 [afɔn].

APHORISME, subst. m.
Vérité générale, en forme de maxime simple et rapide. 📖 [afɔʀism].

APHRODISIAQUE, adj. et subst. m.
Se dit de ce qui tend à intensifier l'appétit sexuel. 📖 [afʀodizjak].

APHTE, subst. m.
Petite ulcération de la muqueuse buccale. 📖 [aft].

APHTEUX, EUSE, adj.
Caractérisé par l'apparition d'aphtes. – *Fièvre* aphteuse : maladie du bétail, très contagieuse. 📖 [aftø, -øz].

À-PIC, subst. m. inv.
Paroi abrupte surplombant le vide. 📖 [apik].

APICULTURE, subst. f.
Art d'élever des abeilles et de recueillir le produit de leur activité. 📖 [apikyltyʀ].

APITOIEMENT, subst. m.
Action de s'apitoyer. 📖 [apitwamɑ̃].

APITOYER, verbe trans. [17]
Susciter la pitié de, éveiller la compassion de. – Pronom. Compatir. 📖 [apitwaje].

APLANIR, verbe trans. [19]
Rendre plan, niveler. – Fig. Atténuer, faire disparaître (des obstacles). 🔊 [aplaniʀ].

APLATIR, verbe trans. [19]
Rendre plat. – Humilier (fam.). 🔊 [aplatiʀ].

APLATISSEMENT, subst. m.
Action d'aplatir. – État de ce qui est aplati. 🔊 [aplatismɑ̃].

APLOMB, subst. m.
Direction verticale. – Stabilité, équilibre. – Fig. Audace. – D'aplomb : bien équilibré ; en bonne santé (fam.). 🔊 [aplɔ̃].

APNÉE, subst. f.
Suspension de la respiration. 🔊 [apne].

APOCALYPSE, subst. f.
Catastrophe. – Fin du monde. 🔊 [apɔkalips].

APOCOPE, subst. f.
Coupure de la fin d'un mot. 🔊 [apɔkɔp].

APOGÉE, subst. f.
Astron. Point où se trouve un corps céleste lorsque sa distance à la Terre est maximale. – Fig. Le degré le plus haut. 🔊 [apɔʒe].

APOLOGIE, subst. f.
Défense, éloge de qqch., de qqn ; discours ou écrit rédigé à cet effet. 🔊 [apɔlɔʒi].

APOPLEXIE, subst. f.
Arrêt soudain des fonctions cérébrales (perte de connaissance). 🔊 [apɔplɛksi].

A POSTERIORI, adj. inv. et loc. adv.
Loc. À partir de l'expérience. – Adj. Raisonnement a posteriori. 🔊 [aposteʀjɔʀi].

APOSTOLAT, subst. m.
Ministère d'un apôtre. – Évangélisation. – Fig. Tâche requérant un grand dévouement. 🔊 [apɔstɔla].

APOSTOLIQUE, adj.
Qui procède des apôtres. – Qui a pour but de propager la foi catholique. – Qui émane du Saint-Siège ou qui le représente. 🔊 [apɔstɔlik].

APOSTROPHE (I), subst. f.
Interpellation plus ou moins vive, peu polie. 🔊 [apɔstʀɔf].

APOSTROPHE (II), subst. f.
Signe graphique (') marquant l'élision d'une voyelle. 🔊 [apɔstʀɔf].

APOSTROPHER, verbe trans. [3]
Interpeller brusquement. 🔊 [apɔstʀɔfe].

APOTHÉOSE, subst. f.
Antiq. Déification des empereurs romains, des héros après leur mort. – Honneurs exceptionnels. – Fig. Moment le plus intense. 🔊 [apɔteoz].

APOTHICAIRE, subst. m.
Pharmacien (vieilli). – Compte d'apothicaire : compliqué ou mesquin. 🔊 [apɔtikɛʀ].

APÔTRE, subst. m.
Chacun des douze disciples que Jésus chargea de prêcher l'Évangile. – Fig. Défenseur d'une idée, d'une doctrine. 🔊 [apotʀ].

APPARAÎTRE, verbe intrans. [73]
Se manifester ; devenir visible. – Se révéler.

– Se montrer sous une certaine apparence, sembler. 🔊 [apaʀɛtʀ].

APPARAT, subst. m.
Cérémonial pompeux, faste. 🔊 [apaʀa].

APPAREIL, subst. m.
Objet, machine destinée à une fonction définie. – Ensemble d'éléments concourant à une fonction : Appareil digestif ; Appareil d'État. – Avion. – Prothèse : Appareil dentaire. – Téléphone. – Archit. Agencement des éléments d'une maçonnerie. 🔊 [apaʀɛj].

APPAREILLER, verbe [3]
Trans. Préparer qqch. en vue d'un but précis. – Munir d'une prothèse. – Intrans. Lever l'ancre, prendre la mer. 🔊 [apaʀeje].

APPARENCE, subst. f.
Manière d'apparaître, de se présenter au regard. – Vraisemblance. 🔊 [apaʀɑ̃s].

APPARENT, ENTE, adj.
Visible, qui apparaît. – Nom conforme à la réalité ; illusoire. 🔊 [apaʀɑ̃, -ɑ̃t].

APPARENTER (S'), verbe pronom. [3]
S'allier ou être allié par mariage. – Fig. S'apparenter à : avoir des traits communs avec. 🔊 [apaʀɑ̃te].

APPARITION, subst. f.
Action d'apparaître. – Manifestation d'un être surnaturel ; cet être. 🔊 [apaʀisjɔ̃].

APPARTEMENT, subst. m.
Logement particulier, dans un immeuble. 🔊 [apaʀtmɑ̃].

APPARTENANCE, subst. f.
Le fait d'appartenir à. 🔊 [apaʀtənɑ̃s].

APPARTENIR, verbe trans. indir. [22]
Être la propriété de : Ce livre m'appartient. – Faire partie de : Appartenir à la bourgeoisie. – Être le propre de : La raison appartient à l'être humain. – Impers. Il m'appartient de choisir : c'est mon devoir, mon rôle de le faire. 🔊 [apaʀtəniʀ].

APPAS, subst. m. plur.
Les charmes d'une femme, en partic. sa poitrine. 🔊 [apɑ].

APPÂT, subst. m.
Pâture, nourriture utilisée pour attirer des animaux qu'on veut prendre. – Fig. Ce qui attire, incite à agir. 🔊 [apɑ].

APPÂTER, verbe trans. [3]
Attirer avec un appât. – Fig. Attirer par des promesses. 🔊 [apɑte].

APPAUVRIR, verbe trans. [19]
Rendre pauvre. 🔊 [apovʀiʀ].

APPAUVRISSEMENT, subst. m.
Action d'appauvrir. – Fait de s'appauvrir. – Leur résultat. 🔊 [apovʀismɑ̃].

APPEL, subst. m.
Action d'appeler. – Convocation sous les drapeaux. – Incitation, exhortation : Appel à l'insurrection. – Énumération des noms de ceux dont on veut vérifier la présence. – Dr. Recours à une juridiction supérieure pour rejuger une affaire. 🔊 [apɛl].

APPELER, verbe trans. [12]
Attirer l'attention de (qqn) par la voix ou le geste. – Téléphoner à. – Nommer. – **Appeler** *à* : destiner à. – Pronom. Avoir pour nom. 🔲 [aple].

APPELLATION, subst. f.
Manière de nommer ; nom réglementaire de qqch. 🔲 [apelasjɔ̃].

APPENDICE, subst. m.
Partie qui complète, qui prolonge qqch. – Petite poche au bout du gros intestin. 🔲 [apɛ̃dis].

APPENDICITE, subst. f.
Inflammation de l'appendice. 🔲 [apɛ̃disit].

APPENTIS, subst. m.
Toit à une seule pente, adossé au mur d'un bâtiment. – Petit bâtiment adossé à un plus grand. 🔲 [apɑ̃ti].

APPESANTIR, verbe trans. [19]
Rendre plus pesant. – Pronom. *S'appesantir sur* : insister sur. 🔲 [apəzɑ̃tiʀ].

APPÉTISSANT, ANTE, adj.
Qui stimule l'appétit ou le désir ; qui attire. 🔲 [apetisɑ̃, -ɑ̃t].

APPÉTIT, subst. m.
Désir de satisfaire un besoin organique, en partic. la faim. – Désir impérieux de qqch. 🔲 [apeti].

APPLAUDIR, verbe trans. [19]
Battre des mains pour manifester son approbation, pour acclamer. – **Applaudir** *à* : approuver. 🔲 [aplodiʀ].

APPLAUDISSEMENT, subst. m.
Action d'applaudir. 🔲 [aplodismɑ̃].

APPLICATION, subst. f.
Action d'appliquer une chose sur une autre. – Mise en pratique : **Application** *d'une théorie, d'une idée.* – Soin, attention soutenue. 🔲 [aplikasjɔ̃].

APPLIQUE, subst. f.
Appareil d'éclairage fixé au mur. 🔲 [aplik].

APPLIQUÉ, ÉE, adj.
Attentif, studieux. – Utilitaire : *Une science* **appliquée.** 🔲 [aplike].

APPLIQUER, verbe trans. [3]
Mettre en pratique. – Plaquer sur, étendre sur. – Donner (un baiser, une gifle, etc.). – Pronom. Apporter toute son attention à. – Être applicable à. 🔲 [aplike].

APPOINT, subst. m.
Complément d'une somme en petite monnaie. – Fig. *Chauffage d'appoint.* 🔲 [apwɛ̃].

APPOINTEMENTS, subst. m. plur.
Rémunération, salaire. 🔲 [apwɛ̃tmɑ̃].

APPORT, subst. m.
Action d'apporter ; ce qui est apporté. – Fig. Contribution à qqch. 🔲 [apɔʀ].

APPORTER, verbe trans. [3]
Porter (qqch.) à qqn. – Fournir, procurer : **Apporter** *un soulagement.* 🔲 [apɔʀte].

APPOSER, verbe trans. [3]
Poser sur ou contre. 🔲 [apoze].

APPOSITION, subst. f.
Action d'apposer. – *Ling.* Terme mis à côté d'un autre, qu'il qualifie ou détermine. 🔲 [apozisjɔ̃].

APPRÉCIER, verbe trans. [6]
Évaluer le prix, la valeur de. – Estimer ; aimer. 🔲 [apʀesje].

APPRÉHENDER, verbe trans. [3]
Prendre, procéder à l'arrestation de (qqn). – Saisir (qqch.) par la pensée. – Craindre. 🔲 [apʀeɑ̃de].

APPRÉHENSION, subst. f.
Crainte, inquiétude. 🔲 [apʀeɑ̃sjɔ̃].

APPRENDRE, verbe trans. [52]
Acquérir (une connaissance). – Informer ; enseigner. 🔲 [apʀɑ̃dʀ].

APPRENTI, IE, subst.
Personne qui s'initie à un métier, qui est en apprentissage. 🔲 [apʀɑ̃ti].

APPRÊT, subst. m.
Action d'apprêter ; produit employé à cet effet. – Enduit préalable mis sur une surface à peindre. 🔲 [apʀɛ].

APPRÊTER, verbe trans. [3]
Préparer (qqch.) en vue d'un usage prochain. – Pronom. Se préparer à. 🔲 [apʀete].

APPRIVOISER, verbe trans. [3]
Rendre moins sauvage. 🔲 [apʀivwaze].

APPROBATEUR, TRICE, adj.
Qui approuve. 🔲 [apʀɔbatœʀ, -tʀis].

APPROBATION, subst. f.
Action de donner son assentiment, de juger bien, convenable. 🔲 [apʀɔbasjɔ̃].

APPROCHE, subst. f.
Action de s'approcher. – Proximité (d'un événement, d'un moment) : *L'***approche** *de Noël.* – Plur. Abords. 🔲 [apʀɔʃ].

APPROCHER, verbe [3]
Trans. Mettre à proximité. – Aborder. – Devenir proche de. – Intrans. Être sur le point de se produire. 🔲 [apʀɔʃe].

APPROFONDIR, verbe trans. [19]
Creuser, rendre plus profond. – Fig. Étudier, examiner plus à fond. 🔲 [apʀɔfɔ̃diʀ].

APPROPRIER, verbe trans. [6]
Rendre propre à un usage. – Pronom. S'attribuer la propriété de. 🔲 [apʀɔpʀije].

APPROUVER, verbe trans. [3]
Donner son accord à. – Juger bon, louable. 🔲 [apʀuve].

APPROVISIONNER, verbe trans. [3]
Fournir des provisions, des choses nécessaires à. 🔲 [apʀovizjone].

APPROXIMATIF, IVE, adj.
Peu précis. 🔲 [apʀɔksimatif, -iv].

APPROXIMATION, subst. f.
Estimation approchée. 🔲 [apʀɔksimɑsjɔ̃].

APPUI, subst. m.
Ce qui sert de soutien ou de support. – Aide, assistance. 🔲 [apɥi].

APPUI(E)-TÊTE, subst. m.
Dispositif adapté à un siège et destiné à maintenir la tête. – Plur. *appuis-tête* ou *appuie-tête* ; [apųitɛt].

APPUYER, verbe [16]
Trans. Placer une chose contre une autre qui la soutient ou la supporte. – Fig. Fournir une aide. – Soutenir, encourager (qqn) ; étayer (un avis au moyen d'arguments). – Intrans. Presser fortement sur. – Pronom. Prendre appui sur. [apųije].

ÂPRE, adj.
Rugueux ; rude au goût. – Fig. Acharné, violent. [apʁ].

APRÈS, prép. et adv.
Prép. Postérieurement, dans le temps ou dans l'espace : **Après** *les vacances* ; **Après** *le feu rouge*. – Adv. *Vingt ans* **après**. – *Être* **après** *qqn* : le harceler (fam.). – Loc. conj. **Après** *que* + ind. : une fois que. [apʁɛ].

APRÈS-DEMAIN, adv.
Au jour qui suit immédiatement demain. [apʁɛd(ə)mɛ̃].

APRÈS-MIDI, subst. m. ou f. inv.
Partie de la journée entre midi et le soir. [apʁɛmidi].

APRÈS-RASAGE, adj. inv. et subst. m.
Se dit d'un produit que l'on met sur la peau pour éteindre le feu du rasoir. Plur. du subst. *après-rasages* ; [apʁɛʁazaʒ].

APRÈS-SKI, subst. m.
Bottillon fourré qu'on met, aux sports d'hiver, lorsqu'on ne skie pas. Plur. *après-skis* ; [apʁɛski].

ÂPRETÉ, subst. f.
Caractère de ce qui est âpre. [apʁəte].

A PRIORI, adj. inv., subst. m. inv. et loc. adv.
Loc. Antérieurement à toute expérience ; au premier abord. – Subst. Préjugé : *Avoir des* **a priori**. – Adj. *Un jugement* **a priori**. [apʁijoʁi].

À-PROPOS, subst. m. inv.
Ce qui est pertinent, opportun. – *Avoir de l'*à-propos : de la présence d'esprit, le sens de la repartie. [apʁopo].

APTE, adj.
Qui a les qualités ou les propriétés nécessaires pour faire qqch. [apt].

APTITUDE, subst. f.
Disposition. – Capacité. [aptityd].

AQUARELLE, subst. f.
Couleur diluée dans l'eau. – Peinture faite avec ce type de couleur. [akwaʁɛl].

AQUARIUM, subst. m.
Bassin vitré à poissons. [akwaʁjom].

AQUATIQUE, adj.
Qui vit dans l'eau ou à proximité de l'eau. [akwatik].

AQUEDUC, subst. m.
Canal souterrain ou aérien servant à conduire l'eau. [akdyk].

AQUEUX, EUSE, adj.
Qui contient de l'eau. [akø. -øz].

AQUILIN, adj. m.
Nez **aquilin** : fin et busqué. [akilɛ̃].

ARA, subst. m.
Perroquet d'Amérique du Sud. [aʁa].

ARABE, subst. m.
Langue sémitique parlée principalement en Arabie, au Moyen-Orient et en Afrique du Nord. [aʁab].

ARABESQUE, subst. f.
Motif ornemental de courbes entrelacées. – Ligne sinueuse. [aʁabɛsk].

ARABLE, adj.
Qui peut être labouré, cultivé. [aʁabl].

ARACHIDE, subst. f.
Plante tropicale dont la graine (cacahuète) est riche en huile. [aʁaʃid].

ARACHNIDE, subst. m.
Arthropode sans antennes (araignée, scorpion, etc.). – Plur. La classe correspondante. [aʁaknid].

ARAIGNÉE, subst. f.
Arthropode qui tisse une toile pour piéger ses proies. – **Araignée** *de mer* : sorte de crabe. [aʁeɲe].

ARAIRE, subst. m.
Sorte de charrue primitive. [aʁɛʁ].

ARASER, verbe trans. [3]
Rendre plat et uni. [aʁaze].

ARBALÈTE, subst. f.
Arme de trait formée d'un arc monté sur un fût. [aʁbalɛt].

ARBITRAIRE, adj. et subst. m.
Adj. Qui dépend du libre choix, de la volonté, sans autre considération. – Despotique. – Subst. Autorité qui n'a d'autre fondement que le caprice de son détenteur. [aʁbitʁɛʁ].

ARBITRE, subst. m.
Personne désignée pour régler un litige. – *Sp.* Personne qui veille à la régularité d'un match, d'une épreuve. [aʁbitʁ].

ARBITRER, verbe trans. [3]
Juger ou contrôler en qualité d'arbitre. [aʁbitʁe].

ARBORER, verbe trans. [3]
Dresser, hisser, déployer : **Arborer** *un drapeau*. – Porter sur soi avec ostentation : **Arborer** *ses décorations*. [aʁboʁe].

ARBRE, subst. m.
Plante ligneuse dotée d'un tronc, d'une cime et de branches. – **Arbre** *généalogique* : schéma de filiation d'une famille. – *Tech.* Axe transmettant un mouvement. [aʁbʁ].

ARBUSTE, subst. m.
Petit arbre. [aʁbyst].

ARC, subst. m.
Arme de jet lançant des flèches. – Courbure d'une voûte, du sommet d'une ouverture : **Arc** *en ogive*. – Portion d'une courbe géométrique. [aʁk].

ARCADE, subst. f.
Archit. Ouverture dont la partie supérieure forme un arc ; au plur., succession d'arcs et de piliers, galerie couverte. – Arcade *sourcilière* : proéminence de l'os frontal, à l'endroit des sourcils. 🕮 [aʀkad].

ARC-BOUTER (S'), verbe pronom. [3]
S'appuyer solidement pour résister à une poussée. 🕮 [aʀkbute].

ARC-EN-CIEL, subst. m.
Phénomène lumineux apparaissant dans le ciel et divisant la lumière blanche en couleurs allant du rouge au violet. 🕮 Plur. *arcs-en-ciel* ; [aʀkɑ̃sjɛl].

ARCHAÏQUE, adj.
Ancien. – Primitif. 🕮 [aʀkaik].

ARCHANGE, subst. m.
Ange d'un ordre supérieur. 🕮 [aʀkɑ̃ʒ].

ARCHE, subst. f.
Voûte soutenant le tablier d'un pont. 🕮 [aʀʃ].

ARCHÉOLOGIE, subst. f.
Étude des traces matérielles laissées par les anciennes civilisations aujourd'hui disparues. 🕮 [aʀkeɔlɔʒi].

ARCHÉOLOGUE, subst.
Spécialiste de l'archéologie. 🕮 [aʀkeɔlɔg].

ARCHER, ÈRE, subst.
Personne qui tire à l'arc. 🕮 [aʀʃe, -ɛʀ].

ARCHET, subst. m.
Baguette tendue de crins utilisée pour jouer du violon, du violoncelle, etc. 🕮 [aʀʃɛ].

ARCHEVÊCHÉ, subst. m.
Province ecclésiastique comprenant plusieurs diocèses. 🕮 [aʀʃəveʃe].

ARCHEVÊQUE, subst. m.
Supérieur hiérarchique des évêques, dans une province ecclésiastique. 🕮 [aʀʃəvɛk].

ARCH(I)-, préfixe
Exprime l'idée de prééminence ou de degré extrême. 🕮 [aʀʃ(i)-].

ARCHIDUC, DUCHESSE, subst.
Titre des princes et des princesses de la maison d'Autriche. 🕮 [aʀʃidyk, -dyʃɛs].

ARCHIPEL, subst. m.
Ensemble d'îles. 🕮 [aʀʃipɛl].

ARCHITECTE, subst.
Personne qui conçoit des édifices et en contrôle la construction. 🕮 [aʀʃitɛkt].

ARCHITECTURE, subst. f.
Art de concevoir et d'édifier des constructions. – Disposition d'ensemble d'un édifice. 🕮 [aʀʃitɛktyʀ].

ARCHIVER, verbe trans. [3]
Conserver comme archives. 🕮 [aʀʃive].

ARCHIVES, subst. f. plur.
Documents conservés, en gén. pour leur intérêt historique ou sentimental. – Lieu où ils sont conservés. 🕮 [aʀʃiv].

ARCTIQUE, adj.
Du pôle Nord et des régions qui l'environnent. 🕮 [aʀktik].

ARDENT, ENTE, adj.
En feu, incandescent ; brûlant, torride. – Fig. Très vif, passionné. 🕮 [aʀdɑ̃, -ɑ̃t].

ARDEUR, subst. f.
Chaleur intense. – Fig. Passion. 🕮 [aʀdœʀ].

ARDOISE, subst. f.
Roche schisteuse qui se débite en plaques minces et résistantes : *Un toit en ardoise.* – Tablette effaçable sur laquelle on écrit. 🕮 [aʀdwaz].

ARDU, UE, adj.
Difficile à résoudre. 🕮 [aʀdy].

ARÈNE, subst. f.
Espace sablé au centre d'un amphithéâtre. – Plur. Amphithéâtre où se déroulaient les jeux du cirque et où ont lieu des corridas. 🕮 [aʀɛn].

ARÉOPAGE, subst. m.
Docte assemblée. 🕮 [aʀeɔpaʒ].

ARÊTE, subst. f.
Os mince et allongé des poissons. – Droite commune à deux plans. 🕮 [aʀɛt].

ARGENT, subst. m.
Métal précieux, blanc et brillant. – Monnaie d'argent ; toute sorte de monnaie. 🕮 [aʀʒɑ̃].

ARGENTERIE, subst. f.
Vaisselle, couverts et autres objets en argent ou en métal argenté. 🕮 [aʀʒɑ̃tʀi].

ARGILE, subst. f.
Roche sédimentaire tendre et imperméable, utilisée pour faire des poteries. 🕮 [aʀʒil].

ARGILEUX, EUSE, adj.
Qui contient de l'argile. 🕮 [aʀʒilø, -øz].

ARGOT, subst. m.
Vocabulaire propre à certains milieux sociaux ou professionnels. 🕮 [aʀgo].

ARGOTIQUE, adj.
Qui appartient à l'argot. 🕮 [aʀgɔtik].

ARGUMENT, subst. m.
Preuve. – Moyen utilisé pour convaincre. 🕮 [aʀgymɑ̃].

ARGUMENTER, verbe intrans. [3]
Présenter des arguments. 🕮 [aʀgymɑ̃te].

ARIDE, adj.
Sec, sans végétation. – Fig. Peu attrayant, difficile. 🕮 [aʀid].

ARIDITÉ, subst. f.
Caractère de ce qui est aride. 🕮 [aʀidite].

ARISTOCRATE, subst.
Membre de l'aristocratie. – Membre d'une élite. 🕮 [aʀistɔkʀat].

ARISTOCRATIE, subst. f.
Noblesse. – Gouvernement d'une élite héréditaire. – Élite. 🕮 [aʀistɔkʀasi].

ARITHMÉTIQUE, adj. et subst. f.
Subst. Science des nombres et de leurs propriétés ; en partic., théorie qui étudie l'ensemble N des nombres entiers. – Adj. Qui relève de l'arithmétique. 🕮 [aʀitmetik].

ARLEQUIN, subst. m.
Personnage de théâtre vêtu d'un habit multicolore. 🕮 [aʀləkɛ̃].

ARMADA, subst. f.
Grand nombre. 🕮 [aʀmada].

ARMATEUR, subst. m.
Personne qui équipe et exploite un navire.
🕮 [aʀmatœʀ].

ARMATURE, subst. f.
Assemblage de pièces maintenant, renforçant ou soutenant les diverses parties d'un
ouvrage, d'un objet. 🕮 [aʀmatyʀ].

ARME, subst. f.
Objet, instrument servant à attaquer ou à
se défendre. – Fig. Tout moyen d'attaque.
– Hérald. Plur. Signes propres à une famille,
à une ville, à une cité. 🕮 [aʀm].

ARMÉE, subst. f.
Ensemble des forces militaires d'un pays ;
chacune des forces spécialisées de cet
ensemble : Armée de terre, de l'air, etc. – Fig.
Grand nombre. 🕮 [aʀme].

ARMEMENT, subst. m.
Action de fournir des armes pour le combat.
– Ensemble des moyens d'attaque et de
défense d'un pays, d'un soldat. – Action
d'équiper un navire. 🕮 [aʀməmɑ̃].

ARMER, verbe trans. [3]
Fournir des armes à ; équiper en arme-
ments. – Équiper (un navire). 🕮 [aʀme].

ARMISTICE, subst. m.
Suspension des hostilités décidée par les
belligérants. 🕮 [aʀmistis].

ARMOIRE, subst. f.
Meuble de rangement haut et clos par une
porte. 🕮 [aʀmwaʀ].

ARMOIRIES, subst. f. plur.
Ensemble des signes héraldiques constituant l'emblème d'une famille noble, d'une
ville, d'un pays. 🕮 [aʀmwaʀi].

ARMURE, subst. f.
Au Moyen Âge, protection en métal que
revêtait un homme d'armes. 🕮 [aʀmyʀ].

ARMURIER, subst. m.
Celui qui fabrique, entretient, répare ou
vend des armes. 🕮 [aʀmyʀje].

A.R.N., subst. m.
Sigle pour « acide ribonucléique », substance présente dans le cytoplasme et le
noyau cellulaire. 🕮 [aɛʀɛn].

AROMATE, subst. m.
Substance végétale odoriférante, servant de
condiment ou de parfum. 🕮 [aʀɔmat].

AROMATISER, verbe trans. [3]
Parfumer aux aromates. 🕮 [aʀɔmatize].

ARÔME, subst. m.
Principe odorant qui s'exhale des végétaux.
– Parfum d'un mets, d'un vin. 🕮 [aʀom].

ARPÈGE, subst. m.
Mus. Accord dont les notes sont jouées les
unes après les autres. 🕮 [aʀpɛʒ].

ARPENTER, verbe trans. [3]
Mesurer la superficie d'un terrain. – Fig.
Parcourir à grands pas. 🕮 [aʀpɑ̃te].

ARQUEBUSE, subst. f.
Arme à feu ancienne. 🕮 [aʀkəbyz].

ARQUER, verbe trans. [3]
Donner la forme d'un arc à. 🕮 [aʀke].

ARRACHER, verbe trans. [3]
Déraciner (une plante). – Enlever brutale-
ment ou difficilement (qqch.). – Pronom.
Quitter, se détacher de. 🕮 [aʀaʃe].

ARRAISONNER, verbe trans. [3]
Interpeller, contrôler un navire. 🕮 [aʀɛzɔne].

ARRANGEMENT, subst. m.
Agencement d'éléments. – Entente, accord
amiable entre deux parties. – Modification
d'une œuvre musicale. 🕮 [aʀɑ̃ʒmɑ̃].

ARRANGER, verbe trans. [5]
Disposer de façon agréable ou pratique.
– Réparer. – Pronom. S'entendre. – S'ar-
ranger pour : faire en sorte que. 🕮 [aʀɑ̃ʒe].

ARRESTATION, subst. f.
Action d'appréhender qqn pour le conduire
devant une autorité judiciaire ou policière.
🕮 [aʀɛstasjɔ̃].

ARRÊT, subst. m.
Action d'arrêter ou de s'arrêter ; son résultat. – L'endroit où l'on s'arrête. – Dr.
Décision d'une juridiction supérieure. 🕮
[aʀɛ].

ARRÊTÉ, ÉE, adj. et subst. m.
Adj. Décidé ; définitif. – Subst. Décision
d'une autorité administrative. 🕮 [aʀete].

ARRÊTER, verbe [3]
Trans. Immobiliser. – Procéder à une
arrestation. – Décider, choisir. – Intrans.
Cesser d'avancer, interrompre une action.
🕮 [aʀete].

ARRHES, subst. f. plur.
Somme versée pour garantir l'exécution
d'un contrat. 🕮 [aʀ].

ARRIÈRE, adj. inv., subst. m. et adv.
Adv. et adj. Dans la partie postérieure : Les
portes arrière. – Qui va dans la direction
opposée : Marche arrière. – Subst. Ce qui
est derrière, par oppos. à l'avant, à la façade.
– Milit. Plur. Partie d'un pays située en
retrait d'une zone de combat. 🕮 [aʀjɛʀ].

ARRIÉRÉ, ÉE, adj. et subst.
Qui est en retard dans son développement :
Arriéré mental ; Pays arriéré. – Subst. masc.
Somme restant due après l'échéance d'une
dette. 🕮 [aʀjeʀe].

ARRIÈRE-BOUTIQUE, subst. f.
Pièce attenante à une boutique. 🕮 Plur.
arrière-boutiques ; [aʀjɛʀbutik].

ARRIÈRE-GARDE, subst. f.
Partie d'une armée qui ferme la marche.
🕮 Plur. arrière-gardes ; [aʀjɛʀgaʀd].

ARRIÈRE-GOÛT, subst. m.
Goût qui subsiste dans la bouche. – Fig.
Sentiment qui reste à l'esprit. 🕮 Plur.
arrière-goûts ; [aʀjɛʀgu].

ARRIÈRE-GRAND-MÈRE, subst. f.
Mère du grand-père ou de la grand-mère.
🕮 Plur. arrière-grand-mères ; [aʀjɛʀgʀɑ̃mɛʀ].

ARRIÈRE-GRAND-PÈRE, subst. m.
Père du grand-père ou de la grand-mère.
🕮 Plur. *arrière-grands-pères* ; [aʀjɛʀɡʀɑ̃pɛʀ].

ARRIÈRE-PAYS, subst. m. inv.
Territoire situé à l'intérieur d'une région
côtière. 🕮 [aʀjɛʀpei].

ARRIÈRE-PENSÉE, subst. f.
Pensée, intention que l'on garde cachée.
🕮 Plur. *arrière-pensées* ; [aʀjɛʀpɑ̃se].

ARRIÈRE-PETITE-FILLE, subst. f.
Fille du petit-fils ou de la petite-fille. 🕮 Plur.
arrière-petites-filles ; [aʀjɛʀpətitfij].

ARRIÈRE-PETIT-FILS, subst. m.
Fils du petit-fils ou de la petite-fille. 🕮 Plur.
arrière-petits-fils ; [aʀjɛʀpətifis].

ARRIÈRE-PLAN, subst. m.
Ce qui, dans un paysage ou un tableau, est
situé derrière le sujet principal. – Fig. À
l'*arrière-plan* : à un rang secondaire.
🕮 Plur. *arrière-plans* ; [aʀjɛʀplɑ̃].

ARRIÈRE-SAISON, subst. f.
Fin de l'automne. 🕮 Plur. *arrière-saisons* ;
[aʀjɛʀsɛzɔ̃].

ARRIÈRE-TRAIN, subst. m.
Partie postérieure du corps d'un quadrupède. – Fesses (fam.) 🕮 Plur. *arrière-trains* ;
[aʀjɛʀtʀɛ̃].

ARRIMER, verbe trans. [3]
Fixer un chargement. 🕮 [aʀime].

ARRIVÉE, subst. f.
Fait d'atteindre le terme d'un déplacement.
– Ce terme. – Approche. 🕮 [aʀive].

ARRIVER, verbe intrans. [3]
Parvenir au terme d'un voyage, à un but,
ou s'en approcher. – Atteindre (un certain
point) : *Ce manteau m'arrive aux pieds.*
– Réussir : *Je n'arrive pas à dormir.* – Empl.
impers. Se produire : *Il arrive que.* 🕮 [aʀive].

ARRIVISTE, subst.
Personne qui recherche la réussite sociale
par tous les moyens. 🕮 [aʀivist].

ARROGANCE, subst. f.
Orgueil insolent. 🕮 [aʀɔgɑ̃s].

ARROGER (S'), verbe pronom. [5]
S'attribuer indûment (un droit, un pouvoir). 🕮 [aʀɔʒe].

ARRONDIR, verbe trans. [19]
Donner une forme ronde à. – Accroître
(une somme). – Supprimer les décimales
d'un nombre, ou les unités trop petites.
– Pronom. Devenir plus rond. 🕮 [aʀɔ̃diʀ].

ARRONDISSEMENT, subst. m.
Subdivision administrative d'un département, d'une grande ville. 🕮 [aʀɔ̃dismɑ̃].

ARROSER, verbe trans. [3]
Asperger avec de l'eau. – Couler à travers,
en parlant d'un fleuve. 🕮 [aʀoze].

ARROSOIR, subst. m.
Récipient servant à arroser les plantes.
🕮 [aʀozwaʀ].

ARSENAL, AUX, subst. m.
Lieu de construction de navires de guerre.

– Fabrique d'armes ; quantité importante
d'armes. 🕮 [aʀsənal].

ARSENIC, subst. m.
Élément chimique (symb. *As*) dont l'un des
composés donne un poison violent.
🕮 [aʀsənik].

ART, subst. m.
Activité visant à réaliser un idéal de beauté
à travers des œuvres ; l'ensemble de ces
œuvres. – Ensemble des règles d'une activité ; cette activité : *L'art culinaire.* – Aptitude, talent. 🕮 [aʀ].

ARTÈRE, subst. f.
Vaisseau conduisant le sang du cœur vers
les organes. – Fig. Voie de circulation
urbaine. 🕮 [aʀtɛʀ].

ARTHRITE, subst. f.
Inflammation d'une articulation. 🕮 [aʀtʀit].

ARTHROPODE, subst. m.
Animal invertébré au corps annelé. – Plur.
L'embranchement correspondant, qui
comprend notamment les Arachnides, les
Crustacés et les Insectes. 🕮 [aʀtʀɔpɔd].

ARTHROSE, subst. f.
Lésion des cartilages d'une articulation,
surtout au genou et à la hanche. 🕮 [aʀtʀoz].

ARTICHAUT, subst. m.
Plante potagère. 🕮 [aʀtiʃo].

ARTICLE, subst. m.
Subdivision d'une loi, d'un contrat, etc.
– Texte dans une publication : *Un article
de journal.* – Marchandise. – Ling. Déterminant d'un substantif, qui indique son genre
et son nombre. 🕮 [aʀtikl].

ARTICULAIRE, adj.
Relatif aux articulations. 🕮 [aʀtikylɛʀ].

ARTICULATION, subst. f.
Jonction de deux os. – Jonction, élément
de liaison de deux pièces mobiles. – Liaison
entre les parties d'un texte, d'un raisonnement. – Action d'articuler, de prononcer
distinctement. 🕮 [aʀtikylasjɔ̃].

ARTICULÉ, ÉE, adj.
Composé de plusieurs parties mobiles, liées
les unes aux autres. 🕮 [aʀtikyle].

ARTICULER, verbe trans. [3]
Prononcer distinctement. – Pronom. Former une articulation. 🕮 [aʀtikyle].

ARTIFICE, subst. m.
Procédé trompeur, ruse, servant à faire
illusion. – *Feu d'artifice* : spectacle pyro-
technique. 🕮 [aʀtifis].

ARTIFICIEL, IELLE, adj.
Produit par l'homme. – Affecté, manquant
de simplicité. 🕮 [aʀtifisjɛl].

ARTIFICIER, subst. m.
Spécialiste de la pyrotechnie. 🕮 [aʀtifisje].

ARTILLERIE, subst. f.
Ensemble des canons d'une armée et des
troupes qui les servent. 🕮 [aʀtijʀi].

ARTILLEUR, subst. m.
Militaire qui fait partie de l'artillerie.
🕮 [aʀtijœʀ].

ARTISAN, ANE, subst.
Personne qui exerce, à son compte, un métier manuel. 🔊 [aʀtizɑ̃, -an].

ARTISANAT, subst. m.
Activité d'un artisan. – Classe socioprofessionnelle des artisans. 🔊 [aʀtizana].

ARTISTE, adj. et subst.
Subst. Créateur d'œuvres d'art. – Interprète d'œuvres (musicales, théâtrales, etc.). – Adj. Qui a le goût des arts. 🔊 [aʀtist].

ARTISTIQUE, adj.
Qui appartient à l'univers de l'art et des artistes. 🔊 [aʀtistik].

AS, subst. m.
Face de dé, carte à jouer marquée d'un seul point. – Fig. Champion. 🔊 [ɑs].

ASCENDANCE, subst. f.
Lignée d'aïeux. – Origine. 🔊 [asɑ̃dɑ̃s].

ASCENDANT (I), ANTE, adj.
Qui s'élève, qui va en montant. – Fig. Qui progresse. 🔊 [asɑ̃dɑ̃, -ɑ̃t].

ASCENDANT (II), subst. m.
Parent dont on est issu généalogiquement. – Influence exercée sur qqn. 🔊 [asɑ̃dɑ̃].

ASCENSEUR, subst. m.
Appareil servant à monter et à descendre des personnes ou des charges. 🔊 [asɑ̃sœʀ].

ASCENSION, subst. f.
Action de s'élever, de monter ; action de gravir une montagne. – Fig. Progression sociale. 🔊 [asɑ̃sjɔ̃].

ASCÈTE, subst.
Personne qui pratique l'ascétisme. 🔊 [asɛt].

ASCÉTISME, subst. m.
Discipline de vie très austère visant à la libération de l'âme. 🔊 [asetism].

ASEPSIE, subst. f.
Ensemble des méthodes visant à détruire les microbes de façon préventive. – Absence de microbes. 🔊 [asɛpsi].

ASEPTISER, verbe trans. [3]
Débarrasser de tout germe infectieux, stériliser. 🔊 [asɛptize].

ASILE, subst. m.
Lieu de refuge. – Lieu où l'on trouve le repos. – Autrefois, hôpital psychiatrique. 🔊 [azil].

ASOCIAL, ALE, AUX, adj. et subst.
Inadapté à la vie en société. 🔊 [asɔsjal].

ASPECT, subst. m.
Point de vue, angle, face : *Étudier un problème sous tous ses aspects.* – Manière de se présenter au regard. 🔊 [aspɛ].

ASPERGE, subst. f.
Plante potagère dont on mange la pointe et les pousses tendres. 🔊 [aspɛʀʒ].

ASPERGER, verbe trans. [5]
Projeter un liquide sur. 🔊 [aspɛʀʒe].

ASPÉRITÉ, subst. f.
Saillie, irrégularité que présente une surface. 🔊 [aspeʀite].

ASPHALTE, subst. m.
Revêtement des chaussées. 🔊 [asfalt].

ASPHYXIE, subst. f.
Détresse respiratoire due à un manque d'oxygène. 🔊 [asfiksi].

ASPHYXIER, verbe trans. [6]
Causer l'asphyxie de. 🔊 [asfiksje].

ASPIC, subst. m.
Serpent venimeux de la famille des Vipéridés. – *Cuis.* Mets en gelée. 🔊 [aspik].

ASPIRANT, subst. m.
Grade immédiatement inférieur à celui de sous-lieutenant. 🔊 [aspiʀɑ̃].

ASPIRATEUR, subst. m.
Nom de divers appareils servant à aspirer des poussières, des liquides, des déchets, etc. 🔊 [aspiʀatœʀ].

ASPIRATION, subst. f.
Action d'aspirer (du gaz, un liquide, etc.). – Inspiration d'air. – Désir, souhait élevé. 🔊 [aspiʀasjɔ̃].

ASPIRER, verbe trans. [3]
Faire entrer de l'air dans ses poumons. – Attirer (des poussières, un fluide) par un vide partiel. – Aspirer *à* : prétendre à, désirer, ambitionner. 🔊 [aspiʀe].

ASPIRINE, subst. f.
Médicament combattant la fièvre et la douleur. 🔊 [aspiʀin].

ASSAGIR, verbe trans. [19]
Rendre sage. 🔊 [asaʒiʀ].

ASSAILLIR, verbe trans. [31]
Attaquer soudainement, avec violence. – Fig. Harceler ; tourmenter. 🔊 [asajiʀ].

ASSAINIR, verbe trans. [19]
Rendre sain. – Fig. Ramener à un équilibre. 🔊 [aseniʀ].

ASSAISONNER, verbe trans. [3]
Ajouter des épices, des condiments à un plat. – Fig. Ajouter du piquant à un style, à un propos. 🔊 [asɛzone].

ASSASSIN, subst. m.
Personne qui commet un assassinat, c.-à-d. un meurtre avec préméditation. 🔊 [asasɛ̃].

ASSASSINER, verbe trans. [3]
Tuer (qqn) avec préméditation. 🔊 [asasine].

ASSAUT, subst. m.
Action d'assaillir, de se précipiter sur un objectif. – Attaque, offensive. 🔊 [aso].

ASSÈCHEMENT, subst. m.
Action d'assécher, de s'assécher. – Son résultat. 🔊 [asɛʃmɑ̃].

ASSÉCHER, verbe trans. [8]
Mettre à sec. 🔊 [aseʃe].

ASSEMBLAGE, subst. m.
Action d'assembler, montage ; le résultat ainsi obtenu. – Réunion de plusieurs éléments. 🔊 [asɑ̃blaʒ].

ASSEMBLÉE, subst. f.
Réunion de personnes. 🔊 [asɑ̃ble].

ASSEMBLER, verbe trans. [3]
Mettre ensemble, réunir. — Joindre divers éléments pour en former un tout, monter. ▨ [asɑ̃ble].

ASSENER, verbe trans. [10]
Porter avec violence (un coup). ▨ On écrit aussi *asséner* [8] ; [asene].

ASSENTIMENT, subst. m.
Accord, approbation. ▨ [asɑ̃timɑ̃].

ASSEOIR, verbe trans. [46]
Mettre (qqn) sur son séant. — Édifier sur une base stable. ▨ [aswaʀ].

ASSERMENTÉ, ÉE, adj.
Qui a prêté serment pour exercer certaines fonctions. ▨ [asɛʀmɑ̃te].

ASSERTION, subst. f.
Affirmation que l'on soutient comme vraie. ▨ [asɛʀsjɔ̃].

ASSERVIR, verbe trans. [19]
Rendre esclave, assujettir. ▨ [asɛʀviʀ].

ASSESSEUR, subst. m.
Assistant d'un juge, d'un président d'assemblée, etc. ▨ [asesœʀ].

ASSEZ, adv.
Suffisamment. — Passablement. ▨ [ase].

ASSIDU, UE, adj.
Qui n'est jamais absent là où il est censé être. — Régulier. ▨ [asidy].

ASSIDUITÉ, subst. f.
Constance, présence régulière. ▨ [asidɥite].

ASSIÉGÉ, ÉE, adj. et subst.
Qui subit un siège. ▨ [asjeʒe].

ASSIÉGER, verbe trans. [9]
Milit. Encercler une place que l'on veut emporter. — Fig. Presser, traquer, importuner. ▨ [asjeʒe].

ASSIETTE, subst. f.
Stabilité, équilibre. — Pièce de vaisselle individuelle à fond plat ; son contenu. ▨ [asjɛt].

ASSIGNATION, subst. f.
Action d'assigner. — Citation à comparaître en justice. ▨ [asiɲasjɔ̃].

ASSIGNER, verbe trans. [3]
Attribuer, affecter (qqch. à qqn). — Citer à comparaître en justice. ▨ [asiɲe].

ASSIMILATION, subst. f.
Action d'assimiler. — Fait d'être assimilé. ▨ [asimilasjɔ̃].

ASSIMILER, verbe trans. [3]
Rendre semblable, comparable à. — Intégrer à (un groupe). — Convertir en substance organique ; au fig. : *Assimiler un savoir.* — Pronom. S'estimer l'égal de. ▨ [asimile].

ASSIS, ISE, adj. et subst. f.
Adj. Qui s'appuie sur son séant. — Solidement établi. — Subst. Base, fondement. ▨ [asi, -iz].

ASSISES, subst. f. plur.
Séances tenues par un tribunal qui juge les crimes : *La cour d'assises.* — Congrès d'un parti, d'un syndicat. ▨ [asiz].

ASSISTANCE, subst. f.
Action d'assister ; aide. — Institution qui a pour vocation d'assister : *Assistance publique.* — Assemblée, auditoire. ▨ [asistɑ̃s].

ASSISTÉ, ÉE, adj. et subst.
Se dit d'une personne qui bénéficie d'une aide, d'un secours. ▨ [asiste].

ASSISTER, verbe trans. [3]
Aider, secourir. — Assister à : être présent à, témoin de. ▨ [asiste].

ASSOCIATION, subst. f.
Action d'associer ou de s'associer ; son résultat. — Groupement de personnes réunies à des fins communes, non lucratives. ▨ [asɔsjasjɔ̃].

ASSOCIÉ, ÉE, adj. et subst.
Qui a uni ses intérêts ou ses biens à ceux d'autres personnes, à des fins communes. ▨ [asɔsje].

ASSOCIER, verbe trans. [6]
Assembler, relier, réunir. — Faire participer. — Pronom. S'unir ; s'allier. ▨ [asɔsje].

ASSOIFFÉ, ÉE, adj.
Qui a très soif. — Fig. Qui est avide de. ▨ [aswafe].

ASSOLEMENT, subst. m.
Alternance des cultures, d'une année à l'autre, sur un même terrain. ▨ [asɔlmɑ̃].

ASSOMBRIR, verbe trans. [19]
Rendre sombre. — Fig. Attrister. ▨ [asɔ̃bʀiʀ].

ASSOMMER, verbe trans. [3]
Frapper sur la tête pour étourdir. — Fig. Affliger, ennuyer. ▨ [asɔme].

ASSORTI, IE, adj.
En harmonie, en accord avec. — Pourvu de marchandises. ▨ [asɔʀti].

ASSORTIR, verbe trans. [19]
Réunir des personnes, des choses qui s'accordent. — Approvisionner. ▨ [asɔʀtiʀ].

ASSOUPIR, verbe trans. [19]
Endormir légèrement. ▨ [asupiʀ].

ASSOUPLIR, verbe trans. [19]
Rendre plus souple. — Fig. Rendre moins strict, moins rigide. ▨ [asupliʀ].

ASSOUPLISSEMENT, subst. m.
Action d'assouplir. — Fait de s'assouplir. ▨ [asuplismɑ̃].

ASSOURDIR, verbe trans. [19]
Rendre comme sourd. — Atténuer (un son). ▨ [asuʀdiʀ].

ASSOUVIR, verbe trans. [19]
Satisfaire complètement (un sentiment, un désir). ▨ [asuviʀ].

ASSUJETTIR, verbe trans. [19]
Asservir, soumettre. — Assujettir à : astreindre à. — Fixer fermement, immobiliser (qqch.). ▨ [asyʒetiʀ].

ASSUMER, verbe trans. [3]
Prendre sur soi ; prendre en charge (qqch. ou qqn). — Accepter les conséquences de. — Pronom. S'accepter tel que l'on est. ▨ [asyme].

ASSURANCE, subst. f.
Certitude. – Audace, aplomb, confiance. – Garantie contractuelle. 🔊 [asyʀɑ̃s].

ASSURÉ, ÉE, adj. et subst.
Qui a souscrit une assurance. – Adj. Certain, garanti : *Bonheur* assuré. – Confiant, décidé. 🔊 [asyʀe].

ASSURER, verbe trans. [3]
Mettre en sécurité, protéger. – Consolider, rendre plus ferme. – Donner pour vrai, pour fiable. – Garantir ou faire garantir des risques par un contrat d'assurance. – Pronom. Vérifier, contrôler. 🔊 [asyʀe].

ASTÉRISQUE, subst. m.
Signe typographique en forme d'étoile (*), qui sert à marquer un mot. 🔊 [asteʀisk].

ASTÉROÏDE, subst. m.
Petite planète. 🔊 [asteʀɔid].

ASTHMATIQUE, adj. et subst.
Adj. Relatif à l'asthme ; qui en souffre. – Subst. Personne qui est atteinte d'asthme. 🔊 [asmatik].

ASTHME, subst. m.
Méd. Affection qui se caractérise par des crises de suffocation. 🔊 [asm].

ASTICOT, subst. m.
Larve de mouche servant d'appât pour la pêche. 🔊 [astiko].

ASTIGMATISME, subst. m.
Défaut de l'œil provoquant une vision trouble. 🔊 [astigmatism].

ASTIQUER, verbe trans. [3]
Faire reluire en frottant. 🔊 [astike].

ASTRAKAN, subst. m.
Fourrure d'agneau d'Asie, à laine frisée. 🔊 [astʀakɑ̃].

ASTRE, subst. m.
Corps céleste. 🔊 [astʀ].

ASTREIGNANT, ANTE, adj.
Qui astreint, qui ne laisse guère de liberté. 🔊 [astʀɛɲɑ̃, -ɑ̃t].

ASTREINDRE, verbe trans. [53]
Obliger (qqn à faire qqch.). – Pronom. S'obliger à. 🔊 [astʀɛ̃dʀ].

ASTREINTE, subst. f.
Dr. Obligation de payer une certaine somme par jour de retard. – Obligation rigoureuse ; contrainte. 🔊 [astʀɛ̃t].

ASTRINGENT, ENTE, adj. et subst. m.
Se dit d'une substance qui resserre les tissus biologiques. 🔊 [astʀɛ̃ʒɑ̃, -ɑ̃t].

ASTROLABE, subst. m.
Instrument qui sert à déterminer la latitude d'un lieu. 🔊 [astʀɔlab].

ASTROLOGIE, subst. f.
Étude de l'influence supposée des astres sur les hommes et les événements. 🔊 [astʀɔlɔʒi].

ASTROLOGUE, subst.
Spécialiste de l'astrologie. 🔊 [astʀɔlɔg].

ASTRONAUTE, subst.
Pilote ou passager d'un astronef américain. 🔊 [astʀɔnot].

ASTRONEF, subst. m.
Véhicule spatial. 🔊 [astʀɔnɛf].

ASTRONOME, subst.
Spécialiste d'astronomie. 🔊 [astʀɔnɔm].

ASTRONOMIE, subst. f.
Science des astres et de la structure de l'Univers. 🔊 [astʀɔnɔmi].

ASTRONOMIQUE, adj.
Relatif à l'astronomie. – Fig. Très grand, excessif. 🔊 [astʀɔnɔmik].

ASTUCE, subst. f.
Ingéniosité malicieuse. – Moyen habile, truc. – Plaisanterie (fam.). 🔊 [astys].

ASTUCIEUX, IEUSE, adj.
Habile, ingénieux. 🔊 [astysjø, -jøz].

ASYMÉTRIQUE, adj.
Qui manque de symétrie. 🔊 [asimetʀik].

ASYMPTOTE, subst. f.
Droite vers laquelle une courbe tend indéfiniment, sans jamais la couper. 🔊 [asɛ̃ptɔt].

ATAVISME, subst. m.
Hérédité. 🔊 [atavism].

ATELIER, subst. m.
Lieu où travaillent des artisans, des ouvriers ou des artistes. 🔊 [atəlje].

ATERMOIEMENT, subst. m.
Action de remettre à plus tard, tergiversation (gén. au plur.). 🔊 [atɛʀmwamɑ̃].

ATHÉE, adj. et subst.
Qui professe l'athéisme. 🔊 [ate].

ATHÉISME, subst. m.
Doctrine qui nie l'existence de Dieu (ou des dieux). 🔊 [ateism].

ATHLÈTE, subst.
Sportif qui s'adonne à l'athlétisme. – Personne vigoureuse et musclée. 🔊 [atlɛt].

ATHLÉTISME, subst. m.
Ensemble de sports comprenant des courses, des lancers et des sauts. 🔊 [atletism].

ATLANTIQUE, adj.
Relatif à l'océan Atlantique et aux pays qui le bordent. 🔊 [atlɑ̃tik].

ATLAS, subst. m.
Recueil de cartes géographiques, historiques, etc. 🔊 [atlɑs].

ATMOSPHÈRE, subst. f.
Couche gazeuse qui entoure la Terre ou d'autres corps célestes. – Air d'un lieu. – Fig. Ambiance. 🔊 [atmɔsfɛʀ].

ATOLL, subst. m.
Île formée de récifs de coraux entourant un lagon. 🔊 [atɔl].

ATOME, subst. m.
Ensemble de particules (protons, neutrons et électrons), élément fondamental de la matière. 🔊 [atom].

ATOMIQUE, adj.
Relatif à l'atome. 🔊 [atɔmik].

ATOMISEUR, subst. m.
Appareil servant à projeter en pluie fine un liquide. 🔊 [atomizœʀ].

ATONE, adj.
Qui est sans vigueur. – Vague, inexpressif. ▨ [aton].

ATOUT, subst. m.
Aux jeux de cartes, couleur qui l'emporte sur toutes les autres. – Fig. Moyen de réussir. ▨ [atu].

ÂTRE, subst. m.
Foyer d'une cheminée. – La cheminée elle-même. ▨ [ɑtʀ].

ATROCE, adj.
D'une cruauté affreuse. – Très douloureux. – Horriblement laid. ▨ [atʀɔs].

ATROCITÉ, subst. f.
Caractère de ce qui est atroce. – Action atroce, acte criminel. ▨ [atʀɔsite].

ATROPHIE, subst. f.
Méd. Diminution anormale du volume d'un organe, d'un tissu. – Fig. Affaiblissement d'une faculté. ▨ [atʀɔfi].

ATROPHIER, verbe trans. [6]
Provoquer l'atrophie de. ▨ [atʀɔfje].

ATTABLER (S'), verbe pronom. [3]
Prendre place à table. ▨ [atable].

ATTACHANT, ANTE, adj.
Qui plaît, qui suscite la sympathie, l'affection. ▨ [ataʃɑ̃, -ɑ̃t].

ATTACHE, subst. f.
Ce qui sert à attacher. – Fig. Lien d'affection ou d'intérêt. – Plur. Les poignets et les chevilles. ▨ [ataʃ].

ATTACHÉ, ÉE, subst.
Fonctionnaire dans une ambassade, un ministère. ▨ [ataʃe].

ATTACHER, verbe trans. [3]
Fixer à (qqch.), maintenir ou joindre par un lien. – Accorder, attribuer : Attacher de l'importance à qqch. – Affecter (à un emploi, à un poste). – Faire dépendre de, associer à. – Pronom. S'appliquer à. – Commencer à éprouver de l'affection pour (qqn, qqch.). ▨ [ataʃe].

ATTAQUE, subst. f.
Action d'attaquer. – Apparition soudaine d'un mal. – Mus. Début d'un morceau. ▨ [atak].

ATTAQUER, verbe trans. [3]
Engager une action violente, un combat contre. – Entamer, détériorer. – Commencer. – Pronom. S'en prendre à. ▨ [atake].

ATTARDER (S'), verbe pronom. [3]
Se mettre en retard. – Rester quelque part plus longtemps que prévu. ▨ [ataʀde].

ATTEINDRE, verbe trans. [53]
Toucher, blesser (en lançant un projectile). – Émouvoir. – Arriver (en un lieu, à un but, etc.). – Parvenir à (un niveau). ▨ [atɛ̃dʀ].

ATTEINTE, subst. f.
Fait d'atteindre : Hors d'atteinte. – Dommage, blessure. ▨ [atɛ̃t].

ATTELAGE, subst. m.
Action ou manière d'atteler. – Ensemble des animaux attelés. ▨ [at(ə)laʒ].

ATTELER, verbe trans. [12]
Attacher (un animal, des animaux) à un véhicule. – Accrocher (une remorque, des wagons, etc.) à un véhicule moteur. – Pronom. Commencer, se mettre à. ▨ [at(ə)le].

ATTELLE, subst. f.
Élément rigide qui maintient immobile un membre fracturé. ▨ [atɛl].

ATTENANT, ANTE, adj.
Contigu, adjacent. ▨ [atnɑ̃, -ɑ̃t].

ATTENDRE, verbe [51]
Rester en un lieu, patienter jusqu'à l'arrivée de qqn, de qqch. ou d'un événement. – Espérer. – Pronom. S'attendre à : prévoir. ▨ [atɑ̃dʀ].

ATTENDRIR, verbe trans. [19]
Rendre tendre : Attendrir une viande. – Émouvoir, apitoyer. ▨ [atɑ̃dʀiʀ].

ATTENDRISSEMENT, subst. m.
Fait de s'attendrir. ▨ [atɑ̃dʀismɑ̃].

ATTENDU, prép.
En raison de. – Loc. conj. Attendu que : vu que. ▨ [atɑ̃dy].

ATTENTAT, subst. m.
Acte de violence à visée idéologique contre des biens ou des personnes. ▨ [atɑ̃ta].

ATTENTE, subst. f.
Action d'attendre ; le temps que dure cette action. – Espoir. ▨ [atɑ̃t].

ATTENTER, verbe trans. indir. [3]
Agir contre (qqn ou qqch.) : Attenter aux mœurs. ▨ [atɑ̃te].

ATTENTIF, IVE, adj.
Qui fait preuve d'attention. ▨ [atɑ̃tif, -iv].

ATTENTION, subst. f.
Faculté mentale de se concentrer sur un objet donné. – Prévenance, égard. – Faire attention : prendre garde. ▨ [atɑ̃sjɔ̃].

ATTENTIONNÉ, ÉE, adj.
Qui manifeste des égards, de la prévenance. ▨ [atɑ̃sjone].

ATTÉNUATION, subst. f.
Action d'atténuer. – Fait d'être atténué. ▨ [atenɥasjɔ̃].

ATTÉNUER, verbe trans. [3]
Affaiblir, diminuer la gravité, l'intensité de. ▨ [atenɥe].

ATTERRER, verbe trans. [3]
Consterner, accabler. ▨ [ateʀe].

ATTERRIR, verbe intrans. [19]
Mar. Accoster. – Aéron. Se poser. ▨ [ateʀiʀ].

ATTERRISSAGE, subst. m.
Action d'atterrir, de toucher terre. – Son résultat. ▨ [ateʀisaʒ].

ATTESTATION, subst. f.
Action d'attester. – Certificat, témoignage confirmant que qqch. est vrai. ▨ [atɛstasjɔ̃].

ATTESTER, verbe trans. [3]
Certifier, témoigner. – Montrer, être la preuve de. ▨ [atɛste].

ATTIRAIL, subst. m.
Ensemble, plus ou moins encombrant, des objets nécessaires à une activité. 🕮 [atiʀaj].

ATTIRANCE, subst. f.
Effet d'une force d'attraction. – Attrait, désir, goût. 🕮 [atiʀɑ̃s].

ATTIRANT, ANTE, adj.
Qui séduit, qui plaît. 🕮 [atiʀɑ̃, -ɑ̃t].

ATTIRER, verbe trans. [3]
Faire venir à soi, éveiller l'intérêt de. – Occasionner. – Séduire. 🕮 [atiʀe].

ATTISER, verbe trans. [3]
Ranimer (un feu). – Fig. Exciter (des passions, des sentiments). 🕮 [atize].

ATTITRÉ, ÉE, adj.
Chargé en titre d'une fonction. – Habituel, réservé. 🕮 [atitʀe].

ATTITUDE, subst. f.
Manière de se tenir. – Manière d'agir, de s'exprimer. 🕮 [atityd].

ATTRACTION, subst. f.
Force qui tend à rapprocher deux corps. – Fig. Attirance. – Spectacle de foire ou de variétés. 🕮 [atʀaksjɔ̃].

ATTRAIT, subst. m.
Qualité de ce qui est attirant. – Plur. Aspect plaisant, charme de qqn ou de qqch. 🕮 [atʀɛ].

ATTRAPE-NIGAUD, subst. m.
Tromperie grossière. 🕮 Plur. *attrape-nigauds* ; [atʀapnigo].

ATTRAPER, verbe trans. [3]
Prendre dans un piège. – Saisir, atteindre. – Contracter (une maladie). – Réprimander (fam.). 🕮 [atʀape].

ATTRAYANT, ANTE, adj.
Attirant, séduisant. 🕮 [atʀɛjɑ̃, -ɑ̃t].

ATTRIBUER, verbe trans. [3]
Accorder, allouer ; conférer (une fonction, un avantage). – Considérer comme cause (en parlant d'une chose) ou comme auteur (en parlant d'une personne). – Pronom. S'approprier. 🕮 [atʀibɥe].

ATTRIBUT, subst. m.
Caractère propre. – Signe distinctif d'une fonction. – *Ling.* Mot qualifiant le sujet ou le complément d'objet direct par l'intermédiaire d'un verbe. 🕮 [atʀiby].

ATTRIBUTION, subst. f.
Action d'attribuer ; son résultat. – Plur. Pouvoirs attribués à qqn. 🕮 [atʀibysjɔ̃].

ATTRISTER, verbe trans. [3]
Rendre triste. 🕮 [atʀiste].

ATTROUPEMENT, subst. m.
Rassemblement inorganisé de personnes en un lieu précis. 🕮 [atʀupmɑ̃].

ATTROUPER (S'), verbe pronom. [3]
Constituer un attroupement. 🕮 [atʀupe].

ATYPIQUE, adj.
Différent du type habituel. – Dépourvu de type. 🕮 [atipik].

AU, AUX, art.
Forme contractée de l'article défini, mise pour « à le », « à les ». 🕮 [o].

AUBADE, subst. f.
Petit concert donné à l'aube sous les fenêtres de qqn. 🕮 [obad].

AUBAINE, subst. f.
Profit, avantage inespéré. 🕮 [obɛn].

AUBE (I), subst. f.
Première lueur du jour. – Fig. Commencement. 🕮 [ob].

AUBE (II), subst. f.
Tunique blanche d'un prêtre qui dit la messe. – Robe de premier communiant. 🕮 [ob].

AUBÉPINE, subst. f.
Arbrisseau épineux, aux fleurs blanches ou roses. 🕮 [obepin].

AUBERGE, subst. f.
Hôtel-restaurant de campagne. 🕮 [obɛʀʒ].

AUBERGINE, subst. f.
Fruit de forme allongée, de couleur violette, consommé comme légume. 🕮 [obɛʀʒin].

AUBERGISTE, subst. f.
Personne qui tient une auberge. 🕮 [obɛʀʒist].

AUBIER, subst. m.
Partie tendre qui se trouve entre le bois dur et l'écorce d'un arbre. 🕮 [obje].

AUBURN, adj. inv.
D'un brun rougeâtre, acajou. 🕮 [obœʀn].

AUCUN, UNE, adj. et pron. indéf.
Pas un, nul (avec la négation *ne* ou la prép. *sans*). – D'aucuns : quelques-uns. 🕮 [okœ̃, -yn].

AUDACE, subst. f.
Tendance à oser entreprendre ce qui est difficile, dangereux ou novateur. – Hardiesse excessive, impudence. 🕮 [odas].

AUDACIEUX, IEUSE, adj. et subst.
Qui manifeste de l'audace. 🕮 [odasjø, -jøz].

AU-DELÀ, subst. m., adv. et loc. prép.
Adv. et loc. Plus loin (que). – Subst. Le monde des morts. 🕮 [od(ə)la].

AUDIBLE, adj.
Qui peut être entendu. 🕮 [odibl].

AUDIENCE, subst. f.
Entretien accordé par un haut personnage. – Séance d'un tribunal. – Crédit, autorité morale. 🕮 [odjɑ̃s].

AUDIOVISUEL, ELLE, adj. et subst. m.
Adj. Qui utilise simultanément le son et l'image. – Subst. Ensemble des techniques audiovisuelles. – Le secteur d'activité correspondant. 🕮 [odjovizɥɛl].

AUDIT, subst. m.
Opération par laquelle on contrôle la comptabilité et la gestion d'une entreprise. – Personne chargée de cette opération, auditeur. 🕮 [odit].

AUDITEUR, TRICE, subst.
Personne qui écoute une conférence, un concert, etc. – Fonctionnaire au Conseil d'État, à la Cour des comptes. – Audit. 🕮 [oditœʀ, -tʀis].

AUDITION, subst. f.
Perception des sons par l'ouïe. – Essai fait par un artiste en vue d'être engagé. 🕮 [odisjɔ̃].

AUDITOIRE, subst. m.
Public qui écoute. 🕮 [oditwaʀ].

AUDITORIUM, subst. m.
Salle conçue pour accueillir des représentations musicales ou théâtrales, ou pour permettre les enregistrements sonores. 🕮 [oditɔʀjɔm].

AU FUR ET À MESURE, voir **FUR**

AUGE, subst. f.
Récipient servant à nourrir les animaux. – Baquet utilisé par les maçons. 🕮 [oʒ].

AUGMENTATION, subst. f.
Action d'augmenter ; résultat de cette action. – Somme d'argent qui élève un salaire. 🕮 [ɔgmɑ̃tasjɔ̃].

AUGMENTER, verbe [3]
Trans. Rendre plus grand, plus intense. – Élever la rémunération de qqn. – Intrans. Devenir plus important. 🕮 [ɔgmɑ̃te].

AUGURE, subst. m.
Présage : *Être de bon, de mauvais* augure. 🕮 [ogyʀ].

AUJOURD'HUI, adv.
Ce jour-ci. – De nos jours. 🕮 [oʒuʀdɥi].

AULNE, subst. m.
Arbre au bois léger, qui pousse le long des cours d'eau. 🕮 [o(l)n].

AULX, voir **AIL**

AUMÔNE, subst. f.
Don charitable. – Fig. Faveur accordée par bonté d'âme. 🕮 [omon].

AUMÔNIER, subst. m.
Prêtre qui dessservait la chapelle d'un seigneur, d'un monarque. – Prêtre d'une institution, d'une collectivité. 🕮 [omonje].

AUMÔNIÈRE, subst. f.
Bourse portée à la ceinture. 🕮 [omonjɛʀ].

AUNE, voir **AULNE**

AUPARAVANT
Avant, à une époque antérieure. – Au préalable. 🕮 [opaʀavɑ̃].

AUPRÈS DE, loc. prép.
Près de, à côté de. – Aux yeux de. – Fig. En comparaison de. 🕮 [opʀɛdə].

AUQUEL, voir **LEQUEL**

AURA, subst. f.
Atmosphère qui émane d'un être. 🕮 [oʀa].

AURÉOLE, subst. f.
Cercle lumineux placé par les peintres autour de la tête des saints. – Tache circulaire. – Fig. Prestige. 🕮 [oʀeol].

AURÉOLER, verbe trans. [3]
Parer d'une auréole. – Fig. Procurer du prestige à (qqn). 🕮 [oʀeole].

AURICULAIRE, adj. et subst. m.
Adj. De l'oreille ; d'une oreillette du cœur. – Subst. Petit doigt de la main. 🕮 [oʀikylɛʀ].

AURIFÈRE, adj.
Qui contient de l'or. 🕮 [oʀifɛʀ].

AURORE, subst. f.
Lueur qui suit l'aube et précède le lever du soleil. – Fig. Commencement. 🕮 [oʀoʀ].

AUSCULTATION, subst. f.
Action d'ausculter. 🕮 [ɔskyltasjɔ̃].

AUSCULTER, verbe trans. [3]
Écouter le cœur et les poumons. 🕮 [ɔskylte].

AUSPICE, subst. m.
Présage, signe (gén. au plur.). 🕮 [ɔspis].

AUSSI, adv. et conj.
Adv. Également, pareillement ; en outre, en sus : *Il sait le latin et* aussi *le grec.* – Conj. En conséquence ; c'est pourquoi. 🕮 [osi].

AUSSITÔT, adv.
Immédiatement. – Loc. conj. Aussitôt *que* : dès que. 🕮 [osito].

AUSTÈRE, adj.
Sévère, qui exclut toute fantaisie. – Sans ornement. 🕮 [ostɛʀ].

AUSTÉRITÉ, subst. f.
Qualité de ce qui est austère. – Politique économique de rigueur. 🕮 [osteʀite].

AUSTRAL, ALE, ALS ou **AUX**, adj.
Relatif à l'hémisphère Sud. 🕮 [ostʀal].

AUTANT, adv.
D'une manière égale, en quantité et en intensité. – Loc. conj. *D'*autant *que* : surtout que. 🕮 [otɑ̃].

AUTARCIE, subst. f.
État d'un groupe, d'un pays qui produit tout ce qu'il consomme. 🕮 [otaʀsi].

AUTEL, subst. m.
Relig. Table destinée aux sacrifices et à recevoir les offrandes. – Dans le culte catholique, table où est célébrée la messe. 🕮 [otɛl].

AUTEUR, subst. m.
Celui qui est à l'origine de qqch. : *L'auteur d'un crime, d'un film.* – Écrivain. 🕮 [otœʀ].

AUTHENTIFIER, verbe trans. [6]
Certifier authentique. – Rendre authentique. 🕮 [otɑ̃tifje].

AUTHENTIQUE, adj.
Dont on peut garantir l'exactitude ou l'origine. – Fig. Profondément sincère. 🕮 [otɑ̃tik].

AUTISME, subst. m.
Psych. Absence pathologique de communication avec le monde extérieur. 🕮 [otism].

AUTO, subst. f.
Apocope pour « automobile ». 🕮 [oto].

AUTO-, préfixe
Exprime l'idée de « soi-même ». 🕮 [oto-].

AUTOBIOGRAPHIE, subst. f.
Récit écrit de l'histoire de sa propre vie. 🕮 [otobjɔgʀafi].

AUTOBUS, subst. m.
Grand véhicule automobile de transport en commun urbain. 🕮 [otobys].

AUTOCAR, subst. m.
Grand véhicule automobile de transport collectif routier ou touristique. 🔊 [otokaʀ].

AUTOCHTONE, adj. et subst.
Dont les ancêtres ont toujours habité le pays. 🔊 [otokton].

AUTOCOLLANT, ANTE, adj. et subst. m.
Adj. Qui colle ou se colle sans être humecté. – Subst. Étiquette, vignette **autocollante**. 🔊 [otokɔlɑ̃, -ɑ̃t].

AUTOCRATE, subst. m.
Souverain absolu. 🔊 [otokʀat].

AUTOCRITIQUE, subst. f.
Critique de soi-même. 🔊 [otokʀitik].

AUTODAFÉ, subst. m.
Destruction par le feu. 🔊 [otodafe].

AUTODÉFENSE, subst. f.
Fait de se défendre soi-même. 🔊 [otodefɑ̃s].

AUTODÉTERMINATION, subst. f.
Choix que fait un peuple de son statut politique. 🔊 [otodetɛʀminasjɔ̃].

AUTODIDACTE, adj. et subst.
Qui s'est instruit tout seul. 🔊 [otodidakt].

AUTODISCIPLINE, subst. f.
Discipline qu'une personne s'impose à elle-même. 🔊 [otodisiplin].

AUTO-ÉCOLE, subst. f.
École de conduite automobile. 🔊 Plur. *auto-écoles* ; [otoekɔl].

AUTOGESTION, subst. f.
Gestion d'une collectivité par ses membres. 🔊 [otoʒɛstjɔ̃].

AUTOGRAPHE, adj. et subst. m.
Adj. Écrit de la propre main de l'auteur. – Subst. Écrit ou signature de la main d'une célébrité. 🔊 [otogʀaf].

AUTOMATE, subst. m.
Jouet, appareil qui se meut de lui-même, robot. 🔊 [otomat].

AUTOMATIQUE, adj. et subst. m.
Adj. Qui fonctionne sans intervention humaine. – Qui est accompli par réflexe, inconsciemment. – Subst. Réseau téléphonique sans opératrice. – Pistolet automatique. 🔊 [otomatik].

AUTOMATISER, verbe trans. [3]
Rendre automatique. 🔊 [otomatize].

AUTOMATISME, subst. m.
Caractère de ce qui est entièrement automatique. – Actions, gestes effectués sans y penser, à force d'être répétés. 🔊 [otomatism].

AUTOMNAL, ALE, AUX, adj.
De l'automne. 🔊 [otonal].

AUTOMNE, subst. m.
Saison qui suit l'été et précède l'hiver. 🔊 [oton].

AUTOMOBILE, adj. et subst. f.
Adj. Qui se meut à l'aide d'un moteur. – Subst. Véhicule à moteur, gén. doté de quatre roues. 🔊 [otomobil].

AUTOMOBILISTE, subst.
Conducteur d'automobile. 🔊 [otomobilist].

AUTOMOTEUR, TRICE, adj. et subst.
Se dit d'un véhicule (au masc.), d'une voiture de chemin de fer (au fém.) qui se déplace grâce à son propre moteur. 🔊 [otomotœʀ, -tʀis].

AUTONETTOYANT, ANTE, adj.
Qui se nettoie automatiquement : *Four autonettoyant*. 🔊 [otonetwajɑ̃, -ɑ̃t].

AUTONOME, adj. et subst.
Adj. Qui se gouverne et s'administre librement. – Qui ne dépend de personne. – Subst. Contestataire, gén. d'extrême gauche. 🔊 [otonom].

AUTONOMIE, subst. f.
Fait de pouvoir se gouverner, s'administrer soi-même. – Distance que peut parcourir un véhicule sans être ravitaillé. 🔊 [otonomi].

AUTOPORTRAIT, subst. m.
Portrait qu'un artiste fait de lui-même. 🔊 [otopɔʀtʀɛ].

AUTOPSIE, subst. f.
Dissection d'un cadavre afin de déterminer les causes de la mort. 🔊 [otɔpsi].

AUTORADIO, subst. m.
Poste de radio fonctionnant dans une automobile. 🔊 [otoʀadjo].

AUTORAIL, subst. m.
Ch. de fer. Véhicule automoteur Diesel, conçu pour le transport des voyageurs sur les lignes secondaires. 🔊 [otoʀaj].

AUTORISATION, subst. f.
Fait d'autoriser. – Document attestant une autorisation. 🔊 [otoʀizasjɔ̃].

AUTORISER, verbe trans. [3]
Donner (à qqn) le droit, la permission de (faire qqch.). – Rendre possible. 🔊 [otoʀize].

AUTORITAIRE, adj.
Qui impose son autorité à autrui, sans admettre d'opposition. 🔊 [otoʀitɛʀ].

AUTORITÉ, subst. f.
Pouvoir de soumettre qqn à sa volonté, de le faire obéir. – Personne, ouvrage dont la compétence est reconnue. – Plur. Personnes qui exercent le pouvoir. 🔊 [otoʀite].

AUTOROUTE, subst. f.
Large voie à deux chaussées séparées, à sens unique et sans intersections. 🔊 [otoʀut].

AUTO-STOP, subst. m. inv.
Pratique qui consiste à faire signe à des automobilistes pour se faire transporter gratuitement. 🔊 [otostɔp].

AUTOUR, adv.
Dans l'espace environnant. – Loc. prép. Autour *de* : à la périphérie de, en faisant le tour de ; vers, environ (fam.). 🔊 [otuʀ].

AUTRE, adj. et pron. indéf.
Adj. Mot indiquant une différence, une idée de surplus : L'autre *solution*. – Pron. Désigne qqn ou qqch. avec une idée de différence : *Parler à un autre*. 🔊 [otʀ].

AUTREFOIS, adv.
Dans un passé lointain. 🔊 [otʀəfwa].

AUTREMENT, adv.
D'une autre manière. – Sans quoi, sinon.
🔊 [otʀəmɑ̃].

AUTRUCHE, subst. f.
Grand oiseau coureur. 🔊 [otʀyʃ].

AUTRUI, pron. indéf.
Les autres personnes. – Notre prochain :
Penser à autrui. 🔊 [otʀɥi].

AUVENT, subst. m.
Petit toit au-dessus d'une porte. 🔊 [ovɑ̃].

AUXILIAIRE, adj. et subst.
Qui aide, qui seconde ; qui est employé à
titre provisoire. – *Ling.* Se dit de la catégorie
grammaticale des verbes « être » et
« avoir », dont on se sert pour former les
temps composés. 🔊 [ɔksiljɛʀ].

AVACHI, IE, adj.
Déformé, froissé. – *Fig.* Ramolli, sans
énergie. 🔊 [avaʃi].

AVACHIR, verbe trans. [19]
Amollir, déformer. 🔊 [avaʃiʀ].

AVAL (I), AVALS, subst. m.
Partie d'un cours d'eau située entre le point
où l'on se trouve et le confluent ou la mer
(oppos. *amont*). 🔊 [aval].

AVAL (II), AVALS, subst. m.
Garantie de paiement donnée par un tiers.
– *Fig.* Soutien, caution. 🔊 [aval].

AVALANCHE, subst. f.
Descente brutale de masses de neige le long
des pentes d'une montagne. 🔊 [avalɑ̃ʃ].

AVALER, verbe trans. [3]
Faire descendre dans le gosier. – *Fig.* Croire
naïvement ; supporter (fam.). 🔊 [avale].

À-VALOIR, subst. m. inv.
Acompte. 🔊 [avalwaʀ].

AVANCE, subst. f.
Progression. – Temps ou distance gagnée
sur qqn, qqch. – Somme versée par anti-
cipation. – Plur. Démarche pour entrer en
relation avec qqn. 🔊 [avɑ̃s].

AVANCEMENT, subst. m.
Action d'avancer dans le temps ; progression d'une tâche. – Promotion professionnelle. 🔊 [avɑ̃smɑ̃].

AVANCER, verbe [4]
Trans. Porter en avant ; faire se produire
avant son terme : *Avancer un rendez-vous* ;
faire progresser. – Prétendre, formuler.
– Prêter (de l'argent). – Intrans. Aller vers
l'avant, vers un but ; progresser. – Faire
saillie. – *Cette montre* **avance** : elle indique
l'heure avec de l'avance. 🔊 [avɑ̃se].

AVANIE, subst. f.
Humiliation publique. 🔊 [avani].

AVANT (I), adv. et prép.
Exprime l'antériorité dans le temps, dans
l'espace, un ordre de préférence : *Avant
l'heure* ; *Deux jours* **avant**. – Loc. conj. et
prép. *Avant que* + subj., *de* + inf. : marque
le moment qui précède. 🔊 [avɑ̃].

AVANT (II), subst. m.
Ce qui est devant. – *Sp.* Joueur placé en
attaque. 🔊 [avɑ̃].

AVANTAGE, subst. m.
Privilège. – Agrément, bénéfice. – Supériorité. 🔊 [avɑ̃taʒ].

AVANTAGER, verbe trans. [5]
Accorder un avantage, une faveur à (qqn).
– Mettre en valeur le physique de (qqn).
🔊 [avɑ̃taʒe].

AVANTAGEUX, EUSE, adj.
Qui est profitable, utile. – Qui favorise qqn,
moralement ou physiquement. – Suffisant,
fat. 🔊 [avɑ̃taʒø, -øz].

AVANT-BRAS, subst. m. inv.
Partie du membre supérieur allant du coude
au poignet. 🔊 [avɑ̃bʀa].

AVANT-CENTRE, subst. m.
Au football, joueur qui est placé au centre
de la ligne d'attaque. 🔊 Plur. *avants-centres* ;
[avɑ̃sɑ̃tʀ].

AVANT-COUREUR, adj. m.
Qui annonce, qui laisse prévoir. 🔊 Plur.
avant-coureurs ; [avɑ̃kuʀœʀ].

AVANT-DERNIER, IÈRE, adj. et
subst.
Qui précède directement le dernier. 🔊 Plur.
avant-derniers, -ières ; [avɑ̃dɛʀnje, -jɛʀ].

AVANT-GARDE, subst. f.
Partie d'une armée qui ouvre la voie.
– Groupe de personnes qui sont en avance
sur la culture de leur temps. 🔊 Plur. *avant-
gardes* ; [avɑ̃gaʀd].

AVANT-GOÛT, subst. m.
Sensation éprouvée par avance. 🔊 Plur.
avant-goûts ; [avɑ̃gu].

AVANT-GUERRE, subst. m. ou f.
Période qui a précédé une guerre. 🔊 Plur.
avant-guerres ; [avɑ̃gɛʀ].

AVANT-HIER, loc. adv.
Au jour qui a précédé hier. 🔊 [avɑ̃tjɛʀ].

AVANT-PREMIÈRE, subst. f.
Représentation, en gén. sur invitation,
avant la première d'un spectacle. 🔊 Plur.
avant-premières ; [avɑ̃pʀəmjɛʀ].

AVANT-PROPOS, subst. m. inv.
Introduction à un livre. 🔊 [avɑ̃pʀopo].

AVANT-VEILLE, subst. f.
Le jour qui précède la veille. 🔊 Plur. *avant-
veilles* ; [avɑ̃vej].

AVARE, adj. et subst.
Qui fait preuve d'avarice. – Qui accorde
avec parcimonie. 🔊 [avaʀ].

AVARICE, subst. f.
Besoin quasi obsessionnel d'accumuler les
richesses et de les conserver. 🔊 [avaʀis].

AVARIE, subst. f.
Détérioration d'un navire, de sa cargaison.
– Panne mécanique. 🔊 [avaʀi].

AVARIER, verbe trans. [6]
Endommager, dégrader. 🔊 [avaʀje].

AVATAR, subst. m.
Chacune des incarnations successives d'un dieu, dans l'hindouisme. – Fig. Métamorphose. 📖 [avatar].

AVEC, prép.
Exprime un rapport d'accompagnement, d'appartenance : *Voyager* avec *ses enfants*. – Introduit un complément de moyen, de cause ou de manière : *Manger* avec *les doigts*. 📖 [avɛk].

AVENANT (I), ANTE, adj.
Qui plaît, qui a un air, un aspect agréable. 📖 [avnɑ̃, -ɑ̃t].

AVENANT (II), subst. m.
Document modifiant un contrat. 📖 [avnɑ̃].

AVENANT (III) (À L'), loc. adv.
Conformément à ce qui précède ; pareillement. 📖 [alavnɑ̃].

AVÈNEMENT, subst. m.
Arrivée, survenue (d'un événement important). – Accession au pouvoir. 📖 [avɛnmɑ̃].

AVENIR, subst. m.
Le temps futur. – Les événements dont le futur sera fait. – Destin ; carrière qui s'ouvre devant qqn. 📖 [avniʀ].

AVENT, subst. m.
Les quatre semaines qui précèdent Noël, dans l'année liturgique. 📖 [avɑ̃].

AVENTURE, subst. f.
Événement inopiné. – Équipée hasardeuse. – Brève liaison amoureuse. 📖 [avɑ̃tyʀ].

AVENTURER (S'), verbe pronom. [3]
Se hasarder, se risquer. 📖 [avɑ̃tyʀe].

AVENTURIER, IÈRE, subst.
Personne qui court, qui cherche l'aventure. 📖 [avɑ̃tyʀje, -jɛʀ].

AVENU, UE, adj.
Nul et non avenu : qui n'a jamais existé. 📖 [av(ə)ny].

AVENUE, subst. f.
Large rue, gén. bordée d'arbres. 📖 [av(ə)ny].

AVÉRER (S'), verbe pronom. [8]
Se révéler vrai. – Se révéler. 📖 [avere].

AVERSE, subst. f.
Pluie soudaine, abondante et de courte durée. 📖 [avɛʀs].

AVERSION, subst. f.
Vif sentiment de répulsion, de dégoût. 📖 [avɛʀsjɔ̃].

AVERTI, IE, adj.
Dont l'attention a été éveillée. – Compétent, instruit. 📖 [avɛʀti].

AVERTIR, verbe trans. [19]
Informer, mettre en garde. 📖 [avɛʀtiʀ].

AVERTISSEUR, EUSE, adj. et subst. m.
Adj. Qui avertit, qui met en garde. – Subst. Dispositif qui émet un signal d'avertissement. 📖 [avɛʀtisœʀ, -øz].

AVEU, AVEUX, subst. m.
Confession, déclaration par laquelle on reconnaît sa culpabilité, on révèle un sentiment. 📖 [avø].

AVEUGLANT, ANTE, adj.
Qui aveugle, qui éblouit. – Fig. Dont l'évidence saute aux yeux. 📖 [avœglɑ̃, -ɑ̃t].

AVEUGLE, adj. et subst.
Qui est privé de la vue. – Adj. Sans lucidité ni esprit critique. – Qui frappe au hasard. – Sans ouverture sur le jour. 📖 [avœgl].

AVEUGLEMENT, subst. m.
Manque de discernement. 📖 [avœgləmɑ̃].

AVEUGLETTE (À L'), loc. adv.
À tâtons, comme un aveugle. 📖 [alavœglɛt].

AVIATEUR, TRICE, subst.
Pilote d'avion. – Militaire qui sert dans l'armée de l'air. 📖 [avjatœʀ, -tʀis].

AVIATION, subst. f.
Ensemble des activités, des techniques qui concernent la construction, l'entretien et l'utilisation des avions. 📖 [avjasjɔ̃].

AVICULTURE, subst. f.
Élevage des oiseaux et des volailles. 📖 [avikyltyʀ].

AVIDE, adj.
Qui manifeste de l'avidité. – Impatiemment désireux de qqch. 📖 [avid].

AVIDITÉ, subst. f.
Cupidité ; désir ardent d'obtenir qqch. en quantité. – Intérêt passionné. 📖 [avidite].

AVILIR, verbe trans. [19]
Rendre vil, méprisable. – Dégrader, déshonorer. 📖 [aviliʀ].

AVION, subst. m.
Aéronef plus lourd que l'air, muni d'ailes et de moteurs, qui lui permettent de voler. 📖 [avjɔ̃].

AVIRON, subst. m.
Rame. – Sport nautique. 📖 [aviʀɔ̃].

AVIS, subst. m.
Point de vue, opinion. – Annonce publique. – Opinion exposée officiellement par un organisme consulté. 📖 [avi].

AVISÉ, ÉE, adj.
Qui est prudent, sage, dont le jugement est réfléchi. 📖 [avize].

AVISER, verbe [3]
Trans. Apercevoir (littér.). – Faire savoir à, prévenir. – Intrans. Prendre une décision, réfléchir (littér.). – Pronom. S'apercevoir de. – Prendre le risque de : *Ne t'avise pas de trahir !* 📖 [avize].

AVIVER, verbe trans. [3]
Rendre plus vif (un feu, une couleur, un style). – Exciter, attiser (un sentiment, un désir). 📖 [avive].

AVOCAT (I), ATE, subst.
Personne dont la profession est de défendre les intérêts de ses clients en justice. – Fig. Personne qui défend à titre personnel l'œuvre, la personnalité, les intérêts de qqn. 📖 [avɔka, -at].

AVOCAT (II), subst. m.
Fruit de l'avocatier, en forme de poire, à gros noyau. 🕮 [avɔka].

AVOINE, subst. f.
Céréale utilisée pour nourrir les chevaux. 🕮 [avwan].

AVOIR (I), verbe [2]
Trans. Posséder (un bien, une caractéristique physique ou morale). – Être dans une relation avec : **Avoir** des amis. – Être affecté par, ressentir : **Avoir** chaud, faim, peur. – Disposer de : Ce dé a six faces. – Vaincre, tromper qqn (fam.) : Se faire avoir. – Auxil. Le verbe **avoir** sert à former les temps composés des verbes « avoir » et « être », des verbes transitifs et de certains verbes intransitifs. – Loc. impers. Il y a : il existe. 🕮 [avwaʀ].

AVOIR (II), subst. m.
Ensemble des biens, du patrimoine de qqn. – Crédit dont on dispose chez un commerçant. – Partie d'un compte où sont reportées les sommes dues. 🕮 [avwaʀ].

AVOISINER, verbe trans. [3]
Se trouver dans le voisinage de. – Fig. Être proche de, ressembler à. 🕮 [avwazine].

AVORTEMENT, subst. m.
Interruption accidentelle ou volontaire d'une grossesse. – Fig. Échec. 🕮 [avɔʀtəmɑ̃].

AVORTER, verbe [3]
Intrans. Subir une interruption de grossesse. – Fig. Ne pas aboutir, échouer. – Trans. Provoquer l'avortement de. 🕮 [avɔʀte].

AVORTON, subst. m.
Individu petit et chétif (péj.). 🕮 [avɔʀtɔ̃].

AVOUÉ, subst. m.
Officier ministériel représentant les parties devant une cour d'appel. 🕮 [avwe].

AVOUER, verbe trans. [3]
Admettre ; révéler. – Reconnaître sa responsabilité, sa culpabilité ; empl. abs. : L'assassin a avoué. 🕮 [avwe].

AVRIL, subst. m.
Quatrième mois de l'année. 🕮 [avʀil].

AXE, subst. m.
Pièce autour de laquelle s'effectue une rotation. – Ligne médiane, réelle ou imaginaire. – Orientation générale. 🕮 [aks].

AXIOME, subst. m.
Vérité universelle, jamais démontrée mais qui s'impose par son évidence. 🕮 [aksjom].

AYANT DROIT, subst. m.
Personne qui a des droits à qqch. – Personne qui obtient ses droits d'une autre. 🕮 Plur. ayants droit : [ɛjɑ̃dʀwa].

AZALÉE, subst. f.
Arbuste ornemental aux fleurs très colorées. 🕮 [azale].

AZIMUTS, subst. m. plur.
Tous azimuts : dans toutes les directions (fam.). 🕮 [azimyt].

AZOTE, subst. m.
Gaz incolore et inodore, qui constitue 78 % de l'air atmosphérique. 🕮 [azɔt].

AZUR, subst. m.
Couleur bleu clair. – Le ciel, l'air. 🕮 [azyʀ].

AZYME, adj. et subst. m.
Adj. Qui est cuit sans levain. – Subst. Pain sans levain. 🕮 [azim].

B

B, b, subst. m. inv.
Deuxième lettre et première consonne de l'alphabet français. 🕮 [be].

BABA, subst. m.
Gâteau, souv. imbibé de rhum. 🕮 [baba].

BABA COOL, subst.
Marginal des années 1970, antimilitariste et écologiste. 🕮 Plur. babas cool ; [babakul].

BABILLER, verbe intrans. [3]
Tenir des propos futiles. – Parler à la manière des enfants. 🕮 [babije].

BABINE, subst. f.
Lèvre pendante de certains animaux. – S'en lécher les **babines** : se délecter par avance de qqch. 🕮 [babin].

BABIOLE, subst. f.
Objet de peu de valeur. – Chose sans importance. 🕮 [babjɔl].

BÂBORD, subst. m.
En regardant la proue, partie gauche d'un navire (oppos. tribord). 🕮 [babɔʀ].

BABOUCHE, subst. f.
Mule orientale sans talon. 🕮 [babuʃ].

BABOUIN, subst. m.
Singe africain à long museau, vivant en groupes organisés. 🕮 [babwɛ̃].

BABY-SITTER, subst.
Jeune qui garde les enfants à domicile quand les parents s'absentent. 🕮 Plur. baby-sitters ; [babisitœʀ].

BAC (I), subst. m.
Caisse ou cuve : Un bac à sable. 🕮 [bak].

BAC (II), subst. m.
Embarcation à fond plat servant à passer d'une rive à l'autre d'un cours d'eau. 🕮 [bak].

BAC (III), subst. m.
Abréviation de « baccalauréat ». 🔊 [bak].

BACCALAURÉAT, subst. m.
Examen qui clôt les études secondaires.
🔊 [bakalɔʀea].

BACCHANALE, subst. f.
Plur. Fêtes romaines en l'honneur de
Bacchus. – Sing. Débauche. 🔊 [bakanal].

BÂCHE, subst. f.
Toile robuste et imperméable servant à
protéger des marchandises. 🔊 [baʃ].

BACHELIER, IÈRE, subst.
Titulaire du baccalauréat. 🔊 [baʃəlje, -jɛʀ].

BÂCHER, verbe trans. [3]
Recouvrir d'une bâche. 🔊 [baʃe].

BACILLE, subst. m.
Bactérie en forme de bâtonnet, souv. pathogène. 🔊 [basil].

BACKGROUND, subst. m.
Arrière-plan, contexte. 🔊 Anglicisme déconseillé ; [bakgʀaund].

BÂCLER, verbe trans. [3]
Exécuter (une tâche) à la hâte, sans rigueur.
🔊 [bakle].

BACTÉRIE, subst. f.
Micro-organisme unicellulaire, quelquefois
pathogène. 🔊 [bakteʀi].

BACTÉRIOLOGIE, subst. f.
Partie de la biologie qui étudie les bactéries.
🔊 [bakteʀjɔlɔʒi].

BADAUD, AUDE, subst.
Flâneur, curieux qui contemple le spectacle
de la rue. 🔊 [bado, -od].

BADGE, subst. m.
Insigne, gén. agrafé, indiquant une appartenance ou une opinion. 🔊 [badʒ].

BADIGEON, subst. m.
Couleur en détrempe à base de chaux, qui
s'applique sur les murs. 🔊 [badiʒɔ̃].

BADIGEONNER, verbe trans. [3]
Enduire de badigeon. – Enduire d'une
préparation médicamenteuse. 🔊 [badiʒɔne].

BADIN, INE, adj.
Enjoué, espiègle, folâtre. 🔊 [badɛ̃, -in].

BADINE, subst. f.
Baguette flexible tenue à la main. 🔊 [badin].

BADINER, verbe intrans. [3]
Plaisanter. – Traiter (qqch.) à la légère : On
ne badine pas avec le règlement. 🔊 [badine].

BADMINTON, subst. m.
Jeu de volant proche du tennis, qui se
pratique sur un court. 🔊 [badmintɔn].

BAFFLE, subst. m.
Caisson dont la face est un écran qui abrite
un haut-parleur et en améliore la sonorité.
🔊 [bafl].

BAFOUER, verbe trans. [3]
Outrager, railler. 🔊 [bafwe].

BAFOUILLER, verbe [3]
Parler, dire de manière embrouillée ou
difficilement (fam.). 🔊 [bafuje].

BAGAGE, subst. m.
Ce qu'on emporte avec soi en voyage.
– Fig. Ensemble des connaissances que l'on
a acquises : Bagage intellectuel. 🔊 [bagaʒ].

BAGAGISTE, subst. m.
Employé responsable des bagages, dans une
gare, un hôtel, etc. 🔊 [bagaʒist].

BAGARRE, subst. f.
Rixe, querelle. 🔊 [bagaʀ].

BAGARRER (SE), verbe pronom. [3]
Se battre, se quereller. 🔊 [bagaʀe].

BAGATELLE, subst. f.
Chose de peu de valeur. – Petite somme
d'argent : Pour la bagatelle de quarante
francs. – Jeu amoureux : Aimer la bagatelle.
🔊 [bagatɛl].

BAGNARD, subst. m.
Forçat. 🔊 [baɲaʀ].

BAGNE, subst. m.
Établissement où étaient détenus les
condamnés aux travaux forcés. 🔊 [baɲ].

BAGOU, subst. m.
Manière de parler volubile. 🔊 On écrit aussi
bagout ; [bagu].

BAGUE, subst. f.
Anneau porté au doigt. – Objet en forme
d'anneau : Bague de cigare. 🔊 [bag].

BAGUENAUDER, verbe intrans. [3]
Flâner, se balader. 🔊 [bagnode].

BAGUER, verbe trans. [3]
Garnir, orner d'une ou de plusieurs bagues.
🔊 [bage].

BAGUETTE, subst. f.
Petit bâton mince et allongé, parfois flexible : Baguettes de tambour. – Moulure de
bois. – Pain long et mince. 🔊 [bagɛt].

BAHUT, subst. m.
Coffre de bois ; meuble rustique large et bas.
– Fam. Camion. – Collège, lycée. 🔊 [bay].

BAI, BAIE, adj. et subst.
Se dit d'un cheval à la robe brune, aux
crins et aux extrémités noirs. 🔊 [bɛ].

BAIE (I), subst. f.
Petit golfe. 🔊 [bɛ].

BAIE (II), subst. f.
Fruit charnu à pépins. 🔊 [bɛ].

BAIE (III), subst. f.
Ouverture pratiquée dans une façade : Une
baie vitrée. 🔊 [bɛ].

BAIGNADE, subst. f.
Action de se baigner. – Endroit aménagé
à cet effet. 🔊 [bɛɲad].

BAIGNER, verbe [3]
Trans. Mettre dans un bain, en partic. pour
laver ; mouiller. – Pour un fleuve, une mer,
arroser, border : La plaine que baigne le Pô.
– Fig. Envelopper. – Intrans. Être plongé
dans (un liquide). – Fig. La chambre baigne
dans l'obscurité. 🔊 [beɲe].

BAIGNOIRE, subst. f.
Cuve où l'on peut se baigner. – Loge de
rez-de-chaussée, au théâtre. 🔊 [bɛɲwaʀ].

BAIL, BAUX, subst. m.
Contrat de louage. 🐌 [baj], plur. [bo].

BÂILLER, verbe intrans. [3]
Action réflexe d'ouvrir la bouche en inspirant, par ennui, fatigue, faim. – Être mal joint, mal fermé : *La porte bâille*. 🐌 [baje].

BAILLEUR, ERESSE, adj. et subst.
Qui donne à bail. – **Bailleur** *de fonds* : qui fournit des fonds. 🐌 [bajœʀ, -jʀɛs].

BAILLI, subst. m.
Représentant judiciaire et administratif officiant au nom du roi. 🐌 [baji].

BÂILLON, subst. m.
Étoffe placée contre la bouche de qqn pour le réduire au silence. 🐌 [bɑjɔ̃].

BÂILLONNER, verbe trans. [3]
Mettre un bâillon à (qqn). – Fig. Réduire au silence. 🐌 [bɑjɔne].

BAIN, subst. m.
Endroit où l'on se baigne ; au plur. : thermes. – Action de se plonger dans l'eau ; au fig. : **Bain** *de soleil*. – *Chim*. Solution dans laquelle on plonge un corps. 🐌 [bɛ̃].

BAIN-MARIE, subst. m.
Eau bouillante dans laquelle on met un récipient dont on veut chauffer le contenu. 🐌 Plur. *bains-marie* ; [bɛ̃maʀi].

BAÏONNETTE, subst. f.
Arme blanche qui s'ajuste au canon d'un fusil. – *À baïonnette* : qui se fixe comme cette arme. 🐌 [bajɔnɛt].

BAISEMAIN, subst. m.
Usage consistant à approcher ses lèvres de la main de qqn, en partic. d'une dame, en signe d'hommage. 🐌 [bɛzmɛ̃].

BAISER (I), verbe trans. [3]
Poser ses lèvres sur, embrasser. – Fam. Berner. – Avoir des relations sexuelles avec. 🐌 [beze].

BAISER (II), subst. m.
Action de baiser, d'embrasser. 🐌 [beze].

BAISSE, subst. f.
Action de baisser. – Diminution, déclin. – *Spéculer à la baisse* : spéculer sur la baisse des cours. 🐌 [bɛs].

BAISSER, verbe [3]
Trans. Mettre plus bas, diriger vers le bas. – Diminuer : **Baisser** *les prix*. – Intrans. Diminuer de hauteur, d'intensité, de qualité. – Pronom. Se rapprocher du sol. 🐌 [bese].

BAJOUE, subst. f.
Partie de la tête d'un animal comprise entre l'œil et la mâchoire. – Joue pendante d'une personne. 🐌 [baʒu].

BAKÉLITE, subst. f.
Résine synthétique isolante, imitant l'ambre. 🐌 N. déposé ; [bakelit].

BAL, BALS, subst. m.
Réception, lieu où l'on danse. 🐌 [bal].

BALADE, subst. f.
Promenade sans but, sans hâte. 🐌 [balad].

BALADER (SE), verbe pronom. [3]
Faire une balade. 🐌 [balade].

BALADEUR, EUSE, subst.
Personne qui aime à se balader. – Masc. Lecteur portatif de cassettes ou de disques compacts. – Fém. Lampe électrique qu'on peut déplacer avec soi. 🐌 [baladœʀ, -øz].

BALADIN, INE, subst.
Saltimbanque, membre d'une troupe de théâtre ambulant. 🐌 [baladɛ̃, -in].

BALAFRE, subst. f.
Entaille faite par une arme tranchante, cicatrice, souv. au visage. 🐌 [balafʀ].

BALAI, subst. m.
Brosse fixée à un manche, servant à nettoyer le sol. – *Manche à balai* : levier de commande d'un avion. – **Balai** *d'essuie-glace* : lame en caoutchouc qui nettoie le pare-brise. 🐌 [balɛ].

BALANCE, subst. f.
Instrument qui sert à peser. – Fig. *Mettre en* **balance** : comparer. – Comparaison des débits et des crédits. – Septième signe du zodiaque. 🐌 [balɑ̃s].

BALANCER, verbe [4]
Trans. Mouvoir alternativement dans un sens et dans un autre. – Intrans. Osciller. – Fig. Hésiter. 🐌 [balɑ̃se].

BALANCIER, subst. m.
Dans un mécanisme, pièce assurant la régulation d'un mouvement : **Balancier** *d'une horloge*. – Long bâton servant à équilibrer. 🐌 [balɑ̃sje].

BALANÇOIRE, subst. f.
Siège suspendu par deux cordes, sur lequel on peut se balancer. 🐌 [balɑ̃swaʀ].

BALAYER, verbe trans. [15]
Nettoyer avec un balai ; écarter. – Emporter : *La crue a* **tout** *balayé*. – Parcourir une surface, l'explorer : *Un radar* **balaie** *le ciel*. – Fig. Repousser : **Balayer** *les préjugés*. 🐌 [baleje].

BALBUTIEMENT, subst. m.
Action de balbutier. – Plur. Débuts hésitants. 🐌 [balbysimɑ̃].

BALBUTIER, verbe [6]
Parler difficilement, avec hésitation ou confusément. 🐌 [balbysje].

BALCON, subst. m.
Plate-forme à balustrade, saillant de la façade d'un bâtiment. – Galerie d'une salle de spectacle, au-dessus de l'orchestre. 🐌 [balkɔ̃].

BALDAQUIN, subst. m.
Ensemble de tentures placées au-dessus d'un lit, d'un trône. 🐌 [baldakɛ̃].

BALEINE, subst. f.
Cétacé, le plus grand des animaux (jusqu'à 30 m de long). – Lame ou tige flexible : *Une baleine de parapluie*. 🐌 [balɛn].

BALEINIER, IÈRE, adj. et subst. m.
Adj. Relatif à la pêche à la baleine. – Subst. Navire pour cette pêche. 🐌 [balenje, -jɛʀ].

BALISE, subst. f.
Objet indiquant aux pilotes et aux marins la voie à suivre. 🕮 [baliz].

BALISER, verbe [3]
Trans. Disposer des balises. – Intrans. Avoir peur (fam.). 🕮 [balize].

BALISTIQUE, adj. et subst. f.
Adj. Relatif au trajet des projectiles. – Subst. Science étudiant la trajectoire des objets lancés dans l'espace. 🕮 [balistik].

BALIVERNE, subst. f.
Propos insignifiant ou erroné. 🕮 [balivɛʀn].

BALLADE, subst. f.
Poème à couplets et refrain. – Pièce de musique inspirée par ce type de poème. 🕮 [balad].

BALLANT, ANTE, adj.
Qui se balance mollement, en pendant : Bras ballants. 🕮 [balɑ̃, -ɑ̃t].

BALLAST, subst. m.
Matériau, remblai de pierraille soutenant les traverses d'une voie ferrée. – Dans un sous-marin, réservoir de plongée. 🕮 [balast].

BALLE (I), subst. f.
Pelote élastique utilisée dans de nombreux jeux. – Petit projectile d'arme à feu. – Enfant de la balle : qui exerce le métier de ses parents, en partic. dans le spectacle. 🕮 [bal].

BALLE (II), subst. f.
Paquet emballé dans une grosse toile : Une balle de coton. – Meule. 🕮 [bal].

BALLERINE, subst. f.
Danseuse de ballet. – Chaussure plate évoquant un chausson de danse. 🕮 [balʀin].

BALLET, subst. m.
Spectacle de danse. – Corps de ballet : troupe de danseurs. 🕮 [balɛ].

BALLON, subst. m.
Grande balle (I) gonflée d'air utilisée dans de nombreux sports. – Jouet en forme de sphère qui flotte dans l'air. – Aérostat, montgolfière : Ballon-sonde, pour les observations météorologiques. – Montagne au sommet arrondi. 🕮 [balɔ̃].

BALLOT, subst. m.
Petite balle (II), paquet. 🕮 [balo].

BALLOTIN, subst. m.
Petit emballage de confiseries. 🕮 [balotɛ̃].

BALLOTTAGE, subst. m.
Lors d'une élection, situation, à l'issue du premier tour, dans laquelle aucun candidat n'a obtenu la majorité requise. 🕮 [balota3].

BALLOTTER, verbe [3]
Trans. Secouer dans tous les sens. – Fig. Faire passer par des sentiments contraires. – Intrans. Être secoué en tous sens. 🕮 [balote].

BAL(L)UCHON, subst. m.
Petit paquet de vêtements ramassés dans un tissu noué. 🕮 [balyʃɔ̃].

BALNÉAIRE, adj.
Relatif aux bains de mer. 🕮 [balneɛʀ].

BALOURD, OURDE, adj. et subst.
Maladroit, stupide. 🕮 [baluʀ, -uʀd].

BALOURDISE, subst. f.
Caractère du balourd. – Acte, propos stupides et maladroits. 🕮 [baluʀdiz].

BALSA, subst. m.
Arbre au bois très léger. – Ce bois, souv. utilisé pour fabriquer des maquettes. 🕮 [balza].

BALUSTRADE, subst. f.
Clôture à hauteur d'appui faite de colonnettes surmontées d'une tablette. – Garde-corps ajouré. 🕮 [balystʀad].

BAMBIN, INE, subst.
Jeune enfant (fam.). 🕮 [bɑ̃bɛ̃, -in].

BAMBOU, subst. m.
Plante arborescente exotique aux longues tiges flexibles. 🕮 [bɑ̃bu].

BAN, subst. m.
Applaudissements rythmés. – Plur. Proclamation d'un futur mariage. 🕮 [bɑ̃].

BANAL (I), ALE, AUX, adj.
Que les vassaux étaient obligés d'utiliser, contre une redevance : Des fours banaux. 🕮 [banal].

BANAL (II), ALE, ALS, adj.
Commun, sans originalité. 🕮 [banal].

BANALISER, verbe trans. [3]
Rendre banal. 🕮 [banalize].

BANALITÉ, subst. f.
Caractère de ce qui est banal. 🕮 [banalite].

BANANE, subst. f.
Fruit du bananier. 🕮 [banan].

BANANERAIE, subst. f.
Plantation de bananiers. 🕮 [bananʀɛ].

BANANIER, subst. m.
Plante cultivée dans les régions chaudes pour ses fruits, les bananes. – Cargo équipé pour le transport des bananes. 🕮 [bananje].

BANC, subst. m.
Siège étroit et allongé, à plusieurs places. – Couche de matières amassées : Un banc de sable. – Groupe important, en parlant de poissons. – Banc d'essai : bâti où l'on monte les moteurs pour les tester ; au fig., épreuve. 🕮 [bɑ̃].

BANCAIRE, adj.
Qui se rapporte à la banque. 🕮 [bɑ̃kɛʀ].

BANCAL, ALE, ALS, adj.
Instable : Une table bancale. – Fig. Un raisonnement bancal : sans base solide. 🕮 [bɑ̃kal].

BANDAGE, subst. m.
Action de bander une partie du corps ; la bande elle-même. – Cercle de fer ou de caoutchouc entourant une roue. 🕮 [bɑ̃da3].

BANDE (I), subst. f.
Morceau de tissu ou d'une autre matière, long et étroit, qui sert à bander. – Partie étroite et allongée ; large rayure : Bandes de couleur. – Bande-annonce : montage d'extraits d'un film à des fins publicitaires.

– **Bande** *magnétique* : support d'enregistrement électromagnétique (images, sons, etc.). – Rebord élastique d'un billard.
– **Bande** *dessinée* (B.D.) : suite de dessins souv. assortis de paroles, de commentaires écrits et constituant une histoire. 🔊 [bɑ̃d].

BANDE (II), subst. f.
Groupe de personnes. 🔊 [bɑ̃d].

BANDEAU, subst. m.
Bande de tissu servant à ceindre le front, à retenir les cheveux ou à couvrir les yeux de qqn pour l'empêcher de voir. 🔊 [bɑ̃do].

BANDELETTE, subst. f.
Petite bande étroite. 🔊 [bɑ̃dlɛt].

BANDER, verbe [3]
Trans. Entourer, comprimer avec une bande. – Tendre : Bander *la corde d'un arc*. – Intrans. Avoir une érection (fam.). 🔊 [bɑ̃de].

BANDERILLE, subst. f.
Dard qu'on plante sur le garrot du taureau pendant la corrida. 🔊 [bɑ̃dnij].

BANDEROLE, subst. f.
Longue bande qu'on peut déployer et qui porte une inscription. 🔊 [bɑ̃dnɔl].

BANDIT, subst. m.
Malfaiteur qui vit de brigandages. – Personne sans scrupules. 🔊 [bɑ̃di].

BANDITISME, subst. m.
Ensemble des agissements des bandits. 🔊 [bɑ̃ditism].

BANDOULIÈRE, subst. f.
Lanière servant à porter qqch. à l'épaule. – En bandoulière : porté de l'épaule à la hanche opposée. 🔊 [bɑ̃duljɛn].

BANJO, subst. m.
Sorte de guitare à long manche et à caisse ronde tendue de peau. 🔊 [bɑ̃(d)ʒo].

BANLIEUE, subst. f.
Ensemble des localités aux alentours d'une grande ville. 🔊 [bɑ̃ljø].

BANLIEUSARD, ARDE, subst.
Qui vit en banlieue. – Empl. adj. De la banlieue. 🔊 [bɑ̃ljøzar, -ard].

BANNIÈRE, subst. f.
Étendard, emblème. 🔊 [banjɛn].

BANNIR, verbe trans. [19]
Condamner (qqn) à quitter son pays, sa ville. – Écarter, rejeter. 🔊 [banin].

BANQUE, subst. f.
Établissement spécialisé dans le commerce de l'argent. 🔊 [bɑ̃k].

BANQUEROUTE, subst. f.
Faillite frauduleuse : *Faire* banqueroute. – Fig. Échec, débâcle. 🔊 [bɑ̃knut].

BANQUET, subst. m.
Festin, repas festif réunissant de nombreux convives. 🔊 [bɑ̃kɛ].

BANQUETTE, subst. f.
Siège en forme de banc, avec ou sans dossier, rembourré ou canné. 🔊 [bɑ̃kɛt].

BANQUIER, IÈRE, subst.
Personne faisant commerce de l'argent. – Directeur d'une banque. 🔊 [bɑ̃kje, -jɛn].

BANQUISE, subst. f.
Dans les régions polaires, ensemble des glaces formées par l'eau de mer congelée. 🔊 [bɑ̃kiz].

BAOBAB, subst. m.
Arbre tropical, fameux pour le diamètre de son tronc (jusqu'à 7 m). 🔊 [baobab].

BAPTÊME, subst. m.
Sacrement qui fait entrer qqn dans la communauté chrétienne. – **Baptême** *de l'air* : premier vol en avion. 🔊 [batɛm].

BAPTISER, verbe trans. [3]
Donner le baptême à (qqn). – Donner un nom à : Baptiser *une rue*. 🔊 [batize].

BAPTISMAL, ALE, AUX, adj.
Qui est propre au baptême : *Les fonts* baptismaux. 🔊 [batismal].

BAPTISTÈRE, subst. m.
Bâtiment attenant à une église, où est administré le baptême. 🔊 [batistɛn].

BAQUET, subst. m.
Récipient de bois à usage domestique. – Siège bas d'une voiture de sport. 🔊 [bakɛ].

BAR (I), subst. m.
Débit de boissons où l'on consomme debout ou assis sur de hauts tabourets, devant un comptoir. – Comptoir. 🔊 [ban].

BAR (II), subst. m.
Poisson de mer appelé aussi loup, très recherché pour sa chair. 🔊 [ban].

BARAGOUINER, verbe [3]
Parler mal une langue. – Tenir des propos inintelligibles. 🔊 [baragwine].

BARAQUE, subst. f.
Construction rudimentaire en planches. – Logement misérable (fam.). 🔊 [banak].

BARAQUEMENT, subst. m.
Ensemble de logements improvisés, rudimentaires. 🔊 [barakmɔ̃].

BARATIN, subst. m.
Discours trompeur ou flatteur (fam.). 🔊 [baratɛ̃].

BARATINER, verbe [3]
Faire du baratin à (qqn). 🔊 [baratine].

BARATTE, subst. f.
Récipient servant à battre la crème du lait pour produire le beurre. 🔊 [banat].

BARBARE, adj. et subst.
Étranger, pour les anciens Grecs et Romains. – Fig. Non civilisé ; non conforme aux usages. – Cruel, sauvage. 🔊 [banban].

BARBARIE, subst. f.
État de ce qui est barbare, cruel. 🔊 [banbani].

BARBARISME, subst. m.
Faute de langue qui se caractérise par l'emploi impropre ou la déformation d'un mot. 🔊 [banbanism].

BARBE, subst. f.
Pilosité qui pousse sur les joues et le menton des hommes. – Pointe des épis de certaines céréales. 🔊 [baʀb].

BARBECUE, subst. m.
Installation permettant de griller des aliments en plein air. 🔊 [baʀbəkju].

BARBELÉ, ÉE, adj. et subst. m.
Adj. Garni de pointes, comme les barbes d'un épi. – Subst. Fil de fer barbelé, utilisé en gén. pour clôturer. 🔊 [baʀbəle].

BARBER, verbe trans. [3]
Ennuyer (fam.). 🔊 [baʀbe].

BARBICHE, subst. f.
Petite barbe effilée, au menton. 🔊 [baʀbiʃ].

BARBIER, subst. m.
Coiffeur qui taillait ou rasait la barbe. 🔊 [baʀbje].

BARBITURIQUE, subst. m.
Médicament, dérivé synthétique de l'urée, utilisé comme sédatif. 🔊 [baʀbityʀik].

BARBOTER, verbe [3]
Intrans. S'agiter, patauger dans l'eau, dans la boue. – Trans. Voler (fam.). 🔊 [baʀbɔte].

BARBOTEUSE, subst. f.
Vêtement d'enfant sans manches, à culotte courte bouffante. 🔊 [baʀbɔtøz].

BARBOUILLER, verbe trans. [3]
Salir, enduire grossièrement une surface. – Peindre de façon médiocre ; écrire sans soin, à la hâte. 🔊 [baʀbuje].

BARBUE, subst. f.
Poisson de mer plat. 🔊 [baʀby].

BARDA, subst. m.
Fam. Paquetage d'un soldat. – Chargement que l'on transporte avec soi. 🔊 [baʀda].

BARDE (I), subst. m.
Poète celte qui s'accompagnait d'une lyre. – Poète lyrique, aède. 🔊 [baʀd].

BARDE (II), subst. f.
Fine tranche de lard enveloppant une pièce de viande qui doit être rôtie. 🔊 [baʀd].

BARDER, verbe trans. [3]
Entourer une viande de tranches de lard. – Fig. Être bardé de diplômes : avoir beaucoup de diplômes. – Pronom. Se protéger. 🔊 [baʀde].

BARÈME, subst. m.
Répertoire de calculs déjà effectués, livre de comptes. – Table de tarifs ou de données chiffrées. 🔊 [baʀɛm].

BARGE, subst. f.
Bateau à fond plat ressemblant à une péniche. 🔊 [baʀʒ].

BARIL, subst. m.
Petit tonneau. 🔊 [baʀi(l)].

BARILLET, subst. m.
Petit baril. – Barillet d'un revolver : cylindre où se logent les cartouches. 🔊 [baʀije].

BARIOLER, verbe trans. [3]
Peindre de couleurs vives mal assemblées. 🔊 [baʀjole].

BARMAN, subst. m.
Garçon de comptoir. 🔊 Plur. barmans ou barmen : [baʀman]. plur. [baʀmɛn].

BAROMÈTRE, subst. m.
Instrument utilisé pour mesurer la pression atmosphérique. – Fig. Indicateur de tendance. 🔊 [baʀɔmɛtʀ].

BARON, ONNE, subst.
Titre nobiliaire, entre vicomte et chevalier. 🔊 [baʀɔ̃, -ɔn].

BAROQUE, adj. et subst.
Se dit du style artistique né en Italie après 1580, caractérisé, en architecture, par des décorations riches, des courbes et des enroulements. – Bizarre. 🔊 [baʀɔk].

BAROUD, subst. m.
Combat. – Un baroud d'honneur : ultime combat, pour sauver l'honneur. 🔊 [baʀud].

BARQUE, subst. f.
Petit bateau sans pont. 🔊 [baʀk].

BARQUETTE, subst. f.
Petite barque. – Petit panier utilisé pour conditionner certains aliments. – Petite pâtisserie de forme ovale. 🔊 [baʀkɛt].

BARRACUDA, subst. m.
Poisson des mers chaudes réputé pour sa voracité. 🔊 [baʀakuda].

BARRAGE, subst. m.
Obstacle qui ferme un passage. – Ouvrage construit sur un cours d'eau pour le dériver ou pour utiliser sa force. 🔊 [baʀaʒ].

BARRE, subst. f.
Pièce longue, étroite, droite et rigide, en métal, en bois, etc. ; objet qui en a la forme. – Trait allongé : Barre de fraction. – Objet qui sert de séparation : Appeler un témoin à la barre, qui sépare symboliquement des juges. – Dispositif de commande du gouvernail d'un bateau. – Haut-fond à l'embouchure d'un fleuve. – Barres parallèles, asymétriques : agrès de gymnastique. 🔊 [baʀ].

BARREAU, subst. m.
Petite barre servant de clôture ou de support. – Enceinte réservée aux avocats, dans un tribunal ; ensemble des avocats d'une juridiction. 🔊 [baʀo].

BARRER, verbe trans. [3]
Bloquer au moyen d'une barre ; obstruer. – Rayer, biffer d'un trait. – Manier la barre (d'un bateau). 🔊 [baʀe].

BARRETTE, subst. f.
Bijou. – Décoration montée sur une petite barre. – Pince à cheveux. 🔊 [baʀɛt].

BARREUR, EUSE, subst.
Personne tenant la barre d'un bateau. 🔊 [baʀœʀ, -øz].

BARRICADE, subst. f.
Amas d'objets destiné à barrer une rue lors d'un affrontement. 🔊 [baʀikad].

BARRICADER, verbe trans. [3]
Obstruer avec une barricade. – Pronom. S'enfermer avec soin. 🔊 [baʀikade].

BARRIÈRE, subst. f.
Assemblage de barres empêchant le passage. – Fig. Obstacle à la libre circulation des biens et des personnes : Barrières douanières. – Obstacle naturel : Une barrière de récifs. 🐾 [baʀjɛʀ].

BARRIQUE, subst. f.
Tonneau d'env. 200 l. 🐾 [baʀik].

BARRIR, verbe intrans. [19]
Pousser son cri (barrissement), en parlant de l'éléphant. 🐾 [baʀiʀ].

BARYTON, subst. m.
Voix masculine, entre le ténor et la basse. – Empl. adj. Un saxophone baryton. 🐾 [baʀitɔ̃].

BAS (I), BASSE, adj., subst. m. et adv.
Adj. Qui n'est pas haut, par réf. à ses dimensions, à sa situation dans l'espace ou dans le temps : Une maison basse ; La marée est basse ; Le bas Moyen Âge. – Fig. Faire main basse sur : prendre, voler. – Ici-bas : sur terre. – Un son à basse fréquence : un son grave ; À voix basse : doucement. – Un enfant en bas âge : jeune. – À bas prix : à faible prix. – De basses intentions : mesquines. – Subst. La partie inférieure de qqch. : Le bas d'une échelle. – Adv. À faible altitude, à un niveau inférieur : Voler bas ; Voir plus bas (dans le texte). – Être bien bas : être mal en point. 🐾 [bɑ, bɑs].

BAS (II), subst. m.
Pièce d'habillement qui couvre le pied, la jambe et la cuisse. 🐾 [bɑ].

BASALTE, subst. m.
Roche éruptive lourde et noire. 🐾 [bazalt].

BASANÉ, ÉE, adj.
Bruni, en parlant de la peau. 🐾 [bazane].

BAS-CÔTÉ, subst. m.
Nef latérale d'une église. – Espace aménagé entre une chaussée et un fossé. 🐾 Plur. bas-côtés ; [bakote].

BASCULE, subst. f.
Levier mobile, sur un pivot, actionné par contrepoids pour obtenir un balancement. – Appareil de pesage, balance. 🐾 [baskyl].

BASCULER, verbe [3]
Intrans. Faire un mouvement de bascule, chavirer ; au fig. : Basculer d'un extrême à l'autre. – Trans. Renverser en déséquilibrant : Basculer un wagon. 🐾 [baskyle].

BASE (I), subst. f.
Partie inférieure d'un objet sur laquelle il repose : La base d'une colonne. – Fig. Fondement d'un savoir. – Point d'attache, stratégique ou tactique : Base aérienne. – À base de : principalement constitué de. – Géom. Côté à partir duquel on mesure la hauteur d'un corps ou d'une figure plane. 🐾 [baz].

BASE (II), subst. f.
Substance chimique qui neutralise les acides en se combinant à eux. 🐾 [baz].

BASE-BALL, subst. m.
Sport dérivé du cricket, pratiqué surtout aux États-Unis. 🐾 Plur. base-balls ; [bɛzbol].

BASER, verbe trans. [3]
Prendre, donner pour base (I). – Baser sur : fonder sur. – Attacher à une base militaire. 🐾 [baze].

BAS-FOND, subst. m.
Fond de la mer ou d'un fleuve, au-dessus duquel il y a peu d'eau. – Fig. Plur. Lieu où règne la déchéance. 🐾 Plur. bas-fonds ; [bafɔ̃].

BASILIC, subst. m.
Plante aromatique utilisée comme condiment. 🐾 [bazilik].

BASILIQUE, subst. f.
Église de plan rectangulaire terminée par une abside. – Église dont on veut honorer l'importance. 🐾 [bazilik].

BASIQUE, adj.
Fondamental. – Chim. Qui possède les caractères d'une base (II). 🐾 [bazik].

BASKET, subst. f.
Chaussure de basket-ball. 🐾 [baskɛt].

BASKET-BALL, subst. m.
Sport (2 équipes de 5 joueurs) consistant à envoyer le ballon dans le panier adverse. 🐾 Plur. basket-balls ; [baskɛtbol].

BASQUE, subst. f.
Partie d'un vêtement descendant au-dessous de la taille. 🐾 [bask].

BAS-RELIEF, subst. m.
Sculpture en faible saillie sur un fond. 🐾 Plur. bas-reliefs ; [baʀəljɛf].

BASSE, subst. f.
Partie musicale, voix masculine ou instrument faisant entendre les sons les plus graves. 🐾 [bɑs].

BASSE-COUR, subst. f.
Cour d'une ferme où l'on élève les volailles et les lapins. – L'ensemble de ces animaux. 🐾 Plur. basses-cours ; [baskuʀ].

BASSESSE, subst. f.
Caractère de ce qui est inférieur, de ce qui est méprisable. 🐾 [basɛs].

BASSET, subst. m.
Chien courant, à pattes courtes. 🐾 [basɛ].

BASSIN, subst. m.
Récipient de grande contenance, à usage domestique. – Construction destinée à contenir de l'eau ou un autre liquide. – Région arrosée par un cours d'eau et par ses affluents. – Anat. Ceinture osseuse formant la base du tronc. – Géol. Vaste dépression comblée par des sédiments ; gisement. 🐾 [basɛ̃].

BASSINE, subst. f.
Grand récipient circulaire. 🐾 [basin].

BASSON, subst. m.
Mus. Instrument de la famille des hautbois, dont il constitue la basse. 🐾 [basɔ̃].

BASTIDE, subst. f.
Maison de campagne provençale. – Village fortifié, dans le Sud-Ouest. 🕮 [bastid].

BASTILLE, subst. f.
Ouvrage fortifié situé à l'entrée d'une ville. 🕮 [bastij].

BASTINGAGE, subst. m.
Garde-corps, sur un bateau. 🕮 [bastɛ̃gaʒ].

BASTION, subst. m.
Ouvrage en saillie sur l'enceinte d'une place forte. – Fig. Ce qui défend activement : *La Chine, bastion du communisme.* 🕮 [bastjɔ̃].

BASTONNADE, subst. f.
Volée de coups de bâton. 🕮 [bastɔnad].

BASTRINGUE, subst. m.
Fam. Bal populaire. – Vacarme, chahut. – Attirail. 🕮 [bastRɛ̃g].

BAS-VENTRE, subst. m.
Partie du ventre située au-dessous du nombril. 🕮 Plur. *bas-ventres* ; [bavɑ̃tʀ].

BÂT, subst. m.
Harnachement des bêtes de somme permettant le port de charges. 🕮 [ba].

BATAILLE, subst. f.
Combat qui oppose deux ou plusieurs armées. – Querelle, lutte violente. 🕮 [bataj].

BATAILLER, verbe intrans. [3]
Lutter avec ténacité. 🕮 [bataje].

BATAILLON, subst. m.
Unité d'infanterie composée de plusieurs compagnies. – Groupe important. 🕮 [batajɔ̃].

BÂTARD, ARDE, adj. et subst.
Né hors du mariage. – Qui tient de deux races, en parlant d'un animal. – De moindre qualité. 🕮 [batɑR, -aRd].

BÂTÉ, ÉE, adj.
Qui porte un bât. – Fig. *Âne bâté* : idiot. 🕮 [bate].

BATEAU, subst. m.
Tout ouvrage flottant destiné à naviguer ; navire. 🕮 [bato].

BATELIER, IÈRE, adj. et subst.
Professionnel naviguant sur les rivières et les canaux ; marinier. 🕮 [batəlje, -jɛR].

BAT-FLANC, subst. m. inv.
Pièce de bois séparant deux chevaux dans une écurie. – Panneau de bois rabattable servant de lit. 🕮 [baflɑ̃].

BATHYSCAPHE, subst. m.
Engin de plongée autonome servant à explorer les grands fonds. 🕮 [batiskaf].

BÂTI (I), subst. m.
Couture provisoire à grands points. 🕮 [bati].

BÂTI (II), IE, adj. et subst. m.
Adj. Construit, en parlant d'un édifice. – Fig. *Un homme bien bâti.* – Subst. Assemblage destiné à supporter ou à consolider. 🕮 [bati].

BATIFOLER, verbe intrans. [3]
Folâtrer. 🕮 [batifole].

BÂTIMENT, subst. m.
Édifice. – Industrie, métiers de la construction. – Navire de fort tonnage. 🕮 [batimɑ̃].

BÂTIR, verbe trans. [19]
Construire. – Coudre à grands points. 🕮 [batiR].

BÂTISSE, subst. f.
Grande maison sans caractère. 🕮 [batis].

BÂTISSEUR, EUSE, subst.
Personne qui construit. 🕮 [batisœR, -øz].

BÂTON, subst. m.
Fin morceau de bois plus ou moins long. – Objet en forme de **bâton**. 🕮 [batɔ̃].

BATRACIEN, voir **AMPHIBIEN**

BATTAGE, subst. m.
Action de battre certaines plantes pour séparer le grain de l'épi ou de la tige. 🕮 [bataʒ].

BATTANT (I), subst. m.
Pièce mobile suspendue dans une cloche, dont elle vient taper la paroi. – **Battant** *d'une porte* : sa partie mobile. 🕮 [batɑ̃].

BATTANT (II), ANTE, adj.
Pluie **battante** : qui tombe avec force. – *Porte* **battante** : qui s'ouvre dans les deux sens et se ferme toute seule. 🕮 [batɑ̃, -ɑ̃t].

BATTE, subst. f.
Outil servant à battre. – Bâton servant à renvoyer la balle : **Batte** *de cricket.* 🕮 [bat].

BATTEMENT, subst. m.
Choc qui se répète par intervalles ; le bruit qui en résulte. – Mouvement alterné et rapide. – Pulsation d'un organe. – Intervalle de temps. 🕮 [batmɑ̃].

BATTERIE, subst. f.
Ensemble d'éléments utilisés pour le même but : **Batterie** *de cuisine.* – Ensemble de bouches à feu, de canons. – Appareil fournissant de l'électricité. – *Mus.* Instrument regroupant plusieurs percussions. 🕮 [batRi].

BATTEUR, EUSE, subst.
Personne qui bat ou qui fait le battage. – Appareil servant à battre des aliments. – *Mus.* Joueur de batterie. 🕮 [batœR, -øz].

BATTOIR, subst. m.
Instrument servant à battre. 🕮 [batwaR].

BATTRE, verbe [61]
Trans. Frapper de coups répétés. – Agiter : **Battre** *des œufs.* – **Battre** *la mesure* : marquer le rythme. – Vaincre. – Intrans. **Battre** *des mains* : applaudir. – Pronom. Combattre. 🕮 [batʀ].

BATTU, UE, adj.
Terre **battue** : foulée, durcie. – Fig. *Avoir les yeux* **battus** : paraître épuisé. 🕮 [baty].

BATTUE, subst. f.
Action de rabattre le gibier vers des tireurs en frappant les taillis. 🕮 [baty].

BAUDET, subst. m.
Âne. – Fig. Ignorant, sot. 🕮 [bodɛ].

BAUDRIER, subst. m.
Bande de cuir ou d'étoffe portée en écharpe et supportant une arme. 🕮 [bodRije].

BAUDRUCHE, subst. f.
Membrane de caoutchouc dont on fait des ballons. 🔊 [bodʀyʃ].

BAUGE, subst. f.
Gîte du sanglier. – Fig. Lieu très sale, taudis. 🔊 [boʒ].

BAUME, subst. m.
Onguent propre à adoucir ou à guérir les blessures. – Fig. Réconfort. 🔊 [bom].

BAUXITE, subst. f.
Roche sédimentaire constituant le principal minerai d'aluminium. 🔊 [boksit].

BAVARD, ARDE, adj. et subst.
Qui parle beaucoup. – Qui est indiscret. 🔊 [bavaʀ, -aʀd].

BAVARDAGE, subst. m.
Action de bavarder. – Propos futiles ou indiscrets (gén. au plur.). 🔊 [bavaʀdaʒ].

BAVARDER, verbe intrans. [3]
Parler beaucoup, de choses futiles ou indiscrètes. 🔊 [bavaʀde].

BAVE, subst. f.
Salive qui s'écoule de la bouche. – Substance visqueuse sécrétée par certains mollusques. 🔊 [bav].

BAVER, verbe intrans. [3]
Laisser couler de la bave. – Se répandre, en parlant d'un liquide. 🔊 [bave].

BAVETTE, subst. f.
Bavoir. – Morceau du bœuf. 🔊 [bavɛt].

BAVEUX, EUSE, adj.
Qui bave. – Omelette baveuse : moelleuse à l'intérieur. 🔊 [bavø, -øz].

BAVOIR, subst. m.
Pièce de tissu absorbant attachée au cou des bébés. 🔊 [bavwaʀ].

BAVURE, subst. f.
Trace d'encre qui déborde. – Erreur plus ou moins grave. 🔊 [bavyʀ].

BAYER, verbe intrans. [15]
Bayer aux corneilles : regarder bouche bée en l'air, rêvasser. 🔊 [baje].

BAZAR, subst. m.
Marché couvert oriental. – Magasin vendant toutes sortes d'articles. – Fig. Lieu en désordre ; amas d'objets disparates. 🔊 [bazaʀ].

B.C.G., subst. m.
Vaccin contre la tuberculose. 🔊 [beseʒe].

BÉANT, BÉANTE, adj.
Largement ouvert. 🔊 [beɑ̃, beɑ̃t].

BÉAT, BÉATE, adj.
Bienheureux. – Excessivement satisfait et serein. 🔊 [bea, beat].

BÉATIFICATION, subst. f.
Action de béatifier. 🔊 [beatifikasjɔ̃].

BÉATIFIER, verbe trans. [6]
Relig. Mettre (qqn) au rang des bienheureux (sans le canoniser). 🔊 [beatifje].

BÉATITUDE, subst. f.
Relig. Bonheur éternel des élus. – Sérénité, bonheur parfait, euphorie. 🔊 [beatityd].

BEAU (I), BEL, BELLE, adj. et adv.
Adj. Qui peut faire l'objet d'un jugement de valeur positif : Une belle image ; Un beau temps. – Un bel appétit : grand. – Exprime un jugement de valeur négatif : Vous m'en contez de belles, des choses incroyables ; Être dans de beaux draps, dans une mauvaise situation. – Qui est imprévisible : Un beau jour, un certain jour ; L'échapper belle, éviter de justesse. – Adv. Bel et bien : d'une manière certaine ; De plus belle : de plus en plus fort. – Avoir beau + inf. : Il a beau faire, quoiqu'il fasse des efforts. 🔊 Masc. bel devant un nom commençant par une voyelle ou un h muet : [bo, bɛl].

BEAU (II), BELLE, subst.
Masc. Concept esthétique : Le Beau, le Bien et le Vrai ; beauté. – Fém. Fiancée, amie. – Partie décisive d'un jeu. 🔊 [bo, bɛl].

BEAUCOUP, adv.
En grande quantité : Beaucoup de gens. – Avec intensité : Je t'aime beaucoup. – Fréquemment : Il est beaucoup venu ces derniers temps. 🔊 [boku].

BEAU-FILS, subst. m.
Fils du conjoint né d'une précédente union. – Gendre. 🔊 Plur. beaux-fils ; [bofis].

BEAU-FRÈRE, subst. m.
Frère du conjoint ou époux de la sœur. 🔊 Plur. beaux-frères ; [bofʀɛʀ].

BEAU-PÈRE, subst. m.
Père du conjoint ou, pour les enfants, second mari de la mère. 🔊 Plur. beaux-pères ; [bopɛʀ].

BEAUTÉ, subst. f.
Caractère de ce qui est beau, artistiquement, physiquement ou moralement. 🔊 [bote].

BEAUX-ARTS, subst. m. plur.
Ensemble des arts suivants : architecture, sculpture, peinture, gravure ; on y ajoute souv. la musique et la danse. 🔊 [bozaʀ].

BEAUX-PARENTS, subst. m. plur.
Père et mère du conjoint. 🔊 [bopaʀɑ̃].

BÉBÉ, subst. m.
Très jeune enfant, nourrisson. 🔊 [bebe].

BEC, subst. m.
Enveloppe cornée des mâchoires d'oiseaux. – Extrémité ou avancée pointue de certains objets : Bec d'une cruche. 🔊 [bɛk].

BÉCANE, subst. f.
Bicyclette, cyclomoteur (fam.). 🔊 [bekan].

BÉCASSE, subst. f.
Oiseau migrateur, au long bec. – Fig. Sotte. 🔊 [bekas].

BÉCASSINE, subst. f.
Oiseau des marais proche de la bécasse. 🔊 [bekasin].

BEC-DE-LIÈVRE, subst. m.
Déformation congénitale consistant en une fente de la lèvre supérieure. 🔊 Plur. becs-de-lièvre ; [bɛkdəljɛvʀ].

BÉCHAMEL, subst. f.
Sauce blanche à base de beurre, de farine et de lait. ▨ [beʃamɛl].

BÊCHE, subst. f.
Outil de jardinage fait d'une lame plate et tranchante adaptée à un manche. ▨ [bɛʃ].

BÊCHER, verbe trans. [3]
Retourner la terre avec une bêche. ▨ [beʃe].

BECQUÉE, subst. f.
Quantité de nourriture qu'un oiseau peut prendre dans son bec. ▨ [beke].

BECQUETER, verbe trans. [14]
Donner des coups de bec, picorer. − Manger (fam.). ▨ [bɛkte].

BEDAINE, subst. f.
Panse, ventre rebondi. ▨ [bədɛn].

BEDEAU, subst. m.
Employé laïque préposé au service matériel des offices dans une église. ▨ [bədo].

BÉDOUIN, OUINE, adj. et subst.
Arabe nomade du désert. ▨ [bedwɛ̃, -win].

BÉE, adj. f.
Bouche bée : grande ouverte. ▨ [be].

BEFFROI, subst. m.
Tour haute d'une ville où l'on sonnait l'alarme autrefois. ▨ [befʀwa].

BÉGAIEMENT, subst. m.
Trouble de l'élocution qui se traduit par la répétition saccadée de syllabes et l'arrêt au milieu des mots. − Balbutiement. ▨ [begɛmɑ̃].

BÉGAYER, verbe intrans. [15]
Être atteint de bégaiement. − Empl. trans. *Bégayer des excuses.* ▨ [begeje].

BÉGONIA, subst. m.
Plante ornementale, aux vives couleurs. ▨ [begɔnja].

BÈGUE, adj. et subst.
Qui est affecté de bégaiement. ▨ [bɛg].

BÉGUEULE, adj. et subst.
D'une pruderie exagérée. ▨ [begœl].

BÉGUIN, subst. m.
Toquade, amour passager. ▨ [begɛ̃].

BEIGE, adj. et subst. m.
Couleur brun clair de la laine ou du coton naturel. ▨ [bɛʒ].

BEIGNET, subst. m.
Mets frit composé de pâte enrobant un aliment. ▨ [bɛɲe].

BEL, voir BEAU (I)

BEL CANTO, subst. m. inv.
Art du chant virtuose selon l'opéra italien. ▨ [bɛlkɑ̃to].

BÊLER, verbe [3]
Émettre son cri (bêlement), en parlant du mouton ou de la chèvre. − Fig. Parler d'une voix chevrotante ; geindre. ▨ [bele].

BELETTE, subst. f.
Petit mammifère carnivore, bas sur pattes, à long museau. ▨ [bəlɛt].

BÉLIER, subst. m.
Mouton mâle non castré. − Poutre servant jadis à défoncer portes et murs. − Premier signe du zodiaque. ▨ [belje].

BELLADONE, subst. f.
Plante dont une espèce contient de l'atropine, stupéfiant très toxique. ▨ [beladɔn].

BELLÂTRE, subst. m.
Homme à la beauté un peu mièvre, satisfait de lui-même. ▨ [bɛlɑtʀ].

BELLE, voir BEAU

BELLE-FAMILLE, subst. f.
Famille du conjoint. ▨ Plur. *belles-familles* ; [bɛlfamij].

BELLE-FILLE, subst. f.
Épouse du fils, bru. − Fille que le conjoint a eue d'une union antérieure. ▨ Plur. *belles-filles* ; [bɛlfij].

BELLE-MÈRE, subst. f.
Pour un enfant, nouvelle femme du père. − Mère du conjoint. ▨ Plur. *belles-mères* ; [bɛlmɛʀ].

BELLES-LETTRES, subst. f. plur.
Arts littéraires et poétiques. ▨ [bɛllɛtʀ].

BELLE-SŒUR, subst. f.
Sœur du conjoint. − Épouse du frère. ▨ Plur. *belles-sœurs* ; [bɛlsœʀ].

BELLICISME, subst. m.
Penchant pour la guerre. − Doctrine qui préconise la guerre pour régler les problèmes internationaux. ▨ [belisism].

BELLIGÉRANCE, subst. f.
État d'un pays en guerre. ▨ [beliʒeʀɑ̃s].

BELLIGÉRANT, ANTE, adj. et subst.
Qui est en guerre. ▨ [beliʒeʀɑ̃, -ɑ̃t].

BELLIQUEUX, EUSE, adj.
Qui aime la guerre. − Fig. Violent, intolérant. ▨ [belikø, -øz].

BELOTE, subst. f.
Jeu de cartes, qui se pratique à 2, 3 ou 4 joueurs avec un jeu de 32 cartes. ▨ [bəlɔt].

BELVÉDÈRE, subst. m.
Construction ou terrasse située en un lieu élevé, d'où la vue est dégagée. ▨ [bɛlvedeʀ].

BÉMOL, subst. m.
Mus. Signe d'altération (♭), abaissant d'un demi-ton la note qu'il précède. ▨ [bemɔl].

BÉNÉDICTIN, INE, adj. et subst.
Religieux qui suit la règle édictée par saint Benoît. ▨ [benediktɛ̃, -in].

BÉNÉDICTION, subst. f.
Geste rituel par lequel un prêtre implore la grâce divine pour qqch. ou qqn. − Fig. Chance. ▨ [benediksjɔ̃].

BÉNÉFICE, subst. m.
Avantage. − Gain, profit. − Fig. Privilège : *Le bénéfice de l'âge.* ▨ [benefis].

BÉNÉFICIAIRE, adj. et subst.
Qui procure un bénéfice. − Qui jouit d'un bénéfice. ▨ [benefisjɛʀ].

BÉNÉFICIER, verbe trans. indir. [6]
Profiter, jouir de : **Bénéficier** *d'un avantage.*
📖 [benefisje].

BÉNÉFIQUE, adj.
Favorable, bienfaisant. 📖 [benefik].

BENÊT, adj. m. et subst. m.
Niais. 📖 [bənɛ].

BÉNÉVOLAT, subst. m.
Activité non rémunérée, effectuée par une personne de son plein gré. 📖 [benevɔla].

BÉNÉVOLE, adj. et subst.
Qui œuvre sans être rémunéré. 📖 [benevɔl].

BÉNI(T), I(T)E, adj.
Béni. Qui est sous la protection de Dieu. – Qui est source de bonheur ou d'avantages : *Des instants bénis.* – Bénit. Consacré rituellement : *De l'eau bénite.* 📖 [beni, -it].

BÉNIN, IGNE, adj.
Sans conséquence grave. 📖 [benɛ̃, -iɲ].

BÉNIR, verbe trans. [19]
Consacrer, donner la bénédiction à (qqch. ou qqn). – Louer, remercier, exalter : *Bénissons le ciel de ses bienfaits.* 📖 [benir].

BÉNITIER, subst. m.
Vasque contenant l'eau bénite. 📖 [benitje].

BENJAMIN, INE, subst.
Le plus jeune enfant d'une famille. – Jeune sportif de 11 à 13 ans. 📖 [bɛ̃ʒamɛ̃, -in].

BENNE, subst. f.
Appareil, caisson, servant au transport et à la manutention de matériaux lourds : **Benne** *basculante,* montée sur le châssis d'un camion. 📖 [bɛn].

BENZÈNE, subst. m.
Hydrocarbure liquide, volatil, obtenu par distillation de la houille. 📖 [bɛ̃zɛn].

BÉOTIEN, IENNE, adj. et subst.
Qui est peu réceptif aux arts, qui manque de goût. 📖 [beɔsjɛ̃, -jɛn].

BÉQUILLE, subst. f.
Bâton muni d'une traverse sur lequel s'appuient ceux qui marchent avec peine. – Support, étai : **Béquille** *d'une moto.* 📖 [bekij].

BERCAIL, subst. m. sing.
Communauté religieuse ou familiale ; foyer : *Rentrer au bercail.* 📖 [bɛrkaj].

BERCEAU, subst. m.
Lit d'enfant dans lequel on peut le bercer. – Fig. Lieu d'origine. – *Voûte en berceau :* engendrée par des arcs, souv. en plein cintre. 📖 [bɛrso].

BERCER, verbe trans. [4]
Balancer doucement, avec régularité. – Fig. Calmer, endormir. – Tromper ; empl. pronom. : *Se bercer d'illusions.* 📖 [bɛrse].

BERCEUSE, subst. f.
Chanson lente utilisée pour endormir un enfant. 📖 [bɛrsøz].

BÉRET, subst. m.
Coiffure ronde et plate sans bord. 📖 [berɛ].

BERGAMOTE, subst. f.
Plante dont l'écorce renferme une essence camphrée utilisée en parfumerie et en confiserie. 📖 [bɛrgamɔt].

BERGE, subst. f.
Bord d'un cours d'eau. 📖 [bɛrʒ].

BERGER (I), ÈRE, subst.
Gardien de moutons. 📖 [bɛrʒe, -ɛr].

BERGER (II), subst. m.
Chien de garde ou de défense. 📖 [bɛrʒe].

BERGÈRE, subst. f.
Fauteuil grand et large aux joues rembourrées et aux accoudoirs pleins. 📖 [bɛrʒɛr].

BERGERIE, subst. f.
Bâtiment qui abrite des ovins. 📖 [bɛrʒəri].

BERGERONNETTE, subst. f.
Passereau à longue queue. 📖 [bɛrʒərɔnɛt].

BERLINE, subst. f.
Véhicule hippomobile à quatre roues muni d'une capote. – Automobile à quatre portes et à quatre glaces latérales. 📖 [bɛrlin].

BERLINGOT, subst. m.
Bonbon en forme de tétraèdre. – Emballage tétraédrique pour un liquide. 📖 [bɛrlɛ̃go].

BERMUDA, subst. m.
Short coupé au-dessus du genou. 📖 [bɛrmyda].

BERNARD-L'ERMITE, subst. m. inv.
Crustacé qui habite la coquille vide d'un mollusque. 📖 [bɛrnarlɛrmit].

BERNE, subst. f.
Drapeau en **berne** : hissé à mi-hauteur et non déployé, en signe de deuil. 📖 [bɛrn].

BERNER, verbe trans. [3]
Leurrer, tromper (qqn). 📖 [bɛrne].

BESACE, subst. f.
Long sac ouvert en son milieu, formant deux poches, qu'on porte à l'épaule. 📖 [bəzas].

BÉSICLES, subst. f. plur.
Lunettes anciennes. 📖 [bezikl].

BESOGNE, subst. f.
Travail que l'on doit effectuer. – *Aller vite en besogne :* brûler les étapes. 📖 [bəzɔɲ].

BESOGNEUX, EUSE, adj. et subst.
Qui travaille durement pour une faible gratification. 📖 [bəzɔɲø, -øz].

BESOIN, subst. m.
Désir naturel ou non, issu d'un manque ou d'une insatisfaction. – Ce qui est nécessaire : *Un besoin d'aide.* 📖 [bəzwɛ̃].

BESTIAIRE, subst. m.
Iconographie animalière. – Recueil de poèmes sur les animaux. 📖 [bɛstjɛr].

BESTIAL, ALE, AUX, adj.
Relatif à la bête. 📖 [bɛstjal].

BESTIAU, AUX, subst. m.
Plur. Les gros animaux de la ferme. – Sing. Animal (fam.). 📖 [bɛstjo].

BESTIOLE, subst. f.
Petite bête. 📖 [bɛstjɔl].

BEST-SELLER, subst. m.
Livre qui bat un record de ventes. 📖 Plur. *best-sellers* ; [bɛstsɛlœr].

BÉTAIL, subst. m. sing.
Ensemble des animaux d'élevage d'une ferme, sauf la basse-cour. 📖 [betaj].

BÊTE (I), subst.
Tout être faisant partie du monde animal, à l'exception de l'homme. 📖 [bɛt].

BÊTE (II), adj.
Sot, inintelligent. – Étourdi. 📖 [bɛt].

BÉTEL, subst. m.
Poivrier grimpant. – Mélange masticatoire tonique. 📖 [betɛl].

BÊTIFIER, verbe [6]
Trans. Rendre bête. – Intrans. Se comporter de façon puérile. 📖 [betifje].

BÊTISE, subst. f.
Manque d'intelligence. – Chose, action idiote ou sans importance. 📖 [betiz].

BÉTON, subst. m.
Matériau de construction très résistant, agrégat de gravillons et de sable liés par du ciment : Béton armé, coulé sur une armature en acier. – Fig. Sûr, inattaquable. 📖 [betɔ̃].

BETTERAVE, subst. f.
Plante potagère, cultivée pour son sucre ou comme légume. 📖 [bɛtʀav].

BEUGLER, verbe intrans. [3]
Produire un cri (beuglement), en parlant de bovins. – Hurler, brailler. 📖 [bøgle].

BEUR, BEURETTE, adj. et subst.
Se dit d'un jeune né en France de parents maghrébins (fam.). 📖 [bœʀ, bœʀɛt].

BEURRE, subst. m.
Matière grasse provenant du lait de vache ou de certains végétaux. – Préparation à base de beurre : Un beurre d'ail. 📖 [bœʀ].

BEURRER, verbe trans. [3]
Étaler du beurre sur. 📖 [bœʀe].

BEURRIER, subst. m.
Récipient servant à conserver ou à présenter le beurre. 📖 [bœʀje].

BEUVERIE, subst. f.
Réunion où l'on boit beaucoup. 📖 [bøvʀi].

BÉVUE, subst. f.
Maladresse choquante. 📖 [bevy].

BEY, subst. m.
Titre de haut fonctionnaire ou de prince vassal dans l'Empire ottoman. 📖 [bɛ].

BIAIS, subst. m.
Direction oblique : Le biais d'un pont. – Fig. Échappatoire. – Par le biais de : par le moyen indirect de ; De biais : obliquement. 📖 [bjɛ].

BIAISER, verbe trans. [3]
Être de biais ; s'écarter. – Fig. Agir par des moyens détournés. 📖 [bjeze].

BIATHLON, subst. m.
Épreuve sportive combinant course de ski de fond et tir à la carabine. 📖 [biatlɔ̃].

BIBELOT, subst. m.
Petit objet décoratif. 📖 [biblo].

BIBERON, subst. m.
Récipient muni d'une tétine permettant d'allaiter les nourrissons. 📖 [bibʀɔ̃].

BIBLE, subst. f.
La Bible : recueil des textes sacrés qui sont à la base des religions juive et chrétienne. – Une bible : livre contenant ces textes. – Fig. Ouvrage fondamental dans un domaine particulier. – Papier bible : résistant et fin. 📖 [bibl].

BIBLIOGRAPHIE, subst. f.
Répertoire des écrits relatifs à un sujet ou à un auteur donnés. – Liste d'ouvrages parus. 📖 [biblijɔgʀafi].

BIBLIOPHILE, subst.
Personne qui aime les livres rares et précieux. 📖 [biblijɔfil].

BIBLIOTHÉCAIRE, subst.
Responsable ou employé d'une bibliothèque. 📖 [biblijɔtekɛʀ].

BIBLIOTHÈQUE, subst. f.
Salle, lieu public ou privé où sont rangées des collections de livres. – Meuble à rayonnages où l'on range des livres. – Collection de livres. 📖 [biblijɔtɛk].

BICARBONATE, subst. m.
Carbonate acide. 📖 [bikaʀbɔnat].

BICENTENAIRE, adj. et subst. m.
Subst. Anniversaire d'un événement qui s'est produit deux siècles auparavant. – Adj. Deux fois centenaire. 📖 [bisɑ̃tnɛʀ].

BICÉPHALE, adj.
Qui a deux têtes. – Fig. Qui a deux chefs. 📖 [bisefal].

BICEPS, subst. m.
Muscle possédant deux tendons à une de ses extrémités. – Muscle fléchisseur de l'avant-bras. 📖 [bisɛps].

BICHE, subst. f.
Femelle du cerf. – Pied-de-biche : outil coudé, utilisé comme levier. 📖 [biʃ].

BICHONNER, verbe trans. [3]
Entourer de soins, pomponner. 📖 [biʃɔne].

BICOQUE, subst. f.
Maison sans allure ni confort. 📖 [bikɔk].

BICORNE, adj. et subst. m.
Adj. Qui a deux cornes. – Subst. Chapeau d'uniforme à deux pointes. 📖 [bikɔʀn].

BICYCLETTE, subst. f.
Véhicule à deux roues propulsé par le biais d'un pédalier entraînant la roue arrière au moyen d'une chaîne. 📖 [bisiklɛt].

BIDET, subst. m.
Petit cheval vigoureux. – Appareil sanitaire bas servant aux ablutions intimes. 📖 [bidɛ].

BIDON, subst. m.
Récipient à fermeture étanche servant à transporter un liquide. 📖 [bidɔ̃].

BIDONVILLE, subst. m.
Ensemble d'habitations précaires et insalubres, aux abords d'une grande ville. 📖 [bidɔ̃vil].

BIDULE, subst. m.
Petit objet quelconque (fam.). 📖 [bidyl].

BIEF, subst. m.
Canal amenant l'eau à un moulin. – Intervalle entre deux écluses d'un canal. 🕮 [bjɛf].

BIELLE, subst. f.
Mécan. Tige articulée à ses deux extrémités sur deux pièces mobiles, et qui transmet le mouvement de l'une à l'autre. 🕮 [bjɛl].

BIEN (I), adj. inv., adv. et interj.
Adv. De manière satisfaisante : *Bien écrit.* – Conforme à la morale, à la règle. – Interj. Marque l'étonnement ou l'hésitation : *Eh bien !* – Adj. Digne d'être approuvé, conforme aux normes : *Un jeune homme très bien.* – Loc. conj. **Bien** *que* : quoique. 🕮 [bjɛ̃].

BIEN (II), subst. m.
Ce qui est utile, agréable ou conforme à la morale. – Ce que l'on possède : *Les* **biens** *matériels.* 🕮 [bjɛ̃].

BIEN-ÊTRE, subst. m. inv.
Impression agréable que procure le contentement du corps et de l'esprit. – Prospérité, confort matériel. 🕮 [bjɛ̃nɛtʀ].

BIENFAISANCE, subst. f.
Action d'aider les autres. – Charité : *Gala de* **bienfaisance**. 🕮 [bjɛ̃fəzɑ̃s].

BIENFAISANT, ANTE, adj.
Qui s'attache à pratiquer le bien. – Dont l'action est bénéfique. 🕮 [bjɛ̃fəzɑ̃, -ɑ̃t].

BIENFAIT, subst. m.
Action généreuse. – Avantage, résultat heureux. 🕮 [bjɛ̃fɛ].

BIENFAITEUR, TRICE, adj. et subst.
Qui agit avec générosité, qui est l'auteur de bienfaits. 🕮 [bjɛ̃fɛtœʀ, -tʀis].

BIEN-FONDÉ, subst. m.
Caractère de ce qui est légitime, conforme au droit. 🕮 Plur. *bien-fondés* : [bjɛ̃fɔ̃de].

BIENHEUREUX, EUSE, adj. et subst.
Très heureux. – Qui est ou qui rend très heureux. – *Relig.* Promis à la béatitude céleste ; béatifié par l'Église catholique. 🕮 [bjɛ̃nœʀø, -øz].

BIENNAL, ALE, AUX, adj. et subst. f.
Adj. Qui s'étend sur deux ans. – Qui revient tous les deux ans. – Subst. Manifestation artistique qui a lieu tous les deux ans. 🕮 [bjenal].

BIENSÉANCE, subst. f.
Qualité de ce qui est conforme aux normes d'une société, à ses usages. 🕮 [bjɛ̃seɑ̃s].

BIENTÔT, adv.
En un temps très court. – Prochainement. – Presque, environ. 🕮 [bjɛ̃to].

BIENVEILLANCE, subst. f.
Inclination à désirer le bonheur pour autrui. – Indulgence. 🕮 [bjɛ̃vɛjɑ̃s].

BIENVENUE, subst. f.
Accueil aimable et favorable. – Formule d'accueil : *Bienvenue à bord.* 🕮 [bjɛ̃v(ə)ny].

BIÈRE (I), subst. f.
Boisson alcoolique fermentée préparée à partir du malt et aromatisée au houblon. 🕮 [bjɛʀ].

BIÈRE (II), subst. f.
Cercueil : *Mettre en* **bière**. 🕮 [bjɛʀ].

BIFFER, verbe trans. [3]
Barrer d'un trait un ou plusieurs mots. 🕮 [bife].

BIFTECK, subst. m.
Tranche de bœuf. 🕮 [biftɛk].

BIFURCATION, subst. f.
Dédoublement d'une branche, d'une tige, d'une voie de communication. – Le lieu de cette division. 🕮 [bifyʀkasjɔ̃].

BIFURQUER, verbe intrans. [3]
Se diviser en deux. – Changer de direction. 🕮 [bifyʀke].

BIGAME, adj. et subst.
Qui a deux épouses ou deux époux en même temps. 🕮 [bigam].

BIGARREAU, subst. m.
Variété de cerise bigarrée de rouge et de blanc. 🕮 [bigaʀo].

BIGARRER, verbe trans. [3]
Juxtaposer des couleurs, des motifs différents ; barioler. – Mêler des choses variées ou disparates. 🕮 [bigaʀe].

BIG(-)BANG, subst. m. inv.
Explosion qui aurait donné naissance à l'Univers. 🕮 [bigbɑ̃g].

BIGLEUX, EUSE, adj. et subst.
Fam. Qui louche. – Qui a une mauvaise vue. 🕮 [biglø, -øz].

BIGORNEAU, subst. m.
Gastéropode marin qui ressemble à un limaçon. 🕮 [bigɔʀno].

BIGOT, OTE, adj. et subst.
Excessivement dévot. 🕮 [bigo, -ɔt].

BIGOUDI, subst. m.
Petit cylindre autour duquel on enroule les cheveux afin qu'ils bouclent. 🕮 [bigudi].

BIGRE, interj.
Exclamation marquant la surprise. 🕮 [bigʀ].

BIHEBDOMADAIRE, adj.
Qui a lieu, qui paraît deux fois par semaine. – Empl. subst. Journal paraissant deux fois par semaine. 🕮 [biɛbdɔmadɛʀ].

BIJOU, OUX, subst. m.
Petit objet de parure que la matière, le travail rendent précieux ou original. – Fig. Ce qui est remarquable pour ses qualités artistiques, sa facture délicate, son élégance ou sa valeur. 🕮 [biʒu].

BIJOUTERIE, subst. f.
Fabrication, commerce, industrie des bijoux. – Ensemble de bijoux. – Le magasin où ils sont vendus. 🕮 [biʒutʀi].

BIJOUTIER, IÈRE, subst.
Personne qui fabrique et/ou qui vend des bijoux. 🕮 [biʒutje, -jɛʀ].

BILAN, subst. m.
Inventaire des comptes d'une entreprise, à une date donnée, dressant l'état de l'actif

et du passif. – Évaluation chiffrée des conséquences d'un événement. – Fig. Appréciation globale d'une situation. 🔊 [bilɔ̃].

BILATÉRAL, ALE, AUX, adj.
Qui comporte deux côtés ; qui se rapporte à deux côtés. – *Dr.* Qui engage deux parties contractantes. 🔊 [bilateʀal].

BILBOQUET, subst. m.
Jeu consistant à lancer une boule percée et reliée par un fil à un petit bâton au bout duquel elle doit s'enfiler. 🔊 [bilbɔkɛ].

BILE, subst. f.
Liquide visqueux et amer sécrété par le foie et stocké dans la vésicule biliaire. 🔊 [bil].

BILIAIRE, adj.
Qui concerne la bile. 🔊 [biljɛʀ].

BILIEUX, IEUSE, adj.
Qui résulte d'une hypersécrétion de bile. – *Fig.* Qui est coléreux, irritable, d'une humeur aigrie. – Inquiet. 🔊 [biljø, -jøz].

BILINGUE, adj.
En deux langues. – Se dit d'une personne qui maîtrise deux langues. 🔊 [bilɛ̃g].

BILLARD, subst. m.
Jeu pratiqué sur une table rectangulaire à rebords où, avec une queue, on envoie une boule d'ivoire sur d'autres. – La table elle-même. – Le lieu public où l'on joue. 🔊 [bijaʀ].

BILLE (I), subst. f.
Petite boule pleine et dure utilisée dans certains jeux. – Petite sphère métallique : *Roulement à billes* ; *Stylo (à) bille.* 🔊 [bij].

BILLE (II), subst. f.
Pièce de bois de toute la grosseur d'un tronc d'arbre, destinée à être équarrie. 🔊 [bij].

BILLET, subst. m.
Bref message écrit : *Billet doux.* – Écrit ou imprimé garantissant un droit ou attestant un fait : *Billet de théâtre.* – *Billet de banque* : papier-monnaie émis par la banque centrale d'un pays. – *Journ.* Court article humoristique sur un sujet d'actualité. 🔊 [bijɛ].

BILLETTERIE, subst. f.
Ensemble des opérations d'émission et de délivrance des billets. – Distributeur, lieu où l'on délivre les billets. 🔊 [bijɛtʀi].

BILLEVESÉE, subst. f.
Propos creux, dénué de sens (gén. au plur.). 🔊 [bilvɔze].

BILLOT, subst. m.
Bloc de bois épais et aplani servant de support de travail. – Pièce de bois sur laquelle on décapitait les condamnés. 🔊 [bijo].

BIMENSUEL, ELLE, adj.
Qui a lieu ou paraît deux fois par mois. – *Empl. subst.* Journal paraissant deux fois par mois. 🔊 [bimɑ̃sɥɛl].

BINAIRE, adj.
Composé de deux éléments. – Se dit d'un système de numération de base 2. 🔊 [binɛʀ].

BINER, verbe trans. [3]
Travailler, sarcler la terre avec une binette. 🔊 [bine].

BINETTE, subst. f.
Petite pioche à fer large et aplati. 🔊 [binɛt].

BINIOU, subst. m.
Cornemuse utilisée en Bretagne. 🔊 [binju].

BINÔME, subst. m.
Math. Somme de deux monômes. – Groupe de deux éléments. 🔊 [binom].

BIOCHIMIE, subst. f.
Étude de la matière vivante et de ses composants chimiques. 🔊 [bjɔʃimi].

BIODÉGRADABLE, adj.
Qui peut être dégradé par des bactéries ou des processus biologiques. 🔊 [bjodegʀadabl].

BIOGRAPHIE, subst. f.
Histoire, récit de la vie de qqn. 🔊 [bjɔgʀafi].

BIOLOGIE, subst. f.
Science des êtres vivants. 🔊 [bjɔlɔʒi].

BIONIQUE, subst. f.
Science qui répercute sur la mécanique et l'électronique ce que révèle l'étude des phénomènes biologiques. 🔊 [bjɔnik].

BIOPSIE, subst. f.
Prélèvement sur un sujet vivant, pour examen, d'un fragment de tissu. 🔊 [bjɔpsi].

BIOSPHÈRE, subst. f.
Ensemble de tous les écosystèmes de la planète. 🔊 [bjɔsfɛʀ].

BIOTOPE, subst. m.
Milieu biologique dont l'écologie répond aux besoins vitaux d'un ensemble d'animaux et de végétaux. 🔊 [bjɔtɔp].

BIPARTITE, adj.
Partagé en deux parties. – Fait de deux parties. – Relatif à deux parties. 🔊 [bipaʀtit].

BIPÈDE, adj. et subst. m.
Qui marche sur deux pieds. 🔊 [bipɛd].

BIPLAN, subst. m.
Avion à deux plans de sustentation superposés. 🔊 [biplɑ̃].

BIQUE, subst. f.
Chèvre (fam.). 🔊 [bik].

BIS (I), subst. m., adv. et interj.
Adv. Une deuxième fois. – *Interj. et subst.* Cri réclamant la répétition d'un morceau de musique, d'une chanson, etc. 🔊 [bis].

BIS (II), BISE, adj.
Qui est d'un gris soutenu ou gris ocre : *Pain bis,* coloré par le son. 🔊 [bi, biz].

BISAÏEUL, EULE, subst.
Père ou mère des aïeuls. 🔊 *Plur. bisaïeuls, -eules* : [bizajœl].

BISANNUEL, ELLE, adj.
Qui se reproduit ou réapparaît tous les deux ans. 🔊 [bizanɥɛl].

BISCORNU, UE, adj.
Qui a une forme irrégulière, curieuse. – *Fig.* Confus, alambiqué. 🔊 [biskɔʀny].

59

BISCUIT (I), subst. m.
Pâtisserie à base de farine, d'œufs et de sucre. 🕮 [biskɥi].

BISCUIT (II), subst. m.
Porcelaine à pâte dure, cuite sans émail.
– Pièce réalisée en biscuit. 🕮 [biskɥi].

BISE (I), subst. f.
Vent du nord ou du nord-est, froid et pénétrant. 🕮 [biz].

BISE (II), subst. f.
Petit baiser donné sur la joue. 🕮 [biz].

BISEAU, subst. m.
Bord taillé en oblique. 🕮 [bizo].

BISEAUTÉ, ÉE, adj.
Taillé en biseau. 🕮 [bizote].

BISEXUÉ, ÉE, adj.
Qui a les deux sexes. 🕮 [bisɛksɥe].

BISEXUEL, ELLE, adj. et subst.
Qui est à la fois homosexuel et hétérosexuel.
🕮 [bisɛksɥɛl].

BISON, subst. m.
Bovidé sauvage aux épaules massives, au cou bossu et au collier laineux. 🕮 [bizɔ̃].

BISQUE, subst. f.
Potage préparé à partir d'un coulis de crustacés. 🕮 [bisk].

BISSECTEUR, TRICE, adj. et subst.
Se dit d'une demi-droite qui divise un angle ou d'un demi-plan qui divise un dièdre en deux parties égales. 🕮 [bisɛktœʀ, -tʀis].

BISSEXTILE, adj. f.
Qualifie l'année qui contient un jour supplémentaire, intercalé tous les quatre ans en février. 🕮 [bisɛkstil].

BISTOURI, subst. m.
Couteau chirurgical qui sert à inciser les chairs. 🕮 [bisturi].

BISTRE, adj. inv. et subst. m.
Couleur brun foncé, obtenue autrefois à partir de la suie. 🕮 [bistʀ].

BISTRO(T), subst. m.
Café, restaurant modeste. 🕮 [bistʀo].

BIT, subst. m.
Informat. Unité d'information ne pouvant prendre que deux valeurs, notées 0 et 1.
🕮 [bit].

BITTE, subst. f.
Cylindre en acier sur un navire ou un quai, servant à enrouler les amarres. 🕮 [bit].

BITUME, subst. m.
Mélange d'hydrocarbures servant notamment pour le revêtement des chaussées.
🕮 [bitym].

BIVALENT, ENTE, adj.
Chim. Qui a pour valence 2. – Qui a deux valeurs, deux fonctions. 🕮 [bivalɑ̃, -ɑ̃t].

BIVOUAC, subst. m.
Campement provisoire en plein air.
– Le lieu du campement. 🕮 [bivwak].

BIZARRE, adj.
Qui déroute par son caractère inhabituel.
🕮 [bizaʀ].

BIZUT(H), subst. m.
Élève de première année d'une grande école.
– Nouveau venu, débutant. 🕮 [bizy].

BLACK, adj. et subst.
Se dit d'une personne de race noire (fam.).
🕮 [blak].

BLACK-OUT, subst. m. inv.
Le fait de plonger un lieu dans l'obscurité totale pour déjouer les attaques aériennes.
– Silence observé volontairement sur un sujet particulier. 🕮 [blakaut].

BLAFARD, ARDE, adj.
Blême et sans éclat. 🕮 [blafaʀ, -aʀd].

BLAGUE, subst. f.
Petite poche à tabac. – Histoire inventée pour tromper ou amuser qqn. – *Pas de blagues* ! : pas d'imprudences, pas de bêtises. 🕮 [blag].

BLAGUER, verbe [3]
Fam. Intrans. Dire des blagues. – Trans. Se moquer sans méchanceté de. 🕮 [blage].

BLAIREAU, subst. m.
Mammifère carnivore bas sur pattes, au pelage gris-roux. – Pinceau, brosse. 🕮 [blɛʀo].

BLÂME, subst. m.
Condamnation morale. – Remontrance officielle. 🕮 [blɑm].

BLÂMER, verbe trans. [3]
Émettre de vifs reproches. 🕮 [blɑme].

BLANC, BLANCHE, adj. et subst.
Adj. De la couleur de la neige, du lait, etc.
– Clair, par oppos. à foncé ou à très coloré : *Du vin* blanc. – Fig. Qui évoque la pureté, l'honnêteté : *Être* blanc *comme neige*, n'avoir rien à se reprocher. – *Un mariage* blanc : qui ne sera pas consommé. – *La page* blanche : sur laquelle rien n'est écrit.
– *Passer une nuit* blanche : ne pas dormir.
– Subst. *Peindre une pièce en* blanc. – Fig. Espace vide : *Un* blanc *dans la conversation*.
– *Tirer à* blanc : avec des cartouches ne contenant pas de la poudre. – *Les* Blancs : les hommes blancs. – Mus. *Une* blanche *vaut deux noires*. 🕮 [blɑ̃, blɑ̃ʃ].

BLANC-BEC, subst. m.
Jeune homme aussi prétentieux qu'ignorant. ❧ Plur. *blancs-becs* ; [blɑ̃bɛk].

BLANCHÂTRE, adj.
Proche de la couleur blanche. 🕮 [blɑ̃ʃɑtʀ].

BLANCHEUR, subst. f.
Qualité de ce qui est blanc. 🕮 [blɑ̃ʃœʀ].

BLANCHIMENT, subst. m.
Action de peindre en blanc. – Action de décolorer chimiquement. – Fig. Action de blanchir de l'argent. 🕮 [blɑ̃ʃimɑ̃].

BLANCHIR, verbe [19]
Trans. Rendre blanc ; décolorer. – Nettoyer.
– Fig. Blanchir *un prévenu* : le disculper ; Blanchir *des capitaux* : masquer leur origine frauduleuse. – Blanchir *des légumes* : les ébouillanter. – Intrans. Devenir blanc.
🕮 [blɑ̃ʃiʀ].

BLANCHISSAGE, subst. m.
Action de nettoyer le linge. – Raffinage, en parlant du sucre. ✍ [blɑ̃ʃisaʒ].

BLANCHISSERIE, subst. f.
Établissement où l'on fait nettoyer son linge. – Le secteur économique correspondant. ✍ [blɑ̃ʃisʀi].

BLANC-SEING, subst. m.
Document signé à l'avance et remis à une personne qui le remplira à sa convenance. ✍ Plur. *blancs-seings* ; [blɑ̃sɛ̃].

BLANQUETTE, subst. f.
Ragoût de viande blanche. ✍ [blɑ̃kɛt].

BLASÉ, ÉE, adj. et subst.
Devenu insensible ou indifférent. ✍ [blaze].

BLASON, subst. m.
Les armes, les figures et les signes composant un écu armorial. ✍ [blazɔ̃].

BLASPHÈME, subst. m.
Parole attentatoire à la divinité ou au sacré. – Parole insultant qqn ou qqch. qui est respectable. ✍ [blasfɛm].

BLASPHÉMER, verbe [8]
Proférer un blasphème contre (qqn ou qqch.). ✍ [blasfeme].

BLATÉRER, verbe intrans. [8]
Pousser son cri, en parlant du chameau, du bélier, etc. ✍ [blateʀe].

BLATTE, subst. f.
Insecte coureur de forme aplatie. ✍ [blat].

BLAZER, subst. m.
Veste de sport. – En Angleterre, veste aux couleurs d'un collège. ✍ [blazɛʀ].

BLÉ, subst. m.
Plante de la famille des Graminées ; de ses grains on tire la farine. ✍ [ble].

BLÊME, adj.
Très pâle, d'une blancheur maladive, en parlant d'un visage. – Blafard, terne. ✍ [blɛm].

BLÊMIR, verbe intrans. [19]
Devenir blême. ✍ [blemiʀ].

BLESSER, verbe trans. [3]
Infliger une blessure ; faire mal. – Fig. Nuire à, aller à l'encontre de, insulter. ✍ [blese].

BLESSURE, subst. f.
Lésion, plaie d'un organisme vivant, accidentelle ou volontaire. – Fig. Atteinte, souffrance morale ; offense. ✍ [blesyʀ].

BLEU, BLEUE, BLEUS, adj. et subst. m.
Adj. De la couleur d'un ciel sans nuages. – D'une couleur tirant sur le bleu, livide. – **Bleu** *de froid*. – Fig. *Une peur bleue* : intense. – Qui évoque la pureté, la douceur, le merveilleux : *Des rêves bleus*. – *La petite fleur bleue* : la sentimentalité. – *Un bifteck bleu* : à peine cuit. – Subst. La couleur bleue. – Vêtement de travail, gén. **bleu**. – Nouvelle recrue ; novice. – Marque bleutée sur la peau due à un coup, ecchymose. – Matière colorante bleue. – Bleu *d'Auvergne, de*

Bresse : fromages à moisissures bleues. – **Bleus** *de Gascogne, d'Auvergne* : races de chiens. ✍ [blø].

BLEUÂTRE, adj.
Proche de la couleur bleue. ✍ [bløatʀ].

BLEUET, subst. m.
Plante à fleurs bleues qui pousse dans les champs de blé. ✍ [bløɛ].

BLEUIR, verbe [19]
Trans. Rendre bleu. – Intrans. Devenir bleu. ✍ [bløiʀ].

BLEUTÉ, ÉE, adj.
Légèrement teinté de bleu. ✍ [bløte].

BLINDAGE, subst. m.
Revêtement de métal servant de protection. ✍ [blɛ̃daʒ].

BLINDÉ, ÉE, adj. et subst. m.
Recouvert d'un blindage. – *Milit. Un blindé* : un véhicule blindé ; *Une division blindée* : constituée de blindés. ✍ [blɛ̃de].

BLINDER, verbe trans. [3]
Renforcer avec un blindage. ✍ [blɛ̃de].

BLINI, subst. m.
Petite crêpe de sarrasin. ✍ [blini].

BLIZZARD, subst. m.
Tempête de neige accompagnée d'un vent glacial, dans le Grand Nord. ✍ [blizaʀ].

BLOC, subst. m.
Masse compacte : *Un bloc de pierre*. – Fig. Ensemble plus ou moins homogène de personnes ou de choses : *Le bloc familial*. – Union, coalition : *Le bloc des gauches* ; *Le bloc de l'Est*. – *D'un bloc, en bloc* : en totalité ; *À bloc* : à fond, complètement. – *Bloc opératoire* : installation servant aux interventions chirurgicales. ✍ [blɔk].

BLOCAGE, subst. m.
Action de bloquer. – État de ce qui est bloqué. ✍ [blɔkaʒ].

BLOCKHAUS, subst. m. inv.
Milit. Ouvrage fortifié en béton. ✍ [blɔkos].

BLOC-NOTES, subst. m.
Paquet de feuilles de papier détachables servant à prendre des notes. ✍ Plur. *blocs-notes* ; [blɔknɔt].

BLOCUS, subst. m.
Encerclement d'une ville, d'un port, d'un pays afin d'empêcher toute communication avec l'extérieur. ✍ [blɔkys].

BLOND, BLONDE, adj. et subst.
Adj. D'une couleur claire, tendant vers le jaune doré : *Bière blonde*. – Subst. Personne aux cheveux de cette couleur. ✍ [blɔ̃, blɔ̃d].

BLONDIR, verbe [19]
Intrans. Devenir blond, s'éclaircir. – Trans. Rendre blond. ✍ [blɔ̃diʀ].

BLOQUER, verbe trans. [3]
Mettre en bloc, grouper : **Bloquer** *ses jours de congé*. – Serrer à fond : **Bloquer** *les freins*. – Barrer, fermer : **Bloquer** *une rue* ; arrêter, empêcher qqch. de fonctionner, de se déplacer : **Bloquer** *une porte*. – Faire

un blocus. – Pronom. S'immobiliser ; ne plus réagir. – Fin. **Bloquer** *un crédit* : en suspendre la libre disposition ; **Bloquer** *les prix* : en empêcher la hausse. – *Psychol.* *Être* **bloqué** : être inhibé par une cause inconsciente. 🔊 [bloke].

BLOTTIR (SE), verbe pronom. [19]
Se tasser, se replier sur soi-même. – Se réfugier. 🔊 [blɔtiʀ].

BLOUSE, subst. f.
Vêtement de travail que l'on met pour protéger ses vêtements. – Chemisier de femme de forme ample. 🔊 [bluz].

BLOUSON, subst. m.
Veste courte serrée à la taille. 🔊 [bluzɔ̃].

BLUE-JEAN(S), subst. m.
Pantalon surpiqué, en toile bleue très résistante. 🔊 Plur. *blue-jeans* ; [bludʒin(s)].

BLUES, subst. m.
Mélancolie, idées noires (fam.) : *Avoir le* **blues**. – Musique populaire noire américaine, annonciatrice du jazz. 🔊 [bluz].

BLUFF, subst. m.
Attitude d'exagération visant à intimider, à se vanter, à induire en erreur. 🔊 [blœf].

BLUFFER, verbe intrans. [3]
Faire du bluff. – Empl. trans. Tenter de tromper. 🔊 [blœfe].

BLUSH, subst. m.
Fard à joues qu'on applique au pinceau. 🔊 Plur. *blushs* ou *blushes* ; [blœʃ].

BOA, subst. m.
Serpent non venimeux d'Amérique tropicale qui étouffe sa proie avant de la dévorer. – Longue écharpe, gén. de plumes. 🔊 [bɔa].

BOAT PEOPLE, subst. inv.
Personne qui fuit son pays au risque de sa vie, en bateau. 🔊 [botpipœl].

BOBINE, subst. f.
Cylindre autour duquel est enroulée une matière souple : *Une* **bobine** *de fil.* – La matière enroulée. 🔊 [bobin].

BOBINETTE, subst. f.
Pièce de bois mobile destinée à maintenir une porte fermée. 🔊 [bɔbinɛt].

BOBSLEIGH, subst. m.
Traîneau permettant de glisser à vive allure sur des pistes de neige glacée. – Sport pratiqué avec cet engin. 🔊 [bɔbslɛ(g)].

BOCAGE, subst. m.
Paysage rural où les champs sont bordés ou entourés de haies vives. 🔊 [bɔkaʒ].

BOCAL, AUX, subst. m.
Récipient de verre à large ouverture et à col très court. 🔊 [bɔkal].

BOCK, subst. m.
Verre à bière de 0,25 l. 🔊 [bɔk].

BODY, subst. m.
Justaucorps. 🔊 Plur. *bodys* ou *bodies* ; [bɔdi].

BODY-BUILDING, subst. m.
Culturisme. 🔊 [bɔdibildiŋ].

BŒUF, adj. inv. et subst. m.
Subst. Taureau émasculé. – Bovidé. – Adj. Énorme, surprenant (fam.). 🔊 [bœf], plur. du subst. [bø].

BOGUE (I), subst. f.
Enveloppe de la châtaigne, recouverte de piquants. 🔊 [bɔg].

BOGUE (II), subst. m.
Informat. Anomalie de fonctionnement d'un logiciel due à un défaut de conception ou de réalisation. 🔊 [bɔg].

BOHÈME, adj. et subst.
Qui est non conformiste, qui est insouciant. – Subst. fém. Mode de vie non conformiste. 🔊 [bɔɛm].

BOHÉMIEN, IENNE, subst.
Nomade que l'on croyait venir de Bohême ; romanichel. 🔊 [bɔemjɛ̃, -jɛn].

BOIRE, verbe trans. [70]
Avaler un liquide, une boisson. – Absorber, se laisser pénétrer : *La terre* **buvait** *la pluie glacée.* – Fig. **Boire** *les paroles de qqn* : l'écouter avec passion. – Empl. abs. Absorber régulièrement des boissons contenant de l'alcool ; s'enivrer. 🔊 [bwaʀ].

BOIS, subst. m.
Petite forêt. – Matière ligneuse des végétaux (tronc, rameaux, racines). – Plur. Cornes des Cervidés. 🔊 [bwa].

BOISÉ, ÉE, adj.
Qui est planté d'arbres. 🔊 [bwaze].

BOISERIE, subst. f.
Revêtement mural en panneaux de bois, lambris. 🔊 [bwazʀi].

BOISSEAU, subst. m.
Ancienne mesure de capacité (env. 10 l). – Élément creux emboîtable servant de conduit. 🔊 [bwaso].

BOISSON, subst. f.
Liquide destiné à être bu. – Empl. abs. *La* **boisson** : l'alcool ; l'alcoolisme. 🔊 [bwasɔ̃].

BOÎTE, subst. f.
Récipient de dimensions variables, gén. à couvercle. – Cavité, objet creux, plus ou moins clos, contenant qqch. : *La* **boîte** *crânienne* ; **Boîte** *de vitesses*. 🔊 [bwat].

BOITER, verbe intrans. [3]
Marcher avec un balancement irrégulier ou accentué du corps. – Fig. Manquer de rigueur. 🔊 [bwate].

BOÎTIER, subst. m.
Boîte compartimentée. – Boîte renfermant un mécanisme. 🔊 [bwatje].

BOITILLER, verbe intrans. [3]
Boiter légèrement. 🔊 [bwatije].

BOL, subst. m.
Tasse sans anse. 🔊 [bɔl].

BOLCHEVISME, subst. m.
En Russie, doctrine fondée sur le collectivisme marxiste. 🔊 [bɔlʃəvism].

BOLÉRO, subst. m.
Danse espagnole à trois temps ; musique accompagnant cette danse. – Veste courte sans manches ni boutons. 📷 [boleʀo].

BOLET, subst. m.
Champignon charnu et spongieux : *Les cèpes sont des bolets.* 📷 [bɔlɛ].

BOLIDE, subst. m.
Véhicule extrêmement rapide. 📷 [bɔlid].

BOMBANCE, subst. f.
Festin, bonne chère (fam.). 📷 [bɔ̃bɑ̃s].

BOMBARDER, verbe trans. [3]
Assaillir par un lancer de projectiles, en partic. d'obus, de bombes. – Fig. Presser, harceler (qqn) : *Bombarder l'orateur de questions.* 📷 [bɔ̃baʀde].

BOMBARDIER, subst. m.
Aviateur chargé de lâcher des bombes. – Avion de bombardement. 📷 [bɔ̃baʀdje].

BOMBE, subst. f.
Projectile, engin explosif. – Récipient servant à vaporiser qqch. : *Une bombe insecticide.* – Coiffure rigide de cavalier. 📷 [bɔ̃b].

BOMBÉ, ÉE, adj.
Convexe, arrondi. 📷 [bɔ̃be].

BÔME, subst. f.
Mar. Espar horizontal sur lequel est fixée la partie basse d'une voile. 📷 [bom].

BON (I), BONNE, adj., subst. m., adv. et interj.
Adj. Qui est adapté à sa fonction, qui remplit son rôle, ou dont le comportement peut faire l'objet d'une approbation : *Un bon écrivain* ; au sens moral : *Une bonne âme* ; *Une bonne action.* – Interj. Bon ! ; *Ah bon ?* ; *À quoi bon ?* : c'est inutile ; *C'est bon !* : c'est entendu. – *Pour de bon* : vraiment. – Adv. *Tenir bon* : résister ; *Sentir bon* : exhaler une odeur agréable. – Subst. Personne qui a de la bonté (gén. au plur.) : *Les bons et les méchants.* – Ce qui est bon : *Du bon, du beau.* 📷 [bɔ̃, bɔn].

BON (II), subst. m.
Document écrit donnant droit à qqch. ou attestant un paiement. 📷 [bɔ̃].

BONBON, adj. inv. et subst. m.
Subst. Friandise sucrée et aromatisée. – Adj. *Rose bonbon* : rose vif. 📷 [bɔ̃bɔ̃].

BONBONNE, subst. f.
Bouteille pansue, à col très court, ou dame-jeanne. 📷 [bɔ̃bɔn].

BONBONNIÈRE, subst. f.
Boîte à bonbons. – Petite maison coquette. 📷 [bɔ̃bɔnjɛʀ].

BOND, subst. m.
Saut brusque et vif : *Progresser par bonds.* – Fig. *Bond en avant* : progrès. 📷 [bɔ̃].

BONDE, subst. f.
Ouverture par où se vide un étang, un évier, etc. – Système de fermeture de ce trou. 📷 [bɔ̃d].

BONDÉ, ÉE, adj.
Plein de gens : *Un train bondé.* 📷 [bɔ̃de].

BONDIEUSERIE, subst. f.
Dévotion excessive. – Objet pieux de mauvais goût. 📷 [bɔ̃djøzʀi].

BONDIR, verbe intrans. [19]
Faire des bonds. – S'élancer vivement : *Bondir hors de, sur.* – Fig. *Mon cœur bondit de joie* : bat plus vite. 📷 [bɔ̃diʀ].

BONHEUR, subst. m.
Chance, événement propice. – État de félicité, d'épanouissement affectif : *Aspirer au bonheur.* 📷 [bɔnœʀ].

BONHOMIE, subst. f.
Attitude bienveillante, affable. – Innocence, naïveté. 📷 [bɔnɔmi].

BONHOMME, adj. et subst. m.
Subst. Individu (fam.). – Représentation grossière d'un homme. – Adj. Qui montre de la bonhomie. 📷 Plur. du subst. *bonshommes* ; plur. de l'adj. *bonhommes* ; [bɔnɔm], plur. du subst. [bɔzɔm].

BONIFIER, verbe trans. [6]
Améliorer la qualité de (qqch.). 📷 [bɔnifje].

BONIMENT, subst. m.
Propos habile visant à attirer la clientèle. – Discours fabulateur et creux visant à séduire, à abuser (fam.). 📷 [bɔnimɑ̃].

BONJOUR, subst. m.
Salutation. 📷 [bɔ̃ʒuʀ].

BONNE, subst. f.
Employée de maison (vieilli). 📷 [bɔn].

BONNET, subst. m.
Coiffure souple, sans bordure ni visière. 📷 [bɔnɛ].

BONNETERIE, subst. f.
Fabrication ou commerce d'articles en tricot ou en tissu à mailles. 📷 [bɔn(ɛ)tʀi].

BONSAÏ, subst. m.
Arbre miniaturisé. 📷 [bɔ̃(d)zaj].

BONSOIR, subst. m.
Salutation employée le soir. 📷 [bɔ̃swaʀ].

BONTÉ, subst. f.
Qualité, vertu d'une personne qui est bonne ou qui est bonne envers autrui. 📷 [bɔ̃te].

BONUS, subst. m.
Rémunération obtenue en plus d'un dû. – Réduction d'une prime d'assurance automobile en l'absence de sinistre. 📷 [bɔnys].

BONZE, subst. m.
Moine de la religion bouddhique. – Personnage important et solennel (fam.). 📷 [bɔ̃z].

BOOK, voir PRESS-BOOK

BOOMERANG, subst. m.
Pièce de bois recourbée qui, habilement lancée, revient à son point de départ. 📷 [bumʀɑ̃g].

BOOTS, subst. f. plur.
Bottes courtes. 📷 [buts].

BORBORYGME, subst. m.
Gargouillement intestinal. 📷 [bɔʀbɔʀigm].

BORD, subst. m.

Côté d'un navire : *Virer de* **bord**, changer de route. – Le navire lui-même : *Monter à* **bord**. – *Tableau de* **bord** : ensemble des appareils de navigation d'un véhicule. – Contour d'une surface : *Le* **bord** *d'un champ, d'un bassin* ; limite : *Le* **bord** *de la mer.* – Fig. *Être du même* **bord** : partager les mêmes idées. – *Être au* **bord** *de* : être tout proche de. 📖 [bɔʀ].

BORDEAUX, adj. inv. et subst. m.

Adj. De la couleur rouge foncé du vin de Bordeaux. – Subst. Ce vin. 📖 [bɔʀdo].

BORDÉE, subst. f.

Distance parcourue par un voilier sans virer de bord. – *Milit.* Ensemble des canons disposés sur le même bord d'un navire. 📖 [bɔʀde].

BORDER, verbe trans. [3]

Servir de bord à, longer, délimiter, entourer. – Orner d'un bord. – **Border** *un lit* : rentrer les couvertures sous le matelas. 📖 [bɔʀde].

BORDEREAU, subst. m.

Document récapitulant des opérations commerciales, fiscales, etc. 📖 [bɔʀdəʀo].

BORDURE, subst. f.

Ce qui constitue, consolide ou orne un bord. – *En* **bordure** *de* : sur le bord de. 📖 [bɔʀdyʀ].

BORÉAL, ALE, ALS ou **AUX**, adj.

Du nord, septentrional. 📖 [bɔʀeal].

BORGNE, adj. et subst.

Qui ne voit que d'un œil ou qui n'a qu'un œil. – Fig. *Un hôtel* **borgne** : mal tenu, mal famé. 📖 [bɔʀɲ].

BORNE, subst. f.

Bloc de pierre, poteau ou autre marque délimitant un terrain ou servant de repère : **Borne** *kilométrique.* – Frontière : *Les* **bornes** *du département.* – Fig. Ultime limite (gén. au plur.) : *Dépasser les* **bornes**, exagérer. – Élément d'un appareil électrique servant de point de connexion. 📖 [bɔʀn].

BORNER, verbe trans. [3]

Délimiter par des bornes ; servir de frontière à. – Fig. Limiter : **Borner** *son ambition.* – Pronom. Se contenter de, se limiter à : *Se* **borner** *à l'essentiel.* 📖 [bɔʀne].

BOSQUET, subst. m.

Petit groupe d'arbres, d'arbustes. 📖 [bɔskɛ].

BOSS, subst. m.

Patron (fam.). 📖 [bɔs].

BOSSE, subst. f.

Protubérance anormale du dos. – Partie arrondie des os du crâne. – Enflure consécutive à un choc, à un coup. – Relief sur une surface plane. – Fig. *Avoir la* **bosse** *de* : des aptitudes à. 📖 [bɔs].

BOSSELER, verbe trans. [12]

Décorer en relief (une pièce d'orfèvrerie). – Déformer par des bosses. 📖 [bɔsle].

BOSSU, UE, adj. et subst.

Dont le squelette déformé fait apparaître une bosse sur le dos ou le thorax. 📖 [bɔsy].

BOT, BOTE, adj.

Qualifie une malformation causée par la rétraction de certains muscles. 📖 [bo, bɔt].

BOTANIQUE, adj. et subst. f.

Se dit de la science des végétaux et de ce qui s'y rapporte. 📖 [bɔtanik].

BOTANISTE, subst.

Spécialiste de la botanique. 📖 [bɔtanist].

BOTTE (I), subst. f.

Chaussure dont la tige couvre la jambe et parfois la cuisse. 📖 [bɔt].

BOTTE (II), subst. f.

Ensemble de végétaux de même sorte liés ensemble : *Une* **botte** *de radis.* 📖 [bɔt].

BOTTE (III), subst. f.

Coup infligé avec une épée ou un fleuret. – Fig. Attaque verbale vive. 📖 [bɔt].

BOTTILLON, subst. m.

Chaussure souple et confortable s'arrêtant au-dessus de la cheville. 📖 [bɔtijɔ̃].

BOTTIN, subst. m.

Annuaire. 📖 N. déposé ; [bɔtɛ̃].

BOTTINE, subst. f.

Chaussure montante souvent pourvue de boutons et/ou de lacets. 📖 [bɔtin].

BOUBOU, subst. m.

Tunique large et longue portée en Afrique noire. 📖 [bubu].

BOUC, subst. m.

Mâle de la chèvre. – Petite barbe au menton. – **Bouc** *émissaire* : personne à qui l'on fait endosser des fautes collectives. 📖 [buk].

BOUCANER, verbe [3]

Trans. Fumer (de la viande ou du poisson). – Intrans. Se comporter en boucanier. 📖 [bukane].

BOUCANIER, subst. m.

Nom donné aux pirates qui écumaient les Caraïbes au XVIIIᵉ s. 📖 [bukanje].

BOUCHE, subst. f.

Cavité, délimitée par les lèvres, permettant d'ingérer les aliments, de respirer, de parler. – Ouverture : **Bouche** *d'égout.* – **Bouche(s)** *d'un fleuve* : son delta. 📖 [buʃ].

BOUCHE-À-BOUCHE, subst. m. inv.

Méthode de respiration artificielle consistant à expirer de l'air dans la bouche d'une personne asphyxiée. 📖 [buʃabuʃ].

BOUCHÉE, subst. f.

Quantité de nourriture introduite dans la bouche en une fois. – *Cuis.* Croûte de pâte feuilletée garnie ; petit-four. 📖 [buʃe].

BOUCHER (I), verbe trans. [3]

Combler (un orifice, une cavité). – Fermer une ouverture. – Faire obstacle à : **Boucher** *la rue.* 📖 [buʃe].

BOUCHER (II), ÈRE, subst.

Personne qui vend de la viande. – Fig. Masc. Homme sanguinaire. 📖 [buʃe, -ɛʀ].

BOUCHERIE, subst. f.
Magasin du boucher. – Commerce de la viande. – Fig. Massacre. 🔊 [buʃʀi].

BOUCHE-TROU, subst. m.
Personne ou objet servant à combler un vide. 🔊 Plur. *bouche-trous* ; [buʃtʀu].

BOUCHON, subst. m.
Poignée de paille. – Ce qui obture, en partic. une bouteille, un flacon ; ce qui obstrue, en partic. une rue. 🔊 [buʃɔ̃].

BOUCHONNER, verbe [3]
Trans. **Bouchonner** *un cheval* : le frictionner avec un bouchon de paille. – Intrans. Former un emboutillage. 🔊 [buʃɔne].

BOUCLE, subst. f.
Anneau ou rectangle de métal permettant de fixer une ceinture. – Objet en forme d'anneau. – Ce qui s'enroule en anneau ou en spirale. – Méandre, pour un cours d'eau. 🔊 [bukl].

BOUCLER, verbe [3]
Trans. Attacher avec une boucle ; fermer : **Boucler** *sa valise*. – Encercler, isoler un lieu. – Enrouler en forme de boucle. – Fig. Achever. – Intrans. Onduler. 🔊 [bukle].

BOUCLIER, subst. m.
Arme portée au bras, servant à parer les coups. – Fig. Tout dispositif défensif physique ou abstrait. 🔊 [buklije].

BOUDDHA, subst. m.
Dans le bouddhisme, homme qui a connu l'Éveil, qui a atteint la sagesse parfaite. – Statue d'un de ces hommes. 🔊 [buda].

BOUDDHISME, subst. m.
Religion et philosophie orientale fondée par Bouddha. 🔊 [budism].

BOUDER, verbe [3]
Intrans. Faire la moue, être fâché. – Trans. Se montrer maussade ou indifférent à l'égard de (qqn ou qqch.). 🔊 [bude].

BOUDIN, subst. m.
Boyau rempli de sang et de viande de porc. – **Boudin** *blanc* : à base de volaille et de lait. – Objet en forme de boudin. 🔊 [budɛ̃].

BOUDOIR, subst. m.
Petit salon de dame. – Biscuit allongé recouvert de sucre. 🔊 [budwaʀ].

BOUE, subst. f.
Terre, poussière mêlée d'eau, plus ou moins épaisse – Dépôt argileux au fond des mers. – Fig. Déchéance. 🔊 [bu].

BOUÉE, subst. f.
Objet flottant signalant un danger, un obstacle ou un passage. – Anneau gonflable aidant à faire flotter un corps. – Fig. Aide providentielle. 🔊 [bwe].

BOUFFARDE, subst. f.
Grosse pipe. 🔊 [bufaʀd].

BOUFFÉE, subst. f.
Souffle d'air perçu par intermittence. – Fig. Accès passager : **Bouffée** *de rage*. 🔊 [bufe].

BOUFFER, verbe [3]
Intrans. Se gonfler. – Trans. Manger (fam.). 🔊 [bufe].

BOUFFON, ONNE, adj. et subst.
Adj. Qui amuse, burlesque. – Subst. Personne ridicule. 🔊 [bufɔ̃, -ɔn].

BOUGAINVILLÉE, subst. f.
Plante grimpante ornementale aux fleurs roses. 🔊 On dit aussi *bougainvillier* ; [bugɛ̃vile].

BOUGE, subst. m.
Taudis. – Bar mal fréquenté. 🔊 [buʒ].

BOUGEOIR, subst. m.
Court chandelier à anse. 🔊 [buʒwaʀ].

BOUGEOTTE, subst. f.
Manie de remuer, de voyager. 🔊 [buʒɔt].

BOUGER, verbe [5]
Intrans. Faire un mouvement. – Changer. – Se rebeller. – Trans. Déplacer (qqch.). 🔊 [buʒe].

BOUGIE, subst. f.
Moyen d'éclairage composé d'une mèche enrobée de cire. – Pièce d'allumage d'un moteur à explosion. 🔊 [buʒi].

BOUGON, ONNE, adj. et subst.
Qui bougonne, mécontent. 🔊 [bugɔ̃, -ɔn].

BOUGONNER, verbe intrans. [3]
Grommeler, exprimer du mécontentement. 🔊 [bugɔne].

BOUILLABAISSE, subst. f.
Soupe provençale à base de poissons, de crustacés, à l'ail et au safran. 🔊 [bujabɛs].

BOUILLIE, subst. f.
Farine bouillie dans de l'eau ou du lait. – Mélange pâteux. 🔊 [buji].

BOUILLIR, verbe intrans. [34]
Être en ébullition. – Cuire dans un liquide qui bout. – Fig. **Bouillir** *de colère*. 🔊 [bujiʀ].

BOUILLOIRE, subst. f.
Récipient dans lequel on fait bouillir de l'eau. 🔊 [bujwaʀ].

BOUILLON, subst. m.
Ensemble des bulles qui se forment lors de l'ébullition. – Aliment liquide obtenu en faisant bouillir de la viande et/ou des légumes. 🔊 [bujɔ̃].

BOUILLONNEMENT, subst. m.
Effervescence d'un liquide qui bouillonne. – Fig. Vive agitation. 🔊 [bujɔnmɑ̃].

BOUILLONNER, verbe intrans. [3]
Former des bouillons. – Fig. S'agiter : *Ses idées bouillonnent* ; **Bouillonner** *de colère*. 🔊 [bujɔne].

BOUILLOTTE, subst. f.
Récipient que l'on remplit d'eau chaude pour réchauffer (gén. un lit). 🔊 [bujɔt].

BOULANGER, ÈRE, adj. et subst.
Subst. Personne qui fabrique et/ou qui vend du pain. – Adj. Relatif à la boulangerie. 🔊 [bulɑ̃ʒe, -ɛʀ].

BOULANGERIE, subst. f.
Fabrication du pain. – Lieu où l'on fabrique ou vend du pain. 🔊 [bulɑ̃ʒʀi].

BOULE, subst. f.
Objet sphérique ou de forme proche : **Boule de pétanque** ; **Boule de neige**. 🔊 [bul].

BOULEAU, subst. m.
Arbre élancé des pays froids et tempérés, à l'écorce blanche, dont le bois est utilisé en papeterie. 🔊 [bulo].

BOULEDOGUE, subst. m.
Petit dogue à forte mâchoire. 🔊 [buldɔg].

BOULET, subst. m.
Projectile dont on chargeait les canons. – Boule de métal fixée par une chaîne au pied d'un bagnard. 🔊 [bulɛ].

BOULEVARD, subst. m.
Large voie urbaine. 🔊 [bulvaʀ].

BOULEVERSEMENT, subst. m.
Perturbation importante, désordre. – Fig. Émotion vive. 🔊 [bulvɛʀsəmɑ̃].

BOULEVERSER, verbe trans. [3]
Déranger, saccager, modifier. – Émouvoir fortement (qqn). 🔊 [bulvɛʀse].

BOULIER, subst. m.
Instrument de calcul manuel, constitué de tringles munies de boules. 🔊 [bulje].

BOULIMIE, subst. f.
Appétit insatiable d'origine psychique. – Fig. Besoin impérieux de qqch. 🔊 [bulimi].

BOULON, subst. m.
Ensemble composé d'une vis et d'un écrou, servant à sceller. 🔊 [bulɔ̃].

BOULONNER, verbe [3]
Trans. Fixer à l'aide de boulons. – Intrans. Travailler (fam.). 🔊 [bulɔne].

BOULOT (I), OTTE, adj. et subst.
Se dit d'une personne petite et dodue. 🔊 [bulo, -ɔt].

BOULOT (II), subst. m.
Travail (fam.). 🔊 [bulo].

BOUQUET, subst. m.
Fleurs et/ou feuillages groupés en gerbe. – Parfum d'un vin. 🔊 [bukɛ].

BOUQUETIN, subst. m.
Ruminant à longues cornes annelées, vivant en montagne. 🔊 [buktɛ̃].

BOUQUIN, subst. m.
Livre (fam.). 🔊 [bukɛ̃].

BOUQUINISTE, subst.
Marchand de livres de seconde main. 🔊 [bukinist].

BOURBEUX, EUSE, adj.
Plein de boue marécageuse. 🔊 [buʀbø, -øz].

BOURBIER, subst. m.
Dépression de terrain remplie de boue. – Fig. Problème inextricable. 🔊 [buʀbje].

BOURDE, subst. f.
Erreur grossière, maladresse. 🔊 [buʀd].

BOURDON, subst. m.
Insecte voisin de l'abeille. – Registre grave de l'orgue. – Grosse cloche. 🔊 [buʀdɔ̃].

BOURDONNEMENT, subst. m.
Vrombissement de certains insectes. – Ce qui rappelle ce bruit.

BOURDONNER, verbe intrans. [3]
Produire un bourdonnement. – Rendre un son grave et continu. 🔊 [buʀdɔne].

BOURG, subst. m.
Petite ville de caractère rural, où se tiennent foires et marchés. 🔊 [buʀ].

BOURGEOIS, OISE, adj. et subst.
Subst. Membre de la bourgeoisie. – Adj. Relatif à la bourgeoisie. 🔊 [buʀʒwa, -waz].

BOURGEOISIE, subst. f.
Classe sociale aisée n'exerçant pas de métier manuel. 🔊 [buʀʒwazi].

BOURGEON, subst. m.
Excroissance sur la tige des plantes, d'où sortent les feuilles ou les fleurs. 🔊 [buʀʒɔ̃].

BOURGEONNER, verbe intrans. [3]
Produire des bourgeons. 🔊 [buʀʒɔne].

BOURLINGUER, verbe intrans. [3]
Voyager beaucoup, par goût de l'aventure. 🔊 [buʀlɛ̃ge].

BOURRADE, subst. f.
Coup donné à qqn avec brusquerie ou entrain : Une **bourrade** amicale. 🔊 [buʀad].

BOURRASQUE, subst. f.
Coup de vent brusque et violent, rafale. 🔊 [buʀask].

BOURRATIF, IVE, adj.
Qui bourre l'estomac. 🔊 [buʀatif, -iv].

BOURRE, subst. f.
Amas de poils servant à rembourrer coussins, matelas, etc. 🔊 [buʀ].

BOURREAU, subst. m.
Personne qui administre les peines corporelles. 🔊 [buʀo].

BOURRELET, subst. m.
Rouleau d'étoffe rembourré. – Renflement de chair. 🔊 [buʀlɛ].

BOURRELIER, IÈRE, subst.
Personne qui produit et vend des harnais et des équipements de cuir. 🔊 [buʀəlje, -jɛʀ].

BOURRER, verbe trans. [3]
Remplir au maximum. – Mettre de la bourre dans un coussin. – Pronom. Se gaver (fam.). 🔊 [buʀe].

BOURRICHE, subst. f.
Panier utilisé pour le transport des produits de la chasse et de la pêche. 🔊 [buʀiʃ].

BOURRIQUE, subst. f.
Âne. – Individu sot et buté (fam.). 🔊 [buʀik].

BOURRU, UE, adj.
Qui se comporte avec brusquerie. 🔊 [buʀy].

BOURSE (I), subst. f.
Petit sac souple servant à transporter de l'argent. – Bourse d'études : aide financière. – Anat. Les bourses : enveloppe des testicules. 🔊 [buʀs].

BOURSE (II), subst. f.
Lieu de réunion où l'on établit le marché des valeurs ou des marchandises. 🔊 [buʀs].

BOURSICOTER, verbe intrans. [3]
Se livrer à de petites opérations boursières.
🔊 [buʀsikɔte].

BOURSIER (I), IÈRE, adj. et subst.
Se dit d'une personne qui bénéficie d'une bourse d'études. 🔊 [buʀsje, -jɛʀ].

BOURSIER (II), IÈRE, adj. et subst.
Adj. Qui concerne la Bourse (II). — Subst. Professionnel de la Bourse. 🔊 [buʀsje, -jɛʀ].

BOURSOUFLER, verbe trans. [3]
Faire enfler en distendant. 🔊 [buʀsufle].

BOUSCULADE, subst. f.
Action de bousculer. — Désordre, remous dans une foule. 🔊 [buskylad].

BOUSCULER, verbe trans. [3]
Pousser, heurter vivement. — Bouleverser (un certain ordre). 🔊 [buskyle].

BOUSE, subst. f.
Excrément des bovins. 🔊 [buz].

BOUSSOLE, subst. f.
Cadran muni d'une aiguille aimantée qui indique le nord. 🔊 [busɔl].

BOUT, subst. m.
Extrémité d'un objet. — Limite d'un espace. — Fin d'une durée. — Petit morceau. 🔊 [bu].

BOUTADE, subst. f.
Trait d'esprit inattendu, fantaisiste et souv. paradoxal. 🔊 [butad].

BOUTE-EN-TRAIN, subst. m. inv.
Personne qui entraîne les autres à s'amuser. 🔊 [butɑ̃tʀɛ̃].

BOUTEFEU, EUX, subst. m.
Personne qui suscite ou attise les querelles (vieilli). 🔊 [butfø].

BOUTEILLE, subst. f.
Récipient à goulot étroit, destiné à contenir des liquides. — Son contenu. 🔊 [butɛj].

BOUTIQUE, subst. f.
Lieu où un artisan, un commerçant vend sa marchandise. 🔊 [butik].

BOUTON, subst. m.
Bourgeon proche de son éclosion. — Petite excroissance sur la peau. — Petite pièce servant à attacher un vêtement. — Petit élément actionnant un appareil. 🔊 [butɔ̃].

BOUTON-D'OR, subst. m.
Renoncule dont les fleurs sont jaune doré.
🔊 Plur. boutons-d'or ; [butɔ̃dɔʀ].

BOUTONNER, verbe trans. [3]
Fermer avec des boutons. 🔊 [butɔne].

BOUTONNIÈRE, subst. f.
Petite fente faite dans un vêtement pour y insérer un bouton. 🔊 [butɔnjɛʀ].

BOUTURE, subst. f.
Jeune pousse ôtée d'un végétal et plantée en terre pour y prendre racine. 🔊 [butyʀ].

BOUVIER, IÈRE, subst.
Personne qui garde les bœufs. — Grand chien de berger. 🔊 [buvje, -jɛʀ].

BOUVREUIL, subst. m.
Oiseau des bois et des jardins, à ventre rouge, à tête et à queue noires. 🔊 [buvʀœj].

BOVIDÉ, subst. m.
Animal de la famille des **Bovidés**. — Plur. Famille de ruminants comprenant les bovins, les ovins, les caprins, les antilopes. 🔊 [bovide].

BOVIN, INE, adj. et subst. m.
Qui concerne le bœuf. — Subst. Plur. Sous-famille des Bovidés : taureau, bœuf, buffle, bison, etc. — Sing. Animal de cette sous-famille. 🔊 [bɔvɛ̃, -in].

BOWLING, subst. m.
Jeu de quilles sur piste. 🔊 [buliŋ].

BOX, subst. m.
Stalle d'écurie. — Compartiment cloisonné.
🔊 Plur. box ou boxes ; [bɔks].

BOXE, subst. f.
Sport dans lequel deux adversaires s'affrontent à coups de poing. 🔊 [bɔks].

BOXER (I), verbe [3]
Intrans. Pratiquer la boxe. — Trans. Frapper à coups de poing. 🔊 [bɔkse].

BOXER (II), subst. m.
Chien de garde. 🔊 [bɔksɛʀ].

BOXEUR, EUSE, subst.
Sportif pratiquant la boxe. 🔊 [bɔksœʀ, -øz].

BOYAU, AUX, subst. m.
Intestin. — Passage long et étroit ; conduit, tuyau. 🔊 [bwajo].

BOYCOTTER, verbe trans. [3]
Cesser toutes relations avec une personne ou un groupe, par rétorsion. 🔊 [bɔjkɔte].

BOY-SCOUT, subst. m.
Personne appartenant à un mouvement de scoutisme. 🔊 Plur. boy-scouts ; [bɔjskut].

BRACELET, subst. m.
Bijou en anneau qui se porte autour du poignet. 🔊 [bʀaslɛ].

BRACHIAL, ALE, AUX, adj.
Relatif au bras. 🔊 [bʀakjal].

BRACHYCÉPHALE, adj. et subst.
Qui a le crâne arrondi et peu allongé.
🔊 [bʀakisefal].

BRACONNAGE, subst. m.
Délit de chasse ou de pêche. 🔊 [bʀakɔnaʒ].

BRACONNER, verbe intrans. [3]
Chasser ou pêcher en fraude. 🔊 [bʀakɔne].

BRACONNIER, IÈRE, subst.
Personne qui se livre au braconnage.
🔊 [bʀakɔnje, -jɛʀ].

BRACTÉE, subst. f.
Petite feuille recouvrant la fleur avant son éclosion. 🔊 [bʀakte].

BRADER, verbe trans. [3]
Vendre à bas prix. 🔊 [bʀade].

BRADERIE, subst. f.
Action de brader. — Manifestation où les commerçants bradent. 🔊 [bʀadʀi].

BRAGUETTE, subst. f.
Ouverture verticale sur le devant d'un pantalon. 🔊 [bʀagɛt].

BRAHMANE, subst. m.
Membre de la plus élevée des quatre castes de l'Inde classique. 🔊 [bʀaman].

BRAHMANISME, subst. m.
L'une des religions de l'Inde. 🔊 [bʀamanism].

BRAIES, subst. f. plur.
Pantalon ample des Gaulois. 🔊 [bʀɛ].

BRAILLARD, ARDE, adj. et subst.
Se dit d'une personne qui braille, qui hurle.
🔊 [bʀɑjaʀ, -aʀd].

BRAILLE, subst. m.
Écriture à l'usage des aveugles, composée
de caractères en relief. 🔊 [bʀɑj].

BRAILLER, verbe intrans. [3]
Crier, vociférer. – Empl. trans. **Brailler** *sa
joie.* 🔊 [bʀɑje].

BRAIRE, verbe intrans. [58]
Pousser son cri (braiement), en parlant de
l'âne. 🔊 [bʀɛʀ].

BRAISE, subst. f.
Bois réduit par combustion à l'état de
charbon ardent. 🔊 [bʀɛz].

BRAISER, verbe trans. [3]
Cuire un aliment à feu doux et à l'étouffée.
🔊 [bʀeze].

BRAMER, verbe intrans. [3]
Pousser son cri (brame ou bramement),
en parlant d'un cervidé. 🔊 [bʀame].

BRANCARD, subst. m.
Chacune des barres d'un attelage entre
lesquelles se place une bête de trait.
– Civière. 🔊 [bʀɑ̃kaʀ].

BRANCARDIER, subst. m.
Porteur de civière. 🔊 [bʀɑ̃kaʀdje].

BRANCHAGE, subst. m.
Ensemble des branches d'un arbre. – Plur.
Branches coupées. 🔊 [bʀɑ̃ʃaʒ].

BRANCHE, subst. f.
Ramification d'un végétal. – Partie mobile
d'un objet : *Une branche de lunettes.* – Fig.
division d'un système. 🔊 [bʀɑ̃ʃ].

BRANCHEMENT, subst. m.
Action de brancher qqch. – Son résultat.
🔊 [bʀɑ̃ʃmɑ̃].

BRANCHER, verbe trans. [3]
Relier à une installation principale ;
connecter un appareil à une prise électrique.
– Intéresser (fam.). 🔊 [bʀɑ̃ʃe].

BRANCHIAL, ALE, AUX, adj.
Relatif aux branchies. 🔊 [bʀɑ̃ʃjal].

BRANCHIE, subst. f.
Organe respiratoire des animaux aquatiques. 🔊 [bʀɑ̃ʃi].

BRANDADE, subst. f.
Mets provençal à base de morue émiettée,
de pommes de terre et d'ail. 🔊 [bʀɑ̃dad].

BRANDIR, verbe trans. [19]
Agiter (qqch.) en l'air, pour défier, menacer
ou attirer l'attention. 🔊 [bʀɑ̃diʀ].

BRANDON, subst. m.
Torche de paille enflammée. – Fragment
incandescent éjecté d'un feu. 🔊 [bʀɑ̃dɔ̃].

BRANLE-BAS, subst. m. inv.
Activité fébrile et confuse préludant à un
événement. 🔊 [bʀɑ̃lba].

BRANLER, verbe [3]
Trans. Faire bouger ; secouer. – Intrans.
Vaciller, trembler. 🔊 [bʀɑ̃le].

BRAQUE, subst. m.
Chien de chasse à poil ras et aux oreilles
pendantes. 🔊 [bʀak].

BRAQUER, verbe [3]
Intrans. Orienter les roues d'un véhicule
pour le faire tourner. – Trans. Diriger
(qqch.) vers, pointer. – Fam. **Braquer** *qqn* :
susciter sa résistance ; **Braquer** *une banque* :
la dévaliser. – Pronom. S'entêter. 🔊 [bʀake].

BRAS, subst. m.
Partie du membre supérieur de l'homme
située entre l'épaule et le coude. – Membre
supérieur de l'homme. – Membre antérieur
de certains vertébrés. – Appendice de
certains mollusques. – Élément mobile
d'un objet. 🔊 [bʀɑ].

BRASERO, subst. m.
Bassin rempli de braises permettant de se
chauffer en plein air. 🔊 [bʀazeʀo].

BRASIER, subst. m.
Ensemble de matériaux en train de brûler.
– Incendie. 🔊 [bʀazje].

BRAS-LE-CORPS (À), loc. adv.
Saisir, prendre à bras-le-corps : étreindre
des deux bras, traiter énergiquement (gén.
un problème). 🔊 [abʀalkɔʀ].

BRASSARD, subst. m.
Bande d'étoffe que l'on porte au bras
comme signe distinctif. 🔊 [bʀasaʀ].

BRASSE, subst. f.
Ancienne mesure de longueur. – Nage sur
le ventre. 🔊 [bʀas].

BRASSÉE, subst. f.
Ce que les deux bras peuvent entourer,
porter. 🔊 [bʀase].

BRASSER, verbe trans. [3]
Mélanger l'eau et le malt pour préparer la
bière. – Remuer, mélanger. 🔊 [bʀase].

BRASSERIE, subst. f.
Fabrique de bière ; industrie de la bière.
– Bar-restaurant. 🔊 [bʀasʀi].

BRASSEUR, EUSE, subst.
Fabricant de bière. 🔊 [bʀascœʀ, -øz].

BRASSIÈRE, subst. f.
Chemise des nourrissons. 🔊 [bʀasjɛʀ].

BRAVACHE, adj. et subst. m.
Qui feint la bravoure. 🔊 [bʀavaʃ].

BRAVADE, subst. f.
Action ou attitude de défi. 🔊 [bʀavad].

BRAVE, adj. et subst.
Qui est honnête, bon. – Qui est courageux.
🔊 [bʀav].

BRAVER, verbe trans. [3]
Affronter sans crainte, défier. 🔊 [bʀave].

BRAVO, subst. m. et interj.
Mot marquant l'approbation, l'enthousiasme. – Applaudissement. 🔊 [bʀavo].

BRAVOURE, subst. f.
Qualité d'une personne brave, courageuse.
🔊 [bʀavuʀ].

BREAK, subst. m.
Pause. – Automobile à banquette amovible ou rabattable pour permettre le transport de marchandises. 🎧 [bʀɛk].

BREBIS, subst. f.
Femelle adulte du mouton. 🎧 [bʀəbi].

BRÈCHE, subst. f.
Ouverture pratiquée dans une paroi, un ouvrage, une défense. 🎧 [bʀɛʃ].

BRÉCHET, subst. m.
Saillie osseuse sur le sternum des oiseaux. 🎧 [bʀeʃɛ].

BREDOUILLE, adj.
Rentrer bredouille : sans avoir rien pris, obtenu. 🎧 [bʀəduj].

BREDOUILLER, verbe [3]
Intrans. S'exprimer indistinctement, balbutier. – Trans. *Il bredouilla une excuse.* 🎧 [bʀəduje].

BREF, BRÈVE, adj. et adv.
Adj. Court, dans l'espace ou dans le temps. – Adv. En résumé. 🎧 [bʀɛf, bʀɛv].

BRELAN, subst. m.
Jeux. Groupe de 3 cartes de même valeur : Brelan *de rois.* 🎧 [bʀəlɑ̃].

BRELOQUE, subst. f.
Petit bijou de peu de valeur, souv. attaché à un bracelet, à une chaîne. 🎧 [bʀəlɔk].

BRÈME, subst. f.
Poisson plat d'eau douce. 🎧 [bʀɛm].

BRETELLE, subst. f.
Bande de tissu ou de cuir passée à l'épaule pour porter qqch., pour tenir un vêtement : *Une bretelle de fusil* ; *Bretelles de pantalon.* – Bretelle *d'autoroute* : voie d'accès. 🎧 [bʀətɛl].

BREUVAGE, subst. m.
Boisson. 🎧 [bʀœvaʒ].

BRÈVE, subst. f.
Voyelle, syllabe courte. – *Journ.* Très court article sur un fait précis. 🎧 [bʀɛv].

BREVET, subst. m.
Titre ou diplôme d'État attestant des aptitudes ou conférant des droits. 🎧 [bʀəvɛ].

BRÉVIAIRE, subst. m.
Livre de prières catholiques. 🎧 [bʀevjɛʀ].

BRIARD, subst. m.
Chien de berger à poil long. 🎧 [bʀijaʀ].

BRIBE, subst. f.
Petit morceau, miette, fragment. 🎧 [bʀib].

BRIC-À-BRAC, subst. m. inv.
Ensemble disparate et confus d'objets sans valeur. 🎧 [bʀikabʀak].

BRICK, subst. m.
Deux-mâts à voiles carrées. 🎧 [bʀik].

BRICOLE, subst. f.
Chose insignifiante. 🎧 [bʀikɔl].

BRICOLER, verbe [3]
Intrans. Se livrer successivement à diverses occupations. – Faire des petits travaux de réparation. – Trans. Fam. Réparer provisoirement. – Trafiquer. 🎧 [bʀikɔle].

BRIDE, subst. f.
Harnais de tête du cheval. – Lien, attache. – Fig. Frein. 🎧 [bʀid].

BRIDER, verbe trans. [3]
Passer la bride à un cheval. – Serrer à l'aide d'une bride. – Fig. Limiter, restreindre. 🎧 [bʀide].

BRIDGE (I), subst. m.
Jeu de cartes qui se pratique à 4 par équipes de 2. 🎧 [bʀidʒ].

BRIDGE (II), subst. m.
Prothèse dentaire maintenant ou remplaçant une dent. 🎧 [bʀidʒ].

BRIÈVETÉ, subst. f.
Qualité de ce qui est bref. 🎧 [bʀijɛvte].

BRIGADE, subst. f.
Groupe de personnes réunies sous l'autorité d'un chef. – *Milit.* Unité composée de plusieurs régiments. 🎧 [bʀigad].

BRIGADIER, subst. m.
Militaire du grade le moins élevé dans l'artillerie, la cavalerie et le train. – Chef d'une brigade. 🎧 [bʀigadje].

BRIGAND, subst. m.
Bandit. – Personne malhonnête. 🎧 [bʀigɑ̃].

BRIGANDAGE, subst. m.
Vol à main armée commis par des bandes. – Escroquerie. 🎧 [bʀigɑ̃daʒ].

BRIGUER, verbe trans. [3]
Ambitionner. 🎧 [bʀige].

BRILLANT, ANTE, adj. et subst. m.
Adj. Qui brille. – Fig. Qui s'impose par sa qualité. – Subst. Éclat de ce qui brille. – Pierre précieuse taillée. 🎧 [bʀijɑ̃, -ɑ̃t].

BRILLER, verbe intrans. [3]
Projeter une lumière vive. – Fig. Se distinguer par ses qualités. 🎧 [bʀije].

BRIMADE, subst. f.
Épreuve vexatoire. 🎧 [bʀimad].

BRIMER, verbe trans. [3]
Infliger des épreuves vexatoires à des nouveaux venus. – Humilier. 🎧 [bʀime].

BRIN, subst. m.
Petit morceau de forme allongée. – Fig. Petite quantité. 🎧 [bʀɛ̃].

BRINDILLE, subst. f.
Petite branche fine. 🎧 [bʀɛ̃dij].

BRIO, subst. m.
Vivacité, talent. 🎧 [bʀijo].

BRIOCHE, subst. f.
Pâtisserie légère et ronde. – Ventre bien arrondi, embonpoint. 🎧 [bʀijɔʃ].

BRIQUE, subst. f.
Matériau de construction rectangulaire en argile. – Produit de même forme : *Une brique de savon.* – Million de centimes (fam.). 🎧 [bʀik].

BRIQUER, verbe trans. [3]
Frotter pour faire briller. 🎧 [bʀike].

BRIQUET, subst. m.
Instrument servant à produire du feu. 🎧 [bʀikɛ].

BRIS, subst. m.
Destruction, rupture illégale (d'une clôture, d'un scellé). [bʀi].

BRISANT, subst. m.
Rocher sur lequel la mer se brise. [bʀizã].

BRISE, subst. f.
Vent frais et modéré. [bʀiz].

BRISE-GLACE(S), subst. m. inv.
Navire conçu pour briser la glace dans les régions arctiques. [bʀizglas].

BRISER, verbe trans. [3]
Casser. – Ruiner. [bʀize].

BRISTOL, subst. m.
Carton satiné de belle qualité. – Carte de visite. [bʀistɔl].

BROC, subst. m.
Récipient à bec verseur et à anse utilisé pour transporter des liquides. [bʀo].

BROCANTE, subst. f.
Commerce d'objets d'occasion. [bʀokãt].

BROCANTEUR, EUSE, subst.
Marchand d'objets d'occasion, de curiosités. [bʀokãtœʀ, -øz].

BROCARD (I), subst. m.
Nom donné à un cervidé (cerf, daim, chevreuil) âgé d'un an. [bʀokaʀ].

BROCARD (II), subst. m.
Raillerie, injure. [bʀokaʀ].

BROCART, subst. m.
Soierie brodée d'or et d'argent. [bʀokaʀ].

BROCHE, subst. f.
Tige de métal pointue sur laquelle on enfile une pièce de viande à rôtir. – Bijou agrafé sur un vêtement. [bʀɔʃ].

BROCHER, verbe trans. [3]
Relier (un livre). – Tisser un motif en relief. [bʀɔʃe].

BROCHET, subst. m.
Poisson d'eau douce, à la mâchoire garnie de dents pointues. [bʀɔʃɛ].

BROCHETTE, subst. f.
Petite broche sur laquelle on enfile des mets à rôtir. [bʀɔʃɛt].

BROCHURE, subst. f.
Mince ouvrage broché. – Motif ornemental d'un tissu. [bʀɔʃyʀ].

BROCOLI, subst. m.
Petit chou-fleur originaire d'Italie du Sud, vert ou violet. [bʀɔkoli].

BRODER, verbe trans. [3]
Orner de broderies. – Fig. Enjoliver un récit en inventant des détails. [bʀode].

BRODERIE, subst. f.
Travail d'aiguille consistant à orner une étoffe. – Fig. Embellissement. [bʀodʀi].

BRONCHE, subst. f.
Conduit situé entre la trachée-artère et les poumons. [bʀɔ̃ʃ].

BRONCHER, verbe intrans. [3]
Trébucher, en parlant d'un cheval. – Fig. Réagir, manifester de l'humeur. [bʀɔ̃ʃe].

BRONCHITE, subst. f.
Inflammation des bronches. [bʀɔ̃ʃit].

BRONTOSAURE, subst. m.
Reptile géant du secondaire. [bʀɔ̃tozɔʀ].

BRONZAGE, subst. m.
Action, fait de bronzer. – Son résultat. [bʀɔ̃zaʒ].

BRONZE, subst. m.
Alliage de cuivre et d'étain. – Objet d'art en bronze. [bʀɔ̃z].

BRONZER, verbe intrans. [3]
Brunir, en parlant de la peau. [bʀɔ̃ze].

BROSSE, subst. f.
Accessoire de nettoyage fait de poils ou de crins fixés sur un support. – Pinceau plat. [bʀɔs].

BROSSER, verbe trans. [3]
Nettoyer avec une brosse. – Peindre à la brosse. – Fig. Exposer (une situation) dans ses grandes lignes. [bʀɔse].

BROU, subst. m.
Gaine entourant la coque des fruits à écale (noix, amande). [bʀu].

BROUET, subst. m.
Sorte de bouillie. – Nourriture inconsistante ou peu appétissante. [bʀuɛ].

BROUETTE, subst. f.
Petite carriole à une roue et à deux brancards, déplacée à bras d'homme. [bʀuɛt].

BROUHAHA, subst. m.
Rumeur confuse, bruit indistinct montant d'une foule. [bʀuaa].

BROUILLARD, subst. m.
Concentration de fines gouttelettes d'eau en suspension dans l'air près du sol, gênant la visibilité. – Fig. Confusion de l'esprit. [bʀujaʀ].

BROUILLE, subst. f.
Mésentente, fâcherie. [bʀuj].

BROUILLER, verbe trans. [3]
Rendre trouble. – Fig. Rendre confus. – Désunir. [bʀuje].

BROUILLON, ONNE, adj. et subst. m.
Adj. Confus, désordonné. – Subst. Ébauche d'un écrit. [bʀujɔ̃, -ɔn].

BROUSSAILLE, subst. f.
Végétation des sols incultes (arbustes, plantes épineuses). [bʀusaj].

BROUSSAILLEUX, EUSE, adj.
Couvert de broussailles. [bʀusajø, -øz].

BROUSSE, subst. f.
Végétation pauvre de l'Afrique tropicale et de l'Australie. [bʀus].

BROUTER, verbe [3]
Manger de l'herbe, des feuilles arrachées sur place, en parlant du bétail. [bʀute].

BROUTILLE, subst. f.
Objet, chose sans valeur. [bʀutij].

BROYER, verbe trans. [17]
Réduire en miettes. – Écraser. – Fig. **Broyer du noir** : être déprimé. [bʀwaje].

BROYEUR, EUSE, adj. et subst.
Adj. Qui broie. — Subst. Machine à broyer.
🔊 [bʀwajœʀ, -øz].

BRU, subst. f.
Épouse du fils, belle-fille. 🔊 [bʀy].

BRUANT, subst. m.
Oiseau des prés et des jardins, nichant au sol. 🔊 [bʀɥɑ̃].

BRUGNON, subst. m.
Hybride de la pêche et de la prune.
🔊 [bʀyɲɔ̃].

BRUINE, subst. f.
Petite pluie très fine. 🔊 [bʀɥin].

BRUINER, verbe impers. [3]
Tomber, en parlant de la bruine. 🔊 [bʀɥine].

BRUIRE, verbe intrans. [19]
Produire un léger bruit indistinct et prolongé. 🔊 Verbe défectif ; [bʀɥiʀ].

BRUISSEMENT, subst. m.
Bruit faible et persistant. 🔊 [bʀɥismɑ̃].

BRUIT, subst. m.
Ensemble de sons aux vibrations inégales. — Sensation auditive désagréable. — Rumeur, bavardage. 🔊 [bʀɥi].

BRUITAGE, subst. m.
Reconstitution artificielle des bruits au cinéma, à la radio, etc. 🔊 [bʀɥitaʒ].

BRÛLÉ, ÉE, adj.
Consumé par le feu. — Fig. Démasqué ; qui n'est plus crédible (fam.). 🔊 [bʀyle].

BRÛLE-PARFUM(S), subst. m.
Récipient, réchaud dans lequel on brûle du parfum. 🔊 Plur. *brûle-parfums* ; [bʀylpaʀfœ̃].

BRÛLE-POURPOINT (À), loc. adv.
De façon brusque. 🔊 [abʀylpuʀpwɛ̃].

BRÛLER, verbe [3]
Trans. Détruire ou altérer par le feu. — Causer une brûlure. — Intrans. Se consumer. 🔊 [bʀyle].

BRÛLERIE, subst. f.
Lieu où l'on torréfie le café. 🔊 [bʀylʀi].

BRÛLEUR, subst. m.
Dispositif permettant une combustion.
🔊 [bʀylœʀ].

BRÛLIS, subst. m.
Forêt ou champ incendié afin de préparer le sol à la culture. 🔊 [bʀyli].

BRÛLURE, subst. f.
Lésion des tissus provoquée par le feu, un produit caustique, l'électricité ou les rayonnements. — Sensation douloureuse de chaleur. 🔊 [bʀylyʀ].

BRUMAIRE, subst. m.
Deuxième mois du calendrier républicain (22-24 oct. - 20-22 nov.). 🔊 [bʀymɛʀ].

BRUME, subst. f.
Brouillard très léger. 🔊 [bʀym].

BRUMISATEUR, subst. m.
Atomiseur qui projette un liquide en très fine pluie. 🔊 [bʀymizatœʀ].

BRUN, BRUNE, adj. et subst.
Adj. De couleur marron. — Subst. Personne aux cheveux bruns. 🔊 [bʀœ̃, bʀyn].

BRUNCH, subst. m.
Petit déjeuner consistant pris vers midi.
🔊 Plur. *brunch(e)s* ; [bʀœnʃ].

BRUNIR, verbe [19]
Trans. Rendre brun. — Intrans. Devenir brun ; bronzer. 🔊 [bʀyniʀ].

BRUSHING, subst. m.
Mise en plis où l'on brosse les cheveux tout en les séchant. 🔊 N. déposé : [bʀœʃiŋ].

BRUSQUE, adj.
À l'humeur ou aux mouvements rudes ; brutal. — Soudain. 🔊 [bʀysk].

BRUSQUER, verbe trans. [3]
User de manières brusques à l'égard de (qqn). — Hâter. 🔊 [bʀyske].

BRUT, BRUTE, adj.
Bestial, grossier. — À l'état naturel. 🔊 [bʀyt].

BRUTAL, ALE, AUX, adj.
Qui est rude, bestial, violent. — Soudain.
🔊 [bʀytal].

BRUTALISER, verbe trans. [3]
Traiter avec brutalité. 🔊 [bʀytalize].

BRUTALITÉ, subst. f.
Nature brutale. — Acte violent. 🔊 [bʀytalite].

BRUTE, subst. f.
Individu violent, méchant. — Individu grossier et ignorant. 🔊 [bʀyt].

BRUYANT, ANTE, adj.
Qui fait du bruit. — Où il y a beaucoup de bruit. 🔊 [bʀɥijɑ̃, -ɑ̃t].

BRUYÈRE, subst. f.
Plante ligneuse aux fleurs violettes. — Lieu où elle pousse. 🔊 [bʀɥijɛʀ].

BUANDERIE, subst. f.
Local où l'on fait la lessive. 🔊 [bɥɑ̃dʀi].

BUBON, subst. m.
Tuméfaction des ganglions lymphatiques dans certaines affections. 🔊 [bybɔ̃].

BUCCAL, ALE, AUX, adj.
Relatif à la bouche. 🔊 [bykal].

BÛCHE, subst. f.
Tronçon de bois, destiné à être brûlé. — Chute, échec (fam.). 🔊 [byʃ].

BÛCHER, subst. m.
Tas de bois prêt à être brûlé. — Lieu où l'on entrepose le bois de chauffage. — Amas de bois servant à incinérer les morts. — Supplice du feu. 🔊 [byʃe].

BÛCHERON, ONNE, subst.
Masc. Celui dont le métier est d'abattre des arbres. — Fém. Sa femme. 🔊 [byʃʀɔ̃, -ɔn].

BUCOLIQUE, adj. et subst. f.
Adj. Qui se rapporte à la vie pastorale. — Subst. Poème pastoral. 🔊 [bykɔlik].

BUDGET, subst. m.
Comptes prévisionnels des recettes et des dépenses. — Somme disponible pour entreprendre qqch. 🔊 [bydʒɛ].

BUDGÉTAIRE, adj.
Relatif au budget. 🔊 [bydʒetɛʀ].

BUÉE, subst. f.
Vapeur d'eau. 🔊 [bɥe].

BUFFET, subst. m.
Table garnie de mets, lors d'une réception.
– Meuble de rangement pour la vaisselle.
– Brasserie, dans une gare. 🔊 [byfɛ].

BUFFLE, subst. m.
Ruminant d'Afrique et d'Asie, proche du
bœuf. 🔊 [byfl].

BUG, voir **BOGUE (II)**

BUIS, subst. m.
Arbrisseau ornemental. 🔊 [bɥi].

BUISSON, subst. m.
Ensemble d'arbustes, de petits végétaux,
souv. denses et épineux. 🔊 [bɥisɔ̃].

BUISSONNIER, IÈRE, adj.
Relatif aux buissons. – *Faire l'école* buisson-
nière : se promener au lieu d'aller en classe.
🔊 [bɥisɔnje, -jɛʀ].

BULBE, subst. m.
Organe souterrain de certaines plantes, de
forme renflée. – *Anat.* Bulbe *rachidien* :
partie inférieure de l'encéphale. 🔊 [bylb].

BULLDOZER, subst. m.
Engin de terrassement. 🔊 [byldozɛʀ].

BULLE (I), subst. f.
Petite sphère d'air, de gaz, qui se forme dans
un liquide. – Bulle *de savon* : fine pellicule
d'eau savonneuse formant une sphère et
flottant dans l'air. 🔊 [byl].

BULLE (II), subst. f.
Acte portant le sceau pontifical. 🔊 [byl].

BULLETIN, subst. m.
Document officiel. – Publication périodique
officielle ; communiqué. – Papier servant à
exprimer un vote. 🔊 [byltɛ̃].

BULOT, subst. m.
Mollusque gastéropode que l'on déguste
comme fruit de mer. 🔊 [bylo].

BUNGALOW, subst. m.
Maison indienne. – Petit pavillon, gén.
habité temporairement. 🔊 [bœ̃galo].

BURALISTE, subst.
Personne qui tient un bureau de tabac.
🔊 [byʀalist].

BURE, subst. f.
Étoffe rude et grossière, en laine. – Vêtement de cette étoffe. 🔊 [byʀ].

BUREAU, subst. m.
Table sur laquelle on écrit. – Pièce où est
installée cette table. – Lieu où travaillent
des employés. – Établissement où s'exerce
un service d'intérêt collectif : **Bureau** *de
vote*. – Groupe d'études. 🔊 [byʀo].

BUREAUCRATE, subst.
Employé, fonctionnaire abusant de son
rôle auprès du public. 🔊 [byʀokʀat].

BUREAUCRATIE, subst. f.
Pouvoir de l'Administration. – L'ensemble
des fonctionnaires (fam.). 🔊 [byʀokʀasi].

BURETTE, subst. f.
Petite fiole à goulot étroit. – Son contenu.
🔊 [byʀɛt].

BURIN, subst. m.
Instrument d'acier servant à graver les
métaux ou à sculpter le bois. 🔊 [byʀɛ̃].

BURLESQUE, adj.
Cocasse, comique, bouffon. 🔊 [byʀlɛsk].

BURNOUS, subst. m.
Manteau arabe, à capuche. 🔊 [byʀnu(s)].

BUSE, subst. f.
Rapace diurne. – Fig. Personne sotte (fam.).
🔊 [byz].

BUSINESS, subst. m.
Les affaires, le commerce (fam.). 🔊 [biznɛs].

BUSINESSMAN, WOMAN, subst.
Homme ou femme d'affaires. 🔊 Plur. *busi-
nessmans, -womans* ou *businessmen, -women* ;
[biznɛsman, -wuman], plur. [biznɛsmɛn, -wimɛn].

BUSQUÉ, ÉE, adj.
Arqué : *Un nez* busqué. 🔊 [byske].

BUSTE, subst. m.
Partie du corps allant de la taille au cou.
– Poitrine féminine. – Sculpture. 🔊 [byst].

BUSTIER, subst. m.
Corsage sans manches qui moule le buste.
🔊 [bystje].

BUT, subst. m.
Ce que l'on se propose d'atteindre, au sens
physique, moral ou intellectuel. 🔊 [byt].

BUTANE, adj. et subst. m.
Gaz combustible. 🔊 [bytan].

BUTÉ, ÉE, adj.
Têtu, obstiné. 🔊 [byte].

BUTER, verbe [3]
Intrans. Buter *sur, contre* : heurter du pied.
– Trans. Étayer. – Provoquer la résistance
de (qqn). – Pronom. S'entêter. 🔊 [byte].

BUTIN, subst. m.
Trésor de guerre. – Produit d'un vol, d'une
recherche, d'une découverte. 🔊 [bytɛ̃].

BUTINER, verbe [3]
Recueillir le pollen de fleur en fleur, en
parlant des abeilles. 🔊 [bytine].

BUTOR, subst. m.
Oiseau échassier. – Fig. Personnage grossier
(vieilli). 🔊 [bytɔʀ].

BUTTE, subst. f.
Petit tertre, hauteur. 🔊 [byt].

BUTYRIQUE, adj.
Relatif au beurre. 🔊 [bytiʀik].

BUVARD, adj. m. et subst. m.
Se dit d'un papier poreux servant à absorber
et à sécher l'encre d'un écrit. 🔊 [byvaʀ].

BUVETTE, subst. f.
Lieu où l'on sert des boissons. 🔊 [byvɛt].

BUVEUR, EUSE, adj. et subst.
Qui boit. – Qui s'adonne à la boisson.
🔊 [byvœʀ, -øz].

BYZANTIN, INE, adj.
De Byzance. – D'une subtilité excessive.
🔊 [bizɑ̃tɛ̃, -in].

C

C, c, subst. m. inv.
Troisième lettre et deuxième consonne de l'alphabet français, qui se prononce [k] devant toutes les lettres sauf devant le *e*, le *i* et le *y*, devant lesquelles il se prononce [s], et devant le *h*, avec lequel il se prononce [ʃ] ou [k] ; muni d'une cédille (ç, Ç), il se prononce toujours [s]. 🔊 [se].

ÇA, pron. dém.
Forme familière de « cela ». 🔊 [sa].

ÇÀ, adv.
Adv. Çà *et* là : de côté et d'autre. – Empl. interj. Marque l'impatience, l'étonnement : *Ah* çà ! 🔊 [sa].

CABALE, subst. f.
Science occulte. – Intrigue menée contre qqn. 🔊 [kabal].

CABAN, subst. m.
Veste de marin, en épais drap de laine, à double boutonnage. 🔊 [kabã].

CABANE, subst. f.
Abri, logis rudimentaire. – *En* cabane : en prison (fam.). 🔊 [kaban].

CABARET, subst. m.
Établissement de spectacle où le public peut consommer. 🔊 [kabaʀɛ].

CABAS, subst. m.
Sac à provisions. 🔊 [kabɑ].

CABILLAUD, subst. m.
Morue fraîche. – Églefin. 🔊 [kabijo].

CABINE, subst. f.
Chambre, dans un bateau. – Local exigu à usage déterminé : Cabine *téléphonique*. – Habitacle. 🔊 [kabin].

CABINET, subst. m.
Petite pièce. – Lieu où est exercée une profession libérale. – Ensemble des membres d'un gouvernement ou des collaborateurs d'un ministre, d'un haut fonctionnaire. – Plur. Lieux d'aisances. 🔊 [kabinɛ].

CÂBLE, subst. m.
Gros cordage, en gén. de fils métalliques. – Faisceau de fils conducteurs d'électricité. 🔊 [kabl].

CABOSSER, verbe trans. [3]
Faire des bosses à. – Déformer. 🔊 [kabɔse].

CABOTAGE, subst. m.
Navigation près des côtes. 🔊 [kabotaʒ].

CABOTIN, INE, subst.
Comédien médiocre et vaniteux. – Personne au comportement théâtral. 🔊 [kabotɛ̃, -in].

CABRER (SE), verbe pronom. [3]
Se dresser sur ses membres postérieurs, en partic. pour un cheval. – Fig. Se rebeller. 🔊 [kabʀe].

CABRI, subst. m.
Petit de la chèvre, chevreau. 🔊 [kabʀi].

CABRIOLE, subst. f.
Petit bond agile. 🔊 [kabʀijɔl].

CABRIOLET, subst. m.
Automobile décapotable. – Sorte de fauteuil à dossier incurvé. 🔊 [kabʀijɔlɛ].

CACAH(O)UÈTE, subst. f.
Fruit de l'arachide. 🔊 [kakawɛt].

CACAO, subst. m.
Graine du cacaoyer. – Poudre obtenue en broyant ces graines, servant à fabriquer le chocolat. 🔊 [kakao].

CACATOÈS, subst. m.
Oiseau grimpeur, voisin du perroquet, à la huppe chamarrée. 🔊 [kakatɔɛs].

CACHALOT, subst. m.
Mammifère marin carnassier. 🔊 [kaʃalo].

CACHE, subst. m.
Fém. Lieu où l'on peut se cacher ou cacher qqch. – Masc. Objet destiné à faire écran. 🔊 [kaʃ].

CACHEMIRE, subst. m.
Fibre textile mêlant du poil de chèvre et de la laine. – Vêtement fait de cette matière. 🔊 [kaʃmiʀ].

CACHE-NEZ, subst. m. inv.
Écharpe protégeant à la fois le cou et le bas du visage. 🔊 [kaʃne].

CACHER, verbe trans. [3]
Soustraire à la vue ou à la recherche. – Taire. 🔊 [kaʃe].

CACHET, subst. m.
Marque apposée : Cachet *de la poste*. – Comprimé pharmaceutique. – Fig. Originalité, caractère distinctif. – Rétribution que perçoit un artiste pour un travail donné. 🔊 [kaʃɛ].

CACHETTE, subst. f.
Lieu propre à cacher ou à se cacher. – Loc. adv. *En* cachette : en secret. 🔊 [kaʃɛt].

CACHOT, subst. m.
Cellule dans laquelle on isole un prisonnier. 🔊 [kaʃo].

CACHOTTERIE, subst. f.
Mystère que l'on fait pour cacher de petits secrets. 🔊 [kaʃɔtʀi].

CACOPHONIE, subst. f.
Mélange de sons discordants. 🔊 [kakɔfoni].

CACTUS, subst. m.
Plante grasse dont les feuilles sont des épines. 🔊 [kaktys].

CADASTRE, subst. m.
Ensemble des documents administratifs qui précisent les limites des propriétés

foncières et les noms de leurs propriétaires.
– Administration ayant en charge ces
documents. ▨▨ [kadastʀ].

CADAVÉRIQUE, adj.
Propre au cadavre. ▨▨ [kadaveʀik].

CADAVRE, subst. m.
Corps d'un être mort. ▨▨ [kadavʀ].

CADDIE, subst. m.
Petit chariot utilisé pour transporter des
bagages dans une gare, des achats dans un
libre-service, etc. ▨▨ N. déposé : [kadi].

CADEAU, subst. m.
Chose offerte. ▨▨ [kado].

CADENAS, subst. m.
Serrure mobile. ▨▨ [kadnɑ].

CADENCE, subst. f.
Rythme régulier d'une musique, d'une
poésie, d'un mouvement. – Rythme de
production ou d'exécution. ▨▨ [kadɑ̃s].

CADET, ETTE, adj. et subst.
Qui est né après un aîné. – Dernier-né.
– Subst. Personne plus jeune qu'une autre.
– Jeune sportif de 15 à 17 ans. – Élève
officier, dans certains pays. ▨▨ [kadɛ, -ɛt].

CADRAN, subst. m.
Surface graduée d'un instrument de mesure : Cadran *d'une montre*. ▨▨ [kadʀɑ̃].

CADRE, subst. m.
Bordure entourant un tableau, un miroir,
etc. – Châssis, armature : Cadre *de porte*.
– Ce qui délimite, borne. – Environnement,
milieu, décor. – Membre du personnel
d'encadrement. ▨▨ [kadʀ].

CADRER, verbe [3]
Intrans. Concorder : Cadrer *avec qqch.*
– Trans. Placer dans le champ, amener dans
les limites du viseur d'un appareil photo,
d'une caméra, etc. ▨▨ [kadʀe].

CADUC, UQUE, adj.
Périmé. – *Feuilles caduques* : qui tombent
des arbres tous les ans. ▨▨ [kadyk].

CAFARD, subst. m.
Blatte. – Fig. Idées noires. ▨▨ [kafaʀ].

CAFARDEUX, EUSE, adj.
Qui a ou donne le cafard. ▨▨ [kafaʀdø, -øz].

CAFÉ, subst. m.
Graines du caféier. – Infusion de ces
graines, torréfiées et moulues. – Débit de
boissons. ▨▨ [kafe].

CAFÉTÉRIA, subst. f.
Établissement où l'on peut se désaltérer et
se restaurer sommairement. ▨▨ [kafeteʀja].

CAFETIÈRE, subst. f.
Récipient utilisé pour préparer le café ou
pour le servir. ▨▨ [kaftjɛʀ].

CAFOUILLER, verbe intrans. [3]
Fam. Mal fonctionner. – Agir de façon
inefficace et brouillonne. ▨▨ [kafuje].

CAGE, subst. f.
Loge garnie de grillage ou de barreaux, où
l'on enferme des animaux. – Espace contenant un escalier, un ascenseur. – Cage
thoracique : squelette du thorax. ▨▨ [kaʒ].

CAGEOT, subst. m.
Caissette à claire-voie servant à transporter
les légumes ou les fruits. ▨▨ [kaʒo].

CAGIBI, subst. m.
Réduit destiné au rangement. ▨▨ [kaʒibi].

CAGNEUX, EUSE, adj. et subst.
Qui a les genoux tournés vers l'intérieur.
▨▨ [kaɲø, -øz].

CAGNOTTE, subst. f.
Somme d'argent économisée par les membres d'un groupe. – Économies. ▨▨ [kaɲɔt].

CAGOULE, subst. f.
Capuchon, passe-montagne. ▨▨ [kagul].

CAHIER, subst. m.
Liasse de feuilles de papier assemblée sur
l'un de ses côtés. ▨▨ [kaje].

CAHIN-CAHA, adv.
Tant bien que mal. ▨▨ [kaɛ̃kaa].

CAHOT, subst. m.
Secousse, sursaut d'un véhicule, provoqué
par les irrégularités du chemin. ▨▨ [kao].

CAHUTE, subst. f.
Abri rudimentaire. ▨▨ [kayt].

CAÏD, subst. m.
Dignitaire musulman d'Afrique du Nord.
– Chef de bande (fam.). ▨▨ [kaid].

CAILLE, subst. f.
Oiseau migrateur brun tacheté, voisin de
la perdrix. ▨▨ [kaj].

CAILLER, verbe [3]
Trans. Coaguler ; faire prendre en caillots.
– Intrans. et pronom. Fam. Avoir froid.
– *Ça caille* : il fait froid. ▨▨ [kaje].

CAILLOT, subst. m.
Masse de liquide organique coagulé, en
partic. de sang. ▨▨ [kajo].

CAILLOU, OUX, subst. m.
Fragment de pierre, de roche. ▨▨ [kaju].

CAÏMAN, subst. m.
Crocodile d'Amérique, au museau large et
court. ▨▨ [kaimɑ̃].

CAISSE, subst. f.
Grande boîte servant au rangement. – Coffre
utilisé pour emballer, transporter ou protéger ; son contenu. – Meuble, appareil
enregistreur où un commerçant dépose sa
recette ; cette recette. – Guichet, comptoir
où se font les paiements. – Établissement
qui gère des fonds en dépôt. – Carrosserie
d'une automobile. – *Mus. Grosse* caisse :
gros tambour. ▨▨ [kɛs].

CAISSIER, IÈRE, subst.
Personne qui tient la caisse. ▨▨ [kesje, -jɛʀ].

CAJOLER, verbe trans. [3]
Combler de caresses et de tendresse.
▨▨ [kaʒɔle].

CAKE, subst. m.
Gâteau aux raisins secs et aux fruits confits.
▨▨ [kɛk].

CAL, subst. m.
Durcissement localisé de la peau, dû à
un frottement continu. ▨▨ [kal].

CALAMAR, voir **CALMAR**

CALAMITÉ, subst. f.
Fléau, malheur, catastrophe. 🔊 [kalamite].

CALANDRE, subst. f.
Garniture, souv. en métal, placée devant le radiateur d'une automobile. 🔊 [kalɑ̃dʀ].

CALANQUE, subst. f.
Crique étroite de Méditerranée, aux parois rocheuses escarpées. 🔊 [kalɑ̃k].

CALCAIRE, adj. et subst. m.
Adj. Qui renferme du carbonate de calcium. – Subst. Roche sédimentaire constituée surtout de carbonate de calcium. 🔊 [kalkɛʀ].

CALCINER, verbe trans. [3]
Soumettre à une très forte chaleur. – Brûler, carboniser. 🔊 [kalsine].

CALCUL, subst. m.
Opération ou ensemble d'opérations effectuées sur des nombres, des grandeurs. – Technique ou pratique des opérations arithmétiques. – Préméditation des moyens nécessaires pour parvenir à une fin ; intention. – Concrétion pierreuse qui se forme dans divers organes. 🔊 [kalkyl].

CALCULATEUR, TRICE, adj. et subst.
Qui sait calculer. – Qui agit par calcul, sans spontanéité. – Subst. fém. Machine à calculer. 🔊 [kalkylatœʀ, -tʀis].

CALCULER, verbe trans. [3]
Déterminer par le calcul. 🔊 [kalkyle].

CALCULETTE, subst. f.
Petite machine à calculer. 🔊 [kalkylɛt].

CALE (I), subst. f.
Partie d'un navire, sous le pont, destinée à recevoir la cargaison. 🔊 [kal].

CALE (II), subst. f.
Pièce de bois ou de métal utilisée pour mettre d'aplomb, stabiliser ou immobiliser un objet. 🔊 [kal].

CALÉ, ÉE, adj.
Fam. Instruit, fort. – Difficile. 🔊 [kale].

CALÈCHE, subst. f.
Voiture découverte à quatre roues, tirée par des chevaux. 🔊 [kalɛʃ].

CALEÇON, subst. m.
Sous-vêtement masculin. – Pantalon féminin très collant. 🔊 [kalsɔ̃].

CALEMBOUR, subst. m.
Jeu de mots portant sur la différence de sens entre les termes de même prononciation. 🔊 [kalɑ̃buʀ].

CALENDRIER, subst. m.
Système de division du temps. – Tableau des jours d'une année. – Emploi du temps. 🔊 [kalɑ̃dʀije].

CALEPIN, subst. m.
Carnet de poche. 🔊 [kalpɛ̃].

CALER, verbe [3]
Intrans. S'arrêter brusquement, pour un moteur. – Fam. Ne pas pouvoir continuer à manger. – Reculer, céder. – Trans. Mettre de niveau, stabiliser, immobiliser avec une cale (II). 🔊 [kale].

CALFEUTRER, verbe trans. [3]
Obturer les fentes (d'une fenêtre, d'une porte) pour empêcher l'air de pénétrer. – Pronom. S'enfermer. 🔊 [kalføtʀe].

CALIBRE, subst. m.
Diamètre intérieur d'un tube, ou extérieur d'un objet cylindrique, d'un projectile. – Pistolet (fam.). 🔊 [kalibʀ].

CALICE, subst. m.
Vase sacré contenant le vin consacré par le prêtre lors de la messe. 🔊 [kalis].

CALICOT, subst. m.
Toile de coton. – Banderole. 🔊 [kaliko].

CALIFE, subst. m.
Successeur de Mahomet. 🔊 [kalif].

CALIFOURCHON (À), loc. adv.
À cheval. 🔊 [akalifuʀʃɔ̃].

CÂLIN, INE, adj. et subst. m.
Adj. Qui recherche les câlins. – Caressant, doux. – Subst. Caresse affectueuse, geste tendre. 🔊 [kɑlɛ̃, -in].

CALLEUX, EUSE, adj.
Qui présente des callosités. 🔊 [kalø, -øz].

CALLIGRAPHIE, subst. f.
Art de donner au tracé de l'écrit un caractère esthétique. – Écriture formée selon cet art. 🔊 [ka(l)ligʀafi].

CALLOSITÉ, subst. f.
Épaississement, induration de la peau. 🔊 [kalozite].

CALMAR, subst. m.
Mollusque marin à coquille interne, doté de bras munis de ventouses. 🔊 [kalmaʀ].

CALME, adj. et subst. m.
Adj. Qui est tranquille, sans agitation. – Subst. Tranquillité, repos. 🔊 [kalm].

CALMER, verbe trans. [3]
Rendre plus calme, apaiser. 🔊 [kalme].

CALOMNIE, subst. f.
Accusation mensongère visant à discréditer qqn. 🔊 [kalɔmni].

CALOMNIER, verbe trans. [6]
Dire des calomnies au sujet de. 🔊 [kalɔmnje].

CALORIE, subst. f.
Unité de valeur énergétique d'un aliment (symb. *Cal*). 🔊 [kalɔʀi].

CALOT, subst. m.
Coiffure militaire. – Grosse bille. 🔊 [kalo].

CALOTTE, subst. f.
Petit bonnet rond, en partic. des ecclésiastiques. – *Calotte glaciaire* : étendue de glace des régions polaires. 🔊 [kalɔt].

CALQUE, subst. m.
Copie d'un dessin obtenue par transparence. – Imitation exacte. – *Papier-calque* : papier translucide. 🔊 [kalk].

CALQUER, verbe trans. [3]
Reproduire fidèlement à l'aide d'un papier-calque. – Imiter exactement. 🔊 [kalke].

CALUMET, subst. m.
Grande pipe que fument les Indiens d'Amérique. 🔊 [kalymɛ].

CALVAIRE, subst. m.
Monument évoquant la crucifixion du Christ. – Fig. Succession de souffrances. 🕮 [kalvɛʀ].

CALVINISME, subst. m.
Doctrine protestante enseignée par Calvin. 🕮 [kalvinism].

CALVITIE, subst. f.
Absence de cheveux. 🕮 [kalvisi].

CAMAÏEU, EUX ou EUS, subst. m.
Peinture utilisant divers tons d'une seule couleur. 🕮 [kamajø].

CAMARADE, subst. f.
Compagnon. – Ami. 🕮 [kamaʀad].

CAMARADERIE, subst. f.
Lien qui réunit des camarades, amitié. 🕮 [kamaʀadʀi].

CAMBOUIS, subst. m.
Graisse de moteur usagée, noircie par le frottement. 🕮 [kɑ̃bwi].

CAMBRER, verbe trans. [3]
Courber légèrement, arquer. – Pronom. Se redresser en creusant les reins. 🕮 [kɑ̃bʀe].

CAMBRIOLAGE, subst. m.
Action de cambrioler. – Son résultat. 🕮 [kɑ̃bʀijolaʒ].

CAMBRIOLER, verbe trans. [3]
Voler en entrant dans un lieu par effraction. 🕮 [kɑ̃bʀijole].

CAMBRURE, subst. f.
État de ce qui est cambré. 🕮 [kɑ̃bʀyʀ].

CAMÉE, subst. m.
Pierre fine sculptée en relief. 🕮 [kame].

CAMÉLÉON, subst. m.
Grand lézard capable de changer de couleur. – Fig. Personne qui change d'opinion selon la situation. 🕮 [kameleõ].

CAMÉLIA, subst. m.
Arbuste à belles fleurs. – Fleur de cet arbuste. 🕮 [kamelja].

CAMELOT, subst. m.
Marchand ambulant d'objets de pacotille. 🕮 [kamlo].

CAMELOTE, subst. f.
Marchandise médiocre. 🕮 [kamlɔt].

CAMEMBERT, subst. m.
Fromage normand à pâte molle et affinée, fait avec du lait de vache. 🕮 [kamɑ̃bɛʀ].

CAMÉRA, subst. f.
Appareil de prise de vues, pour le cinéma ou la télévision. 🕮 [kameʀa].

CAMÉSCOPE, subst. m.
Caméra vidéo intégrant un magnétoscope. 🕮 N. déposé ; [kameskɔp].

CAMION, subst. m.
Gros véhicule automobile qui sert au transport des marchandises. 🕮 [kamjõ].

CAMIONNETTE, subst. f.
Petit camion, fourgonnette. 🕮 [kamjɔnɛt].

CAMISOLE, subst. f.
Camisole *de force* : sorte de blouse utilisée pour immobiliser les malades mentaux. 🕮 [kamizɔl].

CAMOUFLER, verbe trans. [3]
Dissimuler à la vue. 🕮 [kamufle].

CAMP, subst. m.
Lieu où stationne une troupe. – Terrain où l'on campe ; campement. – Lieu de rassemblement ou de détention dans des conditions précaires. – Équipe ; groupe opposé à un autre. 🕮 [kɑ̃].

CAMPAGNARD, ARDE, adj. et subst.
De la campagne. 🕮 [kɑ̃paɲaʀ, -aʀd].

CAMPAGNE, subst. f.
Vaste étendue de pays plat. – Les régions rurales. – Expédition militaire. – Ensemble d'opérations effectuées pendant une période limitée. 🕮 [kɑ̃paɲ].

CAMPAGNOL, subst. m.
Petit rongeur des champs. 🕮 [kɑ̃paɲɔl].

CAMPANILE, subst. m.
Clocher bâti à côté d'une église. 🕮 [kɑ̃panil].

CAMPANULE, subst. f.
Plante à fleurs bleues en forme de clochettes. 🕮 [kɑ̃panyl].

CAMPEMENT, subst. m.
Lieu où l'on campe. – Action de camper. 🕮 [kɑ̃pmɑ̃].

CAMPER, verbe intrans. [3]
Installer un camp. – S'installer temporairement. – Faire du camping. – Empl. trans. Représenter avec vigueur. – Pronom. Se dresser fièrement. 🕮 [kɑ̃pe].

CAMPHRE, subst. m.
Essence âcre utilisée comme antimite ou dans des onguents. 🕮 [kɑ̃fʀ].

CAMPING, subst. m.
Activité touristique consistant à loger sous une tente, dans une caravane, etc. – Terrain aménagé pour le **camping**. 🕮 [kɑ̃piŋ].

CAMPUS, subst. m.
Vaste terrain entourant une université. – Université située à l'écart d'une ville. 🕮 [kɑ̃pys].

CANADIENNE, subst. f.
Veste doublée de fourrure ou de peau de mouton. – Petite tente à deux pans. 🕮 [kanadjɛn].

CANAILLE, subst. f.
Personne malhonnête, gredin. 🕮 [kanaj].

CANAL, AUX, subst. m.
Cours d'eau artificiel. – Bras de mer : *Le canal de Mozambique*. – Fig. Voie d'acheminement des informations. – *Anat*. Conduit ou structure tubulaire naturels. 🕮 [kanal].

CANALISATION, subst. f.
Action de canaliser. – Conduit servant au transport d'un fluide. 🕮 [kanalizasjõ].

CANALISER, verbe trans. [3]
Rendre un cours d'eau navigable. – Fig. Diriger dans un sens défini. 🕮 [kanalize].

CANAPÉ, subst. m.
Long siège confortable, à dossier. – Petite tranche de pain avec garniture. 🕮 [kanape].

CANARD, subst. m.
Oiseau aquatique, palmipède. – Fam. *Froid de canard* : froid vif. – Journal. 🔊 [kanaʀ].

CANARDER, verbe trans. [3]
Tirer sur (qqn ou qqch.), en restant soi-même à couvert. 🔊 [kanaʀde].

CANARI, subst. m.
Serin de couleur jaune. – Empl. adj. inv. De couleur jaune. 🔊 [kanaʀi].

CANCER, subst. m.
Tumeur maligne qui résulte de la prolifération désordonnée des cellules. – Quatrième signe du zodiaque. 🔊 [kãsɛʀ].

CANCÉREUX, EUSE, adj. et subst.
Qui est atteint d'un cancer. – Adj. De la nature du cancer. 🔊 [kãseʀø, -øz].

CANCÉRIGÈNE, adj.
Qui favorise le cancer. 🔊 [kãseʀiʒɛn].

CANCRE, subst. m.
Très mauvais élève. 🔊 [kãkʀ].

CANDÉLABRE, subst. m.
Grand chandelier à branches. 🔊 [kãdelabʀ].

CANDEUR, subst. f.
Innocence, crédulité, pureté. 🔊 [kãdœʀ].

CANDIDAT, ATE, subst.
Personne qui postule un emploi, se présente à un examen, une élection. 🔊 [kãdida, -at].

CANDIDATURE, subst. f.
Fait d'être candidat. – Action de se porter candidat. 🔊 [kãdidatyʀ].

CANDIDE, adj.
Ingénu, innocent, naïf. 🔊 [kãdid].

CANE, subst. f.
Femelle du canard. 🔊 [kan].

CAN(N)ETTE, subst. f.
Bobine de fil placée dans la navette d'une machine à coudre. – Petite bouteille de bière ; son contenu. 🔊 [kanɛt].

CANEVAS, subst. m.
Grosse toile à jour servant à exécuter des tapisseries. – Fig. Schéma, ébauche. 🔊 [kanva].

CANICHE, subst. m.
Race de chien à poil frisé. 🔊 [kaniʃ].

CANICULE, subst. f.
Période de forte chaleur. – Cette chaleur elle-même. 🔊 [kanikyl].

CANIDÉ, subst. m.
Mammifère carnivore aux griffes non rétractiles, tel que le chien, le loup, le renard, le chacal. – Plur. La famille correspondante. 🔊 [kanide].

CANIF, subst. m.
Petit couteau à lame repliable. 🔊 [kanif].

CANIN, INE, adj. et subst. f.
Adj. Relatif au chien. – Subst. Dent, entre les prémolaires et les incisives. 🔊 [kanɛ̃, -in].

CANIVEAU, subst. m.
Rigole courant le long des trottoirs. 🔊 [kanivo].

CANNE, subst. f.
Bambou, roseau. – **Canne** *à sucre* : graminée tropicale cultivée pour son sucre. – Bâton sur lequel on prend appui pour marcher. – **Canne** *à pêche* : perche flexible portant une ligne de pêche ; gaule. 🔊 [kan].

CANNELLE, subst. f.
Écorce aromatique. 🔊 [kanɛl].

CANNIBALE, adj. et subst.
Se dit d'un homme ou d'un animal qui mange des êtres appartenant à sa propre espèce. 🔊 [kanibal].

CANOË, subst. m.
Canot mû à la pagaie simple. 🔊 [kanoe].

CANON (I), subst. m.
Règle religieuse. – Mélodie reprise par plusieurs voix, en décalage. – Modèle idéal. 🔊 [kanɔ̃].

CANON (II), subst. m.
Pièce d'artillerie lançant des obus. – Tube d'une arme à feu. 🔊 [kanɔ̃].

CANONIQUE, adj.
Conforme aux règles de l'Église. – *Âge canonique* : 40 ans ; âge avancé. 🔊 [kanonik].

CANONISER, verbe trans. [3]
Pour l'Église, proclamer la sainteté de (qqn). 🔊 [kanonize].

CANONNADE, subst. f.
Suite ou échange de coups de canons. 🔊 [kanonad].

CANONNER, verbe trans. [3]
Tirer au canon sur. 🔊 [kanone].

CANOT, subst. m.
Légère embarcation, non pontée. 🔊 [kano].

CANOTAGE, subst. m.
Navigation en canot. 🔊 [kanotaʒ].

CANOTIER, subst. m.
Personne qui navigue, qui se promène en canot. – Chapeau de paille. 🔊 [kanotje].

CANTATE, subst. f.
Pièce musicale à une ou plusieurs voix avec accompagnement. 🔊 [kãtat].

CANTATRICE, subst. f.
Chanteuse de chant classique ou d'opéra. 🔊 [kãtatʀis].

CANTINE, subst. f.
Coffre de voyage. – Lieu où l'on sert les repas pour une collectivité. 🔊 [kãtin].

CANTIQUE, subst. m.
Chant religieux. 🔊 [kãtik].

CANTON, subst. m.
En France, subdivision territoriale d'un arrondissement. – En Suisse, État membre de la Confédération. 🔊 [kãtɔ̃].

CANTONADE, subst. f.
Parler à la cantonade : à tout le monde. 🔊 [kãtonad].

CANTONNEMENT, subst. m.
Installation provisoire de troupes. – Lieu où sont cantonnées des troupes. 🔊 [kãtonmã].

CANTONNER, verbe trans. [3]
Installer (des troupes) dans une localité. – Maintenir d'autorité (dans les limites) :

Cantonner *qqn dans un rôle secondaire.*
– Pronom. Se limiter à, se borner à.
🕮 [kɑ̃tɔne].

CANTONNIER, subst. m.
Ouvrier chargé de l'entretien des chemins
ou des voies ferrées. 🕮 [kɑ̃tɔnje].

CANULAR, subst. m.
Mystification. – Fausse nouvelle, blague.
🕮 [kanylaʀ].

CANYON, subst. m.
Gorge profonde creusée par un cours d'eau.
🕮 On dit aussi *cañon* ; [kanjɔ̃].

CAOUTCHOUC, subst. m.
Matière élastique et imperméable obtenue
à partir du latex, ou de manière artificielle.
– Élastique (fam.). 🕮 [kautʃu].

CAP, subst. m.
Pointe de terre qui s'avance dans la mer.
– Fig. Étape décisive. – Direction d'un
bateau, d'un avion. 🕮 [kap].

CAPABLE, adj.
Compétent. – **Capable** *de* : qui a le pouvoir
de ; susceptible de ; apte à. 🕮 [kapablǝ].

CAPACITÉ, subst. f.
Contenance (d'un récipient). – Compétence, aptitude. 🕮 [kapasite].

CAPARAÇON, subst. m.
Manteau servant à parer ou à protéger un
cheval. 🕮 [kaparasɔ̃].

CAPE, subst. f.
Manteau ample sans manches. 🕮 [kap].

CAPELINE, subst. f.
Chapeau de femme, à large bord souple.
🕮 [kaplin].

CAPHARNAÜM, subst. m.
Lieu en désordre. 🕮 [kafaʀnaɔm].

CAPILLAIRE, adj. et subst. m.
Adj. Relatif aux cheveux. – Subst. Fin
vaisseau sanguin. 🕮 [kapilɛʀ].

CAPILLARITÉ, subst. f.
Se dit des phénomènes physiques qui se
produisent lors du contact d'un liquide
avec une paroi solide. 🕮 [kapilaʀite].

CAPITAINE, subst. m.
Dans les armées de terre et de l'air, officier
au-dessus du lieutenant et au-dessous du
commandant. – Commandant d'un navire
marchand. – **Capitaine** *de corvette, de
frégate, de vaisseau* : grades successifs des
officiers supérieurs de la marine de guerre.
– Chef d'une équipe sportive. 🕮 [kapitɛn].

CAPITAL (I), ALE, AUX, adj.
Peine capitale : peine de mort. – Essentiel,
primordial. 🕮 [kapital].

CAPITAL (II), AUX, subst. m.
Bien d'une entreprise ou d'un particulier,
qui peut produire un intérêt. – Plur.
Liquidités, actifs. 🕮 [kapital].

CAPITALE, subst. f.
Ville où siège le gouvernement d'un État.
– Lettre majuscule. 🕮 [kapital].

CAPITALISME, subst. m.
Système économique et social fondé sur le
capital privé. 🕮 [kapitalismǝ].

CAPITEUX, EUSE, adj.
Qui enivre les sens. 🕮 [kapitø, -øz].

CAPITONNER, verbe trans. [3]
Rembourrer. 🕮 [kapitɔne].

CAPITULER, verbe intrans. [3]
Se rendre à l'ennemi. – Fig. Renoncer, céder.
🕮 [kapityle].

CAPORAL, AUX, subst. m.
Militaire de l'infanterie et de l'aviation qui
a le grade le moins élevé. 🕮 [kapɔʀal].

CAPOT, subst. m.
Couverture métallique mobile d'un moteur.
🕮 [kapo].

CAPOTE, subst. f.
Manteau militaire. – Couverture mobile
d'un véhicule, d'un landau. – Préservatif
masculin (fam.). 🕮 [kapɔt].

CAPOTER, verbe intrans. [3]
Se renverser, se retourner. – Fig. Rater,
échouer (fam.). 🕮 [kapɔte].

CÂPRE, subst. f.
Bouton à fleur du câprier, servant de
condiment. 🕮 [kɑpʀ].

CAPRICE, subst. m.
Fantaisie, lubie. – Amourette. – Modification imprévisible. 🕮 [kapʀis].

CAPRICIEUX, IEUSE, adj. et subst.
Sujet à des caprices, fantasque. – Adj.
Variable, imprévisible. 🕮 [kapʀisjø, -jøz].

CAPRICORNE, subst. m.
Insecte coléoptère aux longues antennes.
– Dixième signe du zodiaque. 🕮 [kapʀikɔʀn].

CAPRIN, INE, adj.
Relatif aux chèvres. 🕮 [kapʀɛ̃, -in].

CAPSULE, subst. f.
Enveloppe soluble de certains médicaments.
– Couvercle de bouteille. – Habitacle
d'un véhicule spatial. 🕮 [kapsyl].

CAPTER, verbe trans. [3]
Saisir, intercepter. 🕮 [kapte].

CAPTIF, IVE, adj. et subst.
Prisonnier. 🕮 [kaptif, -iv].

CAPTIVER, verbe trans. [3]
Séduire. – Passionner. 🕮 [kaptive].

CAPTIVITÉ, subst. f.
État d'un prisonnier. 🕮 [kaptivite].

CAPTURE, subst. f.
Action de capturer. – Ce qui est capturé.
🕮 [kaptyʀ].

CAPTURER, verbe trans. [3]
S'emparer de. 🕮 [kaptyʀe].

CAPUCHE, subst. f.
Petit capuchon. 🕮 [kapyʃ].

CAPUCHON, subst. m.
Partie supérieure d'un vêtement, formant
un bonnet. – Bouchon d'objet effilé (tube,
stylo, etc.). 🕮 [kapyʃɔ̃].

CAPUCIN, INE, subst.
Religieux réformé de l'ordre franciscain.
– Masc. Singe d'Amérique. 🕮 [kapysɛ̃, -in].

CAPUCINE, subst. f.
Plante ornementale aux fleurs orangées.
🔊 [kapysin].

CAQUET, subst. m.
Gloussement de la poule. – Fig. *Rabattre le* caquet *à qqn* : remettre qqn à sa place.
🔊 [kakɛ].

CAQUETER, verbe intrans. [14]
Glousser (pour la poule). – Fig. Bavarder sans retenue. 🔊 [kakte].

CAR (I), conj.
Conjonction de coordination introduisant la cause : *Je ne sors pas,* car *il pleut.* 🔊 [kaʀ].

CAR (II), subst. m.
Autocar. 🔊 [kaʀ].

CARABINE, subst. f.
Fusil léger, à canon rayé. 🔊 [kaʀabin].

CARABINÉ, ÉE, adj.
Puissant, violent (fam.). 🔊 [kaʀabine].

CARABINIER, subst. m.
Gendarme italien. – Douanier espagnol.
🔊 [kaʀabinje].

CARACOLER, verbe intrans. [3]
Bouger, évoluer librement, avec vivacité et légèreté. 🔊 [kaʀakole].

CARACTÈRE, subst. m.
Signe d'écriture. – Signe d'imprimerie. – Marque, trait distinctif : *Le caractère officiel d'une lettre.* – Manière d'être, tempérament : *Avoir un* caractère *affable.* – Personnalité, force d'âme : *Avoir du* caractère. 🔊 [kaʀaktɛʀ].

CARACTÉRIEL, IELLE, adj. et subst.
Qui présente des troubles du caractère.
🔊 [kaʀaktɛʀjɛl].

CARACTÉRISER, verbe trans. [3]
Indiquer le caractère distinctif de. – Constituer le trait dominant de. – Pronom. Avoir pour signe distinctif. 🔊 [kaʀaktɛʀize].

CARACTÉRISTIQUE, adj. et subst. f.
Se dit d'un trait particulier. 🔊 [kaʀakteʀistik].

CARAFE, subst. f.
Bouteille bombée à col étroit. – Son contenu. 🔊 [kaʀaf].

CARAMBOLAGE, subst. m.
Série de collisions. 🔊 [kaʀɑ̃bola3].

CARAMEL, subst. m.
Substance obtenue en cuisant du sucre. – Bonbon au caramel. 🔊 [kaʀamɛl].

CARAPACE, subst. f.
Tégument épais protégeant certains animaux. – Fig. Protection. 🔊 [kaʀapas].

CARAT, subst. m.
Unité de masse utilisée en joaillerie. – Mesure d'or fin dans un alliage. 🔊 [kaʀa].

CARAVANE, subst. f.
Groupe de voyageurs traversant de grandes étendues désertiques. – Groupe de personnes cheminant ensemble. – Roulotte tirée par une voiture. 🔊 [kaʀavan].

CARAVANSÉRAIL, subst. m.
En Orient, vaste abri pour les voyageurs et les bêtes de somme. 🔊 [kaʀavɑ̃seʀaj].

CARAVELLE, subst. f.
Bateau de faible tonnage, utilisé aux XVᵉ et XVIᵉ s. 🔊 [kaʀavɛl].

CARBONE, subst. m.
Corps simple non métallique, qui est l'élément fondamental de la matière vivante. 🔊 [kaʀbɔn].

CARBONIQUE, adj.
Qui combine le carbone et l'oxygène : *Gaz* carbonique. 🔊 [kaʀbɔnik].

CARBONISER, verbe trans. [3]
Réduire en charbon. – Brûler complètement. 🔊 [kaʀbɔnize].

CARBURANT, subst. m.
Combustible utilisé dans les moteurs à combustion interne. 🔊 [kaʀbyʀɑ̃].

CARBURATEUR, subst. m.
Organe d'un moteur à explosion, qui mélange le carburant et l'air. 🔊 [kaʀbyʀatœʀ].

CARCAN, subst. m.
Collier de fer des condamnés attachés au pilori. – Fig. Contrainte. 🔊 [kaʀkɑ̃].

CARCASSE, subst. f.
Ossements décharnés d'un animal. – Armature. 🔊 [kaʀkas].

CARCÉRAL, ALE, AUX, adj.
Qui concerne la prison. 🔊 [kaʀseʀal].

CARDER, verbe trans. [3]
Démêler (des fibres textiles). 🔊 [kaʀde].

CARDIAQUE, adj. et subst.
Adj. Relatif au cœur. – Subst. Personne atteinte d'une maladie du cœur. 🔊 [kaʀdjak].

CARDIGAN, subst. m.
Veste de tricot. 🔊 [kaʀdigɑ̃].

CARDINAL (I), ALE, AUX, adj. et subst. m.
Se dit d'un nombre entier désignant une quantité. – Adj. Essentiel. – *Géogr. Les quatre points* cardinaux : nord, est, sud, ouest. 🔊 [kaʀdinal].

CARDINAL (II), AUX, subst. m.
Prélat membre du Sacré Collège, électeur du pape. 🔊 [kaʀdinal].

CARDIOLOGIE, subst. f.
Partie de la médecine qui étudie le cœur et ses maladies. 🔊 [kaʀdjɔlɔ3i].

CARÊME, subst. m.
Pour les chrétiens, période d'abstinence allant du mercredi des Cendres au jour de Pâques. 🔊 [kaʀɛm].

CARENCE, subst. f.
Absence. – Insuffisance. 🔊 [kaʀɑ̃s].

CARÈNE, subst. f.
Partie immergée de la coque d'un navire.
🔊 [kaʀɛn].

CARÉNER, verbe trans. [8]
Réparer, nettoyer la carène (d'un navire). – Donner un profil aérodynamique à.
🔊 [kaʀene].

CARESSE, subst. f.
Attouchement tendre ou sensuel. 🔊 [kaʀɛs].

CARESSER, verbe trans. [3]
Faire des caresses à. – Fig. Caresser *un projet* :
l'entretenir complaisamment. ☒ [kaʀese].

CARGAISON, subst. f.
Chargement de marchandises. ☒ [kaʀgɛzɔ̃].

CARGO, subst. m.
Navire destiné au transport de marchandises. ☒ [kaʀgo].

CARIATIDE, voir **CARYATIDE**

CARIBOU, subst. m.
Renne du Canada. ☒ [kaʀibu].

CARICATURE, subst. f.
Dessin ou description satirique d'une personne, d'une société. – Fig. Déformation
de la réalité. ☒ [kaʀikatyʀ].

CARI, voir **CURRY**

CARIE, subst. f.
Lésion de la dent, qui se creuse. ☒ [kaʀi].

CARIÉ, ÉE, adj.
Dent cariée : attaquée par une carie.
☒ [kaʀje].

CARILLON, subst. m.
Ensemble de cloches de tons différents ;
sonnerie de ces cloches. – Espèce d'horloge ;
sa sonnerie. ☒ [kaʀijɔ̃].

CARILLONNER, verbe intrans. [3]
Sonner le carillon. – Sonner bruyamment
à une porte. ☒ [kaʀijɔne].

CARITATIF, IVE, adj.
Qui a pour objet d'assister les plus démunis. ☒ [kaʀitatif, -iv].

CARLINGUE, subst. f.
Partie habitable du fuselage d'un avion.
☒ [kaʀlɛ̃g].

CARME, ÉLITE, subst.
Religieux du Carmel. ☒ [kaʀm, -elit].

CARMIN, subst. m.
Substance colorante d'un rouge éclatant.
– Empl. adj. inv. Rouge vif. ☒ [kaʀmɛ̃].

CARNAGE, subst. m.
Tuerie, hécatombe. ☒ [kaʀnaʒ].

CARNASSIER, IÈRE, adj. et subst.
Qui se nourrit de viande crue, de proies
vivante. – Subst. fém. Sac dans lequel on
porte le gibier. ☒ [kaʀnasje, -jɛʀ].

CARNATION, subst. f.
Teinte de la peau. ☒ [kaʀnasjɔ̃].

CARNAVAL, ALS, subst. m.
Période de réjouissances qui précède le
mercredi des Cendres. ☒ [kaʀnaval].

CARNET, subst. m.
Cahier de poche. – Assemblage de tickets,
de chèques, etc., détachables. ☒ [kaʀnɛ].

CARNIVORE, adj. et subst.
Qui mange de la viande. – Subst. masc.
plur. Ordre de mammifères carnassiers.
☒ [kaʀnivɔʀ].

CAROTIDE, subst. f.
Artère conduisant le sang oxygéné vers
la tête. ☒ [kaʀɔtid].

CAROTTE, subst. f.
Plante potagère cultivée pour sa racine.
– Empl. adj. inv. Rouge tirant vers le roux.
☒ [kaʀɔt].

CARPE, subst. f.
Poisson d'eau douce. ☒ [kaʀp].

CARPETTE, subst. f.
Petit tapis. ☒ [kaʀpɛt].

CARQUOIS, subst. m.
Étui à flèches. ☒ [kaʀkwa].

CARRÉ, ÉE, adj. et subst. m.
Subst. Quadrilatère plan à côtés égaux et
à angles droits. – Produit de deux facteurs
égaux. – Objet ou espace qui a la forme d'un
carré. – Salle à manger des officiers d'un
bateau. – *Jeux*. Réunion de quatre cartes
de même valeur. – Adj. De la forme d'un
carré. – *Mètre* carré (m²) : surface **carrée**
dont le côté mesure 1 m. – Fig. Dont les
angles sont marqués : *Épaules* **carrées**.
– Catégorique. ☒ [kaʀe].

CARREAU, subst. m.
Petite plaque, en gén. de céramique, servant
à paver des sols, à revêtir des murs ; sol ainsi
pavé. – Vitre. – Dessin de forme carrée :
Une chemise à **carreaux**. – Une des quatre
couleurs du jeu de cartes. – *Sur le* **carreau** :
mort ; mal en point (fam.). ☒ [kaʀo].

CARREFOUR, subst. m.
Endroit où se croisent plusieurs routes ou
rues. ☒ [kaʀfuʀ].

CARRELER, verbe trans. [12]
Quadriller. – Paver de carreaux. ☒ [kaʀle].

CARRÉMENT, adv.
Sans ambages ni hésitation. ☒ [kaʀemɑ̃].

CARRIÈRE (I), subst. f.
Parcours professionnel. – Manège d'équitation en terrain découvert. ☒ [kaʀjɛʀ].

CARRIÈRE (II), subst. f.
Terrain d'où l'on extrait des matériaux
(pierre, sable, etc.). ☒ [kaʀjɛʀ].

CARRIOLE, subst. f.
Charrette à deux roues. ☒ [kaʀjɔl].

CARROSSABLE, adj.
Praticable pour une voiture. ☒ [kaʀɔsabl].

CARROSSE, subst. m.
Voiture à quatre roues, tirée par des
chevaux. ☒ [kaʀɔs].

CARROSSERIE, subst. f.
Caisse d'un véhicule. ☒ [kaʀɔsʀi].

CARROSSIER, subst. m.
Artisan tôlier spécialisé dans la carrosserie.
☒ [kaʀɔsje].

CARROUSEL, subst. m.
Parade de cavaliers ; lieu où se déroule cette
fête. – Fig. Succession rapide d'objets ou
de personnes en un lieu. ☒ [kaʀuzɛl].

CARRURE, subst. f.
Largeur d'épaules. – Fig. Envergure nécessaire pour assumer une tâche. ☒ [kaʀyʀ].

CARTABLE, subst. m.
Serviette d'écolier. ☒ [kaʀtabl].

CARTE, subst. f.
Petite feuille de carton léger, destinée à plusieurs usages : Carte à jouer ; Carte de visite. – Document officiel permettant d'identifier qqn ou d'exercer des droits. – Matériel d'accès à un équipement informatique : Carte bancaire. – Liste des mets proposés dans un restaurant. – Représentation conventionnelle d'un espace géographique. 🔊 [kaʀt].

CARTEL, subst. m.
Alliance entre des entreprises ou des forces politiques. 🔊 [kaʀtɛl].

CARTÉSIEN, IENNE, adj.
De Descartes. – Rationnel. 🔊 [kaʀtezjɛ̃, -jɛn].

CARTILAGE, subst. m.
Anat. Tissu conjonctif élastique et résistant. 🔊 [kaʀtilaʒ].

CARTILAGINEUX, EUSE, adj.
Composé de cartilage. 🔊 [kaʀtilaʒinø, -øz].

CARTON, subst. m.
Feuille de pâte à papier épaisse et rigide. – Emballage, boîte de carton. 🔊 [kaʀtɔ̃].

CARTONNÉ, ÉE, adj.
Relié, garni avec du carton. 🔊 [kaʀtɔne].

CARTON-PÂTE, subst. m.
Carton malléable, utilisé pour des moulages. 🔊 Plur. cartons-pâtes ; [kaʀtɔ̃pat].

CARTOUCHE, subst. f.
Munition d'une arme à feu. – Recharge d'un stylo, d'un briquet, etc. – Emballage contenant plusieurs paquets de cigarettes, d'allumettes, etc. 🔊 [kaʀtuʃ].

CARTOUCHIÈRE, subst. f.
Sac ou ceinture permettant de porter des cartouches. 🔊 [kaʀtuʃjɛʀ].

CARYATIDE, subst. f.
Archit. Statue féminine servant de colonne. 🔊 [kaʀjatid].

CAS, subst. m.
Circonstance, situation, fait. – Manifestation d'une maladie ; le malade. – Loc. conj. Au cas où : en supposant que. 🔊 [kɑ].

CASANIER, IÈRE, adj.
Qui aime rester chez soi. 🔊 [kazanje, -jɛʀ].

CASAQUE, subst. f.
Blouson de jockey. 🔊 [kazak].

CASCADE, subst. f.
Chute d'eau. – Acrobatie. 🔊 [kaskad].

CASCADEUR, EUSE, subst.
Acrobate, comédien jouant les scènes dangereuses au cinéma. 🔊 [kaskadœʀ, -øz].

CASE, subst. f.
Habitation rudimentaire des pays chauds. – Division d'un damier, d'un échiquier. – Compartiment d'un meuble. 🔊 [kɑz].

CASER, verbe trans. [3]
Placer, loger. 🔊 [kaze].

CASERNE, subst. f.
Bâtiment où logent des troupes. 🔊 [kazɛʀn].

CASH, subst. m. sing. et adv.
Fam. Adv. Comptant : Payer cash. – Subst. Argent liquide, espèces. 🔊 [kaʃ].

CASIER, subst. m.
Meuble composé de compartiments. – Casier judiciaire : fichier des condamnations prononcées contre qqn. – Nasse utilisée pour pêcher des crustacés. 🔊 [kazje].

CASINO, subst. m.
Établissement public où se pratiquent des jeux d'argent. 🔊 [kazino].

CASQUE, subst. m.
Coiffure rigide destinée à protéger la tête. – Appareil d'audition. 🔊 [kask].

CASQUETTE, subst. f.
Coiffure souple à visière. 🔊 [kaskɛt].

CASSANT, ANTE, adj.
Qui se casse facilement. – Fig. Qui manifeste de la raideur ; sec. 🔊 [kasɑ̃, -ɑ̃t].

CASSE, subst. f.
Action de casser. – Ce qui en résulte : Payer la casse. 🔊 [kas].

CASSE-COU, adj. inv. et subst. m. inv.
Qui s'expose aux dangers. 🔊 [kasku].

CASSE-CROÛTE, subst. m. inv.
Repas frugal. 🔊 [kaskʀut].

CASSE-NOIX, subst. m. inv.
Pince servant à casser les noix. 🔊 [kasnwa].

CASSER, verbe [3]
Trans. Briser ; endommager. – Annuler (un jugement, un décret, etc.). – Fig. Interrompre. – Intrans. Se rompre. 🔊 [kase].

CASSEROLE, subst. f.
Ustensile de cuisine, cylindrique, à fond plat et doté d'un manche. 🔊 [kasʀɔl].

CASSE-TÊTE, subst. m. inv.
Massue. – Bruit assourdissant. – Problème difficile à résoudre. 🔊 [kastɛt].

CASSETTE, subst. f.
Petit coffre pour objets précieux. – Bande magnétique de magnétophone ou de magnétoscope, dans son étui. 🔊 [kasɛt].

CASSIS (I), subst. m.
Arbrisseau qui produit des baies noires comestibles. – Sa baie. 🔊 [kasis].

CASSIS (II), subst. m.
Dénivelé brutal sur une route. 🔊 [kasi].

CASSOLETTE, subst. f.
Petit récipient utilisé pour la cuisson et le service de certains mets. 🔊 [kasɔlɛt].

CASSONADE, subst. f.
Sucre roux n'ayant été raffiné qu'une fois. 🔊 [kasɔnad].

CASSOULET, subst. m.
Ragoût de viande confite et de haricots blancs. 🔊 [kasulɛ].

CASSURE, subst. f.
Endroit où qqch. est cassé. – Rupture. 🔊 [kasyʀ].

CASTAGNETTES, subst. f. plur.
Instrument fait de petites pièces de bois, jointes par un cordon, que l'on fait claquer l'une contre l'autre. 🔊 [kastaɲɛt].

CASTE, subst. f.
Groupe héréditaire de la société hindoue. – Groupe social très fermé. 🔊 [kast].

CASTING, subst. m.
Sélection des acteurs d'un film. 🔊 [kastiŋ].

CASTOR, subst. m.
Mammifère rongeur à la queue large et plate, qui vit près des rivières. – Fourrure de cet animal. 🔊 [kastɔʀ].

CASTRAT, subst. m.
Chanteur que l'on a castré pour qu'il conserve le registre aigu de sa voix. 🔊 [kastʀa].

CASTRER, verbe trans. [3]
Enlever les organes de la reproduction à, châtrer. 🔊 [kastʀe].

CATACLYSME, subst. m.
Bouleversement dû à une catastrophe naturelle. 🔊 [kataklism].

CATACOMBE, subst. f.
Cimetière, ossuaire souterrain (gén. au plur.). 🔊 [katakɔ̃b].

CATAFALQUE, subst. m.
Estrade où l'on dépose le cercueil durant une cérémonie funéraire. 🔊 [katafalk].

CATALEPSIE, subst. f.
Perte momentanée de la motricité volontaire. 🔊 [katalɛpsi].

CATALOGUE, subst. m.
Répertoire d'articles proposés à la vente. – Liste énumérative. 🔊 [katalɔg].

CATALYSEUR, subst. m.
Substance qui induit par sa présence une réaction chimique. 🔊 [katalizœʀ].

CATAMARAN, subst. m.
Voilier muni de deux coques parallèles. 🔊 [katamaʀɑ̃].

CATAPLASME, subst. m.
Onguent mis entre deux linges et appliqué sur une partie enflammée du corps. 🔊 [kataplasm].

CATAPULTE, subst. f.
Ancien engin de guerre servant à lancer de gros projectiles. – Dispositif de lancement des avions, sur un porte-avions. 🔊 [katapylt].

CATARACTE (I), subst. f.
Chute sur le cours d'un fleuve. 🔊 [kataʀakt].

CATARACTE (II), subst. f.
Opacification du cristallin de l'œil, pouvant entraîner la cécité. 🔊 [kataʀakt].

CATASTROPHE, subst. f.
Événement désastreux ; grand malheur. – En catastrophe : en hâte. 🔊 [katastʀɔf].

CATCH, subst. m. sing.
Sorte de lutte libre où presque toutes les prises sont admises. 🔊 [katʃ].

CATÉCHISME, subst. m.
Enseignement des principes chrétiens ; livre qui contient cet enseignement. – Résumé des principes d'une doctrine. 🔊 [kateʃism].

CATÉGORIE, subst. f.
Ensemble d'êtres ou de choses de même nature. 🔊 [kategɔʀi].

CATÉGORIQUE, adj.
Définitif, net, sans appel. 🔊 [kategɔʀik].

CATHARE, adj. et subst.
Adepte d'une secte religieuse répandue dans le midi de la France, au Moyen Âge. 🔊 [kataʀ].

CATHÉDRALE, subst. f.
Grande église épiscopale. 🔊 [katedʀal].

CATHODE, subst. f.
Électrode reliée au pôle négatif d'un générateur de courant continu. 🔊 [katɔd].

CATHOLICISME, subst. m.
Religion des chrétiens reconnaissant l'autorité suprême du pape, évêque de Rome. 🔊 [katolisism].

CATHOLIQUE, adj. et subst.
Qui professe le catholicisme. – Adj. Relatif au catholicisme. – Pas catholique : louche (fam.). 🔊 [katolik].

CATIMINI (EN), loc. adv.
En se dissimulant. 🔊 [ɑ̃katimini].

CATION, subst. m.
Ion de charge électrique positive (oppos. anion). 🔊 [katjɔ̃].

CATOGAN, subst. m.
Nœud qui retient les cheveux sur la nuque. – Coiffure ainsi obtenue. 🔊 [katɔgɑ̃].

CAUCHEMAR, subst. m.
Rêve effrayant. – Fig. Ce qui tourmente, obsède, est insupportable. 🔊 [koʃmaʀ].

CAUDAL, ALE, AUX, adj.
De la queue. 🔊 [kodal].

CAUSE, subst. f.
Ce qui occasionne qqch., origine, raison, motif. – Intérêts, parti à soutenir. – Loc. prép. À cause de : par l'action de. 🔊 [koz].

CAUSER (I), verbe trans. [3]
Être la cause de ; déclencher. 🔊 [koze].

CAUSER (II), verbe [3]
Intrans. Deviser familièrement. – Trans. indir. Parler de (qqch.). 🔊 [koze].

CAUSERIE, subst. f.
Conférence sans prétention. 🔊 [kozʀi].

CAUSTIQUE, adj.
Qui corrode les tissus organiques. – Fig. Qui manie l'ironie et le sarcasme. 🔊 [kostik].

CAUTÉRISER, verbe trans. [3]
Brûler un tissu malade, une plaie, pour l'aseptiser ou pour stopper une hémorragie. 🔊 [koteʀize].

CAUTION, subst. f.
Garantie d'un engagement. – Somme d'argent servant de garantie. – Personne garante. 🔊 [kosjɔ̃].

CAVALCADE, subst. f.
Défilé de cavaliers. – Course pleine d'entrain et de bruit (fam.). 🔊 [kavalkad].

CAVALERIE, subst. f.
Ensemble des formations militaires montées, de nos jours blindées. 🔊 [kavalʀi].

CAVALIER, IÈRE, adj. et subst.
Subst. Personne qui monte à cheval. – Personne avec qui on forme un couple dans un bal. – Adj. Impertinent, désinvolte. 🔊 [kavalje, -jɛʀ].

CAVE, subst. f.
Partie souterraine d'une maison. – Réserve de bons vins. 🕮 [kav].

CAVEAU, subst. m.
Sépulture, tombeau. 🕮 [kavo].

CAVERNE, subst. f.
Cavité rocheuse naturelle. 🕮 [kavɛʀn].

CAVERNEUX, EUSE, adj.
Qui a un son grave et profond, comme sorti d'une caverne. 🕮 [kavɛʀnø, -øz].

CAVIAR, subst. m.
Œufs d'esturgeon. 🕮 [kavjaʀ].

CAVITÉ, subst. f.
Espace creux, vide. 🕮 [kavite].

C.D.-R.O.M., subst. m. inv.
Sigle de l'anglais *compact disc read only memory*, disque optique compact à grande capacité de mémoire, qui stocke textes, images et sons. 🕮 [sedeʀɔm].

CE (I), C', Ç', pron. dém. inv.
Représente qqch. qui vient d'être énoncé, qui va l'être, ou la situation présente : *Ce faisant* ; *Sur ce* ; *C'est*... ; *Ce sont*... 🕮 [s(ə)].

CE (II), CET, CETTE, CES, adj. dém.
Détermine qqch. ou qqn dont on parle ou que l'on désigne : *Ce livre* ; *Cet enfant* ; *Cette nuit*. 🕮 *Cet* devant un mot commençant par une voyelle ou un *h* muet : [s(ə), sɛt], plur. [se].

CECI, pron. dém. inv.
Désigne un objet proche, ou ce qui va suivre. 🕮 [səsi].

CÉCITÉ, subst. f.
État d'une personne aveugle. 🕮 [sesite].

CÉDER, verbe [8]
Trans. Abandonner. – Vendre. – Intrans. Ne pas résister, se soumettre. – Se rompre. 🕮 [sede].

CÉDILLE, subst. f.
Signe graphique qui, en français, placé sous la lettre *c* (*ç*), lui donne le son *s* [s] devant *a*, *o*, *u*. 🕮 [sedij].

CÈDRE, subst. m.
Grand conifère d'Afrique et d'Asie, célèbre pour sa longévité. 🕮 [sɛdʀ].

CEINDRE, verbe trans. [53]
Entourer (une partie du corps). – Mettre autour (d'une partie du corps). 🕮 [sɛ̃dʀ].

CEINTURE, subst. f.
Bande qui serre un vêtement autour de la taille ; la taille elle-même. – *Ceinture de sécurité* : sangle de protection. – Ce qui entoure un lieu. 🕮 [sɛ̃tyʀ].

CEINTURER, verbe trans. [3]
Entourer d'une ceinture. – Immobiliser. 🕮 [sɛ̃tyʀe].

CEINTURON, subst. m.
Large ceinture très solide. 🕮 [sɛ̃tyʀɔ̃].

CELA, pron. dém. inv.
Désigne un objet lointain (ou plus éloigné que l'objet désigné par « ceci »), ou ce qui vient d'être évoqué. 🕮 [s(ə)la].

CÉLÈBRE, adj.
Fameux, de grand renom. 🕮 [selɛbʀ].

CÉLÉBRER, verbe trans. [8]
Accomplir un office liturgique : *Célébrer la messe*. – Fêter le souvenir d'un événement. – Louer publiquement. 🕮 [selebʀe].

CÉLÉBRITÉ, subst. f.
Grande renommée. – Personne illustre. 🕮 [selebʀite].

CÉLERI, subst. m.
Plante potagère cultivée pour sa racine ou ses tiges. 🕮 [sɛlʀi].

CÉLÉRITÉ, subst. f.
Promptitude, rapidité. 🕮 [seleʀite].

CÉLESTE, adj.
Relatif au ciel. 🕮 [selɛst].

CÉLIBAT, subst. m.
État d'un célibataire. 🕮 [seliba].

CÉLIBATAIRE, adj. et subst.
Qui n'est pas marié. 🕮 [selibatɛʀ].

CELLE, voir CELUI

CELLIER, subst. m.
Local frais où l'on conserve le vin et les vivres. 🕮 [selje].

CELLOPHANE, subst. f.
Pellicule transparente servant à emballer. 🕮 N. déposé ; [selɔfan].

CELLULE, subst. f.
Petite chambre où l'on vit isolé, en partic. dans un monastère, une prison. – Alvéole d'une ruche. – Élément constitutif fondamental de la matière vivante. 🕮 [selyl].

CELLULITE, subst. f.
Inflammation du tissu cellulaire sous-cutané. 🕮 [selylit].

CELLULOÏD, subst. m.
Matière plastique souple et inflammable : *Un film en Celluloïd*. 🕮 N. déposé ; [selyloid].

CELLULOSE, subst. f.
Principale substance de la membrane des cellules végétales. 🕮 [selyloz].

CELUI, CELLE, CEUX, pron. dém.
Renvoie à la personne ou à la chose évoquée : *C'est celui* (parmi tous) *que je préfère*. – *Celui-ci* : le plus proche ; *Celui-là* : le plus lointain. 🕮 [səlɥi, sɛl], plur. [sø].

CÉNACLE, subst. m.
Salle où s'est déroulée la Cène, dernier repas du Christ. – Cercle d'intellectuels ou d'artistes. 🕮 [senakl].

CENDRE, subst. f.
Poudre résiduelle d'une matière consumée. – Plur. Restes d'un mort. 🕮 [sɑ̃dʀ].

CENDRIER, subst. m.
Récipient destiné à recevoir des cendres de tabac. 🕮 [sɑ̃dʀije].

CENSÉ, ÉE, adj.
Qui est présumé, supposé. 🕮 [sɑ̃se].

CENSEUR, subst. m.
Personne chargée de la censure. – Dans un lycée, responsable de la discipline générale. – Critique intransigeant. 🕮 [sɑ̃sœʀ].

CENSURE, subst. f.
Action de censurer. – Contrôle exercé par un gouvernement sur la production intellectuelle ou artistique. – Sanction contre un gouvernement, votée par une assemblée. 🔊 [sɑ̃syʀ].

CENSURER, verbe trans. [3]
Interdire ; appliquer la censure contre. – Voter la censure. 🔊 [sɑ̃syʀe].

CENT, adj. num. et subst. m.
Adj. Dix fois dix. – Centième : *Page* 100. – Subst. Le nombre cent, le numéro 100. – Ensemble de cent unités. 🔊 [sɑ̃].

CENTAINE, subst. f.
Cent unités, ou environ. 🔊 [sɑ̃tɛn].

CENTENAIRE, adj. et subst.
Qui a au moins 100 ans. – Subst. masc. Centième anniversaire. 🔊 [sɑ̃tnɛʀ].

CENTIÈME, adj. num. ord. et subst.
Adj. Qui succède au quatre-vingt-dix-neuvième. – Qui se trouve 100 fois dans un tout. – Subst. masc. Partie d'un tout obtenue en le divisant par 100. 🔊 [sɑ̃tjɛm].

CENTIME, subst. m.
Centième partie du franc. 🔊 [sɑ̃tim].

CENTRAL, ALE, AUX, adj. et subst.
Adj. Qui est situé au centre ; au fig., qui constitue l'essentiel. – Subst. fém. Usine productrice d'électricité : *Centrale nucléaire.* – Groupement, confédération : *Centrale d'achats.* – Subst. masc. Central *téléphonique.* 🔊 [sɑ̃tʀal].

CENTRALISER, verbe trans. [3]
Regrouper en un même centre, sous une même autorité. 🔊 [sɑ̃tʀalize].

CENTRE, subst. m.
Point équidistant de chaque point d'un cercle ou d'une sphère. – Milieu d'un espace donné. – Pôle où se concentrent des activités : *Centre industriel, touristique.* – Point principal : *Le centre de la question.* 🔊 [sɑ̃tʀ].

CENTRER, verbe trans. [3]
Placer au centre. – Fig. Orienter : *Centrer son discours sur l'économie.* 🔊 [sɑ̃tʀe].

CENTRIFUGE, adj.
Qui tend à éloigner du centre. 🔊 [sɑ̃tʀify3].

CENTRIPÈTE, adj.
Qui tend à rapprocher du centre : *Une force centripète.* 🔊 [sɑ̃tʀipɛt].

CENTUPLE, adj. et subst. m.
Qui est multiplié par 100. 🔊 [sɑ̃typl].

CEP, subst. m.
Pied de vigne. 🔊 [sɛp].

CÉPAGE, subst. m.
Variété de vigne. 🔊 [sepaʒ].

CÈPE, subst. m.
Bolet comestible. 🔊 [sɛp].

CEPENDANT, adv.
Exprime la simultanéité (pendant ce temps, tandis que). – Exprime l'opposition (néanmoins). 🔊 [s(ə)pɑ̃dɑ̃].

CÉPHALOPODE, subst. m.
Mollusque marin dont la tête est entourée de bras (tentacules) munis de ventouses (pieuvre, seiche, calmar, nautile). – Plur. La classe correspondante. 🔊 [sefalopɔd].

CÉRAMIQUE, subst. f.
Art de fabriquer des objets en terre cuite (faïence, porcelaine). – Produit de cet art. 🔊 [seramik].

CERCEAU, subst. m.
Armature ronde de bois, de métal ou de plastique : jouet d'enfant. 🔊 [sɛʀso].

CERCLE, subst. m.
Ligne courbe fermée dont tous les points sont équidistants du centre. – Fig. Assemblée de personnes, association. 🔊 [sɛʀkl].

CERCLER, verbe trans. [3]
Entourer, enserrer d'un ou de plusieurs cercles. 🔊 [sɛʀkle].

CERCUEIL, subst. m.
Long coffre dans lequel on enferme le corps d'un mort pour l'ensevelir (synon. *bière*). 🔊 [sɛʀkœj].

CÉRÉALE, subst. f.
Plante produisant des graines alimentaires (blé, avoine, orge, etc.). – La graine elle-même. 🔊 [seʀeal].

CÉRÉBRAL, ALE, AUX, adj.
Relatif au cerveau, à l'intellect. 🔊 [seʀebʀal].

CÉRÉMONIAL, ALS, subst. m.
Ensemble de règles que l'on observe lors de cérémonies. 🔊 [seʀemɔnjal].

CÉRÉMONIE, subst. f.
Forme extérieure qui règle une solennité. – Témoignage de déférence ; excès de politesse. 🔊 [seʀemɔni].

CÉRÉMONIEUX, IEUSE, adj.
Qui observe fidèlement les règles de bienséance. – Affecté. 🔊 [seʀemɔnjø, -jøz].

CERF, subst. m.
Ruminant vivant en troupe dans les forêts, dont le mâle porte des bois ramifiés qui croissent avec l'âge. 🔊 [sɛʀ].

CERFEUIL, subst. m.
Plante aromatique utilisée comme condiment. 🔊 [sɛʀfœj].

CERF-VOLANT, subst. m.
Armature légère tendue de tissu ou de papier que l'on fait voler dans le vent au bout d'une longue cordelette. – Coléoptère également appelé lucane. 🔊 Plur. *cerfs-volants* ; [sɛʀvɔlɑ̃].

CERISE, subst. f.
Petit fruit rouge du cerisier, à noyau. 🔊 [s(ə)ʀiz].

CERNE, subst. m.
Marque circulaire sombre entourant qqch. : *Cernes autour des yeux.* 🔊 [sɛʀn].

CERNER, verbe trans. [3]
Entourer, encercler. – Fig. Préciser les limites de : *Cerner un problème.* 🔊 [sɛʀne].

CERTAIN, AINE, adj. et pron. indéf. plur.
Adj. Sûr, indubitable. – Qui n'a aucun doute ; qui a la certitude (de). – Adj. indéf. Traduit une indétermination : *Une certaine somme* ; **Certain** *compositeur*. – Pron. Plusieurs, quelques-uns : **Certains** *pensent que...* 🔊 [sɛʁtɛ̃, -ɛn].

CERTAINEMENT, adv.
De façon certaine. – Absolument, certes. 🔊 [sɛʁtɛnmɑ̃].

CERTES, adv.
Assurément. 🔊 [sɛʁt].

CERTIFICAT, subst. m.
Document écrit officiel authentifiant un fait, un droit. 🔊 [sɛʁtifika].

CERTIFIER, verbe trans. [6]
Confirmer l'existence, l'authenticité de (qqch.). 🔊 [sɛʁtifje].

CERTITUDE, subst. f.
Qualité de ce qui est certain. – Conviction. 🔊 [sɛʁtityd].

CÉRUMEN, subst. m.
Substance grasse et jaunâtre, sécrétée dans le conduit auditif externe. 🔊 [seʁymɛn].

CERVEAU, subst. m.
Partie la plus volumineuse de l'encéphale ; l'encéphale. – Siège des facultés mentales. – Fig. Centre de direction. – Concepteur (d'une entreprise, d'un crime). – Personne très intelligente (fam.). 🔊 [sɛʁvo].

CERVELET, subst. m.
Partie de l'encéphale qui est située en dessous et en arrière des hémisphères cérébraux. 🔊 [sɛʁvəlɛ].

CERVELLE, subst. f.
Substance nerveuse du cerveau. – Ensemble des facultés mentales. 🔊 [sɛʁvɛl].

CERVICAL, ALE, AUX, adj.
Qui se rapporte au cou. 🔊 [sɛʁvikal].

CERVIDÉ, subst. m.
Ruminant porteur de bois ramifiés. – Plur. La famille correspondante. 🔊 [sɛʁvide].

CERVOISE, subst. f.
Bière d'orge ou de blé consommée dans l'Antiquité et au Moyen Âge. 🔊 [sɛʁvwaz].

CES, voir CE (II)

CÉSAR, subst. m.
Titre attribué aux empereurs romains. – Récompense cinématographique, en France. 🔊 [sezaʁ].

CÉSARIENNE, subst. f.
Opération consistant à inciser l'abdomen et l'utérus pour extraire l'enfant vivant, en cas d'accouchement impossible par les voies ordinaires. 🔊 [sezaʁjɛn].

CESSATION, subst. f.
Fait de cesser, interruption, fin. 🔊 [sesasjɔ̃].

CESSE, subst. f.
N'avoir de cesse que : ne pas s'arrêter avant que. – *Sans cesse* : sans relâche. 🔊 [sɛs].

CESSER, verbe [3]
Trans. Arrêter, interrompre : *Cesser un travail*. – Intrans. S'interrompre, prendre fin : *La pluie a cessé*. 🔊 [sese].

CESSEZ-LE-FEU, subst. m. inv.
Suspension des hostilités. 🔊 [seselfø].

CESSION, subst. f.
Action de céder un bien, un droit, etc. 🔊 [sesjɔ̃].

C'EST-À-DIRE, adv.
À savoir, en d'autres termes : *Le substantif, c'est-à-dire le nom*. – Loc. conj. **C'est-à-dire** *que* : cela veut dire que. 🔊 [sɛtadiʁ].

CÉSURE, subst. f.
Coupe rythmique et tonique à l'intérieur d'un vers, en poésie. 🔊 [sezyʁ].

CET, CETTE, voir CE (II)

CÉTACÉ, subst. m.
Mammifère marin tel que la baleine, le dauphin, le cachalot, le marsouin, le narval. – Plur. L'ordre correspondant. 🔊 [setase].

CEUX, voir CELUI

CHACAL, ALS, subst. m.
Mammifère carnivore qui se nourrit surtout de charognes. 🔊 [ʃakal].

CHACUN, UNE, pron. indéf.
Désigne les éléments d'un ensemble ou d'un tout pris un par un. – Toute personne. 🔊 [ʃakœ̃, -yn].

CHAGRIN, INE, adj. et subst. m.
Subst. Douleur morale, peine. – Adj. Triste, morose : *Humeur chagrine*. 🔊 [ʃagʁɛ̃, -in].

CHAGRINER, verbe trans. [3]
Attrister, faire éprouver du chagrin à (qqn). 🔊 [ʃagʁine].

CHAHUT, subst. m.
Tumulte, vacarme. 🔊 [ʃay].

CHAHUTER, verbe [3]
Intrans. Faire du chahut. – Trans. Taquiner ; bousculer. 🔊 [ʃayte].

CHAI, subst. m.
Lieu où l'on entrepose le vin en fûts. 🔊 [ʃɛ].

CHAÎNE, subst. f.
Suite d'anneaux, de maillons métalliques entrelacés. – Suite d'éléments semblables : *Chaîne de montagnes*. 🔊 [ʃɛn].

CHAÎNON, subst. m.
Maillon, élément d'une chaîne. 🔊 [ʃɛnɔ̃].

CHAIR, subst. f.
Tissu souple, musculaire et fibreux, situé entre la peau et les os. – La peau. – Viande. – Pulpe des fruits. – Le corps, par oppos. à l'âme. – Instinct sexuel. – Empl. adj. inv. De couleur blanc rosé. 🔊 [ʃɛʁ].

CHAIRE, subst. f.
Tribune d'où un orateur s'adresse au public. – Poste de professeur de l'enseignement supérieur. 🔊 [ʃɛʁ].

CHAISE, subst. f.
Siège à dossier, sans bras. 🔊 [ʃɛz].

CHALAND (I), subst. m.
Sorte de bateau à fond plat transportant des marchandises. 🔊 [ʃalɑ̃].

CHALAND (II), ANDE, subst.
Client. 🔊 [ʃalɑ̃, -ɑ̃d].

CHÂLE, subst. m.
Grande pièce de tissu dont on s'enveloppe
les épaules. 🔊 [ʃɑl].

CHALET, subst. m.
Maison de montagne, en bois, au toit pentu
et saillant. 🔊 [ʃalɛ].

CHALEUR, subst. f.
Température élevée. – Qualité de ce qui est
chaud. – Sensation produite par un corps
chaud. – Fig. Ardeur, véhémence. – Cordialité. 🔊 [ʃalœʁ].

CHALEUREUX, EUSE, adj.
Qui manifeste de la chaleur, de la cordialité.
🔊 [ʃalœʁø, -øz].

CHALLENGE, subst. m.
Compétition sportive où un titre est remis
en jeu. 🔊 [ʃalɑ̃ʒ].

CHALOUPE, subst. f.
Embarcation non pontée, canot de sauvetage. 🔊 [ʃalup].

CHALUMEAU, subst. m.
Appareil produisant une flamme, servant à
fondre ou à souder des métaux. 🔊 [ʃalymo].

CHALUT, subst. m.
Grand filet de pêche de forme conique
traîné par un bateau. 🔊 [ʃaly].

CHALUTIER, subst. m.
Bateau équipé d'un chalut. 🔊 [ʃalytje].

CHAMADE, subst. f.
Cœur qui bat la chamade : dont le rythme
s'accélère, s'affole. 🔊 [ʃamad].

CHAMAILLER (SE), verbe pronom. [3]
Se disputer pour des broutilles. 🔊 [ʃamaje].

CHAMARRÉ, ÉE, adj.
Enrichi d'ornements luxueux. – Trop dé-
coré. – Bariolé. 🔊 [ʃamaʁe].

CHAMBARDEMENT, subst. m.
Bouleversement, grand désordre (fam.).
🔊 [ʃɑ̃baʁdəmɑ̃].

CHAMBELLAN, subst. m.
Dignitaire attaché au service de la chambre
d'un prince, d'un souverain. 🔊 [ʃɑ̃belɑ̃].

CHAMBOULER, verbe trans. [3]
Semer le désordre dans, bouleverser (fam.).
🔊 [ʃɑ̃bule].

CHAMBRANLE, subst. m.
Encadrement d'une porte, d'une cheminée,
d'une fenêtre. 🔊 [ʃɑ̃bʁɑ̃l].

CHAMBRE, subst. f.
Pièce où l'on dort. – Local aménagé
spécialement : Chambre *froide*. – Assemblée
professionnelle, politique. – Enceinte, cavité
close, dans un appareil, un moteur, etc. :
Chambre *de combustion*. 🔊 [ʃɑ̃bʁ].

CHAMBRER, verbe trans. [3]
Chambrer *un vin* : le mettre à température
ambiante, avant de le servir. 🔊 [ʃɑ̃bʁe].

CHAMEAU, ELLE, subst.
Ruminant d'Asie à deux bosses dorsales.
– Dromadaire (abusivement). 🔊 [ʃamo, -ɛl].

CHAMELIER, subst. m.
Celui qui conduit et qui soigne chameaux
et dromadaires. 🔊 [ʃaməlje].

CHAMOIS, subst. m.
Ruminant des montagnes d'Europe. – Empl.
adj. inv. Jaune clair. 🔊 [ʃamwa].

CHAMP, subst. m.
Terrain propre à la culture. – Domaine
d'activité. – Portion d'espace. 🔊 [ʃɑ̃].

CHAMPAGNE, subst. m.
Vin blanc pétillant produit en Champagne.
🔊 [ʃɑ̃paɲ].

CHAMPÊTRE, adj.
Relatif aux champs, à la vie à la campagne.
🔊 [ʃɑ̃pɛtʁ].

CHAMPIGNON, subst. m.
Végétal sans chlorophylle, dont le pied est
en gén. surmonté d'un chapeau. 🔊 [ʃɑ̃piɲɔ̃].

CHAMPION, IONNE, subst.
Vainqueur d'un championnat. – Personne
qui se distingue dans une activité donnée.
– Défenseur d'une cause. 🔊 [ʃɑ̃pjɔ̃, -jɔn].

CHAMPIONNAT, subst. m.
Compétition sportive. 🔊 [ʃɑ̃pjɔna].

CHANCE, subst. f.
Possibilité, éventualité, probabilité. – Bonne
fortune, sort favorable. 🔊 [ʃɑ̃s].

CHANCELER, verbe intrans. [12]
Pencher en menaçant de tomber, vaciller.
🔊 [ʃɑ̃sle].

CHANCELIER, subst. m.
En Allemagne et en Autriche, chef du
gouvernement. 🔊 [ʃɑ̃səlje].

CHANCEUX, EUSE, adj. et subst.
Qui a de la chance. 🔊 [ʃɑ̃sø, -øz].

CHANDAIL, subst. m.
Tricot de laine couvrant le torse. 🔊 [ʃɑ̃daj].

CHANDELIER, subst. m.
Support de cierges, de bougies, à une ou
plusieurs branches. 🔊 [ʃɑ̃dəlje].

CHANDELLE, subst. f.
Mèche enrobée de suif, qui servait à éclairer.
– Bougie. – Montée à la verticale (pour
un avion, un ballon, etc.). 🔊 [ʃɑ̃dɛl].

CHANGE, subst. m.
Action de vendre, d'échanger (des valeurs).
– Taux auquel se fait cet échange. 🔊 [ʃɑ̃ʒ].

CHANGEMENT, subst. m.
Action, fait de changer. – Modification,
transformation. 🔊 [ʃɑ̃ʒmɑ̃].

CHANGER, verbe [5]
Trans. Rendre autre, transformer. – Remplacer (par). – Convertir une monnaie en
une autre monnaie. – Intrans. Devenir
différent. – Pronom. Mettre d'autres vêtements. 🔊 [ʃɑ̃ʒe].

CHANOINE, subst. m.
Dignitaire ecclésiastique. 🔊 [ʃanwan].

CHANSON, subst. f.
Petite composition chantée formée de
couplets et parfois d'un refrain. 🔊 [ʃɑ̃sɔ̃].

CHANT, subst. m.
Action, art de chanter. – Chanson ou genre de musique vocale. – Ramage des oiseaux. – Chaque partie d'un poème épique. 🐜 [ʃɑ̃].

CHANTAGE, subst. m.
Manœuvre visant à extorquer de l'argent sous la menace de révélations. – Pression morale. 🐜 [ʃɑ̃taʒ].

CHANTER, verbe [3]
Émettre une succession de sons musicaux en modulant la voix. – Interpréter (un chant, une chanson). 🐜 [ʃɑ̃te].

CHANTEUR, EUSE, adj. et subst.
Qui chante. 🐜 [ʃɑ̃tœʀ, -øz].

CHANTIER, subst. m.
Lieu où sont entrepris de gros travaux de construction, de démolition, etc. – Lieu en désordre (fam.). 🐜 [ʃɑ̃tje].

CHANTRE, subst. m.
Personne dont la fonction est de chanter lors des offices religieux. – Fig. Poète épique ou lyrique. – Personne qui loue, qui glorifie. 🐜 [ʃɑ̃tʀ].

CHANVRE, subst. m.
Plante cultivée pour la fibre textile que fournit sa tige. – Textile obtenu à partir de cette plante. 🐜 [ʃɑ̃vʀ].

CHAOS, subst. m.
Profond désordre, grande confusion. – *Géol.* Entassement de blocs rocheux, dû à l'érosion. 🐜 [kao].

CHAOTIQUE, adj.
Qui évoque un chaos. 🐜 [kaɔtik].

CHAPARDER, verbe trans. [3]
Dérober, voler (des objets de peu de valeur). 🐜 [ʃapaʀde].

CHAPE, subst. f.
Couche de ciment ou d'asphalte appliquée sur un sol. – Ce qui couvre qqch. – *Chape de plomb* : contrainte paralysante. 🐜 [ʃap].

CHAPEAU, subst. m.
Coiffure, de matière et de forme variables, portée surtout pour sortir. – Partie supérieure de certains champignons. 🐜 [ʃapo].

CHAPEAUTER, verbe trans. [3]
Coiffer d'un chapeau. – Contrôler, diriger (un groupe, une action). 🐜 [ʃapote].

CHAPELET, subst. m.
Objet de dévotion formé de grains enfilés, servant à compter les prières ; ensemble des prières récitées. – Série d'éléments semblables. 🐜 [ʃaplɛ].

CHAPELIER, IÈRE, adj. et subst.
Subst. Fabricant ou marchand de chapeaux. – Adj. Relatif aux chapeaux. 🐜 [ʃapəlje, -jɛʀ].

CHAPELLE, subst. f.
Petite église n'ayant pas rang d'église paroissiale. – Partie d'église pourvue d'un autel secondaire. 🐜 [ʃapɛl].

CHAPELURE, subst. f.
Miettes de pain, réduites en poudre, servant à paner des aliments. 🐜 [ʃaplyʀ].

CHAPERON, subst. m.
Capuchon. – Fig. Personne chargée d'accompagner une jeune fille. 🐜 [ʃapʀɔ̃].

CHAPITEAU, subst. m.
Sommet d'une colonne. – Corniche d'un meuble. – Tente d'un cirque. 🐜 [ʃapito].

CHAPITRE, subst. m.
Division d'un écrit. – Sujet dont il est question : *Le chapitre de l'argent.* – Assemblée de chanoines ou de religieux ; lieu où ils se réunissent. 🐜 [ʃapitʀ].

CHAPON, subst. m.
Jeune coq châtré que l'on engraisse pour la table. 🐜 [ʃapɔ̃].

CHAQUE, adj. indéf.
Détermine isolément, d'une manière distributive, tous les éléments d'un ensemble : *Chaque membre du groupe.* 🐜 [ʃak].

CHAR, subst. m.
Voiture à deux roues, tirée par des chevaux, autrefois utilisée pour les combats, les courses, etc. – Véhicule rural tiré par un animal, charrette. – Voiture ornée pour le carnaval. – Véhicule blindé, armé, monté sur des chenilles. – *Can.* Wagon, voiture. 🐜 [ʃaʀ].

CHARABIA, subst. m.
Langage inintelligible (fam.). 🐜 [ʃaʀabja].

CHARADE, subst. f.
Jeu consistant à faire deviner un mot décomposé en plusieurs syllabes dont chacune forme elle-même un mot. 🐜 [ʃaʀad].

CHARANÇON, subst. m.
Insecte nuisible qui ronge les végétaux. 🐜 [ʃaʀɑ̃sɔ̃].

CHARBON, subst. m.
Combustible solide, noir, contenant une forte proportion de carbone. – Résidu solide de la combustion incomplète du bois. 🐜 [ʃaʀbɔ̃].

CHARBONNAGE, subst. m.
Ensemble de mines de houille (gén. au plur.). 🐜 [ʃaʀbɔnaʒ].

CHARBONNEUX, EUSE, adj.
Qui a l'aspect du charbon. 🐜 [ʃaʀbɔnø, -øz].

CHARCUTERIE, subst. f.
Boutique de charcutier. – Activité de charcutier. – Produit à base de viande de porc (jambon, boudin, etc.). 🐜 [ʃaʀkytʀi].

CHARCUTIER, IÈRE, subst.
Personne qui prépare et qui vend de la charcuterie. 🐜 [ʃaʀkytje, -jɛʀ].

CHARDON, subst. m.
Plante aux feuilles et aux tiges épineuses. 🐜 [ʃaʀdɔ̃].

CHARDONNERET, subst. m.
Petit oiseau au plumage coloré. 🐜 [ʃaʀdɔnʀɛ].

CHARGE, subst. f.
Ce qui pèse matériellement ou moralement. – Tout ce qui impose une dépense d'argent ; cette dépense. – Ce que porte ou peut porter qqn, qqch. – Quantité d'explosif. – Fonction ; responsabilité ; mission. – Assaut ;

attaque impétueuse : *La* **charge** *d'un sanglier* ; *Une* **charge** *de cavalerie*. 🐌 [ʃaʀʒ].

CHARGEMENT, subst. m.
Action de charger ; son résultat. – Ensemble des marchandises chargées. 🐌 [ʃaʀʒəmɑ̃].

CHARGER, verbe trans. [5]
Placer (qqch.) sur. – Approvisionner (une arme). – Munir (un appareil) de ce qui est nécessaire à son fonctionnement. – Attaquer. – Confier (qqch. à qqn). – Pronom. Prendre la responsabilité de. 🐌 [ʃaʀʒe].

CHARGEUR, subst. m.
Dispositif qui alimente en cartouches une arme à feu. 🐌 [ʃaʀʒœʀ].

CHARIOT, subst. m.
Véhicule à quatre roues servant au transport. 🐌 [ʃaʀjo].

CHARISME, subst. m.
Prestige, ascendance particulière d'un chef, d'une personne. 🐌 [kaʀism].

CHARITABLE, adj.
Qui manifeste de la charité. – Bienveillant, indulgent. 🐌 [ʃaʀitabl].

CHARITÉ, subst. f.
Amour de Dieu et du prochain. – Comportement secourable, bienfaisant. – Indulgence. 🐌 [ʃaʀite].

CHARIVARI, subst. m.
Tapage, huées, chahut. 🐌 [ʃaʀivaʀi].

CHARLATAN, subst. m.
Personne qui abuse de la crédulité d'autrui, imposteur. 🐌 [ʃaʀlatɑ̃].

CHARLOTTE, subst. f.
Gâteau à base de biscuits trempés dans du sirop, de crème et de fruits. 🐌 [ʃaʀlɔt].

CHARME (I), subst. m.
Arbre au bois blanc et dur. 🐌 [ʃaʀm].

CHARME (II), subst. m.
Envoûtement (vieilli). – Qualité d'une personne gracieuse. – Caractère poétique, plaisant de qqch. – *Faire du* **charme** *à qqn* : essayer de séduire qqn. 🐌 [ʃaʀm].

CHARMER, verbe trans. [3]
Ensorceler (vieilli). – Plaire par son charme. – Séduire. 🐌 [ʃaʀme].

CHARMEUR, EUSE, adj. et subst.
Qui enjôle, séducteur. 🐌 [ʃaʀmœʀ, -øz].

CHARNEL, ELLE, adj.
Qui relève de la chair. 🐌 [ʃaʀnɛl].

CHARNIER, subst. m.
Fosse dans laquelle sont entassés des cadavres. 🐌 [ʃaʀnje].

CHARNIÈRE, subst. f.
Ferrure composée de deux lames articulées sur un axe de rotation. – Fig. Transition, point de jonction. 🐌 [ʃaʀnjɛʀ].

CHARNU, UE, adj.
Formé de chair. – Qui a beaucoup de chair. – Pulpeux. 🐌 [ʃaʀny].

CHAROGNARD, subst. m.
Animal qui se nourrit de charognes. – Personne qui profite du malheur d'autrui (fam.). 🐌 [ʃaʀɔɲaʀ].

CHAROGNE, subst. f.
Cadavre en putréfaction. 🐌 [ʃaʀɔɲ].

CHARPENTE, subst. f.
Armature d'une construction. – Structure, plan d'un écrit. 🐌 [ʃaʀpɑ̃t].

CHARPENTIER, subst. m.
Artisan qui exécute des travaux de charpente. 🐌 [ʃaʀpɑ̃tje].

CHARPIE, subst. f.
Mettre en **charpie** : déchiqueter. 🐌 [ʃaʀpi].

CHARRETIER, IÈRE, subst.
Conducteur de charrette. 🐌 [ʃaʀtje, -jɛʀ].

CHARRETTE, subst. f.
Véhicule à deux roues et à brancards servant à transporter des fardeaux. 🐌 [ʃaʀɛt].

CHARRIER, verbe trans. [6]
Transporter (dans un chariot, une charrette). – Entraîner dans son cours. 🐌 [ʃaʀje].

CHARRUE, subst. f.
Engin agricole servant à labourer. 🐌 [ʃaʀy].

CHARTE, subst. f.
Texte des lois, des règles fondamentales d'une institution. 🐌 [ʃaʀt].

CHARTER, subst. m.
Avion affrété collectivement en vue d'abaisser le prix des billets. 🐌 [ʃaʀtɛʀ].

CHAS, subst. m.
Fente à l'extrémité d'une aiguille, par laquelle on passe le fil. 🐌 [ʃɑ].

CHASSE, subst. f.
Action de chasser. – Domaine réservé où l'on chasse. – Poursuite. 🐌 [ʃas].

CHÂSSE, subst. f.
Coffre où l'on conserve les reliques d'un saint. – Monture, cadre. 🐌 [ʃɑs].

CHASSÉ-CROISÉ, subst. m.
Pas de danse. – Échange simultané et réciproque de situation. 🐌 Plur. *chassés-croisés* ; [ʃasekʀwaze].

CHASSER, verbe [3]
Trans. Poursuivre un animal pour le capturer ou l'abattre. – Congédier, mettre à la porte. – Repousser, écarter : **Chasser** *un mauvais souvenir*. – Intrans. Déraper. 🐌 [ʃase].

CHASSEUR, EUSE, subst.
Personne qui chasse. – Masc. Groom en livrée, dans les hôtels, les restaurants. 🐌 On dit aussi, au fém., *chasseresse* (littér.) : [ʃasœʀ, -øz].

CHÂSSIS, subst. m.
Cadre servant à fixer ou à supporter un objet, un vitrage. – Assemblage qui supporte le moteur et la carrosserie d'un véhicule. 🐌 [ʃɑsi].

CHASTE, adj.
Qui pratique la chasteté. – Conforme à la chasteté. – Pudique. 🐌 [ʃast].

CHASTETÉ, subst. f.
Abstention de tout plaisir charnel. – Pureté ; innocence. 🐌 [ʃastəte].

CHASUBLE, subst. f.
Vêtement sacerdotal. – Vêtement sans manches. ⌨ [ʃazybl].

CHAT, CHATTE, subst.
Petit félin dont l'espèce la plus connue est le **chat** domestique. ⌨ [ʃa, ʃat].

CHÂTAIGNE, subst. f.
Fruit du châtaignier, renfermé dans une bogue. ⌨ [ʃatɛɲ].

CHÂTAIN, AINE, adj. et subst. m.
Couleur brun clair de la châtaigne : *Cheveux* **châtains** ; *Le* **châtain** *d'une chevelure*. ⌨ [ʃatɛ̃, -ɛn].

CHÂTEAU, subst. m.
Forteresse. – Résidence royale ou seigneuriale. – Grande et belle demeure de campagne. – Superstructure qui domine le pont d'un navire. ⌨ [ʃato].

CHÂTELAIN, AINE, subst.
Habitant d'un château. ⌨ [ʃatlɛ̃, -ɛn].

CHÂTIER, verbe trans. [6]
Punir, corriger. – **Châtier** *son langage* : le rendre plus pur. ⌨ [ʃatje].

CHÂTIMENT, subst. m.
Action de châtier. – Peine sévère, punition. ⌨ [ʃatimã].

CHATOIEMENT, subst. m.
Reflet brillant et mouvant. ⌨ [ʃatwamã].

CHATON (I), subst. m.
Jeune chat. ⌨ [ʃatɔ̃].

CHATON (II), subst. m.
Tête d'une bague. ⌨ [ʃatɔ̃].

CHATOUILLEMENT, subst. m.
Action de chatouiller ; son effet. – Léger picotement. ⌨ [ʃatujmã].

CHATOUILLER, verbe trans. [3]
Provoquer le rire ou l'agacement en caressant légèrement une partie sensible de la peau. ⌨ [ʃatuje].

CHATOUILLEUX, EUSE, adj.
Qui réagit vivement aux chatouillements. – Fig. Susceptible. ⌨ [ʃatujø, -øz].

CHATOYER, verbe intrans. [17]
Briller d'un éclat changeant, miroiter. ⌨ [ʃatwaje].

CHÂTRER, verbe trans. [3]
Castrer. – Fig. Affaiblir, mutiler. ⌨ [ʃatʀe].

CHAUD, CHAUDE, adj., subst. m. et adv.
Adj. Qui a une température plus élevée que celle du corps humain. – Fig. Récent. – Passionné, enthousiaste. – Subst. Chaleur. – Adv. *Manger* **chaud**. – *À* **chaud** : sans attendre. ⌨ [ʃo, ʃod].

CHAUDIÈRE, subst. f.
Appareil qui chauffe l'eau ou la transforme en vapeur, servant au chauffage ou à la production d'énergie. ⌨ [ʃodjɛʀ].

CHAUDRON, subst. m.
Marmite à anse mobile, utilisée pour cuisiner. ⌨ [ʃodʀɔ̃].

CHAUFFAGE, subst. m.
Action de chauffer ; son résultat. – Appareil ou installation destinés à procurer de la chaleur. ⌨ [ʃofaʒ].

CHAUFFARD, subst. m.
Automobiliste imprudent et dangereux (péj.). ⌨ [ʃofaʀ].

CHAUFFE-EAU, subst. m. inv.
Appareil servant à la production domestique d'eau chaude. ⌨ [ʃofo].

CHAUFFER, verbe [3]
Devenir ou rendre chaud. ⌨ [ʃofe].

CHAUFFEUR, subst. m.
Celui qui entretient le feu d'une chaudière. – Conducteur d'un véhicule automobile. ⌨ [ʃofœʀ].

CHAUFFEUSE, subst. f.
Chaise basse, que l'on utilise pour s'installer devant la cheminée. – Chaise confortable. ⌨ [ʃoføz].

CHAUME, subst. m.
Tige des Graminées. – Partie de la tige restant sur pied après la moisson. – Paille dont on couvre les toits. ⌨ [ʃom].

CHAUMIÈRE, subst. f.
Maison couverte de chaume. ⌨ [ʃomjɛʀ].

CHAUSSÉE, subst. f.
Partie de la route ou de la rue utilisée par les véhicules. ⌨ [ʃose].

CHAUSSE-PIED, subst. m.
Ustensile servant à se chausser. ⌨ Plur. *chausse-pieds* ; [ʃospje].

CHAUSSER, verbe trans. [3]
Mettre des chaussures à. – **Chausser** *du 39* : avoir cette pointure. ⌨ [ʃose].

CHAUSSE-TRAP(P)E, subst. f.
Fosse dissimulant un piège pour les animaux. – Fig. Piège tendu à qqn. ⌨ Plur. *chausse-trap(p)es* ; [ʃostʀap].

CHAUSSETTE, subst. f.
Bas court qui couvre le pied, la cheville et parfois le mollet. ⌨ [ʃosɛt].

CHAUSSON, subst. m.
Chaussure d'intérieur souple. – Chaussure de danse. – Pâtisserie de pâte feuilletée fourrée. ⌨ [ʃosɔ̃].

CHAUSSURE, subst. f.
Article d'habillement qui recouvre et protège le pied. ⌨ [ʃosyʀ].

CHAUVE, adj. et subst.
Qui n'a plus ou presque plus de cheveux. – Adj. Dépourvu de végétation ou de feuillage. ⌨ [ʃov].

CHAUVE-SOURIS, subst. f.
Mammifère insectivore volant, vivant dans l'obscurité. ⌨ Plur. *chauves-souris* ; [ʃovsuʀi].

CHAUVIN, INE, adj. et subst.
Qui professe un patriotisme étroit. – Qui admire exagérément sa région, sa ville, etc. ⌨ [ʃovɛ̃, -in].

CHAUX, subst. f.
Oxyde de calcium produit par la calcination d'une pierre calcaire. ⌨ [ʃo].

CHAVIRER, verbe [3]
Intrans. Se renverser, en parlant d'un bateau ; basculer, être déséquilibré. – Trans. Renverser (qqch.). – Fig. Émouvoir vivement. 🖾 [ʃaviʀe].

CHECK-UP, subst. m. inv.
Bilan de santé. 🖾 [(t)ʃɛkœp].

CHEF, subst. m.
Tête (vieilli). – Personne qui dirige, qui commande. – Responsable de la cuisine, dans un restaurant. – *Chef d'accusation* : point sur lequel porte une accusation. 🖾 [ʃɛf].

CHEF-D'ŒUVRE, subst. m.
Œuvre d'art de premier plan. 🖾 Plur. *chefs-d'œuvre* ; [ʃɛdœvʀ].

CHEF-LIEU, subst. m.
Siège de l'administration d'une collectivité locale. 🖾 Plur. *chefs-lieux* ; [ʃɛfljø].

CHEIK(H), subst. m.
Chef de tribu arabe. – Titre honorifique donné à certains musulmans. 🖾 [ʃɛk].

CHÉLONIEN, subst. m.
Reptile terrestre ou aquatique à carapace, communément appelé tortue. – Plur. L'ordre correspondant. 🖾 [kelɔnjɛ̃].

CHEMIN, subst. m.
Petite voie rurale. – Direction à prendre, itinéraire. – Distance à parcourir, trajet. – Voie menant à un but : *Le chemin de la gloire.* 🖾 [ʃ(ə)mɛ̃].

CHEMIN DE FER, subst. m.
Voie ferrée. – Moyen de transport utilisant la voie ferrée. – Entreprise de transport sur voie ferrée (gén. au plur.). 🖾 Plur. *chemins de fer* ; [ʃ(ə)mɛ̃d(ə)fɛʀ].

CHEMINÉE, subst. f.
Ouvrage de maçonnerie composé d'un foyer et d'un conduit d'évacuation de la fumée. – Ce conduit ; sa partie saillante sur le toit. – L'encadrement du foyer : **Cheminée** *de marbre.* 🖾 [ʃ(ə)mine].

CHEMINER, verbe intrans. [3]
Faire du chemin, aller à pied. 🖾 [ʃ(ə)mine].

CHEMINOT, subst. m.
Employé des chemins de fer. 🖾 [ʃ(ə)mino].

CHEMISE, subst. f.
Vêtement de tissu léger, à manches, couvrant le haut du corps. 🖾 [ʃ(ə)miz].

CHEMISIER, subst. m.
Blouse féminine à manches longues. 🖾 [ʃ(ə)mizje].

CHENAL, AUX, subst. m.
Étroite voie de navigation. 🖾 [ʃənal].

CHENAPAN, subst. m.
Garnement, vaurien (fam.). 🖾 [ʃ(ə)napɑ̃].

CHÊNE, subst. m.
Arbre forestier à bois dur, dont le fruit est le gland. 🖾 [ʃɛn].

CHENET, subst. m.
Chacune des deux pièces en métal placées dans l'âtre d'une cheminée sur lesquelles on pose les bûches. 🖾 [ʃ(ə)nɛ].

CHENIL, subst. m.
Établissement où l'on héberge, où l'on élève des chiens. 🖾 [ʃ(ə)ni(l)].

CHENILLE, subst. f.
Larve de papillon, au corps allongé. – Bande sans fin, métallique et articulée, de certains véhicules tout terrain. 🖾 [ʃ(ə)nij].

CHEPTEL, subst. m.
L'ensemble du bétail d'une ferme, d'une contrée, d'un pays. 🖾 [ʃɛptɛl].

CHÈQUE, subst. m.
Formulaire à remplir et à signer, utilisé comme moyen de paiement par le titulaire d'un compte bancaire. 🖾 [ʃɛk].

CHÉQUIER, subst. m.
Carnet de chèques détachables. 🖾 [ʃekje].

CHER, CHÈRE, adj. et adv.
Adj. Pour qui l'on ressent de la tendresse. – Coûteux, onéreux. – Adv. À haut prix. 🖾 [ʃɛʀ].

CHERCHER, verbe trans. [3]
Essayer de trouver, de découvrir. – Essayer de se procurer. – Chercher *à* : tenter de. – *Aller chercher* : aller prendre, quérir. 🖾 [ʃɛʀʃe].

CHERCHEUR, EUSE, adj. et subst.
Adj. Qui cherche. – Subst. Personne qui se consacre à la recherche scientifique. 🖾 [ʃɛʀʃœʀ, -øz].

CHÈRE, subst. f.
Nourriture : *Amateur de bonne* **chère** ; *Faire bonne* **chère**, bien manger. 🖾 [ʃɛʀ].

CHÉRI, IE, adj. et subst.
Qu'on aime particulièrement. 🖾 [ʃeʀi].

CHÉRIR, verbe trans. [19]
Aimer avec tendresse. – Éprouver un profond attachement pour. 🖾 [ʃeʀiʀ].

CHERTÉ, subst. f.
Caractère de ce qui coûte cher. – Prix élevé. 🖾 [ʃɛʀte].

CHÉRUBIN, subst. m.
Ange. – Jeune enfant beau et gracieux. 🖾 [ʃeʀybɛ̃].

CHÉTIF, IVE, adj.
Dont l'aspect dénote la faiblesse et la fragilité. 🖾 [ʃetif, -iv].

CHEVAL, AUX, subst. m.
Mammifère ongulé domestiqué comme animal de trait et comme monture. 🖾 [ʃ(ə)val].

CHEVALERESQUE, adj.
Relatif à la chevalerie. – Généreux, courageux. 🖾 [ʃ(ə)valʀɛsk].

CHEVALERIE, subst. f.
Institution militaire du Moyen Âge, dont les membres étaient issus de la noblesse. 🖾 [ʃ(ə)valʀi].

CHEVALET, subst. m.
Support en bois sur lequel le peintre pose sa toile. 🖾 [ʃ(ə)valɛ].

CHEVALIER, subst. m.
Membre de la chevalerie. – Noble au titre inférieur à celui de baron. – Personne qui

a le grade le moins élevé de certains ordres honorifiques. ▨ [ʃ(ə)valje].

CHEVALIÈRE, subst. f.
Bague à grand chaton orné d'armoiries ou d'initiales. ▨ [ʃ(ə)valjɛʀ].

CHEVALIN, INE, adj.
Relatif au cheval. – Fig. Qui évoque le cheval. ▨ [ʃ(ə)valɛ̃, -in].

CHEVAUCHÉE, subst. f.
Course, promenade à cheval. – Cavalcade. ▨ [ʃ(ə)voʃe].

CHEVAUCHER, verbe [3]
Intrans. Se déplacer à cheval. – Trans. Être à cheval, à califourchon sur. – Pronom. Se croiser, déborder l'un sur l'autre (en parlant de choses). ▨ [ʃ(ə)voʃe].

CHEVELU, UE, adj. et subst.
Qui porte une chevelure longue et fournie. – Adj. Qui est pourvu de cheveux. ▨ [ʃəv(ə)ly].

CHEVELURE, subst. f.
Ensemble des cheveux. ▨ [ʃəv(ə)lyʀ].

CHEVET, subst. m.
Partie du lit où repose la tête. – Partie postérieure, externe, d'une église. ▨ [ʃ(ə)vɛ].

CHEVEU, EUX, subst. m.
Poil poussant sur la tête de l'homme. ▨ [ʃ(ə)vø].

CHEVILLE, subst. f.
Élément en bois ou en métal, servant à assembler des pièces. – Articulation du tibia et du péroné avec l'astragale, entre la jambe et le pied. ▨ [ʃ(ə)vij].

CHÈVRE, subst. f.
Mammifère ruminant à cornes, dont le mâle est le bouc et le petit, le chevreau. ▨ [ʃɛvʀ].

CHÈVREFEUILLE, subst. m.
Plante ornementale aux fleurs odorantes. ▨ [ʃɛvʀəfœj].

CHEVREUIL, subst. m.
Mammifère ruminant sauvage, à robe fauve, dont la femelle est la chevrette. ▨ [ʃəvʀœj].

CHEVRON, subst. m.
Longue pièce de bois équarrie soutenant les lattes d'un toit. – Motif décoratif en zigzag : Tissu à chevrons, dont les côtes forment des zigzags. ▨ [ʃəvʀɔ̃].

CHEVRONNÉ, ÉE, adj.
Ancien et expérimenté dans une activité. ▨ [ʃəvʀɔne].

CHEVROTER, verbe intrans. [3]
En parlant de la chèvre, crier, bêler. – Parler, chanter d'une voix tremblotante. ▨ [ʃəvʀɔte].

CHEVROTINE, subst. f.
Gros plomb utilisé pour chasser le gros gibier. ▨ [ʃəvʀɔtin].

CHEWING-GUM, subst. m.
Gomme à mâcher. ▨ Plur. chewing-gums : [ʃwiŋɡɔm].

CHEZ, prép.
Dans le domicile de : Chez moi. – Parmi : Chez les animaux. – Dans l'œuvre de : Chez Descartes. ▨ [ʃe].

CHIC, adj. inv. et subst. m.
Subst. Habileté. – Distinction, prestance. – Adj. Élégant. – Sympathique. ▨ [ʃik].

CHICANE, subst. f.
Dr. Incident provoqué, artifice procédurier, dans un procès. – Querelle mesquine, tracasserie. – Passage en zigzag. ▨ [ʃikan].

CHICANER, verbe [3]
Intrans. Se livrer à des chicanes. – Trans. Chercher querelle à. ▨ [ʃikane].

CHICHE (I), adj.
Avare. – Rare, peu abondant. ▨ [ʃiʃ].

CHICHE (II), subst. m.
Plante à fleurs blanches, également appelée pois chiche. – La graine de cette plante. ▨ [ʃiʃ].

CHICHE (III), interj.
Exclamation exprimant le défi. ▨ [ʃiʃ].

CHICORÉE, subst. f.
Plante herbacée, dont on mange les feuilles en salade. – Sa racine torréfiée, dont on tire une boisson. ▨ [ʃikɔʀe].

CHIEN, CHIENNE, subst.
Canidé domestique ou sauvage, dont il existe de nombreuses races. ▨ [ʃjɛ̃, ʃjɛn].

CHIENDENT, subst. m.
Herbe vivace à longues racines, nuisible aux cultures. ▨ [ʃjɛ̃dɑ̃].

CHIENLIT, subst. f.
Mascarade carnavalesque. – Fig. Désordre, pagaille généralisée. ▨ [ʃjɑ̃li].

CHIFFE, subst. f.
Morceau d'étoffe usagée. – Fig. Personne au caractère faible. ▨ [ʃif].

CHIFFON, subst. m.
Lambeau d'étoffe, de linge. ▨ [ʃifɔ̃].

CHIFFONNER, verbe trans. [3]
Froisser une étoffe, du papier. – Fig. Inquiéter, contrarier. ▨ [ʃifɔne].

CHIFFONNIER, IÈRE, subst.
Personne qui ramasse des chiffons ou des vieux objets pour les vendre. ▨ [ʃifɔnje, -jɛʀ].

CHIFFRE, subst. m.
Chacun des signes graphiques servant à représenter les nombres. – Montant, somme. – Fig. Écriture secrète. – Entrelacs d'initiales. ▨ [ʃifʀ].

CHIFFRER, verbe trans. [3]
Évaluer à l'aide de chiffres. – Numéroter. – Coder. ▨ [ʃifʀe].

CHIGNOLE, subst. f.
Perceuse à main ou électrique. ▨ [ʃiɲɔl].

CHIGNON, subst. m.
Coiffure féminine rassemblant les cheveux au-dessus de la nuque. ▨ [ʃiɲɔ̃].

CHIMÈRE, subst. f.
Monstre fabuleux à tête de lion, à corps de chèvre et à queue de dragon. – Fig. Vaine rêverie, projet inconsistant, utopie. 🔊 [ʃimɛʀ].

CHIMIE, subst. f.
Science qui étudie la constitution, la nature, les propriétés des corps, ainsi que leurs transformations et réactions. 🔊 [ʃimi].

CHIMIQUE, adj.
Relatif à la chimie. 🔊 [ʃimik].

CHIMISTE, subst.
Personne qui travaille dans le domaine de la chimie. 🔊 [ʃimist].

CHIMPANZÉ, subst. m.
Singe anthropoïde d'Afrique, sociable, qui s'apprivoise facilement. 🔊 [ʃɛ̃pɑ̃ze].

CHINÉ, ÉE, adj.
Dont le fil est de couleurs mélangées : Un tapis chiné. 🔊 [ʃine].

CHINER, verbe trans. [3]
Chercher des occasions chez les antiquaires, les brocanteurs. – Railler (qqn). 🔊 [ʃine].

CHINOIS, subst. m.
Langue parlée en Chine, aux nombreuses formes dialectales, qui s'écrit au moyen d'idéogrammes. 🔊 [ʃinwa].

CHINOISERIE, subst. f.
Bibelot ou élément décoratif d'inspiration chinoise. – Chicane, complication inutile (gén. au plur.). 🔊 [ʃinwazʀi].

CHIPER, verbe trans. [3]
Voler un objet sans valeur (fam.). 🔊 [ʃipe].

CHIPIE, subst. f.
Femme acariâtre, mégère. – Fillette gâtée, insupportable. 🔊 [ʃipi].

CHIPOTER, verbe intrans. [3]
Manger peu et sans plaisir. – Fig. Ergoter, lésiner sur des détails (fam.). 🔊 [ʃipɔte].

CHIQUE, subst. f.
Morceau de tabac à mâcher. 🔊 [ʃik].

CHIQUENAUDE, subst. f.
Petit coup donné par la brusque détente d'un doigt, pichenette. – Faible impulsion. 🔊 [ʃiknod].

CHIROMANCIE, subst. f.
Divination d'après les lignes de la main. 🔊 [kiʀɔmɑ̃si].

CHIROPRACTEUR, subst. m.
Praticien qui soigne par des manipulations vertébrales. 🔊 [kiʀɔpʀaktœʀ].

CHIRURGICAL, ALE, AUX, adj.
Relatif à la chirurgie. 🔊 [ʃiʀyʀʒikal].

CHIRURGIE, subst. f.
Thérapeutique médicale consistant à pratiquer des interventions manuelles ou instrumentales sur l'organisme et ses parties internes. 🔊 [ʃiʀyʀʒi].

CHIRURGIEN, IENNE, subst.
Spécialiste de la chirurgie. 🔊 [ʃiʀyʀʒjɛ̃, -jɛn].

CHLORE, subst. m.
Gaz toxique de couleur jaune verdâtre. 🔊 [klɔʀ].

CHLOROFORME, subst. m.
Liquide incolore, à l'odeur éthérée, que l'on utilisait autrefois comme anesthésique. 🔊 [klɔʀɔfɔʀm].

CHLOROPHYLLE, subst. f.
Pigment végétal vert indispensable à la photosynthèse. 🔊 [klɔʀɔfil].

CHOC, subst. m.
Heurt. – Affrontement. – Fig. Émotion brutale. – Empl. adj. inv. Qui surprend : Des photos choc. 🔊 [ʃɔk].

CHOCOLAT, subst. m.
Préparation de cacao sucrée et durcie. – Boisson au chocolat. – Empl. adj. inv. De couleur brun-rouge foncé. 🔊 [ʃɔkɔla].

CHŒUR, subst. m.
Groupe de chanteurs. – En chœur : tous ensemble. – Partie d'une église où se tient le clergé, devant le maître-autel. 🔊 [kœʀ].

CHOIR, verbe intrans. [50]
Tomber (littér.). 🔊 Verbe défectif ; [ʃwaʀ].

CHOISI, IE, adj.
Recherché, raffiné. 🔊 [ʃwazi].

CHOISIR, verbe trans. [19]
Opter pour, prendre parmi plusieurs, sélectionner : Choisir un gâteau. 🔊 [ʃwaziʀ].

CHOIX, subst. m.
Action de choisir ; résultat de cette action. – Sélection, assortiment. – Pouvoir, possibilité de choisir : Avoir le choix. 🔊 [ʃwa].

CHOLÉRA, subst. m.
Infection intestinale épidémique, très contagieuse, caractérisée par des troubles digestifs graves et pouvant entraîner la mort. 🔊 [kɔleʀa].

CHOLESTÉROL, subst. m.
Substance grasse présente dans les cellules, dont l'excès est nocif. 🔊 [kɔlɛsteʀɔl].

CHÔMAGE, subst. m.
Inactivité professionnelle forcée. – Situation qui se caractérise par le manque d'emplois. 🔊 [ʃomaʒ].

CHÔMER, verbe [3]
Trans. Célébrer (une fête) en arrêtant le travail : Chômer le 8 mai. – Intrans. Ne pas avoir de travail. – Être inactif. 🔊 [ʃome].

CHÔMEUR, EUSE, subst.
Personne privée d'emploi. – Demandeur d'emploi. 🔊 [ʃomœʀ, -øz].

CHOPE, subst. f.
Récipient, verre muni d'une anse, dans lequel on boit de la bière. 🔊 [ʃɔp].

CHOQUER, verbe trans. [3]
Heurter. – Offusquer par ses paroles, sa conduite. – Traumatiser. 🔊 [ʃɔke].

CHORALE, subst. f.
Formation de chanteurs. 🔊 [kɔʀal].

CHORÉGRAPHIE, subst. f.
Art de composer un ballet. 🔊 [kɔʀegʀafi].

CHORISTE, subst.
Personne qui chante dans un chœur, une chorale. 🔊 [kɔʀist].

CHORIZO, subst. m.
Saucisson espagnol. 🔊 [ʃɔʀizo].

CHORUS, subst. m.
Faire chorus : joindre son approbation à celle des autres ; approuver bruyamment. 🔊 [kɔʀys].

CHOSE, subst. f.
Objet concret. – Objet inanimé. – Ceci ; cela. – Événement, action. – Entité abstraite ; énoncé. – Plur. La réalité : *Regarder les choses en face.* – Ce qui a lieu : *Le cours des choses.* – La situation, la conjoncture : *Les choses tournent mal.* – Ce qui ressortit à un domaine : *Les choses de la politique.* 🔊 [ʃoz].

CHOU, CHOUX, subst. m.
Plante potagère. – Pâtisserie soufflée, fourrée de crème. 🔊 [ʃu].

CHOUCHOU, OUTE, subst.
Personne préférée (fam.). 🔊 [ʃuʃu, -ut].

CHOUCROUTE, subst. f.
Préparation de chou émincé et fermenté dans une saumure. 🔊 [ʃukʀut].

CHOUETTE (I), subst. f.
Rapace nocturne. 🔊 [ʃwɛt].

CHOUETTE (II), adj. et interj.
Adj. Qui plaît, sympathique. – Interj. *Chouette alors !* 🔊 [ʃwɛt].

CHOU-FLEUR, subst. m.
Variété de chou potager. 🔊 Plur. *choux-fleurs* ; [ʃuflœʀ].

CHOYER, verbe trans. [17]
Combler d'attentions, dorloter. 🔊 [ʃwaje].

CHRÉTIEN, IENNE, adj. et subst.
Qui appartient aux diverses religions issues de l'enseignement du Christ (catholique, protestant, orthodoxe). 🔊 [kʀetjɛ̃, -jɛn].

CHRÉTIENTÉ, subst. f.
Ensemble des chrétiens. 🔊 [kʀetjɛ̃te].

CHRISTIANISME, subst. m.
Religion monothéiste fondée sur l'enseignement de Jésus-Christ. 🔊 [kʀistjanism].

CHROME, subst. m.
Métal dur, brillant et inoxydable. – Pièce de carrosserie recouverte de ce métal. 🔊 [kʀom].

CHROMOSOME, subst. m.
Chacun des éléments du noyau d'une cellule, qui contient les gènes. 🔊 [kʀomozom].

CHRONIQUE (I), subst. f.
Récit de faits historiques. – *Journ.* Rubrique spécialisée. 🔊 [kʀonik].

CHRONIQUE (II), adj.
Qui dure longtemps, en évoluant lentement. – Qui persiste. 🔊 [kʀonik].

CHRONIQUEUR, EUSE, subst.
Journaliste spécialisé. 🔊 [kʀonikœʀ, -øz].

CHRONOLOGIE, subst. f.
Science de l'établissement des dates et de la succession des événements historiques.

– Succession des événements dans le temps. 🔊 [kʀonoloʒi].

CHRONOLOGIQUE, adj.
Qui se déroule dans l'ordre du temps. 🔊 [kʀonoloʒik].

CHRONOMÈTRE, subst. m.
Montre de précision. 🔊 [kʀonomɛtʀ].

CHRONOMÉTRER, verbe trans. [8]
Mesurer avec précision (la durée d'une action). 🔊 [kʀonometʀe].

CHRYSALIDE, subst. f.
État de la chenille lors de la métamorphose en papillon. 🔊 [kʀizalid].

CHRYSANTHÈME, subst. m.
Plante ornementale fleurissant à la fin de l'automne. 🔊 [kʀizɑ̃tɛm].

CHUCHOTEMENT, subst. m.
Action de parler à voix basse. – Bruit qui en résulte. 🔊 [ʃyʃɔtmɑ̃].

CHUCHOTER, verbe [3]
Parler, dire (qqch.) à voix basse. 🔊 [ʃyʃɔte].

CHUINTEMENT, subst. m.
Cri d'un oiseau nocturne. – Sifflement sourd. 🔊 [ʃɥɛ̃tmɑ̃].

CHUT, interj.
Onomatopée servant à réclamer le silence. 🔊 [ʃyt].

CHUTE, subst. f.
Action de tomber. – Baisse considérable. – *Fig.* Effondrement. – Masse d'eau tombant d'une grande hauteur. – Reste inutilisé d'un matériau après découpe. 🔊 [ʃyt].

CI, adv.
Marque le lieu, la proximité : *Ci-gît* ; *Ci-joint* ; *Ci-après* ; *Ci-dessus* ; *De-ci, de-là,* ici et là. – Marque l'insistance : *Cet homme-ci* ; *Celui-ci* ; *Ce temps-ci.* 🔊 [si].

CIBLE, subst. f.
But que l'on vise avec une arme. – *Fig.* Personne visée par une critique. 🔊 [sibl].

CIBOIRE, subst. m.
Vase sacré où sont conservées les hosties consacrées. 🔊 [sibwaʀ].

CIBOULETTE, subst. f.
Plante dont les feuilles sont employées comme condiment. 🔊 [sibulɛt].

CICATRICE, subst. f.
Trace laissée par une blessure ou une lésion après guérison. – *Fig.* Marque laissée par un événement douloureux. 🔊 [sikatʀis].

CICATRISER, verbe [3]
Trans. Guérir, fermer (une plaie). – Calmer, apaiser (une douleur). – Intrans. Se fermer, en parlant d'une plaie. 🔊 [sikatʀize].

CIDRE, subst. m.
Boisson alcoolique faite de jus de pomme fermenté. 🔊 [sidʀ].

CIEL, CIEUX, CIELS, subst. m.
Espace visible au-dessus de nos têtes, et limité par l'horizon. – L'espace infini dans lequel évoluent les corps célestes. – Séjour de la divinité : *Monter aux cieux.* – Aspect

visuel ou représentation du **ciel** (plur. **ciels**) : *Des ciels bleus*. 🖾 [sjɛl], plur. [sjø].

CIERGE, subst. m.
Grande bougie à usage religieux. – Cactus géant d'Amérique. 🖾 [sjɛʀʒ].

CIGALE, subst. f.
Insecte abondant dans le Midi, qui produit un bruit strident. 🖾 [sigal].

CIGARE, subst. m.
Rouleau de feuilles de tabac, que l'on fume. 🖾 [sigaʀ].

CIGARETTE, subst. f.
Petit cylindre de tabac haché menu et entouré d'une feuille de papier fin, que l'on fume. 🖾 [sigaʀɛt].

CIGOGNE, subst. f.
Grand oiseau échassier migrateur doté d'un long bec. 🖾 [sigɔɲ].

CIGUË, subst. f.
Plante vénéneuse. – Poison extrait de cette plante. 🖾 [sigy].

CIL, subst. m.
Poil raide et court qui pousse sur le bord des paupières. 🖾 [sil].

CILLER, verbe intrans. [3]
Battre des paupières. 🖾 [sije].

CIME, subst. f.
Sommet, extrémité supérieure. 🖾 [sim].

CIMENT, subst. m.
Matière poudreuse que l'on mélange à l'eau pour obtenir une pâte liante qui durcit en séchant. – Fig. Ce qui unit ou rapproche. 🖾 [simɑ̃].

CIMENTER, verbe trans. [3]
Recouvrir ou fixer avec du ciment. – Fig. Affermir (des liens). 🖾 [simɑ̃te].

CIMETERRE, subst. m.
Sabre oriental courbe et large. 🖾 [simtɛʀ].

CIMETIÈRE, subst. m.
Terrain dans lequel sont inhumés les morts. 🖾 [simtjɛʀ].

CINÉMA, subst. m.
Technique d'enregistrement et de projection de vues photographiques animées. – Art de réaliser des films. – Salle où l'on projette des films. – Industrie cinématographique. – *C'est du* **cinéma** : c'est la comédie, du bluff (fam.). 🖾 [sinema].

CINÉMATOGRAPHIQUE, adj.
Relatif au cinéma. 🖾 [sinematɔgʀafik].

CINÉPHILE, subst.
Amateur de cinéma. 🖾 [sinefil].

CINÉTIQUE, adj.
Qui a trait au mouvement. 🖾 [sinetik].

CINGLANT, ANTE, adj.
Mordant, blessant. 🖾 [sɛ̃glɑ̃, -ɑ̃t].

CINGLÉ, ÉE, adj. et subst.
Fou (fam.). 🖾 [sɛ̃gle].

CINGLER, verbe trans. [3]
Fouetter violemment. – Fig. Blesser la sensibilité (de qqn) par un ton mordant. 🖾 [sɛ̃gle].

CINQ, adj. num. inv. et subst. m. inv.
Adj. Quatre plus un. – Cinquième : *Le roi Charles* V. – Subst. Le nombre **cinq**, le chiffre 5. 🖾 [sɛ̃k].

CINQUANTE, adj. num. inv. et subst. m. inv.
Adj. Quarante plus dix. – Cinquantième : *La page* 50. – Subst. Le nombre **cinquante**. 🖾 [sɛ̃kɑ̃t].

CINQUIÈME, adj. num. ord. et subst.
Adj. Situé après le quatrième. – Subst. Celui ou celle qui est en **cinquième** position. – Masc. L'une des parties d'un tout divisé en cinq parties égales. 🖾 [sɛ̃kjɛm].

CINTRE, subst. m.
Courbure intérieure d'un arc ou d'une voûte. – Support à crochet utilisé pour suspendre un vêtement. – Plur. Espace situé au-dessus de la scène d'un théâtre, où l'on remonte les décors. 🖾 [sɛ̃tʀ].

CINTRER, verbe trans. [3]
Donner la forme d'un cintre à. – Serrer (un vêtement) à la taille. 🖾 [sɛ̃tʀe].

CIRAGE, subst. m.
Action de cirer. – Produit servant à faire briller les cuirs. 🖾 [siʀaʒ].

CIRCONCISION, subst. f.
Excision du prépuce. 🖾 [siʀkɔ̃sizjɔ̃].

CIRCONFÉRENCE, subst. f.
Cercle ; ligne courbe fermée qui le limite. – Périmètre d'un cercle. 🖾 [siʀkɔ̃feʀɑ̃s].

CIRCONFLEXE, adj.
Accent **circonflexe** : signe graphique (ˆ) placé sur certaines voyelles. 🖾 [siʀkɔ̃flɛks].

CIRCONSCRIPTION, subst. f.
Division d'un territoire. 🖾 [siʀkɔ̃skʀipsjɔ̃].

CIRCONSCRIRE, verbe trans. [67]
Entourer d'une ligne. – Empêcher de s'étendre. – Cerner, délimiter : *Circonscrire son sujet*. 🖾 [siʀkɔ̃skʀiʀ].

CIRCONSPECT, ECTE, adj.
Prudent, réservé. 🖾 [siʀkɔ̃spɛ(kt), -ɛkt].

CIRCONSPECTION, subst. f.
Attitude prudente. 🖾 [siʀkɔ̃spɛksjɔ̃].

CIRCONSTANCE, subst. f.
Ce qui accompagne un événement, un fait, une situation. – Conjoncture. – *De* **circonstance** : fait pour l'occasion ; adapté à la situation. 🖾 [siʀkɔ̃stɑ̃s].

CIRCONSTANCIEL, IELLE, adj.
Relatif aux circonstances. – *Ling.* Qui indique les circonstances d'une action. 🖾 [siʀkɔ̃stɑ̃sjɛl].

CIRCONVENIR, verbe trans. [22]
Agir sur qqn pour en obtenir ce que l'on souhaite. 🖾 [siʀkɔ̃v(ə)niʀ].

CIRCONVOLUTION, subst. f.
Enroulement autour d'un axe, d'un point. 🖾 [siʀkɔ̃vɔlysjɔ̃].

CIRCUIT, subst. m.
Chemin que l'on parcourt en revenant au point de départ. 🖾 [siʀkɥi].

CIRCULAIRE, adj. et subst. f.
Adj. Qui a la forme d'un cercle. – Subst.
Lettre d'information adressée à plusieurs
personnes. 🔊 [siʀkylɛʀ].

CIRCULATION, subst. f.
Mouvement de ce qui circule. – Ensemble
de véhicules qui circulent. 🔊 [siʀkylasjɔ̃].

CIRCULER, verbe intrans. [3]
Se mouvoir dans un circuit fermé. – Se
déplacer. – Passer de main en main.
🔊 [siʀkyle].

CIRE, subst. f.
Matière molle, jaunâtre, produite par les
abeilles. – Produit à base de cire. 🔊 [siʀ].

CIRÉ, subst. m.
Caban imperméabilisé. 🔊 [siʀe].

CIRER, verbe trans. [3]
Enduire de cire ou de cirage. 🔊 [siʀe].

CIREUSE, subst. f.
Appareil utilisé pour cirer les parquets.
🔊 [siʀøz].

CIRQUE, subst. m.
Piste, en gén. sous chapiteau, entourée de
gradins, où l'on présente des numéros
d'adresse, de clowns. – Entreprise qui
organise ces numéros. – Espace circulaire
entouré de parois abruptes. 🔊 [siʀk].

CIRRHOSE, subst. f.
Maladie grave du foie, souvent due à l'abus
d'alcool. 🔊 [siʀoz].

CISAILLE, subst. f.
Gros ciseaux servant à couper la tôle ou à
tailler les branches des arbustes (gén. au
plur.). 🔊 [sizaj].

CISAILLER, verbe trans. [3]
Couper avec des cisailles. 🔊 [sizaje].

CISEAU, subst. m.
Instrument à lame tranchante servant à
sculpter. – Plur. Outil à deux branches
mobiles et croisées, formant lames, servant
à découper. 🔊 [sizo].

CISELER, verbe trans. [11]
Sculpter minutieusement avec un ciseau.
🔊 [sizle].

CITADELLE, subst. f.
Forteresse protégeant une ville. 🔊 [sitadɛl].

CITADIN, INE, adj. et subst.
Adj. De la ville. – Subst. Habitant de la ville.
🔊 [sitadɛ̃, -in].

CITATION, subst. f.
Passage rapporté d'un auteur, d'un texte.
– Milit. Mise à l'ordre du jour, récompense
pour une action d'éclat. 🔊 [sitasjɔ̃].

CITÉ, subst. f.
Ville importante. – Partie ancienne d'une
ville. – Groupe d'immeubles. 🔊 [site].

CITER, verbe trans. [3]
Nommer de façon précise. – Rapporter (des
paroles ou un texte). – Assigner en justice.
– Milit. Décerner une citation à. 🔊 [site].

CITERNE, subst. f.
Réservoir d'eaux de pluie. – Cuve où l'on
conserve des liquides. 🔊 [sitɛʀn].

CITHARE, subst. f.
Mus. Instrument à cordes pincées. 🔊 [sitaʀ].

CITOYEN, ENNE, subst.
Ressortissant d'un État, considéré sous
l'angle de ses droits et de ses devoirs civils
et politiques. 🔊 [sitwajɛ̃, -ɛn].

CITRON, subst. m.
Fruit du citronnier, agrume à la saveur
acide. – Empl. adj. inv. De couleur jaune
clair. 🔊 [sitʀɔ̃].

CITROUILLE, subst. f.
Grosse courge à la chair orangée. 🔊 [sitʀuj].

CIVET, subst. m.
Ragoût de gibier à poil. 🔊 [sivɛ].

CIVETTE, subst. f.
Ciboulette. 🔊 [sivɛt].

CIVIÈRE, subst. f.
Toile tendue sur des brancards, servant à
transporter des blessés. 🔊 [sivjɛʀ].

CIVIL, ILE, adj. et subst. m.
Qui n'est ni militaire ni religieux. – Adj.
Qui a trait aux citoyens. 🔊 [sivil].

CIVILISATION, subst. f.
Ensemble des valeurs culturelles, morales,
sociales propres à un peuple. 🔊 [sivilizasjɔ̃].

CIVILISÉ, ÉE, adj. et subst.
Qui possède un développement social et
culturel complexe. 🔊 [sivilize].

CIVILITÉ, subst. f.
Savoir-vivre, politesse. 🔊 [sivilite].

CIVIQUE, adj.
Qui a trait au citoyen. 🔊 [sivik].

CLAFOUTIS, subst. m.
Flan aux fruits. 🔊 [klafuti].

CLAIE, subst. f.
Treillis de bois ou d'osier, à claire-voie,
formant plateau. 🔊 [klɛ].

CLAIR, CLAIRE, adj., subst. m. et adv.
Adj. Qui répand la lumière : Une flamme
claire. – Qui favorise la luminosité par sa
transparence : Une eau claire. – Peu épais :
Une forêt claire. – Facile à comprendre.
– Net, distinct : Une voix claire. – Adv.
D'une manière nette : Voir clair. – Subst.
Clarté : Le clair de lune. 🔊 [klɛʀ].

CLAIRE-VOIE, subst. f.
Assemblage (de lattes, de fils, etc.) qui
laisse des jours par où passe la lumière.
🔊 Plur. claires-voies ; [klɛʀvwa].

CLAIRIÈRE, subst. f.
Espace sans arbres, dans un bois, une forêt.
🔊 [klɛʀjɛʀ].

CLAIR-OBSCUR, subst. m.
Procédé de peinture fondé sur le contraste
entre la lumière et l'ombre, employé pour
suggérer le relief. – Éclairage atténué, diffus.
🔊 Plur. clairs-obscurs ; [klɛʀɔpskyʀ].

CLAIRON, subst. m.
Espèce de trompette militaire. – Celui qui
en joue. 🔊 [klɛʀɔ̃].

CLAIRONNER, verbe trans. [3]
Annoncer avec éclat. 🔊 [klɛʀone].

CLAIRSEMÉ, ÉE, adj.
Éparpillé, rare. – Peu dense. 🔊 [klɛrsəme].

CLAIRVOYANT, ANTE, adj.
Qui voit clair. – Lucide. 🔊 [klɛrvwajɑ̃, -ɑ̃t].

CLAMER, verbe trans. [3]
Exprimer par des cris. 🔊 [klame].

CLAMEUR, subst. f.
Ensemble de cris tumultueux. 🔊 [klamœr].

CLAN, subst. m.
Tribu, en Écosse ou en Irlande. – Petit groupe fermé. 🔊 [klɑ̃].

CLANDESTIN, INE, adj. et subst.
Adj. Qui se fait en cachette, secrètement. – Subst. Personne qui est en situation irrégulière. 🔊 [klɑ̃dɛstɛ̃, -in].

CLANDESTINITÉ, subst. f.
Caractère de ce qui est secret, clandestin. 🔊 [klɑ̃dɛstinite].

CLAPET, subst. m.
Couvercle de soupape. 🔊 [klapɛ].

CLAPIER, subst. m.
Cabane à lapins. 🔊 [klapje].

CLAPOTER, verbe intrans. [3]
Être agité de clapotis. 🔊 [klapɔte].

CLAPOTIS, subst. m.
Bruit léger et mouvement de l'eau agitée de petites vagues. 🔊 On dit aussi *clapotement* ; [klapɔti].

CLAQUAGE, subst. m.
Élongation d'un ligament ou d'un muscle. 🔊 [klakaʒ].

CLAQUE, subst. f.
Coup administré avec le plat de la main. 🔊 [klak].

CLAQUEMENT, subst. m.
Action, fait de claquer. – Bruit de ce qui claque. 🔊 [klakmɑ̃].

CLAQUEMURER, verbe trans. [3]
Enfermer dans un lieu étroit. – Pronom. S'enfermer chez soi. 🔊 [klakmyre].

CLAQUER, verbe [3]
Intrans. Produire un bruit sec et retentissant. – Trans. Donner une claque. – Fermer violemment. – Fam. Épuiser. – Mourir. – Dépenser (de l'argent). 🔊 [klake].

CLAQUETTES, subst. f. plur.
Danse rythmée où l'on fait claquer le talon et la pointe de la chaussure. 🔊 [klakɛt].

CLARIFIER, verbe trans. [6]
Rendre clair. – Éclaircir. 🔊 [klarifje].

CLARINETTE, subst. f.
Mus. Instrument à vent, muni de clefs et d'une anche simple. 🔊 [klarinɛt].

CLARTÉ, subst. f.
Lumière. – Limpidité. – Fig. Qualité de ce qui est net et précis. 🔊 [klarte].

CLASH, subst. m.
Conflit brusque et violent (fam.). 🔊 Plur. *clash(e)s* ; [klaʃ].

CLASSE, subst. f.
Ensemble d'êtres ou de choses qui ont des caractères communs. – Catégorie hiérar-chique. – Valeur, qualité : *Un écrivain de grande* classe. – Chacune des étapes de la scolarité ; groupe d'un certain nombre d'élèves ; salle de cours. – Ensemble de jeunes du même âge appelés au service militaire. 🔊 [klas].

CLASSEMENT, subst. m.
Action de classer ; ordre qui en résulte. – Rang auquel qqn est classé. 🔊 [klasmɑ̃].

CLASSER, verbe trans. [3]
Répartir par classes. – Ranger, mettre en ordre. 🔊 [klase].

CLASSEUR, subst. m.
Portefeuille ou meuble à compartiments où l'on classe des papiers. 🔊 [klasœr].

CLASSICISME, subst. m.
Caractère de ce qui est classique, en partic. en matière d'œuvres littéraires et artistiques. – Doctrine littéraire et artistique se signalant par sa recherche de la mesure, de l'équilibre et de la clarté. 🔊 [klasisism].

CLASSIFICATION, subst. f.
Classement méthodique. 🔊 [klasifikasjɔ̃].

CLASSIQUE, adj.
Qui a trait à l'Antiquité gréco-romaine. – Qui appartient culturellement au XVIIᵉ s. français. – Conforme à la tradition. – Qui fait autorité ; qui est devenu un modèle. 🔊 [klasik].

CLAUDIQUER, verbe intrans. [3]
Boiter (littér.). 🔊 [klodike].

CLAUSE, subst. f.
Disposition d'un acte juridique, d'un contrat. 🔊 [kloz].

CLAUSTRATION, subst. f.
Isolement dans un lieu clos. 🔊 [klostrasjɔ̃].

CLAUSTROPHOBIE, subst. f.
Peur maladive d'être enfermé dans un lieu clos. 🔊 [klostrofobi].

CLAVECIN, subst. m.
Instrument de musique à cordes pincées et à un ou plusieurs claviers. 🔊 [klavsɛ̃].

CLAVICULE, subst. f.
Os long qui forme, avec l'omoplate, le squelette de l'épaule. 🔊 [klavikyl].

CLAVIER, subst. m.
Ensemble des touches de certains instruments de musique (piano, orgue, etc.), d'une machine à écrire, d'un ordinateur. 🔊 [klavje].

CLEF ou CLÉ, subst. f.
Objet métallique servant à ouvrir ou à fermer une serrure, à établir un contact, etc. – Outil utilisé pour serrer ou desserrer des écrous. – *Mus.* Signe au début d'une portée musicale. – Pièce mobile qui commande l'ouverture des trous d'un instrument à vent. – Solution : *La* clef *de l'énigme.* 🔊 [kle].

CLÉMATITE, subst. f.
Plante grimpante. 🔊 [klematit].

CLÉMENCE, subst. f.
Indulgence. – Fig. Douceur agréable du climat. 🔊 [klemɑ̃s].

CLÉMENT, ENTE, adj.
Qui fait preuve de clémence. – Fig. Empreint de douceur. ♟♟ [klemɑ̃, -ɑ̃t].

CLÉMENTINE, subst. f.
Fruit proche de la mandarine. ♟♟ [klemɑ̃tin].

CLENCHE, subst. f.
Tige mobile d'un loquet. ♟♟ [klɑ̃ʃ].

CLEPSYDRE, subst. f.
Horloge à eau. ♟♟ [klɛpsidʀ].

CLEPTOMANE, voir KLEPTOMANE

CLERC, subst. m.
Ecclésiastique. – Employé d'une étude de notaire, d'avoué, d'huissier. ♟♟ [klɛʀ].

CLERGÉ, subst. m.
Ensemble des ecclésiastiques. ♟♟ [klɛʀʒe].

CLÉRICAL, ALE, AUX, adj. et subst.
Se dit d'une personne favorable à l'intervention du clergé dans les affaires publiques. – Adj. Qui a trait au clergé. ♟♟ [klerikal].

CLICHÉ, subst. m.
Plaque reproduisant une page composée, une gravure. – Photographie. – Fig. Expression toute faite, lieu commun. ♟♟ [kliʃe].

CLIENT, CLIENTE, subst.
Personne qui achète un produit ou un service. ♟♟ [klijɑ̃, klijɑ̃t].

CLIENTÈLE, subst. f.
Ensemble des clients. ♟♟ [klijɑ̃tɛl].

CLIGNER, verbe [3]
Trans. dir. Plisser les paupières, fermer à demi les yeux pour mieux voir. – Trans. indir. **Cligner** de l'œil : faire un clin d'œil, un signe. – Intrans. Se fermer et s'ouvrir rapidement, en parlant des yeux. ♟♟ [kliɲe].

CLIGNOTANT, adj. et subst. m.
Adj. Qui clignote. – Subst. Signal lumineux intermittent indiquant la direction que va prendre un véhicule. – Indice dont l'apparition suppose une évolution dangereuse ; indicateur économique. ♟♟ [kliɲɔtɑ̃].

CLIGNOTER, verbe intrans. [3]
S'allumer et s'éteindre par intermittence. ♟♟ [kliɲɔte].

CLIMAT, subst. m.
Ensemble des différents états atmosphériques en une région donnée de la Terre. – Fig. Atmosphère morale. ♟♟ [klima].

CLIMATISER, verbe trans. [3]
Maintenir l'air à une température et à un taux d'humidité définis. ♟♟ [klimatize].

CLIN D'ŒIL, subst. m.
Battement de la paupière. – *En un clin d'œil* : promptement. ♟♟ Plur. *clins d'œil* ; [klɛ̃dœj].

CLINIQUE, adj. et subst. f.
Adj. Qui se fait au lit du malade, en examen direct. – Subst. Hôpital privé. ♟♟ [klinik].

CLINQUANT, ANTE, adj.
D'un éclat trompeur. – Très voyant, vulgaire et sans valeur. ♟♟ [klɛ̃kɑ̃, -ɑ̃t].

CLIP (I), subst. m.
Petit bijou monté sur pince. ♟♟ [klip].

CLIP (II), subst. m.
Bande vidéo qui fait la promotion d'une chanson, d'un album. ♟♟ [klip].

CLIQUE, subst. f.
Groupe d'individus peu honorables (fam.). – Groupe musical militaire. ♟♟ [klik].

CLIQUETIS, subst. m.
Série de petits bruits métalliques. ♟♟ [klikti].

CLITORIS, subst. m.
Organe érectile de l'appareil génital féminin. ♟♟ [klitɔʀis].

CLIVAGE, subst. m.
Séparation, division. ♟♟ [klivaʒ].

CLOAQUE, subst. m.
Égout ; masse d'eau croupie. – Lieu malpropre, répugnant. ♟♟ [klɔak].

CLOCHARD, ARDE, subst.
Personne sans domicile fixe et sans travail. ♟♟ [klɔʃaʀ, -aʀd].

CLOCHE, subst. f.
Instrument sonore en forme de coupe renversée, en bronze, qui résonne sous l'effet d'un battant intérieur ou d'un marteau extérieur. – Objet en forme de coupe renversée, de cloche. – Fig. Idiot, incapable. ♟♟ [klɔʃ].

CLOCHE-PIED (À), loc. adv.
En se tenant sur un seul pied. ♟♟ [aklɔʃpje].

CLOCHER, subst. m.
Ouvrage, bâtiment d'une église, où sont suspendues les cloches. ♟♟ [klɔʃe].

CLOISON, subst. f.
Mur de séparation peu épais, dans une habitation. ♟♟ [klwazɔ̃].

CLOISONNER, verbe trans. [3]
Scinder, compartimenter par une ou plusieurs cloisons. ♟♟ [klwazɔne].

CLOÎTRE, subst. m.
Enceinte d'un monastère interdite aux profanes. – Galerie couverte entourant un jardin, dans un monastère, une cathédrale, etc. ♟♟ [klwatʀ].

CLOÎTRER, verbe trans. [3]
Enfermer. ♟♟ [klwatʀe].

CLONE, subst. m.
Ensemble de cellules identiques provenant d'une cellule initiale. ♟♟ [klon].

CLOPIN-CLOPANT, loc. adv.
En boitillant. ♟♟ [klɔpɛ̃klɔpɑ̃].

CLOPINER, verbe intrans. [3]
Marcher en boitant. ♟♟ [klɔpine].

CLOQUE, subst. f.
Dilatation à la surface de la peau, remplie de liquide. ♟♟ [klɔk].

CLORE, verbe trans. [80]
Murer, obturer. – Encercler, renfermer. – Fig. Mettre fin à (une cérémonie, un débat, etc.). ♟♟ [klɔʀ].

CLOS, CLOSE, adj.
Entouré d'une clôture. – Fermé. – Terminé. – *En vase* **clos** : sans contact avec l'extérieur. ♟♟ [klo, kloz].

CLÔTURE, subst. f.
Ce qui enclôt un espace. – Action de terminer, achèvement. 🔊 [klotyʀ].

CLÔTURER, verbe trans. [3]
Entourer d'une clôture. – Achever, mettre fin à. 🔊 [klotyʀe].

CLOU, subst. m.
Pointe métallique que l'on enfonce pour fixer qqch. – Fig. *Le* clou *du spectacle* : l'attraction principale. 🔊 [klu].

CLOUER, verbe trans. [3]
Fixer à l'aide de clous. – Fig. Immobiliser. 🔊 [klue].

CLOUTÉ, ÉE, adj.
Garni de clous. 🔊 [klute].

CLOWN, subst. m.
Artiste comique de cirque, accoutré et grimé. – Fig. Pitre, farceur. 🔊 [klun].

CLUB (I), subst. m.
Cercle mondain. – Association de gens ayant un intérêt commun. 🔊 [klœb].

CLUB (II), subst. m.
Canne de golf. 🔊 [klœb].

CO-, préfixe
Exprime l'idée de réunion ou de simultanéité. 🔊 [kɔ-].

COAGULER, verbe [3]
Trans. Faire passer un liquide organique à un état plus ou moins solide. – Intrans. Former un caillot, se figer. 🔊 [kɔagyle].

COALISER, verbe trans. [3]
Allier, rassembler. – Pronom. Se liguer. 🔊 [kɔalize].

COALITION, subst. f.
Regroupement, alliance contre un adversaire commun. 🔊 [kɔalisjɔ̃].

COASSER, verbe intrans. [3]
Émettre un cri (coassement), en parlant d'un batracien. 🔊 [kɔase].

COBAYE, subst. m.
Petit rongeur également appelé cochon d'Inde. – Fig. Sujet d'expérience. 🔊 [kɔbaj].

COBRA, subst. m.
Serpent très venimeux. 🔊 [kɔbʀa].

COCAGNE, subst. f.
Pays de cocagne : pays d'abondance. – *Mât de cocagne* : mât enduit de savon, auquel on essaie de grimper pour en décrocher des objets. 🔊 [kɔkaɲ].

COCAÏNE, subst. f.
Stupéfiant extrait des feuilles de coca. 🔊 [kɔkain].

COCARDE, subst. f.
Insigne circulaire aux couleurs d'un pays. 🔊 [kɔkaʀd].

COCASSE, adj.
Qui fait rire, saugrenu. 🔊 [kɔkas].

COCCINELLE, subst. f.
Insecte rouge à points noirs. 🔊 [kɔksinɛl].

COCCYX, subst. m.
Petit os à l'extrémité du sacrum. 🔊 [kɔksis].

COCHE, subst. m.
Voiture couverte tirée par des chevaux, servant au transport des voyageurs. 🔊 [kɔʃ].

COCHER (I), subst. m.
Conducteur d'une voiture menée par des chevaux. 🔊 [kɔʃe].

COCHER (II), verbe trans. [3]
Faire une marque de repérage sur. 🔊 [kɔʃe].

COCHÈRE, adj. f.
Porte cochère : porte livrant passage aux voitures. 🔊 [kɔʃɛʀ].

COCHON, ONNE, adj. et subst.
Subst. masc. Mammifère omnivore, également appelé porc. – Adj. et subst. Fam. Qui est sale, grossier. – Qui est sensuel, indécent. 🔊 [kɔʃɔ̃, -ɔn].

COCHONNERIE, subst. f.
Fam. Chose sale, de mauvaise qualité, sans valeur. – Comportement ou propos grossier, obscène. 🔊 [kɔʃɔnʀi].

COCHONNET, subst. m.
Jeune cochon. – Petite boule en bois servant de but au jeu de boules. 🔊 [kɔʃɔnɛ].

COCKPIT, subst. m.
Dans un avion, poste de pilotage. – À bord de certains bateaux de plaisance, creux situé à l'arrière, où se tient l'homme de barre. 🔊 [kɔkpit].

COCKTAIL, subst. m.
Mélange de boissons. – Réception mondaine. – Fig. Combinaison d'éléments, mélange. – Cocktail *Molotov* : bouteille remplie d'un mélange explosif. 🔊 [kɔktɛl].

COCON, subst. m.
Enveloppe filée par certaines chenilles. – Fig. *S'enfermer dans son* cocon : se retirer, se fermer sur soi. 🔊 [kɔkɔ̃].

COCORICO, subst. m.
Cri du coq. – Fig. *Chanter* cocorico : crier victoire. 🔊 [kɔkɔʀiko].

COCOTIER, subst. m.
Palmier tropical dont le fruit est la noix de coco. 🔊 [kɔkɔtje].

COCOTTE, subst. f.
Petite marmite en fonte, à anses et à couvercle. – Poule (fam.). 🔊 [kɔkɔt].

COCU, UE, adj. et subst.
Victime d'un adultère (fam.). 🔊 [kɔky].

CODE, subst. m.
Recueil de lois : *Code* pénal. – Ensemble de règles : *Code de l'honneur*. – Système de symboles. – Plur. Feux de croisement d'un véhicule. 🔊 [kɔd].

CODER, verbe trans. [3]
Transformer (un texte, une information) en symboles. 🔊 [kɔde].

CODIFIER, verbe trans. [6]
Recueillir (des lois, des règles). – Soumettre à des règles. 🔊 [kɔdifje].

COEFFICIENT, subst. m.
Nombre qui multiplie une grandeur. – Facteur appliqué à une valeur. – Pourcentage.

– Lors d'un examen, nombre qui détermine la valeur relative de chaque épreuve. 🔊 [kɔefisjɔ̃].

COÉQUIPIER, IÈRE, subst.
Chacune des personnes qui font partie de la même équipe. 🔊 [koekipje, -jɛʀ].

COERCITIF, IVE, adj.
Qui contraint. 🔊 [kɔɛʀsitif, -iv].

CŒUR, subst. m.
Organe moteur de la circulation sanguine. – Poitrine ; estomac. – Centre. – Siège de l'affectivité, des sentiments. – Une des couleurs rouges d'un jeu de cartes. 🔊 [kœʀ].

COEXISTENCE, subst. f.
Existence simultanée. 🔊 [kɔɛgzistɑ̃s].

COFFRE, subst. m.
Meuble de rangement en forme de caisse, dont la face supérieure est un couvercle. – Partie d'une voiture où l'on range les bagages, (en gén. à l'arrière). – Poitrine ; poumons. – Puissance vocale. 🔊 [kɔfʀ].

COFFRE-FORT, subst. m.
Coffre métallique blindé, à ouverture protégée. 🔊 Plur. *coffres-forts* ; [kɔfʀəfɔʀ].

COFFRET, subst. m.
Petit coffre. – Emballage cartonné contenant un ensemble de disques, de livres, etc. 🔊 [kɔfʀɛ].

COGITER, verbe [3]
Fam. Intrans. Réfléchir. – Trans. Penser, concevoir. 🔊 [kɔʒite].

COGNAC, subst. m.
Eau-de-vie de raisin de la région de Cognac. 🔊 [kɔɲak].

COGNÉE, subst. f.
Grande hache à fer étroit. 🔊 [kɔɲe].

COGNER, verbe [3]
Heurter. – Frapper avec force. 🔊 [kɔɲe].

COHABITER, verbe intrans. [3]
Habiter, vivre ensemble. 🔊 [kɔabite].

COHÉRENCE, subst. f.
Rapport logique entre des idées, sans contradiction. 🔊 [kɔeʀɑ̃s].

COHÉRENT, ENTE, adj.
Harmonieux. – Logique. 🔊 [kɔeʀɑ̃, -ɑ̃t].

COHÉSION, subst. f.
Union étroite. 🔊 [kɔezjɔ̃].

COHORTE, subst. f.
Corps militaire romain. – Groupe (fam.). 🔊 [kɔɔʀt].

COHUE, subst. f.
Foule nombreuse, bruyante et agitée. – Désordre, bousculade. 🔊 [kɔy].

COI, COITE, adj.
Silencieux et tranquille. 🔊 [kwa, kwat].

COIFFE, subst. f.
Coiffure féminine traditionnelle. 🔊 [kwaf].

COIFFER, verbe trans. [3]
Couvrir la tête de. – Arranger une chevelure, la peigner. – Fig. Être à la tête de, contrôler. 🔊 [kwafe].

COIFFEUR, EUSE, subst.
Personne dont la profession est de couper et de peigner les cheveux. 🔊 [kwafœʀ, -øz].

COIFFURE, subst. f.
Ce qui couvre ou orne la tête. – Disposition des cheveux. 🔊 [kwafyʀ].

COIN, subst. m.
Pièce de métal triangulaire servant à fendre des troncs d'arbre ; cale. – Pièce d'acier servant à frapper les monnaies et les médailles. – Espace formé par un angle. – Espace restreint. – Lieu retiré. 🔊 [kwɛ̃].

COINCER, verbe trans. [4]
Fixer ; immobiliser ; serrer. – Fig. Mettre dans l'embarras. 🔊 [kwɛ̃se].

COÏNCIDENCE, subst. f.
Superposition exacte de deux éléments. – Simultanéité fortuite. 🔊 [kɔɛ̃sidɑ̃s].

COÏNCIDER, verbe intrans. [3]
S'ajuster parfaitement. – Avoir lieu en même temps. 🔊 [kɔɛ̃side].

COING, subst. m.
Fruit du cognassier, astringent, que l'on consomme cuit. 🔊 [kwɛ̃].

COL, subst. m.
Partie resserrée d'un récipient. – Partie rétrécie d'un organe. – Partie du vêtement qui entoure le cou. – Passage entre deux crêtes montagneuses. 🔊 [kɔl].

COLCHIQUE, subst. m.
Plante mauve vénéneuse qui fleurit en automne. 🔊 [kɔlʃik].

COLÉOPTÈRE, subst. m.
Insecte à élytres, tel que le hanneton, le scarabée, la coccinelle. – Plur. L'ordre correspondant. 🔊 [koleɔptɛʀ].

COLÈRE, subst. f.
Profond mécontentement qui s'exprime violemment. 🔊 [kɔlɛʀ].

COLÉREUX, EUSE, adj.
Qui est enclin à la colère. 🔊 [kɔleʀø, -øz].

COLIBRI, subst. m.
Très petit oiseau des régions tropicales, appelé aussi oiseau-mouche. 🔊 [kɔlibʀi].

COLIFICHET, subst. m.
Petit objet de parure. 🔊 [kɔlifiʃɛ].

COLIMAÇON, subst. m.
Escargot (vieilli). – *Escalier en colimaçon* : en spirale. 🔊 [kɔlimasɔ̃].

COLIN, subst. m.
Poisson marin, commun dans l'Atlantique et la Manche. 🔊 [kɔlɛ̃].

COLIN-MAILLARD, subst. m.
Jeu dans lequel un joueur aux yeux bandés doit attraper et identifier celui qui le remplacera. 🔊 Plur. *colin-maillards* ; [kɔlɛ̃majaʀ].

COLIQUE, subst. f.
Douleur abdominale, vive et spasmodique. – Diarrhée. 🔊 [kɔlik].

COLIS, subst. m.
Paquet que l'on expédie ou que l'on reçoit. 🔊 [kɔli].

COLLABORATEUR, TRICE, subst.
Personne associée à une autre dans un travail. 🔊 [kɔ(l)labɔratœʀ, -tʀis].

COLLABORATION, subst. f.
Travail en commun. – Participation à une tâche. 🔊 [kɔ(l)labɔʀasjɔ̃].

COLLABORER, verbe trans. indir. [3]
Concourir à (une réalisation) : **Collaborer à un projet.** 🔊 [kɔ(l)labɔʀe].

COLLAGE, subst. m.
Action de coller. – Son résultat. 🔊 [kɔlaʒ].

COLLANT, ANTE, adj. et subst. m.
Adj. Qui colle. – Qui épouse les lignes du corps. – Fig. Importun. – Subst. Maillot ou pantalon épousant la forme du corps. – Sous-vêtement féminin. 🔊 [kɔlɑ̃, -ɑ̃t].

COLLATION, subst. f.
Repas léger. 🔊 [kɔlasjɔ̃].

COLLE, subst. f.
Substance adhésive. – Fam. Question difficile. – Punition. 🔊 [kɔl].

COLLECTE, subst. f.
Action de réunir des dons au profit d'une œuvre. – Ramassage. 🔊 [kɔlɛkt].

COLLECTER, verbe trans. [3]
Réunir par collecte. – Ramasser. 🔊 [kɔlɛkte].

COLLECTIF, IVE, adj.
Qui concerne un ensemble de personnes. 🔊 [kɔlɛktif, -iv].

COLLECTION, subst. f.
Ensemble d'objets ayant un caractère commun. 🔊 [kɔlɛksjɔ̃].

COLLECTIONNER, verbe trans. [3]
Réunir en une collection. – Accumuler (fam.). 🔊 [kɔlɛksjɔne].

COLLECTIONNEUR, EUSE, subst.
Personne qui collectionne : **Collectionneur de timbres.** 🔊 [kɔlɛksjɔnœʀ, -øz].

COLLECTIVITÉ, subst. f.
Ensemble d'individus réunis par des fins ou par une organisation communes. 🔊 [kɔlɛktivite].

COLLÈGE, subst. m.
Ensemble de personnes ayant la même fonction. – Établissement d'enseignement secondaire (de la 6ᵉ à la 3ᵉ). 🔊 [kɔlɛʒ].

COLLÈGUE, subst.
Personne qui a la même fonction ou qui travaille dans la même entreprise qu'une autre. 🔊 [kɔ(l)lɛg].

COLLER, verbe [3]
Trans. Fixer avec de la colle ; appliquer contre. – Fig. Punir ; recaler à un examen (fam.). – Intrans. Adhérer. – Fig. Convenir. 🔊 [kɔle].

COLLET, subst. m.
Nœud coulant servant à piéger le gibier. – Partie de la dent située entre la couronne et la racine. 🔊 [kɔlɛ].

COLLIER, subst. m.
Bijou porté autour du cou. – Lien de cuir ou chaîne qui enserre le cou d'un animal. 🔊 [kɔlje].

COLLIMATEUR, subst. m.
Appareil de visée. 🔊 [kɔlimatœʀ].

COLLINE, subst. f.
Géogr. Relief de faible hauteur, au sommet arrondi. 🔊 [kɔlin].

COLLISION, subst. f.
Choc violent de deux corps en mouvement. 🔊 [kɔlizjɔ̃].

COLLOQUE, subst. m.
Rencontre, débat de spécialistes. 🔊 [kɔ(l)lɔk].

COLLYRE, subst. m.
Liquide médicamenteux que l'on instille dans l'œil. 🔊 [kɔliʀ].

COLMATER, verbe trans. [3]
Boucher, refermer (un trou, une brèche). – Combler. 🔊 [kɔlmate].

COLOMBE, subst. f.
Nom de certains pigeons et tourterelles. 🔊 [kɔlɔ̃b].

COLON, subst. m.
Habitant d'une colonie. 🔊 [kɔlɔ̃].

CÔLON, subst. m.
Partie du gros intestin. 🔊 [kɔlɔ̃].

COLONEL, subst. m.
Officier supérieur du grade le plus élevé, dans les armées de terre et de l'air. 🔊 [kɔlɔnɛl].

COLONIAL, ALE, AUX, adj.
Relatif aux colonies. 🔊 [kɔlɔnjal].

COLONIALISME, subst. m.
Politique qui prône l'expansion coloniale. 🔊 [kɔlɔnjalism].

COLONIE, subst. f.
Territoire occupé et administré par une puissance étrangère, qui le tient sous sa dépendance. – Groupe de personnes de même origine établies à l'étranger. – Groupe d'animaux de même espèce. – **Colonie de vacances** : lieu où des enfants passent des vacances collectives. 🔊 [kɔlɔni].

COLONISATION, subst. f.
Action de coloniser. 🔊 [kɔlɔnizasjɔ̃].

COLONISER, verbe trans. [3]
Réduire (un pays) à l'état de colonie. – Peupler de colons. 🔊 [kɔlɔnize].

COLONNE, subst. f.
Longue file de personnes ou de véhicules. – Support d'édifice, vertical et gén. cylindrique ; monument de cette forme. – Bloc de texte vertical sur une page. – **Colonne vertébrale** : ensemble des vertèbres, qui forme un axe osseux. 🔊 [kɔlɔn].

COLORANT, ANTE, adj. et subst. m.
Se dit d'une substance naturelle ou synthétique utilisée pour colorer. 🔊 [kɔlɔʀɑ̃, -ɑ̃t].

COLORATION, subst. f.
Action de colorer. – État de ce qui est coloré. 🔊 [kɔlɔʀasjɔ̃].

COLORER, verbe trans. [3]
Donner une couleur à. 🔊 [kɔlɔʀe].

COLORIAGE, subst. m.
Action de colorier ; son résultat. – Dessin à colorier. 🔊 [kɔlɔʀjaʒ].

COLORIER, verbe trans. [6]
Appliquer des couleurs sur. 🔊 [kɔlɔʀje].

COLORIS, subst. m.
Effet issu de la combinaison de couleurs. – Éclat et teinte naturels du visage, des fruits, etc. 🔊 [kɔlɔʀi].

COLOSSAL, ALE, AUX, adj.
Exceptionnellement grand, gigantesque. 🔊 [kɔlɔsal].

COLOSSE, subst. m.
Statue colossale. – Homme de forte stature, robuste. 🔊 [kɔlɔs].

COLPORTER, verbe trans. [3]
Vendre (des marchandises), en se déplaçant. – Fig. Diffuser (des nouvelles). 🔊 [kɔlpɔʀte].

COLPORTEUR, EUSE, subst.
Marchand ambulant. – Fig. Personne qui propage des nouvelles. 🔊 [kɔlpɔʀtœʀ, -øz].

COLT, subst. m.
Revolver. 🔊 [kɔlt].

COLVERT, subst. m.
Canard sauvage au cou vert. 🔊 [kɔlvɛʀ].

COMA, subst. m.
État caractérisé par la perte de la conscience, de la mobilité et de la sensibilité, avec conservation des fonctions respiratoire et circulatoire. 🔊 [kɔma].

COMBAT, subst. m.
Lutte. – Engagement militaire. – Rencontre de deux adversaires, dans un sport de lutte. – Fig. Action par laquelle on soutient une idée. 🔊 [kɔ̃ba].

COMBATIF, IVE, adj.
Agressif, bagarreur. 🔊 [kɔ̃batif, -iv].

COMBATTANT, ANTE, subst.
Personne qui prend part à un combat, qui combat. 🔊 [kɔ̃batɑ̃, -ɑ̃t].

COMBATTRE, verbe [61]
Trans. Se battre contre, s'opposer à (qqn ou qqch.). – Intrans. Livrer un combat. 🔊 [kɔ̃batʀ].

COMBIEN, subst. m. inv. et adv.
Adv. Sert à interroger sur la quantité, le nombre : Combien *pèses-tu* ? – Marque l'intensité : Combien *sa joie fut immense.* – Subst. *Le* combien *viens-tu* ? (fam.). 🔊 [kɔ̃bjɛ̃].

COMBINAISON, subst. f.
Assemblage de plusieurs éléments dans un ordre défini. – Calculs, mesures prises en vue de réussir. – Sous-vêtement féminin. – Vêtement de travail. 🔊 [kɔ̃binɛzɔ̃].

COMBINE, subst. f.
Moyen détourné, procédé habile, tricherie (fam.). 🔊 [kɔ̃bin].

COMBINÉ, subst. m.
Partie du téléphone comprenant l'écouteur et le microphone. 🔊 [kɔ̃bine].

COMBINER, verbe trans. [3]
Assembler (des éléments) de façon déterminée. – Élaborer, organiser. – Manigancer. 🔊 [kɔ̃bine].

COMBLE (I), subst. m.
Charpente supportant le toit. – Espace situé sous la toiture. – Fig. *Le* comble *de* : l'apogée de, le degré extrême de. 🔊 [kɔ̃bl].

COMBLE (II), adj.
Rempli de monde. – Plein. 🔊 [kɔ̃bl].

COMBLER, verbe trans. [3]
Remplir (une cavité). – Fig. Faire disparaître (un manque) ; satisfaire, exaucer (des vœux). 🔊 [kɔ̃ble].

COMBUSTIBLE, adj. et subst. m.
Adj. Qui peut brûler. – Subst. Substance dont la combustion produit de l'énergie calorifique. 🔊 [kɔ̃bystibl].

COMBUSTION, subst. f.
Fait de brûler. 🔊 [kɔ̃bystjɔ̃].

COMÉDIE, subst. f.
Pièce de théâtre ou film divertissant. – Fig. Caprice. – Simulation. 🔊 [kɔmedi].

COMÉDIEN, IENNE, subst.
Acteur de théâtre, de cinéma. – Fig. Personne qui simule une attitude, un sentiment, etc. 🔊 [kɔmedjɛ̃, -jɛn].

COMESTIBLE, adj. et subst. m. plur.
Adj. Que l'homme peut manger. – Subst. Produits alimentaires. 🔊 [kɔmɛstibl].

COMÈTE, subst. f.
Astre suivi d'une traînée lumineuse de gaz et de poussières. 🔊 [kɔmɛt].

COMIQUE, adj. et subst. m.
Adj. Relatif à la comédie. – Drôle. – Subst. Ce qui fait rire. – Acteur de rôles comiques. 🔊 [kɔmik].

COMITÉ, subst. m.
Réunion de personnes choisies pour statuer sur une question précise. 🔊 [kɔmite].

COMMANDANT, subst. m.
Officier supérieur dont le grade est compris entre ceux de capitaine et de lieutenant-colonel. – Officier commandant un bâtiment de la marine de guerre. – **Commandant** *de bord* : chef de l'équipage d'un avion. 🔊 [kɔmɑ̃dɑ̃].

COMMANDE, subst. f.
Ordre par lequel on demande une marchandise ou un service ; cette marchandise, ce service. – Mécanisme servant à déclencher et à assurer le fonctionnement d'un appareil. 🔊 [kɔmɑ̃d].

COMMANDEMENT, subst. m.
Action de donner un ordre ; l'ordre donné. – Précepte divin. – Autorité qui commande. 🔊 [kɔmɑ̃dmɑ̃].

COMMANDER, verbe [3]
Trans. dir. Donner l'ordre de. – Avoir sous son autorité. – Passer commande de. – Faire fonctionner. – Trans. indir. Exercer une action sur. – Intrans. Exercer son autorité. 🔊 [kɔmɑ̃de].

COMMANDITER, verbe trans. [3]
Financer. 🔊 [kɔmɑ̃dite].

COMMANDO, subst. m.
Petite formation militaire, très entraînée, chargée de missions spéciales. ▨ [kɔmãdo].

COMME, adv. et conj.
Adv. Indique une comparaison (tel que), la manière (ainsi que), la qualité (en tant que). − Conj. Indique le temps (alors que) ou la cause (parce que, puisque). ▨ [kɔm].

COMMÉMORATION, subst. f.
Action de commémorer. − Cérémonie organisée à la mémoire de (qqn ou qqch.). ▨ [komemɔrasjɔ̃].

COMMÉMORER, verbe trans. [3]
Rappeler le souvenir d'(une personne, d'un événement). ▨ [komemɔre].

COMMENCEMENT, subst. m.
Début, point de départ. ▨ [kɔmãsmã].

COMMENCER, verbe [4]
Trans. Entamer, entreprendre (qqch., une action). − Commencer à, de : se mettre à. − Intrans. Débuter. ▨ [kɔmãse].

COMMENT, subst. m. inv., adv. et interj.
Adv. Indique la manière : Comment allez-vous ? ; Je ne sais comment faire. − Interj. Et comment ! − Subst. Manière. ▨ [kɔmã].

COMMENTAIRE, subst. m.
Remarque ou ensemble de remarques qui éclairent le sens d'un texte. − Opinion. ▨ [kɔmãtɛr].

COMMENTER, verbe trans. [3]
Faire des commentaires sur. ▨ [kɔmãte].

COMMÉRAGE, subst. m.
Potin, propos malveillant, cancan (fam.). ▨ [kɔmeraʒ].

COMMERÇANT, ANTE, adj. et subst.
Subst. Personne qui fait du commerce. − Adj. Où se trouvent de nombreux commerces. ▨ [kɔmɛrsã, -ãt].

COMMERCE, subst. m.
Fréquentation : Il est d'un commerce agréable. − Achat et vente, échange de marchandises. − Magasin. ▨ [kɔmɛrs].

COMMERCIAL, ALE, AUX, adj.
Relatif au commerce. − Qui tend vers une large diffusion, sans souci de qualité (péj.). ▨ [kɔmɛrsjal].

COMMERCIALISER, verbe trans. [3]
Diffuser dans un circuit de distribution commerciale. ▨ [kɔmɛrsjalize].

COMMÈRE, subst. f.
Femme bavarde, qui colporte des potins. ▨ [kɔmɛr].

COMMETTRE, verbe trans. [60]
Désigner (qqn) pour une tâche précise. − Faire (une chose répréhensible). − Pronom. Se compromettre. ▨ [kɔmɛtr].

COMMINATOIRE, adj.
Qui renferme une menace. ▨ [kɔminatwar].

COMMIS, subst. m.
Employé subalterne. ▨ [kɔmi].

COMMISÉRATION, subst. f.
Compassion pour les malheurs d'autrui. ▨ [kɔmizerasjɔ̃].

COMMISSAIRE, subst. m.
Personne à qui l'on confie une mission temporaire. − Titre de fonctionnaire titulaire d'une charge. ▨ [kɔmisɛr].

COMMISSAIRE-PRISEUR, subst. m.
Personne chargée de l'estimation d'objets et de leur vente aux enchères. ▨ Plur. commissaires-priseurs ; [kɔmisɛrprizœr].

COMMISSARIAT, subst. m.
Ensemble des services, des locaux dépendant du commissaire. ▨ [kɔmisarja].

COMMISSION, subst. f.
Message ou objet que l'on confie à qqn pour qu'il le transmette. − Somme d'argent qu'on laisse à un intermédiaire. − Assemblée de personnes chargées d'une mission. − Plur. Emplettes. ▨ [kɔmisjɔ̃].

COMMISSIONNAIRE, subst.
Personne qui agit pour le compte d'un client. ▨ [kɔmisjɔnɛr].

COMMISSURE, subst. f.
Point de jonction de parties anatomiques : Commissure des lèvres. ▨ [kɔmisyr].

COMMODE (I), adj.
Pratique, approprié. − Facile ; d'un caractère agréable. ▨ [kɔmɔd].

COMMODE (II), subst. f.
Meuble plus large que haut, muni de grands tiroirs de rangement. ▨ [kɔmɔd].

COMMODITÉ, subst. f.
Caractère de ce qui est commode. − Plur. Ce qui rend les choses, la vie plus agréables. ▨ [kɔmɔdite].

COMMOTION, subst. f.
Traumatisme nerveux provoqué par un choc. − Choc émotionnel. ▨ [kɔmosjɔ̃].

COMMOTIONNER, verbe trans. [3]
Frapper d'une commotion. − Bouleverser (qqn). ▨ [kɔmosjɔne].

COMMUER, verbe trans. [3]
Dr. Changer (une peine) en une autre moins importante. ▨ [kɔmye].

COMMUN, UNE, adj.
Qui appartient à plusieurs, à tous ; relatif au plus grand nombre, à tout le monde. − Qui est fait par plusieurs. − Ordinaire. − Sans élégance, vulgaire. ▨ [kɔmœ̃, -yn].

COMMUNAL, ALE, AUX, adj.
Relatif à une commune. ▨ [kɔmynal].

COMMUNAUTAIRE, adj.
Relatif à une communauté. ▨ [kɔmynotɛr].

COMMUNAUTÉ, subst. f.
Caractère de ce qui est partagé. − Ensemble organisé de personnes ayant des caractères ou des intérêts communs. ▨ [kɔmynote].

COMMUNE, subst. f.
Circonscription administrative placée sous l'autorité d'un maire. ▨ [kɔmyn].

COMMUNICATIF, IVE, adj.
Qui se communique aisément. – Loquace, démonstratif. 🔊 [kɔmynikatif, -iv].

COMMUNICATION, subst. f.
Action de communiquer. – Message ; conversation. – Ce qui permet de faire communiquer deux choses. 🔊 [kɔmynikasjɔ̃].

COMMUNIER, verbe intrans. [6]
Être en accord total d'idées. – Relig. Recevoir l'eucharistie. – Être uni spirituellement (à d'autres personnes). 🔊 [kɔmynje].

COMMUNION, subst. f.
Accord total d'idées. – Relig. Action de communier. – Union dans une même foi. 🔊 [kɔmynjɔ̃].

COMMUNIQUÉ, subst. m.
Annonce officielle. 🔊 [kɔmynike].

COMMUNIQUER, verbe [3]
Trans. Faire part de ; transmettre. – Intrans. Être, entrer en rapport avec. 🔊 [kɔmynike].

COMMUNISME, subst. m.
Doctrine prônant la propriété collective des moyens de production. 🔊 [kɔmynism].

COMMUTATEUR, subst. m.
Appareil servant à établir ou à interrompre le courant électrique. 🔊 [kɔmytatœʀ].

COMPACT, ACTE, adj.
Dont les parties sont étroitement liées, formant une masse dense. 🔊 [kɔ̃pakt].

COMPAGNON, COMPAGNE, subst.
Celui ou celle qui partage la vie ou une des activités de qqn. 🔊 [kɔ̃paɲɔ̃, kɔ̃paɲ].

COMPAGNIE, subst. f.
Présence auprès de qqn. – Association de personnes réunies par un objectif ou des statuts communs. – Unité militaire placée sous les ordres d'un capitaine. 🔊 [kɔ̃paɲi].

COMPARAISON, subst. f.
Action de comparer. 🔊 [kɔ̃paʀɛzɔ̃].

COMPARAÎTRE, verbe intrans. [73]
Se présenter sur demande officielle devant un juge, un tribunal. 🔊 [kɔ̃paʀɛtʀ].

COMPARATIF, IVE, adj. et subst. m.
Qui établit une comparaison. – Subst. Ling. Degré de comparaison d'un adjectif ou d'un adverbe. 🔊 [kɔ̃paʀatif, -iv].

COMPARER, verbe trans. [3]
Observer (plusieurs choses) sous l'angle de leurs différences ou de leurs ressemblances. – Faire ressortir une analogie (entre deux choses, deux personnes). 🔊 [kɔ̃paʀe].

COMPARSE, subst.
Personnage de second plan. 🔊 [kɔ̃paʀs].

COMPARTIMENT, subst. m.
Division d'une surface, d'une pièce, d'un meuble, etc. 🔊 [kɔ̃paʀtimɑ̃].

COMPAS, subst. m.
Instrument à deux branches servant à tracer des cercles. – Instrument de navigation servant à se diriger et à se repérer. 🔊 [kɔ̃pa].

COMPASSÉ, ÉE, adj.
Raide, affecté et solennel. 🔊 [kɔ̃pase].

COMPASSION, subst. f.
Pitié, sympathie que l'on éprouve pour une personne qui souffre. 🔊 [kɔ̃pasjɔ̃].

COMPATIBLE, adj.
Qui peut s'accorder avec. 🔊 [kɔ̃patibl].

COMPATIR, verbe trans. indir. [19]
Compatir à la souffrance de qqn : y prendre part, en avoir pitié. 🔊 [kɔ̃patiʀ].

COMPATRIOTE, subst.
Personne qui est originaire du même pays, de la même région qu'une autre. 🔊 [kɔ̃patʀijɔt].

COMPENSATION, subst. f.
Action de compenser. – Dédommagement. 🔊 [kɔ̃pɑ̃sasjɔ̃].

COMPENSER, verbe trans. [3]
Contrebalancer, équilibrer (un effet par un autre). 🔊 [kɔ̃pɑ̃se].

COMPÈRE, subst. m.
Complice (dans une supercherie, une farce). – Compagnon (vieilli). 🔊 [kɔ̃pɛʀ].

COMPÉTENCE, subst. f.
Aptitude légale d'une autorité à effectuer certains actes dans un domaine particulier. – Expérience acquise dans un domaine, connaissance reconnue. 🔊 [kɔ̃petɑ̃s].

COMPÉTENT, ENTE, adj.
Qui a une compétence dans un domaine donné. 🔊 [kɔ̃petɑ̃, -ɑ̃t].

COMPÉTITIF, IVE, adj.
Apte à affronter la concurrence du marché. 🔊 [kɔ̃petitif, -iv].

COMPÉTITION, subst. f.
Rivalité entre des personnes ayant un même but. – Épreuve sportive. 🔊 [kɔ̃petisjɔ̃].

COMPILATION, subst. f.
Action de compiler. – Recueil de morceaux choisis. 🔊 [kɔ̃pilasjɔ̃].

COMPILER, verbe trans. [3]
Réunir (des documents d'origines diverses) en un seul ouvrage. 🔊 [kɔ̃pile].

COMPLAINTE, subst. f.
Chanson plaintive retraçant un événement triste. 🔊 [kɔ̃plɛ̃t].

COMPLAIRE, verbe trans. indir. [59]
Complaire à qqn : lui être agréable par son comportement. – Pronom. Se délecter à. 🔊 [kɔ̃plɛʀ].

COMPLAISANCE, subst. f.
Propension à faire plaisir, amabilité. – Trop grande indulgence. – Satisfaction de soi. 🔊 [kɔ̃plɛzɑ̃s].

COMPLÉMENT, subst. m.
Ce qu'on ajoute à un ensemble. – Ling. Mot ou groupe de mots qui complète un autre mot ou groupe de mots, ou en précise le sens. 🔊 [kɔ̃plemɑ̃].

COMPLÉMENTAIRE, adj.
Qui complète. 🔊 [kɔ̃plemɑ̃tɛʀ].

COMPLET (I), ÈTE, adj.
Qui contient tous les éléments utiles.
– Plein ; achevé. – Qui n'a plus de place
disponible. – Qui a toutes les qualités : *Un
athlète complet.* 🔊 [kɔ̃plɛ, -ɛt].

COMPLET (II), subst. m.
Costume masculin fait de deux ou trois
pièces assorties. 🔊 [kɔ̃plɛ].

COMPLÉTER, verbe trans. [8]
Rendre complet. – Pronom. S'associer de
manière harmonieuse à. 🔊 [kɔ̃plete].

COMPLEXE, adj. et subst. m.
Qui est composé d'éléments différents.
– Subst. Ensemble d'industries complémen-
taires groupées dans une même région.
– *Psychan.* Ensemble d'idées et de souvenirs
chargés de valeur affective et influençant le
comportement. – *Psychol.* Sentiment d'infériorité (gén. au plur.). 🔊 [kɔ̃plɛks].

COMPLEXÉ, ÉE, adj. et subst.
Se dit d'une personne qui manque de
confiance en elle. 🔊 [kɔ̃plɛkse].

COMPLEXION, subst. f.
Constitution physique d'une personne.
– Tempérament. 🔊 [kɔ̃plɛksjɔ̃].

COMPLEXITÉ, subst. f.
État de ce qui est complexe. 🔊 [kɔ̃plɛksite].

COMPLICATION, subst. f.
État de ce qui est compliqué. – Aggravation
due à un nouvel élément. 🔊 [kɔ̃plikasjɔ̃].

COMPLICE, adj. et subst.
Qui prend part à une action ou à l'accomplissement d'une chose (louable ou
blâmable). – Adj. Qui manifeste la connivence : *Regard complice.* 🔊 [kɔ̃plis].

COMPLICITÉ, subst. f.
Contribution effective à un délit. – Entente
entre des personnes. 🔊 [kɔ̃plisite].

COMPLIMENT, subst. m.
Paroles exprimant des félicitations, des
louanges. 🔊 [kɔ̃plimɑ̃].

COMPLIMENTER, verbe trans. [3]
Faire des compliments à. 🔊 [kɔ̃plimɑ̃te].

COMPLIQUER, verbe trans. [3]
Rendre (qqch.) plus difficile à comprendre.
– Pronom. Devenir confus. – Empirer.
🔊 [kɔ̃plike].

COMPLOT, subst. m.
Plan concerté en vue de nuire. 🔊 [kɔ̃plo].

COMPLOTER, verbe [3]
Mettre au point un complot, manigancer.
🔊 [kɔ̃plɔte].

COMPONCTION, subst. f.
Gravité affectée. 🔊 [kɔ̃pɔ̃ksjɔ̃].

COMPORTEMENT, subst. m.
Façon de se conduire. 🔊 [kɔ̃pɔʀtəmɑ̃].

COMPORTER, verbe trans. [3]
Contenir, porter en soi. – Pronom. Se
conduire, agir d'une certaine façon.
🔊 [kɔ̃pɔʀte].

COMPOSANT, ANTE, adj. et subst.
Adj. Qui entre dans la composition de qqch.
– Subst. Élément constitutif. 🔊 [kɔ̃pozɑ̃, -ɑ̃t].

COMPOSÉ, ÉE, adj. et subst. m.
Adj. Formé d'éléments divers. – *Ling. Temps
composé* : formé d'un auxiliaire et d'un
participe passé. – Subst. Ensemble de
plusieurs éléments. 🔊 [kɔ̃poze].

COMPOSÉE, subst. f.
Plante herbacée aux petites fleurs serrées
(pâquerette, pissenlit, dahlia...). – Plur. La
famille correspondante. 🔊 [kɔ̃poze].

COMPOSER, verbe [3]
Trans. Constituer un tout en agençant
divers éléments. – Faire partie (d'un tout).
– Créer (une œuvre). – Intrans. Chercher
à s'entendre (avec qqn). 🔊 [kɔ̃poze].

COMPOSITE, adj.
Formé d'éléments disparates. 🔊 [kɔ̃pozit].

COMPOSITEUR, TRICE, subst.
Auteur d'une œuvre, en partic. d'une œuvre
musicale. 🔊 [kɔ̃pozitœʀ, -tʀis].

COMPOSITION, subst. f.
Action de constituer un tout en agençant
des éléments ; son résultat. – Action de créer
une œuvre ; son résultat. 🔊 [kɔ̃pozisjɔ̃].

COMPOST, subst. m.
Engrais composé de matières organiques et
minérales fermentées. 🔊 [kɔ̃pɔst].

COMPOSTER, verbe trans. [3].
Perforer, tamponner (un ticket, une facture) pour valider. 🔊 [kɔ̃pɔste].

COMPOTE, subst. f.
Purée de fruits cuits. 🔊 [kɔ̃pɔt].

COMPOTIER, subst. m.
Coupe à fruits ou à compote. 🔊 [kɔ̃pɔtje].

COMPRÉHENSIBLE, adj.
Qui est clair à l'esprit. – Que l'on peut
excuser. 🔊 [kɔ̃pʀeɑ̃sibl].

COMPRÉHENSIF, IVE, adj.
Qui comprend, indulgent. 🔊 [kɔ̃pʀeɑ̃sif, -iv].

COMPRÉHENSION, subst. f.
Faculté de comprendre. – Tolérance, bienveillance. – Caractère de ce qui peut être
compris. 🔊 [kɔ̃pʀeɑ̃sjɔ̃].

COMPRENDRE, verbe trans. [52]
Saisir le sens de. – Se montrer tolérant
envers. – Contenir. 🔊 [kɔ̃pʀɑ̃dʀ].

COMPRESSE, subst. f.
Pièce de gaze servant à panser une plaie.
🔊 [kɔ̃pʀɛs].

COMPRESSION, subst. f.
Action de comprimer. – Restriction ; réduction. 🔊 [kɔ̃pʀɛsjɔ̃].

COMPRIMÉ, subst. m.
Pastille médicamenteuse. 🔊 [kɔ̃pʀime].

COMPRIMER, verbe trans. [3]
Faire subir une pression à (qqch.). – Fig.
Réduire, diminuer. – Refréner. 🔊 [kɔ̃pʀime].

COMPROMETTRE, verbe trans. [60]
Mettre dans une position dangereuse ou
embarrassante. 🔊 [kɔ̃pʀɔmɛtʀ].

COMPROMIS, subst. m.
Accord reposant sur des concessions mu-
tuelles. 🔊 [kɔ̃pʀɔmi].

COMPTABILITÉ, subst. f.
Technique de l'établissement des comptes. – Liste détaillée des recettes et des dépenses d'une personne, d'une entreprise. – Service qui tient les comptes, dans une entreprise. [kɔ̃tabilite].

COMPTABLE, adj. et subst.
Adj. Relatif à la comptabilité. – Subst. Professionnel qui tient la comptabilité. [kɔ̃tabl].

COMPTANT, adj. m., subst. m. et adv.
Adj. et subst. Que l'on donne sur l'heure et en espèces : *Payer en argent comptant.* – Adv. *Payer comptant.* [kɔ̃tɑ̃].

COMPTE, subst. m.
Dénombrement, calcul. – État des recettes et des dépenses. – Ce qui est dû. – Rapport détaillé : *Rendre compte de.* – *Se rendre compte de* : s'apercevoir de. [kɔ̃t].

COMPTE-GOUTTES, subst. m. inv.
Tube servant à verser un liquide goutte à goutte. – Fig. *Au compte-gouttes* : avec parcimonie. [kɔ̃tgut].

COMPTER, verbe [3]
Trans. Calculer, déterminer le nombre, la quantité de. – Comporter. – Envisager de : *Je compte partir.* – Intrans. Entrer dans un calcul. – Faire un calcul. – Avoir de l'importance. [kɔ̃te].

COMPTE(-)RENDU, subst. m.
Rapport détaillé d'un événement. Plur. *comptes(-)rendus* : [kɔ̃trɑ̃dy].

COMPTEUR, subst. m.
Appareil qui sert à compter, à dénombrer, à mesurer. [kɔ̃tœʀ].

COMPTINE, subst. f.
Chanson enfantine déterminant les rôles dans un jeu. [kɔ̃tin].

COMPTOIR, subst. m.
Table sur laquelle on expose des marchandises. – Établissement commercial installé à l'étranger. [kɔ̃twaʀ].

COMPULSER, verbe trans. [3]
Examiner, consulter (des écrits, des ouvrages). [kɔ̃pylse].

COMTE, COMTESSE, subst.
Titre de noblesse, entre marquis et vicomte. [kɔ̃t, kɔ̃tɛs].

CONCASSER, verbe trans. [3]
Broyer en menus fragments. [kɔ̃kase].

CONCAVE, adj.
Dont la surface forme un creux. [kɔ̃kav].

CONCÉDER, verbe trans. [8]
Accorder à titre de faveur. – Fig. Admettre. [kɔ̃sede].

CONCENTRATION, subst. f.
Action de concentrer, de se concentrer. – Son résultat. – *Camp de concentration* : où sont regroupés, dans des conditions extrêmement pénibles, des prisonniers de guerre, des déportés, etc. [kɔ̃sɑ̃tʀasjɔ̃].

CONCENTRER, verbe trans. [3]
Réunir en un seul point (des éléments dispersés). – Fixer sur un seul objet. – Pronom. Réfléchir intensément. [kɔ̃sɑ̃tʀe].

CONCENTRIQUE, adj.
Qui présente le même centre de courbure. [kɔ̃sɑ̃tʀik].

CONCEPT, subst. m.
Représentation intellectuelle générale et abstraite. [kɔ̃sɛpt].

CONCEPTION, subst. f.
Action de concevoir un enfant. – Élaboration mentale d'une idée. – Idée. [kɔ̃sɛpsjɔ̃].

CONCERNER, verbe trans. [3]
Avoir rapport à. – Intéresser. [kɔ̃sɛʀne].

CONCERT, subst. m.
Exécution d'une œuvre musicale. – Ensemble de bruits. – *De concert* : en accord. [kɔ̃sɛʀ].

CONCERTATION, subst. f.
Action de se concerter. [kɔ̃sɛʀtasjɔ̃].

CONCERTER, verbe trans. [3]
Préparer (un projet) avec d'autres personnes. – Pronom. S'entendre pour mener une action commune. [kɔ̃sɛʀte].

CONCERTO, subst. m.
Morceau dans lequel un ou plusieurs instruments solistes dialoguent avec l'orchestre. [kɔ̃sɛʀto].

CONCESSION, subst. f.
Action de concéder un droit, un privilège. – Terrain concédé. – Avantage accordé à un adversaire dans une discussion. [kɔ̃sesjɔ̃].

CONCESSIONNAIRE, adj. et subst.
Représentant commercial exclusif d'un producteur. [kɔ̃sesjɔnɛʀ].

CONCEVOIR, verbe trans. [38]
Créer dans son esprit ; former un concept. – Comprendre. – Ressentir. – *Concevoir un enfant* : le créer par un acte sexuel fécond. [kɔ̃s(ə)vwaʀ].

CONCIERGE, subst.
Gardien d'un immeuble. [kɔ̃sjɛʀʒ].

CONCILE, subst. m.
Assemblée d'évêques qui statuent en matière de doctrine, de discipline. [kɔ̃sil].

CONCILIABULE, subst. m.
Entretien discret ou secret. [kɔ̃siljabyl].

CONCILIANT, ANTE, adj.
Qui consent à des concessions. – Qui concilie. [kɔ̃siljɑ̃, -ɑ̃t].

CONCILIATION, subst. f.
Action de concilier. – Résultat de cette action. [kɔ̃siljasjɔ̃].

CONCILIER, verbe trans. [6]
Accorder (des personnes ou des exigences opposées). – Pronom. Disposer en sa faveur. [kɔ̃silje].

CONCIS, ISE, adj.
Bref et précis. [kɔ̃si, -iz].

CONCITOYEN, ENNE, subst.
Personne qui est originaire de la même ville ou du même pays qu'une autre, compatriote. 🔊 [kɔ̃sitwajɛ̃. -ɛn].

CONCLUANT, ANTE, adj.
Qui établit une conclusion définitive, convaincant. 🔊 [kɔ̃klyɑ̃. -ɑ̃t].

CONCLURE, verbe trans. [79]
Achever. – Mener à son terme par un accord : Conclure un marché. – Conclure que, à : tirer comme conséquence (que). 🔊 [kɔ̃klyʀ].

CONCLUSION, subst. f.
Action de conclure. – Arrangement final, dénouement. – Constatation, conséquence. 🔊 [kɔ̃klyzjɔ̃].

CONCOMBRE, subst. m.
Légume oblong, gén. consommé en salade. 🔊 [kɔ̃kɔ̃bʀ].

CONCOMITANT, ANTE, adj.
Qui a lieu en même temps. 🔊 [kɔ̃kɔmitɑ̃. -ɑ̃t].

CONCORDANCE, subst. f.
Accord, conformité. – Ling. Concordance des temps : règles régissant l'accord du temps du verbe d'une proposition subordonnée avec celui du verbe principal. 🔊 [kɔ̃kɔʀdɑ̃s].

CONCORDE, subst. f.
État d'harmonie, d'entente entre les personnes ou les peuples. 🔊 [kɔ̃kɔʀd].

CONCORDER, verbe intrans. [3]
Être en accord, correspondre. 🔊 [kɔ̃kɔʀde].

CONCOURIR, verbe [25]
Trans. indir. Concourir à : contribuer, aider à (un résultat commun). – Intrans. Être en compétition. 🔊 [kɔ̃kuʀiʀ].

CONCOURS, subst. m.
Coïncidence d'événements : Un concours de circonstances. – Examen sélectionnant les meilleurs candidats. – Contribution. 🔊 [kɔ̃kuʀ].

CONCRET, ÈTE, adj.
Réel, palpable. 🔊 [kɔ̃kʀɛ. -ɛt].

CONCRÉTION, subst. f.
Agglomération d'éléments, qui forment un corps solide. 🔊 [kɔ̃kʀesjɔ̃].

CONCRÉTISER, verbe trans. [3]
Rendre concret, matérialiser. 🔊 [kɔ̃kʀetize].

CONCUBINAGE, subst. m.
Situation d'un homme et d'une femme qui vivent ensemble sans être mariés. 🔊 [kɔ̃kybinaʒ].

CONCUPISCENCE, subst. f.
Désir des plaisirs sensuels. 🔊 [kɔ̃kypisɑ̃s].

CONCURRENCE, subst. f.
Rivalité d'intérêts, en partic. économiques. – À concurrence de : jusqu'à la limite de. 🔊 [kɔ̃kyʀɑ̃s].

CONCURRENCER, verbe trans. [4]
Être en concurrence avec. 🔊 [kɔ̃kyʀɑ̃se].

CONCURRENT, ENTE, adj. et subst.
Qui est en concurrence avec. – Qui participe à une compétition, à un concours. 🔊 [kɔ̃kyʀɑ̃. -ɑ̃t].

CONDAMNATION, subst. f.
Sentence judiciaire infligeant une peine à l'auteur d'un délit ; la peine. – Action de désapprouver. 🔊 [kɔ̃danasjɔ̃].

CONDAMNER, verbe trans. [3]
Frapper d'une peine par jugement. – Désapprouver. – Interdire l'usage (d'une voie d'accès, d'un lieu). – Obliger (à qqch. de pénible). 🔊 [kɔ̃dane].

CONDENSATION, subst. f.
Action de condenser, de se condenser ; son résultat. – Passage d'un gaz à l'état liquide. 🔊 [kɔ̃dɑ̃sasjɔ̃].

CONDENSER, verbe trans. [3]
Rendre plus dense en réduisant le volume. – Faire passer un corps de l'état gazeux à l'état liquide. – Fig. Résumer. – Pronom. Passer à l'état liquide, en parlant d'un gaz. 🔊 [kɔ̃dɑ̃se].

CONDESCENDANCE, subst. f.
Bienveillance dédaigneuse. 🔊 [kɔ̃desɑ̃dɑ̃s].

CONDIMENT, subst. m.
Substance dont le parfum prononcé sert à relever la saveur des aliments. 🔊 [kɔ̃dimɑ̃].

CONDISCIPLE, subst.
Compagnon d'études. 🔊 [kɔ̃disipl].

CONDITION, subst. f. et loc. conj.
État, situation sociale ; situation physique ou morale. – Circonstance dont dépend la réalisation d'un fait : Condition sine qua non, indispensable. – Loc. À condition que + subj. : si, pourvu que. – Plur. Circonstances extérieures dont dépend qqch. : Les conditions météorologiques. 🔊 [kɔ̃disjɔ̃].

CONDITIONNÉ, ÉE, adj.
Qui dépend de conditions. – Air conditionné : qui a une température et un degré d'hygrométrie définis. 🔊 [kɔ̃disjone].

CONDITIONNEL, ELLE, adj. et subst. m.
Adj. Subordonné à certaines conditions. – Subst. Mode verbal liant l'action à une condition. 🔊 [kɔ̃disjonɛl].

CONDITIONNEMENT, subst. m.
Action de conditionnner. – Fait d'être conditionné. – Emballage d'un produit. 🔊 [kɔ̃disjonmɑ̃].

CONDITIONNER, verbe trans. [3]
Être la condition de. – Déterminer les comportements de (qqn). – Emballer (un produit). 🔊 [kɔ̃disjone].

CONDOLÉANCES, subst. f. plur.
Marque de sympathie devant la douleur d'autrui. 🔊 [kɔ̃dɔleɑ̃s].

CONDOR, subst. m.
Grand vautour des Andes. 🔊 [kɔ̃dɔʀ].

CONDUCTEUR, TRICE, adj. et subst.
Adj. Qui conduit, dirige. – Subst. Personne qui conduit un véhicule. – Masc. Tout corps qui transmet de la chaleur ou de l'électricité. 🔊 [kɔ̃dyktœʀ. -tʀis].

CONDUIRE, verbe trans. [69]
Mener (vers un lieu précis). – Amener à. – Manœuvrer, piloter (un véhicule). – Commander (une armée, une entreprise), diriger (une affaire). – Pronom. Se comporter. 🐚 [kɔ̃dɥiʀ].

CONDUIT, subst. m.
Tuyau, canal d'écoulement. 🐚 [kɔ̃dɥi].

CONDUITE, subst. f.
Action de conduire, de diriger. – Manière d'agir. – Action de conduire un véhicule. – Tuyau, canalisation. 🐚 [kɔ̃dɥit].

CÔNE, subst. m.
Solide dont la base est un cercle et le sommet une pointe. 🐚 [kon].

CONFECTION, subst. f.
Action de confectionner qqch., en partic. des vêtements en série. 🐚 [kɔ̃fɛksjɔ̃].

CONFECTIONNER, verbe trans. [3]
Fabriquer intégralement. 🐚 [kɔ̃fɛksjɔne].

CONFÉDÉRATION, subst. f.
Association d'États souverains qui délèguent certaines compétences à un pouvoir central. – Groupement d'associations, de fédérations. 🐚 [kɔ̃fedeʀasjɔ̃].

CONFÉDÉRÉ, ÉE, adj. et subst.
Qui est uni par confédération. 🐚 [kɔ̃federe].

CONFÉRENCE, subst. f.
Réunion, entretien. – Exposé public sur un sujet donné, prononcé par un spécialiste. 🐚 [kɔ̃feʀɑ̃s].

CONFÉRENCIER, IÈRE, subst.
Personne qui donne une conférence. 🐚 [kɔ̃feʀɑ̃sje, -jɛʀ].

CONFÉRER, verbe [8]
Intrans. Discuter. – Trans. Accorder (qqch. à qqn). 🐚 [kɔ̃feʀe].

CONFESSER, verbe trans. [3]
Dire (ses péchés) à un prêtre. – Entendre (qqn) en confession. – Avouer. 🐚 [kɔ̃fese].

CONFESSION, subst. f.
Action de confesser. – Aveu. – Religion. 🐚 [kɔ̃fesjɔ̃].

CONFESSIONNAL, AUX, subst. m.
Isoloir où l'on se confesse à un prêtre. 🐚 [kɔ̃fesjɔnal].

CONFIANCE, subst. f.
État d'esprit qui porte à se fier aux êtres ou aux choses. 🐚 [kɔ̃fjɑ̃s].

CONFIANT, ANTE, adj.
Animé par la confiance. 🐚 [kɔ̃fjɑ̃, -ɑ̃t].

CONFIDENCE, subst. f.
Aveu d'un secret. – Loc. adv. *En confidence* : sous le sceau du secret. 🐚 [kɔ̃fidɑ̃s].

CONFIDENT, ENTE, subst.
Personne à qui l'on confie ses secrets. 🐚 [kɔ̃fidɑ̃, -ɑ̃t].

CONFIDENTIEL, IELLE, adj.
Qui se dit, se fait en confidence. – Qui vise un nombre réduit de personnes. 🐚 [kɔ̃fidɑ̃sjɛl].

CONFIER, verbe trans. [6]
Remettre aux soins de (qqn). – Pronom. Faire des confidences. 🐚 [kɔ̃fje].

CONFIGURATION, subst. f.
Aspect général et extérieur d'un ensemble. 🐚 [kɔ̃figyʀasjɔ̃].

CONFINER, verbe trans. [3]
Trans. dir. Enfermer dans une limite. – Trans. indir. **Confiner** *à* : toucher aux limites de. 🐚 [kɔ̃fine].

CONFINS, subst. m. plur.
Frontières, extrémité. 🐚 [kɔ̃fɛ̃].

CONFIRE, verbe trans. [64]
Imbiber (un aliment) d'une substance qui conserve. 🐚 [kɔ̃fiʀ].

CONFIRMATION, subst. f.
Action de confirmer ; son résultat. – Sacrement de l'Église catholique, qui confirme le baptême. 🐚 [kɔ̃fiʀmasjɔ̃].

CONFIRMER, verbe trans. [3]
Conforter (qqn). – Affirmer l'exactitude, l'existence de ; prouver. – Donner le sacrement de la confirmation. 🐚 [kɔ̃fiʀme].

CONFISERIE, subst. f.
Friandise à base de sucre. – Atelier, magasin du confiseur. 🐚 [kɔ̃fizʀi].

CONFISEUR, EUSE, subst.
Personne qui produit ou vend des confiseries. 🐚 [kɔ̃fizœʀ, -øz].

CONFISQUER, verbe trans. [3]
Saisir (des biens). 🐚 [kɔ̃fiske].

CONFIT, ITE, adj. et subst. m.
Adj. Conservé dans la graisse, le vinaigre, etc. – Fig. **Confit** *en dévotion* : totalement adonné à la religion. – Subst. Viande cuite conservée dans sa graisse. 🐚 [kɔ̃fi, -it].

CONFITURE, subst. f.
Préparation de fruits cuits avec du sucre. 🐚 [kɔ̃fityʀ].

CONFLICTUEL, ELLE, adj.
Qui est source de conflit. – Qui constitue un conflit. 🐚 [kɔ̃fliktɥɛl].

CONFLIT, subst. m.
Désaccord ou lutte résultant d'une opposition d'intérêts ou de points de vue. 🐚 [kɔ̃fli].

CONFLUENT, subst. m.
Lieu où deux cours d'eau se rencontrent. 🐚 [kɔ̃flyɑ̃].

CONFONDRE, verbe trans. [51]
Réunir en un tout. – Prendre une chose, une personne pour une autre. – Troubler, étonner ; démasquer. – Pronom. *Se confondre en excuses* : s'excuser longuement. 🐚 [kɔ̃fɔ̃dʀ].

CONFORME, adj.
Semblable à un modèle. – En accord avec une règle. 🐚 [kɔ̃fɔʀm].

CONFORMER, verbe trans. [3]
Rendre conforme. – Pronom. Se soumettre à. 🐚 [kɔ̃fɔʀme].

CONFORMISME, subst. m.
Attitude consistant à faire et à penser ce qui est généralement admis. 🐚 [kɔ̃fɔʀmism].

CONFORMITÉ, subst. f.
État de ce qui est conforme. 🔊 [kɔ̃fɔʀmite].

CONFORT, subst. m.
Ce qui assure le bien-être matériel ou psychologique. 🔊 [kɔ̃fɔʀ].

CONFORTABLE, adj.
Qui offre du confort. 🔊 [kɔ̃fɔʀtabl].

CONFRÈRE, CONSŒUR, subst.
Chacun des membres d'une même profession (gén. libérale). 🔊 [kɔ̃fʀɛʀ, kɔ̃sœʀ].

CONFRÉRIE, subst. f.
Association pieuse de laïques. 🔊 [kɔ̃fʀeʀi].

CONFRONTATION, subst. f.
Action de confronter. 🔊 [kɔ̃fʀɔ̃tasjɔ̃].

CONFRONTER, verbe trans. [3]
Mettre des personnes face à face pour comparer leurs dires. – Comparer. – Pronom. *Se confronter à un problème* : l'affronter. 🔊 [kɔ̃fʀɔ̃te].

CONFUS, USE, adj.
Embrouillé, vague. – Gêné. 🔊 [kɔ̃fy, -yz].

CONFUSION, subst. f.
Action de prendre une chose ou une personne pour une autre ; méprise, erreur. – Désordre. – Embarras. 🔊 [kɔ̃fyzjɔ̃].

CONGÉ, subst. m.
Permission donnée à qqn de se retirer. – Période de repos, vacances. 🔊 [kɔ̃ʒe].

CONGÉDIER, verbe trans. [6]
Demander (à une personne) de s'en aller. 🔊 [kɔ̃ʒedje].

CONGÉLATEUR, subst. m.
Appareil frigorifique servant à la congélation des aliments. 🔊 [kɔ̃ʒelatœʀ].

CONGÉLATION, subst. f.
Action de congeler. – Résultat de cette action. 🔊 [kɔ̃ʒelasjɔ̃].

CONGELER, verbe trans. [11]
Solidifier un liquide en abaissant sa température. – Soumettre au froid pour conserver. 🔊 [kɔ̃ʒle].

CONGÉNÈRE, adj. et subst.
Qui est de la même espèce. 🔊 [kɔ̃ʒenɛʀ].

CONGÉNITAL, ALE, AUX, adj.
Qui existe à la naissance, inné. 🔊 [kɔ̃ʒenital].

CONGÈRE, subst. f.
Amas de neige formé par le vent. 🔊 [kɔ̃ʒɛʀ].

CONGESTION, subst. f.
Accumulation excessive de sang dans les vaisseaux d'un organe. – Fig. Encombrement. 🔊 [kɔ̃ʒɛstjɔ̃].

CONGESTIONNÉ, ÉE, adj.
Dans un état de congestion. 🔊 [kɔ̃ʒɛstjɔne].

CONGLOMÉRAT, subst. m.
Agglomération de fragments de roches. – Regroupement d'entreprises aux activités variées. 🔊 [kɔ̃glɔmeʀa].

CONGRATULER, verbe trans. [3]
Complimenter vivement. 🔊 [kɔ̃gʀatyle].

CONGRE, subst. m.
Poisson de mer dépourvu d'écailles, également appelé anguille de mer. 🔊 [kɔ̃gʀ].

CONGRÉGATION, subst. f.
Association de religieux. 🔊 [kɔ̃gʀegasjɔ̃].

CONGRÈS, subst. m.
Rencontre de personnes qui échangent leurs idées sur un thème particulier. 🔊 [kɔ̃gʀɛ].

CONGRU, UE, adj.
Portion congrue : à peine suffisante pour permettre de subsister. 🔊 [kɔ̃gʀy].

CONIFÈRE, subst. m.
Arbre à feuillage gén. persistant, dont le fruit a la forme d'un cône. 🔊 [kɔnifɛʀ].

CONIQUE, adj.
Qui a la forme d'un cône. 🔊 [kɔnik].

CONJECTURE, subst. f.
Hypothèse qui n'a pas encore été démontrée. 🔊 [kɔ̃ʒɛktyʀ].

CONJOINT, OINTE, subst.
L'époux ou l'épouse, considérés l'un par rapport à l'autre. 🔊 [kɔ̃ʒwɛ̃, -wɛt].

CONJONCTIF, IVE, adj.
Qui sert à unir. 🔊 [kɔ̃ʒɔ̃ktif, -iv].

CONJONCTION, subst. f.
Union, rencontre. – Ling. Mot invariable qui relie des éléments du discours. 🔊 [kɔ̃ʒɔ̃ksjɔ̃].

CONJONCTURE, subst. f.
État de choses né de la combinaison de circonstances concomitantes. – Situation économique, sociale, etc., à un moment donné. 🔊 [kɔ̃ʒɔ̃ktyʀ].

CONJONCTUREL, ELLE, adj.
Lié à la conjoncture. 🔊 [kɔ̃ʒɔ̃ktyʀɛl].

CONJUGAISON, subst. f.
Combinaison. – Action de conjuguer un verbe. – Ensemble des formes d'un verbe. 🔊 [kɔ̃ʒygɛzɔ̃].

CONJUGAL, ALE, AUX, adj.
Relatif à l'union maritale. 🔊 [kɔ̃ʒygal].

CONJUGUER, verbe trans. [3]
Combiner (divers éléments), unir. – Décliner les formes d'un verbe. 🔊 [kɔ̃ʒyge].

CONJURATION, subst. f.
Complot contre l'État. 🔊 [kɔ̃ʒyʀasjɔ̃].

CONJURER, verbe trans. [3]
Chasser (l'esprit du mal). – Éloigner (une menace). – Implorer (qqn). 🔊 [kɔ̃ʒyʀe].

CONNAISSANCE, subst. f.
Faculté de connaître. – Savoir, instruction. – Personne que l'on connaît. – *Perdre connaissance* : s'évanouir. 🔊 [kɔnesɑ̃s].

CONNAISSEUR, EUSE, adj. et subst.
Expert dans un domaine. 🔊 [kɔnesœʀ, -øz].

CONNAÎTRE, verbe trans. [73]
Savoir, posséder des informations sur. – Avoir l'expérience de. – Avoir des rapports avec (qqn) ; savoir l'identité de (qqn). 🔊 [kɔnɛtʀ].

CONNECTER, verbe trans. [3]
Joindre. – Brancher. 🔊 [kɔnɛkte].

CONNEXION, subst. f.
Action de relier. – Liaison, branchement. 🔊 [kɔnɛksjɔ̃].

CONNIVENCE, subst. f.
Accord tacite ou secret : *Agir de* connivence.
🔊 [kɔnivɑ̃s].

CONNOTATION, subst. f.
Signification particulière d'un terme, qui s'ajoute à sa signification première.
🔊 [kɔ(n)nɔtasjɔ̃].

CONNU, UE, adj.
Que l'on connaît. – Célèbre. 🔊 [kɔny].

CONQUÉRANT, ANTE, adj. et subst.
Qui soumet ou veut soumettre par les armes. – Fig. Qui séduit. 🔊 [kɔ̃keʀɑ̃, -ɑ̃t].

CONQUÉRIR, verbe trans. [33]
Assujettir par les armes, par la force. – Fig. Séduire. 🔊 [kɔ̃keʀiʀ].

CONQUÊTE, subst. f.
Action de conquérir. – Ce qui est conquis. – Fig. Personne séduite. 🔊 [kɔ̃kɛt].

CONQUISTADOR, subst. m.
Conquérant espagnol de l'Amérique, au XVIᵉ s. 🔊 Plur. *conquistador(e)s* ; [kɔ̃kistadɔʀ].

CONSACRER, verbe trans. [3]
Donner un caractère sacré à, dédier à Dieu. – Employer (son temps) à. 🔊 [kɔ̃sakʀe].

CONSANGUIN, INE, adj.
De même filiation paternelle. – *Union consanguine* : de deux parents proches. 🔊 [kɔ̃sɑ̃gɛ̃, -in].

CONSCIENCE, subst. f.
Perception, connaissance que l'homme a de lui-même et du monde. – Système de valeurs morales qui permet de juger. 🔊 [kɔ̃sjɑ̃s].

CONSCIENCIEUX, IEUSE, adj.
Qui obéit aux exigences de la conscience morale : *Un employé* consciencieux. – Fait avec soin : *Un travail* consciencieux. 🔊 [kɔ̃sjɑ̃sjø, -jøz].

CONSCIENT, IENTE, adj.
Qui a conscience. 🔊 [kɔ̃sjɑ̃, -jɑ̃t].

CONSCRIT, subst. m.
Jeune homme appelé sous les drapeaux. 🔊 [kɔ̃skʀi].

CONSÉCRATION, subst. f.
Action par laquelle le pain et le vin sont consacrés, lors d'une messe. – Fig. Reconnaissance publique. 🔊 [kɔ̃sekʀasjɔ̃].

CONSÉCUTIF, IVE, adj.
Consécutif à : qui est la conséquence de. – Plur. Qui se succèdent immédiatement. 🔊 [kɔ̃sekytif, -iv].

CONSEIL, subst. m.
Suggestion, avis. – Personne dont on demande l'avis. – Corps chargé de donner son avis, de statuer sur certaines affaires. 🔊 [kɔ̃sɛj].

CONSEILLER (I), verbe trans. [3]
Donner un avis à (qqn). – Recommander (qqn ou qqch.). 🔊 [kɔ̃seje].

CONSEILLER (II), ÈRE, subst.
Personne qui prodigue des conseils. – Membre d'un conseil. 🔊 [kɔ̃seje, -ɛʀ].

CONSENSUS, subst. m.
Accord entre des personnes. 🔊 [kɔ̃sɛ̃sys].

CONSENTEMENT, subst. m.
Action de donner son accord. – Accord, décision de ne pas s'opposer à qqch. 🔊 [kɔ̃sɑ̃tmɑ̃].

CONSENTIR, verbe trans. [23]
Accorder, autoriser. – **Consentir *à*** : ne pas s'opposer à, accepter. 🔊 [kɔ̃sɑ̃tiʀ].

CONSÉQUENCE, subst. f.
Événement entraîné par un autre en vertu d'un lien de causalité. 🔊 [kɔ̃sekɑ̃s].

CONSÉQUENT, ENTE, adj.
Qui obéit à la logique. – *Loc. adv. Par conséquent* : ainsi, donc. 🔊 [kɔ̃sekɑ̃, -ɑ̃t].

CONSERVATEUR, TRICE, adj. et subst.
Qui est hostile au changement politique et social. – Adj. et subst. masc. Qui, ajouté aux aliments, en permet la conservation. – Subst. Conservateur *d'un musée* : celui qui en a la responsabilité. 🔊 [kɔ̃sɛʀvatœʀ, -tʀis].

CONSERVATION, subst. f.
Action de conserver. – État de ce qui est conservé. 🔊 [kɔ̃sɛʀvasjɔ̃].

CONSERVATOIRE, adj. et subst. m.
Adj. Qui préserve des biens, des droits. – Subst. Établissement où l'on enseigne la danse, la musique, l'art dramatique. 🔊 [kɔ̃sɛʀvatwaʀ].

CONSERVE, subst. f.
Produit alimentaire conservé dans un récipient fermé hermétiquement. 🔊 [kɔ̃sɛʀv].

CONSERVER, verbe trans. [3]
Maintenir en bon état, préserver de l'altération. – Garder. 🔊 [kɔ̃sɛʀve].

CONSERVERIE, subst. f.
Usine de conserves. 🔊 [kɔ̃sɛʀvøʀi].

CONSIDÉRABLE, adj.
Remarquable, imposant. 🔊 [kɔ̃sideʀabl].

CONSIDÉRATION, subst. f.
Action d'étudier en détail, avec attention. – Motif d'une action. – Estime que l'on a pour qqn. 🔊 [kɔ̃sideʀasjɔ̃].

CONSIDÉRER, verbe trans. [8]
Regarder longtemps et avec attention. – Étudier avec un sens critique. – **Considérer *que*** : estimer que. 🔊 [kɔ̃sideʀe].

CONSIGNE, subst. f.
Ordre donné à qqn sur la conduite à tenir. – Interdiction faite à un soldat ou à un élève. – Service où l'on dépose temporairement ses bagages. – Somme d'argent garantissant la restitution d'un emballage. 🔊 [kɔ̃siɲ].

CONSIGNER, verbe trans. [3]
Priver de sortie. – Mettre (un bagage) à la consigne. – Facturer un emballage. – Rapporter par écrit. 🔊 [kɔ̃siɲe].

CONSISTANCE, subst. f.
État d'un corps du point de vue de sa solidité, de sa cohésion. – Fig. Fermeté, sérieux. 🔊 [kɔ̃sistɑ̃s].

CONSISTANT, ANTE, adj.
Ferme. – Copieux. – Sérieux. 🔊 [kɔ̃sistɑ̃, -ɑ̃t].

CONSISTER, verbe trans. indir. [3]
Consister *en, dans* : se composer de ; résider en. – Consister *à* + inf. : avoir pour caractère essentiel de. 🔊 [kɔ̃siste].

CONSŒUR, voir **CONFRÈRE**

CONSOLATION, subst. f.
Action de consoler. – Réconfort apporté à qqn. 🔊 [kɔ̃sɔlasjɔ̃].

CONSOLE, subst. f.
Table étroite que l'on pose contre un mur. – Périphérique d'ordinateur permettant le dialogue avec l'unité centrale. 🔊 [kɔ̃sɔl].

CONSOLER, verbe trans. [3]
Apporter du réconfort à. 🔊 [kɔ̃sɔle].

CONSOLIDATION, subst. f.
Action de consolider. – Fait d'être consolidé. 🔊 [kɔ̃sɔlidasjɔ̃].

CONSOLIDER, verbe trans. [3]
Rendre plus solide, affermir. 🔊 [kɔ̃sɔlide].

CONSOMMATEUR, TRICE, subst.
Personne qui achète pour consommer. – Personne qui prend une consommation dans un café. – Empl. adj. *Pays consommateur de pétrole.* 🔊 [kɔ̃sɔmatœʀ, -tʀis].

CONSOMMATION, subst. f.
Accomplissement, achèvement (littér.). – Action de consommer. – Boisson, dans un café. 🔊 [kɔ̃sɔmasjɔ̃].

CONSOMMER, verbe trans. [3]
Achever (littér.). – Utiliser un bien ou un service. – User comme source d'énergie. – Se restaurer de. – Empl. intrans. Prendre une consommation. 🔊 [kɔ̃sɔme].

CONSONANCE, subst. f.
Ressemblance entre les sons finaux de deux ou de plusieurs mots. – Succession de sons. 🔊 [kɔ̃sɔnɑ̃s].

CONSONNE, subst. f.
Phonème qui, avec une ou plusieurs voyelles, forme une syllabe. 🔊 [kɔ̃sɔn].

CONSORTIUM, subst. m.
Groupement d'entreprises en vue de réaliser des opérations financières. 🔊 [kɔ̃sɔʀsjɔm].

CONSPIRATION, subst. f.
Complot, conjuration. 🔊 [kɔ̃spiʀasjɔ̃].

CONSPIRER, verbe [3]
Intrans. Ourdir un complot. – Trans. indir. Conspirer *à* : concourir à. 🔊 [kɔ̃spiʀe].

CONSPUER, verbe trans. [3]
Huer, vilipender publiquement. 🔊 [kɔ̃spɥe].

CONSTANCE, subst. f.
Stabilité, persévérance. – Qualité de ce qui ne varie pas. 🔊 [kɔ̃stɑ̃s].

CONSTAT, subst. m.
Procès-verbal d'huissier. – *Constat amiable* : déclaration d'accident. – Bilan. 🔊 [kɔ̃sta].

CONSTATATION, subst. f.
Action de constater pour attester. – Fait constaté. 🔊 [kɔ̃statasjɔ̃].

CONSTATER, verbe trans. [3]
Établir, reconnaître la réalité (d'un fait). – Attester, consigner officiellement (qqch.). 🔊 [kɔ̃state].

CONSTELLATION, subst. f.
Groupe apparent d'étoiles. 🔊 [kɔ̃stelasjɔ̃].

CONSTERNATION, subst. f.
Abattement provoqué par un événement pénible. 🔊 [kɔ̃stɛʀnasjɔ̃].

CONSTERNER, verbe trans. [3]
Plonger (qqn) dans la consternation. 🔊 [kɔ̃stɛʀne].

CONSTIPATION, subst. f.
Difficulté à évacuer les matières fécales. 🔊 [kɔ̃stipasjɔ̃].

CONSTITUANT, ANTE, adj. et subst.
Qui entre dans la composition d'un tout. – *L'Assemblée constituante* ou *la Constituante* : qui établit ou modifie la Constitution d'un État. 🔊 [kɔ̃stitɥɑ̃, -ɑ̃t].

CONSTITUER, verbe trans. [3]
Composer (un tout) en réunissant divers éléments. – Composer (un tout) en association avec d'autres éléments. – Être. – Fonder, organiser. – Pronom. *Se constituer prisonnier* : se livrer. 🔊 [kɔ̃stitɥe].

CONSTITUTION, subst. f.
Composition, organisation. – Création, fondation. – État physique d'une personne. – *La Constitution* : ensemble des lois fondamentales d'un État. 🔊 [kɔ̃stitysjɔ̃].

CONSTITUTIONNEL, ELLE, adj.
Relatif à la Constitution. – Conforme à la Constitution. 🔊 [kɔ̃stitysjɔnɛl].

CONSTRUCTIF, IVE, adj.
Qui a le pouvoir de créer, de construire. – Positif, efficace. 🔊 [kɔ̃stʀyktif, -iv].

CONSTRUCTION, subst. f.
Action de construire ; son résultat. – Édifice construit. 🔊 [kɔ̃stʀyksjɔ̃].

CONSTRUIRE, verbe trans. [69]
Bâtir. – Fig. Élaborer. 🔊 [kɔ̃stʀɥiʀ].

CONSUL, subst. m.
Diplomate chargé, à l'étranger, de protéger les ressortissants d'un pays. – *Le Premier consul* : Napoléon Bonaparte. 🔊 [kɔ̃syl].

CONSULAT, subst. m.
Fonction, résidence du consul. 🔊 [kɔ̃syla].

CONSULTATION, subst. f.
Action de consulter. – Examen d'un malade par un médecin. 🔊 [kɔ̃syltasjɔ̃].

CONSULTER, verbe trans. [3]
Trans. Prendre avis auprès de. – Chercher un renseignement dans (un ouvrage). – Intrans. Donner des consultations, pour un médecin. 🔊 [kɔ̃sylte].

CONSUMER, verbe trans. [3]
Détruire par le feu. – Pronom. Brûler. – Fig. Dépérir, s'épuiser. 🔊 [kɔ̃syme].

CONTACT, subst. m.
Situation dans laquelle deux corps se touchent. – Relation avec autrui. 🔊 [kɔ̃takt].

CONTACTER, verbe trans. [3]
Entrer en contact avec (qqn). 🔊 Anglicisme critique : [kɔ̃takte].

CONTAGIEUX, IEUSE, adj.
Transmissible par contagion : *Maladie* **contagieuse** ; au fig., qui se communique facilement. – Susceptible de transmettre par contagion : *Un malade* **contagieux**. 🔊 [kɔ̃taʒjø, -jøz].

CONTAGION, subst. f.
Transmission d'une maladie par contact. – Fig. Propagation. 🔊 [kɔ̃taʒjɔ̃].

CONTAMINATION, subst. f.
Infection par des germes pathogènes ou par des polluants. 🔊 [kɔ̃taminasjɔ̃].

CONTAMINER, verbe trans. [3]
Altérer la santé (de qqn) en transmettant un mal, infecter. 🔊 [kɔ̃tamine].

CONTE, subst. m.
Récit imaginaire. – Propos peu crédible. 🔊 [kɔ̃t].

CONTEMPLATION, subst. f.
Action de contempler. – Méditation, vision. 🔊 [kɔ̃tɑ̃plasjɔ̃].

CONTEMPLER, verbe trans. [3]
Regarder longuement, avec admiration et attention. 🔊 [kɔ̃tɑ̃ple].

CONTEMPORAIN, AINE, adj. et subst.
Qui est de la même époque. – Qui est de notre époque. 🔊 [kɔ̃tɑ̃pɔʀɛ̃, -ɛn].

CONTENANCE, subst. f.
Quantité qu'un récipient peut recevoir. – Manière de se tenir. 🔊 [kɔ̃t(ə)nɑ̃s].

CONTENANT, subst. m.
Ce qui contient qqch. 🔊 [kɔ̃t(ə)nɑ̃].

CONTENIR, verbe trans. [22]
Avoir une capacité de. – Renfermer ; être composé de. – Retenir : *Contenir* la foule. – Pronom. Se maîtriser. 🔊 [kɔ̃t(ə)niʀ].

CONTENT, ENTE, adj.
Satisfait, heureux. 🔊 [kɔ̃tɑ̃, -ɑ̃t].

CONTENTEMENT, subst. m.
Action de contenter. – État qui en résulte. 🔊 [kɔ̃tɑ̃tmɑ̃].

CONTENTER, verbe trans. [3]
Donner satisfaction à. – Pronom. Se satisfaire de ; se borner à. 🔊 [kɔ̃tɑ̃te].

CONTENTIEUX, subst. m.
Litige, contestation. 🔊 [kɔ̃tɑ̃sjø].

CONTENU, subst. m.
Ce que contient qqch. : *Le* **contenu** *d'un récipient, d'un discours*. 🔊 [kɔ̃t(ə)ny].

CONTER, verbe trans. [3]
Narrer, raconter. 🔊 [kɔ̃te].

CONTESTATAIRE, adj. et subst.
Qui conteste, remet en cause. 🔊 [kɔ̃tɛstatɛʀ].

CONTESTER, verbe trans. [3]
Refuser d'admettre. – Nier. – Empl. abs. Discuter, chicaner. 🔊 [kɔ̃tɛste].

CONTEXTE, subst. m.
Environnement, situation. 🔊 [kɔ̃tɛkst].

CONTIGU, UË, adj.
Qui est proche de, attenant à. 🔊 [kɔ̃tigy].

CONTINENT, subst. m.
Grande étendue de terre émergée : *Le* **continent** *africain*. 🔊 [kɔ̃tinɑ̃].

CONTINENTAL, ALE, AUX, adj.
Relatif à un continent. 🔊 [kɔ̃tinɑ̃tal].

CONTINGENT, ENTE, adj. et subst. m.
Adj. Qui peut se produire ou non. – Subst. Ensemble des appelés au service militaire pour une même période. – Part. – Quantité limitée. 🔊 [kɔ̃tɛ̃ʒɑ̃, -ɑ̃t].

CONTINU, UE, adj.
Qui est ininterrompu, dans le temps ou dans l'espace. 🔊 [kɔ̃tiny].

CONTINUATION, subst. f.
Action de continuer. – Suite. 🔊 [kɔ̃tinɥasjɔ̃].

CONTINUEL, ELLE, adj.
Qui ne s'interrompt pas. – Qui revient constamment. 🔊 [kɔ̃tinɥɛl].

CONTINUER, verbe [3]
Trans. Donner une suite à, ne pas interrompre. – Continuer *de, à* : persister à. – Intrans. Durer. 🔊 [kɔ̃tinɥe].

CONTINUITÉ, subst. f.
Caractère de ce qui est continu. – *Solution de* **continuité** : discontinuité. 🔊 [kɔ̃tinɥite].

CONTONDANT, ANTE, adj.
Qui provoque des contusions, sans couper : *Arme* **contondante**. 🔊 [kɔ̃tɔ̃dɑ̃, -ɑ̃t].

CONTORSION, subst. f.
Distorsion des membres ou du corps, mouvement acrobatique. 🔊 [kɔ̃tɔʀsjɔ̃].

CONTOUR, subst. m.
Pourtour, limite d'une chose. – Courbe sinueuse. – Aspect général. 🔊 [kɔ̃tuʀ].

CONTOURNER, verbe trans. [3]
Tourner autour de, passer à côté de, pour éviter. – Fig. Contourner *la loi*. 🔊 [kɔ̃tuʀne].

CONTRACEPTIF, IVE, adj. et subst. m.
Qui permet, qui concerne la contraception. 🔊 [kɔ̃tʀasɛptif, -iv].

CONTRACEPTION, subst. f.
Ensemble des méthodes qui empêchent la fécondation. 🔊 [kɔ̃tʀasɛpsjɔ̃].

CONTRACTER (I), verbe trans. [3]
Diminuer le volume, la longueur de (qqch.). – Crisper, serrer. 🔊 [kɔ̃tʀakte].

CONTRACTER (II), verbe trans. [3]
S'engager par un contrat. – Fig. Attraper : Contracter *une maladie*. 🔊 [kɔ̃tʀakte].

CONTRACTION, subst. f.
Action de contracter (I) ; fait d'être contracté. – Crispation. 🔊 [kɔ̃tʀaksjɔ̃].

CONTRACTUEL, ELLE, adj. et subst.
Adj. Stipulé par un contrat. – Subst. Agent public non fonctionnaire ; auxiliaire de police. 🔊 [kɔ̃tʀaktɥɛl].

CONTRADICTION, subst. f.
Action de contredire. – Fait de se contredire.
🕮 [kɔ̃tradiksjɔ̃].

CONTRADICTOIRE, adj.
Qui contredit. – Plur. Qui se contre-
disent, en parlant de plusieurs choses.
🕮 [kɔ̃tradiktwar].

CONTRAINDRE, verbe trans. [54]
Forcer à agir contre son gré. 🕮 [kɔ̃trɛ̃dʀ].

CONTRAINTE, subst. f.
Pression, menace exercée sur qqn. – Obligation. 🕮 [kɔ̃trɛ̃t].

CONTRAIRE, adj. et subst. m.
Opposé, inverse. – Adj. Qui est nuisible à.
🕮 [kɔ̃trɛʀ].

CONTRARIER, verbe trans. [6]
Gêner (qqch. ou qqn) en s'y opposant.
– Fâcher, irriter. 🕮 [kɔ̃traʀje].

CONTRARIÉTÉ, subst. f.
Déplaisir, dépit. 🕮 [kɔ̃traʀjete].

CONTRASTE, subst. m.
Opposition de deux choses. – Juxtaposition
qui met en valeur. 🕮 [kɔ̃trast].

CONTRASTER, verbe [3]
Intrans. Former un contraste (avec qqch.).
– Trans. Faire ressortir par contraste.
🕮 [kɔ̃traste].

CONTRAT, subst. m.
Engagement liant plusieurs personnes. – Le
document qui l'atteste. 🕮 [kɔ̃tra].

CONTRAVENTION, subst. f.
Infraction à une loi ; la sanction pécuniaire
qui en résulte. – Procès-verbal dressé pour
cette infraction. 🕮 [kɔ̃travɑ̃sjɔ̃].

CONTRE, prép.
Au contact de. – Opposé à. – Dans le sens
contraire de. – En échange de. 🕮 [kɔ̃tʀ].

CONTRE-ATTAQUE, subst. f.
Action des troupes attaquées qui passent à
l'offensive. 🕮 Plur. contre-attaques ; [kɔ̃tratak].

CONTREBANDE, subst. f.
Commerce illégal de certaines marchandises. – Ces marchandises. 🕮 [kɔ̃trəbɑ̃d].

CONTREBANDIER, IÈRE, subst.
Personne qui se livre à la contrebande.
🕮 [kɔ̃trəbɑ̃dje, -jɛʀ].

CONTREBAS (EN), loc. adv.
À un niveau inférieur. 🕮 [ɑ̃kɔ̃trəba].

CONTREBASSE, subst. f.
Instrument de musique à cordes, le plus
grave de la famille des violons. 🕮 [kɔ̃trəbas].

CONTRECARRER, verbe trans. [3]
Gêner, s'opposer à (qqn) ; enrayer (un
processus). 🕮 [kɔ̃trəkaʀe].

CONTRECŒUR (À), loc. adv.
Avec réticence. 🕮 [akɔ̃trəkœʀ].

CONTRECOUP, subst. m.
Conséquence indirecte d'une action, d'un
événement. 🕮 [kɔ̃trəku].

CONTRE-COURANT, subst. m.
Courant qui va en sens inverse du courant
principal. – Fig. Être à contre-courant : à

l'opposé des habitudes, de la mode. 🕮 Plur.
contre-courants ; [kɔ̃trəkuʀɑ̃].

CONTREDIRE, verbe trans. [65]
Affirmer le contraire de ce que dit qqn.
– Être en contradiction avec. 🕮 [kɔ̃trədir].

CONTRÉE, subst. f.
Région, unité géographique. 🕮 [kɔ̃tʀe].

CONTREFAÇON, subst. f.
Faux, copie. 🕮 [kɔ̃trəfasɔ̃].

CONTREFAIRE, verbe trans. [57]
Copier, imiter. – Simuler. – Déguiser,
modifier pour tromper. 🕮 [kɔ̃trəfɛʀ].

CONTREFORT, subst. m.
Pilier en saillie servant à renforcer un mur.
– Chaîne de montagnes de moindre altitude
bordant un massif principal. 🕮 [kɔ̃trəfɔʀ].

CONTRE-INDICATION, subst. f.
Circonstance qui interdit un traitement médical. 🕮 Plur. contre-indications ; [kɔ̃trɛ̃dikasjɔ̃].

CONTRE-JOUR, subst. m.
Éclairage d'un objet qui reçoit la lumière
du côté opposé à celui du regard. 🕮 Plur.
contre-jours ; [kɔ̃trəʒuʀ].

CONTREMAÎTRE, ESSE, subst.
Personne responsable d'une équipe d'ouvriers. 🕮 [kɔ̃trəmɛtʀ, -ɛs].

CONTREPARTIE, subst. f.
Ce qui compense, contrebalance. – Sentiment, opinion contraire. 🕮 [kɔ̃trəparti].

CONTREPÈTERIE, subst. f.
Permutation comique de lettres ou de
syllabes dans une phrase. 🕮 [kɔ̃trəpɛtʀi].

CONTRE-PIED, subst. m.
Position, avis contraire. 🕮 Plur. contre-pieds ;
[kɔ̃trəpje].

CONTREPLAQUÉ, subst. m.
Matériau formé de minces plaques de bois
collées ensemble. 🕮 [kɔ̃trəplake].

CONTREPOIDS, subst. m.
Poids qui fait équilibre à un autre poids, à
une force. 🕮 [kɔ̃trəpwa].

CONTRER, verbe trans. [3]
S'opposer à. 🕮 [kɔ̃tʀe].

CONTRESENS, subst. m.
Interprétation d'un mot, d'un texte,
contraire à son sens véritable. – À contresens : dans le sens contraire au sens normal.
🕮 [kɔ̃trəsɑ̃s].

CONTRETEMPS, subst. m.
Incident inopiné qui vient contrarier l'exécution d'un projet. 🕮 [kɔ̃trətɑ̃].

CONTREVENIR, verbe trans.
indir. [22]
Contrevenir à une loi, à une règle : y
désobéir, y déroger. 🕮 [kɔ̃trəv(ə)nir].

CONTREVÉRITÉ, subst. f.
Affirmation qui est en contradiction avec
la vérité. 🕮 [kɔ̃trəverite].

CONTRIBUABLE, subst.
Personne soumise à l'impôt. 🕮 [kɔ̃tribɥabl].

CONTRIBUER, verbe trans. indir. [3]
Contribuer à l'exécution d'une œuvre, d'un projet : y prendre part. – Participer financièrement à. ▨▨ [kɔ̃tribɥe].

CONTRIBUTION, subst. f.
Participation à une dépense, à une œuvre. – Impôt. ▨▨ [kɔ̃tribysjɔ̃].

CONTRIT, ITE, adj.
Qui se repent de ses fautes. ▨▨ [kɔ̃tri, -it].

CONTRITION, subst. f.
Repentir sincère d'avoir péché. ▨▨ [kɔ̃trisjɔ̃].

CONTRÔLE, subst. m.
Vérification, surveillance. – Lieu ou service de surveillance. – Domination, maîtrise. ▨▨ [kɔ̃trol].

CONTRÔLER, verbe trans. [3]
Vérifier, examiner. – Exercer une emprise sur, dominer. ▨▨ [kɔ̃trole].

CONTRÔLEUR, EUSE, subst.
Personne chargée d'effectuer un contrôle. ▨▨ [kɔ̃trolœʀ, -øz].

CONTRORDRE, subst. m.
Ordre annulant celui donné précédemment. ▨▨ [kɔ̃trɔrdr].

CONTROVERSE, subst. f.
Débat de fond nourri d'arguments contradictoires. ▨▨ [kɔ̃trɔvɛrs].

CONTUMACE, subst. f.
Absence du prévenu lors de son procès. ▨▨ [kɔ̃tymas].

CONTUSION, subst. f.
Ecchymose, lésion sans déchirure de la peau, produite par un choc. ▨▨ [kɔ̃tyzjɔ̃].

CONVAINCANT, ANTE, adj.
Apte à convaincre. ▨▨ [kɔ̃vɛ̃kɑ̃, -ɑ̃t].

CONVAINCRE, verbe trans. [56]
Faire admettre (à qqn) la vérité ou la nécessité de qqch., persuader. – Convaincre qqn d'un crime : donner des preuves de sa culpabilité. ▨▨ [kɔ̃vɛ̃kʀ].

CONVALESCENCE, subst. f.
Rétablissement progressif à la suite d'une maladie. ▨▨ [kɔ̃valesɑ̃s].

CONVALESCENT, ENTE, adj. et subst.
Qui est en convalescence. ▨▨ [kɔ̃valesɑ̃, -ɑ̃t].

CONVECTEUR, subst. m.
Appareil électrique de chauffage dans lequel la chaleur est transportée par un fluide. ▨▨ [kɔ̃vɛktœʀ].

CONVENABLE, adj.
Approprié. – Conforme aux convenances sociales. ▨▨ [kɔ̃vnabl].

CONVENANCE, subst. f.
État de ce qui est approprié. – Commodité ; gré. – Plur. Bienséance. ▨▨ [kɔ̃vnɑ̃s].

CONVENIR, verbe trans. indir. [22]
Convenir à (auxil. « avoir ») : être en accord, être compatible avec. – Convenir de (auxil. « être ») : s'accorder sur. – Admettre la vérité de. – Impers. Il convient de : il est utile de. ▨▨ [kɔ̃vniʀ].

CONVENTION, subst. f.
Accord, protocole, pacte. – Ce qui résulte d'un accord, d'un consensus. ▨▨ [kɔ̃vɑ̃sjɔ̃].

CONVENTIONNEL, ELLE, adj.
Qui découle d'une convention. – Conforme, fidèle aux normes. ▨▨ [kɔ̃vɑ̃sjɔnɛl].

CONVENU, UE, adj.
Qui a fait l'objet d'un accord. ▨▨ [kɔ̃vny].

CONVERGENCE, subst. f.
Action, fait de converger. ▨▨ [kɔ̃vɛrʒɑ̃s].

CONVERGENT, ENTE, adj.
Qui converge. ▨▨ [kɔ̃vɛrʒɑ̃, -ɑ̃t].

CONVERGER, verbe intrans. [5]
Aller dans une même direction. – Fig. Tendre vers un même résultat. ▨▨ [kɔ̃vɛrʒe].

CONVERSATION, subst. f.
Entretien où l'on échange des propos sur des sujets variés. ▨▨ [kɔ̃vɛrsasjɔ̃].

CONVERSER, verbe intrans. [3]
S'entretenir. ▨▨ [kɔ̃vɛrse].

CONVERSION, subst. f.
Action de convertir (qqn ou qqch.), de se convertir. – Changement, transformation. ▨▨ [kɔ̃vɛrsjɔ̃].

CONVERTIBLE, adj.
Dont on peut modifier l'usage ou la nature. ▨▨ [kɔ̃vɛrtibl].

CONVERTIR, verbe trans. [19]
Amener (qqn) à changer de religion, d'opinion. – Transformer une chose en une autre ; mettre sous une autre forme. ▨▨ [kɔ̃vɛrtiʀ].

CONVEXE, adj.
Bombé à l'extérieur. ▨▨ [kɔ̃vɛks].

CONVICTION, subst. f.
Opinion intime, certitude. ▨▨ [kɔ̃viksjɔ̃].

CONVIER, verbe trans. [6]
Inviter. – Fig. Engager à. ▨▨ [kɔ̃vje].

CONVIVE, subst.
Personne invitée à un repas. ▨▨ [kɔ̃viv].

CONVIVIALITÉ, subst. f.
Ensemble de rapports chaleureux entre des personnes. ▨▨ [kɔ̃vivjalite].

CONVOCATION, subst. f.
Action de convoquer. – Avis par lequel on convoque. ▨▨ [kɔ̃vɔkasjɔ̃].

CONVOI, subst. m.
Suite de véhicules se déplaçant en colonne vers une même destination. ▨▨ [kɔ̃vwa].

CONVOITER, verbe trans. [3]
Désirer avidement. ▨▨ [kɔ̃vwate].

CONVOITISE, subst. f.
Désir intense de possession. ▨▨ [kɔ̃vwatiz].

CONVOQUER, verbe trans. [3]
Appeler à une réunion. – Faire venir de manière impérative. ▨▨ [kɔ̃vɔke].

CONVOYER, verbe trans. [17]
Accompagner pour protéger. – Transporter. ▨▨ [kɔ̃vwaje].

CONVULSIF, IVE, adj.
Qui se manifeste par des convulsions. ▨▨ [kɔ̃vylsif, -iv].

CONVULSION, subst. f.
Contraction spasmodique et involontaire des muscles. 🐌 [kɔ̃vylsjɔ̃].

COOPÉRANT, ANTE, subst.
Personne qui vit et travaille à l'étranger dans le cadre de la coopération. – Masc. Jeune homme qui effectue son service militaire en travaillant à l'étranger. 🐌 [kɔɔperɑ̃, -ɑ̃t].

COOPÉRATIF, IVE, adj.
Soucieux de s'associer à un effort commun. – Qui est fondé sur la coopération, la solidarité. 🐌 [k(ɔ)ɔperatif, -iv].

COOPÉRATION, subst. f.
Action de joindre ses efforts à une cause commune. – Politique d'aide aux pays en voie de développement. 🐌 [kɔɔperasjɔ̃].

COOPÉRATIVE, subst. f.
Entreprise dont les membres sont associés à part égale à la gestion et au partage des profits. 🐌 [k(ɔ)ɔperativ].

COOPÉRER, verbe trans. indir. [8]
Agir, travailler en coopération avec d'autres personnes. – Participer à. 🐌 [kɔɔpere].

COOPTATION, subst. f.
Nomination par les membres d'une assemblée d'un nouveau membre. 🐌 [kɔɔptasjɔ̃].

COORDINATION, subst. f.
Action de coordonner. – Mise en ordre des parties d'un tout. 🐌 [kɔɔrdinasjɔ̃].

COORDONNÉE, subst. f.
Géom. Chacun des paramètres déterminant la position d'un point dans l'espace. – Plur. Renseignements (adresse, téléphone) permettant de joindre qqn (fam.). 🐌 [kɔɔrdɔne].

COORDONNER, verbe trans. [3]
Agencer des éléments afin d'en assurer la cohérence. 🐌 [kɔɔrdɔne].

COPAIN, INE, subst.
Ami, camarade (fam.). 🐌 [kɔpɛ̃, -in].

COPEAU, subst. m.
Déchet de bois ou de métal produit par un instrument tranchant. 🐌 [kɔpo].

COPIE, subst. f.
Reproduction d'un document, d'une œuvre ; imitation. – Devoir rédigé par un élève. 🐌 [kɔpi].

COPIER, verbe trans. [6]
Reproduire, faire une copie. – Imiter ; plagier. – Copier (*sur qqn*) : tricher en regardant sa copie, en s'inspirant de ses notes. 🐌 [kɔpje].

COPIEUX, IEUSE, adj.
Consistant, abondant. 🐌 [kɔpjø, -jøz].

COPROPRIÉTÉ, subst. f.
Propriété dont plusieurs personnes détiennent chacune une partie. 🐌 [kɔprɔprijete].

COPULER, verbe intrans. [3]
S'unir sexuellement (fam.). 🐌 [kɔpyle].

COQ, subst. m.
Mâle de la poule et de différentes autres espèces d'oiseaux. 🐌 [kɔk].

COQUE, subst. f.
Enveloppe externe rigide d'un œuf, de certaines graines. – Coquillage bivalve comestible. – Ensemble de la membrure et du revêtement d'un navire. 🐌 [kɔk].

COQUELICOT, subst. m.
Fleur rouge qui pousse dans les champs. 🐌 [kɔkliko].

COQUELUCHE, subst. f.
Maladie infectieuse provoquant de violentes quintes de toux. – Fig. Être la coqueluche *de* : susciter l'engouement de. 🐌 [kɔklyʃ].

COQUET, ETTE, adj. et subst.
Qui est soucieux de sa mise, élégant. – Adj. Qui a un aspect soigné, agréable : *Appartement* coquet. 🐌 [kɔkɛ, -ɛt].

COQUETIER, subst. m.
Petite coupe dans laquelle on sert un œuf cuit dans sa coque. 🐌 [kɔk(ə)tje].

COQUETTERIE, subst. f.
Désir de plaire. – Caractère de ce qui est coquet. 🐌 [kɔkɛtri].

COQUILLAGE, subst. m.
Mollusque pourvu d'une coquille. – La coquille elle-même. 🐌 [kɔkija3].

COQUILLE, subst. f.
Enveloppe calcaire d'un œuf, de certains mollusques. – Enveloppe ligneuse de certains fruits (noix, noisette). 🐌 [kɔkij].

COQUIN, INE, adj. et subst.
Qui est grivois, espiègle. 🐌 [kɔkɛ̃, -in].

COR (I), subst. m.
Instrument de musique à vent. – Plur. Ramifications des bois du cerf. 🐌 [kɔr].

COR (II), subst. m.
Induration douloureuse sur les orteils, due au frottement de l'épiderme. 🐌 [kɔr].

CORAIL, AUX, subst. m.
Animal marin dont le squelette calcaire, appelé polypier, peut être blanc ou rouge. 🐌 [kɔraj].

CORALLIEN, IENNE, adj.
Formé de coraux. 🐌 [kɔraljɛ̃, -jɛn].

CORBEAU, subst. m.
Oiseau passereau noir ou gris. 🐌 [kɔrbo].

CORBEILLE, subst. f.
Sorte de panier léger et ouvert, gén. sans anse. – Son contenu. 🐌 [kɔrbɛj].

CORBILLARD, subst. m.
Voiture mortuaire. 🐌 [kɔrbijar].

CORDE, subst. f.
Assemblage de fils textiles tordus ou tressés, servant à lier, à tendre, à suspendre, à tirer. – Fil d'acier ou de boyau : *Instruments à* cordes. – Anat. Cordes *vocales* : replis membraneux situés de chaque côté du larynx, qui vibrent lors de l'émission d'un son. 🐌 [kɔrd].

CORDEAU, subst. m.
Petite corde que l'on tend pour obtenir un tracé rectiligne. 🐌 [kɔrdo].

CORDÉE, subst. f.
Chaîne formée par des alpinistes pendant une ascension. 🕮 [kɔʀde].

CORDIAL, ALE, AUX, adj.
Qui fait preuve de cordialité. 🕮 [kɔʀdjal].

CORDIALITÉ, subst. f.
Comportement chaleureux, bienveillance amicale. 🕮 [kɔʀdjalite].

CORDON, subst. m.
Petite corde. – Série d'éléments, de personnes alignés : Cordon de police. – Anat. Cordon ombilical : reliant le fœtus au placenta. 🕮 [kɔʀdɔ̃].

CORDON-BLEU, subst. m.
Cuisinière très habile. 🕮 Plur. cordons-bleus ; [kɔʀdɔ̃blø].

CORDONNIER, IÈRE, subst.
Artisan qui répare et entretient les chaussures. 🕮 [kɔʀdɔnje, -jɛʀ].

CORIACE, adj.
Dur à mâcher. – Fig. Obstiné, tenace. 🕮 [kɔʀjas].

CORIANDRE, subst. f.
Plante méditerranéenne aromatique utilisée comme condiment. 🕮 [kɔʀjɑ̃dʀ].

CORINTHIEN, IENNE, adj. et subst. m.
Se dit d'un ordre architectural grec caractérisé par des chapiteaux ornés de feuilles d'acanthe. 🕮 [kɔʀɛ̃tjɛ̃, -jɛn].

CORMORAN, subst. m.
Oiseau palmipède côtier, excellent pêcheur. 🕮 [kɔʀmɔʀɑ̃].

CORNAC, subst. m.
Personne chargée de soigner et de conduire un éléphant. 🕮 [kɔʀnak].

CORNE, subst. f.
Excroissance dure et pointue située sur la tête de certains mammifères. – Substance faite de kératine, qui forme les parties dures de l'épiderme (les ongles, par ex.). – Instrument sonore fait avec une corne d'animal. 🕮 [kɔʀn].

CORNÉE, subst. f.
Partie antérieure transparente du globe oculaire. 🕮 [kɔʀne].

CORNEILLE, subst. f.
Oiseau proche du corbeau, mais plus petit et au plumage terne. 🕮 [kɔʀnɛj].

CORNÉLIEN, IENNE, adj.
De Corneille. – Qui oppose devoir et sentiment. 🕮 [kɔʀneljɛ̃, -jɛn].

CORNEMUSE, subst. f.
Instrument de musique à vent formé d'une outre d'où sortent plusieurs tuyaux. 🕮 [kɔʀnəmyz].

CORNER, verbe [3]
Intrans. Sonner d'une corne. – Trans. Plier un coin : Corner une page. 🕮 [kɔʀne].

CORNET, subst. m.
Récipient, emballage en forme de cône : Cornet de frites, de glace. 🕮 [kɔʀnɛ].

CORNICHE, subst. f.
Partie supérieure saillante d'un édifice, d'une armoire. – Escarpement. 🕮 [kɔʀniʃ].

CORNICHON, subst. m.
Petit concombre cueilli avant maturité pour être confit dans le vinaigre. 🕮 [kɔʀniʃɔ̃].

COROLLAIRE, subst. m.
Conséquence. 🕮 [kɔʀɔlɛʀ].

COROLLE, subst. f.
Ensemble des pétales d'une fleur. 🕮 [kɔʀɔl].

CORON, subst. m.
Groupe de maisons de mineurs, en France et en Belgique. 🕮 [kɔʀɔ̃].

CORONAIRE, adj. et subst. f.
Se dit de chacune des deux artères qui irriguent le cœur. 🕮 [kɔʀɔnɛʀ].

CORPORATION, subst. f.
Ensemble de personnes exerçant une même profession. 🕮 [kɔʀpɔʀasjɔ̃].

CORPORATISME, subst. m.
Manière d'agir ou de penser fondée sur la défense des intérêts d'une corporation. 🕮 [kɔʀpɔʀatism].

CORPOREL, ELLE, adj.
Relatif au corps. 🕮 [kɔʀpɔʀel].

CORPS, subst. m.
Partie physique d'un homme, d'un animal ; le tronc (par oppos. aux membres). – Partie principale d'une chose : Corps d'un bâtiment. – Ensemble de personnes appartenant à une même profession : Le corps médical. – Matière, objet matériel : Corps céleste ; Corps solide, liquide. – Prendre corps : prendre forme. 🕮 [kɔʀ].

CORPULENCE, subst. f.
Ampleur du corps humain. 🕮 [kɔʀpylɑ̃s].

CORRECT, ECTE, adj.
Sans faute, juste. – Convenable. – Honnête. 🕮 [kɔʀɛkt].

CORRECTEUR, TRICE, adj. et subst.
Subst. Personne qui corrige des épreuves d'imprimerie, des copies d'examen. – Adj. Qui corrige. 🕮 [kɔʀɛktœʀ, -tʀis].

CORRECTIF, IVE, adj. et subst. m.
Qui corrige, sanctionne ou améliore. – Qui rectifie. 🕮 [kɔʀɛktif, -iv].

CORRECTION, subst. f.
Action de corriger. – Sanction. – Qualité de ce qui est correct. 🕮 [kɔʀɛksjɔ̃].

CORRECTIONNEL, ELLE, adj. et subst. f.
Adj. Relatif aux délits (et non aux crimes). – Subst. Tribunal qui juge les délits. 🕮 [kɔʀɛksjɔnel].

CORRÉLATION, subst. f.
Relation d'interdépendance entre deux objets, deux événements. 🕮 [kɔʀelasjɔ̃].

CORRESPONDANCE, subst. f.
Rapport de conformité, d'analogie. – Relation épistolaire ; les lettres écrites. – Liaison entre deux moyens de transport ; le véhicule assurant cette liaison. 🕮 [kɔʀɛspɔ̃dɑ̃s].

CORRESPONDRE, verbe [51]
Trans. indir. Correspondre à : Être en rapport de conformité avec. – Intrans. Être en relation épistolaire. 🐾 [kɔʀɛspɔ̃dʀ].

CORRIDA, subst. f.
Spectacle opposant, dans une arène, un matador à un taureau. 🐾 [kɔʀida].

CORRIDOR, subst. m.
Couloir. – Passage étroit. 🐾 [kɔʀidɔʀ].

CORRIGER, verbe trans. [5]
Relever les fautes dans un travail écrit). – Rectifier pour améliorer. – Sanctionner. 🐾 [kɔʀiʒe].

CORROBORER, verbe trans. [3]
Étayer, confirmer, servir de preuve à. 🐾 [kɔʀɔbɔʀe].

CORROMPRE, verbe trans. [51]
Altérer, décomposer. – Dépraver, dévergonder. – Soudoyer. 🐾 [kɔʀɔ̃pʀ].

CORROSIF, IVE, adj.
Qui attaque, qui use. 🐾 [kɔʀozif, -iv].

CORROSION, subst. f.
Dégradation, usure progressive par effet chimique. 🐾 [kɔʀozjɔ̃].

CORRUPTION, subst. f.
Action de corrompre. – Fait d'être corrompu. 🐾 [kɔʀypsjɔ̃].

CORSAGE, subst. m.
Vêtement féminin enserrant le buste. 🐾 [kɔʀsaʒ].

CORSAIRE, subst. m.
Navire qui capturait les navires marchands ennemis avec l'accord de son gouvernement. – Capitaine, marin d'un tel navire. 🐾 [kɔʀsɛʀ].

CORSÉ, ÉE, adj.
Relevé, fort. – Fig. Ardu. – Grivois. 🐾 [kɔʀse].

CORSER, verbe trans. [3]
Donner du corps à, renforcer, relever. – Pronom. Se compliquer (fam.). 🐾 [kɔʀse].

CORSET, subst. m.
Dessous féminin. – Appareil corrigeant les déviations vertébrales. 🐾 [kɔʀsɛ].

CORTÈGE, subst. m.
Rassemblement autour d'une personne pour lui faire escorte. 🐾 [kɔʀtɛʒ].

CORTEX, subst. m.
Partie externe de certains organes ; écorce. – Substance grise du cerveau. 🐾 [kɔʀtɛks].

CORTISONE, subst. f.
Hormone du cortex surrénal ayant une action anti-inflammatoire. 🐾 [kɔʀtizɔn].

CORVÉE, subst. f.
Travail ennuyeux ou pénible auquel on ne peut échapper. 🐾 [kɔʀve].

CORYZA, subst. m.
Inflammation des fosses nasales, également appelée rhume de cerveau. 🐾 [kɔʀiza].

COSAQUE, subst. m.
Cavalier de l'armée russe. 🐾 [kozak].

COSINUS, subst. m.
Rapport trigonométrique. 🐾 [kɔsinys].

COSMÉTIQUE, adj. et subst. m.
Se dit de tout produit de soins du corps. 🐾 [kɔsmetik].

COSMIQUE, adj.
Relatif au cosmos, à l'Univers. 🐾 [kɔsmik].

COSMOLOGIE, subst. f.
Science de l'Univers et des lois qui le régissent. 🐾 [kɔsmɔlɔʒi].

COSMONAUTE, subst.
Personne qui voyage à bord d'un véhicule spatial russe. 🐾 [kɔsmonot].

COSMOPOLITE, adj.
Composé de personnes issues de pays différents. 🐾 [kɔsmɔpolit].

COSMOS, subst. m.
L'Univers, considéré comme une totalité. 🐾 [kɔsmos].

COSSE, subst. f.
Enveloppe de certains légumes (petits pois, haricots, etc.). 🐾 [kɔs].

COSSU, UE, adj.
Fortuné. – Qui laisse apparaître des signes de richesse. 🐾 [kɔsy].

COSTAUD, AUDE, adj. et subst.
Fort (fam.). 🐾 [kɔsto, -od].

COSTUME, subst. m.
Vêtement typique d'un pays, d'une région. – Vêtement de ville masculin. – Habillement de théâtre. 🐾 [kɔstym].

COSTUMÉ, ÉE, adj.
Vêtu. – Déguisé. 🐾 [kɔstyme].

COTE, subst. f.
Valeur numérique servant à déterminer, à caractériser un élément dans un ensemble. – Estimation. 🐾 [kɔt].

CÔTE, subst. f.
Chacun des os courbes et allongés situés entre la colonne vertébrale et le sternum. – Partie allongée et saillante. – Pente d'une colline ; route en pente. – Partie de terre bordant la mer. 🐾 [kot].

CÔTÉ, subst. m.
Partie latérale. – Limite extérieure. – Aspect, manière dont se présente qqch. – Loc. adv. À côté : auprès (de), tout près ; De côté : à l'écart, en réserve. 🐾 [kote].

COTEAU, subst. m.
Petite butte. – Côte plantée de vigne. 🐾 [kɔto].

CÔTELÉ, ÉE, adj.
Qui dessine des côtes, des saillies rectilignes : Velours côtelé. 🐾 [kot(ə)le].

CÔTELETTE, subst. f.
Côte d'un animal de taille moyenne (mouton, porc), vendue en boucherie. 🐾 [kotlɛt].

COTER, verbe trans. [3]
Évaluer, fixer la cote de. 🐾 [kɔte].

CÔTIER, IÈRE, adj.
Relatif aux côtes, au littoral. 🐾 [kotje, -jɛʀ].

COTISATION, subst. f.
Part que paie chaque membre d'un groupe à une caisse commune. 🎙 [kɔtizasjɔ̃].

COTISER, verbe intrans. [3]
Payer sa part ; verser régulièrement une somme à un organisme. – Pronom. Se mettre à plusieurs pour réunir une somme d'argent. 🎙 [kɔtize].

COTON, subst. m.
Duvet entourant les graines du cotonnier, qui fournit une matière textile. 🎙 [kɔtɔ̃].

COTONNADE, subst. f.
Étoffe de coton. 🎙 [kɔtɔnad].

COTONNEUX, EUSE, adj.
Qui a les caractéristiques du coton. – Qui évoque le coton. 🎙 [kɔtɔnø, -øz].

CÔTOYER, verbe trans. [17]
Longer. – Être en contact avec. 🎙 [kotwaje].

COTTAGE, subst. m.
Petite demeure typique des campagnes britanniques. 🎙 [kɔtaʒ] ou [kɔtɛdʒ].

COTTE, subst. f.
Cotte *de maille* : armure souple à mailles métalliques, portée au Moyen Âge. 🎙 [kɔt].

COU, subst. m.
Partie du corps de certains vertébrés qui unit la tête au tronc. 🎙 [ku].

COUAC, subst. m.
Son discordant. 🎙 [kwak].

COUARDISE, subst. f.
Manque de hardiesse, lâcheté. 🎙 [kwaʀdiz].

COUCHAGE, subst. m.
Action de coucher, de se coucher. – Matériel utilisé pour se coucher. 🎙 [kuʃaʒ].

COUCHANT, ANTE, adj. et subst. m.
Adj. Qui se couche. – Subst. Endroit, moment où le soleil se couche. 🎙 [kuʃɑ̃, -ɑ̃t].

COUCHE, subst. f.
Lit. – Protection absorbante pour les bébés. – Matière qui recouvre une surface. – Strate. – Catégorie, classe sociale. 🎙 [kuʃ].

COUCHER (I), verbe [3]
Trans. Allonger. – Incliner. – Mettre au lit. – Intrans. Passer la nuit (quelque part). 🎙 [kuʃe].

COUCHER (II), subst. m.
Action de se mettre au lit ; hébergement pour la nuit. – Moment où un astre disparaît à l'horizon. 🎙 [kuʃe].

COUCHETTE, subst. f.
Lit, dans un train, sur un bateau. 🎙 [kuʃɛt].

COUCI-COUÇA, loc. adv.
Comme ci, comme ça, à peu près (fam.). 🎙 [kusikusa].

COUCOU, subst. m. et interj.
Subst. Oiseau grimpeur. – Horloge dont la sonnerie imite le cri du coucou. – Interj. Cri par lequel on signale son arrivée. 🎙 [kuku].

COUDE, subst. m.
Articulation entre le bras et l'avant-bras. – Tournant, angle. 🎙 [kud].

COUDÉ, ÉE, adj.
Qui a la forme d'un coude. 🎙 [kude].

COU-DE-PIED, subst. m.
Partie supérieure du pied. 🎙 Plur. *cous-de-pied* ; [kud(ə)pje].

COUDRE, verbe trans. [77]
Relier, fixer par des points au moyen d'un fil et d'une aiguille. 🎙 [kudʀ].

COUENNE, subst. f.
Peau du porc utilisée dans certaines préparations culinaires. 🎙 [kwan].

COUETTE (I), subst. f.
Grand édredon utilisé comme couverture. 🎙 [kwɛt].

COUETTE (II), subst. f.
Touffe de cheveux retenue par un lien sur le côté de la tête. 🎙 [kwɛt].

COUFFIN, subst. m.
Grand panier servant de berceau. 🎙 [kufɛ̃].

COUINER, verbe intrans. [3]
Pousser son cri (couinement), en parlant du lièvre, du lapin. – Pousser de petits cris. – Fig. Grincer. 🎙 [kwine].

COULÉE, subst. f.
Action de fondre une matière dans un moule ; son résultat. – Masse de matière liquide ou en fusion qui s'écoule. 🎙 [kule].

COULER, verbe [3]
Intrans. Se déplacer, pour un liquide. – S'échapper, s'épancher. – Se noyer. – Trans. Verser (une matière liquide) dans un moule. – Faire sombrer ; au fig., ruiner. – Pronom. Se glisser. 🎙 [kule].

COULEUR, subst. f.
Impression produite sur la rétine par la lumière ; ce qui n'est ni noir, ni blanc, ni gris. – Chaque série de cartes (trèfle, carreau, cœur et pique). – Plur. Signe distinctif d'un groupe ; drapeau. 🎙 [kulœʀ].

COULEUVRE, subst. f.
Serpent non venimeux très répandu, notamment en France. 🎙 [kulœvʀ].

COULIS, subst. m.
Sauce obtenue par concentration d'aliments cuits et passés. 🎙 [kuli].

COULISSE, subst. f.
Glissière, rainure dans laquelle circule une pièce mobile. – L'arrière-scène d'un théâtre (gén. au plur.). 🎙 [kulis].

COULISSER, verbe [3]
Trans. Garnir de coulisses. – Intrans. Glisser le long d'une coulisse. 🎙 [kulise].

COULOIR, subst. m.
Passage long et étroit qui mène d'un endroit à un autre. – Géogr. Dépression, ravin. 🎙 [kulwaʀ].

COUP, subst. m.
Choc brutal subi au contact d'un corps en mouvement ; sa trace ; le bruit qui accompagne ce choc. – Fig. Choc moral. – Détonation d'une arme à feu : Coup *de pistolet*. – Manifestation de la nature : **Coup**

de tonnerre, de soleil. – Mouvement vif :
Coup *de coude.* – Action rapide et subite :
Coup *de tête.* ⚅ [ku].

COUPABLE, adj. et subst.
Qui a commis une faute, un délit, un crime.
⚅ [kupabl].

COUPE (I), subst. f.
Récipient large et peu profond, avec ou sans
pied ; verre. – Trophée d'une compétition
sportive. – Compétition sportive. ⚅ [kup].

COUPE (II), subst. f.
Action de couper ; son résultat. – Façon
dont qqch. est coupé. – Dessin d'un plan
coupé. ⚅ [kup].

COUPÉ, subst. m.
Voiture à deux portes. ⚅ [kupe].

COUPE-CIRCUIT, subst. m.
Dispositif d'un circuit électrique qui coupe
le courant quand survient une anomalie.
⚅ Plur. *coupe-circuit(s)* ; [kupsiʀkɥi].

COUPE-FEU, subst. m. inv.
Espace, obstacle empêchant un incendie
de se propager. ⚅ [kupfø].

COUPE-GORGE, subst. m. inv.
Lieu mal famé, dangereux. ⚅ [kupgɔʀ3].

COUPE-PAPIER, subst. m.
Instrument effilé servant à couper le papier.
⚅ Plur. *coupe-papier(s)* ; [kuppapje].

COUPER, verbe [3]
Trans. Séparer avec un instrument tran-
chant ; tailler. – Blesser, entailler. – Inter-
rompre : **Couper** *le gaz.* – Censurer.
– Traverser, croiser. – Ajouter de l'eau à :
Couper *du vin.* – Intrans. Être tranchant.
– Prendre un raccourci. – Pronom. Se
blesser. – Se contredire. – S'isoler. ⚅ [kupe].

COUPERET, subst. m.
Couteau à viande. – Lame de la guillotine.
⚅ [kupʀe].

COUPEROSE, subst. f.
Rougeur sur le visage. ⚅ [kupʀoz].

COUPE-VENT, subst. m. inv.
Vêtement qui ne laisse pas passer le vent.
⚅ [kupvɑ̃].

COUPLE, subst. m.
Union de deux êtres. ⚅ [kupl].

COUPLET, subst. m.
Strophe d'une chanson. ⚅ [kuple].

COUPOLE, subst. f.
Voûte d'un dôme. ⚅ [kupɔl].

COUPON, subst. m.
Reste d'un métrage d'étoffe. – Ticket qui
atteste un paiement. ⚅ [kupɔ̃].

COUPURE, subst. f.
Action de se couper, de couper ; entaille.
– Suppression ; interruption. ⚅ [kupyʀ].

COUR, subst. f.
Espace découvert ceint de bâtiments ou de
murs. – Résidence et entourage d'un souverain. – *Faire la* **cour** : chercher à plaire.

– Tribunal où l'on rend la justice ; ses
magistrats. ⚅ [kuʀ].

COURAGE, subst. m.
Force morale face au danger, aux difficultés.
⚅ [kuʀa3].

COURAMMENT, adv.
Avec aisance. – Fréquemment, habituellement. ⚅ [kuʀamɑ̃].

COURANT (I), **ANTE**, adj.
Dont on a l'habitude. – *Eau* **courante** :
distribuée à l'intérieur d'une habitation.
– En cours : *Le mois* **courant.** ⚅ [kuʀɑ̃, -ɑ̃t].

COURANT (II), subst. m.
Mouvement d'un fluide dans une direction.
– Déplacement d'électricité. – Fig. Tendance générale. – *Être au* **courant** : être
informé. ⚅ [kuʀɑ̃].

COURBATURE, subst. f.
Douleur musculaire suivant un effort ou
annonçant la fièvre. ⚅ [kuʀbatyʀ].

COURBE, adj. et subst. f.
Adj. Arrondi, arqué. – Subst. Ligne, mouvement arrondis. – Graphique représentant
les variations d'un phénomène : **Courbe** *de
température.* ⚅ [kuʀb].

COURBER, verbe trans. [3]
Rendre courbe. – Pencher. ⚅ [kuʀbe].

COURBETTE, subst. f.
Révérence obséquieuse. ⚅ [kuʀbɛt].

COURBURE, subst. f.
Forme courbe d'une ligne, d'un objet.
⚅ [kuʀbyʀ].

COUREUR, **EUSE**, subst.
Personne qui pratique la course. – Amateur
d'aventures galantes. ⚅ [kuʀœʀ, -øz].

COURGE, subst. f.
Plante potagère aux fruits volumineux
(citrouille, courgette, etc.). ⚅ [kuʀ3].

COURGETTE, subst. f.
Courge à fruit allongé. – Ce fruit,
consommé comme légume. ⚅ [kuʀ3ɛt].

COURIR, verbe [25]
Intrans. Se mouvoir à une allure beaucoup
plus rapide que le pas. – Se dépêcher. – Se
propager ; s'écouler. – Sp. Participer à une
course. – Trans. Sp. Disputer (une épreuve
de vitesse). – Fig. Fréquenter habituellement : **Courir** *les magasins.* – Rechercher :
Courir *les honneurs.* – **Courir** *un risque* :
s'y exposer. ⚅ [kuʀiʀ].

COURONNE, subst. f.
Coiffe ronde, richement ornée, des souverains ; guirlande végétale ceignant la tête
en signe de distinction. – Objet circulaire.
– Prothèse dentaire. ⚅ [kuʀɔn].

COURONNEMENT, subst. m.
Action de couronner. – Cérémonie au cours
de laquelle on couronne un souverain.
– Fig. Achèvement. ⚅ [kuʀɔnmɑ̃].

COURONNER, verbe trans. [3]
Coiffer d'une couronne. – Surmonter. – Fig.
Parfaire, achever. ⚅ [kuʀɔne].

COURRIER, subst. m.
Ensemble des lettres et des paquets acheminés par la poste. – Correspondance.
🐌 [kuʀje].

COURROIE, subst. f.
Bande de matière souple servant à lier ou à transmettre un mouvement. 🐌 [kuʀwa].

COURROUCER, verbe trans. [4]
Fâcher profondément. 🐌 [kuʀuse].

COURROUX, subst. m.
Fureur d'une personne offensée. 🐌 [kuʀu].

COURS, subst. m.
Mouvement d'une eau à partir de sa source ; longueur d'un fleuve, d'une rivière, d'un ruisseau. – Écoulement du temps. – Enseignement d'une matière ; établissement scolaire. – Prix de négociation d'une valeur. – Large avenue. 🐌 [kuʀ].

COURSE, subst. f.
Action de courir. – Compétition sportive de vitesse. – Sortie dans un but précis ; au plur., emplettes. – Fig. Lutte pour atteindre un objectif. – Plur. Compétitions hippiques. 🐌 [kuʀs].

COURSIER, IÈRE, subst.
Employé transportant du courrier en ville, gén. pour des entreprises. 🐌 [kuʀsje, -jɛʀ].

COURSIVE, subst. f.
Couloir étroit, dans un navire. 🐌 [kuʀsiv].

COURT (I), COURTE, adj. et adv.
De petite longueur. – De durée brève. – *Être à court de* : être dépourvu de. 🐌 [kuʀ, kuʀt].

COURT (II), subst. m.
Terrain de tennis. 🐌 [kuʀ].

COURT-BOUILLON, subst. m.
Bouillon dans lequel on cuit du poisson ou de la viande. 🐌 Plur. *courts-bouillons* ; [kuʀbujõ].

COURT-CIRCUIT, subst. m.
Incident sur un circuit électrique entraînant une rupture de courant. 🐌 Plur. *courts-circuits* ; [kuʀsiʀkɥi].

COURTIER, IÈRE, subst.
Agent servant d'intermédiaire dans des transactions commerciales. 🐌 [kuʀtje, -jɛʀ].

COURTISAN, subst. m.
Homme attaché à la cour d'un monarque. – Homme qui cherche à plaire par intérêt. 🐌 [kuʀtizã].

COURTISANE, subst. f.
Mondaine entretenue. 🐌 [kuʀtizan].

COURTISER, verbe trans. [3]
Flatter par intérêt. – Faire la cour à (une femme). 🐌 [kuʀtize].

COURT(-)MÉTRAGE, subst. m.
Film qui dure gén. moins d'une demi-heure. 🐌 Plur. *courts(-)métrages* ; [kuʀmetʀaʒ].

COURTOIS, OISE, adj.
D'une politesse raffinée. 🐌 [kuʀtwa, -waz].

COURTOISIE, subst. f.
Civilité raffinée. 🐌 [kuʀtwazi].

COUSCOUS, subst. m.
Plat complet d'Afrique du Nord, à base de semoule de blé et de ragoût. 🐌 [kuskus].

COUSIN (I), INE, subst.
Descendant, ou son conjoint, d'un oncle, d'une tante. 🐌 [kuzɛ̃, -in].

COUSIN (II), subst. m.
Variété de moustique. 🐌 [kuzɛ̃].

COUSSIN, subst. m.
Enveloppe de tissu garnie de bourre, servant de siège ou d'ornement. 🐌 [kusɛ̃].

COÛT, subst. m.
Valeur d'une chose. – Prix de revient d'un produit. 🐌 [ku].

COÛTANT, adj. m.
Prix coûtant : prix équivalent au coût de fabrication. 🐌 [kutã].

COUTEAU, subst. m.
Instrument tranchant formé d'une lame et d'un manche. – Mollusque bivalve des sables côtiers. 🐌 [kuto].

COUTELLERIE, subst. f.
Fabrication des couteaux. – Lieu où ils sont fabriqués ou vendus. 🐌 [kutɛlʀi].

COÛTER, verbe [3]
Intrans. Représenter une certaine dépense. – Fig. Être pénible. – Trans. Occasionner (qqch. de pénible). 🐌 [kute].

COUTUME, subst. f.
Manière de vivre fixée par l'usage, la tradition. – Habitude. 🐌 [kutym].

COUTUMIER, IÈRE, adj.
Qui relève de l'habitude. 🐌 [kutymje, -jɛʀ].

COUTURE, subst. f.
Action, art de coudre. – Assemblage de tissus cousus. – *Haute couture* : ensemble des grands couturiers. 🐌 [kutyʀ].

COUTURIER, IÈRE, subst.
Ouvrier dont le métier est de coudre. – Masc. Créateur dirigeant une maison de couture. 🐌 [kutyʀje, -jɛʀ].

COUVÉE, subst. f.
Ensemble des œufs couvés par un oiseau. – Nichée. 🐌 [kuve].

COUVENT, subst. m.
Maison religieuse. 🐌 [kuvã].

COUVER, verbe [3]
Trans. Pour un oiseau, maintenir ses œufs au chaud jusqu'à éclosion. – Fig. Protéger à l'excès. – Porter en germe : **Couver une maladie**. – Intrans. Être latent. 🐌 [kuve].

COUVERCLE, subst. m.
Pièce fermant un récipient. 🐌 [kuvɛʀkl].

COUVERT (I), ERTE, adj.
Pourvu d'un couvercle, d'un toit. – Vêtu. – *Ciel* **couvert** : nuageux. 🐌 [kuvɛʀ, -ɛʀt].

COUVERT (II), subst. m.
Ce qui couvre : *À* **couvert**, à l'abri. – Ce dont on couvre la table pour le repas ; au plur., cuillères, fourchettes, couteaux. 🐌 [kuvɛʀ].

COUVERTURE, subst. f.
Pièce d'étoffe, gén. de laine, destinée à tenir chaud. – Surface extérieure d'un toit. – Ce qui entoure et protège un livre, un cahier. – Fig. Protection : **Couverture** *sociale*. [kuvɛrtyr].

COUVEUSE, subst. f.
Femelle d'oiseau qui couve. – Appareil à couver les œufs. – Appareil où sont placés les nouveau-nés prématurés. [kuvøz].

COUVRE-FEU, subst. m.
Interdiction de sortir en dehors de certaines heures. Plur. *couvre-feux* ; [kuvrəfø].

COUVREUR, subst. m.
Artisan spécialiste des toitures. [kuvrœr].

COUVRIR, verbe trans. [27]
Mettre sur, pour protéger, fermer, cacher. – Vêtir. – Être répandu sur. – Parcourir. – Dominer, étouffer : **Couvrir** *un bruit*. – Garantir, protéger (qqn). – Pronom. S'habiller chaudement. – Se remplir (de). [kuvrir].

COW-BOY, subst. m.
Gardien de troupeaux de bovins, dans les ranchs américains. Plur. *cow-boys* ; [koboj].

COYOTE, subst. m.
Mammifère carnivore d'Amérique du Nord, proche du chacal. [kɔjɔt].

CRABE, subst. m.
Crustacé portant gén. une paire de grosses pinces. [krab].

CRACHAT, subst. m.
Mucosité rejetée par la bouche. [kraʃa].

CRACHER, verbe [3]
Intrans. Expectorer des crachats ; éclabousser. – Trans. Rejeter (qqch.) par la bouche. [kraʃe].

CRACHIN, subst. m.
Pluie fine et persistante. [kraʃɛ̃].

CRACK, subst. m.
Champion (fam.). [krak].

CRAIE, subst. f.
Roche calcaire blanche, friable. – Bâton fait de cette roche, servant à écrire au tableau, sur un tissu, etc. [krɛ].

CRAINDRE, verbe trans. [54]
Éprouver de la crainte devant (qqch. ou qqn). – Risquer d'être affecté par : **Craindre** *le gel*. [krɛ̃dʀ].

CRAINTE, subst. f.
Sentiment d'inquiétude, de peur. [krɛ̃t].

CRAINTIF, IVE, adj.
Porté à la crainte. [krɛ̃tif, -iv].

CRAMOISI, IE, adj.
De couleur rouge sombre. [kramwazi].

CRAMPE, subst. f.
Contraction musculaire subite et douloureuse. [krɑ̃p].

CRAMPON, subst. m.
Crochet métallique. – Élément fixé sous la chaussure pour en améliorer l'adhérence. [krɑ̃pɔ̃].

CRAMPONNER, verbe trans. [3]
Fixer par un crampon. – Pronom. S'accrocher avec force. [krɑ̃pɔne].

CRAN, subst. m.
Entaille faite dans un corps dur pour qu'un élément vienne y buter. – Ondulation des cheveux. – Fam. Courage. – *Être à cran* : être exaspéré. [krɑ̃].

CRÂNE, subst. m.
Boîte osseuse contenant le cerveau. – La tête. [krɑn].

CRÂNER, verbe intrans. [3]
Fam. Se donner un air brave. – Manifester de la vanité. [krɑne].

CRAPAUD, subst. m.
Amphibien insectivore, à peau pustuleuse. – Défaut à l'intérieur d'un diamant. [krapo].

CRAPULE, subst. f.
Individu malhonnête. [krapyl].

CRAQUELER, verbe trans. [12]
Faire des craquelures sur. – Pronom. Se fendiller. [krakle].

CRAQUELURE, subst. f.
Fendillement d'une surface. [kraklyr].

CRAQUEMENT, subst. m.
Bruit sec de qqch. qui craque. [krakmɑ̃].

CRAQUER, verbe [3]
Intrans. Produire un bruit sec. – Se rompre. – Fig. S'effondrer moralement ; ne pas résister. – Trans. Faire céder (qqch.). [krake].

CRASH, subst. m.
Écrasement au sol d'un avion. Plur. *crash(e)s* ; [kraʃ].

CRASSE, subst. f.
Couche de saleté. – Mauvais tour (fam.). [kras].

CRASSEUX, EUSE, adj. et subst.
Qui est couvert de crasse. [krasø, -øz].

CRATÈRE, subst. m.
Orifice d'un volcan. – Dépression due à l'impact d'une bombe, d'une météorite. [krater].

CRAVACHE, subst. f.
Baguette souple des cavaliers. [kravaʃ].

CRAVACHER, verbe [3]
Trans. Frapper avec une cravache. – Intrans. Travailler dur (fam.). [kravaʃe].

CRAVATE, subst. f.
Bande d'étoffe nouée autour du col d'une chemise d'homme. [kravat].

CRAWL, subst. m.
Nage ventrale rapide à mouvements alternés des bras et des jambes. [krol].

CRAYEUX, EUSE, adj.
Qui contient de la craie. – Qui a l'aspect de la craie. [krɛjø, -øz].

CRAYON, subst. m.
Mine gainée de bois servant à écrire ou à dessiner. [krɛjɔ̃].

CRAYONNER, verbe trans. [3]
Dessiner à la hâte au crayon. 🔊 [kʁejɔne].

CRÉANCE, subst. f.
Confiance accordée. – Droit d'exiger le paiement d'une dette ; document qui prouve ce droit. 🔊 [kʁeɑ̃s].

CRÉANCIER, IÈRE, adj. et subst.
Qui détient une créance ; à qui l'on doit de l'argent. 🔊 [kʁeɑ̃sje, -jɛʁ].

CRÉATEUR, TRICE, subst.
Personne qui crée, qui innove, dans le domaine artistique, intellectuel, etc. – Personne qui interprète pour la première fois un rôle, une chanson, etc. – Empl. adj. *Esprit créateur*. 🔊 [kʁeatœʁ, -tʁis].

CRÉATIF, IVE, adj.
Qui a des dons pour créer. 🔊 [kʁeatif, -iv].

CRÉATION, subst. f.
Action de créer, de tirer du néant. – Ce qui est créé. 🔊 [kʁeasjɔ̃].

CRÉATIVITÉ, subst. f.
Faculté de créer, d'innover. 🔊 [kʁeativite].

CRÉATURE, subst. f.
Être humain. – *Relig.* Tout être créé par Dieu. – *Fig.* Personne soumise, dépendante d'une autre (péj.). 🔊 [kʁeatyʁ].

CRÉCELLE, subst. f.
Moulinet en bois tournant bruyamment. – *Fig. Voix de* crécelle : criarde. 🔊 [kʁesɛl].

CRÈCHE, subst. f.
Décor figurant la Nativité. – Lieu de garderie des tout-petits. 🔊 [kʁɛʃ].

CRÉDIBILITÉ, subst. f.
Caractère de ce ou de celui qui peut être cru. 🔊 [kʁedibilite].

CRÉDIT, subst. m.
Confiance, estime accordée à qqn. – Délai de paiement. – Prêt bancaire. – Organisme de prêt. 🔊 [kʁedi].

CRÉDITER, verbe trans. [3]
Affecter une somme au crédit de qqn, d'un compte. 🔊 [kʁedite].

CRÉDITEUR, TRICE, adj. et subst.
Qui possède un crédit, un solde positif. 🔊 [kʁeditœʁ, -tʁis].

CREDO, subst. m.
Prière affirmant la foi chrétienne. – Fondement d'une opinion. 🔊 [kʁedo].

CRÉDULE, adj.
Prompt à tout croire. 🔊 [kʁedyl].

CRÉDULITÉ, subst. f.
Propension à tout croire. 🔊 [kʁedylite].

CRÉER, verbe trans. [7]
Faire exister à partir du néant. – Réaliser, inventer. – Fonder, construire. – Incarner pour la première fois (un rôle). – Occasionner : *Créer un besoin*. 🔊 [kʁee].

CRÉMAILLÈRE, subst. f.
Tige de fer crantée à laquelle on suspend une marmite dans l'âtre. 🔊 [kʁemajɛʁ].

CRÉMATORIUM, subst. m.
Bâtiment où l'on incinère les défunts. 🔊 [kʁematɔʁjɔm].

CRÈME, subst. f.
Matière grasse du lait. – Entremets, potage ou liqueur. – Onguent pour la peau. – *Fig.* Le meilleur du genre (fam.). 🔊 [kʁɛm].

CRÉMERIE, subst. f.
Petit commerce de produits laitiers et d'œufs. 🔊 [kʁemʁi].

CRÉMEUX, EUSE, adj.
Qui contient beaucoup de crème. – Qui a l'aspect de la crème. 🔊 [kʁemø, -øz].

CRÉMIER, IÈRE, subst.
Personne qui tient un commerce de produits laitiers et d'œufs. 🔊 [kʁemje, -jɛʁ].

CRÉMONE, subst. f.
Système de verrouillage vertical d'une fenêtre, d'une porte. 🔊 [kʁemɔn].

CRÉNEAU, subst. m.
Découpe dentelée dans le haut d'un mur. – Espace ou temps disponible. – Secteur à exploiter. 🔊 [kʁeno].

CRÉNELER, verbe trans. [12]
Munir de créneaux. – Tailler en créneau. 🔊 [kʁen(ə)le].

CRÉOLE, adj. et subst.
Personne de souche européenne née aux Antilles ou à la Réunion. – La langue parlée dans ces îles. 🔊 [kʁeɔl].

CRÊPE (I), subst. m.
Étoffe légère et gaufrée. – Latex de caoutchouc gaufré : *Semelles de crêpe*. 🔊 [kʁɛp].

CRÊPE (II), subst. f.
Fine galette à base d'œufs, de lait et de farine de blé ou de sarrasin. 🔊 [kʁɛp].

CRÊPERIE, subst. f.
Lieu où l'on vend et où l'on consomme des crêpes (II). 🔊 [kʁɛpʁi].

CRÉPI, subst. m.
Enduit non lissé que l'on projette sur un mur. 🔊 [kʁepi].

CRÉPITEMENT, subst. m.
Succession de bruits secs. 🔊 [kʁepitmɑ̃].

CRÉPITER, verbe intrans. [3]
Émettre un bruit sec et répété. 🔊 [kʁepite].

CRÉPON, subst. m.
Tissu de crêpe épais. – *Papier* crépon : papier gaufré. 🔊 [kʁepɔ̃].

CRÉPU, UE, adj.
Frisé en boucles très serrées. 🔊 [kʁepy].

CRÉPUSCULE, subst. m.
Aube (vx). – Tombée du jour. – *Fig.* Déclin. 🔊 [kʁepyskyl].

CRESCENDO, subst. m. et adv.
Adv. En s'intensifiant peu à peu. – Subst. Augmentation progressive. 🔊 [kʁeʃɛndo].

CRESSON, subst. m.
Plante dont les feuilles, à saveur piquante, sont comestibles. 🔊 [kʁəsɔ̃] ou [kʁesɔ̃].

CRÊTE, subst. f.
Saillie charnue sur la tête de certains oiseaux. – Ligne de faîte, sommet. 🔊 [kʀɛt].

CRÉTIN, INE, adj. et subst.
Niais, idiot (fam.). 🔊 [kʀetɛ̃, -in].

CREUSER, verbe trans. [3]
Faire un creux dans ; évider. – Donner une forme incurvée à : Creuser les reins. – Fig. Approfondir. 🔊 [kʀøze].

CREUSET, subst. m.
Récipient utilisé pour fondre des substances. – Partie d'un haut fourneau où coule le métal en fusion. 🔊 [kʀøzɛ].

CREUX, CREUSE, adj. et subst. m.
Adj. Vide ; évidé. – Présentant une cavité. – Fig. Vide de sens, d'intérêt. – Subst. Cavité, partie concave. 🔊 [kʀø, kʀøz].

CREVAISON, subst. f.
Fait de crever (pour un pneu). – Son résultat. 🔊 [kʀəvɛzɔ̃].

CREVASSE, subst. f.
Fissure profonde dans une surface. – Fissure de la peau irritée. 🔊 [kʀəvas].

CRÈVE-CŒUR, subst. m. inv.
Ce qui fend le cœur. 🔊 [kʀɛvkœʀ].

CREVER, verbe [10]
Trans. Faire éclater. – Fig. Cela crève les yeux : c'est évident. – Intrans. Se rompre sous la tension. – Fam. Ressentir intensément : Crever de faim. – Mourir. 🔊 [kʀəve].

CREVETTE, subst. f.
Petit crustacé décapode marin, gén. comestible. 🔊 [kʀəvɛt].

CRI, subst. m.
Son inarticulé et perçant traduisant un sentiment, une sensation : Cri de peur, de joie. – Appel, manifestation d'une opinion à voix haute. – Son émis par un animal, caractéristique de son espèce. 🔊 [kʀi].

CRIANT, ANTE, adj.
D'un caractère évident. 🔊 [kʀijɑ̃, -ɑ̃t].

CRIARD, ARDE, adj.
Qui crie souvent. – Fig. Qui heurte la vue. 🔊 [kʀijaʀ, -aʀd].

CRIBLE, subst. m.
Objet à fond plat percé de trous, qui sert à tamiser. 🔊 [kʀibl].

CRIBLER, verbe trans. [3]
Passer au crible. – Percer de nombreux trous. – Fig. Assaillir : Cribler de coups. 🔊 [kʀible].

CRIC, subst. m.
Instrument à crémaillère servant à soulever des charges pesantes. 🔊 [kʀik].

CRICKET, subst. m.
Jeu anglais qui se pratique avec une balle et des battes de bois. 🔊 [kʀikɛt].

CRIÉE, subst. f.
Vente publique aux enchères. 🔊 [kʀije].

CRIER, verbe [6]
Intrans. Lancer un cri ou des cris. – Hausser le ton, sous l'effet de la colère. – Pousser son cri (pour un animal). – Dénoncer : Crier à l'injustice. – Trans. Énoncer à voix forte. – Proclamer. 🔊 [kʀije].

CRIME, subst. m.
Violation grave des lois ; meurtre. – Action répréhensible. 🔊 [kʀim].

CRIMINALITÉ, subst. f.
Ensemble des actes criminels dans une société donnée, à une époque déterminée. 🔊 [kʀiminalite].

CRIMINEL, ELLE, adj. et subst.
Qui enfreint les lois sociales, morales ou religieuses. – Qui a commis un crime. 🔊 [kʀiminɛl].

CRIN, subst. m.
Poil long de la queue ou du cou de certains animaux, en partic. du cheval. – Crin végétal : fibre végétale. 🔊 [kʀɛ̃].

CRINIÈRE, subst. f.
Ensemble des crins poussant à l'encolure d'un lion, d'un cheval. 🔊 [kʀinjɛʀ].

CRINOLINE, subst. f.
Ample jupon à armature métallique faisant bouffer la robe. 🔊 [kʀinɔlin].

CRIQUE, subst. f.
Géogr. Petite baie. 🔊 [kʀik].

CRIQUET, subst. m.
Insecte migrateur, herbivore, volant et sauteur, très vorace. 🔊 [kʀikɛ].

CRISE, subst. f.
Altération rapide, brève et intense de la santé : Crise cardiaque. – Réaction émotionnelle subite : Crise de larmes. – Accès d'ardeur. – Fig. Période difficile de la vie d'un individu ou d'une société. 🔊 [kʀiz].

CRISPATION, subst. f.
Contraction involontaire, musculaire ou nerveuse. 🔊 [kʀispasjɔ̃].

CRISPER, verbe trans. [3]
Contracter. – Fig. Irriter. 🔊 [kʀispe].

CRISSER, verbe intrans. [3]
Émettre un grincement aigu. 🔊 [kʀise].

CRISTAL, AUX, subst. m.
Solide dont les atomes sont répartis avec une régularité géométrique : Cristaux de glace ; Cristal de roche, quartz. – Verre très limpide, rendant un son très pur ; objet de cristal. 🔊 [kʀistal].

CRISTALLIN, INE, adj. et subst. m.
Adj. Propre au cristal. – Pur. – Subst. Anat. Lentille biconvexe transparente située dans l'œil. 🔊 [kʀistalɛ̃, -in].

CRISTALLISER, verbe [3]
Trans. Amener à l'état de cristal. – Fig. Concrétiser. – Intrans. Passer à l'état de cristal. 🔊 [kʀistalize].

CRITÈRE, subst. m.
Ce qui sert de référence à un jugement. 🔊 [kʀitɛʀ].

CRITIQUE (I), adj.
Propre à une crise ; qui détermine l'issue d'une maladie. – Décisif, grave. 🔊 [kʀitik].

CRITIQUE (II), adj. et subst.
Subst. Écrivain, journaliste qui pratique l'art de la **critique**. – Fém. Jugement de valeur. – Art de juger une œuvre littéraire ou artistique. – Ensemble des journalistes qui pratiquent cet art ; leur verdict. – Jugement sévère. – Adj. Qui fait la **critique** de. – *Esprit* **critique** : qui n'admet rien sans examen préalable ou (péj.) qui dénigre. 🕮 [kʀitik].

CRITIQUER, verbe trans. [3]
Juger. – Émettre un jugement négatif, malveillant sur (qqn ou qqch.). 🕮 [kʀitike].

CROASSER, verbe intrans. [3]
Pousser son cri (croassement), en parlant d'un corbeau, d'une corneille. 🕮 [kʀɔase].

CROC, subst. m.
Canine des carnassiers. 🕮 [kʀo].

CROC-EN-JAMBE, subst. m.
Action de faire tomber qqn en glissant un pied entre ses jambes. – Plur. *crocs-en-jambe* : [kʀokãʒãb].

CROCHE, subst. f.
Note de musique dont la durée vaut la moitié de celle d'une noire. 🕮 [kʀɔʃ].

CROCHET, subst. m.
Instrument métallique recourbé servant à accrocher ou à tirer à soi. – Aiguille servant à tricoter ou à faire de la dentelle. – Dent de serpent venimeux. – Signe de ponctuation indiquant une incise. – Fig. Détour. – Coup de poing. 🕮 [kʀɔʃɛ].

CROCHETER, verbe trans. [13]
Déverrouiller (une serrure) avec un crochet. – Faire un ouvrage au crochet (tricot, dentelle). 🕮 [kʀɔʃte].

CROCHU, UE, adj.
Recourbé en forme de crochet. 🕮 [kʀɔʃy].

CROCODILE, subst. m.
Grand reptile aux mâchoires puissantes, qui vit dans les cours d'eau et les marécages des régions chaudes. 🕮 [kʀɔkɔdil].

CROIRE, verbe [71]
Trans. Admettre comme vrai. – Considérer comme probable ; supposer. – **Croire à, en** : tenir pour certaine l'existence de (qqn ou qqch.). – Se fier à. – Intrans. Avoir la foi. 🕮 [kʀwaʀ].

CROISADE, subst. f.
Hist. Expédition des chrétiens d'Occident contre les musulmans de Terre sainte. – Fig. Action visant à mobiliser l'opinion publique. 🕮 [kʀwazad].

CROISÉ, subst. m.
Celui qui partait en croisade. 🕮 [kʀwaze].

CROISÉE, subst. f.
Point d'intersection de plusieurs voies. – Partie vitrée d'une fenêtre ; la fenêtre elle-même. 🕮 [kʀwaze].

CROISEMENT, subst. m.
Action d'entrecroiser, de se croiser. – Reproduction par union de deux individus d'espèce, de variété voisines. 🕮 [kʀwazmã].

CROISER, verbe [3]
Trans. Former une intersection avec (qqch.). – Disposer en croix. – Rencontrer. – Intrans. Aller et venir dans un même secteur, pour un navire. 🕮 [kʀwaze].

CROISEUR, subst. m.
Navire de guerre. 🕮 [kʀwazœʀ].

CROISIÈRE, subst. f.
Voyage touristique en bateau. 🕮 [kʀwazjɛʀ].

CROISSANCE, subst. f.
Fait de croître, d'augmenter, de grandir : **Croissance** *d'un enfant* ; **Croissance** *économique,* essor. 🕮 [kʀwasãs].

CROISSANT, subst. m.
Forme évoquant celle de la Lune avant son premier ou après son dernier quartier. – Pâtisserie de pâte feuilletée. 🕮 [kʀwasã].

CROÎTRE, verbe intrans. [72]
Grandir, pousser. – Augmenter. 🕮 [kʀwatʀ].

CROIX, subst. f.
Instrument de supplice fait de deux pièces de bois croisées. – Symbole chrétien. – Signe ou objet fait de deux traits, de deux branches qui se croisent. – Décoration. 🕮 [kʀwa].

CROQUE-MITAINE, subst. m.
Monstre pour effrayer les fées. 🕮 Plur. *croque-mitaines* : [kʀɔkmitɛn].

CROQUE-MORT, subst. m.
Employé des pompes funèbres. 🕮 Plur. *croque-morts* : [kʀɔkmɔʀ].

CROQUER, verbe [3]
Intrans. Produire un bruit sec sous les dents. – Trans. Mordre (dans qqch.) : **Croquer** *un fruit.* – Faire une esquisse rapide de. 🕮 [kʀɔke].

CROQUET, subst. m.
Jeu consistant à pousser des boules avec un maillet sous des arceaux. 🕮 [kʀɔkɛ].

CROQUETTE, subst. f.
Boulette panée et frite. 🕮 [kʀɔkɛt].

CROQUIS, subst. m.
Dessin à grands traits constituant une représentation simplifiée. 🕮 [kʀɔki].

CROSS, subst. m. inv.
Course à pied en terrain difficile. 🕮 [kʀɔs].

CROSSE, subst. f.
Long bâton à l'extrémité incurvée. – Partie d'une arme par laquelle on la tient ou on l'épaule. 🕮 [kʀɔs].

CROTALE, subst. m.
Serpent venimeux d'Amérique, également appelé serpent à sonnette. 🕮 [kʀɔtal].

CROTTE, subst. f.
Excrément solide. 🕮 [kʀɔt].

CROTTÉ, ÉE, adj.
Maculé de boue. 🕮 [kʀɔte].

CROTTIN, subst. m.
Excrément de cheval. – Petit fromage de chèvre rond. 🕮 [kʀɔtɛ̃].

CROULER, verbe intrans. [3]
S'affaisser, s'effondrer. 🕮 [kʀule].

CROUPE, subst. f.
Partie postérieure de certains animaux, en partic. du cheval. 🐾 [kʀup].

CROUPIER, subst. m.
Responsable d'une table de jeu au casino. 🐾 [kʀupje].

CROUPION, subst. m.
Saillie postérieure du corps des oiseaux, qui porte les plumes de la queue. 🐾 [kʀupjɔ̃].

CROUPIR, verbe intrans. [19]
Stagner et pourrir, en parlant d'un liquide. – Demeurer dans un état dégradant. 🐾 [kʀupiʀ].

CROUSTILLER, verbe intrans. [3]
Craquer sous la dent. 🐾 [kʀustije].

CROÛTE, subst. f.
Enveloppe dure de la mie du pain, du fromage. – Couche durcie ; sang séché. – Mauvais tableau (fam.). 🐾 [kʀut].

CROÛTON, subst. m.
Chacune des deux extrémités d'un pain. 🐾 [kʀutɔ̃].

CROYABLE, adj.
Qui peut être cru. 🐾 [kʀwajabl].

CROYANCE, subst. f.
Fait de croire. – Ce à quoi l'on croit. 🐾 [kʀwajɑ̃s].

CROYANT, ANTE, adj. et subst.
Qui a la foi. 🐾 [kʀwajɑ̃, -ɑ̃t].

C.R.S., subst. m.
Policier membre d'une compagnie républicaine de sécurité. 🐾 [seɛʀɛs].

CRU (I), subst. m.
Vignoble d'une région. – Son vin. 🐾 [kʀy].

CRU (II), UE, adj.
Qui n'est pas cuit. – À l'état brut. – Fig. Violent : Lumière crue. – Direct ; choquant. 🐾 [kʀy].

CRUAUTÉ, subst. f.
Tendance à faire du mal. – Acte cruel. – Dureté : La cruauté du sort. 🐾 [kʀyote].

CRUCHE, subst. f.
Pot renflé doté d'une anse et d'un bec. – Fig. Personne sotte (fam.). 🐾 [kʀyʃ].

CRUCIAL, ALE, AUX, adj.
Décisif, essentiel. 🐾 [kʀysjal].

CRUCIFIER, verbe trans. [6]
Infliger le supplice de la croix. 🐾 [kʀysifje].

CRUCIFIX, subst. m.
Objet religieux en forme de croix, qui représente le Christ crucifié. 🐾 [kʀysifi].

CRUCIFORME, adj.
Qui a la forme d'une croix. 🐾 [kʀysifɔʀm].

CRUCIVERBISTE, subst.
Amateur de mots croisés. 🐾 [kʀysivɛʀbist].

CRUDITÉ, subst. f.
Qualité de ce qui est cru. – Plur. Légumes servis crus en salade. 🐾 [kʀydite].

CRUE, subst. f.
Montée des eaux d'une rivière. 🐾 [kʀy].

CRUEL, ELLE, adj.
Qui éprouve du plaisir à faire souffrir. – Qui provoque une souffrance. 🐾 [kʀyɛl].

CRÛMENT, adv.
D'une manière directe, sans précaution. 🐾 [kʀymɑ̃].

CRUSTACÉ, subst. m.
Animal aquatique à carapace (crevette, homard, etc.). – Plur. La classe correspondante. 🐾 [kʀystase].

CRYO-, préfixe
Préfixe signifiant « froid » : Cryogène, qui produit du froid. 🐾 [kʀijo-].

CRYPTE, subst. f.
Chapelle, caveau souterrains. 🐾 [kʀipt].

CRYPTO-, préfixe
Préfixe signifiant « caché » : Cryptographie, technique de chiffrement des écritures. 🐾 [kʀipto-].

CUBE, subst. m.
Solide à six faces carrées égales. – Cube d'un nombre : produit d'un nombre multiplié trois fois par lui-même. 🐾 [kyb].

CUBISME, subst. m.
Mouvement artistique né en 1907 qui décompose les objets représentés en éléments géométriques. 🐾 [kybism].

CUBITUS, subst. m.
L'un des deux os de l'avant-bras (l'autre étant le radius). 🐾 [kybitys].

CUCURBITACÉE, subst. f.
Plante à tige rampante et à fruit volumineux, telle que la citrouille, le melon, la courgette. – Plur. La famille correspondante. 🐾 [kykyʀbitase].

CUEILLETTE, subst. f.
Action de cueillir. – Récolte. 🐾 [kœjɛt].

CUEILLIR, verbe trans. [30]
Détacher (une fleur, un fruit) de la tige, de la branche. – Ramasser, prendre. 🐾 [kœjiʀ].

CUILLÈRE, subst. f.
Ustensile de table formé d'un manche et d'une partie creuse. – Cuillerée. 🐾 On écrit aussi cuiller ; [kɥijɛʀ].

CUILLERÉE, subst. f.
Contenu d'une cuillère. 🐾 [kɥij(e)ʀe].

CUIR, subst. m.
Peau d'animal. – Peau tannée. – Cuir chevelu : peau du crâne, chez l'homme. 🐾 [kɥiʀ].

CUIRASSE, subst. f.
Armure recouvrant la poitrine. 🐾 [kɥiʀas].

CUIRASSÉ, ÉE, adj. et subst. m.
Adj. Qui a revêtu une cuirasse. – Blindé. – Fig. Endurci, indifférent. – Subst. Navire de guerre. 🐾 [kɥiʀase].

CUIRASSIER, subst. m.
Soldat de cavalerie lourde. 🐾 [kɥiʀasje].

CUIRE, verbe [69]
Exposer ou être exposé au feu, à la chaleur, en vue d'une transformation. 🐾 [kɥiʀ].

CUISANT, ANTE, adj.
Douloureux, vif : *Blessure* **cuisante**. – Fig. *Échec* **cuisant**. 🔊 [kɥizɑ̃, -ɑ̃t].

CUISINE, subst. f.
Art, action d'accommoder les aliments ; aliments préparés. – Pièce où l'on prépare les aliments. 🔊 [kɥizin].

CUISINER, verbe [3]
Trans. Apprêter (la nourriture). – Intrans. Faire la cuisine. 🔊 [kɥizine].

CUISINIÈRE, subst. f.
Appareil de cuisine, composé d'un four et de plaques de cuisson. 🔊 [kɥizinjɛʀ].

CUISSE, subst. f.
Partie du corps comprise entre la hanche et le genou. 🔊 [kɥis].

CUISSON, subst. f.
Action, façon de faire cuire. 🔊 [kɥisɔ̃].

CUISTRE, subst. f.
Personne pédante et prétentieuse. 🔊 [kɥistʀ].

CUIVRE, subst. m.
Métal ocre rouge malléable et conducteur. – Objet ou instrument en cuivre. 🔊 [kɥivʀ].

CUL, subst. m.
Postérieur d'une personne, d'un animal (fam.) – Fond d'un objet : *Cul de bouteille*. 🔊 [ky].

CULASSE, subst. f.
Partie supérieure amovible de la chambre de combustion d'un moteur. – Pièce articulée qui obture l'arrière du canon d'une arme à feu. 🔊 [kylas].

CULBUTE, subst. f.
Cabriole. – Chute brutale la tête la première, ou à la renverse. 🔊 [kylbyt].

CULBUTER, verbe [3]
Intrans. Faire une chute. – Trans. Renverser, causer la chute de. 🔊 [kylbyte].

CUL-DE-JATTE, subst. m.
Infirme privé de jambes. 🔊 Plur. *culs-de-jatte* ; [kydʒat].

CUL-DE-SAC, subst. m.
Passage sans issue, impasse. 🔊 Plur. *culs-de-sac* ; [kydsak].

CULINAIRE, adj.
Qui concerne la cuisine. 🔊 [kylinɛʀ].

CULMINER, verbe intrans. [3]
Atteindre son point le plus haut. – Fig. Être à son comble. 🔊 [kylmine].

CULOT, subst. m.
Extrémité inférieure, fond d'un objet creux. – Résidu, reste. – Audace effrontée (fam.). 🔊 [kylo].

CULOTTE, subst. f.
Pantalon allant de la taille aux genoux. – Sous-vêtement féminin, slip. 🔊 [kylɔt].

CULOTTÉ, ÉE, adj.
Qui a de l'audace (fam.). 🔊 [kylɔte].

CULPABILISER, verbe [3]
Trans. Engendrer un sentiment de culpabilité. – Intrans. Ressentir de la culpabilité. 🔊 [kylpabilize]. .

CULPABILITÉ, subst. f.
État d'une personne qui est ou se sent coupable de qqch. 🔊 [kylpabilite].

CULTE, subst. m.
Ensemble de pratiques religieuses. – Fig. Vénération extrême. 🔊 [kylt].

CULTIVATEUR, TRICE, subst.
Personne qui cultive la terre, qui dirige une exploitation agricole. 🔊 [kyltivatœʀ, -tʀis].

CULTIVER, verbe trans. [3]
Faire fructifier (le sol). – Faire pousser, entretenir (des plantes). – Fig. Développer (ses capacités). – Pronom. Approfondir ses connaissances, sa culture. 🔊 [kyltive].

CULTURE, subst. f.
Action de cultiver le sol. – Ensemble des connaissances. – Ensemble des modes de vie, des traditions d'une société. 🔊 [kyltyʀ].

CULTUREL, ELLE, adj.
Qui a trait à la culture de l'esprit, à l'héritage d'une société. 🔊 [kyltyʀɛl].

CULTURISME, subst. m.
Exercice physique développant la musculature. 🔊 [kyltyʀism].

CUMIN, subst. m.
Plante originaire du Moyen-Orient, dont la graine sert de condiment. 🔊 [kymɛ̃].

CUMUL, subst. m.
Action de cumuler. 🔊 [kymyl].

CUMULER, verbe trans. [3]
Exercer simultanément (plusieurs fonctions). 🔊 [kymyle].

CUMULUS, subst. m.
Nuage blanc arrondi, qui se forme par beau temps. 🔊 [kymylys].

CUNÉIFORME, adj.
En forme de coin. – *Écriture* **cunéiforme** : ancienne écriture perse à signes triangulaires. 🔊 [kyneifɔʀm].

CUPIDITÉ, subst. f.
Désir excessif d'argent. 🔊 [kypidite].

CUPRIFÈRE, adj.
Qui renferme du cuivre. 🔊 [kypʀifɛʀ].

CUPULE, subst. f.
Petite pièce ou organe en forme de coupe. 🔊 [kypyl].

CURABLE, adj.
Qui peut être guéri. 🔊 [kyʀabl].

CURARE, subst. m.
Poison végétal mortel. 🔊 [kyʀaʀ].

CURATIF, IVE, adj.
Qui guérit les maladies. 🔊 [kyʀatif, -iv].

CURE (I), subst. f.
Traitement de certaines affections. – *N'avoir cure de* : ne pas se soucier de. 🔊 [kyʀ].

CURE (II), subst. f.
Fonction du curé. – Presbytère. 🔊 [kyʀ].

CURÉ, subst. m.
Prêtre catholique. 🔊 [kyʀe].

CURE-DENT(S), subst. m.
Bâtonnet pointu servant à se curer les dents. 🔊 Plur. *cure-dents* ; [kyʀdɑ̃].

CURÉE, subst. f.
Partie de l'animal qu'on donne aux chiens après la chasse. – Le moment où on le fait. – Fig. Lutte acharnée. 🔊 [kyʀe].

CURER, verbe trans. [3]
Nettoyer en grattant, en raclant. 🔊 [kyʀe].

CURIEUX, IEUSE, adj. et subst.
Qui fait preuve de curiosité. – Adj. Bizarre. 🔊 [kyʀjø, -jøz].

CURIOSITÉ, subst. f.
Désir d'apprendre des choses nouvelles. – Désir indiscret de savoir. – Objet bizarre. 🔊 [kyʀjozite].

CURISTE, subst.
Personne qui fait une cure dans une station thermale. 🔊 [kyʀist].

CURRICULUM VITAE, subst. m. inv.
Récapitulatif de l'état civil, de la formation et du parcours professionnel d'un postulant (abrév. *C.V.*). 🔊 [kyʀikylɔmvite].

CURRY, subst. m.
Épice indienne. – Mets préparé avec cette épice. 🔊 [kyʀi].

CURSEUR, subst. m.
Repère coulissant sur un support gradué. 🔊 [kyʀsœʀ].

CURSIF, IVE, adj.
Se dit d'un tracé délié et rapide. – Fig. Bref, rapide. 🔊 [kyʀsif -iv].

CURSUS, subst. m.
Cycle universitaire complet. 🔊 [kyʀsys].

CURVILIGNE, adj.
Qui est formé de lignes courbes. 🔊 [kyʀviliɲ].

CUTANÉ, ÉE, adj.
Qui a trait à la peau. 🔊 [kytane].

CUTTER, subst. m.
Instrument à lame coulissante servant à couper le papier, la moquette. 🔊 [kœtœʀ] ou [kytɛʀ].

CUVE, subst. f.
Réservoir, grand récipient. 🔊 [kyv].

CUVÉE, subst. f.
Contenu d'une cuve. – Produit de toute une vigne : Cuvée 1982. 🔊 [kyve].

CUVETTE, subst. f.
Récipient à usage domestique. – Partie creuse d'un lavabo, d'un W.-C. – *Géogr.* Dépression. 🔊 [kyvɛt].

CYANURE, subst. m.
Poison violent. 🔊 [sjanyʀ].

CYBERNÉTIQUE, subst. f.
Science des procédures de commande et de communication. 🔊 [sibɛʀnetik].

CYCLABLE, adj.
Réservé aux cyclistes. 🔊 [siklabl].

CYCLAMEN, subst. m.
Plante ornementale à fleurs roses ou blanches. 🔊 [siklamɛn].

CYCLE (I), subst. m.
Suite de phénomènes ou d'événements se répétant toujours dans le même ordre. 🔊 [sikl].

CYCLE (II), subst. m.
Véhicule à deux ou à trois roues. 🔊 [sikl].

CYCLIQUE, adj.
Qui se répète périodiquement. 🔊 [siklik].

CYCLISME, subst. m.
Sport de la bicyclette. 🔊 [siklism].

CYCLISTE, adj. et subst.
Adj. Relatif au cyclisme. – Subst. Personne qui se déplace à vélo, qui pratique le cyclisme. 🔊 [siklist].

CYCLOMOTEUR, subst. m.
Vélo à moteur. 🔊 [siklomotœʀ].

CYCLONE, subst. m.
Violente perturbation atmosphérique, tourbillon de vents. 🔊 [siklɔn].

CYCLOPE, subst. m.
Myth. Géant n'ayant qu'un œil, au milieu du front. 🔊 [siklɔp].

CYCLOTRON, subst. m.
Accélérateur de particules chargées électriquement et formant un faisceau de haute énergie, capable de provoquer des désintégrations nucléaires. 🔊 [siklɔtʀɔ̃].

CYGNE, subst. m.
Oiseau palmipède au long cou souple, vivant sur les eaux douces. 🔊 [siɲ].

CYLINDRE, subst. m.
Solide de la forme d'un tube, d'un rouleau. – *Mécan.* Tube dans lequel se meut le piston d'un moteur à explosion. 🔊 [silɛ̃dʀ].

CYLINDRÉE, subst. f.
Volume de gaz que peut contenir le ou les cylindres d'un moteur. 🔊 [silɛ̃dʀe].

CYLINDRIQUE, adj.
En forme de cylindre. 🔊 [silɛ̃dʀik].

CYMBALE, subst. f.
Mus. Instrument à percussion fait de disques de cuivre ou de bronze. 🔊 [sɛ̃bal].

CYNIQUE, adj. et subst.
Qui brave, par ses propos et par ses comportements, les règles morales. 🔊 [sinik].

CYNISME, subst. m.
Attitude cynique. 🔊 [sinism].

CYPRÈS, subst. m.
Conifère élancé des régions méditerranéennes. 🔊 [sipʀɛ].

CYRILLIQUE, adj. et subst. m.
Se dit de l'alphabet slave. 🔊 [siʀilik].

D

D, d, subst. m. inv.
Quatrième lettre et troisième consonne de l'alphabet français. 🔊 [de].

DACTYLOGRAPHIE, subst. f.
Technique de l'écriture à la machine. 🔊 [daktilografi].

DADA, subst. m.
Idée favorite, manie (fam.). 🔊 [dada].

DADAIS, subst. m.
Jeune homme niais et gauche. 🔊 [dadɛ].

DAGUE, subst. f.
Arme de main, intermédiaire entre le poignard et l'épée. 🔊 [dag].

DAHLIA, subst. m.
Plante à fleurs ornementales. 🔊 [dalja].

DAIGNER, verbe trans. [3]
Condescendre à, vouloir bien. 🔊 [deɲe].

DAIM, DAINE, subst.
Cervidé sauvage à bois palmés. – Masc. Peau du daim, ou son imitation. 🔊 [dɛ̃, dɛn].

DAIS, subst. m.
Ouvrage en bois, en tissu, dressé au-dessus d'un trône, d'un lit, d'une statue, etc. ; baldaquin. 🔊 [dɛ].

DALLAGE, subst. m.
Revêtement de dalles. 🔊 [dalaʒ].

DALLE, subst. f.
Plaque de pierre, de marbre, de béton, etc., servant à revêtir le sol. – Sol de béton. – Pierre tombale. – Gosier, gorge : *Avoir la dalle*, avoir grand faim (fam.). 🔊 [dal].

DALLER, verbe trans. [3]
Couvrir de dalles. 🔊 [dale].

DALTONIEN, IENNE, adj. et subst.
Qui ne perçoit pas toutes les couleurs et en confond certaines (vert et rouge, en partic.). 🔊 [daltɔnjɛ̃, -jɛn].

DAM, subst. m.
Au grand dam de : au préjudice de ; au grand regret de. 🔊 [dɑ̃] ou [dam].

DAME, subst. f.
Femme de haut rang. – Femme mariée. – Femme (par courtoisie). – Carte à jouer ou pièce de jeu d'échecs figurant une reine. – *Jeu de dames* : qui se joue avec des pions sur un damier. – Outil employé pour damer le sol. 🔊 [dam].

DAMER, verbe trans. [3]
Tasser (le sol, la neige). – Fig. *Damer le pion à qqn* : l'emporter sur lui. 🔊 [dame].

DAMIER, subst. m.
Plateau quadrillé, à cases alternativement noires et blanches, utilisé au jeu de dames. 🔊 [damje].

DAMNATION, subst. f.
Condamnation aux peines éternelles de l'enfer. 🔊 [dɑnasjɔ̃].

DAMNÉ, ÉE, adj. et subst.
Condamné aux peines de l'enfer. – Adj. Qui cause de la contrariété, détestable : *Ce damné brouillard* (fam.). – *Être l'âme damnée de qqn* : lui être entièrement dévoué pour la réalisation de ses mauvais desseins. 🔊 [dɑne].

DAN, subst. m.
Chacun des grades de la ceinture noire dans les arts martiaux japonais. 🔊 [dan].

DANDINER (SE), verbe pronom. [3]
Se balancer gauchement d'un pied sur l'autre. 🔊 [dɑ̃dine].

DANDY, subst. m.
Homme d'une élégance très recherchée. 🔊 [dɑ̃di].

DANGER, subst. m.
Menace pour la sécurité, l'existence de qqn ou qqch. – Situation périlleuse. – Risque : *Il n'y a pas de danger que*, il est improbable que. 🔊 [dɑ̃ʒe].

DANGEREUX, EUSE, adj.
Qui constitue un danger. 🔊 [dɑ̃ʒʀø, -øz].

DANOIS, subst. m.
Langue germanique parlée au Danemark. 🔊 [danwa].

DANS, prép.
Marque le lieu : *Le lit est dans la chambre*, à l'intérieur de ; *Être dans la foule*, parmi. – Marque le temps : *Je reviens dans cinq minutes*, après un intervalle de ; *Dans ma jeunesse, j'ai voyagé*, au cours de, pendant. – Marque la manière : *Agir dans les règles*, selon ; *Dans l'espoir de vous revoir*, avec. – *Dans les* : à peu près. 🔊 [dɑ̃].

DANSE, subst. f.
Action de danser. – Succession de mouvements rythmés du corps, en gén. sur une musique. 🔊 [dɑ̃s].

DANSER, verbe [3]
Intrans. Exécuter une danse. – Trans. *Danser le tango*. 🔊 [dɑ̃se].

DANSEUR, EUSE, subst.
Personne dont le métier est de danser. – Personne qui danse. 🔊 [dɑ̃sœʀ, -øz].

DARD, subst. m.
Organe piquant et venimeux de certains insectes. 🔊 [daʀ].

DARE-DARE, loc. adv.
En toute hâte (fam.). 🔊 [daʀdaʀ].

DARNE, subst. f.
Tranche de gros poisson. 🔊 [daʀn].

127

DARTRE, subst. f.
Plaque sèche et rougeâtre de la peau, en gén. sur le visage. 🔊 [daʀtʀ].

DATE, subst. f.
Mention du jour, du mois, de l'année. – Repère chronologique d'un fait, d'une action. – Événement historique important ; *Faire* date : marquer son époque. 🔊 [dat].

DATER, verbe [3]
Trans. Inscrire une date sur. – Déterminer le moment précis d'un événement, l'âge d'un objet. – Intrans. Remonter à : *Cet objet* date *du Xᵉ s.* – Abs. Être démodé : *Ce film* date. 🔊 [date].

DATTE, subst. f.
Fruit charnu et sucré du dattier. 🔊 [dat].

DAUPHIN (I), subst. m.
Mammifère cétacé vivant en groupe et réputé intelligent. 🔊 [dofɛ̃].

DAUPHIN (II), subst. m.
Héritier de la couronne de France. – Fig. Successeur présumé ou désigné de qqn. 🔊 [dofɛ̃].

DAURADE, subst. f.
Poisson marin à reflets dorés ou argentés. 🔊 [doʀad].

DAVANTAGE, adv.
Bien plus : *Elle sourit* davantage. – Plus longtemps : *Il devra attendre* davantage. 🔊 [davɑ̃taʒ].

DE (I), prép.
Indique le lieu, la provenance : *Il revient de* Chine ; l'origine : *Vin de Bourgogne* ; l'appartenance : *La veste de Paul* ; la cause : *Rouge de honte* ; la manière : *Prendre de force* ; le moyen : *Montrer du doigt.* – Ling. Introduit un complément : *Se souvenir de* qqch. 🔊 *De le* se contracte en *du* et *de les* en *des* ; [də].

DE (II), DU, DE LA, DES, art.
Article partitif précédant les noms de choses qu'on ne peut pas compter, concrètes ou abstraites : *Du pain, de l'eau* ; *Avoir du courage* ; *Faire de la musique.* 🔊 [də, dy, d(ə)la, de].

DÉ (I), subst. m.
Jeux. Petit cube aux faces marquées de 1 à 6. – *Cuis.* Aliment qui a la forme d'un petit cube : *Légumes coupés en* dés. 🔊 [de].

DÉ (II), subst. m.
En couture, petit fourreau de métal protégeant le doigt qui pousse l'aiguille. – Fig. Dé *à coudre* : infime quantité (fam.). 🔊 [de].

DÉAMBULATOIRE, subst. m.
Galerie qui entoure le chœur d'une église. 🔊 [deɑ̃bylatwaʀ].

DÉAMBULER, verbe intrans. [3]
Aller au hasard, flâner. 🔊 [deɑ̃byle].

DÉBÂCLE, subst. f.
Rupture des glaces d'un cours d'eau gelé. – Fig. Faillite ; déroute. 🔊 [debɑkl].

DÉBALLAGE, subst. m.
Action de déballer. – Amas d'objets hétéroclites disposés en vrac. – Étalage de secrets ; confession sans retenue. 🔊 [debalaʒ].

DÉBALLER, verbe trans. [3]
Retirer de son emballage. – Étaler, exposer (des marchandises). – Dévoiler, confesser sans retenue (fam.). 🔊 [debale].

DÉBANDADE, subst. f.
Fait de se disperser en désordre, déroute. 🔊 [debɑ̃dad].

DÉBAPTISER, verbe trans. [3]
Changer le nom de. 🔊 [debatize].

DÉBARBOUILLER, verbe trans. [3]
Laver, en partic. le visage. – Pronom. Faire une toilette sommaire. 🔊 [debaʀbuje].

DÉBARCADÈRE, subst. m.
Quai de débarquement des marchandises et des occupants des bateaux. 🔊 [debaʀkadɛʀ].

DÉBARDEUR, subst. m.
Homme qui charge ou décharge des marchandises. – Maillot échancré dépourvu de manches. 🔊 [debaʀdœʀ].

DÉBARQUEMENT, subst. m.
Action de débarquer. – *Milit.* Opération consistant à débarquer des troupes sur un littoral. 🔊 [debaʀkəmɑ̃].

DÉBARQUER, verbe [3]
Trans. Faire descendre (des passagers) à terre. – Enlever (des marchandises) d'un moyen de transport. – Intrans. Quitter un moyen de transport, aller à terre. – Fam. Arriver inopinément en un lieu. – Ne pas être au courant. 🔊 [debaʀke].

DÉBARRAS, subst. m.
Délivrance d'une chose qui gênait (fam.) : *Bon* débarras ! – Lieu où sont rangés des objets inutiles, encombrants. 🔊 [debaʀɑ].

DÉBARRASSER, verbe trans. [3]
Enlever ce qui encombre, gêne ou embarrasse. – Pronom. Se défaire de (qqch. ou qqn). 🔊 [debaʀase].

DÉBAT, subst. m.
Discussion contradictoire. 🔊 [deba].

DÉBATTRE, verbe trans. [61]
Discuter, délibérer. – Pronom. S'efforcer de se libérer par des mouvements désordonnés. 🔊 [debatʀ].

DÉBAUCHE, subst. f.
Recherche exagérée des plaisirs sensuels. – Fig. Surabondance. 🔊 [deboʃ].

DÉBAUCHER, verbe trans. [3]
Inciter (qqn) à quitter son entreprise pour travailler dans une autre. – Licencier. – Entraîner à la débauche. – Distraire. 🔊 [deboʃe].

DÉBILE, adj. et subst.
Adj. Malingre, chétif. – Idiot, stupide (fam.). – Subst. Faible d'esprit. – Imbécile (fam.). 🔊 [debil].

DÉBIT (I), subst. m.
Écoulement d'une marchandise. – Lieu de vente au détail de boissons, de tabac.

– Manière de parler : *Un débit rapide.*
– Quantité d'un fluide qui s'écoule en un temps donné. 🔲 [debi].

DÉBIT (II), subst. m.
Compte des sommes dues par qqn (contr. *crédit*). – Partie d'un compte où est inscrite cette somme due. 🔲 [debi].

DÉBITER (I), verbe trans. [3]
Écouler, vendre au détail. – Couper en morceaux. – Discourir de façon monotone ; raconter. 🔲 [debite].

DÉBITER (II), verbe trans. [3]
Inscrire une somme au débit de : *Débiter un compte, une personne.* 🔲 [debite].

DÉBLAYER, verbe trans. [15]
Dégager de ce qui encombre, faire place nette. – Fig. *Déblayer le terrain* : éliminer les obstacles avant d'agir. 🔲 [debleje].

DÉBLOQUER, verbe [3]
Trans. Remettre en marche, en circulation. – Intrans. Divaguer (fam.). 🔲 [debloke].

DÉBOIRES, subst. m. plur.
Ennuis, déconvenues. 🔲 [debwar].

DÉBOISER, verbe trans. [3]
Dégarnir (un terrain) de ses arbres, de ses bois. 🔲 [debwaze].

DÉBOÎTER, verbe [3]
Trans. Séparer (deux objets qui étaient emboîtés). – Faire sortir (un os) de l'articulation. – Intrans. Sortir d'une file de véhicules. 🔲 [debwate].

DÉBONNAIRE, adj.
Plein de bonhomie, pacifique. 🔲 [deboner].

DÉBORDEMENT, subst. m.
Fait de déborder. – Fig. Profusion, excès : *Débordement d'affection.* 🔲 [debordəmã].

DÉBORDER, verbe [3]
Intrans. Couler par-dessus le bord. – Ne plus pouvoir contenir. – Dépasser une limite. – Fig. S'épancher, se manifester à profusion. – Trans. S'étendre au-delà de ; sortir des limites de. – Submerger. 🔲 [deborde].

DÉBOUCHÉ, subst. m.
Lieu où un passage, une voie débouche. – Possibilité offerte par une qualification. – Perspective de vente ; marché. 🔲 [debuʃe].

DÉBOUCHER (I), verbe trans. [3]
Retirer ce qui bouche. – Enlever le bouchon (d'une bouteille). 🔲 [debuʃe].

DÉBOUCHER (II), verbe intrans. [3]
Apparaître brusquement ; arriver en un lieu dégagé. – Fig. Avoir pour issue. 🔲 [debuʃe].

DÉBOULER, verbe intrans. [3]
S'enfuir brusquement devant le chasseur. – Dégringoler, dévaler, empl. trans. : *Débouler l'escalier.* 🔲 [debule].

DÉBOURSER, verbe trans. [3]
Dépenser, payer. 🔲 [deburse].

DÉBOUSSOLÉ, ÉE, adj.
Désorienté, déconcerté, désemparé (fam.). 🔲 [debusole].

DEBOUT, adv.
À la verticale ; sur ses pieds : *Un homme debout.* – *Être debout* : réveillé et hors de son lit. – Fig. *Tenir debout* : être cohérent. 🔲 [d(ə)bu].

DÉBOUTER, verbe trans. [3]
Rejeter une demande en justice : *Débouter un plaideur.* 🔲 [debute].

DÉBOUTONNER, verbe trans. [3]
Ouvrir (un vêtement) en défaisant les boutons. 🔲 [debutɔne].

DÉBRAILLÉ, ÉE, adj. et subst. m.
Adj. Dont les vêtements sont en désordre ; négligé. – Subst. Tenue négligée ; laisser-aller. 🔲 [debraje].

DÉBRANCHER, verbe trans. [3]
Supprimer le branchement de : *Débrancher une lampe.* 🔲 [debrãʃe].

DÉBRAYER, verbe [15]
Trans. Désolidariser deux arbres mécaniques. – Intrans. Cesser le travail, faire grève. 🔲 [debreje].

DÉBRIDÉ, ÉE, adj.
Libre de toute contrainte ; sans retenue. 🔲 [debride].

DÉBRIS, subst. m.
Fragment, reste de ce qui est brisé ou détruit. 🔲 [debri].

DÉBROUILLARD, ARDE, adj. et subst.
Qui sait se tirer d'embarras, se débrouiller (fam.). 🔲 [debrujar, -ard].

DÉBROUILLER, verbe trans. [3]
Démêler, remettre en ordre. – Fig. Élucider, rendre clair. – Pronom. Se tirer d'embarras (fam.). 🔲 [debruje].

DÉBROUSSAILLER, verbe trans. [3]
Enlever les broussailles (d'un lieu). – Fig. Commencer à étudier, éclaircir (un sujet complexe). 🔲 [debrusaje].

DÉBUSQUER, verbe trans. [3]
Faire sortir de sa cachette, de son abri. 🔲 [debyske].

DÉBUT, subst. m.
Point de départ, commencement. – Plur. Premiers pas dans une carrière, une activité. 🔲 [deby].

DÉBUTER, verbe intrans. [3]
Commencer. – Faire ses premiers pas dans une activité. 🔲 [debyte].

DEÇA, adv.
Deçà delà : ici et là. – Loc. prép. *En deçà de* : en dessous de ; de ce côté-ci de. 🔲 [dəsa].

DÉCACHETER, verbe trans. [14]
Ouvrir (ce qui est cacheté). 🔲 [dekaʃ(ə)te].

DÉCADE, subst. f.
Période de dix jours. 🔲 [dekad].

DÉCADENCE, subst. f.
État de ce qui tend vers sa fin en se dégradant ; déclin : *La décadence de l'Empire romain.* 🔲 [dekadãs].

DÉCAFÉINÉ, ÉE, adj. et subst. m.
Adj. Sans caféine. – Subst. Café **décaféiné**.
📇 [dekafeine].

DÉCALAGE, subst. m.
Déplacement dans le temps ou dans l'espace ; écart ainsi créé. – Fig. Défaut de concordance. 📇 [dekalaʒ].

DÉCALCIFICATION, subst. f.
Baisse du taux de calcium dans l'organisme. 📇 [dekalsifikasjɔ̃].

DÉCALCOMANIE, subst. f.
Transfert d'une image sur un support à décorer. – L'image obtenue de cette façon. 📇 [dekalkɔmani].

DÉCALER, verbe trans. [3]
Déplacer légèrement (dans le temps ou dans l'espace). – Ôter les cales de. 📇 [dekale].

DÉCALQUER, verbe trans. [3]
Reproduire en utilisant un papier-calque. 📇 [dekalke].

DÉCAMPER, verbe intrans. [3]
S'enfuir à toute allure (fam.). 📇 [dekɑ̃pe].

DÉCAN, subst. m.
Division d'un signe astrologique. 📇 [dekɑ̃].

DÉCANTER, verbe trans. [3]
Purifier (un liquide) en laissant se déposer les impuretés. – Fig. Éclaircir. 📇 [dekɑ̃te].

DÉCAPER, verbe trans. [3]
Débarrasser une surface de la couche d'impuretés ou d'enduit qui la recouvre. 📇 [dekape].

DÉCAPITER, verbe trans. [3]
Trancher la tête de (qqn). – Abattre la partie supérieure de (qqch.). – Fig. Supprimer (les éléments essentiels d'un groupe). 📇 [dekapite].

DÉCAPODE, subst. m.
Crustacé, en gén. marin, possédant cinq paires de pattes thoraciques, tel que le homard, le crabe, etc. – Plur. L'ordre correspondant. 📇 [dekapɔd].

DÉCAPOTABLE, adj. et subst. f.
Se dit d'une voiture dont on peut replier ou ôter la capote. 📇 [dekapɔtabl].

DÉCAPSULER, verbe trans. [3]
Enlever la capsule de. 📇 [dekapsyle].

DÉCAPSULEUR, subst. m.
Instrument permettant de décapsuler. 📇 [dekapsylœʀ].

DÉCARCASSER (SE), verbe pronom. [3]
Se donner du mal (fam.). 📇 [dekaʀkase].

DÉCATHLON, subst. m.
Compétition masculine d'athlétisme, qui comprend dix épreuves (courses, sauts et lancers). 📇 [dekatlɔ̃].

DÉCATI, IE, adj.
Usé par l'âge, flétri (fam.). 📇 [dekati].

DÉCÉDER, verbe intrans. [8]
Mourir. 📇 [desede].

DÉCELER, verbe trans. [11]
Découvrir, mettre en évidence (ce qui était caché). – Être le signe de (qqch.) ; révéler. 📇 [des(ə)le].

DÉCÉLÉRER, verbe intrans. [8]
Diminuer de vitesse, ralentir (en parlant d'un corps en mouvement). 📇 [deselere].

DÉCEMBRE, subst. m.
Douzième et dernier mois de l'année. 📇 [desɑ̃bʀ].

DÉCENCE, subst. f.
Respect des convenances ; pudeur. – Discrétion, retenue. 📇 [desɑ̃s].

DÉCENNIE, subst. f.
Période de dix ans. 📇 [deseni].

DÉCENT, ENTE, adj.
Qui fait preuve de décence. – Convenable, suffisant. 📇 [desɑ̃, -ɑ̃t].

DÉCENTRALISER, verbe trans. [3]
Déléguer, en gén. à des collectivités locales (une partie d'un pouvoir central). – Disperser, en tout ou en partie (des organismes, des industries, etc.), qui étaient groupés en un même lieu). 📇 [desɑ̃tralize].

DÉCEPTION, subst. f.
Sentiment provoqué par la non-satisfaction d'une attente, d'un désir. 📇 [desɛpsjɔ̃].

DÉCERNER, verbe trans. [3]
Attribuer, remettre officiellement (une récompense). 📇 [desɛʀne].

DÉCÈS, subst. m.
Mort d'une personne. 📇 [desɛ].

DÉCEVOIR, verbe trans. [38]
Causer une déception à. 📇 [des(ə)vwaʀ].

DÉCHAÎNER, verbe trans. [3]
Ôter les chaînes de. – Entraîner, provoquer, déclencher. – Pronom. S'emporter avec violence. – Commencer avec violence ; faire rage. 📇 [deʃene].

DÉCHANTER, verbe intrans. [3]
Perdre ses illusions. 📇 [deʃɑ̃te].

DÉCHARGE, subst. f.
Tir d'une ou de plusieurs armes à feu ; salve. – Brusque perte de charge électrique. – Lieu où l'on décharge les détritus. – Dr. Témoignage favorable ; acte de quittance d'une dette, d'une obligation. 📇 [deʃaʀʒ].

DÉCHARGER, verbe trans. [5]
Enlever ou déposer (un chargement). – Soulager (qqn) d'une charge morale, d'une responsabilité. – Libérer (qqn) de sa fonction. – Vider (le chargeur d'une arme à feu). – Annuler (une charge électrique). – Pronom. Se libérer de sa charge. – Laisser aux autres le soin de faire qqch. 📇 [deʃaʀʒe].

DÉCHARNÉ, ÉE, adj.
Très maigre, squelettique. 📇 [deʃaʀne].

DÉCHAUSSER, verbe trans. [3]
Enlever les chaussures de. – Ôter le pied, la base de (qqch.). 📇 [deʃose].

DÉCHÉANCE, subst. f.
Fait de déchoir ; dégradation, décadence.
– Perte d'un droit, d'une fonction, à titre
de sanction. 🕮 [deʃeɑ̃s].

DÉCHET, subst. m.
Débris, partie inutilisée d'une marchandise,
d'une substance, à jeter ou à recycler (gén.
au plur.). 🕮 [deʃɛ].

DÉCHIFFRER, verbe trans. [3]
Lire, comprendre (un texte difficile, une
écriture inconnue). – Décoder, décrypter
(un message). – Lire la musique à première
vue : **Déchiffrer** *une partition*. – Fig.
Démêler, éclaircir. 🕮 [deʃifʀe].

DÉCHIQUETER, verbe trans. [14]
Mettre en pièces, en lambeaux ; déchirer.
🕮 [deʃik(ə)te].

DÉCHIREMENT, subst. m.
Action de déchirer ; son résultat. – Violente
douleur morale. – Trouble, division dans
une communauté. 🕮 [deʃiʀmɑ̃].

DÉCHIRER, verbe trans. [3]
Mettre en morceaux ; faire un accroc à.
– Faire une déchirure à. – Fig. Diviser par
des troubles, désunir. – Causer une douleur
à. 🕮 [deʃiʀe].

DÉCHIRURE, subst. f.
Trace, accroc fait en déchirant. – Déchirure
musculaire : rupture de fibres musculaires.
🕮 [deʃiʀyʀ].

DÉCHOIR, verbe intrans. [50]
Tomber à un rang inférieur. – *Être déchu
de ses droits* : en être dépossédé. 🕮 [deʃwaʀ].

DÉCIDER, verbe trans. [3]
Trans. dir. Déterminer, décréter : **Décider**
la grève. – Pousser (qqn) à, persuader
(qqn) de. – Trans. indir. Prendre la décision
de, la résolution de : **Décider** *de partir*.
– Statuer sur, décréter sur : **Décider** *de
l'avenir*. 🕮 [deside].

DÉCIMAL, ALE, AUX, adj. et subst. f.
Adj. Qui a pour base le nombre dix : *Système*
décimal. – *Nombre* **décimal** : composé
d'une partie entière et d'une partie décimale, séparées par une virgule. – Subst.
Tout chiffre situé à droite de la virgule
d'un nombre écrit dans la numération
décimale. 🕮 [desimal].

DÉCIMER, verbe trans. [3]
Faire mourir en grand nombre (des personnes). 🕮 [desime].

DÉCISIF, IVE, adj.
Qui conduit à une solution. – Déterminant,
capital. 🕮 [desizif, -iv].

DÉCISION, subst. f.
Action de décider, de se décider à ; chose
décidée. – Qualité de qqn qui ne tergiverse
pas ; fermeté, résolution. 🕮 [desizjɔ̃].

DÉCLAMER, verbe trans. [3]
Parler, réciter avec emphase : **Déclamer** *une
tirade*. 🕮 [deklame].

DÉCLARATION, subst. f.
Action de déclarer ; discours, écrit par lequel
on déclare. – Aveu qu'une personne fait à
une autre de son amour. 🕮 [deklaʀasjɔ̃].

DÉCLARER, verbe trans. [3]
Annoncer, dire ouvertement. – Porter à la
connaissance de : **Déclarer** *ses revenus*.
– Pronom. Se reconnaître, s'affirmer
comme. – Se déclencher. 🕮 [deklaʀe].

DÉCLASSER, verbe trans. [3]
Faire reculer dans un classement, rétrograder. 🕮 [deklɑse].

DÉCLENCHER, verbe trans. [3]
Mettre en route (un mécanisme). – Fig.
Provoquer soudainement (un événement,
un processus). 🕮 [deklɑ̃ʃe].

DÉCLIC, subst. m.
Pièce qui déclenche un mécanisme. – Bruit
sec. – Fig. Inspiration soudaine. 🕮 [deklik].

DÉCLIN, subst. m.
État de ce qui décline ou décroît. 🕮 [deklɛ̃].

DÉCLINAISON, subst. f.
Ling. Dans certaines langues, ensemble des
formes que prennent les noms, pronoms et
adjectifs, selon leur fonction, leur genre et
leur nombre. 🕮 [deklinɛzɔ̃].

DÉCLINER (I), verbe intrans. [3]
S'abaisser vers l'horizon. – S'affaiblir, décroître. 🕮 [dekline].

DÉCLINER (II), verbe trans. [3]
Rejeter ; repousser courtoisement (une proposition, une attribution). – Énumérer,
dire. – Présenter les variantes d'un même
produit. – *Ling.* Énoncer une déclinaison.
🕮 [dekline].

DÉCLIVITÉ, subst. f.
Qualité de ce qui est incliné ; pente.
🕮 [deklivite].

DÉCLOISONNER, verbe trans. [3]
Enlever les cloisons, les séparations qui entravent la communication. 🕮 [deklwazɔne].

DÉCOCHER, verbe trans. [3]
Lancer d'une brusque détente. – Fig. Envoyer, adresser avec hostilité : **Décocher**
une insulte. 🕮 [dekɔʃe].

DÉCOCTION, subst. f.
Liquide obtenu en faisant bouillir une
substance pour en extraire les principes
solubles. 🕮 [dekɔksjɔ̃].

DÉCODER, verbe trans. [3]
Déchiffrer (un message codé). 🕮 [dekɔde].

DÉCOIFFER, verbe trans. [3]
Déranger la coiffure de. 🕮 [dekwafe].

DÉCOINCER, verbe trans. [4]
Dégager, débloquer (ce qui est coincé).
🕮 [dekwɛ̃se].

DÉCOLÉRER, verbe intrans. [8]
Ne pas **décolérer** : ne pas cesser d'être en
colère. 🕮 [dekɔleʀe].

DÉCOLLAGE, subst. m.
Action de décoller. – Envol. 🕮 [dekɔlaʒ].

DÉCOLLER, verbe [3]
Trans. Séparer (ce qui était collé) ; détacher, écarter. – Intrans. Quitter le sol, s'envoler (pour un avion, une fusée). 🔊 [dekɔle].

DÉCOLLETÉ, ÉE, adj. et subst. m.
Adj. Qui laisse le cou, la gorge découverts. – Subst. Partie échancrée de l'encolure d'un vêtement. – Haut du buste dénudé d'une femme. 🔊 [dekɔlte].

DÉCOLONISER, verbe trans. [3]
Affranchir (un pays, un peuple) du régime colonial. 🔊 [dekɔlɔnize].

DÉCOLORER, verbe trans. [3]
Faire perdre ses couleurs à. 🔊 [dekɔlɔʀe].

DÉCOMBRES, subst. m. plur.
Gravats, ruines. 🔊 [dekɔ̃bʀ].

DÉCOMMANDER, verbe trans. [3]
Annuler (une commande, une invitation). – Pronom. Annuler un rendez-vous. 🔊 [dekɔmɑ̃de].

DÉCOMPOSER, verbe trans. [3]
Diviser un tout en ses divers éléments. – Pronom. Pourrir. 🔊 [dekɔ̃poze].

DÉCOMPOSITION, subst. f.
Séparation des divers éléments d'un tout ; analyse. – Altération d'un organisme, putréfaction. 🔊 [dekɔ̃pozisjɔ̃].

DÉCOMPRESSER, verbe intrans. [3]
Relâcher sa tension nerveuse, se détendre (fam.). 🔊 [dekɔ̃pʀese].

DÉCOMPRESSION, subst. f.
Diminution ou suppression de la pression. 🔊 [dekɔ̃pʀesjɔ̃].

DÉCOMPTE, subst. m.
Décomposition d'une somme en ses divers éléments de détail. – Déduction sur une somme. 🔊 [dekɔ̃t].

DÉCONCENTRER, verbe trans. [3]
Décentraliser. – Diminuer la concentration de. – Troubler la concentration de, l'attention de. – Pronom. Relâcher son attention. 🔊 [dekɔ̃sɑ̃tʀe].

DÉCONCERTER, verbe trans. [3]
Plonger dans l'embarras ou la perplexité. 🔊 [dekɔ̃sɛʀte].

DÉCONFITURE, subst. f.
Ruine complète. – Fig. Déroute, faillite morale. 🔊 [dekɔ̃fityʀ].

DÉCONGELER, verbe trans. [11]
Ramener (un produit congelé) à une température supérieure à 0 °C. 🔊 [dekɔ̃ʒ(ə)le].

DÉCONNECTER, verbe trans. [3]
Débrancher. – Séparer. – Fig. Faire perdre (à qqn) le sentiment de la réalité (fam.). 🔊 [dekɔnɛkte].

DÉCONSEILLER, verbe trans. [3]
Recommander de ne pas faire. 🔊 [dekɔ̃seje].

DÉCONSIDÉRER, verbe trans. [8]
Défaire la réputation de, discréditer. – Pronom. Se comporter d'une façon qui fait perdre l'estime dont on jouissait. 🔊 [dekɔ̃sideʀe].

DÉCONTENANCER, verbe trans. [4]
Jeter le trouble dans l'esprit de (qqn) ; embarrasser. 🔊 [dekɔ̃t(ə)nɑ̃se].

DÉCONTRACTER, verbe trans. [3]
Faire cesser la contraction, détendre, relâcher (des muscles). – Soulager, apaiser psychiquement. 🔊 [dekɔ̃tʀakte].

DÉCONTRACTION, subst. f.
Détente. – Naturel, désinvolture, insouciance. 🔊 [dekɔ̃tʀaksjɔ̃].

DÉCONVENUE, subst. f.
Déception, dépit. 🔊 [dekɔ̃v(ə)ny].

DÉCOR, subst. m.
Ensemble d'éléments donnant, au théâtre ou au cinéma, l'illusion d'un lieu où se situerait l'action. – Paysage ; environnement. 🔊 [dekɔʀ].

DÉCORATIF, IVE, adj.
Qui est conçu pour décorer. – Qui décore, qui rehausse. 🔊 [dekɔʀatif, -iv].

DÉCORATION, subst. f.
Insigne d'un ordre ou d'une distinction honorifiques. – Action, art de décorer ; ensemble des éléments qui décorent (un endroit). 🔊 [dekɔʀasjɔ̃].

DÉCORER, verbe trans. [3]
Embellir, orner. – Remettre une décoration à. 🔊 [dekɔʀe].

DÉCORTIQUER, verbe trans. [3]
Dépouiller de son écorce ou de son enveloppe. – Fig. Examiner dans les moindres détails. 🔊 [dekɔʀtike].

DÉCORUM, subst. m.
Protocole, cérémonial. 🔊 [dekɔʀɔm].

DÉCOUDRE, verbe trans. [77]
Défaire (ce qui est cousu). – Empl. intrans. En découdre avec qqn : se battre. 🔊 [dekudʀ].

DÉCOULER, verbe intrans. [3]
Découler de : émaner de, provenir de. 🔊 [dekule].

DÉCOUPER, verbe trans. [3]
Couper en morceaux ou en tranches. – Couper avec des ciseaux, selon un tracé. – Pronom. Apparaître nettement sur un fond. 🔊 [dekupe].

DÉCOURAGEMENT, subst. m.
Perte de courage, démoralisation, abattement. 🔊 [dekuʀaʒmɑ̃].

DÉCOURAGER, verbe trans. [5]
Démoraliser, ôter son courage à. – Dissuader, ôter (à qqn) l'envie de (faire qqch.). 🔊 [dekuʀaʒe].

DÉCOUSU, UE, adj.
Dont la couture est défaite. – Fig. Irrégulier, incohérent : Propos **décousus**. 🔊 [dekuzy].

DÉCOUVERT, ERTE, adj. et subst. m.
Adj. Qui n'est pas couvert. – Terrain **découvert** : peu ou pas boisé. – Subst. Avance consentie par une banque ; solde débiteur d'un compte. 🔊 [dekuvɛʀ, -ɛʀt].

DÉCOUVERT (À), loc. adv.
En terrain découvert ; dans une position qui n'est pas protégée. – Ouvertement, sans dissimulation. – *Fin.* Être **à découvert** : avoir un compte débiteur. 🔊 [adekuvɛʀ].

DÉCOUVERTE, subst. f.
Action de découvrir ce qui était inconnu. – Ce qui est découvert. 🔊 [dekuvɛʀt].

DÉCOUVRIR, verbe trans. [27]
Dégarnir qqch. de ce qui le couvre, le protège. – Révéler, faire apparaître (ce qui était caché). – Trouver (ce qui était inconnu). – Pronom. Ôter un vêtement, un chapeau. – S'éclaircir, en parlant du temps. 🔊 [dekuvʀiʀ].

DÉCRASSER, verbe trans. [3]
Éliminer la crasse en lavant. 🔊 [dekʀase].

DÉCRÉPITUDE, subst. f.
Diminution des facultés physiques due à la vieillesse. – Délabrement. 🔊 [dekʀepityd].

DÉCRET, subst. m.
Écrit notifiant une décision du pouvoir exécutif. 🔊 [dekʀɛ].

DÉCRÉTER, verbe trans. [8]
Ordonner par décret. – Déclarer de manière autoritaire. 🔊 [dekʀete].

DÉCRIER, verbe trans. [6]
Dire du mal de, critiquer. 🔊 [dekʀije].

DÉCRIRE, verbe trans. [67]
Représenter, oralement ou par écrit ; dépeindre. – Parcourir, tracer (une ligne courbe). 🔊 [dekʀiʀ].

DÉCROCHER, verbe [3]
Trans. Détacher (ce qui était accroché). – Fig. Obtenir (fam.) : **Décrocher** un emploi. – Intrans. Cesser une activité. – Ne plus être attentif (fam.). 🔊 [dekʀɔʃe].

DÉCROÎTRE, verbe intrans. [72]
Diminuer progressivement. 🔊 [dekʀwatʀ].

DÉCROTTER, verbe trans. [3]
Enlever la boue de. 🔊 [dekʀɔte].

DÉCRUE, subst. f.
Baisse du niveau d'un cours d'eau après une crue. 🔊 [dekʀy].

DÉCRYPTER, verbe trans. [3]
Déchiffrer (un message codé). 🔊 [dekʀipte].

DÉÇU, UE, adj.
Qui a éprouvé une déception. – Qui ne s'est pas réalisé, en parlant d'un événement. 🔊 [desy].

DÉCULOTTER, verbe trans. [3]
Retirer, baisser la culotte, le pantalon de. 🔊 [dekylɔte].

DÉCUPLER, verbe [3]
Multiplier ou se multiplier par 10. – Accroître ou s'accroître considérablement. 🔊 [dekyple].

DÉDAIGNER, verbe trans. [3]
Ne pas juger digne d'estime. – Traiter par le mépris ; ignorer. 🔊 [dedɛɲe].

DÉDAIGNEUX, EUSE, adj. et subst.
Qui montre du dédain. 🔊 [dedɛɲø, -øz].

DÉDAIN, subst. m.
Ignorance hautaine, mépris. 🔊 [dedɛ̃].

DÉDALE, subst. m.
Labyrinthe. 🔊 [dedal].

DEDANS, adv. et subst. m.
Adv. À l'intérieur. – Subst. Intérieur (de qqch.) : *Le dedans du corps.* 🔊 [dədɑ̃].

DÉDICACE, subst. f.
Formule écrite par laquelle un auteur dédie une de ses œuvres à qqn. 🔊 [dedikas].

DÉDIER, verbe trans. [6]
Offrir, vouer (à qqn, à qqch.) : **Dédier** *sa vie à la science.* 🔊 [dedje].

DÉDIRE (SE), verbe pronom. [65]
Se rétracter. – Ne pas tenir sa parole. 🔊 [dediʀ].

DÉDOMMAGEMENT, subst. m.
Réparation des dommages causés à qqn. – Somme versée à cet effet. 🔊 [dedɔmaʒmɑ̃].

DÉDOMMAGER, verbe trans. [5]
Donner un dédommagement, une compensation matérielle ou morale à (qqn) ; indemniser. 🔊 [dedɔmaʒe].

DÉDOUANER, verbe trans. [3]
Faire sortir (qqch.) de la douane en payant les droits requis. – Fig. Lever la suspicion qui pèse sur (qqn). 🔊 [dedwane].

DÉDOUBLER, verbe trans. [3]
Diviser en deux. – Pronom. Perdre l'unité de sa personnalité. 🔊 [deduble].

DÉDRAMATISER, verbe trans. [3]
Ôter son caractère dramatique à (une situation, un événement) ; minimiser. 🔊 [dedʀamatize].

DÉDUCTION, subst. f.
Soustraction, action de retrancher une quantité d'une autre. – Raisonnement qui, à partir de propositions, aboutit à une conclusion. 🔊 [dedyksjɔ̃].

DÉDUIRE, verbe trans. [69]
Retrancher d'une somme. – Tirer comme conséquence logique ; aboutir à une conclusion. 🔊 [deduiʀ].

DÉESSE, subst. f.
Divinité féminine. 🔊 [deɛs].

DÉFAILLANCE, subst. f.
Faiblesse, fait de manquer à son rôle : **Défaillance** *de la mémoire.* – Défaut de fonctionnement. – Évanouissement, syncope. 🔊 [defajɑ̃s].

DÉFAILLIR, verbe intrans. [31]
Être l'objet d'une défaillance. 🔊 [defajiʀ].

DÉFAIRE, verbe trans. [57]
Réduire à l'état initial (ce que l'on a fait). – Détruire l'ordre, l'arrangement de (qqch.) ; déballer, dénouer. – **Défaire** l'ennemi : le vaincre. – Pronom. Se **défaire** de : se débarrasser de. 🔊 [defɛʀ].

DÉFAITE, subst. f.
Perte d'un combat, d'une guerre. – Échec. 🔊 [defɛt].

DÉFAITISME, subst. m.
Attitude de ceux qui ne croient pas à la victoire. – Pessimisme. 🕮 [defetism].

DÉFALQUER, verbe trans. [3]
Soustraire, retrancher. 🕮 [defalke].

DÉFAUSSER (SE), verbe pronom. [3]
Jeux. Se débarrasser d'une carte inutile ou dangereuse. – Fig. Se décharger (sur qqn) d'une responsabilité, d'un devoir, d'une corvée. 🕮 [defose].

DÉFAUT, subst. m.
Carence, pénurie. – Imperfection. – Faiblesse morale. – Loc. prép. *À défaut de* : en l'absence de, faute de. 🕮 [defo].

DÉFAVORABLE, adj.
Qui n'est pas favorable. – Qui est hostile. 🕮 [defavoʀabl].

DÉFAVORISER, verbe trans. [3]
Priver (qqn) d'un avantage. – Désavantager. 🕮 [defavoʀize].

DÉFECTIF, IVE, adj. et subst. m.
Se dit d'un verbe qui ne se conjugue pas à toutes les formes. 🕮 [defɛktif. -iv].

DÉFECTION, subst. f.
Désertion. – Abandon d'une cause, d'un parti, etc. – Fait de ne pas être présent dans le lieu où l'on était attendu. 🕮 [defɛksjɔ̃].

DÉFECTUEUX, EUSE, adj.
Qui présente des défauts. 🕮 [defɛktɥø. -øz].

DÉFENDRE, verbe trans. [51]
Protéger contre une attaque : *Défendre ses alliés contre l'envahisseur.* – Interdire l'accès à, garder : *La marine défend nos côtes.* – Prendre parti (pour une cause, pour qqn) ; plaider pour. – Interdire : *Je te défends de sortir.* – Pronom. Résister à une agression. – Faire preuve d'aptitudes (fam.). 🕮 [defɑ̃dʀ].

DÉFENESTRER, verbe trans. [3]
Jeter (qqn) par la fenêtre. 🕮 [defanɛstʀe].

DÉFENSE, subst. f.
Action de se protéger, de se défendre. – Dispositif mis en place pour se défendre. – Action de défendre en justice. – Interdiction. – Grande dent dépassant de la bouche de certains mammifères : *Une défense d'éléphant.* 🕮 [defɑ̃s].

DÉFENSEUR, subst. m.
Celui qui protège, qui défend. – Celui qui soutient une cause, des idées. 🕮 [defɑ̃sœʀ].

DÉFENSIF, IVE, adj. et subst. f.
Adj. Propre à la défense. – Subst. Attitude de défense. 🕮 [defɑ̃sif. -iv].

DÉFÉRENCE, subst. f.
Attitude respectueuse. 🕮 [defeʀɑ̃s].

DÉFERLER, verbe intrans. [3]
Rouler et se briser en écume, en parlant d'une vague. – Fig. Submerger, se répandre avec impétuosité. 🕮 [defɛʀle].

DÉFI, subst. m.
Action de défier qqn en combat singulier ou à un jeu, à une compétition. – Bravade, provocation. 🕮 [defi].

DÉFIANCE, subst. f.
Méfiance envers qqn, qqch. 🕮 [defjɑ̃s].

DÉFICIENT, IENTE, adj.
Qui présente une carence. 🕮 [defisjɑ̃. -jɑ̃t].

DÉFICIT, subst. m.
Carence, insuffisance. – Somme d'argent qui manque pour équilibrer un compte. 🕮 [defisit].

DÉFICITAIRE, adj.
Insuffisant. – Qui est en déficit : *Entreprise déficitaire.* 🕮 [defisitɛʀ].

DÉFIER, verbe trans. [6]
Provoquer au combat. – Tenir tête à, braver. – Mettre (qqn) au défi (de faire qqch.). – Pronom. *Se défier de* : nourrir un doute au sujet de, se méfier de. 🕮 [defje].

DÉFIGURER, verbe trans. [3]
Rendre méconnaissable un visage. – Enlaidir, abîmer. – Fig. Dénaturer, altérer (une vérité). 🕮 [defigyʀe].

DÉFILÉ, subst. m.
Couloir profond et étroit entre deux montagnes. – Manœuvre d'une troupe qui défile. – File de personnes ou de véhicules en marche. – Suite, succession de personnes ou de choses. 🕮 [defile].

DÉFILER, verbe intrans. [3]
Avancer en file, en rang, en colonne. – Se suivre, se dérouler régulièrement. 🕮 [defile].

DÉFINIR, verbe trans. [19]
Indiquer clairement la signification (d'un mot, d'un concept). – Préciser, fixer : *Définir une tâche.* 🕮 [definiʀ].

DÉFINITIF, IVE, adj.
Qui est établi et ne variera pas ; irrévocable. – Loc. adv. *En définitive* : en fin de compte. 🕮 [definitif. -iv].

DÉFINITION, subst. f.
Proposition qui explique les caractéristiques, la signification d'une chose, d'un concept. 🕮 [definisjɔ̃].

DÉFLAGRATION, subst. f.
Explosion violente. 🕮 [deflagʀasjɔ̃].

DÉFLATION, subst. f.
Diminution ou suppression de l'inflation ; baisse des prix. 🕮 [deflasjɔ̃].

DÉFLECTEUR, subst. m.
Volet orientable d'une vitre d'automobile. 🕮 [deflɛktœʀ].

DÉFLORER, verbe trans. [3]
Faire perdre sa virginité à. – Faire perdre sa qualité de nouveauté à : *Déflorer un sujet.* 🕮 [deflɔʀe].

DÉFOLIANT, ANTE, adj. et subst. m.
Se dit d'un produit qui détruit la végétation, en partic. les feuilles. 🕮 [defɔljɑ̃. -ɑ̃t].

DÉFONCER, verbe trans. [4]
Briser par enfoncement. – Pronom. Ne pas ménager sa peine (fam.). 🕮 [defɔ̃se].

DÉFORMER, verbe trans. [3]
Altérer la forme, l'apparence extérieure de. – Fig. Dénaturer : *Déformer une pensée.* 🕮 [defɔʀme].

DÉFOULEMENT, subst. m.
Fait de se défouler. 🔊 [defulmã].

DÉFOULER (SE), verbe pronom. [3]
Laisser s'exprimer ses instincts. – Se libérer, dans son comportement ou ses activités, des tensions, des entraves. 🔊 [defule].

DÉFRAÎCHI, IE, adj.
Qui a perdu son éclat primitif ; que le temps a flétri, abîmé. 🔊 [defneʃi].

DÉFRAYER, verbe trans. [15]
Rembourser les dépenses, les frais de (qqn). – Fig. *Défrayer la chronique* : être l'objet de toutes les conversations. 🔊 [defreje].

DÉFRICHER, verbe trans. [3]
Détruire la végétation spontanée d'un terrain pour le rendre cultivable. – Fig. *Défricher un sujet* : aborder les principaux aspects d'un sujet, sans les approfondir. 🔊 [defriʃe].

DÉFRISER, verbe trans. [3]
Défaire la frisure de. – Fig. Vexer, déplaire à (fam.). 🔊 [defrize].

DÉFROQUE, subst. f.
Vêtement très usé. – Accoutrement bizarre. 🔊 [defrɔk].

DÉFROQUÉ, ÉE, adj. et subst. m.
Adj. Qui a abandonné l'état ecclésiastique. – Subst. Prêtre défroqué. 🔊 [defrɔke].

DÉFUNT, UNTE, adj. et subst.
Trépassé, mort. 🔊 [defœ̃, -œ̃t].

DÉGAGEMENT, subst. m.
Action de dégager. – Fait de se dégager, émanation. – Partie d'un appartement qui sert de passage ou de rangement. – Espace libre. 🔊 [degaʒmã].

DÉGAGER, verbe trans. [5]
Délivrer (ce qui était retenu). – Débarrasser de (ce qui bloque ou encombre). – Exhaler, répandre (une émanation). – Fig. Mettre en évidence. – *Sp.* Lancer le ballon au loin. – Pronom. Se libérer. 🔊 [degaʒe].

DÉGAINER, verbe trans. [3]
Tirer (une arme) de son fourreau ou de son étui. 🔊 [degene].

DÉGARNIR, verbe trans. [19]
Ôter (ce qui garnit). – Pronom. Devenir moins touffu. – Perdre ses cheveux. – Se vider, en parlant d'une salle. 🔊 [degarnir].

DÉGÂT, subst. m.
Destruction, dommage. 🔊 [dega].

DÉGEL, subst. m.
Fonte des neiges et des glaces. – Fig. Déblocage d'une situation. 🔊 [deʒɛl].

DÉGELER, verbe [11]
Trans. Faire fondre ou ramener à une température normale (ce qui était gelé). – Détendre (une ambiance, une personne, une situation). – Intrans. Cesser d'être gelé. 🔊 [deʒ(ə)le].

DÉGÉNÉRER, verbe intrans. [8]
Perdre ses qualités spécifiques ; s'abâtardir. – S'aggraver, empirer. 🔊 [deʒenere].

DÉGÉNÉRESCENCE, subst. f.
Fait de dégénérer. 🔊 [deʒeneresãs].

DÉGINGANDÉ, ÉE, adj.
Qui est grand et qui semble disloqué dans sa démarche. 🔊 [deʒɛ̃gãde].

DÉGIVRER, verbe trans. [3]
Faire disparaître le givre de. 🔊 [deʒivre].

DÉGLUTIR, verbe trans. [19]
Faire passer de la bouche à l'œsophage, avaler. 🔊 [deglytir].

DÉGONFLER, verbe trans. [3]
Réduire ou supprimer le gonflement de. – Réduire le volume de. – Fig. Ramener une situation à sa juste mesure. – Pronom. Manquer de courage au moment d'agir (fam.). 🔊 [degɔ̃fle].

DÉGORGER, verbe [5]
Trans. Expulser un liquide ; déverser un trop-plein. – Débarrasser de ce qui engorge, déboucher (un tuyau, un conduit d'évacuation). – Intrans. Déborder, s'écouler. – *Faire dégorger* : faire rendre des impuretés, de l'eau à. 🔊 [degɔrʒe].

DÉGOULINER, verbe intrans. [3]
S'écouler lentement, en filet ou goutte à goutte. 🔊 [deguline].

DÉGOURDIR, verbe trans. [19]
Tirer de l'engourdissement. – Faire perdre (à qqn) sa gaucherie. 🔊 [degurdir].

DÉGOÛT, subst. m.
Manque de goût pour un aliment ; écœurement. – Vive répugnance. – Aversion, désintérêt. 🔊 [degu].

DÉGOÛTER, verbe trans. [3]
Inspirer du dégoût à. 🔊 [degute].

DÉGRADATION, subst. f.
Destitution d'un grade, d'une fonction, d'un droit. – Détérioration. – Fig. Avilissement. – Altération progressive. 🔊 [degradasjɔ̃].

DÉGRADÉ, subst. m.
Affaiblissement progressif d'une couleur. 🔊 [degrade].

DÉGRADER (I), verbe trans. [3]
Destituer (qqn) de son grade. – Détériorer (qqch.). – Fig. Avilir. 🔊 [degrade].

DÉGRADER (II), verbe trans. [3]
Affaiblir graduellement une couleur, une lumière. 🔊 [degrade].

DÉGRAFER, verbe trans. [3]
Détacher (une chose agrafée). 🔊 [degrafe].

DÉGRAISSER, verbe trans. [3]
Enlever la graisse de. – Supprimer les taches de graisse de. 🔊 [degrese].

DEGRÉ, subst. m.
Marche d'escalier. – Niveau, échelon dans un processus, une hiérarchie. – Unité de mesure d'angle, de température. 🔊 [dəgre].

DÉGRESSIF, IVE, adj.
Qui diminue par degrés. 🔊 [degresif, -iv].

DÉGRINGOLADE, subst. f.
Fam. Action de dégringoler. – Son résultat. 🔊 [degrɛ̃gɔlad].

DÉGRINGOLER, verbe [3]
Trans. Descendre avec précipitation, dévaler. – Intrans. Tomber. ⚮ [degrɛ̃gole].

DÉGRISER, verbe trans. [3]
Tirer (qqn) de l'ivresse. – Fig. Détruire les illusions de. ⚮ [degrize].

DÉGROSSIR, verbe trans. [19]
Rendre moins grossier (une matière brute, une personne). – Commencer à éclaircir, à débrouiller (un problème, un sujet, etc.). ⚮ [degrosir].

DÉGUENILLÉ, ÉE, adj.
Vêtu de guenilles. ⚮ [deg(ə)nije].

DÉGUERPIR, verbe intrans. [19]
Partir précipitamment. ⚮ [degɛrpir].

DÉGUISEMENT, subst. m.
Action de déguiser, de se déguiser. – Ce qui sert à déguiser, à se déguiser. ⚮ [degizmɑ̃].

DÉGUISER, verbe trans. [3]
Vêtir (qqn) de manière à le rendre méconnaissable. – Fig. Contrefaire : **Déguiser** sa voix. ⚮ [degize].

DÉGUSTATION, subst. f.
Action de déguster. ⚮ [degystasjɔ̃].

DÉGUSTER, verbe trans. [3]
Goûter en s'appliquant à déceler une saveur. – Manger avec plaisir. ⚮ [degyste].

DÉHANCHER (SE), verbe pronom. [3]
Faire porter le poids du corps sur une seule jambe. – Marcher en balançant les hanches. ⚮ [deɑ̃ʃe].

DEHORS, subst. m. et adv.
Adv. Hors du lieu. – Subst. Partie extérieure de qqch. – Plur. Apparence. ⚮ [dəɔr].

DÉIFIER, verbe trans. [6]
Diviniser. – Fig. Idéaliser. ⚮ [deifje].

DÉJÀ, adv.
Dès à présent. – Auparavant : Je vous l'ai déjà expliqué. ⚮ [deʒa].

DÉJECTION, subst. f.
Expulsion des matières fécales. – Plur. Excréments. ⚮ [deʒɛksjɔ̃].

DÉJEUNER (I), verbe intrans. [3]
Prendre le petit déjeuner ou le repas de midi. ⚮ [deʒœne].

DÉJEUNER (II), subst. m.
Repas de milieu de journée. – Petit déjeuner : collation matinale. ⚮ [deʒœne].

DÉJOUER, verbe trans. [3]
Faire échouer (un complot, des manœuvres). – Tromper : **Déjouer** la surveillance de qqn. ⚮ [deʒwe].

DELÀ, prép. et adv.
Loc. prép. Par-delà ; Au-delà de : de l'autre côté de ; plus loin que. – Loc. adv. Au-delà : de l'autre côté ; plus loin ; au fig., davantage. ⚮ [dəla].

DÉLABRÉ, ÉE, adj.
En mauvais état. ⚮ [delabre].

DÉLABREMENT, subst. m.
État de ce qui est en ruine. ⚮ [delabrəmɑ̃].

DÉLACER, verbe trans. [4]
Dénouer les lacets de. ⚮ [delase].

DÉLAI, subst. m.
Durée octroyée pour réaliser qqch. – Sursis : Sans délai, immédiatement. ⚮ [delɛ].

DÉLAISSER, verbe trans. [3]
Abandonner. – Se désintéresser de, négliger. ⚮ [delese].

DÉLASSEMENT, subst. m.
Action de se délasser. – Occupation qui délasse ; distraction. ⚮ [delasmɑ̃].

DÉLASSER, verbe trans. [3]
Détendre, reposer ; distraire. ⚮ [delase].

DÉLATION, subst. f.
Dénonciation inspirée par des motifs méprisables. ⚮ [delasjɔ̃].

DÉLAVÉ, ÉE, adj.
Décoloré, pâli. – Imbibé d'eau. ⚮ [delave].

DÉLAYER, verbe trans. [15]
Mélanger ou faire fondre (une substance) dans un liquide. – Fig. Exposer, exprimer (une idée, une pensée, etc.) trop longuement. ⚮ [deleje].

DÉLECTATION, subst. f.
Plaisir intense que l'on savoure pleinement. ⚮ [delɛktasjɔ̃].

DÉLECTER (SE), verbe pronom. [3]
Prendre un plaisir intense à (qqch.). – Savourer, se régaler de (qqch.). ⚮ [delɛkte].

DÉLÉGATION, subst. f.
Action de déléguer. – Groupe de personnes mandatées par une autorité. ⚮ [delegasjɔ̃].

DÉLÉGUER, verbe trans. [8]
Envoyer (qqn) en qualité de représentant. – Transmettre, confier (un pouvoir, des responsabilités). ⚮ [delege].

DÉLESTER, verbe trans. [3]
Décharger de son lest. ⚮ [delɛste].

DÉLÉTÈRE, adj.
Qui nuit à la santé ; toxique. – Fig. Qui corrompt ; néfaste, nuisible. ⚮ [deletɛr].

DÉLIBÉRATION, subst. f.
Action de délibérer. – Résultat de cette action ; décision prise. ⚮ [deliberasjɔ̃].

DÉLIBÉRÉMENT, adv.
Volontairement. ⚮ [deliberemɑ̃].

DÉLIBÉRER, verbe intrans. [8]
Discuter tous les aspects d'une question pour aboutir à une décision. ⚮ [delibere].

DÉLICAT, ATE, adj.
Fin, subtil, gracieux. – Prévenant. – Fragile. – Difficile, embarrassant. ⚮ [delika, -at].

DÉLICATESSE, subst. f.
Caractère de ce qui est délicat. ⚮ [delikatɛs].

DÉLICE, subst. m.
Plaisir voluptueux. – Ce qui est délicieux. ⚮ Fém. au plur., dans un style littér. : [delis].

DÉLICIEUX, IEUSE, adj.
Qui ravit les sens ou l'esprit. ⚮ [delisjø, -jøz].

DÉLICTUEUX, EUSE, adj.
Qui a le caractère du délit. ⚮ [deliktɥø, -øz].

DÉLIÉ, ÉE, adj.
Qui est mince, menu, souple. – Fin, subtil. 🔊 [delje].

DÉLIER, verbe trans. [6]
Défaire (un lien). – Libérer (qqn) d'une obligation. 🔊 [delje].

DÉLIMITER, verbe trans. [3]
Définir les limites de. 🔊 [delimite].

DÉLINQUANCE, subst. f.
Ensemble des infractions, considéré sur le plan social. 🔊 [delɛ̃kɑ̃s].

DÉLINQUANT, ANTE, adj. et subst.
Qui a commis un délit. 🔊 [delɛ̃kɑ̃, -ɑ̃t].

DÉLIQUESCENCE, subst. f.
Propriété de certaines substances solides de se liquéfier en absorbant l'humidité de l'air. – Fig. Décadence totale ; décrépitude. 🔊 [delikesɑ̃s].

DÉLIRE, subst. m.
Désordre mental caractérisé par une fausse perception de la réalité et une extrême agitation. – Excitation, exaltation de l'imagination. – Enthousiasme effréné. 🔊 [deliʀ].

DÉLIRER, verbe intrans. [3]
Être atteint de délire. – Divaguer. – Être en proie à une exaltation qui trouble l'esprit. 🔊 [deliʀe].

DÉLIT, subst. m.
Acte illicite puni par la loi. – *En flagrant délit* : sur le fait. 🔊 [deli].

DÉLIVRANCE, subst. f.
Action de délivrer ; son résultat. – Accouchement. 🔊 [delivʀɑ̃s].

DÉLIVRER, verbe trans. [3]
Libérer. – Fig. Soulager, débarrasser (qqn) de. – Livrer, remettre (qqch.). 🔊 [delivʀe].

DÉLOGER, verbe trans. [5]
Forcer (qqn) à quitter une place, un lieu. 🔊 [delɔʒe].

DÉLOYAL, ALE, AUX, adj.
Qui manque de loyauté. 🔊 [delwajal].

DELTA, subst. m.
Zone triangulaire formée par les alluvions accumulées à l'embouchure d'un fleuve. 🔊 [dɛlta].

DELTA-PLANE, subst. m.
Aile de toile tendue sur une armature tubulaire, avec laquelle on peut voler et planer. – Le sport pratiqué avec cet engin. 🔊 Plur. *delta-planes* ; on écrit aussi *deltaplane* ; [dɛltaplan].

DÉLUGE, subst. m.
Le Déluge : selon la Bible, inondation universelle. – Pluie torrentielle. – Fig. Abondance : *Un déluge de paroles.* 🔊 [delyʒ].

DÉLURÉ, ÉE, adj.
Vif, dégourdi. – Effronté. 🔊 [delyʀe].

DÉMAGOGIE, subst. f.
Recherche de la faveur, de l'adhésion populaire par des mesures ou des paroles flatteuses. 🔊 [demagɔʒi].

DEMAIN, adv.
Le jour venant aussitôt après celui où l'on est. – Dans un futur proche. 🔊 [d(ə)mɛ̃].

DEMANDE, subst. f.
Action de demander ; ce que l'on demande. – Question, interrogation. 🔊 [d(ə)mɑ̃d].

DEMANDER, verbe trans. [3]
Exprimer à autrui ce que l'on veut, ce que l'on désire obtenir ; réclamer. – Interroger, questionner. – Nécessiter. – Pronom. S'interroger. 🔊 [d(ə)mɑ̃de].

DÉMANGEAISON, subst. f.
Picotement de la peau, qui donne envie de se gratter. – Fig. Envie intense (fam.). 🔊 [demɑ̃ʒɛzɔ̃].

DÉMANGER, verbe trans. [5]
Causer une démangeaison à. – Fig. Causer une forte envie à (fam.). 🔊 [demɑ̃ʒe].

DÉMANTELER, verbe trans. [11]
Détruire, démolir (une muraille, une construction). – Fig. Désorganiser, mettre hors d'état d'agir, de fonctionner ; réduire à néant. 🔊 [demɑ̃t(ə)le].

DÉMANTIBULER, verbe trans. [3]
Désarticuler, démolir, mettre en pièces (fam.). 🔊 [demɑ̃tibyle].

DÉMAQUILLER, verbe trans. [3]
Ôter le maquillage de. 🔊 [demakije].

DÉMARCATION, subst. f.
Action de marquer une frontière ; cette frontière. – Fig. Nette distinction entre deux ou plusieurs choses. 🔊 [demaʀkasjɔ̃].

DÉMARCHE, subst. f.
Façon de marcher ; au fig., manière de raisonner. – Tentative faite auprès de qqn pour obtenir qqch. 🔊 [demaʀʃ].

DÉMARQUER, verbe trans. [3]
Enlever la marque de. – Solder. – Pronom. Marquer sa différence. – Sp. Se libérer du contrôle de l'adversaire. 🔊 [demaʀke].

DÉMARRAGE, subst. m.
Action, fait de démarrer. 🔊 [demaʀaʒ].

DÉMARRER, verbe [3]
Trans. Mettre en mouvement. – Commencer, mettre en train. – Intrans. Se mettre en mouvement. – Fig. Commencer à fonctionner, à réussir : *Ce commerce démarre bien.* 🔊 [demaʀe].

DÉMARREUR, subst. m.
Dispositif servant à mettre en marche un moteur. 🔊 [demaʀœʀ].

DÉMASQUER, verbe trans. [3]
Enlever son masque à. – Fig. Montrer sous son vrai jour, dévoiler. 🔊 [demaske].

DÉMÊLÉ, subst. m.
Querelle, désaccord. 🔊 [demele].

DÉMÊLER, verbe trans. [3]
Séparer (ce qui est emmêlé). – Fig. Clarifier : *Démêler une affaire.* 🔊 [demele].

DÉMEMBREMENT, subst. m.
Action, fait de démembrer. – Résultat de cette action. 🔊 [demɑ̃bʀəmɑ̃].

DÉMEMBRER, verbe trans. [3]
Morceler, diviser (un ensemble) en plusieurs parties. 🕮 [demãbʀe].

DÉMÉNAGEMENT, subst. m.
Action, fait de déménager. 🕮 [demenaʒmã].

DÉMÉNAGER, verbe [5]
Trans. Transporter (ses meubles, ses objets personnels) d'un endroit à un autre. – Intrans. Changer de logement. – Divaguer (fam.). 🕮 [demenaʒe].

DÉMENCE, subst. f.
Grave diminution des facultés mentales. – Conduite insensée. 🕮 [demãs].

DÉMENER (SE), verbe pronom. [10]
S'agiter vivement. – Fig. S'affairer pour obtenir un résultat. 🕮 [dem(ə)ne].

DÉMENT, ENTE, adj. et subst.
Se dit d'une personne atteinte de démence. 🕮 [demã, -ãt].

DÉMENTI, subst. m.
Annonce par laquelle on dément une information. 🕮 [demãti].

DÉMENTIR, verbe trans. [23]
Contredire (qqn). – Nier l'existence de (qqch.), la vérité d'un propos. 🕮 [demãtiʀ].

DÉMÉRITER, verbe intrans. [3]
Agir de façon à perdre l'estime d'autrui ; encourir la désapprobation. 🕮 [demeʀite].

DÉMESURÉ, ÉE, adj.
Dont les mesures excèdent la normale. – Extrême, excessif. 🕮 [dem(ə)zyʀe].

DÉMETTRE (I), verbe trans. [60]
Déplacer (un os, une articulation) de sa position normale. 🕮 [demɛtʀ].

DÉMETTRE (II), verbe trans. [60]
Destituer, révoquer. – Pronom. Démissionner. 🕮 [demɛtʀ].

DEMEURANT (AU), loc. adv.
Somme toute, du reste. 🕮 [od(ə)mœʀã].

DEMEURE, subst. f.
Lieu où l'on vit, domicile. – Grande maison : *Une belle* **demeure** *entourée d'un parc.* – À **demeure** : de manière stable ; *Mettre en* **demeure** *de* : obliger à, sommer de. 🕮 [d(ə)mœʀ].

DEMEURÉ, ÉE, adj. et subst.
Se dit d'une personne arriérée, simple d'esprit. 🕮 [d(ə)mœʀe].

DEMEURER, verbe intrans. [3]
Habiter. – Rester à un endroit. – Continuer à être : *Demeurer silencieux.* 🕮 [d(ə)mœʀe].

DEMI-, élément inv.
Placé devant un mot, divise la valeur par 2 ou indique l'approximation. 🕮 [d(ə)mi-].

DEMI, IE, adj. et subst.
Adj. Qui équivaut à la moitié d'un tout : *Une* **demi-***douzaine* ; *Une* **demi-***baguette.* – *Une semaine et* **demie** : et la moitié (d'une autre). – Incomplet : *C'est une* **demi-***victoire.* – À **demi** : à moitié. – Subst. Moitié d'unité. – Masc. Verre de bière. – Au rugby et au football, joueur de milieu de terrain. 🕮 [d(ə)mi].

DEMI-FINALE, subst. f.
Épreuve sportive destinée à déterminer les participants à la finale. 🕮 [d(ə)mifinal].

DEMI-FRÈRE, subst. m.
Frère par un seul des deux parents. 🕮 [d(ə)mifʀɛʀ].

DEMI-HEURE, subst. f.
Moitié d'une heure. 🕮 [d(ə)mijœʀ].

DÉMILITARISER, verbe trans. [3]
Supprimer ou limiter l'activité ou la présence de la force armée dans (une zone). 🕮 [demilitaʀize].

DEMI-MESURE, subst. f.
Moyen insuffisant. 🕮 [d(ə)mim(ə)zyʀ].

DEMI-MOT (À), loc. adv.
Sans qu'il soit nécessaire de tout dire. 🕮 [ad(ə)mimo].

DÉMINER, verbe trans. [3]
Retirer (d'une zone) les engins explosifs. 🕮 [demine].

DEMI-PENSION, subst. f.
Forfait hôtelier incluant un repas. – Régime scolaire des élèves qui déjeunent le midi à l'école. 🕮 [d(ə)mipãsjõ].

DEMI-SŒUR, subst. f.
Sœur par un seul des deux parents. 🕮 [d(ə)misœʀ].

DÉMISSION, subst. f.
Acte par lequel on renonce à sa fonction, à son emploi. – Refus d'assumer ses responsabilités. 🕮 [demisjõ].

DÉMISSIONNER, verbe intrans. [3]
Donner sa démission. – Fig. Capituler, renoncer devant des difficultés (fam.). 🕮 [demisjone].

DEMI-TEINTE, subst. f.
Teinte qui n'est ni claire ni foncée. – Fig. *En* **demi-teinte** : atténué, tout en nuances. 🕮 [d(ə)mitɛ̃t].

DEMI-TOUR, subst. m.
Moitié d'un tour fait en pivotant sur soi-même. – *Faire* **demi-tour** : revenir sur ses pas. 🕮 [d(ə)mituʀ].

DÉMOBILISER, verbe trans. [3]
Rendre (un soldat mobilisé) à la vie civile. – Affaiblir la motivation combative de. 🕮 [demobilize].

DÉMOCRATE, adj. et subst.
Partisan de la démocratie. 🕮 [demokʀat].

DÉMOCRATIE, subst. f.
Régime politique dans lequel la souveraineté appartient à l'ensemble des citoyens. – État vivant sous ce régime. 🕮 [demokʀasi].

DÉMOCRATISER, verbe trans. [3]
Rendre conforme aux principes de la démocratie. – Populariser. 🕮 [demokʀatize].

DÉMODÉ, ÉE, adj.
Qui ne correspond plus aux tendances de la mode ; désuet. 🕮 [demode].

DÉMOGRAPHIE, subst. f.
Science statistique des populations humaines. 🕮 [demogʀafi].

DEMOISELLE, subst. f.
Jeune fille ; femme non mariée. – Libellule.
🔊 [d(ə)mwazɛl].

DÉMOLIR, verbe trans. [19]
Détruire, en abattant ou en cassant. – Fig.
Ruiner la réputation de ; détruire la santé
de. 🔊 [demoliʀ].

DÉMOLITION, subst. f.
Action de démolir. 🔊 [demolisjɔ̃].

DÉMON, subst. m.
Ange déchu, esprit du mal. – Personne
méchante, néfaste. – Enfant très espiègle,
turbulent (fam.). 🔊 [demɔ̃].

DÉMONIAQUE, adj.
Digne du démon ; pervers. 🔊 [demɔnjak].

DÉMONSTRATIF, IVE, adj.
Qui démontre. – Qui manifeste ses sentiments. – Ling. Qualifie un adjectif ou un
pronom qui désigne le nom auquel il se
rapporte. 🔊 [demɔ̃stʀatif, -iv].

DÉMONSTRATION, subst. f.
Action de démontrer. – Action de montrer
le fonctionnement (de qqch.) ou la manière
d'utiliser (qqch.). – Manifestation de sentiments. 🔊 [demɔ̃stʀasjɔ̃].

DÉMONTER, verbe trans. [3]
Séparer les pièces, les parties d'un objet,
d'un mécanisme, etc. – Fig. Déconcerter,
troubler (qqn). 🔊 [demɔ̃te].

DÉMONTRER, verbe trans. [3]
Prouver la vérité (de qqch.) par un raisonnement, par des faits rigoureux. – Révéler,
indiquer : Cela démontre bien sa lâcheté.
🔊 [demɔ̃tʀe].

DÉMORALISER, verbe trans. [3]
Conduire (qqn) au découragement, abattre.
🔊 [demɔʀalize].

DÉMORDRE, verbe trans. indir. [51]
Ne pas démordre de : s'entêter, s'obstiner
à. 🔊 [demɔʀdʀ].

DÉMOTIVER, verbe trans. [3]
Ôter (à qqn) toute espèce de motivation.
🔊 [demotive].

DÉMOULER, verbe trans. [3]
Retirer du moule. 🔊 [demule].

DÉMUNIR, verbe trans. [19]
Priver d'une chose essentielle. – Pronom.
Se dessaisir de. 🔊 [demyniʀ].

DÉMYSTIFIER, verbe trans. [6]
Détromper (qqn). – Dissiper le mystère
qui entoure (qqn ou qqch.). 🔊 [demistifje].

DÉMYTHIFIER, verbe trans. [6]
Ôter (à qqch. ou à qqn) son caractère
mythique. 🔊 [demitifje].

DÉNATURER, verbe trans. [3]
Altérer la nature, le goût de. – Fausser le
sens, déformer. 🔊 [denatyʀe].

DÉNÉGATION, subst. f.
Action de nier, de dénier. 🔊 [denegasjɔ̃].

DÉNICHER, verbe trans. [3]
Enlever du nid. – Fig. Découvrir, trouver.
🔊 [deniʃe].

DENIER, subst. m.
Ancienne monnaie romaine, puis française.
– Somme versée à titre de contribution :
Le denier du culte. 🔊 [dənje].

DÉNIER, verbe trans. [6]
Refuser de reconnaître comme sien : Dénier
toute responsabilité. – Refuser d'accorder :
Dénier un droit à qqn. 🔊 [denje].

DÉNIGRER, verbe trans. [3]
S'efforcer de nuire à la réputation de (qqn)
ou la qualité de (qqch.). 🔊 [denigʀe].

DÉNIVELER, verbe trans. [12]
Produire une différence de niveau. – Donner de la pente à. 🔊 [deniv(ə)le].

DÉNIVELLATION, subst. f.
Action de déniveler. – Variation de niveau.
🔊 On dit aussi dénivellement ; [denivelasjɔ̃].

DÉNOMBRER, verbe trans. [3]
Faire le compte de. – Recenser. 🔊 [denɔ̃bʀe].

DÉNOMINATEUR, subst. m.
Terme d'une fraction qui indique en
combien de parties égales l'unité a été
divisée. – Fig. Dénominateur commun :
caractère commun. 🔊 [denɔminatœʀ].

DÉNOMINATION, subst. f.
Appellation. 🔊 [denɔminasjɔ̃].

DÉNOMMÉ, ÉE, adj.
Qui a pour nom. 🔊 [denɔme].

DÉNONCER, verbe trans. [4]
Signaler (qqn) comme coupable, (qqch.)
comme condamnable. – Indiquer (qqch.).
– Signifier la cessation de : Dénoncer un
contrat. 🔊 [denɔ̃se].

DÉNONCIATION, subst. f.
Action de dénoncer. 🔊 [denɔ̃sjasjɔ̃].

DÉNOTER, verbe trans. [3]
Révéler, être le signe de. 🔊 [denɔte].

DÉNOUEMENT, subst. m.
Résolution d'une situation, d'une affaire.
– Issue d'une intrigue. 🔊 [denumɑ̃].

DÉNOUER, verbe trans. [3]
Défaire un nœud ; détacher (ce qui était
noué). – Fig. Résoudre, démêler. 🔊 [denwe].

DÉNOYAUTER, verbe trans. [3]
Ôter le noyau de. 🔊 [denwajote].

DENRÉE, subst. f.
Produit alimentaire. – Une denrée rare :
une qualité, une chose précieuse. 🔊 [dɑ̃ʀe].

DENSE, adj.
Compact, épais ; abondant et serré. – Fig.
Concis, condensé. – Phys. Qualifie la masse
volumique d'un corps par rapport à un
autre. 🔊 [dɑ̃s].

DENSITÉ, subst. f.
Qualité de ce qui est dense. 🔊 [dɑ̃site].

DENT, subst. f.
Organe dur et blanchâtre implanté sur les
maxillaires, qui sert à déchirer et à broyer
les aliments. 🔊 [dɑ̃].

DENTAIRE, adj.
Qui a trait aux dents. 🔊 [dɑ̃tɛʀ].

DENTELÉ, ÉE, adj.
Découpé en forme de dents. ⊠ [dɑ̃t(ə)le].

DENTELLE, subst. f.
Étoffe ajourée, sans trame ni chaîne, formant un motif. ⊠ [dɑ̃tɛl].

DENTIER, subst. m.
Prothèse dentaire amovible. ⊠ [dɑ̃tje].

DENTIFRICE, subst. m.
Pâte que l'on utilise pour se nettoyer les dents. ⊠ [dɑ̃tifʀis].

DENTISTE, subst.
Praticien diplômé, spécialiste de la chirurgie et des soins dentaires. ⊠ [dɑ̃tist].

DENTITION, subst. f.
Apparition et croissance des dents. – Denture (abusivement). ⊠ [dɑ̃tisjɔ̃].

DENTURE, subst. f.
Ensemble des dents. ⊠ [dɑ̃tyʀ].

DÉNUDER, verbe trans. [3]
Mettre à nu. ⊠ [denyde].

DÉNUÉ, ÉE, adj.
Démuni, dépourvu (de). ⊠ [denɥe].

DÉNUEMENT, subst. m.
Manque du nécessaire ; indigence, misère. ⊠ [denymɑ̃].

DÉODORANT, subst. m.
Produit qui combat les odeurs corporelles. ⊠ [deɔdɔʀɑ̃].

DÉONTOLOGIE, subst. f.
Ensemble des règles et des devoirs attachés à l'exercice d'une profession. ⊠ [deɔ̃tɔlɔʒi].

DÉPANNER, verbe trans. [3]
Réparer (un véhicule, un appareil tombé en panne). – Fig. Tirer d'embarras (fam.). ⊠ [depane].

DÉPANNEUSE, subst. f.
Voiture permettant de remorquer les véhicules en panne. ⊠ [depanøz].

DÉPAREILLÉ, ÉE, adj.
Séparé de l'objet ou des objets avec lesquels il formait une série, une paire : *Une vaisselle dépareillée.* – Incomplet, disparate, en parlant d'un ensemble. ⊠ [depaʀeje].

DÉPARER, verbe trans. [3]
Nuire à la beauté, à l'harmonie (d'un ensemble) ; enlaidir. ⊠ [depaʀe].

DÉPART, subst. m.
Action de partir. – Moment, endroit où a lieu cette action. ⊠ [depaʀ].

DÉPARTAGER, verbe trans. [5]
Prendre des mesures pour établir le classement de deux partis, de deux concurrents, etc., malgré leur égalité. ⊠ [depaʀtaʒe].

DÉPARTEMENT, subst. m.
Division territoriale française. – Branche spécialisée d'une administration, d'un organisme : **Département** *des manuscrits, dans une bibliothèque.* ⊠ [depaʀtəmɑ̃].

DÉPARTEMENTAL, ALE, AUX, adj.
Relatif au département. ⊠ [depaʀtəmɑ̃tal].

DÉPARTIR, verbe trans. [23]
Distribuer, attribuer en partage. – Pronom. Se défaire de ; abandonner (un comportement). ⊠ [depaʀtiʀ].

DÉPASSÉ, ÉE, adj.
Démodé, périmé. ⊠ [depase].

DÉPASSER, verbe trans. [3]
Aller au-delà de. – Devancer. – Doubler (un véhicule). – Outrepasser en valeur, en dimensions, en durée, etc. ; empl. abs., déborder. – Fig. Outrepasser (une limite). – Pronom. Donner le meilleur de soi. ⊠ [depase].

DÉPAYSEMENT, subst. m.
Fait d'être dépaysé. ⊠ [depeizmɑ̃].

DÉPAYSER, verbe trans. [3]
Changer le cadre de vie, les habitudes de. – Fig. Désorienter, troubler. ⊠ [depeize].

DÉPECER, verbe trans. [4] et [10]
Mettre en pièces, découper (un animal). ⊠ [depase].

DÉPÊCHE, subst. f.
Information brève transmise par des moyens techniques rapides. ⊠ [depɛʃ].

DÉPÊCHER, verbe trans. [3]
Expédier avec diligence auprès de (qqn). – Pronom. Se hâter, faire vite. ⊠ [depeʃe].

DÉPEIGNER, verbe trans. [3]
Décoiffer. ⊠ [depeɲe].

DÉPEINDRE, verbe trans. [53]
Décrire. ⊠ [depɛ̃dʀ].

DÉPENAILLÉ, ÉE, adj.
Vêtu de hardes, sans soin. ⊠ [dep(ə)naje].

DÉPENDANCE, subst. f.
Fait de dépendre de. – Plur. Annexes d'un bâtiment. ⊠ [depɑ̃dɑ̃s].

DÉPENDRE, verbe trans. indir. [51]
Être sous l'autorité, l'emprise, la juridiction de. – Être fonction de. ⊠ [depɑ̃dʀ].

DÉPENS DE (AUX), loc. prép.
Au désavantage de (qqch. ou qqn). – À la charge de (qqn). ⊠ [odepɑ̃də].

DÉPENSE, subst. f.
Action de dépenser. – Ce qui est dépensé. ⊠ [depɑ̃s].

DÉPENSER, verbe trans. [3]
Utiliser de l'argent (pour acheter, payer). – Consommer. – Employer (son temps, son énergie) à. ⊠ [depɑ̃se].

DÉPENSIER, IÈRE, adj. et subst.
Qui dépense beaucoup. ⊠ [depɑ̃sje, -jɛʀ].

DÉPERDITION, subst. f.
Perte progressive, diminution : **Déperdition** *de chaleur.* ⊠ [depɛʀdisjɔ̃].

DÉPÉRIR, verbe intrans. [19]
S'affaiblir, aller vers sa fin. ⊠ [depeʀiʀ].

DÉPÊTRER, verbe trans. [3]
Débarrasser une personne, un animal de ce qui l'entrave. – Fig. Dégager, tirer d'une situation fâcheuse. – Pronom. Se débarrasser de, échapper à. ⊠ [depetʀe].

DÉPEUPLER, verbe trans. [3]
Vider (un pays, une région) de sa population. 🔊 [depœple].

DÉPISTER, verbe trans. [3]
Trouver la trace, la piste de. – Faire perdre la trace, la piste de ; mettre en défaut. – Fig. Déceler. 🔊 [depiste].

DÉPIT, subst. m.
Sentiment de tristesse et de rancœur dû à une déception. – Loc. prép. *En dépit de* : malgré. 🔊 [depi].

DÉPITÉ, ÉE, adj.
Qui ressent du dépit. 🔊 [depite].

DÉPLACÉ, ÉE, adj.
Qui choque, inconvenant. 🔊 [deplase].

DÉPLACEMENT, subst. m.
Action de déplacer, de se déplacer. – Voyage professionnel. 🔊 [deplasmã].

DÉPLACER, verbe trans. [4]
Changer (qqn, qqch.) de place. – Muter. – Changer la date, l'heure (d'un rendez-vous). – Pronom. Bouger, se mouvoir ; voyager. 🔊 [deplase].

DÉPLAIRE, verbe trans. indir. [59]
Ne pas plaire à. – Contrarier. 🔊 [deplɛʀ].

DÉPLAISANT, ANTE, adj.
Qui déplaît, désagréable. 🔊 [deplɛzã, -ãt].

DÉPLIANT, subst. m.
Imprimé plié, prospectus. 🔊 [deplijã].

DÉPLIER, verbe trans. [6]
Déployer, mettre à plat (ce qui était plié). 🔊 [deplije].

DÉPLOIEMENT, subst. m.
Action de déployer. – Fait d'être déployé. 🔊 [deplwamã].

DÉPLORER, verbe trans. [3]
Manifester sa douleur devant un malheur ; compatir à. – Regretter vivement, désapprouver. 🔊 [deplɔʀe].

DÉPLOYER, verbe trans. [17]
Étendre, ouvrir, développer (ce qui était plié). – Disposer, répartir sur un grand espace. – Fig. Montrer. 🔊 [deplwaje].

DÉPOLIR, verbe trans. [19]
Faire perdre son éclat, son poli à (qqch.). 🔊 [depɔliʀ].

DÉPORTATION, subst. f.
Autrefois, peine d'exil d'un condamné politique. – Internement dans un camp de concentration. 🔊 [depɔʀtasjɔ̃].

DÉPORTER, verbe trans. [3]
Condamner à la déportation. – Envoyer en déportation. – Faire dévier. 🔊 [depɔʀte].

DÉPOSER, verbe [3]
Trans. Poser ce que l'on porte. – Laisser (qqch., qqn) en un lieu précis. – Mettre en défaut. – Fig. Remettre : *Déposer un dossier*. – Faire enregistrer pour protéger (une œuvre, un brevet). – Destituer. – Intrans. Dr. Témoigner en justice. – Pronom. Former un dépôt. 🔊 [depoze].

DÉPOSITAIRE, subst.
Personne qui a la garde d'un dépôt. – Fig. Personne à qui l'on confie qqch. : *Être le dépositaire d'un secret*. – Concessionnaire. 🔊 [depozitɛʀ].

DÉPOSITION, subst. f.
Action de déposer devant la justice. – Le témoignage recueilli. 🔊 [depozisjɔ̃].

DÉPOSSÉDER, verbe trans. [8]
Priver d'une possession. 🔊 [deposede].

DÉPÔT, subst. m.
Action de déposer qqch. en un lieu précis. – Action de confier en garde un objet, en échange d'un reçu. – L'objet que l'on a déposé. – Lieu où l'on entrepose des marchandises. – Couche de substances solides qui se forme au fond d'un récipient contenant un liquide au repos. 🔊 [depo].

DÉPOTER, verbe trans. [3]
Retirer une plante de son pot. 🔊 [depote].

DÉPOTOIR, subst. m.
Endroit où l'on entasse les détritus, les ordures. 🔊 [depotwaʀ].

DÉPOUILLE, subst. f.
Peau d'un animal mort. – Dépouille *mortelle* : corps d'une personne décédée (littér.). 🔊 [depuj].

DÉPOUILLEMENT, subst. m.
Action de dépouiller. – État de sobriété ou de dénuement. 🔊 [depujmã].

DÉPOUILLER, verbe trans. [3]
Retirer la peau (d'un animal). – Dénuder, dégarnir. – Déposséder (qqn) de ses biens. – Analyser soigneusement (un texte, une œuvre). – Dépouiller *un scrutin* : faire le compte des suffrages. 🔊 [depuje].

DÉPOURVU, UE, adj.
Qui manque de (qqch.). – Loc. adv. *Au dépourvu* : à l'improviste. 🔊 [depuʀvy].

DÉPOUSSIÉRER, verbe trans. [8]
Enlever la poussière de. – Fig. Moderniser, mettre à jour. 🔊 [depusjeʀe].

DÉPRAVÉ, ÉE, adj. et subst.
Perverti, débauché. 🔊 [depʀave].

DÉPRÉCIER, verbe trans. [6]
Diminuer la valeur de, dévaloriser. – Fig. Critiquer, dénigrer. 🔊 [depʀesje].

DÉPRÉDATION, subst. f.
Vol accompagné de détérioration. – Dégât causé aux biens d'autrui. 🔊 [depʀedasjɔ̃].

DÉPRESSION, subst. f.
Affaissement, creux sur une surface. – Crise économique. – Zone de basse pression atmosphérique. – *Psychol.* Abattement, découragement pathologique. 🔊 [depʀesjɔ̃].

DÉPRIMER, verbe [3]
Trans. Abaisser, enfoncer. – Abattre moralement. – Intrans. Être démoralisé (fam.). 🔊 [depʀime].

DEPUIS, prép. et adv.
Prép. À partir de (dans le temps, l'espace).
– Adv. À partir de (ce moment). – Loc.
conj. **Depuis** *que* : à partir du moment où.
🔊 [dəpɥi].

DÉPUTÉ, subst. m.
Personne chargée d'une mission par une
autorité qu'elle représente. – Membre élu
d'une assemblée délibérante. 🔊 [depyte].

DÉRACINER, verbe trans. [3]
Arracher avec ses racines (un arbre, une
plante). – Fig. Faire quitter (à qqn) son
pays, son milieu d'origine. 🔊 [derasine].

DÉRAILLER, verbe intrans. [3]
Sortir des rails. – Fig. Fonctionner mal.
– Divaguer, déraisonner (fam.). 🔊 [deraje].

DÉRAILLEUR, subst. m.
Dispositif permettant de faire passer la
chaîne d'une bicyclette d'un pignon sur un
autre. 🔊 [derajœr].

DÉRAISONNABLE, adj.
Qui n'est pas raisonnable. – Qui manque
de modération. 🔊 [derezɔnabl].

DÉRANGER, verbe trans. [5]
Troubler l'ordre, la disposition de (ce qui
était rangé). – Perturber le fonctionnement,
l'activité de. – Obliger (qqn) à se déplacer.
– Importuner, gêner. 🔊 [derɑ̃ʒe].

DÉRAPAGE, subst. m.
Action, fait de déraper. – Résultat de cette
action. 🔊 [derapaʒ].

DÉRAPER, verbe intrans. [3]
Glisser, perdre son adhérence, en parlant
d'un véhicule ou de qqn. – Fig. Évoluer de
façon incontrôlée. 🔊 [derape].

DÉRATÉ, ÉE, subst.
Courir comme un dératé : aussi vite que
possible (fam.). 🔊 [derate].

DÉRATISER, verbe trans. [3]
Débarrasser (un lieu) des rats. 🔊 [deratize].

DERECHEF, adv.
De nouveau (littér.). 🔊 [dərəʃef].

DÉRÉGLER, verbe trans. [8]
Déranger le réglage de. 🔊 [deregle].

DÉRIDER, verbe trans. [3]
Supprimer les rides de. – Rendre (qqn)
moins soucieux ; amuser. 🔊 [deride].

DÉRISION, subst. f.
Plaisanterie méprisante. 🔊 [derizjɔ̃].

DÉRISOIRE, adj.
Qui suscite la dérision. – Insignifiant,
minime. 🔊 [derizwar].

DÉRIVATIF, IVE, adj. et subst. m.
Qui permet d'oublier ses préoccupations.
🔊 [derivatif, -iv].

DÉRIVATION, subst. f.
Action de dériver (I). – Connexion de deux
points d'un circuit électrique au moyen
d'un second conducteur. – *Ling.* Formation
d'un nouveau mot sur la base d'un radical.
🔊 [derivasjɔ̃].

DÉRIVE, subst. f.
Fait de dériver (II) ; son résultat. – *À la*
dérive : sans pouvoir se diriger, à vau-l'eau.
– Fait de s'écarter de la norme ; dérapage.
🔊 [deriv].

DÉRIVER (I), verbe trans. [3]
Détourner (l'eau) de son cours. – **Dériver**
de : être issu de. 🔊 [derive].

DÉRIVER (II), verbe intrans. [3]
S'écarter de sa direction sous l'action du
vent, d'un courant, en parlant d'un avion,
d'un bateau. – Aller à la dérive. 🔊 [derive].

DERMATOLOGIE, subst. f.
Méd. Spécialité qui traite des maladies de
la peau. 🔊 [dɛrmatɔlɔʒi].

DERME, subst. m.
Couche profonde de la peau. 🔊 [dɛrm].

DERNIER, IÈRE, adj. et subst.
Qui vient après tous les autres. – Adj.
Ultime, extrême : *Au dernier moment*. – Le
plus récent : *Le mois dernier*. 🔊 [dɛrnje, -jɛr].

DERNIÈREMENT, adv.
Il y a peu de temps. 🔊 [dɛrnjɛrmɑ̃].

DÉROBADE, subst. f.
Action de se dérober. 🔊 [derɔbad].

DÉROBÉE (À LA), loc. adv.
Furtivement, en cachette. 🔊 [aladerɔbe].

DÉROBER, verbe trans. [3]
Subtiliser, voler adroitement. – Dissimuler.
– Pronom. *Se dérober à une obligation* :
s'y soustraire. – Refuser de franchir l'obstacle, en parlant d'un cheval. 🔊 [derɔbe].

DÉROGATION, subst. f.
Action de déroger à une règle, à une loi,
à un accord. – Son résultat. 🔊 [derɔgasjɔ̃].

DÉROGER, verbe trans. indir. [5]
Manquer à : *Déroger à ses devoirs, à son
son rang*. – Contrevenir à (une loi, un
usage). 🔊 [derɔʒe].

DÉROULEMENT, subst. m.
Action de dérouler ; fait d'être déroulé.
– Progression dans le temps. 🔊 [derulmɑ̃].

DÉROULER, verbe trans. [3]
Étaler (ce qui était enroulé). – Pronom. Se
passer, avoir lieu. 🔊 [derule].

DÉROUTE, subst. f.
Repli désordonné d'une armée vaincue.
– Fig. Effondrement ; débâcle. 🔊 [derut].

DÉROUTER, verbe trans. [3]
Faire changer d'itinéraire, de destination.
– Déconcerter. 🔊 [derute].

DERRIÈRE (I), prép. et adv.
Prép. En arrière de. – Au-delà de ; sous
l'apparence de : *Cacher sa peine* **derrière un
sourire**. – À la suite de. – Adv. Du côté
opposé au devant, à l'endroit. 🔊 [dɛrjɛr].

DERRIÈRE (II), subst. m.
Partie postérieure de qqch. – Arrière-train,
fesses. 🔊 [dɛrjɛr].

DES, voir DE et UN

DÈS, prép.
À partir de, aussitôt après (un moment ou un lieu). – Loc. adv. **Dès lors** : à partir de ce moment ; en conséquence. – Loc. conj. **Dès que** : sitôt que. 🔊 [dɛ].

DÉSABUSÉ, ÉE, adj. et subst.
Qui a perdu ses illusions ; qui est déçu, blasé. 🔊 [dezabyze].

DÉSACCORD, subst. m.
Absence d'accord, différence d'opinion sur un point donné. 🔊 [dezakɔʀ].

DÉSAFFECTÉ, ÉE, adj.
Qui n'a plus d'affectation ou dont l'affectation a été modifiée (en parlant d'un lieu, d'un édifice). 🔊 [dezafɛkte].

DÉSAGRÉABLE, adj.
Qui se comporte de façon peu agréable, qui choque, qui irrite. – Qui déplaît : *Une impression désagréable*. 🔊 [dezagʀeabl].

DÉSAGRÉGER, verbe trans. [9]
Décomposer, effriter. 🔊 [dezagʀeʒe].

DÉSAGRÉMENT, subst. m.
Déplaisir d'ordre matériel, souci. – Ce qui est désagréable. 🔊 [dezagʀemɑ̃].

DÉSALTÉRER, verbe trans. [8]
Donner à boire. – Apaiser la soif de. – Pronom. Étancher sa soif. 🔊 [dezalteʀe].

DÉSAMORCER, verbe trans. [4]
Retirer l'amorce de. – Interrompre le fonctionnement de : **Désamorcer** *une pompe*. – Fig. Empêcher l'explosion (d'une crise). 🔊 [dezamɔʀse].

DÉSAPPOINTER, verbe trans. [3]
Décevoir l'attente de (qqn). 🔊 [dezapwɛ̃te].

DÉSAPPROUVER, verbe trans. [3]
Porter un jugement négatif sur, refuser sa caution à, contester. 🔊 [dezapʀuve].

DÉSARÇONNER, verbe trans. [3]
Jeter (un cavalier) à bas de la selle. – Fig. Ébranler l'assurance (de qqn) par un effet de surprise. 🔊 [dezaʀsɔne].

DÉSARMANT, ANTE, adj.
Qui interdit toute sévérité par sa naïveté ; qui est touchant : *Un sourire désarmant*. 🔊 [dezaʀmɑ̃, -ɑ̃t].

DÉSARMEMENT, subst. m.
Suppression ou limitation du potentiel militaire d'une nation. 🔊 [dezaʀməmɑ̃].

DÉSARMER, verbe trans. [3]
Priver d'armes, de son arme. – Supprimer ou réduire l'armement (d'un pays). – Ôter (à un navire) son matériel et son équipage. – Fig. Faire tomber l'agressivité (de qqn). 🔊 [dezaʀme].

DÉSARROI, subst. m.
Trouble moral, détresse. 🔊 [dezaʀwa].

DÉSARTICULÉ, ÉE, adj.
Souple à l'excès ; disloqué. – Fig. Privé de cohérence, d'unité. 🔊 [dezaʀtikyle].

DÉSASTRE, subst. m.
Événement catastrophique. – Fig. Très grave échec. 🔊 [dezastʀ].

DÉSASTREUX, EUSE, adj.
Catastrophique. 🔊 [dezastʀø, -øz].

DÉSAVANTAGE, subst. m.
Ce qui constitue un inconvénient, qui entraîne une infériorité. – Ce qui porte préjudice. 🔊 [dezavɑ̃taʒ].

DÉSAVANTAGER, verbe trans. [5]
Placer en situation défavorable ou préjudiciable. – Léser. 🔊 [dezavɑ̃taʒe].

DÉSAVEU, EUX, subst. m.
Reniement. – Refus d'apporter sa caution. 🔊 [dezavø].

DÉSAVOUER, verbe trans. [3]
Ne pas admettre comme sien. – Revenir sur (qqch. qu'on a dit ou fait). – Refuser de cautionner. 🔊 [dezavwe].

DESCELLER, verbe trans. [3]
Ouvrir (ce qui était scellé). – Détacher (ce qui était fixé par un scellement). 🔊 [desele].

DESCENDANCE, subst. f.
Ensemble de personnes ayant un ancêtre commun. 🔊 [desɑ̃dɑ̃s].

DESCENDANT, ANTE, adj. et subst.
Adj. Qui va vers le bas. – Subst. Personne, considérée en tant qu'issue d'un ancêtre. 🔊 [desɑ̃dɑ̃, -ɑ̃t].

DESCENDRE, verbe [51]
Intrans. Aller du haut vers le bas ; être en pente ; baisser de niveau. – Séjourner. – Faire irruption. – Être issu de. – Trans. Parcourir de haut en bas. – Déposer. – Tuer ; abattre (fam.). 🔊 [desɑ̃dʀ].

DESCENTE, subst. f.
Action d'aller du haut vers le bas. – Pente. – Irruption de la police dans un lieu. – Action de déposer. 🔊 [desɑ̃t].

DESCRIPTIF, IVE, adj. et subst. m.
Adj. Qui décrit. – Subst. Document technique détaillé. 🔊 [dɛskʀiptif, -iv].

DESCRIPTION, subst. f.
Action de décrire, oralement ou par écrit. – Ce qui est décrit. 🔊 [dɛskʀipsjɔ̃].

DÉSEMPARÉ, ÉE, adj.
Privé de ses moyens. – Désorienté, sans défense. 🔊 [dezɑ̃paʀe].

DÉSENCHANTÉ, ÉE, adj.
Qui a perdu ses illusions. 🔊 [dezɑ̃ʃɑ̃te].

DÉSENCLAVER, verbe trans. [3]
Rompre la situation d'isolement (d'un site). 🔊 [dezɑ̃klave].

DÉSENFLER, verbe [3]
Intrans. Cesser d'être enflé. – Trans. Réduire l'enflure de. 🔊 [dezɑ̃fle].

DÉSENSIBILISER, verbe trans. [3]
Rendre moins sensible. – *Méd.* Faire subir un traitement en vue de supprimer les réactions allergiques. 🔊 [desɑ̃sibilize].

DÉSÉQUILIBRE, subst. m.
Instabilité physique ou psychique. – Disparité. 🔊 [dezekilibʀ].

DÉSÉQUILIBRÉ, ÉE, adj. et subst.
Adj. Qui manque d'équilibre ; qui a perdu l'équilibre. – Subst. Fou. 🔊 [dezekilibre].

DÉSÉQUILIBRER, verbe trans. [3]
Rompre l'équilibre physique ou psychique de (qqn ou qqch.). 🔊 [dezekilibre].

DÉSERT (I), ERTE, adj.
Inhabité. – Peu fréquenté. 🔊 [dezɛʀ, -ɛʀt].

DÉSERT (II), subst. m.
Lieu inhabité ou très peu habité. – *Géogr.* Étendue très aride. 🔊 [dezɛʀ].

DÉSERTER, verbe trans. [3]
Quitter, cesser de fréquenter (un lieu). – Abandonner, renier (un poste, une cause). – Empl. abs. Quitter l'armée illégalement. 🔊 [dezɛʀte].

DÉSERTEUR, subst. m.
Soldat qui déserte l'armée. 🔊 [dezɛʀtœʀ].

DÉSERTIFICATION, subst. f.
Transformation progressive d'une région en désert. 🔊 [dezɛʀtifikasjɔ̃].

DÉSERTION, subst. f.
Action de déserter. 🔊 [dezɛʀsjɔ̃].

DÉSERTIQUE, adj.
Propre au désert. – Aride. 🔊 [dezɛʀtik].

DÉSESPÉRÉ, ÉE, adj. et subst.
Qui s'abandonne au désespoir. – Adj. Sans aucun espoir. – Qui exprime le désespoir. 🔊 [dezɛspeʀe].

DÉSESPÉRER, verbe [8]
Trans. dir. Faire perdre tout espoir à (qqn), décourager. – Trans. indir. Ne plus croire que : Désespérer que. – Ne plus croire en : Désespérer de réussir, de qqn. – Intrans. Cesser d'espérer. 🔊 [dezɛspeʀe].

DÉSESPOIR, subst. m.
Perte de l'espoir. – Détresse profonde de qui a perdu l'espoir. 🔊 [dezɛspwaʀ].

DÉSHABILLER, verbe trans. [3]
Dévêtir (qqn). – Fig. Mettre (qqch.) à nu. – Pronom. Ôter ses habits. 🔊 [dezabije].

DÉSHABITUER, verbe trans. [3]
Faire perdre une habitude à. 🔊 [dezabitɥe].

DÉSHERBANT, ANTE, adj. et subst. m.
Se dit d'un produit qui détruit les mauvaises herbes. 🔊 [dezɛʀbɑ̃, -ɑ̃t].

DÉSHERBER, verbe trans. [3]
Ôter les mauvaises herbes de. 🔊 [dezɛʀbe].

DÉSHÉRITER, verbe trans. [3]
Déposséder (un héritier) de ses droits. 🔊 [dezeʀite].

DÉSHONORER, verbe trans. [3]
Salir l'honneur de (qqn). – Faire du tort à (qqn) ; enlaidir (qqch.). 🔊 [dezɔnɔʀe].

DÉSHYDRATER, verbe trans. [3]
Retirer d'un corps tout ou partie de l'eau qui le compose. – Pronom. Perdre l'eau nécessaire à l'organisme. 🔊 [dezidʀate].

DESIGN, subst. m.
Recherche esthétique et technologique axée sur la production industrielle d'objets et de meubles aux formes nouvelles et fonctionnelles. 🔊 [dizajn].

DÉSIGNER, verbe trans. [3]
Signaler, montrer. – Représenter. – Nommer (à un poste) ; choisir (pour une tâche). 🔊 [deziɲe].

DÉSILLUSION, subst. f.
Perte d'une illusion. 🔊 [dezil(l)yzjɔ̃].

DÉSINENCE, subst. f.
Ling. Élément qui se place à la fin d'un mot pour indiquer sa nature, son genre, etc. 🔊 [dezinɑ̃s].

DÉSINFECTANT, ANTE, adj. et subst. m.
Se dit d'un produit qui détruit les germes infectieux. 🔊 [dezɛ̃fɛktɑ̃, -ɑ̃t].

DÉSINFECTER, verbe trans. [3]
Nettoyer (un local, une plaie) en détruisant les germes infectieux. 🔊 [dezɛ̃fɛkte].

DÉSINFECTION, subst. f.
Action de désinfecter. 🔊 [dezɛ̃fɛksjɔ̃].

DÉSINFORMER, verbe trans. [3]
Utiliser les médias pour diffuser de fausses informations. 🔊 [dezɛ̃fɔʀme].

DÉSINTÉGRER, verbe trans. [8]
Détruire par éclatement. – Pronom. Être détruit ; perdre sa cohésion. 🔊 [dezɛ̃tegʀe].

DÉSINTÉRESSEMENT, subst. m.
Détachement de tout profit personnel. – Indemnisation. 🔊 [dezɛ̃teʀɛsmɑ̃].

DÉSINTÉRESSER, verbe trans. [3]
Dédommager. – Pronom. Perdre son intérêt, sa curiosité pour. 🔊 [dezɛ̃teʀese].

DÉSINTOXIQUER, verbe trans. [3]
Guérir (qqn) d'une dépendance à l'égard d'un toxique. – Éliminer les toxines de (qqn). – Combattre l'intoxication psychologique, intellectuelle. 🔊 [dezɛ̃tɔksike].

DÉSINVOLTE, adj.
D'une liberté, d'une légèreté qui frise l'insolence, la négligence. 🔊 [dezɛ̃vɔlt].

DÉSINVOLTURE, subst. f.
Attitude désinvolte. 🔊 [dezɛ̃vɔltyʀ].

DÉSIR, subst. m.
Aspiration profonde à combler un manque. – Attirance sexuelle. – L'objet désiré. 🔊 [deziʀ].

DÉSIRABLE, adj.
Qui suscite le désir sexuel. – Souhaitable. 🔊 [deziʀabl].

DÉSIRER, verbe trans. [3]
Avoir envie de (qqch.). – Éprouver du désir sexuel pour (qqn). 🔊 [deziʀe].

DÉSISTEMENT, subst. m.
Action, fait de se désister. 🔊 [dezistəmɑ̃].

DÉSISTER (SE), verbe pronom. [3]
Renoncer (à un droit). – Retirer sa candidature (à une élection). 🔊 [deziste].

DÉSOBÉIR, verbe trans. indir. [19]
Ne pas obéir à (qqn). – Refuser de se plier à (une autorité). 🔊 [dezɔbeiʀ].

DÉSOBÉISSANCE, subst. f.
Tendance à désobéir. – Action de désobéir.
🔊 [dezɔbeisɑ̃s].

DÉSOBLIGEANT, ANTE, adj.
Peu aimable, qui froisse. 🔊 [dezɔbliʒɑ̃, -ɑ̃t].

DÉSOBLIGER, verbe trans. [5]
Porter atteinte à l'amour-propre de (qqn).
🔊 [dezɔbliʒe].

DÉSODORISANT, ANTE, adj. et
subst. m.
Se dit d'un produit qui élimine les mauvaises odeurs d'un lieu. 🔊 [dezɔdɔrizɑ̃, -ɑ̃t].

DÉSODORISER, verbe trans. [3]
Supprimer les odeurs désagréables (d'un lieu). 🔊 [dezɔdɔrize].

DÉSŒUVRÉ, ÉE, adj. et subst.
Qui n'a pas d'activité ; qui ne sait pas comment s'occuper. 🔊 [dezœvre].

DÉSŒUVREMENT, subst. m.
État d'une personne désœuvrée, inoccupée.
🔊 [dezœvrəmɑ̃].

DÉSOLANT, ANTE, adj.
Qui attriste profondément. – Qui contrarie.
🔊 [dezɔlɑ̃, -ɑ̃t].

DÉSOLATION, subst. f.
Grande peine. – Cause de contrariété. – État d'un lieu dévasté, désert. 🔊 [dezɔlasjɔ̃].

DÉSOLER, verbe trans. [3]
Donner du chagrin à (qqn). – Navrer (qqn). 🔊 [dezɔle].

DÉSOPILANT, ANTE, adj.
Qui fait beaucoup rire. 🔊 [dezɔpilɑ̃, -ɑ̃t].

DÉSORDONNÉ, ÉE, adj.
Qui est en désordre. – Qui manque d'ordre.
– Déréglé. 🔊 [dezɔrdɔne].

DÉSORDRE, subst. m.
Fouillis. – Manque d'organisation ; confusion. – Agitation collective. 🔊 [dezɔrdr].

DÉSORGANISER, verbe trans. [3]
Détruire l'organisation de. 🔊 [dezɔrganize].

DÉSORIENTER, verbe trans. [3]
Faire perdre l'orientation à. – Fig. Déconcerter, faire hésiter. 🔊 [dezɔrjɑ̃te].

DÉSORMAIS, adv.
À partir de maintenant. 🔊 [dezɔrmɛ].

DÉSOSSER, verbe trans. [3]
Ôter les os (d'une viande), les arêtes (d'un poisson). – Démonter pièce par pièce.
🔊 [dezɔse].

DESPOTE, adj. et subst. m.
Se dit d'une personne tyrannique. – Subst. Souverain qui gouverne en maître absolu.
🔊 [dɛspɔt].

DESQUAMER, verbe intrans. [3]
Perdre ses écailles, pour certains animaux.
– Se détacher en lamelles, en parlant de la peau. 🔊 [dɛskwame].

DESQUELS, voir DUQUEL

DESSAISIR, verbe trans. [19]
Enlever à (qqn) un bien, une responsabilité.
– Retirer à une juridiction une affaire dont elle était saisie. 🔊 [desezir].

DESSALER, verbe [3]
Trans. Ôter le sel (d'un produit). – Intrans. Chavirer, en parlant d'un voilier ou de son équipage (fam.). 🔊 [desale].

DESSÈCHEMENT, subst. m.
Action de dessécher. – État de ce qui est desséché. 🔊 [desɛʃmɑ̃].

DESSÉCHER, verbe trans. [8]
Rendre sec. – Fig. Rendre dur, insensible.
🔊 [deseʃe].

DESSEIN, subst. m.
Projet ; intention. – Loc. adv. À dessein : exprès. 🔊 [desɛ̃].

DESSELLER, verbe trans. [3]
Ôter sa selle à (une monture). 🔊 [desele].

DESSERRER, verbe trans. [3]
Relâcher (ce qui était serré). 🔊 [desere].

DESSERT, subst. m.
Mets sucré servi à la fin du repas. 🔊 [desɛr].

DESSERTE (I), subst. f.
Action de desservir (I). – Moyen d'accès.
🔊 [desɛrt].

DESSERTE (II), subst. f.
Meuble où l'on pose les plats à servir, la vaisselle desservie. 🔊 [desɛrt].

DESSERVIR (I), verbe trans. [28]
Assurer un service de transport pour ; permettre l'accès à. – Assurer le service religieux (d'une paroisse). 🔊 [desɛrvir].

DESSERVIR (II), verbe trans. [28]
Débarrasser (la table) à la fin du repas.
– Discréditer. 🔊 [desɛrvir].

DESSIN, subst. m.
Représentation graphique. – Art et technique de ce mode d'expression. – Motif.
– Contour. – Dessin animé : film réalisé à partir de dessins, dans lequel la succession rapide de ces derniers crée l'illusion du mouvement. 🔊 [desɛ̃].

DESSINATEUR, TRICE, subst.
Personne qui dessine. 🔊 [desinatœr, -tris].

DESSINER, verbe trans. [3]
Représenter par un dessin. – Pronom. Apparaître. – Prendre tournure. 🔊 [desine].

DESSOÛLER, verbe [3]
Sortir de l'état d'ivresse. 🔊 On écrit aussi dessaouler : [desule].

DESSOUS (I), prép. et adv.
Prép. Marque une position inférieure à une autre : Au-dessous de, plus bas que ; Par-dessous. – Adv. Dans la partie, sur la face inférieure : Lire ci-dessous. – Agir en dessous : hypocritement. 🔊 [d(ə)su].

DESSOUS (II), subst. m.
Partie inférieure ; envers. – Ce qui est plus bas. – Avoir le dessous : perdre. – Dessous-de-table : somme versée de manière occulte à un vendeur. – Plur. Lingerie féminine.
– Ce qui est dissimulé au public. 🔊 [d(ə)su].

DESSUS (I), prép. et adv.
Prép. Marque une position supérieure à une autre : Au-dessus de, plus haut que ;

Par-dessus tout, principalement. – Adv. Dans la partie, sur la face supérieure. – *Là-dessus* : sur ce ; sur cela. 🕮 [d(ə)sy].

DESSUS (II), subst. m.
Partie supérieure ; endroit. – Ce qui est plus haut. – *Avoir le dessus* : gagner. – *Le dessus du panier* : l'élite. 🕮 [d(ə)sy].

DÉSTABILISER, verbe trans. [3]
Rendre instable. – Faire perdre son assurance à (qqn). 🕮 [destabilize].

DESTIN, subst. m.
Loi supérieure qui semble régir l'existence. – Fatalité. – Avenir, sort. 🕮 [dɛstɛ̃].

DESTINATAIRE, subst.
Personne à qui l'on fait parvenir une lettre, un colis. 🕮 [dɛstinatɛʀ].

DESTINATION, subst. f.
Utilisation, rôle fixé d'avance. – Lieu où l'on se rend, où l'on adresse qqch. ou qqn. 🕮 [dɛstinasjɔ̃].

DESTINÉE, subst. f.
Destin. – Existence irrévocablement déterminée par le destin. 🕮 [dɛstine].

DESTINER, verbe trans. [3]
Déterminer par avance l'emploi de (qqch.), l'avenir de (qqn). 🕮 [dɛstine].

DESTITUER, verbe trans. [3]
Démettre (qqn) de sa charge. 🕮 [dɛstitɥe].

DESTRIER, subst. m.
Hist. Cheval de bataille, au Moyen Âge. 🕮 [dɛstʀije].

DESTRUCTION, subst. f.
Action de détruire. – Le résultat de cette action. 🕮 [dɛstʀyksjɔ̃].

DÉSUET, ÈTE, adj.
Qui n'est plus guère en usage. – Démodé. 🕮 [desɥɛ, -ɛt].

DÉSUÉTUDE, subst. f.
Caractère de ce qui est désuet. 🕮 [desɥetyd].

DÉSUNIR, verbe trans. [19]
Séparer (ce qui était uni). 🕮 [dezyniʀ].

DÉTACHANT, ANTE, adj. et subst. m.
Se dit d'un produit qui nettoie les taches. 🕮 [detaʃɑ̃, -ɑ̃t].

DÉTACHEMENT, subst. m.
Désaffection ; éloignement à l'égard des valeurs matérielles. – Troupe de soldats envoyée en mission. – Affectation d'un fonctionnaire à un autre service que le sien. 🕮 [detaʃmɑ̃].

DÉTACHER (I), verbe trans. [3]
Défaire les liens de ; dégager. – Séparer d'un ensemble. – Envoyer en mission. – Affecter à un autre poste. – Pronom. Se dégager. – Apparaître nettement. – Fig. Rompre des attaches affectives. 🕮 [detaʃe].

DÉTACHER (II), verbe trans. [3]
Enlever les taches de. 🕮 [detaʃe].

DÉTAIL, subst. m.
Élément secondaire d'un tout. – *Vente au détail* : en petites quantités. 🕮 [detaj].

DÉTAILLANT, ANTE, adj. et subst.
Qui vend au détail. 🕮 [detajɑ̃, -ɑ̃t].

DÉTAILLER, verbe trans. [3]
Vendre au détail. – Raconter par le menu. – Examiner point par point. 🕮 [detaje].

DÉTALER, verbe intrans. [3]
Partir en courant (fam.). 🕮 [detale].

DÉTARTRER, verbe trans. [3]
Dissoudre, ôter le tartre de. 🕮 [detaʀtʀe].

DÉTAXER, verbe trans. [3]
Réduire, supprimer la taxe de. 🕮 [detakse].

DÉTECTER, verbe trans. [3]
Découvrir (ce qui n'est pas évident), déceler. 🕮 [detɛkte].

DÉTECTIVE, subst. m.
Enquêteur privé. 🕮 [detɛktiv].

DÉTEINDRE, verbe [53]
Trans. Décolorer. – Intrans. Se décolorer. – Fig. Influencer : *Déteindre sur qqn.* 🕮 [detɛ̃dʀ].

DÉTELER, verbe [12]
Trans. Détacher (un animal ou une voiture) de son attelage. – Intrans. Renoncer à une occupation (fam.). 🕮 [det(ə)le].

DÉTENDRE, verbe trans. [51]
Relâcher la tension de. – Pronom. Se reposer agréablement. 🕮 [detɑ̃dʀ].

DÉTENIR, verbe trans. [22]
Avoir, retenir en sa possession. – Garder dans une prison. 🕮 [det(ə)niʀ].

DÉTENTE, subst. f.
Relâchement de ce qui est tendu. – Extension musculaire. – Pièce qui actionne une arme à feu. – Fig. Amélioration des relations entre des États. – Repos, délassement. 🕮 [detɑ̃t].

DÉTENTEUR, TRICE, subst.
Personne qui détient qqch. 🕮 [detɑ̃tœʀ, -tʀis].

DÉTENTION, subst. f.
Action de détenir. – Fait d'être incarcéré ; séjour en prison. 🕮 [detɑ̃sjɔ̃].

DÉTENU, UE, adj. et subst.
Qui est retenu prisonnier. 🕮 [det(ə)ny].

DÉTERGENT, ENTE, adj. et subst. m.
Se dit d'un produit qui nettoie en dissolvant la saleté. 🕮 [detɛʀʒɑ̃, -ɑ̃t].

DÉTÉRIORER, verbe trans. [3]
Faire subir des dégradations à. – Pronom. Empirer. 🕮 [deteʀjɔʀe].

DÉTERMINANT, ANTE, adj. et subst. m.
Adj. Qui détermine. – Dont l'influence est décisive. – Subst. *Ling.* Élément grammatical qui en détermine un autre ; mot introduisant un substantif. 🕮 [detɛʀminɑ̃, -ɑ̃t].

DÉTERMINATION, subst. f.
Action de déterminer. – Décision ferme et pesée. – Caractère d'une personne décidée. 🕮 [detɛʀminasjɔ̃].

DÉTERMINER, verbe trans. [3]
Définir, caractériser, mesurer. – Être la cause décisive de. – Amener à : *Cela nous a déterminés à partir.* 🕮 [detɛʀmine].

DÉTERRER, verbe trans. [3]
Extraire de la terre. – Fig. Mettre au jour (ce qui était caché, oublié). 🔊 [detere].

DÉTESTER, verbe trans. [3]
Éprouver de l'aversion pour. 🔊 [detɛste].

DÉTONATEUR, subst. m.
Amorce qui déclenche une explosion. – Fig. Ce qui fait éclater une situation explosive. 🔊 [detɔnatœʀ].

DÉTONATION, subst. f.
Bruit sec et violent produit par une explosion. 🔊 [detɔnasjɔ̃].

DÉTOUR, subst. m.
Boucle, écart d'un tracé. – Trajet qui s'écarte du chemin direct. – Fig. Moyen indirect. 🔊 [detuʀ].

DÉTOURNEMENT, subst. m.
Action de détourner. – Appropriation frauduleuse. 🔊 [detuʀnəmã].

DÉTOURNER, verbe trans. [3]
Changer la direction de : *Détourner un avion*, le contraindre à changer de direction. – Tourner vers un autre côté. – Diriger vers un autre centre d'intérêt. – Éloigner, détacher. – S'approprier illégalement (qqch.). 🔊 [detuʀne].

DÉTRACTEUR, TRICE, subst.
Personne qui critique violemment, qui dénigre. 🔊 [detʀaktœʀ, -tʀis].

DÉTRAQUÉ, ÉE, adj. et subst.
Se dit d'une personne déséquilibrée, folle (fam.). 🔊 [detʀake].

DÉTRAQUER, verbe trans. [3]
Perturber le bon fonctionnement (d'un mécanisme). 🔊 [detʀake].

DÉTRESSE, subst. f.
Sentiment d'angoisse causé par un besoin, un danger, une souffrance. – Misère. – Situation périlleuse, pour un navire, un avion. 🔊 [detʀɛs].

DÉTRIMENT, subst. m.
Préjudice. – Loc. prép. *Au détriment de* : aux dépens de. 🔊 [detʀimã].

DÉTRITUS, subst. m.
Ordures (gén. au plur.). 🔊 [detʀity(s)].

DÉTROIT, subst. m.
Passage étroit entre deux côtes par où communiquent deux étendues marines. 🔊 [detʀwa].

DÉTROMPER, verbe trans. [3]
Aviser (qqn) de son erreur. 🔊 [detʀɔ̃pe].

DÉTRÔNER, verbe trans. [3]
Retirer son trône, sa suprématie à (qqn). – Fig. Supplanter. 🔊 [detʀone].

DÉTROUSSER, verbe trans. [3]
Dépouiller (qqn) de ses effets personnels, dévaliser. 🔊 [detʀuse].

DÉTRUIRE, verbe trans. [69]
Démolir. – Réduire à néant. – Éliminer, supprimer. 🔊 [detʀɥiʀ].

DETTE, subst. f.
Somme d'argent due. – Devoir moral envers qqn. 🔊 [dɛt].

DEUIL, subst. m.
Mort d'un proche. – Affliction due à cette mort. 🔊 [dœj].

DEUX, adj. num. inv. et subst. m. inv.
Adj. Un plus un. – Deuxième : *Louis II de Bavière*. – Subst. Le nombre deux, le chiffre 2, le numéro 2. 🔊 [dø].

DEUX-PIÈCES, subst. m. inv.
Tailleur féminin. – Maillot de bain composé d'un slip et d'un soutien-gorge. – Appartement de deux pièces. 🔊 [døpjɛs].

DEUX-POINTS, subst. m. inv.
Signe de ponctuation formé de deux points superposés (:). 🔊 [døpwɛ̃].

DEUX-ROUES, subst. m. inv.
Véhicule à deux roues. 🔊 [døʀu].

DÉVALER, verbe [3]
Descendre à vive allure. 🔊 [devale].

DÉVALISER, verbe trans. [3]
Voler, cambrioler (qqn, une maison). – Fig. Vider de son contenu. 🔊 [devalize].

DÉVALORISER, verbe trans. [3]
Abaisser la valeur marchande de. – Déprécier. 🔊 [devalɔʀize].

DÉVALUATION, subst. f.
Diminution d'une valeur monétaire par rapport aux autres et à l'or. 🔊 [devalɥasjɔ̃].

DÉVALUER, verbe trans. [3]
Réaliser la dévaluation (d'une monnaie). – Déprécier. 🔊 [devalɥe].

DEVANCER, verbe trans. [4]
Se situer devant. – Passer devant. – Anticiper. 🔊 [d(ə)vãse].

DEVANT (I), prép. et adv.
Prép. En avant de, en face de : *Regarder devant soi*. – En présence de : *Parler devant témoin*. – Adv. En avant, du côté où porte le regard, de la partie antérieure de qqch. : *Aller devant*. 🔊 [d(ə)vã].

DEVANT (II), subst. m.
Ce qui est situé en avant, le plus près du regard : *Les pattes de devant*. – Fig. *Prendre les devants* : devancer. – Loc. prép. *Au devant de* : à la rencontre de. 🔊 [d(ə)vã].

DEVANTURE, subst. f.
Façade d'un magasin. – Étalage, dans une vitrine. 🔊 [d(ə)vãtyʀ].

DÉVASTER, verbe trans. [3]
Causer d'énormes dégâts à. 🔊 [devaste].

DÉVEINE, subst. f.
Manque de chance (fam.). 🔊 [devɛn].

DÉVELOPPEMENT, subst. m.
Essor, croissance. – Énonciation détaillée. – Révélation des images à partir d'une pellicule photographique. 🔊 [dev(ə)lɔpmã].

DÉVELOPPER, verbe trans. [3]
Augmenter l'importance de. – Analyser point par point. – Faire apparaître (une

147

photographie) en appliquant un traitement chimique à la pellicule. 🕮 [dev(ə)lope].

DEVENIR, verbe intrans. [22]
Se transformer, évoluer vers un nouvel état. – Avoir un sort, un résultat. 🕮 [dəv(ə)niʀ].

DÉVERGONDÉ, ÉE, adj. et subst.
Qui se moque de la morale sexuelle traditionnelle ; débauché. 🕮 [deveʀɡɔ̃de].

DÉVERSER, verbe trans. [3]
Faire couler en abondance. – Fig. Décharger, épancher. 🕮 [deveʀse].

DÉVÊTIR, verbe trans. [24]
Ôter les vêtements de. 🕮 [devetiʀ].

DÉVIATION, subst. f.
Écart par rapport à une direction donnée ou à une norme. 🕮 [devjasjɔ̃].

DÉVIDER, verbe trans. [3]
Mettre du fil en écheveau, en pelote. – Dérouler. – Fig. Raconter avec prolixité (fam.). 🕮 [devide].

DÉVIER, verbe [6]
Écarter ou s'écarter de la direction normale, du droit chemin. 🕮 [devje].

DEVIN, INERESSE, subst.
Personne qui prétend connaître ce qui est caché, en partic. l'avenir. 🕮 [dəvɛ̃, -in(ə)ʀɛs].

DEVINER, verbe trans. [3]
Découvrir par l'intuition, la supposition (ce qu'on ne sait pas). 🕮 [d(ə)vine].

DEVINETTE, subst. f.
Jeu où l'on doit deviner la réponse à la question posée. 🕮 [d(ə)vinɛt].

DEVIS, subst. m.
Estimation précise et détaillée du coût d'un travail. 🕮 [d(ə)vi].

DÉVISAGER, verbe trans. [5]
Dévisager *qqn* : regarder son visage de manière insistante. 🕮 [deviza3e].

DEVISE, subst. f.
Sentence. – Monnaie étrangère. 🕮 [dəviz].

DEVISER, verbe intrans. [3]
Parler de choses et d'autres (avec qqn), converser. 🕮 [dəvize].

DÉVISSER, verbe [3]
Trans. Desserrer, enlever, ouvrir (ce qui est vissé). – Intrans. Tomber dans le vide au cours d'une escalade. 🕮 [devise].

DE VISU, loc. adv.
Après avoir vu ; pour avoir vu. 🕮 [devizy].

DÉVITALISER, verbe trans. [3]
Dévitaliser *une dent* : ôter sa pulpe, son nerf. 🕮 [devitalize].

DÉVOILER, verbe trans. [3]
Enlever le voile de. – Mettre au jour (ce qui était tenu secret), révéler. 🕮 [devwale].

DEVOIR (I), verbe trans. [41]
Avoir à payer. – Avoir pour obligation morale. – Être redevable de. – **Devoir** + inf. Être probable, éventuel ou fatal : *Cela* **devait** *finir mal.* 🕮 [d(ə)vwaʀ].

DEVOIR (II), subst. m.
Obligation morale ou légale. – Exercice scolaire écrit. 🕮 [d(ə)vwaʀ].

DÉVOLU, UE, adj. et subst. m.
Adj. Acquis, échu par droit ; réservé. – Subst. *Jeter son* **dévolu** *sur* : fixer son choix sur. 🕮 [devɔly].

DÉVORER, verbe trans. [3]
Manger sa proie en la déchiquetant, pour un animal. – Manger avec avidité, pour une personne. – Fig. Lire avidement. – **Dévorer** *des yeux* : regarder avec passion. – Consumer, détruire. 🕮 [devɔʀe].

DÉVOT, OTE, adj. et subst.
Qui est très attaché à la religion, et surtout à sa pratique. 🕮 [devɔ, -ɔt].

DÉVOTION, subst. f.
Ferveur, piété. – Vénération. 🕮 [devosjɔ̃].

DÉVOUEMENT, subst. m.
Action de se dévouer. – Disposition à aider autrui. 🕮 [devumɑ̃].

DÉVOUER (SE), verbe pronom. [3]
Mettre sa vie au service de qqn, d'une cause. – Se sacrifier. 🕮 [devwe].

DÉVOYÉ, ÉE, adj. et subst.
Qui a quitté le droit chemin. 🕮 [devwaje].

DEXTÉRITÉ, subst. f.
Habileté manuelle. – Adresse dans la manière d'agir. 🕮 [dɛksteʀite].

DIABÈTE, subst. m.
Maladie caractérisée par la présence de sucre dans le sang et les urines. 🕮 [djabɛt].

DIABLE, subst. m. et interj.
Subst. Incarnation suprême du mal, Satan. – Enfant espiègle. – Chariot à deux roues. – *Au* **diable** : très loin. – *En* **diable** : extrêmement. – Interj. Cri exprimant la surprise. 🕮 [djabl].

DIABOLIQUE, adj.
Inspiré par le diable. – Digne du diable. 🕮 [djabɔlik].

DIACRE, subst. m.
Clerc appartenant à l'ordre immédiatement inférieur à celui de prêtre. – Laïque protestant chargé de l'aide aux pauvres. 🕮 [djakʀ].

DIADÈME, subst. m.
Bandeau royal. – Parure féminine en demi-couronne, ceignant le haut du front. 🕮 [djadɛm].

DIAGNOSTIC, subst. m.
Identification d'une maladie par l'observation de ses symptômes. – Évaluation d'une situation. 🕮 [djagnɔstik].

DIAGONALE, subst. f.
Droite joignant deux sommets non consécutifs d'un polygone. – *Lire en* **diagonale** : en sautant des passages. 🕮 [djagɔnal].

DIAGRAMME, subst. m.
Représentation graphique de données variables. 🕮 [djagʀam].

DIALECTE, subst. m.
Forme d'une langue particulière à une région. 🕮 [djalɛkt].

DIALECTIQUE, adj. et subst. f.
Subst. Art de la discussion, du raisonnement. – Méthode de raisonnement qui analyse les contradictions pour les dépasser et aboutir à une synthèse. – Adj. Qui relève de la **dialectique**. 🕮 [djalɛktik].

DIALOGUE, subst. m.
Échange de paroles entre deux personnes. – Concertation. – Ensemble des répliques, dans une pièce de théâtre, un film, un récit. 🕮 [djalɔg].

DIAMANT, subst. m.
Carbone pur cristallisé. – Pierre précieuse taillée dans ce minéral. 🕮 [djamã].

DIAMÈTRE, subst. m.
Droite passant par le centre d'un cercle ou d'une sphère. 🕮 [djamɛtʀ].

DIAPASON, subst. m.
Mus. Petit instrument acoustique dont la vibration donne le *la*. – Fig. *Être au* **diapason** : être dans le ton. 🕮 [djapazɔ̃].

DIAPHANE, adj.
Qui laisse filtrer la lumière sans être transparent. – Pâle et délicat. 🕮 [djafan].

DIAPHRAGME, subst. m.
Muscle situé entre le thorax et l'abdomen. – Préservatif féminin. – Mécanisme servant à régler la quantité de lumière dans un appareil photographique. 🕮 [djafʀagm].

DIAPOSITIVE, subst. f.
Photographie sur support transparent, que l'on projette sur un écran. 🕮 [djapozitiv].

DIARRHÉE, subst. f.
Évacuation fréquente de selles liquides. 🕮 [djaʀe].

DIASPORA, subst. f.
Dispersion d'un peuple, d'une communauté à travers le monde. 🕮 [djaspɔʀa].

DIATRIBE, subst. f.
Critique féroce, injurieuse. 🕮 [djatʀib].

DICHOTOMIE, subst. f.
Séparation en deux. – Opposition entre deux choses. 🕮 [dikɔtɔmi].

DICTATEUR, subst. m.
Détenteur du pouvoir absolu, qui l'exerce de façon arbitraire. 🕮 [diktatœʀ].

DICTATURE, subst. f.
Régime politique autoritaire, dans lequel le pouvoir est aux mains d'un dictateur. 🕮 [diktatyʀ].

DICTÉE, subst. f.
Action de dicter un texte, une conduite. – Exercice d'orthographe. 🕮 [dikte].

DICTER, verbe trans. [3]
Dire (un texte) lentement et distinctement (à qqn qui l'écrit). – Inspirer (une conduite, des propos). – Prescrire, imposer. 🕮 [dikte].

DICTION, subst. f.
Manière, art de prononcer. 🕮 [diksjɔ̃].

DICTIONNAIRE, subst. m.
Ouvrage dans lequel sont classés par ordre alphabétique des mots que l'on définit ou traduit. 🕮 [diksjɔnɛʀ].

DICTON, subst. m.
Courte maxime de sagesse populaire, adage. 🕮 [diktɔ̃].

DIDACTIQUE, adj. et subst. f.
Adj. Qui a pour objet d'instruire ; qui tend à instruire. – Subst. Science de l'enseignement. 🕮 [didaktik].

DIÈDRE, subst. m.
Géom. Ensemble formé par deux demi-plans réunis par une arête. 🕮 [djɛdʀ].

DIÈSE, subst. m.
Mus. Signe d'altération élevant les notes d'un demi-ton chromatique. 🕮 [djɛz].

DIESEL, subst. m.
Moteur à combustion interne fonctionnant au gazole : *Moteur* **Diesel** (ou diesel). 🕮 [djezɛl].

DIÈTE, subst. f.
Suppression, totale ou non, de certains aliments, en vue de recouvrer la santé. 🕮 [djɛt].

DIÉTÉTIQUE, adj. et subst. f.
Adj. Propre, relatif à un régime alimentaire. – Subst. Étude de l'hygiène alimentaire. 🕮 [djetetik].

DIEU, DIEUX, subst. m.
Divinité : *Un dieu*. – Sing. L'Être suprême : *Prier Dieu*. 🕮 [djø].

DIFFAMATION, subst. f.
Propos ou écrit calomnieux et préjudiciable. 🕮 [difamasjɔ̃].

DIFFAMER, verbe trans. [3]
Tenir ou publier des propos nuisant à la réputation de (qqn). 🕮 [difame].

DIFFÉRENCE, subst. f.
Caractère distinctif. – État des êtres, des choses dissemblables. – Résultat d'une soustraction. 🕮 [difeʀãs].

DIFFÉRENCIER, verbe trans. [6]
Rendre différent. – Reconnaître une différence entre (des choses, des êtres). 🕮 [difeʀãsje].

DIFFÉREND, subst. m.
Désaccord dû à une divergence d'opinion. 🕮 [difeʀã].

DIFFÉRENT, ENTE, adj.
Qui présente une différence. – Plur. Divers ; plusieurs. 🕮 [difeʀã, -ãt].

DIFFÉRER (I), verbe intrans. [8]
Être distinct, différent. – Diverger, en parlant d'opinions. – Varier. 🕮 [difeʀe].

DIFFÉRER (II), verbe trans. [8]
Reporter à un autre moment. 🕮 [difeʀe].

DIFFICILE, adj.
Dont l'exécution ou la compréhension nécessite un effort. – Pénible. – Exigeant. 🕮 [difisil].

DIFFICULTÉ, subst. f.
Caractère de ce qui est difficile. – Élément qui pose problème ; obstacle. 🕮 [difikylte].

DIFFORME, adj.
Qui n'a pas une forme normale. 🕮 [difɔʀm].

DIFFUSER, verbe trans. [3]
Répandre en tous sens. – Propager, transmettre. – Empl. intrans. *Chim.* Se répandre en tous sens. 🔊 [difyze].

DIFFUSION, subst. f.
Fait de se diffuser. – Transmission par les médias ; distribution d'une publication ; propagation d'un savoir. 🔊 [difyzjɔ̃].

DIGÉRER, verbe trans. [8]
Assimiler par la digestion. – Fig. Assimiler par la pensée. – Admettre, surmonter (fam.). 🔊 [diʒeʀe].

DIGESTE, adj.
Que l'on peut digérer facilement, léger. 🔊 [diʒɛst].

DIGESTIF, IVE, adj. et subst. m.
Adj. De la digestion. – Qui facilite la digestion. – Subst. Alcool fort que l'on boit après le repas. 🔊 [diʒɛstif, -iv].

DIGESTION, subst. f.
Transformation physico-chimique des aliments dans l'appareil digestif. 🔊 [diʒɛstjɔ̃].

DIGITAL, ALE, AUX, adj.
Qui appartient aux doigts. – *Informat.* Numérique. 🔊 [diʒital].

DIGITALE, subst. f.
Plante dont les fleurs, en forme de doigts de gant, sont extrêmement toxiques. 🔊 [diʒital].

DIGNE, adj.
Qui fait preuve de dignité. – Digne *de* : qui mérite (qqch.) ; qui est en conformité avec (qqn ou qqch.). 🔊 [diɲ].

DIGNITAIRE, subst. m.
Personnage éminent. 🔊 [diɲitɛʀ].

DIGNITÉ, subst. f.
Respect que l'on doit à autrui ou à soi-même. – Maintien grave, retenu. – Haute fonction. 🔊 [diɲite].

DIGRESSION, subst. f.
Fait de s'écarter momentanément du sujet dont on parle. 🔊 [diɡʀesjɔ̃].

DIGUE, subst. f.
Ouvrage servant à retenir les eaux de la mer ou d'une rivière. 🔊 [diɡ].

DILAPIDER, verbe trans. [3]
Gaspiller, dépenser à tort et à travers. 🔊 [dilapide].

DILATATION, subst. f.
Action de dilater ou de se dilater. – Fait d'être dilaté. 🔊 [dilatasjɔ̃].

DILATER, verbe trans. [3]
Augmenter le volume d'un corps en le chauffant. – Augmenter le calibre d'un conduit ; agrandir une ouverture. 🔊 [dilate].

DILATOIRE, adj.
Qui permet de gagner du temps, de temporiser. 🔊 [dilatwaʀ].

DILEMME, subst. m.
Situation dans laquelle on doit choisir entre deux partis présentant tous deux des inconvénients. 🔊 [dilɛm].

DILETTANTE, subst.
Personne qui agit en amateur, sans s'investir. 🔊 [diletɑ̃t].

DILIGENCE (I), subst. f.
Soin et promptitude dans l'exécution d'une tâche. 🔊 [diliʒɑ̃s].

DILIGENCE (II), subst. f.
Grande voiture tirée par des chevaux, qui transportait jadis des voyageurs. 🔊 [diliʒɑ̃s].

DILUER, verbe trans. [3]
Mélanger (qqch.) avec un liquide. 🔊 [dilɥe].

DILUVIEN, IENNE, adj.
Relatif au Déluge biblique. – Qui évoque le Déluge. 🔊 [dilyvjɛ̃, -jɛn].

DIMANCHE, subst. m.
Septième jour de la semaine, institué jour de repos. 🔊 [dimɑ̃ʃ].

DÎME, subst. f.
Sous l'Ancien Régime, partie de la récolte prélevée à titre d'impôt par le clergé. 🔊 [dim].

DIMENSION, subst. f.
Chacune des mesures qui permettent d'évaluer la grandeur d'un corps, d'une figure. – Fig. Ampleur, importance. 🔊 [dimɑ̃sjɔ̃].

DIMINUER, verbe [3]
Trans. Rendre moindre. – Fig. Rabaisser. – Intrans. Décroître peu à peu. 🔊 [diminɥe].

DIMINUTIF, subst. m.
Surnom familier qui dérive du nom ou du prénom. 🔊 [diminytif].

DIMINUTION, subst. f.
Action, fait de diminuer. – Résultat de cette action. 🔊 [diminysjɔ̃].

DINDE, subst. f.
Femelle du dindon. – Fig. Femme prétentieuse, sotte (fam.). 🔊 [dɛ̃d].

DINDON, subst. m.
Oiseau de basse-cour. – Fam. Homme stupide. – *Être le dindon de la farce* : être la dupe. 🔊 [dɛ̃dɔ̃].

DÎNER (I), verbe intrans. [3]
Prendre le repas du soir. 🔊 [dine].

DÎNER (II), subst. m.
Repas que l'on prend le soir. 🔊 [dine].

DINGUE, adj. et subst.
Fou, aliéné (fam.). 🔊 [dɛ̃ɡ].

DINOSAURE, subst. m.
Nom donné à certains grands reptiles terrestres qui vivaient à l'ère secondaire. 🔊 [dinozɔʀ].

DIOCÈSE, subst. m.
Circonscription ecclésiastique relevant d'un évêque. 🔊 [djɔsɛz].

DIPHTÉRIE, subst. f.
Maladie très contagieuse (la vaccination est obligatoire). 🔊 [difteʀi].

DIPLODOCUS, subst. m.
Reptile fossile du crétacé. 🔊 [diplɔdɔkys].

DIPLOMATE, adj. et subst.
Qui fait preuve de tact. – Subst. Personne qui travaille dans la diplomatie. 🔊 [diplɔmat].

DIPLOMATIE, subst. f.
Pratique, science des relations internationales. – Ensemble des diplomates ; carrière de diplomate. – Tact, habileté.
🕮 [diplomasi].

DIPLÔME, subst. m.
Acte par lequel une université, une école confère un titre, un grade. 🕮 [diplom].

DIRE, verbe trans. [65]
Exprimer par le langage parlé ou écrit. – Prononcer. – Affirmer, assurer, prétendre. – Inviter à, ordonner. – Indiquer. – Plaire, convenir : *Ce travail ne me dit rien.* – *On dirait que* : il semble que. – *Cela veut dire que* : cela signifie que. 🕮 [diʀ].

DIRECT, ECTE, adj. et subst. m.
Adj. Rectiligne. – Sans déviation. – Sans intermédiaire. – Subst. Train qui ne s'arrête qu'aux gares principales. – Coup de poing. – Émission diffusée dans l'instant même (contr. *différé*). 🕮 [diʀɛkt].

DIRECTEUR, TRICE, adj. et subst.
Subst. Personne qui dirige (une société, une école, etc.). – Adj. Qui dirige : *Bureau directeur* ; *Aile directrice*. 🕮 [diʀɛktœʀ, -tʀis].

DIRECTION, subst. f.
Action de diriger ; exercice d'une responsabilité ou d'un pouvoir. – Service placé sous l'autorité d'un directeur ; ensemble des membres dirigeants d'une entreprise. – Orientation vers un point donné. – Mécanisme servant à diriger un véhicule. – Fig. Ligne de conduite. 🕮 [diʀɛksjɔ̃].

DIRECTIVE, subst. f.
Instruction impérative, ordre. – Conseil sur une marche à suivre. 🕮 [diʀɛktiv].

DIRIGEABLE, subst. m.
Ballon, aérostat pourvu d'un moteur et d'un système de direction. 🕮 [diʀiʒabl].

DIRIGEANT, ANTE, adj. et subst.
Qui dirige. – Qui détient un pouvoir. 🕮 [diʀiʒɑ̃, -ɑ̃t].

DIRIGER, verbe trans. [5]
Donner une certaine direction. – Conduire, commander. 🕮 [diʀiʒe].

DISCERNEMENT, subst. m.
Capacité de comprendre et de juger sainement. 🕮 [disɛʀnəmɑ̃].

DISCERNER, verbe trans. [3]
Distinguer par les sens, percevoir clairement. – Reconnaître, identifier. – Juger, apprécier, deviner. 🕮 [disɛʀne].

DISCIPLE, subst.
Personne qui suit l'enseignement d'un maître. 🕮

DISCIPLINAIRE, adj.
Qui a trait à la discipline, et en partic. aux sanctions. 🕮 [disiplinɛʀ].

DISCIPLINE, subst. f.
Science, domaine d'étude ; matière d'enseignement : *Disciplines scientifiques*. – Règle de conduite, obligations communes à un groupe ; soumission à ces règles, à ces obligations. 🕮 [disiplin].

DISCIPLINÉ, ÉE, adj.
Soumis à une règle. – Obéissant. – Fig. En ordre. 🕮 [disipline].

DISC-JOCKEY, subst. m.
Animateur qui choisit la musique passée à la radio ou dans une discothèque (abrév. *D.J.*). 🕮 Plur. *disc-jockeys* ; [diskʒɔkɛ].

DISCONTINU, UE, adj.
Qui présente des interruptions, des ruptures. 🕮 [diskɔ̃tiny].

DISCONTINUER, verbe intrans. [3]
Sans discontinuer : sans s'arrêter, de façon continue. 🕮 [diskɔ̃tinɥe].

DISCONVENIR, verbe trans. indir. [22]
Ne pas disconvenir de qqch. : le reconnaître pour vrai, pour valable. 🕮 [diskɔ̃v(ə)niʀ].

DISCORDANT, ANTE, adj.
Qui ne s'accorde pas ; qui n'est pas en harmonie. 🕮 [diskɔʀdɑ̃, -ɑ̃t].

DISCORDE, subst. f.
Désaccord, dissension grave pouvant déboucher sur un conflit. 🕮 [diskɔʀd].

DISCOTHÈQUE, subst. f.
Organisme de prêt de disques. – Boîte de nuit. 🕮 [diskɔtɛk].

DISCOUNT, subst. m.
Ristourne. – Magasin qui pratique des prix bas en réduisant ses charges. 🕮 [diskunt] ou [diskaunt].

DISCOURIR, verbe intrans. [25]
Tenir un long discours. 🕮 [diskuʀiʀ].

DISCOURS, subst. m.
Propos, paroles. – Exposé oral sur un sujet. – Écrit didactique. 🕮 [diskuʀ].

DISCOURTOIS, OISE, adj.
Qui n'est pas courtois. 🕮 [diskuʀtwa, -waz].

DISCRÉDIT, subst. m.
Diminution, perte de son crédit, de son prestige, pour qqn ou qqch. 🕮 [diskʀedi].

DISCRÉDITER, verbe trans. [3]
Porter atteinte à la réputation de (qqn ou qqch.). 🕮 [diskʀedite].

DISCRET, ÈTE, adj.
Qui fait preuve de retenue, de modération. – Qui ne se fait pas remarquer. – Qui sait garder un secret. 🕮 [diskʀɛ, -ɛt].

DISCRÉTION, subst. f.
Réserve, retenue ; modération ; sobriété. – Aptitude à garder un secret. 🕮 [diskʀesjɔ̃].

DISCRIMINATION, subst. f.
Action de distinguer entre plusieurs choses. – Action de mettre à part : *Discrimination raciale*. 🕮 [diskʀiminasjɔ̃].

DISCULPER, verbe trans. [3]
Prouver l'innocence de (qqn). 🕮 [diskylpe].

DISCUSSION, subst. f.
Action de discuter, seul ou avec une autre personne. – Conversation. 🕮 [diskysjɔ̃].

DISCUTABLE, adj.
Contestable. – Douteux. 🔊 [diskytabl].

DISCUTER, verbe [3]
Trans. Débattre, examiner tous les aspects (d'une question). – Contester. – Intrans. Échanger des vues sur un sujet. 🔊 [diskyte].

DISERT, ERTE, adj.
Qui a la parole facile (littér.). 🔊 [dizɛʀ, -ɛʀt].

DISETTE, subst. f.
Pénurie de nourriture. 🔊 [dizɛt].

DISGRÂCE, subst. f.
Perte des bonnes grâces dont on jouissait. 🔊 [disgʀɑs].

DISGRACIEUX, IEUSE, adj.
D'aspect physique ingrat. – Désagréable. 🔊 [disgʀasjø, -jøz].

DISJOINDRE, verbe trans. [55]
Séparer (deux éléments qui étaient joints), désunir. 🔊 [dis3wɛ̃dʀ].

DISJONCTEUR, subst. m.
Interrupteur qui coupe automatiquement le courant si l'intensité électrique dépasse une certaine limite. 🔊 [dis3ɔ̃ktœʀ].

DISLOCATION, subst. f.
Fait de se disloquer; état de ce qui est disloqué. – Fig. Dispersion. 🔊 [dislɔkasjɔ̃].

DISLOQUER, verbe trans. [3]
Défaire violemment (un ensemble organisé). – Désarticuler, déboîter. – Pronom. Se disperser. 🔊 [dislɔke].

DISPARAÎTRE, verbe intrans. [73]
Ne plus être visible. – S'en aller, s'absenter soudainement. – Mourir. 🔊 [dispaʀɛtʀ].

DISPARATE, adj.
Dont la combinaison choque par le contraste qu'elle présente. 🔊 [dispaʀat].

DISPARITÉ, subst. f.
Grande différence. – Absence d'harmonie. 🔊 [dispaʀite].

DISPARITION, subst. f.
Fait de disparaître. – Décès. 🔊 [dispaʀisjɔ̃].

DISPENDIEUX, IEUSE, adj.
Qui occasionne des dépenses importantes. 🔊 [dispɑ̃djø, -jøz].

DISPENSAIRE, subst. m.
Antenne médicale dispensant les soins courants. 🔊 [dispɑ̃sɛʀ].

DISPENSE, subst. f.
Autorisation donnée à qqn de ne pas se soumettre à un devoir. 🔊 [dispɑ̃s].

DISPENSER, verbe trans. [3]
Libérer (qqn) d'une obligation. – Prodiguer, distribuer. 🔊 [dispɑ̃se].

DISPERSER, verbe trans. [3]
Répandre de tous côtés. – Disséminer, répartir. 🔊 [dispɛʀse].

DISPERSION, subst. f.
Action de disperser, de se disperser. – Son résultat. 🔊 [dispɛʀsjɔ̃].

DISPONIBLE, adj.
Dont on peut disposer. 🔊 [dispɔnibl].

DISPOS, OSE, adj.
Reposé : *Être frais et dispos.* 🔊 [dispo, -oz].

DISPOSÉ, ÉE, adj.
Arrangé, placé. – *Être disposé à* : être prêt à. 🔊 [dispoze].

DISPOSER, verbe trans. [3]
Arranger. – Préparer (qqn) à. – **Disposer** *de* : avoir à sa disposition. – Pronom. S'apprêter à. 🔊 [dispoze].

DISPOSITIF, subst. m.
Ensemble de pièces formant un mécanisme. – Ensemble de moyens déployés en vue d'une action précise. 🔊 [dispozitif].

DISPOSITION, subst. f.
Arrangement, agencement. – **Disposition** *à* : propension à. – *Avoir des* **dispositions** *pour* : des aptitudes. – *Être à la* **disposition** *de* : au service de. 🔊 [dispozisjɔ̃].

DISPROPORTION, subst. f.
Déséquilibre des proportions. – Inégalité importante. 🔊 [dispʀopɔʀsjɔ̃].

DISPROPORTIONNÉ, ÉE, adj.
Déséquilibré (par rapport aux normes). – Démesuré. 🔊 [dispʀopɔʀsjone].

DISPUTE, subst. f.
Querelle. 🔊 [dispyt].

DISPUTER, verbe trans. [3]
Lutter pour obtenir ou conserver. – Participer à (une compétition). – Réprimander (fam.) – Pronom. Se quereller. 🔊 [dispyte].

DISQUAIRE, subst.
Marchand de disques. 🔊 [diskɛʀ].

DISQUALIFICATION, subst. f.
Action de disqualifier. – Son résultat. 🔊 [diskalifikasjɔ̃].

DISQUALIFIER, verbe trans. [6]
Exclure (qqn) d'une compétition pour non-respect du règlement. – Fig. Discréditer. 🔊 [diskalifje].

DISQUE, subst. m.
Objet plat, de forme circulaire : **Disque** *d'athlétisme.* – Support d'enregistrements sonores et/ou visuels, ou de données numériques : **Disque** *dur* ; **Disque** *microsillon.* 🔊 [disk].

DISQUETTE, subst. f.
Disque flexible qui contient des données informatiques codées. 🔊 [diskɛt].

DISSECTION, subst. f.
Action de disséquer. 🔊 [disɛksjɔ̃].

DISSEMBLABLE, adj.
Différent ; disparate. 🔊 [disɑ̃blabl].

DISSÉMINER, verbe trans. [3]
Répandre çà et là. 🔊 [disemine].

DISSENSION, subst. f.
Profond désaccord, grave divergence d'intérêts ou de sentiments. 🔊 [disɑ̃sjɔ̃].

DISSÉQUER, verbe trans. [8]
Découper un corps pour en faire l'analyse anatomique. – Fig. Étudier minutieusement. 🔊 [diseke].

DISSERTATION, subst. f.
Exercice scolaire écrit, sur un sujet littéraire, historique ou philosophique. 🕮 [disɛʀtasjɔ̃].

DISSIDENCE, subst. f.
Fait de ne plus reconnaître l'autorité établie ou l'opinion générale. 🕮 [disidɑ̃s].

DISSIDENT, ENTE, adj. et subst.
Qui est en dissidence. 🕮 [disidɑ̃, -ɑ̃t].

DISSIMULATION, subst. f.
Action de dissimuler (qqch.). – Hypocrisie. 🕮 [disimylasjɔ̃].

DISSIMULER, verbe trans. [3]
Cacher. – Donner une fausse apparence à, pour tromper. 🕮 [disimyle].

DISSIPATION, subst. f.
Dispersion : **Dissipation** *du brouillard matinal*. – Inattention. – Mauvaise conduite. 🕮 [disipasjɔ̃].

DISSIPER, verbe trans. [3]
Mettre fin à ; disperser. – Dépenser sans compter. – Distraire, pousser (qqn) à l'indiscipline. – Pronom. Se montrer turbulent. 🕮 [disipe].

DISSOCIER, verbe trans. [6]
Séparer, disjoindre. 🕮 [disɔsje].

DISSOLU, UE, adj.
Se dit d'une personne sans moralité, aux mœurs relâchées. 🕮 [disɔly].

DISSOLUTION, subst. f.
Décomposition par séparation des constituants d'un tout. – *Chim.* Dispersion des molécules d'un corps, formant une solution liquide. 🕮 [disɔlysjɔ̃].

DISSOLVANT, ANTE, adj. et subst. m.
Se dit d'un produit qui a la propriété de dissoudre. 🕮 [disɔlvɑ̃, -ɑ̃t].

DISSONANT, ANTE, adj.
Discordant, disharmonieux. 🕮 [disɔnɑ̃, -ɑ̃t].

DISSOUDRE, verbe trans. [76]
Provoquer la dissolution de. – Faire disparaître ; mettre fin à : **Dissoudre** *un mariage*. 🕮 [disudʀ].

DISSUADER, verbe trans. [3]
Convaincre (qqn) de renoncer à, détourner de. 🕮 [disɥade].

DISSUASION, subst. f.
Action de dissuader. 🕮 [disɥazjɔ̃].

DISSYMÉTRIQUE, adj.
Qui n'est pas symétrique. 🕮 [disimetʀik].

DISTANCE, subst. f.
Espace, intervalle entre deux choses, deux lieux. – Intervalle de temps. 🕮 [distɑ̃s].

DISTANCER, verbe trans. [4]
Dépasser, prendre de l'avance sur (qqn). 🕮 [distɑ̃se].

DISTANT, ANTE, adj.
Éloigné, lointain. – Réservé, peu chaleureux. 🕮 [distɑ̃, -ɑ̃t].

DISTENDU, UE, adj.
Étiré, agrandi d'une manière excessive. – Relâché. 🕮 [distɑ̃dy].

DISTILLATION, subst. f.
Action de transformer en vapeur un liquide afin de le séparer d'un corps moins volatil. 🕮 [distilasjɔ̃].

DISTILLER, verbe trans. [3]
Procéder à la distillation de. – Répandre goutte à goutte. 🕮 [distile].

DISTINCT, INCTE, adj.
Séparé, différent. – Qui se perçoit parfaitement bien. 🕮 [distɛ̃(kt), -ɛ̃kt].

DISTINCTION, subst. f.
Action de distinguer. – Noblesse, élégance. – *Une* **distinction** *honorifique* : une décoration. 🕮 [distɛ̃ksjɔ̃].

DISTINGUÉ, ÉE, adj.
Remarquable. – Élégant et très bien élevé. 🕮 [distɛ̃ge].

DISTINGUER, verbe trans. [3]
Permettre de reconnaître (une personne ou une chose d'une autre). – Percevoir nettement. – Pronom. Se faire remarquer. 🕮 [distɛ̃ge].

DISTORSION, subst. f.
Action de déformer par une torsion ; son résultat. – *Fig.* Déformation. 🕮 [distɔʀsjɔ̃].

DISTRACTION, subst. f.
Manque d'attention. – Activité divertissante. 🕮 [distʀaksjɔ̃].

DISTRAIRE, verbe trans. [58]
Soustraire (de qqch.). – Détourner (qqn) de ses occupations. – Divertir. 🕮 [distʀɛʀ].

DISTRIBUER, verbe trans. [3]
Attribuer en répartissant. – Fournir, dispenser. 🕮 [distʀibɥe].

DISTRIBUTEUR, TRICE, adj. et subst.
Qui distribue. – Subst. Personne chargée de diffuser des produits commerciaux. – **Distributeur** *automatique* : appareil délivrant de l'argent, des timbres, etc., après introduction de monnaie ou d'une carte de crédit. 🕮 [distʀibytœʀ, -tʀis].

DISTRIBUTION, subst. f.
Action de distribuer ; son résultat. – Répartition des rôles dans un film, une pièce de théâtre. 🕮 [distʀibysjɔ̃].

DISTRICT, subst. m.
Subdivision territoriale. – **District** *urbain* : groupement de communes. 🕮 [distʀikt].

DITHYRAMBIQUE, adj.
Qui loue avec un enthousiasme excessif. 🕮 [ditiʀɑ̃bik].

DIURÉTIQUE, adj. et subst. m.
Se dit d'une substance qui augmente la sécrétion d'urine. 🕮 [djyʀetik].

DIURNE, adj.
Qui se fait, qui est actif pendant le jour (oppos. *nocturne*). 🕮 [djyʀn].

DIVAGUER, verbe intrans. [3]
Délirer. 🕮 [divage].

DIVAN, subst. m.
Banquette sans dossier ni bras. 🕮 [divɑ̃].

DIVERGER, verbe intrans. [5]
S'écarter de plus en plus. – Fig. Être en désaccord. 🔊 [diverʒe].

DIVERS, ERSE, adj.
Varié. – Plur. Différents, plusieurs : Divers auteurs ; À diverses époques. 🔊 [diver, -ers].

DIVERSIFIER, verbe trans. [6]
Varier. 🔊 [diversifje].

DIVERSION, subst. f.
Manœuvre destinée à détourner l'attention. 🔊 [diversjɔ̃].

DIVERSITÉ, subst. f.
État de ce qui présente un caractère varié, hétérogène. 🔊 [diversite].

DIVERTIR, verbe trans. [19]
Procurer une distraction, un amusement à. 🔊 [divertir].

DIVERTISSEMENT, subst. m.
Occupation ou spectacle qui délasse, qui amuse. 🔊 [divertismɑ̃].

DIVIDENDE, subst. m.
Part des bénéfices versée aux associés ou aux actionnaires d'une société. – Math. Le nombre qui est divisé. 🔊 [dividɑ̃d].

DIVIN, INE, adj. et subst. m.
Adj. De Dieu, d'un dieu. – Fig. Sublime, délicieux. – Subst. Ce qui émane de Dieu, ce qui est d'essence divine. 🔊 [divɛ̃, -in].

DIVINATION, subst. f.
Art de deviner l'avenir par des présages. – Intuition. 🔊 [divinasjɔ̃].

DIVINITÉ, subst. f.
Caractère divin. – Dieu, déesse. 🔊 [divinite].

DIVISER, verbe trans. [3]
Partager. – Désunir : Diviser pour régner. – Math. Faire une division. 🔊 [divize].

DIVISEUR, subst. m.
Math. Le nombre qui divise un dividende. 🔊 [divizœr].

DIVISION, subst. f.
Action de séparer en plusieurs parties. – Partie d'un tout. – Grande unité militaire. – Opposition, dissension. – Math. Opération visant à partager un nombre en parties égales. 🔊 [divizjɔ̃].

DIVORCE, subst. m.
Annulation légale du mariage civil. – Fig. Divergence. 🔊 [divɔrs].

DIVORCER, verbe intrans. [4]
Mettre légalement fin à son mariage. 🔊 [divɔrse].

DIVULGATION, subst. f.
Action de divulguer. 🔊 [divylgasjɔ̃].

DIVULGUER, verbe trans. [3]
Rendre publique une information restée secrète jusque-là. 🔊 [divylge].

DIX, adj. num. inv. et subst. m. inv.
Adj. Neuf plus un. – Dixième : Louis X. – Subst. Le nombre dix, le numéro 10. 🔊 [dis], [diz] devant voyelle et h muet, [di] devant consonne et h aspiré.

DIXIÈME, adj. num. ord. et subst.
Qui occupe le rang n° 10. – Adj. et subst. masc. Qui est contenu dix fois dans un tout. 🔊 [dizjɛm].

DIZAINE, subst. f.
Ensemble de dix ou d'env. dix unités. 🔊 [dizɛn].

DO, subst. m. inv.
Mus. Première note de la gamme. 🔊 [do].

DOCILE, adj.
Qui se soumet facilement à la volonté d'autrui, obéissant. 🔊 [dɔsil].

DOCKER, subst. m.
Ouvrier qui charge et décharge les navires à quai. 🔊 [dɔkɛr].

DOCTE, adj.
Érudit, savant (littér.). 🔊 [dɔkt].

DOCTEUR, ORESSE, subst.
Titulaire d'un doctorat. – Médecin. 🔊 Le fém. est vieilli ; [dɔktœr, -ɔres].

DOCTORAT, subst. m.
Le plus haut grade conféré par une université ou une faculté. 🔊 [dɔktɔra].

DOCTRINE, subst. f.
Ensemble des idées, des croyances, des principes d'un groupe ou d'un homme. 🔊 [dɔktrin].

DOCUMENT, subst. m.
Écrit ou objet qui renseigne, témoigne, prouve. 🔊 [dɔkymɑ̃].

DOCUMENTAIRE, adj. et subst. m.
Se dit d'un film didactique. – Adj. Relatif aux documents. 🔊 [dɔkymɑ̃tɛr].

DOCUMENTATION, subst. f.
Action de rassembler des documents sur un sujet ; ensemble de documents. – Gestion, organisation et diffusion d'un ensemble de documents. 🔊 [dɔkymɑ̃tasjɔ̃].

DOCUMENTER, verbe trans. [3]
Renseigner, informer par des documents. 🔊 [dɔkymɑ̃te].

DODELINER, verbe intrans. [3]
Remuer doucement en balançant : Dodeliner de la tête. 🔊 [dɔd(ə)line].

DODU, UE, adj.
Potelé, bien en chair. 🔊 [dɔdy].

DOGE, DOGARESSE, subst.
Masc. Magistrat suprême des anciennes républiques de Gênes et de Venise. – Fém. Femme du doge. 🔊 [dɔʒ, dɔgares].

DOGMATIQUE, adj.
Relatif aux dogmes. – Entêté dans ses opinions, ses principes (péj.). 🔊 [dɔgmatik].

DOGME, subst. m.
Principe établi et indiscutable. – Ensemble des articles de foi d'une religion. 🔊 [dɔgm].

DOGUE, subst. m.
Chien de garde puissant, à grosse tête. 🔊 [dɔg].

DOIGT, subst. m.
Chacun des prolongements articulés qui terminent la main ou le pied ; organe du

toucher. – Fig. Petite quantité : *Un doigt de porto*. 🕮 [dwa].

DOIGTÉ, subst. m.
Dextérité. – Finesse, tact. – *Mus.* Manière de placer les doigts sur un instrument. 🕮 [dwate].

DOLÉANCE, subst. f.
Plainte (littér. ; gén. au plur.). 🕮 [dɔleɑ̃s].

DOLMEN, subst. m.
Monument mégalithique fait d'une dalle en pierre reposant sur des pierres dressées. 🕮 [dɔlmɛn].

DOMAINE, subst. m.
Propriété foncière. – Champ d'une connaissance ou d'une activité intellectuelle, matière. – Secteur de compétence d'une personne. 🕮 [dɔmɛn].

DOMANIAL, ALE, AUX, adj.
Relatif à un domaine, en partic. au domaine de l'État. 🕮 [dɔmanjal].

DÔME, subst. m.
Toit hémisphérique d'un édifice. – Ce qui en a la forme : *Dôme de verdure*. 🕮 [dom].

DOMESTIQUE, adj. et subst.
Adj. De la maison. – Apprivoisé (contr. *sauvage*). – Subst. Employé de maison. 🕮 [dɔmɛstik].

DOMESTIQUER, verbe trans. [3]
Apprivoiser, dompter. – Maîtriser, dominer. 🕮 [dɔmɛstike].

DOMICILE, subst. m.
Lieu d'habitation habituel. 🕮 [dɔmisil].

DOMINANT, ANTE, adj. et subst. f.
Se dit de ce qui domine, de ce qui est prépondérant dans un ensemble : *Une couleur dominante* ; *Une tapisserie à dominante bleue*. 🕮 [dɔminɑ̃, -ɑ̃t].

DOMINATEUR, TRICE, adj. et subst.
Qui domine ou se complaît à dominer. 🕮 [dɔminatœʀ, -tʀis].

DOMINATION, subst. f.
Action de dominer. – Autorité, emprise. 🕮 [dɔminasjɔ̃].

DOMINER, verbe [3]
Trans. Régner sur, surpasser. – Dompter, maîtriser. – Surplomber. – Intrans. Être prépondérant. 🕮

DOMINICAL, ALE, AUX, adj.
Qui a trait au Seigneur. – Relatif au dimanche, jour du Seigneur. 🕮 [dɔminikal].

DOMINO, subst. m.
Déguisement de bal masqué. – Pièce de jeu blanche et noire, marquée de points ; le jeu lui-même. 🕮 [dɔmino].

DOMMAGE, subst. m.
Tort, préjudice, dégât matériel. – *C'est dommage* : c'est regrettable. 🕮 [dɔmaʒ].

DOMPTER, verbe trans. [3]
Apprendre l'obéissance à (un animal). – Soumettre. – Fig. Maîtriser. 🕮 [dɔ̃(p)te].

D.O.M.-T.O.M., subst. m. plur.
Départements et territoires français d'outre-mer. 🕮 [domtɔm].

DON, subst. m.
Action de donner. – Grâce, bienfait, faveur. – Faculté innée, talent. 🕮 [dɔ̃].

DONATION, subst. f.
Contrat par lequel une personne (le donateur) se dépossède d'un bien en faveur d'une autre (le donataire), qui y consent. 🕮 [dɔnasjɔ̃].

DONC, conj.
Exprime la conséquence : *Il pleut, donc je ne sors pas*. – Reprend un récit : *Tu sais donc que...* – Exprime l'incrédulité, le soulagement, l'étonnement : *C'est donc ça !* 🕮 [dɔ̃k], [dɔ̃] devant une consonne.

DONJON, subst. m.
Haute tour d'un château fort. 🕮 [dɔ̃ʒɔ̃].

DONNÉ, ÉE, adj. et subst. f.
Adj. Fixé. – *Étant donné que* : puisque. – Subst. Élément connu sur lequel on bâtit un raisonnement, une étude. 🕮 [dɔne].

DONNER, verbe trans. [3]
Transmettre gratuitement en toute propriété. – Remettre, confier. – Fournir. – Produire. – Pronom. S'abandonner (à un homme). 🕮 [dɔne].

DONT, pron. rel.
Complément du verbe exprimant l'origine, la cause, la matière : *La dynastie dont il est issu* ; *Le bois dont est fait ce meuble*. – Complément de nom, de pronom, d'adjectif : *La fenêtre dont les vitres sont brisées*. 🕮 [dɔ̃].

DOPAGE, subst. m.
Action de se doper afin d'améliorer ses capacités. 🕮 [dɔpaʒ].

DOPER, verbe trans. [3]
Faire absorber à qqn ou à un animal une substance chimique pour améliorer ses performances physiques ou intellectuelles. 🕮 [dɔpe].

DORADE, voir **DAURADE**

DORÉ, ÉE, adj.
Enduit d'une fine couche d'or ou d'une substance imitant l'or. – Qui a la couleur ou l'éclat de l'or. 🕮 [dɔʀe].

DORÉNAVANT, adv.
À partir de maintenant. 🕮 [dɔʀenavɑ̃].

DORER, verbe trans. [3]
Revêtir d'une fine couche d'or. – Donner une couleur dorée à. 🕮 [dɔʀe].

DORIQUE, adj. et subst. m.
Se dit du plus ancien et du plus simple des trois ordres d'architecture grecque. 🕮 [dɔʀik].

DORLOTER, verbe trans. [3]
Être aux petits soins avec (qqn), câliner. 🕮 [dɔʀlɔte].

DORMIR, verbe intrans. [29]
Être en état de sommeil. – Fig. Être lent ou inactif. – Stagner. 🕮 [dɔʀmiʀ].

DORSAL, ALE, AUX, adj.
Propre au dos. – Qui est sur la face postérieure, au revers de. 🕮 [dɔʀsal].

DORTOIR, subst. m.
Grande pièce où plusieurs personnes peuvent dormir en même temps. 🕮 [dɔʀtwaʀ].

DORURE, subst. f.
Art, action de dorer. – Fine garniture d'or plaquée sur un objet. 🕮 [dɔʀyʀ].

DOS, subst. m.
Partie arrière du corps comprise entre les épaules et les fesses. – Partie postérieure d'un vêtement, d'un objet. 🕮 [do].

DOSAGE, subst. m.
Action de doser. – Proportion. 🕮 [dozaʒ].

DOS(-)D'ÂNE, subst. m. inv.
Bosse à deux pentes, sur une chaussée. 🕮 [dodan].

DOSE, subst. f.
Quantité de médicament à absorber en une seule fois. – Quantité quelconque. – *Forcer la dose* : exagérer (fam.). 🕮 [doz].

DOSER, verbe trans. [3]
Indiquer la dose de. – Combiner dans des proportions convenables. 🕮 [doze].

DOSSARD, subst. m.
Pièce de tissu numérotée que les concurrents d'une compétition portent sur le dos. 🕮 [dosaʀ].

DOSSIER, subst. m.
Partie d'un siège contre laquelle on appuie son dos. – Ensemble de documents sur un même sujet. – Sujet de réflexion. 🕮 [dosje].

DOT, subst. f.
Ensemble des biens apportés par une femme lorsqu'elle se marie. 🕮 [dɔt].

DOTER, verbe trans. [3]
Allouer une somme d'argent à. – Fournir en matériel. – Fig. Gratifier. 🕮 [dɔte].

DOUANE, subst. f.
Administration chargée de percevoir des droits sur les marchandises importées ou exportées. – Le lieu où elle se tient. – Les droits perçus. 🕮 [dwan].

DOUANIER, IÈRE, adj. et subst.
Adj. Qui concerne la douane. – Subst. Agent de la douane. 🕮 [dwanje, -jɛʀ].

DOUBLAGE, subst. m.
Action de doubler. – La bande sonore d'un film, traduite dans une autre langue. 🕮 [dublaʒ].

DOUBLE, adj. et subst. m.
Adj. Qui est multiplié par 2, ou reproduit deux fois ; qui a deux aspects, dont un seul est visible : *Jouer un double jeu*. – Empl. adv. *Voir double*. – Subst. Quantité équivalente à deux fois la quantité initiale. – Copie ; autre exemplaire d'un élément. 🕮 [dubl].

DOUBLER, verbe [3]
Trans. Augmenter de la même quantité. – Dépasser, devancer. – Poser une doublure à. – *Cin.* Traduire (la bande sonore d'un film) dans une autre langue ; remplacer (un acteur). – Intrans. Être multiplié par 2. 🕮 [duble].

DOUBLON, subst. m.
Deuxième exemplaire ou répétition d'une chose ; ce qui fait double emploi. – En imprimerie, répétition fautive d'une phrase ou d'un passage dans la composition. 🕮 [dublɔ̃].

DOUBLURE, subst. f.
Étoffe, matière renforçant l'intérieur d'un vêtement, d'un objet. – Acteur qui en remplace un autre pour certaines scènes. 🕮 [dublyʀ].

DOUCEREUX, EUSE, adj.
D'une douceur fade. – Fig. Qui est mielleux, mièvre. 🕮 [dus(ə)ʀø, -øz].

DOUCEUR, subst. f.
Qualité de ce qui est doux. – Plur. Friandises. 🕮 [dusœʀ].

DOUCHE, subst. f.
Jet d'eau dirigé sur le corps. – Instrument ou lieu permettant de prendre une **douche**. 🕮 [duʃ].

DOUCHER, verbe trans. [3]
Asperger d'eau, dans un but hygiénique ou thérapeutique. 🕮 [duʃe].

DOUÉ, ÉE, adj.
Pourvu, doté. – Qui a des aptitudes, des dons. 🕮 [dwe].

DOUILLE, subst. f.
Tube renfermant la poudre d'une cartouche. – Pièce métallique où l'on insère le culot d'une ampoule électrique. 🕮 [duj].

DOUILLET, ETTE, adj.
Doux et confortable. – Fig. Très sensible à la douleur. 🕮 [dujɛ, -ɛt].

DOULEUR, subst. f.
Sensation physique ou morale pénible. 🕮 [dulœʀ].

DOULOUREUX, EUSE, adj. et subst. f.
Qui provoque ou exprime une douleur. – *La douloureuse* : la note, au restaurant (fam.). 🕮 [duluʀø, -øz].

DOUTE, subst. m.
Incertitude. – Défiance, soupçon. – *Sans doute* : certainement (vieilli) ; probablement. 🕮 [dut].

DOUTER, verbe trans. indir. [3]
Douter *que, de* : ne pas être assuré que, ne pas avoir confiance en. – Pronom. Pressentir, soupçonner. 🕮 [dute].

DOUTEUX, EUSE, adj.
Incertain, discutable. – Peu net, malpropre. – Équivoque, peu digne de confiance, suspect. 🕮 [dutø, -øz].

DOUVE, subst. f.
Fossé empli d'eau entourant un château ou une fortification. 🕮 [duv].

DOUX, DOUCE, adj. et adv.
Adj. Qui procure des sensations délicates et agréables. – Peu pénible, modéré, clé-

ment : *Temps* doux. – Gentil, obéissant. – Fig. Calme, reposant, paisible. – Adv. Doucement. – *Filer* doux : obéir sans discuter (fam.). ▨ [du, dus].

DOUZE, adj. num. inv. et subst. m. inv. Adj. Onze plus un. – Douzième : *Pie XII.* – Subst. Le nombre douze, le numéro **12**. ▨ [duz].

DOYEN, ENNE, subst. Personne la plus âgée d'un groupe, ou la plus ancienne. – Dignitaire ecclésiastique ou universitaire. ▨ [dwajɛ̃, -ɛn].

DRACONIEN, IENNE, adj. Qui est d'une rigueur, d'une sévérité extrême, impitoyable. ▨ [drakɔnjɛ̃, -jɛn].

DRAGÉE, subst. f. Bonbon fait d'une amande enrobée de sucre durci. ▨ [draʒe].

DRAGON, subst. m. Monstre légendaire, ailé et griffu, qui crachait du feu. – Femme autoritaire (fam.). ▨ [dragɔ̃].

DRAGONNE, subst. f. Lanière fixée à un objet, qu'on passe autour du poignet. ▨ [dragɔn].

DRAGUE, subst. f. Grosse nasse raclant les fonds, utilisée pour pêcher des coquillages. – Machine servant à curer le fond d'une étendue d'eau. – Action de chercher à séduire (fam.). ▨ [drag].

DRAGUER, verbe trans. [3] Nettoyer avec une drague. – Chercher à séduire (fam.). ▨ [drage].

DRAIN, subst. m. Conduit servant à évacuer l'eau d'un terrain trop humide. – *Méd.* Tube utilisé pour évacuer du liquide organique. ▨ [drɛ̃].

DRAINER, verbe trans. [3] Évacuer à l'aide d'un drain. – Fig. Amener, attirer à soi. ▨ [drene].

DRAKKAR, subst. m. Navire qu'utilisaient les Vikings. ▨ [drakar].

DRAMATIQUE, adj. et subst. f. Adj. Relatif au théâtre. – Fig. Grave, tragique. – Subst. Pièce de théâtre télévisée. ▨ [dramatik].

DRAMATISER, verbe trans. [3] Donner un tour tragique à. – Exagérer la gravité de. ▨ [dramatize].

DRAMATURGE, subst. Auteur d'œuvres de théâtre. ▨ [dramatyrʒ].

DRAME, subst. m. Pièce de théâtre romantique. – Pièce, film dont l'action est tragique. – Fig. Événement, situation tragique. ▨ [dram].

DRAP, subst. m. Étoffe de laine. – Élément d'une parure de lit. ▨ [dra].

DRAPEAU, subst. m. Pièce d'étoffe attachée à une hampe, emblème d'un pays, d'un parti. ▨ [drapo].

DRAPER, verbe trans. [3] Couvrir de drap, d'un drap. – Habiller en formant des plis harmonieux. ▨ [drape].

DRAPERIE, subst. f. Tissu ornemental à plis amples. ▨ [drapri].

DRASTIQUE, adj. Très actif, énergique. – Fig. Rigoureux, draconien. ▨ [drastik].

DRESSAGE, subst. m. Action de mettre droit. – Action de dresser un animal. ▨ [dresaʒ].

DRESSER, verbe trans. [3] Lever, faire tenir debout. – Élever verticalement, construire. – Installer, établir. – Apprendre l'obéissance à (un animal). – Pronom. S'opposer à : *Se dresser contre l'injustice.* ▨ [drese].

DROGUE, subst. f. Substance médicamenteuse. – Stupéfiant. ▨ [drɔg].

DROGUER, verbe trans. [3] Faire prendre de la drogue à. – Pronom. Prendre de la drogue. ▨ [drɔge].

DROGUERIE, subst. f. Commerce et boutique de produits d'hygiène

DROGUISTE, subst. Fabricant ou vendeur de produits ménagers. ▨ [drɔgist].

DROIT (I), DROITE, adj. et subst. f. Adj. Du côté opposé à celui du cœur : *Côté* droit ; *Main* droite. – Subst. Le côté droit. – *Géom.* Ligne droite. – *Pol.* Ensemble des partis conservateurs. ▨ [drwa, drwat].

DROIT (II), DROITE, adj. et adv. Adj. Qui n'est ni courbe ni anguleux ; rectiligne, vertical. – Fig. Moral, honnête. – Adv. De manière rectiligne, directe, verticale. ▨ [drwa, drwat].

DROIT (III), subst. m. Permission, autorisation. – Ensemble des lois. – Étude, science des lois. – Impôt, taxe. ▨ [drwa].

DROITIER, IÈRE, adj. et subst. Qui se sert habituellement et plus facilement de sa main droite. ▨ [drwatje, -jɛr].

DROITURE, subst. f. Qualité morale d'une âme droite, loyale. ▨ [drwatyr].

DRÔLE, adj. Qui porte à rire. – Étrange. ▨ [drol].

DRÔLERIE, subst. f. Caractère de ce qui est drôle, amusant. – Propos ou acte drôle. ▨ [drolri].

DROMADAIRE, subst. m. Ruminant domestique à une bosse, adapté à la vie dans le désert. ▨ [drɔmader].

DRU, DRUE, adj. et adv. Adj. Touffu, serré. – Abondant. – Adv. *La pluie tombe* dru. ▨ [dry].

DRUIDE, ESSE, subst. Prêtre celte. ▨ [drɥid, -ɛs].

DRUPE, subst. f.
Fruit charnu dont le noyau contient une amande (cerise, prune, etc.). 📷 [dʀyp].

DU, voir DE

DÛ, DUE, adj. et subst. m.
Adj. Dont on est redevable. – Dû à : qui provient de. – Subst. Ce dont on doit s'acquitter. – Ce que l'on est en droit d'exiger. 📷 [dy].

DUALITÉ, subst. f.
Qualité de ce qui est double. – Coexistence ou opposition de deux éléments. 📷 [dɥalite].

DUBITATIF, IVE, adj.
Qui exprime le doute, l'incertitude, l'incrédulité. – Qui est sceptique. 📷 [dybitatif, -iv].

DUC, DUCHESSE, subst.
Titre de noblesse le plus élevé après celui de prince. – Masc. Hibou. 📷 [dyk, dyʃɛs].

DUCAL, ALE, AUX, adj.
Relatif au duc, au duché. 📷 [dykal].

DUCHÉ, subst. m.
Seigneurie appartenant à un duc. 📷 [dyʃe].

DUEL, subst. m.
Combat singulier par lequel une personne demande à une autre réparation d'un tort. – Fig. Rivalité, compétition entre deux personnes. 📷 [dɥɛl].

DULCINÉE, subst. f.
Femme passionnément aimée (littér.). – Fiancée, maîtresse (fam.). 📷 [dylsine].

DUNE, subst. f.
Colline de sable typique de certains littoraux ou de certains déserts. 📷 [dyn].

DUO, subst. m.
Mus. Composition écrite pour deux voix ou pour deux instruments. 📷 [dɥo].

DUODÉNUM, subst. m.
Partie de l'intestin qui fait suite à l'estomac. 📷 [dɥɔdenɔm].

DUPE, adj. et subst. f.
Se dit d'une personne abusée ou escroquée. 📷 [dyp].

DUPER, verbe trans. [3]
Berner, tromper. 📷 [dype].

DUPLEX, subst. m.
Appartement sur deux niveaux. – Système de communication simultanée. 📷 [dyplɛks].

DUPLICATA, subst. m.
Deuxième exemplaire d'un document, conforme à l'original. 📷 Plur. duplicata(s) ; [dyplikata].

DUPLICITÉ, subst. f.
Hypocrisie, fausseté. 📷 [dyplisite].

DUQUEL, DESQUELS, DESQUELLES, pron. rel. et interr.
Pron. rel. De qui, de quoi, dont (littér.). – Pron. interr. De qui (choix entre plusieurs personnes ou objets) : Les Dupont ? Duquel s'agit-il ? 📷 [dykɛl], plur. [dekɛl].

DUR, DURE, adj., subst. m. et adv.
Adj. Solide, résistant, difficile à entamer.

– Qui manque de douceur. – Difficile, pénible. – Fig. Strict, sévère. – Adv. Durement. – Subst. Homme viril, qui n'a peur de rien (fam.). 📷 [dyʀ].

DURANT, prép.
Pendant, tout au long de. 📷 [dyʀɑ̃].

DURCIR, verbe [19]
Intrans. Devenir dur. – Trans. Rendre dur, solide ; raidir. – Fig. Endurcir ; fortifier. 📷 [dyʀsiʀ].

DURCISSEMENT, subst. m.
Action de durcir, de se durcir. 📷 [dyʀsismɑ̃].

DURE, subst. f.
Élever des enfants à la dure : les élever avec rigueur, sans les gâter. 📷 [dyʀ].

DURÉE, subst. f.
Intervalle de temps déterminé, mesurable. 📷 [dyʀe].

DURER, verbe intrans. [3]
Occuper une certaine durée. – Se prolonger dans le temps. 📷 [dyʀe].

DURETÉ, subst. f.
Qualité de ce qui est dur. 📷 [dyʀte].

DURILLON, subst. m.
Petite callosité produite par frottement, aux mains ou aux pieds. 📷 [dyʀijɔ̃].

DUVET, subst. m.
Ensemble des petites plumes très légères des oiseaux. – Sac de couchage. 📷 [dyvɛ].

DYNAMIQUE, adj. et subst. f.
Adj. Relatif au mouvement (contr. statique). – Plein d'énergie, de vitalité. – Subst. Étude des forces et des mouvements. 📷 [dinamik].

DYNAMISME, subst. m.
Ressort, vigueur, énergie. 📷 [dinamism].

DYNAMITE, subst. f.
Explosif constitué pour l'essentiel de nitroglycérine. 📷 [dinamit].

DYNAMITER, verbe trans. [3]
Faire exploser à la dynamite. 📷 [dinamite].

DYNAMO, subst. f.
Machine transformant l'énergie mécanique en courant électrique. 📷 [dinamo].

DYNASTIE, subst. f.
Succession de souverains issus d'une même famille. – Lignée d'hommes célèbres. 📷 [dinasti].

DYSENTERIE, subst. f.
Maladie infectieuse provoquant de violentes diarrhées. 📷 [disɑ̃tʀi].

DYSFONCTIONNEMENT, subst. m.
Trouble, anomalie du fonctionnement. 📷 [disfɔ̃ksjɔnmɑ̃].

DYSLEXIE, subst. f.
Méd. Trouble de l'apprentissage de la lecture et de l'écriture, en gén. chez l'enfant. 📷 [dislɛksi].

DYTIQUE, subst. m.
Coléoptère carnivore à pattes postérieures nageuses vivant en eau douce. 📷 [ditik].

E

E, e, subst. m. inv.
Cinquième lettre et deuxième voyelle de
l'alphabet français. ▨ [ø].

EAU, subst. f.
Liquide incolore, transparent, inodore et
sans saveur à l'état pur, dont les molécules
sont composées d'oxygène et d'hydrogène
(H_2O). – Limpidité ; transparence : *L'eau
d'un diamant.* – Transpiration : *Suer sang
et eau.* – Salive : *Avoir l'eau à la bouche.*
– Plur. Liquide amniotique : *Perdre les
eaux.* ▨ [o].

EAU-DE-VIE, subst. f.
Liqueur alcoolique extraite par distillation
de substances végétales. ▨ Plur. *eaux-de-vie* ;
[od(ə)vi].

EAU-FORTE, subst. f.
Mélange d'acide nitrique et d'eau, utilisé en
gravure. – La gravure elle-même. ▨ Plur.
eaux-fortes ; [ofɔʀt].

ÉBAHIR, verbe trans. [19]
Causer un étonnement extrême à (qqn).
▨ [ebaiʀ].

ÉBATS, subst. m. plur.
Mouvements d'une personne ou d'un animal qui s'ébat. ▨ [eba].

ÉBATTRE (S'), verbe pronom. [61]
Se détendre, manifester sa joie de vivre par
des mouvements folâtres. ▨ [ebatʀ].

ÉBAUCHE, subst. f.
Première forme donnée à une œuvre.
– Esquisse, amorce de qqch. ▨ [eboʃ].

ÉBAUCHER, verbe trans. [3]
Donner une première forme à (une œuvre).
– Esquisser, amorcer (qqch.). ▨ [eboʃe].

ÉBÈNE, subst. f.
Bois précieux dur et noir. – Empl. adj. inv.
D'un noir profond et brillant. ▨ [ebɛn].

ÉBÉNISTE, subst.
Artisan qui fabrique ou restaure des meubles
de valeur. ▨ [ebenist].

ÉBÉNISTERIE, subst. f.
Métier, travail de l'ébéniste. ▨ [ebenist(ə)ʀi].

ÉBERLUÉ, ÉE, adj.
Très étonné, médusé. ▨ [ebɛʀlɥe].

ÉBLOUIR, verbe trans. [19]
Troubler la vue par une brillance trop forte.
– Fig. Séduire, enthousiasmer. ▨ [ebluiʀ].

ÉBLOUISSEMENT, subst. m.
Trouble de la vue causé par une lumière trop
vive. – Fig. Émerveillement. ▨ [ebluismã].

ÉBORGNER, verbe trans. [3]
Rendre borgne. ▨ [ebɔʀɲe].

ÉBOUEUR, subst. m.
Ouvrier chargé de la collecte des ordures
ménagères. ▨ [ebwœʀ].

ÉBOUILLANTER, verbe trans. [3]
Passer à l'eau bouillante. – Pronom. Se
brûler avec un liquide bouillant. ▨ [ebujɑ̃te].

ÉBOULEMENT, subst. m.
Chute de pierres, de terre ; effondrement
d'une construction. – Matériaux éboulés.
▨ [ebulmã].

ÉBOULER (S'), verbe pronom. [3]
S'effondrer, s'affaisser en se désagrégeant.
▨ [ebule].

ÉBOULIS, subst. m.
Amas de matériaux éboulés. ▨ [ebuli].

ÉBOURIFFER, verbe trans. [3]
Décoiffer, relever en désordre (les cheveux).
– Surprendre, stupéfier (fam.). ▨ [ebuʀife].

ÉBRANLER, verbe trans. [3]
Faire trembler, osciller ; secouer (qqch.).
– Fig. Rendre incertain, faire douter (qqn).
– Pronom. Se mettre en mouvement.
▨ [ebʀɑ̃le].

ÉBRÉCHER, verbe trans. [8]
Abîmer en faisant une brèche. – Fig.
Diminuer, entamer. ▨ [ebʀeʃe].

ÉBRIÉTÉ, subst. f.
État d'une personne enivrée. ▨ [ebʀijete].

ÉBROUER (S'), verbe pronom. [3]
Expirer bruyamment en secouant la tête,
en partic. pour un cheval. – Se secouer
fortement, pour se débarrasser de ce qui
gêne, se sécher. ▨ [ebʀue].

ÉBRUITER, verbe trans. [3]
Divulguer (qqch.). ▨ [ebʀɥite].

ÉBULLITION, subst. f.
État d'un liquide qui bout, qui forme des
bulles. – Fig. Effervescence. ▨ [ebylisjɔ̃].

ÉCAILLE, subst. f.
Chacune des plaques qui recouvrent le corps
des poissons et des reptiles. – Chacune des
valves d'un coquillage. – Lamelle. ▨ [ekaj].

ÉCAILLER, verbe trans. [3]
Débarrasser (un poisson) de ses écailles ;
ouvrir (des huîtres). – Pronom. Se détacher
par petites plaques. ▨ [ekaje].

ÉCARLATE, adj. et subst. f.
Subst. Colorant d'un rouge vif. – Adj. Rouge
éclatant. ▨ [ekaʀlat].

ÉCARQUILLER, verbe trans. [3]
Ouvrir tout grand (les yeux). ▨ [ekaʀkije].

ÉCART, subst. m.
Distance, différence entre des grandeurs,
des choses, des personnes. – Fait de s'écarter
d'une direction ou d'une norme. – Loc. adv.
À l'écart : à distance ; isolé. ▨ [ekaʀ].

ÉCARTELER, verbe trans. [11]
Arracher les membres d'un condamné à
mort en les faisant tirer par quatre chevaux.

– Fig. *Être* **écartelé** : être tiraillé entre plusieurs sentiments ; être sollicité dans des directions opposées. 🔊 [ekaʀtəle].

ÉCARTEMENT, subst. m.
Action d'écarter, de s'écarter. – Distance comprise entre deux ou plusieurs choses. 🔊 [ekaʀtəmɑ̃].

ÉCARTER, verbe trans. [3]
Repousser de côté. – Séparer, disjoindre. – Évincer, éliminer. – Pronom. S'éloigner ; se détourner de. 🔊 [ekaʀte].

ECCHYMOSE, subst. f.
Tache cutanée bleuâtre qui apparaît à la suite d'un coup (synon. *bleu*). 🔊 [ekimoz].

ECCLÉSIASTIQUE, adj. et subst. m.
Adj. Relatif à l'Église ou au clergé. – Subst. Membre du clergé. 🔊 [eklezjastik].

ÉCERVELÉ, ÉE, adj. et subst.
Se dit d'une personne qui manque de jugement ; étourdi. 🔊 [esɛʀvəle].

ÉCHAFAUD, subst. m.
Plate-forme, estrade sur laquelle on exécutait les condamnés à mort. – Peine de mort. 🔊 [eʃafo].

ÉCHAFAUDAGE, subst. m.
Construction provisoire permettant d'effectuer des travaux en hauteur. 🔊 [eʃafodaʒ].

ÉCHAFAUDER, verbe [3]
Intrans. Dresser un échafaudage. – Trans. Construire intellectuellement, élaborer : *Échafauder un plan.* 🔊 [eʃafode].

ÉCHALAS, subst. m.
Piquet servant de tuteur à la vigne et à certaines plantes. – Fig. Personne grande et maigre. 🔊 [eʃala].

ÉCHALOTE, subst. f.
Plante potagère proche de l'ail, de l'oignon. 🔊 [eʃalɔt].

ÉCHANCRÉ, ÉE, adj.
Creusé vers l'intérieur, entaillé sur le bord. 🔊 [eʃɑ̃kʀe].

ÉCHANCRURE, subst. f.
Partie échancrée. 🔊 [eʃɑ̃kʀyʀ].

ÉCHANGE, subst. m.
Action d'échanger. – Communication réciproque. – Commerce ; transaction commerciale. – Loc. adv. *En échange* : en contrepartie. 🔊 [eʃɑ̃ʒ].

ÉCHANGER, verbe trans. [5]
Donner une chose et en recevoir une autre en contrepartie. – Fig. Adresser et recevoir en retour. 🔊 [eʃɑ̃ʒe].

ÉCHANTILLON, subst. m.
Petite quantité d'une marchandise permettant d'en apprécier les caractéristiques. – *Stat.* Ensemble d'individus représentatifs d'une population. 🔊 [eʃɑ̃tijɔ̃].

ÉCHAPPATOIRE, subst. f.
Moyen détourné qui permet d'échapper à une situation difficile. 🔊 [eʃapatwaʀ].

ÉCHAPPÉE, subst. f.
Espace resserré, mais par lequel la vue peut plonger au loin. – *Sp.* Action de distancer des concurrents. 🔊 [eʃape].

ÉCHAPPEMENT, subst. m.
Évacuation des gaz brûlés dans un moteur thermique : *Pot d'échappement.* – Mécanisme régulateur d'horlogerie : *Montre à échappement.* 🔊 [eʃapmɑ̃].

ÉCHAPPER, verbe intrans. [3]
Se soustraire à, se dérober à ; éviter. – N'être plus tenu, retenu. – N'être pas compris, perçu. – Être dit ou fait par mégarde. – N'être plus sous le contrôle de ; se détacher de. – N'être plus présent à l'esprit. – Pronom. S'enfuir ; s'éclipser. – S'évacuer : *La fumée s'échappe.* 🔊 [eʃape].

ÉCHARDE, subst. f.
Petit éclat pointu (en gén. de bois) ayant pénétré sous la peau. 🔊 [eʃaʀd].

ÉCHARPE, subst. f.
Bande d'étoffe marquant certaines dignités, certaines fonctions : *Écharpe de maire.* – Bande d'étoffe qui se porte autour du cou. – Bandage servant à soutenir un bras cassé. 🔊 [eʃaʀp].

ÉCHARPER, verbe trans. [3]
Blesser grièvement ; mutiler. – Massacrer. 🔊 [eʃaʀpe].

ÉCHASSE, subst. f.
Chacun des deux longs bâtons munis d'un étrier utilisés pour marcher au-dessus du sol. 🔊 [eʃas].

ÉCHASSIER, subst. m.
Oiseau à longues pattes, souv. à long cou, vivant ou chassant dans les marais, tel que flamant, cigogne, etc. 🔊 [eʃasje].

ÉCHAUDER, verbe trans. [3]
Tremper dans l'eau chaude ou bouillante. – Brûler avec un liquide chaud. – Fig. *Être échaudé* : avoir tiré la leçon d'une mésaventure. 🔊 [eʃode].

ÉCHAUFFEMENT, subst. m.
Action d'échauffer, fait de s'échauffer ; l'état qui en résulte. – *Sp.* Exercice de mise en condition. 🔊 [eʃofmɑ̃].

ÉCHAUFFER, verbe trans. [3]
Chauffer, élever la température de. – Fig. Stimuler, exciter. – Pronom. *Sp.* Se mettre en condition. 🔊 [eʃofe].

ÉCHAUFFOURÉE, subst. f.
Affrontement bref et confus. 🔊 [eʃofuʀe].

ÉCHÉANCE, subst. f.
Date à laquelle un engagement doit être tenu ; terme d'un délai. – Délai. 🔊 [eʃeɑ̃s].

ÉCHÉANT, ANTE, adj.
Parvenu à échéance. – *Le cas* **échéant** : si le cas se présente, à l'occasion. 🔊 [eʃeɑ̃, -ɑ̃t].

ÉCHEC, subst. m.
Défaite, insuccès. – Plur. Jeu où deux adversaires font manœuvrer différentes pièces sur un échiquier. 🔊 [eʃɛk].

ÉCHELLE, subst. f.
Dispositif formé de barreaux fixés sur deux montants parallèles, servant à monter et à descendre. – Fig. Hiérarchie. – Système de graduation. – *Géogr.* Rapport entre les distances figurées sur une carte et la réalité. [eʃɛl].

ÉCHELON, subst. m.
Barreau d'une échelle. – Degré, grade, niveau ou stade d'une hiérarchie. [eʃ(ə)lɔ̃].

ÉCHELONNER, verbe trans. [3]
Disposer à intervalles réguliers dans l'espace ou dans le temps. [eʃ(ə)lɔne].

ÉCHEVEAU, subst. m.
Assemblage de fils enroulés qu'un fil de liage empêche de s'emmêler. – Fig. Enchevêtrement. [eʃ(ə)vo].

ÉCHEVELÉ, ÉE, adj.
Dont les cheveux sont en désordre. – Fig. Frénétique, outrancier. [eʃəv(ə)le].

ÉCHINE, subst. f.
Colonne vertébrale. – *Bouch.* Partie de la longe du porc (haut du dos). [eʃin].

ÉCHINER (S'), verbe pronom. [3]
Se fatiguer à un dur labeur. [eʃine].

ÉCHIQUIER, subst. m.
Plateau quadrillé servant au jeu d'échecs, comprenant 64 cases alternativement blanches et noires. [eʃikje].

ÉCHO, subst. m.
Répercussion d'une onde sonore ou électromagnétique. – Fait rapporté ; nouvelle. – Accueil, résonance. [eko].

ÉCHOGRAPHIE, subst. f.
Méd. Exploration des organes à l'aide des ultrasons. – L'image produite. [ekografi].

ÉCHOIR, verbe [50]
Trans. indir. Être attribué par le sort, le hasard à. – Intrans. Arriver à échéance : *Bail qui échoit.* Verbe défectif : [eʃwar].

ÉCHOPPE, subst. f.
Petite boutique, souv. faite de planches, adossée à un bâtiment ou à un mur. [eʃɔp].

ÉCHOUER, verbe [3]
Intrans. Toucher un haut-fond ou un rocher et s'immobiliser, en parlant d'un bateau ; être poussé à la côte. – S'arrêter en un lieu par lassitude. – Ne pas réussir. – Trans. Échouer *un navire.* – Pronom. *Une baleine s'est échouée sur la plage.* [eʃwe].

ÉCLABOUSSER, verbe trans. [3]
Faire rejaillir (de la boue, un liquide) sur. – Fig. Salir moralement. [eklabuse].

ÉCLABOUSSURE, subst. f.
Goutte d'un liquide qui éclabousse, salit. – Fig. Contrecoup fâcheux d'un événement. [eklabusyr].

ÉCLAIR, subst. m.
Brève lueur provoquée par une décharge électrique, lors d'un orage. – Lueur vive et brève ; éclat. – Brusque manifestation, bref instant. – Gâteau fourré. – Empl. adj. inv. Très rapide : *Voyage* éclair. [eklɛr].

ÉCLAIRAGE, subst. m.
Action d'éclairer. – Manière d'éclairer ou d'être éclairé. – Dispositif servant à éclairer. – Fig. Approche que l'on a d'une chose ; point de vue. [eklɛraʒ].

ÉCLAIRCIE, subst. f.
Interruption du temps pluvieux ; luminosité passagère ; au fig., amélioration soudaine d'une situation. – Coupe d'arbres. [eklɛrsi].

ÉCLAIRCIR, verbe trans. [19]
Rendre plus clair ; au fig. : **Éclaircir** *la situation.* – Rendre moins touffu, moins dense. [eklɛrsir].

ÉCLAIRCISSEMENT, subst. m.
Action d'éclaircir. – Fig. Explication, clarification (gén. au plur.). [eklɛrsismɑ̃].

ÉCLAIRÉ, ÉE, adj.
Cultivé, instruit : *Esprit* éclairé. [eklere].

ÉCLAIRER, verbe trans. [3]
Diffuser de la lumière, de la clarté sur. – Fournir de la lumière à (qqn). – Fig. Fournir des explications à. – Pronom. Devenir lumineux. – Fig. Devenir compréhensible. – *Son visage* s'**éclaire** : il s'épanouit, exprime la joie. [eklere].

ÉCLAIREUR, subst. m.
Soldat que l'on envoie en reconnaissance. [eklɛrœr].

ÉCLAT, subst. m.
Fragment d'un objet brisé ou éclaté. – Bruit violent et soudain. – Scandale. – Vive lumière. – Qualité d'une couleur vive. – Caractère de ce qui est magnifique ; grandeur. – *Action d'*éclat : action remarquable, exploit. [ekla].

ÉCLATEMENT, subst. m.
Action, fait d'éclater. [eklatmɑ̃].

ÉCLATER, verbe intrans. [3]
Se briser violemment ; exploser. – Se diviser. – Manifester brusquement un sentiment ; émettre un bruit soudain : Éclater *de rire.* – Se manifester soudainement : *Sa colère* éclata ; L'orage *éclate.* [eklate].

ÉCLECTISME, subst. m.
Diversité de goûts et d'intérêts, sans exclusion. [eklɛktism].

ÉCLIPSE, subst. f.
Disparition temporaire d'un astre, caché par un autre astre ou par l'ombre d'un autre astre. [eklips].

ÉCLIPSER, verbe trans. [3]
Rendre invisible (un astre). – Fig. Surpasser considérablement (qqn). – Pronom. S'esquiver. [eklipse].

ÉCLISSE, subst. f.
Pièce de bois formant le pourtour d'une caisse de résonance. – Claie. – *Chir.* Attelle. – *Tech.* Pièce reliant deux rails. [eklis].

ÉCLOPÉ, ÉE, adj. et subst.
Qui boite à cause d'une blessure, d'un choc accidentel. 🔊 [eklope].

ÉCLORE, verbe intrans. [80]
Sortir de l'œuf ; s'ouvrir, en parlant d'un œuf. – S'ouvrir, en parlant d'une fleur. – Fig. Apparaître, naître. 🔊 [eklɔʀ].

ÉCLOSION, subst. f.
Fait d'éclore. – Fig. Naissance. 🔊 [eklozjɔ̃].

ÉCLUSE, subst. f.
Sas équipé de portes étanches permettant à un bateau de passer d'un bief à un autre. 🔊 [eklyz].

ÉCŒURANT, ANTE, adj.
Qui écœure. – Fig. Révoltant, démoralisant. 🔊 [ekœʀɑ̃, -ɑ̃t].

ÉCŒURER, verbe trans. [3]
Dégoûter jusqu'à donner la nausée. – Fig. Indigner ; démoraliser. 🔊 [ekœʀe].

ÉCOLE, subst. f.
Établissement où est dispensé un enseignement collectif. – Ensemble des adeptes d'une même doctrine ; groupe d'artistes ayant des tendances, une origine communes. 🔊 [ekɔl].

ÉCOLIER, IÈRE, subst.
Enfant qui fréquente une école primaire. 🔊 [ekɔlje, -jɛʀ].

ÉCOLOGIE, subst. f.
Science des relations entre un organisme et le milieu dans lequel il vit. 🔊 [ekɔlɔʒi].

ÉCOLOGISTE, subst.
Partisan de la sauvegarde de l'environnement, des équilibres naturels. 🔊 [ekɔlɔʒist].

ÉCONDUIRE, verbe trans. [69]
Repousser avec plus ou moins d'égards. 🔊 [ekɔ̃dɥiʀ].

ÉCONOME, adj. et subst.
Subst. Personne qui gère les finances d'un établissement, d'une communauté. – Adj. Qui dépense avec mesure, parcimonieux. 🔊 [ekɔnɔm].

ÉCONOMIE, subst. f.
Ensemble des activités concernant la production, la circulation et la consommation des biens et des richesses. – Science qui étudie ces activités. – Action d'économiser ; son résultat. – Distribution des parties d'un tout : *L'économie d'un roman.* 🔊 [ekɔnɔmi].

ÉCONOMIQUE, adj.
Relatif à l'économie (activités et science). – Qui est peu coûteux. 🔊 [ekɔnɔmik].

ÉCONOMISER, verbe trans. [3]
Faire un usage modéré, voire parcimonieux, de (qqch.). – Épargner. 🔊 [ekɔnɔmize].

ÉCOPER, verbe trans. [3]
Évacuer (l'eau d'une embarcation) avec une pelle creuse (écope). – Fam. Subir (une sanction) : *Écoper (d')une amende.* 🔊 [ekɔpe].

ÉCORCE, subst. f.
Partie externe du tronc et des branches d'un arbre. – Enveloppe, peau épaisse de

certains fruits, comme l'orange. – Partie superficielle de la Terre. 🔊 [ekɔʀs].

ÉCORCHER, verbe trans. [3]
Dépouiller (un animal). – Supplicier qqn en lui arrachant la peau. – Égratigner. – Prononcer incorrectement. – Fig. Heurter, blesser. 🔊 [ekɔʀʃe].

ÉCORCHURE, subst. f.
Légère éraflure de la peau. 🔊 [ekɔʀʃyʀ].

ÉCORNER, verbe trans. [3]
Amputer, briser les cornes (d'un animal). – Abîmer le bord de (qqch.). – Fig. Entamer. 🔊 [ekɔʀne].

ÉCOSSER, verbe trans. [3]
Retirer la cosse (d'un légume). 🔊 [ekɔse].

ÉCOSYSTÈME, subst. m.
Ensemble constitué par un milieu naturel et les organismes qui y vivent. 🔊 [ekosistɛm].

ÉCOT, subst. m.
Quote-part, contribution à une dépense. 🔊 [eko].

ÉCOULEMENT, subst. m.
Fait de s'écouler ; mouvement d'un fluide qui s'écoule. – Vente possible d'une marchandise. 🔊 [ekulmɑ̃].

ÉCOULER, verbe trans. [3]
Débiter, vendre (une marchandise) jusqu'à liquidation. – Mettre en circulation. – Pronom. Couler hors de, s'évacuer en coulant. – Disparaître progressivement, passer : *Le temps s'écoule.* 🔊 [ekule].

ÉCOURTER, verbe trans. [3]
Rendre plus court, en partic. dans le temps. 🔊 [ekuʀte].

ÉCOUTE (I), subst. f.
Action d'écouter : *Être à l'écoute.* 🔊 [ekut].

ÉCOUTE (II), subst. f.
Cordage fixé au bas d'une voile. 🔊 [ekut].

ÉCOUTER, verbe trans. [3]
Prêter l'oreille à. – Prêter attention à un avis, à un conseil ; en tenir compte. 🔊 [ekute].

ÉCOUTEUR, subst. m.
Élément d'un casque radiophonique, d'un récepteur téléphonique, que l'on place contre son oreille pour écouter. 🔊 [ekutœʀ].

ÉCOUTILLE, subst. f.
Ouverture rectangulaire pratiquée dans le pont du navire, permettant d'accéder à l'intérieur. 🔊 [ekutij].

ÉCRAN, subst. m.
Objet destiné à protéger ou à cacher. – Surface sur laquelle on projette des images. – Le cinéma. 🔊 [ekʀɑ̃].

ÉCRASANT, ANTE, adj.
Qui écrase, accable. 🔊 [ekʀazɑ̃, -ɑ̃t].

ÉCRASEMENT, subst. m.
Action d'écraser. – Fait d'être écrasé. 🔊 [ekʀazmɑ̃].

ÉCRASER, verbe trans. [3]
Déformer, aplatir ou broyer par une forte compression. – Passer sur le corps de,

renverser, en parlant d'un véhicule. – Fig. Dominer, vaincre totalement. – Accabler, surcharger. 🐌 [ekʀoze].

ÉCRÉMER, verbe trans. [8]
Enlever la crème (du lait). – Fig. Sélectionner la meilleure part (d'un ensemble). 🐌 [ekʀeme].

ÉCREVISSE, subst. f.
Crustacé d'eau douce, qui devient très rouge à la cuisson. 🐌 [ekʀəvis].

ÉCRIER (S'), verbe pronom. [6]
Dire en criant, s'exclamer. 🐌 [ekʀije].

ÉCRIN, subst. m.
Petite boîte élégante, destinée à recevoir des bijoux, de l'argenterie, etc. 🐌 [ekʀɛ̃].

ÉCRIRE, verbe trans. [67]
Tracer, imprimer ou graver des signes sur. – Orthographier. – Rédiger. 🐌 [ekʀiʀ].

ÉCRIT, ITE, adj. et subst.
Adj. Rédigé, composé. – Chargé de signes. – Noté, enregistré. – Subst. Document rédigé. – Ouvrage littéraire. – Épreuve d'examen au cours de laquelle on rédige (oppos. *oral*). 🐌 [ekʀi, -it].

ÉCRITEAU, subst. m.
Tableau portant une inscription destinée à l'information du public. 🐌 [ekʀito].

ÉCRITOIRE, subst. f.
Coffret ou étui contenant ce qui est nécessaire pour écrire. 🐌 [ekʀitwaʀ].

ÉCRITURE, subst. f.
Représentation graphique de la pensée, du langage. – Système graphique. – Manière de former les lettres. – Style rédactionnel. – Plur. Ensemble des livres de comptes, des registres. 🐌 [ekʀityʀ].

ÉCRIVAIN, subst. m.
Personne qui rédige des ouvrages littéraires, scientifiques, etc. 🐌 [ekʀivɛ̃].

ÉCROU (I), subst. m.
Petite pièce trouée et filetée afin de recevoir un boulon ou une vis. 🐌 [ekʀu].

ÉCROU (II), subst. m.
Acte administratif par lequel on enregistre un nouveau prisonnier. 🐌 [ekʀu].

ÉCROUER, verbe trans. [3]
Emprisonner. 🐌 [ekʀue].

ÉCROULEMENT, subst. m.
Action de s'écrouler ; son résultat. – Fig. Anéantissement subit. 🐌 [ekʀulmɑ̃].

ÉCROULER (S'), verbe pronom. [3]
Tomber en s'affaissant. – Fig. Tomber en ruine, en décadence ; être anéanti. – Avoir une défaillance brutale. 🐌 [ekʀule].

ÉCRU, UE, adj.
Qui n'a pas été traité, en parlant du tissu, du fil. – Beige clair. 🐌 [ekʀy].

ECTOPLASME, subst. m.
Apparition fantomatique. – *Biol.* Zone transparente du cytoplasme de certains protozoaires. 🐌 [ɛktɔplasm].

ÉCU, subst. m.
Bouclier des hommes d'armes du Moyen Âge. – Corps du blason, en forme de bouclier. – Ancienne monnaie d'or ou d'argent. 🐌 [eky].

ÉCUEIL, subst. m.
Récif ou banc de sable à fleur d'eau. – Fig. Difficulté, obstacle. 🐌 [ekœj].

ÉCUELLE, subst. f.
Sorte d'assiette creuse, large et sans rebord. – Son contenu. 🐌 [ekɥɛl].

ÉCULÉ, ÉE, adj.
Dont le talon est usé : *Des bottes éculées.* – Fig. Usé, qui a trop servi. 🐌 [ekyle].

ÉCUME, subst. f.
Mousse blanchâtre que produit un liquide agité ou en ébullition. – Bave mousseuse. – Sueur du cheval. 🐌 [ekym].

ÉCUMER, verbe [3]
Intrans. Former de l'écume. – Fig. Être furieux. – Trans. Ôter l'écume de. – Fig. Piller : *Écumer les mers*, y pratiquer la piraterie. 🐌 [ekyme].

ÉCUMOIRE, subst. f.
Cuis. Ustensile en forme de louche percée de trous, servant à écumer. 🐌 [ekymwaʀ].

ÉCUREUIL, subst. m.
Petit rongeur arboricole au pelage roux et à la queue en panache. 🐌 [ekyʀœj].

ÉCURIE, subst. f.
Local destiné aux chevaux. – Ensemble des chevaux de course d'un propriétaire ; au fig. : *Écurie de coureurs cyclistes.* 🐌 [ekyʀi].

ÉCUSSON, subst. m.
Petite pièce d'étoffe cousue sur un uniforme, indiquant l'appartenance à une unité, à une arme, etc. 🐌 [ekysɔ̃].

ÉCUYER, ÈRE, subst.
Maître d'équitation. – Personne réalisant des exercices équestres dans un cirque. – Masc. *Hist.* Gentilhomme au service d'un chevalier. 🐌 [ekɥije, -ɛʀ].

ECZÉMA, subst. m.
Maladie de la peau. 🐌 [ɛgzema].

EDELWEISS, subst. m.
Plante de montagne, couverte d'un duvet cotonneux et blanc. 🐌 [edɛlvɛs].

ÉDEN, subst. m.
L'Éden : le paradis terrestre, selon la Bible. – Fig. *Un éden* : lieu paradisiaque. 🐌 [edɛn].

ÉDENTÉ, ÉE, adj.
Qui n'a pas ou plus de dents. 🐌 [edɑ̃te].

ÉDICTER, verbe trans. [3]
Prescrire par une loi, par un règlement, etc. 🐌 [edikte].

ÉDICULE, subst. m.
Petite construction sur la voie publique. 🐌 [edikyl].

ÉDIFIANT, ANTE, adj.
Qui porte à la vertu, à la piété. – Instructif. 🐌 [edifjɑ̃, -ɑ̃t].

ÉDIFICATION, subst. f.
Action d'édifier. 🔊 [edifikasjɔ̃].

ÉDIFICE, subst. m.
Bâtiment de grandes dimensions. – Fig.
Important ensemble organisé. 🔊 [edifis].

ÉDIFIER, verbe trans. [6]
Bâtir (un édifice, une ville). – Créer,
constituer : Édifier *une théorie*. – Fig. Inciter
à la vertu, à la piété. – Renseigner sur : *Nous
voilà édifiés sur son compte !* [edifje].

ÉDILE, subst. m.
Magistrat municipal. – *Antiq.* Magistrat
romain chargé des services publics. 🔊 [edil].

ÉDIT, subst. m.
Loi promulguée par le roi, sous l'Ancien
Régime. 🔊 [edi].

ÉDITER, verbe trans. [3]
Publier et mettre en vente (une œuvre
littéraire, musicale ou artistique). 🔊 [edite].

ÉDITEUR, TRICE, subst.
Personne ou société qui édite des ouvrages.
🔊 [editœʀ, -tʀis].

ÉDITION, subst. f.
Action d'éditer. – Ensemble des exemplaires
d'un ouvrage appartenant au même tirage.
– Industrie et commerce du livre. 🔊 [edisjɔ̃].

ÉDITORIAL, ALE, AUX, adj. et
subst. m.
Adj. De l'édition. – Subst. *Journ.* Article de
fond reflétant l'opinion de la direction d'un
journal. 🔊 [editɔʀjal].

ÉDREDON, subst. m.
Couvre-pied garni de duvet ou de fibre
synthétique. 🔊 [edʀədɔ̃].

ÉDUCATEUR, TRICE, adj. et subst.
Subst. Personne chargée d'éduquer. – Adj.
Qui éduque. 🔊 [edykatœʀ, -tʀis].

ÉDUCATIF, IVE, adj.
Relatif à l'éducation. 🔊 [edykatif, -iv].

ÉDUCATION, subst. f.
Mise en œuvre des moyens assurant le
développement des facultés physiques, morales et intellectuelles d'un être humain ; les
connaissances ainsi acquises. – Connaissance des usages de la société. 🔊 [edykasjɔ̃].

ÉDULCORER, verbe trans. [3]
Adoucir en ajoutant du sucre. – Fig. Atténuer : Édulcorer *ses propos*. 🔊 [edylkɔʀe].

ÉDUQUER, verbe trans. [3]
Former par l'éducation. 🔊 [edyke].

EFFACEMENT, subst. m.
Action d'effacer ou de s'effacer. 🔊 [efasmã].

EFFACER, verbe trans. [4]
Faire disparaître (ce qui est écrit, enregistré). – Fig. Faire oublier. – Pronom. Se
mettre en retrait. 🔊 [efase].

EFFAREMENT, subst. m.
Sentiment d'effroi accompagné de stupeur.
🔊 [efaʀmã].

EFFARER, verbe trans. [3]
Provoquer une grande frayeur mêlée de
stupeur. 🔊 [efaʀe].

EFFAROUCHER, verbe trans. [3]
Effrayer. – Choquer, rendre défiant ; intimider. 🔊 [efaʀuʃe].

EFFECTIF, IVE, adj. et subst. m.
Adj. Réel. – Qui a pris effet. – Subst. Nombre
des individus constituant un ensemble :
L'effectif d'une armée. 🔊 [efɛktif, -iv].

EFFECTUER, verbe trans. [3]
Faire, accomplir. 🔊 [efɛktɥe].

EFFÉMINÉ, ÉE, adj. et subst. m.
Qui a des manières féminines. 🔊 [efemine].

EFFERVESCENCE, subst. f.
Bouillonnement dû à un dégagement de
bulles gazeuses dans un liquide. – Fig.
Agitation. 🔊 [efɛʀvesãs].

EFFERVESCENT, ENTE, adj.
Qui est en effervescence ou peut entrer en
effervescence. 🔊 [efɛʀvesã, -ãt].

EFFET, subst. m.
Ce qui résulte d'une cause ; conséquence.
– *À cet effet* : à cette fin. – *Sous l'effet de* :
sous l'influence de. – Impression produite
sur qqn : *Une tenue négligée fait mauvais
effet.* – Impression résultant d'un procédé :
Effets *spéciaux*, truquages. – Mouvement
de rotation imprimé à une bille, à ballon pour modifier sa trajectoire normale.
– *Phys.* et *biol.* Phénomène particulier : Effet
Joule. – Plur. Vêtements. – Loc. adv. et conj.
En effet : effectivement ; car. 🔊 [efɛ].

EFFEUILLER, verbe trans. [3]
Ôter les feuilles (d'une plante). – Détacher
les pétales (d'une fleur). 🔊 [efœje].

EFFICACE, adj.
Qui produit le résultat attendu. 🔊 [efikas].

EFFICACITÉ, subst. f.
Qualité de ce qui est efficace, d'une personne efficace. 🔊 [efikasite].

EFFIGIE, subst. f.
Représentation d'un personnage, en partic.
sur une médaille, une pièce. 🔊 [efiʒi].

EFFILÉ, ÉE, adj.
Mince et allongé. – Acéré. 🔊 [efile].

EFFILOCHER, verbe trans. [3]
Défaire un tissu fil à fil pour le réduire en
ouate, en bourre. – Pronom. Se défaire par
usure, en parlant d'un tissu. 🔊 [efilɔʃe].

EFFLANQUÉ, ÉE, adj.
Qui est très maigre. 🔊 [eflãke].

EFFLEURER, verbe trans. [3]
Toucher légèrement, frôler. – Fig. Examiner
superficiellement. 🔊 [eflœʀe].

EFFLUVE, subst. m.
Ce qui s'exhale d'un corps, parfum, odeur.
🔊 [eflyv].

EFFONDREMENT, subst. m.
Fait de s'effondrer ; son résultat. – Fig.
Destruction, déchéance. 🔊 [efɔ̃dʀəmã].

EFFONDRER (S'), verbe pronom. [3]
S'écrouler sous un poids excessif. – Fig. Être
anéanti. 🔊 [efɔ̃dʀe].

EFFORCER (S'), verbe pronom. [4]
S'efforcer *de* + inf. Mobiliser son énergie, sa volonté pour atteindre un but : *S'efforcer d'être clair.* 🔊 [efɔʀse].

EFFORT, subst. m.
Mise en œuvre énergique de forces intellectuelles ou physiques pour atteindre un but : *Faire un effort pour réussir.* 🔊 [efɔʀ].

EFFRACTION, subst. f.
Bris de clôture ou de serrure. 🔊 [efʀaksjɔ̃].

EFFRAYANT, ANTE, adj.
Qui provoque la frayeur, l'effroi. – Énorme, excessif (fam.). 🔊 [efʀɛjɑ̃, -ɑ̃t].

EFFRAYER, verbe trans. [15]
Remplir (qqn) de frayeur, saisir d'effroi. – Pronom. Avoir peur, craindre. 🔊 [efʀeje].

EFFRÉNÉ, ÉE, adj.
Qui ne connaît pas de mesure. 🔊 [efʀene].

EFFRITEMENT, subst. m.
Fait de s'effriter. 🔊 [efʀitmɔ̃].

EFFRITER, verbe trans. [3]
Réduire en petits fragments, en miettes ; désagréger. 🔊 [efʀite].

EFFROI, subst. m.
Peur extrême, épouvante. 🔊 [efʀwa].

EFFRONTÉ, ÉE, adj. et subst.
Impudent, insolent. 🔊 [efʀɔ̃te].

EFFRONTERIE, subst. f.
Impudence, insolence. 🔊 [efʀɔ̃tʀi].

EFFROYABLE, adj.
Qui fait naître l'effroi. – Considérable : *Une effroyable bêtise.* 🔊 [efʀwajabl].

EFFUSION, subst. f.
Effusion *de sang* : action de faire couler le sang, de blesser. – Fig. Action d'épancher vivement un sentiment. 🔊 [efyzjɔ̃].

ÉGAILLER (S'), verbe pronom. [3]
Se disperser, s'éparpiller. 🔊 [egaje] ou [egeje].

ÉGAL, ALE, AUX, adj. et subst.
Adj. Qui est identique, en qualité, en quantité, en valeur ou en droit. – Qui est constant, régulier. – Indifférent : *Ça m'est égal.* – Subst. Personne qui est de même rang et qui jouit des mêmes droits qu'une autre. 🔊 [egal].

ÉGALER, verbe trans. [3]
Être égal à. – Parvenir au niveau de, atteindre. 🔊 [egale].

ÉGALISATION, subst. f.
Action d'égaliser. – Résultat de cette action. 🔊 [egalizasjɔ̃].

ÉGALISER, verbe trans. [3]
Rendre égal. – Aplanir. – Empl. intrans. *Sp.* Revenir à la marque. 🔊 [egalize].

ÉGALITAIRE, adj.
Qui tend à l'égalité sociale et politique. 🔊 [egalitɛʀ].

ÉGALITÉ, subst. f.
Rapport entre des choses égales. – Régularité, constance. – Fait, pour les hommes, d'être égaux en droits. 🔊 [egalite].

ÉGARD, subst. m.
Considération. – Loc. prép. À l'égard *de* : en ce qui concerne, vis-à-vis de. – *Eu égard à* : en tenant compte de. – Plur. Marques d'attention, d'estime, de respect. 🔊 [egaʀ].

ÉGAREMENT, subst. m.
Dérèglement moral. – Écart de conduite. 🔊 [egaʀmɔ̃].

ÉGARER, verbe trans. [3]
Détourner du bon chemin, fourvoyer. – Fig. Mettre dans l'erreur. – Perdre momentanément (qqch.). – Pronom. Se tromper. – Se perdre. 🔊 [egaʀe].

ÉGAYER, verbe trans. [15]
Rendre gai (qqn). – Rendre plus plaisant, plus gai (qqch.). 🔊 [egeje].

ÉGÉRIE, subst. f.
Inspiratrice d'un artiste. – Conseillère d'un homme public. 🔊 [eʒeʀi].

ÉGIDE, subst. f.
Sauvegarde, protection (littér.). 🔊 [eʒid].

ÉGLANTINE, subst. f.
Fleur rose d'un rosier sauvage (églantier). 🔊 [eglɑ̃tin].

ÉGLEFIN, subst. m.
Poisson de mer proche de la morue ; fumé, il fournit le haddock. 🔊 [egləfɛ̃].

ÉGLISE, subst. f.
Communauté de chrétiens adhérant aux mêmes dogmes. – *L'Église* : L'Église catholique. – *Une église* : tout bâtiment où se réunissent les fidèles d'une Église. 🔊 [egliz].

EGO, subst. m. inv.
Philos. Le sujet en tant qu'il est pensant et conscient. – *Psychan.* Le moi. 🔊 [ego].

ÉGOCENTRISME, subst. m.
Propension à tout faire partir de soi et à tout ramener à soi. 🔊 [egosɑ̃tʀism].

ÉGOÏSME, subst. m.
État de celui qui ne se préoccupe que de lui-même. 🔊 [egoism].

ÉGOÏSTE, adj. et subst.
Qui fait preuve d'égoïsme. 🔊 [egoist].

ÉGORGER, verbe trans. [5]
Tuer en tranchant la gorge. 🔊 [egɔʀʒe].

ÉGOSILLER (S'), verbe pronom. [3]
S'épuiser à crier. 🔊 [egozije].

ÉGOUT, subst. m.
Canalisation souterraine par où se fait la collecte et l'évacuation des eaux usées. 🔊 [egu].

ÉGOUTIER, subst. m.
Ouvrier chargé de l'entretien des égouts. 🔊 [egutje].

ÉGOUTTER, verbe trans. [3]
Débarrasser (qqch.) d'un liquide en laissant ce dernier s'écouler peu à peu. – Pronom. Perdre son eau goutte à goutte. 🔊 [egute].

ÉGOUTTOIR, subst. m.
Ustensile servant à égoutter. 🔊 [egutwaʀ].

ÉGRATIGNER, verbe trans. [3]
Entailler légèrement la peau. – Abîmer qqch. en l'éraflant. – Fig. Railler, blesser par un trait ironique. 🔊 [egratiɲe].

ÉGRATIGNURE, subst. f.
Légère écorchure de la peau. – Éraflure. – Fig. Blessure d'amour-propre. 🔊 [egratiɲyʀ].

ÉGRENER, verbe trans. [10]
Séparer les grains (d'un épi, d'une grappe, etc.). – *Égrener un chapelet* : en faire passer tous les grains entre les doigts, pour compter les prières. – Pronom. *Les minutes s'égrènent* : passent une à une. 🔊 On dit aussi *égrainer* : [egʀəne].

ÉGRILLARD, ARDE, adj. et subst.
Qui est grivois, licencieux. 🔊 [egʀijaʀ, -aʀd].

EH, interj.
Sert à interpeller : Eh, *vous* ! – Renforce l'expression de la surprise, de l'admiration : Eh *bien, quel talent* ! 🔊 [*e].

ÉHONTÉ, ÉE, adj.
Qui n'a aucune honte. – Qui est scandaleux. 🔊 [eõte].

ÉJACULATION, subst. f.
Émission de sperme. 🔊 [eʒakylasjõ].

ÉJECTER, verbe trans. [3]
Projeter au-dehors. 🔊 [eʒɛkte].

ÉLABORATION, subst. f.
Production d'une substance dans un organisme vivant. – Transformation que subissent les aliments pour être assimilés par l'organisme. – Fig. Action d'élaborer par un travail de réflexion. 🔊 [elabɔʀasjõ].

ÉLABORER, verbe trans. [3]
Rendre assimilable par l'organisme. – Fig. Concevoir, réaliser progressivement, avec réflexion. 🔊 [elabɔʀe].

ÉLAGUER, verbe trans. [3]
Couper (des branches d'un arbre). – Fig. Retrancher (ce qui est superflu). 🔊 [elage].

ÉLAN (I), subst. m.
Mouvement par lequel on s'élance. – Fig. Impulsion, essor. 🔊 [elã].

ÉLAN (II), subst. m.
Grand cerf des pays nordiques. 🔊 [elã].

ÉLANCÉ, ÉE, adj.
Grand et svelte. 🔊 [elãse].

ÉLANCER, verbe [4]
Provoquer une vive douleur intermittente. – Pronom. Se précipiter. 🔊 [elãse].

ÉLARGIR, verbe trans. [19]
Rendre plus large, plus vaste. – Fig. Élargir *le débat.* 🔊 [elaʀʒiʀ].

ÉLARGISSEMENT, subst. m.
Action d'élargir. – Résultat de cette action. 🔊 [elaʀʒismã].

ÉLASTICITÉ, subst. f.
Propriété d'un corps qui peut être étiré et rétracté, de ce qui retrouve sa forme après avoir été déformé. – Fig. Souplesse d'esprit, capacité d'adaptation. 🔊 [elastisite].

ÉLASTIQUE, adj. et subst. m.
Adj. Qui a de l'élasticité. – Subst. Ruban de caoutchouc. 🔊 [elastik].

ÉLECTEUR, TRICE, subst.
Personne qui a la capacité de voter aux élections. 🔊 [elɛktœʀ, -tʀis].

ÉLECTION, subst. f.
Choix, désignation d'une ou de plusieurs personnes au moyen du vote. – Fait d'être élu. 🔊 [elɛksjõ].

ÉLECTORAL, ALE, AUX, adj.
Propre ou relatif aux élections, aux électeurs. 🔊 [elɛktɔʀal].

ÉLECTORAT, subst. m.
Ensemble des électeurs. – Capacité de voter. 🔊 [elɛktɔʀa].

ÉLECTRICIEN, IENNE, subst.
Artisan qui pose ou répare des appareils, des installations électriques. – Personne qui vend du matériel électrique. – Ingénieur spécialiste de l'électricité. 🔊 [elɛktʀisjɛ̃, -jɛn].

ÉLECTRICITÉ, subst. f.
Énergie fournie par le mouvement des électrons. – Cette énergie considérée dans son usage domestique ou industriel ; courant électrique. 🔊 [elɛktʀisite].

ÉLECTRIFIER, verbe trans. [6]
Munir d'installations électriques. – Faire fonctionner à l'électricité. 🔊 [elɛktʀifje].

ÉLECTRIQUE, adj.
Relatif à l'électricité. – Qui fonctionne à l'électricité ou qui en produit. 🔊 [elɛktʀik].

ÉLECTRISER, verbe trans. [3]
Charger d'électricité. – Fig. Insuffler la passion, exciter. 🔊 [elɛktʀize].

ÉLECTROCARDIOGRAMME, subst. m.
Traduction graphique de l'activité électrique du cœur. 🔊 [elɛktʀokaʀdjogʀam].

ÉLECTROCHOC, subst. m.
Psych. Traitement consistant à provoquer des convulsions en faisant passer un courant électrique à travers le cerveau. – Fig. Choc psychologique. 🔊 [elɛktʀoʃok].

ÉLECTROCUTER, verbe trans. [3]
Tuer par le passage d'un courant électrique dans l'organisme. 🔊 [elɛktʀokyte].

ÉLECTRODE, subst. f.
Extrémité de conducteur positif ou négatif d'un courant électrique. 🔊 [elɛktʀod].

ÉLECTROGÈNE, adj.
Qui produit de l'électricité. 🔊 [elɛktʀoʒɛn].

ÉLECTROMÉNAGER, ÈRE, adj. et subst. m.
Se dit des appareils ménagers fonctionnant à l'électricité. – Subst. Industrie, commerce de ces appareils. 🔊 [elɛktʀomenaʒe, -ɛʀ].

ÉLECTRON, subst. m.
Particule constitutive de l'atome chargée d'électricité négative. 🔊 [elɛktʀõ].

ÉLECTRONIQUE, adj. et subst. f.
Subst. Science qui étudie les phénomènes où sont mis en jeu des électrons à l'état libre. – Ensemble des techniques dérivées de cette science. – Adj. Qui concerne l'électron ou l'**électronique**. ◻◻ [elɛktronik].

ÉLECTROPHONE, subst. m.
Appareil électrique qui reproduit des sons enregistrés sur des disques. ◻◻ [elɛktrofɔn].

ÉLÉGANCE, subst. f.
Sobriété et bon goût dans la présentation, les manières. – Courtoisie, tact. ◻◻ [elegɑ̃s].

ÉLÉGANT, ANTE, adj. et subst.
Adj. Qui a de l'élégance. – Subst. Personne vêtue avec élégance. ◻◻ [elegɑ̃, -ɑ̃t].

ÉLÉGIE, subst. f.
Poème qui exalte la mélancolie. ◻◻ [eleʒi].

ÉLÉMENT, subst. m.
Partie constitutive d'un ensemble. – Milieu dans lequel vit un être : *L'eau est l'élément des poissons. – Être dans son élément* : dans un milieu où l'on est à l'aise. – *Les quatre éléments* : la terre, l'eau, l'air et le feu. – Plur. Les forces de la nature. – Notions de base. ◻◻ [elemɑ̃].

ÉLÉMENTAIRE, adj.
Qualifie les principes de base. – Simple, non composé. ◻◻ [elemɑ̃tɛr].

ÉLÉPHANT, subst. m.
Gros mammifère ongulé d'Afrique ou d'Asie, doté d'une trompe et de défenses. ◻◻ [elefɑ̃].

ÉLEVAGE, subst. m.
Activité consistant à élever des animaux. – Ensemble des animaux de même espèce élevés dans une exploitation ; cette exploitation : *Un élevage de chevaux*. ◻◻ [el(ə)vaʒ].

ÉLÉVATEUR, TRICE, adj. et subst. m.
Qui sert à élever (I). ◻◻ [elevatœr, -tris].

ÉLÉVATION, subst. f.
Action d'élever (I), de s'élever ; fait d'être élevé. – Terrain élevé, hauteur, éminence. – Fig. Relèvement du niveau social, intellectuel ou moral. ◻◻ [elevasjɔ̃].

ÉLÈVE, subst.
Personne qui reçoit un enseignement ; écolier, étudiant. ◻◻ [elɛv].

ÉLEVER (I), verbe trans. [10]
Porter vers le haut. – Construire, ériger, dresser. – Fig. Porter à un niveau supérieur ; augmenter. – Pronom. Prendre de l'altitude, monter. – Augmenter : *La température s'élève. – Se faire entendre : Un chant s'élève. – S'élever à* : se monter à, atteindre. ◻◻ [el(ə)ve].

ÉLEVER (II), verbe trans. [10]
Entretenir, éduquer (un enfant). – Veiller à l'entretien, au développement, à la reproduction (d'animaux). ◻◻ [el(ə)ve].

ÉLEVEUR, EUSE, subst.
Personne qui pratique l'élevage : *Un éleveur de chevaux*. ◻◻ [el(ə)vœr, -øz].

ELFE, subst. m.
Génie de la mythologie scandinave. ◻◻ [ɛlf].

ÉLIGIBLE, adj.
Qui a le droit d'être élu. ◻◻ [eliʒibl].

ÉLIMÉ, ÉE, adj.
Se dit d'un tissu râpé, usé. ◻◻ [elime].

ÉLIMINATOIRE, adj. et subst. f.
Adj. Qui élimine. – Subst. Sp. Épreuve préalable de sélection (gén. au plur.). ◻◻ [eliminatwar].

ÉLIMINER, verbe trans. [3]
Exclure, écarter, après un choix ou une sélection. – Supprimer. – Tuer. ◻◻ [elimine].

ÉLIRE, verbe trans. [66]
Donner la préférence à. – Choisir par vote. ◻◻ [elir].

ÉLISION, subst. f.
Suppression de la voyelle finale d'un mot, lorsque le mot suivant commence par une voyelle ou un *h* muet. ◻◻ [elizjɔ̃].

ÉLITE, subst. f.
Petit groupe de personnes considérées comme supérieures, comme les meilleures d'une communauté. ◻◻ [elit].

ÉLIXIR, subst. m.
Sirop médicamenteux à base d'alcool. – Philtre magique. ◻◻ [eliksir].

ELLE, ELLES, pron. pers. f.
Représente la 3e personne du singulier ou du pluriel : *Elle vient* ; *Elles vont*. ◻◻ [ɛl].

ELLIPSE, subst. f.
Géom. Courbe plane fermée. – *Ling.* Raccourci qui consiste à omettre un ou plusieurs mots, qui sont sous-entendus. ◻◻ [elips].

ELLIPTIQUE, adj.
Géom. Qui a la forme d'une ellipse. – *Ling.* Qui comporte une ellipse. ◻◻ [eliptik].

ÉLOCUTION, subst. f.
Manière de parler, d'articuler les mots. ◻◻ [elɔkysjɔ̃].

ÉLOGE, subst. m.
Propos, écrit qui célèbre les louanges de qqn, de qqch. ◻◻ [elɔʒ].

ÉLOGIEUX, IEUSE, adj.
Qui comporte des éloges. ◻◻ [elɔʒjø, -jøz].

ÉLOIGNEMENT, subst. m.
Action d'éloigner, de s'éloigner. – Fait d'être éloigné. – Distance qui sépare deux choses, deux lieux. ◻◻ [elwaɲmɑ̃].

ÉLOIGNER, verbe trans. [3]
Mettre loin ou plus loin. – Fig. Détacher ; détourner. – Pronom. S'écarter ; devenir lointain. ◻◻ [elwaɲe].

ÉLONGATION, subst. f.
Étirement accidentel d'un muscle, d'un ligament. ◻◻ [elɔ̃gasjɔ̃].

ÉLOQUENCE, subst. f.
Talent de persuader, d'émouvoir en parlant. – Caractère de ce qui est significatif, expressif. ◻◻ [elɔkɑ̃s].

ÉLU, UE, adj. et subst.
Vainqueur d'une élection. – *Que le cœur a choisi.* 🔊 [ely].

ÉLUCIDER, verbe trans. [3]
Expliquer, rendre clair. 🔊 [elyside].

ÉLUCUBRATION, subst. f.
Œuvre ou théorie laborieuse et incohérente ; divagation. 🔊 [elykybʀasjɔ̃].

ÉLUDER, verbe trans. [3]
Éviter avec adresse. 🔊 [elyde].

ÉLYTRE, subst. m.
Aile antérieure dure de certains insectes, servant d'étui protecteur. 🔊 [elitʀ̩].

ÉMACIÉ, ÉE, adj.
Extrêmement amaigri. 🔊 [emasje].

ÉMAIL, AUX, subst. m.
Sorte de vernis dur et inaltérable. – Substance qui recouvre l'ivoire des dents. – Objet en émail, recouvert d'**émail.** – *Hérald.* Couleur du blason. 🔊 [emaj].

ÉMAILLER, verbe trans. [3]
Recouvrir d'émail. – Fig. Parsemer (un texte, un discours) d'ornements. 🔊 [emaje].

ÉMANATION, subst. f.
Action d'émaner. – Ce qui émane de qqch., de qqn : *Des émanations de gaz,* l'odeur qui s'en dégage. 🔊 [emanasjɔ̃].

ÉMANCIPER, verbe trans. [3]
Rendre majeur avant l'âge. – Fig. Libérer d'une dépendance. 🔊 [emɑ̃sipe].

ÉMANER, verbe intrans. [3]
S'exhaler, se dégager. – Fig. Découler, avoir pour origine. 🔊 [emane].

ÉMARGER, verbe trans. [5]
Trans. dir. Rogner la marge de. – Signer pour attestation. – Trans. indir. Émarger *à* : recevoir le traitement affecté à un emploi. 🔊 [emaʀʒe].

ÉMASCULER, verbe trans. [3]
Priver un mâle de ses organes génitaux. 🔊 [emaskyle].

EMBALLAGE, subst. m.
Action d'emballer. – Ce qui sert à emballer (caisse, carton, sac, flacon...). 🔊 [ɑ̃balaʒ].

EMBALLEMENT, subst. m.
Fait de s'emballer, pour un cheval, un moteur. – Fig. Enthousiasme. 🔊 [ɑ̃balmɑ̃].

EMBALLER, verbe trans. [3]
Mettre sous emballage, empaqueter. – Pronom. S'emporter, en parlant d'un cheval, d'un moteur. – Fig. Se laisser emporter par l'enthousiasme, la colère, etc. 🔊 [ɑ̃bale].

EMBARCADÈRE, subst. m.
Quai, jetée d'embarquement. 🔊 [ɑ̃baʀkadɛʀ].

EMBARCATION, subst. f.
Petit bateau, frêle esquif. 🔊 [ɑ̃baʀkasjɔ̃].

EMBARDÉE, subst. f.
Brutal et bref écart que fait un véhicule. 🔊 [ɑ̃baʀde].

EMBARGO, subst. m.
Mesure visant à interdire l'exportation ou la libre circulation d'un objet. 🔊 [ɑ̃baʀgo].

EMBARQUEMENT, subst. m.
Action d'embarquer, de s'embarquer : *L'embarquement des passagers.* 🔊 [ɑ̃baʀkəmɑ̃].

EMBARQUER, verbe [3]
Trans. Faire monter, charger à bord d'un bateau, d'un véhicule. – Fig. Entraîner dans une affaire risquée (fam.). – Intrans. et pronom. Monter à bord de. 🔊 [ɑ̃baʀke].

EMBARRAS, subst. m.
Obstacle qui gêne une action, la réalisation de qqch. – Situation difficile, gênante. – Trouble, malaise. 🔊 [ɑ̃baʀa].

EMBARRASSER, verbe trans. [3]
Encombrer. – Mettre dans l'embarras, dans une position gênante. – Pronom. Se soucier de. 🔊 [ɑ̃baʀase].

EMBAUCHE, subst. f.
Action d'embaucher. – Possibilité de travail : *Il y a de l'embauche.* 🔊 [ɑ̃boʃ].

EMBAUCHER, verbe trans. [3]
Engager (qqn) pour un emploi. – Mettre (qqn) à contribution (fam.). 🔊 [ɑ̃boʃe].

EMBAUMER, verbe [3]
Trans. Traiter un cadavre pour le conserver. – Parfumer agréablement. – Intrans. Sentir bon. 🔊 [ɑ̃bome].

EMBELLIE, subst. f.
Amélioration du temps. – Fig. Amélioration momentanée d'une situation. 🔊 [ɑ̃beli].

EMBELLIR, verbe [19]
Rendre ou devenir plus beau. 🔊 [ɑ̃beliʀ].

EMBÊTER, verbe trans. [3]
Fam. Ennuyer ou agacer. – Causer une contrariété à. 🔊 [ɑ̃bete].

EMBLÉE (D'), loc. adv.
Aussitôt, du premier coup. 🔊 [dɑ̃ble].

EMBLÈME, subst. m.
Figure symbolique, gén. associée à une devise. – Objet symbolisant un concept. 🔊 [ɑ̃blɛm].

EMBOBINER, verbe trans. [3]
Enrouler autour d'une bobine. – Fig. Tromper en séduisant (fam.). 🔊 [ɑ̃bobine].

EMBOÎTER, verbe trans. [3]
Ajuster, faire entrer un élément dans un autre. – Emboîter *le pas à qqn* : le suivre de près. 🔊 [ɑ̃bwate].

EMBOLIE, subst. f.
Méd. Obstruction soudaine d'un vaisseau sanguin par un corps étranger. 🔊 [ɑ̃boli].

EMBONPOINT, subst. m.
État d'un corps bien en chair. 🔊 [ɑ̃bɔ̃pwɛ̃].

EMBOUCHURE, subst. f.
Endroit où un fleuve se jette dans la mer. – Bout d'un instrument à vent que l'on porte à la bouche. 🔊 [ɑ̃buʃyʀ].

EMBOURBER, verbe trans. [3]
Enfoncer (qqch.) dans la boue. – Pronom. S'enfoncer dans la boue. – Fig. S'empêtrer dans une situation très pénible. 🔊 [ɑ̃buʀbe].

EMBOURGEOISER (S'), verbe pronom. [3]
Acquérir les caractéristiques de la bourgeoisie. 🕮 [ãbuʀʒwaze].

EMBOUT, subst. m.
Garniture placée au bout d'une canne, d'un parapluie, etc. – Élément situé au bout d'une pièce, permettant de l'assembler à une autre. 🕮 [ãbu].

EMBOUTEILLAGE, subst. m.
Mise en bouteilles. – Encombrement d'une voie de circulation. 🕮 [ãbutɛjaʒ].

EMBOUTEILLER, verbe trans. [3]
Mettre en bouteilles. – Créer un embouteillage dans. 🕮 [ãbuteje].

EMBOUTIR, verbe trans. [19]
Mettre en forme une pièce de métal en la comprimant ou en la martelant. – Endommager par un choc ; défoncer. 🕮 [ãbutiʀ].

EMBRANCHEMENT, subst. m.
Ramification ; point de jonction de plusieurs voies. – Chacune des divisions principales des règnes animal et végétal. 🕮 [ãbʀɑ̃ʃmɑ̃].

EMBRASER, verbe trans. [3]
Mettre le feu à. – Illuminer de lueurs rouges. – Fig. Emplir d'une passion ardente. 🕮 [ãbʀaze].

EMBRASSADE, subst. f.
Action de deux personnes qui s'embrassent. 🕮 [ãbʀasad].

EMBRASSER, verbe trans. [3]
Prendre et serrer dans ses bras. – Donner des baisers à. – Saisir par la vue, par la pensée dans toute son étendue. – Fig. Adopter, choisir (une cause). 🕮 [ãbʀase].

EMBRASURE, subst. f.
Ouverture pratiquée dans l'épaisseur d'un mur pour recevoir une fenêtre, une porte. 🕮 [ãbʀazyʀ].

EMBRAYAGE, subst. m.
Action d'embrayer. – Mécanisme permettant d'embrayer. 🕮 [ãbʀɛjaʒ].

EMBRAYER, verbe intrans. [15]
Mettre une pièce, un mécanisme en communication avec le moteur qui doit l'entraîner. 🕮 [ãbʀeje].

EMBRIGADER, verbe trans. [3]
Enrôler dans une formation politique, une association. 🕮 [ãbʀigade].

EMBROCHER, verbe trans. [3]
Enfiler sur une broche. – Transpercer (qqn) avec une arme blanche. 🕮 [ãbʀɔʃe].

EMBROUILLER, verbe trans. [3]
Emmêler. – Fig. Rendre confus. 🕮 [ãbʀuje].

EMBRUN, subst. m.
Fine pluie d'eau de mer arrachée aux vagues par le vent (gén. au plur.). 🕮 [ãbʀœ̃].

EMBRYON, subst. m.
Œuf fécondé, organisme dans les premiers stades de son développement. – Fig. Germe d'une création, d'une situation. 🕮 [ãbʀijɔ̃].

EMBÛCHE, subst. f.
Difficulté, obstacle. 🕮 [ãbyʃ].

EMBUER, verbe trans. [3]
Couvrir de buée. – *Des yeux embués de larmes* : voilés par les larmes. 🕮 [ãbɥe].

EMBUSCADE, subst. f.
Stratagème consistant à se cacher pour attaquer l'adversaire par surprise. 🕮 [ãbyskad].

EMBUSQUER (S'), verbe pronom. [3]
Se mettre en embuscade. – Se faire affecter loin des combats, à l'abri du danger, pour un soldat. 🕮 [ãbyske].

ÉMÉCHÉ, ÉE, adj.
Un peu ivre. 🕮 [emeʃe].

ÉMERAUDE, subst. f.
Pierre précieuse verte. – Empl. adj. inv. De la couleur de l'émeraude. 🕮 [em(ə)ʀod].

ÉMERGENCE, subst. f.
Fait d'apparaître à la surface. – Fig. Émergence *d'une idée, d'un fait.* 🕮 [emɛʀʒɑ̃s].

ÉMERGER, verbe intrans. [5]
Sortir d'un milieu liquide dans lequel on était plongé ; apparaître à la surface. – Fig. Apparaître, se manifester. – Sortir du sommeil ou d'une situation difficile (fam.). 🕮 [emɛʀʒe].

ÉMÉRITE, adj.
D'une compétence rare. 🕮 [emeʀit].

ÉMERVEILLER, verbe trans. [3]
Éveiller une admiration et un étonnement très vifs chez (qqn). 🕮 [emɛʀveje].

ÉMETTEUR, TRICE, adj. et subst. m.
Adj. Qui émet. – Subst. Dispositif, appareil qui émet des signaux électromagnétiques porteurs de messages. 🕮 [emetœʀ, -tʀis].

ÉMETTRE, verbe trans. [60]
Produire hors de soi, par rayonnement. – Faire entendre ; formuler : **Émettre un souhait.** – Mettre en circulation (de l'argent). – Transmettre (des messages) sur les ondes. 🕮 [emɛtʀ].

ÉMEUTE, subst. f.
Soulèvement populaire. 🕮 [emøt].

ÉMIETTER, verbe trans. [3]
Transformer en miettes ; morceler. – Fig. Disperser, éparpiller : **Émietter** *ses efforts.* 🕮 [emjete].

ÉMIGRATION, subst. f.
Action d'émigrer. – L'ensemble des émigrés. 🕮 [emigʀasjɔ̃].

ÉMIGRÉ, ÉE, adj. et subst.
Qui s'est expatrié. 🕮 [emigʀe].

ÉMIGRER, verbe intrans. [3]
Partir s'installer à l'étranger. – *Zool.* Migrer. 🕮 [emigʀe].

ÉMINCÉ, adj. et subst. m.
Adj. Finement coupé. – Subst. Mets à base d'aliments ainsi tranchés. 🕮 [emɛ̃se].

ÉMINENCE, subst. f.
Élévation de terrain, monticule. – *Anat.* Protubérance. – Titre d'honneur d'un cardinal. 🕮 [eminɑ̃s].

ÉMINENT, ENTE, adj.
Qui est au-dessus du niveau commun ; distingué, remarquable. [eminɑ̃, -ɑ̃t].

ÉMIR, subst. m.
Prince, gouverneur, dans certains pays musulmans. [emiʀ].

ÉMIRAT, subst. m.
Dignité d'émir. – État gouverné par un émir. [emiʀa].

ÉMISSAIRE, subst. m.
Personne envoyée pour accomplir une mission plus ou moins secrète. [emiseʀ].

ÉMISSION, subst. f.
Action d'émettre ; son résultat. – Unité d'un programme de radio, de télévision. [emisjɔ̃].

EMMAGASINER, verbe trans. [3]
Mettre en réserve, stocker. – Faire provision de, accumuler. [ɑ̃magazine].

EMMAILLOTER, verbe trans. [3]
Enrouler (un bébé) dans un lange (veilli). – Envelopper complètement dans une pièce de tissu. [ɑ̃majɔte].

EMMANCHER, verbe trans. [3]
Fixer à un manche. [ɑ̃mɑ̃ʃe].

EMMANCHURE, subst. f.
Ouverture faite dans un vêtement pour y coudre une manche ou pour laisser passer le bras. [ɑ̃mɑ̃ʃyʀ].

EMMÊLER, verbe trans. [3]
Mêler ensemble, en enchevêtrant. – Fig. Rendre confus. [ɑ̃mele].

EMMÉNAGEMENT, subst. m.
Action d'emménager. [ɑ̃menaʒmɑ̃].

EMMÉNAGER, verbe intrans. [5]
S'installer dans une nouvelle demeure. [ɑ̃menaʒe].

EMMENER, verbe trans. [10]
Mener (qqn) avec soi d'un lieu à un autre. [ɑ̃m(ə)ne].

EMMITOUFLER, verbe trans. [3]
Couvrir chaudement, entièrement. – Pronom. *S'emmitoufler dans un gros manteau.* [ɑ̃mitufle].

EMMURER, verbe trans. [3]
Enfermer en murant. – Enfermer en bloquant les issues. [ɑ̃myʀe].

ÉMOI, subst. m.
Trouble affectif ou sensuel. – Agitation. [emwa].

ÉMOLUMENTS, subst. m. plur.
Revenus variables d'un officier ministériel. – Salaire, traitement. [emɔlymɑ̃].

ÉMONDER, verbe trans. [3]
Couper les branches inutiles (d'un arbre). – Ôter l'enveloppe (de certaines graines). [emɔ̃de].

ÉMOTIF, IVE, adj. et subst.
Qui éprouve facilement des émotions. – Adj. Relatif à l'émotion. [emɔtif, -iv].

ÉMOTION, subst. f.
Trouble, agitation passagère causée par un sentiment intense. [emosjɔ̃].

ÉMOTIVITÉ, subst. f.
Caractère d'une personne émotive, sensibilité. [emotivite].

ÉMOULU, UE, adj.
Frais émoulu : récemment sorti (d'une école). [emuly].

ÉMOUSSER, verbe trans. [3]
Rendre moins tranchant, moins pointu. – Fig. Atténuer. [emuse].

ÉMOUSTILLER, verbe trans. [3]
Porter à la gaieté ; mettre de bonne humeur. – Exciter le désir de. [emustije].

ÉMOUVANT, ANTE, adj.
Qui émeut. [emuvɑ̃, -ɑ̃t].

ÉMOUVOIR, verbe trans. [49]
Agir sur la sensibilité de ; troubler, attendrir. – Pronom. Être touché, troublé. – S'inquiéter. [emuvwaʀ].

EMPAILLÉ, ÉE, adj.
Garni de paille : *Chaise empaillée.* – Naturalisé, en parlant d'un animal mort que l'on veut conserver. [ɑ̃paje].

EMPALER, verbe trans. [3]
Transpercer d'un pal, d'un pieu. – Pronom. Tomber sur une pointe qui s'enfonce dans le corps. [ɑ̃pale].

EMPAQUETER, verbe trans. [14]
Emballer pour faire un paquet. [ɑ̃pak(ə)te].

EMPARER (S'), verbe pronom. [3]
Prendre par la force ou indûment : *L'armée s'est emparée du pouvoir.* – Saisir vivement. – Fig. *Un fou rire s'est emparé de moi.* [ɑ̃paʀe].

EMPÂTER, verbe trans. [3]
Enduire de pâte. – Rendre pâteux. – Bouffir, gonfler, épaissir. – Pronom. S'épaissir ; grossir. [ɑ̃pɑte].

EMPÊCHEMENT, subst. m.
Ce qui empêche une action. [ɑ̃pɛʃmɑ̃].

EMPÊCHER, verbe trans. [3]
Entraver, faire obstacle à ; rendre impossible. – Pronom. *S'empêcher de* : s'abstenir, se retenir de. [ɑ̃peʃe].

EMPEREUR, subst. m.
Chef souverain d'un empire. [ɑ̃pʀœʀ].

EMPESÉ, ÉE, adj.
Amidonné. – Fig. Raide, affecté. [ɑ̃pəze].

EMPESTER, verbe [3]
Trans. Répandre une odeur infecte dans. – Intrans. Sentir mauvais. [ɑ̃pɛste].

EMPÊTRER (S'), verbe pronom. [3]
S'empêtrer *dans* : se prendre les pieds dans, s'entraver dans ses mouvements par. – S'embrouiller. [ɑ̃petʀe].

EMPHASE, subst. f.
Exagération, pédantisme de parole, de comportement. [ɑ̃faz].

EMPIÉTER, verbe intrans. [8]
Empiéter *sur qqch.* : l'usurper partiellement. – Déborder sur. 🕮 [ɑ̃pjete].

EMPILER, verbe trans. [3]
Mettre en pile ; entasser. 🕮 [ɑ̃pile].

EMPIRE, subst. m.
Régime dans lequel l'autorité politique est détenue par un empereur. – État soumis à l'autorité d'un empereur. – Ensemble d'États, de territoires soumis à un gouvernement unique. – Autorité, ascendant moral. – *Sous l'empire de la colère* : sous son influence. 🕮 [ɑ̃piʀ].

EMPIRER, verbe intrans. [3]
Devenir pire, se dégrader. 🕮 [ɑ̃piʀe].

EMPIRIQUE, adjectif.
Fondé sur la seule expérience. 🕮 [ɑ̃piʀik].

EMPLACEMENT, subst. m.
Place destinée à recevoir qqch., ou occupée par qqch. 🕮 [ɑ̃plasmɑ̃].

EMPLÂTRE, subst. m.
Pharm. Substance gélatineuse qui adhère sur la partie du corps à soigner. – Personne sans énergie, incapable (fam.). 🕮 [ɑ̃plɑtʀ].

EMPLETTE, subst. f.
Achat d'objets courants. – La marchandise achetée. 🕮 [ɑ̃plɛt].

EMPLOI, subst. m.
Action et manière d'employer qqch. ; fonction, destination : *Mode* d'emploi, notice d'utilisation ; *Emploi du* temps, organisation dans le temps des occupations. – Travail rémunéré, charge. 🕮 [ɑ̃plwa].

EMPLOYÉ, ÉE, subst.
Personne qui travaille sous les ordres de qqn d'autre, moyennant salaire. 🕮 [ɑ̃plwaje].

EMPLOYER, verbe trans. [17]
Se servir de, utiliser. – Fournir une activité rémunérée à (qqn). – Pronom. *S'employer à* : s'appliquer à. 🕮 [ɑ̃plwaje].

EMPLOYEUR, EUSE, subst.
Personne qui emploie un ou plusieurs salariés. 🕮 [ɑ̃plwajœʀ, -øz].

EMPOCHER, verbe trans. [3]
Mettre dans sa poche. – Toucher, percevoir (de l'argent). 🕮 [ɑ̃pɔʃe].

EMPOIGNADE, subst. f.
Vif affrontement, physique ou verbal. 🕮 [ɑ̃pwaɲad].

EMPOIGNER, verbe trans. [3]
Saisir fermement avec le poing. – Fig. Émouvoir fortement. – Pronom. Se battre ; se quereller. 🕮 [ɑ̃pwaɲe].

EMPOISONNEMENT, subst. m.
Action d'empoisonner. – Intoxication. 🕮 [ɑ̃pwazɔnmɑ̃].

EMPOISONNER, verbe trans. [3]
Provoquer la mort ou intoxiquer avec du poison. – Mettre du poison (dans, sur). – Empuantir. – Ennuyer, agacer (fam.). 🕮 [ɑ̃pwazɔne].

EMPORTEMENT, subst. m.
Violent accès de colère. 🕮 [ɑ̃pɔʀtəmɑ̃].

EMPORTE-PIÈCE, subst. m.
Outil servant à découper des pièces par pression sur une surface. – Loc. adj. *À l'emporte-pièce* : mordant, incisif. 🕮 Plur. *emporte-pièce(s)* ; [ɑ̃pɔʀt(ə)pjɛs].

EMPORTER, verbe trans. [3]
Porter avec soi d'un lieu dans un autre. – Arracher ; entraîner dans son mouvement. – *L'emporter sur* : prendre l'avantage sur. – Pronom. Se mettre en colère. 🕮 [ɑ̃pɔʀte].

EMPOTÉ, ÉE, adj. et subst.
Qui est lent et gauche (fam.). 🕮 [ɑ̃pɔte].

EMPOURPRER, verbe trans. [3]
Teinter de pourpre, de rouge. 🕮 [ɑ̃puʀpʀe].

EMPREINT, EINTE, adj.
Marqué : *Un visage* empreint *de chagrin*. 🕮 [ɑ̃pʀɛ̃, -ɛ̃t].

EMPREINTE, subst. f.
Marque en creux ou en relief laissée par pression sur une surface. – Fig. Marque distinctive ou durable. 🕮 [ɑ̃pʀɛ̃t].

EMPRESSEMENT, subst. m.
Ardeur, zèle. – Hâte. 🕮 [ɑ̃pʀɛsmɑ̃].

EMPRESSER (S'), verbe pronom. [3]
S'empresser auprès de qqn : déployer du zèle pour lui plaire ou le servir. – *S'empresser de* : se hâter de. 🕮 [ɑ̃pʀese].

EMPRISE, subst. f.
Influence, domination (morale et intellectuelle). 🕮 [ɑ̃pʀiz].

EMPRISONNEMENT, subst. m.
Action d'emprisonner. – Peine de prison. 🕮 [ɑ̃pʀizɔnmɑ̃].

EMPRISONNER, verbe trans. [3]
Mettre en prison. – Tenir enfermé, à l'étroit. 🕮 [ɑ̃pʀizɔne].

EMPRUNT, subst. m.
Action d'emprunter ; ce qui est emprunté. – Loc. adj. *D'emprunt* : qui n'appartient pas en propre. 🕮 [ɑ̃pʀœ̃].

EMPRUNTÉ, ÉE, adj.
Qui manque d'aisance, de naturel : *Avoir un air* emprunté. 🕮 [ɑ̃pʀœ̃te].

EMPRUNTER, verbe trans. [3]
Se faire prêter (qqch.). – Prendre qqch. à qqn et le faire sien ; imiter. – *Emprunter une route* : la suivre. 🕮 [ɑ̃pʀœ̃te].

ÉMU, UE, adj.
Qui éprouve ou témoigne de l'émotion. 🕮 [emy].

ÉMULATION, subst. f.
Sentiment qui porte à être l'émule de qqn. 🕮 [emylasjɔ̃].

ÉMULE, subst.
Personne qui cherche à en égaler ou à en surpasser une autre. 🕮 [emyl].

ÉMULSION, subst. f.
Chim. Interpénétration par agitation de deux liquides qui ne peuvent pas se mélanger. 🕮 [emylsjɔ̃].

EN, prép., pron. et adv.
Prép. Introduit un complément de lieu, de temps, de manière, d'état, etc. : *Habiter en France* ; *Être en colère*. – Pron. Représente un antécédent exprimé ou sous-entendu : *C'est ma valise, j'en possède la clef*. – Adv. De là : *J'en sors*. 🐚 [ɑ̃].

ENAMOURÉ, ÉE, adj.
Amoureux (littér.). 🐚 On dit aussi *énamouré* ; [ɑnamure].

ENCADREMENT, subst. m.
Action d'encadrer. – Ce qui encadre. 🐚 [ɑ̃kadʀəmɑ̃].

ENCADRER, verbe trans. [3]
Garnir d'un cadre. – Entourer à la manière d'un cadre. – Flanquer. – Assurer un rôle de direction, d'organisation, de contrôle auprès de (qqn). – Placer (qqn) sous la responsabilité de cadres. 🐚 [ɑ̃kadʀe].

ENCAISSER, verbe trans. [3]
Percevoir (de l'argent). – Resserrer (un lieu) en bordant de près. – Fig. Recevoir (des coups) ; supporter (fam.). 🐚 [ɑ̃kese].

EN-CAS, subst. m. inv.
Léger repas préparé en cas de besoin. 🐚 On écrit aussi *encas* ; [ɑ̃kɑ].

ENCASTRER, verbe trans. [3]
Introduire dans une cavité aux dimensions ajustées ; emboîter. 🐚 [ɑ̃kastʀe].

ENCAUSTIQUE, subst. f.
Mélange de cire et d'essence de térébenthine utilisé pour entretenir et faire briller le bois. 🐚 [ɑ̃kostik].

ENCEINTE (I), subst. f.
Ce qui entoure un espace et en défend l'accès ; rempart. – *Dans l'enceinte de* : à l'intérieur de. – Élément qui, dans une chaîne haute fidélité, contient les haut-parleurs. 🐚 [ɑ̃sɛ̃t].

ENCEINTE (II), adj. f.
Se dit d'une femme qui attend un enfant. 🐚 [ɑ̃sɛ̃t].

ENCENS, subst. m.
Résine qui, en brûlant, répand un arôme pénétrant. 🐚 [ɑ̃sɑ̃].

ENCENSER, verbe trans. [3]
Brûler de l'encens en faveur de. – Fig. Flatter avec excès. 🐚 [ɑ̃sɑse].

ENCÉPHALE, subst. m.
Ensemble des centres nerveux contenus dans la boîte crânienne. 🐚 [ɑ̃sefal].

ENCERCLER, verbe trans. [3]
Entourer d'un cercle. – Fig. Cerner, investir, entourer de toutes parts. 🐚 [ɑ̃sɛʀkle].

ENCHAÎNEMENT, subst. m.
Action d'enchaîner ; son résultat. – Succession. 🐚 [ɑ̃ʃɛnmɑ̃].

ENCHAÎNER, verbe trans. [3]
Attacher avec une chaîne. – Fig. Assujettir. – Lier, poursuivre selon un processus logique : *Enchaîner des phrases*. 🐚 [ɑ̃ʃene].

ENCHANTEMENT, subst. m.
Action d'enchanter ; son résultat. – Ce qui enchante. 🐚 [ɑ̃ʃɑ̃tmɑ̃].

ENCHANTER, verbe trans. [3]
Soumettre à un sortilège. – Combler, ravir. 🐚 [ɑ̃ʃɑ̃te].

ENCHANTEUR, ERESSE, adj. et subst.
Adj. Se dit de ce ou de celui qui enchante. – Subst. Magicien. 🐚 [ɑ̃ʃɑ̃tœʀ, -ʀɛs].

ENCHÂSSER, verbe trans. [3]
Placer dans une châsse. – Fixer dans un support ; sertir. 🐚 [ɑ̃ʃɑse].

ENCHÈRE, subst. f.
Offre d'un prix d'achat supérieur à ceux des offres précédentes. 🐚 [ɑ̃ʃɛʀ].

ENCHEVÊTRER, verbe trans. [3]
Entremêler, embrouiller. 🐚 [ɑ̃ʃ(ə)vetʀe].

ENCLAVE, subst. f.
Terrain ou territoire entouré de tous côtés par un autre. 🐚 [ɑ̃klav].

ENCLENCHER, verbe trans. [3]
Mettre en route (un mécanisme). – Fig. Faire démarrer, mettre en action ; commencer. 🐚 [ɑ̃klɑ̃ʃe].

ENCLIN, INE, adj.
Enclin *à* : porté, prédisposé à. 🐚 [ɑ̃klɛ̃, -in].

ENCLOS, subst. m.
Surface entourée par une clôture. – Cette clôture. 🐚 [ɑ̃klo].

ENCLUME, subst. f.
Masse métallique sur laquelle on martèle des métaux. 🐚 [ɑ̃klym].

ENCOCHE, subst. f.
Petite entaille. 🐚 [ɑ̃kɔʃ].

ENCOIGNURE, subst. f.
Angle intérieur où se rencontrent deux murs. 🐚 [ɑ̃kɔɲyʀ].

ENCOLURE, subst. f.
Partie du corps du cheval comprise entre la tête, le garrot et le poitrail. – Mesure du tour de cou. – Partie du vêtement qui entoure le cou. 🐚 [ɑ̃kɔlyʀ].

ENCOMBRE (SANS), loc. adv.
Sans rencontrer d'obstacle. 🐚 [sɑ̃zɑ̃kɔ̃bʀ].

ENCOMBREMENT, subst. m.
Action d'encombrer ; état de ce qui est encombré. – Volume qu'occupe un objet. – Embouteillage. 🐚 [ɑ̃kɔ̃bʀəmɑ̃].

ENCOMBRER, verbe trans. [3]
Embarrasser, obstruer par une quantité ou un volume excessifs. 🐚 [ɑ̃kɔ̃bʀe].

ENCONTRE DE (À L'), loc. prép.
Aller à l'encontre *de qqch.* : s'y opposer. 🐚 [alɑ̃kɔ̃tʀ(ə)də].

ENCORBELLEMENT, subst. m.
Construction en saillie sur un mur : *Balcon en encorbellement*. 🐚 [ɑ̃kɔʀbɛlmɑ̃].

ENCORDER (S'), verbe pronom. [3]
S'attacher, se relier à une même corde, en parlant des alpinistes. 🐚 [ɑ̃kɔʀde].

ENCORE, adv.
Toujours : *Il est encore là.* – De nouveau : *Essaie encore une fois.* – Renforce un comparatif : *Il pleut encore plus fort.* – Encore que : quoique, bien que. 🔊 [ãkɔʀ].

ENCOURAGEMENT, subst. m.
Action d'encourager. – Acte ou parole qui encourage. 🔊 [ãkuʀaʒmã].

ENCOURAGER, verbe trans. [5]
Donner du courage à. – Pousser à agir ; inciter. – Favoriser : *Encourager les arts.* 🔊 [ãkuʀaʒe].

ENCOURIR, verbe trans. [25]
S'exposer à (un châtiment). 🔊 [ãkuʀiʀ].

ENCRASSER, verbe trans. [3]
Couvrir de crasse. 🔊 [ãkʀase].

ENCRE, subst. f.
Substance liquide colorée utilisée pour écrire, dessiner ou imprimer. 🔊 [ãkʀ].

ENCRIER, subst. m.
Petit récipient destiné à contenir de l'encre. 🔊 [ãkʀije].

ENCYCLIQUE, subst. f.
Lettre du pape aux évêques, intéressant l'ensemble de l'Église. 🔊 [ãsiklik].

ENCYCLOPÉDIE, subst. f.
Ouvrage qui expose les connaissances humaines dans leur ensemble ou dans un domaine particulier. 🔊 [ãsiklɔpedi].

ENDÉMIQUE, adj.
Qui sévit en permanence dans un pays, un milieu : *Famine endémique.* 🔊 [ãdemik].

ENDETTER, verbe trans. [3]
Charger de dettes. 🔊 [ãdete].

ENDEUILLER, verbe trans. [3]
Plonger dans le deuil, dans la tristesse, en parlant d'un décès. 🔊 [ãdœje].

ENDIABLÉ, ÉE, adj.
D'une vivacité extrême. 🔊 [ãdjable].

ENDIGUER, verbe trans. [3]
Contenir (des eaux) par des digues. – Fig. *Endiguer une révolte.* 🔊 [ãdige].

ENDIMANCHÉ, ÉE, adj.
Habillé comme pour un dimanche, de façon plus soignée que d'habitude. 🔊 [ãdimãʃe].

ENDIVE, subst. f.
Bourgeon hypertrophié d'une variété de chicorée, consommé comme légume. 🔊 [ãdiv].

ENDOCTRINER, verbe trans. [3]
Faire la leçon à qqn, chercher à lui faire adopter une doctrine. 🔊 [ãdɔktʀine].

ENDOLORI, IE, adj.
Douloureux, meurtri. 🔊 [ãdɔlɔʀi].

ENDOMMAGER, verbe trans. [5]
Causer des dommages à ; détériorer, abîmer. 🔊 [ãdɔmaʒe].

ENDORMIR, verbe trans. [29]
Faire dormir. – Calmer (une douleur). – Ennuyer profondément. – Pronom. Commencer à dormir. – Ralentir son activité ; perdre sa vigilance. 🔊 [ãdɔʀmiʀ].

ENDOSSER, verbe trans. [3]
Mettre (un vêtement) sur son dos. – Assumer la responsabilité de. – Inscrire au dos d'une traite, d'un chèque l'ordre de les payer. 🔊 [ãdose].

ENDROIT, subst. m.
Lieu, portion définie d'un espace. – Côté sous lequel une chose à deux faces se présente habituellement, ou doit se présenter, à la vue : *À l'endroit, du bon côté,* dans le bon sens. – Loc. prép. *À l'endroit de :* à l'égard de (littér.). 🔊 [ãdʀwa].

ENDUIRE, verbe trans. [69]
Recouvrir d'enduit. 🔊 [ãdɥiʀ].

ENDUIT, subst. m.
Couche de matière liquide ou pâteuse dont on recouvre certains objets pour les protéger ou les préparer à un usage. 🔊 [ãdɥi].

ENDURANCE, subst. f.
Capacité de résister à la fatigue, à la souffrance, aux épreuves physiques ou morales. 🔊 [ãdyʀãs].

ENDURCIR, verbe trans. [19]
Rendre plus dur, plus résistant aux souffrances physiques ou morales. 🔊 [ãdyʀsiʀ].

ENDURER, verbe trans. [3]
Supporter en faisant preuve de résistance (une douleur, une épreuve). 🔊 [ãdyʀe].

EN EFFET, loc. adv. et loc. conj.
Loc. adv. Souligne une affirmation : *En effet, vous avez raison,* assurément. – Loc. conj. Introduit une explication : *Ce chien est très méchant : en effet, il m'a mordu.* 🔊 [ãnefε].

ÉNERGÉTIQUE, adj.
Relatif à l'énergie. 🔊 [enεʀʒetik].

ÉNERGIE, subst. f.
Principe d'action, force qui permet d'agir ou de réagir, puissance : *Combattre avec énergie, avec vigueur.* – Phys. Grandeur exprimant l'aptitude d'un corps, d'un système à accomplir un travail, à élever une température, etc. 🔊 [enεʀʒi].

ÉNERGUMÈNE, subst.
Personne agitée, bruyante, au comportement excessif. 🔊 [enεʀgymεn].

ÉNERVEMENT, subst. m.
État d'une personne énervée. 🔊 [enεʀvəmã].

ÉNERVER, verbe trans. [3]
Rendre nerveux. – Pronom. S'impatienter, perdre son sang-froid. 🔊 [enεʀve].

ENFANCE, subst. f.
Période de la vie qui va de la naissance à l'adolescence. – Les enfants. – Fig. Le commencement, le début. 🔊 [ãfãs].

ENFANT, subst. f.
Garçon ou fille qui se trouve dans l'âge de l'enfance. – Fils ou fille. 🔊 [ãfã].

ENFANTER, verbe trans. [3]
Mettre au monde un enfant. – Fig. Donner le jour à ; provoquer. 🔊 [ãfãte].

ENFANTILLAGE, subst. m.
Manières, comportement enfantin. – Chose futile. 🔊 [ɑ̃fɑ̃tijaʒ].

ENFANTIN, INE, adj.
Qui se rapporte à l'enfance. – Aisé, élémentaire. 🔊 [ɑ̃fɑ̃tɛ̃, -in].

ENFER, subst. m.
Relig. Lieu de souffrance éternelle réservé aux pécheurs non repentis. – Fig. Tout ce qui rend la vie insupportable. 🔊 [ɑ̃fɛʀ].

ENFERMER, verbe trans. [3]
Placer et maintenir en un lieu clos. – Mettre en lieu sûr. – Enclore, enserrer. 🔊 [ɑ̃fɛʀme].

ENFERRER (S'), verbe pronom. [3]
Se prendre à ses propres pièges, mensonges ou erreurs. 🔊 [ɑ̃feʀe].

ENFILADE, subst. f.
Série d'éléments disposés les uns à la suite des autres. 🔊 [ɑ̃filad].

ENFILER, verbe trans. [3]
Faire passer (un fil ou un objet filiforme) à travers qqch. – S'engager dans (une voie d'accès). – Mettre (un vêtement). 🔊 [ɑ̃file].

ENFIN, adv.
Finalement, en dernier lieu : *Il rentra* **enfin** *à l'hôtel.* – Renforce l'expression d'un sentiment : **Enfin** *seuls !* 🔊 [ɑ̃fɛ̃].

ENFLAMMER, verbe trans. [3]
Mettre en flammes. – Affecter d'une inflammation. – Fig. Exalter. 🔊 [ɑ̃flame].

ENFLER, verbe [3]
Trans. Augmenter le volume de. – Intrans. Augmenter anormalement de volume. – Fig. S'amplifier. 🔊 [ɑ̃fle].

ENFLURE, subst. f.
État de ce qui est enflé ; gonflement. – Fig. Emphase, exagération. 🔊 [ɑ̃flyʀ].

ENFONCER, verbe trans. [4]
Faire pénétrer profondément. – Faire céder ; briser. – Vaincre. – Pronom. Aller vers le fond de ; s'enliser ; couler. 🔊 [ɑ̃fɔ̃se].

ENFOUIR, verbe trans. [19]
Mettre en terre, sous terre. – Faire disparaître sous, dans ; cacher. 🔊 [ɑ̃fwiʀ].

ENFOURCHER, verbe trans. [3]
S'asseoir à califourchon sur : **Enfourcher** *un âne, une bicyclette.* 🔊 [ɑ̃fuʀʃe].

ENFOURNER, verbe trans. [3]
Introduire dans un four. – Avaler gloutonnement (fam.). 🔊 [ɑ̃fuʀne].

ENFREINDRE, verbe trans. [53]
Ne pas observer, ne pas respecter (une loi, une règle, une convention). 🔊 [ɑ̃fʀɛ̃dʀ].

ENFUIR (S'), verbe pronom. [32]
Fuir ; quitter un lieu avec précipitation. – Fig. Disparaître, se dissiper. 🔊 [ɑ̃fɥiʀ].

ENFUMER, verbe trans. [3]
Remplir (un lieu) de fumée. 🔊 [ɑ̃fyme].

ENGAGEANT, ANTE, adj.
Qui invite, attire. 🔊 [ɑ̃gaʒɑ̃, -ɑ̃t].

ENGAGEMENT, subst. m.
Action d'engager, de s'engager ; son résultat : *Tenir ses* **engagements**. – *Milit.* Combat bref et localisé. 🔊 [ɑ̃gaʒmɑ̃].

ENGAGER, verbe trans. [5]
Mettre, donner en gage. – Lier par une promesse, une convention. – Embaucher ; enrôler. – Faire pénétrer, introduire : **Engager** *la clef dans la serrure.* – Entamer, commencer, mettre en train. – Entraîner, faire entrer (dans une entreprise, une situation) : **Engager** *le pays dans une politique de rigueur.* – Inviter, exhorter. – Pronom. S'engager à : promettre que. – Contracter un engagement militaire ou professionnel. – Commencer, débuter : *Le débat s'engage.* – Prendre publiquement position sur des problèmes politiques ou sociaux : *Un artiste qui s'engage.* 🔊 [ɑ̃gaʒe].

ENGEANCE, subst. f.
Catégorie de gens méprisables. 🔊 [ɑ̃ʒɑ̃s].

ENGELURE, subst. f.
Lésion inflammatoire de la peau causée par le froid. 🔊 [ɑ̃ʒ(ə)lyʀ].

ENGENDRER, verbe trans. [3]
Concevoir (un enfant). – Fig. Produire, occasionner. 🔊 [ɑ̃ʒɑ̃dʀe].

ENGIN, subst. m.
Machine, véhicule, instrument destinés à remplir une fonction. 🔊 [ɑ̃ʒɛ̃].

ENGLOBER, verbe trans. [3]
Rassembler en un tout, inclure. 🔊 [ɑ̃globe].

ENGLOUTIR, verbe trans. [19]
Avaler d'un trait, goulûment. – Provoquer la disparition totale de (qqch.) : **Engloutir** *une fortune au jeu.* 🔊 [ɑ̃glutiʀ].

ENGONCER, verbe trans. [4]
Donner (à qqn) l'air d'avoir le cou enfoncé dans les épaules, en parlant d'un vêtement. 🔊 [ɑ̃gɔ̃se].

ENGORGER, verbe trans. [5]
Obstruer un conduit, par une accumulation de matière. – Saturer. 🔊 [ɑ̃gɔʀʒe].

ENGOUEMENT, subst. m.
Enthousiasme vif et soudain. 🔊 [ɑ̃gumɑ̃].

ENGOUFFRER, verbe trans. [3]
Engloutir (la nourriture). – Pronom. Pénétrer avec force ou en hâte (dans). 🔊 [ɑ̃gufʀe].

ENGOURDIR, verbe trans. [19]
Rendre raide, insensible (le corps, un membre) : *Le froid* **engourdit**. 🔊 [ɑ̃guʀdiʀ].

ENGRAIS, subst. m.
Produit que l'on mêle à la terre pour la rendre plus fertile. 🔊 [ɑ̃gʀɛ].

ENGRAISSER, verbe [3]
Trans. Rendre gras (un animal). – Intrans. et pronom. Devenir gras, gros. 🔊 [ɑ̃gʀese].

ENGRANGER, verbe trans. [5]
Mettre en réserve dans une grange. – Fig. **Engranger** *des informations.* 🔊 [ɑ̃gʀɑ̃ʒe].

ENGRENAGE, subst. m.
Dispositif constitué de roues dentées qui, en s'emboîtant l'une dans l'autre, se transmettent un mouvement rotatif. – Fig. Enchaînement de circonstances dont on ne peut se dégager. 🔊 [ãgʀənaʒ].

ENHARDIR (S'), verbe pronom. [19]
Prendre de l'assurance. 🔊 [ãaʀdiʀ].

ÉNIGMATIQUE, adj.
Qui constitue ou contient une énigme ; obscur. – Étrange, mystérieux : *Un individu* énigmatique. 🔊 [enigmatik].

ÉNIGME, subst. f.
Jeu consistant à deviner la chose qui se cache derrière un énoncé obscur. – Tout ce qui est difficile à comprendre, à résoudre. 🔊 [enigm].

ENIVRER, verbe trans. [3]
Rendre ivre. – Fig. Exalter. 🔊 [ãnivʀe].

ENJAMBÉE, subst. f.
Action d'enjamber. – Extension maximale des jambes dans un pas. 🔊 [ãʒãbe].

ENJAMBER, verbe trans. [3]
Passer la jambe par-dessus un obstacle pour le franchir. – Franchir en prenant appui de chaque côté de : *Le pont* enjambe *la vallée*. 🔊 [ãʒãbe].

ENJEU, EUX, subst. m.
Mise que l'on engage dans un jeu et qui revient au gagnant. – Ce que l'on peut perdre ou gagner dans une compétition, une entreprise. 🔊 [ãʒø].

ENJÔLER, verbe trans. [3]
Amadouer, appâter par des paroles flatteuses, des promesses. 🔊 [ãʒole].

ENJOLIVER, verbe trans. [3]
Rendre plus joli en parant d'éléments agréables ou d'artifices. 🔊 [ãʒolive].

ENJOLIVEUR, subst. m.
Plaque circulaire qui cache les moyeux des roues d'une automobile. 🔊 [ãʒolivœʀ].

ENJOUÉ, ÉE, adj.
Gai, amène, jovial. 🔊 [ãʒwe].

ENLACER, verbe trans. [4]
Entrecroiser ; faire passer une chose autour d'une autre. – S'enrouler étroitement autour de : *Une glycine* enlace *la grille du jardin*. – Prendre, serrer fortement dans ses bras ; étreindre. 🔊 [ãlase].

ENLAIDIR, verbe [19]
Trans. Rendre laid. – Intrans. Devenir laid. 🔊 [ãlediʀ].

ENLÈVEMENT, subst. m.
Action d'enlever. – Rapt. 🔊 [ãlɛvmã].

ENLEVER, verbe trans. [10]
Porter en soulevant. – Déplacer. – Ôter, retirer. – Supprimer, faire disparaître : Enlever *une tache de graisse*. – Prendre de force ; kidnapper. – Enlever *un morceau de musique* : l'exécuter avec brio. 🔊 [ãl(ə)ve].

ENLISER, verbe trans. [3]
Engager dans du sable mouvant, embourber. – Fig. Bloquer tout progrès. – Pronom. S'enliser *dans des complications*. 🔊 [ãlize].

ENLUMINURE, subst. f.
Art d'illustrer et de décorer des manuscrits, des livres par des lettrines peintes, des miniatures, etc. – Décoration ainsi réalisée. 🔊 [ãlyminyʀ].

ENNEIGEMENT, subst. m.
État d'un lieu couvert de neige. – Épaisseur de la neige. 🔊 [ãnɛʒmã].

ENNEMI, IE, adj. et subst.
Se dit d'une personne qui hait qqn ou qui cherche à lui nuire. – Adversaire ; personne, nation, armée que l'on combat. – *Être* l'ennemi *de qqch.* : s'y opposer. 🔊 [en(ə)mi].

ENNUI, subst. m.
Apathie, impression de vide due à l'absence d'intérêt ou d'occupation. – Contrariété, problème. 🔊 [ãnɥi].

ENNUYER, verbe trans. [16]
Plonger dans l'ennui, lasser. – Causer des ennuis, contrarier. 🔊 [ãnɥije].

ÉNONCÉ, subst. m.
Action d'énoncer (oralement ou par écrit). – Ce que l'on énonce. 🔊 [enɔse].

ÉNONCER, verbe trans. [4]
Exprimer sa pensée, la formuler. 🔊 [enɔse].

ENORGUEILLIR, verbe trans. [19]
Rendre orgueilleux. – Pronom. Tirer orgueil de. 🔊 [ãnɔʀgœjiʀ].

ÉNORME, adj.
Qui excède la norme, très grand, très gros. – Fig. Extraordinaire (fam.). 🔊 [enɔʀm].

ÉNORMÉMENT, adv.
Considérablement. 🔊 [enɔʀmemã].

ÉNORMITÉ, subst. f.
Caractère de ce qui est énorme. – Propos extravagant (fam.). 🔊 [enɔʀmite].

ENQUÉRIR (S'), verbe pronom. [33]
S'enquérir de : demander des nouvelles de, se renseigner sur. 🔊 [ãkeʀiʀ].

ENQUÊTE, subst. f.
Ensemble des recherches visant à recueillir des témoignages, des documents, afin d'élucider une question, de faire une étude. 🔊 [ãkɛt].

ENQUÊTER, verbe intrans. [3]
Mener une enquête. 🔊 [ãkete].

ENRACINER, verbe trans. [3]
Faire prendre racine. – Fig. Fixer profondément dans l'esprit, le cœur. 🔊 [ãʀasine].

ENRAGÉ, ÉE, adj.
Qui est atteint de la rage : *Bête* enragée. – Fig. Plein d'ardeur, passionné. – Furieux, violent, acharné. 🔊 [ãʀaʒe].

ENRAGER, verbe intrans. [5]
Ressentir un dépit amer ; être furieux. – *Faire* enrager *qqn* : le mettre en colère. 🔊 [ãʀaʒe].

ENRAYER, verbe trans. [15]
Juguler, freiner l'évolution de. – Pronom.
Son fusil s'est enrayé : son mécanisme
s'est bloqué accidentellement. 🔊 [ɑ̃ʀeje].

ENREGISTRER, verbe trans. [3]
Inscrire un acte sur un registre officiel
pour l'authentifier. – Consigner par écrit.
– Prendre note d'un dépôt. – Fixer dans sa
mémoire. – Fixer, grâce à un instrument,
un son, une image qui pourront être
reproduits. 🔊 [ɑ̃ʀ(ə)ʒistʀe].

ENRHUMER, verbe trans. [3]
Causer un rhume à. – Pronom. Contracter
un rhume. 🔊 [ɑ̃ʀyme].

ENRICHIR, verbe trans. [19]
Rendre riche, plus riche. – Augmenter
l'intérêt, la valeur de qqch. en y ajoutant
des éléments ; embellir. 🔊 [ɑ̃ʀiʃiʀ].

ENROBER, verbe trans. [3]
Entourer, recouvrir d'une couche de matière qui protège ou qui améliore le goût.
– Fig. Envelopper pour atténuer, diminuer.
🔊 [ɑ̃ʀɔbe].

ENRÔLER, verbe trans. [3]
Recruter (qqn) dans l'armée. – Faire entrer
dans un parti, dans un groupe. 🔊 [ɑ̃ʀole].

ENROUÉ, ÉE, adj.
Voix enrouée : rauque, éraillée. 🔊 [ɑ̃ʀwe].

ENROULER, verbe trans. [3]
Rouler une chose sur elle-même ou autour
d'une autre. 🔊 [ɑ̃ʀule].

ENRUBANNÉ, ÉE, adj.
Orné de rubans. 🔊 [ɑ̃ʀybane].

ENSABLER, verbe trans. [3]
Couvrir, remplir de sable. – Engager dans
le sable (un bateau, une voiture, etc.).
– Pronom. S'enfoncer, s'échouer dans le
sable. – Se combler, s'engorger de sable.
🔊 [ɑ̃sable].

ENSANGLANTER, verbe trans. [3]
Couvrir, tacher de sang. – Souiller en
faisant couler le sang : *De nombreux
meurtres* ont ensanglanté *le règne de ce
prince.* 🔊 [ɑ̃sɑ̃glɑ̃te].

ENSEIGNANT, ANTE, subst.
Personne dont la profession consiste à
enseigner. 🔊 [ɑ̃sɛɲɑ̃, -ɑ̃t].

ENSEIGNE, subst.
Fém. Étendard (littér.). – Emblème d'un
établissement commercial, public. – Masc.
Enseigne de vaisseau : officier de marine de
grade équivalent à ceux de sous-lieutenant
ou de lieutenant. 🔊 [ɑ̃sɛɲ].

ENSEIGNEMENT, subst. m.
Action, art de transmettre des connaissances. – Les connaissances transmises.
– Précepte, leçon tirés des faits, de l'expérience. – L'ensemble des institutions qui
dispensent les connaissances ; le métier
d'enseignant. 🔊 [ɑ̃sɛɲ(ə)mɑ̃].

ENSEIGNER, verbe trans. [3]
Dispenser un enseignement. 🔊 [ɑ̃seɲe].

ENSEMBLE (I), adv.
L'un avec l'autre, les uns avec les autres :
Allons-y ensemble. – En même temps : *Ne
parlez pas tous* ensemble. 🔊 [ɑ̃sɑ̃bl].

ENSEMBLE (II), subst. m.
Groupement d'éléments possédant une certaine unité. – Unité harmonieuse. – Vêtement composé de plusieurs pièces assorties.
– L'ensemble *de* : la totalité de. – *Vue
d'ensemble* : générale. 🔊 [ɑ̃sɑ̃bl].

ENSEMENCER, verbe trans. [4]
Semer des graines dans (la terre). – Introduire des germes microbiens dans un milieu,
un bouillon de culture. 🔊 [ɑ̃s(ə)mɑ̃se].

ENSERRER, verbe trans. [3]
Entourer étroitement. 🔊 [ɑ̃seʀe].

ENSEVELIR, verbe trans. [19]
Enterrer (un cadavre). – Faire disparaître
sous un amoncellement. – Fig. Dissimuler,
cacher. 🔊 [ɑ̃səv(ə)liʀ].

ENSOLEILLÉ, ÉE, adj.
Exposé à la lumière solaire. 🔊 [ɑ̃sɔleje].

ENSOMMEILLÉ, ÉE, adj.
Somnolent, mal réveillé. 🔊 [ɑ̃sɔmeje].

ENSORCELER, verbe trans. [12]
Jeter un sort à. – Fig. Séduire. 🔊 [ɑ̃sɔʀsəle].

ENSUITE, adv.
Puis, après : *Fais ceci et* ensuite *cela.* – Plus
loin, derrière. 🔊 [ɑ̃sɥit].

ENSUIVRE (S'), verbe pronom. [62]
Résulter, découler. 🔊 Verbe défectif ; [ɑ̃sɥivʀ].

ENTACHER, verbe trans. [3]
Ternir, compromettre. 🔊 [ɑ̃taʃe].

ENTAILLE, subst. f.
Coupure qui enlève une partie de la matière.
– Blessure, incision profonde causée par un
instrument tranchant. 🔊 [ɑ̃taj].

ENTAILLER, verbe trans. [3]
Faire une entaille à. 🔊 [ɑ̃taje].

ENTAMER, verbe trans. [3]
Enlever le premier morceau de (qqch.).
– Entailler, couper, blesser ; éroder, atta-
quer. – Entreprendre. 🔊 [ɑ̃tame].

ENTARTRER, verbe trans. [3]
Recouvrir de tartre. 🔊 [ɑ̃taʀtʀe].

ENTASSER, verbe trans. [3]
Mettre en tas. – Réunir en nombre, tasser
dans un espace étroit. – Fig. Accumuler,
multiplier. 🔊 [ɑ̃tase].

ENTENDEMENT, subst. m.
Faculté de comprendre. – Bon sens, jugement. 🔊 [ɑ̃tɑ̃dmɑ̃].

ENTENDRE, verbe trans. [51]
Percevoir par l'ouïe. – Écouter attentivement : **Entendre** un *témoin.* – Connaître :
S'y entendre en. – Comprendre, interpréter : *Que faut-il* entendre *là ?* – Vouloir, être résolu à : *Il* entend *être obéi.*
– Pronom. Sympathiser. – Tomber d'accord.
🔊 [ɑ̃tɑ̃dʀ].

ENTENDU, UE, adj.
Qui manifeste une connivence : *Regards en-*
tendus. – Convenu, décidé : *Une affaire en-*
tendue. – Loc. adv. *Bien entendu* : bien sûr.
📖 [ãtãdy].

ENTENTE, subst. f.
Situation de personnes, de partis qui s'en-
tendent ; harmonie, accord. 📖 [ãtãt].

ENTÉRINER, verbe trans. [3]
Ratifier un acte de manière à le valider.
– Admettre la valeur, la justesse de.
📖 [ãterine].

ENTERREMENT, subst. m.
Action d'enterrer. – Cérémonie funèbre qui
accompagne la mise en terre. 📖 [ãtermã].

ENTERRER, verbe trans. [3]
Mettre (un cadavre) en terre. – Enfouir
(qqch.) sous terre, sous un amoncellement.
– Fig. Renoncer définitivement à. 📖 [ãtere].

EN-TÊTE, subst. m.
Brève inscription placée en haut d'une
feuille, identifiant l'expéditeur. 📖 Plur. *en-*
têtes ; [ãtɛt].

ENTÊTEMENT, subst. m.
Action de s'entêter, opiniâtreté. 📖 [ãtɛtmã].

ENTÊTER, verbe trans. [3]
Porter à la tête, griser, étourdir. – Pronom.
S'obstiner. 📖 [ãtete].

ENTHOUSIASME, subst. m.
Admiration passionnée. – Excitation mêlée
d'allégresse ; ardeur joyeuse. 📖 [ãtuzjasm].

ENTHOUSIASMER, verbe trans. [3]
Remplir d'enthousiasme. – Pronom. *S'en-*
thousiasmer de, pour qqch. 📖 [ãtuzjasme].

ENTICHER (S'), verbe pronom. [3]
Éprouver une vive passion, souvent irrai-
sonnée et passagère, pour. 📖 [ãtiʃe].

ENTIER, IÈRE, adj. et subst. m.
Math. Se dit d'un nombre sans fraction
décimale. – Adj. Auquel il ne manque rien,
complet. – Intact : *Cheval* entier, non
castré. – Qui n'accepte pas la compromis-
sion ; catégorique, tranchant. – Loc. adv. *En*
entier : dans sa totalité. 📖 [ãtje, -jɛʀ].

ENTITÉ, subst. f.
Réalité abstraite, qui n'est constituée que
par une opération de l'esprit. 📖 [ãtite].

ENTOMOLOGIE, subst. f.
Science qui étudie les insectes. 📖 [ãtɔmɔlɔʒi].

ENTONNER, verbe trans. [3]
Commencer à chanter. 📖 [ãtɔne].

ENTONNOIR, subst. m.
Ustensile en forme de cône prolongé par
un tube, servant à transvaser des liquides.
– Cavité qui va en se rétrécissant ; cratère.
📖 [ãtɔnwaʀ].

ENTORSE, subst. f.
Distorsion ou élongation des ligaments
d'une articulation. – Fig. *Faire une entorse*
au règlement : le transgresser. 📖 [ãtɔʀs].

ENTORTILLER, verbe trans. [3]
Enrouler, envelopper en tortillant. – Fig.
Tromper, abuser. 📖 [ãtɔʀtije].

ENTOURAGE, subst. m.
Ce qui entoure ; bordure. – Fig. *L'entourage*
de qqn : ses proches. 📖 [ãtuʀaʒ].

ENTOURER, verbe trans. [3]
Disposer, ou être disposé, autour de ;
encercler. – Fig. Se montrer attentif, bienveillant envers (qqn). 📖 [ãtuʀe].

ENTRACTE, subst. m.
Interruption ménagée entre les parties d'un
spectacle. – Fig. Pause, répit. 📖 [ãtʀakt].

ENTRAIDE, subst. f.
Aide mutuelle. 📖 [ãtʀɛd].

ENTRAIDER (S'), verbe pronom. [3]
S'aider mutuellement. 📖 [ãtʀede].

ENTRAILLES, subst. f. plur.
Viscères et boyaux. – Le ventre de la mère.
– Fig. La partie la plus profonde de qqch.
📖 [ãtʀɑj].

ENTRAIN, subst. m.
Vivacité, gaieté, ardeur communicatives.
📖 [ãtʀɛ̃].

ENTRAÎNEMENT, subst. m.
Action d'entraîner. – Préparation par des
exercices (à une compétition, au combat,
etc.). 📖 [ãtʀɛnmã].

ENTRAÎNER, verbe trans. [3]
Traîner avec soi, derrière soi ; emmener à
sa suite. – Pousser, décider (qqn à faire
qqch.). – Actionner, communiquer un
mouvement à. – Provoquer, être cause de.
– Préparer par des exercices à (un sport,
un combat, etc.). 📖 [ãtʀene].

ENTRAVE, subst. f.
Attache que l'on met aux jambes d'un
animal pour gêner sa marche. – Fig.
Obstacle. 📖 [ãtʀav].

ENTRAVER, verbe trans. [3]
Mettre des entraves à. – Fig. Gêner les
mouvements de ; mettre des obstacles à.
📖 [ãtʀave].

ENTRE, prép.
Dans l'espace qui sépare (des choses, des
lieux, des personnes). – Dans le temps qui
sépare (deux mouvements, deux faits, etc.).
– Dans un état intermédiaire. – Parmi.
– Exprime un rapport de réciprocité ou de
comparaison. 📖 [ãtʀ].

ENTREBÂILLER, verbe trans. [3]
Ouvrir à peine. 📖 [ãtʀəbaje].

ENTRECHOQUER, verbe trans. [3]
Heurter l'un contre l'autre. – Pronom. Se
heurter réciproquement. 📖 [ãtʀəʃɔke].

ENTRECOUPER, verbe trans. [3]
Interrompre par intervalles. 📖 [ãtʀəkupe].

ENTRECROISER, verbe trans. [3]
Croiser (des éléments entre eux) à plusieurs
reprises. 📖 [ãtʀəkʀwaze].

ENTRÉE, subst. f.
Action d'entrer. – Accès à qqch. : *Billet d'entrée*. – Admission : *Concours d'entrée à une grande école*. – Commencement : *Entrée en fonction*. – Endroit par lequel on entre. – Vestibule. – Mets servi avant le plat principal. 📖 [ɑ̃tʀe].

ENTREFAITES (SUR CES), loc. adv.
À ce moment-là. 📖 [sʏʀsezɑ̃tʀəfɛt].

ENTREFILET, subst. m.
Journ. Court article. 📖 [ɑ̃tʀəfilɛ].

ENTRELACER, verbe trans. [4]
Enlacer des choses entre elles. 📖 [ɑ̃tʀəlase].

ENTREMÊLER, verbe trans. [3]
Mêler (plusieurs choses). – Entrecouper. 📖 [ɑ̃tʀəmele].

ENTREMETS, subst. m.
Mets sucré servi aujourd'hui après le fromage. 📖 [ɑ̃tʀəmɛ].

ENTREMISE, subst. f.
Par l'entremise de : par l'intermédiaire de. 📖 [ɑ̃tʀəmiz].

ENTREPOSER, verbe trans. [3]
Stocker dans un entrepôt. – Mettre en dépôt, confier provisoirement. 📖 [ɑ̃tʀəpoze].

ENTREPÔT, subst. m.
Lieu, bâtiment destiné au stockage provisoire de marchandises. 📖 [ɑ̃tʀəpo].

ENTREPRENANT, ANTE, adj.
Qui n'hésite pas à s'engager, à agir. – Hardi auprès d'une personne appartenant au sexe opposé. 📖 [ɑ̃tʀəpʀənɑ̃, -ɑ̃t].

ENTREPRENDRE, verbe trans. [52]
Se mettre à faire (qqch.). – Entreprendre *qqn* : chercher à le convaincre. 📖 [ɑ̃tʀəpʀɑ̃dʀ].

ENTREPRENEUR, EUSE, subst.
Chef d'entreprise, en gén. dans le bâtiment et les travaux publics. 📖 [ɑ̃tʀəpʀənœʀ, -øz].

ENTREPRISE, subst. f.
Ce que l'on entreprend. – Mise en œuvre d'un projet ou d'une action. – Unité économique de production (de biens ou de services). 📖 [ɑ̃tʀəpʀiz].

ENTRER, verbe [3]
Intrans. Aller du dehors au dedans ; pénétrer. – Se mettre dans (un état, une position sociale, une situation) : *Entrer dans la carrière militaire*. – Commencer à faire partie (d'un ensemble, d'une communauté, etc.) : *Entrer dans un parti politique*. – Commencer à participer, à prendre part à : *Entrer dans une affaire*. – Être au début de : *Entrer dans la vieillesse*. – Commencer à éprouver. – Commencer à étudier, à traiter (un sujet). – Être compris dans : *Cela entre dans vos attributions* ; *Les ingrédients qui entrent dans cette recette*. – Trans. Faire pénétrer, introduire : *Entrer des données dans un ordinateur*. 📖 [ɑ̃tʀe].

ENTRESOL, subst. m.
Étage se trouvant entre le rez-de-chaussée et le premier étage. 📖 [ɑ̃tʀəsɔl].

ENTRE-TEMPS, loc. adv.
Dans cet intervalle de temps. 📖 [ɑ̃tʀətɑ̃].

ENTRETENIR (I), verbe trans. [22]
Maintenir dans le même état. – Conserver en bon état. – Entretenir *qqn* : assurer sa subsistance. 📖 [ɑ̃tʀət(ə)niʀ].

ENTRETENIR (II), verbe trans. [22]
Parler à (qqn de qqch.). – Pronom. *S'entretenir avec qqn*. 📖 [ɑ̃tʀət(ə)niʀ].

ENTRETIEN (I), subst. m.
Action d'entretenir : *Produits d'entretien, produits ménagers*. 📖 [ɑ̃tʀətjɛ̃].

ENTRETIEN (II), subst. m.
Échange de propos. 📖 [ɑ̃tʀətjɛ̃].

ENTRE-TUER (S'), verbe pronom. [3]
Se tuer l'un l'autre, les uns les autres. 📖 On écrit aussi *entretuer* ; [ɑ̃tʀətɥe].

ENTREVOIR, verbe trans. [36]
Voir très vite, sans bien distinguer. – Fig. Avoir l'intuition de. 📖 [ɑ̃tʀəvwaʀ].

ENTREVUE, subst. f.
Rencontre concertée. 📖 [ɑ̃tʀəvy].

ENTROUVRIR, verbe trans. [27]
Ouvrir en disjoignant. – Ouvrir à demi. 📖 [ɑ̃tʀuvʀiʀ].

ÉNUMÉRATION, subst. f.
Action d'énumérer. – Liste de ce que l'on énumère. 📖 [enymeʀasjɔ̃].

ÉNUMÉRER, verbe trans. [8]
Énoncer l'un après l'autre les éléments d'un ensemble. 📖 [enymeʀe].

ENVAHIR, verbe trans. [19]
Pénétrer par force et en nombre dans un lieu, un pays, et l'occuper. – Se répandre dans, remplir. – Fig. Accaparer. 📖 [ɑ̃vaiʀ].

ENVAHISSEMENT, subst. m.
Action d'envahir. – Résultat de cette action. 📖 [ɑ̃vaismɑ̃].

ENVELOPPE, subst. f.
Ce qui enveloppe, protège qqch. – Pochette en papier dans laquelle on glisse un document, une lettre. – Fig. Montant des crédits affectés à un budget. 📖 [ɑ̃v(ə)lɔp].

ENVELOPPER, verbe trans. [3]
Entourer, couvrir complètement de papier, de tissu, etc. ; emballer. – Environner de toutes parts ; cerner : *Envelopper l'ennemi*. – Dissimuler ; déguiser. 📖 [ɑ̃v(ə)lɔpe].

ENVENIMER, verbe trans. [3]
Aviver un mal ; infecter. – Fig. Attiser ; aggraver. 📖 [ɑ̃v(ə)nime].

ENVERGURE, subst. f.
Distance entre les pointes des ailes déployées d'un oiseau. – Distance entre les extrémités des ailes d'un avion. – Fig. Ampleur, extension, importance (d'une action, d'une entreprise, etc.). – Valeur, capacité : *Un homme de grande envergure*. 📖 [ɑ̃vɛʀgyʀ].

ENVERS (I), prép.
À l'égard de. – *Envers et contre tous* : malgré l'opposition des autres. 📖 [ɑ̃vɛʀ].

ENVERS (II), subst. m.
Côté opposé à celui qui s'offre à la vue : *À l'envers*, du mauvais côté, dans le mauvais sens. – Fig. Aspect caché d'une chose. 🕮 [ɑ̃vɛʀ].

ENVIE, subst. f.
Sentiment de convoitise, de jalousie, à la vue des biens ou des privilèges d'autrui. – Désir de posséder ou de faire qqch. – Besoin plus ou moins intense. 🕮 [ɑ̃vi].

ENVIER, verbe trans. [6]
Nourrir de l'envie (envers qqn). – Désirer (ce qu'un autre possède). 🕮 [ɑ̃vje].

ENVIRON, adv.
Approximativement ; à peu près. 🕮 [ɑ̃viʀɔ̃].

ENVIRONNEMENT, subst. m.
Ensemble de ce qui entoure, de ce qui constitue le voisinage. – Ensemble des éléments naturels et artificiels dans lesquels évolue un être vivant, une espèce. – Cadre de vie, milieu. 🕮 [ɑ̃viʀɔnmɑ̃].

ENVIRONNER, verbe trans. [3]
Entourer. – Être dans les environs de. 🕮 [ɑ̃viʀɔne].

ENVIRONS, subst. m. plur.
Les alentours. – Loc. prép. *Aux environs de* : à proximité de, près de ; vers, à peu près à. 🕮 [ɑ̃viʀɔ̃].

ENVISAGER, verbe trans. [5]
Considérer, examiner. – Prévoir, songer à, projeter à. 🕮 [ɑ̃vizaʒe].

ENVOI, subst. m.
Action d'envoyer ; ce qui est envoyé. – *Donner le coup d'envoi* : engager la partie ; déclencher une action. 🕮 [ɑ̃vwa].

ENVOL, subst. m.
Action de s'envoler. 🕮 [ɑ̃vɔl].

ENVOLER (S'), verbe pronom. [3]
Prendre son vol. – Décoller. – Fig. Être soulevé, emporté par le vent. – Disparaître, s'enfuir. 🕮 [ɑ̃vɔle].

ENVOÛTEMENT, subst. m.
Action d'envoûter. – L'état qui en résulte. 🕮 [ɑ̃vutmɑ̃].

ENVOÛTER, verbe trans. [3]
Exercer une influence maléfique à distance sur. – Fig. Fasciner, captiver. 🕮 [ɑ̃vute].

ENVOYÉ, ÉE, subst.
Personne que l'on envoie en un lieu pour accomplir une mission. 🕮 [ɑ̃vwaje].

ENVOYER, verbe trans. [18]
Faire partir (qqn) quelque part. – Expédier (une lettre, un paquet). – Lancer, jeter : *Envoyer un ballon*. 🕮 [ɑ̃vwaje].

ÉOLIENNE, subst. f.
Machine actionnée par le vent. 🕮 [eɔljɛn].

ÉPAGNEUL, EULE, subst.
Chien d'arrêt à poil long et aux oreilles pendantes. 🕮 [epaɲœl].

ÉPAIS, ÉPAISSE, adj.
Qui a du volume, gros. – Dense, compact, consistant : *Fumée épaisse*. – Serré, touffu :

Forêt épaisse. – Lourd, massif : *Taille, traits épais*. – Fig. Grossier. 🕮 [epɛ, epɛs].

ÉPAISSEUR, subst. f.
Une des trois dimensions d'un solide, les deux autres étant la longueur et la largeur. – Nature, état de ce qui est épais. 🕮 [epɛsœʀ].

ÉPAISSIR, verbe [19]
Rendre ou devenir plus épais. 🕮 [epesiʀ].

ÉPANCHEMENT, subst. m.
Action d'exprimer sans retenue ses pensées intimes, ses émotions. – *Méd.* Accumulation pathologique de liquide dans une cavité, un tissu. 🕮 [epɑ̃ʃmɑ̃].

ÉPANCHER, verbe trans. [3]
Exprimer, donner libre cours à (des sentiments, des émotions). – Pronom. Se confier sans retenue. – Se manifester sans retenue (pour un sentiment). 🕮 [epɑ̃ʃe].

ÉPANOUIR, verbe trans. [19]
Ouvrir, faire ouvrir (une fleur). – Fig. Rendre heureux. – Pronom. Déplier ses pétales, éclore. – Fig. S'illuminer de joie. – Atteindre la plénitude. 🕮 [epanwiʀ].

ÉPANOUISSEMENT, subst. m.
Fait de s'épanouir. – État de plénitude. 🕮 [epanwismɑ̃].

ÉPARGNE, subst. f.
Action d'épargner de l'argent ; somme épargnée. – Part du revenu qui n'est pas affectée à la consommation. – *Caisse d'épargne* : établissement financier public qui recueille l'**épargne** des particuliers et qui la rémunère. 🕮 [epaʀɲ].

ÉPARGNER, verbe trans. [3]
Mettre de côté. – Consommer avec modération, afin de garder une réserve ; au fig. : *Épargner ses efforts*. – *Épargner qqch. à qqn* : le lui éviter. – Ne pas détruire ; ne pas endommager. – Traiter avec ménagement ; laisser la vie sauve à. 🕮 [epaʀɲe].

ÉPARPILLER, verbe trans. [3]
Disperser, répandre çà et là. – Pronom. Se répandre de-ci de-là. – Fig. Se laisser distraire, se disperser. 🕮 [epaʀpije].

ÉPARS, ÉPARSE, adj.
Dispersé çà et là. 🕮 [epaʀ, epaʀs].

ÉPATER, verbe trans. [3]
Écraser, évaser la base de. – Fig. Renverser d'étonnement, stupéfier (fam.). 🕮 [epate].

ÉPAULARD, subst. m.
Cétacé à la peau noire et blanche, très vorace (synon. *orque*). 🕮 [epolaʀ].

ÉPAULE, subst. f.
Articulation du membre supérieur et du thorax : *Hausser les épaules*. 🕮 [epol].

ÉPAULER, verbe trans. [3]
Mettre, soulever à hauteur d'épaule. – Fig. Aider, renforcer. 🕮 [epole].

ÉPAULETTE, subst. f.
Bretelle d'un vêtement féminin. – Rembourrage des épaules d'un vêtement. – Ornement

fixé sur les épaules de certains uniformes, indiquant un grade. 🐌 [epolɛt].

ÉPAVE, subst. f.
Navire naufragé, abandonné. – Objet rejeté par la mer. – Tout objet mobilier égaré ou abandonné. – Véhicule irréparable. – Personne tombée dans un état de déchéance, de misère extrêmes. 🐌 [epav].

ÉPÉE, subst. f.
Arme composée d'une lame emmanchée dans une poignée et munie d'une garde. 🐌 [epe].

ÉPELER, verbe trans. [12]
Nommer une à une les lettres d'un mot. 🐌 [ep(ə)le].

ÉPERDU, UE, adj.
Égaré par une émotion, un sentiment. – Désordonné, rapide, affolé : *Fuite éper-due*. 🐌 [epɛʀdy].

ÉPERON, subst. m.
Pièce de métal attachée au talon du cavalier, servant à piquer le flanc du cheval pour le faire accélérer. 🐌 [ep(ə)ʀɔ̃].

ÉPERONNER, verbe trans. [3]
Donner des coups d'éperons. – Fig. Exciter (littér.). 🐌 [ep(ə)ʀɔne].

ÉPERVIER, subst. m.
Oiseau rapace diurne. 🐌 [epɛʀvje].

ÉPHÉMÈRE, adj. et subst. m.
Adj. Qui ne dure que peu de temps. – Subst. Insecte ailé qui ne vit qu'une journée. 🐌 [efemɛʀ].

ÉPHÉMÉRIDE, subst. f.
Calendrier dont on arrache chaque jour une feuille. – Plur. Tables indiquant la position des astres jour par jour. 🐌 [efemeʀid].

ÉPI, subst. m.
Extrémité de la tige de certaines graminées, où sont regroupées les graines. – Mèche de cheveux rebelle. 🐌 [epi].

ÉPICE, subst. f.
Substance aromatique végétale qui augmente la saveur d'un mets. 🐌 [epis].

ÉPICÉ, ÉE, adj.
Rehaussé par des épices, fort, piquant. – Fig. Corsé, grivois. 🐌 [epise].

ÉPICÉA, subst. m.
Conifère commun en Europe, souv. appelé (improprement) sapin. 🐌 [episea].

ÉPICENTRE, subst. m.
Point de la surface terrestre où une secousse tellurique atteint son intensité maximale. 🐌 [episɑ̃tʀ].

ÉPICERIE, subst. f.
L'ensemble des produits de consommation courante, en partic. alimentaires. – Magasin où l'on vend ces produits. 🐌 [episʀi].

ÉPICIER, IÈRE, subst.
Personne qui fait le commerce des produits d'épicerie. 🐌 [episje, -jɛʀ].

ÉPIDÉMIE, subst. f.
Développement rapide d'une maladie, qui frappe simultanément de nombreux sujets dans un territoire donné. 🐌 [epidemi].

ÉPIDERME, subst. m.
Couche superficielle de la peau. 🐌 [epidɛʀm].

ÉPIER, verbe trans. [6]
Guetter, observer en secret. 🐌 [epje].

ÉPIEU, ÉPIEUX, subst. m.
Arme faite d'un long bâton et d'un fer large, plat et pointu, qui servait à la guerre et à la chasse. 🐌 [epjø].

ÉPILEPSIE, subst. f.
Maladie chronique caractérisée par des crises de convulsions avec perte de connaissance. 🐌 [epilɛpsi].

ÉPILER, verbe trans. [3]
Ôter, arracher les poils superflus. 🐌 [epile].

ÉPILOGUE, subst. m.
Conclusion d'une œuvre littéraire. – Dénouement d'une affaire. 🐌 [epilɔg].

ÉPILOGUER, verbe trans. indir. [3]
Faire de longs commentaires, souv. inutiles. 🐌 [epilɔge].

ÉPINARD, subst. m.
Plante potagère aux longues feuilles vert foncé. 🐌 [epinaʀ].

ÉPINE, subst. f.
Piquant de certains végétaux. – *L'épine dorsale* : la colonne vertébrale. – Fig. Embarras, difficulté. 🐌 [epin].

ÉPINEUX, EUSE, adj.
Qui porte des épines. – Fig. Hérissé de difficultés. 🐌 [epinø, -øz].

ÉPINGLE, subst. f.
Fine tige métallique pointue d'un côté, garnie d'une tête de l'autre, servant à fixer qqch. – Épingle *à cheveux* : petite tige repliée, servant à fixer les cheveux. – *Virage en épingle* : très serré. 🐌 [epɛ̃gl].

ÉPINGLER, verbe trans. [3]
Fixer à l'aide d'épingles. – Fig. **Épingler** *qqn* : l'arrêter, l'appréhender (fam.). 🐌 [epɛ̃gle].

ÉPIQUE, adj.
Qui relève de l'épopée. – Fig. Mémorable, grandiose, mouvementé. 🐌 [epik].

ÉPISCOPAT, subst. m.
Dignité d'évêque ; temps pendant lequel un évêque occupe sa charge. – Ensemble des évêques. 🐌 [episkɔpa].

ÉPISODE, subst. m.
Circonstance particulière dans un ensemble d'événements. – Action secondaire rattachée au thème principal d'une œuvre. – Division d'une œuvre : *Film à* **épisodes**. 🐌 [epizɔd].

ÉPISODIQUE, adj.
Intermittent, secondaire. 🐌 [epizɔdik].

ÉPISTOLAIRE, adj.
Relatif à la correspondance, aux lettres. 🐌 [epistɔlɛʀ].

ÉPITAPHE, subst. f.
Inscription tombale. 🐌 [epitaf].

ÉPITHÈTE, adj. et subst. f.
Ling. Se dit de l'adjectif lorsqu'il est directement relié au nom qu'il qualifie (oppos. *attribut*). – Subst. Mot ou expression qui qualifie. 🐌 [epitɛt].

ÉPÎTRE, subst. f.
Poème en forme de lettre. – Lettre en prose, écrite par un apôtre. 🐌 [epitʀ].

ÉPLORÉ, ÉE, adj.
En larmes, en proie à l'affliction. 🐌 [eplɔʀe].

ÉPLUCHER, verbe trans. [3]
Retirer (d'un légume, d'un fruit) ce que l'on ne souhaite pas consommer. – Fig. Examiner avec soin et sens critique. 🐌 [eplyʃe].

ÉPLUCHURE, subst. f.
Déchet d'un aliment épluché. 🐌 [eplyʃyʀ].

ÉPONGE, subst. f.
Animal marin qui vit fixé au fond de l'eau. – Squelette de cet animal, léger, poreux et souple, utilisé pour son aptitude à absorber les liquides. – Objet fabriqué pour le même usage. – Fig. *Passer l'*éponge : pardonner, oublier. – *Jeter l'*éponge : abandonner le combat, renoncer. 🐌 [epɔ̃ʒ].

ÉPONGER, verbe trans. [5]
Sécher avec une éponge, un tissu absorbant. – Fig. Résorber (une dette). 🐌 [epɔ̃ʒe].

ÉPOPÉE, subst. f.
Long poème relatant les exploits légendaires d'un héros. – Suite d'événements réels, mais empreints d'héroïsme ou de sublime. 🐌 [epɔpe].

ÉPOQUE, subst. f.
Période de l'histoire marquée par certains caractères propres, certains faits. – Moment déterminé du temps ; d'une vie, etc. : *Époque des moissons ; Époque des premières dents.* – *Meuble d'*époque : fabriqué à l'époque qui correspond à son style. 🐌 [epɔk].

ÉPOUMONER (S'), verbe pronom. [3]
Parler, crier très fort, au point de perdre le souffle. 🐌 [epumɔne].

ÉPOUSER, verbe trans. [3]
Se marier avec. – Fig. Soutenir, rallier (une cause). – S'adapter à, suivre. 🐌 [epuze].

ÉPOUSSETER, verbe trans. [14]
Enlever, chasser la poussière de. 🐌 [epuste].

ÉPOUSTOUFLANT, ANTE, adj.
Stupéfiant, épatant (fam.). 🐌 [epustuflɑ̃, -ɑ̃t].

ÉPOUVANTABLE, adj.
Qui épouvante ; atroce. – Très désagréable, pénible, inquiétant. 🐌 [epuvɑ̃tabl].

ÉPOUVANTAIL, subst. m.
Mannequin sommaire que l'on place dans les champs pour effrayer les oiseaux. 🐌 [epuvɑ̃taj].

ÉPOUVANTE, subst. f.
Terreur violente, soudaine. 🐌 [epuvɑ̃t].

ÉPOUVANTER, verbe trans. [3]
Emplir d'épouvante. 🐌 [epuvɑ̃te].

ÉPOUX, ÉPOUSE, subst.
Personne que les liens du mariage unissent à une autre. 🐌 [epu, epuz].

ÉPRENDRE (S'), verbe pronom. [52]
S'éprendre *de* : se mettre à aimer (qqch., qqn). 🐌 [epʀɑ̃dʀ].

ÉPREUVE, subst. f.
Expérience, exercices auxquels on soumet qqn ou qqch. pour évaluer ses qualités : *À toute épreuve,* qui résiste à tout ; *Épreuve sportive,* compétition. – Situation, événement provoquant une souffrance ; malheur. – *Impr.* Page imprimée servant aux corrections. – *Photo.* Image positive, tirée en gén. sur papier. 🐌 [epʀœv].

ÉPROUVER, verbe trans. [3]
Ressentir : *Éprouver de la tristesse.* – Mettre à l'épreuve qqch. ou qqn pour s'assurer de sa valeur, de ses qualités : *Éprouver une arme ; Éprouver un ami.* – Faire souffrir. – Subir : *Le régiment a éprouvé des pertes.* 🐌 [epʀuve].

ÉPROUVETTE, subst. f.
Tube de verre fermé à une extrémité, utilisé pour des expériences chimiques. 🐌 [epʀuvɛt].

ÉPUISEMENT, subst. m.
Action d'épuiser. – L'état qui en résulte. – Fig. Très grande fatigue. 🐌 [epɥizmɑ̃].

ÉPUISER, verbe trans. [3]
Vider de son contenu, de sa substance ; utiliser complètement. – Fig. *Épuiser un sujet.* – Fatiguer, mettre à bout de forces. 🐌 [epɥize].

ÉPUISETTE, subst. f.
Filet monté sur un long manche, qui sert à capturer les poissons. 🐌 [epɥizɛt].

ÉPURATION, subst. f.
Action d'épurer. – Le résultat de cette action. 🐌 [epyʀasjɔ̃].

ÉPURER, verbe trans. [3]
Rendre plus pur en éliminant les éléments étrangers, polluants. – Fig. *Épurer son langage, une administration.* 🐌 [epyʀe].

ÉQUARRIR, verbe trans. [19]
Tailler pour rendre carré. – Couper en quartiers (un animal mort). 🐌 [ekaʀiʀ].

ÉQUATEUR, subst. m.
Grand cercle imaginaire, situé à égale distance des deux pôles, qui divise la Terre en deux hémisphères. 🐌 [ekwatœʀ].

ÉQUATION, subst. f.
Math. Égalité contenant des grandeurs inconnues, vérifiable ou non pour une ou plusieurs valeurs de ces inconnues. 🐌 [ekwasjɔ̃].

ÉQUATORIAL, ALE, AUX, adj.
Qui se rapporte à l'équateur. 🐌 [ekwatɔʀjal].

ÉQUERRE, subst. f.
Instrument (en T ou en triangle) utilisé pour tracer des angles droits. – *D'équerre* ou *À l'équerre* : à angle droit. 🕮 [ekɛʀ].

ÉQUESTRE, adj.
Qui représente un personnage à cheval : *Statue équestre.* – Qui concerne l'équitation. 🕮 [ekɛstʀ̩].

ÉQUIDÉ, subst. m.
Mammifère ongulé tel que le cheval, l'âne ou le zèbre. – Plur. La famille correspondante. 🕮 [ekide].

ÉQUIDISTANT, ANTE, adj.
À égale distance de qqch. 🕮 [ekɥidistɑ̃, -ɑ̃t].

ÉQUILATÉRAL, ALE, AUX, adj.
Dont tous les côtés sont égaux entre eux : *Triangle équilatéral.* 🕮 [ekɥilateʀal].

ÉQUILIBRE, subst. m.
Position stable du corps. – Stabilité résultant de l'action de forces égales et contraires qui s'annulent. – Fig. Rapport harmonieux entre plusieurs éléments. – État mental stable, égal. 🕮 [ekilibʀ̩].

ÉQUILIBRER, verbe trans. [3]
Mettre en équilibre. – Pronom. Se contrebalancer, se compléter. 🕮 [ekilibʀe].

ÉQUILIBRISTE, subst.
Artiste qui fait des tours d'équilibre, des acrobaties. 🕮 [ekilibʀist].

ÉQUINOXE, subst. m.
Moment qui revient deux fois par an, où la durée du jour et celle de la nuit sont égales. 🕮 [ekinɔks].

ÉQUIPAGE, subst. m.
Ensemble du personnel employé à bord d'un navire, d'un avion. 🕮 [ekipaʒ].

ÉQUIPE, subst. f.
Groupe de personnes ayant une activité, un travail commun. – *Sp.* Groupe de joueurs constitué pour disputer un match. 🕮 [ekip].

ÉQUIPÉE, subst. f.
Promenade aventureuse, virée. 🕮 [ekipe].

ÉQUIPEMENT, subst. m.
Action d'équiper. – Ensemble des fournitures et des accessoires propres à une activité. – Infrastructure, installations nécessaires à une collectivité humaine (gén. au plur.). 🕮 [ekipmɑ̃].

ÉQUIPER, verbe trans. [3]
Fournir en matériel nécessaire. 🕮 [ekipe].

ÉQUIPIER, IÈRE, subst.
Membre d'une équipe. 🕮 [ekipje, -jɛʀ].

ÉQUITABLE, adj.
Qui respecte l'équité, juste. 🕮 [ekitabl̩].

ÉQUITATION, subst. f.
Art, action de monter à cheval. 🕮 [ekitasjɔ̃].

ÉQUITÉ, subst. f.
Règle morale commandant de traiter chacun avec justice. 🕮 [ekite].

ÉQUIVALENT, ENTE, adj. et subst. m.
Qui a la même valeur. 🕮 [ekivalɑ̃, -ɑ̃t].

ÉQUIVALOIR, verbe trans. indir. [45]
Avoir la même valeur que : *Deux croches équivalent à une noire.* 🕮 [ekivalwaʀ].

ÉQUIVOQUE, adj. et subst. f.
Adj. Ambigu, à double sens. – Suspect, louche. – Subst. Ambiguïté, malentendu. – Incertitude. 🕮 [ekivɔk].

ÉRABLE, subst. m.
Grand arbre au bois recherché ; l'érable du Canada produit une sève sucrée dont on fait du sirop. 🕮 [eʀabl̩].

ÉRAFLER, verbe trans. [3]
Blesser ou endommager superficiellement. 🕮 [eʀafle].

ÉRAFLURE, subst. f.
Griffure, écorchure peu profonde. – Rayure. 🕮 [eʀaflyʀ].

ÉRAILLÉ, ÉE, adj.
Voix éraillée : rauque, enrouée. 🕮 [eʀaje].

ÈRE, subst. f.
Période historique. – Division du temps, en géologie. 🕮 [ɛʀ].

ÉRECTILE, adj.
Capable de se redresser. 🕮 [eʀɛktil].

ÉRECTION, subst. f.
Action d'ériger, de dresser. – Raidissement, gonflement de certains organes, en partic. du pénis. 🕮 [eʀɛksjɔ̃].

ÉREINTER, verbe trans. [3]
Épuiser. – Fig. Critiquer avec virulence. 🕮 [eʀɛ̃te].

ERGOT, subst. m.
Protubérance cornée située à l'arrière des pattes de certains animaux (coqs, chiens). – *Bot.* Maladie des céréales (blé, seigle). 🕮 [ɛʀgo].

ERGOTER, verbe intrans. [3]
Discuter sur des riens, chicaner. 🕮 [ɛʀgote].

ÉRIGER, verbe trans. [5]
Élever, dresser (un édifice). – Fig. Mettre sur pied, instituer. – Élever à une dignité supérieure. – Pronom. Se poser en : *S'ériger en arbitre.* 🕮 [eʀiʒe].

ERMITAGE, subst. m.
Lieu solitaire. – Maison isolée. 🕮 [ɛʀmitaʒ].

ERMITE, subst. m.
Moine retiré dans la solitude. – Personne qui vit en solitaire. 🕮 [ɛʀmit].

ÉRODER, verbe trans. [3]
User, ronger lentement. 🕮 [eʀode].

ÉROGÈNE, adj.
Susceptible de produire une excitation érotique. 🕮 [eʀɔʒɛn].

ÉROSION, subst. f.
Action d'éroder ; son résultat. – *Géol.* Usure lente de la surface terrestre sous l'effet des agents naturels. – Fig. *Érosion monétaire.* 🕮 [eʀozjɔ̃].

ÉROTIQUE, adj.
Relatif à l'amour sensuel. 🕮 [eʀɔtik].

ERRATA, subst. m. plur.
Erreurs d'impression. 🕮 [eʀata].

ERRER, verbe intrans. [3]
Aller au hasard, sans but. 🐜 [eʀe].

ERREUR, subst. f.
Action de se tromper. – Opinion fausse, jugement erroné. – Action maladroite. 🐜 [eʀœʀ].

ERRONÉ, ÉE, adj.
Qui contient une ou des erreurs. – Inexact. 🐜 [eʀone].

ERSATZ, subst. m.
Produit de remplacement. – Produit de moins bonne qualité. 🐜 [eʀzats].

ÉRUCTER, verbe [3]
Intrans. Roter. – Trans. Fig. Proférer avec virulence. 🐜 [eʀykte].

ÉRUDIT, ITE, adj. et subst.
Qui a une grande érudition. 🐜 [eʀydi, -it].

ÉRUDITION, subst. f.
Somme de connaissances approfondies dans un domaine déterminé. 🐜 [eʀydisjõ].

ÉRUPTION, subst. f.
Apparition soudaine de boutons ou de marques sur la peau. – Jaillissement de matières volcaniques. 🐜 [eʀypsjõ].

ÈS, prép.
Dans les, en matière de : *Docteur* ès *lettres.* 🐜 Toujours suivi du pluriel ; [ɛs].

ESCABEAU, subst. m.
Petit escalier transportable, utilisé comme échelle. 🐜 [eskabo].

ESCADRE, subst. f.
Groupe important de navires de guerre ou d'avions militaires. 🐜 [eskadʀ].

ESCADRILLE, subst. f.
Petite escadre d'aviation. 🐜 [eskadʀij].

ESCADRON, subst. m.
Subdivision d'un régiment de cavalerie, de gendarmerie. 🐜 [eskadʀõ].

ESCALADE, subst. f.
Action d'escalader. – Ascension sportive d'un sommet. – Fig. Augmentation, aggravation. 🐜 [eskalad].

ESCALADER, verbe trans. [3]
Franchir (un obstacle). – Grimper à, faire l'ascension de. 🐜 [eskalade].

ESCALE, subst. f.
Arrêt, pause d'un navire ou d'un avion, dans un port ou un aérodrome. 🐜 [eskal].

ESCALIER, subst. m.
Succession de marches que l'on monte ou descend. 🐜 [eskalje].

ESCALOPE, subst. f.
Mince tranche de viande blanche, de poisson. 🐜 [eskalɔp].

ESCAMOTER, verbe trans. [3]
Soustraire à la vue du public. – Dérober. – Fig. Esquiver, éluder. 🐜 [eskamɔte].

ESCAMPETTE, subst. f.
Prendre la poudre d'escampette : s'enfuir (fam.). 🐜 [eskãpɛt].

ESCAPADE, subst. f.
Action de s'évader pour un temps de son cadre habituel de vie. 🐜 [eskapad].

ESCARBILLE, subst. f.
Petit fragment de charbon incandescent. 🐜 [eskaʀbij].

ESCARCELLE, subst. f.
Grande bourse portée à la ceinture (vieilli). 🐜 [eskaʀsɛl].

ESCARGOT, subst. m.
Mollusque gastéropode à coquille, qui se meut très lentement. 🐜 [eskaʀgo].

ESCARMOUCHE, subst. f.
Combat bref et localisé. – Fig. Échange de propos hostiles. 🐜 [eskaʀmuʃ].

ESCARPÉ, ÉE, adj.
Pentu, raide : *Sentiers* escarpés. 🐜 [eskaʀpe].

ESCARPIN, subst. m.
Chaussure découverte, à fine semelle, avec ou sans talon. 🐜 [eskaʀpɛ̃].

ESCIENT, subst. m.
À *bon* escient : avec raison. 🐜 [esjã].

ESCLAFFER (S'), verbe pronom. [3]
Éclater, pouffer de rire. 🐜 [esklafe].

ESCLANDRE, subst. m.
Éclat, scandale public. 🐜 [esklãdʀ].

ESCLAVAGE, subst. m.
Condition d'une personne ou d'un peuple esclave. – Fig. Dépendance. 🐜 [esklavaʒ].

ESCLAVE, adj. et subst.
Se dit d'une personne privée de sa liberté, de ses droits civiques et qui est l'objet d'un commerce. – Adj. Qui dépend totalement de (qqn ou qqch.). 🐜 [esklav].

ESCOGRIFFE, subst. m.
Grand escogriffe : personnage dégingandé (fam.). 🐜 [eskɔgʀif].

ESCOMPTE, subst. m.
Fin. Opération consistant à racheter une traite non échue, déduction faite d'un intérêt ; cet intérêt. – *Comm.* Rabais, ristourne. 🐜 [eskõt].

ESCOMPTER, verbe trans. [3]
Espérer, prévoir (qqch.). – *Fin.* Faire l'escompte de. 🐜 [eskõte].

ESCORTE, subst. f.
Groupe de personnes escortant une personnalité. – *Milit.* Avion, navire escortant une force navale ou aérienne. 🐜 [eskɔʀt].

ESCORTER, verbe trans. [3]
Accompagner pour protéger, surveiller ou faire honneur. 🐜 [eskɔʀte].

ESCOUADE, subst. f.
Petite troupe. 🐜 [eskwad].

ESCRIME, subst. f.
Art de manier l'épée, le fleuret ou le sabre. 🐜 [eskʀim].

ESCRIMER (S'), verbe pronom. [3]
S'évertuer à. 🐜 [eskʀime].

ESCROC, subst. m.
Personne qui escroque. 🐜 [eskʀo].

ESCROQUER, verbe trans. [3]
Tromper (qqn) pour lui extorquer qqch.
[eskʀɔke].

ÉSOTÉRIQUE, adj.
Hermétique, incompréhensible pour les non-initiés. [ezɔteʀik].

ESPACE, subst. m.
Étendue infinie. – Univers. – Volume en trois dimensions. – Intervalle, écart entre deux points : *Un espace de 100 m.* – Intervalle de temps : *Dans l'espace de une heure.* [espas].

ESPACEMENT, subst. m.
Action d'espacer. – Intervalle. [espasmɔ̃].

ESPACER, verbe trans. [4]
Séparer par des intervalles. [espase].

ESPADON, subst. m.
Gros poisson des mers chaudes, à la mâchoire allongée et pointue. [espadɔ̃].

ESPADRILLE, subst. f.
Chaussure en toile à semelle de corde. [espadʀij].

ESPAGNOL, subst. m.
Langue parlée principalement en Espagne et en Amérique latine. [espaɲɔl].

ESPAGNOLETTE, subst. f.
Système de fermeture d'une fenêtre, à poignée pivotante. [espaɲɔlɛt].

ESPALIER, subst. m.
Alignement d'arbres fruitiers le long d'un mur ou d'une palissade. – Échelle verticale utilisée pour des exercices de gymnastique. [espalje].

ESPAR, subst. m.
Mar. Pièce de bois, ou de métal, utilisée comme gréement. [espaʀ].

ESPÈCE, subst. f.
Catégorie, groupe d'êtres ayant des caractères fondamentaux communs : *L'espèce humaine.* – *Une espèce de* : une sorte de ; qqn ou qqch. qui ressemble à. – Plur. Monnaie, argent liquide. [espɛs].

ESPÉRANCE, subst. f.
Sentiment qui porte à croire à la réalisation future de ce que l'on désire. – Personne ou chose sur laquelle porte ce sentiment. – *Espérance de vie* : estimation de la durée de vie d'un individu. [espeʀɑ̃s].

ESPÉRER, verbe trans. [8]
Trans. dir. Avoir l'espoir de voir se réaliser (qqch.) : *Espérer une promotion.* – Trans. indir. Avoir foi en : *Espérer en Dieu.* [espeʀe].

ESPIÈGLE, adj. et subst.
Malicieux sans méchanceté. [espjɛgl].

ESPIÈGLERIE, subst. f.
Façon malicieuse de se conduire. – Gaminerie, facétie. [espjɛgləʀi].

ESPION, IONNE, subst.
Personne qui espionne. [espjɔ̃, -jɔn].

ESPIONNER, verbe trans. [3]
Observer secrètement, pour son profit ou celui d'un tiers. [espjɔne].

ESPLANADE, subst. f.
Vaste place aménagée devant un monument. [esplanad].

ESPOIR, subst. m.
Attente confiante, espérance. – Ce qui est espéré. [espwaʀ].

ESPRIT, subst. m.
Principe immatériel de l'homme : *Le corps et l'esprit.* – Être incorporel, fantôme. – Intelligence, activité de la pensée humaine : **Esprit** *fin.* – Humour, ironie : *Faire de l'esprit.* – Idée directrice de qqch. : *L'esprit d'un texte.* – *Le Saint-Esprit* : la troisième Personne de la Trinité chrétienne. [espʀi].

ESQUIF, subst. m.
Canot léger (littér.). [eskif].

ESQUIMAU, subst. m.
Crème glacée sur un bâtonnet. N. déposé ; [eskimo].

ESQUISSE, subst. f.
Dessin rapide, à grands traits. – Plan sommaire d'une œuvre. – Fig. Ébauche : *L'esquisse d'un sourire.* [eskis].

ESQUISSER, verbe trans. [3]
Faire l'esquisse de. – Fig. Ébaucher, amorcer. [eskise].

ESQUIVER, verbe trans. [3]
Éviter avec habileté (un obstacle, un coup). – Fig. **Esquiver** *une question.* – Pronom. Se retirer discrètement. [eskive].

ESSAI, subst. m.
Action d'essayer. – Expérience. – Tentative. – *Litt.* Ouvrage en prose abordant librement une question. – *Sp. Marquer un essai* : au rugby, fait de plaquer le ballon derrière la ligne de but adverse. [esɛ].

ESSAIM, subst. m.
Groupe d'abeilles qui migre. – Fig. Foule en mouvement (littér.). [esɛ̃].

ESSAIMER, verbe intrans. [3]
Se déplacer en essaim. – Se disperser, se répandre. [eseme].

ESSAYER, verbe trans. [15]
Expérimenter qqch. pour en contrôler les qualités. – Enfiler un vêtement pour s'assurer qu'il convient. – **Essayer** *de* : tenter de. [eseje].

ESSENCE, subst. f.
Nature intime, caractère propre et permanent d'une chose, d'un être : *L'essence et l'existence.* – Espèce d'arbre. – Concentré de parfum. – Carburant tiré du pétrole : *Pompe à essence.* [esɑ̃s].

ESSENTIEL, IELLE, adj. et subst. m.
Adj. Qui se rapporte à l'essence de qqn ou de qqch. – Nécessaire, indispensable. – Subst. Ce qu'il y a de plus important. – *L'essentiel de* : la plus grande partie de. [esɑ̃sjɛl].

ESSIEU, IEUX, subst. m.
Axe commun à deux roues parallèles. [esjø].

ESSOR, subst. m.
Envol. – Fig. Développement, progrès régulier et soutenu. 🔊 [esɔʀ].

ESSORER, verbe trans. [3]
Évacuer l'eau de (qqch.). 🔊 [esɔʀe].

ESSOUFFLER, verbe trans. [3]
Faire perdre haleine à. – Pronom. Perdre haleine. – Se fatiguer. – Fig. Perdre son attrait de nouveauté. 🔊 [esufle].

ESSUIE-GLACE, subst. m.
Lame caoutchoutée qui balaie un pare-brise pour en évacuer la pluie. 🔊 Plur. *essuie-glaces* ; [esɥiglas].

ESSUIE-MAINS, subst. m. inv.
Linge avec lequel on s'essuie les mains. 🔊 [esɥimɛ̃].

ESSUYER, verbe trans. [16]
Enlever un liquide en l'absorbant. – Sécher (un objet). – Nettoyer (qqch.). – Fig. Subir : *Essuyer un échec*. 🔊 [esɥije].

EST, adj. inv. et subst. m. inv.
Subst. L'un des points cardinaux, correspondant au côté où le soleil se lève. – *Aller vers l'est* : dans la direction de ce point. – Partie orientale d'une région, d'un pays. – Adj. Situé à l'est. 🔊 [est].

ESTABLISHMENT, subst. m.
Petit groupe de privilégiés défendant l'ordre établi. 🔊 [establiʃmɛnt].

ESTAFETTE, subst. f.
Soldat porteur de messages. 🔊 [estafɛt].

ESTAFILADE, subst. f.
Balafre, longue coupure. 🔊 [estafilad].

ESTAMPE, subst. f.
Image imprimée à partir d'une matrice gravée en creux ou en relief. 🔊 [estɑ̃p].

ESTAMPILLE, subst. f.
Marque d'authenticité. 🔊 [estɑ̃pij].

ESTHÈTE, subst.
Personne qui considère le Beau comme la valeur suprême. 🔊 [estɛt].

ESTHÉTICIEN, IENNE, subst.
Personne dont le métier est de prodiguer des soins de beauté. 🔊 [estetisjɛ̃, -jɛn].

ESTHÉTIQUE, adj. et subst. f.
Adj. Qui concerne la beauté : *Jugement esthétique*. – Soigné, agréable à voir. – Subst. Théorie philosophique du Beau. – Forme particulière de beauté : *Esthétique romantique, industrielle*. 🔊 [estetik].

ESTIMABLE, adj.
Qui mérite le respect. – Qu'on peut évaluer. 🔊 [estimabl].

ESTIME, subst. f.
Jugement favorable, considération envers qqn. 🔊 [estim].

ESTIMER, verbe trans. [3]
Apprécier le prix, la valeur de (qqch.). – Évaluer (une quantité). – Fig. Considérer, juger. – Avoir de la considération, du respect pour (qqn). 🔊 [estime].

ESTIVAL, ALE, AUX, adj.
Propre à l'été. 🔊 [estival].

ESTIVANT, ANTE, subst.
Vacancier de l'été. 🔊 [estivɑ̃, -ɑ̃t].

ESTOCADE, subst. f.
Coup d'épée de mise à mort : *Donner l'estocade au taureau*. 🔊 [estokad].

ESTOMAC, subst. m.
Anat. Poche du tube digestif où se transforment les aliments. – Fig. *Avoir de l'estomac* : de l'audace, du culot (fam.). 🔊 [estoma].

ESTOMPER, verbe trans. [3]
Voiler. – Fig. Adoucir, atténuer. 🔊 [estɔ̃pe].

ESTRADE, subst. f.
Plate-forme surélevée. 🔊 [estrad].

ESTRAGON, subst. m.
Plante aromatique, utilisée comme condiment. 🔊 [estragɔ̃].

ESTROPIER, verbe trans. [6]
Priver de l'usage d'un membre. – Endommager. – Fig. Altérer le sens de. 🔊 [estropje].

ESTUAIRE, subst. m.
Embouchure évasée d'un fleuve. 🔊 [estɥɛʀ].

ESTURGEON, subst. m.
Gros poisson dont les œufs, traités, donnent le caviar. 🔊 [estyʀʒɔ̃].

ET, conj.
Conjonction de coordination exprimant le rapprochement entre deux mots, l'addition, l'opposition ou la conséquence : *Deux chevaux et un âne* ; *La nuit tombe, et la ville s'endort*. 🔊 [e].

ÉTABLE, subst. f.
Bâtiment où logent les bestiaux. 🔊 [etabl].

ÉTABLI, subst. m.
Table de travail d'un artisan. 🔊 [etabli].

ÉTABLIR, verbe trans. [19]
Fonder, édifier. – Instaurer, fixer. – Répertorier : *Établir une liste*. – Indiquer, démontrer : *Établir une responsabilité*. – Pronom. S'installer. 🔊 [etabliʀ].

ÉTABLISSEMENT, subst. m.
Action d'établir. – Implantation, installation. – Lieu d'enseignement, de production, de commerce ou de soins. 🔊 [etablismɑ̃].

ÉTAGE, subst. m.
Espace compris entre deux planchers d'un édifice. – Chacun des niveaux d'un ensemble formé de parties superposées. – Géol. Âge. 🔊 [etaʒ].

ÉTAGÈRE, subst. f.
Planche fixée sur un mur. 🔊 [etaʒɛʀ].

ÉTAI, subst. m.
Poutre de renfort. 🔊 [etɛ].

ÉTAIN, subst. m.
Métal malléable servant à réaliser divers objets. – Objet fait avec ce métal. 🔊 [etɛ̃].

ÉTAL, ÉTALS ou ÉTAUX, subst. m.
Tréteau d'exposition de marchandises. – Table de boucherie. 🔊 [etal].

ÉTALAGE, subst. f.
Action d'étaler des marchandises ; les marchandises étalées. – Fig. Démonstration ostentatoire : *Faire étalage de son savoir.* – Profusion, débauche de qqch. 🔊 [etalaʒ].

ÉTALER, verbe trans. [3]
Exposer (des marchandises). – Éparpiller ; déployer. – Étendre (une fine couche de qqch.) sur. – Répartir dans le temps. – Exhiber, faire étalage de. – Pronom. Fam. S'avachir. – Choir. 🔊 [etale].

ÉTALON (I), subst. m.
Cheval reproducteur. 🔊 [etalɔ̃].

ÉTALON (II), subst. m.
Modèle matériel légal d'une unité de mesure : *Mètre* étalon. – Fig. Valeur de référence. 🔊 [etalɔ̃].

ÉTAMINE (I), subst. f.
Tissu fin et lâche. 🔊 [etamin].

ÉTAMINE (II), subst. f.
Organe mâle des plantes à fleurs, qui contient le pollen. 🔊 [etamin].

ÉTANCHE, adj.
Imperméable, hermétique. 🔊 [etɑ̃ʃ].

ÉTANCHÉITÉ, subst. f.
Imperméabilité. 🔊 [etɑ̃ʃeite].

ÉTANCHER, verbe trans. [3]
Arrêter un écoulement. – Apaiser (littér.) : *Étancher sa soif.* 🔊 [etɑ̃ʃe].

ÉTANG, subst. m.
Petite étendue d'eau stagnante. 🔊 [etɑ̃].

ÉTAPE, subst. f.
Arrêt au cours d'un voyage. – Distance entre deux arrêts. – Phase, période. 🔊 [etap].

ÉTAT, subst. m.
Manière d'être d'une personne : *État de santé, d'esprit* ; *Être hors d'état de*, incapable de. – Condition sociale, profession : *L'état militaire.* – Consistance d'une chose : *État solide, liquide.* – Liste : *État des lieux, des dépenses* ; *État civil*, registre des naissances, des mariages et des décès. – Situation d'une collectivité : *État de guerre.* – Forme de gouvernement : *L'état monarchique.* – Ordre de la société d'Ancien Régime : *Les trois états* ; assemblées de cette époque : *États généraux, provinciaux.* – Entité politique assise sur un territoire déterminé, pourvue des institutions nécessaires à son fonctionnement ; l'ensemble des pouvoirs publics : *Homme d'État*, haut dirigeant politique ; *Coup d'État*, renversement d'un gouvernement légal. 🔊 [eta].

ÉTAT-MAJOR, subst. m.
Groupe d'officiers conseillant un officier supérieur. – Les collaborateurs directs d'un dirigeant. – Plur. *états-majors* ; 🔊 [etamaʒɔʀ].

ÉTAU, ÉTAUX, subst. m.
Instrument à deux mâchoires, servant à serrer un objet que l'on travaille. 🔊 [eto].

ÉTAYER, verbe trans. [15]
Soutenir au moyen d'étais. – Fig. Soutenir par des arguments, des preuves. 🔊 [eteje].

ET CÆTERA, loc. adv.
Et ainsi de suite, et tout le reste (abrév. *etc.*). 🔊 On écrit aussi *et cetera* ; [ɛtseteʀa].

ÉTÉ, subst. m.
Saison chaude allant, dans l'hémisphère Nord, du solstice de juin à l'équinoxe de septembre. 🔊 [ete].

ÉTEINDRE, verbe trans. [53]
Faire cesser de brûler, interrompre la combustion de. – Faire cesser d'éclairer. – Arrêter le fonctionnement de : **Éteindre** *la radio.* – Fig. Affaiblir, atténuer ; effacer, abolir. – Pronom. Mourir (littér.). 🔊 [etɛ̃dʀ].

ÉTENDARD, subst. m.
Drapeau. – Signe de ralliement. 🔊 [etɑ̃daʀ].

ÉTENDRE, verbe trans. [51]
Déployer complètement. – Étaler. – Allonger, coucher (qqn). – Accroître, développer. – Pronom. Avoir une certaine étendue. – Fig. S'accroître. – *S'étendre sur* : parler longuement de. 🔊 [etɑ̃dʀ].

ÉTENDUE, subst. f.
Espace, surface. – Espace de temps, durée. – Fig. Importance. 🔊 [etɑ̃dy].

ÉTERNEL, ELLE, adj.
Qui est sans origine ni fin ; hors du temps. – Interminable ; qui se répète sans cesse. – Empl. subst. *L'Éternel* : Dieu. 🔊 [etɛʀnɛl].

ÉTERNISER, verbe trans. [3]
Prolonger indéfiniment. – Pronom. S'attarder à l'excès. 🔊 [etɛʀnize].

ÉTERNITÉ, subst. f.
Dimension de ce qui est éternel. – *De toute éternité* : depuis toujours. 🔊 [etɛʀnite].

ÉTERNUER, verbe intrans. [3]
Expirer spasmodiquement et de façon sonore, par le nez et la bouche. 🔊 [etɛʀnɥe].

ÉTHER, subst. m.
Liquide volatil, anesthésiant et désinfectant, à l'odeur très forte. 🔊 [etɛʀ].

ÉTHIQUE, adj. et subst. f.
Adj. Qui concerne la morale. – Subst. Philosophie morale. 🔊 [etik].

ETHNIE, subst. f.
Communauté humaine soudée par des liens de langue et de culture. 🔊 [ɛtni].

ETHNOLOGIE, subst. f.
Science qui étudie les ethnies. 🔊 [ɛtnɔlɔʒi].

ÉTIAGE, subst. m.
Le plus bas niveau moyen d'un cours d'eau. 🔊 [etjaʒ].

ÉTINCELER, verbe intrans. [12]
Briller vivement. 🔊 [etɛ̃s(ə)le].

ÉTINCELLE, subst. f.
Particule enflammée. – Fig. Éclat vif, mais fugitif. – *Faire des étincelles* : réussir brillamment (fam.). 🔊 [etɛ̃sɛl].

ÉTIOLER (S'), verbe pronom. [3]
S'affaiblir, devenir pâle et chétif. 🔊 [etjole].

ÉTIQUETER, verbe trans. [14]
Mettre une étiquette sur (qqch. ou qqn). 🔊 [etik(ə)te].

ÉTIQUETTE, subst. f.
Marque de papier ou de carton que l'on fixe à un objet ; au fig., ce qui classe (qqn), en gén. politiquement. — Cérémonial en usage dans une cour ou chez un grand personnage. 🕮 [etikɛt].

ÉTIRER, verbe trans. [3]
Allonger par traction. — Pronom. Étendre bras et jambes. 🕮 [etiʀe].

ÉTOFFE, subst. f.
Tissu. — Fig. Fond, matière de qqch. : *Avoir de l'étoffe,* de la personnalité. — *Bonne étoffe.* 🕮 [etɔf].

ÉTOFFER, verbe trans. [3]
Enrichir, développer. — Pronom. Devenir plus robuste. 🕮 [etɔfe].

ÉTOILE, subst. f.
Astre qui brille la nuit. — Ornement rappelant une étoile. — Rond-point d'où rayonnent des voies. — Grade militaire. — Indice de classement attribué à des sites, à des hôtels, etc. — Artiste célèbre. — Danseur de grande classe. — *Bonne étoile* : chance. — **Étoile** *de mer* : animal marin en forme d'étoile à cinq branches. 🕮 [etwal].

ÉTOILÉ, ÉE, adj.
Semé d'étoiles. — Disposé en rayons issus d'un même centre. 🕮 [etwale].

ÉTOLE, subst. f.
Bande d'étoffe portée par le célébrant d'une messe. — Écharpe de fourrure. 🕮 [etɔl].

ÉTONNEMENT, subst. m.
Surprise, stupeur. 🕮 [etɔnmɑ̃].

ÉTONNER, verbe trans. [3]
Causer de l'étonnement à (qqn). — Pronom. Trouver étrange, surprenant. 🕮 [etɔne].

ÉTOUFFER, verbe [3]
Trans. Tuer en empêchant de respirer. — Rendre la respiration difficile. — Atténuer : **Étouffer** *un son.* — Fig. Empêcher le développement de. — Intrans. Mourir par asphyxie. — Respirer difficilement. — Fig. Se sentir à l'étroit. 🕮 [etufe].

ÉTOURDERIE, subst. f.
Caractère d'une personne irréfléchie, distraite. — Acte ou parole d'étourdi ; faute légère, oubli. 🕮 [etuʀdəʀi].

ÉTOURDI, IE, adj. et subst.
Écervelé, distrait. 🕮 [etuʀdi].

ÉTOURDIR, verbe trans. [19]
Faire presque perdre connaissance. — Assommer de bruit, abasourdir. — Enivrer. — Pronom. Se dissiper, pour oublier la réalité. 🕮 [etuʀdiʀ].

ÉTOURNEAU, subst. m.
Petit oiseau brun, également nommé sansonnet. — Fig. Personne irréfléchie, étourdie (vieilli). 🕮 [etuʀno].

ÉTRANGE, adj.
Qui sort de l'ordinaire, bizarre. 🕮 [etʀɑ̃ʒ].

ÉTRANGER, ÈRE, adj. et subst.
Qui ressortit à un pays, à une région ou à un groupe différents. — Adj. Qui n'est pas connu de, pas familier à : *Milieu étranger.* — Qui est sans rapport avec : *Considération étrangère au débat.* — Subst. masc. Ensemble des pays différents de celui où l'on vit. 🕮 [etʀɑ̃ʒe, -ɛʀ].

ÉTRANGLER, verbe trans. [3]
Serrer la gorge de qqn au point de l'asphyxier. — Comprimer les voies respiratoires de : *L'émotion l'étrangle.* — Rétrécir en un point. — Fig. Empêcher de se manifester ; opprimer. 🕮 [etʀɑ̃gle].

ÉTRAVE, subst. f.
Pièce massive formant la proue d'un navire. 🕮 [etʀav].

ÊTRE (I), verbe intrans. [1]
Exister, avoir une réalité : *Je pense, donc je suis.* — Sert à relier un sujet à son attribut : *Le ciel est bleu* ; *C'était très simple.* — Sert à introduire un complément circonstanciel : *La clef est sur la porte.* — Empl. impers. *Il est minuit.* — **Être** *à* : se trouver à ; appartenir à. — **Être** *de* : provenir de ; faire partie de. — **Être** *sans* : manquer de. — **Être pour, contre** : approuver, désapprouver. — Substitut du verbe « aller » dans les temps composés : *J'ai été, je suis allé.* — Auxil. Sert à former les temps composés des verbes passifs, pronominaux et de certains verbes intransitifs : *Je suis vaincu* ; *Nous nous sommes promenés.* 🕮 [ɛtʀ].

ÊTRE (II), subst. m.
Le fait d'exister : *L'être et le néant.* — Toute réalité vivante et animée. 🕮 [ɛtʀ].

ÉTREINDRE, verbe trans. [53]
Presser dans ses bras ; entourer en serrant fortement. — Fig. Oppresser, tenailler. 🕮 [etʀɛ̃dʀ].

ÉTRENNER, verbe trans. [3]
Être le premier à employer. — Employer pour la première fois. 🕮 [etʀene].

ÉTRENNES, subst. f. plur.
Gratification de nouvel an. 🕮 [etʀɛn].

ÉTRIER, subst. m.
Chacun des deux anneaux suspendus de part et d'autre de la selle et servant de points d'appui pour les pieds du cavalier. 🕮 [etʀije].

ÉTRILLER, verbe trans. [3]
Brosser (un cheval). — Fig. Critiquer sévèrement. — Escroquer (fam.). 🕮 [etʀije].

ÉTRIQUÉ, ÉE, adj.
Qui n'a pas l'ampleur souhaitable. — Fig. Qui manque de largeur d'esprit. 🕮 [etʀike].

ÉTROIT, OITE, adj.
De faible largeur, de peu d'ampleur. — Qui est intime : *Des liens étroits.* — Qui est strict : *Respect étroit.* — Qui manque de largeur de vues : *Esprit étroit.* 🕮 [etʀwa, -wat].

ÉTROITESSE, subst. f.
Caractère de ce qui est étroit. 🕮 [etʀwatɛs].

ÉTUDE, subst. f.
Application à comprendre, à connaître et à apprendre. — Ensemble des opérations de

conception et de mise au point d'un projet : *Bureau d'études.* – Ouvrage résultant d'une recherche. – Salle réservée au travail personnel des élèves. – Bureau d'un officier ministériel : *Étude de notaire.* – Plur. Ensemble des cours et des travaux concourant à l'instruction de qqn. 🔊 [etyd].

ÉTUDIANT, ANTE, subst.
Personne qui fait des études supérieures. 🔊 [etydjɑ̃, -ɑ̃t].

ÉTUDIER, verbe [6]
Trans. S'appliquer à connaître (qqch.) ; apprendre. – Analyser, examiner avec soin. – Intrans. Faire des études. 🔊 [etydje].

ÉTUI, subst. m.
Enveloppe parfaitement adaptée à l'objet qu'elle doit protéger. 🔊 [etɥi].

ÉTUVE, subst. f.
Espace clos où l'on maintient une humidité et une température élevées, pour favoriser la sudation. – Fig. Lieu où il fait très chaud. 🔊 [etyv].

ÉTYMOLOGIE, subst. f.
Origine ou filiation d'un mot. 🔊 [etimɔlɔʒi].

EUCALYPTUS, subst. m.
Grand arbre d'Australie, au feuillage très odorant. 🔊 [økaliptys].

EUCHARISTIE, subst. f.
Pour les catholiques, sacrement qui transforme le pain et le vin en corps et sang de Jésus-Christ. 🔊 [økaʀisti].

EUPHÉMISME, subst. m.
Atténuation d'une expression. 🔊 [øfemism].

EUPHORIE, subst. f.
Sensation de joie intense. 🔊 [øfɔʀi].

EUTHANASIE, subst f.
Mort provoquée pour abréger les souffrances d'un malade incurable. 🔊 [øtanazi].

EUX, voir LUI

ÉVACUER, verbe trans. [3]
Expulser, rejeter. – Fig. Quitter ou faire quitter un lieu. 🔊 [evakɥe].

ÉVADER (S'), verbe pronom. [3]
S'échapper d'un lieu de détention. – Quitter subrepticement un lieu. – Fig. Soustraire son esprit à la réalité. 🔊 [evade].

ÉVALUER, verbe trans. [3]
Déterminer la valeur de. – Définir approximativement (une qualité, une quantité). 🔊 [evalɥe].

ÉVANESCENT, ENTE, adj.
Qui s'efface peu à peu. 🔊 [evanesɑ̃, -ɑ̃t].

ÉVANGÉLISER, verbe trans. [3]
Convertir au christianisme en prêchant l'Évangile. 🔊 [evɑ̃ʒelize].

ÉVANGILE, subst. m.
L'*Évangile* : l'enseignement de Jésus-Christ. – *Un* **Évangile** : l'un des quatre livres saints relatant la vie de Jésus-Christ. – Fig. *Un* **évangile** : texte servant de fondement à une croyance, à une doctrine. 🔊 [evɑ̃ʒil].

ÉVANOUIR (S'), verbe pronom. [19]
Tomber en syncope. – Fig. Disparaître, se dissiper (littér.). 🔊 [evanwiʀ].

ÉVAPORER (S'), verbe pronom. [3]
Passer à l'état de vapeur. – Fig. Disparaître. 🔊 [evapɔʀe].

ÉVASÉ, ÉE, adj.
Qui s'élargit progressivement. 🔊 [evaze].

ÉVASIF, IVE, adj.
Imprécis, vague à dessein. 🔊 [evazif, -iv].

ÉVASION, subst. f.
Action de s'évader. 🔊 [evazjɔ̃].

ÉVÊCHÉ, subst. m.
Circonscription placée sous la juridiction d'un évêque (synon. *diocèse*). – Lieu de résidence d'un évêque. 🔊 [eveʃe].

ÉVEIL, subst. m.
Action d'éveiller ou de s'éveiller. – *En éveil* : aux aguets. 🔊 [evɛj].

ÉVEILLER, verbe trans. [3]
Tirer du sommeil (littér.). – Faire se manifester, révéler. – Faire naître, susciter. 🔊 [eveje].

ÉVÉNEMENT, subst. m.
Tout ce qui survient. – Fait d'importance, ou perçu comme tel. – Plur. Faits de l'actualité présente ou passée. 🔊 On écrit aussi *évènement* ; [evenmɑ̃].

ÉVENTAIL, subst. m.
Instrument servant à s'éventer. – Fig. Ensemble d'éléments de même nature. 🔊 [evɑ̃taj].

ÉVENTAIRE, subst. m.
Étalage de marchandises en plein air. 🔊 [evɑ̃tɛʀ].

ÉVENTER, verbe trans. [3]
Rafraîchir en agitant l'air ; exposer à l'air. – Fig. Dévoiler, divulguer. – Pronom. Se rafraîchir. – Perdre son goût, son parfum. 🔊 [evɑ̃te].

ÉVENTRER, verbe trans. [3]
Entailler le ventre de, étriper. – Fig. Ouvrir de force, défoncer. 🔊 [evɑ̃tʀe].

ÉVENTUALITÉ, subst. f.
Caractère de ce qui est éventuel. – Fait qui est susceptible de se produire. 🔊 [evɑ̃tɥalite].

ÉVENTUEL, ELLE, adj.
Qui peut se produire ou non. 🔊 [evɑ̃tɥɛl].

ÉVÊQUE, subst. m.
Dignitaire ecclésiastique de haut rang, qui dirige un diocèse (ou évêché). 🔊 [evɛk].

ÉVERTUER (S'), verbe pronom. [3]
Faire de grands efforts. 🔊 [evɛʀtɥe].

ÉVICTION, subst. f.
Action d'évincer. 🔊 [eviksjɔ̃].

ÉVIDENCE, subst. f.
Ce qui est évident. – Vérité certaine. – *Être en évidence* : être exposé au regard ; attirer l'attention. – *Mettre en évidence* : exhiber ; souligner ; prouver. 🔊 [evidɑ̃s].

ÉVIDENT, ENTE, adj.
Que l'on peut constater. – Qui va de soi, incontestable. 🔊 [evidɑ̃, -ɑ̃t].

ÉVIDER, verbe trans. [3]
Creuser l'intérieur de. 🕮 [evide].

ÉVIER, subst. m.
Grande cuve de cuisine, alimentée en eau et dotée d'un orifice pour l'évacuation des liquides. 🕮 [evje].

ÉVINCER, verbe trans. [4]
Éloigner, exclure par intrigue. 🕮 [evɛ̃se].

ÉVITER, verbe trans. [3]
S'écarter du chemin de qqch. ou de qqn que l'on ne veut pas rencontrer. – Chercher à échapper à (une situation). – S'abstenir de : *Éviter de trop manger.* 🕮 [evite].

ÉVOLUER, verbe intrans. [3]
Se déplacer en accomplissant des mouvements variés. – Progresser, se transformer par étapes. 🕮 [evɔlɥe].

ÉVOQUER, verbe trans. [3]
Rappeler par des propos. – Faire apparaître à l'esprit. – Aborder, mentionner. – Suggérer : *Un bleu qui évoque la mer.* 🕮 [evɔke].

EX-, préfixe
Placé devant un terme désignant une personne ou une chose, exprime ce qu'elle n'est plus : *Un ex-ministre.* 🕮 [ɛks-].

EXACERBER, verbe trans. [3]
Rendre plus aigu, plus vif. 🕮 [ɛgzasɛʀbe].

EXACT, EXACTE, adj.
Vrai, conforme à la réalité. – Juste, conforme à la règle. – Ponctuel. 🕮 [ɛgza(kt), ɛgzakt].

EXACTION, subst. f.
Action d'exiger une somme qui n'est pas due. – Plur. Actes de violence. 🕮 [ɛgzaksjɔ̃].

EXACTITUDE, subst. f.
Qualité de ce qui est exact. 🕮 [ɛgzaktityd].

EX ÆQUO, adj. inv., subst. inv. et loc. adv.
Adj. et loc. À égalité. – Subst. Personne ayant le même rang qu'une autre dans un classement. 🕮 [ɛgzeko].

EXAGÉRER, verbe [8]
Trans. Attribuer à (qqch.) une trop grande importance. – Rendre excessif. – Intrans. Dépasser la mesure, abuser. 🕮 [ɛgzaʒeʀe].

EXALTER, verbe trans. [3]
Provoquer l'enthousiasme de. – Louer avec éclat (littér.). – Pronom. S'enthousiasmer. 🕮 [ɛgzalte].

EXAMEN, subst. m.
Action d'inspecter, d'étudier soigneusement. – Épreuve contrôlant les connaissances et/ou les aptitudes de qqn. – Dr. Procédure d'instruction judiciaire. 🕮 [ɛgzamɛ̃].

EXAMINATEUR, TRICE, subst.
Personne qui fait passer un examen à des candidats. 🕮 [ɛgzaminatœʀ, -tʀis].

EXAMINER, verbe trans. [3]
Procéder à l'examen de. 🕮 [ɛgzamine].

EXASPÉRER, verbe trans. [8]
Irriter, agacer fortement. 🕮 [ɛgzaspeʀe].

EXAUCER, verbe trans. [4]
Satisfaire, accéder à la demande de (qqn). 🕮 [ɛgzose].

EXCÉDENT, subst. m.
Ce qui est en excès, en surplus. – Fin. Écart positif entre les recettes et les dépenses. 🕮 [ɛksedɑ̃].

EXCÉDENTAIRE, adj.
Qui est en excédent. 🕮 [ɛksedɑ̃tɛʀ].

EXCÉDER, verbe trans. [8]
Dépasser (une valeur déterminée). – Fig. Dépasser (une capacité physique ou psychique). – Outrepasser (une limite). – Fatiguer, exaspérer. 🕮 [ɛksede].

EXCELLENCE, subst. f.
Degré éminent de perfection. – Titre honorifique donné aux évêques, aux ministres et aux ambassadeurs. 🕮 [ɛksɛlɑ̃s].

EXCELLENT, ENTE, adj.
Qui est parfait en son domaine. – Très bon. 🕮 [ɛksɛlɑ̃, -ɑ̃t].

EXCELLER, verbe intrans. [3]
Se montrer excellent. 🕮 [ɛksele].

EXCENTRÉ, ÉE, adj.
Loin du centre. 🕮 [ɛksɑ̃tʀe].

EXCENTRIQUE, adj. et subst.
Adj. Loin du centre. – Fig. Insolite, extravagant, qui sort de l'ordinaire. – Subst. Personne extravagante. 🕮 [ɛksɑ̃tʀik].

EXCEPTÉ, prép.
Hormis, à l'exclusion de. 🕮 [ɛksɛpte].

EXCEPTION, subst. f.
Ce qui se démarque de la règle, qui est inhabituel. 🕮 [ɛksɛpsjɔ̃].

EXCEPTIONNEL, ELLE, adj.
Qui constitue une exception. – Hors pair, remarquable. 🕮 [ɛksɛpsjɔnɛl].

EXCÈS, subst. m.
Trop grande quantité, excédent. – Abus, outrance. 🕮 [ɛksɛ].

EXCESSIF, IVE, adj.
Qui dépasse la mesure. 🕮 [ɛksesif, -iv].

EXCIPIENT, subst. m.
Substance neutre ajoutée à un médicament pour en faciliter l'absorption. 🕮 [ɛksipjɑ̃].

EXCISION, subst. f.
Ablation du clitoris, pratiquée de façon rituelle chez certains peuples. 🕮 [ɛksizjɔ̃].

EXCITER, verbe trans. [3]
Stimuler, énerver. – Susciter, provoquer, éveiller. 🕮 [ɛksite].

EXCLAMATION, subst. f.
Cri traduisant une émotion ou une surprise. – *Point d'exclamation* : signe de ponctuation (!) placé à la fin d'une phrase exclamative ou après une interjection. 🕮 [ɛksklamasjɔ̃].

EXCLAMER (S'), verbe pronom. [3]
Pousser des exclamations. 🕮 [ɛksklame].

EXCLURE, verbe trans. [79]
Chasser, écarter. – Tenir à l'écart, ne pas admettre. – Être incompatible avec. 🕮 [ɛksklyʀ].

EXCLUSIF, IVE, adj.
Qui n'appartient qu'à un seul : *Modèle exclusif.* – Qui n'admet aucun partage : *Passion exclusive.* ■ [ɛksklyzif, -iv].

EXCLUSION, subst. f.
Action d'exclure, rejet, renvoi. ■ [ɛksklyzjɔ̃].

EXCLUSIVITÉ, subst. f.
Qualité de ce qui est exclusif. ■ [ɛksklyzivite].

EXCOMMUNICATION, subst. f.
Condamnation ecclésiastique excluant de l'Église un de ses membres. – Exclusion d'un parti, d'un groupe. ■ [ɛkskɔmynikasjɔ̃].

EXCOMMUNIER, verbe trans. [6]
Frapper (qqn) d'excommunication, exclure. ■ [ɛkskɔmynje].

EXCRÉMENTS, subst. m. plur.
Matières fécales évacuées du corps par les voies naturelles. ■ [ɛkskʀemɑ̃].

EXCROISSANCE, subst. f.
Proéminence parasitaire de la peau, d'une muqueuse, etc. ■ [ɛkskʀwasɑ̃s].

EXCURSION, subst. f.
Longue promenade touristique à travers une région. ■ [ɛkskyʀsjɔ̃].

EXCUSE, subst. f.
Raison invoquée pour se décharger d'une faute, justification. – Prétexte présenté pour éviter une obligation. – Plur. Demande de pardon, d'indulgence pour une faute commise. ■ [ɛkskyz].

EXCUSER, verbe trans. [3]
Trouver des arguments pour justifier une faute. – Ne pas tenir rigueur, pardonner. – Pronom. Présenter des excuses pour une faute commise. – Présenter une excuse pour éviter une obligation. ■ [ɛkskyze].

EXÉCRABLE, adj.
Très mauvais. – Odieux. ■ [ɛgzekʀabl].

EXÉCUTER, verbe trans. [3]
Accomplir, faire, confectionner. – Faire périr en vertu d'un jugement. – Mus. Jouer, interpréter. – Pronom. Obéir. ■ [ɛgzekyte].

EXÉCUTIF, IVE, adj. et subst. m.
Se dit du pouvoir qui a la charge de gouverner, d'administrer, d'appliquer les lois. ■ [ɛgzekytif, -iv].

EXÉCUTION, subst. f.
Action d'exécuter, réalisation. – Mise à mort d'un condamné. ■ [ɛgzekysjɔ̃].

EXEMPLAIRE (I), adj.
Qui constitue un modèle. – Qui fait figure d'avertissement. ■ [ɛgzɑ̃plɛʀ].

EXEMPLAIRE (II), subst. m.
Chacune des copies d'un texte. – Chose identique à de nombreuses autres. – Échantillon, spécimen. ■ [ɛgzɑ̃plɛʀ].

EXEMPLE, subst. m.
Modèle à imiter. – Action servant d'avertissement : *Punir pour l'exemple.* – Illustration d'une idée. ■ [ɛgzɑ̃pl].

EXEMPT, EXEMPTE, adj.
Déchargé (d'une obligation). – Dépourvu, préservé. ■ [ɛgzɑ̃(pt), ɛgzɑ̃(p)t].

EXEMPTER, verbe trans. [3]
Dispenser d'une obligation. – Préserver. ■ [ɛgzɑ̃(p)te].

EXERCER, verbe trans. [4]
Pratiquer (une discipline, une profession) ; faire usage (d'un pouvoir, d'une aptitude). – Faire fonctionner (qqch.), former (qqn) à : **Exercer** *sa mémoire* ; **Exercer** *un soldat au maniement des armes.* ■ [ɛgzɛʀse].

EXERCICE, subst. m.
Activité visant à développer, à mettre en pratique une aptitude. – Pratique d'une fonction, d'une profession : **Exercice** *du pouvoir, de la médecine.* – Écon. Période de référence comptable. – Milit. Entraînement. ■ [ɛgzɛʀsis].

EXHALER, verbe trans. [3]
Émettre, dégager, répandre. – Donner libre cours à (littér.). ■ [ɛgzale].

EXHIBER, verbe trans. [3]
Montrer, présenter. – Étaler, arborer avec ostentation. ■ [ɛgzibe].

EXHORTER, verbe trans. [3]
Encourager par des paroles. ■ [ɛgzɔʀte].

EXHUMER, verbe trans. [3]
Déterrer. – Tirer de l'oubli. ■ [ɛgzyme].

EXIGENCE, subst. f.
Action d'exiger. – Caractère d'une personne exigeante. – Besoin, nécessité. – Revendication (gén. au plur.). – Contrainte, discipline. ■ [ɛgziʒɑ̃s].

EXIGER, verbe trans. [5]
Réclamer avec autorité. – Requérir, imposer, nécessiter. ■ [ɛgziʒe].

EXIGU, UË, adj.
Très étroit. – Minuscule. ■ [ɛgzigy].

EXIL, subst. m.
Condamnation à quitter son pays. – Éloignement de son pays, ou du lieu auquel on est attaché. – Lieu où l'on est exilé. ■ [ɛgzil].

EXILER, verbe trans. [3]
Frapper (qqn) d'exil, bannir. – Pronom. S'expatrier. ■ [ɛgzile].

EXISTENCE, subst. f.
Le fait d'être, de vivre. – Vie, en tant que durée ou manière de vivre. ■ [ɛgzistɑ̃s].

EXISTER, verbe intrans. [3]
Vivre. – Avoir une existence, une réalité objective. – Avoir de l'importance, compter. ■ [ɛgziste].

EXODE, subst. m.
Départ massif de population. ■ [ɛgzɔd].

EXONÉRER, verbe trans. [8]
Dispenser d'une charge. ■ [ɛgzɔneʀe].

EXORBITANT, ANTE, adj.
Excessif, démesuré. ■ [ɛgzɔʀbitɑ̃, -ɑ̃t].

EXORBITÉ, ÉE, adj.
Qui paraît sortir de son orbite. ■ [ɛgzɔʀbite].

EXORCISER, verbe trans. [3]
Chasser (le démon) d'un corps, d'un lieu. – Délivrer (un corps, un lieu) d'un démon. ■ [ɛgzɔʀsize].

EXOTIQUE, adj.
Qui vient d'un pays lointain. 🔊 [ɛgzɔtik].

EXPANSIF, IVE, adj.
Communicatif, volubile. 🔊 [ɛkspɑ̃sif, -iv].

EXPANSION, subst. f.
Augmentation de la surface, du volume d'un corps. – Progression, développement. 🔊 [ɛkspɑ̃sjɔ̃].

EXPATRIER (S'), verbe pronom. [6]
Quitter sa patrie, s'exiler. 🔊 [ɛkspatrije].

EXPECTATIVE, subst. f.
Attente prudente. 🔊 [ɛkspɛktativ].

EXPÉDIENT, subst. m.
Moyen ingénieux de résoudre une difficulté. – Subterfuge permettant de se tirer d'embarras. – Plur. Moyens d'existence, licites ou illicites. 🔊 [ɛkspedjɑ̃].

EXPÉDIER, verbe trans. [6]
Envoyer (qqn ou qqch.). – Se débarrasser de (qqn). – Exécuter trop vite, bâcler. 🔊 [ɛkspedje].

EXPÉDITEUR, TRICE, subst.
Personne qui expédie. 🔊 [ɛkspeditœʀ, -tʀis].

EXPÉDITION, subst. f.
Action d'expédier. – Important déplacement militaire, scientifique ou touristique. 🔊 [ɛkspedisjɔ̃].

EXPÉRIENCE, subst. f.
Connaissance, aptitude acquise par la pratique. – Essai, test : *Faire une* **expérience**. 🔊 [ɛkspeʀjɑ̃s].

EXPÉRIMENTAL, ALE, AUX, adj.
Qui se fonde sur l'expérience scientifique. 🔊 [ɛkspeʀimɑ̃tal].

EXPÉRIMENTÉ, ÉE, adj.
Instruit par l'expérience. 🔊 [ɛkspeʀimɑ̃te].

EXPÉRIMENTER, verbe trans. [3]
Soumettre (qqch.) à des expériences. 🔊 [ɛkspeʀimɑ̃te].

EXPERT, ERTE, adj. et subst. m.
Qui maîtrise un domaine, grâce à expérience acquise. – Subst. Spécialiste chargé d'évaluer, de vérifier. 🔊 [ɛkspɛʀ, -ɛʀt].

EXPERTISE, subst. f.
Examen fait par un expert. – Fig. Examen attentif et minutieux. 🔊 [ɛkspɛʀtiz].

EXPIER, verbe trans. [6]
Réparer (une faute) en subissant un châtiment. 🔊 [ɛkspje].

EXPIRER, verbe [3]
Trans. Rejeter (l'air) hors des poumons en soufflant. – Intrans. Mourir. – Fig. S'achever, disparaître. 🔊 [ɛkspiʀe].

EXPLICATION, subst. f.
Action d'expliquer. – Ce qui explique qqch. – Discussion conflictuelle. 🔊 [ɛksplikasjɔ̃].

EXPLICITE, adj.
Clair. – Nettement exprimé. 🔊 [ɛksplisit].

EXPLICITER, verbe trans. [3]
Exprimer clairement. 🔊 [ɛksplisite].

EXPLIQUER, verbe trans. [3]
Rendre clair et compréhensible par une argumentation. – Constituer l'origine, la cause de (qqch.). – Pronom. Formuler clairement sa pensée. – Régler un litige avec qqn. 🔊 [ɛksplike].

EXPLOIT, subst. m.
Acte héroïque ou remarquable. 🔊 [ɛksplwa].

EXPLOITATION, subst. f.
Action d'exploiter, de valoriser, de faire fructifier. – Bien, lieu que l'on exploite. – Utilisation abusive que l'on fait des autres. 🔊 [ɛksplwatasjɔ̃].

EXPLOITER, verbe trans. [3]
Mettre en valeur, faire fructifier. – Tirer parti (d'un événement). – Abuser de (qqn). 🔊 [ɛksplwate].

EXPLORATEUR, TRICE, subst.
Personne qui part à la découverte de régions inconnues. 🔊 [ɛksploʀatœʀ, -tʀis].

EXPLORER, verbe trans. [3]
Aller à la découverte d'une région peu connue. – Inspecter minutieusement un lieu. – Fig. Étudier un domaine peu connu. 🔊 [ɛksploʀe].

EXPLOSER, verbe intrans. [3]
Éclater, entrer en déflagration. – Fig. Se produire brusquement, avec force. – Se répandre soudainement. – S'accroître brusquement (fam.). 🔊 [ɛksploze].

EXPLOSIF, IVE, adj. et subst. m.
Adj. Qui peut exploser, dangereux. – Subst. Produit apte à exploser. 🔊 [ɛksplozif, -iv].

EXPLOSION, subst. f.
Déflagration brutale et bruyante, qui produit des dégâts. – Fig. Manifestation brusque. – Accroissement très rapide. 🔊 [ɛksplozjɔ̃].

EXPORTATEUR, TRICE, adj. et subst.
Qui exporte. 🔊 [ɛkspɔʀtatœʀ, -tʀis].

EXPORTATION, subst. f.
Action d'exporter. – Marchandise exportée. 🔊 [ɛkspɔʀtasjɔ̃].

EXPORTER, verbe trans. [3]
Transporter et vendre à l'étranger (des produits nationaux). – Fig. Diffuser à l'étranger (des idées, des modes, etc.). 🔊 [ɛkspɔʀte].

EXPOSANT, ANTE, subst.
Personne qui expose qqch. – Masc. *Math.* Nombre indiquant l'élévation à une puissance : $2^2 = 2 \times 2$. 🔊 [ɛkspozɑ̃, -ɑ̃t].

EXPOSÉ, subst. m.
Compte rendu, rapport oral. 🔊 [ɛkspoze].

EXPOSER, verbe trans. [3]
Présenter (des faits, des idées). – Présenter, montrer (des objets). – Soumettre à l'action de : **Exposer** *une plante à la lumière*. – Mettre en danger. 🔊 [ɛkspoze].

EXPOSITION, subst. f.
Action d'exposer ; son résultat. – Lieu où l'on expose des produits. – Orientation : **Exposition** *au sud*. 🔊 [ɛkspozisjɔ̃].

EXPRÈS (I), ESSE, adj.
Explicite, formel. – Empl. adj. inv. et subst. m. inv. Livré sans délai au destinataire : *Colis, lettre* exprès ; *Un* exprès. ❧ [ɛkspʀɛs].

EXPRÈS (II), adv.
Délibérément, à dessein. ❧ [ɛkspʀɛ].

EXPRESS, adj. inv. et subst. m.
Adj. Qui permet de se déplacer rapidement. – Subst. Train rapide. ❧ [ɛkspʀɛs].

EXPRESSIF, IVE, adj.
Qui manifeste bien ce qu'on veut exprimer. – Qui a de l'expression. ❧ [ɛkspʀesif, -iv].

EXPRESSION, subst. f.
Action d'exprimer sa pensée, par le langage, le comportement ou l'art. – Signe extérieur d'un sentiment. – *Ling.* Mot ou groupe de mots énonçant une idée. ❧ [ɛkspʀɛsjɔ̃].

EXPRESSIONNISME, subst. m.
Forme d'art qui privilégie l'intensité de l'expression. ❧ [ɛkspʀesjɔnism].

EXPRIMER, verbe trans. [3]
Faire sortir, extraire. – Faire connaître (qqch.) par des paroles, des écrits ou d'autres moyens. – Pronom. Faire connaître sa pensée, ses sentiments. ❧ [ɛkspʀime].

EXPROPRIER, verbe trans. [6]
Dépouiller d'un bien, légalement et contre une indemnité. ❧ [ɛkspʀɔpʀije].

EXPULSER, verbe trans. [3]
Chasser, faire sortir d'un lieu. ❧ [ɛkspylse].

EXPURGER, verbe trans. [5]
Ôter (d'un texte) les passages jugés non conformes à la morale, au dogme ou à la religion. ❧ [ɛkspyʀʒe].

EXQUIS, ISE, adj.
Recherché, raffiné, délicieux. ❧ [ɛkski, -iz].

EXSANGUE, adj.
Vidé, ou presque, de son sang. – Très pâle. – Fig. Sans vigueur. ❧ [ɛksɑ̃g].

EXTASE, subst. f.
État mystique d'une personne qui se sent en présence de Dieu. – Fig. Joie intense, admiration. ❧ [ɛkstaz].

EXTASIER (S'), verbe pronom. [6]
Manifester, exprimer son émerveillement. ❧ [ɛkstazje].

EXTENSIBLE, adj.
Qui peut être étiré, allongé. ❧ [ɛkstɑ̃sibl].

EXTENSION, subst. f.
Action d'étendre. – Augmentation. – Prolongement. ❧ [ɛkstɑ̃sjɔ̃].

EXTÉNUER, verbe trans. [3]
Fatiguer énormément, épuiser. ❧ [ɛkstenɥe].

EXTÉRIEUR, IEURE, adj. et subst. m.
Adj. Qui se situe en dehors. – Visible du dehors. – Qui a lieu en dehors. – Qui concerne le commerce, les relations internationales. – Subst. Le dehors. – Plur. *Cin.* Prises de vues réalisées en dehors des studios. ❧ [ɛksteʀjœʀ].

EXTÉRIORISER, verbe trans. [3]
Manifester, exprimer : *Extérioriser ses sentiments.* ❧ [ɛksteʀjɔʀize].

EXTERMINER, verbe trans. [3]
Tuer en masse, détruire jusqu'au dernier. ❧ [ɛkstɛʀmine].

EXTERNE, adj. et subst.
Adj. Qui est situé au-dehors. – Qui a trait à ce qui est au-dehors. – Subst. Élève d'un établissement qui prend ses repas et dort chez lui. – Étudiant en médecine qui assiste un interne. ❧ [ɛkstɛʀn].

EXTINCTEUR, subst. m.
Appareil servant à combattre un incendie. ❧ [ɛkstɛ̃ktœʀ].

EXTINCTION, subst. f.
Action d'éteindre. – Perte progressive de vigueur. – Fig. Disparition. ❧ [ɛkstɛ̃ksjɔ̃].

EXTIRPER, verbe trans. [3]
Arracher, extraire complètement. – Tirer (qqn ou qqch.) avec difficulté hors d'un lieu. – Fig. Faire disparaître (qqch.) en s'attaquant à son origine. ❧ [ɛkstiʀpe].

EXTORQUER, verbe trans. [3]
Soutirer par force ou par ruse. ❧ [ɛkstɔʀke].

EXTORSION, subst. f.
Action d'extorquer. ❧ [ɛkstɔʀsjɔ̃].

EXTRA-, préfixe
Exprime l'idée de « en dehors » : *Extraordinaire.* – Augmentatif : *Extrafin.* ❧ [ɛkstʀa-].

EXTRA, adj. inv. et subst. m.
Adj. De qualité supérieure. – Exceptionnel. – Subst. Chose extraordinaire. – Service occasionnel ; personne effectuant ce service. ❧ [ɛkstʀa].

EXTRACTION, subst. f.
Action d'extraire. – Origine sociale (littér.). ❧ [ɛkstʀaksjɔ̃].

EXTRADITION, subst. f.
Livraison d'une personne à un État étranger qui doit la juger. ❧ [ɛkstʀadisjɔ̃].

EXTRAIRE, verbe trans. [58]
Tirer hors de, faire sortir. – Séparer une substance du corps auquel elle appartient. – Fig. Dégager, faire apparaître. ❧ [ɛkstʀɛʀ].

EXTRAIT, subst. m.
Concentré d'une substance. – Partie choisie d'un texte, d'une œuvre. – *Extrait de naissance* : copie conforme de l'acte d'état civil. ❧ [ɛkstʀɛ].

EXTRAORDINAIRE, adj.
Qui sort de l'ordinaire. – Qui frappe par sa singularité. – Remarquable, exceptionnel. ❧ [ɛkstʀaɔʀdinɛʀ].

EXTRAPOLER, verbe intrans. [3]
Généraliser à partir d'éléments fragmentaires, d'hypothèses. ❧ [ɛkstʀapole].

EXTRAVAGANT, ANTE, adj.
Bizarre, délirant. – Qui dépasse la mesure. ❧ [ɛkstʀavagɑ̃, -ɑ̃t].

EXTRÊME, adj. et subst. m.
Adj. Qui est à la limite (d'un espace ou d'une durée). – Porté au plus haut point. – Excessif. – Subst. *Les* extrêmes : les contraires. – Loc. adv. À l'extrême : au plus haut point. ❧ [ɛkstʀɛm].

EXTRÊME-ONCTION, subst. f.
Sacrement catholique administré aux personnes proches de la mort. 🔊 Plur. *extrêmes-onctions* ; [ɛkstʀɛmɔ̃ksjɔ̃].

EXTRÉMISTE, adj. et subst.
Partisan d'une attitude radicale, poussant à l'extrême l'affirmation de ses idées. 🔊 [ɛkstʀemist].

EXTRÉMITÉ, subst. f.
Partie extrême d'une chose. – Conduite, situation critique. – Plur. *Anat.* Les mains et les pieds. – Actes violents. 🔊 [ɛkstʀemite].

EXUBÉRANT, ANTE, adj.
Qui croît abondamment, qui est surabondant. – Fig. Qui est plein de vitalité ; expansif. 🔊 [ɛgzybeʀɑ̃, -ɑ̃t].

EXULTER, verbe intrans. [3]
Manifester une joie immense. 🔊 [ɛgzylte].

EXUTOIRE, subst. m.
Conduit d'évacuation des eaux. – Fig. Dérivatif. 🔊 [ɛgzytwaʀ].

EX-VOTO, subst. m. inv.
Objet, plaque de remerciement à un saint, que l'on place dans une église. 🔊 [ɛksvɔto].

F

F, f, subst. m. inv.
Sixième lettre et quatrième consonne de l'alphabet français. 🔊 [ɛf].

FA, subst. m. inv.
Mus. Quatrième note de la gamme : *La clef de fa.* 🔊 [fa].

FABLE, subst. f.
Récit allégorique assorti d'une vérité morale. – Propos mensonger (littér.). 🔊 [fabl].

FABRICANT, ANTE, subst.
Personne qui fabrique ou fait fabriquer des produits commerciaux. 🔊 [fabʀikɑ̃, -ɑ̃t].

FABRICATION, subst. f.
Action, manière de fabriquer. – Ce qui en résulte. 🔊 [fabʀikasjɔ̃].

FABRIQUE, subst. f.
Établissement où l'on fabrique des produits de consommation. 🔊 [fabʀik].

FABRIQUER, verbe trans. [3]
Produire, élaborer (un objet). – Faire (fam.) : *Mais qu'est-ce que tu fabriques ?* 🔊 [fabʀike].

FABULER, verbe intrans. [3]
Présenter comme vrai un récit imaginaire. 🔊 [fabyle].

FABULEUX, EUSE, adj.
Qui appartient à la légende, mythique : *Un héros fabuleux.* – Étonnant, extraordinaire ; colossal. 🔊 [fabylø, -øz].

FAÇADE, subst. f.
Mur dans lequel s'ouvre l'entrée principale d'un bâtiment. – Fig. Apparence trompeuse. – *Géogr.* Zone littorale. 🔊 [fasad].

FACE, subst. f.
Partie antérieure de la tête humaine, visage. – Côté d'une pièce de monnaie qui présente une figure. – Fig. Aspect sous lequel se présente une chose, une idée. – *Perdre la* **face** : sa dignité. – Loc. prép. *En face de* : devant. 🔊 [fas].

FACE-À-FACE, subst. m. inv.
Débat contradictoire public entre deux personnes. 🔊 [fasafas].

FACÉTIE, subst. f.
Plaisanterie, farce. 🔊 [fasesi].

FACÉTIEUX, IEUSE, adj. et subst.
Qui dit ou fait des facéties. 🔊 [fasesjø, -jøz].

FACETTE, subst. f.
Chacune des petites faces d'un objet. – Fig. *À facettes* : qui présente de nombreux aspects différents. 🔊 [fasɛt].

FÂCHER, verbe trans. [3]
Désobliger, peiner, provoquer la colère de (qqn). – Pronom. Se mettre en colère. – Se brouiller : *Se fâcher avec sa femme.* 🔊 [faʃe].

FÂCHEUX, EUSE, adj. et subst.
Adj. Pénible, désagréable. – Regrettable. – Subst. Personne importune. 🔊 [faʃø, -øz].

FACIÈS, subst. m.
Aspect du visage. 🔊 [fasjɛs].

FACILE, adj.
Qui s'effectue aisément. – Qui se comprend sans effort ; qui s'acquiert sans peine. – Conciliant : *Facile à vivre.* – *Fille facile* : aux mœurs légères. 🔊 [fasil].

FACILITÉ, subst. f.
Aisance, caractère de ce qui est fait sans effort. – Aptitude à réussir. – Manque d'exigence (péj.). 🔊 [fasilite].

FACILITER, verbe trans. [3]
Rendre plus aisé. 🔊 [fasilite].

FAÇON, subst. f.
Fabrication, mode de réalisation. – Forme affectée à un objet. – Manière d'agir, de se comporter. – Loc. prép. et conj. *De façon à, que* : de manière à, que. 🔊 [fasɔ̃].

FACONDE, subst. f.
Volubilité, facilité de parole. 🔊 [fakɔ̃d].

FAÇONNER, verbe trans. [3]
Fabriquer, imprimer une forme à. – Fig. Former, éduquer. 🔊 [fasɔne].

193

FAC-SIMILÉ, subst. m.
Reproduction à l'identique d'un texte, d'un dessin. 🕮 Plur. *fac-similés* : [faksimile].

FACTEUR, TRICE, subst.
Agent des postes qui distribue le courrier.
– Masc. Fig. Élément qui concourt à un résultat. – *Math.* Élément constitutif d'un produit. 🕮 [faktœr, -tris].

FACTICE, adj.
Artificiel, contrefait. – Fig. Simulé, forcé, faux : *Un sourire* factice. 🕮 [faktis].

FACTION, subst. f.
Groupe provoquant une scission à l'intérieur d'une communauté. – Tour de garde ; longue attente. 🕮 [faksjɔ̃].

FACTURE (I), subst. f.
Technique de réalisation d'une œuvre d'art.
– Fabrication des instruments de musique. 🕮 [faktyR].

FACTURE (II), subst. f.
Bordereau détaillant le prix de marchandises ou de services fournis. – Ce qui doit être payé. 🕮 [faktyR].

FACTURER, verbe trans. [3]
Porter sur une facture (II). 🕮 [faktyRe].

FACULTATIF, IVE, adj.
Qu'on peut faire ou non. 🕮 [fakyltatif, -iv].

FACULTÉ (I), subst. f.
Possibilité, capacité (de faire qqch.) : *La* faculté *de parler*. – Plur. Aptitudes, capacités d'une personne. 🕮 [fakylte].

FACULTÉ (II), subst. f.
Lieu où est dispensé un enseignement universitaire. – *La* Faculté : les médecins. 🕮 [fakylte].

FADAISE, subst. f.
Propos insignifiant ou stupide (gén. au plur.). 🕮 [fadɛz].

FADE, adj.
Sans saveur. – Fig. Sans vigueur, ennuyeux. 🕮 [fad].

FADEUR, subst. f.
Caractère de ce qui est fade. 🕮 [fadœr].

FAGOT, subst. m.
Assemblage de petites branches de bois. 🕮 [fago].

FAGOTER, verbe trans. [3]
Vêtir sans goût (fam.). 🕮 [fagɔte].

FAIBLE, adj. et subst.
Qui manque de force de caractère, d'autorité. – Dénué de ressources, de défenses.
– Adj. Qui manque de robustesse, de résistance. – Qui manque d'intensité. – De peu d'importance : **Faible** *distance*. – Insuffisant, médiocre : *Élève* faible. – Subst. masc. Inclination, penchant. 🕮 [fɛbl].

FAIBLESSE, subst. f.
Caractère d'une personne ou d'une chose faible. – Inclination, préférence. – Indulgence excessive. 🕮 [fɛblɛs].

FAIBLIR, verbe intrans. [19]
Devenir faible. 🕮 [feblir].

FAÏENCE, subst. f.
Poterie émaillée ou vernissée. 🕮 [fajɑ̃s].

FAIGNANT, voir FEIGNANT

FAILLE, subst. f.
Géol. Fissure dans une couche de l'écorce terrestre. – Fig. Manque, carence. – *Sans* faille : sûr. 🕮 [faj].

FAILLIBLE, adj.
Qui peut commettre une faute, sujet à l'erreur. 🕮 [fajibl].

FAILLIR, verbe [31]
Trans. indir. Faire défaut, manquer à : Faillir *à sa parole*. – Intrans. Commettre une faute. – Faillir + inf. Être sur le point de, éviter de peu de : *Elle* faillit *crier*. 🕮 Verbe défectif : [fajir].

FAILLITE, subst. f.
État d'un débiteur qui ne peut plus payer ses créanciers. – Fig. Échec total. 🕮 [fajit].

FAIM, subst. f.
Sensation par laquelle se manifeste le besoin ou l'envie de manger. – Manque aigu de nourriture. – Fig. Vive aspiration. 🕮 [fɛ].

FAINÉANT, ANTE, adj. et subst.
Paresseux de nature. 🕮 [fɛneɑ̃, -ɑ̃t].

FAINÉANTISE, subst. f.
Paresse. 🕮 [fɛneɑ̃tiz].

FAIRE, verbe trans. [57]
Être l'auteur de, produire, créer : Faire *un tableau*. – Ramasser, gagner : Faire *des provisions* ; Faire *des bénéfices*. – Constituer, égaler : *Deux et deux* font *quatre*.
– Préparer, arranger : Faire *son lit, ses valises*. – Exécuter (un mouvement, une action). – Jouer un rôle, paraître : *Qui veut* faire *l'ange* fait *la bête* ; *Un costume qui* fait *sport*. – Être cause de, provoquer : Faire *peur*. – Employé comme substitut d'un autre verbe déjà cité : *Je ne pourrais pas courir comme vous le* faites. – Pronom. Devenir : *Il se* fait *vieux*. – *S'en faire* : se faire du souci, s'inquiéter. – Empl. impers. *Il* fait *chaud* ; *Il* fait *jour*. 🕮 [fɛr].

FAIRE-PART, subst. m. inv.
Lettre annonçant un événement (naissance, décès, etc.). 🕮 [fɛRpaR].

FAIRE-VALOIR, subst. m. inv.
Personne qui met en valeur une autre personne. 🕮 [fɛRvalwaR].

FAISABLE, adj.
Qui peut être fait, réalisable. 🕮 [fəzabl].

FAISAN, ANE, subst.
Oiseau gallinacé, gibier à la chair appréciée. 🕮 [fəzɑ̃, -an].

FAISANDÉ, ÉE, adj.
Se dit d'un gibier qui commence à se décomposer et qui prend un fumet de plus en plus prononcé. 🕮 [fəzɑ̃de].

FAISCEAU, subst. m.
Assemblage d'objets allongés tenus par un lien. – Ensemble de rayons lumineux. – Fig. Ensemble d'éléments convergents : Faisceau *de preuves*. 🕮 [fɛso].

FAIT, subst. m.
Action. − Ce qui est arrivé, événement :
Résumé des faits. − Réalité : *C'est un fait,
non une supposition*. − *Au fait* : à ce sujet.
− *En fait de* : en matière de. − *Tout à fait* :
absolument. 🔊 [fɛ(t)]. plur. [fɛ].

FAIT(-)DIVERS, subst. m.
Événement anecdotique. − Plur. Rubrique
de journal qui traite des événements de la
vie quotidienne (accidents, délits, crimes).
🔊 Plur. *faits(-)divers* ; [fɛdivɛʀ].

FAÎTE, subst. m.
Partie la plus haute de qqch., sommet. − Fig.
Paroxysme (littér.). 🔊 [fɛt].

FALAISE, subst. f.
Escarpement en bord de mer. 🔊 [falɛz].

FALBALAS, subst. m. plur.
Ornements (gén. en surcharge) d'un vêtement. 🔊 [falbala].

FALLACIEUX, IEUSE, adj.
Trompeur. 🔊 [fal(l)asjø. -jøz].

FALLOIR, verbe impers. [43]
Faire l'objet d'une nécessité. − Pronom.
Manquer : *Il s'en est fallu de peu*. 🔊 [falwaʀ].

FALOT, OTE, adj.
Insignifiant, effacé. 🔊 [falo, -ɔt].

FALSIFIER, verbe trans. [6]
Contrefaire, truquer. 🔊 [falsifje].

FAMÉ, ÉE, adj.
Mal famé : mal fréquenté. 🔊 [fame].

FAMÉLIQUE, adj.
Amaigri par le manque de nourriture.
− Qui semble avoir faim. 🔊 [famelik].

FAMEUX, EUSE, adj.
Célèbre, réputé. − Remarquable, excellent ;
mémorable. 🔊 [famø, -øz].

FAMILIAL, ALE, AUX, adj.
Qui concerne la famille. − Intime et chaleureux comme une famille. 🔊 [familjal].

FAMILIARISER, verbe trans. [3]
Rendre familier à (qqn). − Pronom. *Se
familiariser avec qqch.* : s'y accoutumer par
la pratique. 🔊 [familjaʀize].

FAMILIARITÉ, subst. f.
Intimité. − Expérience, habitude. − Désinvolture, conduite inconvenante (gén. au
plur.). 🔊 [familjaʀite].

FAMILIER, IÈRE, adj. et subst. m.
Adj. Que l'on connaît bien. − Désinvolte,
impoli. − *Mot familier* : qui appartient au
langage courant. − Subst. Ami, habitué.
🔊 [familje, -jɛʀ].

FAMILLE, subst. f.
Ensemble composé par le père, la mère et
les enfants. − Ensemble de personnes ayant
des liens de parenté. − Ensemble d'éléments
ou de personnes ayant des caractéristiques
communes. − Catégorie botanique ou zoologique. 🔊 [famij].

FAMINE, subst. f.
Manque de nourriture touchant la population d'une région. 🔊 [famin].

FANAL, AUX, subst. m.
Lanterne au feu servant de balise ou de
signal, sur un véhicule, un navire. 🔊 [fanal].

FANATIQUE, adj. et subst.
Qui est atteint de fanatisme. 🔊 [fanatik].

FANATISME, subst. m.
Exaltation excessive pour une cause, une
doctrine, etc. − Enthousiasme débordant,
passionné. 🔊 [fanatism].

FANER, verbe trans. [3]
Remuer l'herbe coupée pour en faire du
foin. − Défraîchir (une fleur). − Fig. Ternir
(le teint, une couleur). − Pronom. Se flétrir.
🔊 [fane].

FANFARE, subst. f.
Air vif et entraînant. − Orchestre de cuivres
et de percussions. − Fig. Vacarme. 🔊 [fɑ̃faʀ].

FANFARON, ONNE, adj. et subst.
Vantard, hâbleur. 🔊 [fɑ̃faʀɔ̃. -ɔn].

FANFRELUCHE, subst. f.
Ornement de peu de valeur. 🔊 [fɑ̃fʀəlyʃ].

FANGE, subst. f.
Boue (littér.). − Fig. Souillure morale,
débauche. 🔊 [fɑ̃ʒ].

FANION, subst. m.
Petit drapeau. 🔊 [fanjɔ̃].

FANON, subst. m.
Chacune des lames cornées garnissant la
mâchoire des baleines. 🔊 [fanɔ̃].

FANTAISIE, subst. f.
Pouvoir créatif de l'imagination. − Lubie,
caprice. − *Bijou fantaisie* : factice, sans
vraie valeur. 🔊 [fɑ̃tezi].

FANTAISISTE, adj. et subst.
Subst. Individu qui agit selon ses caprices.
− Artiste comique. − Adj. Qui fait preuve de
fantaisie. − Imaginaire, inventé. 🔊 [fɑ̃tezist].

FANTASME, subst. m.
Rêve, construction due au travail de l'imagination. 🔊 [fɑ̃tasm].

FANTASQUE, adj.
Capricieux, lunatique. − Bizarre, extravagant. 🔊 [fɑ̃task].

FANTASSIN, subst. m.
Soldat d'infanterie. 🔊 [fɑ̃tasɛ̃].

FANTASTIQUE, adj. et subst. m.
Se dit d'un genre littéraire qui fait appel
au surnaturel : *Conte fantastique*. − Adj.
Irréel, imaginaire. − Extraordinaire, inouï.
🔊 [fɑ̃tastik].

FANTOCHE, subst. m.
Personne dépourvue de volonté propre,
pantin. 🔊 [fɑ̃tɔʃ].

FANTÔME, subst. m.
Apparition surnaturelle d'un défunt ; revenant. − Souvenir qui hante la mémoire.
− Fig. Personne, chose peu réelle. − Personne souv. absente. 🔊 [fɑ̃tom].

FAON, subst. m.
Petit d'un cervidé. 🔊 [fɑ̃].

FARAMINEUX, EUSE, adj.
Prodigieux, extraordinaire (fam.) : *Un score
faramineux*. 🔊 [faʀaminø, -øz].

FARANDOLE, subst. f.
Danse provençale exécutée par une file alternée d'hommes et de femmes. 🔊 [faʀɑ̃dɔl].

FARCE (I), subst. f.
Pièce de théâtre où domine le burlesque. – Bon tour joué à qqn. 🔊 [faʀs].

FARCE (II), subst. f.
Hachis de viande ou d'autres ingrédients, dont on fourre certains mets. 🔊 [faʀs].

FARCEUR, EUSE, subst.
Auteur de bons tours. 🔊 [faʀsœʀ, -øz].

FARCIR, verbe trans. [19]
Garnir de farce. – Fig. Encombrer, surcharger de : Farcir *un texte de calembours*. 🔊 [faʀsiʀ].

FARD, subst. m.
Produit cosmétique qui masque les défauts de la peau ou rehausse le teint. 🔊 [faʀ].

FARDEAU, subst. m.
Charge pesante. – Fig. Charge morale difficile à supporter. 🔊 [faʀdo].

FARDER, verbe trans. [3]
Enduire de fard. – Fig. Présenter sous un jour trompeur. 🔊 [faʀde].

FARFADET, subst. m.
Lutin espiègle des contes. 🔊 [faʀfadɛ].

FARFELU, UE, adj. et subst.
Adj. Loufoque. – Subst. Personne excentrique. 🔊 [faʀfəly].

FARFOUILLER, verbe intrans. [3]
Fouiller, fureter au hasard en mettant du désordre (fam.). 🔊 [faʀfuje].

FARIBOLE, subst. f.
Parole frivole et sans intérêt (gén. au plur.). 🔊 [faʀibɔl].

FARINE, subst. f.
Poudre issue de la mouture de grains de céréales. 🔊 [faʀin].

FARINEUX, EUSE, adj.
Qui contient de la farine ou de la fécule. – Qui évoque la farine par sa consistance ou son goût. 🔊 [faʀinø, -øz].

FARNIENTE, subst. m.
Oisiveté (fam.). 🔊 [faʀnjɛnte].

FAROUCHE, adj.
Sauvage, indompté. – Qui répugne aux contacts humains. – Acharné. 🔊 [faʀuʃ].

FART, subst. m.
Substance cireuse appliquée sur les semelles des skis pour en améliorer la glisse. 🔊 [faʀt].

FASCICULE, subst. m.
Chacune des parties d'un ouvrage publié en plusieurs fois. 🔊 [fasikyl].

FASCINATION, subst. f.
Action de fasciner. – Attrait irrésistible exercé par qqn ou qqch. 🔊 [fasinasjɔ̃].

FASCINER, verbe trans. [3]
Exercer une forte attraction par le seul regard. – Fig. Séduire, captiver. 🔊 [fasine].

FASCISME, subst. m.
Doctrine politique de Mussolini, fondée sur le nationalisme, le parti unique et le gouvernement par un seul homme. – Idéologie s'inspirant de cette doctrine, totalitarisme. 🔊 [faʃism] ou [faʃism].

FASTE (I), adj.
Favorable, heureux. 🔊 [fast].

FASTE (II), subst. m.
Pompe, exhibition de luxe. 🔊 [fast].

FAST-FOOD, subst. m.
Établissement de restauration rapide et bon marché. 🔊 Plur. *fast-foods* ; [fastfud].

FASTIDIEUX, IEUSE, adj.
Ennuyeux, lassant. 🔊 [fastidjø, -jøz].

FAT, adj. m. et subst. m.
Poseur, vaniteux (littér.). 🔊 [fa(t)].

FATAL, ALE, ALS, adj.
Déterminé par le destin. – Qui engendre le malheur ou la mort, néfaste. – Inévitable. 🔊 [fatal].

FATALISTE, adj. et subst.
Qui s'abandonne au destin. 🔊 [fatalist].

FATALITÉ, subst. f.
Caractère fatal de qqch. – Malédiction ; sort contraire. 🔊 [fatalite].

FATIDIQUE, adj.
Déterminé par le destin. 🔊 [fatidik].

FATIGUE, subst. f.
Diminution des forces physiques, sentiment de lassitude. 🔊 [fatig].

FATIGUER, verbe [3]
Trans. Causer de la fatigue à. – Lasser, ennuyer. – Intrans. Éprouver de la fatigue. – Peiner : *Moteur qui fatigue*. 🔊 [fatige].

FATRAS, subst. m.
Fouillis, assemblage disparate. – Fig. *Un fatras d'idées*. 🔊 [fatʀɑ].

FATUITÉ, subst. f.
Vanité, suffisance. 🔊 [fatɥite].

FAUBOURG, subst. m.
Quartier excentré d'une ville. 🔊 [fobuʀ].

FAUCHER, verbe trans. [3]
Couper à la faux (l'herbe, le foin, le blé, etc.). – Abattre en grand nombre. – Dérober (fam.). 🔊 [foʃe].

FAUCILLE, subst. f.
Outil formé d'une lame incurvée fixée à une poignée en bois, utilisé pour couper l'herbe ou les céréales. 🔊 [fosij].

FAUCON, subst. m.
Oiseau rapace diurne, qui peut être dressé pour la chasse. 🔊 [fokɔ̃].

FAUFILER, verbe trans. [3]
Assembler provisoirement à grands points (les pièces d'un vêtement). – Pronom. Se glisser adroitement. 🔊 [fofile].

FAUNE, subst. f.
Ensemble des animaux d'une région. – Fig. Population louche d'un lieu. 🔊 [fon].

FAUSSAIRE, subst.
Personne coupable d'un délit de contrefaçon. 🔊 [fosɛʀ].

FAUSSER, verbe trans. [3]
Rendre faux, altérer. – Déformer, gauchir : *Fausser une serrure*. 🕮 [fose].

FAUSSET, subst. m.
Voix de fausset : très aiguë. 🕮 [fosɛ].

FAUTE, subst. f.
Manquement à un devoir, à une loi. – Manquement à une norme, erreur : *Faute d'orthographe*. – Responsabilité : *Rejeter la faute sur qqn* – *Faute de* : par manque de. – *Sans faute* : à coup sûr. 🕮 [fot].

FAUTEUIL, subst. m.
Siège muni de bras et d'un dossier. – Fig. Place attribuée à un membre d'une assemblée. 🕮 [fotœj].

FAUTIF, IVE, adj. et subst.
Coupable. – Adj. Qui contient des fautes ; erroné. 🕮 [fotif, -iv].

FAUVE, adj. et subst. m.
Couleur ocre ou jaune-roux. – Se dit d'un grand félin sauvage : *Le lion est un fauve*. – Subst. Adepte du fauvisme. 🕮 [fov].

FAUVETTE, subst. f.
Petit oiseau passereau insectivore. 🕮 [fovɛt].

FAUVISME, subst. m.
Mouvement pictural du début du XXᵉ s. caractérisé par la juxtaposition de couleurs contrastées. 🕮 [fovism].

FAUX (I), FAUSSE, adj., subst. m. et adv.
Adj. Contraire à la vérité, à l'exactitude. – Artificiel. – Trompeur. – Qui n'est pas fondé. – *Mus*. Qui n'est pas dans le ton. – Adv. De manière fausse : *Chanter faux*. – Subst. Ce qui n'est pas vrai. – Contrefaçon ; imitation d'un objet authentique. 🕮 [fo, fos].

FAUX (II), subst. f.
Instrument à long manche muni d'une lame recourbée, utilisé pour faucher. 🕮 [fo].

FAUX-FUYANT, subst. m.
Moyen détourné de se tirer d'une situation embarrassante. 🕮 Plur. *faux-fuyants* ; [fofɥijɑ̃].

FAUX-SEMBLANT, subst. m.
Hypocrisie, ruse. 🕮 Plur. *faux-semblants* ; [fosɑ̃blɑ̃].

FAVEUR, subst. f.
Bienveillance, préférence, appui accordé à qqn. – Crédit, estime dont on jouit auprès de qqn. – Loc. prép. *En faveur de* : au profit de. – *À la faveur de* : grâce à. 🕮 [favœʀ].

FAVORABLE, adj.
Favorable *à* : bien disposé à l'égard de. – Opportun, propice. 🕮 [favoʀabl].

FAVORI, ITE, adj. et subst.
Qui a la préférence de qqn. – Qui a les meilleures chances de gagner. 🕮 [favoʀi, -it].

FAVORISER, verbe trans. [3]
Avantager. – Faciliter. 🕮 [favoʀize].

FAVORITISME, subst. m.
Tendance à accorder à qqn des avantages par pure faveur. 🕮 [favoʀitism].

FAX, subst. m.
Système ou appareil de télécopie. – La copie elle-même. 🕮 [faks].

FÉBRILE, adj.
Qui manifeste de la fièvre. – Fig. Nerveux, agité. 🕮 [febʀil].

FÉBRILITÉ, subst. f.
Agitation désordonnée. 🕮 [febʀilite].

FÉCAL, ALE, AUX, adj.
Qui a trait aux excréments. 🕮 [fekal].

FÉCOND, ONDE, adj.
Capable de procréer. – Fig. Qui produit beaucoup. 🕮 [fekɔ̃, -ɔ̃d].

FÉCONDER, verbe trans. [3]
Transformer (un ovule ou un œuf) en embryon. – Rendre fécond. 🕮 [fekɔ̃de].

FÉCONDITÉ, subst. f.
Capacité d'une femme à procréer. – Capacité de la terre à produire. – Fig. Faculté de produire beaucoup d'œuvres. 🕮 [fekɔ̃dite].

FÉCULE, subst. f.
Substance blanche et farineuse à base d'amidon, extraite de certains végétaux. 🕮 [fekyl].

FÉCULENT, ENTE, adj. et subst. m.
Adj. Qui est riche en fécule. – Subst. Graine, légume riche en amidon. 🕮 [fekylɑ̃, -ɑ̃t].

FÉDÉRAL, ALE, AUX, adj.
Qui a trait à une fédération. 🕮 [fedeʀal].

FÉDÉRATION, subst. f.
Union de plusieurs collectivités territoriales en un État unique. – Union de divers clubs, sociétés, etc., en une structure commune. 🕮 [fedeʀasjɔ̃].

FÉDÉRER, verbe trans. [8]
Réunir en fédération. – Rassembler sous une autorité commune. 🕮 [fedeʀe].

FÉE, subst. f.
Être imaginaire féminin aux pouvoirs magiques, dans les contes pour enfants. – *Doigts de fée* : très adroits. 🕮 [fe].

FÉERIE, subst. f.
Spectacle enchanteur. 🕮 [fe(e)ʀi].

FEIGNANT, ANTE, adj. et subst.
Très paresseux (fam.). 🕮 [fɛɲɑ̃, -ɑ̃t].

FEINDRE, verbe trans. [53]
Simuler. – *Feindre de* : faire semblant de. 🕮 [fɛ̃dʀ].

FEINTE, subst. f.
Mouvement par lequel on trompe son adversaire, on surprend. – Ruse (fam.). 🕮 [fɛ̃t].

FEINTER, verbe [3]
Intrans. Faire une feinte. – Trans. Tromper par une feinte. 🕮 [fɛ̃te].

FÊLER, verbe trans. [3]
Fissurer (un objet). 🕮 [fele].

FÉLICITATION, subst. f.
Action de féliciter. – Compliment, approbation (gén. au plur.). 🕮 [felisitasjɔ̃].

FÉLICITÉ, subst. f.
Bonheur absolu, béatitude, joie sans mélange (littér.). 🕮 [felisite].

FÉLICITER, verbe trans. [3]
Congratuler, assurer qqn de la part que
l'on prend à sa joie. – Complimenter (qqn).
🎴 [felisite].

FÉLIDÉ, subst. m.
Mammifère carnivore aux griffes rétractiles,
tel que le chat, le lion, etc. – Plur. La famille
correspondante. 🎴 [felide].

FÉLIN, INE, adj. et subst. m.
Adj. Qui se rapporte au chat ; au fig., souple
et gracieux comme le chat. – Subst. Animal
de la famille du chat. 🎴 [feliɛ̃, -in].

FÉLON, ONNE, adj. et subst.
Traître (littér.). 🎴 [felɔ̃, -ɔn].

FÉLONIE, subst. f.
Traîtrise, acte déloyal (littér.). 🎴 [feloni].

FÊLURE, subst. f.
Fissure, petite fente. 🎴 [felyʀ].

FEMELLE, adj. et subst. f.
Subst. Animal du sexe qui met les enfants
au monde. – Adj. Qui appartient au sexe
féminin. – Tech. Se dit d'une pièce d'assemblage destinée à recevoir la partie saillante
d'une autre pièce (mâle). 🎴 [fəmɛl].

FÉMININ, INE, adj. et subst. m.
Adj. Qui concerne la femme, qui lui est
propre. – Subst. Ling. Genre grammatical
qui s'applique en partic. aux noms de
femmes (oppos. masculin). 🎴 [feminɛ̃, -in].

FÉMINITÉ, subst. f.
Caractère ou aspect féminin d'une personne. 🎴 [feminite].

FEMME, subst. f.
Être humain du sexe qui met les enfants
au monde. – Adulte de ce sexe. – Épouse.
🎴 [fam].

FÉMUR, subst. m.
Os de la cuisse. 🎴 [femyʀ].

FENDILLER, verbe trans. [3]
Faire de petites fentes dans. 🎴 [fɑ̃dije].

FENDRE, verbe trans. [51]
Disjoindre en coupant dans le sens de
la longueur. – Provoquer des fissures dans.
– S'ouvrir un chemin à travers (qqch.) :
Fendre les flots, la foule. – Pronom. Se
fendre de : accorder (fam.). 🎴 [fɑ̃dʀ].

FENÊTRE, subst. f.
Ouverture pratiquée dans un mur pour
permettre à l'air et à la lumière de pénétrer.
– Le châssis vitré qui permet de fermer
cette ouverture. 🎴 [f(ə)nɛtʀ].

FENIL, subst. m.
Grenier à foin. 🎴 [fəni(l)].

FENNEC, subst. m.
Petit renard du désert. 🎴 [fenɛk].

FENOUIL, subst. m.
Plante aromatique au goût d'anis. 🎴 [fənuj].

FENTE, subst. f.
Ouverture étroite et allongée. – Longue
entaille à la surface de qqch. 🎴 [fɑ̃t].

FÉODAL, ALE, AUX, adj.
Qui relève d'un fief. – Qui se rapporte à
la féodalité. 🎴 [feodal].

FÉODALITÉ, subst. f.
Système politique médiéval fondé sur
l'émiettement du pouvoir et l'importance
du lien direct entre suzerain et vassal.
🎴 [feodalite].

FER, subst. m.
Métal lourd et grisâtre. – Instrument en fer
ou en acier : Fer à souder, à repasser ; Fer
à cheval, pour protéger les sabots. – Lame
d'une arme blanche ; épée, fleuret. 🎴 [fɛʀ].

FÉRIÉ, ÉE, adj.
Jour férié : jour de fête civile ou religieuse,
en gén. chômé. 🎴 [feʀje].

FÉRIR, verbe trans.
Sans coup férir : sans difficulté. 🎴 Empl.
seulement à l'inf. et au pp. (féru) : [feʀiʀ].

FERME (I), adj. et adv.
Adj. Dont la texture est dense et compacte,
sans être dure. – Sur quoi l'on peut
s'appuyer, sûr, stable. – Fig. Inflexible,
inébranlable. – Définitif, immuable : Prix
fermes. – Adv. Avec vigueur : Ça discute
ferme. 🎴 [fɛʀm].

FERME (II), subst. f.
Exploitation agricole. – Les bâtiments qui
s'y rattachent. 🎴 [fɛʀm].

FERMENT, subst. m.
Substance qui provoque la fermentation
des matières organiques. – Enzyme (vieilli).
– Ce qui suscite et entretient un sentiment
violent (littér.). 🎴 [fɛʀmɑ̃].

FERMENTATION, subst. f.
Transformation moléculaire d'une matière
organique, qui se produit spontanément
en présence d'enzymes. – Fig. Agitation des
esprits (littér.). 🎴 [fɛʀmɑ̃tasjɔ̃].

FERMENTER, verbe [3]
Être en fermentation. 🎴 [fɛʀmɑ̃te].

FERMER, verbe [3]
Trans. Appliquer un élément mobile contre
une ouverture pour l'obstruer : Fermer la
porte. – Empêcher l'accès à (un lieu) :
Fermer une pièce. – Joindre les parties ou
les bords écartés (d'un ensemble) : Fermer
un livre. – Interrompre le fonctionnement
de : Fermer la radio, le robinet. – Fig. Faire
cesser l'activité de : Fermer une école.
– Intrans. Être bien clos : La porte ferme
bien. – Interrompre son activité : Le magasin
ferme. 🎴 [fɛʀme].

FERMETÉ, subst. f.
État, qualité de ce qui est ferme, solide.
– Vigueur. – Assurance, autorité ; constance.
🎴 [fɛʀmete].

FERMETURE, subst. f.
Action de fermer qqch. – Arrêt d'une
activité. – Dispositif servant à fermer.
🎴 [fɛʀmətyʀ].

FERMIER, IÈRE, adj. et subst.
Subst. Exploitant agricole. – Adj. Qui est
produit à la ferme. 🎴 [fɛʀmje, -jɛʀ].

FERMOIR, subst. m.
Attache de fermeture d'un objet : Le fermoir
d'un collier. 🎴 [fɛʀmwaʀ].

FÉROCE, adj.
Cruel. – Brutal. 🔊 [feʀɔs].

FÉROCITÉ, subst. f.
Caractère de ce qui est féroce. 🔊 [feʀɔsite].

FERRAILLE, subst. f.
Rebut de déchets métalliques. – Menue
monnaie (fam.). 🔊 [feʀɑj].

FERRAILLEUR, subst. m.
Marchand de ferraille. 🔊 [feʀɑjœʀ].

FERRÉ, ÉE, adj.
Qui est revêtu, garni de fer : *Soulier* **ferré** ;
Cheval **ferré**. – *Voie* **ferrée** : voie de circu-
lation des trains. 🔊 [feʀe].

FERROVIAIRE, adj.
Relatif aux chemins de fer. 🔊 [feʀɔvjɛʀ].

FERRURE, subst. f.
Élément en fer renforçant ou ornant un
ouvrage en bois. 🔊 [feʀyʀ].

FERTILE, adj.
Fécond. – Qui produit en abondance. – Fig.
Productif, riche. 🔊 [fɛʀtil].

FERTILISER, verbe trans. [3]
Rendre fécond, fructueux. 🔊 [fɛʀtilize].

FERTILITÉ, subst. f.
Qualité de ce qui est fertile. – Fig. Créativité.
🔊 [fɛʀtilite].

FÉRU, UE, adj.
Passionné : *Féru de littérature*. 🔊 [feʀy].

FÉRULE, subst. f.
Baguette. – Fig. Autorité : *Sous la* **férule** *de*
qqn. 🔊 [feʀyl].

FERVENT, ENTE, adj. et subst.
Adj. Ardent. – Passionné, zélé. – Subst.
Adepte, admirateur. 🔊 [fɛʀvɑ̃, -ɑ̃t].

FERVEUR, subst. f.
Piété ardente. – Passion, enthousiasme.
🔊 [fɛʀvœʀ].

FESSE, subst. f.
Chacune des deux parties charnues de
l'homme ou d'un animal situées à l'arrière
du bassin. – Plur. Postérieur. 🔊 [fɛs].

FESTIN, subst. m.
Repas de fête, banquet. 🔊 [fɛstɛ̃].

FESTIVAL, ALS, subst. m.
Ensemble de représentations artistiques se
déroulant en un lieu et à une période
donnés. – Enchaînement particulièrement
remarquable d'éléments : *Un* **festival** *de bons*
mots. 🔊 [fɛstival].

FESTIVITÉ, subst. f.
Fête, cérémonie, réjouissance (gén. au
plur.). 🔊 [fɛstivite].

FESTON, subst. m.
Guirlande florale décorative. – Broderie en
forme d'arcs utilisée pour border un tissu.
🔊 [fɛstɔ̃].

FESTOYER, verbe intrans. [17]
Prendre part à un festin. 🔊 [fɛstwaje].

FÊTE, subst. f.
Cérémonie solennelle célébrant une personne ou un événement. – Réjouissance

organisée par un groupe ou un particulier.
– Jour affecté à un saint et à ceux qui en
portent le nom. 🔊 [fɛt].

FÊTER, verbe trans. [3]
Célébrer par une fête. 🔊 [fete].

FÉTICHE, subst. m.
Objet porte-bonheur. 🔊 [fetiʃ].

FÉTIDE, adj.
Qui dégage une puanteur. 🔊 [fetid].

FÉTU, subst. m.
Brin (de paille). 🔊 [fety].

FEU (I), FEUX, subst. m.
Combustion vive de certains corps, qui se
manifeste par la chaleur, la lumière et les
flammes. – Incendie. – Source de lumière :
Le **feu** *des projecteurs*. – Signal lumineux :
Feu *rouge, vert*. – Foyer, âtre ; brûleur d'une
cuisinière. – Décharge, détonation : *Coup*
de **feu** ; *Faire* **feu**, tirer. 🔊 [fø].

FEU (II), FEUE, FEUS, adj.
Mort récemment (littér.) : **Feu** *mon oncle* ;
Mes **feus** *parents*. 🔊 [fø].

FEUILLAGE, subst. m.
Ensemble des feuilles d'un arbre. – Branches coupées qui portent des feuilles.
🔊 [fœjaʒ].

FEUILLE, subst. f.
Excroissance plate, gén. de couleur verte,
qui naît de la tige latérale d'une plante.
– Morceau de papier destiné à l'écriture ou
à l'impression. – Imprimé. – Mince plaque
d'une matière quelconque. 🔊 [fœj].

FEUILLET, subst. m.
Feuille de papier pliée sur elle-même. – Page
amovible. 🔊 [fœjɛ].

FEUILLETÉ, ÉE, adj. et subst. m.
Adj. *Pâte* **feuilletée** : qui se divise en minces
feuilles à la cuisson. – Subst. Mets à base
de pâte **feuilletée** garnie. 🔊 [fœjte].

FEUILLETER, verbe trans. [14]
Lire rapidement et au hasard en tournant
les pages. 🔊 [fœjte].

FEUILLETON, subst. m.
Récit à épisodes, dans un journal, à la radio
ou à la télévision. 🔊 [fœjtɔ̃].

FEUILLU, UE, adj. et subst. m.
Adj. Plein de feuilles. – Subst. Arbre à
feuilles caduques. 🔊 [fœjy].

FEULER, verbe intrans. [3]
Pousser un cri (feulement), en parlant du
tigre ou du chat en colère. 🔊 [føle].

FEUTRE, subst. m.
Étoffe non tissée, faite en agglutinant du
poil ou de la laine. – Chapeau de feutre.
– Stylo dont la pointe est en matière
synthétique. 🔊 [føtʀ].

FEUTRÉ, ÉE, adj.
Garni de feutre ou présentant l'aspect du
feutre. – Qui est assourdi, discret : *Marcher*
à pas **feutrés**. 🔊 [føtʀe].

FEUTRINE, subst. f.
Épais tissu de feutre. 🔊 [føtʀin].

FÈVE, subst. f.
Plante légumineuse cultivée pour ses graines comestibles. – Graine de cette plante. – Figurine placée dans la galette des Rois. 🔊 [fɛv].

FÉVRIER, subst. m.
Deuxième mois de l'année. 🔊 [fevʀije].

FI, interj.
Exprime le dégoût, le mépris. – *Faire fi de* : rejeter avec mépris. 🔊 [fi].

FIABLE, adj.
À qui, à quoi l'on peut se fier. 🔊 [fjabl].

FIACRE, subst. m.
Voiture à cheval que l'on louait. 🔊 [fjakʀ].

FIANÇAILLES, subst. f. plur.
Engagement mutuel de mariage. – Période comprise entre cet engagement et le mariage. 🔊 [fjɑ̃sɔj].

FIANCÉ, ÉE, subst.
Personne promise en mariage. 🔊 [fjɑ̃se].

FIASCO, subst. m.
Échec total et notoire. 🔊 [fjasko].

FIBRE, subst. f.
Filament mince et allongé, constitué de plusieurs cellules. – Tout élément filamenteux pouvant constituer du fil : *Fibre de laine, de coton*. – Fig. Sensibilité émotive. 🔊 [fibʀ].

FIBREUX, EUSE, adj.
Constitué de fibres. 🔊 [fibʀø, -øz].

FIBROME, subst. m.
Tumeur bénigne constituée de tissu fibreux. 🔊 [fibʀom].

FICELER, verbe trans. [12]
Lier (qqch.) avec de la ficelle ; ligoter (qqn.). – Fig. Échafauder (un projet) de façon ingénieuse. 🔊 [fis(ə)le].

FICELLE, subst. f.
Corde mince. – Fig. Ruse, procédé astucieux. 🔊 [fisɛl].

FICHE, subst. f.
Petite pièce destinée à être enfoncée et à fixer qqch. – Petite feuille cartonnée aisément classable portant des données. 🔊 [fiʃ].

FICHER (I), verbe trans. [3]
Fam. Flanquer : *Fiche ça à la poubelle*. – Faire : *Il ne fiche rien*. – Pronom. Se moquer de. 🔊 On dit aussi *fiche* ; p.p. *fichu* ; [fiʃe].

FICHER (II), verbe trans. [3]
Inscrire sur une fiche, dans un fichier. – Enfoncer (qqch.) par la pointe. 🔊 [fiʃe].

FICHIER, subst. m.
Collection de fiches. – *Informat.* Ensemble de données organisées en unité. 🔊 [fiʃje].

FICHTRE, interj.
Exprime l'étonnement ou l'admiration (fam.). 🔊 [fiʃtʀ].

FICHU, UE, adj. et subst. m.
Adj. Fam. Qui est dans un certain état : *Bien fichu* ; *Mal fichu*, patraque. – Vilain, sale : *Fichu caractère*. – Condamné, près de sa fin : *Il est fichu*. – Fichu *de* : capable de. – Subst. Pièce de tissu pliée en triangle, portée sur les épaules ou sur la tête. 🔊 [fiʃy].

FICTIF, IVE, adj.
Imaginaire, irréel. – Qui n'existe qu'en vertu d'une convention : *Valeur fictive du papier-monnaie*. 🔊 [fiktif, -iv].

FICTION, subst. f.
Élaboration de choses imaginaires. – Œuvre résultant de cette élaboration. 🔊 [fiksjɔ̃].

FIDÈLE, adj. et subst.
Adj. Qui respecte la foi donnée, ses engagements. – Qui témoigne d'un attachement constant. – Fig. Qui ne s'écarte pas de la réalité. – Subst. Personne liée par sa foi à une religion. – Personne qui ne varie pas dans son attachement à qqn. 🔊 [fidɛl].

FIDÉLITÉ, subst. f.
Qualité d'une personne ou d'une chose fidèle. – Exactitude. 🔊 [fidelite].

FIEF, subst. m.
Au Moyen Âge, terre concédée par un seigneur à un vassal en échange de diverses obligations. – Fig. Domaine où s'exerce l'influence de qqn. 🔊 [fjɛf].

FIEFFÉ, ÉE, adj.
Qui possède un vice ou un défaut au dernier degré : *Un fieffé coquin*. 🔊 [fjefe].

FIEL, subst. m.
Bile. – Amertume (littér.). 🔊 [fjɛl].

FIENTE, subst. f.
Excrément de certains animaux. 🔊 [fjɑ̃t].

FIER (I) (SE), verbe pronom. [6]
Accorder sa confiance à : *Se fier à un inconnu*. 🔊 [fje].

FIER (II), FIÈRE, adj. et subst.
Qui est habité par des sentiments nobles. – Orgueilleux, hautain (péj.). – Qui tire une vive satisfaction de. 🔊 [fjɛʀ].

FIERTÉ, subst. f.
Caractère d'une personne fière. – Le fait d'être fier de qqch. 🔊 [fjɛʀte].

FIÈVRE, subst. f.
Élévation anormale de la température du corps d'un être humain, d'un animal. – Fig. État de grande agitation. 🔊 [fjɛvʀ].

FIÉVREUX, EUSE, adj.
Qui a de la fièvre. – Fig. Qui manifeste une grande agitation. 🔊 [fjevʀø, -øz].

FIGER, verbe trans. [5]
Coaguler (le sang). – Condenser, solidifier. – Rendre immobile, pétrifier. 🔊 [fiʒe].

FIGNOLER, verbe trans. [3]
Parachever, parfaire (qqch.) avec un soin méticuleux (fam.). 🔊 [fiɲole].

FIGUE, subst. f.
Fruit du figuier, réceptacle charnu contenant des grains rosés comestibles. – *Mi-figue, mi-raisin* : mitigé. 🔊 [fig].

FIGURANT, ANTE, subst.
Acteur de second plan, dans un spectacle. – Personne sans rôle actif dans une affaire. 🔊 [figyʀɑ̃, -ɑ̃t].

FIGURATIF, IVE, adj. et subst. m.
Adj. Qui représente la réalité des choses : *Art figuratif.* – Subst. Artiste produisant des œuvres figuratives. 🔊 [figyʀatif, -iv].

FIGURATION, subst. f.
Action de représenter qqch. – Rôle du figurant ; ensemble des figurants. 🔊 [figyʀasjɔ̃].

FIGURE, subst. f.
Visage. – Aspect extérieur, mine : *Faire triste figure.* – Personnalité marquante. – Représentation visuelle : *Figure géométrique* ; *Figure de danse,* ensemble de pas. 🔊 [figyʀ].

FIGURÉ, ÉE, adj.
Ling. *Sens figuré* : qui exprime par une image concrète une réalité abstraite (oppos. *sens propre*). 🔊 [figyʀe].

FIGURER, verbe [3]
Trans. Représenter par la peinture, la sculpture, etc. ; décrire. – Être l'image, le symbole de : *Le lion figure Venise.* – Intrans. Être, se trouver : *Figurer sur une photo.* – Pronom. Se représenter, s'imaginer. 🔊 [figyʀe].

FIGURINE, subst. f.
Statuette. 🔊 [figyʀin].

FIL, subst. m.
Brin long et fin d'une matière textile. – *Fil de fer* : métal étiré. – *Fil d'une épée* : son tranchant. – *Fil électrique* : conducteur électrique filiforme. – *Passer un coup de fil* : téléphoner. – *Fil de l'eau* : sens du courant. – Fig. Enchaînement, succession dans le temps : *Au fil des heures.* 🔊 [fil].

FILAMENT, subst. m.
Fil très fin. 🔊 [filamɑ̃].

FILANDREUX, EUSE, adj.
Qui contient de longues fibres coriaces. – Fig. Confus, embrouillé. 🔊 [filɑ̃dʀø, -øz].

FILASSE, subst. f.
Ensemble de filaments provenant du chanvre ou du lin. – Empl. adj. inv. Blond pâle : *Des cheveux filasse.* 🔊 [filas].

FILATURE, subst. f.
Transformation des matières textiles en fils. – Usine où l'on file. – Action de filer qqn, de le suivre. 🔊 [filatyʀ].

FILE, subst. f.
Rangée de personnes ou de choses. – Loc. adv. *En, à la file* : à la suite. 🔊 [fil].

FILER, verbe [3]
Trans. Transformer en fil. – Sécréter (un fil) : *Araignée qui file une toile.* – Épier, suivre discrètement (qqn). – Intrans. Couler en filet. – Se défaire : *Collant qui file.* – Disparaître très rapidement (fam.) : *Filer à l'anglaise.* 🔊 [file].

FILET, subst. m.
Ce qui évoque un fil par sa finesse : *Filet d'eau, de lumière.* – Ouvrage en mailles : *Filet de pêche, à provisions* ; *Filet de tennis.* – Bouch. Morceau de viande prélevé dans la région lombaire. – Tech. Saillie en hélice d'une vis ou d'un écrou. 🔊 [file].

FILIAL, ALE, AUX, adj.
Qui a trait à l'attitude d'un enfant vis-à-vis de ses parents. 🔊 [filjal].

FILIALE, subst. f.
Société juridiquement distincte d'une société mère, mais contrôlée par elle. 🔊 [filjal].

FILIATION, subst. f.
Lien de parenté unissant un enfant à ses parents. – Descendance directe ; lignée. – Fig. Enchaînement d'idées, de faits, etc., qui découlent les uns des autres. 🔊 [filjasjɔ̃].

FILIÈRE, subst. f.
Succession d'étapes à franchir pour parvenir à un but. – Ensemble d'intermédiaires unis dans une même activité. 🔊 [filjɛʀ].

FILIFORME, adj.
Mince comme un fil. 🔊 [filifɔʀm].

FILIGRANE, subst. m.
Empreinte visible par transparence dans le papier. – Loc. adv. *En filigrane* : de manière implicite. 🔊 [filigʀan].

FILIN, subst. m.
Câble, corde. 🔊 [filɛ̃].

FILLE, subst. f.
Enfant de sexe féminin, considérée par rapport à ses parents. – Personne de sexe féminin, de la naissance à l'âge adulte. 🔊 [fij].

FILLETTE, subst. f.
Petite fille. 🔊 [fijɛt].

FILLEUL, EULE, subst.
Personne baptisée, par rapport à son parrain et à sa marraine. 🔊 [fijœl].

FILM, subst. m.
Pellicule photosensible sur laquelle on peut enregistrer des images. – Œuvre cinématographique. – Fine couche couvrant en surface. 🔊 [film].

FILMER, verbe trans. [3]
Enregistrer (des images) sur un film cinématographique. 🔊 [filme].

FILON, subst. m.
Couche de minerai longue et étroite imbriquée dans d'autres couches : *Un filon d'étain.* – Fig. Ce dont on peut tirer quelque avantage (fam.). 🔊 [filɔ̃].

FILOU, subst. m.
Voleur, tricheur adroit (vieilli). – Personne malhonnête et sans scrupule (fam.) : *Cet homme d'affaires est un filou.* 🔊 [filu].

FILS, subst. m.
Enfant de sexe masculin, considéré par rapport à ses parents. – Descendant, originaire : *Fils de la Bourgogne.* 🔊 [fis].

FILTRAGE, subst. m.
Action de filtrer. – Fig. Contrôle. 🔊 [filtʀaʒ].

FILTRE, subst. m.
Appareil ou matière qui permet d'épurer le fluide qui le ou la traverse. – Appareil ou écran qui intercepte certaines radiations. 🔊 [filtʀ].

FILTRER, verbe [3]
Trans. Faire passer à travers un filtre. – Fig.
Contrôler. – Intrans. Traverser un filtre.
– Se répandre, transpirer. 🕮 [filtʀe].

FIN (I), subst. f.
Terme, achèvement. – Mort, décès. – Extrémité de certaines choses. – But. 🕮 [fɛ̃].

FIN (II), FINE, adj.
Très pur : *Or fin*. – D'excellente qualité :
Vins fins. – Mince, ténu. – D'une grande
sensibilité : *Ouïe fine*. – Raffiné, habile.
– Perspicace : *Un fin limier*. 🕮 [fɛ̃, fin].

FINAL, ALE, ALS ou **AUX**, adj. et
subst. f.
Adj. Qui se trouve à la fin ; qui marque la
fin. – Subst. Dernière lettre ou dernière
syllabe d'un mot. – *La finale d'une compétition* : la dernière épreuve. 🕮 [final].

FINALISER, verbe trans. [3]
Fixer un objectif, donner un but à (qqch.).
– Mettre au point (qqch.) dans les détails.
🕮 [finalize].

FINALISTE, subst.
Personne ou équipe sélectionnée pour une
finale sportive. 🕮 [finalist].

FINALITÉ, subst. f.
Caractère de ce qui tend vers un but.
– Fait de tendre à un but. 🕮 [finalite].

FINANCE, subst. f.
Secteur des activités qui touchent au domaine de l'argent. – Plur. Ressources
monétaires de l'État ; l'administration qui
les gère. – Ressources d'une société ou d'un
particulier. 🕮 [finɑ̃s].

FINANCER, verbe trans. [4]
Fournir l'argent nécessaire à. 🕮 [finɑ̃se].

FINANCIER, IÈRE, adj. et subst. m.
Adj. Relatif aux finances ou à la finance,
à l'argent. – Subst. Professionnel de la
finance. 🕮 [finɑ̃sje, -jɛʀ].

FINASSER, verbe intrans. [3]
User de subterfuges. 🕮 [finase].

FINAUD, AUDE, adj. et subst.
Qui est rusé sans en avoir l'air. 🕮 [fino, -od].

FINESSE, subst. f.
Propriété de ce qui est fin. – Acuité des sens ;
subtilité. 🕮 [finɛs].

FINI, IE, adj. et subst. m.
Adj. Terminé, résolu. – Achevé, accompli.
– Borné, pourvu de limites. – Subst. Qualité
de ce qui est achevé ; perfection. – Ce qui
est limité (contr. *infini*). 🕮 [fini].

FINIR, verbe [19]
Trans. Achever, conduire à sa fin, à son
achèvement. – Cesser. – Intrans. Arriver à
son terme. – Mourir. 🕮 [finiʀ].

FINITION, subst. f.
Ultime étape de la fabrication, consistant
à soigner les détails. 🕮 [finisjɔ̃].

FINNOIS, subst. m.
Langue d'origine ouralienne parlée en Finlande. 🕮 [finwa].

FIOLE, subst. f.
Petite bouteille au col étroit. 🕮 [fjɔl].

FIORITURE, subst. f.
Ornement, souv. maniéré. 🕮 [fjɔʀityʀ].

FIOUL, subst. m.
Combustible brun et visqueux dérivé du
pétrole, mazout. 🕮 [fjul].

FIRMAMENT, subst. m.
Voûte céleste (littér.). 🕮 [fiʀmamɑ̃].

FIRME, subst. f.
Établissement, groupe commercial ou industriel. 🕮 [fiʀm].

FISC, subst. m.
Administration publique responsable du
recouvrement des impôts. 🕮 [fisk].

FISCAL, ALE, AUX, adj.
Relatif au fisc, à la fiscalité. 🕮 [fiskal].

FISCALITÉ, subst. f.
Ensemble de la législation relative aux
impôts. 🕮 [fiskalite].

FISSION, subst. f.
Division d'un noyau atomique, qui dégage
l'énergie appelée nucléaire. 🕮 [fisjɔ̃].

FISSURE, subst. f.
Fente peu profonde ; fêlure. 🕮 [fisyʀ].

FISSURER, verbe trans. [3]
Diviser par des fissures. 🕮 [fisyʀe].

F.I.V., subst. f. inv.
Sigle de « fécondation in vitro », technique
permettant de lutter contre la stérilité.
🕮 [fiv].

FIXATEUR, TRICE, adj. et subst. m.
Adj. Qui a la faculté de fixer. – Subst.
Substance qui permet de fixer une image
photographique. 🕮 [fiksatœʀ, -tʀis].

FIXATION, subst. f.
Action de fixer. – Dispositif servant à fixer.
– Fig. *Faire une fixation sur* : attacher une
importance excessive à. 🕮 [fiksasjɔ̃].

FIXE, adj. et subst. m.
Adj. Qui ne bouge pas : *Image fixe*. – Qui
ne varie pas : *Idée fixe*, obsession. – Déterminé : *À heure fixe*. – Subst. Appointe-
ment déterminé et stable. 🕮 [fiks].

FIXER, verbe trans. [3]
Rendre fixe. – Rendre stable : *Fixer un
prix*. – Établir, déterminer. – Regarder fixe-
ment. 🕮 [fikse].

FJORD, subst. m.
Avancée de la mer très étroite et profonde,
sur les côtes nordiques. 🕮 [fjɔʀ(d)].

FLACON, subst. m.
Petite bouteille à bouchon. 🕮 [flakɔ̃].

FLAGELLER, verbe trans. [3]
Battre à coups de fouet. 🕮 [flaʒele].

FLAGEOLER, verbe intrans. [3]
Trembler, en parlant des membres inférieurs. 🕮 [flaʒɔle].

FLAGEOLET (I), subst. m.
Flûte à bec percée de six trous. 🕮 [flaʒɔlɛ].

FLAGEOLET (II), subst. m.
Variété de haricot dont on consomme les graines. 🔊 [flaʒɔlɛ].

FLAGRANT, ANTE, adj.
Évident, indubitable. 🔊 [flagʀɑ̃, -ɑ̃t].

FLAIR, subst. m.
Odorat de certains animaux. – Fig. Perspicacité. 🔊 [flɛʀ].

FLAIRER, verbe trans. [3]
Pour un animal, sentir, suivre à l'odeur. – Fig. Soupçonner. 🔊 [fleʀe].

FLAMANT, subst. m.
Grand oiseau échassier palmipède au plumage blanc et rose. 🔊 [flamɑ̃].

FLAMBEAU, subst. m.
Torche enduite de résine ou de cire. – Chandelier, candélabre. 🔊 [flɑ̃bo].

FLAMBÉE, subst. f.
Feu vif et clair de courte durée. – Fig. Hausse brusque, poussée subite. 🔊 [flɑ̃be].

FLAMBER, verbe [3]
Intrans. Se consumer en jetant des flammes. – Augmenter brusquement : *Les prix* **flambent**. – Trans. Passer à la flamme. – Arroser d'alcool, qu'on enflamme. – Fig. Dépenser (de l'argent) follement. 🔊 [flɑ̃be].

FLAMBOYER, verbe intrans. [17]
Brûler en jetant des flammes. – Briller avec l'éclat du feu (littér.). 🔊 [flɑ̃bwaje].

FLAMENCO, subst. m.
Musique populaire andalouse, assortie de chant et de danse. 🔊 [flamɛnko].

FLAMME, subst. f.
Dégagement de chaleur et de lumière résultant de la combustion de qqch. – Luminosité, éclat, chaleur. – Fig. Exaltation ; passion amoureuse. 🔊 [flɑm].

FLAN, subst. m.
Entremets à base d'œufs et de lait, cuit au four. 🔊 [flɑ̃].

FLANC, subst. m.
Partie latérale du corps qui va des côtes aux hanches. – Partie latérale de qqch. 🔊 [flɑ̃].

FLANCHER, verbe intrans. [3]
Fam. Céder. – Abandonner. 🔊 [flɑ̃ʃe].

FLANELLE, subst. f.
Tissu de laine léger et souple. 🔊 [flanɛl].

FLÂNER, verbe intrans. [3]
Marcher sans but précis, pour le plaisir. – Paresser, traîner. 🔊 [flɑne].

FLÂNERIE, subst. f.
Action, fait de flâner. 🔊 [flɑnʀi].

FLÂNEUR, EUSE, adj. et subst.
Se dit de qqn qui flâne. 🔊 [flɑnœʀ, -øz].

FLANQUER (I), verbe trans. [3]
Adjoindre une construction au flanc (d'un bâtiment). – Être placé à côté de. – Accompagner. 🔊 [flɑ̃ke].

FLANQUER (II), verbe trans. [3]
Fam. Envoyer, appliquer (un coup) avec rudesse. – Donner : *Il lui* **flanqua** *la frousse*. – **Flanquer** *qqn à la porte* : le congédier brutalement. 🔊 [flɑ̃ke].

FLAQUE, subst. f.
Petite mare d'eau stagnante. 🔊 [flak].

FLASH, subst. m.
Dispositif d'un appareil photographique émettant un éclair de lumière. – Rapide bulletin diffusant des informations importantes. 🔊 Plur. *flash(e)s* ; [flaʃ].

FLASH-BACK, subst. m. inv.
Séquence d'un film évoquant un retour dans le passé. 🔊 [flaʃbak].

FLASQUE (I), adj.
Dépourvu de fermeté, mou. 🔊 [flask].

FLASQUE (II), subst. f.
Petit flacon plat. 🔊 [flask].

FLATTER, verbe trans. [3]
Louer par excès et par intérêt. – Caresser de la main ; au fig. : *Cette belle musique* **flatte** *l'ouïe*. – Embellir. – *Être* **flatté** : être touché ; être fier. – Pronom. *Se* **flatter** *de* : se vanter de. 🔊 [flate].

FLATTERIE, subst. f.
Action de flatter. – Louange excessive : *Une basse* **flatterie**. 🔊 [flatʀi].

FLÉAU, AUX, subst. m.
Instrument utilisé pour battre les céréales. – **Fléau** *d'une balance* : barre horizontale qui soutient les plateaux. – Fig. Calamité, désastre. 🔊 [fleo].

FLÈCHE, subst. f.
Projectile constitué d'une tige pointue, que l'on lance avec un arc, une arbalète. – Symbole en forme de **flèche** indiquant une direction. – Sommet pointu : **Flèche** *d'une cathédrale*. – Raillerie. – *En* **flèche** : rapidement. 🔊 [flɛʃ].

FLÉCHER, verbe trans. [8]
Baliser (un parcours) de flèches d'orientation. 🔊 [fleʃe].

FLÉCHETTE, subst. f.
Jeux. Petite flèche qu'on lance à la main en visant une cible. 🔊 [fleʃɛt].

FLÉCHIR, verbe [19]
Trans. Plier, courber : **Fléchir** *les genoux*. – Fig. Faire perdre son intransigeance à (qqn). – Intrans. Ployer sous une charge. – Faiblir, diminuer. 🔊 [fleʃiʀ].

FLÉCHISSEMENT, subst. m.
Action de fléchir. 🔊 [fleʃismɑ̃].

FLEGMATIQUE, adj.
Qui a du flegme. 🔊 [flɛgmatik].

FLEGME, subst. m.
Caractère d'une personne sereine, pleine de sang-froid, impassible. 🔊 [flɛgm].

FLÉTRIR, verbe trans. [19]
Faner. – Ôter l'éclat de. 🔊 [fletʀiʀ].

FLÉTRISSURE, subst. f.
Perte de la fraîcheur. – Infamie, déshonneur. 🔊 [fletʀisyʀ].

FLEUR, subst. f.
Partie de certains végétaux qui contient les organes sexuels. – Plante cultivée pour ses fleurs. – La meilleure partie de qqch. – *À* **fleur** *de* : presque au niveau de. 🔊 [flœʀ].

FLEURER, verbe trans. [3]
Répandre une odeur (littér.). 🕮 [flœʀe].

FLEURET, subst. m.
Fine épée d'escrime, dont la pointe est neutralisée par un bouton. 🕮 [flœʀɛ].

FLEURIR, verbe [19]
Intrans. Éclore, donner des fleurs. − Se développer, prospérer. − Trans. Orner de fleurs. 🕮 [flœʀiʀ].

FLEURISTE, subst.
Marchand de fleurs. 🕮 [flœʀist].

FLEURON, subst. m.
Décoration en forme de fleur. − Fig. Ce qui constitue le joyau de. 🕮 [flœʀɔ̃].

FLEUVE, subst. m.
Grand cours d'eau qui se jette en gén. dans la mer. − Fig. Ce qui se répand, s'écoule en masse : **Fleuve** de boue. 🕮 [flœv].

FLEXIBLE, adj.
Que l'on peut fléchir, souple. 🕮 [flɛksibl].

FLEXION, subst. f.
Action de fléchir ; état de ce qui est fléchi. − Ling. Désinence ; ensemble d'une conjugaison, d'une déclinaison. 🕮 [flɛksjɔ̃].

FLIBUSTIER, subst. m.
Pirate qui écumait les mers américaines aux XVIIᵉ et XVIIIᵉ s. 🕮 [flibystje].

FLIPPER (I), verbe intrans. [3]
Être angoissé (fam.). 🕮 [flipe].

FLIPPER (II), subst. m.
Billard électrique. 🕮 [flipœʀ].

FLIRT, subst. m.
Jeu amoureux fondé sur des sentiments peu profonds. − Amoureux. 🕮 [flœʀt].

FLIRTER, verbe intrans. [3]
Avoir un flirt avec (qqn). − Fig. Flirter avec la politique. 🕮 [flœʀte].

FLOCON, subst. m.
Légère touffe de laine, de coton. − Petit amas de neige très léger. − Fine lamelle de céréales. 🕮 [flɔkɔ̃].

FLONFLONS, subst. m. plur.
Résonances bruyantes de musique populaire. 🕮 [flɔ̃flɔ̃].

FLORAISON, subst. f.
Épanouissement des fleurs ; l'époque où il a lieu. − Fig. Naissance, apparition simultanée d'un grand nombre de personnes ou de choses remarquables. 🕮 [flɔʀɛzɔ̃].

FLORAL, ALE, AUX, adj.
Qui se rapporte aux fleurs. 🕮 [flɔʀal].

FLORE, subst. f.
Ensemble des végétaux d'une région déterminée. − Flore intestinale : les bactéries qui vivent dans l'intestin. 🕮 [flɔʀ].

FLORÉAL, subst. m.
Huitième mois du calendrier républicain, s'étalant du 20-21 avril au 19-20 mai. 🕮 [flɔʀeal].

FLORILÈGE, subst. m.
Recueil de textes choisis. − Sélection de choses remarquables. 🕮 [flɔʀilɛʒ].

FLORISSANT, ANTE, adj.
Prospère, épanoui. 🕮 [flɔʀisɑ̃, -ɑ̃t].

FLOT, subst. m.
Marée montante. − Masse d'eau, ou d'un autre liquide, qui s'écoule. − Grande quantité : À **flots**, à foison. − Plur. La mer (littér.). 🕮 [flo].

FLOTTAISON, subst. f.
Intersection entre les parties émergée et immergée d'un corps flottant : **Ligne de flottaison** d'un navire. 🕮 [flɔtɛzɔ̃].

FLOTTE (I), subst. f.
Ensemble de bateaux naviguant groupés. − Ensemble de navires, ou d'avions, d'un pays, d'une armée, d'une compagnie de transport. 🕮 [flɔt].

FLOTTE (II), subst. f.
Fam. Eau. − Pluie. 🕮 [flɔt].

FLOTTEMENT, subst. m.
Action de flotter ; son résultat. − Fig. Hésitation, indécision. 🕮 [flɔtmɑ̃].

FLOTTER, verbe intrans. [3]
Être porté sur une masse liquide. − Être en suspension dans les airs. − Onduler au gré du vent : **Drapeau qui flotte**. − **Flotter dans un vêtement** : y être au large. − Hésiter ; fluctuer. 🕮 [flɔte].

FLOTTEUR, subst. m.
Objet léger servant à maintenir en surface un corps submersible. 🕮 [flɔtœʀ].

FLOTTILLE, subst. f.
Flotte de petits bateaux. 🕮 [flɔtij].

FLOU, FLOUE, adj. et subst. m.
Qui manque de netteté ; dont les contours sont estompés : Un **flou** artistique. − Fig. Qui manque de clarté, de précision : **Idées floues**. 🕮 [flu].

FLOUER, verbe trans. [3]
Escroquer, duper (fam.). 🕮 [flue].

FLUCTUATION, subst. f.
Mouvement alternatif. − Fig. Variations successives (gén. au plur.). 🕮 [flyktɥasjɔ̃].

FLUCTUER, verbe intrans. [3]
Être soumis à des fluctuations. 🕮 [flyktɥe].

FLUET, ETTE, adj.
D'apparence délicate, mince. − Grêle : **Voix fluette**. 🕮 [flyɛ, -ɛt].

FLUIDE, adj. et subst. m.
Adj. Qui coule facilement ; au fig. : Style, circulation **fluide**. − Subst. Corps liquide ou gazeux. − Magnétisme de certaines personnes ou choses. 🕮 [flɥid] ou [flyid].

FLUIDIFIER, verbe trans. [6]
Rendre fluide. 🕮 [flɥidifje].

FLUIDITÉ, subst. f.
État de ce qui est fluide. 🕮 [flɥidite].

FLUORESCENT, ENTE, adj.
Se dit d'un corps qui émet de la lumière lorsqu'il reçoit un rayonnement. 🕮 [flyɔʀesɑ̃, -ɑ̃t].

FLÛTE, subst. f.
Instrument de musique à vent formé d'un tube percé de trous. – Pain mince et allongé. – Verre à champagne étroit et effilé. 🕮 [flyt].

FLUVIAL, ALE, AUX, adj.
Relatif à un cours d'eau. 🕮 [flyvjal].

FLUX, subst. m.
Écoulement d'un liquide. – Marée montante. – Fig. Grande quantité. 🕮 [fly].

F.M., subst. f. inv.
Sigle employé pour « modulation de fréquence ». 🕮 [ɛfɛm].

FOC, subst. m.
Voile triangulaire située à l'avant d'un navire. 🕮 [fɔk].

FOCAL, ALE, AUX, adj.
Relatif au foyer d'un instrument d'optique. 🕮 [fɔkal].

FOCALISER, verbe trans. [3]
Concentrer (un faisceau de particules) en un point. – Fig. Focaliser *son attention sur*. 🕮 [fɔkalize].

FŒTUS, subst. m.
Embryon humain ou animal, dès qu'il présente les formes de l'espèce. 🕮 [fetys].

FOI, subst. f.
Confiance. – Croyance en Dieu, en une religion : *Avoir la foi*. – Fidélité à ses engagements. – *Être de bonne, de mauvaise foi* : sincère, hypocrite. 🕮 [fwa].

FOIE, subst. m.
Viscère volumineux qui joue un rôle essentiel dans la digestion, en sécrétant la bile. 🕮 [fwa].

FOIN, subst. m.
Herbe fauchée et séchée qui sert à nourrir le bétail. 🕮 [fwɛ̃].

FOIRE, subst. f.
Grand marché qui se tient toujours au même endroit, à date fixe. – Fête foraine. – Exposition commerciale. – Fig. Grand désordre. – Fête (fam.). 🕮 [fwar].

FOIS, subst. f.
Terme exprimant la temporalité d'un fait : *Une fois pour toutes*, définitivement ; *À la fois*, en même temps. – Joint à un nombre, exprime la répétition, la multiplication : *Trois fois*, à trois reprises ; *Trois fois deux*, 3 multiplié par 2. 🕮 [fwa].

FOISON (À), loc. adv.
En abondance. 🕮 [afwazɔ̃].

FOISONNER, verbe intrans. [3]
Être à foison. – Foisonner *de, en* : avoir à foison. 🕮 [fwazɔne].

FOL, voir FOU

FOLÂTRE, adj.
Qui est d'une humeur joyeuse, d'une fantaisie un peu folle. 🕮 [fɔlɑtʀ].

FOLÂTRER, verbe intrans. [3]
Jouer avec une gaieté insouciante, un peu folle. 🕮 [fɔlɑtʀe].

FOLIE, subst. f.
Altération des facultés mentales d'un sujet. – Pensée, conduite irrationnelle, extravagante. – *À la folie* : éperdument. – Demeure de plaisance, aux XVIIᵉ et XVIIIᵉ s. 🕮 [fɔli].

FOLKLORE, subst. m.
Ensemble des éléments traditionnels d'une culture populaire. – *C'est du folklore* : ce n'est pas sérieux (fam.). 🕮 [fɔlklɔʀ].

FOLKLORIQUE, adj.
Relatif au folklore. – Pittoresque et amusant (fam.). 🕮 [fɔlklɔʀik].

FOLLE, voir FOU

FOMENTER, verbe trans. [3]
Faire naître ou entretenir, souv. en secret : Fomenter *des troubles*. 🕮 [fɔmɑ̃te].

FONCER, verbe [4]
Trans. Assombrir (une couleur). – Intrans. Devenir plus sombre. – Attaquer en se jetant violemment sur. – Se déplacer à toute allure (fam.). 🕮 [fɔ̃se].

FONCIER, IÈRE, adj.
Qui constitue un fonds lié à la propriété d'un sol : *Domaine foncier*. – Qui possède un bien foncier : *Propriétaire foncier*. – Qui a trait aux propriétés, bâties ou non : *Impôt foncier*. – Fig. Qui appartient à la nature profonde de qqn. 🕮 [fɔ̃sje, -jɛʀ].

FONCIÈREMENT, adv.
Profondément. 🕮 [fɔ̃sjɛʀmɑ̃].

FONCTION, subst. f.
Exercice d'une charge ; cette charge ellemême. – *Fonction publique* : ensemble des fonctionnaires. – Rôle d'un élément au sein de l'ensemble auquel il appartient. – *En fonction de* : selon. 🕮 [fɔ̃ksjɔ̃].

FONCTIONNAIRE, subst.
Agent titulaire, dans une administration publique. 🕮 [fɔ̃ksjɔnɛʀ].

FONCTIONNEL, ELLE, adj.
En rapport avec une fonction. – Adapté à une fonction déterminée. 🕮 [fɔ̃ksjɔnɛl].

FONCTIONNEMENT, subst. m.
Action de fonctionner. – Manière de fonctionner. 🕮 [fɔ̃ksjɔnmɑ̃].

FONCTIONNER, verbe intrans. [3]
Remplir une fonction particulière. – Être en état de marche. 🕮 [fɔ̃ksjɔne].

FOND, subst. m.
Partie la plus basse d'un objet creux. – Ce qui reste au fond d'un récipient. – Partie solide où reposent les eaux de la mer, d'un cours d'eau. – Degré extrême : *Le fond du désespoir*. – Partie la plus éloignée d'un lieu : *Au fond du couloir*. – Arrière-plan de qqch. ; base sonore. – Ce qui est essentiel : *Le fond des choses*. 🕮 [fɔ̃].

FONDAMENTAL, ALE, AUX, adj.
Qui sert de base, de fondement. – Essentiel. 🕮 [fɔ̃damɑ̃tal].

FONDATEUR, TRICE, subst.
Personne qui a fondé une œuvre lui survivant. 🕮 [fɔ̃datœʀ, -tʀis].

FONDATION, subst. f.
Action de fonder ; œuvre fondée. – Création d'une institution d'intérêt public ; l'institution créée. – Apport de capitaux à une œuvre d'intérêt public. – Plur. Maçonnerie qui constitue les soubassements d'une construction. 🔊 [fɔ̃dasjɔ̃].

FONDÉ, ÉE, adj. et subst.
Adj. Légitime. – **Fondé** *sur* : qui repose sur. – Subst. **Fondé** *de pouvoir* : mandataire. 🔊 [fɔ̃de].

FONDEMENT, subst. m.
Principe formant la base d'un système. – Légitimité : *Sans* fondement, sans motif. – Anus ; fesses (fam.). 🔊 [fɔ̃dmɑ̃].

FONDER, verbe trans. [3]
Bâtir (une ville). – Mettre en place, créer (une institution). – Financer (une fondation). – Donner un fondement légitime à. 🔊 [fɔ̃de].

FONDERIE, subst. f.
Fabrication d'objets par moulage de métal fondu. – Usine où l'on fond les métaux. 🔊 [fɔ̃dʀi].

FONDRE, verbe [51]
Trans. Rendre liquide. – Mouler (un objet) avec du métal fondu. – Dissoudre. – Intrans. Se liquéfier ; se dissoudre. – Fig. Diminuer. – S'attendrir. – **Fondre** *sur* : s'abattre soudainement sur. – Pronom. Se combiner. 🔊 [fɔ̃dʀ].

FONDRIÈRE, subst. f.
Partie effondrée d'un sol, en gén. remplie d'eau et de boue. 🔊 [fɔ̃dʀijɛʀ].

FONDS, subst. m.
Domaine terrien exploité ou bâti ; bien immeuble. – Capital immobilisé. – **Fonds** *de commerce* : les biens corporels et incorporels d'un commerçant. – Plur. Argent disponible. 🔊 [fɔ̃].

FONDUE, subst. f.
Fondue *savoyarde* : fromage fondu où l'on trempe des morceaux de pain. – **Fondue** *bourguignonne* : morceaux de viande de bœuf que l'on trempe dans de l'huile bouillante. 🔊 [fɔ̃dy].

FONGIQUE, adj.
Relatif aux champignons. 🔊 [fɔ̃ʒik].

FONTAINE, subst. f.
Source d'eau vive. – Édifice public, vasque distribuant de l'eau. 🔊 [fɔ̃tɛn].

FONTANELLE, subst. f.
Espace cartilagineux compris entre les os du crâne, chez le nouveau-né. 🔊 [fɔ̃tanɛl].

FONTE, subst. f.
Action de fondre. – Fait de fondre. – Alliage de fer et de carbone. 🔊 [fɔ̃t].

FONTS, subst. m. plur.
Fonts *baptismaux* : bassin contenant l'eau utilisée pour le baptême. 🔊 [fɔ̃].

FOOTBALL, subst. m.
Sport opposant 2 équipes de 11 joueurs qui tentent d'envoyer, au pied, un ballon dans les buts adverses. 🔊 [futbol].

FOOTING, subst. m.
Course à pied de mise en train ou d'entretien physique. 🔊 [futiŋ].

FOR, subst. m.
En son for *intérieur* : au fond de soi-même. 🔊 [fɔʀ].

FORAGE, subst. m.
Action de forer. – Son résultat. 🔊 [fɔʀaʒ].

FORAIN, AINE, adj. et subst.
Subst. Marchand ou entrepreneur qui parcourt les foires. – Adj. Relatif aux foires, aux forains : *Fête* foraine. 🔊 [fɔʀɛ̃, -ɛn].

FORBAN, subst. m.
Pirate qui écumait les mers pour son compte personnel. – Fig. Individu sans scrupule. 🔊 [fɔʀbɑ̃].

FORÇAT, subst. m.
Condamné aux travaux forcés. 🔊 [fɔʀsa].

FORCE, subst. f.
Vigueur physique, musculaire. – Ressource morale et intellectuelle. – Moyen d'action d'un groupe : *Les* forces *armées*. – Contrainte. – Robustesse, intensité ou solidité de qqch. – *Phys.* Cause susceptible de déformer un corps, de modifier son mouvement. 🔊 [fɔʀs].

FORCENÉ, ÉE, adj. et subst.
Rendu violent par une forte émotion, voire par la folie. – Adj. Acharné. 🔊 [fɔʀsəne].

FORCEPS, subst. m.
Pinces utilisées pour saisir la tête du fœtus au moment de l'accouchement. 🔊 [fɔʀsɛps].

FORCER, verbe [4]
Trans. Enfoncer, pénétrer de force, avec violence. – Fig. Contraindre (qqn). – Porter au-delà des limites, de l'activité normale : *Forcer une dose, sa voix.* – Intrans. Fournir un trop grand effort. 🔊 [fɔʀse].

FORCIR, verbe intrans. [19]
Grossir. – Devenir plus robuste. 🔊 [fɔʀsiʀ].

FORER, verbe trans. [3]
Percer. – Creuser (le sol). 🔊 [fɔʀe].

FORESTIER, IÈRE, adj. et subst. m.
Adj. Relatif aux forêts. – Subst. Agent chargé de la surveillance et de l'entretien des forêts : *Un garde* forestier. 🔊 [fɔʀɛstje, -jɛʀ].

FORET, subst. m.
Outil utilisé pour forer. 🔊 [fɔʀɛ].

FORÊT, subst. f.
Vaste étendue boisée. – Fig. *Une* forêt *de* : une profusion de. 🔊 [fɔʀɛ].

FORFAIT (I), subst. m.
Crime monstrueux, faute atroce. 🔊 [fɔʀfɛ].

FORFAIT (II), subst. m.
Prix d'un service, fixé par avance. 🔊 [fɔʀfɛ].

FORFAIT (III), subst. m.
Somme que doit payer qqn qui retire son cheval d'une course. – Fig. *Déclarer* forfait : renoncer. 🔊 [fɔʀfɛ].

FORFAITAIRE, adj.
Fixé par forfait (II). ⚇ [fɔʀfetɛʀ].

FORFAITURE, subst. f.
Infraction criminelle commise par un fonctionnaire. ⚇ [fɔʀfetyʀ].

FORFANTERIE, subst. f.
Vantardise, bravade. ⚇ [fɔʀfɑ̃tʀi].

FORGE, subst. f.
Atelier où l'on travaille les métaux. – Fourneau de la forge. ⚇ [fɔʀʒ].

FORGER, verbe trans. [5]
Marteler un métal, en gén. à chaud, pour lui donner une forme. – Fig. Inventer : *Forger une excuse.* ⚇ [fɔʀʒe].

FORGERON, subst. m.
Artisan qui travaille au marteau le métal chauffé. ⚇ [fɔʀʒəʀɔ̃].

FORMALISER, verbe trans. [3]
Mettre en forme (un problème, une théorie). – Pronom. S'offusquer : *Elle se formalisait de leurs plaisanteries.* ⚇ [fɔʀmalize].

FORMALISTE, adj. et subst.
Attaché aux formes, aux usages, aux convenances. ⚇ [fɔʀmalist].

FORMALITÉ, subst. f.
Démarche exigée pour la réalisation de certains actes. – Règle dictée par l'étiquette. – Acte que l'on accomplit sans difficulté : *Une simple formalité.* ⚇ [fɔʀmalite].

FORMAT, subst. m.
Dimension particulière d'un ouvrage, d'un objet quelconque. ⚇ [fɔʀma].

FORMATEUR, TRICE, adj. et subst.
Qui forme, développe qqch. – Fig. Qui éduque. ⚇ [fɔʀmatœʀ, -tʀis].

FORMATION, subst. f.
Action de former, de se former. – Action d'instruire ; son résultat : *Une bonne formation scientifique.* – Groupe formé pour une activité (politique, syndicale ou militaire). ⚇ [fɔʀmasjɔ̃].

FORME, subst. f.
Ensemble des traits d'un être ou d'une chose. – Structure, aspect. – Condition physique ou morale : *Être en forme.* – Plur. Règles de la politesse : *Mettre les formes.* ⚇ [fɔʀm].

FORMEL, ELLE, adj.
Qui respecte les règles de forme. – Clair, qui écarte toute discussion. ⚇ [fɔʀmɛl].

FORMER, verbe trans. [3]
Faire exister, créer. – Concevoir par la pensée. – Façonner, éduquer. – Avoir l'apparence de ; constituer. – Pronom. Se développer. – S'instruire. ⚇ [fɔʀme].

FORMIDABLE, adj.
Extraordinaire, impressionnant. – Qui étonne, qui suscite une grande admiration (fam.). ⚇ [fɔʀmidabl].

FORMOL, subst. m.
Solution aqueuse antiseptique. ⚇ [fɔʀmɔl].

FORMULAIRE, subst. m.
Recueil de formules. – Imprimé comportant des questions. ⚇ [fɔʀmylɛʀ].

FORMULATION, subst. f.
Action de formuler. – Manière de formuler. ⚇ [fɔʀmylasjɔ̃].

FORMULE, subst. f.
Forme consacrée pour exprimer une idée, un fait. – Méthode, façon de faire : *Trouver la bonne formule.* – Expression symbolique d'une composition, d'un procédé de calcul : *Formule chimique, algébrique.* ⚇ [fɔʀmyl].

FORMULER, verbe trans. [3]
Énoncer d'après une formule. – Exprimer, émettre. ⚇ [fɔʀmyle].

FORNICATION, subst. f.
Péché de la chair (vieilli). ⚇ [fɔʀnikasjɔ̃].

FORT, FORTE, adj., subst. m. et adv.
Adj. Vigoureux, solide. – Intelligent, habile. – Considérable. – Qui a beaucoup de goût ou d'odeur. – Subst. Personne d'une grande force. – Fig. Le moment le plus intense : *Au plus fort de.* – Ce en quoi excelle une personne. – Ouvrage fortifié. – Adv. Avec vigueur : *Aimer fort.* – Très : *C'est fort bon* (littér.). ⚇ [fɔʀ, fɔʀt].

FORTERESSE, subst. f.
Lieu, édifice fortifié. ⚇ [fɔʀtəʀɛs].

FORTIFIANT, ANTE adj. et subst. m.
Se dit d'un médicament qui donne des forces. ⚇ [fɔʀtifjɑ̃, -ɑ̃t].

FORTIFICATION, subst. f.
Action d'élever des constructions défensives. – Une de ces constructions (gén. au plur.). ⚇ [fɔʀtifikasjɔ̃].

FORTIFIER, verbe trans. [6]
Rendre plus fort. – Pourvoir (un lieu) de fortifications. ⚇ [fɔʀtifje].

FORTIN, subst. m.
Petit fort défensif. ⚇ [fɔʀtɛ̃].

FORTUIT, UITE, adj.
Dû au hasard ; imprévu. ⚇ [fɔʀtɥi, -ɥit].

FORTUNE, subst. f.
Ensemble des biens matériels de qqn, richesse. – Hasard, heureux ou malheureux : *Connaître une bonne fortune.* – *Abri de fortune* : improvisé. ⚇ [fɔʀtyn].

FORTUNÉ, ÉE, adj.
Qui est riche. ⚇ [fɔʀtyne].

FORUM, subst. m.
Antiq. Place publique, chez les Romains. – Réunion pour un débat public, colloque. ⚇ [fɔʀɔm].

FOSSE, subst. f.
Grand trou creusé dans le sol. – Puits de mine. ⚇ [fos].

FOSSÉ, subst. m.
Petite tranchée creusée de chaque côté d'une route. – Large fosse remplie d'eau bordant un château. – Fig. Mésentente : *Le fossé des générations.* ⚇ [fose].

FOSSETTE, subst. f.
Petit creux au menton ou sur la joue.
🔊 [fosɛt].

FOSSILE, adj. et subst. m.
Qui a existé avant l'époque historique et
dont les sédiments ont conservé l'empreinte
ou les restes. – Fig. Vieux réactionnaire
(péj.). 🔊 [fosil].

FOSSOYEUR, subst. m.
Employé qui creuse les tombes, dans un
cimetière. 🔊 [foswajœʀ].

FOU, FOL, FOLLE, adj. et subst.
Qui n'a plus, ou ne semble plus avoir, sa
raison. – Adj. Qui est excessif, incontrô-
lable. – Passionné. – Subst. Bouffon. – Pièce
du jeu d'échecs. 🔊 *Fol* devant un nom commençant par une voyelle ou un *h* muet : [fu, fɔl].

FOUDRE, subst. f.
Décharge électrique aérienne, qui produit
éclairs et tonnerre. – Fig. *Coup de* **foudre** :
amour brusque et passionné. 🔊 [fudʀ].

FOUDROYER, verbe trans. [17]
Tuer, en parlant de la foudre. – Tuer
brutalement, anéantir. 🔊 [fudʀwaje].

FOUET, subst. m.
Instrument constitué d'une lanière de cuir
au bout d'un manche. – Ustensile de
cuisine servant à battre les œufs. – *De plein*
fouet : violemment. 🔊 [fwɛ].

FOUETTER, verbe trans. [3]
Battre avec un fouet. 🔊 [fwete].

FOUGÈRE, subst. f.
Plante des bois à feuilles très découpées,
qui n'a ni fleurs ni fruits. 🔊 [fuʒɛʀ].

FOUGUE, subst. f.
Vive ardeur. 🔊 [fug].

FOUGUEUX, EUSE, adj.
Très vif et ardent. 🔊 [fugø, -øz].

FOUILLE, subst. f.
Recherche de ce qui est enfoui. – Plur.
Travaux d'archéologie. 🔊 [fuj].

FOUILLER, verbe [3]
Inspecter de fond en comble (pour chercher
qqch. ou qqn). – Fig. Approfondir. 🔊 [fuje].

FOUILLIS, subst. m.
Amas d'objets hétéroclites. 🔊 [fuji].

FOUINE, subst. f.
Petit mammifère vivant dans les bois, au
museau pointu, amateur de poules. – Fig.
Personne indiscrète. 🔊 [fwin].

FOUINER, verbe intrans. [3]
Fouiller avec indiscrétion (fam.). 🔊 [fwine].

FOULARD, subst. m.
Carré de tissu que l'on porte sur la tête ou
autour du cou. 🔊 [fulaʀ].

FOULE, subst. f.
Grand nombre de personnes ou grande
quantité d'objets. 🔊 [ful].

FOULÉE, subst. f.
Enjambée. – Fig. *Dans la* **foulée** : du même
coup. 🔊 [fule].

FOULER, verbe trans. [3]
Marcher sur. – Pronom. Se faire une
foulure à. 🔊 [fule].

FOULURE, subst. f.
Distension légère des ligaments arti-
culaires ; entorse sans gravité. 🔊 [fulyʀ].

FOUR, subst. m.
Appareil fournissant de la chaleur pour la
cuisson des aliments ou la transformation
des matériaux. – Échec d'un spectacle
(fam.). 🔊 [fuʀ].

FOURBE, adj. et subst.
Qui trompe autrui en feignant la bienveillance. 🔊 [fuʀb].

FOURBERIE, subst. f.
Attitude d'un fourbe. 🔊 [fuʀbəʀi].

FOURBIR, verbe trans. [19]
Astiquer pour faire briller. – Fig. Préparer
minutieusement, mettre au point : Fourbir
ses arguments. 🔊 [fuʀbiʀ].

FOURBU, UE, adj.
Harassé, très fatigué. 🔊 [fuʀby].

FOURCHE, subst. f.
Instrument constitué d'un long manche
pourvu de deux ou plusieurs dents. – Ce
qui se divise en deux branches. 🔊 [fuʀʃ].

FOURCHETTE, subst. f.
Couvert garni de dents servant à piquer les
aliments. – Fig. Écart entre deux valeurs.
🔊 [fuʀʃɛt].

FOURCHU, UE, adj.
Qui se divise en deux branches. 🔊 [fuʀʃy].

FOURGON, subst. m.
Long véhicule ou wagon affecté à des
transports particuliers. 🔊 [fuʀgɔ̃].

FOURMI, subst. f.
Petit insecte hyménoptère vivant en sociétés
denses. 🔊 [fuʀmi].

FOURMILIER, subst. m.
Mammifère mangeur de fourmis, à la
langue longue et gluante. 🔊 [fuʀmilje].

FOURMILIÈRE, subst. f.
Monticule ou nid souterrain abritant une
colonie de fourmis. 🔊 [fuʀmiljeʀ].

FOURMILLEMENT, subst. m.
Va-et-vient évoquant l'agitation d'une fourmilière. – Fig. Picotement. 🔊 [fuʀmijmɑ̃].

FOURMILLER, verbe [3]
Intrans. Pulluler, grouiller. – Trans. indir.
Fourmiller *de* : être plein de. 🔊 [fuʀmije].

FOURNAISE, subst. f.
Endroit où règne une chaleur intense.
– Cette chaleur. 🔊 [fuʀnɛz].

FOURNEAU, subst. m.
Grand four industriel. – *Être aux* four-
neaux : faire la cuisine. 🔊 [fuʀno].

FOURNÉE, subst. f.
Ensemble de choses cuites en même temps
dans un four. – Fig. Ensemble de personnes
traitées de la même façon. 🔊 [fuʀne].

FOURNIL, subst. m.
Local d'une boulangerie où se trouvent le
four et le pétrin. 🔊 [fuʀni].

FOURNIR, verbe trans. [19]
Ravitailler, approvisionner : **Fournir** *en vins*. – Procurer. – Produire. 🐌 [fuʀniʀ].

FOURNISSEUR, EUSE, subst.
Commerçant qui fournit un client en marchandises. 🐌 [fuʀnisœʀ, -øz].

FOURNITURE, subst. f.
Action de fournir. – Plur. Les marchandises fournies. 🐌 [fuʀnityʀ].

FOURRAGE, subst. m.
Alimentation végétale du bétail, à l'exception des grains. 🐌 [fuʀaʒ].

FOURRÉ, subst. m.
Ensemble dense et touffu de végétaux à branches basses. 🐌 [fuʀe].

FOURREAU, subst. m.
Enveloppe d'un objet allongé. – Robe étroite et moulante. 🐌 [fuʀo].

FOURRER, verbe trans. [3]
Doubler, garnir de fourrure (un vêtement). – Garnir, farcir. – Mettre, entasser à l'intérieur d'un contenant (fam.). 🐌 [fuʀe].

FOURRE-TOUT, adj. inv. et subst. m. inv.
Subst. Sac de voyage souple. – Adj. Qui est constitué ou rempli de choses hétéroclites. 🐌 [fuʀtu].

FOURREUR, subst. m.
Marchand de fourrures. – Fabricant de vêtements de fourrure. 🐌 [fuʀœʀ].

FOURRIÈRE, subst. f.
Lieu de dépôt des animaux abandonnés ou des véhicules en infraction. 🐌 [fuʀjeʀ].

FOURRURE, subst. f.
Peau garnie de poils de certains mammifères. – Vêtement fait de cette peau apprêtée. 🐌 [fuʀyʀ].

FOURVOYER (SE), verbe pronom. [17]
Faire fausse route. 🐌 [fuʀvwaje].

FOYER, subst. m.
Endroit où l'on fait du feu ; point où un incendie se déclare. – Point d'origine : **Foyer** *de révolte*. – Lieu de vie d'une famille ; la famille elle-même. – Local de réunion ou d'habitation. 🐌 [fwaje].

FRACAS, subst. m.
Grand bruit, choc violent. 🐌 [fʀaka].

FRACASSANT, ANTE, adj.
Qui fait grand bruit, qui est sensationnel. 🐌 [fʀakasɑ̃, -ɑ̃t].

FRACASSER, verbe trans. [3]
Casser en morceaux, briser avec violence. 🐌 [fʀakase].

FRACTION, subst. m.
Partie d'un tout partageable. – Couple de nombres entiers, numérateur et dominateur, séparés par une barre. 🐌 [fʀaksjɔ̃].

FRACTIONNER, verbe trans. [3]
Partager en fractions. 🐌 [fʀaksjone].

FRACTURE, subst. f. [3]
Cassure, en partic. d'un os. 🐌 [fʀaktyʀ].

FRACTURER, verbe trans. [3]
Briser par force. 🐌 [fʀaktyʀe].

FRAGILE, adj.
Qui manque de résistance. – Précaire, mal assuré. 🐌 [fʀaʒil].

FRAGILITÉ, subst. f.
Caractère de ce qui est fragile, vulnérable. 🐌 [fʀaʒilite].

FRAGMENT, subst. m.
Petit morceau d'un tout. – Court extrait d'un texte. 🐌 [fʀagmɑ̃].

FRAGMENTAIRE, adj.
Qui est incomplet. 🐌 [fʀagmɑ̃teʀ].

FRAGMENTER, verbe trans. [3]
Diviser en petits morceaux. 🐌 [fʀagmɑ̃te].

FRAGRANCE, subst. f.
Odeur exquise (littér.). 🐌 [fʀagʀɑ̃s].

FRAÎCHEUR, subst. f.
Froid léger. – Qualité de ce qui s'est bien conservé : **Fraîcheur** *d'un coloris, d'un produit*. 🐌 [fʀeʃœʀ].

FRAÎCHIR, verbe intrans. [19]
Devenir plus frais. 🐌 [fʀeʃiʀ].

FRAIS (I), FRAÎCHE, adj., subst. m. et adv.
Subst. Air frais. – Adj. Un peu froid. – Nouveau ; récent. – Non altéré : *Teint* **frais**. – Adv. Récemment : *Des œufs frais pondus*. 🐌 [fʀe, fʀɛʃ].

FRAIS (II), subst. m. plur.
Dépense d'argent. – Fig. Effort, énergie. – *Faire les* **frais** *de qqch.* : en subir le désagrément. – *Se mettre en* **frais** : se donner de la peine. 🐌 [fʀe].

FRAISE (I), subst. f.
Petit fruit rouge et charnu du fraisier. – Lésion de la peau (fam.). 🐌 [fʀez].

FRAISE (II), subst. f.
Collerette rigide et plissée portée aux XVIᵉ et XVIIᵉ s. – Excroissance charnue sur le cou du dindon. – Outil utilisé par le dentiste pour creuser une dent cariée. 🐌 [fʀez].

FRAMBOISE, subst. f.
Fruit rouge du framboisier, au goût délicat. 🐌 [fʀɑ̃bwaz].

FRANC (I), FRANCHE, adj.
Non taxé : *Zone* **franche**. – Qui ne dissimule rien de sa pensée, sincère. – Pur, sans mélange. 🐌 [fʀɑ̃, fʀɑ̃ʃ].

FRANC (II), FRANQUE, adj. et subst.
De l'ancien peuple germanique des **Francs**. 🐌 [fʀɑ̃, fʀɑ̃k].

FRANÇAIS, subst. m.
Langue romane parlée en France, en Belgique, en Suisse, au Canada et dans certains pays d'Afrique. 🐌 [fʀɑ̃sɛ].

FRANCHIR, verbe trans. [19]
Aller au-delà (d'un obstacle, d'une difficulté), traverser. 🐌 [fʀɑ̃ʃiʀ].

FRANCHISE, subst. f.
Exemption d'une taxe. – Droiture, sincérité. 🐌 [fʀɑ̃ʃiz].

209

FRANCISER, verbe trans. [3]
Conférer un caractère français à. 🔊 [frɑ̃size].

FRANC-MAÇON, ONNE, subst.
Membre d'une association secrète (franc-maçonnerie) œuvrant pour la fraternité et le progrès social. 🔊 Plur. *francs-maçons, franc-maçonnes* ; [frɑ̃masɔ̃, -on].

FRANCO, adv.
Sans frais d'acheminement : *Franco de port*, port payé par l'expéditeur. 🔊 [frɑ̃ko].

FRANCOPHONE, adj. et subst.
Qui est de langue française. – Se dit d'un lieu où l'usage du français est répandu. 🔊 [frɑ̃kofon].

FRANC-PARLER, subst. m.
Franchise, liberté de langage. 🔊 Plur. *francs-parlers* ; [frɑ̃parle].

FRANC-TIREUR, subst. m.
Combattant qui n'appartient pas à une armée régulière. – Fig. Personne qui agit de façon indépendante. 🔊 Plur. *francs-tireurs* ; [frɑ̃tirœr].

FRANGE, subst. f.
Bord d'un tissu effilé. – Cheveux retombant sur le front. – Fig. Minorité marginale : *Frange extrémiste*. 🔊 [frɑ̃ʒ].

FRANGIPANE, subst. f.
Crème aux amandes servant à fourrer des pâtisseries. 🔊 [frɑ̃ʒipan].

FRANQUETTE (À LA BONNE), loc. adv.
En toute simplicité (fam.). 🔊 [alabɔnfrɑ̃kɛt].

FRAPPER, verbe [3]
Trans. Donner un coup violent à. – Fig. Atteindre, marquer. – Impressionner vivement. – Intrans. Donner des coups sonores : **Frapper** *à la vitre*. – Pronom. S'inquiéter (fam.). 🔊 [frape].

FRASQUE, subst. f.
Acte s'écartant des convenances (gén. au plur.). 🔊 [frask].

FRATERNEL, ELLE, adj.
Propre à la relation entre frères et sœurs. – Qui évoque cette relation. 🔊 [fratɛrnɛl].

FRATERNISER, verbe intrans. [3]
Engager des relations de fraternité : *Les soldats ennemis fraternisent*. 🔊 [fratɛrnize].

FRATERNITÉ, subst. f.
Lien qui unit frères et sœurs. – Solidarité animée d'un élan vers autrui. 🔊 [fratɛrnite].

FRATRICIDE, adj. et subst.
Subst. Personne qui tue son frère ou sa sœur. – Masc. Meurtre d'un frère ou d'une sœur. – Adj. Qui oppose des membres d'une même communauté jusqu'à la mort. 🔊 [fratrisid].

FRAUDE, subst. f.
Action d'enfreindre un règlement, une loi. – Tromperie. 🔊 [frod].

FRAUDER, verbe [3]
Trans. Tromper par une fausse déclaration. – Intrans. Commettre une fraude, tricher. 🔊 [frode].

FRAUDEUR, EUSE, adj. et subst.
Qui se livre à la fraude. 🔊 [frodœr, -øz].

FRAUDULEUX, EUSE, adj.
Qui résulte d'une fraude. 🔊 [frodylø, -øz].

FRAYER, verbe [15]
Trans. dir. Ouvrir, tracer (un chemin). – Trans. indir. Frayer *avec qqn* : le fréquenter (littér.). – Intrans. Pour un poisson, déposer ses œufs ou les féconder : *Les saumons frayent en eau douce*. 🔊 [freje].

FRAYEUR, subst. f.
Grande peur soudaine. 🔊 [frejœr].

FREDAINE, subst. f.
Excès ne portant pas à conséquence (gén. au plur.). 🔊 [frədɛn].

FREDONNER, verbe trans. [3]
Chanter doucement, en ouvrant à peine la bouche. 🔊 [frədone].

FRÉGATE, subst. f.
Bateau de guerre à trois mâts. – Oiseau palmipède des mers tropicales. 🔊 [fregat].

FREIN, subst. m.
Dispositif permettant d'arrêter ou de ralentir un mécanisme en mouvement. – Fig. Entrave. 🔊 [frɛ̃].

FREINAGE, subst. m.
Action de ralentir, de freiner. – Son résultat. 🔊 [frɛnaʒ].

FREINER, verbe [3]
Trans. Ralentir, entraver, interrompre (un mouvement, un processus, un élan). – Intrans. Ralentir, souv. jusqu'à l'arrêt. 🔊 [frene].

FRELATÉ, ÉE, adj.
Altéré frauduleusement. 🔊 [frəlate].

FRÊLE, adj.
Fragile et fin. 🔊 [frɛl].

FRELON, subst. m.
Grosse guêpe dont la piqûre provoque une vive douleur. 🔊 [frəlɔ̃].

FRELUQUET, subst. m.
Homme chétif. – Jeune homme prétentieux. 🔊 [frəlykɛ].

FRÉMIR, verbe intrans. [19]
Être agité d'un léger frisson. – Trembler d'émotion : *Frémir d'horreur*. 🔊 [fremir].

FRÉMISSEMENT, subst. m.
Légère agitation. – Tremblement d'émotion. 🔊 [fremismɑ̃].

FRÊNE, subst. m.
Arbre à bois clair, souple et résistant des forêts tempérées. 🔊 [frɛn].

FRÉNÉSIE, subst. f.
Agitation intense et délirante. 🔊 [frenezi].

FRÉNÉTIQUE, adj. et subst.
D'un enthousiasme immodéré. 🔊 [frenetik].

FRÉQUENCE, subst. f.
Caractère fréquent. – Nombre de fois où qqch. a lieu dans une période déterminée. – Phys. Nombre (exprimé en hertz) de vibrations identiques dans un phénomène par unité de temps. 🔊 [frekɑ̃s].

FRÉQUENT, ENTE, adj.
Qui se répète, habituel. 🕮 [fʀekɑ̃, -ɑ̃t].

FRÉQUENTATION, subst. f.
Action de fréquenter. – Personne que l'on fréquente. 🕮 [fʀekɑ̃tasjɔ̃].

FRÉQUENTER, verbe trans. [3]
Aller souvent (dans un même lieu). – Avoir des relations suivies avec (qqn). 🕮 [fʀekɑ̃te].

FRÈRE, subst. m.
Personne de sexe masculin née des mêmes parents. – Membre d'un ordre religieux. 🕮 [fʀɛʀ].

FRESQUE, subst. f.
Peinture à l'eau sur l'enduit frais d'un mur. – Grande œuvre romanesque. 🕮 [fʀɛsk].

FRET, subst. m.
Somme due pour le transport de marchandises. – Cargaison, chargement. 🕮 [fʀɛ(t)].

FRÉTILLER, verbe intrans. [3]
S'agiter avec de petits mouvements vifs. 🕮 [fʀetije].

FRETIN, subst. m.
Poisson trop petit pour être pêché. – Fig. *Menu fretin* : ce qui présente peu d'intérêt. 🕮 [fʀətɛ̃].

FRIABLE, adj.
Qui s'effrite facilement. 🕮 [fʀijabl].

FRIAND, FRIANDE, adj. et subst. m.
Gourmand : **Friand** *de confiture, de ragots.* – Subst. Pâte feuilletée farcie. 🕮 [fʀijɑ̃, fʀijɑ̃d].

FRIANDISE, subst. f.
Petite confiserie ou pâtisserie que l'on mange avec les doigts. 🕮 [fʀijɑ̃diz].

FRICASSÉE, subst. f.
Ragoût de viande sautée à la poêle, puis cuite en sauce. 🕮 [fʀikase].

FRICHE, subst. f.
Sol non cultivé. 🕮 [fʀiʃ].

FRICTION, subst. f.
Frottement d'une partie du corps. – Fig. Léger conflit. 🕮 [fʀiksjɔ̃].

FRICTIONNER, verbe trans. [3]
Frotter énergiquement. 🕮 [fʀiksjone].

FRIGORIFIQUE, adj.
Qui produit du froid. 🕮 [fʀigɔʀifik].

FRILEUX, EUSE, adj. et subst.
Sensible au froid. – Fig. Timoré, prudent à l'extrême. 🕮 [fʀilø, -øz].

FRIMAIRE, subst. m.
Troisième mois du calendrier républicain, allant du 21-23 novembre au 20-22 décembre. 🕮 [fʀimɛʀ].

FRIMAS, subst. m.
Brouillard givrant (littér.). 🕮 [fʀima].

FRIME, subst. f.
Comportement destiné à duper ou à impressionner (fam.). 🕮 [fʀim].

FRIMER, verbe intrans. [3]
Adopter une attitude fanfaronne pour éblouir son entourage (fam.). 🕮 [fʀime].

FRIMOUSSE, subst. f.
Visage jeune et agréable (fam.). 🕮 [fʀimus].

FRINGALE, subst. f.
Appétit foudroyant (fam.). 🕮 [fʀɛ̃gal].

FRINGANT, ANTE, adj.
Vif et de belle allure. 🕮 [fʀɛ̃gɑ̃, -ɑ̃t].

FRIPER, verbe trans. [3]
Chiffonner, froisser. – Rider. 🕮 [fʀipe].

FRIPERIE, subst. f.
Linge usagé. – Commerce de vêtements d'occasion. 🕮 [fʀipʀi].

FRIPON, ONNE, adj. et subst.
Qui est espiègle et déluré. 🕮 [fʀipɔ̃, -ɔn].

FRIPOUILLE, subst. f.
Individu sans scrupule (fam.). 🕮 [fʀipuj].

FRIRE, verbe [64]
Cuire dans l'huile bouillante. 🕮 [fʀiʀ].

FRISE, subst. f.
Archit. Bandeau décoratif. 🕮 [fʀiz].

FRISER, verbe [3]
Faire ou se faire des boucles, des ondulations. – Trans. Passer au ras de (qqch.). – Fig. Frôler : **Friser** *l'apoplexie.* 🕮 [fʀize].

FRISQUET, ETTE, adj.
Un peu froid (fam.). 🕮 [fʀiskɛ, -ɛt].

FRISSON, subst. m.
Légère vibration involontaire, provoquant une sensation pénible ou agréable. 🕮 [fʀisɔ̃].

FRISSONNER, verbe intrans. [3]
Être saisi de frissons : **Frissonner** *de froid, de plaisir.* 🕮 [fʀisone].

FRITE, subst. f.
Bâtonnet de pomme de terre frit. 🕮 [fʀit].

FRITEUSE, subst. f.
Ustensile de cuisine dans lequel on fait frire des aliments. 🕮 [fʀitøz].

FRITURE, subst. f.
Action de frire. – Aliment frit, en partic. menus poissons. – Grésillement, à la radio ou au téléphone. 🕮 [fʀityʀ].

FRIVOLE, adj.
Qui manque de sérieux. – Qui s'attache à des futilités. 🕮 [fʀivɔl].

FRIVOLITÉ, subst. f.
Caractère d'une personne frivole. – Propos, occupation frivole. 🕮 [fʀivolite].

FROID, FROIDE, adj. et subst. m.
Subst. Basse température ; au fig., indifférence, distance affective. – Adj. Dont la température est très peu élevée. – Qui donne une impression de **froid** : *Couleur* **froide** ; au fig., qui semble dénué de sensibilité. 🕮 [fʀwa, fʀwad].

FROIDEMENT, adv.
Avec froideur. 🕮 [fʀwadmɑ̃].

FROIDEUR, subst. f.
Manque de sensibilité. 🕮 [fʀwadœʀ].

FROIDURE, subst. f.
Atmosphère froide, température hivernale (littér.). 🕮 [fʀwadyʀ].

FROISSEMENT, subst. m.
Action de froisser. – Résultat de cette action. 🕮 [fʀwasmɑ̃].

FROISSER, verbe trans. [3]
Meurtrir : Froisser *un muscle*. – Marquer
de faux plis (une étoffe) ; rouler en boule
(du papier). – Fig. Atteindre légèrement
l'amour-propre de. 🕮 [fʀwase].

FRÔLEMENT, subst. m.
Action de toucher légèrement. – Son résultat. 🕮 [fʀolmɑ̃].

FRÔLER, verbe trans. [3]
Toucher à peine en passant. – Passer très
près de. 🕮 [fʀole].

FROMAGE, subst. m.
Pâte molle ou dure résultant de la coagulation du lait, éventuellement suivie de fermentation. 🕮 [fʀɔmaʒ].

FROMENT, subst. m.
Blé tendre. 🕮 [fʀɔmɑ̃].

FRONCE, subst. f.
Chacun des petits plis en relief que fait
un tissu. 🕮 [fʀɔ̃s].

FRONCER, verbe trans. [4]
Resserrer une étoffe en faisant des fronces.
– Contracter (la peau du visage). 🕮 [fʀɔ̃se].

FRONDAISON, subst. f.
Feuillage des arbres (littér.). 🕮 [fʀɔ̃dɛzɔ̃].

FRONDE, subst. f.
Arme servant à lancer un projectile ; lance-
pierres. – Révolte. 🕮 [fʀɔ̃d].

FRONDEUR, EUSE, adj. et subst.
Se dit d'une personne qui est encline à
braver l'autorité. 🕮 [fʀɔ̃dœʀ, -øz].

FRONT, subst. m.
Partie supérieure du visage, au-dessus des
sourcils. – Zone où le combat fait rage.
– Fig. Effronterie. 🕮 [fʀɔ̃].

FRONTALIER, IÈRE, adj. et subst.
Adj. Relatif à la frontière. – Subst. Personne
qui habite près d'une frontière ou qui va
travailler chaque jour dans un pays limitrophe. 🕮 [fʀɔ̃talje, -jɛʀ].

FRONTIÈRE, subst. f.
Limite séparant deux pays. – Fig. Limite
entre deux choses. 🕮 [fʀɔ̃tjɛʀ].

FRONTON, subst. m.
Archit. Ornement triangulaire surmontant
une colonnade. 🕮 [fʀɔ̃tɔ̃].

FROTTEMENT, subst. m.
Action de frotter. – Contact entre deux
surfaces dont l'une au moins est en mouvement. 🕮 [fʀɔtmɑ̃].

FROTTER, verbe [3]
Exercer simultanément une pression et un
glissement. – Astiquer. – Pronom. *Se frotter
à la pègre* : la fréquenter. 🕮 [fʀɔte].

FROUSSE, subst. f.
Peur (fam.). 🕮 [fʀus].

FRUCTIDOR, subst. m.
Douzième et dernier mois du calendrier
républicain, allant du 18-19 août au 16-
17 septembre. 🕮 [fʀyktidɔʀ].

FRUCTIFIER, verbe intrans. [6]
Produire des fruits, des récoltes. – Fig.
Rapporter des intérêts. 🕮 [fʀyktifje].

FRUCTUEUX, EUSE, adj.
Qui produit des résultats positifs. – Utile,
bénéfique. 🕮 [fʀyktɥø, -øz].

FRUGAL, ALE, AUX, adj.
Qui se contente d'aliments sobres. – *Repas
frugal* : léger. 🕮 [fʀygal].

FRUIT, subst. m.
Organe issu de la fleur d'un végétal, souv.
comestible et de saveur sucrée. – Fruits de
mer : coquillages et crustacés comestibles.
– Fig. Produit, bénéfice. 🕮 [fʀɥi].

FRUITÉ, ÉE, adj.
Qui a un goût de fruit frais. 🕮 [fʀɥite].

FRUITIER, IÈRE, adj. et subst.
Subst. Commerçant qui vend des fruits.
– Adj. Qui produit des fruits. 🕮 [fʀɥitje, -jɛʀ].

FRUSQUES, subst. f. plur.
Vieux vêtements (fam.). 🕮 [fʀysk].

FRUSTE, adj.
Mal dégrossi. 🕮 [fʀyst].

FRUSTRATION, subst. f.
Psychol. Tension résultant d'un manque.
🕮 [fʀystʀasjɔ̃].

FRUSTRER, verbe trans. [3]
Placer (qqn) dans une situation de frustration. – Tromper, décevoir. 🕮 [fʀystʀe].

FUEL, voir FIOUL

FUGACE, adj.
Qui s'estompe rapidement. 🕮 [fygas].

FUGITIF, IVE, adj. et subst.
Qui est en fuite. – Adj. Qui dure peu.
🕮 [fyʒitif, -iv].

FUGUE, subst. f.
Abandon temporaire de son domicile :
Adolescent en fugue. – Mus. Composition
dont les motifs mélodiques semblent se
poursuivre. 🕮 [fyg].

FUGUEUR, EUSE, adj. et subst.
Qui fait des fugues. 🕮 [fygœʀ, -øz].

FUIR, verbe [32]
Intrans. S'éloigner vivement pour échapper
à qqn ou à qqch. – S'écouler accidentellement. – Trans. Refuser d'affronter. 🕮 [fɥiʀ].

FUITE, subst. f.
Action de quitter en grande hâte un lieu
pour éviter qqch. ou qqn. – Écoulement
accidentel d'un liquide ou d'un gaz. – Fig.
Divulgation d'un secret. 🕮 [fɥit].

FULGURANT, ANTE, adj.
Rapide comme l'éclair. – Intense et bref :
Une douleur fulgurante. 🕮 [fylgyʀɑ̃, -ɑ̃t].

FULMINER, verbe intrans. [3]
Éclater en invectives (littér.). 🕮 [fylmine].

FUMÉ, ÉE, adj.
Exposé à la fumée pour être conservé :
Jambon fumé. – Verres fumés : teintés de
sombre. 🕮 [fyme].

FUMÉE, subst. f.
Combinaison de gaz, de vapeur d'eau et de
microparticules dégagée par un corps en
combustion et qui se répand dans l'air.
🕮 [fyme].

FUMER, verbe [3]
Intrans. Produire, dégager de la fumée, de la vapeur. – Trans. Consommer (du tabac). – Exposer (un aliment) à la fumée : **Fumer** *du jambon*. – Répandre du fumier sur (une terre). 🔊 [fyme].

FUMET, subst. m.
Odeur appétissante de certaines viandes cuites. 🔊 [fymɛ].

FUMEUR, EUSE, subst.
Personne qui fume du tabac. 🔊 [fymœʀ, -øz].

FUMIER, subst. m.
Engrais formé d'excréments de bestiaux mélangés avec de la paille. 🔊 [fymje].

FUMIGATION, subst. f.
Diffusion de fumées désinfectantes. – Pulvérisation d'insecticides. 🔊 [fymigasjɔ̃].

FUMISTE, adj. et subst.
Se dit d'une personne qui ne fait rien sérieusement (fam.). 🔊 [fymist].

FUNAMBULE, subst.
Équilibriste qui marche sur une corde tendue dans le vide. 🔊 [fynɑ̃byl].

FUNÈBRE, adj.
Qui se rapporte à la mort. 🔊 [fynɛbʀ].

FUNÉRAILLES, subst. f. plur.
Obsèques, enterrement. 🔊 [fyneʀɑj].

FUNÉRAIRE, adj.
Qui concerne les funérailles, les tombes : *Une urne* **funéraire**. 🔊 [fyneʀɛʀ].

FUNESTE, adj.
Qui apporte le malheur. 🔊 [fynɛst].

FUNICULAIRE, adj. et subst.
Chemin de fer gravissant de fortes pentes, et actionné par un câble. 🔊 [fynikylɛʀ].

FUR ET À MESURE (AU), loc. adv.
En même temps, progressivement et proportionnellement. 🔊 [ofyʀeam(ə)zyʀ].

FURET, subst. m.
Petit mammifère carnivore au corps allongé, qu'on peut dresser pour la chasse. 🔊 [fyʀɛ].

FURETER, verbe intrans. [13]
Chasser au furet. – Fig. Fouiller partout. 🔊 [fyʀ(ə)te].

FUREUR, subst. f.
Colère violente, sans mesure. – Sentiment passionné. 🔊 [fyʀœʀ].

FURIBOND, ONDE, adj.
Qui s'emporte exagérément. – Qui exprime une colère excessive. 🔊 [fyʀibɔ̃, -ɔ̃d].

FURIE, subst. f.
Rage intense. – Femme qui donne libre cours à sa colère. 🔊 [fyʀi].

FURIEUX, IEUSE, adj.
En proie à une colère intense. – D'une extrême violence. 🔊 [fyʀjø, -jøz].

FURONCLE, subst. m.
Infection localisée de la peau. 🔊 [fyʀɔ̃kl].

FURTIF, IVE, adj.
Discret et rapide. 🔊 [fyʀtif, -iv].

FUSAIN, subst. m.
Arbrisseau dont le bois carbonisé sert à dessiner. – Dessin au **fusain**. 🔊 [fyzɛ̃].

FUSEAU, subst. m.
Bobine, pointue à chaque bout, utilisée pour filer à la quenouille. – Pantalon de ski. – **Fuseau** *horaire* : chacune des vingt-quatre divisions de la surface terrestre où l'heure légale est identique. 🔊 [fyzo].

FUSÉE, subst. f.
Engin à réaction ; véhicule spatial. – Pièce de feu d'artifice. 🔊 [fyze].

FUSELAGE, subst. m.
Partie principale d'un avion, à laquelle se fixent les ailes. 🔊 [fyz(ə)laʒ].

FUSER, verbe intrans. [3]
Jaillir. – Retentir : *Les rires* **fusent**. 🔊 [fyze].

FUSIBLE, adj. et subst. m.
Subst. Fil de plomb qui fond en cas de court-circuit. – Adj. Qui a la propriété de fondre sous l'effet de la chaleur. 🔊 [fyzibl].

FUSIL, subst. m.
Arme à feu individuelle et portative, à canon long. – Celui qui tire au **fusil**. 🔊 [fyzi].

FUSILIER, subst. m.
Fusilier *marin* : membre d'un corps de la marine de guerre, combattant en gén. à terre. 🔊 [fyzilje].

FUSILLADE, subst. f.
Décharge simultanée de plusieurs armes à feu. 🔊 [fyzijad].

FUSILLER, verbe trans. [3]
Tuer à coups de fusil. 🔊 [fyzije].

FUSION, subst. f.
Passage de l'état solide à l'état liquide sous l'action de la chaleur. – Fig. Réunion en un seul ensemble. 🔊 [fyzjɔ̃].

FUSIONNER, verbe [3]
Trans. Réunir en un seul ensemble. – Intrans. S'unir en un tout. 🔊 [fyzjone].

FUSTIGER, verbe trans. [5]
Condamner avec véhémence. 🔊 [fystiʒe].

FÛT, subst. m.
Tronc d'arbre. – Tige de colonne. – Tonneau. 🔊 [fy].

FUTAIE, subst. f.
Plantation d'arbres au tronc élevé. 🔊 [fytɛ].

FUTÉ, ÉE, adj. et subst.
Qui est astucieux, malin. 🔊 [fyte].

FUTILE, adj.
Dénué d'importance. – Qui s'attache à des choses insignifiantes. 🔊 [fytil].

FUTILITÉ, subst. f.
Manque de profondeur, de valeur. – Ce qui est futile. 🔊 [fytilite].

FUTUR, URE, adj. et subst. m.
Adj. Qui est à venir. – Subst. Temps qui succédera au présent. – *Ling.* Temps verbal qui situe l'action dans l'avenir. 🔊 [fytyʀ].

FUTURISTE, adj.
Qui évoque le futur. 🔊 [fytyʀist].

FUYARD, ARDE, adj. et subst.
Qui prend la fuite ; qui s'enfuit devant l'ennemi. 🔊 [fɥijaʀ, -aʀd].

G

G, g, subst. m. inv.
Septième lettre et cinquième consonne de l'alphabet français, qui transcrit le son [g] sauf devant les voyelles *e, i, y*, où elle transcrit le son [ʒ]. 📖 [ʒe].

GABARDINE, subst. f.
Manteau imperméable. 📖 [gabaʁdin].

GABARIT, subst. m.
Modèle servant à vérifier le respect des normes de fabrication. – Dimension réglementée d'un objet. – Stature. 📖 [gabaʁi].

GÂCHER, verbe trans. [3]
Délayer (du plâtre, du ciment). – Fig. Gâter, saboter ; gaspiller. 📖 [gɑʃe].

GÂCHETTE, subst. f.
Cran d'arrêt du pêne d'une serrure. – Pièce d'une arme à feu, actionnée par la détente ; la détente (empl. abusif). 📖 [gɑʃɛt].

GÂCHIS, subst. m.
Plâtre, ciment délayé avec de l'eau. – Fig. Gaspillage ; dégât. – Situation désolante, regrettable. 📖 [gɑʃi].

GADGET, subst. m.
Objet, dispositif qui plaît par sa nouveauté, mais est souv. inutile. 📖 [gadʒɛt].

GAFFE, subst. f.
Perche munie d'un croc en fer, servant à accrocher, à attraper qqch. – Impair, bévue (fam.) : *Faire une gaffe.* 📖 [gaf].

GAFFEUR, EUSE, adj. et subst.
Qui commet des impairs. 📖 [gafœʁ, -øz].

GAG, subst. m.
Situation comique. 📖 [gag].

GAGE, subst. m.
Objet servant à garantir un paiement. – Fig. Preuve, promesse ; – *Jeux.* Punition infligée au perdant. – Plur. Salaire d'un domestique. 📖 [gaʒ].

GAGER, verbe trans. [5]
Garantir par un gage : *Gager un emprunt.* – Parier (littér.). 📖 [gaʒe].

GAGEURE, subst. f.
Action ou entreprise si délicate, si singulière qu'elle a l'air d'un défi. 📖 [gaʒyʁ].

GAGNER, verbe [3]
Trans. Acquérir (qqch.) par ses efforts ou par l'effet du hasard. – Être vainqueur dans (une épreuve, une lutte), remporter. – Parvenir (en un lieu). – S'étendre ; progresser. – Intrans. Vaincre. – Mériter : *Il gagne à être connu* ; s'améliorer. 📖 [gaɲe].

GAI, GAIE, adj.
Souriant, enjoué. – Divertissant. 📖 [ge].

GAIETÉ, subst. f.
Humeur joyeuse. – *De gaieté de cœur* : sans réticence. 📖 [gete].

GAILLARD, ARDE, adj. et subst.
Se dit d'une personne robuste, pleine d'entrain. 📖 [gajaʁ, -aʁd].

GAIN, subst. m.
Rémunération ; profit. – Succès, victoire : *Obtenir gain de cause,* l'emporter. 📖 [gɛ̃].

GAINE, subst. f.
Fourreau. – Sous-vêtement féminin comprimant la taille. – Conduit. 📖 [gɛn].

GAINER, verbe trans. [3]
Revêtir d'une enveloppe protectrice. – Enserrer, mouler. 📖 [gene].

GALA, subst. m.
Somptueuse réception officielle. 📖 [gala].

GALANT, ANTE, adj. et subst.
Adj. Délicat, prévenant à l'égard des femmes. – Propre aux liens amoureux : *Rendez-vous galant.* – Subst. Amoureux, soupirant (vieilli). 📖 [galɑ̃, -ɑ̃t].

GALANTERIE, subst. f.
Comportement social galant. 📖 [galɑ̃tʁi].

GALAXIE, subst. f.
Unité cosmique constituée d'étoiles et de matière interstellaire. – *La Galaxie* : celle à laquelle appartient le Soleil. 📖 [galaksi].

GALBE, subst. m.
Modelé, courbure. 📖 [galb].

GALE, subst. f.
Affection cutanée contagieuse, due à un acarien. 📖 [gal].

GALÉJADE, subst. f.
Mystification mêlant l'humour et l'exagération. 📖 [galeʒad].

GALÈRE, subst. f.
Ancien navire à rames et à voiles. – Fig. Travail pénible ; mésaventure (fam.). 📖 [galɛʁ].

GALERIE, subst. f.
Passage couvert d'un édifice. – Lieu d'exposition et de vente d'œuvres d'art. – Couloir souterrain de mine. – Conduit creusé dans la terre par certains animaux. 📖 [galʁi].

GALÉRIEN, subst. m.
Homme condamné à ramer sur les galères. 📖 [galeʁjɛ̃].

GALET, subst. m.
Pierre polie par les eaux. 📖 [galɛ].

GALETTE, subst. f.
Gâteau rond plat et plat. 📖 [galɛt].

GALEUX, EUSE, adj.
Atteint de la gale : *Un chien galeux.* – Fig. *Brebis galeuse* : personne asociale, rejetée de son groupe. 📖 [galø, -øz].

GALIMATIAS, subst. m.
Propos incompréhensible. 📖 [galimatja].

GALION, subst. m.
Grand voilier armé qu'utilisaient les Espagnols pour rapporter les richesses de leurs colonies. 🔊 [galjɔ̃].

GALIPETTE, subst. f.
Culbute, gambade. 🔊 [galipɛt].

GALLICISME, subst. m.
Tournure, expression propre à la langue française. 🔊 [ga(l)lisism].

GALLINACÉ, subst. m.
Oiseau terrestre domestique ou sauvage, tel que la poule, le faisan, la dinde, etc. – Plur. L'ordre correspondant. 🔊 [galinase].

GALLO-ROMAIN, AINE, adj.
Qui se rapporte à la civilisation née de la conquête de la Gaule par les Romains. 🔊 [ga(l)lɔʀɔmɛ̃, -ɛn].

GALON, subst. m.
Ruban utilisé pour border ou orner une étoffe. – Signe distinctif d'un grade militaire. 🔊 [galɔ̃].

GALOP, subst. m.
Allure la plus rapide de certains équidés, en partic. du cheval. 🔊 [galo].

GALOPER, verbe intrans. [3]
Aller au galop. – Marcher, courir à vive allure. 🔊 [galɔpe].

GALOPIN, subst. m.
Garnement, chenapan (fam.). 🔊 [galɔpɛ̃].

GALVANISER, verbe trans. [3]
Recouvrir (un métal) de zinc. – Communiquer une vive ardeur à. 🔊 [galvanize].

GALVAUDER, verbe trans. [3]
Gâcher, déprécier (qqch.) par un mauvais usage. 🔊 [galvode].

GAMBADER, verbe intrans. [3]
Sautiller joyeusement. 🔊 [gɑ̃bade].

GAMELLE, subst. f.
Récipient individuel utilisé pour transporter un repas ; écuelle. – Son contenu. – Chute (fam.). 🔊 [gamɛl].

GAMÈTE, subst. m.
Cellule reproductrice, animale ou végétale, mâle ou femelle. 🔊 [gamɛt].

GAMIN, INE, subst.
Jeune garçon ou fille (fam.). 🔊 [gamɛ̃, -in].

GAMME, subst. f.
Mus. Série de notes, de sons ascendants ou descendants, séparés par des intervalles conventionnels. – Ensemble des nuances d'une même couleur. – Fig. Série complète d'éléments de même nature. 🔊 [gam].

GANG, subst. m.
Groupe organisé de malfaiteurs. 🔊 [gɑ̃g].

GANGLION, subst. m.
Renflement sous-cutané situé sur un nerf ou un vaisseau lymphatique. 🔊 [gɑ̃glijɔ̃].

GANGRÈNE, subst. f.
Putréfaction d'un tissu organique vivant. – Fig. Agent de corruption. 🔊 [gɑ̃gʀɛn].

GANGRENÉ, ÉE, adj.
Attaqué par la gangrène. – Fig. Rongé par un mal insidieux. 🔊 [gɑ̃gʀəne].

GANGSTER, subst. m.
Membre d'un gang ; bandit. 🔊 [gɑ̃gstɛʀ].

GANGUE, subst. f.
Substance qui enveloppe un minerai ou une pierre précieuse. 🔊 [gɑ̃g].

GANT, subst. m.
Accessoire vestimentaire qui recouvre la main en gainant chaque doigt. 🔊 [gɑ̃].

GARAGE, subst. m.
Endroit couvert où l'on gare un véhicule. – Établissement d'entretien et de réparation des voitures. 🔊 [gaʀaʒ].

GARANT, ANTE, adj. et subst.
Qui valide, certifie qqch. – Qui répond de qqn ; responsable. 🔊 [gaʀɑ̃, -ɑ̃t].

GARANTIE, subst. f.
Contrat assurant la réparation gratuite d'un produit, l'indemnisation de dommages, etc., pendant une période donnée. – Assurance : Garantie de qualité. 🔊 [gaʀɑ̃ti].

GARANTIR, verbe trans. [19]
Se porter garant, répondre de. – Affirmer. – Préserver, mettre à l'abri. 🔊 [gaʀɑ̃tiʀ].

GARCE, subst. f.
Fam. Femme ou fille méchante. – Ce qui est désagréable, difficile : Garce de vie ! 🔊 [gaʀs].

GARÇON, subst. m.
Enfant de sexe masculin ; jeune homme. – Serveur dans un café. 🔊 [gaʀsɔ̃].

GARÇONNIÈRE, subst. f.
Logis d'homme célibataire, pouvant abriter des rencontres galantes. 🔊 [gaʀsɔnjɛʀ].

GARDE (I), subst. f.
Action de surveiller qqn ou qqch. pour protéger, défendre ou empêcher de s'enfuir. – Service de surveillance : Médecin de garde ; escorte : La garde nationale. – Attitude de défense, en boxe, en escrime, etc. – Fig. Attitude de méfiance, de prudence : Être sur ses gardes. 🔊 [gaʀd].

GARDE (II), subst. m.
Surveillant, gardien. – Garde des Sceaux : ministre de la Justice, en France. 🔊 [gaʀd].

GARDE-À-VOUS, subst. m. inv.
Position réglementaire (corps immobile, talons joints) adoptée par les militaires dans certaines circonstances. 🔊 [gaʀdavu].

GARDE-BARRIÈRE, subst.
Personne chargée du fonctionnement d'un passage à niveau. 🔊 Plur. gardes-barrière(s) ; [gaʀd(ə)baʀjɛʀ].

GARDE-BOUE, subst. m. inv.
Pièce placée sur la roue d'un véhicule et protégeant des éclaboussures. 🔊 [gaʀdəbu].

GARDE-CHASSE, subst. m.
Personne responsable d'un domaine de chasse. 🔊 Plur. gardes-chasse(s) ; [gaʀdəʃas].

GARDE-FOU, subst. m.
Parapet, barrière qui empêche de tomber dans le vide. 🔊 Plur. garde-fous ; [gaʀdəfu].

GARDE-MALADE, subst.
Personne qui prend soin des malades.
▨ Plur. *gardes-malade(s)* ; [gard(ə)malad].

GARDE-MANGER, subst. m. inv.
Petite armoire finement grillagée où l'on conserve les aliments. ▨ [gard(ə)mãʒe].

GARDER, verbe trans. [3]
Prendre soin de. – Surveiller qqn pour l'empêcher de fuir. – Conserver ; maintenir. – Pronom. *Se* **garder** *de* : se préserver, se méfier de ; s'abstenir de. ▨ [garde].

GARDE-ROBE, subst. f.
Penderie. – Ensemble des vêtements que possède qqn. ▨ Plur. *garde-robes* ; [gardərob].

GARDIEN, IENNE, subst.
Personne qui a la garde de qqch. ou de qqn. – Concierge. ▨ [gardjɛ̃, -jɛn].

GARDON, subst. m.
Petit poisson d'eau douce. ▨ [gardɔ̃].

GARE (I), subst. f.
Construction longeant une voie ferrée, où s'effectuent les départs et les arrivées de voyageurs ou de marchandises. ▨ [gar].

GARE (II), interj.
Cri d'avertissement : *Gare* à *toi* ! – *Arriver sans crier gare* : à l'improviste. ▨ [gar].

GARENNE, subst. f.
Étendue boisée envahie par les lapins sauvages : *Un lapin de garenne.* ▨ [garɛn].

GARER, verbe trans. [3]
Ranger (un véhicule) dans un lieu de stationnement. – Pronom. *Se* **garer** *de* : faire en sorte d'éviter. ▨ [gare].

GARGARISER (SE), verbe pronom. [3]
Se rincer la gorge avec un liquide. – Fig. Se délecter de (fam.). ▨ [gargarize].

GARGOTE, subst. f.
Petit restaurant médiocre (péj.). ▨ [gargot].

GARGOUILLE, subst. f.
Gouttière en saillie souv. ornée d'un monstre sculpté. – Cette sculpture. ▨ [garguj].

GARGOUILLEMENT, subst. m.
Bruit qui évoque celui de l'eau s'écoulant d'une gargouille. ▨ On dit aussi *gargouillis* ; [gargujmã].

GARGOUILLER, verbe intrans. [3]
Émettre un gargouillement. ▨ [garguje].

GARNEMENT, subst. m.
Garçon agité, insupportable. ▨ [garnəmã].

GARNI, IE, adj. et subst. m.
Adj. *Plat garni* : servi avec un accompagnement. – Subst. Logement qui se loue meublé. ▨ [garni].

GARNIR, verbe trans. [19]
Équiper, munir d'un accessoire ou d'un ornement. – Remplir. ▨ [garnir].

GARNISON, subst. f.
Force armée assurant la défense d'une place. – Ensemble des troupes en caserne dans une ville. ▨ [garnizɔ̃].

GARNITURE, subst. f.
Ce qui embellit, complète ou protège qqch. – *Cuis.* Accompagnement d'un plat : *Une garniture de crudités.* ▨ [garnityr].

GARRIGUE, subst. f.
Végétation méditerranéenne, composée d'arbustes et de buissons. ▨ [garig].

GARROT (I), subst. m.
Partie du corps des grands quadrupèdes située au-dessus de l'épaule. ▨ [garo].

GARROT (II), subst. m.
Lien servant à comprimer les vaisseaux pour stopper une hémorragie. – Collier de fer que l'on serrait avec une vis pour étrangler un supplicié. ▨ [garo].

GARROTTER, verbe trans. [3]
Immobiliser fortement par un lien. – Fig. *Garrotter l'opposition politique.* ▨ [garote].

GARS, subst. m.
Fam. Garçon. – Homme, type. ▨ [ga].

GAS-OIL, voir GAZOLE

GASPILLAGE, subst. m.
Action, fait de gaspiller. ▨ [gaspijaʒ].

GASPILLER, verbe trans. [3]
Utiliser à mauvais escient, sans bénéfice. – Dilapider. ▨ [gaspije].

GAST(É)ROPODE, subst. m.
Mollusque rampant tel que l'escargot, la limace, le buccin, etc. – Plur. La classe correspondante. ▨ [gast(e)ropod].

GASTRIQUE, adj.
Relatif à l'estomac. ▨ [gastrik].

GASTRONOME, subst.
Amateur de bonne cuisine. ▨ [gastronom].

GASTRONOMIE, subst. f.
Art de la bonne cuisine, de sa préparation et de sa dégustation. ▨ [gastronomi].

GÂTEAU, subst. m.
Pâtisserie, en gén. à base de farine, de sucre et d'œufs. ▨ [gato].

GÂTER, verbe trans. [3]
Pourrir, abîmer. – Gâcher ; nuire à : *Gâter le paysage.* – Combler de bienfaits ; traiter (un enfant) avec trop de clémence. – Pronom. Se détériorer. ▨ [gate].

GÂTERIE, subst. f.
Attention affectueuse. – Petit cadeau, friandise. ▨ [gatri].

GÂTEUX, EUSE, adj. et subst.
Dont les facultés mentales et physiques sont altérées par l'âge. ▨ [gatø, -øz].

GAUCHE (I), adj. et subst.
Adj. et subst. fém. Qui est du côté du cœur du sujet. – Subst. fém. Côté d'une assemblée politique où siègent les tenants d'opinions avancées ; ensemble des partis progressistes. – Subst. masc. Sp. Poing ou pied **gauche**. ▨ [goʃ].

GAUCHE (II), adj.
Malhabile, emprunté. ▨ [goʃ].

GAUCHER, ÈRE, adj. et subst.
Qui utilise naturellement sa main gauche. ▨ [goʃe, -ɛr].

GAUCHERIE, subst. f.
Manque d'habileté, d'aisance. – Geste maladroit. 🕮 [goʃʀi].

GAUCHIR, verbe [19]
Intrans. Se déformer. – Trans. Tordre, fausser (un objet). – Fig. Déformer (un fait). 🕮 [goʃiʀ].

GAUFRE, subst. f.
Gâteau de cire fabriqué par les abeilles. – Pâtisserie légère au relief alvéolé. 🕮 [gofʀ].

GAUFRÉ, ÉE, adj.
Imprimé de motifs en creux et en relief : *Cuir, tissu gaufré.* 🕮 [gofʀe].

GAULE, subst. f.
Longue perche. – Canne à pêche. 🕮 [gol].

GAULER, verbe trans. [3]
Frapper un arbre avec une gaule pour faire tomber ses fruits. – *Se faire* **gauler** : se faire prendre (fam.). 🕮 [gole].

GAULOIS, OISE, adj.
Adj. De la Gaule. – D'une franchise un peu leste : *Une histoire gauloise,* égrillarde. 🕮 [golwa, -waʒ].

GAUSSER (SE), verbe pronom. [3]
Se moquer. 🕮 [gose].

GAVER, verbe trans. [3]
Nourrir de force ou avec excès. 🕮 [gave].

GAZ, subst. m.
État de la matière où cette dernière occupe tout le volume dont elle dispose ; corps compressible, expansible et dilatable. – *Gaz naturel* : combustible. – Plur. Mélange d'air et d'essence utilisé dans les moteurs à explosion. – Substance gazeuse qui se forme dans le tube digestif. 🕮 [gaz].

GAZE, subst. f.
Étoffe légère. – Tissu de coton aéré utilisé pour les pansements. 🕮 [gaz].

GAZÉIFIER, verbe trans. [6]
Faire passer à l'état gazeux. – Rendre (un liquide) gazeux, pétillant. 🕮 [gazeifje].

GAZELLE, subst. f.
Antilope à longues pattes, rapide, des steppes d'Asie ou d'Afrique. 🕮 [gazɛl].

GAZER, verbe [3]
Trans. Soumettre à l'action d'un gaz toxique. – Intrans. Fam. Se dépêcher. – *Ça gaze* : tout va bien. 🕮 [gaze].

GAZETTE, subst. f.
Journal, revue (vieilli). 🕮 [gazɛt].

GAZEUX, EUSE, adj.
De la nature du gaz. – Qui renferme du gaz carbonique en dissolution : *Boisson gazeuse.* 🕮 [gazø, -øz].

GAZOLE, subst. m.
Carburant ou combustible issu du pétrole. 🕮 [gazol].

GAZON, subst. m.
Herbe courte, fine et dense. 🕮 [gazɔ̃].

GAZOUILLER, verbe intrans. [3]
Émettre des sons légers et plaisants, pour un oiseau ou un bébé. 🕮 [gazuje].

GAZOUILLIS, subst. m.
Bruit agréable et léger. 🕮 [gazuji].

GEAI, subst. m.
Oiseau forestier au plumage brun clair et aux ailes tachetées de bleu. 🕮 [ʒɛ].

GÉANT, GÉANTE, adj. et subst.
De très grande taille. 🕮 [ʒeɑ̃, ʒeɑ̃t].

GEIGNARD, ARDE, adj. et subst.
Qui se plaint toujours, pleurnicheur (fam.). 🕮 [ʒɛɲaʀ, -aʀd].

GEINDRE, verbe intrans. [53]
Gémir, se plaindre. – Se lamenter sans réel motif (fam.). 🕮 [ʒɛ̃dʀ].

GEL, subst. m.
Congélation de l'eau. – Produit cosmétique à base d'huile ou d'eau. – Fig. Suspension d'un processus : *Le gel des salaires.* 🕮 [ʒɛl].

GÉLATINE, subst. f.
Sorte de gelée obtenue par ébullition du collagène de tissus animaux. 🕮 [ʒelatin].

GÉLATINEUX, EUSE, adj.
Qui a l'aspect, la consistance de la gélatine. 🕮 [ʒelatinø, -øz].

GELÉE, subst. f.
Diminution de la température en dessous de 0 °C, transformant l'eau en glace. – Jus de viande solidifié par le froid. – Jus de fruits cuits avec du sucre : *Gelée de framboise.* 🕮 [ʒ(ə)le].

GELER, verbe [11]
Trans. Transformer en glace ; durcir. – Abîmer, détruire, en parlant du froid. – Fig. Suspendre : *Geler les négociations.* – Intrans. Se changer en glace. – Souffrir du froid. 🕮 [ʒ(ə)le].

GÉLULE, subst. f.
Capsule oblongue contenant un produit médicamenteux, que l'on ingère. 🕮 [ʒelyl].

GÉMEAUX, subst. m. plur.
Constellation. – Troisième signe du zodiaque. 🕮 [ʒemo].

GÉMELLITÉ, subst. f.
État des jumeaux. – Caractère de deux choses identiques. 🕮 [ʒeme(l)lite].

GÉMIR, verbe intrans. [19]
Émettre des gémissements. 🕮 [ʒemiʀ].

GÉMISSEMENT, subst. m.
Plainte sourde et inarticulée. 🕮 [ʒemismɑ̃].

GEMME, subst. f.
Pierre précieuse ou pierre fine transparente. – Résine de pin. 🕮 [ʒɛm].

GENCIVE, subst. f.
Partie de la muqueuse buccale qui recouvre la base des dents. 🕮 [ʒɑ̃siv].

GENDARME, subst. m.
Militaire appartenant à un corps de gendarmerie. 🕮 [ʒɑ̃daʀm].

GENDARMERIE, subst. f.
Corps militaire chargé de la sûreté publique et du respect des lois. – Caserne et bureaux des gendarmes. 🕮 [ʒɑ̃daʀməʀi].

GENDRE, subst. m.
Le mari de la fille, pour les parents de cette dernière (synon. *beau-fils*). 🔊 [ʒɑ̃dʀ].

GÈNE, subst. m.
Fragment d'A.D.N., porteur et transmetteur des caractères héréditaires. 🔊 [ʒɛn].

GÊNE, subst. f.
Léger trouble physique. – Désagrément, embarras. – *Être dans la gêne* : manquer d'argent. 🔊 [ʒɛn].

GÉNÉALOGIE, subst. f.
Ensemble des ascendants d'un individu. – Science des filiations. 🔊 [ʒenealɔʒi].

GÊNER, verbe trans. [3]
Incommoder. – Entraver. 🔊 [ʒene].

GÉNÉRAL (I), **ALE**, **AUX**, adj.
Qui concerne tous les éléments d'un ensemble ; global. – Indéterminé, vague. – Qui est à un échelon élevé : *La direction générale*. – Loc. adv. *En général* : d'un point de vue commun, habituellement. 🔊 [ʒeneʀal].

GÉNÉRAL (II), **AUX**, subst. m.
Officier du grade le plus élevé dans les armées de terre et de l'air. 🔊 [ʒeneʀal].

GÉNÉRALISER, verbe trans. [3]
Élargir à un ensemble. – Empl. abs. Extrapoler. – Pronom. Se répandre. 🔊 [ʒeneralize].

GÉNÉRALISTE, adj. et subst.
Se dit d'un médecin qui s'occupe de l'ensemble de l'organisme (oppos. *spécialiste*). 🔊 [ʒeneralist].

GÉNÉRALITÉ, subst. f.
Qualité de ce qui est général. – Plur. Propos vagues, banals. 🔊 [ʒeneralite].

GÉNÉRATEUR, **TRICE**, adj. et subst.
Adj. Qui engendre, au sens biologique. – Fig. Qui déclenche un processus. – Subst. masc. Appareil qui transforme une énergie mécanique en énergie électrique. – Subst. fém. Machine qui produit un courant continu. 🔊 [ʒeneratœʀ, -tris].

GÉNÉRATION, subst. f.
Reproduction ; action d'engendrer. – Ensemble des descendants appartenant à un même degré de filiation. – Ensemble d'individus du même âge. 🔊 [ʒeneʀasjɔ̃].

GÉNÉREUX, **EUSE**, adj.
Doué de sentiments nobles. – Qui donne avec largesse. – Fécond ; abondant ; épanoui : *Des formes généreuses, plantureuses*. 🔊 [ʒeneʀø, -øz].

GÉNÉRIQUE, adj. et subst. m.
Adj. Propre à un genre dans son entier : *Terme générique*. – Subst. Liste des auteurs d'un film et de leurs collaborateurs, qui défile à l'écran. 🔊 [ʒeneʀik].

GÉNÉROSITÉ, subst. f.
Qualité d'une personne, d'une action généreuse. 🔊 [ʒeneʀozite].

GENÈSE, subst. f.
La Genèse : premier livre de la Bible, qui conte la création du monde. – Processus d'élaboration d'une œuvre, d'un phénomène : *La genèse d'une théorie*. 🔊 [ʒənɛz].

GENÊT, subst. m.
Arbrisseau, parfois épineux, à fleurs jaunes très odorantes. 🔊 [ʒ(ə)nɛ].

GÉNÉTIQUE, adj. et subst. f.
Adj. Relatif aux gènes, à la transmission héréditaire. – Subst. Science de l'hérédité. 🔊 [ʒenetik].

GÉNIAL, **ALE**, **AUX**, adj.
Qui porte la marque du génie ; qui a du génie. – Extraordinaire (fam.). 🔊 [ʒenjal].

GÉNIE, subst. m.
Être surnaturel doté de pouvoirs magiques. – Aptitude exceptionnelle de l'esprit humain à comprendre, à créer ; personne qui est dotée de cette aptitude. – Ensemble des techniques visant à la réalisation de certains travaux : *Le génie civil*. 🔊 [ʒeni].

GÉNISSE, subst. f.
Jeune vache n'ayant pas encore eu de veau. 🔊 [ʒenis].

GÉNITAL, **ALE**, **AUX**, adj.
Relatif à la reproduction sexuée. 🔊 [ʒenital].

GÉNITEUR, **TRICE**, subst.
Personne ayant engendré. 🔊 [ʒenitœʀ, -tris].

GÉNITIF, subst. m.
Cas du complément du nom, dans les langues à déclinaison. 🔊 [ʒenitif].

GÉNOCIDE, subst. m.
Extermination systématique d'un groupe humain, ethnique ou religieux. 🔊 [ʒenɔsid].

GENOU, **OUX**, subst. m.
Articulation de la jambe et de la cuisse. – Loc. adv. *À genoux* : les genoux à terre. 🔊 [ʒ(ə)nu].

GENRE, subst. m.
Le genre humain : l'humanité. – *Biol.* Subdivision d'une famille, regroupant plusieurs espèces. – *Ling.* Catégorie indiquant l'appartenance au masculin, au féminin ou au neutre : *Accorder un mot en genre et en nombre*. – Type d'œuvre artistique : *Genre poétique*. – Sorte, espèce. – Allure. 🔊 [ʒɑ̃ʀ].

GENS, subst. m. plur. ou f. plur.
Personnes : *Des gens méchants*. – Classe déterminée de personnes : *Les gens de mer* ; *Les bonnes gens*. 🔊 L'adj. qui précède se met toujours au fém. ; [ʒɑ̃].

GENT, subst. f. sing.
Espèce : *La gent ailée*, les oiseaux. 🔊 [ʒɑ̃(t)].

GENTIL, **ILLE**, adj.
Plaisant, charmant. – Attentionné. – Assez important (fam.) : *Une gentille somme*. 🔊 [ʒɑ̃ti, -ij].

GENTILHOMME, subst. m.
Hist. Homme de famille noble. 🔊 Plur. *gentilshommes* ; plur. [ʒɑ̃tizɔm].

GENTILLESSE, subst. f.
Conduite, disposition d'une personne gentille. – Parole, geste bienveillant. 🔊 [ʒɑ̃tijɛs].

GENTLEMAN, subst. m.
Homme distingué, de bonne éducation. 🔊 Plur. *gentlemans* ou *gentlemen* ; [dʒɛntləman].

GÉOGRAPHIE, subst. f.
Science qui décrit les aspects physiques naturels de la surface terrestre ainsi que son utilisation par l'homme. 🐚 [ʒeɔgrafi].

GEÔLE, subst. f.
Prison (littér.). 🐚 [ʒol].

GÉOLOGIE, subst. f.
Science qui étudie la Terre, sa structure, son histoire et son évolution. 🐚 [ʒeɔlɔʒi].

GÉOMÈTRE, subst.
Spécialiste de la géométrie. – Technicien qui établit des plans. 🐚 [ʒeɔmɛtʁ].

GÉOMÉTRIE, subst. f.
Branche des mathématiques qui traite des propriétés de l'espace. 🐚 [ʒeɔmetʁi].

GÉRANIUM, subst. m.
Plante aux fleurs mauves, rouges ou roses, qui orne souv. les balcons. 🐚 [ʒeʁanjɔm].

GÉRANT, ANTE, subst.
Personne qui administre des biens ou qui dirige une entreprise pour le compte d'autrui. 🐚 [ʒeʁɑ̃, -ɑ̃t].

GERBE, subst. f.
Botte de céréales ou de grandes fleurs coupées. – Une gerbe d'écume : écume qui jaillit en faisceau. 🐚 [ʒɛʁb].

GERCER, verbe [4]
Trans. Marquer de gerçures. – Intrans. Ses lèvres ont gercé. 🐚 [ʒɛʁse].

GERÇURE, subst. f.
Petite crevasse de la peau, due au froid ou à la sécheresse. 🐚 [ʒɛʁsyʁ].

GÉRER, verbe trans. [8]
Administrer (les intérêts de qqn ou ses propres affaires). 🐚 [ʒeʁe].

GERMANIQUE, adj. et subst.
Qui appartient au monde des Germains : Une langue germanique. – Allemand. 🐚 [ʒɛʁmanik].

GERME, subst. m.
Premier état d'un être vivant. – Première pousse d'une graine. – Fig. Source, cause initiale : Les germes du succès. – Méd. Agent microbien. 🐚 [ʒɛʁm].

GERMER, verbe intrans. [3]
Développer un germe, en parlant d'une plante. – Fig. Naître, se former. 🐚 [ʒɛʁme].

GERMINAL, subst. m.
Septième mois du calendrier républicain, allant du 21-22 mars au 18-19 avril. 🐚 [ʒɛʁminal].

GÉRONDIF, subst. m.
Forme invariable du participe présent précédé de « en », équivalant à un complément circonstanciel. 🐚 [ʒeʁɔ̃dif].

GÉRONTOLOGIE, subst. f.
Étude des phénomènes du vieillissement. 🐚 [ʒeʁɔ̃tɔlɔʒi].

GÉSIER, subst. m.
Poche digestive de l'estomac d'un oiseau. 🐚 [ʒezje].

GÉSIR, verbe intrans. [35]
Être étendu. 🐚 Verbe défectif ; [ʒeziʁ].

GESTATION, subst. f.
Grossesse. – Fig. Période nécessaire à l'élaboration d'une œuvre. 🐚 [ʒɛstasjɔ̃].

GESTE (I), subst. m.
Mouvement d'une partie du corps : Un geste de la main. – Fig. Acte : Un geste héroïque. 🐚 [ʒɛst].

GESTE (II), subst. f.
Épopée du Moyen Âge. 🐚 [ʒɛst].

GESTICULER, verbe intrans. [3]
Faire de grands gestes. 🐚 [ʒɛstikyle].

GESTION, subst. f.
Action de gérer. 🐚 [ʒɛstjɔ̃].

GEYSER, subst. m.
Source d'eau chaude d'origine volcanique, qui jaillit de façon intermittente. 🐚 [ʒezɛʁ].

GHETTO, subst. m.
Quartier de certaines villes où les Juifs étaient relégués. – Lieu où se regroupe une minorité défavorisée. 🐚 [geto].

GIBECIÈRE, subst. f.
Sac utilisé pour porter le gibier, les poissons. 🐚 [ʒib(ə)sjɛʁ].

GIBET, subst. m.
Potence à laquelle on pendait les criminels. 🐚 [ʒibɛ].

GIBIER, subst. m.
Tout animal que l'on chasse. 🐚 [ʒibje].

GIBOULÉE, subst. f.
Averse de pluie ou de grêle caractéristique du mois de mars. 🐚 [ʒibule].

GIBOYEUX, EUSE, adj.
Riche en gibier. 🐚 [ʒibwajø, -øz].

GICLER, verbe intrans. [3]
Jaillir, être projeté avec force et en éclaboussant. 🐚 [ʒikle].

GIFLE, subst. f.
Coup sur la joue administré du plat de la main. – Fig. Humiliation. 🐚 [ʒifl].

GIFLER, verbe trans. [3]
Donner une gifle à. 🐚 [ʒifle].

GIGANTESQUE, adj.
Qui a des proportions géantes. – Fig. D'une ampleur prodigieuse. 🐚 [ʒigɑ̃tɛsk].

GIGOGNE, adj.
Se dit d'éléments similaires, de taille décroissante, qui s'emboîtent les uns dans les autres : Des poupées gigognes. 🐚 [ʒigɔɲ].

GIGOLO, subst. m.
Jeune homme qui se fait entretenir par une femme plus âgée que lui (fam.). 🐚 [ʒigɔlo].

GIGOT, subst. m.
Cuisse d'agneau, de mouton ou de chevreuil coupée pour la consommation. 🐚 [ʒigo].

GIGOTER, verbe intrans. [3]
Fam. Agiter les jambes. – Se trémousser : Arrête de gigoter ! 🐚 [ʒigɔte].

GILET, subst. m.
Vêtement masculin, court, sans manches et à boutons, porté sous un veston. – Tricot à manches, ouvert sur le devant. – Gilet de sauvetage : permettant de flotter. 🐚 [ʒilɛ].

GINGEMBRE, subst. m.
Plante dont le rhizome sert de condiment. 🔊 [ʒɛ̃ʒɑ̃bʀ].

GINGIVITE, subst. f.
Inflammation de la gencive. 🔊 [ʒɛ̃ʒivit].

GIRAFE, subst. f.
Grand ruminant d'Afrique au très long cou, au pelage roux tacheté de brun. 🔊 [ʒiʀaf].

GIRATOIRE, adj.
Qui pivote sur lui-même. – Qui décrit un cercle : *Sens giratoire.* 🔊 [ʒiʀatwaʀ].

GIROFLE, subst. m.
Clou de girofle : bouton d'une fleur exotique, utilisé comme épice. 🔊 [ʒiʀɔfl].

GIROLLE, subst. f.
Champignon savoureux, jaune orangé, également appelé chanterelle. 🔊 [ʒiʀɔl].

GIRON, subst. m.
Partie du corps comprise entre la taille et les genoux d'une personne assise. – Fig. Sein : *Le giron de l'Église.* 🔊 [ʒiʀɔ̃].

GIROND, ONDE, adj.
Bien bâti, agréable (fam.). – Bien en chair (gén. pour une femme). 🔊 [ʒiʀɔ̃, -ɔ̃d].

GIROUETTE, subst. f.
Plaque de métal mobile, située en haut d'un édifice, indiquant la direction du vent. – Fig. Personne inconstante, versatile. 🔊 [ʒiʀwɛt].

GISANT, ANTE, adj. et subst. m.
Adj. Qui gît, qui repose immobile. – Subst. Sculpture d'un tombeau représentant un défunt allongé. 🔊 [ʒizɑ̃, -ɑ̃t].

GISEMENT, subst. m.
Amas, couche contenant des richesses minérales. 🔊 [ʒizmɑ̃].

GITAN, ANE, adj. et subst.
Nomade d'Espagne originaire de l'Inde. – Adj. Relatif aux Gitans. 🔊 [ʒitɑ̃, -an].

GÎTE, subst. m.
Lieu où l'on peut loger, dormir. – *Gîte d'un animal* : son refuge. 🔊 [ʒit].

GÎTER, verbe intrans. [3]
S'incliner latéralement, en parlant d'un bateau. 🔊 [ʒite].

GIVRE, subst. f.
Poudre de glace blanche. 🔊 [ʒivʀ].

GIVRÉ, ÉE, adj.
Revêtu de givre : *Une vitre givrée* ; *Une orange givrée.* – Fou (fam.). 🔊 [ʒivʀe].

GLABRE, adj.
Qui est dépourvu de poils. 🔊 [ɡlɑbʀ].

GLACE, subst. f.
Eau durcie par le gel. – Fig. *Rester de glace* : insensible. – Crème aromatisée et congelée. – Miroir ; vitre d'un véhicule. 🔊 [ɡlas].

GLACER, verbe trans. [4]
Transformer en glace ; durcir sous l'effet du froid. – Pénétrer de froid. – Fig. Intimider, pétrifier. 🔊 [ɡlase].

GLACIAIRE, adj.
Relatif aux glaciers. 🔊 [ɡlasjɛʀ].

GLACIAL, ALE, ALS ou AUX, adj.
Froid comme la glace. – Où règne un froid très vif. – Fig. Sévère, hostile. – Qui manque de chaleur. 🔊 [ɡlasjal].

GLACIATION, subst. f.
Épisode de l'histoire de la Terre où les glaces polaires se sont étendues sur une large partie des continents. 🔊 [ɡlasjasjɔ̃].

GLACIER, subst. m.
Épaisse étendue de neige transformée en glace. – Fabricant ou marchand de glaces. 🔊 [ɡlasje].

GLACIÈRE, subst. f.
Récipient rempli de glace dans lequel on conserve des aliments. 🔊 [ɡlasjɛʀ].

GLAÇON, subst. m.
Petit cube de glace. 🔊 [ɡlasɔ̃].

GLADIATEUR, subst. m.
Combattant des arènes romaines, dans les jeux du cirque. 🔊 [ɡladjatœʀ].

GLAÏEUL, subst. m.
Plante ornementale aux fleurs en épi et aux longues feuilles pointues. 🔊 [ɡlajœl].

GLAIRE, subst. f.
Substance visqueuse sécrétée par des muqueuses. – Blanc d'œuf cru. 🔊 [ɡlɛʀ].

GLAISE, subst. f.
Marne argileuse, imperméable et compacte, employée en poterie. – Empl. adj. *Terre glaise.* 🔊 [ɡlɛz].

GLAIVE, subst. m.
Courte épée à double tranchant. 🔊 [ɡlɛv].

GLAND, subst. m.
Fruit du chêne. – Extrémité antérieure du pénis. 🔊 [ɡlɑ̃].

GLANDE, subst. f.
Anat. Organe de sécrétion. 🔊 [ɡlɑ̃d].

GLANER, verbe trans. [3]
Ramasser les épis qui sont restés après la moisson. – Fig. Collecter çà et là. 🔊 [ɡlane].

GLAPIR, verbe intrans. [19]
Pousser son cri, en parlant de certains animaux tels que le lapin, le renard, l'aigle, le petit chien. 🔊 [ɡlapiʀ].

GLAS, subst. m.
Tintement lent d'une cloche, qui annonce une mort ou un enterrement. 🔊 [ɡlɑ].

GLAUQUE, adj.
Verdâtre : *Une mer glauque.* – Blafard. – Fig. Sordide (fam.). 🔊 [ɡlok].

GLISSADE, subst. f.
Action de glisser. – Mouvement effectué en glissant. 🔊 [ɡlisad].

GLISSEMENT, subst. m.
Mouvement de ce qui glisse. – *Glissement de terrain* : affaissement. – Fig. Évolution : *Glissement de sens d'un mot.* 🔊 [ɡlismɑ̃].

GLISSER, verbe [3]
Intrans. Se mouvoir de façon continue sur une surface lisse. – Trébucher, déraper. – Avancer sans bruit. – Fig. Ne pas insister, passer outre. – Trans. Introduire subrepticement, insinuer (qqch.). 🔊 [ɡlise].

GLISSIÈRE, subst. f.
Pièce métallique fixe guidant le mouvement d'une autre pièce. – Glissière de sécurité : barrière métallique de protection placée le long d'une route. 📖 [glisjɛʀ].

GLOBAL, ALE, AUX, adj.
Pris dans son ensemble. 📖 [global].

GLOBE, subst. m.
Élément sphérique : Le globe oculaire. – Abs. Le globe : la Terre. – Verre creux et sphérique, protégeant qqch. 📖 [glɔb].

GLOBULE, subst. m.
Cellule en suspension dans les liquides de l'organisme : Globules rouges, blancs, éléments du sang. 📖 [glɔbyl].

GLOBULEUX, EUSE, adj.
Qui a la forme d'un petit globe. – Œil globuleux : saillant. 📖 [glɔbylø, -øz].

GLOIRE, subst. f.
Prestige, renom éclatant. – Mérite, honneur : Cette gloire vous revient. – Personne célèbre : Les gloires de notre pays. 📖 [glwaʀ].

GLORIEUX, IEUSE, adj.
Qui connaît la gloire, ou qui la procure : Champion glorieux. 📖 [glɔʀjø, -jøz].

GLORIFIER, verbe trans. [6]
Célébrer, rendre gloire à ; exalter. – Pronom. S'enorgueillir. 📖 [glɔʀifje].

GLOSE, subst. f.
Annotation, explication d'un mot semblant obscur. – Commentaire d'un texte. – Critique oiseuse ou malveillante. 📖 [gloz].

GLOSSAIRE, subst. m.
Lexique d'une langue ou d'un domaine spécialisé de connaissances. 📖 [glɔsɛʀ].

GLOTTE, subst. f.
Orifice du larynx. 📖 [glɔt].

GLOUSSER, verbe intrans. [3]
Pousser son cri (gloussement), en parlant de la poule. – Rire de façon saccadée et étouffée (fam.). 📖 [gluse].

GLOUTON, ONNE, adj. et subst.
Qui mange goulûment. 📖 [glutɔ̃, -ɔn].

GLU, subst. f.
Matière visqueuse très adhésive. 📖 [gly].

GLUANT, ANTE, adj.
Qui est visqueux, poisseux. 📖 [glyɑ̃, -ɑ̃t].

GLUCIDE, subst. m.
Composé naturel, également appelé sucre, présent dans certains aliments (fruits, pain, féculents, etc.). 📖 [glysid].

GLYCINE, subst. f.
Plante grimpante à grappes de fleurs odorantes mauves, blanches ou roses. 📖 [glisin].

GNOME, subst. m.
Nain monstrueux. 📖 [gnom].

GOAL, subst. m.
Sp. Gardien de but. 📖 [gol].

GOBELET, subst. m.
Récipient sans anse ni pied utilisé pour boire ou pour lancer les dés. 📖 [gɔblɛ].

GOBER, verbe trans. [3]
Avaler rapidement en aspirant. – Fig. Croire naïvement (fam.). 📖 [gɔbe].

GODELUREAU, subst. m.
Jeune homme frivole et fat. 📖 [gɔd(ə)lyʀo].

GODET, subst. m.
Petit gobelet. 📖 [gɔdɛ].

GODILLE, subst. f.
Aviron unique placé à l'arrière d'une embarcation. – Au ski, succession rapide de virages courts. 📖 [gɔdij].

GOÉLAND, subst. m.
Grand oiseau marin palmipède. 📖 [gɔelɑ̃].

GOÉLETTE, subst. f.
Petit navire à deux mâts. 📖 [gɔelɛt].

GOÉMON, subst. m.
Varech, ensemble des algues de mer récoltées pour servir d'engrais. 📖 [gɔemɔ̃].

GOGUENARD, ARDE, adj.
Narquois, moqueur. 📖 [gɔg(ə)naʀ, -aʀd].

GOGUETTE (EN), loc. adj.
Fam. Un peu ivre, émoustillé. – Désireux de s'amuser (fam.). 📖 [ɑ̃gɔgɛt].

GOINFRE, adj. et subst.
Qui mange avec voracité et salement. 📖 [gwɛ̃fʀ].

GOINFRER (SE), verbe pronom. [3]
Manger comme un goinfre, se gaver (fam.). 📖 [gwɛ̃fʀe].

GOITRE, subst. m.
Grosseur anormale située au cou, due à une hypertrophie de la glande thyroïde. 📖 [gwatʀ].

GOLF, subst. m.
Sport où le joueur envoie, au moyen de cannes (clubs), une balle dans divers trous répartis sur un terrain étendu. 📖 [gɔlf].

GOLFE, subst. m.
Étendue de mer qui pénètre loin à l'intérieur des terres : Le golfe Persique. 📖 [gɔlf].

GOMME, subst. f.
Liquide visqueux qui s'écoule de certains arbres : Gomme de l'hévéa, latex. – Colle sèche : Gomme d'un timbre. – Petit bloc de caoutchouc servant à effacer. 📖 [gɔm].

GOMMER, verbe trans. [3]
Enduire de gomme ou de colle. – Effacer avec une gomme. – Fig. Atténuer, éliminer. 📖 [gɔme].

GOND, subst. m.
Pièce de métal servant de pivot à une porte ou à une fenêtre. 📖 [gɔ̃].

GONDOLE, subst. f.
Longue barque vénitienne. – Présentoir de marchandises. 📖 [gɔ̃dɔl].

GONDOLER, verbe intrans. [3]
Se déformer en ondulant. – Pronom. Fig. Se tordre de rire (fam.). 📖 [gɔ̃dɔle].

GONFLER, verbe [3]
Trans. Insuffler de l'air ou un gaz dans : Gonfler un pneu. – Dilater ; accroître le

volume de : *La pluie gonfle le ruisseau.* – Fig. Amplifier, majorer : *Gonfler l'addition.* – Intrans. Augmenter de volume. ⚉ [gɔ̃fle].

GONG, subst. m.
Disque métallique que l'on frappe avec un maillet. ⚉ [gɔ̃(g)].

GORET, subst. m.
Jeune cochon. ⚉ [gɔʀɛ].

GORGE, subst. f.
Partie du corps située à l'avant du cou. – Gosier : *Mal de gorge.* – Poitrine. – *Géogr.* Vallée encaissée. ⚉ [gɔʀʒ].

GORGÉE, subst. f.
Quantité de liquide ou d'air absorbée en une seule fois. ⚉ [gɔʀʒe].

GORGER, verbe trans. [5]
Faire manger ou boire exagérément ; gaver. – Saturer. – Fig. Combler. ⚉ [gɔʀʒe].

GORILLE, subst. m.
Le plus grand des singes (anthropomorphe vivant en Afrique équatoriale). – Fig. Garde du corps (fam.). ⚉ [gɔʀij].

GOSIER, subst. m.
Partie interne du cou. ⚉ [gozje].

GOSSE, subst.
Enfant, gamin (fam.). ⚉ [gɔs].

GOTHIQUE, adj. et subst.
Se dit du style architectural et décoratif né au XIIᵉ s. en Europe. – Se dit de l'écriture anguleuse utilisée jusqu'au XXᵉ s. par les Allemands. – Adj. Relatif au peuple germanique des Goths. ⚉ [gotik].

GOUACHE, subst. f.
Peinture à l'eau. ⚉ [gwaʃ].

GOUAILLE, subst. f.
Verve populaire et railleuse. ⚉ [gwaj].

GOUDRON, subst. m.
Substance visqueuse et noirâtre issue de la distillation de diverses matières (bois, houille, mazout, etc.). ⚉ [gudʀɔ̃].

GOUDRONNER, verbe trans. [3]
Revêtir de goudron. ⚉ [gudʀɔne].

GOUFFRE, subst. m.
Trou large, profond et abrupt. – Fig. Ce qui est insondable. – Chose ruineuse. ⚉ [gufʀ].

GOUJAT, subst. m.
Homme indélicat dans ses propos ou ses manières, malotru. ⚉ [guʒa].

GOUJON, subst. m.
Petit poisson d'eau douce. ⚉ [guʒɔ̃].

GOULET, subst. m.
Couloir étroit, passage resserré. ⚉ [gulɛ].

GOULEYANT, ANTE, adj.
Se dit d'un vin frais et léger. ⚉ [gulɛjɑ̃, -ɑ̃t].

GOULOT, subst. m.
Col étroit d'un récipient. ⚉ [gulo].

GOULU, UE, adj.
Qui mange avec avidité. ⚉ [guly].

GOULÛMENT, adv.
De manière goulue. ⚉ [gulymɑ̃].

GOUPILLE, subst. f.
Cheville métallique servant à assembler deux pièces. ⚉ [gupij].

GOUPILLON, subst. m.
Brosse cylindrique à long manche, servant à nettoyer des bouteilles. – *Relig.* Petit bâton terminé par une boule percée de trous, utilisé pour l'aspersion d'eau bénite. ⚉ [gupijɔ̃].

GOURD, GOURDE, adj.
Engourdi par le froid. ⚉ [guʀ, guʀd].

GOURDE, subst. f.
Bouteille ou bidon servant à conserver et à transporter des boissons. – Fig. Personne maladroite, empruntée (fam.). ⚉ [guʀd].

GOURDIN, subst. m.
Gros bâton court servant à frapper, massue. ⚉ [guʀdɛ̃].

GOURMAND, ANDE, adj. et subst.
Qui prend plaisir à manger. – Fig. Avide. ⚉ [guʀmɑ̃, -ɑ̃d].

GOURMANDER, verbe trans. [3]
Réprimander vivement. ⚉ [guʀmɑ̃de].

GOURMANDISE, subst. f.
Faiblesse du gourmand. – Mets qui flatte le palais ; friandise (gén. au plur.). – Fig. Convoitise. ⚉ [guʀmɑ̃diz].

GOURMET, subst. m.
Personne qui apprécie le raffinement d'un vin ou d'une bonne cuisine. ⚉ [guʀmɛ].

GOURMETTE, subst. f.
Bracelet fait d'anneaux aplatis. ⚉ [guʀmɛt].

GOUROU, subst. m.
En Inde, maître spirituel. – Maître à penser. ⚉ On écrit aussi *guru* ; [guʀu].

GOUSSE, subst. f.
Fruit des légumineuses ; capsule bivalve contenant les graines. – Tête de l'ail, de l'échalote. ⚉ [gus].

GOUSSET, subst. m.
Pochette où se range une montre : *Montre à gousset.* ⚉ [gusɛ].

GOÛT, subst. m.
L'un de nos cinq sens, dont l'organe est la langue. – Saveur des aliments. – Aptitude à percevoir ce qui est beau, ce qui convient. – Penchant, attirance. ⚉ [gu].

GOÛTER (I), verbe [3]
Trans. dir. Connaître par le sens du goût ; apprécier, savourer. – Trans. indir. *Goûter à, de* : consommer pour la première fois, en petites quantités ; faire l'essai de ; au fig., tâter de. – Intrans. Prendre une collation. ⚉ [gute].

GOÛTER (II), subst. m.
Collation prise dans l'après-midi. ⚉ [gute].

GOUTTE, subst. f.
Petite quantité de liquide de forme arrondie. ⚉ [gut].

GOUTTER, verbe intrans. [3]
Laisser échapper des gouttes. – Couler goutte à goutte. ⚉ [gute].

GOUTTIÈRE, subst. f.
Conduit qui recueille, canalise et évacue l'eau de pluie. ⚉ [gutjɛʀ].

GOUVERNAIL, subst. m.
Appareil servant à diriger un navire ou toute autre embarcation. ✏ [guvɛrnaj].

GOUVERNANT, ANTE, adj. et subst.
Se dit des personnes ou des classes qui dirigent un pays. – Subst. fém. Femme qui est chargée de l'éducation d'un ou de plusieurs enfants ; femme qui s'occupe d'une personne seule. ✏ [guvɛrnɑ̃, -ɑ̃t].

GOUVERNE, subst. f.
Dispositif servant à piloter un avion (gén. au plur.). – *Pour votre gouverne* : pour votre information (littér.). ✏ [guvɛrn].

GOUVERNEMENT, subst. m.
Action de gouverner. – Organe détenteur du pouvoir exécutif, constitué par les ministres. – Structure politique d'un État. ✏ [guvɛrnəmɑ̃].

GOUVERNER, verbe trans. [3]
Diriger (un navire). – Conduire politiquement (un peuple, un pays) ; empl. abs., détenir le pouvoir politique, en partic. exécutif. ✏ [guvɛrne].

GOUVERNEUR, subst. m.
Aux États-Unis, détenteur du pouvoir exécutif dans un État fédéré. – Directeur d'une institution financière : *Le gouverneur de la Banque de France.* – Hist. Commandant d'une place forte, d'une région militaire ; représentant de l'autorité centrale, dans une colonie, un territoire, etc. ✏ [guvɛrnœr].

GRABATAIRE, adj. et subst.
Se dit d'une personne malade qui ne peut plus quitter son lit. ✏ [grabatɛr].

GRABUGE, subst. m.
Dispute, querelle bruyante. ✏ [graby3].

GRÂCE, subst. f.
Faveur gratuite ; bienfait ; indulgence. – Charme, douce élégance émanant de qqn ou de qqch. – Loc. prép. Grâce à : avec l'aide de. – *Rendre grâce à* : remercier. – *Demander grâce* : supplier d'être épargné ; *Coup de grâce* : coup fatal. – Remise de peine : *La grâce présidentielle.* ✏ [grɑs].

GRACIER, verbe trans. [6]
Remettre ou diminuer la peine d'un condamné. ✏ [grasje].

GRACIEUX, IEUSE, adj.
Empreint de grâce, de finesse. – *À titre gracieux* : gratuitement. ✏ [grasjø, -jøz].

GRACILE, adj.
Élancé, frêle, délicat (littér.). ✏ [grasil].

GRADATION, subst. f.
Augmentation ou diminution par degrés successifs. ✏ [gradasjɔ̃].

GRADE, subst. m.
Degré hiérarchique. ✏ [grad].

GRADÉ, ÉE, adj. et subst.
Se dit d'un militaire qui a un grade sans toutefois être officier. ✏ [grade].

GRADIN, subst. m.
Chacun des bancs fixes qui s'étagent dans un théâtre, un stade, etc. ✏ [gradɛ̃].

GRADUATION, subst. f.
Action de graduer. – Les divisions obtenues. ✏ [graduasjɔ̃].

GRADUEL, ELLE, adj.
Qui progresse par degrés. ✏ [graduɛl].

GRADUER, verbe trans. [3]
Accroître progressivement. – *Graduer une règle, un baromètre* : les diviser en degrés, en intervalles égaux. ✏ [gradue].

GRAFFITI, subst. m.
Inscription, dessin tracés sur un mur, un monument, etc. ✏ Plur. *graffiti(s)* : [grafiti].

GRAIN, subst. m.
Fruit (et semence) des graminées et des légumineuses. – Fruit d'une grappe. – Petit élément sphérique : *Grain de sel.* – Aspect d'une surface granuleuse. – *Grain de beauté* : petite tache sur la peau. – Vent fort et soudain ; averse. ✏ [grɛ̃].

GRAINE, subst. f.
Semence des plantes à fleurs. – *En prendre de la graine* : en tirer la leçon. ✏ [grɛn].

GRAINETIER, IÈRE, subst.
Commerçant en grains. ✏ [grɛntje, -jɛr].

GRAISSAGE, subst. m.
Action de graisser, de lubrifier. ✏ [grɛsa3].

GRAISSE, subst. f.
Substance molle et visqueuse présente dans les tissus cellulaires animaux ou végétaux. – Corps gras. ✏ [grɛs].

GRAISSER, verbe trans. [3]
Enduire de graisse ou d'une matière grasse : *Graisser un engrenage.* ✏ [grɛse].

GRAMINÉE, subst. f.
Plante à tige creuse, non ramifiée et qui se termine en épi, telle l'avoine. – Plur. La famille correspondante. ✏ [gramine].

GRAMMAIRE, subst. f.
Ensemble des règles qui permettent le bon usage d'une langue. ✏ [gram(m)ɛr].

GRAMMATICAL, ALE, AUX, adj.
Relatif à la grammaire. ✏ [gramatikal].

GRAND, GRANDE, adj. et subst.
Adj. Qui, par l'une de ses dimensions, dépasse la norme habituelle. – Subst. Personne plus âgée (par rapport à qqn). – *Les grands de ce monde* : les personnes les plus influentes. ✏ [grɑ̃, grɑ̃d].

GRANDEUR, subst. f.
Qualité de ce qui est grand. – Taille, dimension ; valeur mesurable. – *Grandeur nature* : à l'échelle de la réalité. – Importance. – Dignité, noblesse morale : *Grandeur d'âme.* ✏ [grɑ̃dœr].

GRANDILOQUENCE, subst. f.
Emphase dans l'expression ou dans le style. ✏ [grɑ̃dilɔkɑ̃s].

GRANDIOSE, adj.
Dont l'ampleur matérielle ou morale impressionne. ✏ [grɑ̃djoz].

GRANDIR, verbe [19]
Intrans. Devenir plus grand, physiquement ou moralement. – Trans. Rendre ou faire paraître plus grand. – Élever moralement. 🔊 [grɑ̃dir].

GRAND-MÈRE, subst. f.
Mère du père ou de la mère. – Femme âgée (fam.). 🔊 Plur. *grand-mères* ; [grɑ̃mɛr].

GRAND-MESSE, subst. f.
Messe chantée. – Rassemblement solennel. 🔊 Plur. *grand-messes* ; [grɑ̃mɛs].

GRAND-PEINE (À), loc. adv.
Très difficilement, en faisant des efforts pénibles. 🔊 [agrɑ̃pɛn].

GRAND-PÈRE, subst. m.
Père du père ou de la mère. – Homme âgé (fam.). 🔊 Plur. *grands-pères* ; [grɑ̃pɛr].

GRANDS-PARENTS, subst. m. plur.
Grand-père et grand-mère paternels ou maternels. 🔊 [grɑ̃parɑ̃].

GRANGE, subst. f.
Bâtiment de ferme qui sert à abriter les récoltes. 🔊 [grɑ̃ʒ].

GRANIT(E), subst. m.
Roche dure, à forte teneur en quartz, utilisée en architecture et en décoration. 🔊 [granit].

GRANULÉ, subst. m.
Petit grain de sucre contenant une substance médicamenteuse. 🔊 [granyle].

GRANULEUX, EUSE, adj.
Dont la surface présente des aspérités en forme de petits grains. 🔊 [granylø, -øz].

GRAPHIQUE, adj. et subst. m.
Adj. Qui fait apparaître par des traits, des lignes. – Subst. Tracé, ligne représentant un phénomène, une évolution ; tracé, courbe. 🔊 [grafik].

GRAPHISME, subst. m.
Ensemble des caractéristiques de ce qui est tracé, dessiné. 🔊 [grafism].

GRAPHOLOGIE, subst. f.
Étude des rapports entre l'écriture d'une personne et son caractère. 🔊 [grafɔlɔʒi].

GRAPPE, subst. f.
Ensemble de fleurs ou de fruits s'étageant sur une tige. 🔊 [grap].

GRAPPILLER, verbe trans. [3]
Prendre, glaner de-ci de-là. 🔊 [grapije].

GRAPPIN, subst. m.
Petite ancre munie de crochets. – Fig. Mettre le *grappin sur* : s'emparer de. 🔊 [grapɛ̃].

GRAS, GRASSE, adj., subst. m. et adv.
Adj. Riche en graisses, en lipides. – Épais, charnu. – Enduit ou souillé de graisse. – Fig. Grossier, obscène. – Adv. *Manger gras*. – Subst. Partie grasse de la viande. 🔊 [grɑ, grɑs].

GRASSOUILLET, ETTE, adj.
Dodu, potelé. 🔊 [grasujɛ, -ɛt].

GRATIFICATION, subst. f.
Somme d'argent accordée à qqn à titre de récompense ; pourboire. – Valorisation. 🔊 [gratifikasjɔ̃].

GRATIFIER, verbe trans. [6]
Doter d'un agrément, d'une faveur. – Fig. *Il fut gratifié d'un blâme* (iron.). 🔊 [gratifje].

GRATIN, subst. m.
Mets cuit au four et doté d'une croûte grillée. – Fig. Élite mondaine (fam.). 🔊 [gratɛ̃].

GRATINER, verbe [3]
Intrans. Se couvrir d'une croûte dorée en cuisant. – Trans. *Gratiner un chou-fleur*. 🔊 [gratine].

GRATIS, adj. inv. et adv.
Adv. Gratuitement. – Adj. Qui ne coûte rien. 🔊 [gratis].

GRATITUDE, subst. f.
Sentiment de reconnaissance envers qqn pour son aide, ses bienfaits. 🔊 [gratityd].

GRATTE-CIEL, subst. m. inv.
Immeuble de très grande hauteur (synon. *tour*). 🔊 [gratsjɛl].

GRATTEMENT, subst. m.
Action de gratter. – Le bruit qui en résulte. 🔊 [gratmɑ̃].

GRATTE-PAPIER, subst. m. inv.
Péj. Petit employé aux écritures. – Piètre écrivain. 🔊 [gratpapje].

GRATTER, verbe [3]
Trans. Frotter (une surface) avec les ongles ou avec un instrument. – Racler pour faire disparaître. – Irriter, démanger. – Fig. Récupérer, pour un menu profit (fam.) : *Gratter les fonds de tiroir*. – Intrans. Faire entendre un grattement. 🔊 [grate].

GRATTOIR, subst. m.
Outil utilisé pour gratter une surface. 🔊 [gratwar].

GRATUIT, UITE, adj.
Qu'il n'est pas nécessaire de payer : *Spectacle gratuit*. – Dénué de fondement, arbitraire : *Affirmation gratuite*. 🔊 [gratɥi, -ɥit].

GRATUITÉ, subst. f.
Caractère de ce qui est gratuit. 🔊 [gratɥite].

GRAVATS, subst. m. plur.
Débris issus d'une démolition. 🔊 [grava].

GRAVE, adj.
Qui exprime le sérieux, la dignité : *Un ton grave*. – Important ; lourd de conséquences : *Maladie grave*. – Ling. *Accent grave* : signe (`) qui, placé sur le *e*, indique la prononciation ouverte (ɛ), ou qui différencie des homonymes (*à, çà, là, où*). – Mus. Qualifie les sons de faible fréquence : *Une voix grave*. 🔊 [grav].

GRAVER, verbe trans. [3]
Tracer, en entaillant une surface dure. – Fig. *Graver un souvenir dans sa mémoire* : l'y imprimer durablement. 🔊 [grave].

GRAVEUR, EUSE, subst.
Artiste qui grave. 🔊 [gravœr, -øz].

GRAVIER, subst. m.
Sable mêlé de petits cailloux. 🔊 [gravje].

GRAVIR, verbe trans. [19]
Faire l'ascension difficile (d'un escalier, d'une côte), escalader. – Fig. Gravir les échelons de la hiérarchie. 🔊 [gravir].

GRAVITATION, subst. f.
Loi de la physique en vertu de laquelle les corps matériels s'attirent réciproquement. 🔊 [gravitasjɔ̃].

GRAVITÉ, subst. f.
Caractère de ce qui est digne. – Caractère de ce qui est important ou lourd de conséquences : Une blessure d'une grande gravité ; La gravité d'une faute. – Phys. Phénomène d'attraction d'un corps vers le centre de la Terre. 🔊 [gravite].

GRAVITER, verbe intrans. [3]
Décrire une trajectoire autour d'un centre d'attraction selon les lois de la gravitation. – Fig. Vivre à proximité de qqn, de qqch. : Graviter autour du pouvoir. 🔊 [gravite].

GRAVURE, subst. f.
Art, action, manière de graver. – L'œuvre ainsi obtenue. 🔊 [gravyr].

GRÉ, subst. m.
Ce qui agrée : À mon gré, à mon goût ; Contre mon gré, contre ma volonté ; Bon gré mal gré, que cela plaise ou non. – Gratitude : Savoir gré à qqn, lui être reconnaissant. 🔊 [gre].

GREC, subst. m.
Langue parlée en Grèce. 🔊 [grɛk].

GREDIN, INE, subst.
Individu malhonnête. 🔊 [grədɛ̃, -in].

GRÉEMENT, subst. m.
Ensemble de l'équipement (voiles, mâts, cordages, etc.) nécessaire à la marche, à la manœuvre d'un voilier. 🔊 [gremɑ̃].

GRÉER, verbe trans. [7]
Pourvoir d'un gréement (un navire, un mât). 🔊 [gree].

GREFFE (I), subst. m.
Service administratif chargé de conserver les minutes des actes judiciaires. 🔊 [grɛf].

GREFFE (II), subst. f.
Insertion d'une partie vivante d'une plante dans une autre. – Transfert sur un individu d'un tissu ou d'un organe prélevé sur lui-même ou sur un autre sujet. 🔊 [grɛf].

GREFFER, verbe trans. [3]
Pratiquer une greffe (II). – Fig. Ajouter. – Pronom. Se joindre à. 🔊 [grefe].

GREFFIER, IÈRE, subst.
Officier public chargé du greffe et qui assiste les magistrats, à l'audience. 🔊 [grefje, -jɛr].

GRÉGAIRE, adj.
Qui vit en groupe. – Qui incite à adopter le comportement du groupe. 🔊 [gregɛr].

GRÈGE, adj. et subst. m.
Adj. fém. Soie grège : soie naturelle, écrue, non traitée. – Subst. et adj. Couleur de cette soie. 🔊 [grɛʒ].

GRÊLE (I), adj.
Mince et allongé, fluet. – Son grêle : faible et aigu. 🔊 [grɛl].

GRÊLE (II), subst. f.
Pluie de grêlons. 🔊 [grɛl].

GRÊLER, verbe impers. [3]
Il grêle : il tombe de la grêle. 🔊 [grɛle].

GRÊLON, subst. m.
Petite bille de glace. 🔊 [grɛlɔ̃].

GRELOT, subst. m.
Petite sphère métallique creuse contenant un morceau de métal, qui produit un son grêle lorsqu'on l'agite. 🔊 [grəlo].

GRELOTTER, verbe intrans. [3]
Trembler de froid. 🔊 [grəlote].

GRENADE, subst. f.
Fruit du grenadier, renfermant des graines rouges et charnues. – Projectile muni d'un détonateur, qu'on lance à la main ou au fusil. 🔊 [grənad].

GRENADINE, subst. f.
Sirop préparé avec du jus de grenade ; sirop de couleur rouge. 🔊 [grənadin].

GRENAT, subst. m.
Pierre fine rouge foncé. – Empl. adj. inv. Couleur du grenat. 🔊 [grəna].

GRENIER, subst. m.
Lieu où l'on conserve les grains, le fourrage. – Étage le plus élevé d'une maison, juste sous les combles. 🔊 [grənje].

GRENOUILLE, subst. f.
Batracien qui saute et qui nage. 🔊 [grənuj].

GRENU, UE, adj.
Dont la surface est inégale, comme recouverte de petits grains. 🔊 [grəny].

GRÈS, subst. m.
Roche sédimentaire. – Argile mêlée de silice utilisée en poterie. 🔊 [grɛ].

GRÉSIL, subst. m.
Fine pluie de neige et de glace. 🔊 [grezil].

GRÉSILLEMENT, subst. m.
Crépitement. 🔊 [grezijmɑ̃].

GRÉSILLER, verbe intrans. [3]
Crépiter, en parlant d'une substance soumise au feu. 🔊 [grezije].

GRÈVE (I), subst. f.
Étendue de sable ou de gravier bordant la mer ou un cours d'eau. 🔊 [grɛv].

GRÈVE (II), subst. f.
Interruption du travail décidée par des salariés pour exprimer une revendication, un mécontentement. – Grève de la faim : refus de s'alimenter, en signe de protestation. 🔊 [grɛv].

GREVER, verbe trans. [10]
Soumettre à une charge financière, à une servitude. 🔊 [grəve].

GRIBOUILLAGE, subst. m.
Dessin ou texte maladroit (fam.). 🔊 On dit aussi gribouillis ; [gribujaʒ].

225

GRIBOUILLER, verbe [3]
Écrire, dessiner de façon maladroite ou précipitée (fam.). 📖 [gʀibuje].

GRIEF, subst. m.
Sujet de plainte. – Reproche. 📖 [gʀijɛf].

GRIFFE, subst. f.
Ongle pointu et crochu des doigts de certains animaux. – Fig. Moyen d'attaque ou de défense : *Sortir ses griffes*. – Signature, marque : *La griffe d'un couturier*. 📖 [gʀif].

GRIFFER, verbe trans. [3]
Donner des coups de griffe ou d'ongle à, égratigner. 📖 [gʀife].

GRIFFON, subst. m.
Monstre mythique ailé. – Chien de chasse au poil broussailleux. 📖 [gʀifɔ̃].

GRIFFONNER, verbe trans. [3]
Rédiger, dessiner sans soin ou rapidement. 📖 [gʀifɔne].

GRIGNOTER, verbe [3]
Trans. Manger du bout des dents. – Intrans. Manger à peine. 📖 [gʀiɲɔte].

GRIL, subst. m.
Ustensile de cuisine composé d'une grille métallique, servant à cuire un aliment à feu vif. 📖 [gʀil].

GRILLADE, subst. f.
Tranche de viande grillée. 📖 [gʀijad].

GRILLAGE, subst. m.
Treillage métallique, utilisé pour clôturer ou protéger. 📖 [gʀijaʒ].

GRILLE, subst. f.
Assemblage de barreaux servant de clôture, de protection. – Tableau quadrillé : *Grille de mots croisés, d'horaires*. 📖 [gʀij].

GRILLE-PAIN, subst. m. inv.
Appareil électrique servant à faire griller des tranches de pain. 📖 [gʀijpɛ̃].

GRILLER, verbe [3]
Trans. Faire cuire sur le gril, sur les braises. – Brûler, torréfier. – Abîmer en desséchant. – Fam. Dépasser sans s'arrêter : *Griller un feu rouge*. – Mettre hors d'usage : *Griller une lampe*. – Démasquer (qqn). – Intrans. Cuire sur le gril. 📖 [gʀije].

GRILLON, subst. m.
Insecte sauteur, doté d'un organe stridulant, qui peut vivre dans les cheminées. 📖 [gʀijɔ̃].

GRIMACE, subst. f.
Distorsion passagère du visage, soit réflexe, due à un sentiment, à une douleur, soit volontaire, pour faire rire. 📖 [gʀimas].

GRIMACER, verbe intrans. [4]
Faire une ou des grimaces. 📖 [gʀimase].

GRIMER, verbe trans. [3]
Maquiller (un acteur, un clown, etc.). 📖 [gʀime].

GRIMOIRE, subst. m.
Livre de magie. – Ouvrage incompréhensible ou obscur (péj.). 📖 [gʀimwaʀ].

GRIMPANT, ANTE, adj.
Plante grimpante : qui monte en s'agrippant. 📖 [gʀɛ̃pɑ̃, -ɑ̃t].

GRIMPER, verbe [3]
Intrans. Monter à l'aide des mains et des pieds. – S'élever, se hisser jusqu'à un point élevé. – Fig. Aller en croissant : *Les prix grimpent*. – Trans. Gravir. 📖 [gʀɛ̃pe].

GRINCEMENT, subst. m.
Fait de grincer ; bruit aigu, pénible à l'oreille. – Fig. *Grincements de dents* : mécontentement, frictions. 📖 [gʀɛ̃smɑ̃].

GRINCER, verbe intrans. [4]
Émettre un bruit de frottement aigu et désagréable. 📖 [gʀɛ̃se].

GRINCHEUX, EUSE, adj. et subst.
D'humeur chagrine, revêche. 📖 [gʀɛ̃ʃø, -øz].

GRINGALET, subst. m.
Individu petit et malingre. 📖 [gʀɛ̃galɛ].

GRIOTTE, subst. f.
Cerise acide à queue courte. 📖 [gʀijɔt].

GRIPPE, subst. f.
Maladie virale, épidémique, qui s'accompagne d'une forte fièvre. – Fig. *Prendre en grippe* : en aversion. 📖 [gʀip].

GRIPPÉ, ÉE, adj.
Qui souffre de la grippe. 📖 [gʀipe].

GRIPPER, verbe intrans. [3]
Se bloquer par suite d'un frottement anormal, en parlant d'un mécanisme. – Fig. Ne pas aboutir. 📖 [gʀipe].

GRIPPE-SOU, subst. m.
Personne avare et mesquine (fam.). 📖 Plur. *grippe-sou(s)* ; [gʀipsu].

GRIS, GRISE, adj. et subst. m.
Couleur située entre le blanc et le noir. – Adj. Fig. Terne, morne. – À demi ivre (fam.). 📖 [gʀi, gʀiz].

GRISAILLE, subst. f.
Temps de pluie et de brume. – Fig. Ennui, monotonie. 📖 [gʀizaj].

GRISER, verbe trans. [3]
Rendre légèrement ivre. – Étourdir : *Un air vif qui grise*. – Exciter psychiquement, exalter. 📖 [gʀize].

GRISONNER, verbe intrans. [3]
Prendre une teinte grise, en parlant des cheveux. 📖 [gʀizɔne].

GRISOU, subst. m.
Gaz qui se dégage dans les mines de charbon et qui, mélangé à l'air, est inflammable : *Coup de grisou*. 📖 [gʀizu].

GRIVE, subst. f.
Oiseau passereau au plumage brun tacheté de gris, friand de raisin. 📖 [gʀiv].

GRIVÈLERIE, subst. f.
Délit constitué par le défaut de paiement d'une consommation. 📖 [gʀivɛlʀi].

GRIVOIS, OISE, adj.
Qui parle du sexe légèrement, sans toutefois être obscène. 📖 [gʀivwa, -waz].

GRIZZLI, subst. m.
Grand ours gris-brun d'Amérique du Nord. 🔊 On écrit aussi *grizzly* ; [gʀizli].

GROG, subst. m.
Boisson réconfortante, chaude et sucrée, à base de rhum et de citron. 🔊 [gʀɔg].

GROGGY, adj. inv.
Ébranlé par un choc physique, par une émotion. 🔊 [gʀɔgi].

GROGNE, subst. f.
Mécontentement, mauvaise humeur collective (fam.). 🔊 [gʀɔɲ].

GROGNEMENT, subst. m.
Cri du porc, de l'ours, etc. – Paroles inintelligibles. 🔊 [gʀɔɲmɑ̃].

GROGNER, verbe intrans. [3]
Pousser son cri, en parlant du porc, de l'ours, etc. – Manifester son irritation en articulant à peine. 🔊 [gʀɔɲe].

GROGNON, ONNE, adj. et subst.
Qui est de mauvaise humeur, renfrogné (fam.). 🔊 Le fém. est rare ; [gʀɔɲɔ̃, -ɔn].

GROIN, subst. m.
Museau du porc et du sanglier. 🔊 [gʀwɛ̃].

GROMMELER, verbe [12]
Dire son mécontentement sans articuler, d'une voix sourde. 🔊 [gʀɔm(ə)le].

GRONDEMENT, subst. m.
Bruit sourd et prolongé, évoquant souv. une menace. 🔊 [gʀɔ̃dmɑ̃].

GRONDER, verbe [3]
Intrans. Émettre un cri sourd et menaçant, en parlant d'un animal ; produire un bruit évoquant ce cri. – Fig. Être près d'exploser. – Trans. Réprimander. 🔊 [gʀɔ̃de].

GROS, GROSSE, adj., subst. et adv.
Adj. Dont le volume, le poids excèdent les proportions normales. – Important. – Sans finesse, ordinaire. – Subst. Personne grosse ; au masc., la plus grande partie d'un tout. – *Commerce de gros* : qui fournit les détaillants. – Adv. En grandes dimensions : *Écrire gros* ; beaucoup. – Loc. adv. *En gros* : approximativement. 🔊 [gʀo, gʀos].

GROSEILLE, subst. f.
Fruit du groseillier, rouge ou blanc, acide, qui pousse en grappes. 🔊 [gʀozɛj].

GROSSESSE, subst. f.
État de la femme enceinte. – Les neuf mois de gestation. 🔊 [gʀosɛs].

GROSSEUR, subst. f.
Proportion. – Importance. – Manque de finesse. – Tuméfaction. 🔊 [gʀosœʀ].

GROSSIER, IÈRE, adj.
Fabriqué, élaboré de manière rudimentaire, sommaire. – Rude ; sans finesse. – Qui est mal dégrossi, qui manque d'éducation ; vulgaire. 🔊 [gʀosje, -jɛʀ].

GROSSIÈRETÉ, subst. f.
Caractère de ce qui est grossier, sans délicatesse. – Propos inconvenant, mot grossier. 🔊 [gʀosjɛʀte].

GROSSIR, verbe [19]
Intrans. Augmenter en volume, en importance, en intensité ou en nombre. – Trans. Amplifier ; accroître. 🔊 [gʀosiʀ].

GROSSISTE, subst.
Commerçant qui achète au producteur et vend au détaillant. 🔊 [gʀosist].

GROSSO MODO, loc. adv.
Globalement, en gros. 🔊 [gʀosomodo].

GROTESQUE, adj.
Ridicule par son caractère exagéré ; de mauvais goût. 🔊 [gʀɔtɛsk].

GROTTE, subst. f.
Grande cavité, naturelle ou artificielle, dans un rocher. 🔊 [gʀɔt].

GROUILLEMENT, subst. m.
Agitation de ce qui grouille. 🔊 [gʀujmɑ̃].

GROUILLER, verbe intrans. [3]
S'agiter en grand nombre, dans toutes les directions : *Grouiller de monde*. – Être le lieu d'une agitation confuse. – Pronom. Se dépêcher (fam.). 🔊 [gʀuje].

GROUPE, subst. m.
Ensemble de choses, d'êtres vivants réunis en un même lieu ou présentant des caractéristiques communes. – Ensemble de personnes ayant une même activité. 🔊 [gʀup].

GROUPEMENT, subst. m.
Action de grouper ; fait d'être groupé. – Réunion de personnes autour d'un intérêt commun. 🔊 [gʀupmɑ̃].

GROUPER, verbe trans. [3]
Réunir en groupe. 🔊 [gʀupe].

GROUPIE, subst.
Admirateur inconditionnel d'une vedette, d'un groupe de musique. 🔊 [gʀupi].

GROUPUSCULE, subst. m.
Petit groupe politique marginal (fam.). 🔊 [gʀupyskyl].

GRUE (I), subst. f.
Grand échassier migrateur au long cou. – Prostituée (fam.). 🔊 [gʀy].

GRUE (II), subst. f.
Appareil de levage et de manutention des charges lourdes. 🔊 [gʀy].

GRUGER, verbe trans. [5]
Voler en dupant. 🔊 [gʀyʒe].

GRUMEAU, subst. m.
Petit morceau d'une substance coagulée ou mal délayée. 🔊 [gʀymo].

GRUMELER (SE), verbe pronom. [12]
Former des grumeaux. 🔊 [gʀym(ə)le].

GRUYÈRE, subst. m.
Fromage cuit, à pâte ferme, fabriqué avec du lait de vache. 🔊 [gʀyjɛʀ].

GUANO, subst. m.
Amas de déjections d'oiseaux marins, utilisé comme engrais. 🔊 [gwano].

GUÉ, subst. m.
Partie d'une rivière où le faible niveau de l'eau permet de traverser à pied. 🔊 [ge].

GUENILLE, subst. f.
Vêtement usé, troué, sale. 🕮 [gənij].

GUENON, subst. f.
Femelle du singe. 🕮 [gən5].

GUÉPARD, subst. m.
Félidé au pelage tacheté, qui peut courir à la vitesse de 100 km/h. 🕮 [gepaʀ].

GUÊPE, subst. f.
Insecte social jaune et noir, dont la femelle possède un aiguillon venimeux. 🕮 [gɛp].

GUÊPIER, subst. m.
Oiseau passereau qui se nourrit de guêpes et d'abeilles. – Nid de guêpes. – Fig. Situation périlleuse ; piège. 🕮 [gepje].

GUÈRE, adv.
Il ne boit guère : pas beaucoup ; Il n'est guère content : pas très. 🕮 [gɛʀ].

GUÉRIDON, subst. m.
Petite table décorative, ronde ou ovale, à pied central. 🕮 [gerid5].

GUÉRILLA, subst. f.
Guerre de harcèlement, d'embuscades, menée par des partisans. 🕮 [geʀija].

GUÉRILLERO, subst. m.
Soldat de guérilla. 🕮 [geʀijeʀo].

GUÉRIR, verbe [19]
Trans. Faire recouvrer la santé ; débarrasser d'un mal physique ou moral. – Intrans. et pronom. Recouvrer la santé. 🕮 [geʀiʀ].

GUÉRISON, subst. f.
Action de guérir qqn. – Fait de se rétablir. 🕮 [geʀiz5].

GUÉRISSEUR, EUSE, subst.
Personne qui se propose de guérir les autres, en vertu de dons ou par des moyens non reconnus par les autorités. 🕮 [geʀisœʀ, -øz].

GUÉRITE, subst. f.
Petite cabane abritant un garde. 🕮 [geʀit].

GUERRE, subst. f.
Conflit armé entre nations. – Hostilité qui perdure entre individus. – Lutte menée pour détruire qqch. : Faire la guerre aux injustices. 🕮 [gɛʀ].

GUERRIER, IÈRE, adj. et subst.
Adj. Relatif à la guerre. – Porté à la guerre. – Subst. Personne qui fait la guerre ou qui la recherche. 🕮 [geʀje, -jɛʀ].

GUERROYER, verbe intrans. [17]
Batailler (littér.). 🕮 [gɛʀwaje].

GUET, subst. m.
Faire le guet : guetter. 🕮 [gɛ].

GUET-APENS, subst. m.
Piège tendu en vue de surprendre un adversaire, une victime. – Plur. guets-apens : [gɛtapɑ̃].

GUÊTRE, subst. f.
Cuir ou tissu qui gaine le dessus du pied et le bas de la jambe. 🕮 [gɛtʀ].

GUETTER, verbe trans. [3]
Surveiller, attendre attentivement. – Fig. La ruine le guette : le menace. 🕮 [gete].

GUEULE, subst. f.
Bouche de certains animaux : La gueule d'un chien. – Bouche, visage humain (fam.). – Ouverture béante. 🕮 [gœl].

GUEUX, GUEUSE, subst.
Personne indigente ; mendiant. 🕮 [gø, gøz].

GUI, subst. m.
Plante parasite de divers arbres, dont les petites baies blanches donnent la glu. 🕮 [gi].

GUICHET, subst. m.
Petite ouverture pratiquée dans une porte, un comptoir et permettant de communiquer avec le public. 🕮 [giʃɛ].

GUIDAGE, subst. m.
Action de guider qqch., manuellement ou à l'aide d'un dispositif. 🕮 [gidaʒ].

GUIDE, subst.
Personne qui guide, qui fait visiter. – Masc. Ouvrage de renseignements. – Fém. Lanière attachée au mors d'un cheval (gén. au plur.). 🕮 [gid].

GUIDER, verbe trans. [3]
Accompagner qqn pour lui montrer le chemin. – Faire visiter. – Fig. Conseiller. 🕮 [gide].

GUIDON, subst. m.
Barre munie de deux poignées, servant à diriger un cycle. 🕮 [gid5].

GUIGNER, verbe trans. [3]
Regarder à la dérobée. – Fig. Convoiter. 🕮 [giɲe].

GUIGNOL, subst. m.
Marionnette que l'on anime de l'intérieur, avec la main. – Spectacle de marionnettes. – Pitre (fam.). 🕮 [giɲɔl].

GUILLEMET, subst. m.
Signe typographique (« ») servant à isoler un texte ou des paroles cités. 🕮 [gijmɛ].

GUILLERET, ETTE, adj.
Vif et joyeux. 🕮 [gijʀɛ, -ɛt].

GUILLOTINER, verbe trans. [3]
Trancher la tête (d'un condamné) au moyen d'une guillotine. 🕮 [gijɔtine].

GUIMAUVE, subst. f.
Plante herbacée à longue tige, dont la rose trémière est une espèce. – Friandise élastique. 🕮 [gimov].

GUIMBARDE, subst. f.
Mus. Petit instrument à languette vibrante. – Vieille voiture (fam.). 🕮 [gɛ̃baʀd].

GUINDÉ, ÉE, adj.
Raide, compassé. 🕮 [gɛ̃de].

GUINGOIS (DE), loc. adv.
De travers (fam.). 🕮 [d(ə)gɛ̃gwa].

GUIRLANDE, subst. f.
Élément décoratif en forme de couronne ou de cordon. 🕮 [giʀlɑ̃d].

GUISE, subst. f.
À ma guise : à mon gré, quand et comme je le veux. – Loc. prép. En guise de : à la place de. 🕮 [giz].

GUITARE, subst. f.
Instrument de musique à cordes pincées. 🔊 [gitaʀ].

GUSTATIF, IVE, adj.
Propre au sens du goût. 🔊 [gystatif, -iv].

GUTTURAL, ALE, AUX, adj.
Qui émane du fond de la gorge, en parlant d'un son. – *Anat.* Qui est propre au gosier. 🔊 [gytyʀal].

GYMNASE, subst. m.
Grande salle équipée pour la pratique de la gymnastique. 🔊 [ʒimnɑz].

GYMNASTIQUE, subst. f.
Art d'assouplir et de fortifier le corps par des exercices appropriés. 🔊 [ʒimnastik].

GYNÉCÉE, subst. m.
Appartement des femmes, dans l'Antiquité grecque et romaine. – L'ensemble des femmes qui vivaient dans cet appartement. 🔊 [ʒinese].

GYNÉCOLOGIE, subst. f.
Spécialité médicale consacrée à l'appareil génital féminin. 🔊 [ʒinekɔlɔʒi].

GYPSE, subst. m.
Roche sédimentaire qui, chauffée, donne le plâtre. 🔊 [ʒips].

GYR(O)-, préfixe
Préfixe signifiant « cercle » : **Gyro**phare, phare rotatif placé sur le toit de certains véhicules prioritaires. 🔊 [ʒiʀo-].

H

H, h, subst. m. inv.
Huitième lettre et sixième consonne de l'alphabet français, qui ne se prononce pas ; devant un mot commençant par un h aspiré (noté * dans la phonétique), il n'y a ni élision ni liaison. 🔊 [aʃ] ou [*aʃ].

HABILE, adj.
Qui fait preuve d'adresse. 🔊 [abil].

HABILETÉ, subst. f.
Adresse, compétence. 🔊 [abilte].

HABILITER, verbe trans. [3]
Rendre apte juridiquement. 🔊 [abilite].

HABILLEMENT, subst. m.
Action de vêtir. – Les habits portés. – Industrie et commerce du vêtement. 🔊 [abijmɑ̃].

HABILLER, verbe trans. [3]
Mettre, procurer des vêtements à (qqn). – Garnir. 🔊 [abije].

HABIT, subst. m.
Tenue de circonstance : **Habit** de chasse. – Plur. Vêtements. 🔊 [abi].

HABITACLE, subst. m.
Poste de pilotage. – Lieu abritant les passagers d'un véhicule. 🔊 [abitakl].

HABITANT, ANTE, subst.
Qui est établi ou qui réside en un lieu : Un **habitant** du quartier. 🔊 [abitɑ̃, -ɑ̃t].

HABITAT, subst. m.
Milieu naturel qui réunit les conditions propres à la vie d'une espèce. 🔊 [abita].

HABITATION, subst. f.
Demeure, résidence. 🔊 [abitasjɔ̃].

HABITER, verbe [3]
Intrans. Vivre, résider (en un lieu). – Trans. Avoir comme domicile. 🔊 [abite].

HABITUDE, subst. f.
Manière fréquente, récurrente, d'agir ou de ressentir. – Coutume, usage. 🔊 [abityd].

HABITUEL, ELLE, adj.
Usuel, coutumier. – Qui survient souvent, régulièrement. 🔊 [abityɛl].

HABITUER, verbe trans. [3]
Donner à (qqn) l'habitude de. 🔊 [abitɥe].

HACHE, subst. f.
Instrument utilisé pour fendre, formé d'un fer fixé au bout d'un manche. 🔊 [*aʃ].

HACHER, verbe trans. [3]
Débiter en menus morceaux. – Fig. Briser la continuité de. 🔊 [*aʃe].

HACHIS, subst. m.
Cuis. Mélange d'aliments hachés menu. 🔊 [*aʃi].

HACHOIR, subst. m.
Ustensile servant à hacher. – Planche sur laquelle on hache des aliments. 🔊 [*aʃwaʀ].

HACHURE, subst. f.
Chacun des traits parallèles qui, dans un dessin, figurent les ombres. 🔊 [*aʃyʀ].

HAGARD, ARDE, adj.
Dont l'attitude exprime un état d'affolement ou d'épouvante. 🔊 [*agaʀ, -aʀd].

HAIE, subst. f.
Clôture d'arbres ou d'arbustes. – Rangée, alignement de personnes : **Haie** d'honneur. – Sp. Barrière disposée pour certaines courses. 🔊 [*ɛ].

HAILLON, subst. m.
Vêtement usé, déchiré. 🔊 [*ajɔ̃].

HAINE, subst. f.
Profond sentiment d'inimitié, de malveillance, d'hostilité. 🔊 [*ɛn].

HAÏR, verbe trans. [20]
Éprouver de la haine pour. 🔊 [*aiʀ].

HÂLE, subst. m.
Brunissement de la peau dû au soleil et à l'air. 🔊 [*ɑl].

HALEINE, subst. f.
Air que l'on rejette en respirant. – Fig. *De longue* **haleine** : qui requiert du temps et des efforts. 🔊 [alɛn].

HALER, verbe trans. [3]
Tirer sur. – Remorquer. 🔊 [*ale].

HÂLER, verbe trans. [3]
Donner (à la peau) une teinte plus ou moins dorée ou brune. 🔊 [*ale].

HALETER, verbe intrans. [13]
Respirer de façon saccadée. 🔊 [*al(ə)te].

HALLE, subst. f.
Espace couvert occupé par un marché ou un commerce de gros. 🔊 [*al].

HALLUCINATION, subst. f.
Perception imaginaire d'un objet, d'un phénomène. 🔊 [al(l)ysinasjɔ̃].

HALLUCINÉ, ÉE, adj. et subst.
Se dit d'une personne qui souffre d'hallucinations. – Fig. Hagard. 🔊 [al(l)ysine].

HALLUCINOGÈNE, adj. et subst. m.
Se dit d'une substance qui provoque des hallucinations. 🔊 [al(l)ysinoʒɛn].

HALO, subst. m.
Couronne de lumière autour d'une source lumineuse. 🔊 [*alo].

HALTE, subst. f. et interj.
Subst. Arrêt voué au repos : *Faire une courte* **halte**. – Le lieu où l'on s'arrête. – Interj. Ordre de s'arrêter. 🔊 [*alt].

HALTÈRE, subst. m.
Barre lestée de poids à ses deux extrémités, servant à la musculation. 🔊 [altɛʀ].

HAMAC, subst. m.
Morceau de toile ou filet suspendu par ses extrémités à deux points fixes, utilisé comme lit. 🔊 [*amak].

HAMEAU, subst. m.
Groupe de quelques maisons isolé dans la campagne. 🔊 [*amo].

HAMEÇON, subst. m.
Petit crochet fixé au bout d'une ligne de pêche. – Fig. Piège : *Mordre à l'*hameçon. 🔊 [amsɔ̃].

HAMSTER, subst. m.
Petit rongeur d'Europe. 🔊 [*amstɛʀ].

HANCHE, subst. f.
Anat. Chacune des deux régions du corps qui relient les membres inférieurs au tronc : *Une jupe serrée aux* **hanches**. 🔊 [*ɑ̃ʃ].

HANDBALL, subst. m.
Sp. Jeu de ballon se pratiquant à la main, entre 2 équipes de 7 joueurs. 🔊 [*ɑ̃dbal].

HANDICAP, subst. m.
Infirmité, désavantage physique ou mental. – *Sp.* Désavantage imposé à un concurrent, dans le dessein d'égaliser les chances de chacun. 🔊 [*ɑ̃dikap].

HANDICAPÉ, ÉE, adj. et subst.
Se dit d'une personne atteinte d'une infirmité physique ou mentale. 🔊 [*ɑ̃dikape].

HANGAR, subst. m.
Abri, bâtiment sommaire, servant d'entrepôt. 🔊 [*ɑ̃gaʀ].

HANNETON, subst. m.
Gros coléoptère brun ou roux, dont la larve est très nuisible. 🔊 [*an(ə)tɔ̃].

HANTER, verbe trans. [3]
Fréquenter régulièrement un lieu. – En parlant d'un fantôme, revenir dans un lieu. – Fig. Obséder. 🔊 [*ɑ̃te].

HANTISE, subst. f.
Obsession : *La* hantise *de l'échec.* 🔊 [*ɑ̃tiz].

HAPPER, verbe trans. [3]
Saisir rapidement avec la gueule ou le bec. – Saisir brusquement. 🔊 [*ape].

HARANGUE, subst. f.
Discours solennel. – Discours pompeux, lassant. 🔊 [*aʀɑ̃g].

HARASSER, verbe trans. [3]
Fatiguer. 🔊 [*aʀase].

HARCELER, verbe trans. [11]
Milit. Mener des assauts brefs et répétés. – Fig. Importuner sans répit. 🔊 [*aʀsəle].

HARDE, subst. f.
Troupe de cerfs ou de daims. 🔊 [*aʀd].

HARDES, subst. f. plur.
Vêtements misérables. 🔊 [*aʀd].

HARDI, IE, adj.
Plein d'audace et de courage. – Osé, insolent : *Un livre* hardi. 🔊 [*aʀdi].

HARDIESSE, subst. f.
Qualité de ce qui est hardi. 🔊 [*aʀdjɛs].

HAREM, subst. m.
Logement des femmes, chez les musulmans. – Ensemble des femmes qui y vivent. 🔊 [*aʀɛm].

HARENG, subst. m.
Poisson vivant en vastes bancs, de la mer du Nord à la Baltique. 🔊 [*aʀɑ̃].

HARGNE, subst. f.
Mauvaise humeur agressive. 🔊 [*aʀɲ].

HARICOT, subst. m.
Plante potagère cultivée pour ses pousses (haricots verts) ou ses graines (flageolets). 🔊 [*aʀiko].

HARMONICA, subst. m.
Mus. Instrument composé de petits tuyaux à anche juxtaposés, dans lequel on souffle. 🔊 [aʀmonika].

HARMONIE, subst. f.
Agrément résultant de la combinaison de sons, de couleurs ou de saveurs. – Équilibre entre les parties d'un ensemble. – Bonne entente. 🔊 [aʀmoni].

HARMONIEUX, IEUSE, adj.
Qui flatte l'oreille, ou l'un des autres sens. 🔊 [aʀmonjø, -jøz].

HARMONISER, verbe trans. [3]
Mettre en harmonie. – Pronom. Être en harmonie. 🔊 [aʀmonize].

HARMONIUM, subst. m.
Mus. Instrument proche de l'orgue, mais dépourvu de tuyaux et à anches libres. 🔊 [aʀmɔnjɔm].

HARNACHEMENT, subst. m.
Action de harnacher. – Ensemble des pièces d'un harnais. 🔊 [*aʀnaʃmɑ̃].

HARNACHER, verbe trans. [3]
Équiper d'un harnais. 🔊 [*aʀnaʃe].

HARNAIS, subst. m.
Équipement d'un cheval. – Ensemble des sangles entourant le corps d'un parachutiste, d'un alpiniste, etc. 🔊 [*aʀnɛ].

HARPE, subst. f.
Mus. Instrument à cordes tendues verticalement sur un cadre. 🔊 [*aʀp].

HARPIE, subst. f.
Femme acariâtre et méchante. 🔊 [*aʀpi].

HARPON, subst. m.
Grande flèche emmanchée, utilisée pour la pêche aux gros poissons. 🔊 [*aʀpɔ̃].

HARPONNER, verbe trans. [3]
Accrocher avec un harpon. – Fig. Attraper, aborder brutalement (qqn). 🔊 [*aʀpɔne].

HASARD, subst. m.
Concours de circonstances imprévisible. – Événement fortuit. 🔊 [*azaʀ].

HASARDER, verbe trans. [3]
Entreprendre, dire, en courant le risque d'échouer, de se tromper. 🔊 [*azaʀde].

HASARDEUX, EUSE, adj.
Risqué, aléatoire. 🔊 [*azaʀdø, -øz].

HASE, subst. f.
Femelle du lièvre. 🔊 [*az].

HÂTE, subst. f.
Célérité, empressement à agir. – Loc. adv. *En hâte ; À la hâte* : rapidement. 🔊 [*ɑt].

HÂTER, verbe trans. [3]
Avancer, précipiter : **Hâter** *son retour*. – Pronom. Se dépêcher. 🔊 [*ɑte].

HÂTIF, IVE, adj.
Précipité, bâclé : *Une démarche* **hâtive**. – Précoce : *Un cerisier* **hâtif**. 🔊 [*atif, -iv].

HAUSSE, subst. f.
Élévation, augmentation : *La hausse des eaux, des prix.* – Dispositif de pointage d'une arme à feu. 🔊 [*os].

HAUSSER, verbe trans. [3]
Augmenter la hauteur, la valeur, l'intensité de (qqch.). – Pronom. Se dresser. 🔊 [*ose].

HAUT, HAUTE, adj., subst. m. et adv.
Adj. D'une hauteur déterminée : **Haut** *de un mètre* ; plus élevé que la moyenne : *Une* **haute** *montagne*. – Qui est situé en altitude : *Les* **hautes** *branches* ; *Les* **hauts** *plateaux*. – Supérieur, élevé : *Les* **hauts** *salaires* ; *Une* **haute** *intelligence*. – Dressé, qui domine : *La tête* **haute**. – *Les notes* **hautes** : aiguës ; *Parler à voix* **haute** : fort. – Très grave : *Crime de* **haute** *trahison*. – Subst. Hauteur : *Deux mètres de* **haut**. – Partie supérieure : *Le* **haut** *de l'armoire*. – Adv. En hauteur : *Lever* **haut** *les bras*. – Fortement : *Parler* **haut**. 🔊 [*o, *ot].

HAUTAIN, AINE, adj.
Arrogant, dédaigneux. 🔊 [*otɛ̃, -ɛn].

HAUTBOIS, subst. m.
Mus. Instrument à vent, à anche double. 🔊 [*obwa].

HAUT-DE-FORME, subst. m.
Haut chapeau cylindrique. 🔊 Plur. *hauts-de-forme* ; [*od(ə)fɔʀm].

HAUTEUR, subst. f.
Dimension verticale d'une chose. – Niveau : *À la* **hauteur** *de*. – Lieu élevé : *Les* **hauteurs** *de Montmartre*. – Fig. Caractère noble : **Hauteur** *d'âme*. – Arrogance. – **Hauteur** *d'un son* : sa fréquence. 🔊 [*otœʀ].

HAUT-FOND, subst. m.
Élévation du fond de la mer ou d'un cours d'eau. 🔊 Plur. *hauts-fonds* ; [*ofɔ̃].

HAUT-LE-CŒUR, subst. m. inv.
Nausée. – Sensation de répugnance, dégoût. 🔊 [*ol(ə)kœʀ].

HAUT-PARLEUR, subst. m.
Appareil qui transforme un courant électrique en sons (vocaux, musicaux). 🔊 Plur. *haut-parleurs* ; [*opaʀlœʀ].

HÂVE, adj.
Maigre et pâle. – Blême. 🔊 [*av].

HAVRE, subst. m.
Port, en gén. à l'embouchure d'un fleuve. – Fig. Refuge. 🔊 [*avʀ].

HEAUME, subst. m.
Grand casque, au Moyen Âge. 🔊 [*om].

HEBDOMADAIRE, adj. et subst. m.
Adj. De la semaine. – Qui se renouvelle chaque semaine. – Subst. Publication qui paraît chaque semaine. 🔊 [ɛbdɔmadɛʀ].

HÉBERGEMENT, subst. m.
Action de procurer un logement. – Logement. 🔊 [ebɛʀʒəmɑ̃].

HÉBERGER, verbe trans. [5]
Loger chez soi. – Offrir un abri provisoire à. 🔊 [ebɛʀʒe].

HÉBÉTUDE, subst. f.
État d'une personne abasourdie, comme paralysée psychiquement. 🔊 [ebetyd].

HÉBREU, EUX, adj. m. et subst. m.
Adj. Relatif aux Hébreux, peuple sémitique. – Subst. Langue d'Israël. 🔊 Au fém. ou en parlant d'une chose, l'adj. fait *hébraïque* ; [ebʀø].

HÉCATOMBE, subst. f.
Tuerie. – Fig. Élimination de nombreux candidats. 🔊 [ekatɔ̃b].

HÉDONISME, subst. m.
Doctrine morale fondée sur la recherche du plaisir. 🔊 [edɔnism].

HÉGÉMONIE, subst. f.
Domination militaire et politique d'un État, d'un groupe sur un autre. 🔊 [eʒemɔni].

HÉLAS, interj.
Exclamation exprimant le regret. 🔊 [elas].

HÉLER, verbe trans. [8]
Appeler de loin. 🔊 [*ele].

HÉLICE, subst. f.
Courbe s'enroulant, dans l'espace, autour d'un axe médian. – Organe propulseur d'un navire ou de certains avions, formé de pales perpendiculaires à un axe. 🔊 [elis].

HÉLICOPTÈRE, subst. m.
Appareil d'aviation, dont la sustentation et la propulsion sont assurées par une voilure tournante. 🔊 [elikɔptɛʀ].

HÉLIPORT, subst. m.
Aéroport pour hélicoptères. 🔊 [elipɔʀ].

HELLÉNIQUE, adj.
Qui a trait à la Grèce, antique ou moderne : *La civilisation* hellénique. 🔊 [elenik].

HELVÉTIQUE, adj.
Qui concerne la Suisse. 🔊 [ɛlvetik].

HÉMATOLOGIE, subst. f.
Partie de la biologie et de la médecine qui étudie le sang et ses maladies. 🔊 [ematɔlɔʒi].

HÉMATOME, subst. m.
Épanchement de sang sous la peau (synon. *bleu*). 🔊 [ematom].

HÉMICYCLE, subst. m.
Espace, construction dont le plan est semi-circulaire. 🔊 [emisikl].

HÉMIPLÉGIE, subst. f.
Paralysie plus ou moins complète d'une moitié du corps. 🔊 [emipleʒi].

HÉMISPHÈRE, subst. m.
Moitié d'une sphère. – Moitié du globe terrestre, de part et d'autre de l'équateur : *Hémisphère boréal.* – Chacune des deux moitiés du cerveau. 🔊 [emisfɛʀ].

HÉMOGLOBINE, subst. f.
Protéine des globules rouges du sang, transportant l'oxygène et le gaz carbonique. 🔊 [emɔglɔbin].

HÉMOPHILIE, subst. f.
Affection caractérisée par un grand retard de la coagulation sanguine. 🔊 [emɔfili].

HÉMORRAGIE, subst. f.
Écoulement de sang hors des vaisseaux sanguins. – Fig. Perte massive (de vies humaines, d'argent, etc.). 🔊 [emɔʀaʒi].

HÉMORROÏDE, subst. f.
Varice des veines de l'anus ou du rectum. 🔊 [emɔʀɔid].

HENNIR, verbe intrans. [19]
Pousser son cri (hennissement), en parlant du cheval. 🔊 [*eniʀ].

HÉPATIQUE, adj.
Qui concerne le foie. 🔊 [epatik].

HÉPATITE, subst. f.
Inflammation du foie. 🔊 [epatit].

HÉRALDIQUE, adj. et subst. f.
Subst. Science du blason et des armoiries. – Adj. Relatif au blason. 🔊 [eʀaldik].

HERBACÉ, ÉE, adj.
Qualifie une plante qui a la nature de l'herbe. 🔊 [ɛʀbase].

HERBAGE, subst. m.
Prairie naturelle où l'on fait paître des troupeaux. 🔊 [ɛʀbaʒ].

HERBE, subst. f.
Plante fine, verte, non ligneuse, dont les parties aériennes meurent après avoir produit les graines. 🔊 [ɛʀb].

HERBIER, subst. m.
Collection de plantes séchées. 🔊 [ɛʀbje].

HERBIVORE, adj. et subst.
Se dit d'un animal qui se nourrit de végétaux. 🔊 [ɛʀbivɔʀ].

HERBORISTE, subst.
Marchand de plantes médicinales et de préparations à base de plantes. 🔊 [ɛʀbɔʀist].

HÈRE, subst. m.
Un pauvre hère : un miséreux. 🔊 [*ɛʀ].

HÉRÉDITAIRE, adj.
Qui se transmet par hérédité. 🔊 [eʀeditɛʀ].

HÉRÉDITÉ, subst. f.
Transmission de qqch. par voie de succession légale ou testamentaire. – Transmission des caractères génétiques d'un être vivant à ses descendants. – Ensemble des dispositions, des caractères transmis par les parents aux enfants. 🔊 [eʀedite].

HÉRÉSIE, subst. f.
Dans une religion, doctrine contraire aux dogmes. – Ce qui est contraire aux idées admises et aux traditions. 🔊 [eʀezi].

HÉRÉTIQUE, adj. et subst.
Adj. Qui relève de l'hérésie. – Subst. Personne qui professe ou qui soutient une hérésie. 🔊 [eʀetik].

HÉRISSER, verbe trans. [3]
Faire se dresser (les poils, les cheveux, etc.). – Garnir (de choses pointues, d'obstacles dangereux). – Pronom. S'irriter ; se mettre sur la défensive. 🔊 [*eʀise].

HÉRISSON, subst. m.
Petit mammifère insectivore au corps recouvert de piquants. 🔊 [*eʀis5].

HÉRITAGE, subst. m.
Action d'hériter. – Ce qui est transmis par voie de succession ou par les générations précédentes. 🔊 [eʀitaʒ].

HÉRITER, verbe trans. [3]
Hériter *un bien de qqn* ; Hériter *d'un bien* : en devenir propriétaire par voie de succession. – Avoir par hérédité : Hériter *d'un talent.* 🔊 [eʀite].

HERMAPHRODITE, adj. et subst.
Qui possède les organes reproducteurs des deux sexes. 🔊 [ɛʀmafʀɔdit].

HERMÉTIQUE, adj.
Qui se ferme parfaitement, étanche. – Fig. Obscur, difficile à interpréter. 🔊 [ɛʀmetik].

HERMINE, subst. f.
Mammifère carnivore à fourrure blanche l'hiver. – Cette fourrure. 🔊 [ɛʀmin].

HERNIE, subst. f.
Tuméfaction formée par un organe (ou une partie d'organe) sorti de sa cavité. 🔊 [*ɛʀni].

HÉROÏNE, subst. f.
Stupéfiant dérivé de la morphine. 🔊 [eʀɔin].

HÉROÏQUE, adj.
Relatif aux héros de la mythologie antique.
– Extrêmement énergique et courageux ;
digne d'un héros. 📖 [eʀɔik].

HÉROÏSME, subst. m.
Courage exceptionnel. – Caractère de ce
qui est héroïque. 📖 [eʀɔism].

HÉRON, subst. m.
Oiseau échassier, au long bec et au long
cou. 📖 [*eʀɔ̃].

HÉROS, HÉROÏNE, subst.
Myth. Demi-dieu. – Personne qui se distingue par son courage et ses qualités.
– Personnage central d'un événement,
d'une histoire. 📖 [*eʀo, eʀɔin].

HERPÈS, subst. m.
Lésion cutanée due à un virus. 📖 [ɛʀpɛs].

HÉSITATION, subst. f.
Action d'hésiter, embarras. 📖 [ezitasjɔ̃].

HÉSITER, verbe intrans. [3]
Hésiter *à* + inf. ; Hésiter *entre plusieurs
choses, sur qqch* : être indécis. – Manifester
un doute en marquant un silence. 📖 [ezite].

HÉTÉROCLITE, adj.
Qui manque d'unité, qui est fait de choses
dissemblables, disparates. 📖 [eteʀɔklit].

HÉTÉROGÈNE, adj.
Formé d'éléments d'origine et de nature
différentes. 📖 [eteʀɔʒɛn].

HÉTÉROSEXUEL, ELLE, adj. et subst.
Se dit de qqn qui est attiré par les personnes
du sexe opposé au sien. 📖 [eteʀɔsɛksɥɛl].

HÊTRE, subst. m.
Grand arbre des forêts tempérées, à l'écorce
lisse. – Bois de cet arbre. 📖 [*ɛtʀ].

HEURE, subst. f.
Temps correspondant à la vingt-quatrième
partie du jour (1 h = 60 min = 3 600 s).
– Moment précis de la journée : *Il est
2 h 10.* 📖 [œʀ].

HEUREUX, EUSE, adj.
Qui a de la chance. – Qui réussit ce qu'il
entreprend. – Qui connaît le bonheur.
– Favorable (pour une chose). 📖 [øʀø, -øz].

HEURT, subst. m.
Choc. – Contraste excessif. – Désaccord,
mésentente. 📖 [*œʀ].

HEURTER, verbe [3]
Trans. Entrer brusquement en contact avec,
cogner. – Contrarier fortement (qqn),
froisser, choquer. – *Intrans.* Heurter *contre* :
entrer en collision avec. – *Pronom.* Buter
contre ; au fig., s'opposer à. 📖 [*œʀte].

HÉVÉA, subst. m.
Arbre tropical fournissant le latex, dont on
tire le caoutchouc. 📖 [evea].

HEXAGONE, subst. m.
Polygone présentant 6 angles et 6 côtés.
– L'Hexagone : la France. 📖 [ɛgzagɔn].

HIATUS, subst. m.
Rencontre de sons vocaliques consécutifs :
Il alla à Amiens. – Décalage, manque de
continuité, de cohérence. 📖 [*jatys].

HIBERNATION, subst. f.
Sommeil accompagné d'une hypothermie
dans lequel plongent certains animaux
durant la saison froide. 📖 [ibɛʀnasjɔ̃].

HIBERNER, verbe intrans. [3]
Être en état d'hibernation. 📖 [ibɛʀne].

HIBOU, OUX, subst. m.
Rapace nocturne, pourvu d'une aigrette.
📖 [*ibu].

HIDEUX, EUSE, adj.
Très laid, repoussant. 📖 [*idø, -øz].

HIER, subst. m. et adv.
Le jour précédant immédiatement le jour
présent. – Le passé récent. 📖 [jɛʀ].

HIÉRARCHIE, subst. f.
Ordre et subordination des fonctions, des
pouvoirs. – Ordre de subordination des
éléments d'un ensemble. 📖 [*jeʀaʀʃi].

HIÉRARCHISER, verbe trans. [3]
Classer par ordre de valeur ou d'importance.
📖 [*jeʀaʀʃize].

HIÉROGLYPHE, subst. m.
Signe de l'écriture des anciens Égyptiens.
– *Plur.* Écriture illisible. 📖 [*jeʀɔglif].

HILARE, adj.
Qui exprime une gaieté béate, une grande
euphorie. 📖 [ilaʀ].

HINDI, subst. m.
Langue officielle de l'Union indienne, parlée
surtout dans le nord de l'Inde. 📖 [*indi].

HINDOUISME, subst. m.
Religion répandue en Inde, qui est issue
du brahmanisme. 📖 [ɛ̃duism].

HIPPIQUE, adj.
Qui concerne le cheval ou l'équitation : *Un
concours* hippique. 📖 [ipik].

HIPPOCAMPE, subst. m.
Petit poisson marin dont la tête évoque celle
d'un cheval. 📖 [ipokɑ̃p].

HIPPODROME, subst. m.
Champ de courses de chevaux. 📖 [ipodʀom].

HIPPOPOTAME, subst. m.
Gros mammifère amphibie des fleuves et
des lacs africains. 📖 [ipopotam].

HIRONDELLE, subst. f.
Oiseau migrateur au vol rapide, dont le
retour sous nos latitudes annonce le printemps. 📖 [iʀɔ̃dɛl].

HIRSUTE, adj.
Échevelé, ébouriffé. 📖 [iʀsyt].

HISPANIQUE, adj.
Relatif à l'Espagne et aux pays de langue
espagnole. 📖 [ispanik].

HISSER, verbe trans. [3]
Élever, faire monter : Hisser *un mât.* – Tirer
vers le haut, souv. avec effort : Hisser *un
drapeau, une charge.* 📖 [*ise].

HISTOIRE, subst. f.
Science des faits humains et des événements
passés. – Récit véridique ou imaginaire ;
anecdote. 📖 [istwaʀ].

HISTORIEN, IENNE, subst.
Spécialiste des études historiques. – Auteur d'ouvrages historiques. 📖 [istɔʀjɛ̃, -jɛn].

HISTORIQUE, adj. et subst. m.
Adj. Qui relève de l'histoire. – Subst. Exposé chronologique d'une question. 📖 [istɔʀik].

HIT-PARADE, subst. m.
Palmarès. 📖 Plur. *hit-parades* : [*itpaʀad].

HIVER, subst. m.
Saison la plus froide de l'année, qui, dans l'hémisphère Nord, s'étend du solstice de décembre à l'équinoxe de mars. 📖 [ivɛʀ].

HIVERNAL, ALE, AUX, adj.
Propre à l'hiver. 📖 [ivɛʀnal].

HIVERNER, verbe intrans. [3]
Passer l'hiver à l'abri. 📖 [ivɛʀne].

H.L.M., subst. f. ou m. inv.
Sigle de « habitation à loyer modéré », immeuble réservé aux personnes à revenus modestes. 📖 [*aʃɛlɛm].

HOCHER, verbe trans. [3]
Hocher *la tête* : la secouer pour exprimer l'approbation, le doute, etc. 📖 [*ɔʃe].

HOCHET, subst. m.
Jouet de bébé, léger et sonore. 📖 [*ɔʃɛ].

HOCKEY, subst. m.
Sport d'équipe qui se pratique avec une crosse, sur gazon ou sur glace. 📖 [*ɔkɛ].

HOLÀ, subst. m. inv. et interj.
Interj. Exclamation qui sert à appeler qqn ou à demander qu'une action soit modérée. – Subst. *Mettre le holà à* : mettre fin à. 📖 [*ɔla].

HOLD-UP, subst. m. inv.
Vol qualifié, à main armée. 📖 [*ɔldœp].

HOLOCAUSTE, subst. m.
Relig. Sacrifice animal dans lequel la victime était entièrement brûlée. – L'animal ainsi sacrifié. – *L'Holocauste* : extermination des Juifs par les nazis. 📖 [ɔlokost].

HOLOGRAPHIE, subst. f.
Procédé de photographie en relief utilisant les interférences de deux faisceaux de laser. 📖 [ɔlografi].

HOMARD, subst. m.
Crustacé décapode marin, à grandes pinces, dont la chair est très recherchée. 📖 [*ɔmaʀ].

HOMÉOPATHIE, subst. f.
Méthode de traitement des affections par des doses infinitésimales de substances qui provoqueraient une affection analogue chez des individus sains. 📖 [ɔmeɔpati].

HOMÉRIQUE, adj.
Qui concerne Homère. – Digne de ses poèmes. – Fabuleux, grandiose. 📖 [ɔmeʀik].

HOMICIDE, adj. et subst. m.
Adj. Qui cause la mort de personnes. – Subst. Action de tuer un être humain : Homicide *volontaire*. 📖 [ɔmisid].

HOMMAGE, subst. m.
Marque de respect profond ; offrande, dédicace. – Plur. *Mes* hommages, *madame* : mes respects. 📖 [ɔmaʒ].

HOMME, subst. m.
L'espèce humaine. – Être humain de sexe masculin, par oppos. à la femme. – Adulte mâle, par oppos. à l'enfant. 📖 [ɔm].

HOMOGÈNE, adj.
Dont toutes les parties sont de même nature. 📖 [ɔmɔʒɛn].

HOMOLOGUE, adj. et subst.
Adj. Équivalent. – *Chim.* Se dit de composés organiques de même structure, de même fonction. – Subst. Personne qui exerce les mêmes fonctions qu'une autre. 📖 [ɔmɔlɔg].

HOMOLOGUER, verbe trans. [3]
Ratifier une décision, un record, la conformité d'un objet. 📖 [ɔmɔlɔge].

HOMONYME, adj. et subst. m.
Se dit de mots de sens différents qui se prononcent ou s'écrivent de la même façon (par ex. *verre, vert, vair*). 📖 [ɔmɔnim].

HOMOSEXUEL, ELLE, adj. et subst.
Qui est attiré par les personnes de son sexe. 📖 [ɔmɔsɛksyɛl].

HONGROIS, subst. m.
Langue d'origine ouralienne parlée en Hongrie et en Transylvanie. 📖 [*ɔ̃gʀwa].

HONNÊTE, adj.
Probe, de bonnes mœurs. – Conforme aux bonnes manières, correct. – *Un prix* honnête : convenable, satisfaisant. 📖 [ɔnɛt].

HONNEUR, subst. m.
Dignité morale liée à certaines vertus. – Marque d'estime. 📖 [ɔnœʀ].

HONNIR, verbe trans. [19]
Vouer au mépris public. 📖 [*ɔniʀ].

HONORABILITÉ, subst. f.
Fait d'être digne d'estime. 📖 [ɔnɔʀabilite].

HONORAIRES, subst. m. plur.
Rétribution des membres des professions libérales. 📖 [ɔnɔʀɛʀ].

HONORER, verbe trans. [3]
Traiter avec respect, rendre hommage à. – Rendre digne d'estime : *Sa générosité* l'honore. – Acquitter, payer. 📖 [ɔnɔʀe].

HONORIFIQUE, adj.
Qui confère un honneur, mais aucun avantage matériel. 📖 [ɔnɔʀifik].

HONTE, subst. f.
Sentiment d'être déshonoré. – Confusion, pudeur, timidité. – *Faire* honte *à qqn* : lui faire des reproches. 📖 [*ɔ̃t].

HONTEUX, EUSE, adj.
Qui a honte. – Déshonorant, scandaleux. 📖 [*ɔ̃tø, -øz].

HÔPITAL, AUX, subst. m.
Établissement où l'on reçoit et où l'on soigne des malades. 📖 [ɔpital].

HOQUET, subst. m.
Brusque contraction réflexe du diaphragme, accompagnée d'un son bref. 📖 [*ɔkɛ].

HOQUETER, verbe intrans. [14]
Avoir le hoquet. – Sangloter par à-coups. 📖 [*ɔk(ə)te].

HORAIRE, adj. et subst. m.
Adj. Qui a lieu toutes les heures. – Qui correspond à une durée de une heure. – Subst. Tableau des heures de départ et d'arrivée. – Emploi du temps. 🐦 [ɔʀɛʀ].

HORDE, subst. f.
Troupe nomade. – Fig. Troupe de personnes indisciplinées, violentes. 🐦 [*ɔʀd].

HORIZON, subst. m.
Limite extrême de la vue, ligne circulaire semblant séparer la mer ou la terre du ciel. – Partie de la terre, de la mer ou du ciel proche de cette ligne. – Fig. Perspective d'action, d'avenir. 🐦 [ɔʀizɔ̃].

HORIZONTAL, ALE, AUX, adj.
Qui est dans le plan de l'horizon. – Empl. subst. fém. *À l'horizontale*. 🐦 [ɔʀizɔ̃tal].

HORLOGE, subst. f.
Appareil qui sert à mesurer le temps et qui indique l'heure. 🐦 [ɔʀlɔʒ].

HORLOGERIE, subst. f.
Industrie et commerce des horloges, des montres, etc. – Ouvrage de cette industrie. 🐦 [ɔʀlɔʒʀi].

HORMIS, prép.
Sauf, excepté, à l'exclusion de. 🐦 [*ɔʀmi].

HORMONE, subst. f.
Substance produite par une glande ou par un tissu, et agissant sur les fonctions de l'organisme. 🐦 [ɔʀmɔn].

HOROSCOPE, subst. m.
Disposition des astres lors d'un événement, observée en partic. à la naissance de qqn. 🐦 [ɔʀɔskɔp].

HORREUR, subst. f.
Sentiment d'effroi et de répulsion. – Ce qui inspire ce sentiment. 🐦 [ɔʀœʀ].

HORRIBLE, adj.
Qui inspire l'horreur. 🐦 [ɔʀibl].

HORRIFIER, verbe trans. [6]
Effrayer, frapper d'horreur. 🐦 [ɔʀifje].

HORRIPILER, verbe trans. [3]
Exaspérer. 🐦 [ɔʀipile].

HORS, prép.
En dehors de, à l'extérieur de : *Hors sujet*. – Exceptionnel, au-delà de : *Hors catégorie*. – Loc. prép. *Hors de* : en dehors de ; à l'extérieur de. 🐦 [*ɔʀ].

HORS-BORD, adj. inv. et subst. m. inv.
Adj. *Moteur hors-bord* : qui est en dehors de la coque d'une embarcation. – Subst. Bateau muni d'un tel moteur. 🐦 [*ɔʀbɔʀ].

HORS-D'ŒUVRE, subst. m. inv.
Mets servi en début de repas. 🐦 [*ɔʀdœvʀ].

HORS-LA-LOI, subst. m. inv.
Bandit. 🐦 [*ɔʀlalwa].

HORTENSIA, subst. m.
Plante ornementale aux fleurs blanches, bleues ou roses. 🐦 [ɔʀtɑ̃sja].

HORTICULTURE, subst. f.
Culture de plantes potagères et de fleurs. 🐦 [ɔʀtikyltyʀ].

HOSPICE, subst. m.
Établissement d'assistance et de soins pour les vieillards indigents. 🐦 [ɔspis].

HOSPITALIER (I), IÈRE, adj.
Relatif aux hôpitaux. 🐦 [ɔspitalje, -jɛʀ].

HOSPITALIER (II), IÈRE, adj.
Qui pratique l'hospitalité. – Se dit d'un lieu où l'on est bien reçu. 🐦 [ɔspitalje, -jɛʀ].

HOSPITALISER, verbe trans. [3]
Faire admettre (qqn) dans un hôpital : *Hospitaliser un blessé*. 🐦 [ɔspitalize].

HOSPITALITÉ, subst. f.
Accueil cordial. – Action d'héberger qqn : *Offrir l'hospitalité*. 🐦 [ɔspitalite].

HOSTIE, subst. f.
Rondelle de pain azyme consacrée pour la communion, chez les catholiques. 🐦 [ɔsti].

HOSTILE, adj.
Qui se conduit en ennemi. – Opposé à qqn, à un projet. 🐦 [ɔstil].

HOSTILITÉ, subst. f.
Antipathie, animosité. – *Les hostilités* : les opérations, l'état de guerre. 🐦 [ɔstilite].

HÔTE, ESSE, subst.
Personne qui accorde l'hospitalité. – Masc. Personne qui est accueillie. 🐦 [ot, -ɛs].

HÔTEL, subst. m.
Établissement où l'on peut loger moyennant paiement. – Grande maison de qualité. – *Hôtel de ville* : mairie. 🐦 [ɔtɛl].

HÔTELIER, IÈRE, adj. et subst.
Subst. Personne qui tient un hôtel, une auberge. – Adj. Qui a trait à l'hôtellerie. 🐦 [otəlje, -jɛʀ].

HÔTELLERIE, subst. f.
Hôtel. – Le métier d'hôtelier : *Un diplôme d'hôtellerie*. 🐦 [otɛlʀi].

HOTTE, subst. f.
Grand panier porté sur le dos. – *Hotte d'une cheminée* : partie recouvrant le conduit de fumée. – Appareil qui aspire la fumée ou les vapeurs grasses. 🐦 [*ɔt].

HOUBLON, subst. m.
Plante grimpante dont les cônes servent à aromatiser la bière. 🐦 [*ublɔ̃].

HOUILLE, subst. f.
Roche sédimentaire combustible (végétaux fossilisés), très riche en carbone. 🐦 [*uj].

HOULE, subst. f.
Ondulation de la mer. 🐦 [*ul].

HOULETTE, subst. f.
Bâton de berger. – Fig. Protection, tutelle : *Être sous la houlette de qqn*. 🐦 [*ulɛt].

HOULEUX, EUSE, adj.
Agité par la houle. – Fig. Mouvementé : *Une réunion houleuse*. 🐦 [*ulø, -øz].

HOUPPE, subst. f.
Touffe de brins de fils de laine, de soie, etc. – Touffe de cheveux. – Huppe. 🐦 [*up].

HOURRA, subst. m. et interj.
Cri d'acclamation ou d'enthousiasme. 🐦 [*uʀa].

HOUSPILLER, verbe trans. [3]
Réprimander, gronder (qqn). 🐚 [*uspije].

HOUSSE, subst. f.
Enveloppe souple recouvrant un objet, dont elle épouse la forme. 🐚 [*us].

HOUX, subst. m.
Arbuste à feuilles persistantes épineuses, aux fruits rouges. 🐚 [*u].

HUBLOT, subst. m.
Petite fenêtre ronde de navire ou d'avion.
🐚 [*yblo].

HUCHE, subst. f.
Coffre servant à conserver le pain. 🐚 [*yʃ].

HUÉE, subst. f.
Cri hostile, railleur, poussé par un groupe de personnes. 🐚 [*ye].

HUER, verbe trans. [3]
Conspuer. 🐚 [*ɥe].

HUGUENOT, OTE, adj. et subst.
Se disait des calvinistes, au temps des guerres de Religion. 🐚 [*yg(ə)no, -ɔt].

HUILE, subst. f.
Nom générique de tous les liquides gras organiques. – Huile *minérale* : hydrocarbure liquide ou visqueux. 🐚 [ɥil].

HUILER, verbe trans. [3]
Imprégner d'huile. – Lubrifier avec une huile minérale. 🐚 [ɥile].

HUILEUX, EUSE, adj.
Imprégné d'huile. – Qui ressemble à de l'huile. 🐚 [ɥilø, -øz].

HUIS, subst. m.
Porte d'une maison, d'une salle. – À huis *clos* : secrètement, portes fermées. 🐚 [ɥi].

HUISSIER, subst. m.
Employé qui annonce les visiteurs. – Officier ministériel. 🐚 [ɥisje].

HUIT, num. adj. inv. et subst. m. inv.
Adj. num. Sept plus un. – Huitième : *Henri VIII.* – Subst. Le nombre huit, le chiffre 8, le numéro 8 ; la forme d'un 8.
🐚 [*ɥi(t)].

HUÎTRE, subst. f.
Mollusque marin, gén. comestible, à deux valves, qui vit fixé aux rochers. 🐚 [ɥitʁ].

HULOTTE, subst. f.
Rapace nocturne, également appelé chat-huant, commun dans les bois. 🐚 [*ylɔt].

HULULER, voir ULULER

HUMAIN, AINE, adj. et subst. m.
Adj. Relatif à l'homme, à sa nature. – Compatissant. – Subst. Homme ; être humain. 🐚 [ymɛ̃, -ɛn].

HUMANISER, verbe trans. [3]
Rendre plus doux, moins cruel. 🐚 [ymanize].

HUMANISME, subst. m.
Doctrine qui accorde une place centrale à la personne humaine. 🐚 [ymanism].

HUMANITAIRE, adj.
Qui cherche à améliorer le sort des humains. 🐚 [ymanitɛʁ].

HUMANITÉ, subst. f.
Ensemble des caractères propres à la nature humaine. – Ensemble de tous les êtres humains. – Générosité, indulgence envers autrui. 🐚 [ymanite].

HUMBLE, adj.
Modeste, obscur ; qui fait preuve d'humilité. – Empl. subst. Les **humbles** : les pauvres. 🐚 [œ̃bl].

HUMECTER, verbe trans. [3]
Rendre légèrement humide. 🐚 [ymɛkte].

HUMER, verbe trans. [3]
Sentir, savourer une odeur. 🐚 [*yme].

HUMÉRUS, subst. m.
Os du bras qui s'articule avec l'omoplate.
🐚 [ymeʁys].

HUMEUR, subst. f.
Tempérament d'une personne, caractère, état d'esprit : *Bonne* **humeur**. 🐚 [ymœʁ].

HUMIDE, adj.
Imprégné de liquide ou de vapeur d'eau.
🐚 [ymid].

HUMIDIFIER, verbe trans. [6]
Rendre humide. 🐚 [ymidifje].

HUMIDITÉ, subst. f.
Qualité de ce qui est humide. 🐚 [ymidite].

HUMILIATION, subst. f.
Action d'humilier. – État d'une personne humiliée. 🐚 [ymiljasjɔ̃].

HUMILIER, verbe trans. [6]
Blesser qqn moralement en le rabaissant.
🐚 [ymilje].

HUMILITÉ, subst. f.
État de ce qui est humble. – Attitude soumise, modeste. 🐚 [ymilite].

HUMORISTE, subst. m.
Qui cultive l'humour, la satire. 🐚 [ymɔʁist].

HUMOUR, subst. m.
Forme d'esprit qui consiste à souligner avec ironie les aspects drôles ou insolites de la réalité. 🐚 [ymuʁ].

HUMUS, subst. m.
Partie superficielle de certains sols, résultant de la décomposition des déchets animaux et végétaux. 🐚 [ymys].

HUPPE, subst. f.
Touffe de plumes, sur la tête de certains oiseaux. – Oiseau au plumage roux et noir, porteur d'une **huppe** colorée. 🐚 [*yp].

HURRAH, voir HOURRA

HURLEMENT, subst. m.
Cri de certains canidés (loup, chien). – Cri humain de terreur, de colère ou de douleur. 🐚 [*yʁləmã].

HURLER, verbe trans. [3]
Pousser des hurlements. – Fig. *Le vent* **hurle** *dans les arbres.* 🐚 [*yʁle].

HUSSARD, subst. m.
Militaire d'un corps de cavalerie légère.
🐚 [*ysaʁ].

HUTTE, subst. f.
Habitation sommaire. 🐚 [*yt].

HYBRIDE, adj. et subst. m.
Qui résulte du croisement de deux espèces différentes. – Fig. Qui est composé d'éléments de nature différente. 🔊 [ibʀid].

HYDRATATION, subst. f.
Fixation d'eau par un composé chimique. – Introduction d'eau dans l'organisme. 🔊 [idʀatasjɔ̃].

HYDRATER, verbe trans. [3]
Fournir de l'eau à un organisme. 🔊 [idʀate].

HYDRAULIQUE, adj.
Adj. Mû par l'eau. – *Énergie* hydraulique : fournie par la force de l'eau. – Qui fonctionne grâce à un liquide sous pression : *Vérin* hydraulique. 🔊 [idʀolik].

HYDRAVION, subst. m.
Avion conçu pour décoller sur l'eau et pour s'y poser. 🔊 [idʀavjɔ̃].

HYDRE, subst. f.
Minuscule animal d'eau douce, doté de tentacules. – *Myth.* Monstre à plusieurs têtes. 🔊 [idʀ].

HYDROCARBURE, subst. m.
Corps composé de carbone et d'hydrogène. 🔊 [idʀokaʀbyʀ].

HYDROCUTION, subst. f.
Syncope frappant une personne au contact de l'eau froide. 🔊 [idʀokysjɔ̃].

HYDROGÈNE, subst. m.
Chim. Le plus léger des gaz. 🔊 [idʀɔʒɛn].

HYDROGRAPHIE, subst. f.
Partie de la géographie qui étudie les eaux marines et douces. 🔊 [idʀografi].

HYDROLYSE, subst. f.
Décomposition de composés chimiques sous l'action de l'eau. 🔊 [idʀoliz].

HYDROPHILE, adj.
Qui peut absorber l'eau. 🔊 [idʀofil].

HYÈNE, subst. f.
Mammifère carnivore qui se nourrit surtout de charognes. 🔊 [(ʼ)jɛn].

HYGIÈNE, subst. f.
Ensemble des pratiques visant au maintien de la santé d'un individu. 🔊 [iʒjɛn].

HYGROMÉTRIE, subst. f.
Mesure du taux d'humidité de l'air. – Cette humidité. 🔊 [igʀometʀi].

HYMÉNOPTÈRE, subst. m.
Insecte à métamorphoses complètes, tel que fourmi, abeille, etc. – Plur. L'ordre correspondant. 🔊 [imenɔptɛʀ].

HYMEN, subst. m.
Membrane fermant le vagin, qui se rompt lors du premier rapport sexuel. 🔊 [imɛn].

HYMNE, subst.
Fém. Chant ou poème religieux. – Masc. Chant ou poème lyrique. – **Hymne** *national* : chant ou musique officiels d'un État. 🔊 [imn].

HYPERBOLE, subst. f.
Litt. Figure de style consistant à exagérer une expression (oppos. *litote*). – *Math.* Courbe. 🔊 [ipɛʀbɔl].

HYPERMÉTROPIE, subst. f.
Anomalie de la vision, qui empêche de voir distinctement de près. 🔊 [ipɛʀmetʀopi].

HYPERRÉALISME, subst. m.
Courant artistique des années 1960, recherchant une reproduction parfaite du réel. 🔊 [ipɛʀʀealism].

HYPERTENSION, subst. f.
Augmentation anormale de la pression du sang dans les vaisseaux. 🔊 [ipɛʀtɑ̃sjɔ̃].

HYPERTROPHIE, subst. f.
Augmentation anormale de volume, développement excessif. 🔊 [ipɛʀtrofi].

HYPNOSE, subst. f.
Sommeil artificiel provoqué par suggestion. – La technique permettant de provoquer ce sommeil. 🔊 [ipnoz].

HYPNOTISER, verbe trans. [3]
Mettre (qqn) en état d'hypnose. 🔊 [ipnotize].

HYPOCRISIE, subst. f.
Attitude qui consiste à paraître différent de ce qu'on est, en affectant des sentiments que l'on n'éprouve pas. 🔊 [ipokrizi].

HYPOCRITE, adj. et subst.
Qui pratique l'hypocrisie. 🔊 [ipokrit].

HYPOPHYSE, subst. f.
Glande endocrine située sous le cerveau, qui produit des hormones. 🔊 [ipofiz].

HYPOTENSION, subst. f.
Tension artérielle inférieure à la normale. 🔊 [ipotɑ̃sjɔ̃].

HYPOTÉNUSE, subst. f.
Côté opposé à l'angle droit, dans un triangle rectangle. 🔊 [ipotenyz].

HYPOTHALAMUS, subst. m.
Région située à la base du cerveau, qui joue un rôle important dans le sommeil et la régulation des sécrétions hormonales. 🔊 [ipotalamys].

HYPOTHÈQUE, subst. f.
Droit accordé à un créancier sur un bien immobilier en garantie du remboursement d'une dette. – Entrave à l'accomplissement de qqch. 🔊 [ipotɛk].

HYPOTHÉQUER, verbe trans. [8]
Grever d'une hypothèque. 🔊 [ipoteke].

HYPOTHERMIE, subst. f.
Abaissement anormal de la température d'un organisme. 🔊 [ipotɛʀmi].

HYPOTHÈSE, subst. f.
Point qui sert de départ à un raisonnement. – Proposition devant être vérifiée par l'expérience ou la déduction. – Supposition, conjecture. 🔊 [ipotɛz].

HYPOTHÉTIQUE, adj.
Qui repose sur une ou plusieurs hypothèses. – Incertain. 🔊 [ipotetik].

HYSTÉRIE, subst. f.
Forme de névrose. – Extrême agitation ; frénésie. 🔊 [isteri].

I

I, i, subst. m. inv.
Neuvième lettre et troisième voyelle de l'alphabet français. 🐚 [i].

IBIS, subst. m.
Échassier au bec long et crochu. 🐚 [ibis].

ICEBERG, subst. m.
Grand bloc de glace flottant détaché d'un glacier polaire. 🐚 [isbɛʀg] ou [ajsbɛʀg].

ICI, adv.
Dans ce lieu : *Viens* ici. – Dans le temps présent : *D'ici à,* de maintenant jusqu'à ; *Jusqu'*ici, jusqu'à présent. 🐚 [isi].

ICÔNE, subst. f.
Peinture religieuse de l'Église d'Orient, exécutée sur un panneau de bois. 🐚 [ikon].

ICONOCLASTE, adj. et subst.
Qui est partisan de la destruction des images saintes. – Fig. Qui est hostile aux traditions. 🐚 [ikɔnɔklast].

ICONOGRAPHIE, subst. f.
Ensemble des illustrations incluses dans une publication ou relatives à un sujet. 🐚 [ikɔnɔgʀafi].

IDÉAL, ALE, ALS ou AUX, adj. et subst. m.
Adj. Conçu en esprit, imaginaire. – Parfait en son genre. – Subst. Modèle de perfection. – Ce qui donne pleine satisfaction. 🐚 [ideal].

IDÉALISER, verbe trans. [3]
Prêter un caractère idéal à. 🐚 [idealize].

IDÉALISME, subst. m.
Comportement d'une personne qui aspire à un idéal. 🐚 [idealism].

IDÉALISTE, adj. et subst.
Adj. Qui relève de l'idéalisme. – Subst. Personne qui tend à un idéal. 🐚 [idealist].

IDÉE, subst. f.
Représentation mentale d'une chose, d'un projet. – Opinion, conviction. – Intention, projet. – **Idée fixe** : obsession. – Connaissance sommaire. 🐚 [ide].

IDEM, adv.
De même (abrév. *id.*). 🐚 [idɛm].

IDENTIFIER, verbe trans. [6]
Reconnaître et nommer. – Pronom. S'imaginer identique à. 🐚 [idɑ̃tifje].

IDENTIQUE, adj.
Qui ne diffère en aucune façon. – Qui est unique, qui ne représente qu'une seule et même chose. 🐚 [idɑ̃tik].

IDENTITÉ, subst. f.
Caractère de ce qui est identique. – Ensemble des éléments qui confèrent son individualité à qqn. 🐚 [idɑ̃tite].

IDÉOLOGIE, subst. f.
Ensemble des idées dominantes propres à une époque, à une classe sociale, à un groupe humain. – Système de pensée nébuleux et souv. utopique (péj.). 🐚 [ideɔlɔʒi].

IDIOME, subst. m.
Langue, dialecte ou patois propre à une communauté. 🐚 [idjom].

IDIOT, IDIOTE, adj. et subst.
Qui est peu intelligent ; simple d'esprit. – Qui est irréfléchi (fam.). 🐚 [idjo, idjɔt].

IDIOTIE, subst. f.
Manque d'intelligence, de bons sens. – Parole, action irréfléchie. 🐚 [idjɔsi].

IDOLÂTRER, verbe trans. [3]
Vouer un culte à, admirer. – Aimer avec passion. 🐚 [idɔlɑtʀe].

IDOLÂTRIE, subst. f.
Culte rendu à des idoles. – Fig. Passion démesurée. 🐚 [idɔlɑtʀi].

IDOLE, subst. f.
Objet de culte figurant une divinité. – Personne admirée avec passion. 🐚 [idɔl].

IDYLLE, subst. f.
Aventure amoureuse naïve. 🐚 [idil].

IDYLLIQUE, adj.
Qui a le caractère d'une idylle. – Idéal ; merveilleux. 🐚 [idilik].

IF, subst. m.
Conifère à baies rouges, souv. choisi pour orner les jardins. 🐚 [if].

IGLOO, subst. m.
Habitation des Esquimaux, faite de blocs de glace. 🐚 On écrit aussi *iglou* ; [iglu].

IGNAME, subst. f.
Plante tropicale dont les gros tubercules se consomment cuits. 🐚 [iɲam] ou [ignam].

IGNARE, adj.
Totalement ignorant. 🐚 [iɲaʀ].

IGNIFUGE, adj. et subst. m.
Qui rend incombustible. 🐚 [iɲify3].

IGNOBLE, adj.
Infâme, bas. – D'une laideur repoussante ; très sale, très mauvais. 🐚 [iɲɔbl].

IGNOMINIE, subst. f.
Déshonneur, infamie. – Acte infamant : *Tomber dans l'*ignominie. 🐚 [iɲɔmini].

IGNORANCE, subst. f.
État d'une personne qui n'est pas informée. – Manque de connaissances. 🐚 [iɲɔʀɑ̃s].

IGNORER, verbe trans. [3]
Ne pas savoir. – Faire semblant de ne pas connaître (qqn) par mépris. – Ne pas avoir l'expérience de (qqch.). 🐚 [iɲɔʀe].

IGUANE, subst. m.
Grand lézard d'Amérique. 📖 [igwan].

IL, ILS, pron. pers. m.
Sujet de la 3e personne du masculin : Il *mange* ; Ils *dorment*. – Sujet neutre employé avec un verbe impersonnel : Il *pleut*. 📖 [il].

ILANG-ILANG, voir YLANG-YLANG

ÎLE, subst. f.
Terre complètement entourée d'eau. 📖 [il].

ILLÉGALITÉ, subst. f.
Caractère de ce qui est illégal. – Acte illégal : *Commettre une* illégalité. 📖 [i(l)legalite].

ILLÉGITIME, adj.
Qui n'est pas selon la loi. – *Une enfant* illégitime : née hors du mariage. – Fig. Qui n'est pas justifié, motivé. 📖 [i(l)leʒitim].

ILLETTRÉ, ÉE, adj. et subst.
Qui ne sait ni lire ni écrire, analphabète. 📖 [i(l)letʀe].

ILLICITE, adj.
Qui n'est pas permis par la morale, l'usage ou la loi. 📖 [i(l)lisit].

ILLICO, adv.
Aussitôt, sur-le-champ (fam.). 📖 [i(l)liko].

ILLIMITÉ, ÉE, adj.
Qui n'a pas de limites, infini. 📖 [i(l)limite].

ILLISIBLE, adj.
Qu'on ne peut pas lire, déchiffrer. – Fig. D'une lecture fastidieuse. 📖 [i(l)lizibl].

ILLUMINATION, subst. f.
Action d'illuminer ; son résultat. – Fig. Idée brillante et soudaine. 📖 [i(l)lyminasjɔ̃].

ILLUMINER, verbe trans. [3]
Répandre une vive lumière sur. – Fig. Doter (un visage, des yeux, une âme) d'un rayonnement. 📖 [i(l)lymine].

ILLUSION, subst. f.
Perception erronée. – Interprétation erronée d'une perception. – Croyance fausse, chimère. 📖 [i(l)lyzjɔ̃].

ILLUSIONNISTE, subst.
Artiste qui crée l'illusion par des tours de magie, prestidigitateur. 📖 [i(l)lyzjɔnist].

ILLUSOIRE, adj.
Qui procède d'une illusion, qui est vain : *Un espoir* illusoire. 📖 [i(l)lyzwaʀ].

ILLUSTRATION, subst. f.
Action d'illustrer. – Image accompagnant un texte. – Exemple qui permet d'expliquer. 📖 [i(l)lystʀasjɔ̃].

ILLUSTRE, adj.
Renommé, célèbre. 📖 [i(l)lystʀ].

ILLUSTRÉ, subst. m.
Journal pour enfants. 📖 [i(l)lystʀe].

ILLUSTRER, verbe trans. [3]
Rendre plus clair, expliquer par un exemple. – Orner (un ouvrage) d'illustrations. – Pronom. Se distinguer. 📖 [i(l)lystʀe].

ÎLOT, subst. m.
Petite île. – Élément isolé au sein d'un ensemble : Îlot *de verdure*. 📖 [ilo].

IMAGE, subst. f.
Représentation graphique de qqch. ou de qqn. – Représentation mentale de la réalité ou de ce qui est imaginaire. – Ce qui évoque qqn ou qqch. – Modèle, exemple typique. – Symbole d'une chose abstraite. – Figure de style, métaphore. – Représentation inversée dans un miroir. 📖 [imaʒ].

IMAGINAIRE, adj. et subst. m.
Adj. Qui n'existe que dans l'imagination, irréel. – Qui n'est tel que dans son imagination : *Malade* imaginaire. – Subst. Univers de l'imagination. 📖 [imaʒinɛʀ].

IMAGINATIF, IVE, adj. et subst.
Qui a de l'imagination. 📖 [imaʒinatif, -iv].

IMAGINATION, subst. f.
Faculté d'imaginer. 📖 [imaʒinasjɔ̃].

IMAGINER, verbe trans. [3]
Se représenter (une chose, une idée) mentalement. – Supposer. – Inventer (qqch.). – Pronom. Penser à tort. 📖 [imaʒine].

IMAM, subst. m.
Chef d'une communauté musulmane, d'une école coranique. 📖 [imam].

IMBATTABLE, adj.
Qui ne peut être vaincu. – Fig. Qui est très avantageux : *Prix* imbattables. 📖 [ɛ̃batabl].

IMBÉCILE, adj. et subst.
Qui est peu intelligent. – Sot. 📖 [ɛ̃besil].

IMBÉCILLITÉ, subst. f.
Défaut d'intelligence, de bon sens. – Action, parole imbéciles. 📖 [ɛ̃besilite].

IMBERBE, adj.
Qui n'a pas de barbe. 📖 [ɛ̃bɛʀb].

IMBIBER, verbe trans. [3]
Imprégner d'un liquide. 📖 [ɛ̃bibe].

IMBRIQUER, verbe trans. [3]
Disposer des éléments de manière qu'ils se chevauchent. – Pronom. S'emboîter parfaitement. 📖 [ɛ̃bʀike].

IMBROGLIO, subst. m.
Situation confuse et compliquée. 📖 [ɛ̃bʀɔljo] ou [ɛ̃bʀoglijo].

IMBU, UE, adj.
Pénétré de : Imbu *de soi-même*, convaincu de sa supériorité. 📖 [ɛ̃by].

IMBUVABLE, adj.
Impossible ou difficile à boire, mauvais. – Fig. Insupportable (fam.). 📖 [ɛ̃byvabl].

IMITATEUR, TRICE, adj. et subst.
Qui imite. – Subst. Artiste de variétés imitant les personnalités. 📖 [imitatœʀ, -tʀis].

IMITATION, subst. f.
Action d'imiter, de prendre pour modèle. – Contrefaçon, plagiat. 📖 [imitasjɔ̃].

IMITER, verbe trans. [3]
Copier (les paroles, le comportement de qqn). – Prendre pour modèle. – Contrefaire, falsifier. 📖 [imite].

IMMACULÉ, ÉE, adj.
Sans aucune tache. – Fig. Pur, sans souillure. 📖 [imakyle].

IMMANENT, ENTE, adj.
Qui réside dans qqch., qui n'en est pas distinct. 🔊 [imanɑ̃, -ɑ̃t].

IMMANGEABLE, adj.
Qui n'est pas bon à manger. 🔊 [ɛ̃mɑ̃ʒabl].

IMMANQUABLE, adj.
Qui ne peut manquer de se produire. 🔊 [ɛ̃mɑ̃kabl].

IMMATÉRIEL, IELLE, adj.
Qui n'a pas de consistance matérielle. 🔊 [i(m)materjɛl].

IMMATRICULATION, subst. f.
Action d'immatriculer. – Numéro d'inscription. 🔊 [imatrikylasjɔ̃].

IMMATRICULER, verbe trans. [3]
Inscrire sous un numéro, dans un registre public appelé matricule. 🔊 [imatrikyle].

IMMATURE, adj.
Qui n'est pas encore mûr. – Fig. Qui manque de maturité. 🔊 [imatyr].

IMMÉDIAT, IATE, adj.
Qui précède ou suit directement : *Successeur* immédiat. – Sans intervalle, ni dans le temps ni dans l'espace. – Empl. subst. masc. *Dans l'*immédiat : pour le moment. 🔊 [imedja, -jat].

IMMÉMORIAL, ALE, AUX, adj.
Dont l'origine s'est perdue, du fait de son ancienneté. 🔊 [i(m)memorjal].

IMMENSE, adj.
Très grand, très étendu. 🔊 [i(m)mɑ̃s].

IMMENSITÉ, subst. f.
Caractère de ce qui est immense. – Étendue très vaste. 🔊 [i(m)mɑ̃site].

IMMERGER, verbe trans. [5]
Plonger (qqch. ou qqn) dans un liquide. 🔊 [imɛrʒe].

IMMERSION, subst. f.
Action d'immerger. – Fig. État d'une personne plongée dans un environnement étranger. 🔊 [imɛrsjɔ̃].

IMMEUBLE, adj. et subst. m.
Adj. *Dr.* Qui ne peut être déplacé : *Bien* immeuble. – Subst. Bâtiment urbain de plusieurs étages. 🔊 [imœbl].

IMMIGRATION, subst. f.
Entrée d'étrangers dans un pays, en vue de s'y installer. 🔊 [imigrasjɔ̃].

IMMINENT, ENTE, adj.
Qui est sur le point de se produire : *Un orage* imminent. 🔊 [iminɑ̃, -ɑ̃t].

IMMISCER (S'), verbe pronom. [4]
S'introduire, intervenir indûment dans : *S'*immiscer *dans une affaire.* 🔊 [imise].

IMMOBILE, adj.
Qui ne bouge pas, fixe. 🔊 [i(m)mɔbil].

IMMOBILIER, IÈRE, adj. et subst. m.
Adj. Relatif aux biens immeubles. – Subst. Marché de la construction, de la vente et de la location d'immeubles. 🔊 [imɔbilje, -jɛr].

IMMOBILISATION, subst. f.
Action d'immobiliser. – Plur. *Écon.* Biens durables d'une entreprise. 🔊 [imɔbilizasjɔ̃].

IMMOBILISER, verbe trans. [3]
Empêcher ou arrêter le mouvement de. – *Fin.* Immobiliser *des capitaux* : les investir. 🔊 [imɔbilize].

IMMOBILITÉ, subst. f.
État de ce qui est immobile. 🔊 [imɔbilite].

IMMODÉRÉ, ÉE, adj.
Sans modération, excessif. 🔊 [imɔdere].

IMMOLER, verbe trans. [3]
Sacrifier, tuer en l'honneur d'une divinité. – Faire périr, massacrer. 🔊 [imɔle].

IMMONDE, adj.
Extrêmement sale, dégoûtant. – Fig. Bas, ignoble, odieux. 🔊 [i(m)mɔ̃d].

IMMONDICES, subst. f. plur.
Choses immondes, ordures. 🔊 [i(m)mɔ̃dis].

IMMORAL, ALE, AUX, adj.
Contraire à la morale. 🔊 [i(m)mɔral].

IMMORTALISER, verbe trans. [3]
Rendre immortel dans la mémoire des hommes. 🔊 [imɔrtalize].

IMMORTALITÉ, subst. f.
État de ce qui est immortel. – Fig. Fait de demeurer longtemps dans la mémoire des hommes. 🔊 [imɔrtalite].

IMMORTEL, ELLE, adj. et subst. f.
Adj. Qui ne mourra jamais. – Dont on gardera toujours le souvenir. – Subst. Plante dont les fleurs coupées et séchées conservent leur aspect. 🔊 [imɔrtɛl].

IMMUABLE, adj.
Qui ne change jamais. 🔊 [imɥabl].

IMMUNISER, verbe trans. [3]
Protéger (l'organisme) par un vaccin, un sérum. – Fig. Préserver (qqn) d'un mal. 🔊 [imynize].

IMMUNITÉ, subst. f.
Biol. Résistance d'un organisme à des agressions pathogènes. – *Dr.* Privilège qui protège certaines personnes de poursuites judiciaires, en raison de leur fonction : Immunité *parlementaire.* 🔊 [imynite].

IMMUNODÉFICIENCE, subst. f.
Déficience des défenses immunitaires de l'organisme. 🔊 [imynodefisjɑ̃s].

IMPACT, subst. m.
Choc, heurt. – L'effet produit. 🔊 [ɛ̃pakt].

IMPAIR, AIRE, adj. et subst. m.
Se dit d'un nombre entier qui n'est pas divisible par 2 (contr. *pair*). – Adj. Qui porte un numéro impair : *Jour* impair. – Subst. Maladresse, gaffe. 🔊 [ɛ̃pɛr].

IMPALPABLE, adj.
Qu'on ne sent pas au toucher. 🔊 [ɛ̃palpabl].

IMPARABLE, adj.
Qu'on ne peut éviter. 🔊 [ɛ̃parabl].

IMPARDONNABLE, adj.
Inexcusable. 🔊 [ɛ̃pardɔnabl].

IMPARFAIT, AITE, adj. et subst. m.
Adj. Inachevé ; incomplet. – Qui a des défauts. – Subst. *Ling.* Temps du passé qui définit une action habituelle. 🔊 [ɛ̃parfɛ, -ɛt].

IMPARTIAL, ALE, AUX, adj.
Qui est sans parti pris, neutre ; équitable :
Un juge **impartial**. 🕮 [ɛ̃paʀsjal].

IMPARTIALITÉ, subst. f.
Qualité d'une personne, d'une chose impartiale. 🕮 [ɛ̃paʀsjalite].

IMPARTIR, verbe trans. [19]
Attribuer, accorder. 🕮 Employé uniquement au p.p., à l'inf. et à l'ind. présent ; [ɛ̃paʀtiʀ].

IMPASSE, subst. f.
Petite voie sans issue. – Fig. Situation sans issue. 🕮 [ɛ̃pɑs].

IMPASSIBILITÉ, subst. f.
État d'une personne qui ne semble pas éprouver d'émotions. 🕮 [ɛ̃pasibilite].

IMPASSIBLE, adj.
Qui fait preuve d'impassibilité. 🕮 [ɛ̃pasibl].

IMPATIENCE, subst. f.
Manque de patience. 🕮 [ɛ̃pasjɑ̃s].

IMPATIENTER, verbe trans. [3]
Rendre impatient ; exaspérer. – Pronom.
Perdre patience. 🕮 [ɛ̃pasjɑ̃te].

IMPAVIDE, adj.
Qui n'éprouve ou ne manifeste aucune peur (littér.). 🕮 [ɛ̃pavid].

IMPAYABLE, adj.
Extrêmement drôle (fam.). 🕮 [ɛ̃pɛjabl].

IMPECCABLE, adj.
Sans défaut ; irréprochable. 🕮 [ɛ̃pekabl].

IMPÉNÉTRABLE, adj.
Où l'on ne peut pénétrer. – Fig. Dont on ne peut rien deviner. 🕮 [ɛ̃penetrabl].

IMPÉNITENT, ENTE, adj.
Qui ne se repent pas. – Fig. Qui ne renonce pas à une habitude. 🕮 [ɛ̃penitɑ̃, -ɑ̃t].

IMPENSABLE, adj.
Qui ne peut être conçu, envisagé. – Excessif, incroyable. 🕮 [ɛ̃pɑ̃sabl].

IMPÉRATIF, IVE, adj. et subst. m.
Adj. Qui s'impose comme un ordre auquel il faut obéir. – Indispensable, inévitable.
– Subst. Nécessité absolue. – *Ling.* Mode de la conjugaison exprimant un ordre, une défense, un souhait. 🕮 [ɛ̃peʀatif, -iv].

IMPÉRATRICE, subst. f.
Femme qui règne sur un empire. – Épouse d'un empereur. 🕮 [ɛ̃peʀatʀis].

IMPERCEPTIBLE, adj.
Qui ne peut être perçu. – Insignifiant, infime. 🕮 [ɛ̃pɛʀsɛptibl].

IMPERFECTION, subst. f.
État de ce qui n'est pas parfait. – Défaut.
🕮 [ɛ̃pɛʀfɛksjɔ̃].

IMPÉRIAL, ALE, AUX, adj. et subst. f.
Adj. Relatif à l'empereur, à l'empire. – Digne d'un empereur, majestueux. – Subst. Étage supérieur de certains véhicules de transport en commun. 🕮 [ɛ̃peʀjal].

IMPÉRIALISME, subst. m.
Tendance d'un État à dominer d'autres États par l'économie, la politique et la culture.
🕮 [ɛ̃peʀjalism].

IMPÉRIEUX, IEUSE, adj.
Autoritaire, qui n'admet aucune résistance.
– Pressant, irrésistible. 🕮 [ɛ̃peʀjø, -jøz].

IMPÉRISSABLE, adj.
Qui ne peut disparaître. – Qui dure très longtemps. 🕮 [ɛ̃peʀisabl].

IMPERMÉABLE, adj. et subst. m.
Adj. Qui ne laisse pas passer l'eau. – Fig.
Insensible. – Subst. Vêtement de pluie.
🕮 [ɛ̃pɛʀmeabl].

IMPERSONNEL, ELLE, adj.
Qui n'appartient pas en propre à un individu. – Sans personnalité. – *Verbe* impersonnel : qui ne s'emploie qu'à la 3ᵉ personne du singulier et à l'infinitif.
🕮 [ɛ̃pɛʀsɔnɛl].

IMPERTINENCE, subst. f.
Insolence, effronterie. – Action, parole effrontées. 🕮 [ɛ̃pɛʀtinɑ̃s].

IMPERTINENT, ENTE, adj. et subst.
Qui fait preuve d'irrespect. 🕮 [ɛ̃pɛʀtinɑ̃, -ɑ̃t].

IMPERTURBABLE, adj.
Que rien ne peut troubler. 🕮 [ɛ̃pɛʀtyʀbabl].

IMPÉTUEUX, EUSE, adj.
Qui se meut avec fougue, rapidement. – Fig.
Tempérament vif. 🕮 [ɛ̃petɥø, -øz].

IMPIE, adj. et subst.
Qui manque de piété. – Athée. 🕮 [ɛ̃pi].

IMPITOYABLE, adj.
Sans pitié, sans indulgence. 🕮 [ɛ̃pitwajabl].

IMPLACABLE, adj.
D'une grande sévérité. 🕮 [ɛ̃plakabl].

IMPLANTATION, subst. f.
Action d'implanter. – Fait d'être implanté.
🕮 [ɛ̃plɑ̃tasjɔ̃].

IMPLANTER, verbe trans. [3]
Fixer, insérer (une chose dans une autre).
– Installer. – Pronom. S'établir. 🕮 [ɛ̃plɑ̃te].

IMPLICATION, subst. f.
Action d'impliquer ; fait d'être impliqué.
– Plur. Conséquences. 🕮 [ɛ̃plikasjɔ̃].

IMPLICITE, adj.
Qui n'est pas dit expressément, mais qui va de soi. 🕮 [ɛ̃plisit].

IMPLIQUER, verbe trans. [3]
Avoir comme conséquence nécessaire, imposer. – Engager la responsabilité de (qqn) dans une affaire. 🕮 [ɛ̃plike].

IMPLORER, verbe trans. [3]
Supplier, demander d'une manière pressante. 🕮 [ɛ̃plɔʀe].

IMPLOSION, subst. f.
Écrasement violent d'un corps soumis à une pression extérieure supérieure à sa résistance. 🕮 [ɛ̃plozjɔ̃].

IMPOLI, IE, adj.
Qui ne suit pas les règles et usages de la politesse. 🕮 [ɛ̃pɔli].

IMPOLITESSE, subst. f.
Manquement à la politesse. 🕮 [ɛ̃pɔlitɛs].

IMPONDÉRABLE, adj. et subst. m.
Adj. Dont l'importance est difficile à évaluer. – Subst. Imprévu. 🕮 [ɛ̃pɔ̃deʀabl].

IMPOPULAIRE, adj.
Qui n'est pas populaire, qui déplaît au plus grand nombre. 🐾 [ɛ̃pɔpylɛʀ].

IMPORTANCE, subst. f.
Caractère de ce qui est important. – Grandeur, en quantité et en intensité. – Autorité, influence. 🐾 [ɛ̃pɔʀtɑ̃s].

IMPORTANT, ANTE, adj. et subst. m.
Adj. Qui suscite beaucoup d'intérêt ; dont les effets ou les conséquences sont grands. – Qui est grand, en nombre. – Subst. Ce qui importe, aspect essentiel. 🐾 [ɛ̃pɔʀtɑ̃, -ɑ̃t].

IMPORTATION, subst. f.
Action, négoce qui consiste à importer. – Ce qui est importé. 🐾 [ɛ̃pɔʀtasjɔ̃].

IMPORTER (I), verbe trans. [3]
Introduire dans un pays (des marchandises ou, au fig., des idées, des coutumes provenant de l'étranger). 🐾 [ɛ̃pɔʀte].

IMPORTER (II), verbe trans. indir. [3]
Importer à : avoir de l'importance, de l'intérêt pour. – Empl. impers. Il importe de, que : il est nécessaire de, que. – Peu importe : c'est sans importance. – Loc. pronon. indéf. N'importe qui, quoi : une personne, une chose quelconque. – Loc. adj. indéf. N'importe quel : qqch., qqn, quel qu'il soit. – Loc. adv. N'importe où, quand, comment : en un lieu, en un temps, d'une façon quelconque. 🐾 Employé seulement à l'inf. et aux 3ᵉ pers. ; [ɛ̃pɔʀte].

IMPORTUN, UNE, adj. et subst.
Qui survient mal à propos. – Qui dérange. 🐾 [ɛ̃pɔʀtœ̃, -yn].

IMPORTUNER, verbe trans. [3]
Gêner par une présence hors de propos. – Déranger par son insistance. 🐾 [ɛ̃pɔʀtyne].

IMPOSABLE, adj.
Qui peut être soumis à l'impôt. 🐾 [ɛ̃pozabl].

IMPOSANT, ANTE, adj.
Qui inspire respect, admiration ou crainte. – D'une taille peu commune. 🐾 [ɛ̃pozɑ̃, -ɑ̃t].

IMPOSER, verbe trans. [3]
Soumettre à un impôt. – Imposer qqch. à qqn : l'obliger à faire qqch., lui faire subir qqch. – Imposer les mains : les poser sur qqn pour le bénir ou le guérir. – Pronom. Imposer sa présence. – Fig. Être indispensable. – Se forcer à. 🐾 [ɛ̃poze].

IMPOSSIBILITÉ, subst. f.
Le fait de n'être pas possible. – Incapacité. 🐾 [ɛ̃posibilite].

IMPOSSIBLE, adj. et subst. m.
Adj. Qu'on ne peut réaliser. – Insupportable (fam.). – Subst. Ce qui n'est pas possible. 🐾 [ɛ̃posibl].

IMPOSTEUR, subst. m.
Personne qui abuse de la confiance, de la crédulité d'autrui en se faisant passer pour qqn d'autre. 🐾 [ɛ̃pɔstœʀ].

IMPOSTURE, subst. f.
Acte d'un imposteur ; plagiat, usurpation. 🐾 [ɛ̃pɔstyʀ].

IMPÔT, subst. m.
Contribution monétaire versée à l'État ou à des collectivités publiques. 🐾 [ɛ̃po].

IMPOTENT, ENTE, adj. et subst.
Qui se meut avec beaucoup de difficultés. 🐾 [ɛ̃potɑ̃, -ɑ̃t].

IMPRATICABLE, adj.
Qu'on ne peut mettre en pratique. – Où il est difficile de passer. 🐾 [ɛ̃pʀatikabl].

IMPRÉCATION, subst. f.
Souhait appelant ruine ou malheur sur qqn, malédiction (littér.). 🐾 [ɛ̃pʀekasjɔ̃].

IMPRÉCIS, ISE, adj.
Qui manque de précision. 🐾 [ɛ̃pʀesi, -iz].

IMPRÉGNER, verbe trans. [8]
Faire pénétrer (un liquide) dans un corps, dans une substance. – Fig. Influencer profondément. 🐾 [ɛ̃pʀeɲe].

IMPRÉSARIO, subst. m.
Personne dont le métier est de gérer la vie professionnelle d'un artiste. 🐾 [ɛ̃pʀesaʀjo].

IMPRESCRIPTIBLE, adj.
Qui ne peut disparaître avec le temps, immuable. 🐾 [ɛ̃pʀɛskʀiptibl].

IMPRESSION, subst. f.
Empreinte laissée par un corps sur une surface. – Action, art d'imprimer un livre, un tissu. – Effet ; sensation. 🐾 [ɛ̃pʀesjɔ̃].

IMPRESSIONNER, verbe trans. [3]
Provoquer un trouble, une vive émotion chez (qqn). – Agir sur (une plaque, un film photographiques). 🐾 [ɛ̃pʀesjone].

IMPRESSIONNISME, subst. m.
Mouvement pictural français de la fin du XIXᵉ s., qui cherchait à rendre, au moyen de touches de couleur, l'impression fugitive produite par un paysage, un objet, etc. 🐾 [ɛ̃pʀesjonism].

IMPRÉVISIBLE, adj.
Qu'on ne peut prévoir. 🐾 [ɛ̃pʀevizibl].

IMPRÉVU, UE, adj. et subst. m.
Qui n'a pas été prévu. 🐾 [ɛ̃pʀevy].

IMPRIMANT, ANTE, adj. et subst. f.
Adj. Qui imprime ; qui sert à imprimer. – Subst. Machine connectée à un ordinateur qui imprime sur papier les résultats d'un travail. 🐾 [ɛ̃pʀimɑ̃, -ɑ̃t].

IMPRIMÉ, subst. m.
Brochure, journal. 🐾 [ɛ̃pʀime].

IMPRIMER, verbe trans. [3]
Laisser (une empreinte) sur une surface : Imprimer un tissu. – Reproduire par un procédé d'imprimerie. – Transmettre (un mouvement). 🐾 [ɛ̃pʀime].

IMPRIMERIE, subst. f.
Ensemble des techniques de reproduction de textes, de dessins, de photographies. – Entreprise où l'on imprime. 🐾 [ɛ̃pʀimʀi].

IMPROBABLE, adj.
Qui a très peu de chances de se produire. 🐾 [ɛ̃pʀobabl].

IMPRODUCTIF, IVE, adj. et subst.
Qui ne travaille pas à produire. – Adj. Stérile. 🕮 [ɛ̃pʀɔdyktif, -iv].

IMPROMPTU, UE, adj. et subst. m.
Adj. Improvisé. – Subst. Poème improvisé ou pièce musicale de forme libre : *Un impromptu de Chopin.* 🕮 [ɛ̃pʀɔ̃pty].

IMPROPRE, adj.
Qui n'a pas les qualités nécessaires. – Qui ne convient pas. 🕮 [ɛ̃pʀɔpʀ].

IMPROVISATION, subst. f.
Action, art d'improviser. – Ce qui est improvisé. 🕮 [ɛ̃pʀɔvizasjɔ̃].

IMPROVISER, verbe trans. [3]
Produire, composer sans préparation, sur-le-champ. – Pronom. Devenir d'emblée. 🕮 [ɛ̃pʀɔvize].

IMPROVISTE (À L'), loc. adv.
Sans que l'on s'y attende. 🕮 [alɛ̃pʀɔvist].

IMPRUDENCE, subst. f.
Manque de prudence, négligence. – Acte imprudent. 🕮 [ɛ̃pʀydɑ̃s].

IMPUDENCE, subst. f.
Comportement d'une personne insolente, effrontée. 🕮 [ɛ̃pydɑ̃s].

IMPUDEUR, subst. f.
Manque de pudeur, de réserve. 🕮 [ɛ̃pydœʀ].

IMPUDIQUE, adj.
Qui blesse la pudeur, indécent. 🕮 [ɛ̃pydik].

IMPUISSANCE, subst. f.
Manque de pouvoir, de force pour réaliser qqch. 🕮 [ɛ̃pɥisɑ̃s].

IMPUISSANT, ANTE, adj.
Atteint d'impuissance. 🕮 [ɛ̃pɥisɑ̃, -ɑ̃t].

IMPULSIF, IVE, adj. et subst.
Qui cède à ses impulsions. 🕮 [ɛ̃pylsif, -iv].

IMPULSION, subst. f.
Action de pousser (qqch.). – Incitation à agir. – Tendance irrésistible à accomplir un acte. 🕮 [ɛ̃pylsjɔ̃].

IMPUNITÉ, subst. f.
Absence de châtiment. – État d'une personne qui est à l'abri des sanctions. 🕮 [ɛ̃pynite].

IMPUR, URE, adj.
Souillé par des impuretés. 🕮 [ɛ̃pyʀ].

IMPURETÉ, subst. f.
Élément étranger à une substance. – État de ce qui est impur. 🕮 [ɛ̃pyʀte].

IMPUTER, verbe trans. [3]
Attribuer à qqn (une action, une responsabilité). – Porter (une somme) au compte de. 🕮 [ɛ̃pyte].

IMPUTRESCIBLE, adj.
Qui ne peut se putréfier. 🕮 [ɛ̃pytʀesibl].

INACCEPTABLE, adj.
Qu'on ne peut accepter. 🕮 [inaksɛptabl].

INACCESSIBLE, adj.
Qui ne peut être atteint. – Qu'on ne peut aborder. – Insensible. 🕮 [inaksesibl].

INACTIF, IVE, adj. et subst.
Oisif. – Adj. Inefficace. 🕮 [inaktif, -iv].

INACTION, subst. f.
Absence d'action, d'activité. 🕮 [inaksjɔ̃].

INADAPTÉ, ÉE, adj. et subst.
Qui n'est pas adapté à son milieu, à sa tâche, à la vie sociale. 🕮 [inadapte].

INADMISSIBLE, adj.
Qu'on ne peut pas admettre. 🕮 [inadmisibl].

INADVERTANCE, subst. f.
Distraction de l'attention. – *Par inadvertance* : par mégarde. 🕮 [inadvɛʀtɑ̃s].

INALTÉRABLE, adj.
Qui ne peut être altéré. 🕮 [inaltɛʀabl].

INAMICAL, ALE, AUX, adj.
Qui n'est pas amical ; hostile. 🕮 [inamikal].

INAMOVIBLE, adj.
Qui ne peut être déplacé, destitué ou suspendu, en parlant d'un magistrat. 🕮 [inamɔvibl].

INANIMÉ, ÉE, adj.
Qui est sans vie par nature : *Objet inanimé.* – Qui a perdu la vie, ou qui a perdu connaissance ; inerte. 🕮 [inanime].

INANITÉ, subst. f.
Vanité. – Futilité. 🕮 [inanite].

INANITION, subst. f.
Faiblesse, épuisement de l'organisme dû au manque de nourriture. 🕮 [inanisjɔ̃].

INAPPRÉCIABLE, adj.
Qui ne peut être évalué. – Trop précieux pour pouvoir être estimé. 🕮 [inapʀesjabl].

INAPTE, adj.
Qui n'est pas apte. 🕮 [inapt].

INAPTITUDE, subst. f.
État d'une personne inapte. 🕮 [inaptityd].

INATTAQUABLE, adj.
Qui ne peut être mis en cause, attaqué. 🕮 [inatakabl].

INATTENDU, UE, adj.
À quoi on ne s'attend pas. 🕮 [inatɑ̃dy].

INATTENTIF, IVE, adj.
Qui ne prête pas attention, qui est distrait. 🕮 [inatɑ̃tif, -iv].

INAUDIBLE, adj.
Qui ne peut être perçu par l'oreille. – Se dit d'un son dont l'intensité est trop faible pour qu'on l'entende, ou qui est trop mauvais pour être écouté. 🕮 [inodibl].

INAUGURATION, subst. f.
Cérémonie marquant l'ouverture ou la mise en service de qqch. 🕮 [inogyʀasjɔ̃].

INAUGURER, verbe trans. [3]
Ouvrir ou mettre en service (qqch.) avec solennité. – Mettre en œuvre pour la première fois. 🕮 [inogyʀe].

INAVOUABLE, adj.
Trop honteux pour être avoué. 🕮 [inavwabl].

INCALCULABLE, adj.
Impossible à calculer. – Fig. Difficile à estimer. 🕮 [ɛ̃kalkylabl].

INCANDESCENT, ENTE, adj.
Qui émet un rayonnement lumineux, sous l'effet de la chaleur. 🕮 [ɛ̃kɑ̃desɑ̃, -ɑ̃t].

INCANTATION, subst. f.
Formule magique accompagnée de gestes rituels. 🔊 [ɛkɑ̃tasjɔ̃].

INCAPABLE, adj. et subst.
Qui n'est pas capable. – Dr. Qui est frappé d'incapacité. 🔊 [ɛkapabl].

INCAPACITÉ, subst. f.
État d'une personne inapte. – Dr. Inaptitude à exercer certains droits. 🔊 [ɛkapasite].

INCARCÉRER, verbe trans. [8]
Mettre en prison. 🔊 [ɛkarsere].

INCARNAT, ATE, adj. et subst. m.
Rouge clair, tirant sur le rose. 🔊 [ɛkarna, -at].

INCARNATION, subst. f.
Image, personnification. 🔊 [ɛkarnasjɔ̃].

INCARNER, verbe trans. [3]
Être l'incarnation de. – Jouer (un personnage) au théâtre, au cinéma. 🔊 [ɛkarne].

INCARTADE, subst. f.
Petit écart de conduite. 🔊 [ɛkartad].

INCASSABLE, adj.
Qui ne peut pas se casser. 🔊 [ɛkasabl].

INCENDIAIRE, adj. et subst.
Adj. Qui provoque ou peut provoquer des incendies. – Qui enflamme les esprits ; qui suscite les troubles, la révolte. – Subst. Auteur d'un incendie. 🔊 [ɛsɑ̃djɛr].

INCENDIE, subst. m.
Feu étendu qui cause d'importants dégâts : Un incendie de forêt. 🔊 [ɛsɑ̃di].

INCENDIER, verbe trans. [6]
Détruire par le feu. 🔊 [ɛsɑ̃dje].

INCERTAIN, AINE, adj.
Qui n'est pas certain. – Variable : Temps incertain. – Vague. 🔊 [ɛsɛrtɛ̃, -ɛn].

INCERTITUDE, subst. f.
Caractère de ce qui est incertain. – État d'une personne qui hésite. 🔊 [ɛsɛrtityd].

INCESSANT, ANTE, adj.
Qui ne cesse pas ; continuel. 🔊 [ɛsesɑ̃, -ɑ̃t].

INCESTE, subst. m.
Rapports sexuels entre parents proches. 🔊 [ɛsɛst].

INCIDENCE, subst. f.
Effet, influence directe. 🔊 [ɛsidɑ̃s].

INCIDENT, subst. m.
Événement sans gravité. 🔊 [ɛsidɑ̃].

INCINÉRER, verbe trans. [8]
Réduire en cendres par le feu. 🔊 [ɛsinere].

INCISE, subst. f.
Proposition, gén. brève, intercalée dans une phrase. 🔊 [ɛsiz].

INCISER, verbe trans. [3]
Entailler finement. 🔊 [ɛsize].

INCISIF, IVE, adj. et subst. f.
Adj. Acéré, mordant, direct. – Subst. Dent plate de devant. 🔊 [ɛsizif, -iv].

INCITER, verbe trans. [3]
Encourager, inviter, pousser (qqn) à faire ou à dire qqch. 🔊 [ɛsite].

INCLINAISON, subst. f.
Position oblique par rapport à un plan. 🔊 [ɛklinɛzɔ̃].

INCLINATION, subst. f.
Action d'incliner, de s'incliner. – Penchant pour qqn ou qqch. 🔊 [ɛklinasjɔ̃].

INCLINER, verbe trans. [3]
Trans. dir. Mettre dans une position oblique. – Trans. indir. Être enclin à ; pencher pour. – Pronom. Se pencher en avant. – Fig. S'avouer vaincu. 🔊 [ɛkline].

INCLURE, verbe trans. [79]
Mettre dans un ensemble. – Comprendre, contenir. 🔊 [ɛklyr].

INCOGNITO, subst. m. et adv.
Adv. Sans être reconnu : Voyager incognito. – Subst. Situation d'une personne qui tait son identité. 🔊 [ɛkɔɲito].

INCOHÉRENCE, subst. f.
Défaut de cohérence. 🔊 [ɛkɔerɑ̃s].

INCOHÉRENT, ENTE, adj.
Qui n'a pas de cohérence. – Fig. Illogique, incompréhensible. 🔊 [ɛkɔerɑ̃, -ɑ̃t].

INCOLLABLE, adj.
Qui ne colle pas. – Qui a réponse à toutes les questions (fam.). 🔊 [ɛkɔlabl].

INCOLORE, adj.
Qui n'a pas de couleur. 🔊 [ɛkɔlɔr].

INCOMBER, verbe trans. indir. [3]
Revenir à, être une obligation pour : Cette charge incombe à un autre. 🔊 [ɛkɔ̃be].

INCOMBUSTIBLE, adj.
Qui ne peut brûler. 🔊 [ɛkɔ̃bystibl].

INCOMMENSURABLE, adj.
Qu'on ne peut mesurer ; immense, illimité. 🔊 [ɛkɔmɑ̃syrabl].

INCOMMODER, verbe trans. [3]
Procurer une gêne physique à (qqn). 🔊 [ɛkɔmɔde].

INCOMPARABLE, adj.
Qu'on ne peut comparer à autre chose, sans égal. 🔊 [ɛkɔ̃parabl].

INCOMPATIBLE, adj.
Qui n'est pas compatible avec autre chose. 🔊 [ɛkɔ̃patibl].

INCOMPÉTENT, ENTE, adj.
Qui n'a pas la capacité ou les qualités nécessaires pour faire qqch. 🔊 [ɛkɔ̃petɑ̃, -ɑ̃t].

INCOMPLET, ÈTE, adj.
Qui n'est pas complet. 🔊 [ɛkɔ̃plɛ, -ɛt].

INCOMPRÉHENSIBLE, adj.
Qui ne peut être compris, inintelligible. – Qu'on ne peut expliquer ni justifier, déconcertant. 🔊 [ɛkɔ̃preɑ̃sibl].

INCOMPRÉHENSION, subst. f.
Impuissance à comprendre. – Manque d'indulgence. 🔊 [ɛkɔ̃preɑ̃sjɔ̃].

INCOMPRIS, ISE, adj. et subst.
Qui n'est pas compris. – Qui n'est pas apprécié selon ses mérites. 🔊 [ɛkɔ̃pri, -iz].

INCONCEVABLE, adj.
Contraire à la raison. – Inimaginable. – Inexplicable. 🔊 [ɛ̃kɔ̃s(ə)vabl].

INCONCILIABLE, adj.
Qui ne peut se concilier avec autre chose. 🔊 [ɛ̃kɔ̃siljabl].

INCONDITIONNEL, ELLE, adj. et subst.
Adj. Qui n'est assorti d'aucune condition. – Subst. Personne qui appuie sans réserve qqn, un parti. 🔊 [ɛ̃kɔ̃disjɔnɛl].

INCONGRU, UE, adj.
Contraire aux usages, inconvenant, choquant. 🔊 [ɛ̃kɔ̃gʀy].

INCONNU, UE, adj. et subst.
Qu'on ne connaît pas. – Qui n'est pas célèbre. – Adj. Que l'on n'a jamais ressenti : *Un sentiment* inconnu. 🔊 [ɛ̃kɔny].

INCONSCIENT, IENTE, adj. et subst.
Adj. Qui a perdu connaissance, évanoui. – Qui ne se rend pas compte. – Dont on n'a pas conscience. – Subst. Personne qui agit sans réflexion. – Masc. *Psychan.* Domaine de la vie psychique qui échappe à la conscience. 🔊 [ɛ̃kɔ̃sjɑ̃, -jɑ̃t].

INCONSÉQUENT, ENTE, adj.
Incohérent dans ses idées ou sa conduite ; irréfléchi. 🔊 [ɛ̃kɔ̃sekɑ̃, -ɑ̃t].

INCONSOLABLE, adj.
Qui ne peut être consolé. 🔊 [ɛ̃kɔ̃sɔlabl].

INCONSTANT, ANTE, adj. et subst.
Qui change constamment ; instable, infidèle. – Adj. Variable. 🔊 [ɛ̃kɔ̃stɑ̃, -ɑ̃t].

INCONSTITUTIONNALITÉ, subst. f.
Caractère de ce qui n'est pas conforme à la Constitution. 🔊 [ɛ̃kɔ̃stitysjɔnalite].

INCONTESTABLE, adj.
Qu'on ne peut contester. 🔊 [ɛ̃kɔ̃tɛstabl].

INCONTOURNABLE, adj.
Dont on ne peut faire le tour. – Fig. Qu'on ne peut pas éluder. 🔊 [ɛ̃kɔ̃tuʀnabl].

INCONTRÔLÉ, ÉE, adj.
Qui n'a pas été contrôlé. – Qui échappe à tout contrôle. 🔊 [ɛ̃kɔ̃tʀole].

INCONVENANT, ANTE, adj.
Contraire aux usages ; grossier, indécent. 🔊 [ɛ̃kɔ̃v(ə)nɑ̃, -ɑ̃t].

INCONVÉNIENT, subst. m.
Désavantage. – Conséquence fâcheuse, désagrément. 🔊 [ɛ̃kɔ̃venjɑ̃].

INCORPORER, verbe trans. [3]
Faire pénétrer (qqch.) dans une substance, dans un tout. – Inscrire (une recrue) dans un corps d'armée. 🔊 [ɛ̃kɔʀpɔʀe].

INCORRECT, ECTE, adj.
Qui n'est pas correct. – Malpoli, mal élevé. 🔊 [ɛ̃kɔʀɛkt].

INCORRIGIBLE, adj.
Qu'on ne peut corriger. – Qui persiste dans ses défauts. 🔊 [ɛ̃kɔʀiʒibl].

INCORRUPTIBLE, adj. et subst.
Qui ne se laisse pas corrompre ; intègre. – Adj. Inaltérable. 🔊 [ɛ̃kɔʀyptibl].

INCRÉDULE, adj. et subst.
Qui ne croit pas d'emblée ce qu'on lui dit. 🔊 [ɛ̃kʀedyl].

INCREVABLE, adj.
Qui résiste à la crevaison. – Fig. Qui résiste bien à la fatigue (fam.). 🔊 [ɛ̃kʀəvabl].

INCRIMINER, verbe trans. [3]
Tenir pour responsable d'un acte critiquable ; accuser. 🔊 [ɛ̃kʀimine].

INCROYABLE, adj.
Difficile, voire impossible, à croire. – Extraordinaire. 🔊 [ɛ̃kʀwajabl].

INCROYANT, ANTE, adj. et subst.
Qui ne croit pas en Dieu. 🔊 [ɛ̃kʀwajɑ̃, -ɑ̃t].

INCRUSTER, verbe trans. [3]
Orner un objet en insérant sur sa surface des éléments d'une autre matière. – Pronom. S'implanter. – S'installer chez qqn et n'en plus partir (fam.). 🔊 [ɛ̃kʀyste].

INCUBATION, subst. f.
Action de couver un œuf ; temps que dure cette action. – Période comprise entre la contagion et l'apparition des symptômes d'une maladie. 🔊 [ɛ̃kybasjɔ̃].

INCULPATION, subst. f.
Imputation à une personne d'un crime ou d'un délit, entraînant l'ouverture d'une instruction judiciaire. 🔊 [ɛ̃kylpasjɔ̃].

INCULPER, verbe trans. [3]
Mettre (qqn) en examen, soumettre (qqn) à une inculpation. 🔊 [ɛ̃kylpe].

INCULQUER, verbe trans. [3]
Enseigner (qqch.) à qqn, de sorte que les connaissances soient acquises durablement : Inculquer *des préceptes.* 🔊 [ɛ̃kylke].

INCULTE, adj.
Qui n'est pas cultivé. – Fig. Dépourvu de culture intellectuelle. 🔊 [ɛ̃kylt].

INCURABLE, adj. et subst.
Qui ne peut être guéri. 🔊 [ɛ̃kyʀabl].

INCURSION, subst. f.
Expédition rapide et brève sur un territoire. – Entrée brusque dans un lieu. 🔊 [ɛ̃kyʀsjɔ̃].

INCURVÉ, ÉE, adj.
Dont la forme est courbe. 🔊 [ɛ̃kyʀve].

INDÉCENT, ENTE, adj.
Qui est contraire aux bonnes mœurs. – Choquant. 🔊 [ɛ̃desɑ̃, -ɑ̃t].

INDÉCHIFFRABLE, adj.
Qui ne peut être déchiffré, incompréhensible. 🔊 [ɛ̃deʃifʀabl].

INDÉCIS, ISE, adj. et subst.
Qui ne sait pas se décider ; incertain, irrésolu. – Adj. Imprécis, peu net. – Douteux. 🔊 [ɛ̃desi, -iz].

INDÉFINI, IE, adj.
Qu'on ne peut définir avec précision. – *Ling. Article* indéfini : accompagne un nom qui n'a pas encore été identifié ; *Adjectif, pronom* indéfinis : expriment les nuances les plus floues de la détermination. 🔊 [ɛ̃defini].

INDÉLÉBILE, adj.
Qui ne peut être effacé. 🐌 [ɛ̃delebil].

INDÉLICAT, ATE, adj.
Qui manque de délicatesse. – Malhonnête.
🐌 [ɛ̃delika, -at].

INDÉLICATESSE, subst. f.
Malhonnêteté. 🐌 [ɛ̃delikatɛs].

INDEMNE, adj.
Qui n'a pas subi de dommage, de blessure :
Sortir **indemne** *d'un accident.* 🐌 [ɛ̃dɛmn].

INDEMNISER, verbe trans. [3]
Dédommager (qqn) en versant une indemnité. 🐌 [ɛ̃dɛmnize].

INDEMNITÉ, subst. f.
Somme d'argent versée à qqn en réparation
d'un dommage subi. – Somme versée à
qqn en compensation de certains frais liés
à son activité. 🐌 [ɛ̃dɛmnite].

INDÉNIABLE, adj.
Certain, incontestable. 🐌 [ɛ̃denjabl].

INDÉPENDANCE, subst. f.
État d'une personne indépendante, autonome. – Caractère d'une personne qui
refuse toute contrainte. – Situation d'un
peuple, d'un pays non soumis à un autre.
– Absence de relation entre plusieurs
phénomènes. 🐌 [ɛ̃depɑ̃dɑ̃s].

INDÉPENDANT, ANTE, adj.
Libre de toute dépendance. – Qui refuse
toute contrainte. – Qui n'a pas de rapport
avec. 🐌 [ɛ̃depɑ̃dɑ̃, -ɑ̃t].

INDESCRIPTIBLE, adj.
Trop beau, trop grand, trop horrible, etc.,
pour pouvoir être décrit. 🐌 [ɛ̃dɛskʀiptibl].

INDÉSIRABLE, adj. et subst.
Dont la présence n'est pas souhaitée,
désirée. 🐌 [ɛ̃dezirabl].

INDESTRUCTIBLE, adj.
Trop fort, trop solide pour être détruit.
– Qui résiste à tout. 🐌 [ɛ̃dɛstʀyktibl].

INDÉTERMINÉ, ÉE, adj.
Qui n'est pas fixé, défini. – Qui n'est pas
connu avec précision. 🐌 [ɛ̃detɛrmine].

INDEX, subst. m.
Deuxième doigt de la main, à côté du
pouce. – Liste alphabétique répertoriant les
sujets abordés dans un livre. – *Mettre à*
*l'*index : exclure. 🐌 [ɛ̃dɛks].

INDICATEUR, TRICE, adj. et subst.
Adj. Qui indique. – Subst. Personne qui
renseigne la police en échange d'avantages.
– Masc. Livre qui donne des renseignements. 🐌 [ɛ̃dikatœʀ, -tʀis].

INDICATIF, IVE, adj. et subst. m.
Adj. Qui donne une indication. – Subst. Air
musical propre à une émission de radio.
– Ling. Mode de la conjugaison indiquant
que celui qui parle considère ce qu'il dit
comme un fait qui se réalise et qui se situe
à une époque déterminée. 🐌 [ɛ̃dikatif, -iv].

INDICATION, subst. f.
Action d'indiquer. – Ce qui révèle, indice.
– Information, renseignement. – Cas pour
lequel un médicament est recommandé :
Indication thérapeutique. 🐌 [ɛ̃dikasjɔ̃].

INDICE, subst. m.
Signe révélateur de l'existence probable
de qqch. – Grandeur numérique exprimant
un rapport. – Chiffre montrant une évolution : *Indice des prix.* 🐌 [ɛ̃dis].

INDIFFÉRENCE, subst. f.
Absence d'intérêt pour qqch. ou pour qqn.
– Insensibilité. 🐌 [ɛ̃difeʀɑ̃s].

INDIFFÉRENT, ENTE, adj. et subst.
Qui n'éprouve aucun attachement pour qqn
ou qqch. ; insensible. – Adj. Qui ne présente
aucun intérêt ou aucun motif de préférence.
🐌 [ɛ̃difeʀɑ̃, -ɑ̃t].

INDIGÈNE, adj. et subst.
Originaire du pays où il vit. 🐌 [ɛ̃diʒɛn].

INDIGENT, ENTE, adj. et subst.
Pauvre, dénué de tout. 🐌 [ɛ̃diʒɑ̃, -ɑ̃t].

INDIGESTE, adj.
Difficile à digérer. 🐌 [ɛ̃diʒɛst].

INDIGESTION, subst. f.
Trouble de la digestion. – Fig. Dégoût,
saturation. 🐌 [ɛ̃diʒɛstjɔ̃].

INDIGNATION, subst. f.
Sentiment de colère causé par une injustice,
une action honteuse. 🐌 [ɛ̃diɲasjɔ̃].

INDIGNE, adj.
Qui n'est pas digne de. – Déshonorant,
honteux. 🐌 [ɛ̃diɲ].

INDIGNER, verbe trans. [3]
Provoquer l'indignation de. 🐌 [ɛ̃diɲe].

INDIGO, subst. m.
Teinture bleue. – Empl. adj. inv. D'un bleu
violacé : *Des jupes indigo.* 🐌 [ɛ̃digo].

INDIQUER, verbe trans. [3]
Montrer, désigner. – Faire savoir. – Être le
signe de. 🐌 [ɛ̃dike].

INDIRECT, ECTE, adj.
Qui n'agit pas directement. – Qui ne se
meut pas en ligne droite. – Ling. *Complément d'objet* indirect *d'un verbe* : qui est
introduit par une préposition. 🐌 [ɛ̃diʀɛkt].

INDISCIPLINÉ, ÉE, adj.
Qui manque de discipline, qui ne respecte
pas les règles. 🐌 [ɛ̃disipline].

INDISCRET, ÈTE, adj. et subst.
Qui révèle ce qu'il devrait taire. – Adj.
Curieux. 🐌 [ɛ̃diskʀɛ, -ɛt].

INDISCRÉTION, subst. f.
Manque de discrétion ; curiosité déplacée.
– Révélation d'un secret. 🐌 [ɛ̃diskʀesjɔ̃].

INDISCUTABLE, adj.
Qui s'impose sans discussion. 🐌 [ɛ̃diskytabl].

INDISPENSABLE, adj.
Dont on ne peut se passer. 🐌 [ɛ̃dispɑ̃sabl].

INDISPONIBLE, adj.
Qu'on ne peut utiliser librement. – Qui est
occupé, réservé. 🐌 [ɛ̃disponibl].

INDISPOSER, verbe trans. [3]
Causer un léger malaise à (qqn). – Déplaire, choquer, voire irriter. 🔊 [ɛ̃dispoze].

INDISTINCT, INCTE, adj.
Que l'on distingue mal, qui n'est pas net. – Confus. 🔊 [ɛ̃distɛ̃(kt), -ɛ̃kt].

INDIVIDU, subst. m.
Spécimen animal, animal ou végétal, d'une espèce. – Être humain, pris isolément. – Personne quelconque. 🔊 [ɛ̃dividy].

INDIVIDUALISME, subst. m.
Attitude d'une personne qui s'accorde à elle-même la préférence, plutôt qu'à la collectivité. 🔊 [ɛ̃dividɥalism].

INDIVIDUEL, ELLE, adj.
Qui appartient à l'individu. – Destiné à un seul individu. 🔊 [ɛ̃dividɥɛl].

INDIVISIBLE, adj.
Qu'on ne peut diviser. 🔊 [ɛ̃divizibl].

INDO-EUROPÉEN, ENNE, adj. et subst. m.
Se dit d'un groupe de langues européennes et asiatiques d'origine commune, et des peuples qui les parlent. 🔊 [ɛ̃doøʀɔpeɛ̃, -ɛn].

INDOLENCE, subst. f.
Nonchalance, mollesse. 🔊 [ɛ̃dɔlɑ̃s].

INDOLORE, adj.
Qui n'est pas douloureux. 🔊 [ɛ̃dɔlɔʀ].

INDOMPTABLE, adj.
Qu'on ne peut pas dompter. – Qu'on ne peut dominer ni asservir. 🔊 [ɛ̃dɔ̃(p)tabl].

INDUBITABLE, adj.
Dont on ne peut douter. 🔊 [ɛ̃dybitabl].

INDUIRE, verbe trans. [69]
Porter à, inciter : *Induire qqn en erreur*, le tromper. – Avoir pour conséquence, provoquer. – Conclure. 🔊 [ɛ̃dɥiʀ].

INDULGENCE, subst. f.
Inclination, facilité à pardonner, à excuser. 🔊 [ɛ̃dylʒɑ̃s].

INDÛMENT, adv.
D'une manière injustifiée. 🔊 [ɛ̃dymɑ̃].

INDUSTRIALISER, verbe trans. [3]
Équiper (une région, un pays) d'usines, d'industries. 🔊 [ɛ̃dystʀijalize].

INDUSTRIE, subst. f.
Ensemble des activités et des moyens mis en œuvre pour extraire des matières premières et les transformer en produits fabriqués. 🔊 [ɛ̃dystʀi].

INDUSTRIEL, IELLE, adj. et subst. m.
Adj. Qui concerne les industries. – Subst. Personne qui possède ou qui dirige une entreprise industrielle. 🔊 [ɛ̃dystʀijɛl].

INÉBRANLABLE, adj.
Qu'on ne peut ébranler. 🔊 [inebʀɑ̃labl].

INÉDIT, ITE, adj. et subst. m.
Se dit d'une œuvre non encore éditée. – Adj. Nouveau, original. 🔊 [inedi, -it].

INEFFABLE, adj.
Si beau, si agréable qu'on ne peut l'exprimer (littér.). 🔊 [inefabl].

INEFFICACE, adj.
Sans efficacité. 🔊 [inefikas].

INÉGAL, ALE, AUX, adj.
Qui n'est pas égal à une autre chose ou à une autre personne. – Qualifie une surface qui n'est pas unie. – Variable (en parlant de l'humeur, du temps). – Irrégulier : *Un pouls inégal* ; *Un style inégal*. 🔊 [inegal].

INÉGALITÉ, subst. f.
Caractère de ce qui est inégal. 🔊 [inegalite].

INÉLIGIBLE, adj.
Qui ne peut être élu, en vertu d'une loi ou d'un règlement. 🔊 [ineliʒibl].

INÉLUCTABLE, adj.
Inévitable. 🔊 [inelyktabl].

INÉNARRABLE, adj.
Qu'on ne peut raconter. – Extrêmement drôle, extraordinaire. 🔊 [inenaʀabl].

INEPTE, adj.
Dénué de sens. – Idiot. 🔊 [inɛpt].

INÉPUISABLE, adj.
Qu'on ne peut épuiser. 🔊 [inepɥizabl].

INERTE, adj.
Dépourvu d'énergie et de mouvement propre. – Immobile. 🔊 [inɛʀt].

INERTIE, subst. f.
Absence d'énergie, physique ou morale. – *Phys.* Propriété qu'ont les corps de ne pouvoir modifier d'eux-mêmes leur état de mouvement. 🔊 [inɛʀsi].

INESPÉRÉ, ÉE, adj.
Que l'on n'espérait pas. 🔊 [inɛspeʀe].

INESTIMABLE, adj.
Que l'on ne peut estimer. – Très précieux : *Un bien inestimable*. 🔊 [inɛstimabl].

INÉVITABLE, adj.
Impossible à éviter. 🔊 [inevitabl].

INEXACT, ACTE, adj.
Qui n'est pas exact, en parlant d'un calcul, d'un raisonnement ; infidèle. – Qui n'arrive pas à l'heure. 🔊 [inɛgza(kt), -akt].

INEXISTANT, ANTE, adj.
Qui n'existe pas. – Négligeable, sans importance. 🔊 [inɛgzistɑ̃, -ɑ̃t].

INEXORABLE, adj.
Qui est impitoyable, implacable : *Personne, destin inexorables*. 🔊 [inɛgzɔʀabl].

INEXPÉRIENCE, subst. f.
Manque d'expérience. 🔊 [inɛkspeʀjɑ̃s].

INEXPLICABLE, adj.
Qui ne peut être expliqué. – Énigmatique, étrange. 🔊 [inɛksplikabl].

INEXPRESSIF, IVE, adj.
Qui n'est pas expressif. 🔊 [inɛkspʀesif, -iv].

INEXPRIMABLE, adj.
Qui ne peut être exprimé. 🔊 [inɛkspʀimabl].

IN EXTREMIS, loc. adv.
Au dernier moment. 🔊 [inɛkstʀemis].

INEXTRICABLE, adj.
Qu'on ne peut démêler, enchevêtré. – Dont on ne peut sortir : *Une forêt inextricable*. – *Fig.* Insoluble. 🔊 [inɛkstʀikabl].

INFAILLIBLE, adj.
Qui ne peut commettre d'erreur. – Assuré, qui réussit toujours. 🔊 [ɛ̃fajibl].

INFAISABLE, adj.
Impossible à faire. 🔊 [ɛ̃fəzabl].

INFAMANT, ANTE, adj.
Déshonorant. 🔊 [ɛ̃famɑ̃, -ɑ̃t].

INFÂME, adj.
Méprisable, odieux. – Immonde, sordide : Un taudis infâme. 🔊 [ɛ̃fɑm].

INFAMIE, subst. f.
Atteinte à la réputation de qqn, honte. – Action, parole infâmes. 🔊 [ɛ̃fami].

INFANT, ANTE, subst.
Titre officiel des enfants royaux du Portugal et d'Espagne. 🔊 [ɛ̃fɑ̃, -ɑ̃t].

INFANTERIE, subst. f.
Ensemble des unités de fantassins, qui combattent à pied. 🔊 [ɛ̃fɑ̃tʀi].

INFANTILE, adj.
Relatif à l'enfant en bas âge. – Puéril : Une attitude infantile. 🔊 [ɛ̃fɑ̃til].

INFARCTUS, subst. m.
Nécrose d'un tissu due à un trouble de la circulation sanguine : Infarctus du myocarde, lésion du muscle cardiaque. 🔊 [ɛ̃faʀktys].

INFATIGABLE, adj.
Résistant, inlassable. 🔊 [ɛ̃fatigabl].

INFÉCOND, ONDE, adj.
Stérile, improductif. 🔊 [ɛ̃fekɔ̃, -ɔ̃d].

INFECT, ECTE, adj.
Souillé, nauséabond. – Très mauvais au goût. – Fig. Ignoble, répugnant. 🔊 [ɛ̃fɛkt].

INFECTER, verbe trans. [3]
Contaminer par des germes infectieux. – Souiller, empester. – Pronom. Être contaminé : Plaie qui s'infecte. 🔊 [ɛ̃fɛkte].

INFECTIEUX, IEUSE, adj.
Qui transmet une infection. – Qui s'accompagne d'une infection. 🔊 [ɛ̃fɛksjø, -jøz].

INFECTION, subst. f.
Pénétration et développement de germes pathogènes dans l'organisme : Une infection microbienne. – Puanteur. 🔊 [ɛ̃fɛksjɔ̃].

INFÉRIEUR, IEURE, adj. et subst.
Adj. Situé plus bas. – Dont la quantité, la valeur, le rang est plus bas. – Subst. Subalterne. 🔊 [ɛ̃feʀjœʀ].

INFÉRIORITÉ, subst. f.
État de ce qui est inférieur en rang, en valeur, en mérite. – Complexe d'infériorité : sentiment d'une personne qui se sous-estime. – Handicap. 🔊 [ɛ̃feʀjɔʀite].

INFERNAL, ALE, AUX, adj.
Relatif à l'enfer, aux Enfers. – Qui est inspiré par le démon, par le mal. – Insupportable. 🔊 [ɛ̃fɛʀnal].

INFESTER, verbe trans. [3]
Envahir un lieu et y provoquer une gêne, une nuisance. 🔊 [ɛ̃fɛste].

INFIDÈLE, adj. et subst.
Qui ne respecte pas ses engagements conjugaux ou amoureux. – Qui ne croit pas au Dieu tenu pour vrai (vieilli). – Adj. Inexact : Une traduction infidèle. 🔊 [ɛ̃fidɛl].

INFILTRER, verbe trans. [3]
Réussir à entrer clandestinement dans (un groupe) pour obtenir des renseignements : Infiltrer un réseau. – Pronom. Pénétrer en s'insinuant, comme à travers un filtre. – Fig. S'introduire, se glisser dans. 🔊 [ɛ̃filtʀe].

INFIME, adj.
Minuscule ; imperceptible. 🔊 [ɛ̃fim].

INFINI, IE, adj. et subst. m.
Sans bornes, sans limites. – Immense, considérable. – Loc. adv. À l'infini : sans fin. 🔊 [ɛ̃fini].

INFINITÉ, subst. f.
Caractère de ce qui est infini (littér.). – Très grand nombre, multitude. 🔊 [ɛ̃finite].

INFINITÉSIMAL, ALE, AUX, adj.
Extrêmement petit. 🔊 [ɛ̃finitezimal].

INFINITIF, subst. m.
Forme nominale d'un verbe. 🔊 [ɛ̃finitif].

INFIRME, adj. et subst.
Qui est atteint d'une infirmité, handicapé. 🔊 [ɛ̃fiʀm].

INFIRMER, verbe trans. [3]
Démentir, contredire. 🔊 [ɛ̃fiʀme].

INFIRMERIE, subst. f.
Local où l'on donne les premiers soins à des malades, à des blessés. 🔊 [ɛ̃fiʀm(ə)ʀi].

INFIRMIER, IÈRE, subst.
Personne dont la profession est d'assurer les soins prodigués aux malades et aux blessés sur prescription médicale. – Empl. adj. Soins infirmiers. 🔊 [ɛ̃fiʀmje, -jɛʀ].

INFIRMITÉ, subst. f.
État d'une personne qui a un handicap physique. 🔊 [ɛ̃fiʀmite].

INFLAMMABLE, adj.
Qui s'enflamme facilement. 🔊 [ɛ̃flamabl].

INFLAMMATION, subst. f.
Réaction locale (chaleur, douleur, rougeur et tuméfaction) d'un organisme agressé par un agent pathogène. 🔊 [ɛ̃flamasjɔ̃].

INFLATION, subst. f.
Phénomène monétaire qui se traduit par une hausse constante des prix. 🔊 [ɛ̃flasjɔ̃].

INFLÉCHIR, verbe trans. [19]
Changer le cours, l'orientation de. – Pronom. Se courber. 🔊 [ɛ̃fleʃiʀ].

INFLEXIBLE, adj.
Que rien ne peut fléchir. 🔊 [ɛ̃flɛksibl].

INFLEXION, subst. f.
Action de fléchir. – Changement d'orientation : L'inflexion d'une politique. – Changement dans l'intonation. 🔊 [ɛ̃flɛksjɔ̃].

INFLIGER, verbe trans. [5]
Appliquer, faire subir (qqch. de déplaisant à qqn). 🔊 [ɛ̃fliʒe].

INFLUENCE, subst. f.
Action exercée sur une personne ou sur une chose. 🕮 [ɛ̃flyɑ̃s].

INFLUENCER, verbe trans. [4]
Exercer une influence sur. 🕮 [ɛ̃flyɑ̃se].

INFLUER, verbe intrans. [3]
Influer *sur* : exercer une action déterminante sur. 🕮 [ɛ̃flye].

INFLUX, subst. m.
Influx *nerveux* : ensemble des phénomènes qui transmettent une excitation aux éléments nerveux. 🕮 [ɛ̃fly].

INFORMATICIEN, IENNE, subst.
Personne dont la profession est l'informatique. 🕮 [ɛ̃fɔʀmatisjɛ̃, -jɛn].

INFORMATION, subst. f.
Renseignement, documentation sur une affaire, une question. – Nouvelle communiquée au public par les médias. 🕮 [ɛ̃fɔʀmasjɔ̃].

INFORMATIQUE, adj. et subst. f.
Subst. Science du traitement automatique de l'information. – Ensemble des outils (ordinateurs, logiciels) autorisant ce traitement. – Adj. Relatif à l'**informatique**. 🕮 [ɛ̃fɔʀmatik].

INFORMATISER, verbe trans. [3]
Équiper de moyens informatiques (une activité, une entreprise). 🕮 [ɛ̃fɔʀmatize].

INFORME, adj.
Qui n'a pas de forme définie. – Dont les formes sont disgracieuses. 🕮 [ɛ̃fɔʀm].

INFORMER, verbe trans. [3]
Renseigner, mettre au courant. 🕮 [ɛ̃fɔʀme].

INFORTUNE, subst. f.
Adversité, épreuve, malchance. 🕮 [ɛ̃fɔʀtyn].

INFRA-, préfixe
Exprime l'idée d'« en dessous de », d'« au bas de ». 🕮 [ɛ̃fʀa-].

INFRACTION, subst. f.
Violation d'un règlement, d'une loi, d'un contrat. 🕮 [ɛ̃fʀaksjɔ̃].

INFRANCHISSABLE, adj.
Qu'on ne peut franchir. 🕮 [ɛ̃fʀɑ̃ʃisabl].

INFRAROUGE, adj. et subst. m.
Se dit d'un rayonnement invisible dont la longueur d'onde est inférieure à celle de la lumière rouge visible. 🕮 [ɛ̃fʀaʀuʒ].

INFRASON, subst. m.
Son dont la fréquence est inférieure aux fréquences audibles. 🕮 [ɛ̃fʀasɔ̃].

INFRASTRUCTURE, subst. f.
Partie inférieure des fondations d'une construction. – Ensemble des constructions, des équipements routiers et ferroviaires. – Ensemble des installations au sol, dans l'aviation. 🕮 [ɛ̃fʀastʀyktyʀ].

INFRUCTUEUX, EUSE, adj.
Sans résultat. 🕮 [ɛ̃fʀyktɥø, -øz].

INFUSER, verbe [3]
Trans. Laisser tremper une substance dans un liquide pour qu'il se charge des principes, des arômes qu'elle contient. – Trans.

mettre : Infuser *du courage à qqn.* – Intrans. Le thé infuse. 🕮 [ɛ̃fyze].

INFUSION, subst. f.
Action d'infuser une plante. – Boisson infusée : *Une infusion de tilleul.* 🕮 [ɛ̃fyzjɔ̃].

INGÉNIER (S'), verbe pronom. [6]
Mettre en œuvre toutes ses ressources pour parvenir à un résultat. 🕮 [ɛ̃ʒenje].

INGÉNIEUR, subst. m.
Personne, de formation scientifique et technique, apte à diriger des travaux publics, des productions industrielles. 🕮 [ɛ̃ʒenjœʀ].

INGÉNIEUX, IEUSE, adj.
Qui a l'esprit inventif. – Astucieux, en parlant d'un dispositif. 🕮 [ɛ̃ʒenjø, -jøz].

INGÉNIOSITÉ, subst. f.
Qualité d'une personne ingénieuse ou de ce qui est ingénieux. 🕮 [ɛ̃ʒenjozite].

INGÉNU, UE, adj. et subst.
Se dit d'une personne simple jusqu'à la naïveté. 🕮 [ɛ̃ʒeny].

INGÉRENCE, subst. f.
Fait de s'ingérer, de s'immiscer. 🕮 [ɛ̃ʒeʀɑ̃s].

INGÉRER, verbe trans. [8]
Introduire (des aliments) dans son organisme par la bouche. – Pronom. Intervenir, s'immiscer dans une affaire. 🕮 [ɛ̃ʒeʀe].

INGRAT, ATE, adj. et subst.
Qui n'a aucune reconnaissance pour les bienfaits reçus. – Adj. Dépourvu d'agrément ; difficile ; aride, stérile. 🕮 [ɛ̃gʀa, -at].

INGRÉDIENT, subst. m.
Élément d'un mélange. 🕮 [ɛ̃gʀedjɑ̃].

INGURGITER, verbe trans. [3]
Avaler rapidement, presque sans mâcher. 🕮 [ɛ̃gyʀʒite].

INHABITÉ, ÉE, adj.
Qui n'est pas habité. – Déserté. 🕮 [inabite].

INHABITUEL, ELLE, adj.
Qui n'est pas habituel. 🕮 [inabitɥɛl].

INHALER, verbe trans. [3]
Inspirer (un gaz, des vapeurs). 🕮 [inale].

INHÉRENT, ENTE, adj.
Lié à, inséparable de. 🕮 [ineʀɑ̃, -ɑ̃t].

INHIBÉ, ÉE, adj.
Stoppé par une inhibition. – Bloqué, dont la volonté est comme paralysée ; timide. 🕮 [inibe].

INHIBITION, subst. f.
Suspension ou ralentissement d'un processus chimique, physiologique ou psychologique. 🕮 [inibisjɔ̃].

INHUMAIN, AINE, adj.
Qui n'a rien d'humain. – Extrêmement pénible. – Cruel. 🕮 [inymɛ̃, -ɛn].

INHUMER, verbe trans. [3]
Mettre (un corps humain) en terre ou dans un tombeau, avec un cérémonial approprié. 🕮 [inyme].

INIMAGINABLE, adj.
Qu'on ne peut concevoir. 🕮 [inimaʒinabl].

249

INIMITABLE, adj.
Impossible à imiter. 🕮 [inimitabl].

INIMITIÉ, subst. f.
Hostilité. 🕮 [inimitje].

ININTELLIGIBLE, adj.
Incompréhensible. 🕮 [inɛ̃teliʒibl].

ININTERROMPU, UE, adj.
Qui s'enchaîne sans interruption (dans l'espace ou le temps), continu. 🕮 [inɛ̃teʀɔ̃py].

INIQUITÉ, subst. f.
Manque d'équité, injustice. 🕮 [inikite].

INITIAL, ALE, AUX, adj. et subst. f.
Adj. Qui est au commencement, à l'origine. – Subst. Première lettre d'un mot ; au plur., premières lettres du nom et du prénom de qqn : *Parapher de ses* initiales. 🕮 [inisjal].

INITIATIVE, subst. f.
Action de se décider, d'agir le premier. – Qualité de qqn qui ose. 🕮 [inisjativ].

INITIER, verbe trans. [6]
Faire accéder (qqn) à un savoir secret ou difficile. – Enseigner les premiers rudiments de qqch. à (qqn). 🕮 [inisje].

INJECTER, verbe trans. [3]
Introduire (un fluide, en jet ou sous pression) dans qqch. 🕮 [ɛ̃ʒɛkte].

INJECTION, subst. f.
Action d'injecter. – Le produit injecté : *Une* injection *d'antibiotiques*. 🕮 [ɛ̃ʒɛksjɔ̃].

INJONCTION, subst. f.
Ordre exprès. 🕮 [ɛ̃ʒɔ̃ksjɔ̃].

INJURE, subst. f.
Parole outrageante, insulte. 🕮 [ɛ̃ʒyʀ].

INJURIER, verbe trans. [6]
Offenser par des injures. 🕮 [ɛ̃ʒyʀje].

INJUSTE, adj.
Qui n'est pas conforme à la justice ou à l'équité. – Qui agit contre la justice ou l'équité. 🕮 [ɛ̃ʒyst].

INJUSTICE, subst. f.
Manque de justice, iniquité. – Acte injuste. 🕮 [ɛ̃ʒystis].

INJUSTIFIÉ, ÉE, adj.
Qui n'est pas justifié, qui est non fondé ou mal fondé. 🕮 [ɛ̃ʒystifje].

INLASSABLE, adj.
Qui ne se lasse pas. 🕮 [ɛ̃lɑsabl].

INNÉ, ÉE, adj.
Qui appartient à la nature d'un être vivant sans être acquis par apprentissage. 🕮 [ine].

INNERVATION, subst. f.
Distribution des nerfs dans un tissu, dans un organe. 🕮 [inɛʀvasjɔ̃].

INNOCENCE, subst. f.
Ignorance du mal, pureté. – Naïveté, candeur. – État d'une personne qui n'est pas coupable. 🕮 [inɔsɑ̃s].

INNOCENTER, verbe trans. [3]
Déclarer innocent. – Prouver l'innocence de. 🕮 [inɔsɑ̃te].

INNOMBRABLE, adj.
Dont les éléments sont trop nombreux pour être dénombrés, comptés. 🕮 [i(n)nɔ̃bʀabl].

INNOVER, verbe intrans. [3]
Introduire du nouveau dans un domaine spécifique. 🕮 [inɔve].

INOCCUPÉ, ÉE, adj.
Qui n'est ni occupé ni réservé. – Qui n'a pas d'occupation, d'activité. 🕮 [inɔkype].

INOCULER, verbe trans. [3]
Introduire (un germe) dans l'organisme par voie sanguine ou lymphatique. 🕮 [inɔkyle].

INODORE, adj.
Qui n'a pas d'odeur. 🕮 [inɔdɔʀ].

INOFFENSIF, IVE, adj.
Qui est sans danger. 🕮 [inɔfɑ̃sif, -iv].

INONDATION, subst. f.
Débordement des eaux, qui inondent l'espace environnant. 🕮 [inɔ̃dasjɔ̃].

INONDER, verbe trans. [3]
Recouvrir d'une grande masse d'eau. – Fig. Envahir. 🕮 [inɔ̃de].

INOPINÉ, ÉE, adj.
Imprévu, inattendu. 🕮 [inɔpine].

INOPPORTUN, UNE, adj.
Qui n'est pas opportun. – Maladroit, regrettable. 🕮 [inɔpɔʀtœ̃, -yn].

INOUBLIABLE, adj.
Qu'on ne peut oublier. 🕮 [inublijabl].

INOUÏ, ÏE, adj.
Extraordinaire, incroyable. 🕮 [inwi].

INQUALIFIABLE, adj.
Indigne. 🕮 [ɛ̃kalifjabl].

INQUIET, IÈTE, adj.
Tourmenté, soucieux. 🕮 [ɛ̃kjɛ, -jɛt].

INQUIÉTER, verbe trans. [8]
Remplir d'inquiétude. – Tracasser. – Pronom. Être en proie à l'inquiétude. – Se soucier de. 🕮 [ɛ̃kjete].

INQUIÉTUDE, subst. f.
État de crainte, de peur face à un danger ou à un échec possibles. 🕮 [ɛ̃kjetyd].

INQUISITION, subst. f.
Enquête arbitraire, vexatoire. 🕮 [ɛ̃kizisjɔ̃].

INSAISISSABLE, adj.
Que l'on ne peut saisir. – Que l'on ne peut percevoir, comprendre. 🕮 [ɛ̃sezisabl].

INSALUBRE, adj.
Qui nuit à la santé, malsain. 🕮 [ɛ̃salybʀ].

INSANITÉ, subst. f.
Ce qui est contraire au bon sens. – Acte ou propos ridicules. 🕮 [ɛ̃sanite].

INSATIABLE, adj.
Qui ne peut être rassasié. 🕮 [ɛ̃sasjabl].

INSATISFAIT, AITE, adj.
Qui n'est pas satisfait. 🕮 [ɛ̃satisfɛ, -ɛt].

INSCRIPTION, subst. f.
Texte écrit ou gravé, commémorant un événement. – Action d'inscrire ou de s'inscrire sur une liste. 🕮 [ɛ̃skʀipsjɔ̃].

INSCRIRE, verbe trans. [67]
Graver. – Écrire (son nom, une annotation) sur. – Pronom. Adhérer à. – S'insérer, se situer. 🕮 [ɛ̃skʀiʀ].

INSECTE, subst. m.
Invertébré qui possède trois paires de pattes et dont le corps est divisé en trois parties : la tête, le thorax et l'abdomen. 🔊 [ɛ̃sɛkt].

INSECTICIDE, adj. et subst. m.
Se dit d'un produit qui tue les insectes. 🔊 [ɛ̃sɛktisid].

INSECTIVORE, adj. et subst. m.
Se dit d'un animal qui se nourrit d'insectes. – Subst. plur. Ordre de mammifères comprenant la taupe, le hérisson, etc., qui se nourrissent d'insectes. 🔊 [ɛ̃sɛktivɔʀ].

INSÉCURITÉ, subst. f.
Manque de sécurité. 🔊 [ɛ̃sekyʀite].

INSÉMINATION, subst. f.
Dépôt de sperme dans les voies génitales d'une femelle. 🔊 [ɛ̃seminasjɔ̃].

INSENSÉ, ÉE, adj. et subst.
Qui est contraire au bon sens. – Extravagant. 🔊 [ɛ̃sɑ̃se].

INSENSIBILISER, verbe trans. [3]
Rendre insensible à la douleur ; anesthésier. 🔊 [ɛ̃sɑ̃sibilize].

INSENSIBLE, adj.
Qui n'éprouve aucune sensation. – Qui n'éprouve aucun sentiment. – Imperceptible : *Différence* insensible. 🔊 [ɛ̃sɑ̃sibl].

INSÉPARABLE, adj. et subst.
Adj. Qu'on ne peut séparer, indissociable. – Adj. plur. et subst. plur. Qui sont toujours ensemble. 🔊 [ɛ̃sepaʀabl].

INSÉRER, verbe trans. [8]
Introduire, intercaler dans qqch. 🔊 [ɛ̃seʀe].

INSERTION, subst. f.
Action d'insérer ; son résultat. – Fait de s'insérer dans un groupe, un milieu social différent. 🔊 [ɛ̃sɛʀsjɔ̃].

INSIDIEUX, IEUSE, adj.
Qui agit comme un piège. – Qui se répand de manière sournoise. 🔊 [ɛ̃sidjø, -jøz].

INSIGNE, adj. et subst. m.
Adj. Remarquable : *J'ai l'insigne honneur de.* – Subst. Signe extérieur d'un grade, d'une dignité, de l'appartenance à un groupe. 🔊 [ɛ̃siɲ].

INSIGNIFIANT, ANTE, adj.
Sans importance. – Banal. 🔊 [ɛ̃siɲifjɑ̃, -ɑ̃t].

INSINUATION, subst. f.
Façon adroite de dire qqch. sans l'exprimer ouvertement. – Sous-entendu. 🔊 [ɛ̃sinɥasjɔ̃].

INSINUER, verbe trans. [3]
Donner à entendre (qqch.) par insinuation. – Pronom. Se glisser. 🔊 [ɛ̃sinɥe].

INSIPIDE, adj.
Sans saveur. – Fig. Ennuyeux. 🔊 [ɛ̃sipid].

INSISTER, verbe intrans. [3]
Mettre l'accent sur une idée, une action. – Persister dans une démarche, un point de vue. 🔊 [ɛ̃siste].

INSOLATION, subst. f.
Exposition aux rayons solaires. – Trouble provoqué par une trop longue exposition au soleil. 🔊 [ɛ̃sɔlasjɔ̃].

INSOLENCE, subst. f.
Audace excessive, provocatrice. – Attitude ou parole irrespectueuses. 🔊 [ɛ̃sɔlɑ̃s].

INSOLITE, adj.
Qui étonne. – Bizarre. 🔊 [ɛ̃sɔlit].

INSOLUBLE, adj.
Qui ne peut se dissoudre dans un liquide. – Qu'on ne peut résoudre. 🔊 [ɛ̃sɔlybl].

INSOLVABLE, adj.
Qui n'a pas les moyens de payer ses créanciers. 🔊 [ɛ̃sɔlvabl].

INSOMNIE, subst. f.
État d'une personne qui ne peut trouver le sommeil. 🔊 [ɛ̃sɔmni].

INSONDABLE, adj.
Dont on ne peut mesurer la profondeur. – Fig. Incompréhensible. 🔊 [ɛ̃sɔdabl].

INSONORISER, verbe trans. [3]
Isoler du bruit. – Rendre moins sonore. 🔊 [ɛ̃sɔnɔʀize].

INSOUCIANCE, subst. f.
Manière d'être légère et frivole, sans préoccupation de l'avenir. 🔊 [ɛ̃susjɑ̃s].

INSOUMIS, ISE, adj. et subst.
Qui ne se soumet à aucune autorité. – Subst. masc. Milit. Qui a refusé de rejoindre son corps d'armée. 🔊 [ɛ̃sumi, -iz].

INSOUTENABLE, adj.
Qu'on ne peut supporter. – Qu'on ne peut défendre. 🔊 [ɛ̃sut(ə)nabl].

INSPECTER, verbe trans. [3]
Regarder avec attention, examiner minutieusement. 🔊 [ɛ̃spɛkte].

INSPECTEUR, TRICE, subst.
Personne chargée officiellement d'effectuer des contrôles. 🔊 [ɛ̃spɛktœʀ, -tʀis].

INSPIRATION, subst. f.
Phase de la respiration où l'on fait pénétrer de l'air dans les poumons. – Idée soudaine, créatrice. 🔊 [ɛ̃spiʀasjɔ̃].

INSPIRER, verbe trans. [3]
Faire entrer (de l'air) dans les poumons. – Suggérer (une pensée, une action, une œuvre) ; faire naître, susciter (un sentiment). – Pronom. S'inspirer de : tirer des idées de. 🔊 [ɛ̃spiʀe].

INSTABLE, adj.
Qui n'est pas stable. – Fig. Qui est sujet au changement. 🔊 [ɛ̃stabl].

INSTALLER, verbe trans. [3]
Placer, disposer (qqn ou qqch.). – Équiper un lieu. – Pronom. S'établir en un lieu : *S'installer à la campagne.* 🔊 [ɛ̃stale].

INSTAMMENT, adv.
D'une manière urgente. 🔊 [ɛ̃stamɑ̃].

INSTANCE, subst. f.
Sollicitation pressante. – Procédure judiciaire. – Autorité décisionnaire. 🔊 [ɛ̃stɑ̃s].

INSTANT, subst. m.
Intervalle de temps très bref. – *À l'instant* : immédiatement ; *Par* instants : de temps en temps. – Loc. conj. *Dès l'instant que, où* : à partir du moment où. 🔊 [ɛ̃stɑ̃].

INSTANTANÉ, ÉE, adj.
Qui se produit immédiatement, en un instant très court. 🔊 [ɛ̃stɑ̃tane].

INSTAR DE (À L'), loc. prép.
À la manière de (littér.). 🔊 [alɛ̃staʀdə].

INSTAURER, verbe trans. [3]
Fonder, établir pour la première fois : Instaurer *une mode*. 🔊 [ɛ̃stɔʀe].

INSTIGATEUR, TRICE, subst.
Personne qui pousse à faire qqch. – Inspirateur. 🔊 [ɛ̃stigatœʀ, -tʀis].

INSTILLER, verbe trans. [3]
Faire pénétrer goutte à goutte (un liquide) dans qqch. – Fig. Communiquer lentement, subrepticement une idée, un sentiment à qqn (littér.). 🔊 [ɛ̃stile].

INSTINCT, subst. m.
Comportement inné, mécanique et héréditaire. – Intuition. – Fig. Disposition particulière pour une activité. 🔊 [ɛ̃stɛ̃].

INSTITUER, verbe trans. [3]
Créer, établir (une institution, une coutume). – Nommer (qqn) par testament. 🔊 [ɛ̃stitɥe].

INSTITUT, subst. m.
Nom donné à certains établissements de recherche, d'enseignement ou de commerce. 🔊 [ɛ̃stity].

INSTITUTEUR, TRICE, subst.
Personne qui enseigne dans une école maternelle ou primaire. 🔊 [ɛ̃stitytœʀ, -tʀis].

INSTITUTION, subst. f.
Action de fonder qqch. – Ensemble de règles établies dans l'intérêt de la collectivité. – Organisme, établissement. – Plur. L'ensemble des formes et des structures politiques d'un pays. 🔊 [ɛ̃stitysjɔ̃].

INSTRUCTIF, IVE, adj.
Propre à instruire. 🔊 [ɛ̃stʀyktif, -iv].

INSTRUCTION, subst. f.
Action d'instruire. – Ensemble des connaissances acquises par qqn. – *Dr.* Procédure de mise en état d'être jugée, en parlant d'une affaire pénale. – Plur. Ordres, prescriptions. 🔊 [ɛ̃stʀyksjɔ̃].

INSTRUIRE, verbe trans. [69]
Communiquer des connaissances à (qqn). – Informer. – *Dr.* Procéder à l'instruction (d'une cause). 🔊 [ɛ̃stʀɥiʀ].

INSTRUMENT, subst. m.
Outil, dispositif servant à créer qqch., à exécuter une opération. – Instrument *de musique* : qui produit des sons. – Fig. Moyen pour parvenir à ses fins. 🔊 [ɛ̃stʀymɑ̃].

INSU DE (À L'), loc. prép.
Sans que cela soit su de. 🔊 [alɛ̃sydə].

INSUBMERSIBLE, adj.
Qui ne peut sombrer. 🔊 [ɛ̃sybmɛʀsibl].

INSUFFISANT, ANTE, adj.
Qui ne suffit pas. – Qui manque de compétences. 🔊 [ɛ̃syfizɑ̃, -ɑ̃t].

INSUFFLER, verbe trans. [3]
Communiquer par le souffle : Insuffler *la vie*. – Inspirer, transmettre. – *Méd.* Introduire (de l'air, un gaz) dans l'organisme. 🔊 [ɛ̃syfle].

INSULAIRE, adj. et subst.
Adj. Relatif à une île, à ses habitants. – Subst. Habitant d'une île. 🔊 [ɛ̃sylɛʀ].

INSULINE, subst. f.
Hormone du pancréas. 🔊 [ɛ̃sylin].

INSULTE, subst. f.
Action ou parole offensantes. 🔊 [ɛ̃sylt].

INSULTER, verbe trans. [3]
Agresser par des paroles ou des actes outrageants. – Choquer. 🔊 [ɛ̃sylte].

INSUPPORTABLE, adj.
Difficile à supporter. – Exaspérant, turbulent : 🔊 [ɛ̃sypɔʀtabl].

INSURGER (S'), verbe pronom. [5]
Se révolter. – Fig. Protester énergiquement. 🔊 [ɛ̃syʀʒe].

INSURMONTABLE, adj.
Qu'on ne peut surmonter. 🔊 [ɛ̃syʀmɔ̃tabl].

INSURRECTION, subst. f.
Action organisée, agressive et violente, contre un pouvoir ; révolte. 🔊 [ɛ̃syʀɛksjɔ̃].

INTACT, ACTE, adj.
Qui n'a subi aucun dommage, aucune altération ou modification. 🔊 [ɛ̃takt].

INTANGIBLE, adj.
Qu'on n'a pas le droit de toucher, de modifier. 🔊 [ɛ̃tɑ̃ʒibl].

INTARISSABLE, adj.
Inépuisable. – Fig. Qui n'en finit pas de parler. 🔊 [ɛ̃taʀisabl].

INTÉGRAL, ALE, AUX, adj.
Qui est complet, total. 🔊 [ɛ̃tegʀal].

INTÉGRALITÉ, subst. f.
Totalité. 🔊 [ɛ̃tegʀalite].

INTÉGRATION, subst. f.
Action d'intégrer, fait de s'intégrer à (un groupe, un milieu). 🔊 [ɛ̃tegʀasjɔ̃].

INTÈGRE, adj.
Honnête, incorruptible. 🔊 [ɛ̃tɛgʀ].

INTÉGRER, verbe trans. [8]
Incorporer dans un ensemble. 🔊 [ɛ̃tegʀe].

INTÉGRISME, subst. m.
Attitude qui prône le strict maintien d'une religion révélée dans sa tradition initiale. 🔊 [ɛ̃tegʀism].

INTÉGRITÉ, subst. f.
État de ce qui est entier, complet. – Qualité d'une personne intègre. 🔊 [ɛ̃tegʀite].

INTELLECT, subst. m.
Faculté de comprendre, intelligence, entendement. 🔊 [ɛ̃telɛkt].

INTELLECTUEL, ELLE, adj. et subst.
Adj. Qui relève de l'intellect. – Subst. Personne qui se consacre aux activités de l'esprit. 🔊 [ɛ̃telɛktɥel].

INTELLIGENCE, subst. f.
Faculté de saisir par la pensée. – Ensemble des facultés humaines relatives à la conception, à la connaissance, à la compréhension. – Accord, entente avec qqn : *Vivre en bonne* intelligence *avec qqn*. [ɛ̃teliʒɑ̃s].

INTELLIGIBLE, adj.
Qui peut être compris. [ɛ̃teliʒibl].

INTEMPÉRIE, subst. f.
Mauvais temps (gén. au plur.). [ɛ̃tɑ̃peri].

INTEMPESTIF, IVE, adj.
Mal à propos, déplacé. [ɛ̃tɑ̃pɛstif, -iv].

INTEMPOREL, ELLE, adj.
Qui est hors du temps, éternel. – Immatériel. [ɛ̃tɑ̃pɔrɛl].

INTENDANCE, subst. f.
Fonction d'une personne chargée d'administrer le patrimoine d'une collectivité ou d'un particulier. – Service qui gère les questions financières et matérielles, au sein d'une administration ou d'une entreprise. [ɛ̃tɑ̃dɑ̃s].

INTENSE, adj.
À un haut degré, fort. [ɛ̃tɑ̃s].

INTENSIF, IVE, adj.
Qui fait l'objet d'efforts soutenus : *Entraînement* intensif. [ɛ̃tɑ̃sif, -iv].

INTENSITÉ, subst. f.
Qualité de ce qui est intense. – Degré d'activité, de puissance, de force. [ɛ̃tɑ̃site].

INTENTION, subst. f.
Volonté d'accomplir qqch. ; projet. – But que l'on vise. – Loc. prép. *À l'intention de* : pour. [ɛ̃tɑ̃sjɔ̃].

INTENTIONNEL, ELLE, adj.
Qui est fait, conçu avec une intention déterminée. [ɛ̃tɑ̃sjɔnɛl].

INTERACTION, subst. f.
Influence réciproque de deux ou de plusieurs phénomènes. [ɛ̃tɛraksjɔ̃].

INTERCALER, verbe trans. [3]
Insérer dans une série constituée, dans un ensemble. [ɛ̃tɛrkale].

INTERCÉDER, verbe intrans. [8]
Intervenir en faveur de qqn, d'un projet. [ɛ̃tɛrsede].

INTERCEPTER, verbe trans. [3]
Arrêter au passage. – Se saisir de (qqch. qui était destiné à qqn d'autre). [ɛ̃tɛrsɛpte].

INTERCONNEXION, subst. f.
Mise en relation étroite de deux ou de plusieurs choses ou idées. [ɛ̃tɛrkɔnɛksjɔ̃].

INTERDICTION, subst. f.
Action d'interdire : Interdiction *d'afficher*. – Ce qui est interdit. [ɛ̃tɛrdiksjɔ̃].

INTERDIRE, verbe trans. [65]
Défendre (qqch.) à qqn ; ne pas permettre l'usage de. – Faire obstacle à. [ɛ̃tɛrdir].

INTERDIT, ITE, adj. et subst. m.
Adj. Frappé d'interdiction, défendu. – Décontenancé, stupéfait. – Subst. Interdiction. [ɛ̃tɛrdi, -it].

INTÉRESSÉ, ÉE, adj. et subst.
Qui est concerné. – Adj. Qui est guidé par son intérêt personnel. – Qui est inspiré par l'intérêt : *Service* intéressé. [ɛ̃terese].

INTÉRESSER, verbe trans. [3]
Retenir l'attention de, plaire à. – Associer (qqn) à une affaire, à un profit. – Concerner. – Pronom. Avoir de l'intérêt pour : S'intéresser *à l'actualité*. [ɛ̃terese].

INTÉRÊT, subst. m.
Attention que l'on porte à qqn ou à qqch. – Ce qui est utile, avantageux. – Plur. Somme que rapporte un prêt au prêteur. – Parts que l'on possède dans une affaire. [ɛ̃terɛ].

INTERFÉRENCE, subst. f.
Phys. Phénomène observé lorsque deux ondes se superposent. – Fait d'interférer. [ɛ̃tɛrferɑ̃s].

INTERFÉRER, verbe intrans. [8]
Se superposer, en parlant d'ondes. – Fig. Se recouper en se contrariant : *Actions qui* interfèrent. [ɛ̃tɛrfere].

INTÉRIEUR, IEURE, adj. et subst. m.
Adj. Situé au-dedans. – Qui a trait à l'esprit, à la vie psychologique. – Qui concerne une collectivité, un État : *Règlement* intérieur. – Subst. Le dedans. – Logement. – Vie, politique interne d'un pays : *Ministre de l'Intérieur*. [ɛ̃terjœr].

INTÉRIORISER, verbe trans. [3]
Garder pour soi, en soi. – Rendre plus intérieur, plus intime. [ɛ̃terjɔrize].

INTERJECTION, subst. f.
Mot invariable exprimant un sentiment, une émotion, un ordre : « *Aïe ! bravo ! bah !* » sont des interjections. [ɛ̃tɛrʒɛksjɔ̃].

INTERLOCUTEUR, TRICE, subst.
Personne qui s'entretient avec une autre. [ɛ̃tɛrlɔkytœr, -tris].

INTERLOQUER, verbe trans. [3]
Déconcerter, étonner. [ɛ̃tɛrlɔke].

INTERMÈDE, subst. m.
Divertissement présenté à l'entracte, au théâtre. – Ce qui interrompt le cours d'un processus. [ɛ̃tɛrmɛd].

INTERMÉDIAIRE, adj. et subst.
Adj. Qui est au milieu, entre. – Subst. Personne qui met en relation. [ɛ̃tɛrmedjɛr].

INTERMINABLE, adj.
Qui semble ne jamais devoir se terminer : *Une attente* interminable. [ɛ̃tɛrminabl].

INTERMITTENCE, subst. f.
Discontinuité dans un processus ; intervalle de temps. – Loc. adv. *Par intermittence* : à intervalles irréguliers. [ɛ̃tɛrmitɑ̃s].

INTERNAT, subst. m.
Situation d'un élève pensionnaire ; lieu où logent les internes. – Fonction d'interne des hôpitaux. [ɛ̃tɛrna].

INTERNATIONAL, ALE, AUX, adj.
Qui concerne les relations entre plusieurs nations. [ɛ̃tɛrnasjɔnal].

INTERNE, adj. et subst.
Adj. Qui est au-dedans. – Subst. Pensionnaire dans un établissement scolaire. – Étudiant en médecine. 🔊 [ɛ̃tɛʀn].

INTERNER, verbe trans. [3]
Emprisonner. – Enfermer dans un hôpital psychiatrique. 🔊 [ɛ̃tɛʀne].

INTERPELLER, verbe trans. [3]
Adresser brusquement la parole à qqn pour le questionner. – Attirer l'attention de, s'imposer à. 🔊 [ɛ̃tɛʀpəle].

INTERPOSER, verbe trans. [3]
Placer entre deux choses. – Pronom. Intervenir pour séparer deux adversaires. 🔊 [ɛ̃tɛʀpoze].

INTERPRÉTATION, subst. f.
Explication, commentaire. – Manière de dire un texte, de jouer un morceau de musique. 🔊 [ɛ̃tɛʀpʀetasjɔ̃].

INTERPRÉTER, verbe trans. [8]
Traduire. – Expliquer (qqch.) par référence à des choses connues, donner un sens à. – Jouer (un rôle, un morceau de musique). 🔊 [ɛ̃tɛʀpʀete].

INTERROGATIF, IVE, adj.
Qui exprime une interrogation : *Phrase interrogative*. 🔊 [ɛ̃teʀɔgatif, -iv].

INTERROGATION, subst. f.
Question, demande. – *Point d'*interrogation : signe de ponctuation (?) placé à la fin d'une phrase interrogative directe. 🔊 [ɛ̃teʀɔgasjɔ̃].

INTERROGATOIRE, subst. m.
Ensemble des questions posées par un magistrat, dans une affaire civile ou pénale. – Suite de questions. 🔊 [ɛ̃teʀɔgatwaʀ].

INTERROGER, verbe trans. [5]
Questionner. 🔊 [ɛ̃teʀɔʒe].

INTERROMPRE, verbe trans. [51]
Briser la continuité (d'un processus). – Couper la parole à (qqn). – Pronom. S'arrêter de faire qqch. 🔊 [ɛ̃teʀɔ̃pʀ].

INTERRUPTEUR, subst. m.
Dispositif permettant d'interrompre ou de rétablir le passage d'un courant électrique. 🔊 [ɛ̃teʀyptœʀ].

INTERRUPTION, subst. f.
Action d'interrompre ou de s'interrompre. – Son résultat. 🔊 [ɛ̃teʀypsjɔ̃].

INTERSECTION, subst. f.
Point de rencontre de deux lignes ou de deux surfaces qui se coupent. 🔊 [ɛ̃tɛʀsɛksjɔ̃].

INTERSTICE, subst. m.
Très petit espace entre les parties d'un tout. 🔊 [ɛ̃tɛʀstis].

INTERVALLE, subst. m.
Distance entre deux objets. – Durée qui sépare deux événements. – *Mus.* Écart entre deux sons. – Loc. adv. *Par* intervalles : de temps à autre. 🔊 [ɛ̃tɛʀval].

INTERVENIR, verbe intrans. [22]
Prendre part à un événement. – Prendre la parole dans une discussion. – User de son influence (auprès de qqn). – *Méd.* Opérer. 🔊 [ɛ̃tɛʀvəniʀ].

INTERVENTION, subst. f.
Action d'intervenir. – Opération chirurgicale. 🔊 [ɛ̃tɛʀvɑ̃sjɔ̃].

INTERVERTIR, verbe trans. [19]
Permuter, échanger. 🔊 [ɛ̃tɛʀvɛʀtiʀ].

INTERVIEW, subst. f.
Entretien mené par un journaliste dans l'intention de publier les déclarations de la personne interrogée. 🔊 [ɛ̃tɛʀvju].

INTESTIN, subst. m.
Partie du tube digestif qui fait suite à l'estomac. 🔊 [ɛ̃tɛstɛ̃].

INTIME, adj. et subst.
Qui est très proche de qqn. – Adj. Profond, personnel et caché. 🔊 [ɛ̃tim].

INTIMER, verbe trans. [3]
Déclarer impérativement, notifier : **Intimer** *l'ordre de.* 🔊 [ɛ̃time].

INTIMIDER, verbe trans. [3]
Troubler, rendre timide. – Inspirer de la crainte à. 🔊 [ɛ̃timide].

INTIMITÉ, subst. f.
Caractère intime, profond. – Relation étroite entre deux personnes. 🔊 [ɛ̃timite].

INTITULER, verbe trans. [3]
Donner un titre à (un texte, un livre, etc.). – Pronom. Avoir pour titre. – Se donner le titre, le nom de. 🔊 [ɛ̃tityle].

INTOLÉRANCE, subst. f.
Disposition hostile envers les personnes professant d'autres opinions. – Inaptitude de l'organisme à tolérer certains aliments ou médicaments. 🔊 [ɛ̃toleʀɑ̃s].

INTONATION, subst. f.
Ton, inflexion de la voix. 🔊 [ɛ̃tɔnasjɔ̃].

INTOUCHABLE, adj. et subst.
Qu'on n'a pas le droit de toucher, de condamner. – En Inde, se dit d'une personne considérée comme impure par sa naissance. 🔊 [ɛ̃tuʃabl].

INTOXICATION, subst. f.
Trouble provoqué par la présence d'un produit toxique dans l'organisme ; empoisonnement. – Fig. Influence insidieuse exercée sur les esprits par la propagande. 🔊 [ɛ̃tɔksikasjɔ̃].

INTOXIQUER, verbe trans. [3]
Empoisonner. – Fig. Influencer insidieusement. 🔊 [ɛ̃tɔksike].

INTRA-, préfixe
Préfixe qui signifie « à l'intérieur de ». 🔊 [ɛ̃tʀa-].

INTRAITABLE, adj.
Inflexible, intransigeant. 🔊 [ɛ̃tʀɛtabl].

INTRANSIGEANT, ANTE, adj.
Qui n'accepte aucun compromis, aucune concession. 🔊 [ɛ̃tʀɑ̃ziʒɑ̃, -ɑ̃t].

INTRANSITIF, IVE, adj. et subst. m.
Se dit d'un verbe qui n'admet pas de complément d'objet. 🔊 [ɛ̃tʀɑ̃zitif, -iv].

INTRÉPIDE, adj.
Qui ne craint pas le danger. 🔊 [ɛ̃tʀepid].

INTRÉPIDITÉ, subst. f.
Bravoure, témérité. 🔊 [ɛ̃tʀepidite].

INTRIGANT, ANTE, adj. et subst.
Se dit d'une personne qui emploie l'intrigue pour parvenir à ses fins. 🔊 [ɛ̃tʀigɑ̃, -ɑ̃t].

INTRIGUE, subst. f.
Menée secrète pour atteindre un but. – Trame d'un roman, d'une pièce de théâtre, d'un film. 🔊 [ɛ̃tʀig].

INTRIGUER, verbe [3]
Trans. Exciter la curiosité de. – Intrans. Mener une intrigue, comploter. 🔊 [ɛ̃tʀige].

INTRINSÈQUE, adj.
Qui appartient à l'essence même de l'objet, inhérent. 🔊 [ɛ̃tʀɛ̃sɛk].

INTRODUCTION, subst. f.
Action d'introduire. – Préface, préliminaire. 🔊 [ɛ̃tʀɔdyksjɔ̃].

INTRODUIRE, verbe trans. [69]
Faire entrer dans. – Faire admettre (qqn) dans un groupe. 🔊 [ɛ̃tʀɔdɥiʀ].

INTRONISER, verbe trans. [3]
Installer solennellement (qqn) dans ses fonctions. 🔊 [ɛ̃tʀɔnize].

INTROSPECTION, subst. f.
Observation de soi par soi. 🔊 [ɛ̃tʀɔspɛksjɔ̃].

INTROUVABLE, adj.
Impossible à trouver. – Rare. 🔊 [ɛ̃tʀuvabl].

INTROVERSION, subst. f.
Caractère d'une personne repliée sur elle-même. 🔊 [ɛ̃tʀɔvɛʀsjɔ̃].

INTRUS, USE, adj. et subst.
Qui n'est pas à sa place dans un ensemble donné. – Qui s'introduit quelque part sans y avoir été convié. 🔊 [ɛ̃tʀy, -yz].

INTUITION, subst. f.
Connaissance immédiate, sans raisonnement ; pressentiment. 🔊 [ɛ̃tɥisjɔ̃].

INUSABLE, adj.
Qui résiste très bien à l'usure. 🔊 [inyzabl].

INUTILE, adj.
Qui ne sert à rien. – Infructueux, sans résultat. 🔊 [inytil].

INUTILISABLE, adj.
Qui ne peut pas servir. 🔊 [inytilizabl].

INVAINCU, UE, adj.
Qui n'a jamais été vaincu. 🔊 [ɛ̃vɛ̃ky].

INVALIDE, adj. et subst.
Qui est atteint d'une invalidité. 🔊 [ɛ̃valid].

INVALIDER, verbe trans. [3]
Rendre nul, non valable, juridiquement ou administrativement. 🔊 [ɛ̃valide].

INVALIDITÉ, subst. f.
Nullité d'un acte ou d'un contrat. – État d'une personne infirme. 🔊 [ɛ̃validite].

INVARIABLE, adj.
Qui reste constant, immuable. 🔊 [ɛ̃vaʀjabl].

INVASION, subst. f.
Action d'envahir en masse et en force un territoire, en parlant d'une armée, d'un peuple. – Envahissement soudain et massif : *Une* invasion *de touristes.* 🔊 [ɛ̃vazjɔ̃].

INVECTIVE, subst. f.
Discours violent, injure. 🔊 [ɛ̃vɛktiv].

INVENTAIRE, subst. m.
Dénombrement des objets, des biens appartenant à une personne, à une entreprise ou à une collectivité. 🔊 [ɛ̃vɑ̃tɛʀ].

INVENTER, verbe trans. [3]
Créer (qqch. de nouveau) : **Inventer** *une machine.* – Imaginer, créer de toutes pièces : **Inventer** *une histoire.* 🔊 [ɛ̃vɑ̃te].

INVENTEUR, TRICE, subst.
Personne qui invente. – Personne qui découvre. 🔊 [ɛ̃vɑ̃tœʀ, -tʀis].

INVENTION, subst. f.
Création d'un objet ou d'un procédé nouveau ; son résultat. – Mensonge. 🔊 [ɛ̃vɑ̃sjɔ̃].

INVENTORIER, verbe trans. [6]
Faire l'inventaire de. 🔊 [ɛ̃vɑ̃tɔʀje].

INVERSE, adj. et subst. m.
Contraire à un sens considéré. – Opposé, contraire : *Effet* inverse. 🔊 [ɛ̃vɛʀs].

INVERSER, verbe trans. [3]
Diriger dans un sens opposé. – Intervertir (un ordre). 🔊 [ɛ̃vɛʀse].

INVERTÉBRÉ, adj. et subst. m.
Se dit des animaux pluricellulaires sans vertèbres, tels que les insectes, les mollusques, les crustacés, etc. 🔊 [ɛ̃vɛʀtebʀe].

INVESTIGATION, subst. f.
Enquête approfondie. 🔊 [ɛ̃vɛstigasjɔ̃].

INVESTIR, verbe trans. [19]
Conférer officiellement une dignité, un droit, un pouvoir à (qqn). – Assiéger (une ville, une place forte). – Placer (des capitaux). – Pronom. Mettre toute son énergie dans qqch. 🔊 [ɛ̃vɛstiʀ].

INVESTISSEMENT, subst. m.
Action d'investir, de s'investir. – Résultat de cette action. 🔊 [ɛ̃vɛstismɑ̃].

INVESTITURE, subst. f.
Mise en possession officielle et solennelle d'une dignité. 🔊 [ɛ̃vɛstityʀ].

INVÉTÉRÉ, ÉE, adj.
Ancré dans une habitude. 🔊 [ɛ̃veteʀe].

INVINCIBLE, adj.
Qui ne peut être vaincu. 🔊 [ɛ̃vɛ̃sibl].

INVIOLABLE, adj.
Qu'on ne peut enfreindre. – Qu'on ne peut forcer : *Serrure* inviolable. 🔊 [ɛ̃vjɔlabl].

INVISIBLE, adj.
Qu'on ne peut pas voir. 🔊 [ɛ̃vizibl].

INVITATION, subst. f.
Action d'inviter. – Écrit par lequel on invite. – Action d'inciter à. 🔊 [ɛ̃vitasjɔ̃].

INVITER, verbe trans. [3]
Prier (qqn) de prendre part ou d'assister à un événement. – Inciter à : **Inviter** *à la prudence.* – Pronom. Se rendre en un lieu sans y être convié. 🔊 [ɛ̃vite].

INVIVABLE, adj.
Très difficile à vivre. 🔊 [ɛ̃vivabl].

INVOLONTAIRE, adj.
Qui s'accomplit sans l'intervention de la volonté. 🔊 [ɛ̃vɔlɔ̃tɛʀ].

INVOQUER, verbe trans. [3]
Demander l'aide (d'une puissance surnaturelle). – Faire appel à. – Citer à l'appui ; prétexter. 🔊 [ɛ̃vɔke].

INVRAISEMBLABLE, adj.
Qui se semble pas vrai. – Extravagant : *Une tenue* invraisemblable. 🔊 [ɛ̃vʀɛsɑ̃blabl].

INVULNÉRABLE, adj.
Qui ne peut être blessé. – Qui ne peut être atteint moralement. 🔊 [ɛ̃vylneʀabl].

IODE, subst. m.
Élément chimique doté de propriétés antiseptiques, présent dans la mer. 🔊 [jɔd].

ION, subst. m.
Atome ou groupe d'atomes porteur d'une charge électrique. 🔊 [jɔ̃].

IONIQUE, adj. et subst. m.
Se dit de l'un des trois ordres de l'architecture grecque, caractérisé par des chapiteaux ornés de volutes latérales. 🔊 [jɔnik].

IRASCIBLE, adj.
Qui se met facilement en colère. 🔊 [iʀasibl].

IRIS, subst. m.
Plante à fleurs jaunes ou violettes ornementales. – Partie colorée de l'œil. 🔊 [iʀis].

IRISÉ, ÉE, adj.
Qui présente des reflets aux couleurs de l'arc-en-ciel. 🔊 [iʀize].

IRONIE, subst. f.
Attitude de moquerie, de raillerie plus ou moins sceptique. 🔊 [iʀɔni].

IRRADIER, verbe [6]
Trans. Exposer à une émission radioactive. – Intrans. Rayonner, se propager. 🔊 [iʀadje].

IRRATIONNEL, ELLE, adj.
Qui n'est pas conforme aux normes de la raison. 🔊 [iʀasjɔnɛl].

IRRÉALISTE, adj.
Qui manque de réalisme. 🔊 [iʀealist].

IRRÉCUPÉRABLE, adj.
Qu'on ne peut récupérer. 🔊 [iʀekypeʀabl].

IRRÉDUCTIBLE, adj.
Qu'on ne peut réduire. – Dont on ne peut venir à bout, inflexible. 🔊 [iʀedyktibl].

IRRÉEL, ELLE, adj.
Qui ne semble pas réel. 🔊 [iʀeɛl].

IRRÉFUTABLE, adj.
Qu'on ne peut réfuter. 🔊 [iʀefytabl].

IRRÉGULARITÉ, subst. f.
Caractère, aspect de ce qui est irrégulier. – Anomalie. – Acte contraire aux règles. 🔊 [iʀegylaʀite].

IRRÉGULIER, IÈRE, adj.
Qui n'est pas régulier. – Non conforme aux règles et aux lois. 🔊 [iʀegylje. -jɛʀ].

IRRÉMÉDIABLE, adj.
À quoi on ne peut remédier ; définitif : *Une perte* irrémédiable. 🔊 [inemedjabl].

IRRÉPARABLE, adj.
Qu'on ne peut réparer. 🔊 [iʀepaʀabl].

IRRÉPROCHABLE, adj.
Qui ne se prête à aucun reproche ; parfait. 🔊 [iʀepʀɔʃabl].

IRRÉSISTIBLE, adj.
À qui ou à quoi on ne peut résister. – Extrêmement drôle. 🔊 [iʀezistibl].

IRRÉSOLU, UE, adj.
Qui a du mal à se décider. 🔊 [iʀezɔly].

IRRESPECT, subst. m.
Manque de respect. 🔊 [iʀɛspɛ].

IRRESPIRABLE, adj.
Qui est pénible à respirer. 🔊 [iʀɛspiʀabl].

IRRESPONSABLE, adj. et subst.
Qui n'est pas responsable de ses actes ou qui agit avec légèreté. 🔊 [iʀɛspɔ̃sabl].

IRRÉVERSIBLE, adj.
Qui ne peut se produire que dans un seul sens. – Définitif. 🔊 [iʀevɛʀsibl].

IRRÉVOCABLE, adj.
Que l'on ne peut révoquer. – Définitif : *Un verdict* irrévocable. 🔊 [iʀevɔkabl].

IRRIGATION, subst. f.
Action d'irriguer des terres. – Circulation du sang dans les organes. 🔊 [iʀigasjɔ̃].

IRRIGUER, verbe trans. [3]
Faire venir de l'eau sur des terres, pour les arroser. 🔊 [iʀige].

IRRITATION, subst. f.
Colère. – Inflammation légère de la peau ou des muqueuses. 🔊 [iʀitasjɔ̃].

IRRITER, verbe trans. [3]
Mécontenter, mettre en colère. – Causer une inflammation à. 🔊 [iʀite].

IRRUPTION, subst. f.
Invasion soudaine et violente. – Apparition brusque. 🔊 [iʀypsjɔ̃].

ISLAM, subst. m.
Religion des musulmans, dont le livre saint est le Coran. – *L'Islam* : l'ensemble des peuples musulmans. 🔊 [islam].

ISOCÈLE, adj.
Se dit d'un triangle dont deux côtés sont égaux ou d'un trapèze dont les deux côtés non parallèles sont égaux. 🔊 [izɔsɛl].

ISOLANT, ANTE, adj. et subst. m.
Qui isole du son, de la chaleur, du froid ou de l'électricité. 🔊 [izɔlɑ̃. -ɑ̃t].

ISOLATION, subst. f.
Protection contre l'électricité, la chaleur, le froid ou le bruit. 🔊 [izɔlasjɔ̃].

ISOLEMENT, subst. m.
État d'une personne ou d'une chose isolée : *L'isolement d'un ermite*. 🔊 [izɔlmɑ̃].

ISOLER, verbe trans. [3]
Séparer de son environnement. – Éloigner des autres personnes : **Isoler** *un malade*. – Protéger en posant un matériau isolant : **Isoler** *un studio*.

ISOLOIR, subst. m.
Lieu où l'on s'isole pour voter. 🕮 [izɔlwaʀ].

ISSU, UE, adj. et subst. f.
Adj. Issu *de* : né de. – Subst. Sortie. – Fig.
Résultat ; échappatoire. 🕮 [isy].

ISTHME, subst. m.
Bande de terre, entre deux mers, reliant
deux terres. 🕮 [ism].

ITALIEN, subst. m.
Langue romane parlée en Italie. 🕮 [italjɛ̃].

ITALIQUE, adj. et subst. m.
Se dit de caractères d'imprimerie penchés,
d'origine vénitienne. 🕮 [italik].

ITINÉRAIRE, subst. m.
Parcours, trajet. 🕮 [itineʀɛʀ].

I.V.G., subst. f. inv.
Sigle pour « interruption volontaire de
grossesse ». 🕮 [iveʒe].

IVOIRE, subst. m.
Substance osseuse constituant les défenses
de l'éléphant, les dents, etc. 🕮 [ivwaʀ].

IVRE, adj.
Qui est sous l'effet de l'alcool ; soûl. – Fig.
Exalté, transporté. 🕮 [ivʀ].

IVRESSE, subst. f.
État d'une personne ivre. – Euphorie,
exaltation. 🕮 [ivʀɛs].

J

J, j, subst. m. inv.
Dixième lettre et septième consonne de
l'alphabet français. 🕮 [ʒi].

JABOT, subst. m.
Poche de l'œsophage des oiseaux. – Pièce
de dentelle ou de tissu fin, ornant un
corsage ou une chemise. 🕮 [ʒabo].

JACASSER, verbe intrans. [3]
Pousser son cri (jacassement), en parlant
de la pie. 🕮 [ʒakase].

JACHÈRE, subst. f.
Terre qu'on laisse temporairement sans
culture, au repos. 🕮 [ʒaʃɛʀ].

JACINTHE, subst. f.
Plante à bulbe, cultivée pour ses fleurs
odorantes en grappes. 🕮 [ʒasɛ̃t].

JACQUARD, subst. m.
Métier à tisser. – Tricot à dessins géométriques, de plusieurs couleurs. 🕮 [ʒakaʀ].

JACQUERIE, subst. f.
Insurrection de paysans. 🕮 [ʒakʀi].

JACTANCE, subst. f.
Manière de parler hautaine et arrogante
(littér.). 🕮 [ʒaktɑ̃s].

JADE, subst. m.
Pierre fine d'un vert plus ou moins sombre.
– Objet en jade. 🕮 [ʒad].

JADIS, adv.
Dans un passé lointain. 🕮 [ʒadis].

JAGUAR, subst. m.
Félin d'Amérique du Sud, voisin de la panthère d'Afrique. 🕮 [ʒagwaʀ].

JAILLIR, verbe intrans. [19]
Sortir avec force, en parlant d'un fluide ou
de la lumière. – Apparaître, surgir brusquement. 🕮 [ʒajiʀ].

JAILLISSEMENT, subst. m.
Action de jaillir. – Son résultat. 🕮 [ʒajismɑ̃].

JAIS, subst. m.
Variété de lignite, d'un noir brillant. 🕮 [ʒɛ].

JALON, subst. m.
Piquet marquant un alignement, une distance. – Fig. Point de repère : *Poser des
jalons*, préparer le terrain. 🕮 [ʒalɔ̃].

JALONNER, verbe trans. [3]
Marquer de points de repère : **Jalonner** *une
allée*. – Border de loin en loin : *Des platanes*
jalonnent *la route* ; au fig. : *Étapes qui*
jalonnent *une carrière*. 🕮 [ʒalone].

JALOUSER, verbe trans. [3]
Envier, être jaloux de. 🕮 [ʒaluze].

JALOUSIE, subst. f.
Amour exclusif ; crainte d'être trahi par
autrui. – Envie ; dépit de ne pas posséder
ce que possède autrui. – Persienne formée
de lattes mobiles parallèles. 🕮 [ʒaluzi].

JALOUX, OUSE, adj. et subst.
Qui éprouve de la jalousie. – Adj. Très
attaché à : *Être* **jaloux** *de ses prérogatives*.
🕮 [ʒalu, -uz].

JAMAIS, adv.
En un temps quelconque, un jour : *Sait-on
jamais !* – À aucun moment (avec néga-
tion) : *Elle ne rit jamais*. – Loc. adv. À *(tout)*
jamais : pour toujours. – 🕮 [ʒamɛ].

JAMBAGE, subst. m.
Chacun des traits verticaux des lettres *m,
n* et *u*. 🕮 [ʒɑ̃baʒ].

JAMBE, subst. f.
Partie du membre inférieur qui va du genou
au pied. – Le membre inférieur tout entier.
– Partie d'un pantalon qui recouvre la
jambe. 🕮 [ʒɑ̃b].

JAMBON, subst. m.
Cuisse ou épaule de porc cuite ou crue
(salée ou fumée). 🕮 [ʒɑ̃bɔ̃].

JAMBONNEAU, subst. m.
Petit jambon fait avec la partie de la patte du porc située sous le genou. 📖 [ʒɑ̃bɔno].

JANTE, subst. f.
Pourtour d'une roue, en bois ou en métal. 📖 [ʒɑ̃t].

JANVIER, subst. m.
Premier mois de l'année. 📖 [ʒɑ̃vje].

JAPONAIS, subst. m.
Langue parlée au Japon. 📖 [ʒapɔnɛ].

JAPPER, verbe intrans. [3]
Pousser de petits cris (jappements), en parlant du jeune chien. 📖 [ʒape].

JAQUETTE, subst. f.
Veste masculine de cérémonie, à longs pans ouverts. – Couverture amovible d'un livre. 📖 [ʒakɛt].

JARDIN, subst. m.
Terrain clos, réservé à des cultures maraîchères ou ornementales. – **Jardin** *public* : espace vert, dans une ville. – **Jardin** *d'enfants* : classe de très jeunes enfants, dans l'enseignement privé. 📖 [ʒaʁdɛ̃].

JARDINAGE, subst. m.
Action de jardiner. 📖 [ʒaʁdinaʒ].

JARDINER, verbe intrans. [3]
Entretenir un jardin. 📖 [ʒaʁdine].

JARDINIER, IÈRE, subst.
Personne dont le métier est de cultiver, d'entretenir les jardins. – Fém. Bac à fleurs. – Mélange de légumes cuits. 📖 [ʒaʁdinje, -jɛʁ].

JARGON, subst. m.
Langage inintelligible. – Langage propre à une discipline, à une profession. 📖 [ʒaʁgɔ̃].

JARRE, subst. f.
Grand vase de terre cuite ou de grès servant à conserver de l'eau, de l'huile. 📖 [ʒaʁ].

JARRET, subst. m.
Chez l'homme, partie postérieure du genou. – Chez les quadrupèdes, articulation située au milieu de la jambe. 📖 [ʒaʁɛ].

JARS, subst. m.
Mâle de l'oie. 📖 [ʒaʁ].

JASER, verbe intrans. [3]
S'adonner à un bavardage indiscret ou malveillant. – Babiller. – Pousser son cri, en parlant de la pie, du perroquet, etc. 📖 [ʒaze].

JASMIN, subst. m.
Arbrisseau à fleurs odorantes blanches ou jaunes : *Thé au* **jasmin**. 📖 [ʒasmɛ̃].

JATTE, subst. f.
Récipient rond et évasé. 📖 [ʒat].

JAUGE, subst. f.
Capacité d'un récipient. – Indicateur du niveau d'un liquide dans un récipient. – Volume intérieur d'un navire. 📖 [ʒoʒ].

JAUGER, verbe [5]
Trans. Mesurer la capacité (d'un récipient, d'un navire). – Fig. Apprécier, juger (qqn ou qqch.). – Intrans. *Mar.* Avoir une capacité de : **Jauger** *mille tonneaux*. 📖 [ʒoʒe].

JAUNE, adj., subst. et adv.
Adj. De la couleur du citron ou de l'or. – Subst. Personne de la race **jaune**. – Masc. Couleur **jaune**. – Partie centrale de l'œuf d'un oiseau. – Adv. *Rire* **jaune** : rire en se forçant, pour cacher sa gêne ou son dépit. 📖 [ʒon].

JAUNIR, verbe [19]
Rendre ou devenir jaune. 📖 [ʒoniʁ].

JAUNISSE, subst. f.
Méd. Coloration jaune de la peau révélant un trouble hépatique. 📖 [ʒonis].

JAVEL (EAU DE), subst. f.
Solution de sels de chlore, utilisée pour désinfecter et/ou décolorer. 📖 [od(ə)ʒavɛl].

JAVELOT, subst. m.
Lance courte à pointe acérée. – En athlétisme, instrument de lancer. 📖 [ʒavlo].

JAZZ, subst. m.
Musique créée par les Noirs américains, fondée sur l'improvisation. 📖 [dʒaz].

JE, J', pron. pers.
Sujet de la 1re personne du singulier, des deux genres : *Je vais* ; *J'irai*. 📖 [ʒə].

JEAN(S), voir **BLUE-JEAN(S)**

JEEP, subst. f.
Automobile tout terrain à quatre roues motrices. 📖 N. déposé : [(d)ʒip].

JÉRÉMIADE, subst. f.
Plainte, lamentation (fam.). 📖 [ʒeʁemjad].

JERRICAN(E), subst. m.
Récipient portatif à bec verseur, d'env. 20 l. 📖 On écrit aussi *jerrycan* ; [ʒeʁikan].

JERSEY, subst. m.
Tricot à fines mailles. – Vêtement en jersey. 📖 [ʒɛʁzɛ].

JÉSUITE, adj. et subst.
Se dit des membres de la Compagnie de Jésus, ordre religieux, et de ce qui les concerne. – Fig. Hypocrite (péj.). 📖 [ʒezɥit].

JET (I), subst. m.
Action de jeter. – Jaillissement d'un liquide ou d'un gaz sous pression. 📖 [ʒɛ].

JET (II), subst. m.
Avion à réaction. 📖 [dʒɛt].

JETÉE, subst. f.
Construction en maçonnerie, en bois, etc., qui s'avance dans la mer. 📖 [ʒ(ə)te].

JETER, verbe trans. [14]
Lancer. – Établir : **Jeter** *les bases d'un projet*. – Émettre : **Jeter** *un cri*. – Se débarrasser de. – Pousser violemment vers. – Pronom. Se précipiter (sur, contre). 📖 [ʒ(ə)te].

JETON, subst. m.
Pièce plate et ronde, symbolisant une valeur. – *Faux* **jeton** : hypocrite (fam.). 📖 [ʒ(ə)tɔ̃].

JEU, JEUX, subst. m.
Activité non utilitaire que l'on pratique pour s'amuser. – Activité codifiée par des règles : **Jeu** *de cartes*. – Manière de jouer,

d'agir ; façon dont un acteur interprète son rôle. – Ensemble des **jeux** de hasard, d'argent. – Série d'objets de même fonction : *Un* **jeu** *de clefs.* – Espace entre deux objets facilitant le mouvement. 📖 [ʒø].

JEUDI, subst. m.
Quatrième jour de la semaine. 📖 [ʒødi].

JEUN (À), loc. adv.
Sans avoir ni mangé ni bu. 📖 [aʒœ̃].

JEUNE, adj. et subst.
Adj. Qui n'est pas d'un âge avancé. – Propre à la jeunesse. – Fig. Récent, nouveau. – Subst. Personne **jeune.** 📖 [ʒœn].

JEÛNE, subst. m.
Action, fait de jeûner. 📖 [ʒøn].

JEÛNER, verbe intrans. [3]
S'abstenir de manger ou de boire, volontairement ou non. 📖 [ʒøne].

JEUNESSE, subst. f.
Période de la vie comprise entre l'enfance et la maturité. – Ensemble des jeunes gens. – Fig. Caractère de ce qui est récent : *La* **jeunesse** *d'un vin.* 📖 [ʒœnɛs].

JIU-JITSU, subst. m.
Art martial japonais, ancêtre du judo. 📖 Plur. *jiu-jitsu(s)* : [ʒjyʒitsy].

JOAILLERIE, subst. f.
Art, commerce du joaillier. – La marchandise du joaillier. 📖 [ʒɔajʀi].

JOAILLIER, IÈRE, subst.
Personne qui crée, travaille et vend des joyaux. 📖 [ʒɔaje, -jɛʀ].

JOCKEY, subst. m.
Cavalier professionnel qui monte des chevaux de course. 📖 [ʒɔkɛ].

JOGGING, subst. m.
Course à pied pratiquée pour entretenir sa forme. – Survêtement. 📖 [dʒɔgiŋ].

JOIE, subst. f.
Émotion vive, sentiment de profond contentement. – Gaieté. – Ce qui amène ce sentiment. – Plur. Agréments, plaisirs. 📖 [ʒwa].

JOINDRE, verbe trans. [55]
Rapprocher, relier (des choses). – Ajouter. – Atteindre. 📖 [ʒwɛ̃dʀ].

JOINT (I), JOINTE, adj.
Lié, uni. – Ajouté : *Ci-*joint. 📖 [ʒwɛ̃, ʒwɛ̃t].

JOINT (II), subst. m.
Articulation entre deux éléments. – Pièce qui sert à unir deux éléments. 📖 [ʒwɛ̃].

JOINTURE, subst. f.
Point de rencontre de deux choses qui se joignent. – Articulation des os. 📖 [ʒwɛ̃tyʀ].

JOKER, subst. m.
Carte à jouer qui peut remplacer n'importe quelle autre carte. 📖 [ʒɔkɛʀ].

JOLI, IE, adj.
Agréable à regarder, à entendre ; gracieux. – Digne d'intérêt, assez important (fam.). – Empl. subst. *C'est du* **joli !** : c'est très mal (iron.). 📖 [ʒɔli].

JONC, subst. m.
Plante herbacée des lieux humides. – Canne flexible et légère. 📖 [ʒɔ̃].

JONCHER, verbe trans. [3]
Recouvrir (le sol) de feuillages. – Couvrir, être épars sur : *Feuilles qui* **jonchent** *le sol.* 📖 [ʒɔ̃ʃe].

JONCTION, subst. f.
Action de joindre ; fait de se joindre. – Lieu où deux choses se joignent. 📖 [ʒɔ̃ksjɔ̃].

JONGLER, verbe intrans. [3]
Lancer en l'air des balles, des objets et les rattraper pour les relancer aussitôt. – Fig. **Jongler** *avec* : manier avec subtilité, avec aisance. 📖 [ʒɔ̃gle].

JONGLEUR, EUSE, subst.
Artiste de cirque ou de music-hall dont la spécialité est de jongler. 📖 [ʒɔ̃glœʀ, -øz].

JONQUE, subst. f.
Voilier traditionnel d'Extrême-Orient, de mer et de rivière, aux voiles tendues par des lattes de bambou. 📖 [ʒɔ̃k].

JONQUILLE, subst. f.
Narcisse à fleurs jaunes. – Empl. adj. inv. Jaune vif : *Une robe* **jonquille.** 📖 [ʒɔ̃kij].

JOUE, subst. f.
Partie latérale de la face située entre l'œil et le menton. – Partie latérale de certains objets. – *Mettre en* **joue** : viser avec une arme à feu. 📖 [ʒu].

JOUER, verbe [3]
Intrans. S'amuser, se livrer à un jeu. – Se mouvoir, agir : *Il fit* **jouer** *la clef dans la serrure.* – Se déformer : *Le bois* **joue** *sous l'effet de l'humidité.* – Tenir un rôle (au théâtre, au cinéma). – Trans. indir. Pratiquer : **Jouer** *aux cartes, au football.* – Feindre : *Il* **joue** *à l'ignorant.* – Se servir (d'un instrument de musique). – Traiter avec désinvolture : **Jouer** *avec les sentiments.* – Trans. dir. Risquer : *Il* **joue** *sa carrière.* – Interpréter : **Jouer** *un concerto.* – Pronom. Se moquer de. 📖 [ʒwe].

JOUET, subst. m.
Objet destiné à l'amusement. – *Être le* **jouet** *de* : être la victime de. 📖 [ʒwɛ].

JOUEUR, EUSE, adj. et subst.
Adj. Qui aime s'amuser. – Subst. Personne qui pratique régulièrement un jeu, un sport, ou un instrument de musique. – Personne qui a la passion du jeu. 📖 [ʒwœʀ, -øz].

JOUFFLU, UE, adj.
Dont les joues sont rebondies. 📖 [ʒufly].

JOUG, subst. m.
Pièce d'attelage en bois placée sur l'encolure des bœufs. – Fig. Entrave, matérielle ou morale. 📖 [ʒu].

JOUIR, verbe trans. indir. [19]
Tirer un grand plaisir (de). – Posséder (un bien, une faculté, un droit) et en profiter : **Jouir** *d'une vue perçante.* – Empl. abs. Atteindre l'orgasme (fam.). 📖 [ʒwiʀ].

JOUISSANCE, subst. f.
Fait de jouir. – Fait d'être en possession d'un droit et de l'exercer. 🔊 [ʒwisɑ̃s].

JOUJOU, OUX, subst. m.
Fam. Jouet. – *Faire joujou* : jouer. 🔊 [ʒuʒu].

JOUR, subst. m.
Intervalle de temps (24 h), correspondant à une rotation complète de la Terre autour de son axe. – Intervalle de temps qui s'écoule entre le lever et le coucher du Soleil en un lieu donné. – Date, repère dans le temps : *Le jour de ma naissance.* – Clarté, lumière naturelle du Soleil : *Il fait jour* ; *Le point du jour*, l'aube. – Espace, trou qui laisse passer la lumière. – *Mettre au jour* : découvrir. – *Mettre à jour* : actualiser. – *Donner le jour à un enfant* : lui donner naissance, accoucher. 🔊 [ʒuʀ].

JOURNAL, AUX, subst. m.
Mise par écrit, au jour le jour, d'événements : *Journal de bord*. – Publication périodique relatant et commentant l'actualité. – Bulletin d'information télévisé ou radiophonique. 🔊 [ʒuʀnal].

JOURNALIER, IÈRE, adj. et subst.
Adj. Quotidien. – Subst. Ouvrier agricole qui travaille à la journée. 🔊 [ʒuʀnalje, -jɛʀ].

JOURNALISME, subst. m.
Profession de journaliste. 🔊 [ʒuʀnalism].

JOURNALISTE, subst.
Personne dont la profession est d'informer le public, dans un journal, à la radio ou à la télévision. 🔊 [ʒuʀnalist].

JOURNÉE, subst. f.
Partie du jour comprise entre le lever et le coucher du Soleil. – Ce qui se passe pendant la journée. 🔊 [ʒuʀne].

JOUTE, subst. f.
Hist. Combat courtois à la lance, entre deux cavaliers. – Fig. *Joute oratoire*. 🔊 [ʒut].

JOUVENCEAU, ELLE, subst.
Jeune homme, jeune fille. 🔊 [ʒuvɑ̃so, -ɛl].

JOUXTER, verbe trans. [3]
Se trouver à côté de. 🔊 [ʒukste].

JOVIAL, ALE, AUX, adj.
Qui manifeste de la bonne humeur, de la gaieté : *Un visage jovial*. 🔊 [ʒɔvjal].

JOYAU, AUX, subst. m.
Bijou fait de pierres et de métaux précieux. – Fig. Chose rare, très belle. 🔊 [ʒwajo].

JOYEUX, EUSE, adj.
Qui manifeste, éprouve ou inspire de la joie. 🔊 [ʒwajø, -øz].

JUBILATION, subst. f.
Joie intense, exubérante. 🔊 [ʒybilasjɔ̃].

JUBILÉ, subst. m.
Célébration du cinquantième anniversaire d'un événement important. 🔊 [ʒybile].

JUBILER, verbe intrans. [3]
Manifester sa jubilation. 🔊 [ʒybile].

JUCHER, verbe [3]
Intrans. Se poser en un lieu élevé, en parlant d'un oiseau : *Pigeon juchant sur une corniche.* – Trans. Placer en un point élevé : *Jucher un enfant sur ses épaules.* 🔊 [ʒyʃe].

JUDAÏQUE, adj.
Relatif à la religion juive. – Relatif aux Juifs de l'Antiquité. 🔊 [ʒydaik].

JUDAÏSME, subst. m.
Ensemble des préceptes religieux des juifs, fondés sur la Bible. 🔊 [ʒydaism].

JUDAS, subst. m.
Traître. – Petit trou ménagé dans une porte pour voir sans être vu. 🔊 [ʒyda].

JUDÉO-CHRÉTIEN, IENNE, adj.
Relatif aux croyances et aux valeurs communes au judaïsme et au christianisme. 🔊 [ʒydeokretjɛ̃, -jɛn].

JUDICIAIRE, adj.
Qui relève de la justice. 🔊 [ʒydisjɛʀ].

JUDICIEUX, IEUSE, adj.
Qui dénote un jugement sûr, pertinent. 🔊 [ʒydisjø, -jøz].

JUDO, subst. m.
Sport de combat japonais adapté du jiu-jitsu et privilégiant la souplesse. 🔊 [ʒydo].

JUDOKA, subst.
Personne qui pratique le judo. 🔊 [ʒydɔka].

JUGE, subst. m.
Magistrat chargé de rendre la justice. – Personne chargée d'exprimer son opinion, d'émettre un jugement de valeur. 🔊 [ʒyʒ].

JUGÉ (AU), loc. adv.
D'une manière approximative. 🔊 On écrit aussi *au juger* : [ɔʒyʒe].

JUGEMENT, subst. m.
Sentence prononcée par un juge ou par un tribunal ; son contenu. – Opinion favorable ou défavorable. – Faculté qui permet à l'homme d'avoir une opinion. – Bon sens : *Avoir du jugement*. 🔊 [ʒyʒmɑ̃].

JUGEOTE, subst. f.
Bon sens (fam.). 🔊 [ʒyʒɔt].

JUGER, verbe trans. [5]
Prononcer une sentence de justice sur (qqn, une affaire). – Donner son opinion sur. – Considérer, estimer que. 🔊 [ʒyʒe].

JUGULAIRE, adj. et subst.
Adj. De la gorge : *Veine jugulaire*. – Subst. Bride passant sous le menton et maintenant un couvre-chef. 🔊 [ʒygylɛʀ].

JUGULER, verbe trans. [3]
Maîtriser avec efficacité, enrayer : *Juguler une épidémie*. 🔊 [ʒygyle].

JUIF, JUIVE, adj. et subst.
Subst. *Un Juif* : descendant des Hébreux. – *Un juif* : personne dont la religion est le judaïsme. – Adj. Relatif aux Juifs ou au judaïsme. 🔊 [ʒɥif, ʒɥiv].

JUILLET, subst. m.
Septième mois de l'année. 🔊 [ʒɥijɛ].

JUIN, subst. m.
Sixième mois de l'année. ▨▨ [ʒɥɛ̃].

JUMEAU, ELLE, adj. et subst.
Se dit de deux enfants nés d'un même accouchement. – Adj. Qualifie des choses identiques. ▨▨ [ʒymo, -ɛl].

JUMELAGE, subst. m.
Lien établi entre deux choses semblables ou ayant des affinités. ▨▨ [ʒym(ə)laʒ].

JUMELER, verbe trans. [12]
Associer par jumelage. ▨▨ [ʒym(ə)le].

JUMELLES, subst. f. plur.
Instrument composé de deux lunettes associées, permettant de voir au loin. ▨▨ [ʒymɛl].

JUMENT, subst. f.
Femelle du cheval. ▨▨ [ʒymɑ̃].

JUNGLE, subst. f.
Végétation très dense, de hautes herbes et d'arbres, propre à l'Asie des moussons. – Fig. Milieu complexe où l'on se perd : *La jungle de l'administration.* – Milieu d'âpre concurrence : *Loi de la jungle.* ▨▨ [ʒɶ̃gl].

JUNIOR, adj. et subst.
Adj. Qui concerne les jeunes. – Subst. Sportif âgé de 17 à 21 ans. ▨▨ [ʒynjɔʀ].

JUNTE, subst. f.
Gouvernement autoritaire issu d'un coup d'État : *Une junte militaire.* ▨▨ [ʒɶ̃t].

JUPE, subst. f.
Vêtement féminin de longueur variable, qui part de la taille et recouvre les jambes. – Élément mécanique qui en enveloppe un autre : *La jupe d'un piston.* ▨▨ [ʒyp].

JUPON, subst. m.
Pièce de lingerie féminine que l'on enfile sous une jupe, une robe. ▨▨ [ʒypɔ̃].

JURASSIQUE, adj. et subst. m.
Se dit de la période géologique de l'ère secondaire précédant le crétacé. ▨▨ [ʒyʀasik].

JURÉ, subst. m.
Membre d'un jury. ▨▨ [ʒyʀe].

JURER, verbe [3]
Trans. dir. Promettre par serment. – Affirmer, promettre solennellement. – Trans. indir. Jurer *avec* : être mal assorti avec. – Intrans. Proférer des jurons. ▨▨ [ʒyʀe].

JURIDICTION, subst. f.
Pouvoir de juger ; territoire sur lequel un juge exerce ses fonctions. – Ensemble des tribunaux de même nature. ▨▨ [ʒyʀidiksjɔ̃].

JURIDIQUE, adj.
Qui relève du droit. ▨▨ [ʒyʀidik].

JURISPRUDENCE, subst. f.
Ensemble des jugements et des arrêts qui ont été rendus sur une question et qui servent de référence à la loi. ▨▨ [ʒyʀispʀydɑ̃s].

JURISTE, subst.
Spécialiste du droit. ▨▨ [ʒyʀist].

JURON, subst. m.
Exclamation blasphématoire ou grossière : *Un vilain juron.* ▨▨ [ʒyʀɔ̃].

JURY, subst. m.
Ensemble de personnes réunies pour juger un accusé en cour d'assises. – Commission d'examinateurs. ▨▨ [ʒyʀi].

JUS, subst. m.
Liquide contenu dans la chair d'un fruit. – Suc de cuisson d'une viande. ▨▨ [ʒy].

JUSQUE, prép.
Marque le terme, la limite, dans l'espace ou dans le temps : *Aller jusqu'à Londres* ; Jusqu'*ici*, jusque-*là* ; Jusqu'*à un certain point.* – Loc. conj. Jusqu'*à ce que* + subj. : jusqu'au moment où. ▨▨ [ʒysk(ə)].

JUSTAUCORPS, subst. m.
Vêtement collant d'une seule pièce, utilisé pour la danse, le sport. ▨▨ [ʒystokɔʀ].

JUSTE, adj., subst. m. et adv.
Adj. Qui agit conformément à la justice, équitable. – Exact, précis : *Une balance juste.* – À peine suffisant : *Un manteau un peu juste.* – Subst. Homme vertueux. – Adv. Avec une parfaite exactitude : *Il est midi juste.* – Avec pertinence : *Penser juste.* – D'une manière à peine suffisante : Juste *assez grand.* ▨▨ [ʒyst].

JUSTESSE, subst. f.
Exactitude d'un jugement, d'un instrument. – De justesse : de peu. ▨▨ [ʒystɛs].

JUSTICE, subst. f.
Reconnaissance et respect des droits d'autrui. – Pouvoir de faire régner le droit ; exercice de ce pouvoir. ▨▨ [ʒystis].

JUSTICIER, IÈRE, subst.
Personne qui défend le droit, redresse les torts. ▨▨ [ʒystisje, -jɛʀ].

JUSTIFICATIF, IVE, adj. et subst. m.
Se dit de ce qui permet de justifier, de prouver : *Lettre justificative.* ▨▨ [ʒystifikatif, -iv].

JUSTIFICATION, subst. f.
Action de justifier ou de se justifier. – Impr. Longueur d'une ligne pleine. ▨▨ [ʒystifikasjɔ̃].

JUSTIFIER, verbe trans. [6]
Trans. dir. Faire admettre comme légitime, comme bien fondé. – Trans. indir. Justifier *de* : fournir la preuve formelle de. – Pronom. Défendre son innocence, la légitimité de ses actes. ▨▨ [ʒystifje].

JUTE, subst. m.
Fibre végétale dont on fait des cordages, des sacs, etc. ▨▨ [ʒyt].

JUTEUX, EUSE, adj.
Qui fournit beaucoup de jus. – Fig. Lucratif (fam.). ▨▨ [ʒytø, -øz].

JUVÉNILE, adj.
Qui a les aspects, les qualités de la jeunesse : *Une voix juvénile.* ▨▨ [ʒyvenil].

JUXTAPOSER, verbe trans. [3]
Placer deux ou plusieurs choses côte à côte, mais sans les unir. ▨▨ [ʒykstapoze].

JUXTAPOSITION, subst. f.
Action de juxtaposer. – Résultat de cette action. ▨▨ [ʒykstapozisjɔ̃].

K

K, k, subst. m. inv.
Onzième lettre et huitième consonne de l'alphabet français. 🔊 [ka].

KABBALE, voir **CABALE**

KABUKI, subst. m.
Genre théâtral japonais. 🔊 [kabuki].

KAFKAÏEN, ÏENNE, adj.
Oppressant, absurde comme dans les romans de Franz Kafka. 🔊 [kafkajɛ̃, -jɛn].

KAKATOÈS, voir **CACATOÈS**

KAKI, subst. m.
Fruit du plaqueminier, qui ressemble à la tomate. – Empl. adj. inv. Brun-jaune. 🔊 [kaki].

KALÉIDOSCOPE, subst. m.
Tube tapissé de miroirs, que l'on agite pour y regarder les dessins formés par des morceaux de verre coloré. 🔊 [kaleidoskɔp].

KAMIKAZE, subst. m.
Avion japonais bourré d'explosifs que son pilote écrasait sur un objectif ennemi, pendant la Seconde Guerre mondiale. – Volontaire pour cette mission. – Fig. Personne téméraire. 🔊 [kamikaz].

KANGOUROU, subst. m.
Marsupial australien, qui se déplace par bonds grâce à ses puissantes pattes postérieures et dont la femelle abrite ses petits dans une poche ventrale. 🔊 [kãguru].

KAOLIN, subst. m.
Argile blanche très pure. 🔊 [kaɔlɛ̃].

KAPOK, subst. m.
Fibre végétale utilisée pour bourrer des oreillers, des matelas, etc. 🔊 [kapɔk].

KARATÉ, subst. m.
Art martial japonais. 🔊 [karate].

KARST, subst. m.
Relief de certaines régions, dû à l'érosion des roches calcaires par l'eau. 🔊 [karst].

KAYAK, subst. m.
Canot à une ou deux places, propulsé à l'aide d'une pagaie double. 🔊 [kajak].

KENDO, subst. m.
Art martial japonais, pratiqué avec un sabre de bambou. 🔊 [kɛndo].

KÉPI, subst. m.
Coiffure militaire cylindrique, dotée d'une visière. 🔊 [kepi].

KÉRATINE, subst. f.
Constituant principal des cheveux, des ongles, des poils, etc. 🔊 [keratin].

KERMESSE, subst. f.
Fête patronale. – Fête populaire en plein air ; vente de charité. 🔊 [kɛrmɛs].

KÉROSÈNE, subst. m.
Carburant liquide extrait du pétrole, utilisé dans les moteurs à réaction. 🔊 [kerɔzɛn].

KETCH, subst. m.
Voilier à deux mâts, dont le mât arrière, qui se trouve en avant de la barre, est le plus petit. 🔊 [kɛtʃ].

KETCHUP, subst. m.
Condiment à base de tomate. 🔊 [kɛtʃœp].

KHALIFE, voir **CALIFE**

KHAN, subst. m.
Titre turco-mongol porté jadis par les souverains ou les chefs tribaux d'Asie centrale, tel Gengis Khan. 🔊 [kã].

KIBBOUTZ, subst. m.
Exploitation agricole communautaire, en Israël. 🔊 [kibuts].

KIDNAPPER, verbe trans. [3]
Enlever (qqn) afin d'obtenir une rançon. 🔊 Anglicisme déconseillé ; [kidnape].

KILO, subst. m.
Abréviation pour « kilogramme ». 🔊 [kilo].

KILOMÉTRAGE, subst. m.
Action de mesurer une distance en kilomètres. – Distance parcourue ou à parcourir, mesurée en kilomètres. 🔊 [kilɔmetraʒ].

KILT, subst. m.
Jupe courte et plissée du costume masculin traditionnel écossais. – Jupe de femme en tissu écossais. 🔊 [kilt].

KIMONO, subst. m.
Vêtement traditionnel japonais. 🔊 [kimɔno].

KINÉSITHÉRAPIE, subst. f.
Traitement fondé sur les massages et la gymnastique fonctionnelle, visant à rééduquer des muscles ou des articulations lésés. 🔊 [kineziterapi].

KINESTHÉSIE, subst. f.
Ensemble des impressions sensibles qui renseignent sur les mouvements des différentes parties du corps. 🔊 [kinɛstezi].

KIOSQUE, subst. m.
Pavillon ouvert sur tous ses côtés, dans un jardin : Kiosque à musique. – Petite boutique sur la voie publique. 🔊 [kjɔsk].

KIPPA, subst. f.
Calotte portée par les juifs pratiquants. 🔊 [kipa].

KIRSCH, subst. m.
Eau-de-vie de cerise. 🔊 [kirʃ].

KIT, subst. m.
Objet, meuble vendu en pièces détachées, à assembler par l'acheteur. 🔊 [kit].

KIT(S)CH, adj. inv. et subst. m. inv.
Se dit d'œuvres ou d'objets volontairement ou non de mauvais goût. 🔊 [kitʃ].

KIWI, subst. m.
Oiseau de Nouvelle-Zélande, au long bec et de mœurs nocturnes. – Fruit exotique à la chair verte. 🔊 [kiwi].

KLAXON, subst. m.
Avertisseur sonore de véhicule. 🔊 N. déposé ; [klaksɔn].

KLAXONNER, verbe intrans. [3]
Faire fonctionner un Klaxon. 🔊 [klaksɔne].

KLEPTOMANE, subst.
Personne qui ne peut s'empêcher de commettre des vols. 🔊 [klɛptɔman].

KNOCK-OUT, subst. m. inv.
Mise hors de combat d'un boxeur (abrév. K.O.). 🔊 [(k)nɔkaut].

KOALA, subst. m.
Petit mammifère marsupial qui vit dans les arbres, en Australie. 🔊 [kɔala].

KOLKHOZ(E), subst. m.
Coopérative agricole communautaire, dans l'ex-U.R.S.S. 🔊 [kɔlkoz].

KOUGLOF, subst. m.
Gâteau alsacien. 🔊 [kuglɔf].

KRACH, subst. m.
Effondrement brutal des cours de la Bourse. – Faillite d'une entreprise. 🔊 [kʀak].

KRAFT, subst. m.
Variété de papier d'emballage très résistant, de couleur beige. 🔊 [kʀaft].

KREMLIN, subst. m.
Citadelle centrale des anciennes villes russes. – Le Kremlin : ensemble fortifié de palais, d'églises et d'édifices, siège du gouvernement de Russie, à Moscou. 🔊 [kʀɛmlɛ̃].

KRYPTON, subst. m.
Gaz rare de l'air, utilisé dans certaines ampoules électriques. 🔊 [kʀiptɔ̃].

KUNG-FU, subst. m. inv.
Art martial chinois. 🔊 [kuɲfu].

KYRIELLE, subst. f.
Longue suite : Une kyrielle d'injures. 🔊 [kiʀjɛl].

KYSTE, subst. m.
Tumeur bénigne liquide ou semi-liquide (rarement solide). 🔊 [kist].

L

L, l, subst. m. inv.
Douzième lettre et neuvième consonne de l'alphabet français. 🔊 [ɛl].

LA (I), voir LE

LA (II), subst. m. inv.
Mus : Sixième note de la gamme : Donner le la, le son de référence. 🔊 [la].

LÀ, adv.
Désigne un endroit autre que celui où l'on se trouve (oppos. ici) : Mettez-vous plutôt là. – Employé pour « ici » : Venez là. – Désigne un moment du temps : Là, il cessa de parler. – Renforce un démonstratif : Celui-là. – Précédé d'une préposition ou suivi d'un adjectif, forme des locutions adverbiales : De là ; D'ici là ; Par là ; Là-bas, au loin ; Là-haut ; Là-dessus. 🔊 [la].

LABEUR, subst. m.
Travail long, soutenu et pénible. 🔊 [labœʀ].

LABIAL, ALE, AUX, adj.
Qui concerne les lèvres. 🔊 [labjal].

LABORATOIRE, subst. m.
Local aménagé en vue de travaux scientifiques, photographiques, d'analyses biologiques, etc. 🔊 [labɔʀatwaʀ].

LABORIEUX, IEUSE, adj.
Qui se consacre avec ténacité à un travail. – Qui réclame beaucoup d'efforts ; long

et difficile. – Sans inspiration ni vivacité, poussif. 🔊 [labɔʀjø, -jøz].

LABOUR, subst. m.
Travail de labourage : Bêtes de labour. – Plur. Terres labourées. 🔊 [labuʀ].

LABOURAGE, subst. m.
Action, art de labourer la terre. 🔊 [labuʀaʒ].

LABOURER, verbe trans. [3]
Retourner (la terre) avec une charrue ou une bêche. – Fig. Entailler, déchirer en laissant des sillons profonds. 🔊 [labuʀe].

LABRADOR, subst. m.
Grand chien de chasse à poil ras, noir ou fauve clair. 🔊 [labʀadɔʀ].

LABYRINTHE, subst. m.
Réseau de chemins entrelacés, où l'on se perd facilement. – Fig. Situation inextricable. 🔊 [labiʀɛ̃t].

LAC, subst. m.
Étendue d'eau, gén. douce, naturelle ou artificielle, à l'intérieur des terres. 🔊 [lak].

LACER, verbe trans. [4]
Lier, serrer, fermer avec un lacet. 🔊 [lase].

LACÉRER, verbe trans. [8]
Déchirer, mettre en lambeaux. 🔊 [laseʀe].

LACET, subst. m.
Cordon servant à attacher une chaussure, un vêtement. – Virage ou suite de virages

serrés d'une route en zigzag. – Nœud
coulant servant à piéger le gibier. 🕮 [lasɛ].

LÂCHE, adj. et subst.
Qui manque de courage. – Adj. Méprisable,
vil : *Un lâche attentat*. – Qui n'est pas
tendu ; desserré. – Qui manque de densité,
de concision : *Style lâche*. 🕮 [laʃ].

LÂCHER, verbe [3]
Trans. Desserrer, délier. – Cesser de tenir,
de retenir : **Lâcher** *les chiens*. – Abandonner.
– Intrans. Rompre, se casser. 🕮 [laʃe].

LÂCHETÉ, subst. f.
Manque de courage, couardise. – Action
méprisable. 🕮 [laʃte].

LACONIQUE, adj.
Bref, concis, en parlant d'un discours, d'un
style. – Peu bavard. 🕮 [lakɔnik].

LACRYMAL, ALE, AUX, adj.
Relatif aux larmes. 🕮 [lakrimal].

LACTÉ, ÉE, adj.
Relatif au lait. – Qui contient du lait. – Qui
ressemble au lait. – *La Voie* lactée : nébuleuse d'étoiles formant le grand axe de notre
galaxie et qui, vue de la Terre, balaie
le ciel d'une trace blanchâtre. 🕮 [lakte].

LACUNE, subst. f.
Partie manquante d'un ensemble. – Déficience, insuffisance. 🕮 [lakyn].

LACUSTRE, adj.
Qui vit dans un lac. – Qui se trouve sur
les rives d'un lac : *Cité* lacustre. 🕮 [lakystr̩].

LADY, subst. f.
Femme anglaise de haut rang. – Femme
élégante et de bonne éducation. 🕮 Plur.
ladys ou *ladies* : [ledi].

LAGON, subst. m.
Étendue d'eau de mer comprise entre la
terre ferme et un récif corallien. – Lagune
au centre d'un atoll. 🕮 [lagɔ̃].

LAGUNE, subst. f.
Bras d'eau salée séparé de la mer par un
étroit cordon littoral. 🕮 [lagyn].

LAI, subst. m.
Petit poème du Moyen Âge. 🕮 [lɛ].

LAÏCITÉ, subst. f.
Caractère laïque. – Principe de séparation
de l'Église et de l'État. 🕮 [laisite].

LAID, LAIDE, adj.
Qui n'est pas beau. – Contraire à la morale
ou à la bienséance. – Empl. subst. masc.
Ce qui est laid. 🕮 [lɛ, lɛd].

LAIDEUR, subst. f.
Caractère de ce qui est laid. 🕮 [lɛdœʀ].

LAIE, subst. f.
Femelle du sanglier. 🕮 [lɛ].

LAINAGE, subst. m.
Tissu de laine. – Gilet, pull-over de laine.
🕮 [lɛnaʒ].

LAINE, subst. f.
Pelage frisé et doux de certains ruminants,
que l'on file pour faire des fibres textiles ;
cette fibre. – Lainage, paletot. 🕮 [lɛn].

LAÏQUE, adj. et subst.
Qui n'appartient pas au clergé. – Adj. Qui
n'a pas de caractère religieux. 🕮 On écrit
aussi, au masc., *laïc* ; [laik].

LAISSE, subst. f.
Lien utilisé pour attacher ou conduire un
animal, en partic. un chien. 🕮 [lɛs].

LAISSER, verbe trans. [3]
Maintenir (qqn ou qqch.) tel quel, ne pas
intervenir sur. – Partir sans, abandonner
(qqch. ou qqn). – Ne pas prendre : **Laisser**
la croûte. – Céder : **Laisser** *la place*. – Ne
pas empêcher de : **Laisser** *un chien courir*.
– Pronom. Être agréable à : *Ce livre se laisse
lire*. 🕮 [lese].

LAISSER-ALLER, subst. m. inv.
Désinvolture. – Manque de soin, de tenue :
Un laisser-aller vestimentaire. 🕮 [leseale].

LAISSEZ-PASSER, subst. m. inv.
Document administratif autorisant la libre
circulation de qqn ou de qqch. 🕮 [lesepase].

LAIT, subst. m.
Liquide nourricier blanc et opaque sécrété
par les glandes mammaires des mammifères
femelles. – Liquide ayant l'aspect du lait :
Lait *de palme, de chaux*. 🕮 [lɛ].

LAITAGE, subst. m.
Aliment dérivé du lait. 🕮 [lɛtaʒ].

LAITERIE, subst. f.
Établissement où l'on conserve et traite le
lait, et où on le transforme en beurre, en
crème, etc. – Industrie, commerce du lait
et des produits laitiers. 🕮 [lɛtri].

LAITEUX, EUSE, adj.
Qui a l'aspect, la couleur du lait. 🕮 [lɛtø, -øz].

LAITIER, IÈRE, adj. et subst.
Adj. Relatif au lait : *Une vache* laitière, qui
donne du lait. – Subst. Commerçant qui
vend des produits laitiers. 🕮 [letje, -jɛʀ].

LAITON, subst. m.
Alliage de cuivre et de zinc. 🕮 [lɛtɔ̃].

LAITUE, subst. f.
Plante potagère que l'on mange en salade.
🕮 [lety].

LAÏUS, subst. m.
Discours, exposé (fam.). 🕮 [lajys].

LAIZE, voir LÉ

LAMA (I), subst. m.
Ruminant d'Amérique du Sud, dont certaines races sont domestiquées. 🕮 [lama].

LAMA (II), subst. m.
Moine bouddhiste du Tibet et de Mongolie.
– *Dalaï-lama* : chef spirituel et temporel
des Tibétains. 🕮 [lama].

LAMBEAU, subst. m.
Morceau déchiré ou arraché d'une matière
quelconque. – Fig. Fragment, débris d'un
ensemble. 🕮 [lɑ̃bo].

LAMBRIS, subst. m.
Revêtement décoratif d'un mur, en forme
de cadre mouluré. – Revêtement d'un mur
en lames de bois ; ces lames. 🕮 [lɑ̃bʀi].

LAME, subst. f.
Pièce allongée, plate et mince, en métal, en bois, etc. – Pièce de métal servant à piquer, à couper, etc. ; arme blanche. – Vague qui déferle, rouleau. – Fig. Lame *de fond* : phénomène violent et brutal. 🕮 [lam].

LAMÉ, ÉE, adj. et subst. m.
Se dit d'une étoffe tissée ou ornée de fils d'or ou d'argent. 🕮 [lame].

LAMELLE, subst. f.
Petite lame. – Fine tranche. 🕮 [lamɛl].

LAMELLIBRANCHE, subst. m.
Mollusque bivalve aux branchies en forme de lamelles (huître, moule, etc.). – Plur. La classe correspondante. 🕮 [lamelibʀɑ̃ʃ].

LAMENTABLE, adj.
Pitoyable. – Très mauvais. 🕮 [lamɑ̃tabl].

LAMENTATION, subst. f.
Plainte bruyante et prolongée. – Récrimination. 🕮 [lamɑ̃tasjɔ̃].

LAMENTER (SE), verbe pronom. [3]
Se plaindre, se désoler, gémir. 🕮 [lamɑ̃te].

LAMINER, verbe trans. [3]
Amincir (du métal). – Fig. Diminuer, réduire jusqu'à anéantir. 🕮 [lamine].

LAMPADAIRE, subst. m.
Lampe montée sur un pied élevé. – Réverbère : *Un* lampadaire *public*. 🕮 [lɑ̃padɛʀ].

LAMPE, subst. f.
Appareil d'éclairage : **Lampe** *à huile, électrique*. – Appareil à flamme dégageant une forte chaleur : **Lampe** *à souder*. 🕮 [lɑ̃p].

LAMPION, subst. m.
Petite lampe entourée de papier multicolore, utilisée pour illuminer des fêtes nocturnes (synon. *lanterne vénitienne*). 🕮 [lɑ̃pjɔ̃].

LAMPROIE, subst. f.
Vertébré marin dépourvu de mâchoires, qui ressemble à une anguille. 🕮 [lɑ̃pʀwa].

LANCE, subst. f.
Ancienne arme à longue hampe munie d'un fer pointu. – Tuyau dont l'embout permet de projeter l'eau : **Lance** *d'arrosage*. 🕮 [lɑ̃s].

LANCÉE, subst. f.
Sur sa lancée : emporté par son élan initial. 🕮 [lɑ̃se].

LANCEMENT, subst. m.
Action de lancer. 🕮 [lɑ̃smɑ̃].

LANCE-PIERRE(S), subst. m.
Arme en forme de fourche servant à lancer des pierres. 🕮 Plur. *lance-pierres*. [lɑ̃spjɛʀ].

LANCER, verbe trans. [4]
Envoyer au loin, avec énergie. – Mouvoir rapidement (une partie du corps) : **Lancer** *sa jambe en l'air*. – Mettre en route. – Inaugurer, promouvoir : **Lancer** *une mode, un produit*. – Émettre avec force : **Lancer** *un cri, une accusation*. – Pronom. Se jeter, se précipiter. – Fig. S'engager hardiment : *Se* lancer *dans la politique*. 🕮 [lɑ̃se].

LANCIER, subst. m.
Cavalier armé d'une lance. 🕮 [lɑ̃sje].

LANCINANT, ANTE, adj.
Qui provoque des élancements douloureux. – Fig. Obsédant. 🕮 [lɑ̃sinɑ̃, -ɑ̃t].

LANDAU, AUS, subst. m.
Voiture à chevaux découverte, à quatre places. – Voiture d'enfant, dotée d'une capote. 🕮 [lɑ̃do].

LANDE, subst. f.
Vaste étendue de terre où poussent des fougères, des bruyères, des ajoncs, etc. – Cette végétation elle-même. 🕮 [lɑ̃d].

LANGAGE, subst. m.
Faculté de communication propre à l'espèce humaine, qui s'exerce par l'intermédiaire de divers systèmes codés : **Langage** *des gestes, parlé, écrit*. – Manière de s'exprimer : **Langage** *familier, incorrect*. – Vocabulaire spécialisé : **Langage** *administratif*. 🕮 [lɑ̃gaʒ].

LANGE, subst. m.
Linge dans lequel on emmaillotait autrefois les nourrissons. 🕮 [lɑ̃ʒ].

LANGOUREUX, EUSE, adj.
Qui exprime la langueur. – Sentimental et mélancolique. 🕮 [lɑ̃guʀø, -øz].

LANGOUSTE, subst. f.
Crustacé marin au corps long et cylindrique, à la chair appréciée. 🕮 [lɑ̃gust].

LANGOUSTINE, subst. f.
Petit crustacé marin à pinces longues et fines. 🕮 [lɑ̃gustin].

LANGUE, subst. f.
Organe musculeux situé dans la bouche, siège du goût et instrument de la parole chez l'homme. – Ce qui évoque une **langue** : **Langue** *de terre, de feu*. – Ensemble des signes vocaux ou graphiques permettant la communication dans un groupe humain : *La* langue *française*. 🕮 [lɑ̃g].

LANGUETTE, subst. f.
Petit objet en forme de langue. 🕮 [lɑ̃gɛt].

LANGUEUR, subst. f.
Dépression ; absence d'énergie, indolence. – Mélancolie rêveuse. 🕮 [lɑ̃gœʀ].

LANGUIR, verbe intrans. [19]
Manquer d'ardeur, d'énergie ; au fig. : *La soirée* languit, *traîne en longueur*. – Être obsédé par (un sentiment). – Attendre avec impatience. 🕮 [lɑ̃giʀ].

LANIÈRE, subst. f.
Longue et étroite bande de matière souple, souv. de cuir. 🕮 [lanjɛʀ].

LANTERNE, subst. f.
Appareil d'éclairage composé d'une boîte translucide contenant une source lumineuse. – Feu de position à l'avant ou à l'arrière d'un véhicule. – Fig. *La* **lanterne** *rouge* : le dernier d'un classement (fam.). 🕮 [lɑ̃tɛʀn].

LAPALISSADE, subst. f.
Formule que son caractère d'évidence rend risible. 🕮 [lapalisad].

LAPER, verbe trans. [3]
Boire à petits coups de langue, en parlant d'un animal. 🔊 [lape].

LAPEREAU, subst. m.
Jeune lapin. 🔊 [laproʊ].

LAPIDAIRE, adj.
Très concis. 🔊 [lapidɛʀ].

LAPIDER, verbe trans. [3]
Tuer, attaquer ou poursuivre à coups de pierres. 🔊 [lapide].

LAPIN, INE, subst.
Petit mammifère rongeur, très prolifique, à longues oreilles, élevé ou chassé pour sa chair et sa fourrure. – Masc. Chair ou fourrure de cet animal. 🔊 [lapɛ̃, -in].

LAPS, subst. m.
Laps *de temps* : espace de temps. 🔊 [laps].

LAPSUS, subst. m.
Faute consistant à remplacer un mot par un autre, en parlant ou en écrivant. 🔊 [lapsys].

LAQUAIS, subst. m.
Domestique en livrée. – Fig. Personne servile (littér.). 🔊 [lakɛ].

LAQUE, subst.
Fém. Gomme résineuse dont on fait des peintures brillantes. – Produit que l'on vaporise sur les cheveux. – Masc. Vernis d'Orient, rouge ou noir. – Objet d'art enduit de ce vernis. 🔊 [lak].

LAQUER, verbe trans. [3]
Enduire de laque. 🔊 [lake].

LARBIN, subst. m.
Fam. Domestique. – Fig. Homme servile. 🔊 [laʀbɛ̃].

LARCIN, subst. m.
Petit vol commis sans effraction. 🔊 [laʀsɛ̃].

LARD, subst. m.
Couche de graisse qui se trouve sous la peau du porc, utilisée en cuisine. 🔊 [laʀ].

LARDER, verbe trans. [3]
Piquer (une viande) de lardons. – Transpercer (qqn) de coups de couteau. 🔊 [laʀde].

LARDON, subst. m.
Petit morceau de lard qui accompagne un plat. – Jeune enfant (fam.). 🔊 [laʀdɔ̃].

LARGE, adj. et subst. m.
Adj. Plus étendu que la moyenne, dans le sens de la largeur. – Large *de* : qui mesure (tant) en largeur. – Ample. – Important, grand. – Fig. Tolérant, ouvert. – Généreux, dépensier. – Subst. Largeur : *Trois mètres de large* ; *En long et en large.* – Haute mer : *Le grand large.* – *Être au large* : à distance ; à l'aise. 🔊 [laʀʒ].

LARGEMENT, adv.
Avec largesse. – Fig. Amplement ; plus qu'il n'est nécessaire. 🔊 [laʀʒəmɑ̃].

LARGESSE, subst. f.
Générosité. – Plur. Don, cadeau. 🔊 [laʀʒɛs].

LARGEUR, subst. f.
Dimension d'une surface ou d'un volume opposée à la longueur. – Qualité de ce qui est large. 🔊 [laʀʒœʀ].

LARGUER, verbe trans. [3]
Lâcher, détacher : **Larguer** *les amarres*, partir. – Laisser tomber d'un avion. – Abandonner (fam.). 🔊 [laʀge].

LARME, subst. f.
Liquide salé sécrété par les glandes lacrymales, qui coule des yeux. – Fig. Petite quantité de liquide. 🔊 [laʀm].

LARMOYER, verbe intrans. [17]
Se remplir de larmes, en parlant des yeux. – Pleurnicher. 🔊 [laʀmwaje].

LARRON, subst. m.
Voleur (littér.). 🔊 [laʀɔ̃].

LARVE, subst. f.
Premier stade du développement de certains animaux (insectes, amphibiens). – Fig. Personne apathique ou veule (fam.). 🔊 [laʀv].

LARYNGITE, subst. f.
Inflammation du larynx. 🔊 [laʀɛ̃ʒit].

LARYNX, subst. m.
Organe vocal principal, situé entre le pharynx et la trachée. 🔊 [laʀɛ̃ks].

LAS, LASSE, adj.
Fatigué. – Fig. Ennuyé, dégoûté. 🔊 [lɑ, lɑs].

LASCIF, IVE, adj.
Voluptueux. – Très sensuel. 🔊 [lasif, -iv].

LASER, subst. m.
Appareil qui émet un faisceau lumineux très fin et très intense. 🔊 [lazɛʀ].

LASSER, verbe trans. [3]
Fatiguer. – Ennuyer. 🔊 [lɑse].

LASSITUDE, subst. f.
Fatigue. – Ennui. 🔊 [lɑsityd].

LASSO, subst. m.
Longue corde à nœud coulant, servant à attraper les animaux. 🔊 [laso].

LATENT, ENTE, adj.
Qui reste caché mais peut se manifester à tout instant. 🔊 [latɑ̃, -ɑ̃t].

LATÉRAL, ALE, AUX, adj.
Qui se trouve sur le côté. 🔊 [lateʀal].

LATEX, subst. m.
Liquide laiteux sécrété par diverses plantes : *Le latex de l'hévéa.* 🔊 [latɛks].

LATIN, INE, adj. et subst. m.
Se dit de la langue des anciens Romains. – Adj. Du Latium, de la Rome antique ou des peuples romanisés. – Se dit de ceux qui parlent une langue romane (Français, Italiens, etc.) ou de cette langue. 🔊 [latɛ̃, -in].

LATITUDE, subst. f.
Distance d'un lieu terrestre par rapport à l'équateur (calculée en degrés, minutes et secondes). – Région, vue sous l'angle du climat : *Vivre sous d'autres* **latitudes**. – Liberté : *Avoir toute* **latitude** *pour agir*. 🔊 [latityd].

LATRINES, subst. f. plur.
Lieux d'aisances sommaires. 🔊 [latʀin].

LATTE, subst. f.
Pièce de bois plate, étroite et mince. 🔊 [lat].

LAURÉAT, ATE, adj. et subst.
Qui a été reçu à un examen, à un concours ; qui a remporté un prix. 📖 [lɔʀea. -at].

LAURIER, subst. m.
Arbuste à feuilles persistantes : Laurier-sauce, dont les feuilles servent de condiment. – Plur. Gloire (littér.) : Couronné de lauriers. 📖 [lɔʀje].

LAVABO, subst. m.
Cuvette, équipée de robinets, utilisée pour la toilette. – Plur. Toilettes d'une collectivité. 📖 [lavabo].

LAVAGE, subst. m.
Action de laver. – Lavage de cerveau : action psychologique qui vise à priver une personne de sa faculté de réflexion. 📖 [lavaʒ].

LAVANDE, subst. f.
Plante à fleurs bleues en épi, utilisée en parfumerie. – Empl. adj. inv. Bleu-mauve assez clair. 📖 [lavɑ̃d].

LAVANDIÈRE, subst. f.
Femme qui lavait le linge à la main (littér.). 📖 [lavɑ̃djɛʀ].

LAVE, subst. f.
Matière en fusion crachée par un volcan, qui se solidifie en refroidissant. 📖 [lav].

LAVEMENT, subst. m.
Méd. Introduction par l'anus d'un liquide dans le gros intestin. 📖 [lavmɑ̃].

LAVER, verbe trans. [3]
Nettoyer avec un liquide, en partic. de l'eau. – Fig. Disculper : Laver qqn d'un soupçon. – Pronom. Faire sa toilette. – Fig. Se laver les mains de qqch. : en décliner la responsabilité. 📖 [lave].

LAVERIE, subst. f.
Blanchisserie où l'on lave soi-même son linge. 📖 [lavʀi].

LAVOIR, subst. m.
Bassin aménagé où l'on lavait le linge autrefois. 📖 [lavwaʀ].

LAXATIF, IVE, adj. et subst. m.
Se dit d'un produit qui aide à évacuer les selles. 📖 [laksatif, -iv].

LAXISME, subst. m.
Indulgence excessive. – Manque de rigueur. 📖 [laksism].

LAYETTE, subst. f.
Ensemble des vêtements d'un nouveau-né. 📖 [lɛjɛt].

LE, LA, LES, art. déf. et pron. pers.
Article défini qui détermine en genre et en nombre le groupe nominal. – Pronom personnel de la 3ᵉ personne, remplissant la fonction d'objet direct ou d'attribut. 📖 [lə, la], plur. [le].

LÉ, subst. m.
Largeur d'une étoffe ou d'une bande de papier peint. 📖 [le].

LEADER, subst. m.
Chef de file. – Sp. Concurrent qui mène, dans une course, une compétition. – Entreprise, groupe occupant la première place dans son domaine. 📖 [lidœʀ].

LÉCHER, verbe trans. [8]
Passer la langue sur. – Effleurer, en parlant du feu, de l'eau. – Fig. Exécuter avec grand soin (fam.). 📖 [leʃe].

LEÇON, subst. f.
Enseignement d'un maître, d'un professeur. – Ce qu'un élève doit apprendre. – Réprimande, avertissement. – Enseignement tiré d'un échec. 📖 [l(ə)sɔ̃].

LECTEUR, TRICE, subst.
Personne qui lit, qui aime lire. – Masc. Appareil servant à diffuser des sons enregistrés : Lecteur de cassettes. – Informat. Organe servant à lire les disquettes. 📖 [lɛktœʀ, -tʀis].

LECTURE, subst. f.
Action de lire, de déchiffrer. – Fait de savoir lire. – Ouvrage qu'on lit. – Interprétation particulière d'un texte ou d'une œuvre musicale. 📖 [lɛktyʀ].

LÉGAL, ALE, AUX, adj.
Qui est conforme à la loi. – Qui résulte de, qui est ordonné par la loi. 📖 [legal].

LÉGALISÉ, ÉE, adj.
Rendu légal. – Authentifié par un magistrat ou par un officier ministériel. 📖 [legalize].

LÉGALITÉ, subst. f.
Caractère de ce qui est légal. 📖 [legalite].

LÉGAT, subst. m.
Représentant du pape. 📖 [lega].

LÉGATAIRE, subst.
Bénéficiaire d'un legs. 📖 [legatɛʀ].

LÉGENDAIRE, adj.
Qui relève de la légende. – Qui est entré dans la légende, illustre. 📖 [leʒɑ̃dɛʀ].

LÉGENDE, subst. f.
Récit populaire merveilleux. – Histoire embellie ou amplifiée par l'imagination. – Commentaire écrit d'une illustration, d'un document. 📖 [leʒɑ̃d].

LÉGER, ÈRE, adj.
Qui pèse peu ; peu dense. – Peu épais, mince : Une robe légère. – Peu intense ; peu important : Une blessure légère. – Gracieux : Danseuse légère. – Fig. Futile, irréfléchi : Un esprit léger. 📖 [leʒe. -ɛʀ].

LÉGÈRETÉ, subst. f.
Qualité de ce qui est léger. 📖 [leʒɛʀte].

LÉGIFÉRER, verbe intrans. [8]
Faire des lois. 📖 [leʒifeʀe].

LÉGION, subst. f.
Unité de l'armée romaine. – Appellation de certaines unités militaires. – La Légion étrangère : formation militaire essentiellement composée de volontaires étrangers. – La Légion d'honneur : ordre honorifique français. – Fig. Grand nombre. 📖 [leʒjɔ̃].

LÉGIONNAIRE, subst. m.
Soldat d'une légion romaine. – Soldat de la Légion étrangère. 📖 [leʒjɔnɛʀ].

LÉGISLATEUR, TRICE, adj. et subst. m.
Qui légifère. 📖 [leʒislatœʀ, -tʀis].

LÉGISLATIF, IVE, adj.
Qui concerne les lois. – Qui fait les lois :
Pouvoir législatif. – *Élections législatives* :
destinées à désigner les députés ; empl.
subst. : *Les législatives*. 📖 [leʒislatif, -iv].

LÉGISLATION, subst. f.
Ensemble des lois propres à un pays ou
relatives à un domaine donné. 📖 [leʒislasjõ].

LÉGISTE, adj. m. et subst.
Subst. Spécialiste des lois. – Adj. *Médecin
légiste* : chargé d'expertises en matière
légale. 📖 [leʒist].

LÉGITIME, adj.
Conforme à la loi, reconnu par la loi.
– Conforme à l'équité, au bon droit, à la
raison. – *Enfant légitime* : né de parents
mariés. – **Légitime** *défense* : droit de
répondre par la violence à une agression.
📖 [leʒitim].

LÉGITIMER, verbe trans. [3]
Faire reconnaître comme légitime. – Re-
connaître juridiquement un enfant naturel.
– Justifier, excuser. 📖 [leʒitime].

LEGS, subst. m. inv.
Action de léguer un bien. – Bien ainsi légué.
📖 [lɛ(g)].

LÉGUER, verbe trans. [8]
Donner à titre d'héritage, par testament.
– Fig. Transmettre aux suivants. 📖 [lege].

LÉGUME, subst. m.
Plante potagère qui sert à l'alimentation
humaine. 📖 [legym].

LÉGUMINEUSE, subst. f.
Plante dont le fruit est une gousse (haricot,
pois, lentille, luzerne, etc.). – Plur. L'ordre
correspondant. 📖 [legyminøz].

LEITMOTIV, subst. m.
Mus. Motif, thème caractéristique qui se
répète. – Fig. Thème, phrase qui revient.
📖 Plur. *leitmotiv(e)* ; [lɛitmɔtiv].

LÉMURIEN, subst. m.
Primate de petite taille, arboricole, aux
gros yeux caractéristiques. – Plur. Le sous-
ordre correspondant. 📖 [lemyʀjɛ̃].

LENDEMAIN, subst. m.
Jour qui suit immédiatement celui dont
on parle. – Avenir. 📖 [lɑ̃dmɛ̃].

LÉNIFIANT, ANTE, adj.
Qui calme. – Fig. Qui apaise pour endormir
la méfiance. 📖 [lenifjɑ̃, -ɑ̃t].

LENT, LENTE, adj.
Peu rapide. – Fig. Sans vivacité intellectuelle : *Avoir l'esprit lent*. 📖 [lɑ̃, lɑ̃t].

LENTE, subst. f.
Œuf de pou. 📖 [lɑ̃t].

LENTEUR, subst. f.
Manque de rapidité. – Fig. Manque de
vivacité intellectuelle. 📖 [lɑ̃tœʀ].

LENTILLE, subst. f.
Variété de légumineuse ; sa graine, comestible. – Verre taillé circulaire, utilisé dans
les instruments d'optique. 📖 [lɑ̃tij].

LÉONIN, INE, adj.
Propre au lion. – *Partage léonin* : abusif,
à l'avantage du plus fort. 📖 [leɔnɛ̃, -in].

LÉOPARD, subst. m.
Panthère tachetée d'Afrique. – Fourrure
de cet animal. 📖 [leɔpaʀ].

LÉPIDOPTÈRE, subst. m.
Insecte dont les quatre ailes portent de
minuscules écailles. – Plur. L'ordre correspondant. 📖 [lepidɔptɛʀ].

LÈPRE, subst. f.
Maladie infectieuse et contagieuse grave,
qui se manifeste par des plaies cutanées.
– Fig. Fléau moral ou social qui se propage :
La lèpre du chômage. 📖 [lɛpʀ].

LÉPREUX, EUSE, adj. et subst.
Se dit d'une personne atteinte de la lèpre.
– Adj. Fig. Couvert de taches, dégradé :
Façade lépreuse. 📖 [lepʀø, -øz].

LÉPROSERIE, subst. f.
Hôpital où l'on isole et soigne les lépreux.
📖 [lepʀozʀi].

**LEQUEL, LAQUELLE, LESQUELS,
LESQUELLES**, pron. rel. et interr.
Pron. rel. Variante de « qui » : *Je ne sais
lequel choisir*. – En complément indirect :
La route sur laquelle nous marchons. – Pron.
interr. Qui, quel (parmi plusieurs) : **Laquelle** *prenez-vous ?* 📖 Avec à et de, se
contracte en *auquel, auxquels, auxquelles* et
en *duquel, desquels, desquelles* ; [ləkɛl, lakɛl],
plur. [lekɛl].

LÈS ou **LEZ**, prép.
Près de, dans des noms de lieux : *Villeneuve-
lès-Avignon* ; *Plessis-lez-Tours*. 📖 [lɛ].

LESBIENNE, subst. f.
Femme homosexuelle. 📖 [lɛsbjɛn].

LÈSE-MAJESTÉ, subst. f. inv.
Attentat contre un souverain : *Crime de
lèse-majesté*. 📖 [lɛzmaʒɛste].

LÉSER, verbe trans. [8]
Faire tort à. – *Méd*. Blesser. 📖 [leze].

LÉSINER, verbe intrans. [3]
Économiser avec excès, avarice. 📖 [lezine].

LÉSION, subst. f.
Dégradation d'un tissu, d'un organe, due
à un accident, à une affection, etc. – *Dr*.
Préjudice subi par l'une des parties dans un
contrat ou un partage. 📖 [lezjõ].

LESSIVE, subst. f.
Produit alcalin servant à laver du linge ou
à nettoyer qqch. – Action de laver le linge ;
le linge lavé. 📖 [lesiv].

LESSIVER, verbe trans. [3]
Laver à l'aide de lessive. – Fam. Ruiner,
déposséder. – Épuiser, éreinter. 📖 [lesive].

LESSIVEUSE, subst. f.
Grand récipient en tôle dans lequel on
faisait bouillir le linge. 📖 [lesivøz].

LEST, subst. m.
Masse pesante assurant l'équilibre d'un navire. − Sacs de sable équipant un ballon, que les aéronautes jettent afin d'alléger l'appareil. − Fig. *Lâcher du lest* : faire une concession nécessaire à la sauvegarde de qqch. 🔊 [lɛst].

LESTE, adj.
Agile, souple. − Inconvenant, grivois : *Une plaisanterie un peu leste*. 🔊 [lɛst].

LESTER, verbe trans. [3]
Charger de lest. − Fig. Charger, remplir (fam.) : **Lester** *ses poches*. 🔊 [lɛste].

LÉTHARGIE, subst. f.
Sommeil pathologique profond. − Torpeur profonde, engourdissement. 🔊 [letaʀʒi].

LETTRE, subst. f.
Chacun des signes graphiques d'un alphabet. − Texte écrit qu'on envoie à qqn : *Lettre d'amour, d'affaires.* − *À la lettre* : scrupuleusement. − Plur. Littérature : *Un homme de lettres*. 🔊 [lɛtʀ].

LETTRÉ, ÉE, adj. et subst.
Qui possède une grande culture littéraire : *Un fin lettré.* 🔊 [letʀe].

LETTRINE, subst. f.
Grande majuscule, ornée ou non, gén. placée au début d'un chapitre. 🔊 [letʀin].

LEUCÉMIE, subst. f.
Maladie caractérisée par la prolifération des globules blancs dans le sang. 🔊 [løsemi].

LEUCOCYTE, subst. m.
Globule blanc du sang. 🔊 [løkɔsit].

LEUR (I), pron. pers. inv.
Pronom personnel de la 3ᵉ personne du pluriel ; équivaut à « à eux », « à elles » : *Il leur a dit la vérité.* 🔊 [lœʀ].

LEUR (II), LEURS, adj. et pron.
Adjectif et pronom (*le leur, la leur, les leurs*) possessifs de la 3ᵉ personne, qui s'emploient lorsqu'il y a plusieurs possesseurs : *Voici leur enfant ; Ils ont revu les leurs, leurs parents.* 🔊 [lœʀ].

LEURRE, subst. m.
Appât factice, pour la chasse ou la pêche. − Fig. Artifice visant à tromper. 🔊 [lœʀ].

LEURRER, verbe trans. [3]
Tromper (qqn) par de vaines espérances. − Pronom. Se faire des illusions. 🔊 [lœʀe].

LEVAIN, subst. m.
Morceau de pâte contenant un ferment (levure) qui, mélangé à la pâte à pain, la fait gonfler à la chaleur. − Fig. Ce qui est susceptible d'attiser les passions. 🔊 [ləvɛ̃].

LEVANT, subst. m.
L'est, l'orient (oppos. *couchant, ponant*). 🔊 [ləvɑ̃].

LEVÉE, subst. f.
Remblai. − Action de lever, de brandir : *Une levée de boucliers.* − Action de collecter : *Levée d'impôts, du courrier.* 🔊 [l(ə)ve].

LEVER (I), verbe trans. [10]
Déplacer vers le haut : *Lever son ardoise.* − Orienter vers le haut : *Lever les yeux, la tête.* − Faire sortir (un gibier) de son abri. − Récolter, réunir : *Lever les impôts, une armée.* − Mettre fin à : *Lever le siège.* − Pronom. Se réveiller et sortir de son lit. − Se mettre debout. − Apparaître dans le ciel : *Le soleil, le jour se lève.* 🔊 [l(ə)ve].

LEVER (II), subst. m.
Action de se lever, de quitter son lit. − Moment où un astre apparaît au-dessus de l'horizon. − Action d'élever qqch. vers le haut : *Le lever du rideau.* 🔊 [l(ə)ve].

LEVIER, subst. m.
Engin rigide, mobile autour d'un point fixe, servant à soulever une masse. − Organe de commande d'un mécanisme. − Fig. Moyen d'action. 🔊 [ləvje].

LÉVITATION, subst. f.
Élévation d'un corps, qui reste en suspension dans l'air. 🔊 [levitasjɔ̃].

LÈVRE, subst. f.
Chacune des parties charnues qui bordent la bouche. − Repli cutané de la vulve. − Fig. *Du bout des lèvres* : à contrecœur. − Plur. Bords d'une plaie. 🔊 [lɛvʀ].

LEVRETTE, subst. f.
Femelle du lévrier. 🔊 [ləvʀɛt].

LÉVRIER, subst. m.
Chien très rapide, aux membres longs et fins et à l'abdomen étroit. 🔊 [levʀije].

LEVURE, subst. f.
Substance qui fait lever la pâte ou sert à la fermentation. 🔊 [l(ə)vyʀ].

LEXIQUE, subst. m.
Petit dictionnaire contenant les mots principaux d'une langue, d'une œuvre, d'une science, etc. − Ling. L'ensemble des mots d'une langue, le vocabulaire. 🔊 [lɛksik].

LEZ, voir **LÈS**

LÉZARD, subst. m.
Petit reptile, qui possède quatre pattes et une longue queue. 🔊 [lezaʀ].

LÉZARDE, subst. f.
Crevasse étroite et longue. 🔊 [lezaʀd].

LÉZARDER (I), verbe trans. [3]
Fendre par des lézardes. 🔊 [lezaʀde].

LÉZARDER (II), verbe intrans. [3]
Paresser au soleil (fam.). 🔊 [lezaʀde].

LIAISON, subst. f.
Action de lier matériellement des choses entre elles. − Rapport, connexion. − Établissement d'une communication : **Liaison** *aérienne.* − Relation amoureuse durable. − Ling. *Faire la liaison* : prononcer la dernière consonne d'un mot, devant un autre mot commençant par une voyelle ou un *h* muet. 🔊 [ljɛzɔ̃].

LIANE, subst. f.
Plante à tige souple et longue, qui croît en utilisant d'autres plantes comme support. 🔊 [ljan].

LIASSE, subst. f.
Ensemble de feuilles, de billets de banque ou de journaux liés entre eux. 🔊 [ljas].

LIBATION, subst. f.
Antiq. Offrande d'un liquide aux dieux. – Plur. *Faire des* **libations** : boire joyeusement beaucoup d'alcool. 🔊 [libasjɔ̃].

LIBELLER, verbe trans. [3]
Rédiger selon une formulation précise : Libeller *un chèque*. 🔊 [libele].

LIBELLULE, subst. f.
Insecte à grandes ailes fines et transparentes, au vol rapide. 🔊 [libelyl].

LIBÉRAL, ALE, AUX, adj. et subst.
Qui est favorable aux libertés individuelles. – Qui est partisan du libéralisme économique ou s'y réfère. – Qui est tolérant, compréhensif. – Adj. Se dit d'une profession non salariée. 🔊 [libeʀal].

LIBÉRALISME, subst. m.
Doctrine politique fondée sur le respect des libertés individuelles. – Doctrine économique prônant la libre entreprise et la concurrence. – Tolérance. 🔊 [libeʀalism].

LIBÉRALITÉ, subst. f.
Générosité, penchant à donner (littér.). – Plur. Dons généreux. 🔊 [libeʀalite].

LIBÉRATION, subst. f.
Action de libérer, de se libérer. 🔊 [libeʀasjɔ̃].

LIBÉRER, verbe trans. [8]
Mettre en liberté. – Dégager d'une servitude, d'une entrave. – Délivrer (une contrée) d'un occupant, d'un ennemi. – Pronom. S'acquitter (d'une dette). – Se rendre disponible : *Se libérer pour la journée.* 🔊 [libeʀe].

LIBERTÉ, subst. f.
État d'une personne ou d'une chose qui ne subit aucune contrainte : Liberté *de pensée, de circulation.* – Oisiveté temporaire : *Avoir quelques jours de liberté.* – Plur. Libertés *publiques* : droits fondamentaux reconnus au citoyen. 🔊 [libeʀte].

LIBERTIN, INE, adj. et subst.
Libre-penseur, impie (vieilli). – Qui est libéré de toute règle morale ou religieuse ; qui se complaît dans une débauche raffinée. 🔊 [libeʀtɛ̃, -in].

LIBIDO, subst. f.
Énergie de la pulsion sexuelle. 🔊 [libido].

LIBRAIRIE, subst. f.
Magasin, boutique où l'on vend des livres. – Commerce des livres. 🔊 [libʀeʀi].

LIBRE, adj.
Qui se détermine soi-même ; qui ne dépend que de soi. – Qui n'est ni prisonnier, ni captif, ni asservi. – Qui n'est pas assujetti à des contraintes. – Qui est disponible. – Qui n'a pas de règles strictes : *Vers libres.* – *Entrée libre* : gratuite. 🔊 [libʀ].

LIBRE ARBITRE, subst. m.
Faculté de décider par sa seule volonté, hors de toute contrainte ou influence extérieure. 🔊 Plur. *libres arbitres* ; [libʀaʀbitʀ].

LIBRE-ÉCHANGE, subst. m.
Liberté totale du commerce entre les États, sans droits de douane ni quotas. 🔊 Plur. *libres-échanges* ; [libʀeʃɑ̃ʒ].

LIBRE-SERVICE, subst. m.
Système de vente dans lequel le client se sert lui-même. – Magasin en **libre-service**. 🔊 Plur. *libres-services* ; [libʀəsɛʀvis].

LICE, subst. f.
Champ clos où avaient lieu les tournois. – Fig. *Entrer en lice* : s'engager dans une lutte ; intervenir dans un débat. 🔊 [lis].

LICENCE, subst. f.
Liberté excessive qui tend au désordre des mœurs. – Permis d'exercer une activité. – Premier diplôme du deuxième cycle universitaire. 🔊 [lisɑ̃s].

LICENCIÉ (I), ÉE, adj. et subst.
Titulaire d'une licence (permis ou diplôme). 🔊 [lisɑ̃sje].

LICENCIÉ (II), ÉE, adj. et subst.
Se dit d'une personne dont son employeur vient de licencier. 🔊 [lisɑ̃sje].

LICENCIER, verbe trans. [6]
Renvoyer, congédier. 🔊 [lisɑ̃sje].

LICENCIEUX, IEUSE, adj.
Qui est contraire aux bonnes mœurs, à la pudeur (littér.). 🔊 [lisɑ̃sjø, -jøz].

LICHEN, subst. m.
Végétal formé de l'association d'un champignon et d'une algue. 🔊 [likɛn].

LICITE, adj.
Qui est permis par la loi. 🔊 [lisit].

LICORNE, subst. f.
Cheval fabuleux portant une longue corne torsadée. 🔊 [likɔʀn].

LIE, subst. f.
Dépôt qui se forme au fond des récipients emplis de boissons fermentées. – Fig. Rebut ; racaille. 🔊 [li].

LIE-DE-VIN, adj. inv.
Rouge violacé. 🔊 [lidvɛ̃].

LIÈGE, subst. m.
Substance légère, aérée et imperméable provenant de l'écorce de certains arbres et utilisée pour faire des bouchons. 🔊 [ljɛʒ].

LIEN, subst. m.
Objet plus ou moins long, souple, qui sert à attacher. – Liaison entre deux idées, deux événements. – Ce qui unit moralement des personnes : Lien *conjugal.* 🔊 [ljɛ̃].

LIER, verbe trans. [6]
Attacher avec un lien. – Rendre homogène : Lier *une sauce.* – Unir moralement ou juridiquement : *Contrat* **liant** *les parties.* – Engager : Lier *conversation.* – Pronom. Devenir ami avec ; s'attacher à. 🔊 [lje].

LIERRE, subst. m.
Plante ligneuse qui grimpe sur les murs, sur les arbres. 🔊 [ljɛʀ].

LIESSE, subst. f.
Joie collective et bruyante (littér.). 🔊 [ljɛs].

LIEU (I), LIEUS, subst. m.
Poisson de mer carnivore (synon. *colin*).
📷 [ljø].

LIEU (II), LIEUX, subst. m.
Région déterminée de l'espace ; endroit :
Lieu *de rencontre*. – *En premier* lieu : d'abord.
– *Au* lieu *de* : à la place de. – *Tenir* lieu
de : remplacer. – *Avoir* lieu : se produire.
– *Lieu* commun : banalité. 📷 [ljø].

LIEU-DIT, subst. m.
Lieu qui porte un nom en rapport avec
une particularité locale et dépend d'une
commune. 📷 Plur. *lieux-dits* ; on écrit aussi
lieudit ; [ljødi].

LIEUE, subst. f.
Ancienne mesure de distance. – Fig. *Être à
cent lieues de* : être loin de. 📷 [ljø].

LIEUTENANT, subst. m.
Grade d'officier précédant celui de capitaine. – Lieutenant *de vaisseau* : grade de
la Marine nationale qui correspond à celui
de capitaine. – Personne qui seconde un
chef. 📷 [ljøt(ə)nɑ̃].

LIEUTENANT-COLONEL, subst. m.
Officier, entre commandant et colonel.
📷 Plur. *lieutenants-colonels* ; [ljøt(ə)nɑ̃kɔlɔnɛl].

LIÈVRE, subst. m.
Mammifère herbivore, plus grand que le
lapin, à la course rapide. 📷 [ljɛvʀ].

LIFTER, verbe trans. [3]
Au tennis, donner de l'effet à (une balle).
– *Chir.* Retendre (la peau). 📷 [lifte].

LIFTING, subst. m.
Opération de chirurgie esthétique visant à
supprimer les rides. – Fig. Rénovation,
rajeunissement (fam.). 📷 [liftiŋ].

LIGAMENT, subst. m.
Faisceau de fibres conjonctives qui relie les
os au niveau des articulations. 📷 [ligamɑ̃].

LIGATURE, subst. f.
Fait d'attacher, de serrer avec un lien. – Ce
lien lui-même. 📷 [ligatyʀ].

LIGNE, subst. f.
Trait continu, droit ou courbe. – Rangée de
signes graphiques : *Une* ligne *imprimée,
manuscrite*. – Trait qui forme une séparation, contour : *La* ligne *bleue des Vosges*.
– Suite discontinue d'éléments : *Une* ligne
d'arbres. – Moyen de communication :
Ligne *ferroviaire*. – Silhouette ; aspect général : *Soigner sa* ligne. – Fil muni d'un
hameçon, servant à pêcher. 📷 [liɲ].

LIGNÉE, subst. f.
Descendance. 📷 [liɲe].

LIGNEUX, EUSE, adj.
De la nature du bois. 📷 [liɲø, -øz].

LIGNITE, subst. m.
Roche fossile combustible. 📷 [liɲit].

LIGOTER, verbe trans. [3]
Lier, attacher étroitement (qqn). 📷 [ligote].

LIGUE, subst. f.
Alliance militaire, politique, etc. 📷 [lig].

LIGUER, verbe trans. [3]
Rassembler en une ligue. – Pronom. S'unir
(contre qqn, qqch.). 📷 [lige].

LILAS, subst. m.
Arbrisseau à grappes de fleurs blanches ou
violettes, très parfumées. – Empl. adj. inv.
Mauve rosé. 📷 [lila].

LILIACÉE, subst. f.
Plante arborescente, ou plus souv. herbacée,
ornementale (lis, jacinthe) ou alimentaire
(ail, poireau). – Plur. La famille correspondante. 📷 [liljase].

LILLIPUTIEN, IENNE, adj. et subst.
Tout petit, minuscule. 📷 [lilipysjɛ̃, -jɛn].

LIMACE, subst. f.
Petit mollusque gastropode terrestre sans
coquille. 📷 [limas].

LIMAILLE, subst. f.
Poussière de métal limé. 📷 [limaj].

LIMANDE, subst. f.
Poisson plat marin, comestible. 📷 [limɑ̃d].

LIME, subst. f.
Outil d'acier garni d'entailles, qui sert à
polir, à ajuster, à tailler, par frottement.
– Lime *à ongles* : en métal ou en papier
émeri. 📷 [lim].

LIMER, verbe trans. [3]
Travailler à la lime. 📷 [lime].

LIMIER, subst. m.
Chien de chasse. – Fig. Détective. 📷 [limje].

LIMITATION, subst. f.
Action de limiter. – Résultat de cette action.
📷 [limitasjɔ̃].

LIMITE, subst. f.
Ce qui marque le terme d'une étendue, d'un
territoire. – Terme d'une période : Limite
d'âge. – Degré ultime, seuil infranchissable :
Être à la limite *de ses forces*. 📷 [limit].

LIMITER, verbe trans. [3]
Marquer, imposer une limite à. – Servir de
limite à. 📷 [limite].

LIMITROPHE, adj.
Qui est situé sur la frontière. – Contigu,
attenant : *Pays* limitrophe. 📷 [limitʀɔf].

LIMOGER, verbe trans. [5]
Destituer, révoquer (qqn). 📷 [limɔʒe].

LIMON, subst. m.
Terre légère et fertile, déposée par un fleuve
ou contenue dans son lit. 📷 [limɔ̃].

LIMONADE, subst. f.
Boisson gazeuse sucrée et légèrement acide.
📷 [limɔnad].

LIMOUSINE, subst. f.
Automobile à 4 portes et 6 glaces latérales.
📷 [limuzin].

LIMPIDE, adj.
Parfaitement transparent. – Fig. Facile à
comprendre, évident. 📷 [lɛ̃pid].

LIN, subst. m.
Plante herbacée cultivée pour ses fibres
(textiles) et ses graines (huile). – Toile,
tissu fait avec ces fibres. 📷 [lɛ̃].

LINCEUL, subst. m.
Drap dans lequel on enveloppe un mort. 🔲 [lɛ̃sœl].

LINÉAIRE, adj. et subst. m.
Adj. Qui est formé de lignes. – Qui évoque une ligne. – Subst. Rayonnage de marchandises, dans un magasin. 🔲 [lineɛʀ].

LINGE, subst. m.
Ensemble de pièces de tissu à usage vestimentaire (sous-vêtements). – **Linge** de maison : draps, torchons, etc. 🔲 [lɛ̃ʒ].

LINGERIE, subst. f.
Industrie et commerce du linge. – Ensemble des sous-vêtements féminins. – Local où l'on entretient et range le linge. 🔲 [lɛ̃ʒʀi].

LINGOT, subst. m.
Parallélépipède de métal fondu puis moulé : **Lingot** d'or, de cuivre. 🔲 [lɛ̃go].

LINGUISTIQUE, adj. et subst. f.
Adj. Relatif au langage ou aux langues. – Subst. Science des langues. 🔲 [lɛ̃gɥistik].

LINOLÉUM, subst. m.
Revêtement de sol imperméable (abrév. lino). 🔲 [linoleɔm].

LINOTTE, subst. f.
Petit oiseau chanteur. – Fig. Tête de linotte : personne très étourdie. 🔲 [linɔt].

LINTEAU, subst. m.
Pièce horizontale qui soutient la maçonnerie au-dessus d'une ouverture. 🔲 [lɛ̃to].

LION, LIONNE, subst.
Grand félidé d'Afrique, au pelage fauve. – Masc. Cinquième signe du zodiaque. 🔲 [ljɔ̃, ljɔn].

LIONCEAU, subst. m.
Petit du lion. 🔲 [ljɔ̃so].

LIPIDE, subst. m.
Corps gras (synon. graisse). 🔲 [lipid].

LIQUÉFACTION, subst. f.
Passage d'un corps de l'état solide ou gazeux à l'état liquide. 🔲 [likefaksjɔ̃].

LIQUÉFIER, verbe trans. [6]
Rendre liquide. – Pronom. Devenir liquide. – Fig. Perdre son énergie (fam.). 🔲 [likefje].

LIQUEUR, subst. f.
Boisson aromatisée, alcoolisée et sucrée : Une **liqueur** apéritive. – Préparation pharmaceutique liquide. 🔲 [likœʀ].

LIQUIDE, adj. et subst. m.
Adj. Qui coule ou tend à couler. – Qualifie l'un des états de la matière, caractérisé par l'absence de forme propre et un volume invariable : De l'air **liquide**. – Subst. Corps à l'état **liquide**. – Boisson ou aliment **liquide**. – Fig. Argent en espèces. 🔲 [likid].

LIQUIDER, verbe trans. [3]
Clore (un compte) en percevant les créances et en payant les dettes. – Se débarrasser (de marchandises) à bas prix. – Fam. En finir avec : **Liquider** un dossier. – Éliminer ; tuer. 🔲 [likide].

LIQUIDITÉ, subst. f.
Propriété liquide. – Plur. Somme d'argent immédiatement disponible. 🔲 [likidite].

LIRE, verbe trans. [66]
Reconnaître et traduire mentalement ou à haute voix (les signes graphiques d'un texte). – Prendre connaissance (d'un texte) par la lecture. – Empl. abs. S'adonner fréquemment à la lecture d'œuvres littéraires. – Fig. Discerner (ce qui n'est pas formulé) : **Lire** entre les lignes. 🔲 [liʀ].

LIS, subst. m.
Plante à bulbe, aux grandes fleurs décoratives blanches ; fleur de cette plante. – **Fleur** de lis : emblème des rois de France. 🔲 [lis].

LISERÉ, subst. m.
Ruban étroit, en bordure d'un tissu. – Cette bordure. 🔲 On dit aussi liséré. [liz(ə)ʀe].

LISERON, subst. m.
Petite plante grimpante à fleurs. 🔲 [lizʀɔ̃].

LISIBLE, adj.
Facile à lire, à déchiffrer : Une écriture très lisible. – Agréable à lire. 🔲 [lizibl].

LISIÈRE, subst. f.
Chacune des deux bordures limitant une pièce d'étoffe. – Limite d'un territoire, d'une forêt, d'un bois. 🔲 [lizjɛʀ].

LISSE, adj.
Sans aspérités, uni, poli. 🔲 [lis].

LISSER, verbe trans. [3]
Rendre lisse. 🔲 [lise].

LISTE, subst. f.
Suite de noms, de mots, de chiffres, etc., écrits les uns après les autres. 🔲 [list].

LIT, subst. m.
Meuble sur lequel on s'étend pour dormir ; au fig., union conjugale. – Couche d'une matière : Un **lit** de terreau. – Espace dans lequel coule un cours d'eau. 🔲 [li].

LITANIE, subst. f.
Relig. Prière répétitive (gén. au plur.). – Fig. Énumération longue et fastidieuse. 🔲 [litani].

LITERIE, subst. f.
Garniture, équipement d'un lit (sommier, matelas, draps, etc.). 🔲 [litʀi].

LITHOGRAPHIE, subst. f.
Impression sur papier d'un dessin, d'un texte tracés à l'encre grasse sur une pierre calcaire. – L'épreuve obtenue. 🔲 [litɔgʀafi].

LITIÈRE, subst. f.
Ancien lit couvert, à brancards. – Paille jonchant une étable. – Gravier destiné à recevoir les déjections d'animaux de compagnie. 🔲 [litjɛʀ].

LITIGE, subst. m.
Controverse, dispute. – Dr. Contestation donnant lieu à procès. 🔲 [litiʒ].

LITOTE, subst. f.
Expression qui consiste à dire moins pour laisser entendre plus (oppos. hyperbole). 🔲 [litɔt].

LITTÉRAIRE, adj. et subst.
Qui a plus de goût ou d'aptitude pour les lettres que pour les sciences. – Adj. Relatif à la littérature. – Consacré aux lettres : *Une chronique* littéraire. [literɛʀ].

LITTÉRAL, ALE, AUX, adj.
À la lettre, mot pour mot. – Propre (oppos. *figuré*). [literal].

LITTÉRATURE, subst. f.
Ensemble des œuvres écrites auxquelles on accorde un intérêt, esthétique ou autre. – Ensemble des œuvres littéraires propres à un pays, à une époque, à un genre particulier. – Le fait d'écrire, l'activité de l'écrivain. [literatyʀ].

LITTORAL, ALE, AUX, adj. et subst. m.
Adj. Relatif au bord de mer. – Subst. Zone côtière. [litɔʀal].

LITURGIE, subst. f.
Ensemble des règles présidant à un culte chrétien : *La* liturgie *catholique*. [lityʀʒi].

LIVIDE, adj.
Blafard, excessivement pâle. [livid].

LIVRAISON, subst. f.
Action de livrer une marchandise à un client. – Marchandise livrée. [livʀɛzɔ̃].

LIVRE (I), subst. m.
Ensemble, broché ou relié, de feuilles manuscrites ou imprimées. – Ouvrage écrit, contenu d'un livre. – Registre : **Livre** *de comptes*. [livʀ].

LIVRE (II), subst. f.
Ancienne unité de masse. – Unité actuelle non officielle (500 g). – Ancienne unité monétaire française. [livʀ].

LIVRÉE, subst. f.
Uniforme de certains employés. [livʀe].

LIVRER, verbe trans. [3]
Remettre (une personne ou une chose) à qqn : **Livrer** *un colis, un prisonnier*. – Dénoncer, trahir (qqn). – Abandonner à l'action de : **Livrer** *une ville au pillage*. – Engager : **Livrer** *bataille*. – Dévoiler : **Livrer** *un secret*. – Pronom. Se remettre aux mains de (qqn). – *Se* **livrer** *à* : se consacrer à. [livʀe].

LIVRET, subst. m.
Petit livre, carnet. – *Mus*. Texte d'une œuvre lyrique. [livʀɛ].

LIVREUR, EUSE, subst.
Personne qui livre des marchandises aux clients. Le fém. est rare ; [livʀœʀ, -øz].

LOBBY, subst. m.
Groupe de pression : *Le* lobby *des fabricants d'armes*. Plur. lobbys ou lobbies ; [lɔbi].

LOBE, subst. m.
Partie arrondie de certains organes. [lɔb].

LOCAL, ALE, AUX, adj. et subst. m.
Adj. Propre à un lieu, à une région. – Subst. Lieu ou pièce d'un bâtiment, à usage déterminé. [lɔkal].

LOCALISER, verbe trans. [3]
Déterminer avec précision le lieu ou la date de (qqch.). – Limiter, circonscrire : **Localiser** *une épidémie*. [lɔkalize].

LOCALITÉ, subst. f.
Petite ville, village. [lɔkalite].

LOCATAIRE, subst.
Personne qui prend en location un bien immeuble. [lɔkatɛʀ].

LOCATION, subst. f.
Action de louer (comme locataire ou comme bailleur) un bien immeuble ou meuble. – Réservation d'une place de théâtre, de train, etc. [lɔkasjɔ̃].

LOCOMOTION, subst. f.
Action de se mouvoir, de se déplacer ; fonction qui assure ce mouvement. – Transport d'un lieu vers un autre : *Moyen de* **locomotion** [lɔkɔmosjɔ̃].

LOCOMOTIVE, subst. f.
Machine qui tire ou pousse un train de wagons sur une voie ferrée. – Fam. Élément moteur ; leader. [lɔkɔmotiv].

LOCUTEUR, TRICE, subst.
Personne qui parle, qui énonce (oppos. *auditeur*). [lɔkytœʀ, -tʀis].

LOCUTION, subst. f.
Ensemble de mots constituant une unité quant au sens ou à la fonction grammaticale. [lɔkysjɔ̃].

LOGARITHME, subst. m.
Math. Exposant qu'il faut appliquer à un nombre (appelé base) pour obtenir un nombre déterminé. [lɔgaʀitm].

LOGE, subst. f.
Petit local destiné à un usage précis : **Loge** *de concierge, d'acteur de théâtre*. [lɔʒ].

LOGEMENT, subst. m.
Action de loger, de se loger. – Endroit où qqn habite. [lɔʒmã].

LOGER, verbe [5]
Intrans. Habiter (en un lieu). – Trans. Héberger (qqn). – Ranger : **Loger** *les valises dans le coffre*. [lɔʒe].

LOGEUR, EUSE, subst.
Personne qui donne en location des chambres meublées. [lɔʒœʀ, -øz].

LOGICIEL, subst. m.
Ensemble d'instructions, de programmes permettant à un ordinateur d'effectuer certaines tâches. [lɔʒisjɛl].

LOGIQUE, adj. et subst. f.
Subst. Étude des règles générales de la pensée rationnelle. – Cohérence d'un raisonnement ; enchaînement naturel de faits. – Manière de raisonner caractéristique : *La* logique *masculine*. – Adj. Qui concerne la logique et qui respecte ses lois. [lɔʒik].

LOGIS, subst. m.
Lieu où qqn habite (littér.). [lɔʒi].

LOGISTIQUE, subst. f.
Ensemble des méthodes et des moyens mis au service de l'organisation. [lɔʒistik].

LOGO, subst. m.
Signe graphique représentant une marque, une entreprise. 🔊 [logo].

LOGORRHÉE, subst. f.
Besoin irrépressible de parler. – Discours trop long, trop abondant. 🔊 [logɔʀe].

LOI, subst. f.
Règle sociale imposée à tous les individus d'une communauté. – Règle morale que l'individu s'impose à lui-même. – Rapport de nécessité régissant les phénomènes de la nature : *Les lois de la physique*. – Volonté : *Imposer sa loi*. 🔊 [lwa].

LOIN, adv.
À une grande distance, dans l'espace ou dans le temps. 🔊 [lwɛ̃].

LOINTAIN, AINE, adj. et subst. m.
Adj. Éloigné dans l'espace ou dans le temps. – Fig. Qui a l'esprit ailleurs. – Subst. Ce qu'on aperçoit au loin. 🔊 [lwɛtɛ̃, -ɛn].

LOIR, subst. m.
Petit mammifère rongeur qui hiberne six mois par an. 🔊 [lwaʀ].

LOISIR, subst. m.
Temps libre. – Temps disponible pour faire commodément qqch. – Plur. Occupations auxquelles on se livre pendant son temps libre. 🔊 [lwaziʀ].

LOMBAGO, voir **LUMBAGO**

LOMBAIRE, adj.
Qui appartient à la région des lombes : *Les vertèbres lombaires.* 🔊 [lɔ̃bɛʀ].

LOMBES, subst. f. plur.
Partie du dos située au niveau des reins. 🔊 [lɔ̃b].

LOMBRIC, subst. m.
Ver de terre. 🔊 [lɔ̃bʀik].

LONG, LONGUE, adj., subst. m. et adv.
Adj. Qui dure ou semble durer longtemps. – Qui lasse. – Qui est très étendu dans le sens de la longueur. – Qui a telle longueur : *Un couloir long de deux mètres.* – Adv. Beaucoup : *En savoir long.* – Subst. Longueur. – *Le long de* : en suivant. 🔊 [lɔ̃, lɔ̃g].

LONGE, subst. f.
Corde qui sert à attacher ou à mener un animal domestique. 🔊 [lɔ̃ʒ].

LONGER, verbe trans. [5]
Se déplacer le long de. – Border. 🔊 [lɔ̃ʒe].

LONGERON, subst. m.
Pièce maîtresse d'un châssis, d'une charpente, d'une aile d'avion. 🔊 [lɔ̃ʒʀɔ̃].

LONGÉVITÉ, subst. f.
Longue durée de vie. – Durée de la vie. 🔊 [lɔ̃ʒevite].

LONGILIGNE, adj.
Mince et élancé. 🔊 [lɔ̃ʒiliɲ].

LONGITUDE, subst. f.
Distance (calculée en degrés, minutes, secondes) d'un lieu terrestre par rapport au méridien de Greenwich. 🔊 [lɔ̃ʒityd].

LONGITUDINAL, ALE, AUX, adj.
Relatif à la longueur. – Qui est dans le sens de la longueur. 🔊 [lɔ̃ʒitydinal].

LONGTEMPS, adv. et subst. m.
Adv. Pendant un long moment. – Subst. Un long moment : *Il y a longtemps* ; *Pour longtemps* ; *Depuis longtemps*. 🔊 [lɔ̃tɑ̃].

LONGUEUR, subst. f.
Dimension maximale d'une chose. – Durée, étendue. – Plur. Passages longs et ennuyeux d'une œuvre (péj.). 🔊 [lɔ̃gœʀ].

LONGUE-VUE, subst. f.
Lunette d'approche monoculaire. 🔊 Plur. *longues-vues* ; [lɔ̃gvy].

LOPIN, subst. m.
Petite parcelle de terre. 🔊 [lɔpɛ̃].

LOQUACE, adj.
Qui parle beaucoup. 🔊 [lɔkas].

LOQUE, subst. f.
Vêtement usé et déchiré (gén. au plur.) : *En loques, en haillons*. – Fig. Personne effondrée, incapable de réagir. 🔊 [lɔk].

LOQUET, subst. m.
Dispositif formé d'une barre rigide et mobile, qui sert à fermer une porte. 🔊 [lɔkɛ].

LORD, subst. m.
Titre de noblesse britannique. – Membre de la Chambre des lords. 🔊 [lɔʀ(d)].

LORGNER, verbe trans. [3]
Regarder à la dérobée, du coin de l'œil. – Fig. Regarder avec convoitise. 🔊 [lɔʀɲe].

LORGNETTE, subst. f.
Lunette d'approche portative. 🔊 [lɔʀɲɛt].

LORS, adv.
Alors, à ce moment-là (littér.). – Loc. adv. *Depuis lors* ; *Pour lors* ; *Dès lors*. – Loc. conj. *Dès lors que* : à partir du moment où, puisque. – Loc. prép. *Lors de* : à l'époque de. 🔊 [lɔʀ].

LORSQUE, conj.
Quand ; au moment où. 🔊 [lɔʀsk(ə)].

LOSANGE, subst. m.
Parallélogramme dont les quatre côtés sont égaux. 🔊 [lɔzɑ̃ʒ].

LOT, subst. m.
Partie d'un tout partagé, divisé entre plusieurs personnes. – Ce que le destin impose à qqn. – Gain dans une loterie. – Ensemble de marchandises. 🔊 [lo].

LOTERIE, subst. f.
Jeu de hasard où quelques billets numérotés sont gagnants par tirage au sort. – Fig. Ce qui est régi par le hasard. 🔊 [lɔtʀi].

LOTI, IE, adj.
Être bien loti, être mal loti : être favorisé, défavorisé par le sort. 🔊 [lɔti].

LOTION, subst. f.
Eau de toilette employée pour les soins de la peau ou des cheveux. 🔊 [losjɔ̃].

LOTIR, verbe trans. [19]
Partager en lots. 🔊 [lɔtiʀ].

LOTISSEMENT, subst. m.
Action de lotir. – Parcelle d'un terrain loti.
– Ensemble des maisons construites sur
ce terrain. 🕮 [lɔtismɑ̃].

LOTO, subst. m.
Jeu de société qui consiste à remplir des
cases correspondant à des numéros tirés au
sort. – Loterie dans laquelle on coche des
numéros sur des billets. 🕮 [lɔto].

LOT(T)E, subst. f.
Poisson de rivière à la chair ferme et
appréciée. – **Lotte** de mer : baudroie. 🕮 [lɔt].

LOTUS, subst. m.
Plante semblable au nénuphar, à fleurs
bleues, blanches ou pourpres. 🕮 [lɔtys].

LOUABLE, adj.
Digne d'être loué, apprécié. 🕮 [lwabl].

LOUANGE, subst. f.
Action de louer (I), de féliciter. – Plur.
Paroles prononcées pour féliciter qqn. 🕮 [lwɑ̃ʒ].

LOUCHE (I), adj.
Suspect, bizarre : C'est louche ! 🕮 [luʃ].

LOUCHE (II), subst. f.
Grande cuillère creuse, à long manche.
– Son contenu. 🕮 [luʃ].

LOUCHER, verbe intrans. [3]
Être atteint de strabisme. – Fig. **Loucher**
sur : convoiter. 🕮 [luʃe].

LOUER (I), verbe trans. [3]
Exprimer publiquement la valeur ou les
qualités de. – Féliciter, complimenter.
– Pronom. Se **louer** de : afficher sa vive
satisfaction de. 🕮 [lwe].

LOUER (II), verbe trans. [3]
Concéder ou acquérir (l'usage ou la jouissance d'un bien, d'un droit) moyennant
un loyer. – Réserver (une place de train, de
théâtre, etc.). 🕮 [lwe].

LOUFOQUE, adj. et subst.
Qui est un peu fou, cocasse. 🕮 [lufɔk].

LOUIS, subst. m.
Ancienne monnaie or française. – Pièce
d'or française de 20 F. 🕮 [lwi].

LOUP, subst. m.
Mammifère canidé, très proche du chien,
vivant gén. en meute dans les forêts. – Nom
donné à un poisson, le bar, en Méditerranée. – Masque recouvrant le haut du
visage. 🕮 [lu].

LOUPE, subst. f.
Excroissance qui se développe sur certains
arbres. – Lentille grossissante. 🕮 [lup].

LOUPER, verbe trans. [3]
Ne pas réussir, rater (fam.). 🕮 [lupe].

LOUP-GAROU, subst. m.
Homme fantastique qui, selon la légende,
se métamorphose la nuit en loup. 🕮 Plur.
loups-garous ; 🕮 [lugaʀu].

LOURD, LOURDE, adj. et adv.
Adj. Dont le poids est élevé. – Qui suggère
l'idée de pesanteur. – Oppressant : Temps

lourd. – Difficile à digérer. – Fig. Maladroit,
gauche, sans élégance. – Adv. Beaucoup :
Ça pèse lourd. 🕮 [luʀ, luʀd].

LOURDAUD, AUDE, adj. et subst.
Maladroit, rustre. 🕮 [luʀdo, -od].

LOURDEUR, subst. f.
Caractère de ce qui est lourd. 🕮 [luʀdœʀ].

LOUTRE, subst. f.
Mammifère carnivore aquatique, au pelage
ras, épais et brillant. – Sa fourrure. 🕮 [lutʀ].

LOUVE, subst. f.
Femelle du loup. 🕮 [luv].

LOUVETEAU, subst. m.
Petit du loup. – Fig. Jeune scout de moins
de 12 ans. 🕮 [luv(ə)to].

LOUVOYER, verbe intrans. [17]
Mar. Naviguer en suivant une ligne brisée,
contre le vent. – Fig. Agir en prenant des
détours ; biaiser, tergiverser. 🕮 [luvwaje].

LOVER (SE), verbe pronom. [3]
S'enrouler sur soi-même. 🕮 [lɔve].

LOYAL, ALE, AUX, adj.
Honnête, sincère. 🕮 [lwajal].

LOYAUTÉ, subst. f.
Qualité d'une personne loyale. 🕮 [lwajote].

LOYER, subst. m.
Redevance régulière que l'on paie pour avoir
l'usage d'une chose. – **Loyer** de l'argent :
taux d'intérêt. 🕮 [lwaje].

LUBIE, subst. f.
Caprice passager, extravagant. 🕮 [lybi].

LUBRIFIANT, ANTE, adj. et subst. m.
Se dit d'une substance qui lubrifie (huile,
graisse). 🕮 [lybʀifjɑ̃, -ɑ̃t].

LUBRIFIER, verbe trans. [6]
Enduire d'une substance qui rend glissant,
qui diminue le frottement. 🕮 [lybʀifje].

LUBRIQUE, adj.
Qui manifeste une tendance excessive à la
sensualité, à la luxure. 🕮 [lybʀik].

LUCARNE, subst. f.
Petite fenêtre pratiquée dans une toiture :
Lucarne à tabatière. 🕮 [lykaʀn].

LUCIDE, adj.
Clairvoyant, perspicace. – Qui est pleinement conscient de la réalité. 🕮 [lysid].

LUCIDITÉ, subst. f.
Qualité d'une personne lucide. 🕮 [lysidite].

LUCIOLE, subst. f.
Insecte coléoptère lumineux. 🕮 [lysjɔl].

LUCRATIF, IVE, adj.
Qui a pour but le profit. – Qui procure un
profit. 🕮 [lykʀatif, -iv].

LUCRE, subst. m.
Gain, profit (péj.). 🕮 [lykʀ].

LUDIQUE, adj.
Relatif au jeu. 🕮 [lydik].

LUETTE, subst. f.
Anat. Appendice charnu et mobile qui
prolonge le bord postérieur du voile du
palais. 🕮 [lɥɛt].

LUEUR, subst. f.
Lumière faible, imprécise. – Éclat passager du regard. – Manifestation fugitive : *Une lueur d'espoir*.   [lɥœʀ].

LUGE, subst. f.
Petit traîneau conçu pour glisser sur une pente neigeuse.   [lyʒ].

LUGUBRE, adj.
Qui traduit ou inspire une profonde tristesse ; sinistre. – Funèbre.   [lygybʀ].

LUI, pron. pers.
Pronom personnel (masculin ou féminin) de la 3e personne du singulier.   [lɥi].

LUIRE, verbe intrans. [69].
Être lumineux, briller. – Fig. Apparaître comme une lueur.   [lɥiʀ].

LUMBAGO, subst. m.
Très vive douleur lombaire.   [lɔ̃bago].

LUMIÈRE, subst. f.
Phénomène physique perçu par l'œil, qui rend les choses visibles. – Éclat du soleil ; clarté du jour. – Ce qui éclaire ; lampe. – Fig. Éclaircissement, explication : *Faire la lumière sur qqch*. – Personne très intelligente (iron.). – Plur. Connaissances.   [lymjɛʀ].

LUMINAIRE, subst. m.
Appareil d'éclairage.   [lyminɛʀ].

LUMINEUX, EUSE, adj.
Qui émet ou réfléchit de la lumière. – Fig. Clair, lucide : *Une pensée lumineuse*.   [lyminø, -øz].

LUMINOSITÉ, subst. f.
Qualité de ce qui est lumineux. – *Astron*. Puissance lumineuse.   [lyminozite].

LUMP, subst. m.
Poisson dont les œufs rappellent le caviar.   [lœp].

LUNAIRE, adj.
Relatif à la Lune.   [lynɛʀ].

LUNAISON, subst. f.
Temps compris entre deux nouvelles lunes consécutives (env. 29,5 jours).   [lynɛzɔ̃].

LUNATIQUE, adj. et subst.
Se dit d'une personne au caractère changeant, fantasque.   [lynatik].

LUNCH, subst. m.
Repas froid présenté en buffet, lors d'une réception.   Plur. *lunch(e)s* : [lœʃ].

LUNDI, subst. m.
Premier jour de la semaine.   [lœdi].

LUNE, subst. f.
La Lune : satellite naturel unique de la Terre. – *Une lune* : une lunaison. – Chacune des phases de la Lune vue de la Terre : *Nouvelle, pleine lune*. – Fig. *Être dans la lune* : rêvasser.   [lyn].

LUNETTE, subst. f.
Instrument d'optique, longue-vue. – Objet de forme plus ou moins circulaire. – Plur. Paire de verres fixés dans une monture et servant à améliorer la vue.   [lynɛt].

LUPANAR, subst. m.
Maison de prostitution (littér.).   [lypanaʀ].

LUSTRE (I), subst. m.
Période de cinq ans (littér.). – Plur. Longue période.   [lystʀ].

LUSTRE (II), subst. m.
Éclat ; poli. – Appareil d'éclairage suspendu au plafond.   [lystʀ].

LUSTRÉ, ÉE, adj.
Qui a de l'éclat, du brillant. – Usé au point d'être brillant.   [lystʀe].

LUTH, subst. m.
Mus. Instrument à cordes pincées.   [lyt].

LUTHIER, subst. m.
Fabricant d'instruments de musique portables à cordes : luth, violon, etc.   [lytje].

LUTIN, subst. m.
Petit génie, souvent espiègle. – Fig. Enfant malicieux.   [lytɛ̃].

LUTRIN, subst. m.
Pupitre destiné à supporter un livre ouvert, une partition.   [lytʀɛ̃].

LUTTE, subst. f.
Sport de combat à mains nues. – Affrontement, combat. – Action menée contre des difficultés, contre un mal : *Lutte contre le chômage*.   [lyt].

LUTTER, verbe intrans. [3].
Pratiquer la lutte. – Entrer en lutte ; se battre. – Rivaliser.   [lyte].

LUTTEUR, EUSE, subst.
Sp. Athlète qui pratique la lutte. – Fig. Personne qui aime lutter.   [lytœʀ, -øz].

LUXATION, subst. f.
Déplacement, déboîtement d'un os par rapport à son articulation.   [lyksasjɔ̃].

LUXE, subst. m.
Caractère de ce qui est coûteux, raffiné, fastueux. – Somptuosité dans la manière de vivre. – Abondance superflue.   [lyks].

LUXER, verbe trans. [3].
Provoquer la luxation de. – Pronom. Se démettre (une articulation).   [lykse].

LUXUEUX, EUSE, adj.
Qui se caractérise par son luxe ; somptueux, fastueux.   [lyksɥø, -øz].

LUXURE, subst. f.
Recherche et pratique excessives des plaisirs sexuels.   [lyksyʀ].

LUXURIANT, ANTE, adj.
Très abondant : *Une végétation luxuriante*. – Fig. Exubérant, riche.   [lyksyʀjɑ̃, -ɑ̃t].

LUZERNE, subst. f.
Plante fourragère aux fleurs violettes, riche en protéines.   [lyzɛʀn].

LYCÉE, subst. m.
Établissement du cycle long de l'enseignement secondaire.   [lise].

LYCÉEN, ENNE, adj. et subst.
Adj. Relatif aux lycées. – Subst. Élève d'un lycée.   [liseɛ̃, -ɛn].

LYMPHATIQUE, adj. et subst.
Se dit d'une personne qui manque d'énergie. – Adj. Relatif à la lymphe. 🔊 [lɛ̃fatik].

LYMPHE, subst. f.
Biol. Liquide riche en protéines, qui circule dans l'organisme. 🔊 [lɛ̃f].

LYMPHOCYTE, subst. m.
Globule blanc qui joue un rôle capital dans les défenses de l'organisme. 🔊 [lɛ̃fɔsit].

LYNCHER, verbe trans. [3]
Exécuter (qqn) sur-le-champ, sans procès. 🔊 [lɛ̃ʃe].

LYNX, subst. m.
Félidé connu pour sa vue perçante. 🔊 [lɛ̃ks].

LYOPHILISER, verbe trans. [3]
Déshydrater par congélation et évaporation sous vide, pour conserver. 🔊 [ljɔfilize].

LYRE, subst. f.
Mus. Instrument à cordes antique. 🔊 [liʀ].

LYRIQUE, adj. et subst. m.
Adj. Qui exalte les émotions. – Mis en scène et chanté : *L'art* **lyrique**, l'opéra. – Subst. Poète lyrique. 🔊 [liʀik].

LYRISME, subst. m.
Expression poétique des sentiments personnels. – Fig. Exaltation d'esprit, emphase poétique. 🔊 [liʀism].

LYS, voir LIS

M

M, m, subst. m. inv.
Treizième lettre et dixième consonne de l'alphabet français. 🔊 [ɛm].

MA, voir MON

MACABRE, adj.
Qui concerne la mort, sinistre. 🔊 [makabʀ].

MACAQUE, subst. m.
Singe d'Asie et d'Afrique du Nord, souv. utilisé comme sujet d'expérience. 🔊 [makak].

MACARON, subst. m.
Petit gâteau moelleux aux amandes et au blanc d'œuf. – Insigne rond. 🔊 [makaʀɔ̃].

MACCHABÉE, subst. m.
Cadavre (fam.). 🔊 [makabe].

MACÉDOINE, subst. f.
Mélange de légumes ou de fruits coupés en petits morceaux. 🔊 [masedwan].

MACÉRER, verbe [8]
Trans. Faire tremper pour parfumer ou conserver. – Intrans. Subir ce traitement : Macérer *dans la saumure*. 🔊 [maseʀe].

MÂCHER, verbe trans. [3]
Broyer avec les dents. – Fig. *Ne pas* **mâcher** *ses mots* : dire tout net ce que l'on pense. 🔊 [maʃe].

MACHETTE, subst. f.
Très grand couteau en usage dans les pays tropicaux. 🔊 [maʃɛt].

MACHIAVÉLIQUE, adj.
Perfide et tortueux. 🔊 [makjavelik].

MACHIN, subst. m.
Nom donné à un objet ou à une personne dont on ignore ou dont on veut ignorer le nom (fam.). 🔊 [maʃɛ̃].

MACHINAL, ALE, AUX, adj.
Qui s'accomplit sans intervention de la volonté, de la conscience. 🔊 [maʃinal].

MACHINATION, subst. f.
Intrigue, complot ourdis pour accomplir de noirs desseins. 🔊 [maʃinasjɔ̃].

MACHINE, subst. f.
Combinaison de pièces et de dispositifs, conçue pour produire une action mécanique à partir d'une énergie. 🔊 [maʃin].

MACHINERIE, subst. f.
Ensemble de machines. – Salle des machines, dans un navire. 🔊 [maʃinʀi].

MACHINISTE, subst.
Conducteur d'une machine. – Conducteur d'autobus. – Responsable de la manutention des décors d'un théâtre. 🔊 [maʃinist].

MACHO, adj. et subst. m.
Se dit d'un homme qui se croit supérieur aux femmes et veut les dominer. 🔊 [matʃo].

MÂCHOIRE, subst. f.
Arc osseux dans lequel sont implantées les dents. – Chacune des deux parties d'une large pince. 🔊 [maʃwaʀ].

MÂCHONNER, verbe trans. [3]
Mâcher longuement, avec lenteur. – Mordiller de façon machinale. 🔊 [maʃɔne].

MAÇON, subst. m.
Artisan ou ouvrier du bâtiment qui exécute des travaux de maçonnerie. 🔊 [masɔ̃].

MAÇONNERIE, subst. f.
Travaux du bâtiment qui concernent le gros œuvre et certains enduits. 🔊 [masɔnʀi].

MACULÉ, ÉE, adj.
Couvert de taches, souillé. 🔊 [makyle].

MADAME, subst. f.
Titre attribué aux femmes mariées et, aujourd'hui, à toutes les femmes. 🔊 Plur. *mesdames* ; [madam]. plur. [medam].

MADELEINE, subst. f.
Petit gâteau léger au dessus rebondi et au dos strié. 🔊 [madlɛn].

MADEMOISELLE, subst. f.
Titre attribué aux jeunes filles. 🕮 Plur. *mesde-moiselles* ; [mad(ə)mwazɛl], plur. [med(ə)mwazɛl].

MADONE, subst. f.
Peinture, image représentant la Vierge. – *La* **Madone** : la Vierge. 🕮 [madon].

MADRIER, subst. m.
Planche très épaisse utilisée dans les travaux de charpente. 🕮 [madʁije].

MAESTRO, subst. m.
Compositeur de musique ou chef d'orchestre de renom. 🕮 [maɛstʁo].

MAF(F)IA, subst. f.
La **Mafia** : organisation très puissante de malfaiteurs, d'origine sicilienne. – Toute association de malfaiteurs. 🕮 [mafja].

MAGASIN, subst. m.
Dépôt. – Boutique, local destinés à la vente de marchandises. 🕮 [magazɛ̃].

MAGAZINE, subst. m.
Publication périodique illustrée. – Type d'émission télévisée ou radiophonique, à caractère périodique. 🕮 [magazin].

MAGE, adj. m. et subst. m.
Subst. Ancien prêtre perse. – Magicien, devin. – Adj. *Les Rois* **mages** : Gaspard, Melchior et Balthazar. 🕮 [maʒ].

MAGICIEN, IENNE, subst.
Personne qui pratique la magie. – Prestidigitateur. 🕮 [maʒisjɛ̃, -jɛn].

MAGIE, subst. f.
Ensemble des pratiques et des rites par lesquels l'homme croit obtenir un pouvoir surnaturel. 🕮 [maʒi].

MAGIQUE, adj.
Qui relève ou semble relever de la magie. 🕮 [maʒik].

MAGISTRAL, ALE, AUX, adj.
Digne d'un maître : *Une œuvre* **magistrale**. – *Cours* **magistral** : dans lequel les étudiants n'interviennent pas. 🕮 [maʒistʁal].

MAGISTRAT, ATE, subst.
Personne qui détient une autorité légale, politique ou administrative. 🕮 Le fém. est rare ; [maʒistʁa, -at].

MAGISTRATURE, subst. f.
Charge d'un magistrat ; sa durée. – Corps des magistrats. 🕮 [maʒistʁatyʁ].

MAGMA, subst. m.
Roche en fusion située dans les profondeurs de l'écorce terrestre. 🕮 [magma].

MAGNANIME, adj.
Qui fait preuve de grandeur d'âme, de générosité. 🕮 [maɲanim].

MAGNAT, subst. m.
Personnalité puissante dans le domaine économique. 🕮 [magna] ou [maɲa].

MAGNÉTIQUE, adj.
Relatif au magnétisme. – Qui attire le fer. 🕮 [maɲetik].

MAGNÉTISER, verbe trans. [3]
Rendre magnétique. – Fig. Attirer, fasciner ; hypnotiser. 🕮 [maɲetize].

MAGNÉTISME, subst. m.
Ensemble des phénomènes et des propriétés relatifs aux aimants. – Fig. Fascination. 🕮 [maɲetism].

MAGNÉTOPHONE, subst. m.
Appareil qui enregistre les sons et les restitue. 🕮 [maɲetofon].

MAGNÉTOSCOPE, subst. m.
Appareil qui enregistre des images et des sons, et qui les restitue sur un écran de télévision. 🕮 [maɲetoskop].

MAGNIFIER, verbe trans. [6]
Célébrer, louer, proclamer grand et illustre. – Rendre plus beau, idéaliser. 🕮 [maɲifje].

MAGNIFIQUE, adj.
Plein de faste, de grandeur. – Très beau, splendide ; admirable. 🕮 [maɲifik].

MAGNOLIA, subst. m.
Arbre ornemental dont les grandes fleurs blanches sont très odorantes. 🕮 [maɲɔlja].

MAGOT, subst. m.
Somme d'argent économisée et tenue en réserve (fam.). 🕮 [mago].

MAHARA(D)JA(H), subst. m.
Titre d'un prince hindou. 🕮 [ma(a)ʁadʒa].

MAI, subst. m.
Cinquième mois de l'année. 🕮 [mɛ].

MAIGRE, adj. et subst.
Adj. Sans graisse, décharné. – Pauvre en matières grasses. – Peu abondant ; au fig., médiocre, insuffisant. – Subst. Personne **maigre**. – Subst. masc. Partie **maigre** d'une viande. 🕮 [mɛgʁ].

MAIGREUR, subst. f.
État de ce qui est maigre. 🕮 [mɛgʁœʁ].

MAIGRIR, verbe [19]
Intrans. Perdre du poids. – Trans. Faire paraître maigre. 🕮 [megʁiʁ].

MAILLE, subst. f.
Chacune des boucles d'un fil dont l'entrelacement forme un tricot. – Chacun des trous d'un filet, d'un grillage. 🕮 [maj].

MAILLET, subst. m.
Marteau en bois à deux têtes. 🕮 [majɛ].

MAILLON, subst. m.
Anneau d'une chaîne. 🕮 [majɔ̃].

MAILLOT, subst. m.
Vêtement moulant, porté à même la peau : **Maillot** *de bain, de corps.* 🕮 [majo].

MAIN, subst. f.
Organe de la préhension, muni de doigts et formant l'extrémité du bras. – Symbole de travail, d'assistance, d'autorité : *Coup de* **main** ; *Haute* **main**. 🕮 [mɛ̃].

MAINATE, subst. m.
Oiseau parleur d'Indo-Malaisie. 🕮 [mɛnat].

MAIN-D'ŒUVRE, subst. f.
Travail d'un ouvrier. – Ensemble des ouvriers. 🕮 Plur. *mains-d'œuvre* ; [mɛ̃dœvʁ].

MAIN-FORTE, subst. f. sing.
Aide, assistance : *Prêter* **main-forte** *à qqn.* 🕮 [mɛ̃fɔʁt].

MAINMISE, subst. f.
Action de s'approprier un bien, un droit, une fonction. 🔊 [mɛ̃miz].

MAINT, MAINTE, adj. indéf.
Plusieurs, un grand nombre de (littér.) : **Maints** ouvrages ; **Maintes** fois. 🔊 [mɛ̃, mɛ̃t].

MAINTENANCE, subst. f.
Ensemble des opérations d'entretien, de réparation d'un matériel. 🔊 [mɛ̃t(ə)nɑ̃s].

MAINTENANT, adv.
Tout de suite. – À présent. 🔊 [mɛ̃t(ə)nɑ̃].

MAINTENIR, verbe trans. [22]
Conserver dans un état donné. – Tenir dans une même position. – Soutenir ; confirmer : **Maintenir** une affirmation. 🔊 [mɛ̃t(ə)niʀ].

MAINTIEN, subst. m.
Manière de se tenir. – Action de maintenir qqch. dans un état donné. 🔊 [mɛ̃tjɛ̃].

MAIRE, subst. m.
Administrateur d'une commune, élu par le conseil municipal. 🔊 [mɛʀ].

MAIRIE, subst. f.
Fonction de maire. – Administration d'une commune. – Bâtiment abritant les services municipaux. 🔊 [meʀi].

MAIS, conj.
Marque une opposition ou une objection : Il est gentil **mais** têtu. – Renforce une idée, une exclamation : **Mais** non ! 🔊 [mɛ].

MAÏS, subst. m.
Céréale à tige unique et à graines jaunes en épi. 🔊 [mais].

MAISON, subst. f.
Bâtiment à usage d'habitation. – Domicile ; la famille qui y vit. – Nom de certains édifices publics ou privés : **Maison** de retraite, d'arrêt, de jeu. – Famille princière : **Maison** d'Autriche. – Empl. adj. inv. Gâteau **maison** : sur place (fam.). 🔊 [mɛzɔ̃].

MAISONNÉE, subst. f.
Ensemble des personnes qui habitent une maison, en partic. famille. 🔊 [mɛzɔne].

MAISONNETTE, subst. f.
Petite maison. 🔊 [mɛzɔnɛt].

MAÎTRE, MAÎTRESSE, adj. et subst.
Subst. Personne qui exerce un pouvoir, une autorité, une responsabilité. – Instituteur. – Subst. masc. Personne qui a des disciples. – Titre d'un avocat, de certains officiers ministériels. – Personne prise comme modèle. – Subst. fém. Amante. – Adj. Apte à décider. – Essentiel, principal. 🔊 [mɛtʀ, mɛtʀɛs].

MAÎTRE CHANTEUR, subst. m.
Escroc qui pratique le chantage. 🔊 Plur. maîtres chanteurs ; [mɛtʀəʃɑ̃tœʀ].

MAÎTRISE, subst. f.
Autorité exercée sur qqn ou qqch. ; domination. – Talent, habileté. – Domination de soi-même. – L'un des grades universitaires. – Ensemble des contremaîtres et des chefs d'équipe, sur un chantier. – Mus. Chœur religieux. 🔊 [mɛtʀiz].

MAÎTRISER, verbe trans. [3]
Se rendre maître de (qqn, qqch.). – Dominer (une situation). 🔊 [metʀize].

MAJESTÉ, subst. f.
Grandeur solennelle, qui impose le respect. – Titre d'un empereur ou d'un roi : Sa Majesté la Reine. 🔊 [maʒɛste].

MAJESTUEUX, EUSE, adj.
Qui a de la majesté. 🔊 [maʒɛstɥø, -øz].

MAJEUR, EURE, adj. et subst.
Se dit d'une personne qui a atteint la majorité légale. – Adj. Plus grand, plus important. – Très important. – Subst. masc. Troisième doigt de la main. 🔊 [maʒœʀ].

MAJOR, subst. m.
Milit. Sous-officier ou officier supérieur par le rang : **Major** général ; Sergent-**major**. – Candidat reçu premier à un concours : Le **major** de la promotion. 🔊 [maʒɔʀ].

MAJORDOME, subst. m.
Maître d'hôtel d'un souverain ou d'une grande maison. 🔊 [maʒɔʀdɔm].

MAJORER, verbe trans. [3]
Augmenter la valeur du montant (d'une facture, d'un impôt, etc.). 🔊 [maʒɔʀe].

MAJORETTE, subst. f.
Jeune fille défilant dans les fêtes locales en uniforme militaire de fantaisie. 🔊 [maʒɔʀɛt].

MAJORITAIRE, adj.
Qui rallie ou qui doit rallier la majorité. – Qui appartient à la majorité ; propre à la majorité. 🔊 [maʒɔʀitɛʀ].

MAJORITÉ, subst. f.
Supériorité en nombre. – Âge légal, fixé à 18 ans en France, où l'on devient un citoyen adulte responsable. 🔊 [maʒɔʀite].

MAJUSCULE, adj. et subst. f.
Se dit d'une variante plus grande d'une lettre minuscule, dont le dessin est différent. 🔊 [maʒyskyl].

MAL (I), adv.
De manière fâcheuse : Ça va **mal**. – Avec hostilité : Être **mal** reçu. – Imparfaitement : J'écris **mal**. – Pas **mal** : assez bien. 🔊 [mal].

MAL (II), MAUX, subst. m.
Ce qui cause une douleur physique ou morale. – Calamité, malheur. – Difficulté, peine. – Ce qui est contraire à la morale, au bien. 🔊 [mal].

MALADE, adj. et subst.
Qui n'est pas en bonne santé. – Adj. En mauvais état. 🔊 [malad].

MALADIE, subst. f.
Altération de la santé. – Dégradation de qqch. 🔊 [maladi].

MALADIF, IVE, adj.
Qui est souvent malade. – Qui révèle une maladie. – Anormal. 🔊 [maladif, -iv].

MALADRESSE, subst. f.
Manque d'adresse. – Absence de tact. – Action, parole maladroites. 🔊 [maladʀɛs].

MALADROIT, OITE, adj. et subst.
Qui fait preuve de maladresse. – Qui
manque de tact. 🔊 [maladʀwa, -wat].

MALAISE, subst. m.
Sensation pénible due à un trouble physiologique. – Trouble passager, état de mal-
être. 🔊 [malɛz].

MALAISÉ, ÉE, adj.
Qui ne se fait pas facilement. 🔊 [maleze].

MALAPPRIS, ISE, adj. et subst.
Qui manque d'éducation. 🔊 [malapʀi, -iz].

MALAXER, verbe trans. [3]
Rendre plus mou, plus homogène en pétrissant. 🔊 [malakse].

MALCHANCE, subst. f.
Mauvaise fortune, manque de chance.
– Hasard malheureux. 🔊 [malʃɑ̃s].

MALCHANCEUX, EUSE, adj. et subst.
Qui n'a pas de chance. 🔊 [malʃɑ̃sø, -øz].

MÂLE, adj. et subst. m.
Qui est de sexe masculin. – Adj. Viril.
– Tech. Qualifie une pièce qui s'insère dans
une autre : Une prise mâle. 🔊 [mɑl].

MALÉDICTION, subst. f.
Action de maudire. – Malchance persistante ; fatalité. 🔊 [malediksjɔ̃].

MALÉFICE, subst. m.
Sortilège visant à porter malheur à qqn.
🔊 [malefis].

MALENCONTREUX, EUSE, adj.
Qui survient mal à propos. 🔊 [malɑ̃kɔ̃tʀø, -øz].

MALENTENDU, subst. m.
Interprétation erronée d'un acte, d'une
parole. 🔊 [malɑ̃tɑ̃dy].

MAL-ÊTRE, subst. m. inv.
Sentiment profond de malaise. 🔊 [malɛtʀ].

MALFAÇON, subst. f.
Défaut de fabrication ou de construction.
🔊 [malfasɔ̃].

MALFAISANT, ANTE, adj.
Nuisible, pernicieux. 🔊 [malfəzɑ̃, -ɑ̃t].

MALFAITEUR, subst. m.
Personne qui se livre à des activités délic-
tueuses ou criminelles. 🔊 [malfɛtœʀ].

MALFAMÉ, ÉE, adj.
Qui est mal fréquenté. 🔊 On écrit aussi mal
famé ; [malfame].

MALFORMATION, subst. f.
Anomalie congénitale. 🔊 [malfɔʀmasjɔ̃].

MALGRÉ, prép.
Contre la volonté, le gré de. – En dépit de.
– Malgré tout : pourtant. 🔊 [malgʀe].

MALHABILE, adj.
Qui manque de savoir-faire. 🔊 [malabil].

MALHEUR, subst. m.
Coup du sort, événement pénible. – État
douloureux. – Malchance. 🔊 [malœʀ].

MALHEUREUX, EUSE, adj. et subst.
Qui est dans le malheur. – Adj. Qui exprime
la tristesse, la douleur. – Qui n'a pas de
chance. – Mal venu, mal inspiré. – Insignifiant. 🔊 [malœʀø, -øz].

MALHONNÊTE, adj. et subst.
Qui fait preuve de malhonnêteté. – Trompeur, fourbe. 🔊 [malɔnɛt].

MALHONNÊTETÉ, subst. f.
Manque d'intégrité, de droiture. – Acte
malhonnête, trompeur. 🔊 [malɔnɛtte].

MALICE, subst. f.
Méchanceté (littér.). – Tendance à s'amuser
aux dépens d'autrui. – Ruse. 🔊 [malis].

MALICIEUX, IEUSE, adj.
Qui fait preuve de malice. – Enjoué,
espiègle. 🔊 [malisjø, -jøz].

MALIN, IGNE, adj. et subst.
Qui aime à faire le mal : Le Malin, le diable.
– Qui est rusé ; qui a l'esprit vif et délié ;
intelligent : C'est un malin. – C'est malin !
c'est stupide (fam.). – Adj. Qui a un effet
nuisible, pernicieux : Une tumeur maligne,
cancéreuse. 🔊 [malɛ̃, -iɲ].

MALINGRE, adj.
D'aspect chétif, fragile. 🔊 [malɛ̃gʀ].

MALINTENTIONNÉ, ÉE, adj.
Qui a de mauvaises intentions, malveillant.
🔊 [malɛ̃tɑ̃sjone].

MALLE, subst. f.
Grand coffre de voyage. – Coffre servant
au rangement ; son contenu. 🔊 [mal].

MALLÉABLE, adj.
Qui se laisse modeler. – Fig. Influençable.
🔊 [maleabl].

MALLETTE, subst. f.
Petite valise. 🔊 [malɛt].

MALMENER, verbe trans. [10]
Attaquer, traiter durement, par la parole
ou par les actes. 🔊 [malmǝne].

MALNUTRITION, subst. f.
État d'une personne insuffisamment ou mal
nourrie. 🔊 [malnytʀisjɔ̃].

MALOTRU, UE, subst.
Personne grossière, mal élevée. 🔊 [malɔtʀy].

MALPROPRE, adj. et subst.
Qui n'est pas propre ; sale. 🔊 [malpʀɔpʀ].

MALSAIN, AINE, adj.
Qui nuit à la santé, physique ou morale.
🔊 [malsɛ̃, -ɛn].

MALT, subst. m.
Orge germée et séchée, destinée à la
préparation de certains alcools. 🔊 [malt].

MALTRAITER, verbe trans. [3]
Traiter avec brutalité. 🔊 [maltʀete].

MALUS, subst. m.
Pénalité ajoutée à une prime d'assurance
après un sinistre. 🔊 [malys].

MALVEILLANCE, subst. f.
Tendance à nuire, à dénigrer. 🔊 [malvɛjɑ̃s].

MALVENU, UE, adj.
Inopportun. – Dont l'intervention n'est
pas fondée. 🔊 [malvǝny].

MALVERSATION, subst. f.
Détournement d'argent dans l'exercice
d'une charge. 🔊 [malvɛʀsasjɔ̃].

MAMELLE, subst. f.
Glande productrice de lait, chez les femelles mammifères. 🔊 [mamɛl].

MAMELON, subst. m.
Extrémité de la mamelle ou du sein. – Petite colline de forme arrondie. 🔊 [mam(ə)lɔ̃].

MAMMIFÈRE, subst. m.
Animal vertébré qui possède des mamelles et une peau gén. couverte de poils. – Plur. La classe correspondante. 🔊 [mamifɛʀ].

MAMMOUTH, subst. m.
Mammifère fossile du quaternaire, proche des éléphants actuels. 🔊 [mamut].

MANCHE (I), subst. m.
Partie d'un outil ou d'un instrument par laquelle on les tient. – **Manche** à balai : levier de commande d'un avion. 🔊 [mɑ̃ʃ].

MANCHE (II), subst. f.
Partie d'un vêtement qui entoure le bras. – *Jeux et Sp.* Chacune des épreuves d'une même partie. 🔊 [mɑ̃ʃ].

MANCHETTE, subst. f.
Ornement des poignets d'une chemise. – Coup porté avec l'avant-bras. – Gros titre en première page d'un journal. 🔊 [mɑ̃ʃɛt].

MANCHON, subst. m.
Étui fourré où l'on met les mains pour les protéger du froid. 🔊 [mɑ̃ʃɔ̃].

MANCHOT, OTE, adj. et subst.
Se dit d'une personne qui est privée d'une main ou d'un bras. – Subst. masc. Oiseau palmipède à petits ailerons, de l'Antarctique. 🔊 [mɑ̃ʃo, -ɔt].

MANDARIN, subst. m.
Dans l'ancienne Chine, fonctionnaire de haut rang. – Dialecte parlé par la majorité des Chinois. 🔊 [mɑ̃daʀɛ̃].

MANDARINE, subst. f.
Agrume plus petit et plus doux que l'orange, fruit du mandarinier. 🔊 [mɑ̃daʀin].

MANDAT, subst. m.
Acte par lequel une personne (le mandant) donne pouvoir d'agir en son nom à une autre personne (le mandataire). – Ordre de payer à qqn une somme déterminée. 🔊 [mɑ̃da].

MANDATER, verbe trans. [3]
Charger d'un mandat. 🔊 [mɑ̃date].

MANDIBULE, subst. f.
Mâchoire inférieure des Vertébrés. – Plur. Mâchoires (fam.). 🔊 [mɑ̃dibyl].

MANDOLINE, subst. f.
Mus. Instrument à quatre cordes pincées et à caisse de résonance bombée. 🔊 [mɑ̃dɔlin].

MANÈGE, subst. m.
Lieu où l'on dresse des chevaux. – Attraction foraine où des chevaux de bois tournent autour d'un axe vertical. – Fig. Manœuvre, intrigue. 🔊 [manɛʒ].

MANETTE, subst. f.
Petit levier, poignée que l'on manœuvre pour déclencher un mécanisme. 🔊 [manɛt].

MANGEOIRE, subst. f.
Récipient où l'on place la nourriture destinée à certains animaux. 🔊 [mɑ̃ʒwaʀ].

MANGER, verbe trans. [5]
Mâcher et avaler (des aliments) ; empl. abs., se nourrir. – User, ronger. 🔊 [mɑ̃ʒe].

MANGOUSTE, subst. f.
Mammifère carnivore d'Afrique ou d'Asie ressemblant à une belette, ennemi redoutable des serpents. 🔊 [mɑ̃gust].

MANGUE, subst. f.
Fruit tropical comestible du manguier, à la pulpe orangée très parfumée. 🔊 [mɑ̃g].

MANIABLE, adj.
Que l'on manie aisément. 🔊 [manjabl].

MANIAQUE, adj. et subst.
Qui se montre méticuleux jusqu'à la manie ; qui semble obsédé par qqch. – Adj. Relatif à la manie. 🔊 [manjak].

MANICHÉISME, subst. m.
Doctrine qui considère le monde comme le lieu d'un combat entre le bien et le mal. 🔊 [manikeism].

MANIE, subst. f.
Habitude méticuleuse à l'excès. – Idée fixe ; obsession. 🔊 [mani].

MANIEMENT, subst. m.
Action, façon de manier. 🔊 [manimɑ̃].

MANIER, verbe trans. [6]
Tenir, utiliser, déplacer (qqch.) avec ses mains. – Manœuvrer (une machine, un véhicule). 🔊 [manje].

MANIÈRE, subst. f.
Façon d'être, de se comporter. – Style propre à un créateur. – Plur. *Les bonnes* **manières** : les règles de la bienséance. – *Faire des* **manières** : agir avec affectation. – Loc. prép. *De* **manière** à : afin de. 🔊 [manjɛʀ].

MANIÉRÉ, ÉE, adj.
Affecté, précieux. 🔊 [manjeʀe].

MANIFESTANT, ANTE, subst.
Personne qui participe à une manifestation. 🔊 [manifɛstɑ̃, -ɑ̃t].

MANIFESTATION, subst. f.
Expression d'une opinion, d'un sentiment. – Rassemblement de personnes qui manifestent. – Cérémonie en l'honneur de qqch. ou de qqn. 🔊 [manifɛstasjɔ̃].

MANIFESTE, adj. et subst. m.
Adj. Évident, certain. – Subst. Déclaration publique et solennelle exposant un programme politique, intellectuel ou artistique. 🔊 [manifɛst].

MANIFESTER, verbe [3]
Trans. Faire connaître clairement et publiquement (son opinion). – Extérioriser (un sentiment). – Intrans. Prendre part à une manifestation. – Pronom. Apparaître. – Se faire connaître. 🔊 [manifɛste].

MANIGANCE, subst. f.
Manœuvre habile et secrète. 🔊 [manigɑ̃s].

MANIOC, subst. m.
Arbrisseau des pays tropicaux dont la racine fournit une fécule, le tapioca. 🔊 [manjɔk].

MANIPULATION, subst. f.
Action de manipuler. – Fig. Manœuvre peu honnête. 🔊 [manipylasjɔ̃].

MANIPULER, verbe trans. [3]
Manier (des produits, des appareils, des objets). – Fig. Influencer, manœuvrer (qqn). 🔊 [manipyle].

MANIVELLE, subst. f.
Pièce que l'on active pour imprimer un mouvement de rotation à un dispositif. 🔊 [manivɛl].

MANNEQUIN, subst. m.
Forme articulée représentant le corps humain. – Personne qui présente les modèles d'une maison de couture. 🔊 [mankɛ̃].

MANŒUVRE (I), subst. f.
Action manuelle permettant le fonctionnement d'une machine, d'un véhicule, d'un navire. – Exercice d'instruction militaire. – Ensemble des moyens utilisés pour atteindre un but déterminé. 🔊 [manœvʁ].

MANŒUVRE (II), subst. m.
Ouvrier non spécialisé. 🔊 [manœvʁ].

MANŒUVRER, verbe [3]
Intrans. Réaliser, opérer une manœuvre. – Trans. Mettre en action ; guider (un véhicule). – Fig. **Manœuvrer** *qqn* : se servir de lui, l'influencer. 🔊 [manœvʁe].

MANOIR, subst. m.
Petit château entouré de terres. 🔊 [manwaʁ].

MANOMÈTRE, subst. m.
Appareil qui sert à mesurer la pression d'un gaz ou d'une vapeur. 🔊 [manɔmɛtʁ].

MANQUE, subst. m.
Pénurie, absence d'une chose nécessaire. – Chose qui fait défaut. 🔊 [mɑ̃k].

MANQUER, verbe [3]
Intrans. Être absent. – Faire défaut. – Faillir. – Trans. Ne pas atteindre ; rater. – **Manquer** *de* : être dépourvu de ; être sur le point de (faire qqch.). – **Manquer** *à* : se soustraire à (une obligation). 🔊 [mɑ̃ke].

MANSARDE, subst. f.
Pièce aménagée sous un toit et qui a, de ce fait, un mur en pente. 🔊 [mɑ̃saʁd].

MANTE, subst. f.
Mante *religieuse* : insecte carnivore aux pattes antérieures puissantes. 🔊 [mɑ̃t].

MANTEAU, subst. m.
Vêtement que l'on porte par-dessus les autres. – Partie d'une cheminée qui fait saillie au-dessus du foyer. 🔊 [mɑ̃to].

MANUCURE, subst. f.
Personne qui s'occupe des soins de beauté des mains et des ongles. 🔊 [manykyʁ].

MANUEL, ELLE, adj. et subst.
Qui se sert de ses mains. – Adj. Qui se manœuvre à la main. – Subst. masc.

Ouvrage contenant les notions fondamentales d'une science, d'une technique, d'un art. 🔊 [manɥɛl].

MANUFACTURE, subst. f.
Appellation de certaines entreprises industrielles appartenant à l'État. 🔊 [manyfaktyʁ].

MANUSCRIT, ITE, adj. et subst. m.
Se dit d'un texte écrit à la main. – Subst. Texte original d'un auteur. 🔊 [manyskʁi, -it].

MANUTENTION, subst. f.
Manipulation, déplacement de marchandises, à la main ou par des moyens mécaniques. 🔊 [manytɑ̃sjɔ̃].

MAPPEMONDE, subst. f.
Carte représentant, en projection, les deux hémisphères terrestres. 🔊 [mapmɔ̃d].

MAQUEREAU, subst. m.
Poisson de mer osseux, à la chair compacte et à la peau rayée de noir. 🔊 [makʁo].

MAQUETTE, subst. f.
Modèle réduit d'un objet, d'un lieu. – Projet précédant la réalisation d'un livre, d'un objet, etc. 🔊 [makɛt].

MAQUILLAGE, subst. m.
Action de maquiller, de se maquiller. – Produit servant à maquiller. 🔊 [makijaʒ].

MAQUILLER, verbe trans. [3]
Enduire (le visage) de fard ou d'un produit de beauté. – Fig. Fausser (une réalité) pour tromper. 🔊 [makije].

MAQUIS, subst. m.
Végétation d'arbustes épineux, des régions méditerranéennes. – Fig. Lieu inextricable. – Région difficile d'accès où se replient les délinquants ou les opposants à un régime d'oppression. 🔊 [maki].

MARABOUT, subst. m.
Ermite musulman. – Sorcier africain. – Grande cigogne d'Afrique. 🔊 [maʁabu].

MARAÎCHER, ÈRE, adj. et subst.
Subst. Personne qui cultive et vend des légumes. – Adj. Relatif à cette activité : *Cultures* maraîchères. 🔊 [maʁeʃe, -ɛʁ].

MARAIS, subst. m.
Terrain inculte, très humide et recouvert d'eau stagnante peu profonde. – **Marais** *salant* : ensemble de bassins reliés à la mer, où l'on recueille le sel après évaporation de l'eau. 🔊 [maʁɛ].

MARASME, subst. m.
Crise économique, stagnation. 🔊 [maʁasm].

MARATHON, subst. m.
Course à pied de grand fond (42,195 km). 🔊 [maʁatɔ̃].

MARAUDER, verbe intrans. [3]
Voler des fruits, des légumes, des volailles, dans les fermes et les jardins. 🔊 [maʁode].

MARBRE, subst. m.
Roche calcaire très dure et souv. veinée, utilisée en architecture et en décoration. – Statue, objet en **marbre**. 🔊 [maʁbʁ].

MARBRURE, subst. f.
Dessin, marque qui imite les veines du marbre. ▨ [maʀbʀyʀ].

MARC, subst. m.
Résidu de fruits ou de grains pressés ou infusés. — Eau-de-vie provenant de la distillation d'un marc. ▨ [maʀ].

MARCASSIN, subst. m.
Petit du sanglier et de la laie. ▨ [maʀkasɛ̃].

MARCHAND, ANDE, adj. et subst.
Subst. Personne qui achète et qui revend des produits. — Adj. Relatif au commerce. ▨ [maʀʃɑ̃, -ɑ̃d].

MARCHANDAGE, subst. m.
Action de marchander. — Tractation, négociation laborieuses. ▨ [maʀʃɑ̃daʒ].

MARCHANDER, verbe trans. [3]
Négocier le prix (d'une marchandise). — Accorder avec réticence. ▨ [maʀʃɑ̃de].

MARCHANDISE, subst. f.
Ce qui s'achète et se vend. ▨ [maʀʃɑ̃diz].

MARCHE, subst. f.
Chacun des degrés d'un escalier, où l'on pose le pied. — Action de marcher. — Déroulement d'un processus ; fonctionnement. — Musique au rythme accusé. ▨ [maʀʃ].

MARCHÉ, subst. m.
Lieu public où s'opèrent des transactions commerciales. — Toute opération de vente ou d'achat à un prix convenu. — État de l'offre et de la demande. — Arrangement conclu avec qqn. ▨ [maʀʃe].

MARCHEPIED, subst. m.
Ensemble d'une à trois marches, fixe ou amovible, facilitant un accès. ▨ [maʀʃəpje].

MARCHER, verbe intrans. [3]
Se déplacer à pied. — Mettre le pied sur (qqch.), — Fonctionner. — Fig. Réussir. — Faire marcher qqn : le taquiner, le tromper (fam.). ▨ [maʀʃe].

MARDI, subst. m.
Deuxième jour de la semaine. ▨ [maʀdi].

MARE, subst. f.
Petite étendue d'eau stagnante. — Grande flaque : Mare de sang. ▨ [maʀ].

MARÉCAGE, subst. m.
Zone occupée par des marais. ▨ [maʀekaʒ].

MARÉCHAL, AUX, subst. m.
Officier général détenant la plus haute dignité militaire. ▨ [maʀeʃal].

MARÉCHAL-FERRANT, subst. m.
Artisan forgeron qui ferre les chevaux. ▨ Plur. maréchaux-ferrants ; [maʀeʃalferɑ̃].

MARÉE, subst. f.
Mouvement de la mer, qui monte et descend deux fois par jour. — Produits frais de la mer. — Fig. Foule en mouvement. ▨ [maʀe].

MARELLE, subst. f.
Jeu d'enfant consistant à sauter à cloche-pied sur une figure tracée au sol. ▨ [maʀɛl].

MARGARINE, subst. f.
Corps gras alimentaire fabriqué à partir d'huiles végétales. ▨ [maʀgaʀin].

MARGE, subst. f.
Bord, bordure de qqch. — Latitude laissée pour agir. — Écon. Bénéfice net réalisé sur la vente d'un produit. — Loc. prép. En marge de : en dehors, à l'écart de. ▨ [maʀʒ].

MARGELLE, subst. f.
Rebord en pierre d'un puits, d'une fontaine. ▨ [maʀʒɛl].

MARGINAL, ALE, AUX, adj. et subst.
Se dit de qqn qui vit en marge de la société. — Adj. Accessoire, secondaire. ▨ [maʀʒinal].

MARGUERITE, subst. f.
Plante des champs dont la fleur a des pétales blancs et un cœur jaune. ▨ [maʀgəʀit].

MARI, subst. m.
Homme marié à une femme. ▨ [maʀi].

MARIAGE, subst. m.
Union légale d'un homme et d'une femme. — Célébration de cette union. ▨ [maʀjaʒ].

MARIÉ, ÉE, adj. et subst.
Adj. Qui est uni à qqn par le mariage. — Subst. Personne dont on célèbre le mariage. ▨ [maʀje].

MARIER, verbe trans. [6]
Unir par les liens du mariage. — Fig. Unir, assortir. ▨ [maʀje].

MARIN, INE, adj. et subst. m.
Subst. Personne qui navigue. — Adj. Relatif à la mer, au littoral. — Relatif à la navigation, aux marins. ▨ [maʀɛ̃, -in].

MARINADE, subst. f.
Préparation liquide épicée où des aliments macèrent avant la cuisson. ▨ [maʀinad].

MARINE, subst. f.
Art de la navigation. — Ensemble des navires d'un pays et de leurs équipages. — Tableau ayant la mer pour sujet. — Empl. adj. inv. Bleu marine : bleu foncé. ▨ [maʀin].

MARINER, verbe [3]
Macérer ou faire macérer dans une marinade. ▨ [maʀine].

MARINIER, IÈRE, subst.
Personne qui navigue sur les fleuves, les canaux. — Fém. Polo à manches longues, à encolure ras du cou. — Moules marinière : préparées dans leur jus, avec des échalotes et du vin blanc. ▨ [maʀinje, -jɛʀ].

MARIONNETTE, subst. f.
Poupée articulée qu'on actionne à la main ou avec des fils. ▨ [maʀjɔnɛt].

MARITAL, ALE, AUX, adj.
Qui appartient au mari, dans un couple. — Vie maritale : concubinage. ▨ [maʀital].

MARITIME, adj.
Qui est proche de la mer, qui subit son influence. — Qui se fait sur mer. — Qui concerne la marine. ▨ [maʀitim].

MARIVAUDAGE, subst. m.
Badinage galant. ▨ [maʀivodaʒ].

MARJOLAINE, subst. f.
Plante aromatique, également appelée origan. ▨ [maʀʒɔlɛn].

MARKETING, subst. m.
Ensemble des techniques (étude de marché, publicité, etc.) concourant à une plus large diffusion d'un produit. ▨ [marketiŋ].

MARMAILLE, subst. f.
Groupe de jeunes enfants plus ou moins bruyants (fam.). ▨ [marmɑj].

MARMELADE, subst. f.
Sorte de confiture, faite de fruits écrasés et de sucre. ▨ [marməlad].

MARMITE, subst. f.
Récipient de cuisine, muni d'un couvercle et de deux poignées. ▨ [marmit].

MARMONNER, verbe trans. [3]
Murmurer entre ses dents, d'une façon peu distincte. ▨ [marmone].

MARMOT, subst. m.
Petit enfant (fam.). ▨ [marmo].

MARMOTTE, subst. f.
Mammifère rongeur des Alpes, dont l'hibernation est précoce. ▨ [marmɔt].

MAROQUINERIE, subst. f.
Fabrication et commerce d'objets en cuir. ▨ [marɔkinʀi].

MAROTTE, subst. f.
Idée fantasque ; manie (fam.). ▨ [marɔt].

MARQUANT, ANTE, adj.
Qui marque. − Remarquable. ▨ [markɑ̃, -ɑ̃t].

MARQUE, subst. f.
Signe distinctif mis sur qqch. : *Marque de fabrication*. − Entreprise commerciale ou industrielle : *Produit de* **marque**, appartenant à une entreprise renommée. − Trace naturelle permettant d'identifier. − Démonstration : *Marque d'amitié*. ▨ [mark].

MARQUER, verbe trans. [3]
Mettre un signe de reconnaissance sur. − Laisser une trace visible sur. − Noter par écrit. − Souligner. − Empl. intrans. Laisser un souvenir durable. ▨ [marke].

MARQUETERIE, subst. f.
Travail consistant à orner le bois par placage ou par incrustation. − Œuvre ainsi réalisée. ▨ [markɛtʀi].

MARQUIS, ISE, subst.
Personne ayant un titre de noblesse entre celui de comte et celui de duc. ▨ [marki, -iz].

MARRAINE, subst. f.
Femme qui tient un enfant sur les fonts baptismaux. ▨ [marɛn].

MARRANT, ANTE, adj.
Drôle, amusant (fam.). ▨ [marɑ̃, -ɑ̃t].

MARRE, adv.
En avoir **marre** *de qqch.* : en être dégoûté, lassé (fam.). ▨ [mar].

MARRER (SE), verbe pronom. [3]
S'amuser, rire (fam.). ▨ [mare].

MARRON, subst. m.
Grosse châtaigne, fruit du marronnier. − Empl. adj. inv. Brun-rouge. ▨ [marɔ̃].

MARRONNIER, subst. m.
Châtaignier cultivé. − **Marronnier** *d'Inde* : grand arbre ornemental. ▨ [marɔnje].

MARS, subst. m.
Troisième mois de l'année. ▨ [mars].

MARSOUIN, subst. m.
Mammifère marin qui ressemble à un petit dauphin. ▨ [marswɛ̃].

MARSUPIAL, ALE, AUX, adj. et subst. m.
Subst. Mammifère dont les petits continuent leur développement dans la poche ventrale de leur mère, après la naissance. − Plur. L'ordre correspondant. − Adj. Relatif aux **Marsupiaux**. ▨ [marsypjal].

MARTEAU, subst. m.
Outil constitué d'une masse métallique fixée à un manche, servant à frapper. − **Marteau** *piqueur* : outil à air comprimé permettant de défoncer et de creuser des roches, du béton, etc. ▨ [marto].

MARTELER, verbe trans. [11]
Façonner à coups de marteau. − Frapper à coups redoublés. ▨ [martəle].

MARTIAL, ALE, AUX, adj.
Relatif à la guerre, aux militaires. − *Arts* **martiaux** : sports de combat d'origine japonaise, tel le judo. ▨ [marsjal].

MARTIEN, IENNE, adj. et subst.
Adj. Relatif à la planète Mars. − Subst. Habitant supposé de Mars. ▨ [marsjɛ̃, -jɛn].

MARTINET (I), subst. m.
Petit fouet à lanières. ▨ [martinɛ].

MARTINET (II), subst. m.
Oiseau aux pattes très courtes, ressemblant à une hirondelle. ▨ [martinɛ].

MARTINGALE, subst. f.
Bande de tissu horizontale ornant le dos d'un vêtement. − *Jeux*. Combinaison réputée infaillible. ▨ [martɛgal].

MARTIN-PÊCHEUR, subst. m.
Petit oiseau à long bec, amateur de poissons. ▨ Plur. *martins-pêcheurs*. [martɛpɛʃœr].

MART(R)E, subst. f.
Petit mammifère carnivore au corps allongé, recherché pour sa fourrure. ▨ [mart(ʀ)].

MARTYR, YRE, adj. et subst.
Se dit d'une personne qui subit ou a subi le martyre : *Enfant* **martyr**. ▨ [martir].

MARTYRE, subst. m.
Torture, supplice infligés à qqn en raison de sa foi ou de ses idées. − Grande souffrance physique ou morale. ▨ [martir].

MARTYRISER, verbe trans. [3]
Livrer au martyre, supplicier. − Faire souffrir, persécuter. ▨ [martirize].

MARXISME, subst. m.
Doctrine de Karl Marx, qui a inspiré les régimes communistes. ▨ [marksism].

MAS, subst. m.
Ferme, maison campagnarde, en Provence. ▨ [mɑ(s)].

MASCARADE, subst. f.
Divertissement costumé. – Fig. Mise en scène trompeuse. ▨ [maskaʀad].

MASCOTTE, subst. f.
Animal, personne ou objet fétiches, porte-bonheur. ▨ [maskɔt].

MASCULIN, INE, adj. et subst. m.
Adj. Qui est propre à l'homme, au mâle. – Subst. *Ling.* L'un des trois genres grammaticaux. ▨ [maskylɛ̃, -in].

MASOCHISME, subst. m.
Comportement d'une personne qui trouve du plaisir dans sa propre souffrance. ▨ [mazɔʃism].

MASQUE, subst. m.
Faux visage servant à se déguiser, à se dissimuler. – Protection faciale. – Cosmétique que l'on applique sur le visage. ▨ [mask].

MASQUER, verbe trans. [3]
Couvrir d'un masque. – Cacher à la vue, occulter. – Fig. Dissimuler. ▨ [maske].

MASSACRE, subst. m.
Action de massacrer ; son résultat. – Gâchis considérable, très mauvais travail (fam.). ▨ [masakʀ].

MASSACRER, verbe trans. [3]
Tuer en masse, sauvagement (des êtres sans défense). – Endommager gravement (fam.). ▨ [masakʀe].

MASSAGE, subst. m.
Action de masser le corps. ▨ [masaʒ].

MASSE (I), subst. f.
Quantité, volume importants. – Ensemble imposant, perçu en tant qu'unité. – Quantité de matière d'un corps, exprimée en kilogrammes. – Somme d'argent : *La masse salariale*. – Plur. Le peuple (péj.). ▨ [mas].

MASSE (II), subst. f.
Gros maillet de bois ou de métal. ▨ [mas].

MASSER, verbe trans. [3]
Frotter, frictionner (le corps) dans un but thérapeutique ou esthétique. ▨ [mase].

MASSIF, IVE, adj. et subst. m.
Adj. Lourd, imposant. – Qui se produit en grand nombre. – Subst. Montagne ou ensemble de montagnes. – Parterre de fleurs, d'arbustes. ▨ [masif, -iv].

MASSUE, subst. f.
Lourd bâton à tête renflée, utilisé comme arme. ▨ [masy].

MASTIC, subst. m.
Substance beige, malléable et étanche, utilisée comme joint. ▨ [mastik].

MASTIQUER (I), verbe trans. [3]
Boucher avec du mastic. ▨ [mastike].

MASTIQUER (II), verbe trans. [3]
Mâcher avec application. ▨ [mastike].

MASTODONTE, subst. m.
Grand mammifère préhistorique, voisin de l'éléphant. ▨ [mastɔdɔ̃t].

MASTURBATION, subst. f.
Attouchement des parties génitales, afin de provoquer le plaisir sexuel. ▨ [mastyʀbasjɔ̃].

MASURE, subst. f.
Maison vétuste, délabrée. ▨ [mazyʀ].

MAT (I), adj. inv. et subst. m.
Aux échecs, se dit du roi qui ne peut plus se déplacer sans être pris, ce qui met fin à la partie. ▨ [mat].

MAT (II), MATE, adj.
Qui n'est pas brillant ; terne. – *Teint mat* : foncé. – *Bruit mat* : sourd. ▨ [mat].

MÂT, subst. m.
Long poteau vertical sur le pont d'un navire, qui soutient la voilure. – Montant de bois maintenant un chapiteau ou portant un drapeau. ▨ [mɑ].

MATADOR, subst. m.
Torero qui, dans une corrida, met à mort le taureau. ▨ [matadɔʀ].

MATCH, subst. m.
Sp. Épreuve disputée entre deux athlètes, deux équipes. ▨ Plur. *match(e)s* : [matʃ].

MATELAS, subst. m.
Pièce de literie rembourrée sur laquelle on s'étend pour dormir. ▨ [mat(ə)la].

MATELASSÉ, ÉE, adj.
Rembourré, capitonné. ▨ [mat(ə)lase].

MATELOT, subst. m.
Homme d'équipage qui prend part à la manœuvre, sur un navire. ▨ [mat(ə)lo].

MATER, verbe trans. [3]
Dompter, maîtriser. – Réprimer. ▨ [mate].

MATÉRIALISER, verbe trans. [3]
Représenter d'une façon concrète (qqch. d'abstrait). – Réaliser (un projet, une idée). ▨ [materjalize].

MATÉRIALISME, subst. m.
Doctrine philosophique qui affirme que seule existe la matière. – Attitude qui prône la recherche des plaisirs et des biens matériels. ▨ [materjalism].

MATÉRIAU, AUX, subst. m.
Élément constitutif d'une œuvre concrète ou abstraite. – Plur. Éléments entrant dans la construction d'un bâtiment. ▨ [materjo].

MATÉRIEL, IELLE, adj. et subst. m.
Adj. Qui est constitué d'éléments tangibles ; concret. – Subst. Ensemble des objets, des instruments nécessaires à l'accomplissement de qqch. ▨ [materjɛl].

MATERNEL, ELLE, adj.
Qui concerne la mère. – Qui a trait à l'éducation des enfants : *Une école maternelle* ; empl. subst. fém. : *La maternelle*. ▨ [matɛrnɛl].

MATERNITÉ, subst. f.
État maternel ; lien qui relie une mère à son enfant. – Clinique, service hospitalier où les femmes accouchent. ▨ [matɛrnite].

MATHÉMATICIEN, IENNE, subst.
Savant spécialisé dans les sciences mathématiques. 🕮 [matematisjɛ̃, -jɛn].

MATHÉMATIQUE, adj. et subst. f.
Subst. Science des nombres, des grandeurs, des figures (gén. au plur.). – Adj. Qui relève des **mathématiques** ; qui en a la rigueur, la précision. 🕮 [matematik].

MATIÈRE, subst. f.
Réalité matérielle, corps (oppos. *esprit*). – Substance particulière identifiable par ses propriétés : **Matière** *poreuse*. – Fig. Sujet d'un ouvrage, d'un enseignement. – Cause, occasion : **Matière** *à réfléchir*. 🕮 [matjɛʀ].

MATIN, subst. m.
Partie de la journée allant du lever du soleil jusqu'à midi. 🕮 [matɛ̃].

MATINAL, ALE, AUX, adj.
Qui se rapporte au matin. – Qui se lève tôt. 🕮 [matinal].

MATINÉE, subst. f.
Durée du matin. – Spectacle qui a lieu l'après-midi. 🕮 [matine].

MATRAQUE, subst. f.
Petit gourdin lourd, de bois ou de caoutchouc dur, qui sert d'arme. 🕮 [matʀak].

MATRAQUER, verbe trans. [3]
Frapper (qqn) à coups de matraque. – Fig. Demander un prix exorbitant à (qqn). – Accabler (de questions, de publicité, etc.). 🕮 [matʀake].

MATRICE, subst. f.
Utérus de la femme. – Moule permettant de reproduire un objet. 🕮 [matʀis].

MATRICULE, subst.
Fém. Registre administratif ; extrait de ce registre. – Masc. Numéro d'inscription sur ce registre. 🕮 [matʀikyl].

MATRIMONIAL, ALE, AUX, adj.
Relatif au mariage. 🕮 [matʀimɔnjal].

MATURATION, subst. f.
Fait de mûrir. 🕮 [matyʀasjɔ̃].

MATURITÉ, subst. f.
État d'un fruit mûr. – Fig. Âge mûr, entre la jeunesse et la vieillesse. 🕮 [matyʀite].

MAUDIRE, verbe trans. [19]
Appeler le malheur sur (qqn). 🕮 [modiʀ].

MAUGRÉER, verbe [7]
Grommeler, exprimer sa mauvaise humeur d'une voix indistincte. 🕮 [mogʀee].

MAUSOLÉE, subst. m.
Grand monument funéraire. 🕮 [mozɔle].

MAUSSADE, adj.
Qui manifeste de la mauvaise humeur. – Fig. Triste, morose. 🕮 [mosad].

MAUVAIS, AISE, adj.
Qui n'est pas bon. – Qui n'est pas vrai, ni juste. – Qui est pernicieux, dangereux : *Un* mauvais *génie*. 🕮 [movɛ, -ɛz].

MAUVE, subst. f.
Plante à fleurs roses ou violacées. – Empl. adj. inv. et subst. masc. Couleur de la mauve, violet clair. 🕮 [mov].

MAXILLAIRE, subst. m.
Os de la mâchoire. 🕮 [maksilɛʀ].

MAXIMAL, ALE, AUX, adj.
Qui constitue un maximum. 🕮 [maksimal].

MAXIME, subst. f.
Formule concise, sentence. 🕮 [maksim].

MAXIMUM, subst. m.
Le plus haut degré possible. 🕮 Plur. *maximums* ou *maxima* ; [maksimɔm].

MAYONNAISE, subst. f.
Émulsion de jaune d'œuf et d'huile, aromatisée et assaisonnée. 🕮 [majɔnɛz].

MAZOUT, subst. m.
Liquide brun et visqueux tiré du pétrole, utilisé comme combustible. 🕮 [mazut].

MAZURKA, subst. f.
Danse polonaise à trois temps. 🕮 [mazyʀka].

ME, M', pron. pers.
Pronom complément de la 1re personne du singulier : *Cela* me *plaît*. 🕮 [mə].

MÉANDRE, subst. m.
Boucle décrite par le cours d'une rivière. – Fig. Détour tortueux. 🕮 [meɑ̃dʀ].

MÉCANICIEN, IENNE, subst.
Technicien qui monte, entretient ou répare des machines. – Conducteur d'une locomotive. 🕮 [mekanisjɛ̃, -jɛn].

MÉCANIQUE, adj. et subst. f.
Adj. Qui est mû par un moteur ; qui comporte un mécanisme : *Poupée* **mécanique**. – Qui se fait au moyen de machines. – Fig. Machinal : *Geste* **mécanique**. – Subst. Science qui étudie les mouvements et les forces qui les produisent. – Science de la construction et de l'entretien des machines. – Assemblage de pièces destinées à produire, à transformer un mouvement. 🕮 [mekanik].

MÉCANISME, subst. m.
Combinaison de pièces agencées en vue de produire un ensemble de mouvements. – Fig. Mode de fonctionnement d'un système complexe. 🕮 [mekanism].

MÉCÈNE, subst. m.
Personne ou institution qui soutient financièrement un écrivain, un artiste, un savant, une œuvre. 🕮 [mesɛn].

MÉCHANCETÉ, subst. f.
Caractère méchant. – Parole ou acte méchant. 🕮 [meʃɑ̃ste].

MÉCHANT, ANTE, adj. et subst.
Qui cherche à faire du mal, à nuire. – Qui occasionne des ennuis. 🕮 [meʃɑ̃, -ɑ̃t].

MÈCHE, subst. f.
Cordon de fils qui, imprégné de substance combustible, peut entretenir une flamme. – Tige d'acier qui peut s'adapter à une perceuse. – Touffe de cheveux. 🕮 [mɛʃ].

MÉCONNAISSABLE, adj.
Qu'on ne peut reconnaître. 🕮 [mekɔnɛsabl].

MÉCONNAÎTRE, verbe trans. [73]
Se tromper sur ; sous-estimer. 🕮 [mekɔnɛtʀ].

MÉCONTENT, ENTE, adj. et subst.
Qui n'est pas satisfait. 🔊 [mekɔ̃tɑ̃, -ɑ̃t].

MÉCONTENTEMENT, subst. m.
État d'une personne mécontente. – Expression d'une insatisfaction. 🔊 [mekɔ̃tɑ̃tmɑ̃].

MÉCRÉANT, ANTE, adj. et subst.
Qui est sans foi religieuse. 🔊 [mekʀeɑ̃, -ɑ̃t].

MÉDAILLE, subst. f.
Petit disque de métal portant l'effigie d'un personnage, souv. religieux, ou commémorant un événement. – Pièce métallique suspendue à un ruban, servant de récompense, de décoration. 🔊 [medaj].

MÉDAILLÉ, ÉE, adj. et subst.
Qui a obtenu une médaille. 🔊 [medaje].

MÉDAILLON, subst. m.
Grande médaille. – Bijou dans lequel on peut enfermer un souvenir. 🔊 [medajɔ̃].

MÉDECIN, subst. m.
Personne qui est habilitée à exercer la médecine. 🔊 [med(ə)sɛ̃].

MÉDECINE, subst. f.
Science appliquée dont le but est la conservation ou le rétablissement de la santé individuelle ou collective. 🔊 [med(ə)sin].

MÉDIA, subst. m.
Support et moyen d'information de grande diffusion (presse écrite, radio, télévision). 🔊 [medja].

MÉDIAN, IANE, adj. et subst. f.
Adj. Situé au milieu. – Subst. Droite qui joint le sommet d'un triangle au milieu du côté opposé à ce sommet. 🔊 [medjɑ̃, -jan].

MÉDIATEUR, TRICE, adj. et subst.
Se dit d'une personne qui intervient entre deux parties pour régler un litige. – Subst. fém. Droite perpendiculaire à un segment en son milieu. 🔊 [medjatœʀ, -tʀis].

MÉDIATIQUE, adj.
Relatif aux médias. – Qui est devenu populaire grâce aux médias. 🔊 [medjatik].

MÉDICAL, ALE, AUX, adj.
Qui a trait à la médecine. 🔊 [medikal].

MÉDICAMENT, subst. m.
Produit dont la fonction est de lutter contre la maladie. 🔊 [medikamɑ̃].

MÉDIÉVAL, ALE, AUX, adj.
Du Moyen Âge. 🔊 [medjeval].

MÉDIOCRE, adj. et subst.
Se dit d'une personne qui manque d'envergure, qui a peu de capacités. – Adj. Inférieur à la moyenne ; insuffisant. 🔊 [medjɔkʀ].

MÉDIOCRITÉ, subst. f.
Faible valeur (de qqn, de qqch.). – Petitesse d'esprit et de cœur. 🔊 [medjɔkʀite].

MÉDIRE, verbe trans. indir. [65]
Dire du mal (de qqn). 🔊 [mediʀ].

MÉDISANCE, subst. f.
Action de médire. – Propos par lequel on médit. 🔊 [medizɑ̃s].

MÉDITATION, subst. f.
Action de méditer. – *Relig.* Exercice spirituel des mystiques. 🔊 [meditasjɔ̃].

MÉDITER, verbe [3]
Intrans. S'absorber dans ses pensées. – Trans. Réfléchir longuement et profondément à propos de : Méditer un conseil. – Élaborer par la pensée : Méditer une vengeance. 🔊 [medite].

MÉDIUM, subst. m.
Personne qui prétend communiquer avec l'au-delà. – *Mus.* Registre de la voix, entre l'aigu et le grave. 🔊 [medjɔm].

MÉDIUS, subst. m.
Doigt du milieu de la main (synon. *majeur*). 🔊 [medjys].

MÉDUSE, subst. f.
Animal marin d'aspect gélatineux, dont le contact irrite la peau. 🔊 [medyz].

MÉDUSER, verbe trans. [3]
Frapper de stupeur. 🔊 [medyze].

MEETING, subst. m.
Réunion publique portant sur un sujet d'intérêt collectif. 🔊 [mitiŋ].

MÉFAIT, subst. m.
Action mauvaise, nuisible. – Effet néfaste : Les méfaits du tabac. 🔊 [mefɛ].

MÉFIANCE, subst. f.
Tendance à se méfier. – Fait de se méfier. 🔊 [mefjɑ̃s].

MÉFIER (SE), verbe pronom. [6]
Ne pas avoir confiance en : Je me méfie de lui. – Se tenir sur ses gardes. 🔊 [mefje].

MÉGALITHE, subst. m.
Grand monument préhistorique, fait de très grosses pierres dressées (menhirs) ou couchées (dolmens). 🔊 [megalit].

MÉGALOMANIE, subst. f.
Folie des grandeurs, ambition excessive et délirante. 🔊 [megalɔmani].

MÉGARDE (PAR), loc. adv.
Par inadvertance, par erreur. 🔊 [megaʀd].

MÉGÈRE, subst. f.
Femme méchante et hargneuse. 🔊 [meʒɛʀ].

MÉGOT, subst. m.
Reste d'une cigarette ou d'un cigare (fam.). 🔊 [mego].

MEILLEUR, EURE, adj. et subst.
Adj. Comparatif de « bon » : Il est meilleur en lettres qu'en sciences. – Superlatif de « bon » : C'est la meilleure élève de la classe. – Subst. Le meilleur : ce qu'il y a de mieux. 🔊 [mɛjœʀ].

MÉLANCOLIE, subst. f.
Tristesse rêveuse et durable. 🔊 [melɑ̃kɔli].

MÉLANCOLIQUE, adj.
Qui est en proie à la mélancolie. – Qui exprime la mélancolie. 🔊 [melɑ̃kɔlik].

MÉLANGE, subst. m.
Action de mélanger ; son résultat. – Ensemble d'éléments disparates. 🔊 [melɑ̃ʒ].

MÉLANGER, verbe trans. [5]
Réunir en un tout homogène. – Assembler sans ordre. – Fig. Confondre. ◼ [melɑ̃ʒe].

MÊLÉE, subst. f.
Groupe d'individus qui se battent, se bousculent. – Fig. Conflit passionné. – *Sp.* Phase de jeu, au rugby. ◼ [mele].

MÊLER, verbe trans. [3]
Mélanger, embrouiller. – Impliquer (qqn). – Pronom. S'unir. – Participer à ; s'occuper de. ◼ [mele].

MÉLÈZE, subst. m.
Conifère de haute montagne. ◼ [melɛz].

MÉLI-MÉLO, subst. m.
Mélange hétéroclite, confus (fam.). ◼ Plur. *mélis-mélos* ; [melimelo].

MÉLODIE, subst. f.
Suite de sons formant une phrase musicale. – L'air d'une chanson. ◼ [melodi].

MÉLODIEUX, IEUSE, adj.
Agréable à l'oreille. ◼ [melɔdjø, -jøz].

MÉLODRAME, subst. m.
Genre théâtral populaire caractérisé par la simplification des caractères, l'abondance des péripéties et le pathétique des situations (abrév. *mélo*). ◼ [melɔdram].

MÉLOMANE, adj. et subst.
Se dit d'une personne qui a la passion de la musique classique. ◼ [melɔman].

MELON, subst. m.
Plante potagère rampante cultivée pour son fruit rond, à la chair orangée, juteuse et sucrée ; ce fruit. – Chapeau d'homme, rond et bombé, à bords étroits. ◼ [m(ə)lɔ̃].

MÉLOPÉE, subst. f.
Chant simple et monotone. ◼ [melɔpe].

MEMBRANE, subst. f.
Anat. Tissu mince et souple qui enveloppe ou tapisse un organe. – Cloison ou feuille mince servant de communication entre deux milieux ou produisant des vibrations sonores. ◼ [mɑ̃bran].

MEMBRE, subst. m.
Partie du corps servant à la locomotion ou à la préhension. – Partie d'un tout : *Membre de phrase.* – Fig. Personne appartenant à un groupe social. ◼ [mɑ̃bʀ].

MÊME, adj. indéf., pron. indéf. et adv.
Adj. Exprime un rapport d'identité ou de ressemblance : *La même maison* ; une insistance : *Eux-mêmes* ; un degré extrême : *Être l'innocence même.* – Pron. *Ce sont les mêmes qui reviennent.* – Adv. Aussi : *Ils sont tous partis, même les enfants* ; exprime le renchérissement : *Il ne bouge même pas* ; précisément : *À cet instant même.* – *Quand même* : malgré cela. – *De même* : pareillement. ◼ [mɛm].

MÉMOIRE (I), subst. f.
Faculté de retenir ce que l'on a appris ou vécu. – Dispositif de stockage des données, dans un ordinateur. ◼ [memwaʀ].

MÉMOIRE (II), subst. m.
Exposé rédigé en vue d'une conférence, d'un examen. – Résumé écrit d'une situation, d'une affaire. – Facture récapitulative. – Plur. Ouvrage dans lequel un auteur consigne ses souvenirs. ◼ [memwaʀ].

MÉMORABLE, adj.
Digne d'être retenu. ◼ [memɔrabl].

MÉMORIAL, AUX, subst. m.
Un Mémorial : livre de souvenirs. – Monument commémoratif. ◼ [memɔrjal].

MÉMORISER, verbe trans. [3]
Fixer méthodiquement dans sa mémoire. – Informat. Mettre (des informations) en mémoire. ◼ [memɔrize].

MENACE, subst. f.
Acte ou parole menaçants. – Signe indiquant l'approche d'un danger : *Des menaces de guerre.* ◼ [mənas].

MENACER, verbe trans. [4]
Chercher à intimider (qqn) par des menaces. – Risquer de se produire : *L'orage menace.* ◼ [mənase].

MÉNAGE, subst. m.
Les meubles et objets divers d'une maison : *Monter son ménage.* – Entretien d'une maison : *Femme de ménage.* – Communauté domestique, conjugale ou non. ◼ [menaʒ].

MÉNAGER (I), verbe trans. [5]
Utiliser judicieusement. – Arranger, organiser. – Pratiquer : *Ménager une ouverture.* – Traiter avec précaution. ◼ [menaʒe].

MÉNAGER (II), ÈRE, adj. et subst. f.
Adj. Relatif à la vie domestique. – Subst. Femme qui entretient sa maison. – Service de couverts de table. ◼ [menaʒe, -ɛʀ].

MÉNAGERIE, subst. f.
Lieu où sont exposés des animaux vivants. ◼ [menaʒʀi].

MENDIANT, ANTE, adj. et subst.
Subst. Personne qui mendie. – Adj. *Ordre mendiant* : ordre religieux faisant profession de vivre d'aumônes. ◼ [mɑ̃djɑ̃, -ɑ̃t].

MENDICITÉ, subst. f.
Action de mendier. – Condition du mendiant. ◼ [mɑ̃disite].

MENDIER, verbe [6]
Intrans. Demander l'aumône, la charité. – Trans. Demander (qqch.) à titre d'aumône. – Solliciter avec humilité. ◼ [mɑ̃dje].

MENER, verbe trans. [10]
Conduire (un groupe, un cortège). – Diriger (une action) : *Mener les débats.* – Diriger (un animal, un véhicule). – Conduire à (une destination) : *Ce train mène à Nice* ; au fig. : *Cette histoire l'a mené au suicide.* – Empl. abs. *Sp.* Être placé en tête, dans une compétition. ◼ [m(ə)ne].

MÉNESTREL, subst. m.
Musicien et poète ambulant du Moyen Âge. ◼ [menɛstʀɛl].

MENEUR, EUSE, subst.
Personne qui est à la tête d'un groupe, d'un mouvement revendicatif. ◼ [mənœʀ, -øz].

MENHIR, subst. m.
Mégalithe dressé. 🐌 [meniʀ].

MÉNINGE, subst. f.
Chacune des trois membranes enveloppant l'encéphale et la moelle épinière. – Plur. Le cerveau, l'esprit (fam.). 🐌 [menɛ̃ʒ].

MÉNINGITE, subst. f.
Inflammation des méninges. 🐌 [menɛ̃ʒit].

MÉNISQUE, subst. m.
Cartilage de certaines articulations telles que le genou. – Lentille optique dont une face est concave et l'autre convexe. 🐌 [menisk].

MÉNOPAUSE, subst. f.
Chez la femme, cessation de l'ovulation et des règles. 🐌 [menopoz].

MENOTTE, subst. f.
Petite main. – Plur. Bracelets métalliques reliés par une chaîne, qui entravent les poignets d'un prisonnier. 🐌 [mənɔt].

MENSONGE, subst. m.
Action de mentir. – Propos contraire à la vérité. 🐌 [mɑ̃sɔ̃ʒ].

MENSONGER, ÈRE, adj.
Qui constitue un mensonge ou contient des mensonges. 🐌 [mɑ̃sɔ̃ʒe, -ɛʀ].

MENSUALISER, verbe trans. [3]
Rendre mensuel (le paiement d'un salaire, d'un impôt, etc.). 🐌 [mɑ̃sɥalize].

MENSUALITÉ, subst. f.
Paiement mensuel, que l'on verse ou que l'on perçoit. 🐌 [mɑ̃sɥalite].

MENSUEL, ELLE, adj. et subst. m.
Adj. Qui a lieu chaque mois. – Subst. Journal paraissant une fois par mois. 🐌 [mɑ̃sɥɛl].

MENSURATION, subst. f.
Mesure de certaines dimensions spécifiques du corps humain ; au plur., ces dimensions. 🐌 [mɑ̃syʀasjɔ̃].

MENTAL, ALE, AUX, adj.
Qui concerne l'intellect, la vie psychique. – Qui se déroule dans l'esprit : Calcul mental. 🐌 [mɑ̃tal].

MENTALITÉ, subst. f.
Manière habituelle de penser et de se comporter. 🐌 [mɑ̃talite].

MENTEUR, EUSE, adj. et subst.
Qui ment ou qui a tendance à mentir fréquemment. 🐌 [mɑ̃tœʀ, -øz].

MENTHE, subst. f.
Plante herbacée aromatique. – Sirop, infusion de menthe. 🐌 [mɑ̃t].

MENTION, subst. f.
Action de mentionner. – Brève note portée sur un écrit. – Degré d'appréciation favorable d'un jury d'examen : Mention très bien. 🐌 [mɑ̃sjɔ̃].

MENTIONNER, verbe trans. [3]
Indiquer, signaler. 🐌

MENTIR, verbe intrans. [23]
Ne pas dire la vérité, en vue de tromper.

MENTON, subst. m.
Bas du visage, partie saillante au milieu de la mâchoire inférieure. 🐌 [mɑ̃tɔ̃].

MENU, UE, adj., subst. m. et adv.
Adj. Petit. – Peu important : Menue monnaie. – Adv. Finement : Hacher menu. – Subst. Liste des mets servis à un repas. – Repas à prix fixe, dans un restaurant. 🐌 [məny].

MENUET, subst. m.
Ancienne danse de cour. 🐌 [mənɥɛ].

MENUISERIE, subst. f.
Artisanat du bois. – Atelier du menuisier. 🐌 [mənɥizʀi].

MENUISIER, subst. m.
Artisan qui travaille le bois. 🐌 [mənɥizje].

MÉPRENDRE (SE), verbe pronom. [52]
Se tromper en prenant une chose, une personne pour une autre. 🐌 [mepʀɑ̃dʀ].

MÉPRIS, subst. m.
Indifférence, détachement. – Attitude indiquant que l'on trouve qqch. ou qqn indigne d'intérêt ou d'estime. 🐌 [mepʀi].

MÉPRISE, subst. f.
Fait de se méprendre. 🐌 [mepʀiz].

MÉPRISER, verbe trans. [3]
Ressentir ou manifester du mépris pour. 🐌 [mepʀize].

MER, subst. f.
Étendue d'eau salée qui recouvre près des trois quarts de la surface de la Terre. – Zone de cette étendue délimitée géographiquement : La mer des Caraïbes. 🐌 [mɛʀ].

MERCANTILE, adj.
Qui ne vise que le profit. 🐌 [mɛʀkɑ̃til].

MERCENAIRE, subst. m.
Soldat de métier louant ses services à un pays étranger. 🐌 [mɛʀsənɛʀ].

MERCERIE, subst. f.
Ensemble des fournitures nécessaires à la couture. – Boutique, commerce de ces fournitures. 🐌 [mɛʀsəʀi].

MERCI, subst. et interj.
Subst. fém. Miséricorde, pitié : Sans merci. – Être à la merci de : dépendre de. – Subst. masc. Reconnaissance, remerciement. – Interj. Merci beaucoup ! 🐌 [mɛʀsi].

MERCREDI, subst. m.
Troisième jour de la semaine. 🐌 [mɛʀkʀədi].

MERCURE, subst. m.
Métal blanc argenté, liquide à l'état naturel, qui se dilate à la chaleur (d'où son emploi dans les thermomètres). 🐌 [mɛʀkyʀ].

MERDE, subst. f. et interj.
Subst. Excrément (mot grossier). – Interj. Juron de colère, de refus, etc. (fam.). 🐌 [mɛʀd].

MÈRE, subst. f.
Femme qui a mis au monde ou plusieurs enfants. – Animal femelle qui a donné vie à des petits. – Supérieure d'un couvent. – Fig. Source, origine : Idée mère. 🐌 [mɛʀ].

MERGUEZ, subst. f.
Saucisse pimentée, à base de bœuf, de mouton. 🐌 [mɛʀgez].

MÉRIDIEN, subst. m.
Grand cercle imaginaire passant par les pôles de la Terre. 📖 [meridjɛ̃, -jɛn].

MÉRIDIONAL, ALE, AUX, adj.
Situé au sud. – Empl. subst. Habitant du Midi. 📖 [meridjɔnal].

MERINGUE, subst. f.
Pâtisserie faite de blanc d'œuf battu en neige, sucré et passé au four. 📖 [mərɛ̃g].

MERISIER, subst. m.
Cerisier sauvage dont le bois rougeâtre est très utilisé en ébénisterie. 📖 [mərizje].

MÉRITE, subst. m.
Vertu, valeur qui appelle l'estime, la louange ou la récompense. – Avantage propre à une chose. 📖 [merit].

MÉRITER, verbe trans. [3]
Se rendre digne, par sa conduite, de recevoir (des éloges, une récompense) : Mériter des vacances. – Être passible de : Mériter la prison, un châtiment. – Mériter que : valoir la peine que. 📖 [merite].

MÉRITOIRE, adj.
Digne d'être récompensé. 📖 [meritwar].

MERLAN, subst. m.
Petit poisson de mer brun jaunâtre, à chair tendre. 📖 [mɛrlɑ̃].

MERLE, subst. m.
Oiseau noir à bec jaune, remarquable pour son sifflement. 📖 [mɛrl].

MÉROU, subst. m.
Gros poisson marin carnassier. 📖 [meru].

MERVEILLE, subst. f.
Chose ou événement dignes d'admiration. – Chose rare, étrange ; prodige. 📖 [mɛrvɛj].

MERVEILLEUX, EUSE, adj.
Surprenant, admirable. 📖 [mɛrvejø, -øz].

MES, voir **MON**

MÉSANGE, subst. f.
Petit oiseau aux couleurs vives, insectivore. 📖 [mezɑ̃ʒ].

MÉSAVENTURE, subst. f.
Aventure malheureuse. 📖 [mezavɑ̃tyr].

MÉSENTENTE, subst. f.
Mauvaise entente entre deux personnes, deux collectivités. 📖 [mezɑ̃tɑ̃t].

MÉSESTIMER, verbe trans. [3]
Sous-estimer, ne pas estimer à sa juste valeur. 📖 [mezɛstime].

MESQUIN, INE, adj.
Qui s'attache à des détails sans importance. – Avare, sans générosité. 📖 [mɛskɛ̃, -in].

MESQUINERIE, subst. f.
Caractère mesquin. – Action mesquine, petitesse. 📖 [mɛskinri].

MESS, subst. m.
Salle de réfectoire réservée aux officiers ou aux sous-officiers. 📖 [mɛs].

MESSAGE, subst. m.
Information que l'on transmet à qqn. – Pensée originale véhiculée par une œuvre. 📖 [mesaʒ].

MESSAGER, ÈRE, subst.
Personne qui transmet, qui a mission de transmettre un message. 📖 [mesaʒe, -ɛr].

MESSAGERIE, subst. f.
Service de transport de colis, de marchandises. – Service de communication sur un réseau télématique. – **Messageries** de presse : chargées de la distribution des journaux, des publications. 📖 [mesaʒri].

MESSE, subst. f.
Cérémonie catholique qui commémore le sacrifice du Christ. – Musique écrite pour une grand-messe. 📖 [mɛs].

MESSIDOR, subst. m.
Dixième mois du calendrier républicain, allant du 19-20 juin au 18-19 juillet. 📖 [mesidɔr].

MESSIE, subst. m.
Le Messie : sauveur envoyé par Dieu. – Fig. Personnage providentiel. 📖 [mesi].

MESURE, subst. f.
Action de déterminer une grandeur par réf. à une unité. – Cette grandeur. – Récipient servant à déterminer les capacités et les volumes. – Division d'une durée musicale, d'un vers. – Norme, règle moyenne : Passer la mesure. – Décision prise en vue d'une certaine fin : Des mesures contre le chômage. 📖 [m(ə)zyr].

MESURÉ, ÉE, adj.
Modéré, raisonnable. – Qui a fait l'objet d'une mesure. 📖 [məzyre].

MESURER, verbe trans. [3]
Déterminer la grandeur de (qqn, qqch.), par réf. à une unité convenue ; empl. intrans. : Cet arbre mesure 6 mètres. – Modérer : Mesurer ses paroles. – Pronom. Se mesurer à, avec qqn : se confronter à lui. 📖 [məzyre].

MÉTABOLISME, subst. m.
Ensemble des transformations chimiques et énergétiques qui se produisent dans un organisme vivant. 📖 [metabɔlism].

MÉTAL, AUX, subst. m.
Corps simple, gén. d'aspect brillant, bon conducteur de l'électricité et de la chaleur. 📖 [metal].

MÉTALLIQUE, adj.
Qui est fait de métal. – Qui a l'aspect d'un métal. – Qui rappelle la sonorité du métal : Voix métallique. 📖 [metalik].

MÉTALLURGIE, subst. f.
Industrie des métaux. 📖 [metalyrʒi].

MÉTAMORPHOSE, subst. f.
Changement de forme que subit un être vivant, une chose. 📖 [metamɔrfoz].

MÉTAMORPHOSER, verbe trans. [3]
Faire changer (qqn ou qqch.) de forme, de nature, de caractère. 📖 [metamɔrfoze].

MÉTAPHORE, subst. f.
Figure de rhétorique consistant à utiliser un terme concret dans un contexte abstrait, par réf. à une comparaison sous-entendue. 📖 [metafɔr].

MÉTAPHYSIQUE, adj. et subst. f.
Se dit de la partie de la philosophie qui étudie les premiers principes. 🔊 [metafizik].

MÉTASTASE, subst. f.
Foyer cancéreux constitué à distance à partir d'une tumeur primitive. 🔊 [metastɑz].

MÉTAYER, ÈRE, subst.
Personne qui exploite une terre pour un propriétaire, avec lequel il partage le produit des récoltes. 🔊 [meteje, -ɛʀ].

MÉTÉORE, subst. m.
Phénomène lumineux provoqué par l'entrée dans l'atmosphère d'une météorite. – *Passer comme un* **météore** : très vite. 🔊 [meteɔʀ].

MÉTÉORITE, subst. f.
Fragment d'astéroïde ou de comète atteignant le sol de la Terre ou d'un astre quelconque. 🔊 [meteɔʀit].

MÉTÉOROLOGIE, subst. f.
Science des phénomènes atmosphériques et de la prévision du temps (abrév. *météo*). 🔊 [meteɔʀɔlɔʒi].

MÉTHANE, subst. m.
Hydrocarbure gazeux. 🔊 [metan].

MÉTHODE, subst. f.
Ensemble des démarches, des procédés rationnels permettant de démontrer une vérité, d'accomplir un travail. – Ensemble des règles générales d'une technique ou d'un art. 🔊 [metɔd].

MÉTHODIQUE, adj.
Qui agit avec méthode. – Ordonné, fait avec méthode. 🔊 [metɔdik].

MÉTICULEUX, EUSE, adj.
Scrupuleux, minutieux. – Attentif aux détails. 🔊 [metikylø, -øz].

MÉTIER, subst. m.
Activité professionnelle : *Le* **métier** *d'avocat*. – Savoir-faire. – Machine destinée au travail des matières textiles : *Un* **métier** *à tisser*. 🔊 [metje].

MÉTIS, ISSE, adj. et subst.
Se dit de personnes issues de parents de races différentes. 🔊 [metis].

MÈTRE, subst. m.
Unité internationale de longueur. – Règle, ruban avec lequel on mesure des longueurs : *Un* **mètre** *pliant*. 🔊 [mɛtʀ].

MÉTRER, verbe trans. [8]
Mesurer en utilisant un mètre. 🔊 [metre].

MÉTRIQUE, adj.
Relatif au mètre. – *Système* **métrique** : système international de poids et de mesures, qui a pour base le mètre. 🔊 [metʀik].

MÉTRONOME, subst. m.
Mus. Instrument qui marque la mesure. 🔊 [metʀonɔm].

MÉTROPOLE, subst. f.
Grande ville, capitale d'un pays, d'une province ou d'une région. – Le territoire national par rapport aux territoires d'outre-mer. 🔊 [metʀopɔl].

MÉTROPOLITAIN, AINE, adj. et subst. m.
Qui appartient à la métropole. – Subst. Chemin de fer urbain, gén. souterrain (abrév. *métro*). 🔊 [metʀopolitɛ̃, -ɛn].

METS, subst. m.
Plat, préparation culinaire. 🔊 [mɛ].

METTRE, verbe trans. [60]
Placer (une chose) quelque part : **Mettre** *un verre sur la table* ; revêtir ou faire revêtir (un vêtement). – Disposer ; amener à un certain état : **Mettre** *le couvert* ; **Mettre** *un moteur en marche*. – Placer dans telle ou telle position ou situation : **Mettre** *un malade au lit*. – Pronom. Commencer : *Se* **mettre** *à chanter*. 🔊 [mɛtʀ].

MEUBLE, adj. et subst. m.
Adj. Se dit d'un bien qui peut être transporté (oppos. *immeuble*). – *Terre* **meuble** : facile à labourer. – Subst. Objet mobile destiné à l'aménagement ou à la décoration d'une habitation, d'un local. 🔊 [mœbl].

MEUBLER, verbe trans. [3]
Garnir de meubles. – Fig. Occuper, remplir : **Meubler** *ses loisirs*. 🔊 [mœble].

MEUGLER, verbe intrans. [3]
Pousser son cri (meuglement), en parlant d'un bovin. 🔊 [mœgle].

MEULE (I), subst. f.
Roue de pierre dure servant à moudre le grain ou à aiguiser, affûter, etc. 🔊 [møl].

MEULE (II), subst. f.
Gros tas de foin, de paille, etc. 🔊 [møl].

MEULIÈRE, subst. f.
Roche sédimentaire servant de matériau de construction. 🔊 [mølje, -jɛʀ].

MEUNIER, IÈRE, subst.
Personne qui exploite un moulin à céréales. 🔊 [mønje, -jɛʀ].

MEURTRE, subst. m.
Homicide volontaire. 🔊 [mœʀtʀ].

MEURTRIER, IÈRE, adj. et subst.
Subst. Auteur d'un meurtre. – Adj. Qui donne ou peut donner la mort : *Une arme* **meurtrière**. 🔊 [mœʀtʀije, -ijɛʀ].

MEURTRIÈRE, subst. f.
Étroite ouverture verticale dans une muraille fortifiée. 🔊 [mœʀtʀijɛʀ].

MEURTRIR, verbe trans. [19]
Frapper, endommager en laissant des traces. – Fig. Blesser moralement. 🔊 [mœʀtʀiʀ].

MEURTRISSURE, subst. f.
Blessure laissée sur le corps par des coups, par un choc. 🔊 [mœʀtʀisyʀ].

MEUTE, subst. f.
Troupe de chiens dressés à la chasse. – Fig. Groupe de gens qui harcèlent qqn. 🔊 [møt].

MEZZANINE, subst. f.
Niveau intermédiaire aménagé à l'intérieur d'une pièce haute de plafond. 🔊 [mɛdzanin].

MI, subst. m. inv.
Mus. Troisième note de la gamme. 🔊 [mi].

MIAULER, verbe intrans. [3]
Pousser son cri (miaulement) en parlant
du chat. 🔊 [mjole].

MICA, subst. m.
Minéral naturel (silicate) présent dans les
roches éruptives sous forme de cristaux
tendres. 🔊 [mika].

MICHE, subst. f.
Gros pain rond. 🔊 [miʃ].

MI-CLOS, -CLOSE, adj.
À moitié fermé : *Persienne mi-close* ; *Yeux
mi-clos.* 🔊 [miklo, -kloz].

MICMAC, subst. m.
Intrigue embrouillée et suspecte (fam.) : *On
ne comprend rien à ce micmac.* 🔊 [mikmak].

MICRO, subst. m.
Appareil transformant les vibrations sonores en signaux électriques (abrév. de
« microphone »). 🔊 [mikʀo].

MICROBE, subst. m.
Nom générique d'êtres vivants microscopiques. 🔊 [mikʀɔb].

MICROCLIMAT, subst. m.
Climat particulier à une très petite zone
géographique. 🔊 [mikʀoklima].

MICROCOSME, subst. m.
Société restreinte et fermée. 🔊 [mikʀɔkɔsm].

MICROFILM, subst. m.
Pellicule composée de photographies de
dimensions réduites. 🔊 [mikʀofilm].

MICRO-INFORMATIQUE, subst. f.
Domaine de l'informatique qui concerne
l'utilisation des micro-ordinateurs. 🔊 Plur.
micro-informatiques ; [mikʀoɛ̃fɔʀmatik].

MICRO-ONDE, subst. f.
Four à micro-ondes : à cuisson rapide, qui
transforme l'énergie des ondes en chaleur.
🔊 Plur. *micro-ondes* ; [mikʀoɔ̃d].

MICRO-ORDINATEUR, subst. m.
Ordinateur de petit format dont le fonction-
nement repose sur un microprocesseur.
🔊 Plur. *micro-ordinateurs* ; [mikʀoɔʀdinatœʀ].

MICROPHYSIQUE, subst. f.
Partie de la physique qui étudie les atomes
et les particules. 🔊 [mikʀofizik].

MICROPROCESSEUR, subst. m.
Circuit intégré, à haute densité d'intégration (synon. *puce*). 🔊 [mikʀopʀosesœʀ].

MICROSCOPE, subst. m.
Instrument d'optique permettant d'observer
des objets invisibles à l'œil nu. 🔊 [mikʀɔskɔp].

MICROSCOPIQUE, adj.
Réalisé au moyen d'un microscope. – Qui
ne peut être vu qu'au moyen d'un microscope. – Minuscule. 🔊 [mikʀɔskɔpik].

MIDI, subst. m.
Milieu de la journée, quand le soleil est au
plus haut dans le ciel. – Le sud. 🔊 [midi].

MIDINETTE, subst. f.
Jeune fille naïve et romanesque. 🔊 [midinɛt].

MIE, subst. f.
Partie molle du pain. 🔊 [mi].

MIEL, subst. m.
Substance sucrée que les abeilles produisent
à partir du nectar des fleurs. – Fig. Douceur,
agrément. 🔊 [mjɛl].

MIELLEUX, EUSE, adj.
Qui rappelle le miel. – Fig. D'une douceur
hypocrite : *Sourire mielleux.* 🔊 [mjelø, -øz].

MIEN, MIENNE, adj. poss. et pron.
poss.
Adj. Qui est à moi : *Cette œuvre est mienne.*
– Pron. Ce qui est à moi : *Ce livre est le
mien.* – *Les miens* : mes parents, mes
proches. 🔊 [mjɛ̃, mjɛn].

MIETTE, subst. f.
Fragment de pain, de gâteau. – Fig. Petite
partie : *Miettes d'un héritage.* 🔊 [mjɛt].

MIEUX, adj., subst. m. et adv.
Adv. D'une meilleure manière : *Je danse
mieux que toi* ; *Aller mieux*, être en meilleure santé. – Superlatif de « bien » : *La
femme la mieux habillée.* – Adj. Meilleur :
Il est mieux que l'autre. – Subst. Ce qui est
meilleur ou le meilleur. – Amélioration :
On constate un mieux. 🔊 [mjø].

MIÈVRE, adj.
D'une grâce assez fade. 🔊 [mjɛvʀ].

MIGNON, ONNE, adj.
Joli, gracieux, charmant : *Un mignon petit
chat.* – Gentil (fam.). 🔊 [miɲɔ̃, -ɔn].

MIGRAINE, subst. f.
Douleur affectant souv. un seul côté de la
tête et survenant par crises. 🔊 [migʀɛn].

MIGRATEUR, TRICE, adj.
Qui migre selon les saisons : *Un oiseau
migrateur.* 🔊 [migʀatœʀ, -tʀis].

MIGRATION, subst. f.
Action de migrer. 🔊 [migʀasjɔ̃].

MIGRER, verbe intrans. [3]
Se déplacer en groupe, à un moment donné
et dans un but précis. 🔊 [migʀe].

MIJOTER, verbe trans. [3]
Faire cuire longuement à feu doux ; empl.
intrans. : *Le ragoût mijote.* – Fig. Préparer
en secret : *Mijoter un bon tour.* 🔊 [miʒɔte].

MIL, subst. m.
Céréale à petits grains, répandue en Afrique.
🔊 [mil].

MILDIOU, subst. m.
Maladie de certaines plantes, telle la vigne,
due à des moisissures. 🔊 [mildju].

MILICE, subst. f.
Organisation militaire ou paramilitaire.
– Groupement d'autodéfense. 🔊 [milis].

MILIEU, IEUX, subst. m.
Ce qui est au centre, à égale distance des
extrémités : *Milieu d'un segment* ; *Milieu de
l'année.* – Environnement : *Milieu familial.*
– *Au milieu de* : parmi. 🔊 [miljø].

MILITAIRE, adj. et subst.
Adj. Qui concerne l'armée, les soldats, la
guerre. – Subst. Personne qui fait partie
d'une armée. 🔊 [militɛʀ].

MILITANT, ANTE, adj. et subst.
Se dit des membres actifs d'une organisation, d'un parti. 🕮 [militɑ̃, -ɑ̃t].

MILITARISME, subst. m.
Attitude ou doctrine qui tend à donner la priorité et une autorité parfois excessive à l'armée. 🕮 [militaʀism].

MILITER, verbe intrans. [3]
Combattre, agir activement pour la défense d'une conviction, d'un idéal. 🕮 [milite].

MILLE (I), adj. num. inv. et subst. m. inv.
Adj. Dix centaines (1 000). – Une grande quantité de : Mille excuses. – Subst. Le nombre mille : Dix fois cent font mille. 🕮 [mil].

MILLE (II), subst. m.
Unité de longueur de navigation équivalant à 1 852 m. 🕮 [mil].

MILLE-FEUILLE, subst. m.
Gâteau formé de couches alternées de pâte feuilletée et de crème pâtissière. 🕮 Plur. mille-feuilles ; on écrit aussi millefeuille ; [milfœj].

MILLÉNAIRE, adj. et subst. m.
Adj. Qui a au moins mille ans ; très vieux. – Subst. Période de mille ans. 🕮 [milenɛʀ].

MILLE-PATTES, subst. m. inv.
Arthropode à nombreux segments porteurs chacun d'une paire de pattes. 🕮 [milpat].

MILLÉSIME, subst. m.
Chiffres indiquant une année. – Année de récolte d'un vin ; ce vin. 🕮 [milezim].

MILLET, subst. m.
Nom générique de diverses céréales aux grains petits et nombreux. 🕮 [mijɛ].

MILLIARD, subst. m.
Mille millions (10^9). 🕮 [miljaʀ].

MILLIARDAIRE, adj. et subst.
Se dit d'une personne très riche dont la fortune s'exprime en milliards de francs. 🕮 [miljaʀdɛʀ].

MILLIÈME, adj. num. et subst. m.
Qui occupe le rang n° 1000. – Qui est contenu mille fois exactement dans un tout. 🕮 [miljɛm].

MILLIER, subst. m.
Environ ou exactement mille unités. – Par milliers : en très grand nombre. 🕮 [milje].

MILLION, subst. m.
Mille fois mille (10^6). – Grande quantité : Riche à millions. 🕮 [miljɔ̃].

MILLIONIÈME, adj. num. et subst. m.
Qui occupe le rang n° 1000000. – Qui est contenu un million de fois exactement dans un tout. 🕮 [miljɔnjɛm].

MILLIONNAIRE, adj. et subst.
Se dit d'une personne dont la fortune s'exprime en millions de francs. 🕮 [miljɔnɛʀ].

MIME, subst.
Artiste spécialisé dans le mime. – Masc. Spectacle où les acteurs s'expriment par des gestes, des jeux de physionomie. 🕮 [mim].

MIMER, verbe trans. [3]
Exprimer (une émotion) par des jeux de physionomie, par des gestes. – Imiter (qqn). 🕮 [mime].

MIMÉTISME, subst. m.
Aptitude de certaines espèces animales à se confondre avec l'environnement. – Imitation machinale. 🕮 [mimetism].

MIMIQUE, subst. f.
Traduction d'une émotion, d'un sentiment par des gestes, des attitudes. 🕮 [mimik].

MIMOSA, subst. m.
Arbrisseau à fleurs jaunes odorantes en forme de petites boules. 🕮 [mimoza].

MINABLE, adj. et subst.
Qui est médiocre, piteux (fam.). – Adj. Qui inspire la pitié. 🕮 [minabl].

MINARET, subst. m.
Tour d'une mosquée, du haut de laquelle est lancé l'appel à la prière. 🕮 [minaʀɛ].

MINAUDER, verbe intrans. [3]
Chercher à séduire par une attitude affectée, maniérée. 🕮 [minode].

MINCE, adj.
Peu épais. – Qui n'est pas gros : Silhouette mince. – Fig. Insignifiant. 🕮 [mɛ̃s].

MINCIR, verbe intrans. [19]
Devenir mince, plus mince. – Empl. trans. Faire paraître plus mince. 🕮 [mɛ̃siʀ].

MINE (I), subst. f.
Aspect physique, physionomie de qqn : Il a bonne mine, il semble en bonne santé. – Faire mine de : faire semblant de. – Mine de rien : sans en avoir l'air (fam.). 🕮 [min].

MINE (II), subst. f.
Lieu souterrain où l'on trouve des gisements de minéraux ou de métaux. – Charge d'explosifs dissimulée : Il a sauté sur une mine. – Petit bâton de graphite formant la partie centrale d'un crayon. 🕮 [min].

MINER, verbe trans. [3]
Poser des mines explosives dans. – Fig. Saper, détruire lentement : Sa maladie le mine. 🕮 [mine].

MINERAI, subst. m.
Minéral que l'on traite pour en extraire un métal : Minerai de plomb. 🕮 [minʀɛ].

MINÉRAL, ALE, AUX, adj. et subst. m.
Subst. Substance chimique non organique, gén. cristallisée, qui constitue les roches. – Adj. Relatif aux minéraux. 🕮 [mineʀal].

MINÉRALOGIE, subst. f.
Science des minéraux. 🕮 [mineʀalɔʒi].

MINÉRALOGIQUE, adj.
Qui concerne la minéralogie. – Plaque minéralogique : les chiffres et les lettres qui identifient un véhicule. 🕮 [mineʀalɔʒik].

MINEUR (I), subst. m.
Ouvrier d'une mine. 🕮 [minœʀ].

MINEUR (II), EURE, adj. et subst.
Qui n'a pas atteint l'âge de la majorité (18 ans). – Adj. Plus petit. – D'intérêt

secondaire : *Problème* **mineur**. – *Mus.* Qualifie un accord dont certaines notes sont diminuées d'un demi-ton. 🔊 [minœʀ].

MINIATURE, subst. f.
Peinture de petites dimensions. – Empl. adj. Qui est très réduit : *Un jardin* **miniature**. 🔊 [minjatyʀ].

MINIATURISER, verbe trans. [3]
Réduire (qqch.) à de très petites dimensions. 🔊 [minjatyʀize].

MINIMAL, ALE, AUX, adj.
Qui a atteint le minimum : *Température* **minimale**, la plus basse. 🔊 [minimal].

MINIME, adj. et subst.
Adj. Peu important, très petit. – Subst. Religieux d'un ordre mendiant. – Jeune sportif entre 13 et 15 ans. 🔊 [minim].

MINIMISER, verbe trans. [3]
Réduire l'importance de. 🔊 [minimize].

MINIMUM, subst. m.
La plus petite valeur possible : *Un* **minimum** *de temps* ; *Au* **minimum**, au moins. 🔊 Plur. *minimums* ou *minima* ; [minimɔm].

MINISTÈRE, subst. m.
Charge, fonction : **Ministère** *d'un prêtre*. – Ensemble des ministres d'un gouvernement. – Administration d'un domaine particulier de la vie publique : *Le ministère de la Défense*. 🔊 [ministɛʀ].

MINISTÉRIEL, IELLE, adj.
Qui est propre au ministère ou au ministre. 🔊 [ministeʀjɛl].

MINISTRE, subst. m.
Prêtre. – Titulaire d'un ministère : **Ministre** *des Finances*. 🔊 [ministʀ].

MINOIS, subst. m.
Visage d'enfant ou d'une personne jeune, agréable et attrayant. 🔊 [minwa].

MINORITAIRE, adj.
Qui appartient à la minorité. 🔊 [minɔʀitɛʀ].

MINORITÉ, subst. f.
Groupe inférieur en nombre au sein d'un groupe dominant : *Être en* **minorité** ; *Les* **minorités** *nationales*. 🔊 [minɔʀite].

MINOTERIE, subst. f.
Établissement où l'on transforme le grain en farine. 🔊 [minotʀi].

MINUIT, subst. m.
Milieu de la nuit. – 0 heure ou 24 heures. 🔊 [minɥi].

MINUSCULE, adj.
Se dit d'une lettre de petite taille (oppos. *majuscule*). – Très petit. 🔊 [minyskyl].

MINUTE (I), subst. f.
Unité de temps de 60 secondes. – *Dans quelques* **minutes** : bientôt ; *Une* **minute** ! : attendez un peu. 🔊 [minyt].

MINUTE (II), subst. f.
Texte original d'un acte notarié ou d'un jugement. 🔊 [minyt].

MINUTIE, subst. f.
Précision, soin apporté à une tâche délicate. 🔊 [minysi].

MINUTIEUX, IEUSE, adj.
Qui exige une grande minutie. – Qui fait preuve de minutie. 🔊 [minysjø, -jøz].

MIOCÈNE, subst. m.
Troisième période de l'ère tertiaire (apparition de mammifères évolués). 🔊 [mjosɛn].

MIRABELLE, subst. f.
Fruit (prune) jaune du mirabellier. – Eau-de-vie de mirabelle. 🔊 [miʀabɛl].

MIRACLE, subst. m.
Relig. Événement inexplicable, attribué à la puissance divine. – Événement heureux totalement inattendu. 🔊 [miʀakl].

MIRACULEUX, EUSE, adj.
Relig. Qui est dû à un miracle. – Surprenant, extraordinaire. 🔊 [miʀakylø, -øz].

MIRADOR, subst. m.
Tour, construction élevée d'où l'on peut surveiller. 🔊 [miʀadɔʀ].

MIRAGE, subst. m.
Illusion d'optique due à la réfraction de la lumière sur les couches d'air chaud. – Image agréable, mais illusoire. 🔊 [miʀaʒ].

MIRE, subst. f.
Repère installé sur le canon d'un fusil pour viser. – Fig. *Être le point de* **mire** : l'objet de tous les regards. 🔊 [miʀ].

MIRER (SE), verbe pronom. [3]
Se regarder (dans un miroir, dans l'eau). 🔊 [miʀe].

MIROIR, subst. m.
Surface polie qui réfléchit les rayons lumineux, qui reflète une image. 🔊 [miʀwaʀ].

MIROITER, verbe intrans. [3]
Réfléchir la lumière en scintillant. – Fig. *Faire* **miroiter** *qqch. à qqn* : le lui présenter de manière avantageuse. 🔊 [miʀwate].

MISAINE, subst. f.
Voile basse du premier mât, à l'avant d'un navire, dit mât de misaine. 🔊 [mizɛn].

MISANTHROPE, adj. et subst.
Se dit d'une personne qui n'aime pas le genre humain et s'en détourne. 🔊 [mizɑ̃tʀɔp].

MISCIBLE, adj.
Qui peut se mêler à un autre corps de façon homogène. 🔊 [misibl].

MISE, subst. f.
Action de mettre : **Mise** *en bouteilles* ; **Mise** *en liberté*. – Manière de paraître, de s'habiller : *Une* **mise** *soignée*. – Somme que l'on risque au jeu. 🔊 [miz].

MISER, verbe trans. [3]
Engager comme enjeu. – **Miser** *sur* : mettre ses espérances en (fam.). 🔊 [mize].

MISÉRABLE, adj. et subst.
Adj. Digne de pitié : *Une fin* **misérable**. – Très pauvre. – Subst. Individu méprisable. – Indigent. 🔊 [mizeʀabl].

MISÈRE, subst. f.
Malheur, adversité. – État de grande pauvreté. – *Faire des* **misères** *à qqn* : le taquiner, lui causer du tracas. 🔊 [mizeʀ].

MISÉREUX, EUSE, adj. et subst.
Se dit d'une personne qui vit dans une profonde misère (littér.). 🐚 [mizerø, -øz].

MISÉRICORDE, subst. f.
Sentiment de pitié ; pardon. 🐚 [mizerikɔrd].

MISOGYNE, adj. et subst.
Qui éprouve un certain mépris pour les femmes. 🐚 [mizɔʒin].

MISSEL, subst. m.
Livre liturgique contenant les prières de la messe catholique romaine. 🐚 [misɛl].

MISSILE, subst. m.
Fusée téléguidée ou autoguidée transportant une bombe. 🐚 [misil].

MISSION, subst. f.
Tâche confiée à qqn. – Délégation chargée d'une **mission**. – Organisation religieuse dont le but est de propager une foi ; établissement abritant les missionnaires. 🐚 [misjɔ̃].

MISSIONNAIRE, adj. et subst.
Adj. Relatif aux missions. – Subst. Membre d'une mission religieuse. 🐚 [misjɔnɛr].

MISSIVE, subst. f.
Lettre (littér.). 🐚 [misiv].

MISTRAL, subst. m.
Vent violent du nord, qui souffle dans la vallée du Rhône et en Provence. 🐚 [mistral].

MITAINE, subst. f.
Gant laissant à découvert le bout des doigts. 🐚 [mitɛn].

MITE, subst. f.
Larve de papillon, qui attaque les tapis, les fourrures, les vêtements de laine. 🐚 [mit].

MI-TEMPS, subst. f. inv.
Fém. Pause entre deux parties d'un match ; chacune de ces parties. – Masc. Emploi occupant la moitié du temps de travail normal. 🐚 [mitɑ̃].

MITEUX, EUSE, adj. et subst.
Qui a une apparence misérable. 🐚 [mitø, -øz].

MITIGÉ, ÉE, adj.
Modéré. – Nuancé. 🐚 [mitiʒe].

MITONNER, verbe [3]
Trans. Faire cuire longtemps et à petit feu. – Fig. Préparer soigneusement. – Intrans. Cuire longtemps et à petit feu. 🐚 [mitɔne].

MITOYEN, ENNE, adj.
Qui, par sa situation, appartient à deux propriétaires : **Mur** mitoyen. 🐚 [mitwajɛ̃, -jɛn].

MITRAILLE, subst. f.
Pluie de projectiles. 🐚 [mitraj].

MITRAILLER, verbe trans. [3]
Tirer à feu nourri sur. – Harceler de prises de vue, de questions (fam.). 🐚 [mitraje].

MITRAILLETTE, subst. f.
Arme automatique individuelle, qui tire par rafales. 🐚 [mitrajɛt].

MITRAILLEUSE, subst. f.
Arme automatique à tir continu montée sur un affût ou un trépied. 🐚 [mitrajøz].

MITRE, subst. f.
Coiffure des évêques et des archevêques de l'Église romaine. 🐚 [mitr].

MIXER, verbe trans. [3]
Passer au mixeur. – Cin. Réunir sur une même bande (différents éléments sonores). 🐚 [mikse].

MIXEUR, subst. m.
Appareil électroménager servant à broyer et à mélanger les aliments. 🐚 [miksœr].

MIXITÉ, subst. f.
Caractère de ce qui est mixte. 🐚 [miksite].

MIXTE, adj.
Qui comporte des éléments de différente nature. – *École* mixte : qui accueille des garçons et des filles. 🐚 [mikst].

MIXTURE, subst. f.
Mélange de substances chimiques ou médicamenteuses. – Mélange d'aliments peu appétissant. 🐚 [mikstyr].

MNÉMOTECHNIQUE, adj.
Qui aide à mémoriser. 🐚 [mnemotɛknik].

MOBILE, adj. et subst. m.
Adj. Qui peut bouger ; qui est en mouvement. – Variable ; changeant. – Subst. Objet fait de pièces suspendues et mobiles. – Cause, raison d'une action : *Les mobiles du crime*. 🐚 [mɔbil].

MOBILIER, IÈRE, adj. et subst. m.
Adj. Qui concerne les biens meubles (oppos. *immobilier*). – Subst. Ensemble des meubles d'un lieu. 🐚 [mɔbilje, -jɛr].

MOBILISATION, subst. f.
Action de mobiliser. 🐚 [mɔbilizasjɔ̃].

MOBILISER, verbe trans. [3]
Faire appel à : Mobiliser *les énergies*. – Milit. Tenir les troupes prêtes au combat ; appeler sous les drapeaux. 🐚 [mɔbilize].

MOBILITÉ, subst. f.
Caractère de ce qui est mobile. 🐚 [mɔbilite].

MOCHE, adj.
Qui n'est pas beau (fam.). 🐚 [mɔʃ].

MODALITÉ, subst. f.
Forme particulière d'une action, d'un événement, d'une pensée : *Des* modalités *de paiement*. 🐚 [mɔdalite].

MODE (I), subst. f.
Manière de vivre, d'agir. – Goût collectif et temporaire, en matière d'habillement : *Suivre la* mode. – Industrie et commerce des vêtements. 🐚 [mɔd].

MODE (II), subst. m.
Manière de procéder : Mode *d'emploi, de paiement*. – Ling. Forme verbale exprimant l'action ou l'état : Mode *indicatif*. 🐚 [mɔd].

MODÈLE, subst. m.
Ce qu'on imite ou qu'on doit imiter ; empl. adj., parfait : *Élève* modèle. – Personne ou chose qu'un artiste reproduit. – Spécimen : *Un nouveau* modèle *de voiture*. – Modèle *réduit* : reproduction d'un objet à petite échelle. 🐚 [mɔdɛl].

MODELER, verbe trans. [11]
Créer, façonner (qqch.) en pétrissant une substance molle : *Modeler un vase.* – Fig. Régler (un comportement, une conduite) sur un modèle. 🔊 [mɔd(ə)le].

MODÉLISME, subst. m.
Conception, fabrication de modèles réduits. 🔊 [mɔdelism].

MODÉRATION, subst. f.
Action de modérer. – Qualité d'une personne modérée. 🔊 [mɔderasjɔ̃].

MODÉRER, verbe trans. [8]
Ramener à des proportions raisonnables : *Modérer sa vitesse, ses envies.* – Pronom. Se calmer, se contenir. 🔊 [mɔdere].

MODERNE, adj.
Qui appartient à l'époque présente. – Qui tient compte du progrès technique, des mœurs contemporaines. 🔊 [mɔdɛrn].

MODERNISER, verbe trans. [3]
Rendre moderne. 🔊 [mɔdɛrnize].

MODERNISME, subst. m.
Caractère moderne. – Penchant pour ce qui est moderne. 🔊 [mɔdɛrnism].

MODESTE, adj.
Sans éclat. – Humble, assez pauvre : *De condition modeste.* – Qui n'étale pas ses mérites, son savoir. 🔊 [mɔdɛst].

MODESTIE, subst. f.
Absence d'orgueil, humilité. 🔊 [mɔdɛsti].

MODIFICATION, subst. f.
Action de modifier. – Résultat de cette action. 🔊 [mɔdifikasjɔ̃].

MODIFIER, verbe trans. [6]
Changer, transformer. 🔊 [mɔdifje].

MODIQUE, adj.
De faible valeur : *Prix modique.* 🔊 [mɔdik].

MODISTE, subst.
Personne qui confectionne ou vend des chapeaux féminins. 🔊 [mɔdist].

MODULATION, subst. f.
Chacune des variations d'intensité, de hauteur et de timbre d'un son. 🔊 [mɔdylasjɔ̃].

MODULE, subst. m.
Élément unitaire d'un ensemble. 🔊 [mɔdyl].

MODULER, verbe trans. [3]
Faire subir une modulation à (sa voix, un son). – Adapter à une structure, à un cas donné. 🔊 [mɔdyle].

MOELLE, subst. f.
Moelle *osseuse* : tissu intérieur d'un os, où se forment les globules rouges. – **Moelle** *épinière* : cordon nerveux relié au cerveau et distribuant l'influx nerveux dans le reste du corps. 🔊 [mwal].

MOELLEUX, EUSE, adj.
Doux et souple au toucher. – Agréable au goût : *Vin moelleux, doux.* 🔊 [mwalø, -øz].

MŒURS, subst. f. plur.
Coutumes propres à une personne, à un groupe humain, à une époque. 🔊 [mœr(s)].

MOHAIR, subst. m.
Poil de chèvre angora, long et soyeux : *Une écharpe en mohair.* 🔊 [mɔɛr].

MOI, pron. pers.
Forme de la 1re personne du singulier, sujet ou complément : *Moi, j'y vais* ; *Venez chez moi.* – Empl. subst. Ce qui constitue la personnalité du sujet. 🔊 [mwa].

MOIGNON, subst. m.
Ce qui subsiste d'un membre amputé, ou rongé par la lèpre. 🔊 [mwaɲɔ̃].

MOINDRE, adj.
Plus petit : *Une distance moindre.* – Le plus petit : *Le moindre doute.* 🔊 [mwɛ̃dr].

MOINE, subst. m.
Religieux vivant dans une communauté. 🔊 [mwan].

MOINEAU, subst. m.
Oiseau passereau au plumage brun et noir, commun et familier. 🔊 [mwano].

MOINS, adv. et prép.
Adv. Marque l'infériorité : **Moins** *cher que.* – Loc. prép. ou conj. *À* **moins** *que* ou *de* : sauf si. – *Au* **moins** : au minimum. – Prép. Indique une soustraction : *Trois* **moins** *un égale deux (3 - 1 = 2).* 🔊 [mwɛ̃].

MOIRE, subst. f.
Apprêt donnant à un tissu des reflets chatoyants. – L'étoffe ainsi traitée. 🔊 [mwar].

MOIS, subst. m.
La douzième partie d'une année. – Salaire d'un mois de travail. 🔊 [mwa].

MOISIR, verbe intrans. [19]
Se couvrir de moisissures. – Fig. Attendre, s'attarder (fam.). 🔊 [mwazir].

MOISISSURE, subst. f.
Champignon microscopique formant une plaque veloutée. – Altération d'une substance par ce champignon. 🔊 [mwazisyr].

MOISSON, subst. f.
Récolte de céréales, en partic. du blé. – Les céréales récoltées. – Fig. Ce qu'on recueille en grande quantité. 🔊 [mwasɔ̃].

MOISSONNER, verbe trans. [3]
Faire la moisson de. 🔊 [mwasɔne].

MOISSONNEUR, EUSE, subst. f.
Personne qui fait la moisson. – Fém. Machine agricole servant à moissonner. 🔊 [mwasɔnœr, -øz].

MOITE, adj.
Humide de sueur : *Front moite.* 🔊 [mwat].

MOITEUR, subst. f.
État de ce qui est moite. 🔊 [mwatœr].

MOITIÉ, subst. f.
L'une des deux parties égales ou presque égales d'un tout : *La moitié de la classe.* – À moitié : à demi, en partie. 🔊 [mwatje].

MOL, voir **MOU**

MOLAIRE, subst. f.
Chacune des grosses dents situées en arrière des canines et des prémolaires, qui permettent d'écraser les aliments. 🔊 [mɔlɛr].

MÔLE, subst. m.
Digue construite pour protéger l'entrée d'un port. 🔊 [mol].

MOLÉCULAIRE, adj.
Relatif aux molécules. 🔊 [molekylɛʀ].

MOLÉCULE, subst. f.
La plus petite portion d'un corps simple pouvant exister à l'état libre. 🔊 [molekyl].

MOLESTER, verbe trans. [3]
Brutaliser, rudoyer. 🔊 [molɛste].

MOLETTE, subst. f.
Roulette striée qui sert à couper, à graver, à frotter. – *Clef à molette* : dont l'écartement des mâchoires est réglable. 🔊 [molɛt].

MOLLASSE, adj.
Mou, flasque. 🔊 [molas].

MOLLASSON, ONNE, adj. et subst.
Se dit d'une personne sans énergie ou paresseuse (fam.). 🔊 [molasɔ̃, -on].

MOLLE, voir MOU

MOLLESSE, subst. f.
Caractère de ce qui est mou. 🔊 [molɛs].

MOLLET, subst. m.
Saillie du muscle de la face postérieure de la jambe, sous le pli du genou. 🔊 [molɛ].

MOLLETON, subst. m.
Tissu épais et doux. 🔊 [moltɔ̃].

MOLLIR, verbe intrans. [19]
Devenir mou, plus mou. – Fig. Fléchir, faiblir. 🔊 [moliʀ].

MOLLUSQUE, subst. m.
Animal invertébré au corps mou, gén. pourvu d'une coquille (escargot, huître, par ex.). – Plur. L'embranchement correspondant. 🔊 [molysk].

MOLOSSE, subst. m.
Gros chien de garde. 🔊 [molos].

MÔME, subst.
Fam. Enfant. – Fém. Jeune fille. 🔊 [mom].

MOMENT, subst. m.
Laps de temps, d'une durée plus ou moins brève ou précise : *Le moment présent*. – Loc. adv. *En ce* moment : actuellement ; *Par* moments : de temps à autre. – Loc. conj. *Au moment où* : lorsque ; *Du moment que* : si, puisque. 🔊 [momã].

MOMENTANÉ, ÉE, adj.
Qui ne dure qu'un moment, que peu de temps. 🔊 [momãtane].

MOMIE, subst. f.
Cadavre embaumé, entouré de bandelettes serrées. 🔊 [momi].

MOMIFIER, verbe trans. [6]
Transformer en momie. – Pronom. Se dessécher. 🔊 [momifje].

MON, MA, MES, adj. poss.
Qualifie ce qui est à moi, ce qui me concerne : **Mon** *livre*, **ma** *mère*, **mes** *ennuis*. 🔊 [mɔ̃, ma]. plur. [me].

MONACAL, ALE, AUX, adj.
Relatif aux moines. 🔊 [monakal].

MONARCHIE, subst. f.
Régime politique dans lequel le chef de l'État est un souverain, gén. héréditaire. 🔊 [monaʀʃi].

MONARCHISTE, adj. et subst.
Partisan de la monarchie. 🔊 [monaʀʃist].

MONARQUE, subst. m.
Chef de l'État, dans une monarchie ; prince souverain, empereur, roi. 🔊 [monaʀk].

MONASTÈRE, subst. m.
Lieu où vivent des moines. 🔊 [monastɛʀ].

MONCEAU, subst. m.
Accumulation, tas d'objets, de débris : *Un monceau d'ordures*. 🔊 [mɔ̃so].

MONDAIN, AINE, adj. et subst.
Qui aime les divertissements propres à la haute société. – Adj. Qui concerne cette société : *La vie mondaine*. 🔊 [mɔ̃dɛ̃, -ɛn].

MONDE, subst. m.
Univers, ensemble de tout ce qui existe ; en partic., la Terre : *Faire le tour du monde*. – Ensemble des êtres humains, société : *Le monde est en guerre*. – La haute société : *Sortir dans le monde*. – Ensemble d'êtres organisés : *Le monde des abeilles*. – *Tout le monde* : tous les gens. 🔊 [mɔ̃d].

MONDIAL, ALE, AUX, adj.
Qui concerne le monde entier : *Population mondiale*. 🔊 [mɔ̃djal].

MONÉTAIRE, adj.
Relatif à la monnaie. 🔊 [monetɛʀ].

MONITEUR, TRICE, subst.
Personne qui enseigne une pratique : **Moniteur** *de ski*. – Animateur : **Moniteur** *de colonie de vacances*. 🔊 [monitœʀ, -tʀis].

MONNAIE, subst. f.
Moyen d'échange (pièces, billets, etc.) ayant cours légal. – Instrument légal de paiement. – Les pièces de petite valeur. 🔊 [monɛ].

MONNAYER, verbe trans. [15]
Convertir (un métal) en monnaie. – Tirer profit de. 🔊 [moneje].

MONO-, préfixe
Exprime l'idée d'« unique ». 🔊 [mono-].

MONOCHROME, adj.
Qui est d'une seule couleur. 🔊 [monokʀom].

MONOCLE, subst. m.
Verre optique unique, qui se fixe sous l'arcade sourcilière. 🔊 [monokl].

MONOCORDE, adj.
Émis sur une seule note ; monotone : *Voix monocorde*. 🔊 [monokoʀd].

MONOCULTURE, subst. f.
Production agricole portant sur un seul produit. 🔊 [monokyltyʀ].

MONOGAME, adj. et subst.
Qui n'est marié légalement qu'à un seul conjoint. 🔊 [monogam].

MONOLITHE, adj. et subst. m.
Se dit d'un ouvrage constitué d'un seul bloc de pierre. 🔊 [monolit].

MONOLOGUE, subst. m.
Propos d'une personne qui parle seule, à haute voix. 🔊 [mɔnɔlɔg].

MONÔME, subst. m.
Math. Expression algébrique formée d'un seul terme. 🔊 [mɔnom].

MONOPOLE, subst. m.
Privilège exclusif de production, d'exploitation ou de commerce de biens ou de services. 🔊 [mɔnɔpɔl].

MONOPOLISER, verbe trans. [3]
Exercer un monopole sur. – Fig. Accaparer à son profit exclusif : **Monopoliser** *la parole*. 🔊 [mɔnɔpɔlize].

MONOTONE, adj.
Qui est toujours du même ton. – Qui lasse par sa répétition, sa durée. 🔊 [mɔnɔtɔn].

MONOTONIE, subst. f.
Caractère de ce qui est monotone ; uniformité. 🔊 [mɔnɔtɔni].

MONSEIGNEUR, subst. m.
Titre honorifique des princes de famille royale, des évêques, des prélats. 🔊 Plur. *messeigneurs* ; [mɔsɛɲœʀ], plur. [mesɛɲœʀ].

MONSIEUR, subst. m.
Titre de politesse utilisé lorsque l'on s'adresse à un homme : *Bonjour* **monsieur**. – Titre précédant le nom ou la fonction d'un homme dont on parle. 🔊 Plur. *messieurs* ; [məsjø], plur. [mesjø].

MONSTRE, subst. m.
Être vivant présentant une malformation importante. – Être fantastique effrayant. – Individu très laid ou inhumain. – Empl. adj. Énorme (fam.). 🔊 [mɔstʀ].

MONSTRUEUX, EUSE, adj.
Qui fait songer à un monstre. – D'une taille prodigieuse. – Horrible, terrible : *Crime* **monstrueux**. 🔊 [mɔstʀyø, -øz].

MONSTRUOSITÉ, subst. f.
Caractère de ce qui est monstrueux. – Parole ou action monstrueuses. 🔊 [mɔstʀyozite].

MONT, subst. m.
Élévation de terrain d'une altitude et d'une étendue variables. 🔊 [mɔ].

MONTAGE, subst. m.
Assemblage des éléments d'un tout : *Le* **montage** *d'un moteur*. 🔊 [mɔtaʒ].

MONTAGNARD, ARDE, adj. et subst.
Qui vit à la montagne. – Adj. Relatif à la montagne. 🔊 [mɔtaɲaʀ, -aʀd].

MONTAGNE, subst. f.
Élévation naturelle importante du relief. – Fig. Accumulation : *Une* **montagne** *de livres*. 🔊 [mɔtaɲ].

MONTAGNEUX, EUSE, adj.
Couvert de montagnes. 🔊 [mɔtaɲø, -øz].

MONTANT, subst. m.
Élément vertical d'une construction : *Les* **montants** *d'une porte*. – Totalité d'une somme due. 🔊 [mɔtɑ̃].

MONTÉE, subst. f.
Action de monter, de gravir : *La* **montée** *d'un col*. – Chemin en forte pente. – Augmentation d'une grandeur variable : *La* **montée** *du chômage*. 🔊 [mɔte].

MONTER, verbe [3]
Intrans. Aller en un lieu plus élevé : **Monter** *dans sa chambre*. – Grimper : **Monter** *sur un talus*. – S'élever, augmenter : *Les prix* **montent**. – Fig. Progresser : **Monter** *en grade*. – Trans. Escalader : **Monter** *une côte*. – Porter (un objet) vers un niveau plus élevé : **Monter** *le courrier*. – Construire, assembler : **Monter** *un moteur*. – Fig. Créer, organiser : **Monter** *une affaire*. – Pronom. S'élever (à une somme). 🔊 [mɔte].

MONTGOLFIÈRE, subst. f.
Aérostat s'élevant grâce à l'air chauffé par un foyer placé sous le ballon. 🔊 [mɔgɔlfjɛʀ].

MONTICULE, subst. m.
Petite élévation de terre. – Tas. 🔊 [mɔtikyl].

MONTRE, subst. f.
Petit instrument que l'on porte sur soi pour savoir l'heure. 🔊 [mɔtʀ].

MONTRER, verbe trans. [3]
Faire voir ; désigner, indiquer : **Montrer** *ses papiers* ; **Montrer** *le chemin*. – Laisser voir : **Montrer** *ses intentions*. – Faire preuve de : **Montrer** *du courage*. – Décrire ; enseigner : *L'expérience* **montre** *que*. – Pronom. Se révéler. 🔊 [mɔtʀe].

MONTURE, subst. f.
Animal sur lequel on monte pour se déplacer. – Armature d'un objet : *Des* **montures** *de lunettes*. 🔊 [mɔtyʀ].

MONUMENT, subst. m.
Ouvrage d'architecture, de sculpture élevé en souvenir de qqn ou de qqch. : **Monument** *aux morts*. – Édifice imposant : *Les* **monuments** *de Paris*. – Fig. Œuvre de grande importance. 🔊 [mɔnymɑ̃].

MONUMENTAL, ALE, AUX, adj.
Immense ; très important. – Relatif aux monuments. 🔊 [mɔnymɑ̃tal].

MOQUER (SE), verbe pronom. [3]
Tourner en ridicule. – Ne pas faire cas de : *Je me* **moque** *du qu'en-dira-t-on*. 🔊 [mɔke].

MOQUERIE, subst. f.
Action de se moquer. – Action, parole par lesquelles on se moque. 🔊 [mɔkʀi].

MOQUETTE, subst. f.
Tapis, cloué ou collé, recouvrant tout le sol d'une pièce. 🔊 [mɔkɛt].

MOQUEUR, EUSE, adj. et subst.
Qui est enclin à se moquer. – Adj. Qui exprime l'ironie, la raillerie. 🔊 [mɔkœʀ, -øz].

MORAINE, subst. f.
Accumulation de débris entraînés par un glacier. 🔊 [mɔʀɛn].

MORAL, ALE, AUX, adj. et subst. m.
Adj. Qui concerne la morale, le bien et le mal. – Qui est conforme à la morale. – Qui

concerne la vie mentale : *Force* **morale**. – Subst. Condition psychologique d'une personne : *Avoir bon* **moral**. 🔊 [mɔʀal].

MORALE, subst. f.
Ensemble des valeurs et des règles de conduite imposées par la société, la religion. – *La* **morale** *d'une fable* : sa conclusion, son enseignement. 🔊 [mɔʀal].

MORALITÉ, subst. f.
Valeur d'un acte, d'une intention, par réf. aux règles de la morale. – Valeur morale de qqn. 🔊 [mɔʀalite].

MORBIDE, adj.
Qui indique une maladie : *Un symptôme* **morbide**. – Qui indique un dérèglement mental : *Cruauté* **morbide**. 🔊 [mɔʀbid].

MORCEAU, subst. m.
Partie arrachée à un aliment : **Morceau** *de pain*. – Partie d'un objet, d'une substance solide : **Morceau** *de savon*. – Extrait d'une œuvre littéraire ou musicale. 🔊 [mɔʀso].

MORCELER, verbe trans. [12]
Découper (qqch.) en morceaux, en parcelles. 🔊 [mɔʀsəle].

MORDANT, ANTE, adj. et subst. m.
Adj. Corrosif, caustique. – Subst. Énergie, vivacité : *Avoir du* **mordant**. 🔊 [mɔʀdɑ̃, -ɑ̃t].

MORDILLER, verbe trans. [3]
Mordre à petits coups de dents répétés. 🔊 [mɔʀdije].

MORDRE, verbe trans. [51]
Saisir avec les dents pour manger ou pour blesser. – Ronger, entamer. – **Mordre** *sur* : empiéter sur. – **Mordre** *à* : prendre goût à (fam.). 🔊 [mɔʀdʀ].

MORDU, UE, adj. et subst.
Qui est passionné (fam.). 🔊 [mɔʀdy].

MORFONDRE (SE), verbe pronom. [51]
S'ennuyer à attendre. 🔊 [mɔʀfɔ̃dʀ].

MORGUE (I), subst. f.
Attitude orgueilleuse et méprisante (littér.). 🔊 [mɔʀg].

MORGUE (II), subst. f.
Lieu où l'on dépose les cadavres après un décès anonyme ou suspect. – Salle d'un hôpital où l'on transporte les malades décédés. 🔊 [mɔʀg].

MORIBOND, ONDE, adj. et subst.
Agonisant. 🔊 [mɔʀibɔ̃, -ɔ̃d].

MORILLE, subst. f.
Champignon comestible à chapeau alvéolé. 🔊 [mɔʀij].

MORNE, adj.
Qui est triste, mélancolique. – Qui incite à la tristesse : *Un paysage* **morne**. 🔊 [mɔʀn].

MOROSITÉ, subst. f.
Tristesse. – Humeur chagrine collective : **Morosité** *d'une société*. 🔊 [mɔʀozite].

MORPHINE, subst. f.
Analgésique puissant que l'on tire de l'opium.

MORPHOLOGIE, subst. f.
Étude de la forme et de la structure des êtres vivants. – *Ling.* Étude de la forme des mots et de leurs variations. 🔊 [mɔʀfɔlɔʒi].

MORS, subst. m.
Barre métallique que l'on passe dans la bouche du cheval pour le guider. 🔊 [mɔʀ].

MORSE (I), subst. m.
Mammifère marin des régions arctiques, à longues canines supérieures. 🔊 [mɔʀs].

MORSE (II), subst. m.
Code télégraphique utilisant des combinaisons de points et de traits. 🔊 [mɔʀs].

MORSURE, subst. f.
Action de mordre. – Marque, plaie qui en résulte. 🔊 [mɔʀsyʀ].

MORT (I), subst. f.
Cessation définitive de la vie, décès. – *Fig.* Destruction, disparition : *La* **mort** *des petits métiers*. 🔊 [mɔʀ].

MORT (II), MORTE, adj. et subst.
Qui a cessé de vivre. – *Adj. Fig.* Exténué, harassé : **Mort** *de fatigue*. – Sans animation : *Bourgade* **morte**. – *Bois* **mort** : sec, bon pour faire du feu. – *Langue* **morte** : qui n'est plus parlée. 🔊 [mɔʀ, mɔʀt].

MORTADELLE, subst. f.
Gros saucisson cuit d'origine italienne, fait de porc et de bœuf. 🔊 [mɔʀtadɛl].

MORTALITÉ, subst. f.
Grande quantité de décès : *La* **mortalité** *due à un fléau*. – *Taux de* **mortalité** : nombre de décès annuels pour mille habitants. 🔊 [mɔʀtalite].

MORTEL, ELLE, adj.
Susceptible de mourir : *Tous les hommes sont* **mortels** ; empl. subst. : *Un* **mortel**, *un être humain* (littér.). – Qui cause la mort : *Maladie* **mortelle**. – Qui suscite un ennui pesant (fam.). 🔊 [mɔʀtɛl].

MORTIER, subst. m.
Mélange de sable, de chaux (ou de ciment) et d'eau, servant de liant aux constructions. – Récipient où l'on broie des substances au pilon. – Canon à tube court. 🔊 [mɔʀtje].

MORTIFIER, verbe trans. [6]
Humilier. 🔊 [mɔʀtifje].

MORTUAIRE, adj.
Relatif à la mort, aux rites et aux cérémonies qui l'entourent. 🔊 [mɔʀtɥɛʀ].

MORUE, subst. f.
Gros poisson des régions froides, que l'on consomme frais, salé ou séché. 🔊 [mɔʀy].

MORVE, subst. f.
Sécrétion des muqueuses nasales. 🔊 [mɔʀv].

MOSAÏQUE, subst. f.
Assemblage décoratif de fragments de pierre, de marbre, de verre formant un motif. – L'œuvre d'art ainsi réalisée. 🔊 [mozaik].

MOSQUÉE, subst. f.
Édifice cultuel islamique. 🔊 [mɔske].

MOT, subst. m.
Unité élémentaire d'une langue. – Parole, message : *Dire un mot à qqn*. – Parole historique ou remarquable. – *Bon mot* : fine plaisanterie. – Message écrit : *Un mot d'excuse*. 🕮 [mo].

MOTARD, ARDE, subst.
Fam. Policier, gendarme ou militaire à moto. – Motocycliste. 🕮 [mɔtaʀ, -aʀd].

MOTEUR, MOTRICE, adj. et subst.
Adj. Relatif au mouvement : *Handicapé moteur* ; *Roue motrice*. – Subst. Dispositif produisant de l'énergie mécanique à partir d'une source d'énergie différente : *Un moteur Diesel*. – Fig. Cause d'une action. – Instigateur. 🕮 [mɔtœʀ, mɔtʀis].

MOTIF, subst. m.
Raison qui pousse à agir. – B.-A. Thème, sujet d'une œuvre. – Dessin ou mélodie qui se répètent. 🕮 [mɔtif].

MOTION, subst. f.
Proposition émise dans une assemblée par un de ses membres. 🕮 [mosjɔ̃].

MOTIVATION, subst. f.
Ensemble des éléments psychologiques, des motifs qui poussent à agir. 🕮 [mɔtivasjɔ̃].

MOTIVER, verbe trans. [3]
Être la cause de, expliquer (une action). – Justifier par des arguments rationnels : *Motiver une requête*. 🕮 [mɔtive].

MOTOCYCLETTE, subst. f.
Véhicule à deux roues, muni d'un moteur à essence de 125 cm³ ou plus (abrév. *moto*). 🕮 [mɔtɔsiklɛt].

MOTORISER, verbe trans. [3]
Munir (qqch.) d'un moteur. – Équiper de véhicules à moteur. 🕮 [mɔtɔʀize].

MOTRICE, subst. f.
Véhicule ferroviaire muni d'un moteur, qui entraîne les wagons. 🕮 [mɔtʀis].

MOTTE, subst. f.
Bloc compact : *Motte de terre*. 🕮 [mɔt].

MOU, MOL, MOLLE, adj.
Qui manque de fermeté, de rigidité : *Pâte molle*. – Fig. Qui manque d'énergie, de dynamisme. – Empl. subst. : *C'est un mou*. – *Donner du mou* : diminuer la tension de qqch. 🕮 *Mol* devant un nom commençant par une voyelle ou un *h* muet ; [mu, mɔl].

MOUCHARD, ARDE, subst.
Fam. Indicateur de police ; délateur. – Masc. Dispositif de contrôle de la vitesse des automobiles. 🕮 [muʃaʀ, -aʀd].

MOUCHE, subst. f.
Insecte à deux ailes, aux nombreuses espèces. – Grain de beauté artificiel (vieilli). – Leurre fixé à un hameçon. – *Faire mouche* : toucher son but. 🕮 [muʃ].

MOUCHER, verbe trans. [3]
Dégager le nez de ses mucosités en le pressant et en expirant. – Fig. Remettre (qqn) à sa place vertement (fam.). – Pronom. Se dégager le nez. 🕮 [muʃe].

MOUCHERON, subst. m.
Insecte semblable à une petite mouche. 🕮 [muʃʀɔ̃].

MOUCHOIR, subst. m.
Petit carré de linge ou de papier servant à se moucher. 🕮 [muʃwaʀ].

MOUDRE, verbe trans. [78]
Réduire (une substance, des grains) en poudre. 🕮 [mudʀ].

MOUE, subst. f.
Grimace de bouderie ou de dédain. 🕮 [mu].

MOUETTE, subst. f.
Oiseau palmipède au plumage gris et blanc, vivant gén. sur les côtes. 🕮 [mwɛt].

MOUFLE, subst. f.
Gant enveloppant toute la main, en séparant le pouce des autres doigts. 🕮 [mufl].

MOUFLON, subst. m.
Ruminant des montagnes aux cornes recourbées, voisin du mouton. 🕮 [muflɔ̃].

MOUILLAGE, subst. m.
Action de mouiller. – Endroit abrité où un navire peut jeter l'ancre. 🕮 [muja3].

MOUILLER, verbe [3]
Trans. Imbiber d'eau ou d'un autre liquide. – Fig. *Mouiller qqn* : le compromettre (fam.). – Intrans. Jeter l'ancre. – Pronom. Prendre des risques ; oser (fam.) 🕮 [muje].

MOULE (I), subst. f.
Mollusque bivalve comestible, qui vit fixé aux rochers. 🕮 [mul].

MOULE (II), subst. m.
Objet creux qui imprime sa forme à la substance dont on le remplit. 🕮 [mul].

MOULER, verbe trans. [3]
Fabriquer (un objet) en coulant de la matière dans un moule. – Épouser les formes de. 🕮 [mule].

MOULIN, subst. m.
Machine ou appareil utilisés pour moudre des grains. – L'édifice qui renferme une telle machine : *Moulin à vent*. 🕮 [mulɛ̃].

MOULINET, subst. m.
Appareil rotatif et à manivelle d'une canne à pêche, servant à enrouler le fil. – Grand geste circulaire des bras. 🕮 [mulinɛ].

MOULU, UE, adj.
Réduit en poudre. – Fig. Exténué. 🕮 [muly].

MOULURE, subst. f.
Ornement en creux ou en relief : *Les moulures d'une commode*. 🕮 [mulyʀ].

MOURANT, ANTE, adj. et subst.
Qui se meurt. – Adj. Très faible : *Une voix mourante*. 🕮 [muʀɑ̃, -ɑ̃t].

MOURIR, verbe intrans. [26]
Cesser de vivre ; être tué : *Mourir à la guerre*. – Fig. Souffrir de : *Mourir d'ennui*. – S'affaiblir, s'éteindre. 🕮 [muʀiʀ].

MOURON, subst. m.
Plante dont les graines sont appréciées des oiseaux. – Souci (fam.). 🕮 [muʀɔ̃].

MOUSQUET, subst. m.
Arme à feu intermédiaire entre l'arquebuse et le fusil. 🕮 [muskɛ].

MOUSQUETAIRE, subst. m.
Cavalier (armé d'un mousquet) de la garde d'élite créée par Louis XIII. 🕮 [muskətɛr].

MOUSQUETON, subst. m.
Fusil à canon court. – Boucle à ressort utilisée pour accrocher qqch. 🕮 [muskətɔ̃].

MOUSSE (I), subst. f.
Plante non vasculaire qui forme sur le sol un tapis dru et court. – Amas de bulles d'air ou de gaz : **Mousse** de savon, de bière. – Substance, matière mousseuses : **Mousse** au chocolat ; Matelas en **mousse**. 🕮 [mus].

MOUSSE (II), subst. m.
Jeune apprenti marin. 🕮 [mus].

MOUSSELINE, subst. f.
Étoffe très fine et transparente. 🕮 [muslin].

MOUSSER, verbe intrans. [3]
Produire de la mousse, des bulles. 🕮 [muse].

MOUSSEUX, EUSE, adj. et subst. m.
Adj. Qui mousse. – Vaporeux. – Subst. Vin pétillant ordinaire : L'électeur **moyen**. – Subst. 🕮 [musø, -øz].

MOUSSON, subst. f.
Vent saisonnier tropical : **Mousson** d'été, humide et chaude. 🕮 [musɔ̃].

MOUSSU, UE, adj.
Couvert de mousse végétale. 🕮 [musy].

MOUSTACHE, subst. f.
Pilosité qui pousse au-dessus de la lèvre supérieure d'un homme. – Poils tactiles du museau de certains animaux : Les **moustaches** du chat. 🕮 [mustaʃ].

MOUSTIQUAIRE, subst. f.
Rideau de gaze dont on entoure le lit pour se protéger des moustiques. 🕮 [mustikɛr].

MOUSTIQUE, subst. m.
Insecte à deux ailes, à pattes grêles, dont la femelle pique l'homme et les animaux pour aspirer leur sang. 🕮 [mustik].

MOÛT, subst. m.
Jus de raisin non encore fermenté. 🕮 [mu].

MOUTARDE, subst. f.
Plante à fleurs jaunes et à feuilles rugueuses. – Condiment fort et piquant préparé avec les graines de cette plante. 🕮 [mutard].

MOUTON, subst. m.
Mammifère ruminant à la toison (laine) bouclée. – Viande de cet animal. – Crête blanche des vagues. 🕮 [mutɔ̃].

MOUTURE, subst. f.
Action de moudre des grains. – Produit de cette opération. 🕮 [mutyr].

MOUVEMENT, subst. m.
Déplacement d'un corps dans l'espace, mobilité. – Changement de position du corps ou d'un membre ; geste. – Progression, manœuvre. – Agitation ; activité. – Mutation : **Mouvement** préfectoral. – Évolution : **Mouvements** de la Bourse. – Accès, élan :

Mouvement de colère. – Organisation politique ; école littéraire ou artistique : Le **mouvement** surréaliste. – Vitesse d'exécution d'un morceau de musique. 🕮 [muvmɑ̃].

MOUVOIR, verbe trans. [49]
Faire bouger, remuer. – Pronom. Être en mouvement, se déplacer. 🕮 [muvwar].

MOYEN, ENNE, adj. et subst. m.
Adj. Intermédiaire, situé entre deux extrémités : Un élève **moyen**. – Vitesse **moyenne** : rapport entre l'espace parcouru et le temps mis à le parcourir. – Qui appartient au type le plus courant : L'électeur **moyen**. – Subst. Ce qui permet d'arriver à une fin : Un **moyen** de transport. – Au **moyen** de : avec, grâce à. – Plur. Capacités ; ressources financières. 🕮 [mwajɛ̃, -ɛn].

MOYEN ÂGE, subst. m.
Période de l'histoire comprise entre l'Antiquité et les Temps modernes (fin Vᵉ s.-fin XVᵉ s.). 🕮 [mwajɛnaʒ].

MOYENNANT, prép.
Grâce à ; en échange de : **Moyennant** finances, à condition de payer. 🕮 [mwajɛnɑ̃].

MOYENNE, subst. f.
Résultat de la division d'une somme de valeurs par leur nombre. – Moitié de la note maximale. – Être dans la **moyenne** : être à peu près à égale distance de deux extrêmes. 🕮 [mwajɛn].

MOYEU, EUX, subst. m.
Partie centrale d'une roue, qui tourne autour d'un axe, d'un essieu. 🕮 [mwajø].

M.S.T., subst. f. inv.
Sigle pour « maladie sexuellement transmissible ». 🕮 [ɛmɛste].

MUCOSITÉ, subst. f.
Liquide produit par une muqueuse : **Mucosités** nasales. 🕮 [mykozite].

MUE, subst. f.
Changement périodique de peau, de poils ou de plumes que connaissent certains animaux. – Changement du timbre de la voix lors de la puberté. 🕮 [my].

MUER, verbe intrans. [3]
Subir une mue. – Pronom. Se transformer. 🕮 [mɥe].

MUET, MUETTE, adj. et subst.
Qui est privé de l'usage de la parole. – Adj. Qui reste volontairement silencieux. – Très ému : **Muet** d'admiration. – Cinéma **muet** : sans bande sonore. – Lettre **muette** : qui ne se prononce pas. 🕮 [mɥɛ, mɥɛt].

MUFLE, subst. m.
Extrémité du museau de certains mammifères. – Fig. Individu grossier. 🕮 [myfl].

MUFTI, subst. m.
Docteur de la loi musulmane. 🕮 [myfti].

MUGIR, verbe intrans. [19]
Pousser des cris sourds et prolongés (mugissements), en parlant de certains bovidés. – Fig. Le vent **mugit**. 🕮 [myʒir].

MUGUET, subst. m.
Plante aux fleurs en forme de clochettes blanches très parfumées. 🕮 [mygɛ].

MULÂTRE, ÂTRESSE, subst.
Personne dont l'un des deux parents est blanc et l'autre noir. 🕮 [mylɑtʀ̥, -ɑtʀɛs].

MULE (I), subst. f.
Pantoufle qui laisse le talon nu. 🕮 [myl].

MULE (II), subst. f.
Mulet femelle. 🕮 [myl].

MULET (I), subst. m.
Animal mâle issu du croisement d'un âne et d'une jument, toujours stérile. 🕮 [mylɛ].

MULET (II), subst. m.
Poisson de mer à la chair estimée. 🕮 [mylɛ].

MULOT, subst. m.
Petit rongeur également appelé rat des champs. 🕮 [mylo].

MULTI-, préfixe
Exprime la quantité, la diversité. 🕮 [mylti-].

MULTICOLORE, adj.
De plusieurs couleurs. 🕮 [myltikɔlɔʀ].

MULTIMÉDIA, adj.
Qui utilise, qui concerne plusieurs médias. – Empl. subst. masc. *Informat.* Ensemble des techniques et des produits utilisant le texte, le son et l'image. 🕮 [myltimedja].

MULTIPLE, adj. et subst.
Adj. Qui se produit, qui existe plusieurs fois. – Subst. Nombre entier qui contient plusieurs fois exactement un nombre donné. 🕮 [myltipl].

MULTIPLICATION, subst. f.
Action de multiplier, de se multiplier. – *Math.* Opération dans laquelle on additionne un nombre à lui-même, un nombre de fois donné. 🕮 [myltiplikasjɔ̃].

MULTIPLIER, verbe trans. [6]
Accroître le nombre de. – Répéter, reproduire : Multiplier *les échecs.* – *Math.* Faire la multiplication de. 🕮 [myltiplije].

MULTITUDE, subst. f.
Grande quantité. 🕮 [myltityd].

MUNICIPAL, ALE, AUX, adj.
Qui concerne la commune : *Conseil* municipal. 🕮 [mynisipal].

MUNICIPALITÉ, subst. f.
Corps municipal, présidé par le maire. – La commune, considérée comme personne morale. 🕮 [mynisipalite].

MUNIFICENCE, subst. f.
Générosité extrême. 🕮 [mynifisɑ̃s].

MUNIR, verbe trans. [19]
Pourvoir, doter de. 🕮 [myniʀ].

MUNITIONS, subst. f. plur.
Projectiles, explosifs nécessaires pour charger des armes à feu. 🕮 [mynisjɔ̃].

MUQUEUSE, subst. f.
Membrane tapissant la face interne de certaines cavités du corps. 🕮 [mykøz].

MUR, subst. m.
Ouvrage de maçonnerie vertical limitant un espace : *Le mur d'un jardin.* – *Fig.* Obstacle infranchissable. 🕮 [myʀ].

MÛR, MÛRE, adj.
Qui a atteint son plein développement : *Les blés mûrs.* – Réfléchi, sérieux. 🕮 [myʀ].

MURAILLE, subst. f.
Grand mur épais protégeant une ville, une citadelle. 🕮 [myʀɑj].

MÛRE, subst. f.
Petit fruit du mûrier. – Baie noire de la ronce. 🕮 [myʀ].

MURÈNE, subst. f.
Poisson long et mince, très vorace, commun en Méditerranée. 🕮 [myʀɛn] [3]

MURER, verbe trans. [3]
Fermer par un mur. – *Pronom.* S'enfermer, s'isoler. 🕮 [myʀe].

MÛRIR, verbe [19]
Trans. Rendre mûr. – *Fig.* Préparer longtemps à l'avance : **Mûrir** *un projet.* – *Intrans.* Venir à maturité. 🕮 [myʀiʀ].

MURMURE, subst. m.
Bruit doux et léger. – *Plur.* Protestations sourdes, indistinctes. 🕮 [myʀmyʀ].

MURMURER, verbe [3]
Intrans. Faire entendre un murmure ; au fig., protester. – *Trans.* Dire à voix basse. 🕮 [myʀmyʀe].

MUSARDER, verbe intrans. [3]
S'attarder, flâner. 🕮 [myzaʀde].

MUSC, subst. m.
Produit odoriférant, sécrété par un petit ruminant d'Asie, que l'on utilise en parfumerie. 🕮 [mysk].

MUSCADE, subst. f.
Graine du fruit du muscadier, condiment apprécié. 🕮 [myskad].

MUSCAT, subst. m.
Raisin très parfumé. – Vin liquoreux produit avec ce raisin. 🕮 [myska].

MUSCLE, subst. m.
Organe, fait de tissu contractile, assurant tous les mouvements du corps. 🕮 [myskl].

MUSCLÉ, ÉE, adj.
Dont les muscles sont bien développés. – *Fig.* Énergique, fort. – Brutal, autoritaire. 🕮 [myskle].

MUSCULAIRE, adj.
Qui concerne les muscles. 🕮 [myskylɛʀ].

MUSCULATURE, subst. f.
Ensemble des muscles. 🕮 [myskylatyʀ].

MUSE, subst. f.
Myth. Chacune des neuf divinités féminines inspiratrices des arts et des sciences. – *Fig.* Inspiratrice du poète (littér.). 🕮 [myz].

MUSEAU, subst. m.
Extrémité antérieure et allongée de la face de certains animaux. 🕮 [myzo].

MUSÉE, subst. m.
Établissement où sont conservées méthodiquement et exposées des collections d'objets et de documents relatifs aux beaux-arts, aux techniques, etc. 🐱 [myze].

MUSELER, verbe trans. [12]
Mettre une muselière à (un animal). – Fig. Faire taire. 🐱 [myz(ə)le].

MUSELIÈRE, subst. f.
Objet dont on couvre le museau d'un animal pour l'empêcher de mordre. 🐱 [myzəljɛʀ].

MUSETTE (I), subst. f.
Ancien instrument de musique proche de la cornemuse. – *Bal* musette : bal où l'on danse au son de l'accordéon. 🐱 [myzɛt].

MUSETTE (II), subst. f.
Sac porté en bandoulière. 🐱 [myzɛt].

MUSÉUM, subst. m.
Musée consacré aux collections de sciences naturelles. 🐱 [myzeɔm].

MUSICAL, ALE, AUX, adj.
Qui concerne la musique : *Soirée* musicale. – Mélodieux. 🐱 [myzikal].

MUSIC-HALL, subst. m.
Théâtre où l'on présente des spectacles de variétés. – Ce type de spectacle. 🐱 Plur. *music-halls* ; [myzikol].

MUSICIEN, IENNE, adj. et subst.
Qui pratique la musique, la compose ou l'interprète. – Qui a des aptitudes pour la musique. 🐱 [myzisjɛ̃, -jɛn].

MUSIQUE, subst. f.
Art de combiner, selon des règles établies, les sons que produisent des instruments ou la voix humaine. – Suite de sons agréables à l'oreille. 🐱 [myzik].

MUSULMAN, ANE, adj. et subst.
Qui appartient, adhère à la religion prêchée par Mahomet. 🐱 [myzylmɑ̃, -an].

MUTANT, ANTE, adj. et subst.
Qui a subi une mutation, en parlant d'un animal ou d'un végétal. – Subst. Monstre de science-fiction. 🐱 [mytɑ̃, -ɑ̃t].

MUTATION, subst. f.
Changement, transformation. – Déplacement d'une personne à un nouveau poste. – *Biol.* Modification héréditaire brusque dans une descendance animale ou végétale, qui peut engendrer une espèce nouvelle. 🐱 [mytasjɔ̃].

MUTILER, verbe trans. [3]
Priver (qqn) de son intégrité physique ; retrancher un membre à (qqn). – Détruire, abîmer. 🐱 [mytile].

MUTIN, INE, adj. et subst.
Qui prend part à une rébellion. – Adj. D'humeur taquine, espiègle. 🐱 [mytɛ̃, -in].

MUTINER (SE), verbe pronom. [3]
Se révolter. 🐱 [mytine].

MUTINERIE, subst. f.
Rébellion, révolte. 🐱 [mytinʀi].

MUTISME, subst. m.
Refus de parler. 🐱 [mytism].

MUTUEL, ELLE, adj. et subst. f.
Adj. Qui implique un échange ; réciproque. – Subst. Association d'entraide et de prévoyance professionnelle. 🐱 [mytɥɛl].

MYCOLOGIE, subst. f.
Science des champignons. 🐱 [mikɔlɔʒi].

MYGALE, subst. f.
Grosse araignée velue d'Amérique du Sud, à la morsure très douloureuse. 🐱 [migal].

MYOCARDE, subst. m.
Anat. Muscle cardiaque. 🐱 [mjɔkaʀd].

MYOPATHIE, subst. f.
Maladie des muscles, qui entraîne leur atrophie progressive. 🐱 [mjɔpati].

MYOPE, adj. et subst.
Se dit d'une personne atteinte de myopie. 🐱 [mjɔp].

MYOPIE, subst. f.
Convergence excessive de l'œil, créant une vision trouble des objets éloignés. 🐱 [mjɔpi].

MYOSOTIS, subst. m.
Plante à petites fleurs bleues. 🐱 [mjɔzɔtis].

MYRIADE, subst. f.
Nombre immense, indéterminé. 🐱 [miʀjad].

MYRTILLE, subst. f.
Baie bleu-noir comestible d'un arbrisseau des forêts de montagne. 🐱 [miʀtij].

MYSTÈRE, subst. m.
Chose cachée, secrète, incompréhensible : *Les* mystères *de l'au-delà.* – Secret, obscurité entourant une action. 🐱 [mistɛʀ].

MYSTÉRIEUX, IEUSE, adj.
Réservé aux initiés. – Mal connu, inexplicable. – Tenu secret. 🐱 [misteʀjø, -jøz].

MYSTICISME, subst. m.
Recherche de l'absolu ou de Dieu dans l'extase, la contemplation. 🐱 [mistisism].

MYSTIFICATION, subst. f.
Action de mystifier. – Acte, parole destinés à mystifier. 🐱 [mistifikasjɔ̃].

MYSTIFIER, verbe trans. [6]
Tromper, abuser en faisant croire des choses imaginaires. 🐱 [mistifje].

MYSTIQUE, adj. et subst.
Adj. Qui relève du mystère divin, du mysticisme. – Subst. Personne qui s'adonne au mysticisme. 🐱 [mistik].

MYTHE, subst. m.
Récit imaginaire conçu pour expliquer des aspects mystérieux de la réalité ou de la destinée humaine. – Affabulation. 🐱 [mit].

MYTHIQUE, adj.
Qui relève du mythe. 🐱 [mitik].

MYTHOLOGIE, subst. f.
Ensemble de mythes, de légendes propres à une société, une religion. 🐱 [mitɔlɔʒi].

MYTHOMANIE, subst. f.
Tendance pathologique à la fabulation. 🐱 [mitɔmani].

MYXOMATOSE, subst. f.
Maladie virale, infectieuse et contagieuse, du lapin. 🐱 [miksomatoz].

N

N, n, subst. m. inv.
Quatorzième lettre et onzième consonne de l'alphabet français. 🕮 [ɛn].

NABAB, subst. m.
Personnage très riche qui mène grand train. 🕮 [nabab].

NACELLE, subst. f.
Petite barque (littér.). – Panier suspendu à un aérostat. 🕮 [nasɛl].

NACRE, subst. f.
Substance irisée qui revêt l'intérieur de la coquille de certains mollusques. 🕮 [nakʀ].

NACRÉ, ÉE, adj.
Qui a l'aspect irisé de la nacre. 🕮 [nakʀe].

NAGE, subst. f.
Action, façon de nager. – À la **nage** : en nageant. – Fig. *En* **nage** : en sueur. 🕮 [naʒ].

NAGEOIRE, subst. f.
Appendice de nombreux animaux aquatiques, qui leur sert à se mouvoir. 🕮 [naʒwaʀ].

NAGER, verbe intrans. [5]
Se mouvoir, avancer dans ou sur l'eau ; empl. trans. : *Nager la brasse.* – Baigner : *Viande* **nageant** *dans la sauce.* – Fig. Être rempli de : **Nager** *dans le bonheur.* – **Nager** *dans un vêtement* : y être au large. – Empl. abs. ne rien comprendre (fam.). 🕮 [naʒe].

NAGEUR, EUSE, adj. et subst.
Se dit d'une personne qui nage, qui sait nager. – Adj. Qui nage. 🕮 [naʒœʀ, -øz].

NAGUÈRE, adv.
Il y a peu de temps (littér.). 🕮 [nagɛʀ].

NAÏADE, subst. f.
Nymphe des ruisseaux et des fontaines. – Gracieuse baigneuse (littér.). 🕮 [najad].

NAÏF, NAÏVE, adj. et subst.
Qui est trop confiant, crédule. – Adj. Simple, naturel : *Grâce* **naïve.** 🕮 [naif, naiv].

NAIN, NAINE, adj. et subst.
Qui est atteint de nanisme. – Qui est d'une taille inférieure à la moyenne. 🕮 [nɛ̃, nɛn].

NAISSANCE, subst. f.
Commencement de la vie indépendante ; venue au monde. – Fig. Endroit, moment où commence qqch. : **Naissance** *du cou* ; **Naissance** *d'une œuvre.* – *De* **naissance** : congénital, inné. 🕮 [nɛsɑ̃s].

NAISSANT, ANTE, adj.
Qui commence à être, à apparaître : *Jour* **naissant** ; *Barbe* **naissante.** 🕮 [nɛsɑ̃, -ɑ̃t].

NAÎTRE, verbe intrans. [74]
Venir au monde. – Apparaître, se manifester : *Le jour est sur le point de* **naître.** – **Naître** *de* : être issu de, tirer son origine de. – *Faire* **naître** : susciter. 🕮 [nɛtʀ].

NAÏVETÉ, subst. f.
Crédulité excessive. – Simplicité, ingénuité. – Parole naïve. 🕮 [naivte].

NAJA, subst. m.
Serpent venimeux d'Afrique et d'Asie (synon. *cobra, serpent à lunettes*). 🕮 [naʒa].

NANISME, subst. m.
Dysfonctionnement de la croissance entraînant une petitesse anormale. 🕮 [nanism].

NANTI, IE, adj. et subst.
Riche. – Adj. Muni, pourvu. 🕮 [nɑ̃ti].

NANTISSEMENT, subst. m.
Contrat par lequel un débiteur remet ou immobilise un bien en garantie de sa dette. – Ce bien lui-même. 🕮 [nɑ̃tismɑ̃].

NAPALM, subst. m.
Essence gélifiée servant au chargement de bombes incendiaires. 🕮 [napalm].

NAPHTALINE, subst. f.
Substance antimite, blanche et dure, issue d'un hydrocarbure. 🕮 [naftalin].

NAPPAGE, subst. m.
Action de napper. – Son résultat. 🕮 [napaʒ].

NAPPE, subst. f.
Linge couvrant une table. – Étendue plane d'un fluide : **Nappe** *de pétrole.* 🕮 [nap].

NAPPER, verbe trans. [3]
Couvrir (un mets) d'une couche de sauce, de crème, de chocolat, etc. 🕮 [nape].

NAPPERON, subst. m.
Petite pièce de tissu ouvragée utilisée pour décorer ou protéger un meuble. 🕮 [napʀɔ̃].

NARCISSE, subst. m.
Plante bulbeuse aux fleurs blanches ou jaunes très odorantes. – Homme épris de sa propre image (littér.). 🕮 [naʀsis].

NARCISSISME, subst. m.
Admiration pour soi-même. 🕮 [naʀsisism].

NARCOTIQUE, adj. et subst. m.
Se dit d'une substance qui provoque un sommeil artificiel. 🕮 [naʀkɔtik].

NARGUER, verbe trans. [3]
Défier, braver avec insolence. 🕮 [naʀge].

NARGUILÉ, subst. m.
Pipe orientale à eau, dotée d'un long tuyau flexible. 🕮 On écrit aussi *narghilé* ; [naʀgile].

NARINE, subst. f.
Chacun des deux orifices du nez. 🕮 [naʀin].

NARQUOIS, OISE, adj.
Moqueur et malicieux : *Sourire* **narquois.** 🕮 [naʀkwa, -waz].

NARRATEUR, TRICE, subst.
Personne qui narre. 🕮 [naʀatœʀ, -tʀis].

NARRATION, subst. f.
Récit détaillé d'un enchaînement de faits. – Rédaction scolaire. 🕮 [naʀasjɔ̃].

NARRER, verbe trans. [3]
Raconter (qqch.) en détail. 🔊 [naʀe].

NARVAL, ALS, subst. m.
Cétacé des mers arctiques, dont le mâle porte une longue défense. 🔊 [naʀval].

NASAL, ALE, AUX, adj.
Du nez. – Caractérisé par la vibration de l'air dans le nez : *Voyelle* nasale. 🔊 [nazal].

NASEAU, subst. m.
Narine de certains grands mammifères : Naseaux *du cheval, du chameau.* 🔊 [nazo].

NASILLER, verbe intrans. [3]
Parler du nez. – Pousser son cri (nasillement), en parlant du canard. 🔊 [nazije].

NASSE, subst. f.
Panier de pêche oblong. – Filet servant à piéger de petits oiseaux. 🔊 [nas].

NATAL, ALE, ALS, adj.
Où l'on est né : *Maison* natale. 🔊 [natal].

NATALITÉ, subst. f.
Rapport entre le nombre des naissances et celui des habitants d'un lieu. 🔊 [natalite].

NATATION, subst. f.
Action de nager. – Son résultat. 🔊 [natasjɔ̃].

NATIF, IVE, adj. et subst.
Natif *de* : né à. – Adj. Inné. 🔊 [natif, -iv].

NATION, subst. f.
Société humaine unie par son histoire et sa culture, ayant le plus souv. un territoire et un gouvernement communs. 🔊 [nasjɔ̃].

NATIONAL, ALE, AUX, adj. et subst.
Adj. De la nation. – Qui intéresse l'ensemble d'un pays. – Qui appartient à l'État. – *Route* nationale : construite et entretenue par l'État. – Subst. fém. *La* nationale *89.* – Subst. masc. plur. Citoyens d'un État (oppos. *étrangers*). 🔊 [nasjɔnal].

NATIONALISER, verbe trans. [3]
Transférer à l'État la propriété de (moyens de production privés). 🔊 [nasjɔnalize].

NATIONALISME, subst. m.
Volonté exprimée par un peuple de former une nation. – Doctrine politique prônant le développement de la puissance nationale. 🔊 [nasjɔnalism].

NATIONALITÉ, subst. f.
Appartenance juridique à une nation : *Avoir la* nationalité *française.* 🔊 [nasjɔnalite].

NATIONAL-SOCIALISME, subst. m.
Doctrine nationaliste et raciste prônée par Adolf Hitler et mise en application en Allemagne entre 1933 et 1945 (synon. *nazisme*). 🔊 [nasjɔnalsɔsjalism].

NATTE, subst. f.
Tissu de fibres végétales entrelacées à plat. – Tresse de cheveux. 🔊 [nat].

NATTER, verbe trans. [3]
Mettre en natte, tresser. 🔊 [nate].

NATURALISATION, subst. f.
Action de naturaliser. – Résultat de cette action. 🔊 [natyralizasjɔ̃].

NATURALISER, verbe trans. [3]
Conférer une nationalité à (qqn). – Acclimater. – **Naturaliser** *un animal* : lui conserver, après sa mort, son aspect vivant par certains procédés. 🔊 [natyralize].

NATURALISME, subst. m.
École artistique qui s'attache à reproduire la réalité avec objectivité. 🔊 [natyralism].

NATURALISTE, adj. et subst.
Adepte du naturalisme. – Subst. Spécialiste des sciences naturelles. – Personne qui naturalise des animaux. 🔊 [natyralist].

NATURE, subst. f.
L'univers ; le monde physique, la réalité : *Les lois de la* nature. – Le monde physique, sans intervention humaine : *Vivre dans la* nature. – Ensemble des caractères qui définissent les êtres ou les choses : *La* nature *humaine.* – *De* nature *à* : susceptible de, propre à. – Modèle réel d'un artiste : *Peindre d'après* nature. – Empl. adj. inv. *Grandeur* nature : réelle. – *Yaourt* nature : sans adjonction. – *Enfant* nature : spontané. 🔊 [natyʀ].

NATUREL, ELLE, adj. et subst. m.
Adj. Relatif, propre à la nature, propre au monde physique et à ses lois : *Phénomène* naturel. – Qui est produit par la nature, qui en est issu : *Gaz* naturel. – Qui n'est pas modifié, altéré. – Normal : *C'est tout* naturel. – Sans affectation ni recherche : *Attitude* naturelle. – *Enfant* naturel : né hors mariage. – Subst. Caractère, tempérament. – Manière d'être sans affectation, à l'aise. 🔊 [natyʀɛl].

NATURE MORTE, subst. f.
Représentation picturale d'objets, de végétaux coupés, de gibier mort. 🔊 Plur. *natures mortes* ; [natyʀmɔʀt].

NATURISME, subst. m.
Doctrine prônant le retour à la nature. – Nudisme. 🔊 [natyʀism].

NAUFRAGE, subst. m.
Perte d'un navire en mer : *Faire* naufrage, couler. – Fig. Désastre, ruine. 🔊 [nofʀaʒ].

NAUFRAGÉ, ÉE, adj. et subst.
Qui a fait naufrage. 🔊 [nofʀaʒe].

NAUSÉABOND, ONDE, adj.
Dont l'odeur cause des nausées, écœurant. – Fig. *Roman* nauséabond. 🔊 [nozeabɔ̃, -ɔ̃d].

NAUSÉE, subst. f.
Envie de vomir. – Fig. Fort dégoût. 🔊 [noze].

NAUTIQUE, adj.
Relatif à la navigation, aux sports pratiqués sur l'eau : *Salon* nautique ; *Ski* nautique. 🔊 [notik].

NAVAL, ALE, ALS, adj.
Relatif aux navires, à la navigation, à la marine militaire : *Chantier* naval. 🔊 [naval].

NAVET, subst. m.
Plante potagère cultivée pour ses racines. – Œuvre artistique sans valeur, en partic. très mauvais film (fam.). 🔊 [navɛ].

NAVETTE, subst. f.
Instrument renfermant une bobine, que l'on fait courir entre les fils d'un métier à tisser. – Véhicule qui assure une liaison régulière entre deux lieux. – *Faire la navette* : aller et venir fréquemment d'un lieu à un autre. – *Navette spatiale* : engin spatial récupérable. 🔊 [navɛt].

NAVIGABLE, adj.
Où l'on peut naviguer. 🔊 [navigabl].

NAVIGANT, ANTE, adj.
Qui navigue : *Personnel navigant*, embarqué. 🔊 [navigã, -ãt].

NAVIGATEUR, TRICE, subst.
Personne qui fait de longs voyages sur mer. – Personne responsable de l'itinéraire d'un bateau, d'un avion. 🔊 [navigatœʀ, -tʀis].

NAVIGATION, subst. f.
Action de naviguer. – Technique de la conduite des bateaux, des avions, etc. – Circulation des bateaux et des avions. 🔊 [navigasjɔ̃].

NAVIGUER, verbe intrans. [3]
Voyager sur l'eau ou dans les airs. – Diriger un bateau, un avion. – Fig. Conduire sa vie habilement. 🔊 [navige].

NAVIRE, subst. m.
Grand bateau conçu pour la navigation en haute mer. 🔊 [naviʀ].

NAVRER, verbe trans. [3]
Causer une grande peine à. 🔊 [navʀe].

NAZI, IE, adj. et subst.
Subst. Membre ou sympathisant du parti national-socialiste. – Adj. Relatif à ce parti, à sa doctrine. 🔊 [nazi].

NAZISME, subst. m.
National-socialisme. 🔊 [nazism].

NE, adv.
Négation employée seule ou renforcée par « pas », « jamais », « point », « guère », « plus ». – Employé sans nécessité et sans idée de négation dans les subordonnées comparatives ou avec un verbe de crainte, de doute, etc. (empl. explétif) : *Je crains qu'il ne se réveille*, qu'il se réveille. 🔊 [nə].

NÉ, NÉE, adj.
Né de : issu de. – Né pour : fait, doué pour. – *Artiste-né* : artiste de naissance. 🔊 [ne].

NÉANMOINS, adv.
Pourtant, toutefois. 🔊 [neãmwɛ̃].

NÉANT, subst. m.
Non-être : *Tirer du néant*, créer ; *Réduire à néant*, à rien. 🔊 [neã].

NÉBULEUSE, subst. f.
Corps, objet céleste diffus et vaporeux. – Fig. Amas confus. 🔊 [nebyløz].

NÉBULEUX, EUSE, adj.
Obscurci par des nuages. – Fig. Imprécis, confus : *Style nébuleux*. 🔊 [nebylø, -øz].

NÉCESSAIRE, adj. et subst. m.
Adj. Qui constitue un besoin absolu ; indispensable : *L'oxygène est nécessaire à la vie*. – Qui se produit sans faute, inévitable : *Répercussion nécessaire d'un acte*. – Subst. Ce qui est essentiel. – *Un nécessaire de toilette, de couture* : une trousse pourvue des objets essentiels à cet usage. 🔊 [nesesɛʀ].

NÉCESSITÉ, subst. f.
Besoin vital : **Nécessité** *absolue de dormir*. – Obligation, contrainte : *Travailler par nécessité*. 🔊 [nesesite].

NÉCESSITER, verbe trans. [3]
Rendre nécessaire, requérir : *Ce travail nécessite beaucoup d'efforts*. 🔊 [nesesite].

NÉCESSITEUX, EUSE, adj. et subst.
Qui manque du nécessaire. 🔊 [nesesitø, -øz].

NEC PLUS ULTRA, subst. m. inv.
Ce qu'il y a de mieux. 🔊 [nɛkplysyltʀa].

NÉCROLOGIE, subst. f.
Notice biographique portant sur une personne décédée depuis peu. – Liste de personnes décédées au cours d'un laps de temps déterminé. 🔊 [nekʀɔlɔʒi].

NÉCROPOLE, subst. f.
Antiq. Vaste étendue de sépultures. – Grand cimetière (littér.). 🔊 [nekʀɔpɔl].

NÉCROSE, subst. f.
Biol. Mort des cellules composant un tissu organique. 🔊 [nekʀoz].

NECTAR, subst. m.
Myth. Breuvage des dieux, source d'immortalité. – Breuvage exquis (littér.). – Liquide sucré sécrété par certaines fleurs. 🔊 [nɛktaʀ].

NECTARINE, subst. f.
Hybride de pêche, à peau lisse. 🔊 [nɛktaʀin].

NÉERLANDAIS, subst. m.
Langue germanique parlée aux Pays-Bas et en Belgique. 🔊 [neɛʀlãdɛ].

NEF, subst. f.
Grand voilier du Moyen Âge. – Partie d'une église allant du portail au chœur. 🔊 [nɛf].

NÉFASTE, adj.
Qui apporte le malheur, funeste. – Mauvais, nuisible. 🔊 [nefast].

NÉGATIF (I), subst. m.
Cliché photographique où lumière et ombre sont inversées par rapport à la réalité. 🔊 [negatif].

NÉGATIF (II), IVE, adj.
Qui exprime le refus : *Réponse négative* ; empl. subst. : *Répondre par la négative*. – Qui n'aboutit à rien, n'est pas constructif : *Expérience, attitude négative*. – *Nombre négatif* : inférieur à zéro. 🔊 [negatif, -iv].

NÉGATION, subst. f.
Action de nier. – Action de rejeter qqch., de n'en pas tenir compte. – *Ling.* Mot qui sert à nier (« ne », « non », « pas »). 🔊 [negasjɔ̃].

NÉGLIGÉ, ÉE, adj. et subst. m.
Qui dénote un manque de soin, du laisser-aller. – Subst. Vêtement féminin d'intérieur (vieilli). 🔊 [negliʒe].

NÉGLIGEABLE, adj.
Peu important, insignifiant. 🔊 [negliʒabl].

NÉGLIGENCE, subst. f.
Manque de soin, d'application ; laisser-aller. – Faute d'inattention. 🔊 [negliʒɑ̃s].

NÉGLIGER, verbe trans. [5]
Ne pas prendre soin de (qqch.). – Délaisser. – Dédaigner, ne pas tenir compte de ; laisser passer : Négliger une occasion. 🔊 [negliʒe].

NÉGOCE, subst. m.
Activité commerciale (vieilli). 🔊 [negɔs].

NÉGOCIANT, ANTE, subst.
Personne qui s'adonne au commerce en gros. 🔊 [negɔsjɑ̃, -ɑ̃t].

NÉGOCIATEUR, TRICE, subst.
Personne mandatée pour négocier une affaire. 🔊 [negɔsjatœʀ, -tʀis].

NÉGOCIATION, subst. f.
Action de négocier un accord, un prix. – Tractation, pourparlers. 🔊 [negɔsjasjɔ̃].

NÉGOCIER, verbe [6]
Trans. Discuter, traiter en vue d'aboutir à un accord. – Monnayer (une valeur, un titre). – Négocier un virage : s'y engager en manœuvrant au mieux. – Intrans. Engager des pourparlers. 🔊 [negɔsje].

NÈGRE, NÉGRESSE, adj. et subst.
Se dit d'une personne de race noire (souv. péj.). – Adj. Qui appartient à la race noire : Tribu nègre. – Propre à une culture noire : Art nègre. – Subst. Esclave noir. – Subst. masc. Inconnu qui prépare ou rédige un ouvrage pour le compte d'un auteur célèbre. 🔊 Au fém., l'adj. fait nègre et le subst. négresse ; [nɛgʀ, negʀɛs].

NÉGRIER, IÈRE, adj. et subst. m.
Adj. Qui concerne la traite des Noirs. – Subst. Marchand qui se livrait à la traite des Noirs. – Navire servant à cette traite. – Entrepreneur qui traite ses employés en esclaves. 🔊 [negʀije, -jɛʀ].

NÉGUS, subst. m.
Titre de l'empereur d'Éthiopie. 🔊 [negys].

NEIGE, subst. f.
Eau congelée tombant en flocons blancs. – Battre des blancs en neige : rendre mousseux des blancs d'œufs. 🔊 [nɛʒ].

NEIGER, verbe impers. [5]
Tomber, en parlant de la neige. 🔊 [neʒe].

NEIGEUX, EUSE, adj.
Couvert de neige : Pentes neigeuses. – Qui a l'apparence de la neige. 🔊 [nɛʒø, -øz].

NÉNUPHAR, subst. m.
Plante aquatique à fleur unique et à larges feuilles flottantes. 🔊 [nenyfaʀ].

NÉO-, préfixe
Élément signifiant « nouveau » : Néocolonialisme ; Néo-impressionnisme. 🔊 [neo-].

NÉOCLASSICISME, subst. m.
Mouvement artistique et littéraire de la fin du XVIIIᵉ s., marqué par un retour au classicisme du XVIIᵉ s. et à l'Antiquité gréco-romaine. 🔊 [neoklasisism].

NÉOLITHIQUE, adj. et subst. m.
Se dit d'une période de la préhistoire (7000 à 2500 av. J.-C.), caractérisée par le polissage de la pierre, l'agriculture et l'élevage. 🔊 [neolitik].

NÉOLOGISME, subst. m.
Mot nouvellement créé. – Sens nouveau d'un mot ancien. 🔊 [neɔlɔʒism].

NÉON, subst. m.
Gaz rare utilisé pour l'éclairage. – Tube fluorescent au néon. 🔊 [neɔ̃].

NÉONATAL, ALE, ALS, adj.
Qui a trait au nouveau-né. 🔊 [neonatal].

NÉOPHYTE, subst.
Relig. Personne récemment convertie. – Nouvel adepte d'une doctrine, d'un parti : Le zèle d'un néophyte. 🔊 [neofit].

NÉPHRÉTIQUE, adj.
Relatif aux reins : Colique néphrétique, due à un calcul. 🔊 [nefʀetik].

NÉPOTISME, subst. m.
Abus de pouvoir consistant à avantager ses parents, ses proches. 🔊 [nepɔtism].

NERF, subst. m.
Filament blanchâtre reliant le cerveau et les organes ; conducteur moteur et sensitif. – Tendon, ligament (fam.). – Énergie : Avoir du nerf. – Le nerf de la guerre : l'argent. – Plur. Ce que l'on considère comme le siège de l'équilibre mental : Avoir les nerfs fragiles. 🔊 [nɛʀ].

NERVEUX, EUSE, adj. et subst.
Adj. Relatif aux nerfs : Système nerveux. – Relatif à l'équilibre mental : Maladie nerveuse ; Être nerveux, agité, angoissé, irrité. – Vigoureux. – Subst. Personne émotive, excitée ou irritable. 🔊 [nɛʀvø, -øz].

NERVOSITÉ, subst. f.
Énervement passager. – Irritabilité, inquiétude durable ou passagère. 🔊 [nɛʀvozite].

NERVURE, subst. f.
Ligne fine et ramifiée, en relief sur une feuille, sur une aile d'insecte. 🔊 [nɛʀvyʀ].

N'EST-CE PAS, loc. adv. interr.
Appelle une approbation : Il fait chaud, n'est-ce pas ? 🔊 [nɛspa].

NET, NETTE, adj. et adv.
Adj. Sans souillure, propre. – Fig. Délivré des doutes : En avoir le cœur net. – Clair, précis : Image nette. – Honnête : Une affaire pas très nette. – Sur quoi on a effectué les déductions : Salaire, poids net (oppos. brut). – Adv. Franchement ; brutalement. 🔊 [nɛt].

NETTETÉ, subst. f.
Caractère de ce qui est net, propre, sans bavure. – Clarté, précision. 🔊 [nɛtte].

NETTOIEMENT, subst. m.
Ensemble des opérations de nettoyage d'un lieu : Nettoiement des plages. 🔊 [netwamɑ̃].

NETTOYAGE, subst. m.
Action de nettoyer. – Résultat de cette action. 🔊 [netwajaʒ].

NETTOYER, verbe trans. [17]
Rendre propre et net. – Vider, débarrasser (un lieu) de personnes ou d'objets indésirables. 📖 [netwaje].

NEUF (I), adj. num. inv. et subst. m. inv.
Adj. Huit plus un. – Neuvième : *Charles IX.* – Subst. Le chiffre 9 : *Le 9 de cœur ; Le 9 mai.* 📖 [nœf].

NEUF (II), NEUVE, adj. et subst. m.
Adj. Qui n'a pas encore servi : *Voiture neuve.* – Nouveau, inédit : *Idée neuve.* – Empreint de fraîcheur : *Regard neuf.* – Novice. – Subst. Ce qui est neuf. – À neuf : dans l'état du neuf. 📖 [nœf, nœv].

NEURASTHÉNIE, subst. f.
État dépressif. – Abattement, fatigue, mélancolie. 📖 [nørasteni].

NEUROCHIRURGIE, subst. f.
Méd. Spécialité chirurgicale qui s'occupe du système nerveux. 📖 [nøroʃiryrʒi].

NEUROLEPTIQUE, adj. et subst. m.
Se dit d'un médicament exerçant une action sédative globale sur le système nerveux. 📖 [nørolɛptik].

NEUROLOGIE, subst. f.
Méd. Spécialité qui traite du système nerveux et de ses affections. 📖 [nørolɔʒi].

NEURONE, subst. m.
Cellule du système nerveux. 📖 [nøron].

NEUTRALISER, verbe trans. [3]
Rendre neutre. – S'opposer à, maîtriser : *Neutraliser une attaque.* – Pronom. S'annuler mutuellement. 📖 [nøtralize].

NEUTRALITÉ, subst. f.
Caractère d'un État, d'une personne, d'une chose neutre. 📖 [nøtralite].

NEUTRE, adj. et subst. m.
Se dit d'une nation qui n'adhère à aucune alliance militaire, qui ne prend pas part à un conflit. – *Ling.* Se dit du genre qui n'est ni féminin ni masculin. – Adj. Sans caractère marqué. – *Chim.* Ni acide ni basique. – *Phys.* Qualifie un corps non chargé d'électricité. 📖 [nøtʀ].

NEUTRON, subst. m.
Particule électriquement neutre du noyau atomique. 📖 [nøtrɔ̃].

NÉVÉ, subst. m.
Amas de neige en amont d'un glacier. – Plaque de neige isolée, en montagne. 📖 [neve].

NEVEU, EUX, subst. m.
Fils du frère ou de la sœur. 📖 [n(ə)vø].

NÉVRALGIE, subst. f.
Vive douleur ressentie sur le trajet d'un nerf. 📖 [nevralʒi].

NÉVROSE, subst. f.
Trouble du comportement dont le sujet est conscient et souffre. 📖 [nevroz].

NÉVROSÉ, ÉE, adj. et subst.
Qui est atteint de névrose. 📖 [nevroze].

NEZ, subst. m.
Partie saillante au milieu du visage, organe de l'odorat. – Extrémité avant : **Nez** *d'un avion.* – *Avoir du* **nez** : du flair ; au fig., de l'intuition. – Nez *à* nez : face à face. 📖 [ne].

NI, conj.
Relie deux propositions ou des termes négatifs : *Je ne peux ni ne veux* ; *Ni bon ni mauvais* ; *Sans foi ni loi.* 📖 [ni].

NIAIS, NIAISE, adj. et subst.
Qui est inexpérimenté et sot. 📖 [njɛ, njɛz].

NIAISERIE, subst. f.
Caractère de ce qui est est niais. – Propos frivole, sottise : *Dire des* **niaiseries.** 📖 [njɛzʀi].

NICHE (I), subst. f.
Enfoncement ménagé dans l'épaisseur d'un mur. – Cabane, abri pour chien. 📖 [niʃ].

NICHE (II), subst. f.
Tour de malice, espièglerie (fam.). 📖 [niʃ].

NICHÉE, subst. f.
Ensemble des oisillons d'une même couvée, encore au nid. 📖 [niʃe].

NICHER, verbe intrans. [3]
Faire son nid, pour un oiseau. – Pronom. Se loger, se cacher. 📖 [niʃe].

NICKEL, subst. m. et adj. inv.
Subst. Métal blanc, brillant et lisse, inoxydable, utilisé en alliage. – Adj. Très propre (fam.) : *Une maison nickel.* 📖 [nikɛl].

NICOTINE, subst. f.
Substance toxique contenue dans le tabac. 📖 [nikɔtin].

NID, subst. m.
Abri construit par les oiseaux pour y pondre. – Abri de certains autres animaux : *Nid de guêpes, de rats.* – Logement : *Nid douillet.* – Repaire : *Nid de brigands.* 📖 [ni].

NIDIFIER, verbe intrans. [6]
Faire son nid, pour un oiseau. 📖 [nidifje].

NIÈCE, subst. f.
Fille du frère ou de la sœur. 📖 [njɛs].

NIER, verbe trans. [6]
Contester, refuser l'existence ou la vérité de (qqch.) : *Je nie l'avoir fait.* 📖 [nje].

NIGAUD, AUDE, adj. et subst.
Ignorant, sot, niais. 📖 [nigo, -od].

NIHILISME, subst. m.
Scepticisme, rejet de toute valeur morale, de tout idéal social. 📖 [niilism].

NIMBE, subst. m.
B.-A. Auréole lumineuse qui ceint la tête du Christ, des anges et des saints. 📖 [nɛ̃b].

NIRVANA, subst. m.
Dans le bouddhisme, sérénité suprême. 📖 On écrit aussi *nirvâna* ; [nirvana].

NITRATE, subst. m.
Sel dérivé de l'azote, utilisé comme engrais. 📖 [nitrat].

NIVEAU, subst. m.
Instrument servant à vérifier l'horizontalité d'un plan. – État d'une surface horizontale :

Mettre de **niveau**, égaliser. – Hauteur, degré d'élévation : *Niveau d'eau* ; *Niveau sonore.* – Stade de développement, d'évolution : *Niveau scolaire, intellectuel* ; *Niveau de vie*, conditions matérielles d'existence. – *Passage à* **niveau** : croisement au même **niveau** d'une route et d'une voie ferrée. 🔊 [nivo].

NIVELER, verbe trans. [12]
Ramener au niveau ; aplanir. – Fig. Rendre égal : *Niveler les salaires.* 🔊 [niv(ə)le].

NIVELLEMENT, subst. m.
Action de niveler. – Résultat de cette action. 🔊 [nivεlmɑ̃].

NIVÔSE, subst. m.
Quatrième mois du calendrier républicain, allant du 21-23 décembre au 19-21 janvier. 🔊 [nivoz].

NÔ, subst. m.
Drame lyrique japonais, mimé. 🔊 [no].

NOBILIAIRE, adj.
Qui relève de la noblesse. 🔊 [nɔbiljεʀ].

NOBLE, adj. et subst.
Adj. Qui fait partie de la noblesse ; propre à la noblesse. – Qui possède une distinction, une âme élevée. – Subst. Membre de la noblesse. 🔊 [nɔbl].

NOBLESSE, subst. f.
Classe sociale qui jouissait jadis de privilèges héréditaires. – Qualité d'un noble. – Distinction, élévation d'âme. 🔊 [nɔblεs].

NOCE, subst. f.
Fête, réjouissances qui accompagnent un mariage. – Partie de plaisir (fam.) : *Faire la noce.* – Plur. Mariage. 🔊 [nɔs].

NOCIF, IVE, adj.
Qui est nuisible, dangereux ou pernicieux : *Le tabac est nocif.* 🔊 [nɔsif, -iv].

NOCIVITÉ, subst. f.
Caractère de ce qui est nocif. 🔊 [nɔsivite].

NOCTAMBULE, adj. et subst.
Se dit d'une personne qui passe la nuit à se promener ou à s'amuser. 🔊 [nɔktɑ̃byl].

NOCTURNE, adj. et subst.
Adj. Relatif à la nuit : *Rapace nocturne*, qui chasse la nuit. – Subst. fém. Événement qui se déroule la nuit. – Subst. masc. Pièce pour piano, tendre et mélancolique. 🔊 [nɔktyʀn].

NODOSITÉ, subst. f.
Nœud du bois. – Petite boule sous-cutanée indolore. 🔊 [nɔdozite].

NODULE, subst. m.
Petite nodosité. – Concrétion de minerai qui se forme au fond des océans. 🔊 [nɔdyl].

NOËL, subst. m.
Cantique religieux ou chant populaire évoquant la fête de Noël, qui commémore la naissance de Jésus-Christ. 🔊 [nɔεl].

NŒUD, subst. m.
Enlacement serré obtenu en entrecroisant un ou plusieurs liens. – Relation étroite : *Nœud de l'amitié.* – Point crucial : *Nœud de l'intrigue.* – Lieu où se croisent plusieurs voies : *Nœud ferroviaire.* – Point d'insertion d'une branche sur un tronc d'arbre. – *Mar.* Unité de vitesse valant 1 mille (soit 1 852 m) à l'heure. 🔊 [nø].

NOIR, NOIRE, adj. et subst.
Se dit des personnes à la peau foncée : *Race noire* ; *Les Noirs d'Amérique.* – Adj. De la couleur la plus foncée. – Obscur : *Nuit noire.* – Mauvais, négatif : *Série noire*, suite de malheurs ; *Âme noire*, méchante ; *Marché noir*, illégal. – Triste, pessimiste : *Idées noires.* – Subst. masc. La couleur noire. – Obscurité : *Être dans le noir.* – Pessimisme : *Broyer du noir.* – Subst. fém. Note de musique valant le quart de la ronde. 🔊 [nwaʀ].

NOIRÂTRE, adj.
Qui tire sur le noir. 🔊 [nwaʀɑtʀ].

NOIRCEUR, subst. f.
Qualité de ce qui est noir. – Fig. Perfidie, extrême méchanceté (littér.) : *La noirceur d'une âme.* 🔊 [nwaʀsœʀ].

NOIRCIR, verbe [19]
Trans. Teinter de noir ; enduire de noir. – Fig. Présenter (qqch.) de manière défavorable. – *Noircir du papier* : écrire beaucoup. – Intrans. Devenir noir. 🔊 [nwaʀsiʀ].

NOISE, subst. f.
Querelle, chicane : *Chercher des noises à qqn.* 🔊 [nwaz].

NOISETTE, subst. f.
Amande oléagineuse, fruit comestible du noisetier. – Petite quantité : *Noisette de beurre.* – Empl. adj. inv. Brun clair tirant sur le roux : *Yeux noisette.* 🔊 [nwazεt].

NOIX, subst. f.
Fruit du noyer, graine oléagineuse (cerneau) enfermée dans une coque ligneuse. – Fruit de divers arbres : *Noix de coco, de muscade.* – *Noix de veau* : morceau de choix tiré du cuisseau de ce bovin. 🔊 [nwa].

NOM, subst. m.
Mot servant à désigner une personne, un animal ou une chose ; appellation : *Nom commun, propre.* – Prénom : *Quel est ton nom ?* – *Nom de famille* : patronyme. – *Au nom de* : en vertu de. – *Se faire un nom* : devenir célèbre. 🔊 [nɔ̃].

NOMADE, adj. et subst.
Se dit d'une population dont l'habitat n'est pas fixe. – Se dit d'une personne qui voyage beaucoup. 🔊 [nɔmad].

NO MAN'S LAND, subst. m. inv.
Zone séparant deux armées ennemies. – Zone comprise entre deux postes de douane de pays voisins. – Fig. Terrain neutre. – Terrain vague. 🔊 [nomanslɑ̃d].

NOMBRE, subst. m.
Ensemble constitué d'une ou de plusieurs unités (ou fractions d'unité). – Grande quantité ; quantité indéterminée. – *Nombre de* : beaucoup de. – *Le plus grand nombre* : la majorité. – *Au nombre de* :

parmi. – *Ling.* Forme que prend un mot pour exprimer l'unité (singulier) ou la pluralité (pluriel). 🔊 [nɔbʀ].

NOMBREUX, EUSE, adj.
En grand nombre. 🔊 [nɔ̃bʀø, -øz].

NOMBRIL, subst. m.
Cicatrice du cordon ombilical. 🔊 [nɔ̃bʀil].

NOMBRILISME, subst. m.
Travers consistant à se considérer comme le centre du monde. 🔊 [nɔ̃bʀilism].

NOMENCLATURE, subst. f.
Liste des termes propres à une science, à une discipline : **Nomenclature** *zoologique.* – Ensemble des termes répertoriés dans un dictionnaire. 🔊 [nɔmɑ̃klatyʀ].

NOMINAL, ALE, AUX, adj.
Qui mentionne des noms : *Liste* **nominale.** – Qui existe de nom, mais pas en réalité : *Gérant* **nominal.** – *Ling.* Relatif au nom : *Forme* **nominale.** 🔊 [nɔminal].

NOMINATIF, IVE, adj. et subst. m.
Adj. Qui porte mention du ou des noms : *Invitation* **nominative.** – Subst. Cas sujet des langues à déclinaison. 🔊 [nɔminatif, -iv].

NOMINATION, subst. f.
Action de nommer à un poste, à une dignité. 🔊 [nɔminasjɔ̃].

NOMMÉMENT, adv.
En désignant par le nom : *Accuser* **nommément** *qqn.* 🔊 [nɔmemɑ̃].

NOMMER, verbe trans. [3]
Donner un nom à. – Désigner (qqn ou qqch.) par son nom. – Désigner (qqn) pour occuper un poste. – Pronom. Avoir pour nom. – Dire son nom. 🔊 [nɔme].

NON, subst. m. inv. et adv.
Adv. Exprime la négation, la contestation : *Veux-tu venir ? -* **Non** ; **Non !** *tu ne sortiras pas ! – Moi* **non** *plus* : négation de « moi aussi ». – Empl. préf. : **Non**-*violence.* – Subst. Refus : *Un* **non** *catégorique.* 🔊 [nɔ̃].

NONAGÉNAIRE, adj. et subst.
Qui est âgé de 90 à 99 ans. 🔊 [nɔnaʒenɛʀ].

NONANTE, adj. num. inv.
Belg. et *helv.* Quatre-vingt-dix. 🔊 [nɔnɑ̃t].

NONCE, subst. m.
Ambassadeur du Saint-Siège auprès d'un gouvernement étranger. 🔊 [nɔ̃s].

NONCHALANCE, subst. f.
Laisser-aller, négligence. – Mollesse, indolence. 🔊 [nɔ̃ʃalɑ̃s].

NON-DIT, subst. m.
Ce qui reste tu. – Plur. *non-dits* ; 🔊 [nɔ̃di].

NON-LIEU, subst. m.
Décision de ne pas poursuivre un inculpé en justice. – Plur. *non-lieux* ; 🔊 [nɔ̃ljø].

NONNE, subst. f.
Religieuse (vieilli). 🔊 [nɔn].

NONOBSTANT, prép. et adv.
Prép. En dépit de : **Nonobstant** *la maladie.* – Adv. Toutefois, malgré tout. 🔊 [nɔnɔpstɑ̃].

NON-RETOUR, subst. m.
Point de **non-retour** : à partir duquel il n'est plus possible de revenir en arrière. 🔊 Plur. *non-retours* ; 🔊 [nɔ̃ʀətuʀ].

NON-SENS, subst. m. inv.
Ce qui est dépourvu de sens ; absurdité. 🔊 [nɔ̃sɑ̃s].

NORD, adj. inv. et subst. m. inv.
Subst. Point cardinal indiquant la direction de l'étoile polaire, septentrion : *Se diriger plein* **nord.** – Région située dans cette direction : *Les gens du* **Nord.** – Adj. Situé au nord. 🔊 [nɔʀ].

NORDIQUE, adj. et subst.
Du nord de l'Europe. 🔊 [nɔʀdik].

NORIA, subst. f.
Appareil hydraulique à godets servant à remonter l'eau. – Circulation incessante de véhicules. 🔊 [nɔʀja].

NORMAL, ALE, AUX, adj. et subst. f.
Adj. Conforme à la norme ; ordinaire, régulier : *Tout est* **normal.** – Qui n'est pas pathologique : *L'état* **normal** *d'un individu.* – Subst. État habituel, courant : *Supérieur à la* **normale.** 🔊 [nɔʀmal].

NORMALISATION, subst. f.
Ensemble de règles techniques édictées afin d'unifier la fabrication et l'utilisation d'un produit. 🔊 [nɔʀmalizasjɔ̃].

NORMALISER, verbe trans. [3]
Procéder à la normalisation de. – Rendre normal. 🔊 [nɔʀmalize].

NORMALITÉ, subst. f.
Qualité de ce qui est normal. 🔊 [nɔʀmalite].

NORMATIF, IVE, adj.
Qui établit des normes. 🔊 [nɔʀmatif, -iv].

NORME, subst. f.
Principe, règle servant de référence. – État habituel, usage. – Prescriptions techniques relatives à un produit, à un service. 🔊 [nɔʀm].

NORVÉGIEN, subst. m.
Langue germanique parlée en Norvège. 🔊 [nɔʀveʒjɛ̃].

NOS, voir **NOTRE**

NOSTALGIE, subst. f.
Mélancolie due à l'éloignement du pays natal, au regret du passé. 🔊 [nɔstalʒi].

NOSTALGIQUE, adj.
Qui est empreint de nostalgie. 🔊 [nɔstalʒik].

NOTA BENE, subst. m. inv.
Mention introduisant une note placée en marge ou au bas d'un texte (abrév. *N.B.*). 🔊 [nɔtabene].

NOTABLE, adj. et subst. m.
Adj. Digne d'être noté ; important. – Subst. Personne influente. 🔊 [nɔtabl].

NOTAIRE, subst. m.
Officier public qui établit ou authentifie des actes, des contrats. 🔊 [nɔtɛʀ].

NOTAMMENT, adv.
En particulier, surtout. 🔊 [nɔtamɑ̃].

NOTARIÉ, ÉE, adj.
Établi par un notaire, devant notaire : *Un acte* **notarié**.   [nɔtaʀje].

NOTATION, subst. f.
Action, manière de noter, de représenter par des signes conventionnels : **Notation** *musicale, algébrique*. – Appréciation : **Notation** *d'un devoir*. – Remarque brève.   [nɔtasjɔ̃].

NOTE, subst. f.
Écrit permettant de se rappeler qqch., d'informer : *Consulter une* **note** ; *Note de service*. – Facture : *Payer la* **note**. – Appréciation d'un travail : *Une bonne* **note**. – Fig. Touche : *Une* **note** *de couleur* ; *Forcer la* **note**, exagérer. – *Mus.* Caractère représentant un son ; ce son : *Les sept* **notes** *de la gamme*.   [nɔt].

NOTER, verbe trans. [3]
Marquer ; prendre note de. – Constater : **Noter** *un changement*. – Attribuer une note à ; évaluer.   [nɔte].

NOTICE, subst. f.
Écrit bref donnant des indications, des explications : **Notice** *d'utilisation*.   [nɔtis].

NOTIFIER, verbe trans. [6]
Aviser officiellement une personne de (qqch.).   [nɔtifje].

NOTION, subst. f.
Connaissance intuitive de qqch. – Concept. – Plur. Connaissances acquises élémentaires : **Notions** *d'algèbre*.   [nosjɔ̃].

NOTOIRE, adj.
Qui est connu de tous.   [nɔtwaʀ].

NOTORIÉTÉ, subst. f.
Qualité de ce qui est notoire. – Réputation avantageuse, célébrité.   [nɔtɔʀjete].

NOTRE, NOS, adj. poss.
Qui nous appartient. – Qui nous concerne : *Nos* **intérêts**.   [nɔtʀ], plur. [no].

NÔTRE, adj. poss., pron. poss. et subst. m. plur.
Adj. Qui est à nous : *Cette maison est* **nôtre**. – Pron. *C'est la* **nôtre** : c'est celle qui est à nous. – Subst. *Nos parents, ceux de notre groupe* : *Êtes-vous des* **nôtres** ?   [notʀ].

NOUER, verbe trans. [3]
Faire un nœud à, attacher : **Nouer** *sa cravate, ses cheveux*. – Fig. Établir (un lien) : **Nouer** *une amitié*.   [nwe].

NOUEUX, EUSE, adj.
Qui présente des nœuds, des nodosités : *Bois* **noueux** ; *Doigts* **noueux**.   [nwø, -øz].

NOUGAT, subst. m.
Confiserie faite d'une pâte de sucre et de miel garnie d'amandes.   [nuga].

NOUGATINE, subst. f.
Sucre caramélisé mêlé d'éclats d'amandes.   [nugatin].

NOUILLE, subst. f.
Pâte alimentaire découpée en fines lanières. – Personne peu dégourdie (fam.).   [nuj].

NOURRICE, subst. f.
Femme dont le métier est de garder des enfants à son domicile. – Bidon de réserve : **Nourrice** *d'essence*.   [nuʀis].

NOURRICIER, IÈRE, adj.
Qui nourrit : *Terre* **nourricière** ; *Père* **nourricier**, adoptif.   [nuʀisje, -jɛʀ].

NOURRIR, verbe trans. [19]
Fournir les aliments nécessaires à ; donner à manger à. – Favoriser, entretenir : **Nourrir** *un feu* ; au fig. : **Nourrir** *un espoir*.   [nuʀiʀ].

NOURRISSANT, ANTE, adj.
Qui nourrit beaucoup.   [nuʀisɑ̃, -ɑ̃t].

NOURRISSON, subst. m.
Enfant non encore sevré.   [nuʀisɔ̃].

NOURRITURE, subst. f.
Ce dont on se nourrit ; ensemble des aliments. – Fig. Ce qui enrichit l'esprit : **Nourriture** *spirituelle*.   [nuʀityʀ].

NOUS, pron. pers.
Forme de la 1re personne du pluriel, sujet ou complément : **Nous** *partirons demain* ; *Il* **nous** *a parlé*.   [nu].

NOUVEAU, EL, ELLE, adj.
Qui apparaît pour la première fois ; qui existe ou qui est connu depuis peu de temps : *Un* **nouvel** *objet*. – Qui est autre, différent : *Une* **nouvelle** *vie*. – Qui s'ajoute à ou succède à : *Un* **nouvel** *adhérent* ; *Une* **nouvelle** *édition*. – Empl. subst. masc. Ce qui est nouveau, récent, inhabituel : *Il y a du* **nouveau**. – *À* **nouveau**, *de* **nouveau** : une fois encore, une fois de plus. – *Masc.* **nouvel** devant un nom commençant par une voyelle ou un *h* muet ; [nuvo, -ɛl].

NOUVEAU-NÉ, -NÉE, adj. et subst.
Se dit d'un enfant qui vient de naître.   Plur. *nouveau-nés*, *-nées* ; [nuvone].

NOUVEAUTÉ, subst. f.
Caractère nouveau. – Chose nouvelle : *Les* **nouveautés** *littéraires*.   [nuvote].

NOUVEL, voir NOUVEAU

NOUVELLE, subst. f.
Annonce d'un fait récent : *Bonne* **nouvelle**. – Bref récit littéraire. – Plur. *Avoir des* **nouvelles** *de* : des renseignements récents sur. – *Les* **nouvelles** : les informations.   [nuvɛl].

NOVATEUR, TRICE, adj. et subst.
Qui innove.   [nɔvatœʀ, -tʀis].

NOVEMBRE, subst. m.
Onzième mois de l'année.   [nɔvɑ̃bʀ].

NOVICE, adj. et subst.
Qui manque d'expérience ; qui débute. – Subst. *Relig.* Personne qui subit un temps d'épreuve, avant de prononcer ses vœux.   [nɔvis].

NOYADE, subst. f.
Action de noyer, de se noyer. – Son résultat.   [nwajad].

NOYAU, AUX, subst. m.
Partie centrale ligneuse de certains fruits, contenant la graine. – Partie centrale d'un

tout, d'une densité supérieure à celle de la masse. – Fig. Petit groupe de personnes unies, au sein d'un groupe plus important : *Un noyau d'opposants.* – *Phys.* Partie centrale d'un atome. 🔊 [nwajo].

NOYER, verbe trans. [17]
Faire périr, asphyxier par immersion dans un liquide. – Recouvrir d'eau, inonder. – Fig. Rendre confus, délayer : *Noyer le poisson*, embrouiller une affaire. 🔊 [nwaje].

NU, NUE, adj. et subst. m.
Adj. Totalement dévêtu. – Dégarni, sans ornements : *Un mur nu.* – *À mains nues* : sans armes – *À l'œil nu* : sans instrument d'optique. – Loc. adv. *À nu* : à découvert. – Subst. *B.-A.* Représentation de la nudité du corps : *Un nu de Maillol.* 🔊 [ny].

NUAGE, subst. m.
Amas de fines gouttelettes d'eau en suspension dans l'air. – Ce qui rappelle un **nuage** : *Nuage de poussière* ; *Nuage de lait.* – Fig. Trouble, inquiétude : *Bonheur sans nuages.* – *Être dans les* **nuages** : distrait. 🔊 [nɥaʒ].

NUAGEUX, EUSE, adj.
Couvert de nuages. 🔊 [nɥaʒ0, -øz].

NUANCE, subst. f.
Degré d'intensité d'une couleur, d'un son : *Nuance de bleu.* – Fig. Différence délicate, légère, subtilité. 🔊 [nɥãs].

NUANCER, verbe trans. [4]
Introduire des nuances dans. 🔊 [nɥãse].

NUBILE, adj.
En âge d'être marié. – Apte à la reproduction, pubère (gén. au fém.). 🔊 [nybil].

NUCLÉAIRE, adj. et subst. m.
Adj. Relatif au noyau de la cellule ou de l'atome. – Relatif à l'énergie produite à partir des modifications opérées sur les atomes de certains corps élémentaires : *Centrale* **nucléaire**, usine qui produit de l'électricité. – Subst. L'énergie **nucléaire** ; l'industrie qui la produit. 🔊 [nykleɛʀ].

NUCLÉON, subst. m.
Particule constitutive du noyau de l'atome (protons et neutrons). 🔊 [nykleɔ̃].

NUDISME, subst. m.
Fait de vivre nu au grand air, naturisme. 🔊 [nydism].

NUDITÉ, subst. f.
État de celui ou de ce qui est nu. 🔊 [nydite].

NUE, subst. f.
Nuage (littér. ; gén. au plur.). – *Tomber des* **nues** : être très étonné. – *Porter aux* **nues** : louer avec excès. 🔊 [ny].

NUÉE, subst. f.
Nuage étendu (littér.). – Fig. Multitude : *Une* **nuée** *de guêpes.* 🔊 [nɥe].

NUIRE, verbe trans. indir. [69]
Nuire à : causer du tort à, léser. 🔊 [nɥiʀ].

NUISANCE, subst. f.
Tout facteur qui nuit à l'environnement ou à la santé. 🔊 [nɥizãs].

NUISIBLE, adj.
Qui nuit : *Insecte* **nuisible**. 🔊 [nɥizibl].

NUIT, subst. f.
Période d'obscurité entre le coucher et le lever du soleil : *La nuit tombe* ; *Oiseau de nuit*, nocturne. – Obscurité, absence de lumière. – *La nuit des temps* : les temps les plus reculés. 🔊 [nɥi].

NUL, NULLE, adj., subst. et pron.
Adj. indéf. Aucun, pas un : *Nul doute* ; *Nulle part.* – Pron. indéf. Personne : *Nul n'est venu.* – Adj. qualificatif. Inexistant, sans effet : *Tentative* **nulle** ; *Match* **nul**, sans gagnant ni perdant. – Sans valeur, très mauvais (fam.) : *Candidat* **nul**. – Subst. Ignorant, incompétent (fam.). 🔊 [nyl].

NULLEMENT, adv.
Pas du tout, en aucune façon. 🔊 [nylmã].

NULLITÉ, subst. f.
Caractère de ce qui est nul, sans effet, sans valeur. – Personne nulle. 🔊 [nylite].

NUMÉRAIRE, adj. et subst. m.
Se dit des espèces monnayées, de l'argent liquide : *Payer en* **numéraire**. 🔊 [nymeʀɛʀ].

NUMÉRAL, ALE, AUX, adj. et subst. m.
Se dit d'un mot ou d'un symbole qui désigne un nombre : « *Trois* », « *deuxième* » *sont des adjectifs* **numéraux**. 🔊 [nymeʀal].

NUMÉRATEUR, subst. m.
Terme supérieur d'une fraction (oppos. *dénominateur*). 🔊 [nymeʀatœʀ].

NUMÉRATION, subst. f.
Façon d'écrire ou d'énoncer les nombres : *Numération décimale.* 🔊 [nymeʀasjɔ̃].

NUMÉRIQUE, adj.
Relatif au nombre. – Qui utilise les nombres : *Affichage* **numérique**. – Évalué en nombre : *Supériorité* **numérique**. 🔊 [nymeʀik].

NUMÉRO, subst. m.
Chiffre, nombre inscrit sur un support et servant à repérer, à classer. – Exemplaire numéroté d'une parution. – Partie d'un spectacle : **Numéro** *d'acrobatie* ; au fig., comportement déplacé ou répétitif (fam.) : *Il fait son* **numéro**. – Fig. Personnage original (fam.). 🔊 [nymeʀo].

NUMÉROTER, verbe trans. [3]
Marquer d'un numéro. 🔊 [nymeʀote].

NU-PIEDS, subst. m. inv.
Sandale légère. 🔊 [nypje].

NUPTIAL, ALE, AUX, adj.
Relatif aux noces. 🔊 [nypsjal].

NUQUE, subst. f.
Partie du corps située derrière le cou, au-dessous de l'occiput. 🔊 [nyk].

NURSERY, subst. f.
Pièce réservée au soin des tout-petits. 🔊 Plur. *nurserys* ou *nurseries* ; [nœʀsəʀi].

NUTRITIF, IVE, adj.
Relatif à la nutrition. – Qui a la propriété de nourrir. 🔊 [nytʀitif, -iv].

NUTRITION, subst. f.
Ensemble des opérations par lesquelles l'organisme assimile les aliments nécessaires à son énergie vitale. 🐌 [nytʀisjɔ̃].

NUTRITIONNISTE, subst.
Spécialiste des problèmes d'alimentation, de diététique. 🐌 [nytʀisjɔnist].

NYCTALOPE, adj. et subst.
Qui voit dans l'obscurité : *Un oiseau nyctalope.* 🐌 [niktalɔp].

NYLON, subst. m.
Textile synthétique. 🐌 N. déposé ; [nilɔ̃].

NYMPHE, subst. f.
Myth. Divinité féminine des bois, des eaux, des montagnes. – Jeune fille gracieuse. – *Zool.* Deuxième phase de la métamorphose des insectes, au sortir de l'état larvaire. 🐌 [nɛ̃f].

NYMPHÉA, subst. m.
Nénuphar blanc. 🐌 [nɛ̃fea].

O, o, subst. m. inv.
Quinzième lettre et quatrième voyelle de l'alphabet français. 🐌 [o].

Ô, interj.
Exprime une invocation ou un sentiment vif : *Ô doux Jésus ! ; Ô joie !* 🐌 [o].

OASIS, subst. f.
Zone du désert fertilisée par un point d'eau. – *Fig.* Lieu de repos. 🐌 [ɔazis].

OBÉDIENCE, subst. f.
Obéissance à un supérieur ecclésiastique, à une autorité morale, philosophique ou politique. 🐌 [ɔbedjɑ̃s].

OBÉIR, verbe trans. indir. [19]
Se conformer à (un ordre). 🐌 [ɔbeiʀ].

OBÉISSANCE, subst. f.
Action, fait d'obéir. – Disposition à obéir, docilité, soumission. 🐌 [ɔbeisɑ̃s].

OBÉLISQUE, subst. m.
Colonne pointue, de forme quadrangulaire. 🐌 [ɔbelisk].

OBÈSE, adj. et subst.
Qui est anormalement gros. 🐌 [ɔbɛz].

OBÉSITÉ, subst. f.
Excès de poids pathologique. 🐌 [ɔbezite].

OBJECTER, verbe trans. [3]
Répondre (par une objection). 🐌 [ɔbʒɛkte].

OBJECTEUR, subst. m.
Objecteur *de conscience* : celui qui refuse de porter les armes, par conviction religieuse ou morale. 🐌 [ɔbʒɛktœʀ].

OBJECTIF (I), subst. m.
But que l'on cherche à atteindre. – Système optique d'une caméra ou d'un appareil photographique. 🐌 [ɔbʒɛktif].

OBJECTIF (II), IVE, adj.
Fondé sur une réalité extérieure à la personne. – Qui reproduit fidèlement la réalité ; impartial. 🐌 [ɔbʒɛktif, -iv].

OBJECTION, subst. f.
Argument opposé à une suggestion, à une affirmation. 🐌 [ɔbʒɛksjɔ̃].

OBJECTIVITÉ, subst. f.
Qualité de celui ou de ce qui est objectif. – Impartialité. 🐌 [ɔbʒɛktivite].

OBJET, subst. m.
Chose concrète, solide, palpable. – Sujet d'une pensée ; but d'une action. – *Ling.* Se dit du complément qui subit l'action exprimée par un verbe transitif. 🐌 [ɔbʒɛ].

OBLATION, subst. f.
Offrande à Dieu, aux dieux. 🐌 [ɔblasjɔ̃].

OBLIGATION, subst. f.
Contrainte sociale, morale, religieuse ou légale. – *Fin.* Titre boursier représentatif d'un emprunt à long terme. 🐌 [ɔbligasjɔ̃].

OBLIGATOIRE, adj.
Exigé par la loi, par un règlement. – Inévitable, nécessaire (fam.). 🐌 [ɔbligatwaʀ].

OBLIGEANCE, subst. f.
Penchant à rendre service. 🐌 [ɔbliʒɑ̃s].

OBLIGEANT, ANTE, adj.
Qui se plaît à rendre service. – Aimable, prévenant. 🐌 [ɔbliʒɑ̃, -ɑ̃t].

OBLIGER, verbe trans. [5]
Forcer, contraindre. – Rendre service à (qqn). 🐌 [ɔbliʒe].

OBLIQUE, adj. et subst. f.
Se dit d'une droite qui n'est ni horizontale ni verticale. 🐌 [ɔblik].

OBLIQUER, verbe intrans. [3]
Prendre une direction oblique. – Dévier du chemin prévu. 🐌 [ɔblike].

OBLITÉRER, verbe trans. [8]
Apposer un cachet sur (un timbre). – *Fig.* Effacer peu à peu (littér.). 🐌 [ɔbliteʀe].

OBLONG, OBLONGUE, adj.
De forme allongée. 🐌 [ɔblɔ̃, ɔblɔ̃g].

OBNUBILER, verbe trans. [3]
Obscurcir, brouiller l'esprit, le jugement de. – Obséder. 🐌 [ɔbnybile].

OBOLE, subst. f.
Offrande modeste. 🐌 [ɔbɔl].

313

OBSCÈNE, adj.
Qui offense la pudeur, indécent. 🔊 [ɔpsɛn].

OBSCÉNITÉ, subst. f.
Propos, écrit, image obscènes. 🔊 [ɔpsenite].

OBSCUR, URE, adj.
Sans lumière, sombre. – Fig. Mystérieux,
incompréhensible ; confus. – Inconnu,
sans éclat : *Artiste obscur*. 🔊 [ɔpskyʀ].

OBSCURCIR, verbe trans. [19]
Rendre obscur, assombrir. – Fig. Rendre
incompréhensible, confus. 🔊 [ɔpskyʀsiʀ].

OBSCURITÉ, subst. f.
Absence de lumière, nuit. – Fig. Manque
de clarté, de limpidité. 🔊 [ɔpskyʀite].

OBSÉDER, verbe trans. [8]
Occuper sans cesse l'esprit de. 🔊 [ɔpsede].

OBSÈQUES, subst. f. plur.
Cérémonie funèbre, enterrement. 🔊 [ɔpsɛk].

OBSÉQUIEUX, IEUSE, adj.
Exagérément empressé. 🔊 [ɔpsekjø, -jøz].

OBSÉQUIOSITÉ, subst. f.
Politesse excessive, servilité. 🔊 [ɔpsekjozite].

OBSERVANCE, subst. f.
Respect d'une règle religieuse. – Cette règle
elle-même. 🔊 [ɔpsɛʀvɑ̃s].

OBSERVATEUR, TRICE, adj. et subst.
Subst. Personne qui observe avec attention.
– Personne qui assiste à un événement en
spectateur. – Adj. Doué pour observer : *Un
esprit* observateur. 🔊 [ɔpsɛʀvatœʀ, -tʀis].

OBSERVATION, subst. f.
Respect d'une loi, d'une règle. – Étude
attentive. – Surveillance : *Malade en* observation. – Commentaire. – Reproche : *Faire
des* observations *à qqn*. 🔊 [ɔpsɛʀvasjɔ̃].

OBSERVATOIRE, subst. m.
Établissement affecté aux études astronomiques ou météorologiques. – Lieu d'où
l'on peut observer. 🔊 [ɔpsɛʀvatwaʀ].

OBSERVER, verbe trans. [3]
Respecter (une loi, un usage). – Examiner
avec soin. – Surveiller, épier. – Remarquer,
constater. 🔊 [ɔpsɛʀve].

OBSESSION, subst. f.
Idée fixe, image obsédante. 🔊 [ɔpsesjɔ̃].

OBSOLÈTE, adj.
Désuet, périmé. 🔊 [ɔpsɔlɛt].

OBSTACLE, subst. m.
Ce qui gêne le passage. – Fig. Ce qui
empêche une action ; difficulté. 🔊 [ɔpstakl].

OBSTÉTRIQUE, subst. f.
Méd. Spécialité traitant de la grossesse et
de l'accouchement. 🔊 [ɔpstetʀik].

OBSTINATION, subst. f.
Ténacité, entêtement. 🔊 [ɔpstinasjɔ̃].

OBSTINER (S'), verbe pronom. [3]
Persévérer, s'entêter. 🔊 [ɔpstine].

OBSTRUCTION, subst. f.
Tactique visant à entraver. – *Méd.* Engor-
gement d'un conduit. 🔊 [ɔpstʀyksjɔ̃].

OBSTRUER, verbe trans. [3]
Faire obstacle à, boucher. 🔊 [ɔpstʀye].

OBTEMPÉRER, verbe trans. indir. [8]
Se soumettre (aux ordres). 🔊 [ɔptɑ̃peʀe].

OBTENIR, verbe trans. [22]
Réussir à avoir (ce que l'on désirait).
– Arriver à (un résultat). 🔊 [ɔptəniʀ].

OBTENTION, subst. f.
Fait d'obtenir qqch. 🔊 [ɔptɑ̃sjɔ̃].

OBTURER, verbe trans. [3]
Boucher hermétiquement. 🔊 [ɔptyʀe].

OBTUS, USE, adj.
Sans finesse, borné : *Esprit* obtus. – *Géom.*
Angle obtus : angle plus grand qu'un angle
droit, compris entre 90° et 180°. 🔊 [ɔpty, -yz].

OBUS, subst. m.
Projectile explosif, tiré au canon. 🔊 [ɔby].

OC, adv.
*Langue d'*oc : ensemble des dialectes romans
du midi de la France, dans lesquels oc
signifiait « oui ». 🔊 [ɔk].

OCCASION, subst. f.
Circonstance favorable. – Achat à prix
avantageux. – Produit de seconde main :
*D'*occasion, qui n'est pas neuf. 🔊 [ɔkazjɔ̃].

OCCASIONNEL, ELLE, adj.
Qui résulte d'une occasion ; inhabituel.
– Qui a lieu par hasard. 🔊 [ɔkazjɔnɛl].

OCCASIONNER, verbe trans. [3]
Causer, entraîner, provoquer. 🔊 [ɔkazjɔne].

OCCIDENT, subst. m.
Ouest, couchant. – *L'*Occident : l'ensemble
des pays d'Europe de l'Ouest et d'Amérique
du Nord. 🔊 [ɔksidɑ̃].

OCCIDENTAL, ALE, AUX, adj. et
subst.
Adj. Situé à l'occident. – De l'Occident.
– Subst. Habitant ou originaire de l'Occident. 🔊 [ɔksidɑtal].

OCCIPUT, subst. m.
Partie de la tête située au-dessus de la
nuque. 🔊 [ɔksipyt].

OCCIRE, verbe trans.
Tuer (littér.). 🔊 Verbe défectif ; [ɔksiʀ].

OCCITAN, ANE, adj. et subst.
De l'Occitanie, ensemble regroupant les
régions de langue d'oc. 🔊 [ɔksitɑ̃, -an].

OCCLUSION, subst. f.
Fermeture pathologique d'un orifice, d'un
conduit : *Occlusion* intestinale. 🔊 [ɔklyzjɔ̃].

OCCULTE, adj.
Dont la cause demeure cachée, inconnue.
– Clandestin. – *Sciences* occultes : doctrines
ésotériques se référant à des forces non
rationnelles. 🔊 [ɔkylt].

OCCULTER, verbe trans. [3]
Masquer (la lumière). – Fig. Cacher, dissimuler. 🔊 [ɔkylte].

OCCULTISME, subst. m.
Pratique des sciences occultes. 🔊 [ɔkyltism].

OCCUPATION, subst. f.
Action, fait d'occuper un lieu illégalement
ou par invasion militaire. – Activité, travail :
Une occupation *lucrative*. 🔊 [ɔkypasjɔ̃].

OCCUPER, verbe trans. [3]
Habiter (un lieu). – Envahir par force (une ville, un pays). – Remplir (un espace, une durée). – *Fig.* Exercer : *Il occupe de hautes fonctions.* – Fournir une occupation à (qqn). – *Pronom.* Avoir une activité. – Consacrer son temps à : *S'occuper de ses enfants.* [ɔkype].

OCCURRENCE, subst. f.
Occasion, circonstance fortuite : *En l'occurrence*, dans le cas présent. [ɔkyrɑ̃s].

OCÉAN, subst. m.
Immense étendue d'eau salée. [ɔseɑ̃].

OCÉANIQUE, adj.
Qui a trait à un océan. – Qui borde un océan ou subit son influence. [ɔseanik].

OCÉANOGRAPHIE, subst. f.
Science des océans. [ɔseànɔgrafi].

OCELOT, subst. m.
Félin sauvage d'Amérique, dont le pelage tacheté est très recherché. [ɔs(ə)lo].

OCRE, adj. inv. et subst.
Subst. fém. Argile jaune ou rouge, servant de colorant. – *Subst. masc.* et *adj.* Brun-rouge ou brun-jaune. [ɔkʀ].

OCTAVE, subst. f.
Mus. Ensemble des notes comprises dans un intervalle de huit degrés. [ɔktav].

OCTET, subst. m.
Informat. Groupe de huit caractères binaires ou bits. [ɔktɛ].

OCTOBRE, subst. m.
Dixième mois de l'année. [ɔktɔbʀ].

OCTOGÉNAIRE, adj. et subst.
Qui est âgé de 80 à 89 ans. [ɔktɔʒenɛʀ].

OCTROI, subst. m.
Action d'octroyer ; son résultat. – Ancienne taxe perçue sur les marchandises à leur entrée dans une ville ; l'administration, le bureau chargé de cette taxe. [ɔktʀwa].

OCTROYER, verbe trans. [17]
Accorder (qqch.) par faveur. [ɔktʀwaje].

OCULAIRE, adj.
De l'œil. – *Témoin oculaire* : qui a vu l'événement dont il témoigne. [ɔkylɛʀ].

OCULISTE, subst.
Méd. Spécialiste de la vue. [ɔkylist].

ODE, subst. f.
Poème lyrique. [ɔd].

ODEUR, subst. f.
Émanation portée par l'air ou par l'eau et perçue par l'odorat. [ɔdœʀ].

ODIEUX, ODIEUSE, adj.
Qui soulève l'indignation. – Exécrable, haïssable. [ɔdjø, ɔdjøz].

ODORANT, ANTE, adj.
Qui dégage une odeur, gén. agréable : *Des fleurs odorantes.* [ɔdɔrɑ̃, -ɑ̃t].

ODORAT, subst. m.
Sens qui permet à l'homme et aux animaux de sentir les odeurs. [ɔdɔʀa].

ODORIFÉRANT, ANTE, adj.
Dont l'odeur est puissante et agréable. [ɔdɔrifeʀɑ̃, -ɑ̃t].

ODYSSÉE, subst. f.
Voyage plein d'aventures. [ɔdise].

ŒCUMÉNIQUE, adj.
Universel. – *Concile œcuménique* : qui rassemble tous les évêques catholiques. – Qui tend à rassembler toutes les Églises. [ekymenik] ou [økymenik].

ŒDÈME, subst. m.
Méd. Accumulation de liquide séreux dans certains tissus. [edɛm] ou [ødɛm].

ŒIL, YEUX, ŒILS, subst. m.
Organe de la vue. – Vue, regard. – Attention, vigilance. – *Fig.* Trou, ouverture ; ornement rond (plur. *œils*). [œj], plur. [jø].

ŒIL-DE-BŒUF, subst. m.
Fenêtre ronde ou ovale (appelée *oculus* au Moyen Âge). Plur. *œils-de-bœuf* : [œjdəbœf].

ŒILLADE, subst. f.
Clin d'œil complice ou tendre. [œjad].

ŒILLÈRE, subst. f.
Plaque de cuir empêchant un cheval de voir sur le côté. [œjɛʀ].

ŒILLET, subst. m.
Petit trou cerclé de métal. – Plante à fleurs rouges, roses ou blanches, très odorantes. [œjɛ].

ŒNOLOGIE, subst. f.
Science de la fabrication du vin. [enɔlɔʒi].

ŒSOPHAGE, subst. m.
Partie du tube digestif comprise entre le pharynx et l'estomac. [ezɔfaʒ].

ŒSTROGÈNE, adj. et subst. m.
Se dit de l'hormone qui provoque l'ovulation chez la femme et les femelles des autres mammifères. [ɛstrɔʒɛn].

ŒUF, subst. m.
Corps pondu par les femelles ovipares. – Ce corps, comestible, pondu par certains oiseaux et poissons : *Œufs de poule, de lump.* [œf], plur. [ø].

ŒUVRE, subst.
Fém. Activité, travail : *Se mettre à l'œuvre.* – Produit d'une activité ; ouvrage littéraire ou artistique. – *Masc.* Ensemble des œuvres d'un artiste. – *Le gros œuvre* : ce qui forme la structure d'un bâtiment. [œvʀ].

ŒUVRER, verbe intrans. [3]
Agir en vue d'un objectif. [œvʀe].

OFF, adj. inv.
Cin. Hors champ. [ɔf].

OFFENSE, subst. f.
Action ou propos qui outrage, blesse qqn, ou qui porte atteinte à une vertu morale : *Offense aux bonnes mœurs.* [ɔfɑ̃s].

OFFENSER, verbe trans. [3]
Faire offense à (qqn, un principe, une vertu) : *Offenser la pudeur.* [ɔfɑ̃se].

OFFENSIF, IVE, adj. et subst. f.
Adj. Qui attaque ; qui sert à attaquer. – *Subst.* Attaque, assaut. [ɔfɑ̃sif, -iv]

OFFICE, subst. m.
Fonction, charge : Faire office de, jouer le rôle de. – D'office : d'autorité. – Établissement public ou privé : Office du tourisme. – Messe, cérémonie religieuse. – Plur. Bons offices : assistance, entremise. 🕮 [ɔfis].

OFFICIALISER, verbe trans. [3]
Rendre officiel. 🕮 [ɔfisjalize].

OFFICIEL, IELLE, adj. et subst. m.
Adj. Qui relève de l'autorité publique. – Affirmé comme vrai par une autorité : La version officielle des faits. – Subst. Représentant d'une autorité. 🕮 [ɔfisjɛl].

OFFICIER (I), verbe intrans. [6]
Célébrer un office religieux. – Fig. Œuvrer avec solennité (iron.). 🕮 [ɔfisje].

OFFICIER (II), subst. m.
Titulaire d'un office, d'une charge publique. – Militaire de grade élevé, susceptible de commander. 🕮 [ɔfisje].

OFFICIEUX, IEUSE, adj.
Qui est de source sûre, mais qui n'est pas officiel. 🕮 [ɔfisjø, -jøz].

OFFICINAL, ALE, AUX, adj.
Utilisé en pharmacie. 🕮 [ɔfisinal].

OFFICINE, subst. f.
Boutique de pharmacien. – Fig. Lieu où s'élabore qqch. de nuisible. 🕮 [ɔfisin].

OFFRANDE, subst. f.
Présent à caractère religieux. 🕮 [ɔfʀɑ̃d].

OFFRE, subst. f.
Action d'offrir. – Proposition. 🕮 [ɔfʀ].

OFFRIR, verbe trans. [27]
Donner en cadeau. – Proposer, mettre à la disposition de. – Procurer : Offrir des avantages. 🕮 [ɔfʀiʀ].

OFFUSQUER, verbe trans. [3]
Choquer, déplaire vivement à. 🕮 [ɔfyske].

OGIVE, subst. f.
Archit. Arc diagonal renforçant une voûte. – Tête d'un obus, d'un missile. 🕮 [ɔʒiv].

OGRE, OGRESSE, subst.
Géant des contes de fées, qui mange les petits enfants. 🕮 [ɔgʀ, ɔgʀɛs].

OH, interj.
Exprime la surprise, l'admiration. 🕮 [o].

OHÉ, interj.
Sert à appeler. 🕮 [ɔe].

OIE, subst. f.
Palmipède de basse-cour, à long cou. – Fig. Personne sotte. 🕮 [wa].

OIGNON, subst. m.
Plante potagère à saveur forte. – Bulbe de certaines plantes. – Grosse montre de gousset. – Cor sur un orteil. 🕮 [ɔɲɔ̃].

OÏL, adv.
Langue d'oïl : ensemble des dialectes romans du nord de la France, dans lesquels oïl signifiait « oui ». 🕮 [ɔjl].

OINDRE, verbe trans. [55]
Enduire d'huile, de matière grasse. – Relig. Faire une onction à (qqn). 🕮 [wɛ̃dʀ].

OISEAU, subst. m.
Vertébré ovipare à deux pattes et à deux ailes, doté d'un bec, recouvert de plumes et le plus souvent apte au vol. 🕮 [wazo].

OISELEUR, subst. m.
Personne dont le métier est de capturer les oiseaux. 🕮 [waz(ə)lœʀ].

OISELIER, IÈRE, subst.
Personne qui fait profession d'élever et de vendre des oiseaux. 🕮 [wazəlje, -jɛʀ].

OISEUX, EUSE, adj.
Inutile, sans intérêt. 🕮 [wazø, -øz].

OISIF, IVE, adj. et subst.
Qui est sans activité. 🕮 [wazif, -iv].

OISILLON, subst. m.
Jeune oiseau. 🕮 [wazijɔ̃].

OISIVETÉ, subst. f.
Absence d'activité. – Farniente, désœuvrement. 🕮 [wazivte].

O.K., interj. et adj. inv.
Fam. Interj. D'accord. – Adj. Qui convient : Tout est O.K. 🕮 [ɔke] ou [ɔke].

OLÉAGINEUX, EUSE, adj. et subst. m.
Adj. Qui contient de l'huile. – Subst. Plante dont les graines fournissent de l'huile. 🕮 [ɔleaʒinø, -øz].

OLÉODUC, subst. m.
Conduit servant au transport du pétrole brut. 🕮 [ɔleɔdyk].

OLFACTIF, IVE, adj.
Qui se rapporte à l'odorat. 🕮 [ɔlfaktif, -iv].

OLIBRIUS, subst. m.
Personne excentrique (fam.). 🕮 [ɔlibʀijys].

OLIFANT, subst. m.
Cor de chasse médiéval en ivoire. 🕮 [ɔlifɑ̃].

OLIGARCHIE, subst. f.
Régime politique dans lequel le pouvoir est détenu par un petit nombre de personnes. 🕮 [ɔligaʀʃi].

OLIGOÉLÉMENT, subst. m.
Élément chimique (fer, magnésium) nécessaire à la vie, présent en infimes quantités dans l'organisme. 🕮 [ɔligoelemɑ̃].

OLIVE, subst. f.
Petit fruit à noyau de l'olivier, comestible, dont on extrait de l'huile. – Empl. adj. inv. D'un vert tirant sur le jaune. 🕮 [ɔliv].

OLIVERAIE, subst. f.
Plantation d'oliviers. 🕮 [ɔlivʀɛ].

OL(L)É, interj. et adj. inv.
Interj. Exprime l'encouragement. – Adj. Olé olé : égrillard, osé (fam.). 🕮 [ɔle].

OLYMPIEN, IENNE, adj.
Qui concerne l'Olympe et ses dieux. – Fig. Serein et maître de soi. 🕮 [ɔlɛ̃pjɛ̃, -jɛn].

OLYMPIQUE, adj.
Jeux Olympiques : manifestation sportive internationale qui a lieu tous les quatre ans. – Relatif aux jeux Olympiques ; conforme à leur règlement. 🕮 [ɔlɛ̃pik].

OMBILICAL, ALE, AUX, adj.
Qui concerne le nombril. 🕮 [ɔ̃bilikal].

OMBRAGE, subst. m.
Feuillage qui donne de l'ombre ; cette ombre elle-même. – Fig. *Prendre* **ombrage** *de* : s'offenser de. 🔊 [ɔ̃bʀaʒ].

OMBRAGER, verbe trans. [5]
Couvrir d'ombre. 🔊 [ɔ̃bʀaʒe].

OMBRAGEUX, EUSE, adj.
Qui s'effraie d'une ombre ou d'un objet inhabituel : *Cheval* **ombrageux**. – Prompt à s'offenser. 🔊 [ɔ̃bʀaʒø, -øz].

OMBRE, subst. f.
Espace abrité du soleil. – Projection sombre d'un corps qui intercepte la lumière. – Forme imprécise ; spectre. – Fig. Trace : *Pas l'ombre d'un doute*. 🔊 [ɔ̃bʀ].

OMBRELLE, subst. f.
Petit parasol portatif. 🔊 [ɔ̃bʀɛl].

OMELETTE, subst. f.
Œufs battus cuits à la poêle. 🔊 [ɔmlɛt].

OMETTRE, verbe trans. [60]
Oublier. – Laisser de côté ; taire. 🔊 [ɔmɛtʀ].

OMISSION, subst. f.
Action d'omettre, d'oublier. 🔊 [ɔmisjɔ̃].

OMNI-, préfixe
Exprime l'idée de « tout ». 🔊 [ɔmni-].

OMNIBUS, adj. inv. et subst. m.
Se dit d'un train qui s'arrête à toutes les gares. 🔊 [ɔmnibys].

OMNIPOTENT, ENTE, adj.
Tout-puissant. 🔊 [ɔmnipotɑ̃, -ɑ̃t].

OMNIPRÉSENT, ENTE, adj.
Présent partout. – Constamment présent. 🔊 [ɔmnipʀezɑ̃, -ɑ̃t].

OMNISCIENT, IENTE, adj.
Qui sait tout. 🔊 [ɔmnisjɑ̃, -jɑ̃t].

OMNISPORTS, adj. inv.
Pour de nombreux sports. 🔊 [ɔmnispɔʀ].

OMNIVORE, adj. et subst.
Qui se nourrit de tout. 🔊 [ɔmnivɔʀ].

OMOPLATE, subst. f.
Os plat de l'épaule. 🔊 [ɔmɔplat].

ON, pron. indéf.
Pronom personnel sujet désignant les humains : *On vit plus vieux que jadis*. – Une personne indéterminée : *On a sonné*. – Nous (fam.) : *On dînera tôt*. 🔊 [ɔ̃].

ONAGRE, subst. m.
Âne sauvage d'Asie. – *Antiq.* Catapulte romaine. 🔊 [ɔnagʀ].

ONCE, subst. f.
Ancienne unité de poids. – Fig. Très petite quantité : *Une* **once** *de vérité*. 🔊 [ɔ̃s].

ONCLE, subst. m.
Frère du père ou de la mère. 🔊 [ɔ̃kl].

ONCTION, subst. f.
Application rituelle des saintes huiles. – Fig. Pieuse douceur (littér.). 🔊 [ɔ̃ksjɔ̃].

ONCTUEUX, EUSE, adj.
Qui produit l'impression d'un corps gras. – Moelleux, velouté. 🔊 [ɔ̃ktɥø, -øz].

ONCTUOSITÉ, subst. f.
Caractère de ce qui onctueux. 🔊 [ɔ̃ktɥozite].

ONDE, subst. f.
Ride sur l'eau. – Eau de la mer, d'un lac, d'une rivière (littér.). – *Phys.* Vibration qui se propage. – Plur. La radio. 🔊 [ɔ̃d].

ONDÉE, subst. f.
Pluie subite et brève. 🔊 [ɔ̃de].

ON-DIT, subst. m. inv.
Rumeur, bruit répandu. 🔊 [ɔ̃di].

ONDOYER, verbe intrans. [17]
Onduler. – Serpenter. 🔊 [ɔ̃dwaje].

ONDULATION, subst. f.
Mouvement léger, alternatif et régulier d'un fluide qui s'élève et s'abaisse. – Mouvement rappelant celui des ondes. – Tracé sinueux. – Plur. Légère frisure. 🔊 [ɔ̃dylasjɔ̃].

ONDULATOIRE, adj.
Qui a les caractères d'une onde. – *Phys.* Qui a trait aux ondes. 🔊 [ɔ̃dylatwaʀ].

ONDULER, verbe [3]
Former des ondulations ou en donner à (qqch.). 🔊 [ɔ̃dyle].

ONÉREUX, EUSE, adj.
Qui coûte cher. 🔊 [ɔneʀø, -øz].

O.N.G., subst. f.
Sigle pour « organisation non gouvernementale », organisme à vocation humanitaire. 🔊 [oɛnʒe].

ONGLE, subst. m.
Lame cornée recouvrant l'extrémité d'un doigt ou d'un orteil. 🔊 [ɔ̃gl].

ONGLET, subst. m.
Petite entaille où l'on peut introduire l'ongle. – Échancrure sur le bord des pages d'un livre, signalant une section. – *Bouch.* Morceau du bœuf. 🔊 [ɔ̃glɛ].

ONGUENT, subst. m.
Pommade grasse. 🔊 [ɔ̃gɑ̃].

ONGULÉ, ÉE, adj. et subst. m.
Se dit d'un mammifère aux doigts terminés par un sabot. – Subst. plur. L'ordre correspondant. 🔊 [ɔ̃gyle].

ONIRIQUE, adj.
Relatif au rêve. – Qui l'évoque. 🔊 [ɔniʀik].

ONOMATOPÉE, subst. f.
Mot formé à partir d'un bruit, et qui le rappelle. 🔊 [ɔnɔmatɔpe].

ONYX, subst. m.
Agate présentant des anneaux concentriques de diverses couleurs. 🔊 [ɔniks].

ONZE, adj. num. inv. et subst. m. inv.
Adj. Dix plus un. – Onzième : *Louis XI* ; *Il est 11 heures*. – Subst. Le nombre **onze**. 🔊 [ˈɔ̃z].

O.P.A., subst. f.
Sigle pour « offre publique d'achat », opération de Bourse. 🔊 [opea].

OPACIFIER, verbe trans. [6]
Rendre opaque. 🔊 [ɔpasifje].

OPACITÉ, subst. f.
Propriété de ce qui est opaque. 🔊 [ɔpasite].

OPALE, subst. f.
Pierre fine à reflets irisés. 🔊 [ɔpal].

OPALIN, INE, adj.
Qui a la couleur laiteuse et bleuâtre de
l'opale, ses reflets irisés. 🕮 [ɔpalɛ̃, -in].

OPAQUE, adj.
Qui intercepte la lumière. – Obscur. – Fig.
Incompréhensible, impénétrable. 🕮 [ɔpak].

OPEN, adj. inv. et subst. m.
Sp. Se dit d'une compétition ouverte à
tous : Un open de tennis. – Adj. Billet
d'avion open : à date non fixée. 🕮 [ɔpɛn].

OPÉRA, subst. m.
Œuvre théâtrale mise en musique et chantée. – Opéra bouffe : dont le thème est
comique. – Théâtre où l'on joue des opéras.
🕮 [ɔpeʀa].

OPÉRA-COMIQUE, subst. m.
Opéra où alternent scènes chantées et
dialogues parlés. 🕮 Plur. opéras-comiques ;
[ɔpeʀakɔmik].

OPÉRATION, subst. f.
Action d'opérer. – Action visant un résultat.
– Intervention chirurgicale. – Processus de
calcul arithmétique. – Mouvement militaire
stratégique. 🕮 [ɔpeʀasjɔ̃].

OPÉRATIONNEL, ELLE, adj.
Prêt à fonctionner. – Relatif aux opérations
militaires. 🕮 [ɔpeʀasjɔnɛl].

OPERCULE, subst. m.
Petit couvercle. 🕮 [ɔpɛʀkyl].

OPÉRER, verbe trans. [8]
Accomplir, effectuer (une action). – Procé-
der à une intervention chirurgicale sur.
– Empl. abs. Produire un effet. 🕮 [ɔpeʀe].

OPÉRETTE, subst. f.
Opéra-comique léger et gai. 🕮 [ɔpeʀɛt].

OPHIDIEN, IENNE, adj. et subst. m.
Adj. Qui concerne les serpents. – Subst.
plur. Sous-ordre regroupant tous les serpents. 🕮 [ɔfidjɛ̃, -jɛn].

OPHTALMOLOGIE, subst. f.
Médecine de l'œil. 🕮 [ɔftalmɔlɔʒi].

OPIACÉ, ÉE, adj. et subst. m.
Se dit d'un produit contenant de l'opium.
🕮 [ɔpjase].

OPINER, verbe trans. indir. [3]
Opiner à qqch. : y acquiescer. 🕮 [ɔpine].

OPINIÂTRE, adj.
Qui ne cède pas. – Tenace. 🕮 [ɔpinjɑtʀ].

OPINIÂTRETÉ, subst. f.
Obstination, acharnement. 🕮 [ɔpinjɑtʀəte].

OPINION, subst. f.
Manière de penser, avis. – Jugement de
valeur. – L'opinion publique : ce que pensent
la plupart des gens. – Plur. Convictions.
🕮 [ɔpinjɔ̃].

OPIUM, subst. m.
Drogue extraite du pavot. 🕮 [ɔpjɔm].

OPOSSUM, subst. m.
Petit marsupial d'Amérique et d'Australie,
à belle fourrure. 🕮 [ɔpɔsɔm].

OPPORTUN, UNE, adj.
Qui vient à propos. 🕮 [ɔpɔʀtœ̃, -yn].

OPPORTUNISME, subst. m.
Conduite guidée par l'intérêt, qui consiste
à saisir toute opportunité. 🕮 [ɔpɔʀtynism].

OPPORTUNITÉ, subst. f.
Occasion favorable. 🕮 [ɔpɔʀtynite].

OPPOSANT, ANTE, subst.
Personne qui s'oppose à une autorité, à un
régime. 🕮 [ɔpozɑ̃, -ɑ̃t].

OPPOSER, verbe trans. [3]
Répondre par, objecter. – Placer vis-à-vis ;
faire s'affronter ; comparer. – Lutter au
moyen de : Opposer une résistance. – Pronom. Résister à ; faire obstacle à. – Contraster. 🕮 [ɔpoze].

OPPOSITION, subst. f.
Action de s'opposer. – Résistance, contestation. – Contraste. – Contradiction, différence capitale. – Pol. L'ensemble des partis
opposés au gouvernement. 🕮 [ɔpozisjɔ̃].

OPPRESSER, verbe trans. [3]
Gêner la respiration de. – Fig. Accabler,
écraser. 🕮 [ɔpʀese].

OPPRESSEUR, subst. m.
Celui qui opprime. 🕮 [ɔpʀesœʀ].

OPPRESSION, subst. f.
Gêne respiratoire. – Fig. Angoisse. – Action
d'opprimer ; état d'opprimé. 🕮 [ɔpʀesjɔ̃].

OPPRIMER, verbe trans. [3]
Écraser (qqn, une population) sous son
autorité. 🕮 [ɔpʀime].

OPPROBRE, subst. m.
Déshonneur, honte (littér.). 🕮 [ɔpʀɔbʀ].

OPTER, verbe intrans. [3]
Choisir, prendre parti. 🕮 [ɔpte].

OPTICIEN, IENNE, subst.
Fabricant ou marchand de lunettes, d'instruments d'optique. 🕮 [ɔptisjɛ̃, -jɛn].

OPTIMAL, ALE, AUX, adj.
Le meilleur possible. 🕮 [ɔptimal].

OPTIM(AL)ISER, verbe trans. [3]
Rendre optimal. 🕮 [ɔptim(al)ize].

OPTIMISME, subst. m.
Tendance à voir le bon côté des choses.
– Confiance en l'avenir. 🕮 [ɔptimism].

OPTIMISTE, adj. et subst.
Qui fait preuve d'optimisme. 🕮 [ɔptimist].

OPTIMUM, subst. m.
État jugé le plus favorable dans des circonstances données. 🕮 Plur. optimums ou
optima ; [ɔptimɔm].

OPTION, subst. f.
Fait d'opter, de choisir. – Ce qui s'offre
au choix. – Le choix ainsi fait. – Promesse
d'achat, de vente. 🕮 [ɔpsjɔ̃].

OPTIONNEL, ELLE, adj.
Facultatif, en option. 🕮 [ɔpsjɔnɛl].

OPTIQUE, adj. et subst. f.
Adj. Relatif à la vision. – Subst. Science qui
traite de la lumière et de la vision.
– Fabrication et commerce des instruments
d'optique. – Perspective : L'optique d'un
théâtre ; au fig., manière de voir. 🕮 [ɔptik].

OPULENCE, subst. f.
Abondance de biens, grande richesse. – Fig.
Ampleur, générosité de formes. 🐌 [ɔpylɑ̃s].

OPULENT, ENTE, adj.
Qui vit dans l'opulence ; fastueux. – Fig.
Très épanoui, plantureux. 🐌 [ɔpylɑ̃, -ɑ̃t].

OPUS, subst. m.
Morceau de musique numéroté. 🐌 [ɔpys].

OPUSCULE, subst. m.
Petit livre, brochure. 🐌 [ɔpyskyl].

OR (I), subst. m.
Métal précieux jaune. – Monnaie en or.
– Dans des locutions, symbole de richesse,
d'excellence, de générosité. – Empl. adj. inv.
Couleur de l'or. 🐌 [ɔʀ].

OR (II), conj.
Cependant : Or, il advint que. – Pourtant :
Je le croyais, or c'était faux. 🐌 [ɔʀ].

ORACLE, subst. m.
Antiq. Réponse d'un dieu à qui le consul-
tait ; ce dieu lui-même. – Opinion émise
avec autorité ; personne qui émet cette
opinion (littér.). 🐌 [ɔʀakl].

ORAGE, subst. m.
Perturbation atmosphérique, accompagnée
d'éclairs et de coups de tonnerre. – Fig.
Dispute violente. 🐌 [ɔʀaʒ].

ORAGEUX, EUSE, adj.
Qui a les caractères de l'orage. – Fig. Agité,
tumultueux. 🐌 [ɔʀaʒø, -øz].

ORAISON, subst. f.
Relig. Prière. – Discours. 🐌 [ɔʀɛzɔ̃].

ORAL, ALE, AUX, adj. et subst. m.
Adj. Qui se fait de vive voix. – Qui concerne
la bouche. – Subst. Ensemble des épreuves
orales d'un examen (oppos. écrit). 🐌 [ɔʀal].

ORANGE, adj. inv. et subst.
Subst. fém. Fruit sphérique, comestible et
très juteux de l'oranger (agrume). – Subst.
masc. et adj. Couleur de ce fruit. 🐌 [ɔʀɑ̃ʒ].

ORANGERAIE, subst. f.
Plantation d'orangers. 🐌 [ɔʀɑ̃ʒʀɛ].

ORANGERIE, subst. f.
Bâtiment où l'on abrite, l'hiver, les orangers
en caisses d'un parc. 🐌 [ɔʀɑ̃ʒʀi].

ORANG-OUTAN(G), subst. m.
Grand singe d'Indo-Malaisie, aux longs bras
et au poil roux (synon. pongo). 🐌 Plur.
orangs-outan(g)s : [ɔʀɑ̃utɑ̃].

ORATEUR, TRICE, subst.
Personne qui fait un discours. – Personne
éloquente. 🐌 [ɔʀatœʀ, -tʀis].

ORATOIRE, subst. m.
Petite chapelle. 🐌 [ɔʀatwaʀ].

ORATORIO, subst. m.
Mus. Drame lyrique, au thème gén. religieux, associant solistes, chœurs et orchestre. 🐌 [ɔʀatɔʀjo].

ORBITE, subst. f.
Cavité osseuse où se trouve l'œil. – Trajectoire que décrit un corps céleste gravitant
autour de son foyer. – Fig. Zone d'influence
de qqn. 🐌 [ɔʀbit].

ORCHESTRATION, subst. f.
Mus. Art d'écrire une œuvre pour orchestre.
– Fig. Action concertée. 🐌 [ɔʀkɛstʀasjɔ̃].

ORCHESTRE, subst. m.
Groupe de musiciens jouant ensemble.
– Rez-de-chaussée d'une salle de spectacle.
🐌 [ɔʀkɛstʀ].

ORCHESTRER, verbe trans. [3]
Faire l'orchestration musicale de. – Fig.
Organiser (une manifestation d'une cer-
taine ampleur). 🐌 [ɔʀkɛstʀe].

ORCHIDÉE, subst. f.
Plante des climats chauds, appréciée pour
ses fleurs aux formes originales. 🐌 [ɔʀkide].

ORDINAIRE, adj. et subst. m.
Adj. Qui est conforme à l'usage ; habituel.
– Commun, médiocre. – Subst. Ce qui est
habituel, courant. 🐌 [ɔʀdinɛʀ].

ORDINAL, ALE, AUX, adj.
Qui marque le rang, l'ordre. 🐌 [ɔʀdinal].

ORDINATEUR, subst. m.
Machine électronique apte à traiter rapidement de l'information. 🐌 [ɔʀdinatœʀ].

ORDINATION, subst. f.
Relig. Acte conférant le sacrement d'un
ordre majeur. 🐌 [ɔʀdinasjɔ̃].

ORDONNANCE, subst. f.
Action de disposer qqch. selon un ordre.
– Prescription écrite d'un médecin. – Acte
pris par un gouvernement, avec l'aval d'un
parlement. – Autrefois, soldat attaché au
service d'un officier. 🐌 [ɔʀdɔnɑ̃s].

ORDONNÉE, subst. f.
L'une des deux coordonnées d'un point
dans un plan (oppos. abscisse). 🐌 [ɔʀdɔne].

ORDONNER, verbe trans. [3]
Mettre dans un certain ordre. – Comman-
der, donner l'ordre de ; prescrire. – Relig.
Conférer l'ordination à. 🐌 [ɔʀdɔne].

ORDRE, subst. m.
Manière de classer les éléments d'un tout :
Ordre alphabétique. – Succession d'éléments classés. – Situation dans laquelle les
objets sont rangés. – Disposition d'une
personne organisée. – Situation d'une société stable. – Catégorie, classe, subdivision.
– Bot. et zool. Division intermédiaire entre
la classe et la famille. – Relig. Sacrement
conféré à un diacre, à un prêtre ou à un
évêque. – Congrégation religieuse ; association de membres d'une profession libérale :
Ordre des médecins. – Compagnie honorifique : Ordre national du Mérite. – Commandement, injonction. 🐌 [ɔʀdʀ].

ORDURE, subst. f.
Chose malpropre ; au plur., immondices,
déchets. – Fig. Propos grossier. – Personne
abjecte (fam.). 🐌 [ɔʀdyʀ].

ORDURIER, IÈRE, adj.
Grossier, obscène. 🐌 [ɔʀdyʀje, -jɛʀ].

ORÉE, subst. f.
Bord, lisière d'un bois (littér.). 🐌 [ɔʀe].

OREILLE, subst. f.
Organe de l'ouïe ; partie visible de cet organe. – Aptitude à distinguer les sons. – Partie saillante d'un objet. 🔊 [ɔʀɛj].

OREILLER, subst. m.
Coussin surélevant la tête, au lit. 🔊 [ɔʀeje].

OREILLONS, subst. m. plur.
Maladie contagieuse caractérisée par des douleurs dans l'oreille. 🔊 [ɔʀejɔ̃].

ORES, adv.
D'ores et déjà : dès à présent. 🔊 [ɔʀ].

ORFÈVRE, subst.
Fabricant d'objets en métaux précieux. – Fig. Expert, homme habile. 🔊 [ɔʀfɛvʀ].

ORFÈVRERIE, subst. f.
Art, commerce de l'orfèvre. – Les pièces qu'il fabrique. 🔊 [ɔʀfɛvʀəʀi].

ORGANDI, subst. m.
Mousseline de coton. 🔊 [ɔʀgɑ̃di].

ORGANE, subst. m.
Partie du corps remplissant une fonction. – Voix humaine. – Pièce mécanique assurant une fonction. – Publication émanant d'un groupe. 🔊 [ɔʀgan].

ORGANIGRAMME, subst. m.
Représentation graphique de l'organisation d'une entreprise, d'une administration, etc. 🔊 [ɔʀganigʀam].

ORGANIQUE, adj.
Qui a trait aux organes. – Qui a trait aux organismes vivants. – Inhérent à la structure de qqch. : *Commandement* organique. – *Chim.* Qui a trait aux composés du carbone. 🔊 [ɔʀganik].

ORGANISATEUR, TRICE, subst.
Personne qui organise. 🔊 [ɔʀganizatœʀ, -tʀis].

ORGANISATION, subst. f.
Action d'organiser. – Structure, agencement d'un ensemble complexe. – Association à but déterminé. 🔊 [ɔʀganizasjɔ̃].

ORGANISER, verbe trans. [3]
Agencer d'une manière structurée. – Mettre en place (les éléments nécessaires à la réussite de qqch.). 🔊 [ɔʀganize].

ORGANISME, subst. m.
Être vivant. – Ensemble des organes de cet être ; corps humain. – Ensemble des services affectés à une tâche précise. 🔊 [ɔʀganism].

ORGANISTE, subst.
Joueur d'orgue. 🔊 [ɔʀganist].

ORGASME, subst. m.
Paroxysme du plaisir sexuel. 🔊 [ɔʀgasm].

ORGE, subst. f.
Céréale qui sert à l'alimentation animale et à la fabrication de la bière ; sa graine. – Empl. masc. Orge *perlé* ou *mondé* : graines débarrassées de leur enveloppe. 🔊 [ɔʀʒ].

ORGEAT, subst. m.
Sirop d'orgeat : sirop préparé avec du lait d'amande. 🔊 [ɔʀʒa].

ORGELET, subst. m.
Petit furoncle sur la paupière. 🔊 [ɔʀʒəlɛ].

ORGIE, subst. f.
Fête où l'on mange et boit avec excès. – Fig. *Une orgie de* : une profusion de. 🔊 [ɔʀʒi].

ORGUE, subst. m.
Mus. Instrument à vent composé de tuyaux qui communiquent avec un ou plusieurs claviers et avec une soufflerie. 🔊 Souv. fém. au plur. pour désigner un seul instrument ; [ɔʀg].

ORGUEIL, subst. m.
Sentiment, exagéré ou justifié, de sa propre valeur. – Ce qui suscite la fierté. 🔊 [ɔʀgœj].

ORGUEILLEUX, EUSE, adj. et subst.
Qui fait preuve d'orgueil. 🔊 [ɔʀgøjø, -øz].

ORIENT, subst. m.
Est, levant. – *L'Orient* : l'Asie. 🔊 [ɔʀjɑ̃].

ORIENTAL, ALE, AUX, adj. et subst.
Adj. Situé à l'orient. – De l'Orient. – Subst. Habitant ou originaire d'un pays asiatique. 🔊 [ɔʀjɑ̃tal].

ORIENTATION, subst. f.
Détermination du lieu où l'on se trouve : *Sens de l'orientation.* – Façon d'être orienté, disposé. – Fig. Tendance. 🔊 [ɔʀjɑ̃tasjɔ̃].

ORIENTER, verbe trans. [3]
Disposer (qqch.) dans une direction définie. – Diriger, guider (qqn vers). – Fig. Orienter *qqn professionnellement.* 🔊 [ɔʀjɑ̃te].

ORIFICE, subst. m.
Trou, ouverture. 🔊 [ɔʀifis].

ORIFLAMME, subst. f.
Bannière, étendard. 🔊 [ɔʀiflam].

ORIGINAIRE, adj.
Né à ; qui tire son origine de. 🔊 [ɔʀiʒinɛʀ].

ORIGINAL, ALE, AUX, adj. et subst.
Se dit d'une œuvre qui émane directement de l'auteur. – Se dit de qqch. qui ne ressemble à rien, d'une personne excentrique. – Subst. masc. Ouvrage, texte, modèle primitif ou authentique. 🔊 [ɔʀiʒinal].

ORIGINALITÉ, subst. f.
Caractère original ; fantaisie. 🔊 [ɔʀiʒinalite].

ORIGINE, subst. f.
Point de départ, début. – Naissance, ascendance. – Cause d'un événement. – Provenance. 🔊 [ɔʀiʒin].

ORIGINEL, ELLE, adj.
Qui date de l'origine. 🔊 [ɔʀiʒinɛl].

ORIPEAUX, subst. m. plur.
Vêtements voyants élimés. 🔊 [ɔʀipo].

O.R.L., subst. inv.
Fém. Sigle pour « oto-rhino-laryngologie », partie de la médecine qui s'occupe des oreilles, du nez et de la gorge. – Masc. et fém. Médecin exerçant cette spécialité. 🔊 [ɔɛʀɛl].

ORME, subst. m.
Grand arbre à feuilles dentelées. 🔊 [ɔʀm].

ORNEMENT, subst. m.
Action d'orner. – Objet, élément qui orne qqch. 🔊 [ɔʀnəmɑ̃].

ORNEMENTAL, ALE, AUX, adj.
Qui sert à l'ornement. 🔊 [ɔʀnəmɑ̃tal].

ORNER, verbe trans. [3]
Décorer, embellir, agrémenter. 🕮 [ɔʀne].

ORNIÈRE, subst. f.
Trace profonde laissée par une roue dans un chemin. – Fig. Routine. – Situation difficile. 🕮 [ɔʀnjɛʀ].

ORNITHOLOGIE, subst. f.
Science des oiseaux. 🕮 [ɔʀnitɔlɔʒi].

ORNITHORYNQUE, subst. m.
Mammifère ovipare d'Australie à bec corné et à pattes palmées. 🕮 [ɔʀnitɔʀɛ̃k].

ORPHELIN, INE, subst.
Enfant qui a perdu l'un de ses parents, ou les deux. 🕮 [ɔʀfəlɛ̃, -in].

ORPHELINAT, subst. m.
Établissement pour orphelins. 🕮 [ɔʀfəlina].

ORQUE, subst. f.
Grand mammifère marin carnivore (synon. épaulard). 🕮 [ɔʀk].

ORTEIL, subst. m.
Doigt de pied. 🕮 [ɔʀtɛj].

ORTHO-, préfixe
« Droit » ; au fig., « correct ». 🕮 [ɔʀtɔ-].

ORTHODOXE, adj. et subst.
Adj. Fidèle à une doctrine religieuse, philosophique ou politique. – De la religion orthodoxe, christianisme d'Orient. – Subst. Adepte de cette religion. 🕮 [ɔʀtɔdɔks].

ORTHOGONAL, ALE, AUX, adj.
À angle droit. 🕮 [ɔʀtɔgɔnal].

ORTHOGRAPHE, subst. f.
Ensemble des règles fixant la manière d'écrire les mots. – Façon dont un mot est écrit. 🕮 [ɔʀtɔgʀaf].

ORTHOGRAPHIER, verbe trans. [6]
Écrire (un mot) selon les règles de l'orthographe. 🕮 [ɔʀtɔgʀafje].

ORTHOPÉDIE, subst. f.
Méd. Traitement des lésions des os, des muscles, des articulations. 🕮 [ɔʀtɔpedi].

ORTHOPHONIE, subst. f.
Rééducation des défauts du langage parlé ou écrit. 🕮 [ɔʀtɔfɔni].

ORTHOPTÈRE, subst. m.
Insecte broyeur, à ailes postérieures plissées, tel que sauterelle, criquet, etc. – Plur. L'ordre correspondant. 🕮 [ɔʀtɔptɛʀ].

ORTIE, subst. f.
Plante aux feuilles irritantes. 🕮 [ɔʀti].

ORTOLAN, subst. m.
Petit oiseau à la chair savoureuse. 🕮 [ɔʀtɔlɑ̃].

ORVET, subst. m.
Lézard sans pattes qui ressemble à un petit serpent. 🕮 [ɔʀvɛ].

OS, subst. m.
Chacun des éléments du squelette de l'homme et des autres vertébrés. – Fig. Difficulté (fam.). 🕮 [ɔs], plur. [o].

OSCAR, subst. m.
Aux États-Unis, récompense cinématographique. 🕮 [ɔskaʀ].

OSCILLER, verbe intrans. [3]
Balancer, pencher d'un côté puis de l'autre, alternativement. – Fig. Hésiter (entre deux partis, deux attitudes contraires). 🕮 [ɔsile].

OSEILLE, subst. f.
Plante potagère à saveur acide. 🕮 [ozɛj].

OSER, verbe trans. [3]
Faire preuve d'audace, de hardiesse pour. – Avoir l'impertinence de. 🕮 [oze].

OSIER, subst. m.
Saule aux branches flexibles. – Ces branches, servant à tresser des objets. 🕮 [ozje].

OSMOSE, subst. f.
Influence réciproque insensible. 🕮 [ɔsmoz].

OSSATURE, subst. f.
Ensemble des os, squelette. – Charpente, structure. – Fig. Plan. 🕮 [ɔsatyʀ].

OSSELET, subst. m.
Petit os. – L'un des trois os de l'oreille. – Plur. Jeu d'adresse pratiqué avec de petits os de pieds de mouton. 🕮 [ɔslɛ].

OSSEMENTS, subst. m. plur.
Os décharnés des morts. 🕮 [ɔsmɑ̃].

OSSEUX, EUSE, adj.
Relatif à l'os. – Constitué d'os. – Dont les os sont saillants. 🕮 [ɔsø, -øz].

OSSUAIRE, subst. m.
Sépulture d'ossements humains. 🕮 [ɔsɥɛʀ].

OSTENSIBLE, adj.
Volontairement très visible. 🕮 [ɔstɑ̃sibl].

OSTENSOIR, subst. m.
Relig. Pièce d'orfèvrerie où l'on expose l'hostie consacrée. 🕮 [ɔstɑ̃swaʀ].

OSTENTATION, subst. f.
Attitude de qqn qui veut se faire remarquer ; affectation ; parade. 🕮 [ɔstɑ̃tasjɔ̃].

OSTÉOPATHIE, subst. f.
Toute maladie des os. – Méd. Pratique consistant à manipuler les os. 🕮 [ɔsteɔpati].

OSTRACISME, subst. m.
Fait d'exclure, d'écarter qqn d'un groupe. 🕮 [ɔstʀasism].

OSTRÉICULTURE, subst. f.
Élevage des huîtres. 🕮 [ɔstʀeikyltyʀ].

OTAGE, subst. m.
Personne gardée captive en vue d'un échange contre qqn ou qqch. 🕮 [ɔtaʒ].

OTARIE, subst. f.
Mammifère marin voisin du phoque qui vit dans l'hémisphère Sud. 🕮 [ɔtaʀi].

ÔTER, verbe trans. [3]
Retirer, retrancher, enlever. 🕮 [ote].

OTITE, subst. f.
Inflammation de l'oreille. 🕮 [ɔtit].

OU, conj.
Exprime le choix ou l'équivalence : Boire ou conduire ; Ici ou là. – Exprime l'approximation : Dans deux ou trois ans. 🕮 [u].

OÙ, pron. et adv.
Pron. rel. et adv. rel. Exprime le lieu, l'état ou le temps : Il va où il veut ; Le jour où

vous viendrez. – Adv. interr. Marque le lieu, le but : **Où** *es-tu ?* ; **Où** *allez-vous ?* – *D'où ?* : de quel lieu, de quelle origine ? 🔊 [u].

OUAILLE, subst. f.
Paroissien (gén. au plur.). 🔊 [waj].

OUATE, subst. f.
Textile utilisé pour garnir, rembourrer. – Coton à pansements. 🔊 [(ˈ)wat].

OUATER, verbe trans. [3]
Garnir d'ouate. 🔊 [(ˈ)wate].

OUBLI, subst. m.
Fait d'oublier. – Négligence, étourderie. 🔊 [ubli].

OUBLIER, verbe trans. [6]
Ne plus se souvenir de. – Omettre, négliger. 🔊 [ublije].

OUBLIETTE, subst. f.
Cachot médiéval (gén. au plur.). 🔊 [ublijɛt].

OUED, subst. m.
Rivière intermittente du Maghreb. 🔊 [wɛd].

OUEST, adj. inv. et subst. m. inv.
Subst. L'un des quatre points cardinaux, correspondant au côté où le soleil se couche. – *Aller vers l'ouest* : dans la direction de ce point. – Partie occidentale d'une région, d'un pays. – Adj. Situé à l'ouest. 🔊 [wɛst].

OUI, subst. m. inv. et adv.
Adv. Exprime l'affirmation. – Subst. Acte d'affirmer : *J'attends votre oui.* 🔊 [ˈwi].

OUÏ-DIRE, subst. m. inv.
Par ouï-dire : par la rumeur publique. 🔊 [ˈwidiʀ].

OUÏE, subst. f.
Sens par lequel on perçoit les sons. – Plur. Branchies des poissons. 🔊 [wi].

OUÏR, verbe trans. [35]
Entendre (vieilli). 🔊 Verbe défectif ; [wiʀ].

OUISTITI, subst. m.
Petit singe à longue queue. 🔊 [ˈwistiti].

OURAGAN, subst. m.
Tempête extrêmement violente. – Fig. Mouvement, trouble violent. 🔊 [uʀagɑ̃].

OURDIR, verbe trans. [19]
Tisser, tramer (une intrigue). 🔊 [uʀdiʀ].

OURLER, verbe trans. [3]
Faire un ourlet à. 🔊 [uʀle].

OURLET, subst. m.
Repli cousu d'un bord d'étoffe. 🔊 [uʀlɛ].

OURS, OURSE, subst.
Grand mammifère carnivore à fourrure épaisse. – Fig. Homme bourru. 🔊 [uʀs].

OURSIN, subst. m.
Animal marin à carapace calcaire formant une boule hérissée de piquants. 🔊 [uʀsɛ̃].

OUST(E), interj.
Exprime l'ordre de quitter un lieu. 🔊 [ˈust].

OUTARDE, subst. f.
Oiseau échassier au corps massif. 🔊 [utaʀd].

OUTIL, subst. m.
Objet qui sert à effectuer un travail manuel. – Fig. Moyen de parvenir à ses fins. 🔊 [uti].

OUTILLAGE, subst. m.
Ensemble d'outils. 🔊 [utijaʒ].

OUTILLER, verbe trans. [3]
Doter d'outils. – Équiper. 🔊 [utije].

OUTRAGE, subst. m.
Affront, grave injure. 🔊 [utʀaʒ].

OUTRAGER, verbe trans. [5]
Offenser, injurier, bafouer. 🔊 [utʀaʒe].

OUTRANCE, subst. f.
Exagération, excès. 🔊 [utʀɑ̃s].

OUTRANCIER, IÈRE, adj.
Qui va jusqu'à l'outrance. 🔊 [utʀɑ̃sje, -jɛʀ].

OUTRE (I), subst. f.
Sac en peau destiné aux liquides. 🔊 [utʀ].

OUTRE (II), prép. et adv.
Prép. En plus de. – Adv. *Passer* **outre** *à qqch.* : ne pas en tenir compte. – *En* **outre** : de plus. 🔊 [utʀ].

OUTRÉ, ÉE, adj.
Exagéré. – Très indigné. 🔊 [utʀe].

OUTRECUIDANCE, subst. f.
Désinvolture, impudence. 🔊 [utʀəkɥidɑ̃s].

OUTREMER, subst. m.
Pierre d'un bleu intense (synon. *lapis-lazuli*). – Empl. adj. inv. D'un bleu intense. 🔊 [utʀəmeʀ].

OUTRE-MER, adv.
Au-delà des mers. 🔊 [utʀəmeʀ].

OUTREPASSER, verbe trans. [3]
Aller au-delà de. 🔊 [utʀəpase].

OUTRER, verbe trans. [3]
Exagérer. – Choquer, indigner. 🔊 [utʀe].

OUTSIDER, subst. m.
Sp. Concurrent qui n'est pas favori mais qui a des chances de gagner. 🔊 [autsajdœʀ].

OUVERT, ERTE, adj.
Qui laisse un passage. – Fig. Qui communique aisément avec autrui. 🔊 [uvɛʀ, -ɛʀt].

OUVERTURE, subst. f.
Action d'ouvrir. – Porte ou fenêtre. – Trou, espace vide. – *Mus.* Prélude d'un opéra. – Fig. **Ouverture** *d'esprit* : curiosité et tolérance. 🔊 [uvɛʀtyʀ].

OUVRABLE, adj.
Jour **ouvrable** : normalement consacré au travail (oppos. *férié*). 🔊 [uvʀabl].

OUVRAGE, subst. m.
Travail. – Produit de ce travail. – Œuvre d'un écrivain, d'un artiste. – **Ouvrage** *d'art* : grande réalisation technique. 🔊 [uvʀaʒ].

OUVRAGÉ, ÉE, adj.
Finement travaillé, orné. 🔊 [uvʀaʒe].

OUVRÉ, ÉE, adj.
Façonné, travaillé. – *Jour* **ouvré** : où l'on travaille. 🔊 [uvʀe].

OUVRE-BOÎTE(S), subst. m.
Instrument servant à ouvrir les boîtes de conserve. 🔊 Plur. *ouvre-boîtes* ; [uvʀəbwat].

OUVREUSE, subst. f.
Femme qui place les spectateurs, dans un théâtre, un cinéma. 🔊 [uvʀøz].

OUVRIER, IÈRE, adj. et subst.
Subst. Personne qui travaille de ses mains pour le compte d'autrui. – Adj. Qui a trait aux **ouvriers.** 🐚 [uvrije, -ijɛr].

OUVRIR, verbe [27]
Trans. Faire en sorte que l'on puisse passer ou accéder à ; empl. abs. : **Ouvrir** *la porte.* – Faire une ouverture dans. – Décacheter ; desserrer les liens qui tiennent fermé. – Faire fonctionner. – Commencer, entamer : **Ouvrir** *la marche.* – Intrans. Donner accès à (un lieu) : *Une porte qui* **ouvre** *sur la rue.* – Pronom. Devenir réceptif à. – Se confier à (qqn). 🐚 [uvrir].

OVAIRE, subst. m.
Glande femelle de la reproduction, où se forment les ovules. 🐚 [ɔvɛr].

OVALE, adj. et subst. m.
Qui a une forme courbe allongée rappelant celle d'un œuf. 🐚 [ɔval].

OVATION, subst. f.
Acclamation publique. 🐚 [ɔvasjɔ̃].

OVIN, OVINE, adj. et subst. m.
Subst. Sous-famille des Bovidés (mouton, brebis, chèvre, bouquetin). – Adj. Relatif ou semblable aux **ovins.** 🐚 [ɔvɛ̃, ɔvin].

OVIPARE, adj. et subst.
Qui se reproduit en pondant des œufs. 🐚 [ɔvipar].

OVNI, subst. m.
Sigle pour « objet volant non identifié », soucoupe volante. 🐚 [ɔvni].

OVOÏDE, adj.
Qui a la forme d'un œuf. 🐚 [ɔvɔid].

OVULATION, subst. f.
Libération des ovules produits par l'ovaire. 🐚 [ɔvylasjɔ̃].

OVULE, subst. f.
Cellule reproductrice femelle. 🐚 [ɔvyl].

OXYDER, verbe trans. [3]
Modifier l'état (d'un corps) sous l'action de l'oxygène. – *Chim.* Combiner avec l'oxygène. 🐚 [ɔkside].

OXYGÈNE, subst. m.
Gaz invisible, inodore, entrant pour 1/5 dans la composition de l'air. 🐚 [ɔksiʒɛn].

OXYGÉNER, verbe trans. [8]
Enrichir en oxygène. – Pronom. Respirer de l'air pur. 🐚 [ɔksiʒene].

OZONE, subst. m.
Gaz bleu, surtout présent dans les couches élevées de l'atmosphère. 🐚 [ozon].

P

P, p, subst. m. inv.
Seizième lettre et douzième consonne de l'alphabet français. 🐚 [pe].

PACHA, subst. m.
Titre honorifique, dans l'Empire ottoman. – Homme inactif qui aime se faire servir : *Une vie de* **pacha,** de plaisirs. 🐚 [paʃa].

PACHYDERME, subst. m.
Mammifère à peau épaisse (rhinocéros, éléphant, etc.). – Plur. L'ancien ordre correspondant. 🐚 [paʃidɛrm].

PACIFIER, verbe trans. [6]
Restaurer la paix publique (dans un pays, une population). – Apaiser (la conscience, l'esprit). 🐚 [pasifje].

PACIFIQUE, adj.
Qui s'attache à maintenir ou à trouver la paix. – Qui se passe dans la paix. 🐚 [pasifik].

PACIFISTE, adj. et subst.
Partisan de la paix. 🐚 [pasifist].

PACOTILLE, subst. f.
Marchandise de piètre qualité. – *De* **pacotille** : sans valeur. 🐚 [pakɔtij].

PACTE, subst. m.
Accord engageant solennellement les parties qui le concluent. 🐚 [pakt].

PACTISER, verbe intrans. [3]
Conclure un pacte. – Composer, transiger (avec qqn ou qqch.). 🐚 [paktize].

PACTOLE, subst. m.
Source d'enrichissement. 🐚 [paktɔl].

PAGAIE, subst. f.
Aviron court, non fixé à l'embarcation, que l'on manie à deux mains. 🐚 [pagɛ].

PAGAILLE, subst. f.
Fam. Grand désordre ; confusion. – *En* **pagaille** : à profusion. 🐚 On écrit aussi *pagaye* ou *pagaie* ; [pagaj].

PAGANISME, subst. m.
Ensemble des cultes polythéistes, pour les chrétiens de l'Empire romain. 🐚 [paganism].

PAGAYER, verbe intrans. [15]
Faire avancer une embarcation à l'aide d'une pagaie. 🐚 [pageje].

PAGE (I), subst. m.
Jeune noble qui était attaché au service d'un seigneur, d'une grande dame. 🐚 [paʒ].

PAGE (II), subst. f.
Chacune des deux faces d'un feuillet : **Page** *7.* – Feuillet entier : *Arracher une* **page** ; son contenu : *Finir sa* **page.** 🐚 [paʒ].

PAGINER, verbe trans. [3]
Numéroter les pages de. 📖 [paʒine].

PAGNE, subst. m.
Morceau d'étoffe couvrant le corps de la taille aux genoux : *Pagne africain*. 📖 [paɲ].

PAGODE, subst. f.
Temple d'Extrême-Orient, à la toiture étagée et recourbée. 📖 [paɡɔd].

PAIE, voir **PAYE**

PAIEMENT, subst. m.
Action de payer. – Somme payée. 📖 On écrit aussi *payement* ; [pɛmɑ̃].

PAÏEN, PAÏENNE, adj. et subst.
Antiq. Se dit des adeptes d'un culte polythéiste ou de ce qui s'y rapporte, pour les chrétiens de l'Empire romain. – Impie. 📖 [pajɛ̃, pajɛn].

PAILLASSE, subst. f.
Matelas de paille. – Surface plane à côté d'un évier ; plan de travail. 📖 [pajas].

PAILLASSON, subst. m.
Tapis-brosse permettant de s'essuyer les pieds. 📖 [pajasɔ̃].

PAILLE, subst. f.
Tige creuse et coupée des céréales égrenées. – Petit tuyau utilisé pour aspirer une boisson (synon. *chalumeau*). – Fig. *Être sur la paille* : dans la misère. 📖 [paj].

PAILLETTE, subst. f.
Petit rond fin et brillant, cousu sur un vêtement pour l'orner : *Robe à paillettes*. – Parcelle d'or brut. 📖 [pajɛt].

PAIN, subst. m.
Aliment fait d'une pâte pétrie, fermentée et cuite au four. – Produit moulé en forme de pain : *Pain de glace, de savon, de sucre*. – Subsistance : *Gagner son pain*. 📖 [pɛ̃].

PAIR (I), subst. m.
Personne semblable quant au rang, à la dignité ou à la fonction : *Accepter de n'être jugé que par ses pairs*. – Au Moyen Âge, grand vassal du monarque ; au début du XIXe s., membre de la Chambre haute. – Fin. Égalité de valeur ou de change. – *Travail au pair* : en échange du gîte et du couvert. 📖 [pɛʀ].

PAIR (II), PAIRE, adj.
Exactement divisible par 2. – Au nombre de deux : *Organes pairs*. – *Page paire* : marquée d'un nombre pair. 📖 [pɛʀ].

PAIRE, subst. f.
Groupe de deux éléments analogues allant ensemble ou formant un objet unique : *Une paire de jumelles*. 📖 [pɛʀ].

PAISIBLE, adj.
Tranquille, calme ; serein. – Qui ne trouble pas la paix, pacifique. 📖 [pezibl].

PAÎTRE, verbe [75]
Brouter. – *Envoyer paître qqn* : l'éconduire avec humeur (fam.). 📖 Verbe défectif ; [pɛtʀ].

PAIX, subst. f.
Situation d'un pays qui n'est pas en guerre. – Accord, entente : *Faire la paix avec qqn*,

se réconcilier avec lui. – Tranquillité : *Avoir la paix*. – Sérénité : *Conscience en paix*. 📖 [pɛ].

PALABRE, subst. m. ou f.
Discussion longue ou vaine (gén. au plur.). 📖 [palabʀ].

PALACE, subst. m.
Hôtel de grand luxe. 📖 [palas].

PALAIS (I), subst. m.
Somptueuse demeure. – **Palais** *de justice* : où siègent les tribunaux. – Imposant édifice public : **Palais** *de la Découverte*. 📖 [palɛ].

PALAIS (II), subst. m.
Partie supérieure voûtée de la cavité buccale. – *Avoir le palais fin* : être gourmet. 📖 [palɛ].

PALANQUIN, subst. m.
Chaise ou litière orientale portée à bras d'hommes ou à dos d'éléphant, de chameau. 📖 [palɑ̃kɛ̃].

PALE, subst. f.
Petite vanne. – Extrémité plate d'un aviron. – Branche d'une hélice. 📖 [pal].

PÂLE, adj.
Blême ou très peu coloré : *Visage pâle* ; *Jaune pâle*. – Fig. Fade, médiocre. 📖 [pɑl].

PALEFRENIER, IÈRE, subst.
Personne chargée du soin des chevaux. 📖 [palfʀənje, -jɛʀ].

PALEFROI, subst. m.
Au Moyen Âge, cheval de parade (oppos. *destrier*). 📖 [palfʀwa].

PALÉOLITHIQUE, adj. et subst. m.
Se dit de la première période de la préhistoire, qui a vu apparaître et se perfectionner les outils en pierre taillée. 📖 [paleɔlitik].

PALÉONTOLOGIE, subst. f.
Science qui étudie, à partir des fossiles, les êtres vivants disparus. 📖 [paleɔ̃tɔlɔʒi].

PALET, subst. m.
Petit disque épais ou pierre plate qu'on lance vers un but, dans certains jeux. 📖 [palɛ].

PALETOT, subst. m.
Pardessus court et boutonné devant. – Gilet de laine (fam.). 📖 [palto].

PALETTE, subst. f.
Pelle plate en bois. – Plaque sur laquelle le peintre mélange ses couleurs ; la gamme des couleurs utilisées. – Plateau de manutention. 📖 [palɛt].

PALÉTUVIER, subst. m.
Arbre tropical des côtes marécageuses, aux racines aériennes. 📖 [paletyvje].

PÂLEUR, subst. f.
Teint pâle. 📖 [pɑlœʀ].

PALIER, subst. m.
Plate-forme située à chaque étage d'un escalier. – Fig. Niveau intermédiaire entre deux phases d'une progression. 📖 [palje].

PALINDROME, subst. m.
Mot, phrase qui peut se lire indifféremment de gauche à droite ou de droite à gauche. 📖 [palɛ̃dʀom].

PÂLIR, verbe [19]
Devenir pâle. − Rendre pâle. 🔊 [palir].

PALISSADE, subst. f.
Clôture de planches ou de pieux. − Mur fait d'arbres taillés. 🔊 [palisad].

PALLIATIF, IVE, adj. et subst. m.
Se dit d'un traitement médical qui n'agit que sur le symptôme. − Subst. Solution provisoire, expédient. 🔊 [paljatif. -iv].

PALLIER, verbe trans. [6]
Résoudre de manière provisoire et partielle, atténuer : **Pallier** le chômage. 🔊 [palje].

PALMARÈS, subst. m.
Liste des lauréats d'un prix. − Liste des victoires de qqn. − Classement, selon leur popularité, de chansons, de films. 🔊 [palmarɛs].

PALME, subst. f.
Feuille de palmier. − Distinction, décoration honorifique. − Nageoire en caoutchouc que l'on chausse pour nager plus vite. 🔊 [palm].

PALMÉ, ÉE, adj.
En forme de palme. − Dont les doigts sont réunis par une membrane. 🔊 [palme].

PALMIER, subst. m.
Arbre des climats chauds, dont la tige florale se termine en un bouquet de grandes feuilles très découpées. − Petit gâteau plat, en pâte feuilletée. 🔊 [palmje].

PALMIPÈDE, adj. et subst. m.
Se dit d'un oiseau aquatique dont les pieds sont palmés. 🔊 [palmipɛd].

PALOMBE, subst. f.
Pigeon ramier. 🔊 [palɔ̃b].

PALOURDE, subst. f.
Coquillage comestible qui vit enfoui dans le sable (synon. *clovisse*). 🔊 [palurd].

PALPER, verbe trans. [3]
Exercer de légères pressions avec la main pour apprécier, examiner. 🔊 [palpe].

PALPITANT, ANTE, adj.
Qui palpite. − Fig. Qui fait palpiter le cœur d'émotion : *Récit* **palpitant**. 🔊 [palpitɑ̃. -ɑ̃t].

PALPITER, verbe intrans. [3]
Battre plus fort et plus vite, en parlant du cœur. − Être animé de petits soubresauts, de frémissements. 🔊 [palpite].

PALUDISME, subst. m.
Maladie parasitaire des pays chauds et humides, caractérisée par une forte fièvre intermittente (synon. *malaria*). 🔊 [palydism].

PÂMER (SE), verbe pronom. [3]
Défaillir. − Fig. S'extasier : *Elle se* **pâmait** *d'admiration*. 🔊 [pɑme].

PÂMOISON, subst. f.
État d'une personne qui se pâme (littér.) : *Tomber en* **pâmoison**. 🔊 [pɑmwazɔ̃].

PAMPA, subst. f.
Vaste plaine herbeuse d'Amérique du Sud. 🔊 [pɑ̃pa].

PAMPHLET, subst. m.
Bref écrit satirique. 🔊 [pɑ̃flɛ].

PAMPLEMOUSSE, subst. m.
Agrume légèrement plus gros qu'une orange et au goût un peu amer. 🔊 [pɑ̃pləmus].

PAN, subst. m.
Partie tombante ou flottante d'un vêtement. − Partie d'un mur. 🔊 [pɑ̃].

PANACÉE, subst. f.
Remède universel. 🔊 [panase].

PANACHE, subst. m.
Bouquet de plumes ornant une coiffure. − Ce qui flotte tel un **panache** : **Panache** *de fumée*. − Fig. Brio, éclat. 🔊 [panaʃ].

PANACHER, verbe trans. [3]
Orner de diverses couleurs. − Composer d'éléments différents. 🔊 [panaʃe].

PANARIS, subst. m.
Infection aiguë du doigt. 🔊 [panari].

PANCARTE, subst. f.
Panneau portant une inscription ; écriteau : *Les* **pancartes** *des manifestants*. 🔊 [pɑ̃kart].

PANCRÉAS, subst. m.
Glande située à l'arrière de l'estomac, qui joue un rôle essentiel dans l'assimilation des glucides. 🔊 [pɑ̃kreɑs].

PANDA, subst. m.
Mammifère d'Asie dont l'espèce la plus connue, le grand **panda**, au pelage noir et blanc, est voisine de l'ours et se nourrit de pousses de bambou. 🔊 [pɑ̃da].

PANÉ, ÉE, adj.
Enrobé de panure. 🔊 [pane].

PANÉGYRIQUE, subst. m.
Éloge inconditionnel. 🔊 [paneʒirik].

PANIER, subst. m.
Corbeille à une ou deux anses, souv. en osier : **Panier** *à provisions*. − Sp. Au basket, filet sans fond dans lequel on doit faire passer le ballon ; le point ainsi marqué. 🔊 [panje].

PANIQUE, adj. et subst. f.
Se dit d'une terreur brusque, souv. collective, conduisant à des comportements irraisonnés. 🔊 [panik].

PANIQUER, verbe [3]
Fam. Intrans. Être pris de panique. − Trans. Affoler : *La foule le* **panique**. 🔊 [panike].

PANNE, subst. f.
Arrêt accidentel de fonctionnement : **Panne** *de moteur, de courant*. − Être en **panne** *de* : manquer de (fam.). 🔊 [pan].

PANNEAU, subst. m.
Surface plane et quadrangulaire utilisée en construction, en menuiserie. − Pancarte. − Fig. *Tomber dans le* **panneau** : dans le piège. 🔊 [pano].

PANOPLIE, subst. f.
Collection d'armes disposées sur un panneau. − Déguisement d'enfant. − Fig. Assortiment d'objets semblables. 🔊 [panɔpli].

PANORAMA, subst. m.
Vaste paysage contemplé depuis une hauteur. − Fig. Vue d'ensemble d'un sujet. 🔊 [panɔrama].

325

PANORAMIQUE, adj. et subst. m.
Qui présente les caractères d'un panorama.
– Subst. Mouvement de rotation d'une caméra ; l'effet visuel obtenu. 🐌 [panɔʀamik].

PANSE, subst. f.
Première poche gastrique des Ruminants.
– Partie renflée de certains objets. 🐌 [pɑ̃s].

PANSEMENT, subst. m.
Application d'une compresse stérile et d'un cicatrisant sur une plaie. – Ce qui sert à protéger une plaie. 🐌 [pɑ̃smɑ̃].

PANSER, verbe trans. [3]
Appliquer un pansement sur ; soigner au moyen de pansements. – **Panser** *un cheval* : le toiletter. 🐌 [pɑ̃se].

PANSU, UE, adj.
Qui présente un ventre rebondi. – *Carafe* **pansue** : renflée. 🐌 [pɑ̃sy].

PANTALON, subst. m.
Culotte dont les jambes vont jusqu'aux pieds. 🐌 [pɑ̃talɔ̃].

PANTELANT, ANTE, adj.
Qui halète, respire de façon saccadée : **Pantelant** *d'émotion.* 🐌 [pɑ̃t(ə)lɑ̃, -ɑ̃t].

PANTHÉON, subst. m.
Antiq. Temple dédié à tous les dieux. – Ensemble des divinités. – Monument où reposent des personnes illustres. 🐌 [pɑ̃teɔ̃].

PANTHÈRE, subst. f.
Grand félidé des régions tropicales, à la robe jaune tachetée de noir. 🐌 [pɑ̃tɛʀ].

PANTIN, subst. m.
Figurine articulée dont on fait mouvoir les membres avec un fil. – Fig. Personne sans consistance ; fantoche. 🐌 [pɑ̃tɛ̃].

PANTOIS, OISE, adj.
Saisi d'étonnement. 🐌 [pɑ̃twa, -waz].

PANTOMIME, subst. f.
Art de l'expression purement gestuelle.
– Pièce de théâtre mimée. 🐌 [pɑ̃tɔmim].

PANTOUFLE, subst. f.
Chaussure d'intérieur. 🐌 [pɑ̃tufl].

PANURE, subst. f.
Pain sec râpé dont on enrobe des aliments avant de les faire frire. 🐌 [panyʀ].

PAON, PAONNE, subst.
Gallinacé originaire d'Asie, dont le mâle, bleu-vert, porte une longue queue superbe qu'il peut déployer en roue. 🐌 [pɔ̃, pan].

PAPAL, ALE, AUX, adj.
Du pape : *Bulle* **papale**. 🐌 [papal].

PAPAUTÉ, subst. f.
Dignité, fonction de pape. – Administration et gouvernement d'un pape. 🐌 [papote].

PAPAYE, subst. f.
Fruit tropical comestible du papayer, semblable à un gros melon oblong. 🐌 [papaj].

PAPE, subst. m.
Chef de l'Église catholique romaine. – Chef indiscuté d'un mouvement (fam.). 🐌 [pap].

PAPERASSE, subst. f.
Document, écrit inutiles. 🐌 [papʀas].

PAPETERIE, subst. f.
Industrie, fabrication du papier. – Fabrique de papier. – Magasin où l'on vend des fournitures d'école, de bureau ; ces articles. 🐌 [papɛtʀi].

PAPETIER, IÈRE, adj. et subst.
Subst. Fabricant de papier ou commerçant qui tient une papeterie. – Adj. Du papier : *Industrie* **papetière**. 🐌 [pap(ə)tje, -jɛʀ].

PAPIER, subst. m.
Pâte de fibres végétales qui fournit une feuille mince destinée à l'écriture, à l'emballage, etc. ; feuille de cette matière. – Feuille écrite ou imprimée ; article de presse. – *Être dans les petits* **papiers** *de qqn* : jouir de sa faveur. – Plur. Pièces d'identité. 🐌 [papje].

PAPILLE, subst. f.
Petit point plus ou moins saillant sur une muqueuse : **Papilles** *gustatives*, qui se trouvent sur la langue. 🐌 [papij].

PAPILLON, subst. m.
Lépidoptère aux ailes couvertes d'écailles microscopiques et plus ou moins colorées.
– *Nœud* **papillon** : nœud de cravate dont la forme évoque celle d'un **papillon**. – Petite affiche ; contravention. – Écrou à ailettes. 🐌 [papijɔ̃].

PAPILLONNER, verbe intrans. [3]
S'agiter comme les ailes d'un papillon.
– Passer constamment d'une chose à une autre. 🐌 [papijone].

PAPILLOTE, subst. f.
Feuille d'aluminium dont on enveloppe certains aliments avant leur cuisson. – Papier enveloppant un bonbon ; le bonbon lui-même. 🐌 [papijɔt].

PAPILLOTER, verbe intrans. [3]
Cligner nerveusement, en parlant des yeux, des paupières. 🐌 [papijote].

PAPOTER, verbe intrans. [3]
Parler de sujets insignifiants, bavarder (fam.). 🐌 [papote].

PAPRIKA, subst. m.
Piment doux hongrois utilisé comme condiment sous forme de poudre. 🐌 [papʀika].

PAPYRUS, subst. m.
Plante des bords du Nil. – Feuille destinée à l'écriture, que les anciens Égyptiens tiraient de cette plante. – Manuscrit sur **papyrus**. 🐌 [papiʀys].

PAQUEBOT, subst. m.
Navire de taille importante destiné au transport de passagers. 🐌 [pak(ə)bo].

PÂQUERETTE, subst. f.
Petite marguerite blanche, qui parsème les prés aux environs de Pâques. 🐌 [pɑkʀɛt].

PAQUET, subst. m.
Assemblage d'objets liés les uns aux autres ou emballés. – Colis. – Grande quantité (fam.) : *J'en ai vu un* **paquet** ! – **Paquet** *de mer* : grosse vague déferlante. 🐌 [pakɛ].

PAR, prép.
Indique le lieu par où l'on passe : *Passer* par *Lyon*, par *la fenêtre* ; le temps : **Par** *ce bel après-midi* ; la distribution : *Deux* par *deux* ; *Deux fois* par *jour* ; le moyen, la manière : **Par** *bateau* ; **Par** *la douceur* ; la cause : *Agir* par *peur*. 🔊 [paʀ].

PARABOLE (I), subst. f.
Récit allégorique qui délivre un enseignement moral. 🔊 [paʀabɔl].

PARABOLE (II), subst. f.
Géom. Courbe dont chaque point est équidistant d'un point fixe et d'une droite directrice. 🔊 [paʀabɔl].

PARACHUTE, subst. f.
Appareil destiné à ralentir la chute d'un corps, formé d'une voilure reliée par des cordons à un harnais. 🔊 [paʀaʃyt].

PARACHUTER, verbe trans. [3]
Larguer par parachute. – Nommer inopinément (qqn) à un poste (fam.). 🔊 [paʀaʃyte].

PARACHUTISME, subst. m.
Sport ou pratique du saut en parachute. 🔊 [paʀaʃytism].

PARADE (I), subst. f.
Défilé, revue en grande pompe : **Parade** *militaire*. – *De* **parade** : d'apparat. – *Faire* **parade** *de ses talents* : les exhiber. 🔊 [paʀad].

PARADE (II), subst. f.
Action, façon de parer une menace, un coup. 🔊 [paʀad].

PARADER, verbe intrans. [3]
S'afficher avec orgueil, se pavaner. – Participer à une parade militaire. 🔊 [paʀade].

PARADIS, subst. m.
Jardin merveilleux où vivaient, selon la Genèse, Adam et Ève. – Séjour des bienheureux après la mort. – Lieu, séjour enchanteurs. 🔊 [paʀadi].

PARADISIAQUE, adj.
Propre au paradis. – Qui évoque le paradis. 🔊 [paʀadizjak].

PARADOXAL, ALE, AUX, adj.
Qui tient du paradoxe ; absurde, singulier. – Porté au paradoxe. 🔊 [paʀadɔksal].

PARADOXE, subst. m.
Opinion contraire à l'opinion gén. admise. – Ce qui heurte, défie le sens commun. 🔊 [paʀadɔks].

PARAFFINE, subst. f.
Corps solide blanc constitué d'hydrocarbures : *Bougie de* **paraffine**. 🔊 [paʀafin].

PARAGRAPHE, subst. m.
Subdivision cohérente d'un texte, annoncée par un alinéa. 🔊 [paʀagʀaf].

PARAÎTRE, verbe intrans. [73]
Surgir, se rendre visible, se manifester. – Sembler, avoir l'air. – Être publié. – *Il* **paraît** *que* : on dit que. 🔊 [paʀɛtʀ].

PARALLÈLE, adj. et subst.
Subst. fém. et adj. Se dit de droites situées dans un même plan qui ne se coupent pas.

– Subst. masc. Chaque cercle **parallèle** au plan de l'équateur, servant à déterminer la latitude : *Le 51ᵉ* **parallèle**. – *Fig. Faire un* **parallèle** *entre deux choses* : une comparaison. – Adj. Qui va dans la même direction : *Destins* **parallèles**. – *Marché* **parallèle** : non officiel, clandestin. 🔊 [paʀalɛl].

PARALLÉLÉPIPÈDE, subst. m.
Prisme dont les six faces sont parallèles deux à deux. 🔊 [paʀalelepipɛd].

PARALLÉLISME, subst. m.
Géom. État de droites, de plans parallèles. – Évolution comparable. 🔊 [paʀalelism].

PARALLÉLOGRAMME, subst. m.
Quadrilatère dont les côtés opposés sont parallèles. 🔊 [paʀalelɔgʀam].

PARALYSER, verbe trans. [3]
Frapper de paralysie. 🔊 [paʀalize].

PARALYSIE, subst. f.
Perte totale ou partielle de la motricité. – *Fig.* Impossibilité de fonctionner, d'agir : *La* **paralysie** *des transports.* 🔊 [paʀalizi].

PARALYTIQUE, adj. et subst.
Qui est atteint de paralysie. 🔊 [paʀalitik].

PARAMÈTRE, subst. m.
Donnée intervenant dans un jugement, une évaluation, etc. – *Math.* Dans une équation, élément autre que la variable ou l'inconnue, et dont on peut fixer librement la valeur numérique. 🔊 [paʀamɛtʀ].

PARANGON, subst. m.
Modèle : **Parangon** *de vertu.* 🔊 [paʀɑ̃gɔ̃].

PARANOÏA, subst. f.
Psychose caractérisée par un orgueil démesuré et une tendance à se croire persécuté. 🔊 [paʀanɔja].

PARANORMAL, ALE, AUX, adj.
Qualifie des phénomènes que la science ne peut expliquer. 🔊 [paʀanɔʀmal].

PARAPET, subst. m.
Muret à hauteur d'appui protégeant du vide : **Parapet** *d'un pont.* 🔊 [paʀapɛ].

PARAPHE, subst. m.
Signature réduite aux initiales, ou trait tiré sous une signature. 🔊 On écrit aussi *parafe* : [paʀaf].

PARAPHRASE, subst. f.
Explication d'un texte. – Commentaire d'un texte, qui se borne à en répéter le contenu de façon verbeuse. 🔊 [paʀafʀɑz].

PARAPLÉGIE, subst. f.
Paralysie des membres inférieurs ou, plus rarement, supérieurs. 🔊 [paʀapleʒi].

PARAPLUIE, subst. m.
Accessoire portatif et pliant servant à s'abriter de la pluie. 🔊 [paʀaplɥi].

PARASITE, adj. et subst. m.
Se dit d'une personne qui vit aux dépens d'autrui, ou d'un organisme tirant sa subsistance d'un autre, qu'il occupe et auquel il nuit. – Plur. Bruits perturbant un message radioélectrique. – Adj. Superflu et gênant. 🔊 [paʀazit].

PARASITER, verbe trans. [3]
Vivre, croître aux dépens de. – Brouiller (un message sonore). 🕮 [paʀazite].

PARASOL, subst. m.
Sorte de grand parapluie que l'on installe pour se protéger du soleil. 🕮 [paʀasɔl].

PARATONNERRE, subst. m.
Dispositif destiné à protéger les bâtiments de la foudre. 🕮 [paʀatɔnɛʀ].

PARAVENT, subst. m.
Ensemble de panneaux articulés abritant des regards, des courants d'air. 🕮 [paʀavɑ̃].

PARC, subst. m.
Enclos où l'on enferme du bétail. – Bassin où sont élevés des animaux marins. – Emplacement réservé aux automobiles. – Ensemble des véhicules, du matériel, des installations de même nature dont dispose une entreprise, un pays, etc. : Parc *automobile* ; *Parc immobilier*. – Région où la faune et la flore sont protégées. – Grand jardin. – Parc *zoologique* : zoo. – Terrain aménagé pour les loisirs, l'amusement : Parc *d'attractions*. 🕮 [paʀk].

PARCELLE, subst. f.
Fragment, petit morceau. – Portion de terrain constituant une unité cadastrale. 🕮 [paʀsɛl].

PARCE QUE, loc. conj.
Exprime la cause, la raison : *Je mange* parce que *j'ai faim*. – Parce que ! : c'est comme ça, un point c'est tout. 🕮 [paʀs(ə)kə].

PARCHEMIN, subst. m.
Peau d'animal préparée pour l'écriture ou la reliure. – Document, texte écrit sur parchemin. 🕮 [paʀʃəmɛ̃].

PARCIMONIE, subst. f.
Épargne minutieuse. – *Avec parcimonie* : avec un souci d'économie. 🕮 [paʀsimɔni].

PARCOURIR, verbe trans. [25]
Visiter dans toute son étendue. – Effectuer (un parcours précis). – Fig. Lire rapidement. 🕮 [paʀkuʀiʀ].

PARCOURS, subst. m.
Action de parcourir. – Trajet, itinéraire d'un point à un autre. – Fig. Déroulement d'une vie, d'une carrière. – *Incident de* parcours : difficulté imprévue. 🕮 [paʀkuʀ].

PARDESSUS, subst. m.
Épais manteau d'homme. 🕮 [paʀdəsy].

PAR-DEVERS, prép.
En la possession de : *Garder qqch.* par-devers *soi*. – Par-devant, devant, en présence de : Par-devers *qqn*. 🕮 [paʀdəvɛʀ].

PARDI, interj.
Marque et souligne l'évidence, l'approbation : Pardi ! *j'en étais sûr !* 🕮 [paʀdi].

PARDON, subst. m.
Action de pardonner : *Accorder son* pardon. – Formule de politesse servant à s'excuser ou à prier qqn de répéter qqch. 🕮 [paʀdɔ̃].

PARDONNER, verbe trans. [3]
Trans. dir. Renoncer à punir (une faute). – Excuser (qqch.). – Trans. indir. Ne plus tenir rigueur à (qqn) ; oublier les torts de (qqn). – Pardonnez-*moi* : excusez-moi. 🕮 [paʀdɔne].

PARE-BRISE, subst. m. inv.
Vitre avant d'un véhicule. 🕮 [paʀbʀiz].

PARE-CHOCS, subst. m. inv.
Barre de protection placée à l'avant et à l'arrière d'un véhicule. 🕮 [paʀʃɔk].

PAREIL, EILLE, adj. et subst.
Adj. Égal, identique, semblable. – Tel, de ce genre : *En* pareil *cas*. – Subst. Chose ou personne similaire à une autre : *Il n'a pas son* pareil, *il n'a pas d'égal*. – *Rendre la* pareille *à qqn* : soumettre qqn au traitement qu'on en a reçu. 🕮 [paʀɛj].

PARENT, ENTE, adj. et subst.
Se dit d'une personne qui appartient à la même famille qu'une autre. – Subst. masc. plur. Le père et la mère. – Les ancêtres (littér.). – Adj. Qui procède de la même logique, analogue. 🕮 [paʀɑ̃, -ɑ̃t].

PARENTÉ, subst. f.
Rapport d'alliance ou de consanguinité. – Ensemble des parents. – Fig. Analogie. 🕮 [paʀɑ̃te].

PARENTHÈSE, subst. f.
Digression, précision insérée dans une phrase, un texte, entre deux signes de ponctuation. – Chacun de ces deux signes : ( ). 🕮 [paʀɑ̃tɛz].

PARER (I), verbe trans. [3]
Revêtir d'une parure, orner. – Apprêter, préparer pour un usage précis. 🕮 [paʀe].

PARER (II), verbe trans. [3]
Esquiver, éviter : Parer *un coup*. – Parer *à* : se préserver de, remédier à. 🕮 [paʀe].

PARESSE, subst. f.
Tendance à éviter ou à refuser l'effort ; manque d'énergie. 🕮 [paʀɛs].

PARESSER, verbe intrans. [3]
S'adonner à la paresse. 🕮 [paʀese].

PARESSEUX, EUSE, adj. et subst.
Qui fait preuve de paresse. – Subst. masc. Mammifère édenté d'Amérique du Sud, aux mouvements très lents. 🕮 [paʀesø, -øz].

PARFAIRE, verbe trans. [57]
Mener à son terme avec un souci de perfection. 🕮 Verbe défectif ; [paʀfɛʀ].

PARFAIT, AITE, adj.
Achevé, complet. – Qui touche à la perfection ; sans défaut. 🕮 [paʀfɛ, -ɛt].

PARFOIS, adv.
De temps en temps, quelquefois. – Tantôt : Parfois *l'une*, parfois *l'autre*. 🕮 [paʀfwa].

PARFUM, subst. m.
Odeur délicieuse. – Substance dégageant une telle odeur : *Un flacon de* parfum. – Arôme alimentaire. 🕮 [paʀfœ̃].

PARFUMER, verbe trans. [3]
Imprégner de parfum, embaumer. – Donner une saveur à (un mets). 🔊 [paʀfyme].

PARFUMERIE, subst. f.
Fabrication, usine, commerce et boutique de parfums. – Les produits de beauté et les parfums. 🔊 [paʀfymʀi].

PARFUMEUR, EUSE, subst.
Fabricant de parfum. – Commerçant spécialisé dans la parfumerie. 🔊 [paʀfymœʀ, -øz].

PARI, subst. m.
Jeu dans lequel les participants engagent des sommes, des objets qui reviendront à celui dont le pronostic ou les assertions se vérifieront. – Défi. 🔊 [paʀi].

PARIA, subst. m.
En Inde, individu considéré comme impur. – Fig. Personne rejetée de tous. 🔊 [paʀja].

PARIER, verbe trans. [6]
Engager (un enjeu) dans un pari : Parier de l'argent. – Être sûr de, affirmer, soutenir : Je parie qu'il a fini ! 🔊 [paʀje].

PARIÉTAL, ALE, AUX, adj.
Relatif à une paroi : Os pariétal, qui forme un côté de la voûte crânienne ; Peinture pariétale, réalisée sur les parois d'une grotte (synon. rupestre). 🔊 [paʀjetal].

PARITAIRE, adj.
Où toutes les parties sont également représentées : Commission paritaire. 🔊 [paʀiteʀ].

PARITÉ, subst. f.
Égalité stricte. – Équivalence de la valeur d'échange des monnaies de deux pays. – Caractère pair d'un nombre. 🔊 [paʀite].

PARJURE, adj. et subst.
Se dit d'une personne qui viole son serment. – Subst. masc. Violation d'un serment. 🔊 [paʀʒyʀ].

PARKA, subst. m. ou f.
Veste imperméable à capuche. 🔊 [paʀka].

PARKING, subst. m.
Parc de stationnement. 🔊 [paʀkiŋ].

PARLANT, ANTE, adj.
Qui parle. – Qui reproduit la parole, la voix humaines : Horloge parlante. – Expressif : Regard parlant. – Qui exclut le doute, évident : Indice parlant. 🔊 [paʀlɑ̃, -ɑ̃t].

PARLEMENT, subst. m.
Sous l'Ancien Régime, cour souveraine de justice. – De nos jours, ensemble des assemblées législatives. 🔊 [paʀləmɑ̃].

PARLEMENTAIRE, adj. et subst.
Adj. Relatif au Parlement. – Subst. Membre du Parlement. 🔊 [paʀləmɑ̃teʀ].

PARLEMENTER, verbe intrans. [3]
Négocier (avec l'ennemi). – Discuter pour trouver un arrangement. 🔊 [paʀləmɑ̃te].

PARLER (I), verbe [3]
Intrans. Prononcer des mots. – S'exprimer : Parler par gestes. – Passer aux aveux. – Trans. dir. Pratiquer (une langue) : Parler le français. – S'entretenir de, aborder (un sujet) : Parler politique. – Trans. indir. S'adresser à : Parler à qqn. – Parler de : tenir des propos sur. 🔊 [paʀle].

PARLER (II), subst. m.
Manière de parler. – Dialecte. 🔊 [paʀle].

PARLOIR, subst. m.
Pièce où les visiteurs peuvent rencontrer les pensionnaires de certains établissements : Parloir d'une prison. 🔊 [paʀlwaʀ].

PARME, adj. inv. et subst. m.
Couleur violet clair. 🔊 [paʀm].

PARMI, prép.
Au milieu de. – Au nombre de. – Chez : Idée répandue parmi les jeunes. 🔊 [paʀmi].

PARODIE, subst. f.
Caricature d'une œuvre littéraire ou artistique. – Fig. Grossière imitation, simulacre : Parodie de justice. 🔊 [paʀɔdi].

PARODIER, verbe trans. [6]
Faire la parodie de. – Fig. Caricaturer (qqn). 🔊 [paʀɔdje].

PAROI, subst. f.
Versant rocheux abrupt. – Cloison, mur. – Surface interne d'un objet creux ; surface latérale d'une cavité. 🔊 [paʀwa].

PAROISSE, subst. f.
Circonscription ecclésiastique desservie par un curé, un pasteur. 🔊 [paʀwas].

PAROISSIAL, ALE, AUX, adj.
Propre à la paroisse. 🔊 [paʀwasjal].

PAROLE, subst. f.
Faculté de parler propre à l'être humain. – Propos. – Serment : Donner sa parole. – Plur. Texte d'une chanson. 🔊 [paʀɔl].

PAROLIER, IÈRE, subst.
Auteur de textes destinés à être chantés. 🔊 [paʀɔlje, -jɛʀ].

PAROXYSME, subst. m.
Intensité maximale. 🔊 [paʀɔksism].

PARPAING, subst. m.
Bloc creux de béton ou de ciment utilisé dans les constructions modernes. 🔊 [paʀpɛ̃].

PARQUER, verbe trans. [3]
Mettre (des bêtes) dans un enclos. – Enfermer (des gens) à l'étroit, comme du bétail. – Garer (une voiture). 🔊 [paʀke].

PARQUET, subst. m.
Assemblage de lames de bois couvrant le sol. – Dr. Ensemble des magistrats qui exercent le ministère public. 🔊 [paʀkɛ].

PARRAIN, subst. m.
Homme qui, au baptême, s'engage à guider son filleul dans sa foi. – Homme qui introduit qqn dans une société, un cercle, etc. – Chef d'une mafia. 🔊 [paʀɛ̃].

PARRAINER, verbe trans. [3]
Servir de garant à. – Apporter son soutien financier, médiatique à. 🔊 [paʀene].

PARRICIDE, adj. et subst.
Se dit d'une personne qui a tué l'un de ses ascendants. – Subst. masc. Meurtre d'un ascendant : Commettre un parricide. – Adj. Crime parricide. 🔊 [paʀisid].

PARSEMER, verbe trans. [10]
Disperser, répandre ; être dispersé, répandu çà et là : *Les étoiles* **parsèment** *le ciel* ; *Ce tablier est* **parsemé** *de taches.* ☒ [paʀsəme].

PART, subst. f.
Morceau, partie d'un tout ; portion. – *Ce qui revient à qqn.* – *Prendre* **part** *à qqch.* : y participer. – *Faire* **part** *de*, informer de. – Contribution : *Payer sa* **part**. – Partie d'un lieu, côté, direction : *Quelque* **part**, en un lieu non précisé ; *Nulle* **part**, en aucun lieu ; *Autre* **part**, ailleurs. – *De la* **part** *de qqn* : en son nom. – *D'autre* **part** : en outre. – Loc. adv. *À* **part** : différent du reste, séparément, excepté. ☒ [paʀ].

PARTAGE, subst. m.
Action de partager. – *Sans* **partage** : à soi seul ; entièrement. ☒ [paʀtaʒ].

PARTAGER, verbe trans. [5]
Diviser en plusieurs parties. – Diviser en groupes opposés, hostiles. – Donner une part de ; mettre en commun. – Fig. S'associer à. – *Être* **partagé** : être animé de sentiments contradictoires. ☒ [paʀtaʒe].

PARTANT, ANTE, adj. et subst.
Subst. Celui qui part. – *Sp.* Concurrent sur la ligne de départ. – Adj. *Être* **partant** *pour* : être volontaire pour (fam.). ☒ [paʀtɑ̃, -ɑ̃t].

PARTENAIRE, subst.
Joueur, sportif avec lequel on fait équipe. – Acteur avec lequel on joue. – Pays avec lequel un autre pays entretient des relations. – **Partenaires** *sociaux* : représentants des syndicats et du patronat. ☒ [paʀtənɛʀ].

PARTERRE, subst. m.
Massif de fleurs. – Partie d'une salle de théâtre située derrière les fauteuils de l'orchestre. – Auditoire. ☒ [paʀtɛʀ].

PARTI, subst. m.
Groupe de personnes ayant des opinions, des intérêts communs. – Organisation politique. – *Prendre* **parti** *pour, contre qqn* : lui donner raison ou tort. – **Parti** *pris* : préjugé. – Décision, résolution : *Prendre le* **parti** *de*. – *Tirer* **parti** *de* : exploiter. ☒ [paʀti].

PARTIAL, ALE, AUX, adj.
Qui est de parti pris. – Injuste. ☒ [paʀsjal].

PARTIALITÉ, subst. f.
Tendance à suivre ses préférences personnelles, sans souci d'équité. ☒ [paʀsjalite].

PARTICIPATION, subst. f.
Action, fait de participer. – Intéressement aux bénéfices. – *Fin.* Détention partielle du capital d'une société. ☒ [paʀtisipasjɔ̃].

PARTICIPE, subst. m.
Forme verbale utilisée au passif et dans les temps composés, ou jouant un rôle d'adjectif : **Participe** *passé, présent.* ☒ [paʀtisip].

PARTICIPER, verbe trans. indir. [3]
Prendre part (à). – Payer ou recevoir sa part (de). ☒ [paʀtisipe].

PARTICULARITÉ, subst. f.
Caractère particulier ; spécificité, singularité. ☒ [paʀtikylaʀite].

PARTICULE, subst. f.
Parcelle infime. – Préposition « de » placée devant certains patronymes. ☒ [paʀtikyl].

PARTICULIER, IÈRE, adj. et subst. m.
Adj. Propre à qqch., à qqn ; individuel, privé. – Hors du commun, remarquable. – Spécial, spécifique. – Subst. Personne privée. – Loc. adv. *En* **particulier** : spécialement ; en tête à tête. ☒ [paʀtikylje, -jɛʀ].

PARTIE, subst. f.
Élément, portion d'un tout. – Divertissement, jeu à plusieurs. – Chacun des plaideurs d'un procès, des signataires d'un contrat. – Profession, spécialité. – *Prendre qqn à* **partie** : s'attaquer à lui. ☒ [paʀti].

PARTIEL, IELLE, adj. et subst. m.
Qui ne concerne pas la totalité de qqch. – Qui ne constitue pas un tout. ☒ [paʀsjɛl].

PARTIR, verbe intrans. [23]
Quitter un lieu, s'en aller. – Prendre, avoir comme point de départ : **Partir** *de rien.* – Loc. prép. *À* **partir** *de* : depuis. ☒ [paʀtiʀ].

PARTISAN, ANE, adj. et subst.
Subst. Personne qui soutient un candidat, un parti ou une cause. – Franc-tireur. – Adj. *Esprit* **partisan** : de parti pris. – *Être* **partisan** *de* : être favorable à. ☒ [paʀtizɑ̃, -an].

PARTITION, subst. f.
Partage politique d'un pays. – Notation d'une œuvre musicale ; cahier, feuillet où est transcrite cette œuvre. ☒ [paʀtisjɔ̃].

PARTOUT, adv.
En tout lieu, en tout endroit. ☒ [paʀtu].

PARTURIENTE, subst. f.
Femme qui accouche. ☒ [paʀtyʀjɑ̃t].

PARURE, subst. f.
Ce qui sert à parer. – Bijoux assortis. – Linge de lit coordonné. ☒ [paʀyʀ].

PARUTION, subst. f.
Fait de paraître en librairie, d'être publié, pour un ouvrage. – Moment de la publication. – Ouvrage publié. ☒ [paʀysjɔ̃].

PARVENIR, verbe trans. indir. [22]
Réussir (à faire qqch.). – Arriver (à destination). ☒ [paʀvəniʀ].

PARVENU, UE, adj. et subst.
Qui s'est élevé socialement sans acquérir les usages de son nouveau milieu. ☒ [paʀvəny].

PARVIS, subst. m.
Esplanade située devant une église ou un bâtiment public. ☒ [paʀvi].

PAS (I), adv.
Négation, employée avec ou sans « ne » : *Je ne viens* **pas** ; **Pas** *du tout.* ☒ [pɑ].

PAS (II), subst. m.
Mouvement que l'on fait lorsqu'on marche, en passant un pied devant l'autre ; enjambée. – Façon de marcher : *À* **pas** *lents.* – Seuil ; passage ; détroit. – *Faire le premier* **pas** : faire des avances. ☒ [pɑ].

PASCAL, ALE, ALS ou AUX, adj.
Relatif à la fête chrétienne de Pâques, ou à la Pâque juive : *Agneau pascal.* 🕮 [paskal].

PASSABLE, adj.
Dont la qualité est juste moyenne ; ni bon ni mauvais : *Mention passable.* 🕮 [pasabl].

PASSADE, subst. f.
Brève aventure amoureuse. – Engouement, caprice. 🕮 [pasad].

PASSAGE, subst. m.
Action de passer. – Endroit par où l'on passe. – Changement, fait de passer (d'un état à un autre). – Traversée en bateau. – Galerie marchande couverte. – Extrait d'une œuvre. 🕮 [pasaʒ].

PASSAGER, ÈRE, adj. et subst.
Subst. Usager d'un moyen de transport. – Adj. Bref, éphémère. – Qui ne fait que passer. 🕮 [pasaʒe, -ɛʀ].

PASSANT, ANTE, adj. et subst.
Adj. Fréquenté : *Rue passante.* – Subst. Piéton qui passe. 🕮 [pasɑ̃, -ɑ̃t].

PASSATION, subst. f.
Action d'écrire dans la forme juridique, légale exigée. – Transmission. 🕮 [pasasjɔ̃].

PASSE, subst. f.
Mot de passe : mot ou code secret d'accès. – *Mauvaise passe* : situation difficile. – *Hôtel de passe* : de prostitution. – Mar. Chenal. – Sp. Action de passer un ballon. 🕮 [pas].

PASSÉ (I), prép.
Après, au-delà de : *Passé cette date, votre billet est périmé.* 🕮 [pase].

PASSÉ (II), subst. m.
Ce qui a eu lieu, ce qui n'est plus. – Ling. Temps de la conjugaison utilisé pour décrire des actions révolues. 🕮 [pase].

PASSÉ (III), ÉE, adj.
Du passé, révolu. – *Couleur passée* : ternie. – *Passé de mode* : démodé. 🕮 [pase].

PASSE-DROIT, subst. m.
Faveur illégale, irrégulière. 🕮 Plur. *passe-droits* ; [pasdʀwa].

PASSÉISME, subst. m.
Nostalgie excessive du passé. 🕮 [paseism].

PASSEMENTERIE, subst. f.
Ensemble des articles d'ornement tressés ou tissés, utilisés pour l'ameublement et l'habillement. – Fabrication, commerce de ces articles. 🕮 [pasmɑ̃tʀi].

PASSE-MONTAGNE, subst. m.
Cagoule de laine. 🕮 Plur. *passe-montagnes* ; [pasmɔ̃taɲ].

PASSE-PARTOUT, adj. inv. et subst. m. inv.
Subst. Clef ouvrant de nombreuses serrures. – Adj. Qui convient partout. 🕮 [paspaʀtu].

PASSE-PASSE, subst. m. inv.
Tour de passe-passe : tour d'adresse ; au fig., manœuvre habile. 🕮 [paspas].

PASSEPORT, subst. m.
Pièce officielle d'identité permettant de voyager à l'étranger. 🕮 [paspɔʀ].

PASSER, verbe [3]
Aller sans s'arrêter : **Passer** *dans la rue.* – Traverser, franchir : **Passer** *par Rome* ; **Passer** *la frontière.* – *Le temps passe* : il s'écoule. – **Passer** *en sixième* : y être admis. – **Passer** *un examen* : s'y présenter. – **Passer** *le café* : le filtrer. – **Passer** *une robe* : l'enfiler. – **Passer** *ses vacances à Rome* : y séjourner. – **Passe-moi** *le pain* : donne-le-moi. – *Ce film passe cette semaine* : il est projeté. – *Y* **passer** : mourir (fam.). 🕮 [pase].

PASSEREAU, subst. m.
Oiseau de petite taille (moineau, merle, hirondelle, etc.) pourvu de pattes à quatre doigts dont l'un (le pouce) est dirigé vers l'arrière. – Plur. L'ordre correspondant. 🕮 [pasʀo].

PASSERELLE, subst. f.
Pont étroit réservé aux piétons. – Plan incliné ou escalier mobile qui permet l'accès à un bateau, à un avion. 🕮 [pasʀɛl].

PASSE-TEMPS, subst. m. inv.
Occupation, loisirs agréables. 🕮 [pastɑ̃].

PASSEUR, EUSE, subst.
Personne qui fait traverser une rivière. – Personne qui fait passer une frontière illégalement. 🕮 [pasœʀ, -øz].

PASSIBLE, adj.
Qui encourt ou entraîne une peine : *Délit passible d'une amende.* 🕮 [pasibl].

PASSIF, IVE, adj. et subst. m.
Ling. Se dit d'une forme verbale où le sujet grammatical subit l'action : *Voix passive* ; *Au passif.* – Adj. Qui n'est pas agissant. – Qui se contente de subir. – Qui manque d'énergie ou de volonté. 🕮 [pasif, -iv].

PASSIFLORE, subst. f.
Plante tropicale grimpante, qui donne le fruit de la Passion. 🕮 [pasiflɔʀ].

PASSION, subst. f.
La Passion : les souffrances et le supplice du Christ. – Émotion violente qui domine la raison. – Amour ardent. – Intérêt intense, puissant désir éprouvé pour qqch., qqn. – Objet de cet amour, de ce désir. 🕮 [pasjɔ̃].

PASSIONNEL, ELLE, adj.
Inspiré par la passion. 🕮 [pasjɔnɛl].

PASSIONNER, verbe trans. [3]
Susciter un très vif intérêt. – **Passionner** *un débat* : le rendre très animé. 🕮 [pasjɔne].

PASSIVITÉ, subst. f.
État de ce qui est passif. – Comportement d'une personne passive. 🕮 [pasivite].

PASSOIRE, subst. f.
Ustensile percé de trous, servant à égoutter les aliments. 🕮 [paswaʀ].

PASTEL, adj. inv. et subst. m.
Subst. Bâtonnet de couleur. – Dessin au pastel. – Adj. De couleur, de teinte douce et claire. 🕮 [pastɛl].

PASTÈQUE, subst. f.
Plante méditerranéenne cultivée pour son gros fruit rond et vert, à chair rouge gorgée d'eau. – Ce fruit. 🔊 [pastɛk].

PASTEUR, subst. m.
Gardien de troupeau. – Guide spirituel. – Ministre du culte protestant. 🔊 [pastœʀ].

PASTEURISER, verbe trans. [3]
Stériliser en portant à très haute température. 🔊 [pastœʀize].

PASTICHE, subst. m.
Imitation de la manière d'un artiste, du style d'un auteur, parodie. 🔊 [pastiʃ].

PASTILLE, subst. f.
Petit bonbon ou médicament à sucer, de forme aplatie. – Motif rond. 🔊 [pastij].

PASTIS, subst. m.
Boisson alcoolisée, à l'anis. 🔊 [pastis].

PASTORAL, ALE, AUX, adj. et subst. f.
Adj. Relatif aux bergers. – Qui idéalise la campagne. – Subst. Œuvre qui s'inspire des mœurs champêtres. 🔊 [pastɔʀal].

PATATE, subst. f.
Pomme de terre (fam.). – **Patate** *douce* : tubercule tropical à chair rosée. 🔊 [patat].

PATAUD, AUDE, adj. et subst.
Qui est gauche et maladroit. – Subst. masc. Chiot à grosses pattes. 🔊 [pato, -od].

PATAUGER, verbe intrans. [5]
Marcher sur un sol boueux, dans des flaques. – Fig. S'empêtrer dans la difficulté (fam.). 🔊 [patoʒe].

PATCHWORK, subst. m.
Ouvrage fait de pièces de tissu disparates. – Fig. Ensemble hétérogène. 🔊 [patʃwœʀk].

PÂTE, subst. f.
Mélange à base de farine et d'eau : **Pâte** *à pain*. – Substance plus ou moins molle : **Pâte** *dentifrice*. – Plur. Aliments à base de semoule de blé dur, aux formes variées, que l'on fait bouillir. 🔊 [pɑt].

PÂTÉ, subst. m.
Hachis de viandes cuit en terrine ou en croûte. – Tache d'encre sur une feuille de papier. – Groupe de maisons. 🔊 [pɑte].

PÂTÉE, subst. f.
Mélange épais d'aliments dont on nourrit certains animaux. 🔊 [pɑte].

PATENT, ENTE, adj.
Qui est évident, manifeste. 🔊 [patɑ̃, -ɑ̃t].

PATENTE, subst. f.
Écrit du roi accordant un droit, un privilège. – Ancien impôt professionnel ; le document attestant son paiement. 🔊 [patɑ̃t].

PATÈRE, subst. f.
Portemanteau mural. 🔊 [patɛʀ].

PATERNALISME, subst. m.
Attitude d'un patron dont l'autorité, supposée protectrice, infantilise. 🔊 [patɛʀnalism].

PATERNEL, ELLE, adj.
Propre au père. – Du côté du père. – Qui semble émaner d'un père. 🔊 [patɛʀnɛl].

PATERNITÉ, subst. f.
État, qualité, sentiment de père. – Fait d'être l'auteur (de qqch.). 🔊 [patɛʀnite].

PÂTEUX, EUSE, adj.
De la consistance d'une pâte. 🔊 [pɑtø, -øz].

PATHÉTIQUE, adj. et subst. m.
Qui émeut vivement par son intensité dramatique ou douloureuse. 🔊 [patetik].

PATHOGÈNE, adj.
Susceptible d'être la cause d'une maladie : *Bactérie* **pathogène**. 🔊 [patɔʒɛn].

PATHOLOGIE, subst. f.
Méd. Étude des causes, des symptômes et de l'évolution des maladies. 🔊 [patɔlɔʒi].

PATIBULAIRE, adj.
Qui inspire la méfiance et l'inquiétude par son aspect louche, sinistre. 🔊 [patibylɛʀ].

PATIENCE, subst. f.
Vertu qui consiste à ne pas s'irriter des désagréments et à savoir attendre. – Persévérance, constance. 🔊 [pasjɑ̃s].

PATIENT, IENTE, adj. et subst.
Adj. Qui fait montre de patience. – Subst. Client d'un médecin. 🔊 [pasjɑ̃, -jɑ̃t].

PATIENTER, verbe intrans. [3]
Attendre avec patience. 🔊 [pasjɑ̃te].

PATIN, subst. m.
Semelle de feutre utilisée pour glisser sur un parquet ciré. – **Patin** *à roulettes* : semelle rigide à quatre roues, attachée sous la chaussure. – **Patin** *à glace* : chaussure sous laquelle est fixée une lame. 🔊 [patɛ̃].

PATINAGE, subst. m.
Fait de patiner. – Pratique du patin à glace ou à roulettes. 🔊 [patinaʒ].

PATINE, subst. f.
Oxydation naturelle ou chimique du cuivre ou du bronze. – Empreinte du temps sur les objets anciens. 🔊 [patin].

PATINÉ, ÉE, adj.
Couvert de patine. 🔊 [patine].

PATINER, verbe intrans. [3]
Se déplacer avec des patins à glace ou à roulettes. – Glisser faute d'adhérence : *Les roues* **patinent** *dans le sable*. 🔊 [patine].

PATINOIRE, subst. f.
Lieu aménagé pour le patinage sur glace. – Fig. Sol très glissant. 🔊 [patinwaʀ].

PATIO, subst. m.
Cour intérieure d'une maison, sur laquelle s'ouvrent des pièces. 🔊 [pasjo] ou [patjo].

PÂTIR, verbe intrans. [19]
Subir un dommage à cause de : **Pâtir** *de l'injustice*. 🔊 [pɑtiʀ].

PÂTISSERIE, subst. f.
Gâteau plus travaillé, diversement garnie et cuite au four. – Boutique, commerce et profession du pâtissier. 🔊 [pɑtisʀi].

PÂTISSIER, IÈRE, adj. et subst.
Personne qui confectionne ou qui vend des pâtisseries. 🔊 [pɑtisje, -jɛʀ].

PATOIS, subst. m.
Parler d'une localité ou d'une région rurales, d'usage oral. 🕮 [patwa].

PÂTRE, subst. m.
Berger (littér.). 🕮 [pɑtʀ].

PATRIARCAT, subst. m.
Organisation sociale fondée sur l'autorité du père. 🕮 [patʀijaʀka].

PATRIARCHE, subst. m.
Vieillard vénérable entouré d'une descendance nombreuse. 🕮 [patʀijaʀʃ].

PATRICIEN, IENNE, adj. et subst.
Se disait d'un citoyen romain de la plus haute classe sociale. 🕮 [patʀisjɛ̃, -jɛn].

PATRIE, subst. f.
Pays natal. – Nation à laquelle on appartient ou envers laquelle on éprouve un vif sentiment d'appartenance. 🕮 [patʀi].

PATRIMOINE, subst. m.
Ensemble des biens hérités des ascendants. – Héritage d'une collectivité : **Patrimoine** *culturel*. 🕮 [patʀimwan].

PATRIOTE, adj. et subst.
Qui aime sa patrie et qui est prêt à la défendre. 🕮 [patʀijɔt].

PATRIOTISME, subst. m.
Amour de la patrie. 🕮 [patʀijɔtism].

PATRON (I), subst. m.
Modèle d'après lequel sont exécutés certains travaux artisanaux. 🕮 [patʀɔ̃].

PATRON (II), ONNE, subst.
Saint protecteur. – Personne qui dirige un établissement et qui a des employés sous ses ordres ; employeur. 🕮 [patʀɔ̃, -ɔn].

PATRONAGE, subst. m.
Protection accordée par une entreprise, une personne influente, etc. – Œuvre organisant les loisirs des enfants. 🕮 [patʀɔnaʒ].

PATRONAL, ALE, AUX, adj.
Qui honore un saint patron : *Fête* **patronale**. – Relatif au patronat. 🕮 [patʀɔnal].

PATRONAT, subst. m.
Ensemble des patrons, des chefs d'entreprise. 🕮 [patʀɔna].

PATRONNER, verbe trans. [3]
Soutenir, appuyer en accordant son patronage à. 🕮 [patʀɔne].

PATRONYME, subst. m.
Nom de famille. 🕮 [patʀɔnim].

PATROUILLE, subst. f.
Petite formation d'avions, détachement de policiers ou de militaires chargés d'une mission de surveillance, de liaison, etc. – Cette mission. 🕮 [patʀuj].

PATTE, subst. f.
Membre d'un animal. – Jambe, pied ou main (fam.). – Manière, habileté propres à un artiste. 🕮 [pat].

PATTE-D'OIE, subst. f.
Carrefour d'où partent au moins trois voies. – Faisceau de rides au coin externe de l'œil. 🕮 Plur. *pattes-d'oie* : [patdwa].

PÂTURAGE, subst. m.
Lieu où paît le bétail. 🕮 [pɑtyʀaʒ].

PÂTURE, subst. f.
Nourriture des animaux. – Pâturage. – Fig. Ce qui nourrit la pensée. 🕮 [pɑtyʀ].

PAUME, subst. f.
L'intérieur de la main, qui va du poignet à la naissance des doigts. 🕮 [pom].

PAUPÉRISATION, subst. f.
Appauvrissement lent, continu d'une classe sociale, d'une population. 🕮 [popeʀizasjɔ̃].

PAUPIÈRE, subst. f.
Membrane cutanée, dotée de muscles et mobile, qui protège l'œil. 🕮 [popjɛʀ].

PAUPIETTE, subst. f.
Tranche de veau farcie, roulée, bardée et ficelée, que l'on braise. 🕮 [popjɛt].

PAUSE, subst. f.
Interruption momentanée d'une activité, d'un travail. – *Mus.* Bref silence. 🕮 [poz].

PAUVRE, adj. et subst.
Qui a des ressources insuffisantes. – Adj. Qui inspire la pitié. – Médiocre, faible : *Un style* **pauvre**. – Subst. fêm., dans un style littér., *pauvresse* ; [povʀ].

PAUVRETÉ, subst. f.
État, condition d'une personne pauvre. – Aspect misérable. – Fig. Insuffisance, médiocrité. 🕮 [povʀəte].

PAVAGE, subst. m.
Action de paver. – Revêtement de pavés, de dalles, etc. 🕮 [pavaʒ].

PAVANER (SE), verbe pronom. [3]
Se comporter avec suffisance, à la manière d'un paon qui fait la roue. 🕮 [pavane].

PAVÉ, subst. m.
Bloc de pierre gén. cubique, utilisé pour le revêtement d'un sol, d'une voie ; ce revêtement. – Gros livre ou texte trop long (fam.). – Bifteck épais. 🕮 [pave].

PAVER, verbe trans. [3]
Recouvrir (un sol) de pavés. 🕮 [pave].

PAVILLON, subst. m.
Maison individuelle. – Petit bâtiment ou corps de bâtiment. – Partie extérieure de l'oreille. – Extrémité évasée de certains instruments de musique à vent. – *Mar.* Drapeau. 🕮 [pavijɔ̃].

PAVOISER, verbe [3]
Trans. Orner (un bateau, une rue, un édifice, etc.) de drapeaux. – Intrans. Fig. Afficher sa joie (fam.). 🕮 [pavwaze].

PAVOT, subst. m.
Plante dont une espèce fournit l'opium. – *Pavot des champs* : coquelicot. 🕮 [pavo].

PAYANT, ANTE, adj.
Qui doit payer. – Que l'on doit payer. – Rentable, profitable (fam.). 🕮 [pɛjɑ̃, -ɑ̃t].

PAYE, subst. f.
Somme d'argent que l'on reçoit en échange de son travail : *Une fiche de* **paye**. 🕮 [pɛj].

PAYER, verbe trans. [15]
Verser une somme due ; verser à qqn ce qui lui est dû ; rémunérer. – Dédommager ; récompenser. – Fig. Expier : *Payer son crime.* – *Ça paye* : c'est rentable (fam.). 🕮 [peje].

PAYS, subst. m.
Territoire d'un État. – Région. – Lieu d'où l'on est originaire : *Rentrer au pays.* 🕮 [pei].

PAYSAGE, subst. m.
Étendue de pays que la vue embrasse. – Cette étendue, en tant qu'elle présente certains caractères : **Paysage de collines, d'usines.** – Représentation picturale, photographique, etc., d'un **paysage.** – Fig. Aspect général d'une situation. 🕮 [peiza3].

PAYSAGISTE, adj. et subst.
Peintre de paysages. – Architecte ou jardinier de parcs, de jardins. 🕮 [peiza3ist].

PAYSAN, ANNE, adj. et subst.
Subst. Personne qui vit du travail de la terre. – Adj. De la campagne. 🕮 [peizã. -an].

PAYSANNERIE, subst. f.
Ensemble des paysans. 🕮 [peizanʀi].

P.C. (I), subst. m. inv.
Sigle pour « poste de commandement ». 🕮 [pese].

P.C. (II), subst. m. inv.
Sigle pour « personal computer », ordinateur individuel. 🕮 [pese].

P.-D.G., voir **PRÉSIDENT**

PÉAGE, subst. m.
Droit à acquitter pour emprunter une voie. – Lieu où l'on paie ce droit. 🕮 [pea3].

PEAU, subst. f.
Tissu organique qui recouvre le corps de l'homme et de certains animaux. – Cuir. – Enveloppe d'un fruit. 🕮 [po].

PEAUFINER, verbe trans. [3]
Achever avec un soin extrême. 🕮 [pofine].

PÉCARI, subst. m.
Porc sauvage d'Amérique. 🕮 [pekaʀi].

PECCADILLE, subst. f.
Faute sans gravité. 🕮 [pekadij].

PÊCHE (I), subst. f.
Fruit du pêcher, à la peau veloutée, juteux, d'un goût subtil. 🕮 [pɛʃ].

PÊCHE (II), subst. f.
Action, manière de pêcher. – Ensemble des poissons pêchés. 🕮 [pɛʃ].

PÉCHÉ, subst. m.
Faute commise contre la loi divine. – *Péché mignon* : petit travers sans gravité. 🕮 [peʃe].

PÉCHER, verbe intrans. [8]
Commettre un péché. – Commettre une faute, une erreur. – Comporter un défaut : *Pécher par manque de clarté.* 🕮 [peʃe].

PÊCHER, verbe trans. [3]
Prendre ou tenter de prendre (du poisson). – Fig. Dénicher (fam.). 🕮 [peʃe].

PÊCHEUR, PÉCHERESSE, subst.
Personne qui commet, qui a commis des péchés. 🕮 [peʃœʀ, peʃʀɛs].

PÊCHEUR, EUSE, adj. et subst.
Subst. Personne qui pratique la pêche, en professionnel ou en amateur. – Adj. Qui pêche : *Marin pêcheur.* 🕮 [peʃœʀ, -øz].

PECTORAL, ALE, AUX, adj. et subst. m.
Subst. Bijou ou protection portés sur la poitrine. – Plur. Muscles du thorax. – Adj. De la poitrine. 🕮 [pɛktɔʀal].

PÉCULE, subst. m.
Somme d'argent amassée avec le temps : *Pécule d'un détenu.* 🕮 [pekyl].

PÉCUNIAIRE, adj.
Relatif à l'argent. – Qui consiste en argent : *Aide pécuniaire.* 🕮 [pekynjɛʀ].

PÉDAGOGIE, subst. f.
Science de l'éducation. – Méthode d'enseignement. 🕮 [pedagɔ3i].

PÉDAGOGUE, adj. et subst.
Se dit d'une personne douée pour l'enseignement. – Subst. Spécialiste de la pédagogie. 🕮 [pedagɔg].

PÉDALE, subst. f.
Levier manœuvré au pied. 🕮 [pedal].

PÉDALER, verbe intrans. [3]
Actionner les pédales d'une bicyclette ; rouler à bicyclette. 🕮 [pedale].

PÉDALIER, subst. m.
Ensemble formé par les pédales et le plateau d'une bicyclette. 🕮 [pedalje].

PÉDALO, subst. m.
Embarcation à flotteurs, que l'on fait avancer en pédalant. 🕮 N. déposé : [pedalo].

PÉDANT, ANTE, adj. et subst.
Qui étale son érudition. – Adj. *Ton pédant* : doctoral, prétentieux. 🕮 [pedã, -ãt].

PÉDÉRASTIE, subst. f.
Homosexualité masculine, assortie d'une préférence pour les jeunes. 🕮 [pedeʀasti].

PÉDESTRE, adj.
Que l'on fait à pied. 🕮 [pedɛstʀ].

PÉDIATRIE, subst. f.
Branche de la médecine spécialisée dans les maladies infantiles. 🕮 [pedjatʀi].

PÉDICURE, subst.
Spécialiste des soins du pied. 🕮 [pedikyʀ].

PEDIGREE, subst. m.
Généalogie d'un animal de race. – Le certificat qui l'atteste. 🕮 [pedigʀe].

PÉDONCULE, subst. m.
Queue d'une fleur, d'un fruit. 🕮 [pedõkyl].

PÈGRE, subst. f.
Milieu des malfaiteurs. 🕮 [pɛgʀ].

PEIGNE, subst. m.
Instrument à fines dents servant à démêler, à coiffer ou à retenir les cheveux. – Appareil servant à peigner des fibres. 🕮 [pɛɲ].

PEIGNER, verbe trans. [3]
Démêler avec un peigne (les cheveux, la barbe, des fibres textiles). – Pronom. Se coiffer. 🕮 [peɲe].

PEIGNOIR, subst. m.
Vêtement en tissu éponge, que l'on porte au sortir du bain, de la douche. – Léger vêtement féminin d'intérieur. 🕮 [pɛɲwaʀ].

PEINDRE, verbe trans. [53]
Représenter en peinture. – Recouvrir de peinture (une surface). – Fig. Dépeindre, décrire. 🕮 [pɛ̃dʀ].

PEINE, subst. f.
Contrainte, effort. – Chagrin. – Embarras, souci. – Sanction légale. – *Ce n'est pas la* **peine** : *c'est inutile.* 🕮 [pɛn].

PEINE (À), loc. adv.
Tout juste ; pas tout à fait : *Il est à peine 2 heures.* – Aussitôt, dès que : *À peine fut-elle partie qu'il regretta ses paroles.* 🕮 [apɛn].

PEINER, verbe [3]
Intrans. Travailler dur, se fatiguer. – Trans. Chagriner (qqn). 🕮 [pene].

PEINTRE, subst. m.
Artiste qui peint des tableaux, des fresques, etc. – Ouvrier, artisan couvrant de peinture des murs, des plafonds, etc. 🕮 [pɛ̃tʀ].

PEINTURE, subst. f.
Art de l'artiste peintre ; son œuvre (tableau, fresque, etc.). – Matière colorée utilisée pour peindre. – Action de peindre un mur. – Description, évocation. 🕮 [pɛ̃tyʀ].

PÉJORATIF, IVE, adj.
Qui comporte une connotation défavorable, dépréciative. 🕮 [peʒɔʀatif, -iv].

PELAGE, subst. m.
Ensemble des poils d'un animal. 🕮 [pəlaʒ].

PÊLE-MÊLE, adv.
En vrac, en désordre. 🕮 [pɛlmɛl].

PELER, verbe [11]
Trans. Ôter la peau (d'un légume, d'un fruit). – Intrans. Perdre sa peau par lamelles, en gén. après un coup de soleil. 🕮 [pəle].

PÈLERIN, subst. m.
Personne qui fait un pèlerinage. – Requin géant inoffensif pour l'homme. – Espèce de faucon commun. 🕮 [pɛlʀɛ̃].

PÈLERINAGE, subst. m.
Voyage vers un lieu saint. – Fig. Voyage accompli en un lieu, en souvenir de qqn, de qqch. 🕮 [pɛlʀinaʒ].

PÈLERINE, subst. f.
Manteau sans manches, souv. à capuche ; cape. 🕮 [pɛlʀin].

PÉLICAN, subst. m.
Gros oiseau aquatique palmipède, au bec pourvu d'une poche. 🕮 [pelikɑ̃].

PELISSE, subst. f.
Manteau doublé de fourrure. 🕮 [pəlis].

PELLE, subst. f.
Outil composé d'une plaque, souv. métallique, ajustée à un long manche et servant notamment à creuser la terre. 🕮 [pɛl].

PELLETÉE, subst. f.
Contenu d'une pelle. – Fig. Grande quantité (fam.) : *Une* **pelletée** *d'injures.* 🕮 [pɛlte].

PELLETEUSE, subst. f.
Engin de chantier qui sert à déplacer la terre, à effectuer des terrassements. 🕮 [pɛltøz].

PELLICULE, subst. f.
Minuscule lamelle de peau détachée du cuir chevelu. – Couche très fine. – Fine feuille de matière souple. – *Photo* et *cin.* Feuille de plastique recouverte d'une couche sensible à la lumière. 🕮 [pelikyl].

PELOTE, subst. f.
Boule de fil enroulé : **Pelote** *de ficelle.* – Jeu de balle traditionnel des Basques ; balle utilisée pour ce jeu. 🕮 [p(ə)lɔt].

PELOTON, subst. m.
Petite pelote. – *Sp.* Groupe compact de coureurs. – *Milit.* Petite unité de soldats : **Peloton** *d'exécution,* chargé d'exécuter un condamné. 🕮 [p(ə)lɔtɔ̃].

PELOTONNER (SE), verbe pronom. [3]
Se blottir en boule. 🕮 [p(ə)lɔtɔne].

PELOUSE, subst. f.
Terrain couvert de gazon. 🕮 [p(ə)luz].

PELUCHE, subst. f.
Espèce de tissu doux à poils longs. – Jouet, animal en peluche. – Petite boule de fibres, détachée d'un tissu, d'un tricot. 🕮 [p(ə)lyʃ].

P(E)LUCHER, verbe intrans. [3]
Former des peluches, en parlant d'un tissu qui s'use. 🕮 [p(ə)lyʃe].

PELURE, subst. f.
Peau d'un fruit ou d'un légume que l'on a épluché. 🕮 [p(ə)lyʀ].

PÉNAL, ALE, AUX, adj.
Qui concerne les peines encourues en cas d'infraction à la loi. 🕮 [penal].

PÉNALISER, verbe trans. [3]
Sanctionner (un sportif qui a commis une faute). – Punir ; frapper d'une pénalité fiscale. – Désavantager. 🕮 [penalize].

PENALTY, subst. m.
Au football, sanction prise contre un joueur qui a commis une faute grave près de son but. – Coup au but de réparation. 🕮 Plur. *penaltys* ou *penalties* : [penalti].

PÉNATES, subst. m. plur.
Dieux du foyer, dans la Rome antique. – Fig. *Ses* **pénates** : sa maison (fam.). 🕮 [penat].

PENAUD, AUDE, adj.
Honteux, confus, déconfit. 🕮 [pəno, -od].

PENCHANT, subst. m.
Inclination naturelle, tendance. 🕮 [pɑ̃ʃɑ̃].

PENCHER, verbe intrans. [3]
Être fortement incliné. – **Pencher** *pour, vers* : préférer. – Pronom. *Se* **pencher** *sur* : examiner. 🕮 [pɑ̃ʃe].

PENDAISON, subst. f.
Action de se pendre ou de pendre qqn : *Être condamné à la* **pendaison.** 🕮 [pɑ̃dɛzɔ̃].

PENDANT (I), subst. m.
Pendants *d'oreilles* : boucles d'oreilles suspendues. – Objet, chose analogue, égale, symétrique à une autre. 🕮 [pɑ̃dɑ̃].

PENDANT (II), prép.
Durant. – Loc. conj. **Pendant** *que* : lorsque, puisque, tandis que. 🔲 [pɑ̃dɑ̃].

PENDENTIF, subst. m.
Bijou suspendu à une chaîne, porté autour du cou. 🔲 [pɑ̃dɑ̃tif].

PENDERIE, subst. f.
Placard où l'on suspend les vêtements sur des cintres. 🔲 [pɑ̃dʀi].

PENDRE, verbe [51]
Trans. Suspendre (qqch.). – Exécuter (qqn) par pendaison. – Intrans. Être suspendu. – Descendre trop bas, traîner : *Ourlet qui pend.* 🔲 [pɑ̃dʀ].

PENDU, UE, adj. et subst.
Se dit d'une personne morte par pendaison. – Adj. Suspendu, accroché. 🔲 [pɑ̃dy].

PENDULE, subst.
Masc. Corps suspendu que l'action de la pesanteur fait osciller. – Balancier d'une horloge. – Fém. Petite horloge à balancier. 🔲 [pɑ̃dyl].

PÊNE, subst. m.
Partie mobile d'une serrure qui bloque la porte. 🔲 [pɛn].

PÉNÉTRATION, subst. f.
Action de pénétrer ; son résultat. – Fig. Intelligence lucide, acuité. 🔲 [penetʀasjɔ̃].

PÉNÉTRÉ, ÉE, adj.
Habité par un vif sentiment, une intense conviction. – Imbu. 🔲 [penetʀe].

PÉNÉTRER, verbe [8]
Intrans. S'introduire, entrer. – Trans. Transpercer, imbiber. – Fig. Envahir (les sens). – Deviner. – Pronom. Se convaincre, se persuader. 🔲 [penetʀe].

PÉNIBLE, adj.
Qui se fait avec difficulté. – Qui est cause de désagrément, de chagrin. 🔲 [penibl].

PÉNICHE, subst. f.
Bateau fluvial à fond plat, transportant des marchandises. 🔲 [peniʃ].

PÉNICILLINE, subst. f.
Antibiotique puissant obtenu à partir d'une moisissure. 🔲 [penisilin].

PÉNINSULE, subst. f.
Presqu'île très étendue. 🔲 [penɛ̃syl].

PÉNIS, subst. m.
Organe mâle de la copulation. 🔲 [penis].

PÉNITENCE, subst. f.
Repentir d'avoir offensé Dieu. – Punition. 🔲 [penitɑ̃s].

PÉNITENCIER, subst. m.
Établissement carcéral réservé aux longues peines de réclusion. 🔲 [penitɑ̃sje].

PÉNITENT, ENTE, adj. et subst.
Se dit d'un pécheur qui se confesse et reçoit l'absolution. 🔲 [penitɑ̃, -ɑ̃t].

PÉNITENTIAIRE, adj.
Relatif aux prisons. 🔲 [penitɑ̃sjɛʀ].

PENNE, subst. f.
Grande plume de la queue ou des ailes d'un oiseau. 🔲 [pɛn].

PÉNOMBRE, subst. f.
Lumière faible, tamisée. 🔲 [penɔ̃bʀ].

PENSABLE, adj.
Concevable, imaginable. 🔲 [pɑ̃sabl].

PENSE-BÊTE, subst. m.
Note, astuce destinées à faire penser à qqch. au moment voulu (fam). 🔲 Plur. *pense-bêtes* : [pɑ̃sbɛt].

PENSÉE (I), subst. f.
Faculté de se représenter qqch. mentalement, d'y réfléchir. – Esprit. – Production consciente de l'activité psychique (idée, imagination, évocation, réflexion, etc.). – Opinion, point de vue : *Dévoiler sa* **pensée**. 🔲 [pɑ̃se].

PENSÉE (II), subst. f.
Petite plante ornementale dont les fleurs veloutées ont des couleurs vives. 🔲 [pɑ̃se].

PENSER, verbe [3]
Intrans. Faire fonctionner son esprit, réfléchir. – Trans. Avoir pour opinion, croire. – Projeter de : *Je pense voyager.* – **Penser** *à* : ne pas oublier de ; envisager de. 🔲 [pɑ̃se].

PENSIF, IVE, adj.
Plongé dans ses pensées. 🔲 [pɑ̃sif, -iv].

PENSION, subst. f.
Allocation versée régulièrement : *Toucher sa* pension. – Établissement où des personnes sont logées et nourries moyennant une rétribution. – Établissement scolaire où l'élève est logé et nourri ; internat. 🔲 [pɑ̃sjɔ̃].

PENSIONNAIRE, subst.
Élève interne. – Client qui a pris pension dans un hôtel. 🔲 [pɑ̃sjɔnɛʀ].

PENSIONNAT, subst. m.
Internat scolaire. 🔲 [pɑ̃sjɔna].

PENSIONNÉ, ÉE, adj. et subst.
Qui touche une pension. 🔲 [pɑ̃sjɔne].

PENSUM, subst. m.
Travail imposé à un élève comme punition. – Travail intellectuel pénible. 🔲 [pɛ̃sɔm].

PENTAGONE, subst. m.
Polygone à cinq côtés. 🔲 [pɛ̃tagon].

PENTE, subst. f.
Inclinaison d'une surface. – Versant d'une montagne ; côte. – Fig. Tendance. 🔲 [pɑ̃t].

PENTU, UE, adj.
Qui présente une forte pente : *Un toit* pentu. 🔲 [pɑ̃ty].

PÉNULTIÈME, adj.
Avant-dernier. 🔲 [penyltjɛm].

PÉNURIE, subst. f.
Situation de manque général de ce qui est nécessaire : **Pénurie** *d'essence, de personnel, de devises.* 🔲 [penyʀi].

PÉPIER, verbe intrans. [6]
Pousser des cris brefs et aigus (pépiements), en parlant des petits oiseaux et des oisillons. 🔲 [pepje].

PÉPIN, subst. m.
Graine de certains fruits ou légumes. – Fig. Incident fâcheux (fam). 🔲 [pepɛ̃].

PÉPINIÈRE, subst. f.
Plantation de jeunes végétaux destinés à être replantés. 🔊 [pepinjɛʀ].

PÉPITE, subst. f.
Petit morceau de métal, en partic. d'or, tel qu'on le trouve dans la nature. 🔊 [pepit].

PÉPLUM, subst. m.
Tunique romaine. – *Cin.* Film s'inspirant de l'Antiquité (fam.). 🔊 [peplɔm].

PERÇAGE, subst. m.
Action de percer (une matière). 🔊 [pɛʀsaʒ].

PERCALE, subst. f.
Tissu de coton, fin et résistant. 🔊 [pɛʀkal].

PERÇANT, ANTE, adj.
Vif, pénétrant. – Aigu, qui perce le tympan, en parlant d'un son. – *Vue* perçante : d'une grande acuité. 🔊 [pɛʀsɑ̃, -ɑ̃t].

PERCÉE, subst. f.
Dégagement, trouée dans un milieu naturel. – Progrès spectaculaire. – *Milit.* Action de traverser les lignes ennemies. 🔊 [pɛʀse].

PERCEMENT, subst. m.
Opération consistant à percer une ouverture : Percement *d'un tunnel.* 🔊 [pɛʀsəmɑ̃].

PERCE-NEIGE, subst. f. ou m. inv.
Plante bulbeuse dont les fleurs blanches apparaissent en février. 🔊 [pɛʀsənɛʒ].

PERCEPTEUR, subst. m.
Fonctionnaire chargé du recouvrement des impôts directs. 🔊 [pɛʀsɛptœʀ].

PERCEPTIBLE, adj.
Qui peut être perçu par les sens. – Qui peut être saisi par l'esprit. 🔊 [pɛʀsɛptibl].

PERCEPTION, subst. f.
Bureau et fonction du percepteur. – Action et faculté de percevoir par les sens, par l'esprit. 🔊 [pɛʀsɛpsjɔ̃].

PERCER, verbe [4]
Trans. Faire une ouverture, un trou, un passage dans. – Fig. Percer *un mystère* : l'élucider. – Intrans. Poindre (à travers qqch.). – Devenir célèbre. 🔊 [pɛʀse].

PERCEUSE, subst. f.
Outil portatif ou machine-outil servant à percer des trous. 🔊 [pɛʀsøz].

PERCEVOIR, verbe trans. [38]
Saisir par les sens ou par l'esprit, sentir, comprendre. – Percevoir *une pension* : la toucher. – Percevoir *un impôt* : le recouvrer. 🔊 [pɛʀsəvwaʀ].

PERCHE (I), subst. f.
Poisson d'eau douce, carnassier, à la chair prisée. 🔊 [pɛʀʃ].

PERCHE (II), subst. f.
Longue barre de bois, de métal, ronde et mince. 🔊 [pɛʀʃ].

PERCHER, verbe [3]
Intrans. Être posé sur une branche ou un perchoir, en parlant d'un oiseau. – Trans. Poser en hauteur. – Pronom. Se poser ; se jucher. 🔊 [pɛʀʃe].

PERCHERON, ONNE, adj.
Se dit d'une race de chevaux de trait, originaire du Perche. 🔊 [pɛʀʃəʀɔ̃, -ɔn].

PERCHOIR, subst. m.
Barre, lieu où perchent les oiseaux domestiques ou captifs. 🔊 [pɛʀʃwaʀ].

PERCLUS, USE, adj.
Qui se meut à grand-peine. 🔊 [pɛʀkly, -yz].

PERCUSSION, subst. f.
Choc brusque d'un corps contre un autre. – *Mus. Instruments à* percussion : sur lesquels on frappe. 🔊 [pɛʀkysjɔ̃].

PERCUTANT, ANTE, adj.
Qui frappe. – Saisissant. 🔊 [pɛʀkytɑ̃, -ɑ̃t].

PERCUTER, verbe [3]
Heurter violemment. 🔊 [pɛʀkyte].

PERDITION, subst. f.
En perdition : en danger de faire naufrage ; menacé de ruine, de disparition. – Ruine morale : Lieu de perdition. 🔊 [pɛʀdisjɔ̃].

PERDRE, verbe trans. [51]
Cesser de posséder, d'avoir à soi. – Être privé de. – Égarer. – Être quitté par (qqn) ; être séparé de (qqn) par la mort. – Être vaincu. – Gaspiller : Perdre *son temps.* – Perdre *de vue* : cesser de voir. – Pronom. S'égarer. – Disparaître. 🔊 [pɛʀdʀ].

PERDREAU, subst. m.
Jeune perdrix de moins de un an, constituant un gibier de choix. 🔊 [pɛʀdʀo].

PERDRIX, subst. f.
Oiseau gallinacé, nichant dans des creux de terrain, prisé des chasseurs. 🔊 [pɛʀdʀi].

PERDURER, verbe intrans. [3]
S'éterniser, se perpétuer. 🔊 [pɛʀdyʀe].

PÈRE, subst. m.
Homme qui a engendré un ou plusieurs enfants. – Créateur, fondateur, inventeur. – *Nos* pères : nos ancêtres. – *Relig. Le* Père : Dieu ; première Personne de la sainte Trinité. – Appellation donnée à certains prêtres. – *Le Saint-*Père : le pape. 🔊 [pɛʀ].

PÉRÉGRINATIONS, subst. f. plur.
Déplacements incessants entre divers lieux. 🔊 [peʀegʀinasjɔ̃].

PÉREMPTION, subst. f.
Date de péremption : date avant laquelle il faut consommer un produit. 🔊 [peʀɑ̃psjɔ̃].

PÉREMPTOIRE, adj.
Qui ne supporte ni objection ni discussion. 🔊 [peʀɑ̃ptwaʀ].

PÉRENNITÉ, subst. f.
État, caractère de ce qui dure toujours ou très longtemps. 🔊 [peʀenite].

PERFECTIBLE, adj.
Qui peut être amélioré. 🔊 [pɛʀfɛktibl].

PERFECTION, subst. f.
Qualité, état de ce qui est parfait, irréprochable et accompli. – Chose, personne parfaites. 🔊 [pɛʀfɛksjɔ̃].

PERFECTIONNEMENT, subst. m.
Action de perfectionner, de se perfectionner. – Son résultat. 🔊 [pɛʀfɛksjɔnmɑ̃].

PERFECTIONNER, verbe trans. [3]
Rendre le plus parfait possible. – Améliorer.
– Pronom. S'améliorer. – Compléter son savoir ; progresser. 🐌 [pɛʀfɛksjɔne].

PERFECTIONNISTE, adj. et subst.
Se dit de qqn qui pousse à l'extrême le goût du travail bien fait. 🐌 [pɛʀfɛksjɔnist].

PERFIDE, adj. et subst.
Qui est fourbe et déloyal. 🐌 [pɛʀfid].

PERFIDIE, subst. f.
Caractère de ce qui est perfide. – Trahison, déloyauté. – Propos, acte qui cherchent à nuire sournoisement. 🐌 [pɛʀfidi].

PERFORATION, subst. f.
Action de perforer ; trou qui en est le résultat. – *Méd.* Déchirure pathologique ou accidentelle d'un tissu. 🐌 [pɛʀfɔʀasjɔ̃].

PERFORER, verbe trans. [3]
Percer, pratiquer des trous dans. 🐌 [pɛʀfɔʀe].

PERFORMANCE, subst. f.
Résultat obtenu par un athlète. – Exploit. – Résultat optimal qu'un matériel peut obtenir. 🐌 [pɛʀfɔʀmɑ̃s].

PERFORMANT, ANTE, adj.
Capable de performances. – Apte à soutenir la concurrence. 🐌 [pɛʀfɔʀmɑ̃, -ɑ̃t].

PERFUSION, subst. f.
Injection intraveineuse lente, au goutte-à-goutte. 🐌 [pɛʀfyzjɔ̃].

PERGOLA, subst. f.
Construction légère de jardin formée de poutres reposant sur des piliers, qui supporte des plantes grimpantes. 🐌 [pɛʀgɔla].

PÉRICLITER, verbe intrans. [3]
Aller vers le déclin, la faillite. 🐌 [peʀiklite].

PÉRIDURALE, subst. f.
Anesthésie de la région du bassin, qui rend l'accouchement indolore. 🐌 [peʀidyʀal].

PÉRIL, subst. m.
Danger, risque. – *Au péril de sa vie* : au risque de perdre la vie, d'être tué. 🐌 [peʀil].

PÉRILLEUX, EUSE, adj.
Qui comporte un péril. 🐌 [peʀijø, -øz].

PÉRIMÉ, ÉE, adj.
Dont la date de validité ou de péremption est dépassée ; qui n'a plus cours. – Hors d'usage, dépassé. 🐌 [peʀime].

PÉRIMÈTRE, subst. m.
Limite d'une surface plane ; longueur de cette limite. – Zone, espace. 🐌 [peʀimɛtʀ].

PÉRINÉE, subst. m.
Région du corps comprise entre l'anus et les parties génitales. 🐌 [peʀine].

PÉRIODE, subst. f.
Laps de temps, époque. – Durée déterminée ; phase. 🐌 [peʀjɔd].

PÉRIODICITÉ, subst. f.
Propriété, caractère de ce qui est périodique. – Fréquence. 🐌 [peʀjɔdisite].

PÉRIODIQUE, adj. et subst. m.
Adj. Qui revient à intervalles réguliers. – Subst. Journal, magazine qui paraît à intervalles réguliers. 🐌 [peʀjɔdik].

PÉRIPÉTIE, subst. f.
Incident imprévu qui change le cours des événements. 🐌 [peʀipesi].

PÉRIPHÉRIE, subst. f.
Région située à la limite d'un territoire, d'un espace. – Zone urbaine éloignée du centre de la ville. 🐌 [peʀifeʀi].

PÉRIPHÉRIQUE, adj. et subst. m.
Adj. À la périphérie. – Subst. Voie rapide entourant une agglomération. 🐌 [peʀifeʀik].

PÉRIPHRASE, subst. f.
Figure qui consiste à remplacer un mot par un groupe de mots. 🐌 [peʀifʀɑz].

PÉRIPLE, subst. m.
Grand voyage par voie maritime. 🐌 [peʀipl].

PÉRIR, verbe intrans. [19]
Mourir de façon violente. – Disparaître (en mer) : *Périr corps et biens*. 🐌 [peʀiʀ].

PÉRISCOPE, subst. m.
Instrument d'optique permettant de voir par-dessus un obstacle, ou à la surface de l'eau pour un sous-marin. 🐌 [peʀiskɔp].

PÉRISSABLE, adj.
Qui se gâte vite : *Des denrées périssables*. 🐌 [peʀisabl].

PERLE, subst. f.
Concrétion de nacre sécrétée par certains coquillages. – Petite boule percée d'un trou, à enfiler. – Gouttelette. – Fig. Personne ou chose dotées des plus éminentes qualités. – Erreur ridicule (fam.). 🐌 [pɛʀl].

PERLER, verbe intrans. [3]
Former des gouttelettes (littér.). 🐌 [pɛʀle].

PERLIER, IÈRE, adj.
Qui a trait aux perles. 🐌 [pɛʀlje, -jɛʀ].

PERMANENCE, subst. f.
Caractère permanent. – Service chargé d'assurer le fonctionnement continu d'une activité ; local de ce service. – Salle d'un collège, d'un lycée, accueillant des élèves n'ayant pas de cours. – *En permanence* : sans interruption. 🐌 [pɛʀmanɑ̃s].

PERMANENT, ENTE, adj. et subst.
Adj. Qui dure sans varier ni s'interrompre, continu. – Dont l'activité est constante. – *Domicile permanent* : fixe. – Subst. Membre rémunéré d'une organisation, d'un parti. – Subst. fém. Traitement indéfrisable des cheveux. 🐌 [pɛʀmanɑ̃, -ɑ̃t].

PERMÉABILITÉ, subst. f.
Propriété d'un corps qui est perméable. 🐌 [pɛʀmeabilite].

PERMÉABLE, adj.
Qui laisse pénétrer un fluide, en partic. l'eau. – Fig. Influençable. 🐌 [pɛʀmeabl].

PERMETTRE, verbe trans. [60]
Autoriser, tolérer. – Donner le pouvoir, la possibilité de : *Permettre à qqn de s'absenter.* – Pronom. Prendre la liberté de, oser. 🐌 [pɛʀmɛtʀ].

PERMIS, subst. m.
Autorisation officielle. 🐌 [pɛʀmi].

PERMISSIF, IVE, adj.
Qui laisse faire. ▧▨ [pɛʀmisif, -iv].

PERMISSION, subst. f.
Action de permettre, autorisation. – Bref congé accordé à un militaire : *Partir en permission.* ▧▨ [pɛʀmisjɔ̃].

PERMISSIONNAIRE, subst.
Militaire en permission. ▧▨ [pɛʀmisjɔnɛʀ].

PERMUTER, verbe [3]
Trans. Intervertir ; substituer (une chose à une autre). – Intrans. Échanger sa place, son emploi, etc. ▧▨ [pɛʀmyte].

PERNICIEUX, IEUSE, adj.
Dangereux, nuisible. ▧▨ [pɛʀnisjø, -jøz].

PÉRONÉ, subst. m.
Os long et grêle de la jambe, parallèle au tibia. ▧▨ [peʀɔne].

PÉRORER, verbe intrans. [3]
Discourir avec emphase. ▧▨ [peʀɔʀe].

PERPENDICULAIRE, adj. et subst. f.
Adj. Qui forme un angle droit. – Subst. Droite perpendiculaire (à une autre, à un plan). ▧▨ [pɛʀpɑ̃dikylɛʀ].

PERPÉTRER, verbe trans. [8]
Accomplir, commettre (un acte criminel) : *Perpétrer un forfait.* ▧▨ [pɛʀpetʀe].

PERPÉTUEL, ELLE, adj.
Qui n'a pas de cesse, de fin. – Qui dure pour la vie. – Qui se renouvelle fréquemment : *Disputes perpétuelles.* ▧▨ [pɛʀpetɥɛl].

PERPÉTUER, verbe trans. [3]
Faire durer très longtemps, ou indéfiniment : *Perpétuer une tradition.* ▧▨ [pɛʀpetɥe].

PERPÉTUITÉ, subst. f.
À perpétuité : pour toujours. ▧▨ [pɛʀpetɥite].

PERPLEXE, adj.
Qui ne sait que décider, faute de comprendre. ▧▨ [pɛʀplɛks].

PERQUISITION, subst. f.
Fouille d'un lieu par la police, dans le cadre d'une enquête. ▧▨ [pɛʀkizisjɔ̃].

PERRON, subst. m.
Escalier extérieur de faible hauteur, menant à l'entrée d'un bâtiment. ▧▨ [peʀɔ̃].

PERROQUET, subst. m.
Oiseau grimpeur des pays exotiques, capable d'imiter des sons articulés. ▧▨ [peʀɔkɛ].

PERRUCHE, subst. f.
Oiseau semblable à un petit perroquet, mais incapable d'imiter des sons. – Femelle du perroquet. ▧▨ [peʀyʃ].

PERRUQUE, subst. f.
Coiffure postiche. ▧▨ [peʀyk].

PERS, PERSE, adj.
D'une couleur entre le bleu et le vert (littér.) : *Des yeux pers.* ▧▨ [pɛʀ, pɛʀs].

PERSÉCUTER, verbe trans. [3]
Faire souffrir par des traitements cruels. – Importuner sans cesse. ▧▨ [pɛʀsekyte].

PERSÉCUTION, subst. f.
Action de persécuter. ▧▨ [pɛʀsekysjɔ̃].

PERSÉVÉRANCE, subst. f.
Action de persévérer. – Ténacité, constance. ▧▨ [pɛʀseveʀɑ̃s].

PERSÉVÉRER, verbe intrans. [8]
Demeurer résolu, constant dans une action, une décision, un sentiment. ▧▨ [pɛʀseveʀe].

PERSIENNE, subst. f.
Volet, contrevent ajourés. ▧▨ [pɛʀsjɛn].

PERSIFLER, verbe trans. [3]
Tourner en ridicule, railler. ▧▨ [pɛʀsifle].

PERSIL, subst. m.
Herbe aromatique utilisée comme condiment : *Un bouquet de persil.* ▧▨ [pɛʀsi].

PERSILLADE, subst. f.
Assaisonnement à base de persil et d'ail hachés. ▧▨ [pɛʀsijad].

PERSISTANCE, subst. f.
Action de persister ; fermeté, obstination. – Fait de persister. ▧▨ [pɛʀsistɑ̃s].

PERSISTER, verbe intrans. [3]
Demeurer ferme, s'obstiner : **Persister** *dans l'erreur.* – Durer, subsister. ▧▨ [pɛʀsiste].

PERSONNAGE, subst. m.
Personne importante, célèbre ou originale. – Individu imaginaire créé par un auteur. – Emploi d'un acteur. – Personne, considérée relativement à son comportement : **Personnage** *grotesque.* ▧▨ [pɛʀsɔnaʒ].

PERSONNALISER, verbe trans. [3]
Adapter (qqch.) à qqn, à un cas particulier. – Donner une touche personnelle à (qqch.) : **Personnaliser** *un appartement.* ▧▨ [pɛʀsɔnalize].

PERSONNALITÉ, subst. f.
Ensemble des caractères permanents d'une personne, qui déterminent sa singularité, son originalité. – Individu célèbre ou influent. ▧▨ [pɛʀsɔnalite].

PERSONNE (I), subst. f.
Être humain, individu. – Personnalité physique ou psychique : *Être content de sa personne.* – Dr. Personne morale : entité juridique sans existence corporelle, société. – Ling. Forme de la conjugaison du verbe indiquant le rôle que tient celui qui est en cause dans l'énoncé. – *Venir en* **personne** : soi-même. ▧▨ [pɛʀsɔn].

PERSONNE (II), pron. indéf. m. sing.
Quiconque : *Savoir mieux que* **personne**. – Nul, aucun être : *N'accepter d'ordres de* **personne**. ▧▨ [pɛʀsɔn].

PERSONNEL, ELLE, adj. et subst. m.
Adj. Propre à une personne. – Original, singulier. – Qui ne se préoccupe pas des autres, égoïste. – Ling. Qui marque la personne grammaticale : *Mode, pronom* **personnels**. – Subst. Ensemble des salariés d'un service, d'une entreprise. ▧▨ [pɛʀsɔnɛl].

PERSONNIFIER, verbe trans. [6]
Attribuer des traits humains à (une abstraction, une chose) ; incarner, symboliser. – Être représentatif de. ▧▨ [pɛʀsɔnifje].

PERSPECTIVE, subst. f.
Technique permettant la représentation sur un plan d'un objet en trois dimensions. – Vue d'ensemble, éloignée de l'observateur. – Grande voie rectiligne, que l'on peut embrasser du regard. – Possibilité d'action, horizon : **Perspectives** *de carrière*. – Loc. adv. *En* **perspective** : en vue ; en projet. 🕮 [pɛʀspɛktiv].

PERSPICACE, adj.
Apte à deviner ce qui n'est pas évident ; pénétrant. 🕮 [pɛʀspikas].

PERSPICACITÉ, subst. f.
Caractère perspicace. 🕮 [pɛʀspikasite].

PERSUADER, verbe trans. [3]
Convaincre ; rendre (qqn) sûr ou déterminé. 🕮 [pɛʀsɥade].

PERSUASIF, IVE, adj.
Qui persuade, convainc. 🕮 [pɛʀsɥazif, -iv].

PERSUASION, subst. f.
Action de persuader. – Conviction, assurance. 🕮 [pɛʀsɥazjɔ̃].

PERTE, subst. f.
Fait d'avoir égaré qqch. – Décès d'un être proche ; au plur., victimes d'une guerre, d'une bataille. – Privation de ce que l'on avait. – Fait de perdre de l'argent ; la somme perdue. – Gaspillage : *C'est une* **perte** *de temps*. – Échec. 🕮 [pɛʀt].

PERTINENT, ENTE, adj.
Approprié. – Qui dénote du bon sens, de la réflexion. 🕮 [pɛʀtinɑ̃, -ɑ̃t].

PERTURBATEUR, TRICE, adj. et subst.
Qui perturbe, trouble. 🕮 [pɛʀtyʀbatœʀ, -tʀis].

PERTURBATION, subst. f.
Trouble, désordre. – Mauvais fonctionnement. – Pluie accompagnée de vents violents, tempête. 🕮 [pɛʀtyʀbasjɔ̃].

PERTURBER, verbe trans. [3]
Gêner le fonctionnement, le déroulement normal de. – Troubler. 🕮 [pɛʀtyʀbe].

PERVENCHE, subst. f.
Plante des sous-bois à fleurs bleu-mauve. – Contractuelle (fam.). – Empl. adj. inv. Bleu-mauve : *Yeux* **pervenche**. 🕮 [pɛʀvɑ̃ʃ].

PERVERS, ERSE, adj. et subst.
Qui aime à faire le mal. – Qui est atteint de perversion, en partic. sexuelle. – Adj. Qui témoigne de perversité. – *Effet* **pervers** : conséquence fâcheuse, non prévue, d'une décision. 🕮 [pɛʀvɛʀ, -ɛʀs].

PERVERSION, subst. f.
Action de pervertir ; son résultat. – Altération, corruption. – Comportement déviant, en partic. sexuel. 🕮 [pɛʀvɛʀsjɔ̃].

PERVERSITÉ, subst. f.
Attirance pour le mal. – Action perverse. 🕮 [pɛʀvɛʀsite].

PERVERTIR, verbe trans. [19]
Pousser au mal, rendre mauvais (qqn). – Dévier (qqch.) de sa finalité ; dénaturer : **Pervertir** *un projet*. 🕮 [pɛʀvɛʀtiʀ].

PESANT, ANTE, adj.
Lourd. – Fig. Dénué de vivacité, de finesse ou de grâce. – Pénible. 🕮 [pəzɑ̃, -ɑ̃t].

PESANTEUR, subst. f.
Caractère lourd, pesant. – Attraction exercée par la Terre sur un corps, gravitation. – Force d'inertie, immobilisme : **Pesanteur** *administrative*. 🕮 [pəzɑ̃tœʀ].

PESÉE, subst. f.
Opération par laquelle on pèse qqch., qqn. – Ce qui est pesé en une fois. – Pression exercée sur qqch. 🕮 [pəze].

PÈSE-PERSONNE, subst. m.
Balance sur laquelle on monte pour se peser. 🕮 Plur. *pèse-personne(s)* ; [pɛzpɛʀsɔn].

PESER, verbe [10]
Trans. Déterminer le poids de. – Étudier, examiner avec soin. – Intrans. Avoir un poids donné, être lourd. – Fig. Être pénible, dur à supporter pour qqn. – **Peser** *sur* : exercer une pression sur. 🕮 [pəze].

PESSIMISME, subst. m.
Disposition à considérer que les choses vont empirer, défaitisme. 🕮 [pesimism].

PESSIMISTE, adj. et subst.
Qui est porté au pessimisme. 🕮 [pesimist].

PESTE, subst. f.
Grave maladie infectieuse et épidémique. – Fig. Personne ou chose nuisibles. – Enfant insupportable. 🕮 [pɛst].

PESTER, verbe intrans. [3]
Parler avec colère, maugréer : *Il* **peste** *contre son voisin*. 🕮 [pɛste].

PESTICIDE, adj. et subst. m.
Se dit d'un produit chimique qui combat animaux ou végétaux nuisibles. 🕮 [pɛstisid].

PESTIFÉRÉ, ÉE, adj. et subst.
Qui est atteint de la peste. 🕮 [pɛstifeʀe].

PESTILENTIEL, IELLE, adj.
Qui exhale une odeur infecte. 🕮 [pɛstilɑ̃sjɛl].

PÉTALE, subst. m.
Chacun des éléments composant la corolle d'une fleur. 🕮 [petal].

PÉTANQUE, subst. f.
Jeu de boules provençal. 🕮 [petɑ̃k].

PÉTARADE, subst. f.
Série de détonations. 🕮 [petaʀad].

PÉTARD, subst. m.
Petite charge d'explosif utilisée comme signal acoustique ou pour s'amuser. – Fam. Pistolet. – Bruit, tapage. 🕮 [petaʀ].

PÉTER, verbe intrans. [8]
Fam. Lâcher des gaz intestinaux. – Exploser, détoner. – Se briser, se casser. – Empl. trans. **Péter** *un objet* : le casser. 🕮 [pete].

PÉTILLER, verbe intrans. [3]
Éclater en une suite de petits bruits secs, crépiter. – Bruire en faisant des bulles. – Briller vivement, rayonner. 🕮 [petije].

PETIT, ITE, adj., subst. et adv.
Adj. Dont les dimensions sont inférieures à la moyenne. – Faible, de peu d'impor-

tance. – Mesquin. – Adj. et subst. Qui n'a pas atteint l'âge adulte. – Qui est de petite taille. – Adv. Peu. – **Petit à petit** : peu à peu. – *En petit* : sur une petite échelle, en réduction. 📖 [p(ə)ti, -it].

PETITE-FILLE, subst. f.
Pour les parents, fille de leur fils ou de leur fille. 📖 Plur. *petites-filles* : [p(ə)titfij].

PETITESSE, subst. f.
Caractère de ce qui est petit. – Caractère, comportement mesquins, sans grandeur. 📖 [p(ə)titɛs].

PETIT-FILS, subst. m.
Pour les parents, fils de leur fils ou de leur fille. 📖 Plur. *petits-fils* : [p(ə)tifis].

PETIT-FOUR, subst. m.
Petit gâteau fin, sec ou frais, de la taille d'une bouchée. 📖 Plur. *petits-fours* : [p(ə)tifur].

PÉTITION, subst. f.
Requête, plainte, demande écrite adressées à une autorité par une ou plusieurs personnes. 📖 [petisjɔ̃].

PETITS-ENFANTS, subst. m. plur.
Pour les parents, enfants de leur fils ou de leur fille. 📖 [p(ə)tizɑ̃fɑ̃].

PETIT-SUISSE, subst. m.
Petit fromage blanc cylindrique, non salé. 📖 Plur. *petits-suisses* : [p(ə)tisɥis].

PÉTRIFIER, verbe trans. [6]
Changer en pierre. – Couvrir d'une couche pierreuse. – Fig. Immobiliser, paralyser (qqn) d'émotion. 📖 [petʀifje].

PÉTRIN, subst. m.
Coffre, appareil dans lesquels on pétrit le pain. – Fig. Situation fâcheuse (fam.) : *Être dans le pétrin*. 📖 [petʀɛ̃].

PÉTRIR, verbe trans. [19]
Presser, malaxer à l'aide des mains. – Fig. Imposer une forme à, façonner. 📖 [petʀiʀ].

PÉTROCHIMIE, subst. f.
Chimie des produits dérivés du pétrole. 📖 [petʀoʃimi].

PÉTROGRAPHIE, subst. f.
Science des roches. 📖 [petʀogʀafi].

PÉTROLE, subst. m.
Huile minérale composée d'hydrocarbures, que l'on tire du sous-sol et qui sert de source d'énergie après raffinage. 📖 [petʀol].

PÉTROLIER, IÈRE, adj. et subst. m.
Adj. Relatif au pétrole. – Subst. Navire-citerne qui sert au transport du pétrole. 📖 [petʀolje, -jɛʀ].

PÉTROLIFÈRE, adj.
Qui renferme du pétrole. 📖 [petʀolifɛʀ].

PÉTULANCE, subst. f.
Ardeur exubérante, fougue. 📖 [petylɑ̃s].

PÉTUNIA, subst. m.
Plante ornementale à fleurs blanches, roses ou violettes. 📖 [petynja].

PEU, adv.
En petite quantité : *Manger* peu. – En quantité ou en qualité insuffisantes : *Peu qualifié*. – Pas souvent : *Voyager* peu. – Pas

longtemps : *Durer* peu. – Empl. subst. masc. *Un peu de* : une petite quantité de. – Loc. adv. *Sous* peu : bientôt ; *Depuis* **peu** : récemment ; **Peu à peu** : progressivement ; *À peu près* : presque. 📖 [pø].

PEUPLADE, subst. f.
Petit groupe humain dans une société archaïque, tribu. 📖 [pœplad].

PEUPLE, subst. m.
Ensemble d'êtres humains constituant une communauté sociale, culturelle ou nationale. – Ensemble des gens qui ne bénéficient pas de privilèges : *Sortir du* peuple. – Foule de gens (fam.) : *Quel* peuple ! 📖 [pœpl].

PEUPLEMENT, subst. m.
Action de peupler. – État d'un territoire peuplé. 📖 [pœpləmɑ̃].

PEUPLER, verbe trans. [3]
Installer à demeure des gens, des animaux ou des végétaux dans (un lieu). – Vivre en nombre dans (un lieu), occuper (un territoire). 📖 [pœple].

PEUPLIER, subst. m.
Arbre élancé à petites feuilles. – Bois de cet arbre, utilisé en menuiserie. 📖 [pøplije].

PEUR, subst. f.
Sentiment de grande inquiétude, d'alarme à l'idée ou en présence d'un danger. – Loc. prép. et conj. *De peur de, que* : par crainte de, dans la crainte que. 📖 [pœʀ].

PEUREUX, EUSE, adj. et subst.
Qui est enclin à la peur. 📖 [pøʀø, -øz].

PEUT-ÊTRE, adv.
Exprime le doute, l'éventualité : *Il partira* peut-être. 📖 [pøtɛtʀ].

PHACOCHÈRE, subst. m.
Sanglier d'Afrique. 📖 [fakɔʃɛʀ].

PHALANGE, subst. f.
Antiq. Corps d'infanterie de l'armée grecque. – Organisation paramilitaire d'inspiration fasciste. – Segment d'un doigt ou d'un orteil. 📖 [falɑ̃ʒ].

PHARAON, subst. m.
Souverain de l'Égypte antique. 📖 [faʀaɔ̃].

PHARE, subst. m.
Tour dont le signal lumineux guide les bateaux. – Projecteur de lumière placé à l'avant d'un véhicule. 📖 [faʀ].

PHARMACEUTIQUE, adj.
Qui a trait à la pharmacie. 📖 [faʀmasøtik].

PHARMACIE, subst. f.
Science de la composition et de la préparation des médicaments. – Laboratoire et boutique où on les prépare, où on les vend. – Petite armoire ou trousse à médicaments. 📖 [faʀmasi].

PHARYNX, subst. m.
Canal reliant l'arrière-bouche à l'œsophage. 📖 [faʀɛ̃ks].

PHASE, subst. f.
Chacun des états d'un processus qui évolue par paliers. – Chacun des changements d'aspect de la Lune. 📖 [faz].

PHÉNIX, subst. m.
Oiseau fabuleux qui renaît de ses cendres. – Personne d'exception (littér.). 🕮 [feniks].

PHÉNOMÉNAL, ALE, AUX, adj.
Qui relève du phénomène. – Qui sort de l'ordinaire, prodigieux. 🕮 [fenɔmenal].

PHÉNOMÈNE, subst. m.
Fait que l'on peut observer. – Fait, événement sortant de l'ordinaire. – Personne singulière, excentrique (fam.). 🕮 [fenɔmɛn].

PHILANTHROPE, subst.
Ami du genre humain (vieilli). – Personne qui s'emploie à améliorer le sort d'autrui. – Personne désintéressée. 🕮 [filɑ̃tʀɔp].

PHILATÉLIE, subst. f.
Étude des timbres-poste. – Art de les collectionner, de les négocier. 🕮 [filateli].

PHILODENDRON, subst. m.
Plante verte ornementale à grandes feuilles découpées. 🕮 [filɔdɛ̃dʀɔ̃].

PHILOSOPHE, adj. et subst.
Qui fait preuve de sagesse, de hauteur d'âme, de détachement. – Subst. Personne qui s'adonne à la réflexion, à la pensée, sur les grandes questions concernant l'homme, l'univers, la vie ; penseur qui échafaude une doctrine. 🕮 [filɔzɔf].

PHILOSOPHIE, subst. f.
Champ d'activité d'un philosophe. – Doctrine d'un philosophe : *La philosophie de Platon.* – Sagesse. 🕮 [filɔzɔfi].

PHILTRE, subst. m.
Breuvage magique qui inspire l'amour. – Fig. Tout ce qui atteint le même but. 🕮 [filtʀ].

PHLÉBITE, subst. f.
Inflammation d'une veine. 🕮 [flebit].

PHLÉBOLOGIE, subst. f.
Branche de la médecine qui a trait aux maladies des veines. 🕮 [flebɔlɔʒi].

PHOBIE, subst. f.
Peur maladive. – Vive aversion. 🕮 [fɔbi].

PHONÉTIQUE, adj. et subst. f.
Adj. Qui a trait aux sons du langage. – Subst. Science des sons des différentes langues. – Leur transcription par des signes conventionnels. 🕮 [fɔnetik].

PHONOGRAPHE, subst. m.
Appareil ancien restituant les sons gravés sur un disque (abrév. *phono*). 🕮 [fɔnɔgʀaf].

PHOQUE, subst. m.
Mammifère amphibie des mers froides, à pattes courtes et palmées. 🕮 [fɔk].

PHOSPHATE, subst. m.
Corps chimique, dont certaines variétés naturelles servent d'engrais. 🕮 [fɔsfat].

PHOSPHORESCENT, ENTE, adj.
Qui brille dans l'obscurité. 🕮 [fɔsfɔʀesɑ̃, -ɑ̃t].

PHOTO, subst. f.
Abrév. pour « photographie », technique qui reproduit sur une surface sensible l'image de la réalité ; l'image obtenue. – Empl. adj.

inv. Abrév. pour « photographique », qui a trait à la photographie : *Appareil* **photo**. 🕮 [fɔto].

PHOTOCOPIE, subst. f.
Reproduction photographique rapide d'un document. 🕮 [fɔtokɔpi].

PHOTOGÉNIQUE, adj.
Dont l'image en photo ou au cinéma est avantageuse. 🕮 [fɔtɔʒenik].

PHOTOGRAPHIER, verbe trans. [6]
Obtenir par la photographie l'image de (qqch. ou qqn). – Fig. Mémoriser visuellement. – Décrire, dépeindre avec exactitude. 🕮 [fɔtɔgʀafje].

PHOTOGRAVURE, subst. f.
Procédé de gravure des clichés d'impression. 🕮 [fɔtɔgʀavyʀ].

PHRASE, subst. f.
Assemblage raisonné de mots, formant un énoncé complet. 🕮 [fʀaz].

PHRÉATIQUE, adj.
Nappe **phréatique** : nappe d'eau souterraine. 🕮 [fʀeatik].

PHYLLOXÉRA, subst. m.
Maladie de la vigne causée par un petit insecte. – Cet insecte. 🕮 [filɔkseʀa].

PHYSICIEN, IENNE, subst.
Spécialiste de la physique. 🕮 [fizisjɛ̃, -jɛn].

PHYSIOLOGIE, subst. f.
Science des organes des êtres vivants, et de leur fonctionnement. 🕮 [fizjɔlɔʒi].

PHYSIONOMIE, subst. f.
Ensemble des traits du visage. – Aspect singulier de qqch., de qqn. 🕮 [fizjɔnɔmi].

PHYSIONOMISTE, adj. et subst.
Qui mémorise les visages. 🕮 [fizjɔnɔmist].

PHYSIQUE, adj. et subst.
Adj. Qui a trait à la nature, au monde concret. – Qui a trait au corps humain. – Qui a trait à la physique. – Subst. masc. Aspect extérieur d'une personne ; état de santé. – Subst. fém. Science des propriétés de la matière, qui établit les lois régissant les phénomènes naturels. 🕮 [fizik].

PHYTOTHÉRAPIE, subst. f.
Traitement des maladies par les plantes. 🕮 [fitoteʀapi].

PIAFFER, verbe intrans. [3]
Frapper le sol avec les sabots de devant, en parlant d'un cheval. – Trépigner d'impatience. 🕮 [pjafe].

PIAILLER, verbe intrans. [3]
Pousser des cris aigus, en parlant d'oiseaux. – Crier sans cesse (fam.). 🕮 [pjaje].

PIANO (I), subst. m.
Mus. Instrument à clavier et à cordes, frappées par des marteaux. 🕮 [pjano].

PIANO (II), adv.
Mus. Doucement, lentement. 🕮 [pjano].

PIANOTER, verbe intrans. [3]
Jouer maladroitement du piano. – Tapoter du bout des doigts sur qqch. 🕮 [pjanote].

PIC (I), subst. m.
Oiseau grimpeur qui niche dans les trous d'arbres et les frappe avec son bec. 🐦 [pik].

PIC (II), subst. m.
Outil pointu en fer. 🐦 [pik].

PIC (III), subst. m.
Montagne à la cime pointue. 🐦 [pik].

PIC (À), loc. adv.
Verticalement. – En allant droit au fond de l'eau : *Couler à* **pic**. – Fig. À point nommé (fam.) : *Tomber à* **pic**. 🐦 [apik].

PICHENETTE, subst. f.
Petit coup de doigt (fam.). 🐦 [piʃnɛt].

PICHET, subst. m.
Petite cruche à boissons. 🐦 [piʃɛ].

PICKPOCKET, subst. m.
Voleur à la tire. 🐦 [pikpɔkɛt].

PICORER, verbe [3]
Intrans. Saisir de la nourriture avec le bec, en parlant d'un oiseau. – Manger peu. – Trans. Prendre, piquer (des miettes) çà et là. 🐦 [pikɔʀe].

PICOTER, verbe trans. [3]
Picorer. – Causer une légère irritation à : **Picoter** *la peau*. 🐦 [pikɔte].

PICOTIN, subst. m.
Ration d'avoine. 🐦 [pikɔtɛ̃].

PICTOGRAMME, subst. m.
Dessin stylisé fournissant une indication simple. 🐦 [piktɔgʀam].

PICTURAL, ALE, AUX, adj.
Qui a trait à la peinture. 🐦 [piktyʀal].

PIC-VERT, voir PIVERT

PIE, subst. f.
Passereau noir et blanc à longue queue. – Fig. Personne bavarde (fam.). – Empl. adj. inv. De couleur noir et blanc, ou roux et blanc : *Des vaches, des chevaux* **pie**. 🐦 [pi].

PIÈCE, subst. f.
Partie d'un tout : *Mettre en* **pièces**, briser. – Élément d'un mécanisme. – Chambre ou salle d'un logement. – Morceau, fragment : **Pièce** *de tissu*. – Objet : **Pièce** *de collection*. – Document : **Pièce** *d'identité*. – Composition littéraire ou musicale. – Monnaie : **Pièce** *de 5 F*. – Loc. adv. *À la* **pièce** : selon le travail exécuté. 🐦 [pjɛs].

PIÉCETTE, subst. f.
Petite pièce de monnaie. 🐦 [pjesɛt].

PIED, subst. m.
Extrémité de la jambe qui permet à l'homme de marcher et de se tenir debout : *À* **pied**, en marchant. – Extrémité de la patte d'un animal. – Partie inférieure : *Le* **pied** *du mur* ; *Un verre à* **pied**. – Ancienne unité de longueur valant 12 pouces. – Ling. Unité rythmique d'un vers. 🐦 [pje].

PIED-À-TERRE, subst. m. inv.
Logement occasionnel. 🐦 [pjetatɛʀ].

PIED-DE-BICHE, subst. m.
Levier à tête fendue, servant à arracher les clous. 🐦 Plur. *pieds-de-biche* ; [pjed(ə)biʃ].

PIÉDESTAL, subst. m.
Socle d'une statue, d'une colonne. – *Mettre sur un* **piédestal** : idéaliser. 🐦 [pjedɛstal].

PIED-NOIR, -NOIRE, adj. et subst.
Se dit d'un Français né en Algérie avant l'indépendance de ce pays (fam.). 🐦 L'adj. fém. est rare ; plur. *pieds-noirs, -noires* ; [pjenwaʀ].

PIÈGE, subst. m.
Dispositif destiné à capturer les animaux. – Fig. Moyen détourné pour embarrasser qqn. – Difficulté cachée. 🐦 [pjɛʒ].

PIÉGER, verbe trans. [9]
Prendre (un animal) au moyen d'un piège. – Fig. Prendre (qqn) au piège. – Placer une charge explosive dans. 🐦 [pjeʒe].

PIERRAILLE, subst. f.
Petites pierres en amas. – Terrain pierreux. 🐦 [pjeʀaj].

PIERRE, subst. f.
Matière minérale, inorganique, solide et dure. – Morceau de cette matière. – **Pierre** *précieuse* : minéral de grande valeur utilisé en joaillerie. 🐦 [pjɛʀ].

PIERRERIES, subst. f. plur.
Pierres précieuses travaillées. 🐦 [pjɛʀʀi].

PIERREUX, EUSE, adj.
Plein de pierres. – De la nature de la pierre. 🐦 [pjeʀø, -øz].

PIERROT, subst. m.
Personnage de pantomime, à la figure enfarinée et à l'air rêveur. 🐦 [pjeʀo].

PIÉTÉ, subst. f.
Dévotion, attachement à Dieu, à la religion. – Sentiment d'amour, de respect. 🐦 [pjete].

PIÉTINEMENT, subst. m.
Action de piétiner ; le bruit ainsi provoqué. – Fig. Stagnation. 🐦 [pjetinmã].

PIÉTINER, verbe [3]
Intrans. Marteler le sol avec les pieds. – Fig. Stagner, ne pas progresser. – Trans. Écraser avec les pieds. 🐦 [pjetine].

PIÉTON, ONNE, adj. et subst.
Subst. Personne qui circule à pied. – Adj. Réservé aux piétons. 🐦 Le fém. du subst. est rare ; on dit aussi *piétonnier, -ière* pour l'adj. ; [pjetɔ̃, -ɔn].

PIÈTRE, adj.
Qui a peu de valeur, médiocre. 🐦 [pjɛtʀ].

PIEU, PIEUX, subst. m.
Longue pièce de bois pointue. 🐦 [pjø].

PIEUVRE, subst. f.
Céphalopode marin muni de huit tentacules à ventouses (synon. *poulpe*). 🐦 [pjœvʀ].

PIEUX, PIEUSE, adj.
Qui fait preuve de piété. – Qui dénote un sentiment de piété. 🐦 [pjø, pjøz].

PIGEON, subst. m.
Oiseau aux ailes courtes, de mœurs sociales. – **Pigeon** *voyageur* : doué d'un grand sens de l'orientation, et utilisé naguère pour porter des messages. – Fig. Personne facile à duper (fam.). 🐦 [piʒɔ̃].

PIGER, verbe trans. [5]
Saisir, comprendre (fam.). 🔊 [piʒe].

PIGMENT, subst. m.
Substance, naturelle ou de synthèse, qui donne sa couleur à qqch. – Agent organique de la coloration de la peau. 🔊 [pigmã].

PIGMENTATION, subst. f.
Coloration par un pigment. 🔊 [pigmãtasjõ].

PIGMENTER, verbe trans. [3]
Colorer avec un pigment. 🔊 [pigmãte].

PIGNON (I), subst. m.
Graine comestible de la pomme du pin parasol. 🔊 [piɲõ].

PIGNON (II), subst. m.
Roue dentée d'un engrenage. 🔊 [piɲõ].

PIGNON (III), subst. m.
Partie élevée d'un mur, en pointe. 🔊 [piɲõ].

PILASTRE, subst. m.
Pilier accolé à un mur. 🔊 [pilastʀ].

PILE (I), subst. f.
Tas d'objets de même nature posés les uns sur les autres. – Ouvrage de maçonnerie soutenant les arches d'un pont. – Appareil qui transforme en électricité l'énergie fournie par une réaction chimique. 🔊 [pil].

PILE (II), subst. f.
Côté d'une pièce de monnaie opposé à celui où est frappée une figure : Pile ou face. – Empl. adv. Exactement (fam.) : Midi pile ; Tomber pile, à point nommé. 🔊 [pil].

PILER (I), verbe trans. [3]
Broyer à l'aide d'un pilon. 🔊 [pile].

PILER (II), verbe intrans. [3]
S'arrêter net (fam.). 🔊 [pile].

PILEUX, EUSE, adj.
Relatif aux poils. 🔊 [pilø, -øz].

PILIER, subst. m.
Élément vertical servant de support à une construction. – Fig. Fondement. 🔊 [pilje].

PILLAGE, subst. m.
Action de piller. – Son résultat. 🔊 [pijaʒ].

PILLARD, ARDE, adj. et subst.
Qui se livre au pillage. 🔊 [pijaʀ, -aʀd].

PILLER, verbe trans. [3]
Voler avec violence. – Fig. Plagier, imiter sans retenue. 🔊 [pije].

PILON, subst. m.
Instrument arrondi qui sert à écraser qqch. dans un mortier. – Jambe de bois (fam.). – Cuisse de poulet. 🔊 [pilõ].

PILONNAGE, subst. m.
Action de pilonner ; son résultat. – Bombardement intensif. 🔊 [pilɔnaʒ].

PILONNER, verbe trans. [3]
Écraser, broyer avec un pilon. – Bombarder intensivement. 🔊 [pilɔne].

PILORI, subst. m.
Poteau où l'on exposait les condamnés à la vindicte publique. 🔊 [pilɔʀi].

PILOSITÉ, subst. f.
Présence de poils sur certaines parties du corps. – Ces poils eux-mêmes. 🔊 [pilɔzite].

PILOTAGE, subst. m.
Action de diriger un navire, de conduire un véhicule, de piloter un avion. 🔊 [pilɔtaʒ].

PILOTE, subst. m.
Personne qui conduit un véhicule, un avion, etc. – Marin qui guide les navires dans les passages difficiles. – Empl. adj. Modèle : Industrie pilote. 🔊 [pilɔt].

PILOTER, verbe trans. [3]
Conduire (un véhicule, un avion). – Guider (un navire). – Servir de guide à. 🔊 [pilɔte].

PILOTIS, subst. m.
Ensemble de pieux fichés dans l'eau, soutenant une construction. 🔊 [pilɔti].

PILULE, subst. f.
Petit médicament sphérique à avaler. – La pilule : contraceptif oral. 🔊 [pilyl].

PIMBÊCHE, subst. f.
Femme prétentieuse (fam.). 🔊 [pɛbɛʃ].

PIMENT, subst. m.
Plante dont le fruit, à la saveur piquante, est utilisé comme épice. – Fig. Ce qui donne du piquant : Le piment de la vie. 🔊 [pimã].

PIMENTER, verbe trans. [3]
Ajouter du piment à. 🔊 [pimãte].

PIMPANT, ANTE, adj.
Dont l'aspect coquet évoque la gaieté, la fraîcheur. 🔊 [pɛpã, -ãt].

PIN, subst. m.
Conifère dont les feuilles persistantes sont des aiguilles et les fruits, des cônes. 🔊 [pɛ].

PINACLE, subst. m.
Faîte d'un édifice. – Fig. Apogée. 🔊 [pinakl].

PINACOTHÈQUE, subst. f.
Musée ou département d'un musée consacrés à la peinture. 🔊 [pinakɔtɛk].

PINAILLER, verbe intrans. [3]
Ergoter (fam.). 🔊 [pinaje].

PINCE, subst. f.
Instrument à deux branches servant à saisir ou à tenir serré un objet. – Barre de fer aplatie à une extrémité, servant de levier. – Patte antérieure préhensile de certains crustacés. – Pli cousu ajustant un vêtement près du corps. 🔊 [pɛs].

PINCÉ, ÉE, adj.
Mince, serré : Lèvres pincées. – Contraint, dédaigneux. 🔊 [pɛse].

PINCEAU, subst. m.
Instrument formé d'une touffe de poils fixée à un manche, utilisé pour peindre, pour étendre de la colle, etc. 🔊 [pɛso].

PINCÉE, subst. f.
Petite quantité d'une substance poudreuse ou granuleuse que l'on peut saisir entre le pouce et l'index. 🔊 [pɛse].

PINCEMENT, subst. m.
Action de pincer ; son résultat. – Pincement au cœur : sensation intérieure désagréable causée par une émotion. 🔊 [pɛsmã].

PINCE-MONSEIGNEUR, subst. f.
Barre métallique aplatie aux extrémités, qui sert de levier pour forcer les portes. ⟐ Plur. *pinces-monseigneur* ; [pɛ̃smɔ̃sɛɲœʀ].

PINCER, verbe trans. [4]
Serrer avec une pince ou entre les doigts. – Pincer *les lèvres* : les serrer. – *Se faire* **pincer** : se faire prendre (fam.). ⟐ [pɛ̃se].

PINCETTE, subst. f.
Petite pince. – *À ne pas prendre avec des* **pincettes** : de mauvaise humeur (fam.). ⟐ [pɛ̃sɛt].

PINÇON, subst. m.
Marque qui apparaît sur la peau qui a été pincée. ⟐ [pɛ̃sɔ̃].

PINÈDE, subst. f.
Bois de pins. ⟐ [pinɛd].

PINGOUIN, subst. m.
Oiseau palmipède des mers boréales, au plumage noir et blanc. ⟐ [pɛ̃gwɛ̃].

PING-PONG, subst. m.
Tennis de table. ⟐ Plur. *ping-pongs* ; [piŋpɔ̃g].

PINGRE, adj. et subst.
Qui est chiche, avare (fam.). ⟐ [pɛ̃gʀ].

PINSON, subst. m.
Passereau muni d'un bec conique, au chant mélodieux. ⟐ [pɛ̃sɔ̃].

PINTADE, subst. f.
Oiseau gallinacé de basse-cour. ⟐ [pɛ̃tad].

PINTE, subst. f.
Mesure de capacité anglo-saxonne. – Récipient de cette capacité ; son contenu : *Une* **pinte** *de bière*. ⟐ [pɛ̃t].

PIOCHE, subst. f.
Outil composé d'un fer fixé à un manche, servant à creuser les sols durs. ⟐ [pjɔʃ].

PIOCHER, verbe [3]
Trans. Creuser avec une pioche. – Intrans. Se servir, puiser au hasard. ⟐ [pjɔʃe].

PIOLET, subst. m.
Sorte de petite pioche, servant aussi de canne, utilisée par les alpinistes. ⟐ [pjɔlɛ].

PION, subst. m.
Pièce d'un jeu, que l'on déplace, en partic. aux échecs et aux dames. ⟐ [pjɔ̃].

PIONNIER, IÈRE, subst.
Personne qui défriche des contrées incultes. – Personne qui, la première, se lance dans un domaine nouveau. ⟐ [pjɔnje, -jɛʀ].

PIPE, subst. f.
Objet servant à fumer, formé d'un petit fourneau et d'un tuyau. – *Casser sa* **pipe** : mourir (fam.). ⟐ [pip].

PIPEAU, subst. m.
Flûte à bec rudimentaire. ⟐ [pipo].

PIPE-LINE, subst. m.
Grosse canalisation permettant d'acheminer des combustibles liquides ou gazeux sur de très longues distances. ⟐ On écrit aussi *pipeline* ; [piplin] ou [pajplajn].

PIPETTE, subst. f.
Tube étroit, gén. en verre, qui sert à prélever un liquide. ⟐ [pipɛt].

PIQUANT, ANTE, adj. et subst. m.
Se dit de ce qui provoque agréablement l'intérêt. – Adj. Qui pique. – Subst. Épine d'un végétal, d'un animal. ⟐ [pikɑ̃, -ɑ̃t].

PIQUE, subst.
Fém. Arme formée d'un long manche que termine un fer pointu et plat. – Propos blessant (fam.). – Masc. L'une des deux couleurs noires d'un jeu de cartes. ⟐ [pik].

PIQUÉ, ÉE, adj. et subst. m.
Adj. Cousu à la machine. – Marqué de petits trous ou de petites taches : *Miroir* **piqué**. – *Vin* **piqué** : aigri. – Fig. Extravagant, fou (fam.). – Subst. Descente rapide et quasi verticale d'un avion. – Étoffe dont le tissage forme des motifs en relief. ⟐ [pike].

PIQUE-NIQUE, subst. m.
Repas froid pris sur l'herbe, en plein air. ⟐ Plur. *pique-niques* ; [piknik].

PIQUER, verbe [3]
Trans. Blesser légèrement en perçant avec un objet pointu. – Picoter. – Enfoncer (qqch. de pointu) dans. – Coudre à la machine. – Voler, dérober (fam.). – Fig. **Piquer** *qqn au vif* : atteindre son amour-propre. – **Piquer** *la curiosité* : l'éveiller. – **Piquer** *une colère* : la manifester brusquement. – **Piquer** *une tête* : plonger. – Intrans. Faire un piqué, en parlant d'un avion. – **Piquer** *du nez* : pencher en avant (fam.). ⟐ [pike].

PIQUET, subst. m.
Petit pieu fiché en terre. – Punition scolaire consistant à envoyer un élève au coin. – **Piquet** *de grève* : groupe de travailleurs gardant l'entrée d'un établissement en grève. ⟐ [pikɛ].

PIQUETER, verbe trans. [14]
Parsemer de petites taches. ⟐ [pik(ə)te].

PIQÛRE, subst. f.
Blessure provoquée par une pointe ; sensation qui en résulte. – Introduction dans l'organisme d'une aiguille pour pratiquer une injection ou une ponction. – Couture à la machine. ⟐ [pikyʀ].

PIRANHA, subst. m.
Poisson carnivore d'Amazonie. ⟐ [piʀana].

PIRATE, adj. et subst. m.
Subst. Brigand qui court les mers pour piller les bateaux. – **Pirate** *de l'air* : personne qui détourne un avion. – Adj. Clandestin, non autorisé : *Une radio* **pirate**. ⟐ [piʀat].

PIRATER, verbe [3]
Trans. Reproduire illégalement. – Intrans. Se livrer à la piraterie. ⟐ [piʀate].

PIRATERIE, subst. f.
Acte de pirate. – Fig. Escroquerie. ⟐ [piʀatʀi].

PIRE, adj. et subst. m.
Adj. Plus mauvais, plus nocif (que) : *C'est*

pire *que tout* ; *Un remède* pire *que le mal.* – Subst. Ce qu'il y a de plus mauvais : *Redouter le pire.* 🕮 [piʀ].

PIROGUE, subst. f.
Embarcation longue et étroite, à fond plat, creusée gén. dans un tronc. 🕮 [piʀɔg].

PIROUETTE, subst. f.
Mouvement effectué en pivotant sur soi-même. – Fig. Revirement. 🕮 [piʀwɛt].

PIS (I), adj. et adv.
Pire (littér.) : *Aller de mal en* pis. 🕮 [pi].

PIS (II), subst. m.
Mamelle d'une bête qui donne du lait : **Pis** *de vache, de chèvre.* 🕮 [pi].

PISCICULTURE, subst. f.
Ensemble des techniques d'élevage et de reproduction des poissons. 🕮 [pisikyltyʀ].

PISCINE, subst. f.
Bassin artificiel où l'on pratique la natation. 🕮 [pisin].

PISÉ, subst. m.
Terre argileuse mêlée d'eau et de paille qui sert à faire des constructions. 🕮 [pize].

PISSENLIT, subst. m.
Plante comestible, à fleurs jaunes, très courante dans les champs. 🕮 [pisɑ̃li].

PISSER, verbe intrans. [3]
Uriner (fam.). 🕮 [pise].

PISSOTIÈRE, subst. f.
Urinoir public réservé aux messieurs (fam.). 🕮 [pisɔtjɛʀ].

PISTACHE, subst. f.
Graine, de couleur verte, du pistachier. – Empl. adj. inv. Vert pâle. 🕮 [pistaʃ].

PISTE, subst. f.
Suite d'empreintes laissées par un homme, un animal ou un véhicule. – Ensemble d'indices permettant d'orienter une recherche, une enquête ; direction ainsi indiquée. – Route sommaire. – Espace aménagé au centre d'un cirque, d'un dancing. – Bande de terrain balisée : **Piste** *d'atterrissage.* 🕮 [pist].

PISTER, verbe trans. [3]
Suivre (un animal) à la trace. – Suivre discrètement, filer (qqn). 🕮 [piste].

PISTIL, subst. m.
Organe reproducteur femelle de la fleur. 🕮 [pistil].

PISTOLE, subst. f.
Monnaie d'or qui avait cours en Espagne et en Italie aux XVIᵉ et XVIIᵉ s. 🕮 [pistɔl].

PISTOLET, subst. m.
Arme à feu individuelle, se tenant d'une seule main. – *Peinture au* **pistolet** : par pulvérisation. 🕮 [pistɔlɛ].

PISTON, subst. m.
Pièce cylindrique qui, en coulissant, produit une puissance motrice. – Mus. Dispositif réglant la hauteur du son de certains instruments à vent. – Fig. Recommandation, influence permettant l'obtention privilégiée d'un avantage (fam.). 🕮 [pistɔ̃].

PISTONNER, verbe trans. [3]
Aider (qqn) à obtenir qqch. en usant de son influence (fam.). 🕮 [pistɔne].

PITANCE, subst. f.
Nourriture quotidienne (fam.). 🕮 [pitɑ̃s].

PITEUX, EUSE, adj.
Qui inspire une pitié mêlée de mépris. – *Se sentir* **piteux** : honteux. 🕮 [pitø, -øz].

PITHÉCANTHROPE, subst. m.
Mammifère primate fossile présentant déjà des traits humains. 🕮 [pitekɑ̃tʀɔp].

PITIÉ, subst. f.
Sentiment de compassion à l'égard de ceux qui souffrent. 🕮 [pitje].

PITON, subst. m.
Vis ou clou dont la tête est en forme de crochet ou d'anneau. – Sommet pointu et élevé d'une montagne. 🕮 [pitɔ̃].

PITOYABLE, adj.
Qui suscite la pitié ou un mépris apitoyé. 🕮 [pitwajabl].

PITRE, subst. m.
Personne qui cherche à faire rire par ses propos et ses gestes. 🕮 [pitʀ].

PITRERIE, subst. f.
Geste ou blague de pitre. 🕮 [pitʀəʀi].

PITTORESQUE, adj. et subst. m.
Qui décrit de façon expressive et imagée. – Qui a un charme typique. 🕮 [pitɔʀɛsk].

PIVERT, subst. m.
Gros oiseau se nourrissant des insectes qui rongent le bois. 🕮 [pivɛʀ].

PIVOINE, subst. f.
Plante vivace à bulbe, aux grosses fleurs décoratives. 🕮 [pivwan].

PIVOT, subst. m.
Axe vertical, cylindrique et rotatif. – Fig. Point essentiel, centre, base. 🕮 [pivo].

PIVOTER, verbe intrans. [3]
Tourner sur un pivot. – Se retourner, à demi ou complètement. 🕮 [pivote].

PIZZA, subst. f.
Tarte italienne garnie de tomates, de fromage et parfumée à l'origan. 🕮 [pidza].

PIZZERIA, subst. f.
Restaurant italien où l'on sert des pizzas. 🕮 [pidzeʀja].

PLACAGE, subst. m.
Application sur un support ordinaire d'une feuille d'un matériau plus résistant ou plus noble. – Cette feuille. 🕮 [plakaʒ].

PLACARD, subst. m.
Meuble de rangement aménagé dans un renfoncement ou appliqué contre un mur. – Avis affiché publiquement. 🕮 [plakaʀ].

PLACARDER, verbe trans. [3]
Afficher. 🕮 [plakaʀde].

PLACE, subst. f.
Espace déterminé qu'une chose ou une personne occupe ; siège : *Une* **place** *de cinéma.* – Situation, position au sein d'un ensemble,

d'une hiérarchie : *La première* **place** ; *Chacun à sa* **place**. – Emploi. – Espace découvert où convergent les rues : *La* **place** *du marché*. – **Place** *forte* : forteresse. 🕮 [plas].

PLACEBO, subst. m.
Produit inactif que l'on présente au patient comme un médicament. 🕮 [plasebo].

PLACEMENT, subst. m.
Action de procurer un emploi, une place, à qqn : *Bureau de* **placement**. – Action de placer de l'argent ; cet argent. 🕮 [plasmɑ̃].

PLACENTA, subst. m.
Organe qui adhère à l'utérus et qui assure les échanges entre la mère et le fœtus durant la gestation. 🕮 [plasɛ̃ta].

PLACER, verbe trans. [4]
Assigner un rang, une valeur, une place à. – Mettre face à : **Placer** *(qqn) devant ses responsabilités*. – Faire valoir, investir (un capital). – Trouver preneur pour : **Placer** *une marchandise*. – Donner, accorder : **Placer** *sa confiance en qqn*. 🕮 [plase].

PLACIDE, adj.
Calme et paisible. 🕮 [plasid].

PLAFOND, subst. m.
Surface horizontale qui limite dans sa hauteur l'intérieur d'un lieu couvert, d'un véhicule. – Couche de nuages. – Fig. Valeur maximale à ne pas dépasser. 🕮 [plafɔ̃].

PLAFONNER, verbe intrans. [3]
Cesser de progresser. 🕮 [plafɔne].

PLAFONNIER, subst. m.
Dispositif d'éclairage électrique qui est fixé au plafond. 🕮 [plafɔnje].

PLAGE, subst. f.
Étendue dégagée de sable ou de galets, qui s'incline jusqu'à la mer. – Surface délimitée. – Durée limitée, tranche horaire. 🕮 [plaʒ].

PLAGIAT, subst. m.
Action de plagier. – Copie. 🕮 [plaʒja].

PLAGIER, verbe trans. [6]
Copier et s'attribuer la paternité (d'une œuvre originale). 🕮 [plaʒje].

PLAID, subst. m.
Couverture de voyage écossaise. 🕮 [plɛd].

PLAIDER, verbe [3]
Intrans. Défendre (une partie, une cause) devant un tribunal. – Soutenir une action en justice contre (qqn). – Défendre (qqn, qqch.) par des arguments : **Plaider** *pour, en faveur de*. – Trans. **Plaider** *une affaire* ; **Plaider** *coupable*. 🕮 [plede].

PLAIDOIRIE, subst. f.
Action de plaider. – Ensemble des arguments exposés par l'avocat de la défense. 🕮 [plɛdwaʀi].

PLAIDOYER, subst. m.
Exposé passionné et argumenté prononcé pour soutenir une cause. 🕮 [plɛdwaje].

PLAIE, subst. f.
Coupure, déchirure des tissus de la peau ou des muqueuses, blessure. – Fig. Chose ou personne très pénibles. 🕮 [plɛ].

PLAINDRE, verbe trans. [54]
Éprouver ou manifester de la compassion pour (autrui). – Pronom. Exprimer sa souffrance. – *Se* **plaindre** *de* : manifester son mécontentement au sujet de. 🕮 [plɛ̃dʀ].

PLAINE, subst. f.
Vaste étendue géographique, plate, de niveau plus bas que ce qui l'entoure. 🕮 [plɛn].

PLAIN-PIED (DE), loc. adv.
Au même niveau. 🕮 [dəplɛ̃pje].

PLAINTE, subst. f.
Parole, cri exprimant la souffrance. – Récrimination. – Dénonciation en justice d'une infraction, par la victime. 🕮 [plɛ̃t].

PLAINTIF, IVE, adj.
Qui a le ton de la plainte. 🕮 [plɛ̃tif, -iv].

PLAIRE, verbe trans. indir. [59]
Plaire *à* : être agréable à, être du goût de. – Charmer (qqn). – Empl. impers. *S'il te* **plaît** : formule de politesse exprimant une demande. – Pronom. Se trouver bien dans un lieu, une situation. – Prendre plaisir à. – Se convenir. 🕮 [plɛʀ].

PLAISANCE (DE), loc. adj.
Ce qui satisfait au plaisir, à l'agrément : *Voyage, bateau de* **plaisance**. 🕮 [dəplɛzɑ̃s].

PLAISANCIER, IÈRE, subst.
Personne qui navigue pour l'agrément, le plaisir. 🕮 [plɛzɑ̃sje, -jɛʀ].

PLAISANT, ANTE, adj.
Agréable. – Divertissant. 🕮 [plɛzɑ̃, -ɑ̃t].

PLAISANTER, verbe [3]
Intrans. S'exprimer ou se comporter de façon drôle pour amuser. – Trans. Railler gentiment (qqn). 🕮 [plɛzɑ̃te].

PLAISANTERIE, subst. f.
Parole, acte visant à amuser ou à railler qqn. – Ce qui ne mérite pas d'être pris au sérieux. 🕮 [plɛzɑ̃tʀi].

PLAISANTIN, subst. m.
Personne qui fait des plaisanteries, farceur. – Personne que l'on ne peut pas prendre au sérieux. 🕮 [plɛzɑ̃tɛ̃].

PLAISIR, subst. m.
État affectif, sensation agréables. – Jouissance sexuelle. – Source de contentement ; divertissement. 🕮 [pleziʀ].

PLAN, PLANE, adj. et subst. m.
Adj. Uni, sans courbures ni variations de niveau. – Subst. Surface **plane**. – Figure géométrique à deux dimensions. – Chacun des niveaux de vision, défini par son éloignement de l'œil : *Au premier* **plan**. – Importance relative : *Rôle de second* **plan**. – Représentation en projection horizontale de la disposition ou de l'agencement de qqch. – Structure d'un ouvrage littéraire. – Fig. Ensemble des dispositions à prendre en vue de réaliser un projet. 🕮 [plɑ̃, plan].

PLANCHE, subst. f.
Longue pièce de bois, plate et rectangulaire, plus large qu'épaisse. 🕮 [plɑ̃ʃ].

PLANCHER, subst. m.
Plate-forme horizontale séparant deux étages. – Sol d'une pièce. – Valeur minimale de base. 🔊 [plɑ̃ʃe].

PLANCTON, subst. m.
Ensemble des organismes microscopiques qui vivent dans l'eau. 🔊 [plɑ̃ktɔ̃].

PLANER, verbe intrans. [3]
Évoluer dans l'air sans bouger les ailes, en parlant d'un oiseau, sans l'aide d'un moteur, en parlant d'un avion. – Manquer de réalisme, rêver (fam.). – Fig. Peser comme une menace. 🔊 [plane].

PLANÉTAIRE, adj.
Relatif aux planètes. – Relatif à la Terre. 🔊 [planetɛʀ].

PLANÉTARIUM, subst. m.
Coupole sur laquelle sont représentés les astres et les planètes. 🔊 [planetaʀjɔm].

PLANÈTE, subst. f.
Corps céleste qui gravite autour d'une étoile, en partic. du Soleil. – Empl. abs. La Terre. 🔊 [planɛt].

PLANEUR, subst. m.
Avion léger sans moteur, qui utilise les courants atmosphériques. 🔊 [planœʀ].

PLANIFICATION, subst. f.
Action de planifier. 🔊 [planifikasjɔ̃].

PLANIFIER, verbe trans. [6]
Organiser, préparer (qqch.) selon un plan. 🔊 [planifje].

PLANISPHÈRE, subst. m.
Carte plane montrant côte à côte les deux hémisphères terrestres. 🔊 [planisfɛʀ].

PLANNING, subst. m.
Programme détaillé des tâches à accomplir dans un temps donné. 🔊 [planiŋ].

PLANQUER, verbe trans. [3]
Cacher (fam.). 🔊 [plɑ̃ke].

PLANT, subst. m.
Jeune végétal récemment mis en pleine terre ou destiné à être repiqué. 🔊 [plɑ̃].

PLANTAIRE, adj.
De la plante du pied. 🔊 [plɑ̃tɛʀ].

PLANTATION, subst. f.
Action, manière de planter. – Ensemble de végétaux plantés sur un terrain. – Exploitation agricole tropicale. 🔊 [plɑ̃tasjɔ̃].

PLANTE (I), subst. f.
Face inférieure du pied. 🔊 [plɑ̃t].

PLANTE (II), subst. f.
Tout végétal enraciné dans la terre. 🔊 [plɑ̃t].

PLANTER, verbe trans. [3]
Mettre en terre pour faire prendre racine (un végétal). – Peupler (un espace) de végétaux. – Fixer droit dans le sol. 🔊 [plɑ̃te].

PLANTIGRADE, adj. et subst.
Qui marche sur toute la plante des pieds, tel l'ours. 🔊 [plɑ̃tiɡʀad].

PLANTUREUX, EUSE, adj.
Bien en chair. – Très abondant. – Fertile. 🔊 [plɑ̃tyʀø, -øz].

PLAQUE, subst. f.
Élément plat, peu épais, rigide, fait de divers matériaux et destiné à de nombreux usages : **Plaque** de marbre, d'égout, minéralogique. – Insigne, décoration. – Couche : **Plaque** de verglas. – Tache de la peau, à contour précis. 🔊 [plak].

PLAQUÉ, ÉE, adj. et subst. m.
Qui est recouvert d'une mince couche de métal ou de bois précieux. 🔊 [plake].

PLAQUER, verbe trans. [3]
Recouvrir d'une revêtement solide ou précieux. – Appliquer fortement sur ou contre. – Fig. Abandonner (fam.). 🔊 [plake].

PLAQUETTE, subst. f.
Petite plaque. – Petit livre mince. – Cellule sanguine. 🔊 [plakɛt].

PLASMA, subst. m.
Partie liquide du sang. 🔊 [plasma].

PLASTIC, subst. m.
Explosif malléable. 🔊 [plastik].

PLASTICITÉ, subst. f.
Propriété d'une matière qui peut être modelée. 🔊 [plastisite].

PLASTIFIER, verbe trans. [6]
Recouvrir d'un revêtement de matière plastique. 🔊 [plastifje].

PLASTIQUE, adj. et subst.
Adj. Qui s'attache à la beauté des formes. – Qui peut être modelé. – Subst. fém. Harmonie des formes. – Art de sculpter, de modeler. – Subst. masc. Matière synthétique transformable sous l'action de la chaleur et de la pression. 🔊 [plastik].

PLASTIQUER, verbe trans. [3]
Faire exploser au plastic. 🔊 [plastike].

PLASTRON, subst. m.
Empiècement sur le devant d'un corsage ou d'une chemise. 🔊 [plastʀɔ̃].

PLASTRONNER, verbe intrans. [3]
Bomber la poitrine. – Fig. Se faire valoir (fam.). 🔊 [plastʀɔne].

PLAT (I), PLATE, adj. et subst. m.
Adj. Dont la surface est unie, sans relief. – Peu élevé, peu profond. – Banal. – À plat : horizontalement ; dégonflé, pour un pneu. – Subst. Partie **plate** de qqch. 🔊 [pla, plat].

PLAT (II), subst. m.
Pièce de vaisselle à fond plat dans laquelle on sert les mets. – Mets d'un repas. 🔊 [pla].

PLATANE, subst. m.
Arbre à grandes feuilles dentées, qui ombrage les places et les routes. 🔊 [platan].

PLATEAU, subst. m.
Support plat et rigide servant à transporter de la vaisselle et des aliments. – Endroit d'un studio où se déroule le tournage d'un film. – Vaste étendue au relief plat, d'altitude élevée. 🔊 [plato].

PLATE-BANDE, subst. f.
Bande de terre fleurie ou cultivée. 🔊 Plur. plates-bandes : [platbɑ̃d].

PLATE-FORME, subst. f.
Petite étendue de terrain plane et surélevée.
– Surface plane, souv. surélevée, servant de support à des installations. – **Plate-forme** *d'autobus* : partie arrière découverte. 🕮 Plur. *plates-formes* : [platfɔʀm].

PLATINE (I), subst. f.
Élément d'une chaîne haute fidélité permettant de passer des disques. 🕮 [platin].

PLATINE (II), subst. m.
Métal précieux utilisé en bijouterie. – Empl. adj. inv. *Des cheveux* **platine** : d'un blond presque blanc. 🕮 [platin].

PLATITUDE, subst. f.
Caractère banal, quelconque de qqch., d'un propos. – Propos commun, fade, sans intérêt. 🕮 [platityd].

PLATONIQUE, adj.
Pur, idéal : *Amour* **platonique**, chaste. – Qui reste théorique, sans effet. 🕮 [platɔnik].

PLÂTRE, subst. m.
Poudre blanche tirée du gypse, qu'on mêle à l'eau et qui durcit peu à peu. – Objet moulé en **plâtre**. 🕮 [platʀ].

PLÂTRER, verbe trans. [3]
Enduire de plâtre. – Gainer de plâtre (un membre fracturé) pour le maintenir immobile. 🕮 [platʀe].

PLAUSIBLE, adj.
Crédible, vraisemblable. 🕮 [plozibl].

PLAY-BACK, subst. m. inv.
Chanter en **play-back** : mimer une chanson préenregistrée. 🕮 [plɛbak].

PLAY-BOY, subst. m.
Séducteur fortuné. 🕮 Plur. *play-boys* : [plɛbɔj].

PLÈBE, subst. f.
Bas peuple (péj.). 🕮 [plɛb].

PLÉBISCITE, subst. m.
Vote de confiance demandé au peuple par un chef d'État. 🕮 [plebisit].

PLÉIADE, subst. f.
Groupe important de personnes (littér.) : *Une* **pléiade** *d'acteurs*. 🕮 [plejad].

PLEIN, PLEINE, adj., subst. m., adv. et prép.
Adj. Rempli. – Qui contient beaucoup de. – Total, complet ; entier. – Adv. *J'en ai* **plein** : j'en ai beaucoup (fam.). – Prép. En abondance (fam.) : *Il y a* **plein** *de monde*. – Subst. *Faire le* **plein** : remplir totalement (une salle, un réservoir). – *Battre son* **plein** : être à son intensité maximale. 🕮 [plɛ̃, plɛn].

PLEINEMENT, adv.
De manière entière, totale. 🕮 [plɛnmã].

PLÉNIER, IÈRE, adj.
Assemblée **plénière** : à laquelle chacun des membres est convoqué. 🕮 [plenje, -jɛʀ].

PLÉNIPOTENTIAIRE, subst. m.
Diplomate investi des pleins pouvoirs pour remplir une mission. 🕮 [plenipɔtɑ̃sjɛʀ].

PLÉNITUDE, subst. f.
Intégralité, totalité (littér.). 🕮 [plenityd].

PLÉONASME, subst. m.
Dans une phrase, terme qui répète l'idée émise sans l'enrichir (ex. : *Descendre en bas* ; *Panacée universelle*). 🕮 [pleɔnasm].

PLÉTHORE, subst. f.
Quantité excessive. 🕮 [pletɔʀ].

PLEURER, verbe [3]
Trans. Regretter (qqn, qqch.). – Intrans. Verser des larmes. 🕮 [plœʀe].

PLEURÉSIE, subst. f.
Inflammation de la membrane extérieure des poumons (plèvre). 🕮 [plœʀezi].

PLEURNICHER, verbe intrans. [3]
Pleurer sans conviction et sans raison vraiment sérieuse ; geindre (fam.). 🕮 [plœʀniʃe].

PLEUROTE, subst. m.
Champignon comestible qui se développe sur les troncs d'arbres. 🕮 [plœʀɔt].

PLEURS, subst. m. plur.
Larmes (littér.). 🕮 [plœʀ].

PLEUTRE, adj. et subst. m.
Qui est sans courage (littér.). 🕮 [pløtʀ].

PLEUVOIR, verbe [44]
Impers. Tomber, en parlant de la pluie. – Intrans. Être distribué en quantité : *Les coups* **pleuvaient**. 🕮 [pløvwaʀ].

PLEXIGLAS, subst. m. inv.
Résine synthétique légère, transparente et incassable. 🕮 N. déposé : [plɛksiglas].

PLEXUS, subst. m.
Entrelacement de nerfs et de vaisseaux : **Plexus** *solaire*, situé au creux de l'estomac. 🕮 [plɛksys].

PLI, subst. m.
Rabat d'une matière souple sur elle-même. – Trace de pliure. – Enveloppe ; lettre. – Fig. Habitude : *Prendre le* **pli** *de ne rien faire*. 🕮 [pli].

PLIAGE, subst. m.
Action, manière de plier qqch. 🕮 [plijaʒ].

PLIER, verbe [6]
Trans. Rabattre entièrement ou partiellement sur elle-même (une chose souple ou articulée) : **Plier** *un drap*. – Fléchir : **Plier** *les genoux*. – Intrans. Se courber, ployer. – Pronom. Se conformer : *Se* **plier** *au règlement*. 🕮 [plije].

PLINTHE, subst. f.
Bande de bois plate fixée au ras du sol, protégeant une cloison. 🕮 [plɛ̃t].

PLISSEMENT, subst. m.
Action de plisser. – Déformation du relief de la Terre : **Plissement** *alpin*. – Ensemble de plis, de rides. 🕮 [plismã].

PLISSER, verbe [3]
Intrans. Former des plis. – Trans. Marquer de plis ou de rides. 🕮 [plise].

PLIURE, subst. f.
Marque laissée par un pli. – Creux d'une articulation : **Pliure** *du genou*. 🕮 [plijyʀ].

PLOMB, subst. m.
Métal gris-bleu, très lourd et malléable.
– Grain, morceau de ce métal, utilisé pour
la chasse, la pêche. 🕮 [plɔ̃].

PLOMBAGE, subst. m.
Obturation d'un trou dans une dent par un
amalgame. – Cet amalgame. 🕮 [plɔ̃baʒ].

PLOMBER, verbe trans. [3]
Garnir de plomb. – Donner une couleur
évoquant celle du plomb à. – **Plomber** *une
dent* : l'obturer avec un amalgame. 🕮 [plɔ̃be].

PLOMBERIE, subst. f.
Métier, ouvrage du plombier. – Ensemble
des canalisations installées par un plombier.
🕮 [plɔ̃bʀi].

PLOMBIER, subst. m.
Ouvrier ou artisan qui installe et entretient
les circuits de distribution d'eau et de gaz
et les équipements sanitaires. 🕮 [plɔ̃bje].

PLONGE, subst. f.
Lavage de la vaisselle, dans un restaurant,
un café, une cantine. 🕮 [plɔ̃ʒ].

PLONGÉE, subst. f.
Action de plonger ; séjour en immersion.
– Activité sous-marine, à titre sportif ou
professionnel, d'une personne munie d'un
équipement approprié. – Vue de haut en
bas. 🕮 [plɔ̃ʒe].

PLONGEOIR, subst. m.
Tremplin surélevé permettant à un nageur
de plonger. 🕮 [plɔ̃ʒwaʀ].

PLONGEON, subst. m.
Saut dans l'eau la tête la première. – Chute
brusque et rapide en avant. 🕮 [plɔ̃ʒɔ̃].

PLONGER, verbe [5]
Trans. Enfoncer dans un liquide. – Introduire vivement : **Plonger** *sa main dans sa
poche*. – Mettre brusquement dans un
certain état : **Plonger** *qqn dans l'embarras*.
– Intrans. S'enfoncer dans l'eau. – Exécuter
un plongeon. – Pronom. *Se* **plonger** *dans
la lecture* : s'y absorber. 🕮 [plɔ̃ʒe].

PLONGEUR, EUSE, subst.
Qui plonge dans ou sous l'eau. – Qui fait
la plonge. 🕮 [plɔ̃ʒœʀ, -øz].

PLOT, subst. m.
Pièce métallique assurant un contact électrique. 🕮 [plo].

PLOUTOCRATIE, subst. f.
Ordre politique ou social où les plus for-
tunés détiennent le pouvoir. 🕮 [plutɔkʀasi].

PLOYER, verbe intrans. [17]
Littér. Se courber : **Ployer** *sous l'effort*.
– Empl. trans. **Ployer** *les genoux* : les plier.
🕮 [plwaje].

PLUIE, subst. f.
Chute, sous forme de gouttes, de l'eau
contenue dans l'atmosphère. – Quantité
abondante : *Une* **pluie** *de cadeaux*. 🕮 [plɥi].

PLUMAGE, subst. m.
Ensemble des plumes qui couvrent le corps
d'un oiseau. 🕮 [plymaʒ].

PLUME, subst. f.
Chacun des éléments formés d'un tuyau
garni de barbes, qui couvrent le corps d'un
oiseau et lui permettent de voler. 🕮 [plym].

PLUMEAU, subst. m.
Bouquet de plumes fixé à un petit manche,
permettant d'épousseter. 🕮 [plymo].

PLUMER, verbe trans. [3]
Enlever les plumes (d'un oiseau, d'une
volaille). – Dépouiller (qqn) de ses biens
en le dupant (fam.). 🕮 [plyme].

PLUMET, subst. m.
Bouquet de plumes ornant une coiffure, en
partic. une coiffure militaire. 🕮 [plymɛ].

PLUMETIS, subst. m.
Semis de petits points régulièrement brodés
sur un tissu. 🕮 [plym(ə)ti].

PLUMIER, subst. m.
Boîte compartimentée en bois, servant à
ranger crayons, gommes, etc. 🕮 [plymje].

PLUPART (LA), subst. f.
La plus grande partie, la majorité (de) :
La **plupart** *des gens* ; *La* **plupart** *sont arri-
vés* ; *La* **plupart** *du temps*, le plus souvent.
🕮 [laplypaʀ].

PLURALISME, subst. m.
Coexistence d'opinions diverses au sein
d'un système. 🕮 [plyʀalism].

PLURALITÉ, subst. f.
Fait de n'être pas unique. 🕮 [plyʀalite].

PLURIEL, IELLE, adj. et subst. m.
Adj. Qui marque la pluralité. – Subst. *Ling.*
Catégorie grammaticale indiquant la plura-
lité. 🕮 [plyʀjɛl].

PLUS, adv. et subst. m.
Adv. Comparatif de supériorité : *Il est* **plus**
habile que moi ; superlatif de supériorité : *Le*
plus *grand de tous*. – Avec la négation *ne*,
exprime la fin d'un état ou d'une action :
Il n'est **plus** *fatigué*. – Exprime l'addition :
Deux **plus** *deux font quatre*. – Subst. Signe
de l'addition (+). – Élément positif : *Ce
diplôme sera un* **plus** *dans sa carrière*.
🕮 [plys]. [ply] ou [plyz].

PLUSIEURS, adj. plur. et pron. indéf.
plur.
Plus d'un, plus d'une ; un certain nombre :
Plusieurs *personnes* ; *Elles sont venues à*
plusieurs. 🕮 [plyzjœʀ].

PLUS-VALUE, subst. f.
Accroissement de la valeur d'un bien ou
d'un revenu. – Plur. *plus-values* : [plyvaly].

PLUTONIUM, subst. m.
Élément radioactif tiré de l'uranium, utilisé
dans la bombe atomique. 🕮 [plytɔnjɔm].

PLUTÔT, adv.
De préférence : *Mets* **plutôt** *ce gilet-ci*.
– Au lieu de : **Plutôt** *que de jouer, tu ferais
mieux de m'aider*. – Passablement, assez : *Elle
est* **plutôt** *belle*. 🕮 [plyto].

PLUVIAL, ALE, AUX, adj.
De pluie. – Dû à la pluie. 🕮 [plyvjal].

PLUVIEUX, IEUSE, adj.
Caractérisé par la pluie. 🐚 [plyvjø, -jøz].

PLUVIÔSE, subst. m.
Cinquième mois du calendrier républicain, allant du 20-22 janvier au 18-20 février. 🐚 [plyvjoz].

P.M.E., subst. f. inv.
Sigle de « petites et moyennes entreprises ». 🐚 [pɛɛmø].

P.N.B., subst. m. inv.
Sigle de « produit national brut », production annuelle d'un pays. 🐚 [pɛɛnbe].

PNEUMATIQUE, adj. et subst. m.
Adj. Qui fonctionne à l'air comprimé. – Gonflable. – Subst. Enveloppe de caoutchouc gonflée qui s'adapte sur la jante d'une roue (abrév. *pneu*). 🐚 [pnømatik].

PNEUMONIE, subst. f.
Inflammation aiguë d'un lobe du poumon. 🐚 [pnømoni].

POCHE, subst. f.
Sac de diverses matières, de toutes dimensions. – Repli d'un vêtement en forme de petit sac, destiné à recevoir de menus objets. – Cavité emplie d'un corps fluide. – *De poche* : petit, maniable. 🐚 [pɔʃ].

POCHER, verbe trans. [3]
Pocher *l'œil à qqn* : le tuméfier d'un coup violent. – Pocher *un œuf* : le plonger dans l'eau bouillante sans sa coquille. 🐚 [pɔʃe].

POCHETTE, subst. f.
Mouchoir dont la pointe orne la poche de poitrine d'un veston. – Sachet. 🐚 [pɔʃɛt].

POCHOIR, subst. m.
Feuille rigide, évidée, permettant de reproduire un dessin. 🐚 [pɔʃwaʀ].

PODIUM, subst. m.
Estrade où sont récompensés les vainqueurs d'une compétition sportive. 🐚 [pɔdjɔm].

POÊLE (I), subst. m.
Appareil de chauffage à foyer clos, muni d'un tuyau d'évacuation. 🐚 [pwal].

POÊLE (II), subst. f.
Ustensile de cuisine servant à faire sauter les aliments à feu vif. 🐚 [pwal].

POÊLER, verbe trans. [3]
Faire sauter à la poêle. 🐚 [pwale].

POÈME, subst. m.
Ouvrage de poésie. 🐚 [pɔɛm].

POÉSIE, subst. f.
Genre littéraire rythmé dont le style imagé et harmonieux suscite l'émotion. – Petit poème. 🐚 [pɔezi].

POÈTE, POÉTESSE, subst.
Écrivain qui compose des poèmes. – Masc. Idéaliste et rêveur. 🐚 [pɔɛt, pɔetɛs].

POÉTIQUE, adj.
Relatif à la poésie. – Qui dégage un charme émouvant. 🐚 [pɔetik].

POGROM(E), subst. m.
Émeute antisémite accompagnée de massacres, de pillages. 🐚 [pɔgʀɔm].

POIDS, subst. m.
Force exercée sur un corps du fait de la pesanteur. – Mesure de cette force. – Masse pesante. – Masse de métal servant à peser. – Ce qui oppresse. – *De poids* : important, influent. – **Poids** *lourd* : camion. 🐚 [pwɑ].

POIGNANT, ANTE, adj.
Bouleversant, déchirant. 🐚 [pwaɲɑ̃, -ɑ̃t].

POIGNARD, subst. m.
Arme blanche munie d'une courte lame large et pointue. 🐚 [pwaɲaʀ].

POIGNARDER, verbe trans. [3]
Frapper avec un poignard. 🐚 [pwaɲaʀde].

POIGNE, subst. f.
Force d'une main qui serre, qui empoigne. – Fig. Autorité : *Gouvernement à* **poigne**. 🐚 [pwaɲ].

POIGNÉE, subst. f.
Ce que peut contenir une main fermée. – Petit nombre de gens. – Partie d'un objet conçue pour que la main puisse le saisir. – **Poignée** *de main* : salut qui consiste à serrer la main de qqn. 🐚 [pwaɲe].

POIGNET, subst. m.
Articulation qui relie la main à l'avant-bras. 🐚 [pwaɲɛ].

POIL, subst. m.
Production épidermique filiforme qui couvre la peau des Mammifères et de certaines parties du corps humain. 🐚 [pwal].

POILU, UE, adj. et subst. m.
Adj. Couvert de poils. – Subst. Soldat français pendant la Grande Guerre. 🐚 [pwaly].

POINÇON, subst. m.
Outil d'acier fin et pointu servant à percer ou à graver. – Tige de métal utilisée pour marquer un objet. – Estampille. 🐚 [pwɛ̃sõ].

POINÇONNER, verbe trans. [3]
Marquer au poinçon. 🐚 [pwɛ̃sɔne].

POINDRE, verbe intrans. [55]
Commencer à apparaître (littér.) : *Regarder* **poindre** *les étoiles au crépuscule*. 🐚 [pwɛ̃dʀ].

POING, subst. m.
Main fermée. – *Dormir à* **poings** *fermés* : profondément. 🐚 [pwɛ̃].

POINT (I), subst. m.
Rond de très petite dimension. – Lieu précis, bien délimité. – Degré d'une évolution. – Partie d'un développement ; sujet traité. – Unité servant à noter un travail, une épreuve. – Manière d'utiliser un fil, qui, répétée, forme une couture, un tricot. – Douleur aiguë : **Point** *de côté*. – Signe de ponctuation marquant l'abréviation d'un mot, la fin d'une phrase (.) ou le non-dit (...) : **Points** *de suspension*. 🐚 [pwɛ̃].

POINT (II), adv.
Synon. de « pas » (littér.) : *Ils ne t'oublieront* **point**. 🐚 [pwɛ̃].

POINTAGE, subst. m.
Action de contrôler en marquant d'un point. – Action de diriger une arme, une lunette vers un objectif. 🐚 [pwɛ̃taʒ].

POINT DE VUE, subst. m.
Lieu élevé d'où la vue embrasse le paysage ;
ce paysage. – Manière d'envisager qqch.,
opinion. 📖 Plur. *points de vue* : [pwɛd(ə)vy].

POINTE, subst. f.
Extrémité aiguë, piquante : *La pointe d'un
clou* ; *La pointe du clocher*. – Petite quantité.
– Moment d'intense activité : *L'heure de
pointe*. – Forte accélération : *Pousser une
pointe*. 📖 [pwɛt].

POINTER, verbe [3]
Trans. Marquer (qqch.) d'un signe, cocher.
– Contrôler : **Pointer** *les présents*. – Diriger :
Pointer *le canon sur l'ennemi*. – Intrans.
S'élever, s'avancer en pointe. – Commencer
à paraître. – Enregistrer son heure d'arrivée
et de départ sur une machine. – Pronom.
Arriver (fam.). 📖 [pwɛte].

POINTILLÉ, subst. m.
Trait discontinu formé d'une succession de
petits points, de petits trous. 📖 [pwɛtije].

POINTILLEUX, EUSE, adj.
Qui s'attache aux points de détail, tatillon :
Un critique **pointilleux**. 📖 [pwɛtijø, -øz].

POINTU, UE, adj.
Terminé en pointe. – *Des connaissances*
pointues : très spécialisées. 📖 [pwɛty].

POINTURE, subst. f.
Taille d'une chaussure. – *Une grosse pointure* : un personnage influent, compétent
(fam.). 📖 [pwɛtyʀ].

POINT-VIRGULE, subst. m.
Signe de ponctuation (;) marquant une
pause. 📖 Plur. *points-virgules* : [pwɛviʀgyl].

POIRE, subst. f.
Fruit du poirier, oblong, à chair juteuse et
fondante. – Fam. Visage. – Personne qu'on
trompe aisément. 📖 [pwaʀ].

POIREAU, subst. m.
Plante potagère à pied blanc et à longues
feuilles vertes. 📖 [pwaʀo].

POIS, subst. m.
Plante potagère dont on consomme les
graines et parfois la cosse : *Petits* **pois** ; *Pois
chiches*. – Plur. Petits motifs ronds sur une
étoffe unie : *Robe* à **pois**. 📖 [pwa].

POISON, subst. m.
Substance qui peut tuer. – Fig. Ce qui est
d'influence pernicieuse. – Personne acariâtre (fam.). 📖 [pwazɔ̃].

POISSEUX, EUSE, adj.
Qui colle : *Bonbon* **poisseux**. 📖 [pwasø, -øz].

POISSON, subst. m.
Vertébré aquatique muni de nageoires et
recouvert d'écailles, qui respire à l'aide de
branchies. – Plur. La classe correspondante.
– Douzième signe du zodiaque. 📖 [pwasɔ̃].

POISSONNERIE, subst. f.
Magasin où l'on vend les produits de la mer.
📖 [pwasɔnʀi].

POISSONNEUX, EUSE, adj.
Qui abonde en poissons. 📖 [pwasɔnø, -øz].

POITRAIL, subst. m.
Partie du cheval située entre l'encolure et
les membres antérieurs. 📖 [pwatʀaj].

POITRINE, subst. f.
Partie du corps humain qui abrite le cœur
et les poumons. – Face antérieure du thorax.
– Seins de la femme. 📖 [pwatʀin].

POIVRE, subst. m.
Épice à saveur piquante, constituée par les
petites baies du poivrier. 📖 [pwavʀ].

POIVRER, verbe trans. [3]
Assaisonner de poivre. 📖 [pwavʀe].

POIVRIÈRE, subst. f.
Ustensile qui contient du poivre moulu.
📖 On dit aussi *un poivrier* : [pwavʀijɛʀ].

POIVRON, subst. m.
Fruit vert, jaune ou rouge du piment doux,
consommé en légume. 📖 [pwavʀɔ̃].

POIX, subst. f.
Corps visqueux à base de résines et de
goudrons végétaux. 📖 [pwa].

POKER, subst. m.
Jeu de cartes. – Fig. *Coup de poker* : tentative
risquée. 📖 [pɔkɛʀ].

POLAIRE, adj.
Qui a trait aux pôles de la Terre, ou aux
régions avoisinantes. – Glacial. 📖 [pɔlɛʀ].

POLARISER, verbe trans. [3]
Attirer sur soi : **Polariser** *tous les regards*.
– Pronom. Fixer son attention (sur qqch.).
📖 [pɔlaʀize].

POLAROID, subst. m.
Appareil photographique à développement
instantané. 📖 N. déposé : [pɔlaʀɔid].

PÔLE, subst. m.
Chacune des extrémités de l'axe de rotation
de la Terre. 📖 [pol].

POLÉMIQUE, adj. et subst. f.
Subst. Controverse plus ou moins violente.
– Adj. Très agressif. 📖 [pɔlemik].

POLÉMIQUER, verbe intrans. [3]
Engager ou alimenter une polémique, une
discussion. 📖 [pɔlemike].

POLI (I), IE, adj.
Qui respecte les règles de la politesse, de
la bienséance. 📖 [pɔli].

POLI (II), IE, adj. et subst. m.
Adj. Lisse et brillant. – Subst. Aspect d'une
chose polie. 📖 [pɔli].

POLICE (I), subst. f.
Maintien de l'ordre public. – Administration, force publique qui en a la charge. – Les
agents de cette administration. 📖 [pɔlis].

POLICE (II), subst. f.
Document attestant la validité, les clauses
d'un contrat d'assurance. – Assortiment de
caractères typographiques. 📖 [pɔlis].

POLICÉ, ÉE, adj.
Dont les mœurs ont été affinées par la civilisation : *Une société* **policée**. 📖 [pɔlise].

POLICHINELLE, subst. m.
Bouffon de comédie, bossu et ventru ;
pantin. – Individu faible, versatile. – *Secret
de* polichinelle : connu de tous. 🔊 [pɔliʃinɛl].

POLICIER, IÈRE, adj. et subst. m.
Adj. Qui concerne la police. – Où la police
exerce un contrôle total : *Un État* policier.
– *Roman* policier : dont l'intrigue repose
sur une enquête. – Subst. Membre de la
force publique. 🔊 [pɔlisje, -jɛʀ].

POLIOMYÉLITE, subst. f.
Maladie infectieuse qui provoque des para-
lysies progressives. 🔊 [pɔljɔmjelit].

POLIR, verbe trans. [19]
Rendre lisse et brillant. – Parfaire. 🔊 [pɔliʀ].

POLISSON, ONNE, adj. et subst.
Enfant espiègle. – Libertin. 🔊 [pɔlisɔ̃, -ɔn].

POLITESSE, subst. f.
Ensemble des règles qui maintiennent de
bonnes relations dans une société ; respect
de ces règles. – Parole, action qui s'y
conforme. 🔊 [pɔlitɛs].

POLITICIEN, IENNE, adj. et subst.
Subst. Personne qui exerce une action, une
responsabilité politiques. – Adj. Qui relève
d'un calcul politique. 🔊 [pɔlitisjɛ̃, -jɛn].

POLITIQUE, adj. et subst.
Adj. Relatif au gouvernement d'un État, à
l'exercice du pouvoir. – *Homme* politique :
qui s'occupe de politique. – Qui résulte d'un
calcul habile. – Subst. Personne qui fait de
la politique. – Subst. fém. Art et manière de
gouverner ; conduite des affaires publiques :
Une politique *de droite, de gauche.* – Manière
de mener une affaire, stratégie. – Subst.
masc. Ce qui est politique. 🔊 [pɔlitik].

POLITISER, verbe trans. [3]
Donner un caractère ou une conscience
politiques à. 🔊 [pɔlitize].

POLKA, subst. f.
Danse vive, à deux temps, originaire de
Pologne, en vogue au XIXᵉ s. 🔊 [pɔlka].

POLLEN, subst. m.
Poussière libérée par les fleurs, qui les
féconde. 🔊 [pɔlɛn].

POLLUER, verbe trans. [3]
Souiller. – Rendre (un environnement)
malsain, voire dangereux. 🔊 [pɔlɥe].

POLLUTION, subst. f.
Dégradation d'un environnement naturel,
d'un milieu vivant, par des agents physiques, chimiques ou biologiques. 🔊 [pɔlysjɔ̃].

POLO, subst. m.
Sport équestre d'équipe. – Tricot léger à col
rabattu. 🔊 [pɔlo].

POLOCHON, subst. m.
Traversin (fam.). 🔊 [pɔlɔʃɔ̃].

POLONAIS, subst. m.
Langue slave parlée en Pologne. 🔊 [pɔlɔnɛ].

POLTRON, ONNE, adj. et subst.
Qui est peureux. 🔊 [pɔltʀɔ̃, -ɔn].

POLY-, préfixe
Exprime l'idée de nombre, d'abondance.
🔊 [pɔli-].

POLYCHROME, adj.
De plusieurs couleurs. 🔊 [pɔlikʀom].

POLYCULTURE, subst. f.
Agriculture diversifiée au sein d'une même
exploitation, d'une même région (oppos.
monoculture). 🔊 [pɔlikyltyʀ].

POLYESTER, subst. m.
Matière synthétique utilisée dans l'industrie
textile. 🔊 [pɔliɛstɛʀ].

POLYGAME, adj. et subst.
Qui pratique la polygamie. 🔊 [pɔligam].

POLYGAMIE, subst. f.
Fait d'être marié à plusieurs conjoints.
🔊 [pɔligami].

POLYGLOTTE, adj. et subst.
Qui parle plusieurs langues. 🔊 [pɔliglɔt].

POLYGONE, subst. m.
Géom. Figure à plusieurs côtés. 🔊 [pɔligon].

POLYPE, subst. m.
Méd. Tumeur molle, gén. bénigne, qui
apparaît sur une muqueuse. 🔊 [pɔlip].

POLYPHONIE, subst. f.
Mus. Technique utilisant la superposition
des lignes mélodiques. – Chant à plusieurs
voix ; morceau pour plusieurs instruments.
🔊 [pɔlifɔni].

POLYSTYRÈNE, subst. m.
Matière plastique très légère. 🔊 [pɔlistiʀɛn].

POLYTHÉISME, subst. m.
Religion qui reconnaît l'existence de plusieurs dieux. 🔊 [pɔliteism].

POLYVALENT, ENTE, adj.
Qui a plusieurs fonctions ou capacités.
– Adapté à divers usages. 🔊 [pɔlivalɑ̃, -ɑ̃t].

POMMADE, subst. f.
Substance molle et grasse, cosmétique ou
médicamenteuse. – Fig. *Passer de la* pommade *à qqn* : le flatter (fam.). 🔊 [pɔmad].

POMME, subst. f.
Fruit du pommier, rond, à pépins et à pulpe
ferme et juteuse. – Fruit plus ou moins
rond : *Pomme de pin.* – Objet rond :
Pomme *d'arrosoir*, partie percée de trous
adaptée au bec. – *Tomber dans les* pommes :
s'évanouir (fam.). 🔊 [pɔm].

POMMEAU, subst. m.
Bout arrondi de la poignée d'une épée,
d'une canne, d'un parapluie. 🔊 [pɔmo].

POMME DE TERRE, subst. f.
Plante originaire d'Amérique du Sud, cultivée pour ses tubercules. – Tubercule de cette
plante. 🔊 Plur. *pommes de terre* ; [pɔmdətɛʀ].

POMMETTE, subst. f.
Partie saillante de la joue, sous l'angle
extérieur de l'œil. 🔊 [pɔmɛt].

POMPE (I), subst. f.
Déploiement de faste, cérémonial fastueux.
– Pompes *funèbres* : service qui organise
des enterrements. 🔊 [pɔ̃p].

POMPE (II), subst. f.
Appareil servant à aspirer, à refouler ou à comprimer un fluide. – Fam. Chaussure. – *À toute* pompe : à toute vitesse. 🕮 [pɔ̃p].

POMPER, verbe trans. [3]
Déplacer (un fluide) à l'aide d'une pompe. – Fam. Lasser, fatiguer. – Copier, tricher. 🕮 [pɔ̃pe].

POMPEUX, EUSE, adj.
D'une solennité excessive. 🕮 [pɔ̃pø, -øz].

POMPIER, subst. m.
Homme chargé de combattre les incendies, les sinistres, et de porter secours. 🕮 [pɔ̃pje].

POMPON, subst. m.
Touffe de laine ou de soie, en forme de boule, servant d'ornement. 🕮 [pɔ̃pɔ̃].

POMPONNER, verbe trans. [3]
Apprêter avec grand soin. 🕮 [pɔ̃pɔne].

PONANT, subst. m.
Occident (oppos. *levant*). 🕮 [pɔnɑ̃].

PONCE, adj. et subst. f.
Ponce ou *pierre* ponce : roche volcanique poreuse, très légère, utilisée pour polir, nettoyer. 🕮 [pɔ̃s].

PONCER, verbe trans. [4]
Polir, décaper avec un abrasif. 🕮 [pɔ̃se].

PONCHO, subst. m.
Manteau fait d'un rectangle de laine fendu pour laisser passer la tête. 🕮 [pɔ̃(t)ʃo].

PONCIF, subst. m.
Idée, propos sans originalité. 🕮 [pɔ̃sif].

PONCTION, subst. f.
Prélèvement, gén. à l'aide d'une aiguille, d'un liquide organique. – Fig. *Faire une* ponction *dans ses économies*. 🕮 [pɔ̃ksjɔ̃].

PONCTUALITÉ, subst. f.
Qualité de qqn qui est toujours à l'heure ; régularité. 🕮 [pɔ̃ktɥalite].

PONCTUATION, subst. f.
Action de ponctuer ; son résultat. – Ensemble des signes graphiques destinés à rythmer un texte, à marquer des rapports syntaxiques. 🕮 [pɔ̃ktɥasjɔ̃].

PONCTUEL, ELLE, adj.
Qui arrive à l'heure ; régulier. – Fig. Qui concerne un point particulier, un détail : *Une intervention* ponctuelle. 🕮 [pɔ̃ktɥɛl].

PONCTUER, verbe trans. [3]
Marquer par des signes de ponctuation. – Souligner (ses paroles) par des gestes, des exclamations. 🕮 [pɔ̃ktɥe].

PONDÉRATION, subst. f.
Action de pondérer ; son résultat. – Fig. Modération, calme. 🕮 [pɔ̃deʀasjɔ̃].

PONDÉRER, verbe trans. [8]
Équilibrer qqch. par autre chose. – Fig. Modérer, calmer, mesurer. 🕮 [pɔ̃deʀe].

PONDEUR, EUSE, adj. et subst. f.
Qui pond. – Pondeuse ou *poule* pondeuse : que l'on élève pour ses œufs. 🕮 [pɔ̃dœʀ, -øz].

PONDRE, verbe trans. [51]
Produire (un, des œufs), en parlant d'une femelle ovipare. – Fig. Rédiger (fam.) : **Pondre** *un article*. 🕮 [pɔ̃dʀ].

PONEY, subst. m.
Cheval de petite taille. 🕮 [pɔnɛ].

PONT, subst. m.
Ouvrage d'art servant à franchir un cours d'eau, une voie, un ravin. – Fig. Lien, transition, jonction. – *Couper les* ponts : cesser toute relation. – *Faire le* pont : ne pas travailler entre deux jours fériés. – Mar. Chacun des planchers qui partagent les étages d'un navire. 🕮 [pɔ̃].

PONTAGE, subst. m.
Remplacement d'une partie d'artère défectueuse par une prothèse. 🕮 [pɔ̃taʒ].

PONTE, subst. f.
Action de pondre. – Les œufs pondus. – Période où les femelles pondent. 🕮 [pɔ̃t].

PONTIFE, subst. m.
Titre donné aux évêques et aux prélats. – *Souverain* pontife : le pape. 🕮 [pɔ̃tif].

PONTIFICAL, ALE, AUX, adj.
Qui a trait au pape. 🕮 [pɔ̃tifikal].

PONTIFIER, verbe intrans. [6]
Se donner un air important, discourir avec emphase. 🕮 [pɔ̃tifje].

PONT-LEVIS, subst. m.
Pont mobile enjambant le fossé d'un château fort et qu'on peut lever ou abaisser à volonté. 🕮 Plur. *ponts-levis* ; [pɔ̃l(ə)vi].

PONTON, subst. m.
Plate-forme flottante, reliée à un quai ou à un rivage. – Navire désarmé servant de dépôt de matériel, de prison, etc. 🕮 [pɔ̃tɔ̃].

POPE, subst. m.
Prêtre de l'Église orthodoxe slave. 🕮 [pɔp].

POPELINE, subst. f.
Tissu léger de laine et de soie. 🕮 [pɔplin].

POPULACE, subst. f.
Bas peuple (péj.). 🕮 [pɔpylas].

POPULAIRE, adj.
Qui se rapporte au peuple, qui en est issu. – Pour le peuple, le grand public. – Qui jouit d'une grande popularité. 🕮 [pɔpylɛʀ].

POPULARISER, verbe trans. [3]
Faire connaître au plus grand nombre, répandre. 🕮 [pɔpylaʀize].

POPULARITÉ, subst. f.
Fait d'être connu et apprécié du plus grand nombre. 🕮 [pɔpylaʀite].

POPULATION, subst. f.
Ensemble des personnes habitant un espace déterminé ou répondant à un critère particulier. 🕮 [pɔpylasjɔ̃].

PORC, subst. m.
Mammifère omnivore au museau terminé en groin, élevé pour sa chair. – Viande ou peau de cet animal. – Fig. Homme sale ou débauché (fam.) 🕮 [pɔʀ].

PORCELAINE, subst. f.
Matière céramique à pâte fine, translucide ; objet de cette matière : **Porcelaine** de Chine. – Gros coquillage des mers chaudes, brillant et coloré. 🔊 [pɔʀsəlɛn].

PORCELET, subst. m.
Jeune porc. 🔊 [pɔʀsəlɛ].

PORC-ÉPIC, subst. m.
Mammifère rongeur couvert de longs piquants. 🔊 Plur. *porcs-épics* ; [pɔʀkepik].

PORCHE, subst. m.
Espace couvert abritant la porte d'entrée d'un bâtiment. 🔊 [pɔʀʃ].

PORCHERIE, subst. f.
Local où l'on élève des porcs. – Fig. Lieu très sale, en désordre (fam.). 🔊 [pɔʀʃəʀi].

PORCIN, INE, adj. et subst. m.
Adj. Qui a trait au porc. – Qui évoque un porc. – Subst. Mammifère ongulé tel que le porc. – Plur. La famille correspondante (synon. *Suidés*). 🔊 [pɔʀsɛ̃, -in].

PORE, subst. m.
Minuscule orifice de la peau, par lequel s'écoule la sueur. 🔊 [pɔʀ].

POREUX, EUSE, adj.
Qui présente de multiples petits trous : *Roche* **poreuse**. 🔊 [pɔʀø, -øz].

PORNOGRAPHIE, subst. f.
Représentation de choses obscènes en littérature, au cinéma, etc. 🔊 [pɔʀnɔgʀafi].

PORT (I), subst. m.
Abri naturel ou artificiel aménagé pour l'accueil des navires. – Ville qui possède un **port** : *Anvers,* **port** *de la mer du Nord.* 🔊 [pɔʀ].

PORT (II), subst. m.
Fait d'être revêtu ou de porter sur soi. – Manière de se tenir. – Chargement. – Prix d'un transport. 🔊 [pɔʀ].

PORTABLE, adj. et subst. m.
Adj. Portatif. – Dont on peut se vêtir : *Une veste* **portable**. – Subst. Appareil **portable**. 🔊 [pɔʀtabl].

PORTAIL, subst. m.
Entrée principale, souv. monumentale, d'un édifice, d'une propriété. 🔊 [pɔʀtaj].

PORTANT, ANTE, adj. et subst. m.
Qui a pour fonction de porter, de soutenir. – Adj. *Bien, mal* **portant** : en bonne, en mauvaise santé. 🔊 [pɔʀtɑ̃, -ɑ̃t].

PORTATIF, IVE, adj.
Aisément transportable. 🔊 [pɔʀtatif, -iv].

PORTE, subst. f.
Ouverture donnant accès à un lieu. – Panneau mobile permettant d'obturer une ouverture. – *Mettre qqn à la* **porte** : le congédier, le licencier. 🔊 [pɔʀt].

PORTE-À-PORTE, subst. m. inv.
Technique de vente consistant à démarcher les clients à leur domicile. 🔊 [pɔʀtapɔʀt].

PORTE-AVIONS, subst. m. inv.
Navire de guerre disposant d'une piste d'envol et d'appontage pour les avions. 🔊 [pɔʀtavjɔ̃].

PORTE-BAGAGES, subst. m. inv.
Accessoire d'un véhicule, destiné à recevoir les bagages. 🔊 [pɔʀt(ə)bagaʒ].

PORTE-BONHEUR, subst. m. inv.
Objet censé porter chance. 🔊 [pɔʀt(ə)bɔnœʀ].

PORTE-CARTES, subst. m. inv.
Petit portefeuille à compartiments transparents. 🔊 [pɔʀt(ə)kaʀt].

PORTE-CLEFS, subst. m. inv.
Anneau servant à porter des clefs. 🔊 On écrit aussi *porte-clés* ; [pɔʀtəkle].

PORTÉE, subst. f.
Ensemble des petits qu'une femelle met bas en une fois. – Distance à laquelle une arme peut lancer un projectile. – Distance à laquelle la voix, la vue, etc., peuvent porter. – Distance entre deux points d'appui : **Portée** *d'une poutre.* – Importance, effet : *Événement de grande* **portée**. – *À la* **portée** *de* : accessible à. – *Mus.* Ensemble de cinq lignes parallèles horizontales sur lesquelles sont écrites les notes d'une partition. 🔊 [pɔʀte].

PORTE-FENÊTRE, subst. f.
Fenêtre s'ouvrant jusqu'au sol et servant de porte. 🔊 Plur. *portes-fenêtres* ; [pɔʀt(ə)fənɛtʀ].

PORTEFEUILLE, subst. m.
Étui muni de poches, où l'on range ses billets de banque et ses papiers. – Fig. Ministère. – Ensemble des valeurs mobilières, des titres que possède qqn. 🔊 [pɔʀtəfœj].

PORTEMANTEAU, subst. m.
Support auquel on suspend les vêtements. 🔊 [pɔʀt(ə)mɑ̃to].

PORTE-MONNAIE, subst. m. inv.
Petite bourse dans laquelle on met ses pièces de monnaie. 🔊 [pɔʀt(ə)mɔnɛ].

PORTE-PAROLE, subst. m. inv.
Personne chargée de s'exprimer au nom de qqn ou d'un groupe. 🔊 [pɔʀt(ə)paʀɔl].

PORTER, verbe [3]
Trans. Soutenir (un poids, une charge). – Engendrer : **Porter** *un enfant, une œuvre* ; **Porter** *ses fruits*, avoir des résultats positifs. – Avoir sur soi : **Porter** *une belle robe* ; au fig. : **Porter** *un nom célèbre.* – Diriger, pousser : **Porter** *ses regards (vers)* ; **Porter** *au pouvoir.* – Donner, apporter : **Porter** *chance, secours.* – Intrans. **Porter** *à* : avoir une portée de. – **Porter** *sur* : concerner. – *Être porté à* : être enclin à. – Empl. abs. *Ma remarque a* **porté** : elle a eu de l'effet. – Pronom. Aller (en parlant de la santé) : *Se* **porter** *mieux.* – Se présenter comme : *Se* **porter** *candidat, partie civile.* 🔊 [pɔʀte].

PORTEUR, EUSE, adj. et subst.
Subst. Personne qui remet des messages. – Personne qui porte les bagages (d'un voyageur, d'une équipe en expédition).

– *Chèque, bon au* **porteur** : payables à qui les détient. – Adj. Qui porte, soutient : *Mur* **porteur**. 🔊 [pɔʀtœʀ, øz].

PORTE-VOIX, subst. m. inv.
Instrument portatif évasé, destiné à amplifier la voix. 🔊 [pɔʀtəvwɑ].

PORTIER, IÈRE, subst.
Personne qui surveille l'entrée de certains établissements. 🔊 [pɔʀtje, -jɛʀ].

PORTIÈRE, subst. f.
Porte de voiture ou de train. 🔊 [pɔʀtjɛʀ].

PORTILLON, subst. m.
Petite porte basse à battant. 🔊 [pɔʀtijɔ̃].

PORTION, subst. f.
Part, tranche. – Partie d'un tout. 🔊 [pɔʀsjɔ̃].

PORTIQUE, subst. m.
Archit. Galerie à colonnes. – *Sp.* Poutre horizontale fixée sur deux poteaux, qui reçoit des agrès de gymnastique. 🔊 [pɔʀtik].

PORTO, subst. m.
Vin liquoreux du Portugal. 🔊 [pɔʀto].

PORTRAIT, subst. m.
Représentation imagée (picturale, photographique, etc.) d'une personne. – *Fig.* Description. – Réplique : *C'est son* **portrait** *craché.* 🔊 [pɔʀtʀɛ].

PORTUAIRE, adj.
D'un port : *Site* **portuaire**. 🔊 [pɔʀtɥɛʀ].

PORTUGAIS, subst. m.
Langue romane parlée principalement au Portugal et au Brésil. 🔊 [pɔʀtygɛ].

POSE, subst. f.
Action de poser. – Attitude du corps : *Pose lascive.* – Attitude affectée. – *Temps de* **pose** : durée nécessaire pour obtenir une photographie correcte. 🔊 [poz].

POSÉ, ÉE, adj.
Calme, pondéré. 🔊 [poze].

POSER, verbe [3]
Trans. Cesser de porter. – Mettre, placer, installer. – Déclarer, formuler : **Poser** *une question, sa candidature.* – Donner de l'importance à (fam.) : *Ça vous* **pose** *qqn.* – Intrans. Rester immobile devant un photographe, un cinéaste. – Prendre une attitude affectée. – Pronom. Se percher, atterrir. – Se manifester : *Le problème se* **posera**. – *Se* **poser** *en victime* : en jouer le rôle. 🔊 [poze].

POSITIF, IVE, adj. et subst. m.
Adj. Affirmatif : *Réponse* **positive**. – Utile, favorable. – Pratique, réaliste : *Esprit* **positif**. – *Math.* Supérieur à zéro, en parlant d'un nombre. – *Méd.* Examen **positif** : qui révèle la présence dans l'organisme du corps recherché. – Subst. Ce qui est **positif**. – Épreuve photographique en couleurs réelles. 🔊 [pozitif, -iv].

POSITION, subst. f.
Manière dont un objet est posé, dont qqn se tient : **Position** *verticale, horizontale.*

– Place, endroit où se trouve qqn ou qqch. : **Position** *des troupes.* – Situation. – Avis, opinion. 🔊 [pozisjɔ̃].

POSITIONNER, verbe trans. [3]
Mettre dans une position, une pose précise. – Déterminer l'emplacement de. – Déterminer la situation (d'un produit sur le marché). 🔊 [pozisjone].

POSITIVISME, subst. m.
Doctrine philosophique qui fait reposer la connaissance sur les seuls faits observés, sur l'expérience scientifique. 🔊 [pozitivism].

POSOLOGIE, subst. f.
Indication de la dose de médicament à administrer à un malade. 🔊 [pozɔlɔʒi].

POSSÉDÉ, ÉE, adj. et subst.
Se dit d'un être qui se trouve sous l'emprise d'un pouvoir démoniaque. 🔊 [posede].

POSSÉDER, verbe trans. [8]
Avoir à soi, détenir. – Bien connaître, maîtriser : **Posséder** *l'allemand.* – Tromper (fam.). 🔊 [posede].

POSSESSIF, IVE, adj.
Qui éprouve un sentiment de possession affective envers qqn. – *Ling.* Qui marque l'appartenance : *Adjectif, pronom* **possessifs**. 🔊 [posesif, -iv].

POSSESSION, subst. f.
Fait de posséder. – Chose que l'on possède. – Fait d'être possédé. 🔊 [posesjɔ̃].

POSSIBILITÉ, subst. f.
Qualité de ce qui est possible. – Chose possible. – Plur. Moyens dont on dispose. 🔊 [posibilite].

POSSIBLE, adj. et subst. m.
Adj. Qui peut se produire, être réalisé. – Qu'on peut croire. – *Le plus, le moins* **possible** : le plus, le moins que l'on peut (**possible** est dans ce cas inv.). – Subst. *Faire son* **possible** : tout ce que l'on peut. 🔊 [posibl].

POST-, préfixe
« Après », dans l'espace ou dans le temps. 🔊 [pɔst-].

POSTAL, ALE, AUX, adj.
De la poste : *Code* **postal**. 🔊 [pɔstal].

POSTE (I), subst. f.
Service public chargé du traitement, de la distribution du courrier. – Bureau postal : *Aller à la* **poste**. 🔊 [pɔst].

POSTE (II), subst. m.
Lieu où un militaire est affecté. – Emploi civil. – Emplacement, local affectés à une activité, à un service : **Poste** *de secours, de travail* ; **Poste** *d'essence*. – Appareil récepteur : **Poste** *de télévision*. 🔊 [pɔst].

POSTER (I), verbe trans. [3]
Déposer (du courrier) à la poste. 🔊 [pɔste].

POSTER (II), verbe trans. [3]
Placer à un endroit, à un poste précis, souv. pour guetter. 🔊 [pɔste].

POSTER (III), subst. m.
Affiche décorative. 🕮 [pɔstɛʀ].

POSTÉRIEUR, IEURE, adj. et subst. m.
Adj. Qui vient après (dans le temps). – Qui est situé à l'arrière. – Subst. Arrière-train, fesses (fam.). 🕮 [pɔsteʀjœʀ].

POSTÉRITÉ, subst. f.
Descendance (littér.). – Les générations futures : *Écrivain passé à la postérité*, dont la renommée se perpétue. 🕮 [pɔsteʀite].

POSTFACE, subst. f.
Texte de commentaire placé en fin d'ouvrage. 🕮 [pɔstfas].

POSTHUME, adj.
Né, paru après la mort de son concepteur : *Enfant, œuvre* **posthumes.** – Qui survient après la mort : *Triomphe, décorations* **posthumes.** 🕮 [pɔstym].

POSTICHE, adj. et subst. m.
Adj. Faux, artificiel : *Cils* **postiches.** – Subst. Perruque. 🕮 [pɔstiʃ].

POSTIER, IÈRE, subst.
Employé des postes. 🕮 [pɔstje, -jɛʀ].

POSTILLON, subst. m.
Personne qui conduisait une voiture attelée au service de la poste. – Gouttelette de salive projetée en parlant. 🕮 [pɔstijɔ̃].

POSTILLONNER, verbe intrans. [3]
Lancer des postillons. 🕮 [pɔstijɔne].

POSTOPÉRATOIRE, adj.
Qui fait suite à une opération chirurgicale. 🕮 [pɔstɔpeʀatwaʀ].

POSTPOSITION, subst. f.
Position d'un mot juste après un autre, qui lui est lié. 🕮 [pɔstpozisjɔ̃].

POST-SCRIPTUM, subst. m. inv.
Ajout placé au bas d'une lettre, après la signature (abrév. *P.-S.*). 🕮 [pɔstskʀiptɔm].

POSTULER, verbe trans. [3]
Solliciter, être candidat à : **Postuler** *(pour) un nouvel emploi.* – Réclamer, supposer. 🕮 [pɔstyle].

POSTURE, subst. f.
Position du corps. – *Être en bonne, mauvaise* **posture** : dans une situation favorable, difficile. 🕮 [pɔstyʀ].

POT, subst. m.
Récipient pouvant revêtir diverses formes et accueillir divers objets : **Pot** *à eau* ; **Pot** *de chambre.* – Fam. Boisson : *Prendre un* **pot.** – Réunion où l'on boit. – Chance – *Tourner autour du* **pot** : ne pas aller droit au but. – Tech. **Pot** *d'échappement* : appareil d'où s'évacuent les gaz brûlés par un moteur à explosion. 🕮 [po].

POTABLE, adj.
Qu'on peut boire sans danger. – Passable, acceptable (fam.). 🕮 [pɔtabl].

POTAGE, subst. m.
Bouillon de viande ou de légumes. 🕮 [pɔtaʒ].

POTAGER, ÈRE, adj. et subst. m.
Adj. Se dit de plantes comestibles et de ce qui s'y rapporte. – Subst. Jardin de légumes. 🕮 [pɔtaʒe, -ɛʀ].

POTASSER, verbe trans. [3]
Étudier assidûment (fam.). 🕮 [pɔtase].

POT-AU-FEU, subst. m. inv.
Plat constitué de viande de bœuf bouillie avec des légumes. 🕮 [pɔtofø].

POT-DE-VIN, subst. m.
Argent versé illégalement pour s'approprier un marché. 🕮 Plur. *pots-de-vin* ; [pod(ə)vɛ̃].

POTE, subst. m.
Camarade (fam.). 🕮 [pɔt].

POTEAU, subst. m.
Pièce de bois, de métal, dressée verticalement sur le sol. – *Battre qqn sur le* **poteau** : de justesse. – *Envoyer au* **poteau** : condamner à être fusillé. 🕮 [pɔto].

POTÉE, subst. f.
Plat de viande bouillie servie avec des légumes : **Potée** *auvergnate.* 🕮 [pɔte].

POTELÉ, ÉE, adj.
Dodu, grassouillet. 🕮 [pɔt(ə)le].

POTENCE, subst. f.
Support en équerre. – Instrument de pendaison. 🕮 [pɔtɑ̃s].

POTENTAT, subst. m.
Souverain absolu. – Tyran. 🕮 [pɔtɑ̃ta].

POTENTIALITÉ, subst. f.
Possibilité, virtualité. 🕮 [pɔtɑ̃sjalite].

POTENTIEL, IELLE, adj. et subst. m.
Adj. Qui existe en puissance, virtuel : *Ressources* **potentielles.** – Subst. Capacité, puissance dont on dispose : **Potentiel** *militaire, économique.* – *Différence de potentiel* : tension électrique. 🕮 [pɔtɑ̃sjɛl].

POTERIE, subst. f.
Art de fabriquer des objets en terre cuite. – Objet ainsi façonné. 🕮 [pɔtʀi].

POTERNE, subst. f.
Porte dérobée perçant une muraille d'enceinte. 🕮 [pɔtɛʀn].

POTICHE, subst. f.
Grand vase en porcelaine. – Fig. Personnage relégué dans un rôle honorifique. 🕮 [pɔtiʃ].

POTIN, subst. m.
Fam. Bruit. – Commérage (gén. au plur.). 🕮 [pɔtɛ̃].

POTION, subst. f.
Médicament liquide. 🕮 [posjɔ̃].

POTIRON, subst. m.
Courge volumineuse. 🕮 [pɔtiʀɔ̃].

POT-POURRI, subst. m.
Mélange de chansons ou de morceaux de musique. 🕮 Plur. *pots-pourris* ; [popuʀi].

POU, POUX, subst. m.
Insecte parasite qui se fixe dans les cheveux de l'homme. – *Chercher des* **poux** *à qqn* : lui chercher querelle (fam.). 🕮 [pu].

POUBELLE, subst. f.
Récipient où l'on jette les ordures ménagères. 🕮 [pubɛl].

POUCE, subst. m.
Le plus gros doigt de la main, opposable aux quatre autres. – Ancienne mesure de longueur (27,07 mm). – *Donner un coup de pouce à qqn* : l'aider. – Fam. *Pouce ! : arrêtez !* ; *Se tourner les pouces* : ne rien faire ; *Sur le pouce* : à la hâte. 🕮 [pus].

POUDRE, subst. f.
Substance solide broyée en particules infimes. – Produit de maquillage fin et léger. – Substance explosive. – *Mettre le feu aux poudres* : faire éclater une affaire, un conflit. 🕮 [pudʀ].

POUDRER, verbe trans. [3]
Couvrir d'une légère couche de poudre : *Poudrer son visage.* 🕮 [pudʀe].

POUDREUX, EUSE, adj.
Couvert de poudre, de poussière. – Qui a la consistance de la poudre. – Empl. subst. fém. Neige fraîche et fine. 🕮 [pudʀø, -øz].

POUDRIER, subst. m.
Petit récipient plat contenant de la poudre de maquillage. 🕮 [pudʀije].

POUDRIÈRE, subst. f.
Dépôt d'explosifs. – Fig. Endroit où un conflit menace d'éclater. 🕮 [pudʀijɛʀ].

POUF, subst. m.
Siège en forme de gros coussin. 🕮 [puf].

POUFFER, verbe intrans. [3]
Rire en essayant de se retenir. 🕮 [pufe].

POULAILLER, subst. m.
Abri pour les poules. – Galerie populaire, tout en haut d'un théâtre. 🕮 [pulaje].

POULAIN, subst. m.
Petit de la jument. – Débutant soutenu par une personnalité. 🕮 [pulɛ̃].

POULE (I), subst. f.
Femelle du coq, appréciée pour sa chair et ses œufs. – Nom de la femelle de divers oiseaux : *Poule faisane.* – Femme facile, maîtresse (fam. et péj.). – *Chair de poule* : frisson dû au froid, à la peur. – *Mère poule* : femme qui couve trop ses enfants. – *Poule mouillée* : poltron. 🕮 [pul].

POULE (II), subst. f.
Sp. Compétition où tous les concurrents s'affrontent successivement. 🕮 [pul].

POULET, subst. m.
Jeune coq ou jeune poule. – Viande de cet animal. – Policier (fam.). 🕮 [pulɛ].

POULICHE, subst. f.
Jument non adulte. 🕮 [puliʃ].

POULIE, subst. f.
Petite roue à jante creusée dans laquelle passe un câble ou une corde servant à soulever une charge. 🕮 [puli].

POULINIÈRE, subst. f.
Jument reproductrice. 🕮 [pulinjɛʀ].

POULPE, voir **PIEUVRE**

POULS, subst. m.
Battement du sang dans un vaisseau, une artère. 🕮 [pu].

POUMON, subst. m.
Chacun des deux organes de la respiration, situés dans la cage thoracique. 🕮 [pumɔ̃].

POUPE, subst. f.
Arrière d'un navire. – *Avoir le vent en poupe* : être porté vers le succès. 🕮 [pup].

POUPÉE, subst. f.
Jouet reproduisant en miniature un être humain. – Fam. Pansement entourant le doigt. – Jolie jeune femme (péj.). 🕮 [pupe].

POUPIN, INE, adj.
Qui a le visage rond. 🕮 [pupɛ̃, -in].

POUPONNER, verbe intrans. [3]
S'occuper d'un bébé, le dorloter (fam.). 🕮 [pupɔne].

POUR, prép.
Exprime le but, la direction, l'intention : *Départ pour Nice* ; *Je vote pour lui*, en sa faveur. – Exprime la cause : *Puni pour indiscipline.* – Exprime la conséquence : *Trop poli pour être honnête.* – Exprime l'échange, l'équivalence : *Il paya pour elle*, à sa place. – Empl. subst. *Le pour* (oppos. *le contre*) : le bon côté, les avantages. 🕮 [puʀ].

POURBOIRE, subst. m.
Somme d'argent versée par un client en plus du prix normal pour marquer sa satisfaction. 🕮 [puʀbwaʀ].

POURCENTAGE, subst. m.
Proportion d'une grandeur pour cent unités. – Commission calculée selon ce principe. 🕮 [puʀsɑ̃taʒ].

POURCHASSER, verbe trans. [3]
Poursuivre, traquer. 🕮 [puʀʃase].

POURFENDRE, verbe trans. [51]
Attaquer violemment (littér.) : *Pourfendre ses ennemis.* 🕮 [puʀfɑ̃dʀ].

POURLÉCHER (SE), verbe pronom. [8]
Passer sa langue sur ses lèvres, sur ses babines, avec gourmandise. 🕮 [puʀleʃe].

POURPARLERS, subst. m. plur.
Discussion entre plusieurs parties en vue de parvenir à une entente. 🕮 [puʀpaʀle].

POURPOINT, subst. m.
Sorte de veste très ajustée que portaient les hommes, du XIIᵉ au XVIIᵉ s. 🕮 [puʀpwɛ̃].

POURPRE, adj. inv. et subst.
Subst. fém. Teinture rouge autrefois extraite d'un coquillage. – Tissu précieux teinté à la pourpre, symbole de haute dignité. – Subst. masc. et adj. Rouge très intense. 🕮 [puʀpʀ].

POURQUOI, subst. m. inv. et adv.
Adv. Pour quelle raison : *Pourquoi ris-tu ?* ; *Je ne sais pourquoi.* – *C'est pourquoi* : c'est la raison pour laquelle. – Subst. Cause : *Le pourquoi et le comment.* 🕮 [puʀkwa].

POURRI, IE, adj.
En état de décomposition. — Corrompu, vénal. — Hors d'usage, bon à jeter. — *Été pourri* : très pluvieux (fam.). 🕮 [puʀi].

POURRIR, verbe [19]
Intrans. Se décomposer sous l'action de bactéries. — Fig. Stagner, se dégrader. — Trans. Putréfier, corrompre. — Fig. Trop gâter (qqn) (fam.). 🕮 [puʀiʀ].

POURRITURE, subst. f.
Décomposition organique ; ce qui est pourri. — Corruption morale. 🕮 [puʀityʀ].

POURSUITE, subst. f.
Action de poursuivre ce qui fuit ; au fig., quête. — *Engager des* **poursuites** : saisir la justice. 🕮 [puʀsɥit].

POURSUIVRE, verbe trans. [62]
Suivre pour atteindre. — Harceler, hanter. — Tenter d'atteindre, de réaliser. — Continuer. — Attaquer en justice. 🕮 [puʀsɥivʀ].

POURTANT, adv.
Cependant, toutefois. 🕮 [puʀtɑ̃].

POURTOUR, subst. m.
Ligne qui fait le tour d'un lieu, ou espace qui le borde. 🕮 [puʀtuʀ].

POURVOI, subst. m.
Dernier recours en justice pour annuler une décision : **Pourvoi** *en cassation*. 🕮 [puʀvwa].

POURVOIR, verbe trans. [37]
Doter de ce qui est nécessaire : **Pourvoir** *un poste* ; **Pourvoir** *qqn d'un emploi.* — **Pourvoir** *à* : subvenir à. — Pronom. Former un pourvoi. 🕮 [puʀvwaʀ].

POURVOYEUR, EUSE, subst.
Personne qui ravitaille, qui fournit qqch. 🕮 [puʀvwajœʀ, -øz].

POURVU QUE, loc. conj.
Indique une condition ou bien un souhait, une appréhension : *Vous réussirez* **pourvu que** *vous le vouliez* ; **Pourvu** *qu'il fasse beau !* 🕮 [puʀvykə].

POUSSE, subst. f.
Croissance d'un végétal (ou des ongles, des dents, des cheveux). — Plante, branche toutes nouvelles. 🕮 [pus].

POUSSE-CAFÉ, subst. m. inv.
Alcool servi après le café. 🕮 [puskafe].

POUSSÉE, subst. f.
Pression exercée contre qqn, qqch. pour le déplacer. — Flambée, impulsion : **Poussée** *de fièvre,* fièvre forte et soudaine. 🕮 [puse].

POUSSE-POUSSE, subst. m. inv.
Voiture légère à deux roues, tirée par un homme, fréquente en Asie. 🕮 [puspus].

POUSSER, verbe [3]
Trans. Appuyer, exercer une pression sur (qqch., pour le déplacer) ; bousculer. — Inciter à. — Faire entendre : **Pousser** *un cri.* — Intrans. Croître. 🕮 [puse].

POUSSETTE, subst. f.
Siège d'enfant monté sur roulettes, que l'on pousse devant soi. 🕮 [pusɛt].

POUSSIÈRE, subst. f.
Infimes particules de terre ou de matière quelconque, pouvant rester en suspension dans l'air. — Chose infime. 🕮 [pusjɛʀ].

POUSSIÉREUX, EUSE, adj.
Plein de poussière. — Fig. Vieilli, dépassé. 🕮 [pusjeʀø, -øz].

POUSSIF, IVE, adj.
Qui s'essouffle. — *Moteur* **poussif** : qui tourne mal. — Fig. Laborieux. 🕮 [pusif, -iv].

POUSSIN, subst. m.
Poulet nouvellement sorti de l'œuf. — Jeune sportif appartenant à la catégorie des moins de 11 ans. 🕮 [pusɛ̃].

POUTRE, subst. f.
Gros et long morceau de bois équarri, servant de support dans une construction. — Sp. Agrès constitué d'une telle pièce élevée au-dessus du sol. 🕮 [putʀ].

POUTRELLE, subst. f.
Petite poutre métallique. 🕮 [putʀɛl].

POUVOIR (I), verbe trans. [39]
Avoir la capacité, la possibilité de. — Avoir la permission, le droit de. — Risquer de : *Je* **peux** *faire erreur.* — *N'en plus* **pouvoir** : être à bout de forces. — *Il se* **peut** *que* : il est possible que. 🕮 [puvwaʀ].

POUVOIR (II), subst. m.
Capacité d'agir. — Écrit donnant procuration. — Influence, ascendant. — Autorité constituée, gouvernement : *Les* **pouvoirs** *publics.* — Propriété physique : **Pouvoir** *décapant de la soude.* 🕮 [puvwaʀ].

PRAGMATISME, subst. m.
Conduite qui révèle un sens pratique et privilégie l'efficacité. 🕮 [pʀagmatism].

PRAIRE, subst. f.
Coquillage bivalve comestible, qui vit dans le sable. 🕮 [pʀɛʀ].

PRAIRIAL, subst. m.
Neuvième mois du calendrier républicain, allant du 20-21 mai au 18-19 juin. 🕮 [pʀeʀjal].

PRAIRIE, subst. f.
Terrain herbeux qui sert de pâturage ou fournit le foin. 🕮 [pʀeʀi].

PRALINE, subst. f.
Bonbon fait d'une amande enrobée de sucre cuit puis glacé. 🕮 [pʀalin].

PRALINÉ, subst. m.
Mélange de pralines pilées et de chocolat. 🕮 [pʀaline].

PRATICABLE, adj.
Réalisable. — *Chemin* **praticable** : où l'on peut passer, circuler. 🕮 [pʀatikabl].

PRATICIEN, IENNE, subst.
Médecin qui soigne les malades (oppos. *chercheur.*) 🕮 [pʀatisjɛ̃, -jɛn].

PRATIQUANT, ANTE, adj. et subst.
Qui observe les pratiques de sa religion. 🕮 [pʀatikɑ̃, -ɑ̃t].

359

PRATIQUE (I), subst. f.
Mise en application d'une théorie. – Exercice d'une activité. – Expérience. – Observance des rites : Pratique *religieuse*. – Plur. Agissements : *Des* pratiques *courantes*. – En pratique : en fait, en réalité. 🔊 [pʀatik].

PRATIQUE (II), adj.
Qui concerne la réalité concrète (oppos. *théorique*). – Qui s'attache à l'efficacité. – Facile à utiliser ; qui épargne du temps et des efforts. 🔊 [pʀatik].

PRATIQUER, verbe trans. [3]
Exercer (un métier, une activité) : **Pratiquer** *le judo* ; **Pratiquer** *une langue*, avoir l'occasion de la parler. – User de, recourir à : **Pratiquer** *la tolérance, le chantage*. – Exécuter, réaliser. – Empl. intrans. Observer des pratiques religieuses. – Pronom. Se faire, être d'usage. 🔊 [pʀatike].

PRÉ, subst. m.
Petite prairie, souv. clôturée. 🔊 [pʀe].

PRÉ-, préfixe
« Antérieur », dans le temps ou dans l'espace. 🔊 [pʀe-].

PRÉALABLE, adj. et subst. m.
Adj. Qui doit d'abord être dit, examiné ou accompli. – Subst. Condition à remplir avant d'ouvrir une négociation, un débat. – Au préalable : auparavant. 🔊 [pʀealabl].

PRÉAMBULE, subst. m.
Introduction explicative. – Fig. Signe annonciateur de qqch. 🔊 [pʀeãbyl].

PRÉAU, AUX, subst. m.
Partie couverte d'une cour d'école. – Cour d'un cloître, d'une prison. 🔊 [pʀeo].

PRÉAVIS, subst. m.
Annonce préalable d'une décision qui prendra effet passé un certain délai. – Ce délai : *Période de* préavis. 🔊 [pʀeavi].

PRÉCAIRE, adj.
Dont la durée est incertaine : *Un emploi* précaire. 🔊 [pʀekɛʀ].

PRÉCARITÉ, subst. f.
Caractère précaire de qqch. 🔊 [pʀekaʀite].

PRÉCAUTION, subst. f.
Mesure prise pour éviter ou limiter un mal. – Circonspection, prudence. 🔊 [pʀekosjõ].

PRÉCAUTIONNEUX, EUSE, adj.
Qui agit avec précaution. 🔊 [pʀekosjonø, -øz].

PRÉCÉDENT, ENTE, adj. et subst. m.
Adj. Qui précède. – Subst. Événement antérieur qui a valeur d'exemple, de référence. 🔊 [pʀesedã, -ãt].

PRÉCÉDER, verbe trans. [8]
Avoir lieu, exister, venir avant. – Être placé, marcher devant. 🔊 [pʀesede].

PRÉCEPTE, subst. m.
Recommandation d'ordre moral ou religieux. 🔊 [pʀesɛpt].

PRÉCEPTEUR, TRICE, subst.
Professeur particulier. 🔊 [pʀesɛptœʀ, -tʀis].

PRÊCHER, verbe [3]
Trans. Répandre, dire (la Parole divine). – Prôner, conseiller. – Intrans. Faire un sermon : **Prêcher** *en chaire*. 🔊 [pʀeʃe].

PRÉCIEUX, IEUSE, adj. et subst. f.
Adj. Dont le prix est élevé. – Cher au cœur. – Très utile. – Affecté, prétentieux. – Subst. Femme pédante du XVIIᵉ s. 🔊 [pʀesjø, -jøz].

PRÉCIOSITÉ, subst. f.
Grande affectation dans les manières et le langage. 🔊 [pʀesjozite].

PRÉCIPICE, subst. m.
Ravin aux versants très abrupts ; gouffre. 🔊 [pʀesipis].

PRÉCIPITATION, subst. f.
Grande hâte. – Chim. Phénomène par lequel un corps insoluble se dépose au fond d'un liquide. – Plur. Pluie, grêle, neige, etc. 🔊 [pʀesipitasjõ].

PRÉCIPITER, verbe trans. [3]
Jeter d'un endroit élevé. – Hâter, accélérer. – Entraîner, pousser vers un malheur. – Chim. Provoquer la précipitation de ; empl. abs., la subir. – Pronom. Accourir, s'élancer vivement. 🔊 [pʀesipite].

PRÉCIS, ISE, adj. et subst. m.
Adj. Déterminé avec rigueur. – Qui atteint son objectif avec exactitude ; sûr. – Exact, juste. – Subst. Manuel de notions essentielles. 🔊 [pʀesi, -iz].

PRÉCISER, verbe trans. [3]
Déterminer de façon précise. – Apporter des précisions à ; rendre plus net, plus clair. 🔊 [pʀesize].

PRÉCISION, subst. f.
Caractère précis, exact de qqch. – Détail, information supplémentaire. 🔊 [pʀesizjõ].

PRÉCOCE, adj.
Mûr avant la saison. – Qui survient très tôt. – *Enfant* précoce : mûr pour son âge. 🔊 [pʀekɔs].

PRÉCOCITÉ, subst. f.
Caractère précoce. 🔊 [pʀekɔsite].

PRÉCONÇU, UE, adj.
Forgé à l'avance, sans réflexion personnelle : *Idée* préconçue. 🔊 [pʀekõsy].

PRÉCONISER, verbe trans. [3]
Recommander vivement. 🔊 [pʀekɔnize].

PRÉCURSEUR, adj. m. et subst. m.
Subst. Personne dont la pensée ou les œuvres sont en avance sur leur époque. – Adj. *Signe* précurseur : annonciateur, avant-coureur. 🔊 [pʀekyʀsœʀ].

PRÉDATEUR, TRICE, adj. et subst.
Qui se nourrit de proies. 🔊 [pʀedatœʀ, -tʀis].

PRÉDÉCESSEUR, subst. m.
Personne qui a précédé qqn dans une fonction, un domaine. 🔊 [pʀedesesœʀ].

PRÉDESTINATION, subst. f.
Détermination préalable du destin du monde, de l'homme. – Caractère fatal de certains événements. 🔊 [pʀedɛstinasjõ].

PRÉDESTINER, verbe trans. [3]
Vouer par avance à qqn. ɑ̃ [pʀedɛstine].

PRÉDÉTERMINER, verbe trans. [3]
Déterminer par avance. ɑ̃ [pʀedetɛʀmine].

PRÉDICATEUR, subst. m.
Celui qui prêche. ɑ̃ [pʀedikatœʀ].

PRÉDICATION, subst. f.
Action de prêcher ; son résultat. – Sermon.
ɑ̃ [pʀedikasjɔ̃].

PRÉDICTION, subst. f.
Action de prédire. – La chose qui est prédite.
ɑ̃ [pʀediksjɔ̃].

PRÉDILECTION, subst. f.
Vive préférence vouée à qqn, à qqch. – De
prédilection : favori. ɑ̃ [pʀedilɛksjɔ̃].

PRÉDIRE, verbe trans. [65]
Annoncer, dire à l'avance (ce qui devrait
arriver) ; prévoir. ɑ̃ [pʀediʀ].

PRÉDISPOSER, verbe trans. [3]
Placer dans une disposition qui favorise
l'accomplissement de qqch. ɑ̃ [pʀedispoze].

PRÉDISPOSITION, subst. f.
Aptitude naturelle. [pʀedispozisjɔ̃].

PRÉDOMINANCE, subst. f.
État, caractère de qqn, de qqch. qui prédo-
mine. ɑ̃ [pʀedominãs].

PRÉDOMINER, verbe intrans. [3]
Dominer nettement ; l'emporter en nombre,
en qualité, en importance. ɑ̃ [pʀedomine].

PRÉÉMINENCE, subst. f.
Supériorité absolue conférée par le rang, la
fonction ; suprématie. ɑ̃ [pʀeeminãs].

PRÉEMPTION, subst. f.
Acquisition prioritaire. ɑ̃ [pʀeãpsjɔ̃].

PRÉFABRIQUÉ, ÉE, adj. et subst. m.
Se dit d'un élément de construction façonné
en usine, prêt à être monté. – Maison
préfabriquée : bâtie avec ces éléments.
ɑ̃ [pʀefabʀike].

PRÉFACE, subst. f.
Texte de présentation placé au début d'un
ouvrage. ɑ̃ [pʀefas].

PRÉFECTORAL, ALE, AUX, adj.
Relatif au préfet. ɑ̃ [pʀefɛktɔʀal].

PRÉFECTURE, subst. f.
Charge, fonction de préfet. – Circonscription administrative d'un préfet. – Ensemble
des services de cette administration ; l'édifice qui l'abrite. – La ville où elle siège.
ɑ̃ [pʀefɛktyʀ].

PRÉFÉRABLE, adj.
Qui mérite d'être préféré. – Il est préférable
de : il vaut mieux. ɑ̃ [pʀefeʀabl].

PRÉFÉRENCE, subst. f.
Fait de préférer ; ce qui est préféré. – De
préférence (à) : plutôt (que). ɑ̃ [pʀefeʀãs].

PRÉFÉRENTIEL, IELLE, adj.
Qui accorde une préférence en faveur de
qqn : Prix préférentiel. ɑ̃ [pʀefeʀãsjɛl].

PRÉFÉRER, verbe trans. [8]
Aimer mieux : Elle préfère le thé au café.
ɑ̃ [pʀefeʀe].

PRÉFET, subst. m.
Représentant du gouvernement placé à la
tête d'un département ou d'une région.
– Haut fonctionnaire civil ou militaire :
Préfet de police, maritime. ɑ̃ [pʀefɛ].

PRÉFIGURER, verbe trans. [3]
Annoncer, être le signe de. ɑ̃ [pʀefigyʀe].

PRÉFIXE, subst. m.
Élément qui se place devant un mot pour
en former un autre. ɑ̃ [pʀefiks].

PRÉHENSION, subst. f.
Action de prendre, de saisir. ɑ̃ [pʀeãsjɔ̃].

PRÉHISTOIRE, subst. f.
Période de l'évolution de l'humanité antérieure à l'invention de l'écriture. – Science
qui étudie cette période. ɑ̃ [pʀeistwaʀ].

PRÉJUDICE, subst. m.
Tort, dommage causés. – Au préjudice de :
au désavantage de. ɑ̃ [pʀeʒydis].

PRÉJUDICIABLE, adj.
Qui porte préjudice. ɑ̃ [pʀeʒydisjabl].

PRÉJUGÉ, subst. m.
Parti pris, idée préconçue. ɑ̃ [pʀeʒyʒe].

PRÉJUGER, verbe trans. indir. [5]
Juger prématurément : Sans préjuger du
résultat. ɑ̃ [pʀeʒyʒe].

PRÉLASSER (SE), verbe pronom. [3]
S'abandonner à la paresse. ɑ̃ [pʀelase].

PRÉLAT, subst. m.
Haut dignitaire de l'Église catholique : cardinal, évêque, etc. ɑ̃ [pʀela].

PRÉLÈVEMENT, subst. m.
Action de prélever : Prélèvement sanguin,
bancaire. – Ce qui est prélevé. ɑ̃ [pʀelɛvmã].

PRÉLEVER, verbe trans. [10]
Prendre, retrancher (une partie d'un tout) :
Prélever un acompte. ɑ̃ [pʀel(ə)ve].

PRÉLIMINAIRE, adj. et subst. m. plur.
Adj. Qui précède : Enquête préliminaire.
– Subst. Actes qui préparent un événement :
Préliminaires de paix. ɑ̃ [pʀeliminɛʀ].

PRÉLUDE, subst. m.
Morceau musical servant gén. d'introduction. – Fig. Annonce, point de départ : Le
prélude d'une belle aventure. ɑ̃ [pʀelyd].

PRÉMATURÉ, ÉE, adj.
Adj. Qui a lieu ou qui est fait trop tôt. – Empl.
subst. Bébé né avant terme. ɑ̃ [pʀematyʀe].

PRÉMÉDITATION, subst. f.
Intention réfléchie d'accomplir un acte
(gén. mauvais) : Meurtre, crime avec préméditation. ɑ̃ [pʀemeditasjɔ̃].

PRÉMÉDITER, verbe trans. [3]
Préparer avec soin et calcul. – Préméditer
de (+ inf.) : projeter de. ɑ̃ [pʀemedite].

PRÉMICES, subst. f. plur.
Signes annonciateurs, débuts : Les prémices
du renouveau. ɑ̃ [pʀemis].

PREMIER, IÈRE, adj. et subst.
Adj. Qui précède tous les autres (dans le
temps, l'espace, ou par la valeur) : Premier
ministre, chef du gouvernement. – Voyager

361

en première *classe* : dans la classe la plus chère. – *Matières* premières : richesses naturelles. – *Nombres* premiers : qui ne se divisent que par eux-mêmes ou par l'unité. – Subst. masc. *Jeune* premier : jeune acteur jouant les rôles d'amoureux. – Subst. fém. Première fois qu'on réalise qqch. : *C'est une grande* première ! – Première représentation d'une pièce. – Classe du lycée précédant la terminale. – *En* premier : d'abord. 🐌 [pʀəmje, -jɛʀ].

PRÉMISSE, subst. f.
Chacune des deux premières propositions d'un syllogisme. 🐌 [pʀemis].

PRÉMOLAIRE, subst. f.
Dent située entre la canine et les molaires. 🐌 [pʀemɔlɛʀ].

PRÉMONITION, subst. f.
Pressentiment mystérieux d'un événement à venir. 🐌 [pʀemɔnisjɔ̃].

PRÉMUNIR, verbe trans. [19]
Protéger, préserver de (qqch.). 🐌 [pʀemyniʀ].

PRENANT, ANTE, adj.
Qui intéresse, captive. – Qui occupe l'esprit. – *Être partie* prenante : être concerné. 🐌 [pʀənɑ̃, -ɑ̃t].

PRENDRE, verbe [52]
Trans. Saisir. – Emporter, acheter. – Accueillir, recueillir. – S'adjoindre : Prendre *un associé.* – Consommer. – S'emparer de, arrêter : Prendre *un voleur.* – Emprunter ; utiliser : Prendre *une voiture.* – *À tout* prendre : tout compte fait. – Prendre *pour* : confondre avec. – Prendre *sur soi* : assumer. – Intrans. Suivre une direction : Prendre *à droite.* – Se figer : *La sauce a* pris. – Réussir (fam.) : *Ça ne* prend *pas avec moi !* – Pronom. S'accrocher. – *Se* prendre *à* : se mettre à. – *Se* prendre *pour* : se considérer comme. – *S'en* prendre *à* : attaquer. – *Savoir s'y* prendre : savoir comment procéder. 🐌 [pʀɑ̃dʀ].

PRENEUR, EUSE, subst.
Acquéreur. 🐌 [pʀənœʀ, -øz].

PRÉNOM, subst. m.
Nom qui précède le patronyme. 🐌 [pʀenɔ̃].

PRÉNOMMER, verbe trans. [3]
Donner (tel prénom) à. – Pronom. Avoir pour prénom. 🐌 [pʀenɔme].

PRÉNUPTIAL, ALE, AUX, adj.
Qui précède le mariage. 🐌 [pʀenypsjal].

PRÉOCCUPATION, subst. f.
Inquiétude, souci. 🐌 [pʀeɔkypasjɔ̃].

PRÉOCCUPER, verbe trans. [3]
Tourmenter, causer du souci à. – Pronom. S'inquiéter. 🐌 [pʀeɔkype].

PRÉPARATEUR, TRICE, subst.
Assistant d'un scientifique ou d'un pharmacien. 🐌 [pʀepaʀatœʀ, -tʀis].

PRÉPARATIF, subst. m.
Ce qu'on fait pour préparer qqch. (gén. au plur.). 🐌 [pʀepaʀatif].

PRÉPARATION, subst. f.
Action de préparer : Préparation *d'un plat, d'un examen.* – Son résultat. 🐌 [pʀepaʀasjɔ̃].

PRÉPARATOIRE, adj.
Qui prépare. – *Cours* préparatoire : première année du primaire. 🐌 [pʀepaʀatwaʀ].

PRÉPARER, verbe trans. [3]
Rendre propre à une utilisation. – Cuisiner : Préparer *un couscous.* – Organiser à l'avance : Préparer *ses vacances, sa retraite.* – Étudier pour mener à bien : Préparer *le bac.* – Aider (qqn) à affronter, à accepter qqch. – Annoncer, amener. – Pronom. Être imminent : *Une crise se* prépare. – S'habiller, se faire beau. 🐌 [pʀepaʀe].

PRÉPONDÉRANCE, subst. f.
Supériorité, primauté. 🐌 [pʀepɔ̃deʀɑ̃s].

PRÉPONDÉRANT, ANTE, adj.
Qui l'emporte en poids, en influence, en prestige. 🐌 [pʀepɔ̃deʀɑ̃, -ɑ̃t].

PRÉPOSÉ, ÉE, subst.
Personne affectée à une tâche d'exécution. – Empl. abs. Facteur. 🐌 [pʀepoze].

PRÉPOSITION, subst. f.
Petit mot invariable qui relie deux éléments d'une phrase. 🐌 [pʀepozisjɔ̃].

PRÉPUCE, subst. m.
Repli de peau qui protège le gland du pénis. 🐌 [pʀepys].

PRÉROGATIVE, subst. f.
Droit attaché exclusivement à une fonction. – Privilège. 🐌 [pʀeʀɔgativ].

PRÈS, adv.
Proche dans le temps ou dans l'espace. – Sur le point : *Être* près *d'arriver.* – *À peu* près : environ, presque. – *De* près : d'une courte distance ; au fig., attentivement. – *À cela* près *que* : cela excepté. 🐌 [pʀɛ].

PRÉSAGE, subst. m.
Signe censé annoncer l'avenir. 🐌 [pʀeza3].

PRÉSAGER, verbe trans. [5]
Être le présage de. – Prévoir. 🐌 [pʀeza3e].

PRESBYTE, adj. et subst.
Qui voit mal de près. 🐌 [pʀɛsbit].

PRESBYTÈRE, subst. m.
Maison du curé. 🐌 [pʀɛsbitɛʀ].

PRESCRIPTION, subst. f.
Action de prescrire. – Règle de conduite imposée. – Ordonnance médicale. – *Dr.* Délai au terme duquel une action judiciaire est définitivement close. 🐌 [pʀɛskʀipsjɔ̃].

PRESCRIRE, verbe trans. [67]
Recommander expressément ; ordonner, exiger. – Indiquer à un malade (le traitement à suivre). 🐌 [pʀɛskʀiʀ].

PRÉSÉANCE, subst. f.
Supériorité protocolaire. 🐌 [pʀeseɑ̃s].

PRÉSENCE, subst. f.
Fait d'être présent. – Forte personnalité sur scène, à l'écran. – Présence *d'esprit* : esprit d'à-propos. 🐌 [pʀezɑ̃s].

PRÉSENT (I), subst. m.
Le temps actuel (oppos. *passé* et *futur*).
– *Ling.* Temps de conjugaison qui exprime ce qui est actuel ou constant. – *À présent* : maintenant. 🔊 [prezã].

PRÉSENT (II), subst. m.
Cadeau, don (littér.). 🔊 [prezã].

PRÉSENT (III), ENTE, adj. et subst.
Qui est là : *Les personnes* **présentes** ou *les* **présents**. – Actuel : *Difficultés* **présentes**. – Dont il est question maintenant : *La* **présente** *lettre* ou *la* **présente**. – *Fig.* Attentif. 🔊 [prezã, -ãt].

PRÉSENTABLE, adj.
Qui peut se montrer sans crainte ; convenable. 🔊 [prezãtabl].

PRÉSENTATEUR, TRICE, subst.
Personne qui présente un spectacle, une émission télévisée. 🔊 [prezãtatœr, -tris].

PRÉSENTATION, subst. f.
Action, manière de présenter, de se présenter. – Aspect extérieur : *Une* **présentation** *soignée*. 🔊 [prezãtasjõ].

PRÉSENTER, verbe trans. [3]
Montrer : **Présenter** *ses papiers*. – Faire connaître à un public ; animer (un spectacle, une émission). – Formuler, adresser : **Présenter** *des excuses à qqn*. – Faire connaître qqn en le nommant. – Comporter. – *Pronom.* Apparaître. – Dire qui on est, donner son nom. – Se porter candidat. 🔊 [prezãte].

PRÉSENTOIR, subst. m.
Petit meuble servant à exposer des produits au public. 🔊 [prezãtwar].

PRÉSERVATIF, subst. m.
Contraceptif masculin, protégeant également des M.S.T. 🔊 [prezɛrvatif].

PRÉSERVATION, subst. f.
Action de préserver, de se préserver. – L'état qui en résulte. 🔊 [prezɛrvasjõ].

PRÉSERVER, verbe trans. [3]
Protéger d'un dommage. 🔊 [prezɛrve].

PRÉSIDENCE, subst. f.
Fonction de président ; sa durée. – Résidence du président. 🔊 [prezidãs].

PRÉSIDENT, ENTE, subst.
Personne qui préside une assemblée, une réunion. – **Président** *de la République* : chef de l'État. – **Président-directeur général** *(P.-D.G.)* : patron d'une entreprise, d'une société. 🔊 [prezidã, -ãt].

PRÉSIDENTIEL, IELLE, adj.
Relatif au président, à la présidence de la République. 🔊 [prezidãsjɛl].

PRÉSIDER, verbe trans. [3]
Exercer la présidence de. – **Présider** *à* : veiller à, organiser. 🔊 [prezide].

PRÉSOMPTION, subst. f.
Opinion fondée sur des indices et non sur des preuves ; supposition. – Prétention, suffisance. 🔊 [prezõpsjõ].

PRÉSOMPTUEUX, EUSE, adj.
Qui possède ou dénote une très haute opinion de soi-même. 🔊 [prezõptɥø, -øz].

PRESQUE, adv.
À peu près, quasi : *J'ai presque fini*. 🔊 Ne s'élide que dans *presqu'île* : [prɛsk].

PRESQU'ÎLE, subst. f.
Avancée de terre dans la mer, reliée au continent par un isthme. 🔊 [prɛskil].

PRESSANT, ANTE, adj.
Qui exerce une vive incitation, une pression insistante. – Urgent. 🔊 [presã, -ãt].

PRESS-BOOK, subst. m.
Album constitué à partir de coupures de presse, de photos concernant une personne, un produit. – *Plur.* **press-books** ; 🔊 [prɛsbuk].

PRESSE, subst. f.
Dispositif servant à comprimer. – Machine d'imprimerie. – Les journaux ou les journalistes. – Période de travail intense. 🔊 [prɛs].

PRESSÉ, ÉE, adj.
Qui a subi une pression : *Orange* **pressée**. – Qui doit se dépêcher. – Urgent. 🔊 [prese].

PRESSENTIMENT, subst. m.
Intuition plus ou moins nette d'un événement à venir. 🔊 [presãtimã].

PRESSENTIR, verbe trans. [23]
Prévoir intuitivement ; se douter de. – Sonder (qqn) sur ses intentions avant de lui confier un poste. 🔊 [presãtir].

PRESSE-PAPIERS, subst. m. inv.
Objet lourd qui empêche les papiers de s'envoler. 🔊 [prɛspapje].

PRESSER, verbe trans. [3]
Comprimer fortement : **Presser** *une orange*. – Appuyer sur : **Presser** *la sonnette*. – Harceler : **Presser** *de questions*. – Inciter vivement à : *On me* **presse** *de vendre*. – Accélérer, hâter. – *Empl. intrans.* Être urgent. – *Pronom.* Se tasser. – Se dépêcher : **Pressetoi !** 🔊 [prese].

PRESSING, subst. m.
Établissement où l'on fait nettoyer et repasser à la vapeur ses vêtements, son linge. 🔊 [presiŋ].

PRESSION, subst. f.
Action de presser. – Poussée, force, tension. – **Pression** *atmosphérique* : exercée par l'air en un point donné. – Forte insistance ; influence contraignante. 🔊 [presjõ].

PRESSOIR, subst. m.
Presse qui écrase des fruits ou des graines pour en extraire le jus ou l'huile. – Local où elle est installée. 🔊 [preswar].

PRESSURER, verbe trans. [3]
Écraser au pressoir. – Comprimer. – Exploiter ; accabler (d'impôts). 🔊 [presyre].

PRESSURISER, verbe trans. [3]
Maintenir (une enceinte) à une pression atmosphérique normale. 🔊 [presyrize].

PRESTANCE, subst. f.
Maintien élégant et fier. 🔊 [prestãs].

PRESTATAIRE, subst.
Fournisseur de services. – Bénéficiaire d'une prestation sociale. 🔒 [pʀɛstatɛʀ].

PRESTATION, subst. f.
Action de vendre un service ; ce service. – Allocation (gén. au plur.) : **Prestations sociales**. – Fait de se produire en public, pour un artiste, un sportif (empl. critiqué). 🔒 [pʀɛstasjɔ̃].

PRESTE, adj.
Vif et agile. 🔒 [pʀɛst].

PRESTIDIGITATEUR, TRICE, subst.
Personne qui pratique l'art de la prestidigitation. 🔒 [pʀɛstidiʒitatœʀ, -tʀis].

PRESTIDIGITATION, subst. f.
Art de faire apparaître ou disparaître des objets grâce à l'agilité de ses doigts ; illusionnisme. 🔒 [pʀɛstidiʒitasjɔ̃].

PRESTIGE, subst. m.
Attrait, influence qui suscitent l'admiration : *Le prestige d'un champion*. 🔒 [pʀɛstiʒ].

PRESTIGIEUX, IEUSE, adj.
Qui a du prestige. 🔒 [pʀɛstiʒjø, -jøz].

PRÉSUMER, verbe trans. [3]
Supposer d'après certains indices. – Présumer *de* : surestimer. 🔒 [pʀezyme].

PRÊT (I), subst. m.
Action de prêter. – Ce qui est prêté. 🔒 [pʀɛ].

PRÊT (II), PRÊTE, adj.
Dont on peut disposer immédiatement. – Prêt *à* : préparé, disposé à ; sur le point de. 🔒 [pʀɛ, pʀɛt].

PRÊT-À-PORTER, subst. m.
Ensemble des vêtements confectionnés en série. 🔒 Plur. *prêts-à-porter* ; [pʀɛtapɔʀte].

PRÉTENDANT, ANTE, subst.
Personne qui brigue un poste, une dignité. – Masc. Celui qui aspire à épouser une femme (vieilli). 🔒 [pʀetɑ̃dɑ̃, -ɑ̃t].

PRÉTENDRE, verbe trans. [51]
Être persuadé de ; affirmer. – Avoir la ferme intention de : *Il prétend réussir*. – Prétendre *à* : aspirer à. 🔒 [pʀetɑ̃dʀ].

PRÉTENDU, UE, adj.
Qui passe pour ce qu'il n'est pas. – Supposé. 🔒 [pʀetɑ̃dy].

PRÉTENTIEUX, IEUSE, adj. et subst.
Qui s'attribue des mérites excessifs. – Adj. Qui dénote la prétention. 🔒 [pʀetɑ̃sjø, -jøz].

PRÉTENTION, subst. f.
Exigence, revendication ; au plur., salaire demandé. – Visée ambitieuse. – Défaut du prétentieux. 🔒 [pʀetɑ̃sjɔ̃].

PRÊTER, verbe trans. [3]
Remettre à qqn (qqch. qui devra être restitué). – Imputer, attribuer. – Prêter *l'oreille* : écouter attentivement. – Prêter *à* : donner lieu à. – Pronom. Consentir : Se prêter *au jeu*. – Être approprié. 🔒 [pʀete].

PRÉTEXTE, subst. m.
Raison fallacieuse invoquée pour se justifier ou échapper à qqch. 🔒 [pʀetɛkst].

PRÉTEXTER, verbe trans. [3]
Utiliser comme prétexte. 🔒 [pʀetɛkste].

PRÉTOIRE, subst. m.
Salle d'audience d'un tribunal. 🔒 [pʀetwaʀ].

PRÊTRE, subst. m.
Ministre d'un culte (fém. *prêtresse*). – Ecclésiastique catholique qui a reçu le sacrement de l'ordre. 🔒 [pʀɛtʀ].

PRÊTRISE, subst. f.
Fonction, dignité de prêtre. 🔒 [pʀetʀiz].

PREUVE, subst. f.
Ce qui établit de manière irréfutable qu'une chose est vraie. – Signe, geste qui attestent une disposition. 🔒 [pʀœv].

PREUX, adj. m. et subst. m.
Qui est vaillant et brave. 🔒 [pʀø].

PRÉVALOIR, verbe intrans. [45]
L'emporter sur ; s'imposer. – Pronom. Se prévaloir *de* : tirer vanité de. 🔒 [pʀevalwaʀ].

PRÉVARICATION, subst. f.
Détournement de fonds publics commis par un fonctionnaire. 🔒 [pʀevaʀikasjɔ̃].

PRÉVENANCE, subst. f.
Comportement attentionné qui consiste à prévenir les désirs d'autrui. 🔒 [pʀev(ə)nɑ̃s].

PRÉVENANT, ANTE, adj.
Qui fait preuve de prévenance, de sollicitude. 🔒 [pʀev(ə)nɑ̃, -ɑ̃t].

PRÉVENIR, verbe trans. [22]
Informer ; avertir. – Éviter (un mal) par des mesures prudentes. – Prévenir *le désir de qqn* : le satisfaire avant qu'il soit exprimé. – *On m'a prévenu contre vous* : on m'a influencé en votre défaveur. 🔒 [pʀev(ə)niʀ].

PRÉVENTIF, IVE, adj.
Qui a pour but de prévenir un danger : *Médecine préventive*. – Qui concerne les prévenus. 🔒 [pʀevɑ̃tif, -iv].

PRÉVENTION, subst. f.
Ensemble des mesures prises pour prévenir un mal, un risque. – Jugement préconçu. – Détention d'un prévenu. 🔒 [pʀevɑ̃sjɔ̃].

PRÉVENU, UE, subst.
Personne qui doit répondre d'un délit devant la justice. 🔒 [pʀev(ə)ny].

PRÉVISIBLE, adj.
Que l'on peut raisonnablement prévoir : *Un succès prévisible*. 🔒 [pʀevizibl].

PRÉVISION, subst. f.
Action de prévoir. – Chose prévue (gén. au plur.). 🔒 [pʀevizjɔ̃].

PRÉVOIR, verbe trans. [36]
Estimer probable ; deviner. – Envisager. – Organiser à l'avance. 🔒 [pʀevwaʀ].

PRÉVÔT, subst. m.
Magistrat, officier sous l'Ancien Régime : *Prévôt de la marine*. 🔒 [pʀevo].

PRÉVOYANCE, subst. f.
Attitude raisonnable qui consiste à préparer l'avenir ; prudence. 🔒 [pʀevwajɑ̃s].

PRÉVOYANT, ANTE, adj.
Plein de prévoyance. 🔒 [pʀevwajɑ̃, -ɑ̃t].

PRIE-DIEU, subst. m. inv.
Chaise basse sur laquelle on s'agenouille pour prier. ➙ [pʀidjø].

PRIER, verbe trans. [6]
S'adresser par la prière à (Dieu, un saint).
– Demander avec insistance, politesse, ou sévérité : *Je vous prie de sortir.* ➙ [pʀije].

PRIÈRE, subst. f.
Fait de prier Dieu. – Texte que l'on récite à cette occasion. – Demande insistante. ➙ [pʀijɛʀ].

PRIEUR, EURE, subst.
Supérieur d'une communauté religieuse : *La cellule du prieur.* ➙ [pʀijœʀ].

PRIEURÉ, subst. m.
Communauté monastique dirigée par un prieur, une prieure. ➙ [pʀijœʀe].

PRIMAIRE, adj. et subst. m.
Se dit de l'enseignement du premier degré (entre maternelle et collège). – Se dit du secteur économique concernant la production de matières premières. – Se dit de l'ère géologique qui précède le secondaire. – Adj. Grossier, simpliste. – Fondamental, original. ➙ [pʀimɛʀ].

PRIMAT, subst. m.
Titre honorifique d'un archevêque, dont le siège était autrefois prééminent. ➙ [pʀima].

PRIMATE, subst. m.
Mammifère supérieur à main préhensile, dont les petits naissent formés. – Plur. L'ordre correspondant. ➙ [pʀimat].

PRIMAUTÉ, subst. f.
État, caractère de ce qui occupe le premier rang ; supériorité. ➙ [pʀimote].

PRIME, subst. f.
Somme due par l'assuré à son assureur.
– Somme d'argent versée à titre de gratification. – Cadeau commercial. ➙ [pʀim].

PRIMER (I), verbe trans. [3]
Passer avant, l'emporter sur : *L'indignation prime (sur) la peur.* ➙ [pʀime].

PRIMER (II), verbe trans. [3]
Récompenser d'un prix. ➙ [pʀime].

PRIMESAUTIER, IÈRE, adj.
Spontané ; vif et franc. ➙ [pʀimsotje, -jɛʀ].

PRIMEUR, subst. f.
Avoir la primeur d'une nouvelle : en être le premier informé. – Plur. Fruits ou légumes mûrs avant la saison normale. ➙ [pʀimœʀ].

PRIMEVÈRE, subst. f.
Petite plante vivace printanière aux fleurs de couleurs vives et variées. ➙ [pʀimvɛʀ].

PRIMITIF, IVE, adj.
Qui est au premier stade de son évolution.
– Qui se présente tel qu'en son état d'origine. – Peu élaboré. ➙ [pʀimitif, -iv].

PRIMO, adv.
D'abord, en premier lieu. ➙ [pʀimo].

PRIMORDIAL, ALE, AUX, adj.
De première importance. ➙ [pʀimɔʀdjal].

PRINCE, PRINCESSE, subst.
Masc. Celui qui règne ou appartient à une famille régnante ; plus haut titre de noblesse. – Fém. Fille ou femme d'un prince ; fille d'un souverain. ➙ [pʀɛ̃s, pʀɛ̃sɛs].

PRINCIER, IÈRE, adj.
Qui appartient au prince. – Digne d'un prince, fastueux. ➙ [pʀɛ̃sje, -jɛʀ].

PRINCIPAL, ALE, AUX, adj. et subst.
Adj. Qui est le plus important. – Ling. *Proposition principale* : dont les autres dépendent (oppos. *subordonnée*). – Subst. Directeur d'un collège. – Subst. masc. Chose **principale**, essentielle. ➙ [pʀɛ̃sipal].

PRINCIPAUTÉ, subst. f.
Petit État indépendant gouverné par un prince. ➙ [pʀɛ̃sipote].

PRINCIPE, subst. m.
Cause, fondement. – Loi générale non démontrée mais vérifiée par l'expérience.
– Concept fondamental d'une science, d'une discipline. – Règle morale sur laquelle on fonde sa conduite. – *En principe* : théoriquement. ➙ [pʀɛ̃sip].

PRINTANIER, IÈRE, adj.
Du printemps. – Qui évoque le printemps : *Une robe printanière.* ➙ [pʀɛ̃tanje, -jɛʀ].

PRINTEMPS, subst. m.
La première des quatre saisons, celle où la végétation s'éveille. ➙ [pʀɛ̃tɑ̃].

PRIORITAIRE, adj.
Qui a la priorité. – *Route prioritaire* : où l'on a la priorité. ➙ [pʀijɔʀitɛʀ].

PRIORITÉ, subst. f.
Caractère de ce qui vient, de ce qui passe en premier. – Chose prioritaire. – Droit de passer devant les autres. ➙ [pʀijɔʀite].

PRIS, PRISE, adj. et subst. f.
Adj. Occupé (oppos. *libre*). – Qui a beaucoup à faire. – *Avoir le nez* '**pris** : être enrhumé. – Subst. Action de saisir avec la main ; point d'appui : *Lâcher* **prise**, cesser de tenir ; au fig., abandonner. – Action de prendre, de s'emparer de qqn ou qqch. ; ce qui est pris. – *Avoir* **prise** *sur* : avoir de l'influence sur. – **Prise** *de vues* : action de filmer. – **Prise** *de courant* : dispositif de branchement électrique. – **Prise** *de sang* : prélèvement sanguin. – **Prise** *de conscience* : compréhension soudaine (d'une réalité, d'un problème). ➙ [pʀi, pʀiz].

PRISER, verbe trans. [3]
Apprécier, estimer (littér.). ➙ [pʀize].

PRISME, subst. m.
Solide ayant deux bases égales et parallèles, et dont les côtés sont des parallélogrammes. ➙ [pʀism].

PRISON, subst. f.
Lieu où l'on enferme les prévenus ou les condamnés. – Peine d'emprisonnement.
– Fig. Ce qui évoque une **prison**. ➙ [pʀizɔ̃].

PRISONNIER, IÈRE, adj. et subst.
Se dit d'une personne détenue en prison ou privée de liberté. 🔊 [pʀizɔnje, -jɛʀ].

PRIVATIF, IVE, adj.
Qui prive. – *Préfixe* privatif : qui marque la négation. – *Jardin* privatif : dont on a la jouissance exclusive. 🔊 [pʀivatif, -iv].

PRIVATION, subst. f.
Fait d'être privé ou de se priver. – Plur. Manque de ce qui est nécessaire, en partic. de nourriture. 🔊 [pʀivasjɔ̃].

PRIVATISER, verbe trans. [3]
Transférer au secteur privé (ce qui était géré par l'État). 🔊 [pʀivatize].

PRIVAUTÉ, subst. f.
Familiarité (gén. au plur.). 🔊 [pʀivote].

PRIVÉ, ÉE, adj. et subst. m.
Adj. Intime. – Dont le public est sélectionné. – Interdit au public. – *Écon.* Qui ne relève pas de l'État. – Subst. *Écon.* Le secteur privé. – Détective. – *En privé* : sans témoin. 🔊 [pʀive].

PRIVER, verbe trans. [3]
Empêcher (qqn) de posséder qqch. ou d'en jouir. – Pronom. S'imposer des privations. 🔊 [pʀive].

PRIVILÈGE, subst. m.
Droit, avantage exclusifs. 🔊 [pʀivilɛʒ].

PRIVILÉGIER, verbe trans. [6]
Accorder un privilège à. – Favoriser ; donner plus d'importance à. 🔊 [pʀivileʒje].

PRIX, subst. m.
Valeur fixée en monnaie d'un objet, d'un service. – Effort, sacrifice consentis pour obtenir qqch. – *À tout prix* : coûte que coûte. – Récompense honorifique. 🔊 [pʀi].

PROBABILITÉ, subst. f.
Caractère de ce qui est probable. – Hypothèse vraisemblable. 🔊 [pʀɔbabilite].

PROBABLE, adj.
Qui n'est pas certain, mais a des chances de se produire. 🔊 [pʀɔbabl].

PROBATOIRE, adj.
Examen probatoire : destiné à vérifier qu'un élève a bien le niveau requis. 🔊 [pʀɔbatwaʀ].

PROBITÉ, subst. f.
Qualité morale d'une personne intègre et juste. 🔊 [pʀɔbite].

PROBLÉMATIQUE, adj. et subst. f.
Adj. Qui pose des problèmes. – Incertain, douteux. – Subst. Ensemble des questions que soulève un sujet. 🔊 [pʀɔblematik].

PROBLÈME, subst. m.
Question, difficulté auxquelles il faut apporter une solution. – Exercice scolaire de géométrie, d'algèbre. 🔊 [pʀɔblɛm].

PROCÉDÉ, subst. m.
Manière d'agir pour obtenir un résultat. – Méthode. 🔊 [pʀɔsede].

PROCÉDER, verbe [8]
Intrans. Agir selon une méthode. – Trans. indir. **Procéder** *à* : exécuter (une tâche)

point par point. – **Procéder** *de* : découler, émaner de. 🔊 [pʀɔsede].

PROCÉDURE, subst. f.
Marche à suivre pour aboutir à qqch. – Ensemble des règles à observer pour agir en justice. 🔊 [pʀɔsedyʀ].

PROCÈS, subst. m.
Action en justice. – *Faire le* **procès** *de* : critiquer sévèrement. 🔊 [pʀɔsɛ].

PROCESSION, subst. f.
Cortège religieux. – Longue file de personnes. 🔊 [pʀɔsesjɔ̃].

PROCESSUS, subst. m.
Ensemble de faits ou de phénomènes successifs. – Déroulement d'une opération. 🔊 [pʀɔsesys].

PROCÈS-VERBAL, AUX, subst. m.
Acte de procédure constatant un fait, une infraction (abrév. *P.-V.*). – Compte rendu officiel. 🔊 [pʀɔsɛvɛʀbal].

PROCHAIN, AINE, adj. et subst. m.
Adj. Qui vient après, qui suit : *Lundi* **prochain** ; *Prochain* **arrêt**. – Plus ou moins proche. – Subst. Autrui. 🔊 [pʀɔʃɛ̃, -ɛn].

PROCHE, adj. et subst. m.
Adj. Qui n'est pas loin, dans l'espace ou dans le temps. – Uni par une relation affective. – Guère différent. – Subst. Ami intime ; membre de l'entourage. 🔊 [pʀɔʃ].

PROCLAMATION, subst. f.
Action de proclamer. – Discours, publication qui énoncent ce qui est proclamé. 🔊 [pʀɔklamasjɔ̃].

PROCLAMER, verbe trans. [3]
Reconnaître solennellement par un acte officiel. – Annoncer avec force, en public : **Proclamer** *son innocence.* 🔊 [pʀɔklame].

PROCRÉATION, subst. f.
Action de procréer. 🔊 [pʀɔkʀeasjɔ̃].

PROCRÉER, verbe trans. [7]
Engendrer, en parlant de l'homme ou de la femme. 🔊 [pʀɔkʀee].

PROCURATION, subst. f.
Écrit par lequel une personne donne pouvoir à une autre d'agir en son nom : *Bon pour* procuration. 🔊 [pʀɔkyʀasjɔ̃].

PROCURER, verbe trans. [3]
Fournir, faire obtenir. – Occasionner, apporter. 🔊 [pʀɔkyʀe].

PROCUREUR, subst. m.
Magistrat représentant le ministère public, chargé de l'accusation et du réquisitoire : *Procureur de la République.* 🔊 [pʀɔkyʀœʀ].

PRODIGALITÉ, subst. f.
Caractère d'une personne prodigue. – Largesse. – Dépense excessive (gén. au plur.). 🔊 [pʀɔdigalite].

PRODIGE, subst. m.
Événement extraordinaire, dont l'origine semble magique ou surnaturelle. – Individu au talent hors du commun. 🔊 [pʀɔdiʒ].

PRODIGIEUX, IEUSE, adj.
Qui relève du prodige. – Étonnant, remarquable. 🕮 [pʀɔdiʒjø, -jøz].

PRODIGUE, adj. et subst.
Qui dilapide son argent. – Qui donne sans compter. 🕮 [pʀɔdig].

PRODIGUER, verbe trans. [3]
Dépenser avec largesse. – Distribuer à l'excès. 🕮 [pʀɔdige].

PRODUCTEUR, TRICE, adj. et subst.
Qui produit : *Les pays producteurs de riz.* – *Producteur de cinéma* : qui finance et commercialise un film. 🕮 [pʀɔdyktœʀ, -tʀis].

PRODUCTIF, IVE, adj.
Qui produit qqch. ; fertile. – Dont le rendement est élevé. 🕮 [pʀɔdyktif, -iv].

PRODUCTION, subst. f.
Action de produire. – L'ensemble de ce qui est produit. – Film, émission. 🕮 [pʀɔdyksjɔ̃].

PRODUCTIVITÉ, subst. f.
Aptitude à produire. – Rapport entre la production obtenue et les moyens mis en œuvre pour y parvenir. 🕮 [pʀɔdyktivite].

PRODUIRE, verbe trans. [69]
Faire naître ; fabriquer. – Provoquer, entraîner. – Montrer, présenter pour prouver : *Produire une attestation.* – Financer (un film, une émission). – Pronom. Donner une représentation, pour un artiste. – Survenir, pour un événement. 🕮 [pʀɔdɥiʀ].

PRODUIT, subst. m.
Ce qui est tiré de la terre ou obtenu par un travail. – Ce qui est fabriqué ; article. – Bénéfice, recette. – Résultat d'une multiplication. 🕮 [pʀɔdɥi].

PROÉMINENT, ENTE, adj.
Qui forme une saillie, une protubérance. 🕮 [pʀɔeminã, -ãt].

PROFANATEUR, TRICE, adj. et subst.
Qui profane. 🕮 [pʀɔfanatœʀ, -tʀis].

PROFANATION, subst. f.
Action de profaner. – Sacrilège ; violation : *Profanation de sépulture.* 🕮 [pʀɔfanasjɔ̃].

PROFANE, adj. et subst.
Qui n'appartient pas au domaine religieux ou sacré. – Qui n'est pas initié ; ignorant. 🕮 [pʀɔfan].

PROFANER, verbe trans. [3]
Violer le caractère sacré de. – Dégrader, avilir (littér.). 🕮 [pʀɔfane].

PROFÉRER, verbe trans. [8]
Dire à voix haute. – Prononcer avec force : *Proférer des menaces.* 🕮 [pʀɔfeʀe].

PROFESSER, verbe trans. [3]
Déclarer en public. – Enseigner (souv. empl. intrans.). 🕮 [pʀɔfese].

PROFESSEUR, subst. m.
Personne qui enseigne une matière, une discipline. 🕮 [pʀɔfesœʀ].

PROFESSION, subst. f.
Déclaration publique : *Une profession de foi.* – Activité dont on tire ses revenus, métier. 🕮 [pʀɔfesjɔ̃].

PROFESSIONNEL, ELLE, adj. et subst.
Adj. Relatif à une profession. – Qui n'est pas amateur. – Subst. Personne dont l'activité est rétribuée. – Personne dont l'expérience fait autorité. 🕮 [pʀɔfesjɔnɛl].

PROFESSORAT, subst. m.
Fonction de professeur. 🕮 [pʀɔfesɔʀa].

PROFIL, subst. m.
Visage vu de côté. – Silhouette latérale de qqch. – Configuration générale de qqch. – Caractère ou parcours professionnel de qqn, le rendant apte à exercer une activité. 🕮 [pʀɔfil].

PROFILER (SE), verbe pronom. [3]
Se détacher en silhouette, montrer ses contours. – S'annoncer. 🕮 [pʀɔfile].

PROFIT, subst. m.
Avantage financier retiré d'une vente, d'un placement. – Bénéfice moral, intellectuel. 🕮 [pʀɔfi].

PROFITABLE, adj.
Dont on tire avantage ; utile. 🕮 [pʀɔfitabl].

PROFITER, verbe trans. indir. [3]
Profiter de : tirer un bénéfice de ; utiliser avantageusement. – *Profiter à* : être utile, procurer un profit à. 🕮 [pʀɔfite].

PROFITEROLE, subst. f.
Chou garni de glace à la vanille et arrosé de chocolat chaud. 🕮 [pʀɔfitʀɔl].

PROFITEUR, EUSE, subst.
Personne qui réalise des profits aux dépens d'autrui. 🕮 [pʀɔfitœʀ, -øz].

PROFOND, ONDE, adj.
Dont le fond est bas, par rapport au bord, à la surface. – Qui s'enfonce, pénètre loin. – Très intense. – *Un esprit profond* : aigu, pénétrant. 🕮 [pʀɔfɔ̃, -ɔ̃d].

PROFONDEUR, subst. f.
Caractère de ce qui est profond. – Dimension d'une chose, mesurée de haut en bas ou du bord à son point le plus éloigné. – Intensité. – Acuité, ampleur de l'esprit, des sentiments. 🕮 [pʀɔfɔ̃dœʀ].

PROFUSION, subst. f.
Grande quantité. 🕮 [pʀɔfyzjɔ̃].

PROGÉNITURE, subst. f.
Les enfants, les êtres engendrés par un humain ou un animal. 🕮 [pʀɔʒenityʀ].

PROGNATHE, adj. et subst.
Se dit d'un être humain dont les mâchoires avancent en saillie. 🕮 [pʀɔgnat].

PROGRAMMATION, subst. f.
Action de programmer. 🕮 [pʀɔgʀamasjɔ̃].

PROGRAMME, subst. m.
Ce qu'il est prévu d'étudier au cours d'un cycle scolaire. – Liste des émissions de télévision, des spectacles à venir ; descriptif d'une représentation. – Déclaration des intentions d'un candidat, d'un parti. – Projet structuré. – Ensemble d'instructions en langage informatique permettant à un ordinateur d'exécuter une tâche. 🕮 [pʀɔgʀam].

PROGRAMMER, verbe trans. [3]
Inclure dans un programme de cinéma, de théâtre, etc. – Déterminer les tâches (d'un ordinateur). – Prévoir. 🔊 [pʁɔgʁame].

PROGRÈS, subst. m.
Fait de gagner du terrain, de se développer. – Amélioration, perfectionnement. – Évolution de l'humanité, considérée dans ses aspects positifs. 🔊 [pʁɔgʁɛ].

PROGRESSER, verbe intrans. [3]
Avancer. – Se propager, s'étendre. – Améliorer ses connaissances, ses performances. – Se rapprocher d'un idéal. 🔊 [pʁɔgʁese].

PROGRESSIF, IVE, adj.
Qui progresse, se développe. – Qui évolue par degrés, peu à peu. 🔊 [pʁɔgʁesif, -iv].

PROGRESSION, subst. f.
Action, fait de progresser. 🔊 [pʁɔgʁesjɔ̃].

PROGRESSISTE, adj. et subst.
Qui est partisan de profondes réformes, sociales notamment. 🔊 [pʁɔgʁesist].

PROHIBÉ, ÉE, adj.
Qui est interdit par la loi. 🔊 [pʁɔibe].

PROHIBITIF, IVE, adj.
Qui interdit. – *Prix prohibitifs* : si élevés qu'ils dissuadent l'acheteur. 🔊 [pʁɔibitif, -iv].

PROHIBITION, subst. f.
Défense légale. – Période (entre 1919 et 1933) où les États-Unis interdirent l'alcool. 🔊 [pʁɔibisjɔ̃].

PROIE, subst. f.
Être vivant capturé pour être dévoré : *Oiseau de proie*, qui tue les animaux dont il se nourrit. – Ce dont on s'empare par la force. – *En proie à* : tourmenté par. 🔊 [pʁwa].

PROJECTEUR, subst. m.
Appareil orientable qui émet une lumière intense. – Appareil qui sert à projeter des images sur un écran. 🔊 [pʁɔʒɛktœʁ].

PROJECTILE, subst. m.
Corps lancé pour atteindre une cible ; balle, obus. 🔊 [pʁɔʒɛktil].

PROJECTION, subst. f.
Action de lancer, de jeter ; ce qui est projeté. – Action de projeter des images sur un écran ; ces images. – Représentation d'un volume sur une surface plane. 🔊 [pʁɔʒɛksjɔ̃].

PROJET, subst. m.
Ce qu'on a l'intention de faire. – Ébauche, travail préparatoire. 🔊 [pʁɔʒɛ].

PROJETER, verbe trans. [14]
Jeter avec force. – Faire apparaître sur un écran. – *Projeter de* : avoir comme dessein, comme projet. 🔊 [pʁɔʒ(ə)te].

PROLÉTAIRE, subst.
Travailleur manuel qui n'a que son salaire, gén. modeste, pour vivre. 🔊 [pʁɔletɛʁ].

PROLÉTARIAT, subst. m.
Classe sociale formée par l'ensemble des prolétaires. 🔊 [pʁɔletaʁja].

PROLIFÉRATION, subst. f.
Fait de proliférer. 🔊 [pʁɔlifeʁasjɔ̃].

PROLIFÉRER, verbe intrans. [8]
Se reproduire, en parlant de cellules. – Fig. Se multiplier en grand nombre et en un temps bref. 🔊 [pʁɔlifeʁe].

PROLIFIQUE, adj.
Très fécond. – *Un écrivain* **prolifique** : à la production abondante. 🔊 [pʁɔlifik].

PROLIXE, adj.
Qui discourt trop longtemps. – *Style prolixe* : abondant ; délayé, verbeux. 🔊 [pʁɔliks].

PROLOGUE, subst. m.
Introduction d'une œuvre. – Fig. Prélude. 🔊 [pʁɔlɔg].

PROLONGATION, subst. f.
Accroissement d'une durée. – Temps ajouté au temps normal. 🔊 [pʁɔlɔ̃gasjɔ̃].

PROLONGEMENT, subst. m.
Augmentation d'une longueur. – Fig. Suite, répercussion. 🔊 [pʁɔlɔ̃ʒmɑ̃].

PROLONGER, verbe trans. [5]
Augmenter, accroître la durée ou la longueur de. 🔊 [pʁɔlɔ̃ʒe].

PROMENADE, subst. f.
Action de se promener. – Espace aménagé pour se promener. 🔊 [pʁɔm(ə)nad].

PROMENER, verbe trans. [10]
Faire sortir pour le plaisir. – *Envoyer* **promener** : repousser brutalement (fam.). – Fig. Déplacer : **Promener** *son regard sur la foule*. – Pronom. Se déplacer (gén. à pied) par plaisir. 🔊 [pʁɔm(ə)ne].

PROMENEUR, EUSE, subst.
Celui qui se promène. 🔊 [pʁɔm(ə)nœʁ, -øz].

PROMESSE, subst. f.
Action de promettre : *Tenir ses* **promesses**, les réaliser. – Ce qui donne des espérances (littér. et gén. au plur.) : *Situation pleine de* **promesses**. 🔊 [pʁɔmɛs].

PROMETTRE, verbe trans. [60]
S'engager solennellement à. – Assurer, prédire. – Laisser espérer : *Ne* **promettre** *rien de bon*. – Pronom. Se jurer. 🔊 [pʁɔmɛtʁ].

PROMIS, ISE, adj.
Qui a fait l'objet d'une promesse. – *Terre promise* : destinée par Dieu aux Hébreux. 🔊 [pʁɔmi, -iz].

PROMISCUITÉ, subst. f.
Voisinage envahissant, qui nuit à l'intimité. 🔊 [pʁɔmiskɥite].

PROMONTOIRE, subst. m.
Cap élevé s'avançant au-dessus de la mer. 🔊 [pʁɔmɔ̃twaʁ].

PROMOTEUR, TRICE, subst.
Homme d'affaires qui finance des constructions immobilières. – Personne qui est à l'origine de qqch. : *Promoteur* **d'une cause humanitaire**. 🔊 [pʁɔmɔtœʁ, -tʁis].

PROMOTION, subst. f.
Nomination de qqn à un emploi supérieur. – Ensemble de gens promus ensemble, ou admis la même année dans une grande école. – Développement des ventes par la

publicité ou la baisse des prix : *Article en* **promotion**, proposé à un prix attractif. – Activité du promoteur. – *Favoriser l'essor de* :

PROMOUVOIR, verbe trans. [49]
Nommer à un grade plus élevé. – Faire la promotion de. – *Favoriser l'essor de* : **Promouvoir** *une politique.* 📓 [pʀomuvwaʀ].

PROMPT, PROMPTE, adj.
Littér. Rapide. – Vif d'esprit : **Prompt** *à comprendre.* 📓 [pʀɔ̃(pt), pʀɔ̃(p)t].

PROMPTITUDE, subst. f.
Rapidité ; vivacité (littér.). 📓 [pʀɔ̃(p)tityd].

PROMULGATION, subst. f.
Action de promulguer. 📓 [pʀomylgasjɔ̃].

PROMULGUER, verbe trans. [3]
Publier officiellement. 📓 [pʀomylge].

PRÔNER, verbe trans. [3]
Prêcher, vanter : **Prôner** *une réconciliation, les vertus d'un produit.* 📓 [pʀone].

PRONOM, subst. m.
Ling. Mot qui représente dans une phrase un nom déjà cité. 📓 [pʀɔnɔ̃].

PRONOMINAL, ALE, AUX, adj.
Relatif au pronom. – *Verbe* **pronominal** : conjugué avec deux pronoms de la même personne (ex. : *Il se promène* ; *Nous nous enfuyons*). 📓 [pʀɔnɔminal].

PRONONCER, verbe trans. [4]
Articuler. – Dire, lire. – Rendre, déclarer : **Prononcer** *un arrêt.* – Pronom. Prendre une décision, donner un avis. 📓 [pʀɔnɔ̃se].

PRONONCIATION, subst. f.
Manière d'articuler, de prononcer les mots, les sons. 📓 [pʀɔnɔ̃sjasjɔ̃].

PRONOSTIC, subst. m.
Prévision, estimation. 📓 [pʀɔnɔstik].

PRONOSTIQUER, verbe trans. [3]
Prévoir, annoncer : **Pronostiquer** *la victoire d'un cheval.* 📓 [pʀɔnɔstike].

PROPAGANDE, subst. f.
Action psychologique exercée sur l'opinion pour l'amener à soutenir une politique : *La* **propagande** *nazie.* 📓 [pʀopagɑ̃d].

PROPAGATION, subst. f.
Extension, développement. – *Phys.* Déplacement d'énergie : **Propagation** *de la lumière.* 📓 [pʀopagasjɔ̃].

PROPAGER, verbe trans. [5]
Répandre partout. – Pronom. S'étendre : *L'incendie se* **propage.** 📓 [pʀopaʒe].

PROPANE, subst. m.
Gaz combustible. 📓 [pʀopan].

PROPENSION, subst. f.
Tendance, penchant (littér.) : **Propension** *à la médisance.* 📓 [pʀopɑ̃sjɔ̃].

PROPHÈTE, ÉTESSE, subst.
Personne qui prétend prédire l'avenir par inspiration divine : *Le* **Prophète**, *Mahomet.* 📓 [pʀɔfɛt, -etɛs].

PROPHÉTIE, subst. f.
Prédiction, oracle. 📓 [pʀɔfesi].

PROPICE, adj.
Favorable : *Lieu* **propice** *à la méditation* ; *Choisir le moment* **propice.** 📓 [pʀɔpis].

PROPORTION, subst. f.
Rapport entre les parties d'un tout, ou entre plusieurs objets. – Plur. Dimensions, importance : *L'affaire a pris d'énormes* **proportions.** – *En* **proportion** *de* : par rapport à. 📓 [pʀɔpɔʀsjɔ̃].

PROPORTIONNEL, ELLE, adj.
Qui est en proportion : *Grandeurs* **proportionnelles.** – Empl. subst. fém. *Pol.* Type de scrutin où le nombre d'élus de chaque parti est fixé en proportion des suffrages obtenus. 📓 [pʀɔpɔʀsjɔnɛl].

PROPORTIONNER, verbe trans. [3]
Établir des rapports égaux entre (plusieurs choses). – *Bien* **proportionné** : harmonieux. 📓 [pʀɔpɔʀsjɔne].

PROPOS, subst. m.
Paroles échangées (gén. au plur.) : *Des* **propos** *aimables.* – But, intention (littér.). – *À* **propos** : opportunément ; au fait (fam.). – *À* **propos** *de* : au sujet de. – *À tout* **propos** : constamment. 📓 [pʀopo].

PROPOSER, verbe trans. [3]
Offrir, présenter. – Pronom. Avoir l'intention (de). – S'offrir : *Se* **proposer** *pour un travail.* 📓 [pʀopoze].

PROPOSITION, subst. f.
Action de proposer qqch. – *Ling.* Unité syntaxique comprenant gén. un verbe : *Une* **proposition** *subordonnée.* 📓 [pʀopozisjɔ̃].

PROPRE, adj. et subst. m.
Adj. Net, exempt de saleté. – Honnête, moral. – Qui appartient spécifiquement à. – Capable de, apte à, adapté à. – *Ling. Nom* **propre** : qui désigne une personne, un lieu uniques ; *Sens* **propre** : premier. – Subst. Qualité particulière : *Le* **propre** *de l'homme.* – *En* **propre** : bien à soi. – *Mettre au* **propre** : recopier un brouillon. 📓 [pʀɔpʀ].

PROPRETÉ, subst. f.
Qualité de ce qui est propre, net, sans souillure. 📓 [pʀɔpʀəte].

PROPRIÉTAIRE, subst.
Personne qui possède qqch. en propre. – Personne qui loue une maison, un appartement à un locataire. 📓 [pʀopʀijetɛʀ].

PROPRIÉTÉ, subst. f.
Droit de jouir d'un bien d'une manière exclusive. – Bien possédé ; domaine : *Une splendide* **propriété.** – Qualité propre à une chose. 📓 [pʀopʀijete].

PROPULSER, verbe trans. [3]
Faire avancer à grande vitesse ; projeter au loin : **Propulser** *une fusée.* 📓 [pʀopylse].

PROPULSION, subst. f.
Action ou manière de propulser : *Une* **propulsion** *nucléaire.* 📓 [pʀopylsjɔ̃].

PRORATA, subst. m. inv.
Au **prorata** *de* : proportionnellement à. 📓 [pʀoʀata].

PROROGATION, subst. f.
Action de proroger. 🐚 [prɔrɔgasjɔ̃].

PROROGER, verbe trans. [5]
Reporter ; prolonger au-delà de la date fixée : *Proroger un délai.* 🐚 [prɔrɔʒe].

PROSAÏQUE, adj.
Banal, terre à terre : *Un comportement prosaïque.* 🐚 [prɔzaik].

PROSCRIPTION, subst. f.
Action de proscrire. 🐚 [prɔskripsjɔ̃].

PROSCRIRE, verbe trans. [67]
Exiler. – Interdire, prohiber. 🐚 [prɔskrir].

PROSE, subst. f.
Forme la plus courante du discours oral ou écrit. 🐚 [prɔz].

PROSÉLYTISME, subst. m.
Zèle déployé pour convertir à une foi, à une doctrine. 🐚 [prɔzelitism].

PROSPECTER, verbe trans. [3]
Étudier méthodiquement (un terrain) pour trouver des richesses naturelles. – Sillonner (une région) à la recherche d'une clientèle. 🐚 [prɔspɛkte].

PROSPECTION, subst. f.
Action de prospecter. 🐚 [prɔspɛksjɔ̃].

PROSPECTIVE, subst. f.
Ensemble de recherches ayant pour but de prévoir l'évolution des sociétés humaines. 🐚 [prɔspɛktiv].

PROSPECTUS, subst. m.
Feuillet, brochure publicitaire distribués gratuitement. 🐚 [prɔspɛktys].

PROSPÈRE, adj.
Qui connaît le succès, la réussite ; florissant : *Un commerce prospère.* 🐚 [prɔspɛr].

PROSPÉRER, verbe intrans. [8]
Se développer favorablement, avoir du succès. – S'enrichir. 🐚 [prɔspere].

PROSPÉRITÉ, subst. f.
État heureux dû à une bonne santé physique ou matérielle. – Richesse. 🐚 [prɔsperite].

PROSTATE, subst. f.
Glande de l'appareil génital masculin, qui se situe sous la vessie. 🐚 [prɔstat].

PROSTERNER (SE), verbe pronom. [3]
S'incliner, se courber jusqu'à terre en signe de grand respect. 🐚 [prɔstɛrne].

PROSTITUÉ, ÉE, adj. et subst.
Qui se livre à la prostitution. 🐚 [prɔstitɥe].

PROSTITUER, verbe trans. [3]
Livrer à la prostitution. – Utiliser pour une cause indigne, pour de l'argent : *Prostituer sa plume.* – Pronom. Faire commerce de son corps. 🐚 [prɔstitɥe].

PROSTITUTION, subst. f.
Pratique professionnelle qui consiste à satisfaire les besoins sexuels d'autrui contre de l'argent. 🐚 [prɔstitysjɔ̃].

PROSTRÉ, ÉE, adj.
Profondément abattu. 🐚 [prɔstre].

PROTAGONISTE, subst.
Personne qui joue un rôle capital dans une affaire, un récit. 🐚 [prɔtagɔnist].

PROTECTEUR, TRICE, adj. et subst.
Qui protège. – Adj. *Un ton protecteur :* supérieur et condescendant. 🐚 [prɔtɛktœr, -tris].

PROTECTION, subst. f.
Action de protéger. – Personne ou chose qui protège. – Ensemble de mesures prises pour protéger : *Protection sociale.* 🐚 [prɔtɛksjɔ̃].

PROTECTIONNISME, subst. m.
Politique économique qui vise à protéger un État de la concurrence étrangère (gén. par des mesures douanières). 🐚 [prɔtɛksjɔnism].

PROTECTORAT, subst. m.
Régime juridique selon lequel un État est placé sous la dépendance d'un autre État censé lui apporter sa protection. – L'État dépendant. 🐚 [prɔtɛktɔra].

PROTÉGER, verbe trans. [5]
Préserver de ce qui peut nuire ; mettre à l'abri, défendre. – Soutenir, appuyer (qqn). – Favoriser (qqch.). 🐚 [prɔteʒe].

PROTÉINE, subst. f.
Composé d'acides aminés présent dans les végétaux et dans l'organisme animal et humain. 🐚 [prɔtein].

PROTESTANT, ANTE, adj. et subst.
Qui appartient à l'une des religions réformées. 🐚 [prɔtɛstɑ̃, -ɑ̃t].

PROTESTANTISME, subst. f.
Ensemble des Églises chrétiennes séparées de Rome, issues de la Réforme (XVIe s.). – Leurs doctrines. 🐚 [prɔtɛstɑ̃tism].

PROTESTATAIRE, adj. et subst.
Qui proteste. 🐚 [prɔtɛstatɛr].

PROTESTATION, subst. f.
Action de protester. 🐚 [prɔtɛstasjɔ̃].

PROTESTER, verbe intrans. [3]
Manifester avec force son opposition, son désaccord. – Empl. trans. indir. *Protester de :* affirmer, assurer avec force. 🐚 [prɔtɛste].

PROTHÈSE, subst. f.
Pièce, appareil destinés à remplacer tout ou partie d'un organe, d'un membre : *Une prothèse dentaire.* 🐚 [prɔtɛz].

PROTOCOLAIRE, adj.
Conforme au protocole ; qui s'y rapporte. – Cérémonieux. 🐚 [prɔtɔkɔlɛr].

PROTOCOLE, subst. m.
Ensemble des règles d'usage qui président au déroulement d'une cérémonie officielle. – Procès-verbal des résolutions d'une conférence, d'une assemblée. 🐚 [prɔtɔkɔl].

PROTON, subst. m.
Particule de charge positive composant, avec le neutron, le noyau atomique. 🐚 [prɔtɔ̃].

PROTOTYPE, subst. m.
Exemplaire, modèle destinés aux essais d'une machine ou d'un appareil qui sera ensuite produit en série. 🐚 [prɔtɔtip].

PROTOZOAIRE, subst. m.
Être vivant unicellulaire. – Plur. L'embranchement correspondant. 🕮 [pʀɔtɔzɔɛʀ].

PROTUBÉRANCE, subst. f.
Bosse qui se forme à la surface d'un corps ; renflement, excroissance. 🕮 [pʀɔtybeʀɑ̃s].

PROUE, subst. f.
Avant d'un navire. 🕮 [pʀu].

PROUESSE, subst. f.
Action remarquable, exploit. 🕮 [pʀuɛs].

PROUVER, verbe trans. [3]
Établir la vérité, la réalité de (qqch.), au moyen d'arguments incontestables, de preuves matérielles. – Démontrer, révéler, être le signe de. 🕮 [pʀuve].

PROVENANCE, subst. f.
Endroit d'où provient qqch. – Origine : *La provenance d'un vin.* 🕮 [pʀɔv(ə)nɑ̃s].

PROVENIR, verbe intrans. [22]
Venir, tirer son origine (de). 🕮 [pʀɔv(ə)niʀ].

PROVERBE, subst. m.
Brève formule imagée, issue de la sagesse populaire. 🕮 [pʀɔvɛʀb].

PROVERBIAL, ALE, AUX, adj.
Qui tient du proverbe. – Connu de tous, notoire. 🕮 [pʀɔvɛʀbjal].

PROVIDENCE, subst. f.
Puissance, sagesse divine qui régit le monde. – *La* **Providence** : Dieu, gouvernant le monde. – Secours exceptionnel, inespéré. 🕮 [pʀɔvidɑ̃s].

PROVIDENTIEL, IELLE, adj.
Qui tient de la Providence. – Qui arrive de façon opportune, par un heureux hasard. 🕮 [pʀɔvidɑ̃sjɛl].

PROVINCE, subst. f.
Division territoriale d'un État. – Contrée d'un pays. – La France, à l'exclusion de Paris et de sa banlieue. 🕮 [pʀɔvɛ̃s].

PROVINCIAL, ALE, AUX, adj. et subst.
Qui appartient à la province. 🕮 [pʀɔvɛ̃sjal].

PROVISEUR, subst. m.
Directeur d'un lycée. 🕮 [pʀɔvizœʀ].

PROVISION, subst. f.
Réserve de choses qu'on utilisera au fur et à mesure des besoins. – Somme déposée pour couvrir des paiements à venir, ou comme acompte. – Plur. Vivres. 🕮 [pʀɔvizjɔ̃].

PROVISIONNEL, ELLE, adj.
Qui constitue une provision sur une somme à payer ultérieurement. 🕮 [pʀɔvizjɔnɛl].

PROVISOIRE, adj.
En attente d'une solution définitive ; temporaire, passager. 🕮 [pʀɔvizwaʀ].

PROVOCANT, ANTE, adj.
Qui provoque ; agressif. – Qui aguiche, qui excite sexuellement. 🕮 [pʀɔvɔkɑ̃, -ɑ̃t].

PROVOCATION, subst. f.
Action de provoquer. – Propos ou acte provocants. 🕮 [pʀɔvɔkasjɔ̃].

PROVOQUER, verbe trans. [3]
Exciter, défier qqn pour le pousser à réagir violemment. – Pousser (qqn) à faire qqch. – Aguicher. – Être cause de. 🕮 [pʀɔvɔke].

PROXÉNÈTE, subst.
Individu qui tire ses gains de la prostitution d'autrui. 🕮 [pʀɔksenɛt].

PROXIMITÉ, subst. f.
Fait d'être proche, dans l'espace ou le temps. – *À proximité de* : près de. 🕮 [pʀɔksimite].

PRUDE, adj. et subst.
D'une pudeur excessive. 🕮 [pʀyd].

PRUDENCE, subst. f.
Attitude qui consiste à agir avec précaution pour éviter toute erreur, tout désagrément ou danger inutiles. 🕮 [pʀydɑ̃s].

PRUDENT, ENTE, adj.
Qui fait preuve de prudence. 🕮 [pʀydɑ̃, -ɑ̃t].

PRUNE, subst. f.
Fruit comestible du prunier. – Empl. adj. inv. Violet foncé. 🕮 [pʀyn].

PRUNEAU, subst. m.
Prune séchée. 🕮 [pʀyno].

PRUNELLE, subst. f.
Petit fruit bleu-noir du prunellier, à saveur âcre. – Pupille de l'œil. 🕮 [pʀynɛl].

PRURIT, subst. m.
Démangeaison. 🕮 [pʀyʀit].

PSALMODIER, verbe [6]
Intrans. Chanter des psaumes. – Trans. Réciter avec monotonie. 🕮 [psalmɔdje].

PSAUME, subst. m.
Poème ou chant bibliques. 🕮 [psom].

PSEUDONYME, subst. m.
Nom d'emprunt sous lequel une personne, notamment un écrivain ou un artiste, choisit d'être connue du public. 🕮 [psødɔnim].

PSORIASIS, subst. m.
Maladie chronique de la peau, caractérisée par des plaques rouges qui sèchent et pèlent. 🕮 [psɔʀjazis].

PSYCHANALYSE, subst. f.
Méthode de connaissance des phénomènes psychiques profonds. – Thérapie fondée sur cette méthode. 🕮 [psikanaliz].

PSYCHANALYSTE, subst. f.
Praticien de la psychanalyse. 🕮 [psikanalist].

PSYCHÉ, subst. f.
Grand miroir inclinable. 🕮 [psiʃe].

PSYCHIATRE, subst.
Spécialiste de la psychiatrie. 🕮 [psikjatʀ].

PSYCHIATRIE, subst. f.
Branche de la médecine consacrée aux maladies mentales. 🕮 [psikjatʀi].

PSYCHIQUE, adj.
Qui concerne la vie mentale, l'activité de l'esprit. 🕮 [psiʃik].

PSYCHISME, subst. m.
Ensemble des réalités psychiques. 🕮 [psiʃism].

PSYCHOLOGIE, subst. f.
Étude scientifique des phénomènes psychiques. – Aptitude à comprendre autrui.

prévoir son comportement. – Mentalité, manière de penser. – [psikɔlɔʒi].

PSYCHOLOGUE, adj. et subst.
Qui est spécialiste en psychologie. – Qui est apte à comprendre autrui. – [psikɔlɔg].

PSYCHOPATHE, subst.
Malade mental. – [psikɔpat].

PSYCHOSE, subst. f.
Affection psychique caractérisée par une déstructuration grave de la personnalité. – État d'angoisse, de panique collectives. – [psikoz].

PSYCHOSOMATIQUE, adj.
Se dit d'un trouble organique d'origine psychique. – [psikosomatik].

PSYCHOTHÉRAPIE, subst. f.
Thérapie qui fait appel à l'action psychique, souv. sous la forme d'entretiens avec le patient. – [psikoterapi].

PUANT, PUANTE, adj.
Qui pue. – Prétentieux, odieux, hautain (fam.). – [pɥɑ̃, pɥɑ̃t].

PUANTEUR, subst. f.
Odeur nauséabonde, infecte. – [pɥɑ̃tœʀ].

PUBÈRE, adj.
Qui a atteint l'âge de la puberté. – [pybɛʀ].

PUBERTÉ, subst. f.
Passage de l'enfance à l'adolescence. – Ensemble des transformations physiologiques et psychologiques qui marquent cette période. – [pybɛʀte].

PUBIS, subst. m.
Région triangulaire du bas-ventre, limitée par les plis de l'aine. – [pybis].

PUBLIC, IQUE, adj. et subst. m.
Adj. Qui concerne la population. – Qui relève de l'État, de son administration (oppos. privé) : Secteur public. – Pour tous. – Connu de tous. – Subst. La population en général. – Ensemble de personnes concernées par une œuvre littéraire ou artistique, par un média ; personnes assistant à un spectacle. – [pyblik].

PUBLICATION, subst. f.
Action de publier. – Écrit publié, paru. – [pyblikasjɔ̃].

PUBLICITAIRE, adj. et subst.
Adj. Qui a trait à la publicité. – Subst. Professionnel de la publicité. – [pyblisitɛʀ].

PUBLICITÉ, subst. f.
Caractère de ce qui est public : Publicité des débats. – Activité commerciale visant à faire connaître au public des produits mis en vente. – Annonce, encart de presse, affiche, film conçus à cet effet. – [pyblisite].

PUBLIER, verbe trans. [6]
Rendre public, divulguer, souv. par voie de presse. – Faire paraître en librairie, éditer : Publier un roman, une thèse. – [pyblije].

PUCE, subst. f.
Insecte sauteur parasite de l'homme ou de certains animaux. – Plaquette de matériau semi-conducteur, servant de support à un microprocesseur : Carte à puce. – Marché aux puces (ou les puces) : marché d'objets d'occasion. – [pys].

PUCEAU, ELLE, subst.
Jeune homme, jeune fille vierges (fam.). – [pyso, -ɛl].

PUCELAGE, subst. m.
Virginité (fam.). – [pys(ə)laʒ].

PUCERON, subst. m.
Petit insecte prolifique, parasite des végétaux, par ex. du pommier. – [pys(ə)ʀɔ̃].

PUDEUR, subst. f.
Sentiment de gêne, de retenue devant ce qui peut offenser la décence, en partic. dans le domaine sexuel. – Délicatesse, discrétion. – [pydœʀ].

PUDIBOND, ONDE, adj.
Qui est pudique à l'excès. – [pydibɔ̃, -ɔ̃d].

PUDIQUE, adj.
Qui manifeste de la pudeur. – [pydik].

PUER, verbe [3]
Intrans. Sentir très mauvais, empester. – Trans. Répandre la désagréable odeur de : Puer l'alcool. – [pɥe].

PUÉRICULTURE, subst. f.
Ensemble des méthodes et des pratiques destinées à assurer le développement des tout-petits. – [pɥeʀikyltyʀ].

PUÉRIL, ILE, adj.
Enfantin, indigne d'un adulte. – [pɥeʀil].

PUGILAT, subst. m.
Combat à coups de poing. – [pyʒila].

PUGNACITÉ, subst. f.
Combativité (littér.). – [pygnasite].

PUÎNÉ, ÉE, adj. et subst.
Cadet (vieilli). – [pɥine].

PUIS, adv.
Après cela, ensuite. – Plus loin. – Et puis : d'ailleurs, en outre, de plus. – [pɥi].

PUISATIER, subst. m.
Ouvrier qui fore des puits. – [pɥizatje].

PUISER, verbe trans. [3]
Prendre, prélever (un liquide) au moyen d'un récipient. – Fig. Prélever, emprunter ; empl. abs : Puiser dans ses économies, ses réserves. – [pɥize].

PUISQUE, conj.
Comme, attendu que, du moment que : Puisque vous le dites, c'est vrai. – Parce que : Je pars, puisqu'il se fait tard. – Élision devant il(s), elle(s), on, en, un(e) ; [pɥisk(ə)].

PUISSANCE, subst. f.
Pouvoir, autorité. – État souverain. – Force qui peut agir, énergie. – Math. Puissance d'un nombre : produit de plusieurs facteurs égaux à ce nombre. – Phys. Quantité d'énergie fournie ou consommée par unité de temps. – [pɥisɑ̃s].

PUISSANT, ANTE, adj.
Qui a beaucoup de pouvoir, d'influence. – Qui est fort, actif, vigoureux ; qui produit

de grands effets. – Empl. subst. *Les puissants* : ceux qui détiennent le pouvoir, la richesse ou l'influence. 🕮 [pɥisɑ̃, -ɑ̃t].

PUITS, subst. m.
Trou vertical creusé dans le sol, permettant de puiser l'eau des nappes souterraines. – Excavation creusée dans le sol en vue de l'exploitation d'un gisement de pétrole, de charbon, etc. 🕮 [pɥi].

PULL-OVER, subst. m.
Tricot que l'on enfile par la tête (abrév. *pull*). 🕮 Plur. *pull-overs* : [pylɔvɛʀ].

PULLULER, verbe intrans. [3]
Exister en grand nombre, abonder. – Se multiplier, proliférer. 🕮 [pylyle].

PULMONAIRE, adj.
Qui a trait au poumon. 🕮 [pylmɔnɛʀ].

PULPE, subst. f.
Chair d'un fruit. – Extrémité charnue d'un doigt. – Tissu sensible du fond de la cavité dentaire. 🕮 [pylp].

PULSATION, subst. f.
Battement du cœur, des artères. – *Phys.* Forme d'onde courte. 🕮 [pylsasjɔ̃].

PULSION, subst. f.
Impulsion. – *Psychan.* Tendance profonde, en gén. inconsciente, qui pousse le sujet à accomplir certains actes. 🕮 [pylsjɔ̃].

PULVÉRISATEUR, subst. m.
Instrument servant à projeter de fines gouttelettes, une poudre. 🕮 [pylveʀizatœʀ].

PULVÉRISER, verbe trans. [3]
Réduire en poudre, en très fines particules. – Projeter en fines gouttelettes. – *Fig.* Détruire, réduire à néant. – *Pulvériser un record* : le battre largement. 🕮 [pylveʀize].

PUMA, subst. m.
Grand félin d'Amérique, à robe fauve, qui vit dans les arbres. 🕮 [pyma].

PUNAISE, subst. f.
Insecte parasite à corps aplati, à l'odeur repoussante quand on l'écrase. – Petit clou à tête plate, qu'on enfonce à la main. 🕮 [pynɛz].

PUNIR, verbe trans. [19]
Infliger une peine à, châtier. – Sanctionner (une faute, un délit) par une punition : *Punir un méfait.* 🕮 [pyniʀ].

PUNITION, subst. f.
Action de punir. – Châtiment, sanction que l'on inflige à celui qu'on punit. 🕮 [pynisjɔ̃].

PUPILLE (I), subst.
Orphelin mineur placé sous la tutelle d'un particulier ou de l'État. 🕮 [pypij].

PUPILLE (II), subst. f.
Orifice central de l'iris de l'œil. 🕮 [pypij].

PUPITRE, subst. m.
Meuble à plan incliné permettant de lire, d'écrire aisément. – Tableau de commande et de contrôle. 🕮 [pypitʀ].

PUR, PURE, adj.
Qui est sans mélange. – Qui est exclusivement tel : *C'est de la pure méchanceté.* – Qui n'est pas pollué. – Qui est sans défaut moral, sans tache ; chaste. – Simple et harmonieux : *Un style* pur. 🕮 [pyʀ].

PURÉE, subst. f.
Plat de légumes bouillis et écrasés. 🕮 [pyʀe].

PURETÉ, subst. f.
Qualité de ce qui est pur. 🕮 [pyʀte].

PURGATOIRE, subst. m.
Relig. Antichambre du paradis. – *Fig.* Période, lieu d'épreuve. 🕮 [pyʀgatwaʀ].

PURGE, subst. f.
Action de purger. – Médication utilisée pour purger. – Élimination autoritaire d'opposants politiques ; épuration. 🕮 [pyʀ3].

PURGER, verbe trans. [5]
Traiter qqn pour évacuer le contenu de son intestin. – Vider (un contenant) de son liquide ou de certains résidus ; vidanger. – Délivrer, débarrasser d'un mal ou d'individus malfaisants. – *Purger une peine de prison* : la subir. 🕮 [pyʀ3e].

PURIFICATION, subst. f.
Action de purifier. – Cérémonie au cours de laquelle on se purifie. 🕮 [pyʀifikasjɔ̃].

PURIFIER, verbe trans. [6]
Rendre pur ou plus pur. 🕮 [pyʀifje].

PURIN, subst. m.
Engrais liquide issu du fumier. 🕮 [pyʀɛ̃].

PURISME, subst. m.
Souci, parfois excessif, de pureté dans le langage, dans les arts, dans une discipline : *Le purisme du grammairien.* 🕮 [pyʀism].

PURITAIN, AINE, adj. et subst.
Membre d'une secte protestante d'origine anglaise. – Qui affiche une morale très rigoureuse. 🕮 [pyʀitɛ̃, -ɛn].

PUR-SANG, subst. m. inv.
Cheval de course issu d'une race créée au XVIIIe s. à partir de juments anglaises et d'étalons arabes. 🕮 [pyʀsɑ̃].

PURULENT, ENTE, adj.
Qui renferme ou produit du pus : *Plaie purulente.* 🕮 [pyʀylɑ̃, -ɑ̃t].

PUS, subst. m.
Liquide jaunâtre porteur de microbes, qui se forme lors d'une infection. 🕮 [py].

PUSILLANIME, adj.
Qui manque de courage, d'audace ; timoré. 🕮 [pyzil(l)anim].

PUSTULE, subst. f.
Petite lésion purulente qui apparaît sur la peau. 🕮 [pystyl].

PUTATIF, IVE, adj.
Dr. Qu'on suppose légitime ; présomptif : *Père, enfant putatifs.* 🕮 [pytatif, -iv].

PUTOIS, subst. m.
Petit mammifère carnivore à fourrure brune et à odeur repoussante. 🕮 [pytwa].

PUTRÉFACTION, subst. f.
Décomposition de matières organiques ; pourriture. 🕮 [pytʀefaksjɔ̃].

PUTRÉFIER, verbe trans. [6]
Faire tomber en putréfaction. – Pronom.
Pourrir. 📺 [pytʀefje].

PUTRESCIBLE, adj.
Qui peut se putréfier. 📺 [pytʀesibl].

PUTSCH, subst. m.
Coup d'État organisé par un groupe armé.
📺 [putʃ].

PUZZLE, subst. m.
Jeu de patience consistant à réunir des
fragments pour reconstituer une image.
📺 [pœz(œ)l].

PYGMÉE, subst.
Individu de très petite taille, d'une race
d'Afrique ou d'Indonésie. – Personne de très
petite taille. 📺 [pigme].

PYJAMA, subst. m.
Vêtement de nuit, composé d'une veste et
d'un pantalon légers. 📺 [piʒama].

PYLÔNE, subst. m.
Tour de métal ou de béton qui soutient des
lignes électriques ou des câbles de pont
suspendu. 📺 [pilon].

PYRAMIDE, subst. f.
Monument à base quadrangulaire et à
quatre faces triangulaires se rejoignant au
sommet, servant de tombeau aux pharaons
d'Égypte. – Construction de même forme,
parfois à degrés. – Représentation graphique
évoquant une **pyramide** : **Pyramide** *des âges*.
📺 [piʀamid].

PYREX, subst. m.
Verre résistant au feu. 📺 N. déposé : [piʀɛks].

PYROGRAVURE, subst. f.
Gravure sur bois, sur cuir, etc., obtenue à
l'aide d'une pointe chauffée au rouge.
📺 [piʀogʀavyʀ].

PYROMANE, subst.
Maniaque allumeur d'incendies ; incendiaire. 📺 [piʀɔman].

PYROTECHNIE, subst. f.
Science des explosifs. – Technique des feux
d'artifice. 📺 [piʀɔtɛkni].

PYTHON, subst. m.
Grand serpent d'Asie ou d'Afrique, non
venimeux, qui étouffe ses proies. 📺 [pitɔ̃].

Q

Q, q, subst. m. inv.
Dix-septième lettre et treizième consonne
de l'alphabet français. 📺 [ky].

Q.I., subst. m. inv.
Sigle pour « quotient intellectuel », rapport
entre l'âge mental, évalué par des tests, et
l'âge réel, multiplié par 100. 📺 [kyi].

QUADRAGÉNAIRE, adj. et subst.
Se dit d'une personne âgée de 40 à 49 ans.
📺 [k(w)adʀaʒenɛʀ].

QUADRATURE, subst. f.
Géom. Construction d'un carré à partir
d'une figure quelconque de même surface.
– Fig. **Quadrature** *du cercle* : problème sans
solution. 📺 [k(w)adʀatyʀ].

QUADRILATÈRE, subst. m.
Figure géométrique à 4 angles et à 4 côtés.
📺 [k(w)adʀilatɛʀ].

QUADRILLAGE, subst. m.
Division d'une surface en carrés juxtaposés ;
ensemble des lignes opérant cette division.
– Contrôle serré, méthodique d'un territoire par la police ou l'armée. 📺 [kadʀijaʒ].

QUADRILLE, subst. m.
Danse d'autrefois, exécutée par quatre couples de danseurs. – Ces couples. 📺 [kadʀij].

QUADRILLER, verbe trans. [3]
Diviser en carrés. – Contrôler par un
quadrillage policier ou militaire. 📺 [kadʀije].

QUADRUPÈDE, adj. et subst.
Se dit de tout mammifère terrestre qui
marche sur quatre pattes. 📺 [k(w)adʀypɛd].

QUADRUPLER, verbe [3]
Trans. Multiplier par 4. – Intrans. Se multiplier par 4. 📺 [k(w)adʀyple].

QUADRUPLÉS, ÉES, subst. plur.
Les quatre enfants nés d'une même grossesse. 📺 [k(w)adʀyple].

QUAI, subst. m.
Ouvrage de maçonnerie permettant l'accostage des bateaux. – Voie carrossable bordant
un cours d'eau. – Plate-forme longeant une
voie ferrée, dans une gare. 📺 [ke].

QUALIFICATIF, IVE, adj. et subst. m.
Se dit d'un mot qui exprime une qualité,
qui qualifie qqn, qqch. : *Adjectif* **qualificatif.**
– Adj. *Sp. Épreuve* **qualificative** : qui permet
de concourir ou de se maintenir dans une
compétition. 📺 [kalifikatif, -iv].

QUALIFICATION, subst. f.
Action, manière de qualifier. – Aptitude
requise, professionnelle ou sportive. – Fait
de se qualifier. 📺 [kalifikasjɔ̃].

QUALIFIÉ, ÉE, adj.
Ouvrier qualifié : compétent dans un
domaine professionnel. – *Vol* qualifié : avec
circonstances aggravantes. 📺 [kalifje].

QUALIFIER, verbe trans. [6]
Nommer, désigner comme. – Rendre qualifié, donner qualité à : *Son diplôme le qualifie.* – *Sp.* Autoriser (un concurrent, une équipe, un cheval) à participer à une épreuve. – Pronom. Remporter une épreuve qualificative. 🕮 [kalifje].

QUALITATIF, IVE, adj.
Qui concerne la qualité, la nature de qqch. (oppos. *quantitatif*). 🕮 [kalitatif, -iv].

QUALITÉ, subst. f.
Manière d'être ; ensemble des propriétés permettant d'évaluer qqch. – Degré supérieur : *Un article de qualité.* – Mérite, vertu (oppos. *défaut*). – Condition sociale, civile, juridique. – Loc. prép. *En qualité de* : à titre de. 🕮 [kalite].

QUAND, adv. et conj.
Adv. interr. À quel moment, à quelle époque : **Quand** *pars-tu ?* – Conj. Au moment où : *Je partirai* **quand** *je serai prêt.* – Exprime une opposition : *Il travaille mal,* **quand** *il est si intelligent !,* alors qu'il est si intelligent. – Loc. adv. **Quand** *même* : pourtant (fam.). 🕮 [kɑ̃] ; conj. [kɑ̃t] devant une voyelle.

QUANT À, loc. prép.
En ce qui concerne. 🕮 [kɑ̃ta].

QUANT-À-SOI, subst. m. inv.
Réserve, attitude distante. 🕮 [kɑ̃taswa].

QUANTIFIER, verbe trans. [6]
Déterminer la quantité de. 🕮 [kɑ̃tifje].

QUANTITATIF, IVE, adj.
Qui concerne la quantité de qqch. (oppos. *qualitatif*). 🕮 [kɑ̃titatif, -iv].

QUANTITÉ, subst. f.
Mesure en nombre d'unités, en poids ou en volume déterminant une partie d'un tout. – **Quantité** *de* : beaucoup. – *En* **quantité** : en abondance. 🕮 [kɑ̃tite].

QUARANTAINE, subst. f.
Isolement imposé par un éventuel risque de contagion. 🕮 [kaRɑ̃tɛn].

QUARANTE, adj. num. inv. et subst. m. inv.
Adj. Quatre fois dix. – Quarantième : *Page* 40. – Subst. Le nombre **quarante**, le numéro 40. 🕮 [kaRɑ̃t].

QUART, subst. m.
Chacune des parties d'un tout divisé en quatre parts égales. – Service de garde sur un navire : *Être de* **quart**. – Bouteille ou gobelet d'un **quart** de litre. 🕮 [kaR].

QUARTETTE, subst. m.
Groupe de jazz composé de quatre musiciens. 🕮 [k(w)aRtɛt].

QUARTIER, subst. m.
Quatrième partie d'un tout. – Morceau : **Quartier** *de viande, d'orange.* – Chacune des quatre phases de la Lune. – Division, partie d'une ville ; les gens qui y habitent. – *Milit.* Cantonnement ; **Quartier** *général* (Q.G.) : poste de commandement. 🕮 [kaRtje].

QUART-MONDE, subst. m.
Dans un pays riche, couche la plus défavorisée de la population. – Ensemble des pays les plus pauvres du tiers-monde. 🕮 Plur. *quarts-mondes* ; 🕮 [kaRmɔ̃d].

QUARTZ, subst. m.
Silice cristallisée, gén. incolore, utilisée notamment en optique et en horlogerie. 🕮 [kwaRts].

QUASI, adv.
Presque, à peu près : **Quasi** *terminé* ; *La* **quasi**-*totalité.* 🕮 Se lie au subst. par un trait d'union ; [kazi].

QUATERNAIRE, adj. et subst. m.
Se dit de la plus récente des ères géologiques, qui comprend la période actuelle et au cours de laquelle est apparu l'homme. 🕮 [kwatɛRnɛR].

QUATORZE, adj. num. inv. et subst. m. inv.
Adj. Dix plus quatre. – Quatorzième : *Louis XIV.* – Subst. Le nombre **quatorze**, le numéro 14. 🕮 [katɔRz].

QUATRAIN, subst. m.
Strophe de quatre vers. 🕮 [katRɛ̃].

QUATRE, adj. num. inv. et subst. m. inv.
Adj. Deux fois deux. – Quatrième. – Subst. Le nombre **quatre**, le numéro 4. 🕮 [katʀ].

QUATRE-QUARTS, subst. m. inv.
Gâteau composé de beurre, de farine, de sucre et d'œufs, à poids égal. 🕮 [kat(Rə)kaR].

QUATRE-QUATRE, subst. m. inv.
Véhicule tout terrain à quatre roues motrices. 🕮 [kat(Rə)katʀ].

QUATRE-VINGT-DIX, adj. num. inv. et subst. m. inv.
Adj. Neuf dizaines. – Quatre-vingt-dixième. – Subst. Le nombre **quatre-vingt-dix**, le numéro 90. 🕮 [katRəvɛ̃dis].

QUATRE-VINGTS, adj. num. et subst. m.
Adj. Quatre fois vingt : **Quatre-vingts** *ans.* – Quatre-vingtième : *Les années* **quatre-vingt**. – Subst. Le nombre **quatre-vingts**, le numéro 80. 🕮 S'écrit sans s quand il est suivi d'un autre numéral et en tant qu'ordinal ; [katRəvɛ̃].

QUATUOR, subst. m.
Morceau de musique pour quatre voix ou quatre instruments. – Groupe de quatre musiciens ou chanteurs. 🕮 [kwatyɔR].

QUE, pron., adv. et conj.
Pron. rel. Reprend, comme compl. ou attribut, un antécédent exprimé (qqn ou qqch.) : *L'homme* **que** *j'ai vu.* – Pron. interr. Quelle chose : **Que** *faire ?* – Conj. Relie une principale et une subordonnée, ou introduit une deuxième subordonnée : *Je suppose* **que** *vous viendrez.* – S'emploie en corrélation avec « tel », « même », « plus » : *Un exploit tel* **que** *le sien.* – Sert à former une locution conjonctive avec un adverbe : *Afin* **que** ;

Avant que. – Exprime un souhait, un ordre : *Qu'il vienne.* – *Ne ... que* : seulement. – Adv. exclam. Combien : *Qu'il est grand, qu'il est fort !* 🔊 [kə].

QUEL, QUELLE, adj.
Adj. interr. Se rapporte à la nature de ce dont il est question : *Quel temps fait-il ?* – Adj. exclam. *Quelle horreur !* – Adj. rel. (+ subj.). De quelque nature que : *Quel qu'en soit le prix.* 🔊 [kɛl].

QUELCONQUE, adj.
Adj. indéf. Quel qu'il soit, n'importe lequel. – Adj. qualificatif. De qualité médiocre ; banal. 🔊 [kɛlkɔ̃k].

QUELQUE, adj. indéf. et adv.
Adj. Devant un nom au singulier : *Je veux quelque chose*, une chose indéterminée. – Devant un nom au pluriel : *J'ai lu quelques livres*, un petit nombre de livres. – Adv. Quelque... *que* marque la concession (littér.) : *Quelque belle qu'elle soit*, si belle soit-elle. – Environ : *Quelque vingt personnes.* 🔊 L'e de l'adj. ne s'élide que devant « un » et « une » : [kɛlk(ə)].

QUELQUEFOIS, adv.
Certaines fois, parfois. 🔊 [kɛlkəfwa].

QUELQU'UN, 'UNE, QUELQUES-UNS, -UNES, pron. indéf.
Une personne : *C'est quelqu'un d'intelligent* ; *Quelqu'un est venu.* – Un, parmi d'autres : *Quelqu'une de vos amies.* – Personne importante : *Se prendre pour quelqu'un.* – Plur. Un certain nombre : *J'ai connu quelques-uns de ces grands musiciens.* 🔊 [kɛlkœ̃, -yn], plur. [kɛlkəzœ̃, -yn].

QUÉMANDER, verbe [3]
Demander humblement mais avec insistance. 🔊 [kemɑ̃de].

QU'EN-DIRA-T-ON, subst. m. inv.
L'opinion d'autrui. 🔊 [kɑ̃diratɔ̃].

QUENELLE, subst. f.
Rouleau fait d'un hachis de viande ou de poisson, de farine et d'œuf. 🔊 [kənɛl].

QUENOTTE, subst. f.
Dent d'un enfant (fam.). 🔊 [kənɔt].

QUENOUILLE, subst. f.
Tige au bout de laquelle on enroulait le textile destiné au filage. 🔊 [kənuj].

QUERELLE, subst. f.
Violent désaccord, conflit. 🔊 [kərɛl].

QUERELLER, verbe trans. [3]
Adresser des reproches à. – Pronom. Se disputer. 🔊 [kərele].

QUÉRIR, verbe trans. [33]
Chercher (littér.). 🔊 Utilisé gén. à l'inf., après « aller », « venir », « envoyer » « faire » : [kerir].

QUESTION, subst. f.
Demande, interrogation faite à qqn : *Poser une question.* – Point de discussion, problème : *Examiner à fond une question.* – *Il est question de* : il s'agit de. – *La chose en question* : dont il s'agit. 🔊 [kɛstjɔ̃].

QUESTIONNAIRE, subst. m.
Liste de questions posées selon des critères précis. 🔊 [kɛstjɔnɛr].

QUESTIONNER, verbe trans. [3]
Soumettre à des questions. 🔊 [kɛstjɔne].

QUÊTE, subst. f.
Recherche : *En quête d'idées.* – Action de demander, de recueillir des dons. 🔊 [kɛt].

QUÊTER, verbe [3]
Intrans. Faire la quête. – Trans. Demander humblement, solliciter. 🔊 [kete].

QUETSCHE, subst. f.
Grosse prune violette, oblongue. 🔊 [kwɛtʃ].

QUEUE, subst. f.
Appendice qui prolonge la colonne vertébrale de certains animaux : *La queue du chien.* – Extrémité postérieure du corps de certains animaux : *Queue d'un oiseau, d'un serpent.* – Ce qui prolonge qqch. : *La queue d'une poêle.* – File de personnes qui attendent leur tour : *Faire la queue.* 🔊 [kø].

QUI, pron.
Pron. rel. Reprend, comme sujet ou compl., un antécédent exprimé (qqn ou qqch.) : *C'est le vent qui souffle* ; *L'homme à qui j'ai parlé.* – Quiconque : *Qui vivra verra.* – Pron. interr. Quelle personne : *Qui va là ?* 🔊 [ki].

QUICHE, subst. f.
Tarte salée garnie de lardons, d'œufs battus et de crème. 🔊 [kiʃ].

QUICONQUE, pron.
Pron. indéf. N'importe qui : *Il est plus fort que quiconque.* – Pron. rel. Quelle que soit la personne qui : *Quiconque enfreindra la loi sera puni.* 🔊 [kikɔ̃k].

QUIÉTUDE, subst. f.
Paix de l'âme. – Calme (littér.). 🔊 [kjetyd].

QUIGNON, subst. m.
Extrémité croustillante d'un pain. 🔊 [kiɲɔ̃].

QUILLE (I), subst. f.
Jeux. Cylindre de bois que l'on tente de renverser en lançant une boule. 🔊 [kij].

QUILLE (II), subst. f.
Pièce longitudinale sur laquelle repose la charpente de la carène d'un bateau. 🔊 [kij].

QUINCAILLERIE, subst. f.
Ensemble de petits ustensiles ménagers, d'outils en métal. – Magasin où l'on vend ces objets. 🔊 [kɛ̃kajri].

QUINCAILLIER, IÈRE, subst.
Marchand de quincaillerie. 🔊 [kɛ̃kaje, -jɛr].

QUINCONCE, subst. m.
Objets en quinconce : groupés par 5, dont 4 en carré et le 5e au centre. 🔊 [kɛ̃kɔ̃s].

QUININE, subst. f.
Substance extraite du quinquina, qui sert de remède contre le paludisme. 🔊 [kinin].

QUINQUAGÉNAIRE, adj. et subst.
Qui est âgé de 50 à 59 ans. 🔊 [kɛ̃kaʒenɛr].

QUINQUENNAL, ALE, AUX, adj.
Qui dure cinq ans. – Qui a lieu tous les cinq ans. 🔊 [kɛ̃kenal].

QUINQUINA, subst. m.
Arbre à l'écorce amère dont on tire la quinine. – Apéritif amer que l'on fait avec cette écorce. 🔊 [kɛ̃kina].

QUINTE, subst. f.
Accès de toux. – *Jeux.* Suite de cinq cartes de même couleur. – *Mus.* Intervalle de cinq degrés dans une gamme. 🔊 [kɛ̃t].

QUINTESSENCE, subst. f.
L'essentiel, le meilleur de qqch. 🔊 [kɛ̃tesɑ̃s].

QUINTETTE, subst. m.
Morceau de musique pour cinq voix ou cinq instruments. – Groupe de cinq musiciens ou chanteurs. 🔊 [k(ɥ)ɛ̃tɛt].

QUINTUPLER, verbe [3]
Trans. Multiplier par 5. – Intrans. Se multiplier par 5. 🔊 [kɛ̃typle].

QUINTUPLÉS, ÉES, subst. plur.
Les cinq enfants nés d'une même grossesse. 🔊 [kɛ̃typle].

QUINZAINE, subst. f.
Deux semaines. 🔊 [kɛ̃zɛn].

QUINZE, adj. num. inv. et subst. m. inv.
Adj. Dix plus cinq. – Quinzième : *Louis* XV. – Subst. Le nombre quinze, le numéro 15. – Équipe de 15 joueurs, au rugby. 🔊 [kɛ̃z].

QUIPROQUO, subst. m.
Méprise, malentendu. 🔊 [kiprɔko].

QUITTANCE, subst. f.
Document attestant le paiement d'un dû : **Quittance** *de loyer*. 🔊 [kitɑ̃s].

QUITTE, adj.
Libéré d'une dette, d'un devoir moral. – Loc. prép. **Quitte à** (+ inf.) : au risque de. 🔊 [kit].

QUITTER, verbe trans. [3]
Se séparer de (qqn). – Laisser, abandonner (un lieu, une activité, etc.). – Enlever (un vêtement). 🔊 [kite].

QUI-VIVE, subst. m. inv.
Sur le qui-vive : sur ses gardes. 🔊 [kiviv].

QUOI, pron.
Pron. interr. Quelle chose : *Dis-moi* **quoi** *faire*. – Pron. rel. Reprend un antécédent exprimé (chose ou idée) : *Il a de* **quoi** *vivre, le nécessaire pour vivre* ; *Après* **quoi**. – **Quoi** *qu'il en soit* : de toute façon. 🔊 [kwa].

QUOIQUE, conj.
Bien que, en dépit du fait que. 🔊 Ne s'élide que devant « il », « elle », « ils », « elles », « un », « une », « on » : [kwak(ə)].

QUOLIBET, subst. m.
Raillerie, plaisanterie. 🔊 [kɔlibɛ].

QUORUM, subst. m.
Nombre minimal de membres présents nécessaire pour qu'une assemblée puisse délibérer. 🔊 [k(w)ɔrɔm].

QUOTA, subst. m.
Pourcentage, contingent fixés. 🔊 [k(w)ɔta].

QUOTE-PART, subst. f.
Dans un groupe, partie d'une somme que chacun doit payer ou recevoir. 🔊 Plur. *quotes-parts* : [kɔtpaʀ].

QUOTIDIEN, IENNE, adj. et subst. m.
Adj. De chaque jour. – Subst. Vie de tous les jours. – Publication qui paraît chaque jour. 🔊 [kɔtidjɛ̃, -jɛn].

QUOTIENT, subst. m.
Math. Résultat d'une division. 🔊 [kɔsjɑ̃].

R

R, r, subst. m. inv.
Dix-huitième lettre de l'alphabet français et la quatorzième des consonnes. 🔊 [ɛʀ].

RABÂCHER, verbe [3]
Répéter sans cesse. 🔊 [ʀabaʃe].

RABAIS, subst. m.
Réduction de prix, remise. 🔊 [ʀabɛ].

RABAISSER, verbe trans. [3]
Replacer plus bas. – Fig. Réduire, minimiser. – Déprécier, avilir. 🔊 [ʀabese].

RABAT, subst. m.
Partie d'un objet, d'un vêtement, que l'on peut rabattre : *Poche à rabat*. 🔊 [ʀaba].

RABAT-JOIE, adj. inv. et subst. inv.
Qui contrarie la joie des autres par son humeur négative. 🔊 [ʀabaʒwa].

RABATTRE, verbe trans. [61]
Faire retomber ; replier. – Décompter, déduire. – **Rabattre** *des mailles* : arrêter un tricot. – **Rabattre** *du gibier* : faire en sorte qu'il coure vers les chasseurs. – Empl. intrans. *En rabattre* : réduire ses prétentions (fam.). – Pronom. Se ranger sur la bonne file après avoir doublé. – Fig. *Se* **rabattre** *sur* : adopter faute de mieux. 🔊 [ʀabatʀ].

RABBIN, subst. m.
Chef religieux et ministre du culte d'une communauté israélite. 🔊 [ʀabɛ̃].

RÂBLE, subst. m.
Bas du dos d'un lièvre, d'un lapin. 🔊 [ʀɑbl].

RÂBLÉ, ÉE, adj.
Trapu et vigoureux. 🔊 [ʀɑble].

RABOT, subst. m.
Outil de menuisier muni d'un fer tranchant réglable, permettant de raboter. 🔊 [Rabo].

RABOTER, verbe trans. [3]
Amincir, aplanir (du bois ou du métal) avec un rabot. 🔊 [Rabɔte].

RABOUGRI, IE, adj.
Mal développé, chétif. 🔊 [RabugRi].

RABROUER, verbe trans. [3]
Rudoyer ; accueillir durement, sèchement (qqn). 🔊 [RabRue].

RACAILLE, subst. f.
Rebut de la société, canaille. 🔊 [Rakɑj].

RACCOMMODER, verbe trans. [3]
Réparer (surtout du linge, des vêtements). – Fig. Réconcilier (fam.). 🔊 [Rakɔmɔde].

RACCOMPAGNER, verbe trans. [3]
Reconduire (qqn qui part). 🔊 [Rakɔ̃paɲe].

RACCORD, subst. m.
Assemblage, jonction de deux éléments. – Pièce utilisée à cet effet. 🔊 [Rakɔʀ].

RACCORDEMENT, subst. m.
Action de raccorder ; son résultat. – *Ch. de fer. Voie de* **raccordement** : courte voie qui relie deux lignes. 🔊 [Rakɔʀdəmɑ̃].

RACCORDER, verbe trans. [3]
Réunir (deux éléments). – Servir de jonction à. 🔊 [Rakɔʀde].

RACCOURCI, subst. m.
Chemin plus court. – Fig. Forme concise ; abrégé, résumé. 🔊 [RakuRsi].

RACCOURCIR, verbe [19]
Rendre ou devenir plus court. 🔊 [RakuRsiR].

RACCROCHER, verbe trans. [3]
Accrocher de nouveau. – Empl. abs. Reposer le combiné du téléphone. – Abandonner une activité (fam.). 🔊 [RakRɔʃe].

RACE, subst. f.
Subdivision de l'espèce humaine : *Les races jaune, noire et blanche.* – Subdivision d'une espèce animale : *Chat persan pure* **race**. – Lignée, origine. – Catégorie de personnes : *La* **race** *des vainqueurs.* 🔊 [Ras].

RACÉ, ÉE, adj.
De pure race. – Fin, distingué. 🔊 [Rase].

RACHAT, subst. m.
Action de racheter : **Rachat** *d'une maison de famille.* – Fig. Pardon, rédemption. 🔊 [Raʃa].

RACHETER, verbe trans. [13]
Acheter de nouveau ; acheter (ce qu'on a vendu). – Fig. Compenser ; sauver du péché. – Pronom. Réparer ses fautes. 🔊 [Raʃ(ə)te].

RACHITIQUE, adj.
Qui souffre d'une carence en vitamine D, qui affecte la croissance du squelette. – Chétif. 🔊 [Raʃitik].

RACIAL, ALE, AUX, adj.
Qui concerne la race. 🔊 [Rasjal].

RACINE, subst. f.
Partie souterraine de la plante par laquelle elle se fixe au sol et se nourrit. – Base,

origine. – Fig. Lien profond d'appartenance (gén. au plur.). – Portion d'un organe, implantée dans un tissu : **Racine** *d'une dent.* – Ling. Élément irréductible commun à tous les dérivés d'un mot. – *Math.* **Racine** *carrée, cubique d'un nombre* : dont le carré, le cube est égal à ce nombre. 🔊 [Rasin].

RACISME, subst. m.
Théorie qui affirme la supériorité d'une race sur les autres. – Comportement hostile à l'égard des autres races. 🔊 [Rasism].

RACKET, subst. m.
Extorsion des biens d'autrui par la violence ou le chantage. 🔊 [Rakɛt].

RACLÉE, subst. f.
Fam. Correction, volée de coups. – Défaite sévère. 🔊 [Rɑkle].

RACLER, verbe trans. [3]
Gratter, frotter. – **Racler** *les fonds de tiroirs* : réunir ses dernières économies. 🔊 [Rɑkle].

RACLETTE, subst. f.
Instrument à lame caoutchoutée utilisé pour nettoyer sols ou vitres. – Plat à base de fromage fondu ; ce fromage. 🔊 [Rɑklɛt].

RACOLER, verbe trans. [3]
Attirer de manière peu honnête. 🔊 [Rakɔle].

RACONTAR, subst. m.
Ragot, commérage, médisance. 🔊 [Rakɔ̃taR].

RACONTER, verbe trans. [3]
Faire le récit de, narrer. – Dire. 🔊 [Rakɔ̃te].

RACORNIR, verbe trans. [19]
Rendre sec et ratatiné. 🔊 [RakɔRniR].

RADAR, subst. m.
Appareil qui détecte les objets par réflexion (écho) d'ondes radioélectriques. 🔊 [RadaR].

RADE, subst. f.
Grand bassin naturel s'ouvrant sur la mer, où les navires viennent mouiller. – *En* **rade** : en panne (fam.). 🔊 [Rad].

RADEAU, subst. m.
Embarcation de fortune, plate, formée d'un assemblage de bois. 🔊 [Rado].

RADIANT, ANTE, adj.
Qui émet des radiations. 🔊 [Radjɑ̃, -ɑ̃t].

RADIATEUR, subst. m.
Appareil de chauffage. – Dispositif servant à refroidir un moteur. 🔊 [RadjatœR].

RADIATION, subst. f.
Phys. Émission de particules. – Énergie propagée sous forme d'ondes. 🔊 [Radjasjɔ̃].

RADICAL, ALE, AUX, adj. et subst.
Adj. Qui a trait à l'essence des êtres ou des choses ; fondamental : *Un changement* **radical**. – Décisif, énergique ; intransigeant. – Adj. et subst. *Pol.* Adepte du radicalisme. – Subst. masc. *Chim.* Groupement d'atomes dans une molécule, qui peut être isolé. – Ling. Forme concrète de la racine d'un mot. 🔊 [Radikal].

RADICALISER, verbe trans. [3]
Rendre radical, intransigeant. 🔊 [Radikalize].

RADICALISME, subst. m.
Doctrine républicaine, libérale et laïque.
– Intransigeance absolue. 🔊 [ʀadikalism].

RADICELLE, subst. f.
Petite racine secondaire. 🔊 [ʀadisɛl].

RADIER, verbe trans. [6]
Effacer, rayer d'une liste. 🔊 [ʀadje].

RADIESTHÉSIE, subst. f.
Détection de corps fondée sur les radiations
qu'ils émettent. 🔊 [ʀadjɛstezi].

RADIEUX, IEUSE, adj.
Éblouissant de lumière. – Fig. Rayonnant
de joie, épanoui. 🔊 [ʀadjø, -jøz].

RADIN, INE, adj. et subst.
Avare (fam.). 🔊 Au fém., l'adj. peut rester
inv. en genre : [ʀadɛ̃, -in].

RADIO, subst. f.
Abrév. de « radiodiffusion », de « radiographie » ou de « radioscopie ». – Station
émettrice de radiodiffusion. – Poste récepteur. 🔊 [ʀadjo].

RADIOACTIF, IVE, adj.
Doué de radioactivité. 🔊 [ʀadjoaktif, -iv].

RADIOACTIVITÉ, subst. f.
Propriété qu'ont certains corps de se désintégrer en émettant des radiations par suite
de la modification de leur noyau atomique.
🔊 [ʀadjoaktivite].

RADIODIFFUSION, subst. f.
Émission et transmission de sons par ondes
hertziennes. 🔊 [ʀadjodifyzjɔ̃].

RADIOGRAPHIE, subst. f.
Examen de la structure interne du corps par
rayons X. – Le cliché obtenu. 🔊 [ʀadjoɡʀafi].

RADIOLOGIE, subst. f.
Partie de la médecine qui traite des applications des rayons X et d'autres radiations.
🔊 [ʀadjolɔʒi].

RADIOPHONIQUE, adj.
Relatif à la transmission des sons par ondes
radioélectriques. 🔊 [ʀadjofonik].

RADIOSCOPIE, subst. f.
Examen de l'image que forment sur écran
fluorescent un organe ou un objet exposés
aux rayons X. 🔊 [ʀadjoskopi].

RADIS, subst. m.
Petite plante potagère dont on mange crue
la racine rose ou noire, à saveur piquante.
🔊 [ʀadi].

RADIUS, subst. m.
L'os le plus externe de l'avant-bras, qui
tourne autour du cubitus. 🔊 [ʀadjys].

RADOTER, verbe intrans. [3]
Tenir des propos séniles. – Répéter sans
cesse la même chose, rabâcher. 🔊 [ʀadote].

RADOUB, subst. m.
Réparation d'une coque de navire. 🔊 [ʀadu].

RADOUCIR, verbe trans. [19]
Rendre plus doux, calmer. – Pronom. Le
temps se radoucit. 🔊 [ʀadusiʀ].

RAFALE, subst. f.
Coup de vent brutal. – Série rapprochée
de coups tirés par une arme automatique :
Rafale de mitraillette. 🔊 [ʀafal].

RAFFERMIR, verbe trans. [19]
Rendre plus dur, plus ferme. – Fig. Stabiliser, consolider, renforcer. 🔊 [ʀafɛʀmiʀ].

RAFFINAGE, subst. m.
Action de raffiner un produit. 🔊 [ʀafinaʒ].

RAFFINEMENT, subst. m.
Caractère raffiné, subtil. 🔊 [ʀafinmɑ̃].

RAFFINER, verbe trans. [3]
Rendre plus pur (un produit brut). – Fig.
Rendre plus fin, plus élégant. 🔊 [ʀafine].

RAFFINERIE, subst. f.
Usine de raffinage. 🔊 [ʀafinʀi].

RAFFOLER, verbe trans. indir. [3]
Aimer vivement, sans retenue : Raffoler de
cinéma, de chocolat, de Vivaldi. 🔊 [ʀafole].

RAFFUT, subst. m.
Tapage, tintamarre (fam.). 🔊 [ʀafy].

RAFIOT, subst. m.
Mauvais bateau (fam.). 🔊 [ʀafjo].

RAFISTOLER, verbe trans. [3]
Réparer de façon grossière ou provisoire,
retaper (fam.). 🔊 [ʀafistole].

RAFLE, subst. f.
Action de rafler. – Descente de police,
arrestation massive de gens. 🔊 [ʀafl].

RAFLER, verbe trans. [3]
Emporter rapidement (tout ce que l'on
peut prendre) (fam.). 🔊 [ʀafle].

RAFRAÎCHIR, verbe [19]
Trans. Rendre frais ou plus frais. – Remettre
à neuf : Rafraîchir sa maison. – Rafraîchir
la mémoire de qqn : lui rappeler ce qu'il a
oublié, ou préfère oublier (fam.). – Intrans. Devenir plus frais : Le temps rafraîchit. – Pronom. Se désaltérer. 🔊 [ʀafʀeʃiʀ].

RAFRAÎCHISSEMENT, subst. m.
Refroidissement atmosphérique. – Boisson qui rafraîchit. – Fig. Action de rafraîchir ; coup de neuf. 🔊 [ʀafʀeʃismɑ̃].

RAGAILLARDIR, verbe trans. [19]
Revigorer, réconforter. 🔊 [ʀaɡajaʀdiʀ].

RAGE, subst. f.
Fureur intense. – Passion, désir frénétique.
– Maladie virale mortelle, transmise à
l'homme par la morsure d'animaux conta-
minés. – Rage de dents : mal de dents
intense. – Faire rage : se déchaîner. 🔊 [ʀaʒ].

RAGER, verbe intrans. [5]
Être très en colère (fam.). 🔊 [ʀaʒe].

RAGEUR, EUSE, adj.
Qui exprime la rage. 🔊 [ʀaʒœʀ, -øz].

RAGOT, subst. m.
Médisance (fam.). 🔊 [ʀaɡo].

RAGOÛT, subst. m.
Plat de viande et de légumes cuits en sauce.
🔊 [ʀaɡu].

RAGOÛTANT, ANTE, adj.
Appétissant (empl. gén. négatif) : *Une viande peu* ragoûtante. 🔊 [ʀaɡutɑ̃, -ɑ̃t].

RAI, subst. m.
Rayon (de lumière, de roue, etc.). 🔊 [ʀɛ].

RAID, subst. m.
Incursion éclair chez l'ennemi. – Attaque aérienne. – Épreuve d'endurance. 🔊 [ʀɛd].

RAIDE, adj. et adv.
Adj. Rigide, qui ne plie pas. – Pentu, abrupt : *Gravir une côte* raide. – Fam. Sans argent. – Difficilement acceptable. – Adv. Tout d'un coup : *Tomber* raide. 🔊 [ʀɛd].

RAIDEUR, subst. f.
Caractère de ce qui est raide. 🔊 [ʀɛdœʀ].

RAIDILLON, subst. m.
Petit chemin ou sentier escarpés. 🔊 [ʀedijɔ̃].

RAIDIR, verbe trans. [19]
Rendre raide ou tendu. 🔊 [ʀediʀ].

RAIE (I), subst. f.
Sillon d'un champ. – Marque de séparation des cheveux. – Bande décorative, rayure : *Chemisiers à* raies. 🔊 [ʀɛ].

RAIE (II), subst. f.
Poisson plat cartilagineux. 🔊 [ʀɛ].

RAIL, subst. m.
Chacune des barres d'acier parallèles formant une voie ferrée. – *Le* rail : transport par chemin de fer. – Barre métallique sur laquelle coulisse une pièce mobile. 🔊 [ʀaj].

RAILLER, verbe trans. [3]
Ridiculiser, se moquer de. 🔊 [ʀaje].

RAILLERIE, subst. f.
Moquerie, ironie. 🔊 [ʀajʀi].

RAINETTE, subst. f.
Petite grenouille arboricole. 🔊 [ʀɛnɛt].

RAINURE, subst. f.
Entaille en longueur. 🔊 [ʀenyʀ].

RAISIN, subst. m.
Fruit de la vigne, constitué de petites baies en grappe, dont on fait le vin. 🔊 [ʀɛzɛ̃].

RAISON, subst. f.
Faculté humaine de penser, de juger. – État normal de santé mentale, lucidité : *Perdre la* raison. – Origine, motif ; argument. – *Avoir* raison : être dans le vrai ; *Se faire une* raison : se résigner. – *Plus que de* raison : excessivement. 🔊 [ʀɛzɔ̃].

RAISONNABLE, adj.
Doué de raison. – Sensé, sage. – *Un prix* raisonnable : acceptable. 🔊 [ʀɛzɔnabl].

RAISONNEMENT, subst. m.
Faculté de raisonner. – Suite d'opérations intellectuelles menant à une conclusion. 🔊 [ʀɛzɔnmɑ̃].

RAISONNER, verbe [3]
Intrans. User de sa raison pour juger, évaluer, démontrer. – Discuter, argumenter. – Trans. Tenter d'amener (qqn) à la raison : Raisonner *un enfant.* 🔊 [ʀɛzɔne].

RAJEUNIR, verbe [19]
Trans. Faire paraître plus jeune ; faire retrouver la jeunesse à. – Donner un âge moindre à. – Moderniser, rénover. – Intrans. Redevenir jeune. 🔊 [ʀaʒœniʀ].

RAJOUTER, verbe trans. [3]
Ajouter encore. – *En* rajouter : exagérer (fam.). 🔊 [ʀaʒute].

RAJUSTER, verbe trans. [3]
Remettre (qqch.) à la bonne place, en ordre. – Rectifier. 🔊 [ʀaʒyste].

RÂLE, subst. m.
Respiration rauque des malades agonisants. – Bruit anormal perçu à l'auscultation des poumons. 🔊 [ʀɑl].

RALENTIR, verbe [19]
Rendre ou devenir plus lent. 🔊 [ʀalɑ̃tiʀ].

RALENTISSEMENT, subst. m.
Diminution de vitesse. – Baisse d'activité : Ralentissement *des affaires.* 🔊 [ʀalɑ̃tismɑ̃].

RÂLER, verbe intrans. [3]
Respirer en émettant des râles. – Émettre son cri, pour le cerf ou le tigre. – Se plaindre avec mauvaise humeur (fam.). 🔊 [ʀɑle].

RALLIEMENT, subst. m.
Regroupement de personnes. – *Signe de* ralliement : de reconnaissance. – Adhésion à une cause, à un groupe. 🔊 [ʀalimɑ̃].

RALLIER, verbe trans. [6]
Regrouper (des gens dispersés). – Gagner à sa cause. – Rejoindre ; atteindre. 🔊 [ʀalje].

RALLONGE, subst. f.
Pièce que l'on ajoute à une autre afin d'en augmenter la longueur. – Supplément financier (fam.). 🔊 [ʀalɔ̃ʒ].

RALLONGER, verbe [5]
Allonger ou devenir plus long. 🔊 [ʀalɔ̃ʒe].

RALLUMER, verbe trans. [3]
Allumer de nouveau. – Fig. Réveiller, raviver : Rallumer *l'espoir.* 🔊 [ʀalyme].

RALLYE, subst. m.
Compétition dans laquelle on doit rallier un lieu après différentes épreuves. 🔊 [ʀali].

R.A.M., subst. f. inv.
Informat. Mémoire vive (*random access memory*). 🔊 [ʀam].

RAMADAN, subst. m.
Mois durant lequel les musulmans jeûnent du lever au coucher du soleil. 🔊 [ʀamadɑ̃].

RAMAGE, subst. m.
Chant des oiseaux. – Plur. Motif ornemental de rameaux, de fleurs. 🔊 [ʀamaʒ].

RAMASSER, verbe trans. [3]
Rassembler ; tenir serré. – Prendre par terre. – Recueillir ; collecter. – Fig. Condenser. – Pronom. Fam. Tomber. – Échouer, rater. 🔊 [ʀamase].

RAMASSIS, subst. m.
Ensemble de gens ou d'objets sans valeur (péj.). 🔊 [ʀamasi].

RAMBARDE, subst. f.
Balustrade d'un navire. – Rampe métallique, garde-fou. 🕮 [ʀɑ̃baʀd].

RAME (I), subst. f.
Barre de bois à l'extrémité aplatie, servant à propulser une embarcation. 🕮 [ʀam].

RAME (II), subst. f.
File de wagons : *Une rame de métro.* – Lot de 500 feuilles de papier. 🕮 [ʀam].

RAMEAU, subst. m.
Petite branche d'arbre. 🕮 [ʀamo].

RAMENER, verbe trans. [10]
Amener de nouveau ; reconduire : *On le ramena chez lui.* – Faire revenir (à un état, à un niveau de départ). 🕮 [ʀam(ə)ne].

RAMEQUIN, subst. m.
Petit récipient allant au four. 🕮 [ʀamkɛ̃].

RAMER, verbe intrans. [3]
Manœuvrer les rames. – Fig. Se donner beaucoup de peine (fam.). 🕮 [ʀame].

RAMEUTER, verbe trans. [3]
Rassembler en meute. – Réunir, regrouper en vue d'une action. 🕮 [ʀamøte].

RAMI, subst. m.
Jeu de cartes. 🕮 [ʀami].

RAMIER, subst. m.
Gros pigeon sauvage. 🕮 [ʀamje].

RAMIFICATION, subst. f.
Division en branches, en rameaux : *Ramification de l'arbre, du nerf.* 🕮 [ʀamifikasjɔ̃].

RAMIFIER (SE), verbe pronom. [6]
Former des ramifications. – Se subdiviser. 🕮 [ʀamifje].

RAMOLLIR, verbe trans. [19]
Rendre mou. – Fig. Rendre moins déterminé : *Ramollir son ardeur.* 🕮 [ʀamɔliʀ].

RAMONER, verbe trans. [3]
Racler un conduit de cheminée pour en enlever la suie. 🕮 [ʀamɔne].

RAMPE, subst. f.
Plan incliné : *Rampe de lancement d'une fusée.* – Balustrade d'escalier. – Rangée de projecteurs. 🕮 [ʀɑ̃p].

RAMPER, verbe intrans. [3]
Progresser par mouvements d'ondulation. – Avancer sur le ventre. – Fig. Se conduire avec servilité. 🕮 [ʀɑ̃pe].

RAMURE, subst. f.
Ensemble des branchages, des rameaux d'un arbre. – Bois d'un cervidé. 🕮 [ʀamyʀ].

RANCE, adj. et subst. m.
Se dit de l'odeur forte et du goût âcre qu'un corps gras prend avec le temps. 🕮 [ʀɑ̃s].

RANCH, subst. m.
Grande exploitation d'élevage, aux États-Unis. 🕮 Plur. *ranch(e)s* : [ʀɑ̃tʃ].

RANCŒUR, subst. f.
Amertume, ressentiment dus à une déception, à une injustice. 🕮 [ʀɑ̃kœʀ].

RANÇON, subst. f.
Somme exigée pour libérer un captif. – Fig. Contrepartie d'un avantage. 🕮 [ʀɑ̃sɔ̃].

RANÇONNER, verbe trans. [3]
Forcer (qqn) à remettre son argent, ses objets de valeur. 🕮 [ʀɑ̃sɔne].

RANCUNE, subst. f.
Ressentiment vif et tenace. 🕮 [ʀɑ̃kyn].

RANCUNIER, IÈRE, adj. et subst.
Qui est enclin à la rancune. 🕮 [ʀɑ̃kynje, -jɛʀ].

RANDONNÉE, subst. f.
Longue promenade. 🕮 [ʀɑ̃dɔne].

RANG, subst. m.
Alignement de front ; ensemble de choses, de personnes juxtaposées. – Position, numéro d'ordre dans une hiérarchie. 🕮 [ʀɑ̃].

RANGÉE, subst. f.
Alignement, rang, ligne. 🕮 [ʀɑ̃ʒe].

RANGEMENT, subst. m.
Action, manière de ranger. 🕮 [ʀɑ̃ʒmɑ̃].

RANGER, verbe trans. [5]
Aligner, mettre en rang. – Classer selon un ordre. – Situer, mettre au nombre de. – Mettre en ordre. – Garer. – Pronom. Devenir plus sage. – Se rallier (à). 🕮 [ʀɑ̃ʒe].

RANIMER, verbe trans. [3]
Faire reprendre conscience à. – Fig. Réveiller (une ardeur) ; raviver. 🕮 [ʀanime].

RAPACE, adj. et subst. m.
Se dit d'un oiseau carnivore et vorace, à bec crochu et à fortes serres : *Rapaces diurnes, nocturnes.* – Adj. Âpre au gain, cupide. 🕮 [ʀapas].

RAPATRIER, verbe trans. [6]
Faire revenir dans son pays. 🕮 [ʀapatʀije].

RÂPE, subst. f.
Grosse lime. – Ustensile servant à réduire les aliments en fines lamelles. 🕮 [ʀɑp].

RÂPER, verbe trans. [3]
Frotter contre une râpe. – User, détériorer par frottement. 🕮 [ʀɑpe].

RAPETISSER, verbe [3]
Rendre ou devenir plus petit. 🕮 [ʀap(ə)tise].

RÂPEUX, EUSE, adj.
Rugueux. – Au goût âpre. 🕮 [ʀɑpø, -øz].

RAPHIA, subst. m.
Palmier à longues feuilles. – Fibre de ces feuilles. 🕮 [ʀafja].

RAPIDE, adj. et subst. m.
Adj. Qui va vite : *Rapide comme l'éclair.* – Qui agit vite. – Qui ne dure pas longtemps. – Subst. Partie d'un cours d'eau où le débit s'accélère. – Train qui ne dessert que les gares très importantes. 🕮 [ʀapid].

RAPIDITÉ, subst. f.
Caractère de ce qui est rapide. 🕮 [ʀapidite].

RAPIÉCER, verbe trans. [4] et [8]
Réparer (un vêtement) en appliquant une pièce de tissu. 🕮 [ʀapjese].

RAPIÈRE, subst. f.
Ancienne épée longue. 🕮 [ʀapjɛʀ].

RAPINE, subst. f.
Action de prendre par la violence ; pillage, vol. – Butin ainsi obtenu. 🕮 [ʀapin].

RAPPEL, subst. m.
Action de rappeler, de faire revenir qqn.
– Évocation, remise en mémoire. – Paiement d'une somme restant due : **Rappel d'impôts**. – Nouvelle injection de vaccin. – Technique de descente au moyen d'une corde double, en alpinisme. ✇ [ʀapɛl].

RAPPELER, verbe trans. [12]
Appeler de nouveau, faire revenir. – Faire repenser à, remettre en mémoire. – Évoquer par une ressemblance. ✇ [ʀap(ə)le].

RAPPORT, subst. m.
Profit, revenu. – Exposé ou compte rendu. – Lien ; relation. – Loc. prép. *Par rapport à* : relativement à. ✇ [ʀapɔʀ].

RAPPORTER, verbe trans. [3]
Apporter de nouveau, rendre (ce que l'on a emprunté). – Apporter avec soi en revenant d'un lieu. – Relater, répéter ; dénoncer. – Apporter comme profit ; empl. abs., être rentable. – Pronom. *Se rapporter à* : avoir trait à. ✇ [ʀapɔʀte].

RAPPORTEUR, EUSE, subst.
Qui répète, dénonce. – Masc. Personne qui présente un rapport officiel. – Demi-cercle gradué servant à mesurer ou à dessiner des angles. ✇ [ʀapɔʀtœʀ, -øz].

RAPPROCHER, verbe trans. [3]
Mettre plus près, dans l'espace ou le temps. – Fig. Réconcilier. – Comparer. ✇ [ʀapʀɔʃe].

RAPT, subst. m.
Enlèvement illégal de qqn. ✇ [ʀapt].

RAQUETTE, subst. f.
Instrument à manche et à cadre ovale, qui sert à envoyer des balles. – Large semelle ovale que l'on fixe à la chaussure pour ne pas s'enfoncer dans la neige. ✇ [ʀakɛt].

RARE, adj.
Qui n'existe qu'en peu d'exemplaires. – Qui ne se produit presque jamais. ✇ [ʀɑʀ].

RARÉFIER, verbe trans. [6]
Rendre rare. ✇ [ʀaʀefje].

RARETÉ, subst. f.
Caractère de ce qui est rare. – Chose rare, curiosité. ✇ [ʀaʀte].

RARISSIME, adj.
Extrêmement rare. ✇ [ʀaʀisim].

RAS, RASE, adj. et adv.
Adj. Très court. – *À ras bord* : jusqu'au bord. – *Faire table rase de* : ne rien garder, retenir de. – Adv. *Cheveux coupés* ras. – *En avoir ras le bol* : être excédé (fam.). ✇ [ʀɑ, ʀɑz].

RASADE, subst. f.
Contenu d'un verre que l'on a rempli à ras bord : **Rasade** *de vin*. ✇ [ʀazad].

RASCASSE, subst. f.
Poisson méditerranéen hérissé de piquants (synon. *scorpène*). ✇ [ʀaskas].

RASE-MOTTES, subst. m. inv.
Vol en **rase-mottes** : à très faible altitude. ✇ [ʀazmɔt].

RASER, verbe trans. [3]
Couper (poils ou cheveux) au rasoir, au ras de la peau. – Mettre à bas, démolir. – Passer très près de. – Ennuyer (fam.). ✇ [ʀaze].

RASEUR, EUSE, subst.
Personne ennuyeuse (fam.). ✇ [ʀazœʀ, -øz].

RASOIR, adj. inv. et subst. m.
Subst. Instrument à lame effilée servant à raser. – Adj. Ennuyeux (fam.). ✇ [ʀazwaʀ].

RASSASIER, verbe trans. [6]
Assouvir la faim de (qqn, un animal). – Fig. Combler. ✇ [ʀasazje].

RASSEMBLEMENT, subst. m.
Action de rassembler, fait de se rassembler. – Réunion en nombre. – Groupement politique. ✇ [ʀasɑ̃bləmɑ̃].

RASSEMBLER, verbe trans. [3]
Assembler de nouveau (ce qui était dispersé). – Grouper, réunir en un tout. – Concentrer : **Rassembler** *ses esprits, ses forces*. ✇ [ʀasɑ̃ble].

RASSÉRÉNER, verbe trans. [8]
Rendre la sérénité à. ✇ [ʀaseʀene].

RASSIS, ISE, adj.
Pain rassis : desséché mais pas encore dur. – Fig. *Esprit* rassis : réfléchi. ✇ Au fém., on dit aussi *rassie* ; [ʀasi, -iz].

RASSURER, verbe trans. [3]
Redonner confiance à. ✇ [ʀasyʀe].

RAT, RATE, subst.
Rongeur plus gros que la souris, très prolifique et nuisible. – Masc. *Petit rat* : jeune élève de la classe de danse de l'Opéra. ✇ [ʀa, ʀat].

RATATINER, verbe trans. [3]
Rapetisser en flétrissant. – Vaincre, écraser ; casser (fam.). – Pronom. Se rabougrir, se tasser. ✇ [ʀatatine].

RATE, subst. f.
Organe situé près de l'estomac. ✇ [ʀat].

RATÉ, ÉE, subst.
Personne dont la vie est un échec (fam.). – Masc. Bruit anormal d'un moteur ; au fig., dysfonctionnement. ✇ [ʀate].

RÂTEAU, subst. m.
Outil à long manche et à dents, qui sert à nettoyer un terrain. ✇ [ʀɑto].

RÂTELIER, subst. m.
Mangeoire à claire-voie destinée à recevoir le fourrage. – Support de rangement vertical : *Un râtelier d'armes*. – Dentier (fam.). ✇ [ʀɑtəlje].

RATER, verbe [3]
Intrans. Échouer. – Trans. Ne pas atteindre (une cible, un but). – Manquer : **Rater** *qqn*, ne pas le rencontrer. ✇ [ʀate].

RATIFIER, verbe trans. [6]
Valider, confirmer (un engagement, une loi, un traité international). ✇ [ʀatifje].

RATION, subst. f.
Quantité journalière de nourriture nécessaire à qqn, à un animal. ✇ [ʀasjɔ̃].

RATIONALISER, verbe trans. [3]
Rendre rationnel. – Organiser de manière efficace, moins coûteuse. 📖 [ʀasjɔnalize].

RATIONALITÉ, subst. f.
Caractère rationnel. 📖 [ʀasjɔnalite].

RATIONNEL, ELLE, adj.
Fondé sur la raison ; conforme au bon sens. 📖 [ʀasjɔnɛl].

RATIONNER, verbe trans. [3]
Restreindre la consommation de (qqch.) : *Rationner l'eau*. – Soumettre à une ration limitée : **Rationner** *un pays*. 📖 [ʀasjɔne].

RATISSER, verbe trans. [3]
Nettoyer, égaliser au râteau. – Fouiller systématiquement (un secteur). 📖 [ʀatise].

RATON, subst. m.
Raton laveur : mammifère carnivore d'Amérique, qui lave sa nourriture. 📖 [ʀatɔ̃].

RATTACHER, verbe trans. [3]
Attacher de nouveau. – Relier (à). – Fig. Faire dépendre (de). 📖 [ʀataʃe].

RATTRAPER, verbe trans. [3]
Attraper de nouveau ; saisir (qqn ou qqch., pour l'empêcher de tomber). – Rejoindre (une personne, un véhicule qui est devant). – Réparer (une erreur). – Regagner (du temps ou de l'argent). 📖 [ʀatʀape].

RATURE, subst. f.
Trait dont on raye un ou plusieurs mots à supprimer. 📖 [ʀatyʀ].

RATURER, verbe trans. [3]
Supprimer d'un trait, biffer. 📖 [ʀatyʀe].

RAUQUE, adj.
Éraillé, guttural : *Une voix* **rauque**. 📖 [ʀok].

RAVAGE, subst. m.
Dévastation. – Effet destructeur (gén. au plur.) ; dégâts. 📖 [ʀavaʒ].

RAVAGER, verbe trans. [5]
Faire subir des ravages à. 📖 [ʀavaʒe].

RAVALER, verbe trans. [3]
Avaler de nouveau. – Nettoyer, refaire la façade de. – Fig. Retenir (fam.) : **Ravaler** *sa colère*. – Rabaisser, déprécier. 📖 [ʀavale].

RAVAUDER, verbe trans. [3]
Repriser à l'aiguille (vieilli). 📖 [ʀavode].

RAVE, subst. f.
Plante potagère à racine ronde. 📖 [ʀav].

RAVI, IE, adj.
Très satisfait, transporté de joie. 📖 [ʀavi].

RAVIER, subst. m.
Petit plat ovale à hors-d'œuvre. 📖 [ʀavje].

RAVIGOTER, verbe trans. [3]
Redonner de la vigueur à (fam.). 📖 [ʀavigɔte].

RAVIN, subst. m.
Vallée profonde et abrupte. 📖 [ʀavɛ̃].

RAVINER, verbe trans. [3]
Éroder (un sol) en creusant des sillons. – Creuser (un visage) de rides. 📖 [ʀavine].

RAVIOLI, subst. m.
Petit carré de pâte farcie. 📖 [ʀavjɔli].

RAVIR, verbe trans. [19]
Enlever de force ; voler (littér.). – Transporter, enthousiasmer. – Loc. adv. *À ravir* : admirablement, à merveille. 📖 [ʀaviʀ].

RAVISER (SE), verbe pronom. [3]
Changer d'avis, revenir sur une décision. 📖 [ʀavize].

RAVISSEMENT, subst. m.
État de l'âme en extase. – Joie intense ; enchantement. 📖 [ʀavismɑ̃].

RAVISSEUR, EUSE, subst.
Auteur d'un rapt. 📖 [ʀavisœʀ, -øz].

RAVITAILLER, verbe trans. [3]
Approvisionner en vivres, en munitions, en carburant. 📖 [ʀavitaje].

RAVIVER, verbe trans. [3]
Rendre plus vif : **Raviver** *une couleur*. – Fig. Réveiller, faire revivre : **Raviver** *une douleur, des souvenirs*. 📖 [ʀavive].

RAYER, verbe trans. [15]
Tracer des lignes, des rayures sur ; érafler. – Barrer d'un trait (du texte). – Fig. Rejeter, supprimer, radier. 📖 [ʀeje].

RAYON (I), subst. m.
Ligne, trait issus d'une source lumineuse. – *Géom.* Ligne reliant le centre d'un cercle à un point de sa circonférence. – Pièce reliant le moyeu d'une roue à sa jante. – **Rayon** *d'action* : zone d'activité. 📖 [ʀejɔ̃].

RAYON (II), subst. m.
Gâteau de cire fait par les abeilles. – Étagère, tablette de bibliothèque. – Subdivision d'un magasin : **Rayon** *des jouets*. 📖 [ʀejɔ̃].

RAYONNAGE, subst. m.
Ensemble d'étagères. 📖 [ʀejɔnaʒ].

RAYONNEMENT, subst. m.
Éclat d'une source lumineuse. – Propagation de radiations. – Fig. Influence prestigieuse ou bénéfique. 📖 [ʀejɔnmɑ̃].

RAYONNER, verbe intrans. [3]
Projeter des rayons lumineux, de l'énergie ; au fig., répandre son influence, son éclat ou son bonheur. – Partir d'un centre dans diverses directions. 📖 [ʀejɔne].

RAYURE, subst. f.
Bande étroite, ligne se détachant sur un fond de couleur différente. – Éraflure qui abîme une surface. 📖 [ʀejyʀ].

RAZ, subst. m.
Mar. Passage étroit parcouru par un courant violent ; ce courant. – *Raz(-)de(-)marée* : vague énorme, d'origine sismique, qui submerge les zones littorales. 📖 [ʀɑ].

RAZZIA, subst. f.
Pillage éclair. 📖 [ʀa(d)zja].

RE-, R(É)-, préfixe
Exprime la répétition, l'achèvement ou le retour en arrière ou à un état antérieur. 📖 [ʀə-] ; [ʀ(e)-] devant une voyelle.

RÉ, subst. m. inv.
Mus. Deuxième note de la gamme. 📖 [ʀe].

RÉACTEUR, subst. m.
Moteur à réaction. 🕮 [ʀeaktœʀ].

RÉACTION, subst. f.
Modification du comportement, en réponse à une action, un fait extérieurs. – Pensée, action contraire à une autre. – Refus de l'évolution des mœurs et du progrès social. – *Chim.* Transformation réciproque de corps mis en présence. – *Mécan.* Force en retour exercée par un corps soumis à l'action d'un autre corps. – *Moteur à* **réaction** : qui propulse l'engin en éjectant des gaz vers l'arrière. 🕮 [ʀeaksjɔ̃].

RÉACTIONNAIRE, adj. et subst.
Qui est partisan d'un ordre antérieur, qui s'oppose au progrès social. 🕮 [ʀeaksjɔnɛʀ].

RÉADAPTER, verbe trans. [3]
Adapter de nouveau ou à de nouvelles conditions. – Réaccoutumer. 🕮 [ʀeadapte].

RÉAFFIRMER, verbe trans. [3]
Affirmer de nouveau. 🕮 [ʀeafiʀme].

RÉAGIR, verbe intrans. [19]
Présenter une réaction en réponse à une action extérieure, à une situation donnée. – **Réagir** *sur* : se répercuter sur. – **Réagir** *contre* : s'opposer, résister à. – *Chim.* Entrer en réaction. 🕮 [ʀeaʒiʀ].

RÉAJUSTER, verbe trans. [3]
Ajuster de nouveau. – Modifier, en fonction de nouvelles données. 🕮 [ʀeaʒyste].

RÉALISATEUR, TRICE, subst.
Responsable de la réalisation d'un film, d'une émission. 🕮 [ʀealizatœʀ, -tʀis].

RÉALISATION, subst. f.
Action de réaliser ; ce qui a été réalisé. – Ensemble des opérations nécessaires à la création d'un film, d'une émission de radio ou de télévision. – Conversion d'un bien en argent, par sa vente. 🕮 [ʀealizasjɔ̃].

RÉALISER, verbe trans. [3]
Donner une réalité à, concrétiser ; mener à bien, accomplir. – Créer (un film, une émission). – Vendre (un bien) pour disposer d'argent liquide. 🕮 [ʀealize].

RÉALISME, subst. m.
Comportement qui prend en compte et sait utiliser la réalité. – Conception littéraire et artistique prônant la reproduction de la réalité, sans idéalisation. 🕮 [ʀealism].

RÉALITÉ, subst. f.
Caractère de ce qui existe vraiment. – Chose, situation réelles. 🕮 [ʀealite].

RÉANIMER, verbe trans. [3]
Ramener à la vie. 🕮 [ʀeanime].

RÉAPPARAÎTRE, verbe intrans. [73]
Apparaître de nouveau après une absence, une interruption. 🕮 [ʀeapaʀɛtʀ].

RÉARMER, verbe [3]
Trans. Doter de nouveau d'un armement. – Remettre en état de fonctionner : *Réarmer un fusil, un navire.* – Intrans. Reconstituer son équipement militaire. 🕮 [ʀeaʀme].

RÉBARBATIF, IVE, adj.
Qui rebute ou décourage. 🕮 [ʀebaʀbatif, -iv].

REBÂTIR, verbe trans. [19]
Bâtir de nouveau. 🕮 [ʀ(ə)batiʀ].

REBATTRE, verbe trans. [61]
Battre de nouveau. – **Rebattre** *les oreilles à qqn de qqch.* : lui en parler sans cesse, au point de le lasser. 🕮 [ʀ(ə)batʀ].

REBELLE, adj. et subst.
Qui s'insurge, qui s'oppose ouvertement à une autorité établie. – Adj. Qui résiste : *Être* **rebelle** *à la loi.* – *Enfant* **rebelle** *aux études* : peu doué pour les études. 🕮 [ʀəbɛl].

REBELLER (SE), verbe pronom. [3]
Se révolter, s'insurger. 🕮 [ʀ(ə)bele].

RÉBELLION, subst. f.
Action de se rebeller, révolte. 🕮 [ʀebeljɔ̃].

REBIFFER (SE), verbe pronom. [3]
Refuser d'obéir (fam.). 🕮 [ʀ(ə)bife].

REBIQUER, verbe intrans. [3]
Se redresser (fam.) : *Col, cheveux qui re-biquent.* 🕮 [ʀ(ə)bike].

REBOISER, verbe trans. [3]
Replanter (un lieu) d'arbres. 🕮 [ʀ(ə)bwaze].

REBONDIR, verbe intrans. [19]
Faire un ou des bonds après avoir heurté qqch. – *Fig.* Prendre un nouvel élan ; prendre un tour nouveau. 🕮 [ʀ(ə)bɔ̃diʀ].

REBONDISSEMENT, subst. m.
Mouvement de ce qui rebondit. – Tournure nouvelle et inattendue (d'une situation, d'une affaire). 🕮 [ʀ(ə)bɔ̃dismɑ̃].

REBORD, subst. m.
Bord en saillie : **Rebord** *de balcon.* – Bord replié : *Manche à* **rebords**. 🕮 [ʀ(ə)bɔʀ].

REBOUCHER, verbe trans. [3]
Boucher, fermer de nouveau. 🕮 [ʀ(ə)buʃe].

REBOURS (À), loc. adv.
À rebrousse-poil. – *Fig.* À contre-courant : *Aller à* **rebours** *de la mode.* – *Compte à* **rebours** : minutage aboutissant à zéro. 🕮 [aʀ(ə)buʀ].

REBOUTEUX, EUSE, subst.
Personne qui remet des membres démis ou qui réduit des fractures, des luxations sans être médecin (fam.). 🕮 [ʀ(ə)butø, -øz].

REBROUSSE-POIL (À), loc. adv.
En relevant le poil. – *Fig.* Sans douceur, maladroitement. 🕮 [ʀ(ə)bʀuspwal].

REBROUSSER, verbe trans. [3]
Relever (cheveux ou poils) dans un sens contraire au sens naturel. – **Rebrousser** *chemin* : revenir sur ses pas. 🕮 [ʀ(ə)bʀuse].

REBUFFADE, subst. f.
Accueil, refus blessants. 🕮 [ʀ(ə)byfad].

RÉBUS, subst. m.
Devinette en images dont la solution est une phrase. 🕮 [ʀebys].

REBUT, subst. m.
Ce que l'on a rejeté ; déchet. – Ce qui est mauvais, méprisable. 🕮 [ʀəby].

REBUTER, verbe trans. [3]
Dissuader par un aspect peu engageant.
– Décourager, dégoûter. 🕮 [ʀ(ə)byte].

RÉCALCITRANT, ANTE, adj. et subst.
Qui résiste, ne cède pas. 🕮 [ʀekalsitʀɑ̃, -ɑ̃t].

RECALER, verbe trans. [3]
Refuser (qqn) à un examen. 🕮 [ʀ(ə)kale].

RÉCAPITULER, verbe trans. [3]
Résumer (qqch.) en énumérant les principaux points. 🕮 [ʀekapityle].

RECEL, subst. m.
Détention de biens volés. – Fait de cacher un malfaiteur. 🕮 [ʀəsɛl].

RECELER, verbe trans. [11]
Détenir (un bien volé). – Donner refuge à (un malfaiteur). – Contenir, renfermer : *Ce dossier* recèle *des secrets.* 🕮 [ʀ(ə)səle].

RECENSEMENT, subst. m.
Liste détaillée, inventaire. – Dénombrement d'une population. 🕮 [ʀ(ə)sɑ̃smɑ̃].

RECENSER, verbe trans. [3]
Compter chacun des membres (d'une population). – Fig. Dresser la liste, l'inventaire de. 🕮 [ʀ(ə)sɑ̃se].

RÉCENT, ENTE, adj.
Qui vient d'avoir lieu. – Qui n'est pas très ancien. 🕮 [ʀesɑ̃, -ɑ̃t].

RÉCÉPISSÉ, subst. m.
Accusé de réception, document attestant qu'une chose a bien été reçue. 🕮 [ʀesepise].

RÉCEPTACLE, subst. m.
Ce qui accueille ou réunit des choses, des gens de diverses origines. 🕮 [ʀesɛptakl].

RÉCEPTEUR, TRICE, adj. et subst. m.
Adj. Qui reçoit ; qui est conçu pour recevoir.
– Subst. Appareil qui transforme en images ou en sons les signaux électriques qu'il reçoit. 🕮 [ʀesɛptœʀ, -tʀis].

RÉCEPTIF, IVE, adj.
Qui est sensible. 🕮 [ʀesɛptif, -iv].

RÉCEPTION, subst. f.
Action, fait de recevoir qqch., qqn. – Réunion mondaine ou officielle. – Comptoir d'accueil d'un hôtel, d'une entreprise.
– Manière de se recevoir après un saut : *Bonne, mauvaise* réception. 🕮 [ʀesɛpsjɔ̃].

RÉCEPTIONNER, verbe trans. [3]
Recevoir et contrôler l'état (d'une marchandise). 🕮 [ʀesɛpsjɔne].

RÉCESSION, subst. f.
Ralentissement de l'activité économique, crise. 🕮 [ʀesesjɔ̃].

RECETTE, subst. f.
Somme d'argent reçue, encaissée. – Bureau où l'impôt est perçu. – Indications détaillées permettant de préparer un mets. – Fig. *La* recette *du bonheur* : son secret. 🕮 [ʀ(ə)sɛt].

RECEVOIR, verbe trans. [38]
Faire entrer chez soi ; accueillir. – Admettre (dans un groupe, à un examen). – Entrer en possession (d'une chose offerte, envoyée). – Accepter : **Recevoir** *une plainte.* – Subir : **Recevoir** *une gifle.* – Pronom.

Retomber sur le sol d'une certaine manière, après un saut. 🕮 [ʀ(ə)səvwaʀ].

RECHANGE, subst. m.
Ce qui peut remplacer qqch. : *Vêtements de* rechange. 🕮 [ʀ(ə)ʃɑ̃ʒ].

RÉCHAPPER, verbe trans. indir. [3]
Échapper de justesse à (un péril) : *Il en a* (ou *en est*) réchappé. 🕮 [ʀeʃape].

RECHARGE, subst. f.
Action de recharger. – Ce dont on recharge : Recharge *de stylo.* 🕮 [ʀ(ə)ʃaʀʒ].

RECHARGER, verbe trans. [5]
Charger de nouveau. 🕮 [ʀ(ə)ʃaʀʒe].

RÉCHAUD, subst. m.
Petit fourneau portatif. 🕮 [ʀeʃo].

RÉCHAUFFER, verbe trans. [3]
Chauffer de nouveau. – Faire retrouver sa chaleur à (qqn) ; ranimer, réconforter.
– Pronom. Devenir plus chaud. 🕮 [ʀeʃofe].

RÊCHE, adj.
Rapeux et désagréable au toucher. – Fig. Au caractère difficile, bourru. 🕮 [ʀɛʃ].

RECHERCHE, subst. f.
Action de rechercher. – Études scientifiques permettant de découvrir et d'expliquer des phénomènes. – Souci de se démarquer par un raffinement dans sa tenue. 🕮 [ʀ(ə)ʃɛʀʃ].

RECHERCHER, verbe trans. [3]
Prendre (qqn que l'on a laissé en un lieu) : *Il va la* rechercher *chez ses parents.*
– S'efforcer de retrouver : Rechercher *un criminel.* – Chercher à connaître, à découvrir : Rechercher *les causes d'une maladie.*
– Viser : Rechercher *le succès.* 🕮 [ʀ(ə)ʃɛʀʃe].

RECHIGNER, verbe intrans. et trans. indir. [3]
Manifester sa mauvaise volonté (à faire qqch.) : Rechigner *au travail.* 🕮 [ʀ(ə)ʃiɲe].

RECHUTE, subst. f.
Reprise d'une maladie qui évoluait vers la guérison. – Fait de retomber dans une mauvaise habitude. 🕮 [ʀ(ə)ʃyt].

RÉCIDIVER, verbe intrans. [3]
Réapparaître, en parlant d'une maladie.
– Commettre de nouveau le même crime, le même délit. 🕮 [ʀesidive].

RÉCIF, subst. m.
Rocher ou groupe de rochers, de coraux qui affleurent à la surface de l'eau. 🕮 [ʀesif].

RÉCIPIENT, subst. m.
Tout ustensile creux destiné à contenir une substance. 🕮 [ʀesipjɑ̃].

RÉCIPROCITÉ, subst. f.
Caractère réciproque. 🕮 [ʀesipʀɔsite].

RÉCIPROQUE, adj. et subst. f.
Adj. Qui s'échange de manière équivalente : *Admiration* réciproque. – Subst. *Rendre la* réciproque : la pareille. 🕮 [ʀesipʀɔk].

RÉCIT, subst. m.
Exposé détaillé, oral ou écrit, d'événements réels ou fictifs. 🕮 [ʀesi].

RÉCITAL, ALS, subst. m.
Concert donné par un soliste. 🕮 [ʀesital].

RÉCITATION, subst. f.
Action de réciter. – Texte que les élèves doivent réciter par cœur. 📖 [ʀesitasjɔ̃].

RÉCITER, verbe trans. [3]
Prononcer à haute voix (un texte appris par cœur) : *Réciter un poème*. 📖 [ʀesite].

RÉCLAMER, verbe [3]
Trans. Demander instamment. – Exiger, avoir besoin de : *Sport qui réclame de l'endurance*. – Intrans. Protester. – Pronom. *Se réclamer de* : se recommander de, se prévaloir de. 📖 [ʀeklame].

RECLASSER, verbe trans. [3]
Classer de nouveau. – Affecter à un poste mieux adapté aux besoins. 📖 [ʀ(ə)klase].

RÉCLUSION, subst. f.
État d'une personne volontairement isolée, recluse. – Peine d'emprisonnement assortie d'une obligation de travailler. 📖 [ʀeklyzjɔ̃].

RECOIN, subst. m.
Coin dissimulé au regard. – Fig. *Les recoins de la mémoire*. 📖 [ʀəkwɛ̃].

RÉCOLTE, subst. f.
Action de recueillir les produits du sol ; ces produits. – Ce que l'on s'emploie à rassembler : *Récolte d'informations*. 📖 [ʀekɔlt].

RÉCOLTER, verbe trans. [3]
Faire la récolte de. – Fig. Obtenir ; gagner : *Récolter des éloges*. 📖 [ʀekɔlte].

RECOMMANDER, verbe trans. [3]
Conseiller avec insistance. – Signaler à une personne les mérites, les avantages de (qqn, qqch.). – *Recommander un colis* : payer une taxe pour qu'il soit délivré en main propre au destinataire. 📖 [ʀ(ə)kɔmɑ̃de].

RECOMMENCER, verbe [4]
Trans. Commencer de nouveau ; refaire (ce qui est mal fait). – *Recommencer à* : se remettre à. – Intrans. Reprendre ; se produire de nouveau. 📖 [ʀ(ə)kɔmɑ̃se].

RÉCOMPENSE, subst. f.
Don fait à qqn en reconnaissance de ses mérites. – Satisfaction morale tirée d'un effort. 📖 [ʀekɔ̃pɑ̃s].

RÉCOMPENSER, verbe trans. [3]
Accorder une récompense à. 📖 [ʀekɔ̃pɑ̃se].

RÉCONCILIER, verbe trans. [6]
Rétablir l'entente entre (des personnes brouillées). – Fig. *Réconcilier qqn avec la musique*. 📖 [ʀekɔ̃silje].

RECONDUIRE, verbe trans. [69]
Accompagner (qqn qui s'en va). – Renouveler (un contrat). 📖 [ʀ(ə)kɔ̃dɥiʀ].

RÉCONFORT, subst. m.
Ce qui réconforte. 📖 [ʀekɔ̃fɔʀ].

RÉCONFORTER, verbe trans. [3]
Redonner de la vigueur à (qqn). – Soutenir moralement. 📖 [ʀekɔ̃fɔʀte].

RECONNAISSANCE, subst. f.
Action de reconnaître. – Examen d'un lieu inconnu. – Sentiment de gratitude.

– Acte écrit par lequel on reconnaît une obligation : *Reconnaissance de dette*. – Dr. Action de reconnaître officiellement la légitimité de qqch., la paternité d'un enfant. 📖 [ʀ(ə)kɔnɛsɑ̃s].

RECONNAÎTRE, verbe trans. [73]
Identifier (qqn, qqch. de connu). – Avouer ; admettre. – Admettre officiellement comme légitime. – Explorer (un lieu). 📖 [ʀ(ə)kɔnɛtʀ].

RECONSIDÉRER, verbe trans. [8]
Considérer, étudier, examiner de nouveau (une question). 📖 [ʀ(ə)kɔ̃sideʀe].

RECONSTITUER, verbe trans. [3]
Constituer de nouveau. – Redonner sa forme originelle ou normale à. – *Reconstituer un crime* : en faire répéter le déroulement par les protagonistes. 📖 [ʀ(ə)kɔ̃stitɥe].

RECONVERTIR, verbe trans. [19]
Adapter (qqch., qqn) à des conditions nouvelles. – Pronom. Changer de métier, d'activité. 📖 [ʀ(ə)kɔ̃vɛʀtiʀ].

RECOPIER, verbe trans. [6]
Copier (ce qui est déjà écrit). – Mettre au propre : *Recopier un brouillon*. 📖 [ʀ(ə)kɔpje].

RECORD, adj. inv. et subst. m.
Subst. Résultat inégalé. – Sp. Performance qui surpasse les précédentes. – Adj. Jamais atteint : *Des ventes record*. 📖 [ʀ(ə)kɔʀ].

RECOUDRE, verbe trans. [77]
Coudre (ce qui est décousu). – Faire des points de suture à (qqn). 📖 [ʀ(ə)kudʀ].

RECOUPEMENT, subst. m.
Vérification d'un fait, d'une information, par confrontation de données issues de sources différentes. 📖 [ʀ(ə)kupmɑ̃].

RECOUPER, verbe trans. [3]
Couper de nouveau. – Fig. Confirmer par recoupement. 📖 [ʀ(ə)kupe].

RECOURBER, verbe trans. [3]
Courber de nouveau. – Rendre courbe l'extrémité de. 📖 [ʀ(ə)kuʀbe].

RECOURIR, verbe [25]
Courir une nouvelle fois. – *Recourir à qqn* : faire appel à lui. – *Recourir à qqch.* : le mettre en œuvre, l'utiliser. 📖 [ʀ(ə)kuʀiʀ].

RECOURS, subst. m.
Action de recourir à qqch., à qqn. – Personne ou chose à laquelle on recourt. – Dr. Demande de révision d'une décision administrative ou juridique. 📖 [ʀ(ə)kuʀ].

RECOUVREMENT (I), subst. m.
Action, fait de recouvrer ce qu'on avait perdu (littér.). – Action de percevoir une somme due. 📖 [ʀ(ə)kuvʀəmɑ̃].

RECOUVREMENT (II), subst. m.
Action, fait de recouvrir : Recouvrement *d'une créance*. – Ce qui recouvre. 📖 [ʀ(ə)kuvʀəmɑ̃].

RECOUVRER, verbe trans. [3]
Rentrer en possession de : *Recouvrer la santé*. – Percevoir (une somme due) : *Recouvrer l'impôt*. 📖 [ʀ(ə)kuvʀe].

RECOUVRIR, verbe trans. [27]
Couvrir de nouveau. – Couvrir complètement. – Fig. S'appliquer à, concerner : Recouvrir *une discipline*. 🕮 [ʀ(ə)kuvʀiʀ].

RÉCRÉATION, subst. f.
Délassement. – Moment de détente accordé aux élèves. 🕮 [ʀekʀeasjɔ̃].

RÉCRIER (SE), verbe pronom. [6]
Protester, s'indigner avec force. 🕮 [ʀekʀije].

RÉCRIMINER, verbe intrans. [3]
Protester avec aigreur. – Récriminer *contre* : critiquer amèrement. 🕮 [ʀekʀimine].

RECROQUEVILLER (SE), verbe pronom. [3]
Se racornir par dessèchement. – Se ramasser sur soi-même. 🕮 [ʀ(ə)kʀɔk(ə)vije].

RECRUDESCENCE, subst. f.
Réapparition soudaine, avec plus d'intensité. 🕮 [ʀ(ə)kʀydesɑ̃s].

RECRUE, subst. f.
Soldat que l'on vient de recruter. – Nouveau membre d'un groupe. 🕮 [ʀəkʀy].

RECRUTER, verbe trans. [3]
Enrôler (des soldats). – Attirer dans un groupe, dans un parti. – Engager (du personnel). 🕮 [ʀ(ə)kʀyte].

RECTAL, ALE, AUX, adj.
Qui a trait au rectum. 🕮 [ʀɛktal].

RECTANGLE, adj. et subst. m.
Adj. Qui présente au moins un angle droit : Triangle **rectangle**. – Subst. Figure à angles droits dont les quatre côtés sont égaux deux à deux. 🕮 [ʀɛktɑ̃gl].

RECTANGULAIRE, adj.
Qui a la forme d'un rectangle. 🕮 [ʀɛktɑ̃gylɛʀ].

RECTEUR, subst. m.
Directeur d'une académie de l'Éducation nationale. 🕮 [ʀɛktœʀ].

RECTIFICATIF, IVE, adj. et subst. m.
Se dit d'un texte qui rectifie une information antérieure. 🕮 [ʀɛktifikatif, -iv].

RECTIFIER, verbe trans. [6]
Rendre droit, exact. – Corriger. 🕮 [ʀɛktifje].

RECTILIGNE, adj.
Qui est en ligne droite. 🕮 [ʀɛktiliɲ].

RECTITUDE, subst. f.
Caractère de ce qui est droit. – Rigueur morale. 🕮 [ʀɛktityd].

RECTO, subst. m.
Page de droite d'un livre ouvert. – Première page d'une feuille de papier (oppos. *verso*). 🕮 [ʀɛkto].

RECTORAT, subst. m.
Charge de recteur ; sa durée. – L'administration correspondante. 🕮 [ʀɛktɔʀa].

RECTUM, subst. m.
Dernière section du gros intestin, aboutissant à l'anus. 🕮 [ʀɛktɔm].

REÇU, subst. m.
Écrit attestant la bonne réception d'une somme, d'un objet. 🕮 [ʀ(ə)sy].

RECUEIL, subst. m.
Ouvrage qui réunit des écrits, des illustrations, des documents. 🕮 [ʀəkœj].

RECUEILLEMENT, subst. m.
Action de se recueillir. – État d'une personne qui se recueille. 🕮 [ʀ(ə)kœjmɑ̃].

RECUEILLIR, verbe trans. [30]
Collecter, ramasser : **Recueillir** *des documents*. – Obtenir : **Recueillir** *des voix*. – Accueillir chez soi : **Recueillir** *un orphelin*. – Dr. Recevoir en héritage. – Pronom. Méditer. 🕮 [ʀəkœjiʀ].

RECUL, subst. m.
Action de reculer ; repli. – Distance nécessaire à un jugement serein. – Fig. Diminution : **Recul** *du chômage*. 🕮 [ʀ(ə)kyl].

RECULER, verbe [3]
Intrans. Aller en arrière. – Fig. Décroître : La délinquance recule. – Renoncer. – Trans. Déplacer vers l'arrière. – Retarder, différer : **Reculer** *ses vacances*. 🕮 [ʀ(ə)kyle].

RECULONS (À), loc. adv.
En reculant. 🕮 [ʀ(ə)kylɔ̃].

RÉCUPÉRER, verbe trans. [8]
Rentrer en possession (d'une chose perdue ou prêtée). – Recueillir pour utiliser (ce qui est mis au rebut). – Effectuer des heures de travail pour compenser des heures de repos ou vice versa. – Pol. Détourner (un mouvement d'opinion) à son profit. – Empl. intrans. Reprendre ses forces. 🕮 [ʀekypeʀe].

RÉCURER, verbe trans. [3]
Nettoyer en frottant. 🕮 [ʀekyʀe].

RÉCURRENT, ENTE, adj.
Qui se répète. – Anat. Qui revient en arrière : *Nerf* récurrent. 🕮 [ʀekyʀɑ̃, -ɑ̃t].

RÉCUSER, verbe trans. [3]
Dr. Refuser qqn que l'on soupçonne de partialité. – Ne pas admettre la valeur de : **Récuser** *un argument*. 🕮 [ʀekyze].

RECYCLER, verbe trans. [3]
Changer l'orientation professionnelle de (qqn). – Traiter industriellement des déchets pour les rendre utilisables. 🕮 [ʀ(ə)sikle].

RÉDACTEUR, TRICE, subst.
Personne qui rédige un texte en vue de sa publication. 🕮 [ʀedaktœʀ, -tʀis].

RÉDACTION, subst. f.
Action de rédiger ; son résultat. – Équipe des rédacteurs d'une publication ; leurs bureaux. – Exercice scolaire consistant à rédiger un texte ; le devoir. 🕮 [ʀedaksjɔ̃].

REDDITION, subst. f.
Action de se rendre, capitulation : La reddition *d'une citadelle*. 🕮 [ʀedisjɔ̃].

RÉDEMPTION, subst. f.
Rachat des péchés. – Relig. La **Rédemption** : salut apporté aux hommes par la Passion du Christ. 🕮 [ʀedɑ̃psjɔ̃].

REDEVABLE, adj.
Qui a une dette envers qqn. 🕮 [ʀ(ə)dəvabl].

REDEVANCE, subst. f.
Taxe, charge qui doit être payée à échéances fixes : *La* redevance *télé*. 🔊 [ʀ(ə)dəvɑ̃s].

RÉDHIBITOIRE, adj.
Qui constitue un obstacle radical. – *Dr. Vice* rédhibitoire : pouvant faire annuler une vente. 🔊 [ʀedibitwaʀ].

RÉDIGER, verbe trans. [5]
Écrire selon une forme donnée. 🔊 [ʀediʒe].

REDINGOTE, subst. f.
Ancienne veste d'homme, croisée et à longues basques. 🔊 [ʀ(ə)dɛ̃gɔt].

REDIRE, verbe trans. [65]
Répéter. – *Trouver à redire à qqch.* : trouver un point à critiquer dans qqch. 🔊 [ʀ(ə)diʀ].

REDITE, subst. f.
Répétition dans un texte. 🔊 [ʀ(ə)dit].

REDONDANCE, subst. f.
Répétition de la même chose sous diverses formes ; redite. 🔊 [ʀ(ə)dɔ̃dɑ̃s].

REDONNER, verbe trans. [3]
Donner de nouveau. – Rendre. 🔊 [ʀ(ə)dɔne].

REDOUBLEMENT, subst. m.
Fait de redoubler. 🔊 [ʀ(ə)dubləmɑ̃].

REDOUBLER, verbe [3]
Trans. Répéter : Redoubler *une consonne*. – Recommencer : Redoubler *une classe*. – Redoubler *de violence* : devenir plus violent. – Intrans. S'intensifier : *La pluie* redouble. 🔊 [ʀ(ə)duble].

REDOUTER, verbe trans. [3]
Craindre vivement. 🔊 [ʀ(ə)dute].

REDOUX, subst. m.
Radoucissement du temps. 🔊 [ʀədu].

REDRESSEMENT, subst. m.
Action de redresser. – Redressement *fiscal* : majoration d'impôt consécutive à une déclaration inexacte. 🔊 [ʀ(ə)dʀɛsmɑ̃].

REDRESSER, verbe trans. [3]
Replacer à la verticale ; rendre droit. – Rectifier. – Pronom. Se relever, se tenir droit. – Retrouver sa prospérité. 🔊 [ʀ(ə)dʀese].

RÉDUCTEUR, TRICE, adj.
Qui réduit. – Simpliste. 🔊 [ʀedyktœʀ, -tʀis].

RÉDUCTION, subst. f.
Diminution. – Reproduction à plus petite échelle. – Simplification. – *Méd.* Remise en place d'os fracturés. 🔊 [ʀedyksjɔ̃].

RÉDUIRE, verbe trans. [69]
Diminuer : Réduire *les frais*. – Reproduire en plus petit. – Simplifier. – Broyer, pulvériser : Réduire *en miettes*. – Contraindre : Réduire *au silence*. – Concentrer par évaporation : Réduire *une sauce*. – Pronom. Se ramener (à). 🔊 [ʀedɥiʀ].

RÉDUIT, subst. m.
Petite pièce sombre. 🔊 [ʀedɥi].

R(É)ÉCRIRE, verbe trans. [67]
Écrire de nouveau. – Écrire une nouvelle version (d'un texte). 🔊 [ʀ(e)ekʀiʀ].

RÉÉDITER, verbe trans. [3]
Éditer de nouveau. – Fig. Réitérer (fam.) : Rééditer *un exploit*. 🔊 [ʀeedite].

RÉÉDUQUER, verbe trans. [3]
Rétablir les fonctions organiques (d'un accidenté, d'un handicapé). – Réadapter à la société. 🔊 [ʀeedyke].

RÉEL, RÉELLE, adj. et subst. m.
Adj. Qui existe effectivement. – Véritable, authentique. – Subst. La réalité. 🔊 [ʀeɛl].

RÉÉQUILIBRER, verbe trans. [3]
Redonner un équilibre à. 🔊 [ʀeekilibʀe].

RÉÉVALUATION, subst. f.
Action d'évaluer de nouveau. – Revalorisation d'une monnaie. 🔊 [ʀeevalɥasjɔ̃].

RÉEXPÉDIER, verbe trans. [6]
Expédier à une nouvelle adresse. – Retourner à l'expéditeur. 🔊 [ʀeɛkspedje].

REFAIRE, verbe trans. [57]
Faire de nouveau. – Faire tout différemment. – Réparer, remettre en état. – Duper (fam.). – Pronom. Récupérer (fam.) : *Se* refaire *une santé*. 🔊 [ʀ(ə)fɛʀ].

RÉFECTION, subst. f.
Remise à neuf ; réparation. 🔊 [ʀefɛksjɔ̃].

RÉFECTOIRE, subst. m.
Salle à manger communautaire : *Réfectoire d'un lycée*. 🔊 [ʀefɛktwaʀ].

RÉFÉRENCE, subst. f.
Ce à quoi on se réfère. – Mention qui renvoie le lecteur à un texte. – Identification d'un dossier ; en-tête d'un courrier. – *Ouvrage de* référence : conçu pour la consultation. – Plur. Attestation valant recommandation. 🔊 [ʀefeʀɑ̃s].

RÉFÉRENDUM, subst. m.
Consultation de l'électorat sur une proposition du pouvoir exécutif. 🔊 On écrit aussi *referendum* : [ʀefeʀɛ̃dɔm].

RÉFÉRER, verbe trans. indir. [8]
En référer à : faire appel à (une autorité). – Pronom. *Se référer à* : se rapporter à ; prendre pour référence. 🔊 [ʀefeʀe].

RÉFLÉCHI, IE, adj.
Renvoyé : *Lumière* réfléchie. – Enclin à la réflexion. – Empreint de réflexion. – *C'est tout* réfléchi : c'est décidé. – *Ling. Verbe pronominal* réfléchi : indique que le sujet est lui-même l'objet de l'action. 🔊 [ʀefleʃi].

RÉFLÉCHIR, verbe [19]
Trans. Renvoyer dans une autre direction (une lumière, un son). – Refléter ; empl. pronom. : *Le saule se* réfléchit *dans la rivière*. – Réfléchir *à* : étudier avec soin. – Intrans. Penser. 🔊 [ʀefleʃiʀ].

REFLET, subst. m.
Lumière, image réfléchies. – Image, reproduction atténuées. 🔊 [ʀ(ə)flɛ].

REFLÉTER, verbe trans. [8]
Réfléchir de manière floue (la lumière, une image). – Traduire, exprimer. – Pronom. Former un reflet. – Transparaître : *La colère se* reflète *dans son regard*. 🔊 [ʀ(ə)flete].

RÉFLEXE, subst. m.
Réaction organique, instantanée et involontaire, à une stimulation. – Réaction immédiate à une situation inattendue : *Avoir de bons* **réflexes** *en voiture.* 🐚 [ʀeflɛks].

RÉFLEXION, subst. f.
Changement de direction d'une onde lumineuse ou sonore au contact d'un corps. – Capacité d'avoir une pensée approfondie sur un sujet ; cette pensée. – Remarque désobligeante (fam.). 🐚 [ʀeflɛksjɔ̃].

REFLUER, verbe intrans. [3]
Se retirer : *Les eaux* **refluent.** – Fig. Reculer, en parlant d'une foule. 🐚 [ʀ(ə)flye].

REFLUX, subst. m.
Marée descendante. – Recul. 🐚 [ʀəfly].

RÉFORMATEUR, TRICE, adj. et subst.
Qui propose ou pratique des réformes. – Adj. Qui tend à réformer. 🐚 [ʀefɔʀmatœʀ, -tʀis].

RÉFORME, subst. f.
Changement profond visant à améliorer : *Réforme agraire.* 🐚 [ʀefɔʀm].

RÉFORMER, verbe trans. [3]
Transformer pour améliorer. – *Milit.* Dispenser du service pour inaptitude (physique ou mentale). 🐚 [ʀefɔʀme].

REFOULER, verbe trans. [3]
Repousser ; chasser, faire reculer. – Fig. Empêcher de se manifester : **Refouler** *ses larmes, ses désirs.* – *Psychan.* Censurer inconsciemment. 🐚 [ʀ(ə)fule].

RÉFRACTAIRE, adj. et subst.
Qui refuse de se soumettre. – Adj. Insensible, inaccessible à. – Qui résiste à des températures très élevées. 🐚 [ʀefʀaktɛʀ].

REFRAIN, subst. m.
Paroles d'une chanson répétées après chaque couplet. – Fig. Rengaine. 🐚 [ʀ(ə)fʀɛ̃].

REFRÉNER, verbe trans. [8]
Contenir, réprimer : **Refréner** *ses ardeurs.* 🐚 On écrit aussi *réfréner* : [ʀefʀene].

RÉFRIGÉRATION, subst. f.
Action de réfrigérer. 🐚 [ʀefʀiʒeʀasjɔ̃].

RÉFRIGÉRER, verbe trans. [8]
Refroidir artificiellement. 🐚 [ʀefʀiʒeʀe].

REFROIDIR, verbe [19]
Trans. Rendre plus froid. – Fig. Décourager : **Refroidir** *l'enthousiasme.* – Tuer, assassiner (fam.). – Intrans. et pronom. Devenir froid. 🐚 [ʀ(ə)fʀwadiʀ].

REFROIDISSEMENT, subst. m.
Abaissement de la température. – Indisposition due au froid. – Fig. Diminution de l'intensité (d'une relation, d'un sentiment). 🐚 [ʀ(ə)fʀwadismɔ̃].

REFUGE, subst. m.
Lieu où l'on se trouve en sécurité. – Abri de haute montagne. 🐚 [ʀ(ə)fyʒ].

RÉFUGIÉ, ÉE, adj. et subst. m.
Se dit d'une personne qui se réfugie dans un autre pays, un autre lieu. 🐚 [ʀefyʒje].

RÉFUGIER (SE), verbe pronom. [6]
Trouver refuge (en un lieu). 🐚 [ʀefyʒje].

REFUS, subst. m.
Action de refuser. – *Ce n'est pas de refus* : volontiers (fam.). 🐚 [ʀ(ə)fy].

REFUSER, verbe [3]
Trans. Ne pas accorder : **Refuser** *une permission.* – Ne pas accepter : **Refuser** *une offre.* – Ne pas consentir à : **Refuser** *de parler.* – Ne plus laisser entrer : **Refuser** *du monde.* – Ne pas retenir (un candidat). – Ne pas reconnaître : **Refuser** *l'évidence.* – Pronom. Ne se priver de : *Se* **refuser** *tout répit.* – *Se* **refuser** *à faire qqch.* : ne pas y consentir ; résister. 🐚 [ʀ(ə)fyze].

RÉFUTER, verbe trans. [3]
Démontrer la fausseté de. 🐚 [ʀefyte].

REGAGNER, verbe trans. [3]
Gagner de nouveau. – Revenir, retourner à : **Regagner** *son domicile.* 🐚 [ʀ(ə)gaɲe].

REGAIN, subst. m.
Herbe repoussant après une première coupe. – Fig. Nouvel élan, renouveau. 🐚 [ʀəgɛ̃].

RÉGAL, ALS, subst. m.
Festin ; mets délicieux. – Fig. Grand plaisir : *Un* **régal** *pour l'oreille.* 🐚 [ʀegal].

RÉGALER, verbe trans. [3]
Offrir un bon repas à (qqn). – Pronom. Prendre vivement plaisir à manger qqch. ; au fig. : *Se* **régaler** *d'un bon livre.* 🐚 [ʀegale].

REGARD, subst. m.
Action de regarder. – Expression des yeux. – *Droit de* **regard** : de contrôle. – *Loc. adv. En* **regard** : vis-à-vis. – *Loc. prép. Au* **regard** *de* : par rapport à. – *Tech.* Ouverture permettant de pénétrer dans un conduit. 🐚 [ʀ(ə)gaʀ].

REGARDANT, ANTE, adj.
Fam. Qui regarde trop à la dépense. – Vigilant : *Être* **regardant** *sur la propreté.* 🐚 [ʀ(ə)gaʀdɑ̃, -ɑ̃t].

REGARDER, verbe trans. [3]
Trans. dir. Porter la vue sur. – Considérer : **Regarder** *de travers.* – Concerner : *Cela ne nous* **regarde** *pas.* – Être tourné vers. – Trans. indir. Être attentif : **Regarder** *à la dépense.* – Pronom. Porter les yeux l'un sur l'autre. 🐚 [ʀ(ə)gaʀde].

RÉGATE, subst. f.
Course de bateaux à voile. 🐚 [ʀegat].

RÉGENCE, subst. f.
Intérim assuré avant la majorité ou pendant l'absence d'un monarque. 🐚 [ʀeʒɑ̃s].

RÉGÉNÉRER, verbe trans. [8]
Reconstituer (un tissu organique détruit). – Rendre ses propriétés initiales à (une substance). – Ramener à un état premier jugé meilleur (littér.). 🐚 [ʀeʒeneʀe].

RÉGENTER, verbe trans. [3]
Diriger autoritairement. 🐚 [ʀeʒɑ̃te].

RÉGICIDE, adj. et subst.
Se dit de l'assassin ou de l'assassinat d'un roi. – Subst. masc. Meurtre d'un roi. 🐚 [ʀeʒisid].

RÉGIE, subst. f.
Gestion d'une entreprise ou d'un service publics par des fonctionnaires ; entreprise, service ainsi gérés. – Organisation pratique d'un spectacle. – Local des techniciens, dans un studio, un théâtre. 🔊 [ʀeʒi].

REGIMBER, verbe intrans. [3]
Se cabrer, ruer. – Fig. Résister, refuser (qqch.) en protestant. 🔊 [ʀ(ə)ʒɛ̃be].

RÉGIME (I), subst. m.
Forme de gouvernement, d'administration : *Régime parlementaire.* – Ensemble de dispositions légales régissant une institution. – Prescription alimentaire particulière destinée à traiter une maladie ou à faire maigrir. – Mode de variation des précipitations, du débit des cours d'eau, etc. – Vitesse de rotation d'un moteur. 🔊 [ʀeʒim].

RÉGIME (II), subst. m.
Grappe de fruits du bananier et du palmier dattier. 🔊 [ʀeʒim].

RÉGIMENT, subst. m.
Unité militaire formant corps, dirigée par un colonel. – Fam. Grand nombre. – Service militaire. 🔊 [ʀeʒimɑ̃].

RÉGION, subst. f.
Ensemble de territoires ayant des caractères communs. – En France, chacune des collectivités publiques regroupant plusieurs départements. – Partie du corps. 🔊 [ʀeʒjɔ̃].

RÉGIONAL, ALE, AUX, adj.
Qui a trait à la région. 🔊 [ʀeʒjɔnal].

RÉGIONALISME, subst. m.
Doctrine politique qui affirme et valorise l'identité régionale. – Locution, mot propres à une région. 🔊 [ʀeʒjɔnalism].

RÉGIR, verbe trans. [19]
Conduire, gouverner. – Servir de règle à : *Les lois qui régissent la société.* 🔊 [ʀeʒiʀ].

RÉGISSEUR, subst. m.
Gérant d'une propriété. – Responsable de la régie d'un spectacle. 🔊 [ʀeʒiscœʀ].

REGISTRE, subst. m.
Livre où l'on consigne des renseignements, des actes. – Étendue de l'échelle sonore d'un instrument de musique, de la voix. – Fig. Domaine de compétence. – Tonalité d'une œuvre, d'un discours. 🔊 [ʀeʒistʀ].

RÈGLE, subst. f.
Instrument, souv. gradué, servant à tracer des lignes. – Principe de conduite. – Ensemble des conventions propres à une activité, à une technique, à un jeu. – *En règle* : conforme à la loi, au bon ordre. – Plur. Écoulement sanguin mensuel, chez la femme (synon. *menstrues*). 🔊 [ʀɛgl].

RÈGLEMENT, subst. m.
Action de résoudre une question. – Action de s'acquitter d'une dette. – Acte législatif non édicté par le Parlement. – Ensemble des prescriptions propres à un groupement, à un établissement. 🔊 [ʀɛgləmɑ̃].

RÉGLEMENTAIRE, adj.
Qui a trait au règlement. – Conforme au règlement. 🔊 [ʀɛglǝmɑ̃tɛʀ].

RÉGLEMENTATION, subst. f.
Action de réglementer. – Ensemble des règlements régissant un domaine : *Réglementation du travail.* 🔊 [ʀɛglǝmɑ̃tasjɔ̃].

RÉGLEMENTER, verbe trans. [3]
Assujettir à un règlement. 🔊 [ʀɛglǝmɑ̃te].

RÉGLER, verbe trans. [8]
Soumettre à un ordre, à une discipline ; déterminer, fixer. – Résoudre (un problème, une affaire). – Mettre au point (une mécanique) : *Régler un moteur.* – Payer, acquitter. – Fig. *Régler son compte à qqn* : le punir durement, le tuer. 🔊 [ʀegle].

RÉGLISSE, subst.
Fém. Plante au jus sucré. – Masc. Pastille, bâton à mâcher, à base de ce jus. 🔊 [ʀeglis].

RÈGNE, subst. m.
Exercice du pouvoir souverain ; durée d'exercice de ce pouvoir. – Autorité, domination exercées par qqn, par qqch. : *Le règne de l'argent.* – Chacune des grandes divisions de la nature : *Règne animal.* 🔊 [ʀɛɲ].

RÉGNER, verbe intrans. [8]
Gouverner (un pays) en tant que souverain. – Dominer, être prépondérant. – S'établir, s'imposer : *La paix règne.* 🔊 [ʀeɲe].

REGORGER, verbe intrans. [5]
Avoir en surabondance : *Regorger de fruits.* 🔊 [ʀ(ə)gɔʀʒe].

RÉGRESSER, verbe intrans. [3]
Revenir à un état antérieur moins évolué. – Diminuer. 🔊 [ʀegʀese].

REGRET, subst. m.
Chagrin dû à une perte, à une absence, à une mort. – Insatisfaction de n'avoir pas réalisé qqch. – Repentir. – Loc. adv. *À regret* : malgré soi. 🔊 [ʀ(ə)gʀɛ].

REGRETTER, verbe trans. [3]
Ressentir vivement l'absence, la perte de : *Regretter sa jeunesse.* – Être mécontent de, déplorer. – Se repentir de. – Formule de politesse utilisée pour s'excuser : *Je regrette, les bureaux sont fermés.* 🔊 [ʀ(ə)gʀete].

REGROUPER, verbe trans. [3]
Mettre ensemble, rassembler. 🔊 [ʀ(ə)gʀupe].

RÉGULARISER, verbe trans. [3]
Rendre conforme au règlement, à la loi. – Rendre régulier. 🔊 [ʀegylaʀize].

RÉGULARITÉ, subst. f.
Caractère de ce qui est régulier. – Caractère de ce qui est légal, conforme aux règles. 🔊 [ʀegylaʀite].

RÉGULIER, IÈRE, adj.
Conforme à une règle, à une loi, aux usages. – Qui se produit à moments, à intervalles fixes ; périodique. – Habituel, permanent. – Exact, ponctuel. – Qui présente des proportions harmonieuses. – *Clergé régulier* : appartenant à un ordre. 🔊 [ʀegylje, -jɛʀ].

RÉGURGITER, verbe trans. [3]
Rejeter (des aliments), vomir. 🔊 [ʀegyʀʒite].

RÉHABILITER, verbe trans. [3]
Rétablir (qqn) dans ses droits : **Réhabiliter** *un innocent*. – Rétablir (qqn) dans l'estime d'autrui. – Remettre en état, rénover (un bâtiment, un quartier). 🔊 [ʀeabilite].

REHAUSSER, verbe trans. [3]
Rendre plus haut ; placer plus haut. – Embellir, donner de l'éclat ou de la valeur, en soulignant. 🔊 [ʀəose].

RÉHYDRATER, verbe trans. [3]
Hydrater (ce qui est desséché). 🔊 [ʀeidʀate].

RÉIMPRESSION, subst. f.
Nouvelle impression d'un ouvrage, sans changements. 🔊 [ʀeɛ̃pʀesjɔ̃].

REIN, subst. m.
Chacun des deux organes qui purifient le sang de ses déchets et élaborent l'urine. – Plur. Région lombaire. – *Casser les reins à qqn* : briser sa carrière (fam.). 🔊 [ʀɛ̃].

RÉINCARNATION, subst. f.
Relig. Migration d'une âme dans un autre corps, après la mort. 🔊 [ʀeɛ̃kaʀnasjɔ̃].

REINE, subst. f.
Souveraine d'un royaume. – Femme de roi. – Femme qui domine un groupe. – Ce qui règne : *La corruption est reine*. – Chez certains insectes, femelle reproductrice : **Reine** *des abeilles*. – Figure d'un jeu de cartes ; pièce d'un jeu d'échecs. 🔊 [ʀɛn].

REINETTE, subst. f.
Variété de pomme. 🔊 [ʀɛnɛt].

RÉINTÉGRER, verbe trans. [8]
Reprendre possession (d'un lieu) ; revenir dans. – Rétablir (qqn) dans la possession d'un bien, d'un droit. 🔊 [ʀeɛ̃tegʀe].

RÉITÉRER, verbe [8]
Renouveler, répéter (littér.). 🔊 [ʀeiteʀe].

REJAILLIR, verbe intrans. [19]
Jaillir avec force, gicler. – Fig. Rejaillir *sur qqn* : retomber sur lui. 🔊 [ʀ(ə)ʒajiʀ].

REJET, subst. m.
Action de rejeter ; son résultat. – Nouvelle pousse d'une plante. 🔊 [ʀəʒɛ].

REJETER, verbe trans. [14]
Renvoyer, jeter vers son lieu d'origine. – Expulser, vomir. – Écarter, refuser : **Rejeter** *une offre*. – Mettre plus loin : **Rejeter** *un paragraphe à la fin d'un ouvrage*. – Rejeter *ses fautes sur qqn* : les faire retomber sur lui. 🔊 [ʀəʒ(ə)te].

REJETON, subst. m.
Pousse qui apparaît au pied d'une plante. – Descendant, enfant (fam.). 🔊 [ʀəʒ(ə)tɔ̃].

REJOINDRE, verbe trans. [55]
Regagner, aboutir à (un lieu). – Retrou-ver, rattraper (qqn). – Fig. Présenter des points communs avec. – Pronom. Se réunir : *Se* **rejoindre** *au restaurant*. 🔊 [ʀ(ə)ʒwɛ̃dʀ].

RÉJOUIR, verbe trans. [19]
Donner de la joie à. – Amuser, divertir. – Pronom. Éprouver de la joie. 🔊 [ʀeʒwiʀ].

RÉJOUISSANCE, subst. f.
Joie collective : *Des* **réjouissances** *familiales*. – Plur. Festivités publiques. 🔊 [ʀeʒwisɑ̃s].

RELÂCHE, subst. m. ou f.
Détente, pause, repos : *Sans* **relâche**, sans arrêt. – Fermeture temporaire d'un théâtre, d'une salle de spectacle : *Jour de* **relâche**. – Fém. *Mar.* Escale. 🔊 [ʀəlɑʃ].

RELÂCHEMENT, subst. m.
État de ce qui se relâche. – Fig. Laisser-aller, négligence ; diminution d'ardeur, d'activité. 🔊 [ʀ(ə)lɑʃmɑ̃].

RELÂCHER, verbe [3]
Trans. Desserrer, détendre. – Rendre moins rigoureux. – Libérer de captivité. – Intrans. Faire escale, pour un navire. – Pronom. Se détendre, se desserrer. – Devenir plus négligent. 🔊 [ʀ(ə)lɑʃe].

RELAIS, subst. m.
Lieu où l'on changeait de chevaux. – Hôtel d'étape. – Intermédiaire. – Émetteur qui retransmet les ondes. – *Prendre le* **relais** *de* : succéder à, prendre la suite de. – Sp. *Course de relais* : dans laquelle les membres d'une même équipe se succèdent. 🔊 [ʀ(ə)lɛ].

RELANCER, verbe trans. [4]
Lancer de nouveau. – Effectuer une nouvelle sollicitation auprès de. 🔊 [ʀ(ə)lɑ̃se].

RELATER, verbe trans. [3]
Faire le récit, la relation de. 🔊 [ʀ(ə)late].

RELATIF, IVE, adj.
Qui se rapporte à : *Discours* **relatif** *aux sciences*. – Qui n'est pas absolu, qui dépend d'autre chose. – Incomplet, imparfait : *Succès tout* **relatif**. – *Ling.* **Pronom relatif** : terme qui sert de lien entre un nom (ou un pronom), qu'il représente, et une proposition subordonnée. 🔊 [ʀ(ə)latif, -iv].

RELATION, subst. f.
Lien, rapport unissant des personnes ou des choses. – Personne avec laquelle on est en rapport : **Relation** *d'affaires*. – *Avoir des* **relations** : connaître des gens influents. – Récit, narration. 🔊 [ʀ(ə)lasjɔ̃].

RELATIONNEL, ELLE, adj.
Qui concerne les relations. 🔊 [ʀ(ə)lasjɔnɛl].

RELATIVISER, verbe trans. [3]
Donner un caractère relatif à. – Minimiser. 🔊 [ʀ(ə)lativize].

RELATIVITÉ, subst. f.
Caractère de ce qui est relatif : *En toute* **relativité**. 🔊 [ʀ(ə)lativite].

RELAXER, verbe trans. [3]
Dr. Relaxer *un prévenu* : le remettre en liberté après l'avoir reconnu non coupable. – Décontracter, reposer. – Pronom. Se détendre. 🔊 [ʀ(ə)lakse].

RELAYER, verbe trans. [15]
Prendre le relais de (qqn). – Retransmettre (une émission) par le biais d'un satellite, d'un relais. 🔊 [ʀ(ə)leje].

RELÉGUER, verbe trans. [8]
Exiler (qqn) dans un lieu précis. – Mettre à l'écart. 🔊 [ʀ(ə)lege].

RELENT, subst. m.
Odeur nauséabonde et tenace. – Fig. Trace, reste : *Des* **relents** *d'absolutisme*. ▨ [ʀəlɑ̃].

RELEVÉ, subst. m.
Écrit donnant une liste de renseignements : **Relevé** *de compte*. – Plan d'une construction existante. ▨ [ʀəl(ə)ve].

RELÈVE, subst. f.
Action de relever, de remplacer qqn, un groupe, à son poste. – Personne, groupe qui relève. ▨ [ʀ(ə)lɛv].

RELEVER, verbe trans. [10]
Remettre debout, redresser. – Collecter : **Relever** *les cahiers*. – Remarquer, noter : **Relever** *une erreur*. – Relayer : **Relever** *une* **équipe**. – Révoquer (qqn). – Épicer. – Augmenter la valeur, le niveau de : **Relever** *les salaires*. – Relever *de* : dépendre de. – Se rétablir : **Relever** *de maladie*. ▨ [ʀəl(ə)ve].

RELIEF, subst. m.
Ce qui fait saillie sur une surface plane. – Ensemble des inégalités de la surface terrestre : **Relief** *alpin*. – Fig. Éclat, profondeur. – *Mettre en* **relief** : en évidence. – Plur. Restes d'un repas (littér.). ▨ [ʀəljɛf].

RELIER, verbe trans. [6]
Assembler (les cahiers d'un livre) sous une couverture rigide. – Réunir, joindre : *Train qui relie deux villes*. – Fig. Établir un rapport entre : **Relier** *deux événements*. ▨ [ʀəlje].

RELIGIEUX, IEUSE, adj. et subst.
Adj. Relatif à une religion, à ses rites. – Pieux. – Fig. Qui invite au recueillement, au respect ; qui en est empreint : *Un silence religieux*. – Subst. Personne qui appartient à un ordre, à une congrégation. – Subst. fém. Chou à la crème. ▨ [ʀ(ə)liʒjø, -jøz].

RELIGION, subst. f.
Croyances et pratiques régissant la relation de l'homme à Dieu (ou à un dieu) et au sacré ; leur organisation dogmatique et sociale. – Foi, croyance. ▨ [ʀ(ə)liʒjɔ̃].

RELIQUAT, subst. m.
Ce qui reste d'un compte arrêté, d'une somme due. ▨ [ʀəlika].

RELIQUE, subst. f.
Fragment vénéré du corps d'un saint. – Vieil objet conservé précieusement. ▨ [ʀəlik].

RELIURE, subst. f.
Activité consistant à relier des livres. – Couverture rigide d'un livre. ▨ [ʀəljyʀ].

RELOGER, verbe trans. [5]
Procurer un nouveau logement à (qqn) : **Reloger** *des sans-abri*. ▨ [ʀ(ə)lɔʒe].

RELUIRE, verbe intrans. [69]
Luire en produisant des reflets. ▨ [ʀ(ə)lɥiʀ].

RELUISANT, ANTE, adj.
Qui reluit. – Fig. *Ce n'est pas* **reluisant** : c'est médiocre. ▨ [ʀ(ə)lɥizɑ̃, -ɑ̃t].

REMANIER, verbe trans. [6]
Changer la composition de : **Remanier** *un gouvernement*. – Apporter des modifications à : **Remanier** *un article*. ▨ [ʀ(ə)manje].

REMARQUABLE, adj.
Qui attire l'attention, notable. – Digne d'admiration. ▨ [ʀ(ə)maʀkabl].

REMARQUE, subst. f.
Observation, écrite ou orale, qui attire l'attention. – Critique. ▨ [ʀ(ə)maʀk].

REMARQUER, verbe trans. [3]
Observer, constater ; avoir l'attention attirée par. – Distinguer : **Remarquer** *qqn dans la foule*. – *Se* **faire remarquer** : se singulariser. ▨ [ʀ(ə)maʀke].

REMBLAI, subst. m.
Action de remblayer ; son résultat. – Matériau utilisé à cet effet. ▨ [ʀɑ̃blɛ].

REMBLAYER, verbe trans. [15]
Combler, hausser à l'aide de matériaux divers (terre, gravats, etc.). ▨ [ʀɑ̃bleje].

REMBOÎTER, verbe trans. [3]
Remettre en place (ce qui est déboîté) : **Remboîter** *un os*. ▨ [ʀɑ̃bwate].

REMBOURRER, verbe trans. [3]
Remplir, garnir de bourre. ▨ [ʀɑ̃buʀe].

REMBOURSER, verbe trans. [3]
Rendre à qqn une somme d'argent qu'il a prêtée ou déboursée. ▨ [ʀɑ̃buʀse].

REMÈDE, subst. m.
Moyen, méthode propres à soigner une maladie ; médicament. – Fig. Ce qui sert à résoudre une difficulté, à prévenir ou à combattre un mal quelconque. ▨ [ʀ(ə)mɛd].

REMÉDIER, verbe trans. indir. [6]
Apporter un remède (à). ▨ [ʀ(ə)medje].

REMEMBREMENT, subst. m.
Opération consistant à réunir des parcelles agricoles. ▨ [ʀ(ə)mɑ̃bʀəmɑ̃].

REMÉMORER, verbe trans. [3]
Remettre en mémoire. – Pronom. Repasser dans sa mémoire. ▨ [ʀ(ə)memɔʀe].

REMERCIEMENT, subst. m.
Action de remercier. – Propos ou écrit par lesquels on remercie. ▨ [ʀ(ə)mɛʀsimɑ̃].

REMERCIER, verbe trans. [6]
Exprimer sa reconnaissance à, dire merci à. – Licencier, congédier. ▨ [ʀ(ə)mɛʀsje].

REMETTRE, verbe trans. [60]
Ranger : **Remettre** *en place*. – Rétablir dans un état satisfaisant : **Remettre** *d'aplomb, sur pied*. – Mettre de nouveau : **Remettre** *du sel, une robe*. – Ajourner : **Remettre** *au lendemain*. – Livrer, donner : **Remettre** *un pli, sa démission*. – Pardonner ; faire grâce de : **Remettre** *une peine*. – Pronom. Recommencer : *Se* **remettre** *à fumer*. – Se rétablir. – *S'en* **remettre** *à qqn* : lui faire confiance. ▨ [ʀ(ə)mɛtʀ].

RÉMINISCENCE, subst. f.
Souvenir imprécis. ▨ [ʀeminisɑ̃s].

REMISE, subst. f.
Action de donner, de livrer. – **Remise** *de peine* : grâce, gén. partielle, accordée à un condamné. – Action de remettre à sa place ou dans son état antérieur : **Remise** *à neuf*,

en marche, en ordre. – Rabais. – Ajournement. – Local abritant des véhicules, des outils, etc. 🔊 [ʀ(ə)miz].

REMISER, verbe trans. [3]
Ranger dans une remise. 🔊 [ʀ(ə)mize].

RÉMISSION, subst. f.
Pardon ; grâce. – Régression passagère d'une maladie. 🔊 [ʀemisjɔ̃].

REMODELER, verbe trans. [11]
Modifier la forme de qqch. pour l'améliorer. – Modifier la structure, l'organisation de. 🔊 [ʀ(ə)mɔd(ə)le].

REMONTÉE, subst. f.
Action, fait de remonter. – Remontée *mécanique* : toute installation hissant les skieurs en haut des pistes. 🔊 [ʀ(ə)mɔ̃te].

REMONTER, verbe [3]
Intrans. Monter, s'élever de nouveau. – Augmenter de nouveau. – Dater de : Remonter *au siècle dernier*. – Trans. Parcourir de nouveau vers le haut ; aller vers la source de : **Remonter** *le fleuve*. – Replacer en haut, relever. – Reconstituer (ce qui est démonté). – Réconforter. – Remonter *un réveil* : en retendre le ressort. 🔊 [ʀ(ə)mɔ̃te].

REMONTOIR, subst. m.
Clef ou dispositif servant à remonter un mécanisme. 🔊 [ʀ(ə)mɔ̃twaʀ].

REMONTRANCE, subst. f.
Réprimande, reproche. 🔊 [ʀ(ə)mɔ̃tʀɑ̃s].

REMORDS, subst. m.
Souffrance morale causée par la conscience d'avoir mal agi. 🔊 [ʀ(ə)mɔʀ].

REMORQUE, subst. f.
Véhicule sans moteur, destiné à être tracté. – Câble servant à remorquer. 🔊 [ʀ(ə)mɔʀk].

REMORQUER, verbe trans. [3]
Tirer derrière soi. 🔊 [ʀ(ə)mɔʀke].

RÉMOULADE, subst. f.
Mayonnaise à la moutarde et aux fines herbes : *Céleri rémoulade*. 🔊 [ʀemulad].

RÉMOULEUR, subst. m.
Artisan ambulant qui aiguise les couteaux, les instruments tranchants. 🔊 [ʀemulœʀ].

REMOUS, subst. m.
Tourbillon, agitation dans un fluide. – Fig. Mouvement confus, agitation. 🔊 [ʀəmu].

REMPAILLER, verbe trans. [3]
Regarnir (un siège) de paille. 🔊 [ʀɑ̃pɑje].

REMPART, subst. m.
Mur large et haut entourant une place forte, une ville. – Ce qui sert de défense (littér.). 🔊 [ʀɑ̃paʀ].

REMPILER, verbe [3]
Trans. Remettre en pile : Rempiler *des livres*. – Intrans. Reprendre du service, pour un militaire (fam.). 🔊 [ʀɑ̃pile].

REMPLACER, verbe trans. [4]
Mettre à la place de, substituer. – Prendre la place de, relever. 🔊 [ʀɑ̃plase].

REMPLIR, verbe trans. [19]
Rendre plein (un récipient, un espace, etc.). – Combler : **Remplir** *de joie*. – Compléter : **Remplir** *un formulaire*. – S'acquitter de, exécuter : **Remplir** *une mission* ; Remplir *une fonction*, l'exercer. – Satisfaire à : Remplir *une condition*. 🔊 [ʀɑ̃pliʀ].

REMPOTER, verbe trans. [3]
Changer (une plante) de pot. 🔊 [ʀɑ̃pɔte].

REMUE-MÉNAGE, subst. m. inv.
Agitation bruyante. 🔊 [ʀ(ə)mymenaʒ].

REMUER, verbe [3]
Trans. Déplacer ; agiter : **Remuer** *des meubles* ; Remuer *les bras*. – Fig. Émouvoir, bouleverser. – Intrans. Bouger. – Pronom. Se déplacer, se mouvoir. – Se donner du mal pour qqch. (fam.). 🔊 [ʀəmɥe].

RÉMUNÉRATION, subst. f.
Paiement d'un travail, rétribution d'un service. 🔊 [ʀemyneʀasjɔ̃].

RÉMUNÉRER, verbe trans. [8]
Payer, rétribuer. 🔊 [ʀemyneʀe].

RENÂCLER, verbe intrans. [3]
Renifler bruyamment, pour un animal. – Manifester de la mauvaise volonté, de la répugnance (fam.) : **Renâcler** *au travail*. 🔊 [ʀ(ə)nɑkle].

RENAISSANCE, subst. f.
Action de renaître. – Nouvel essor, renouveau. – Hist. *La Renaissance* : période de renouveau artistique, intellectuel et social que connurent l'Italie puis toute l'Europe aux XVᵉ et XVIᵉ s. 🔊 [ʀ(ə)nesɑ̃s].

RENAÎTRE, verbe intrans. [74]
Recommencer à vivre, à croître : *Végétation qui renaît*. – Poindre de nouveau : *L'espoir renaît*. – Empl. trans. indir. **Renaître** *à la vie, au bonheur* : se sentir de nouveau vivant, heureux. 🔊 [ʀ(ə)nɛtʀ].

RÉNAL, ALE, AUX, adj.
Qui concerne les reins. 🔊 [ʀenal].

RENARD, subst. m.
Mammifère carnivore à poil roux, au fin museau et à la queue touffue ; sa fourrure. – Fig. Personne rusée. 🔊 [ʀ(ə)naʀ].

RENCHÉRIR, verbe intrans. [19]
Devenir plus cher. – Proposer une enchère plus élevée. – Fig. Aller plus loin que qqn, en paroles ou en actes. 🔊 [ʀɑ̃feʀiʀ].

RENCONTRE, subst. f.
Fait de se rencontrer. – Entrevue. – Compétition sportive. – *Aller à la rencontre de* : au-devant de. 🔊 [ʀɑ̃kɔ̃tʀ].

RENCONTRER, verbe trans. [3]
Croiser par hasard. – Faire connaissance, entrer en relation avec. – Sp. Se mesurer à, affronter, en parlant de deux adversaires. – Pronom. Se croiser, faire connaissance : *Ils se sont rencontrés très jeunes*. – Se trouver, exister : *L'aventure se rencontre partout*. 🔊 [ʀɑ̃kɔ̃tʀe].

RENDEMENT, subst. m.
Rapport entre le temps passé à effectuer un travail et le résultat obtenu. – Productivité d'un terrain, d'un placement. 🔊 [ʀɑ̃dmɑ̃].

RENDEZ-VOUS, subst. m.
Rencontre convenue à une heure et dans un lieu donnés. – Lieu où l'on se réunit habituellement. 🔊 [ʀɑ̃devu].

RENDORMIR, verbe trans. [29]
Endormir de nouveau. – Pronom. Replonger dans le sommeil. 🔊 [ʀɑ̃dɔʀmiʀ].

RENDRE, verbe trans. [51]
Restituer. – Donner à son tour : **Rendre un baiser**. – Vomir (fam.). – Produire, prononcer, traduire : **Rendre un son, un jugement, une pensée**. – Faire devenir : **Ses succès le rendent vaniteux**. – Pronom. Aller. – Capituler. – Agir pour être : **Elle se rend utile**. – **Se rendre compte de** : prendre conscience de. 🔊 [ʀɑ̃dʀ].

RÊNE, subst. f.
Courroie fixée au mors, servant à diriger un animal de selle. 🔊 [ʀɛn].

RENÉGAT, ATE, subst.
Individu qui renie ou trahit sa religion, sa patrie ou ses idées. 🔊 [ʀənega, -at].

RENFERMÉ, ÉE, adj. et subst. m.
Adj. Secret, peu démonstratif : **Caractère renfermé**. – Subst. Mauvaise odeur propre aux lieux mal aérés. 🔊 [ʀɑ̃fɛʀme].

RENFERMER, verbe trans. [3]
Enfermer de nouveau. – Contenir, comporter. – Pronom. Ne pas extérioriser ses sentiments ; se replier sur soi. 🔊 [ʀɑ̃fɛʀme].

RENFLOUER, verbe trans. [3]
Remettre à flot : **Renflouer un bateau**. – Fig. Fournir des fonds pour rétablir la situation de : **Renflouer une société**. 🔊 [ʀɑ̃flue].

RENFONCEMENT, subst. m.
Partie d'un bâtiment située en retrait : **Renfoncement de porte cochère**. – Retrait fixe en début de paragraphe. 🔊 [ʀɑ̃fɔ̃smɑ̃].

RENFORCER, verbe trans. [4]
Rendre plus fort, plus intense, plus solide, plus nombreux : **Renforcer une couleur, un mur, une équipe**. – Fig. Affermir : **Renforcer des soupçons**. 🔊 [ʀɑ̃fɔʀse].

RENFORT, subst. m.
Effectif ou matériel supplémentaire. – Ce qui sert à consolider. 🔊 [ʀɑ̃fɔʀ].

RENFROGNER (SE), verbe pronom. [3]
Exprimer son mécontentement par une mine maussade, fâchée. 🔊 [ʀɑ̃fʀɔɲe].

RENGORGER (SE), verbe pronom. [5]
Faire l'important, prendre un air avantageux. 🔊 [ʀɑ̃gɔʀʒe].

RENIEMENT, subst. m.
Fait de renier. 🔊 [ʀənimɑ̃].

RENIER, verbe trans. [6]
Refuser de reconnaître comme sien, abandonner, désavouer : **Renier ses enfants, ses amis**. – Abjurer : **Renier sa foi**. 🔊 [ʀənje].

RENIFLER, verbe [3]
Intrans. Aspirer bruyamment par le nez. – Trans. Aspirer par le nez, sentir : **Renifler du tabac**. – Fig. Flairer, pressentir : **Renifler une opportunité**. 🔊 [ʀ(ə)nifle].

RENNE, subst. m.
Cervidé aux bois aplatis, domesticable, qui vit dans le Grand Nord. 🔊 [ʀɛn].

RENOM, subst. m.
Célébrité, réputation. 🔊 [ʀənɔ̃].

RENOMMÉ, ÉE, adj.
Réputé, fameux. 🔊 [ʀ(ə)nɔme].

RENOMMÉE, subst. f.
Réputation favorable, étendue à un large public ; célébrité. 🔊 [ʀ(ə)nɔme].

RENONCEMENT, subst. m.
Fait de renoncer, détachement volontaire. – Abnégation. 🔊 [ʀ(ə)nɔ̃smɑ̃].

RENONCER, verbe trans. indir. [4]
Abandonner : **Renoncer au pouvoir, à un projet**. – Cesser d'envisager, de s'attacher à : **Renoncer à convaincre**. 🔊 [ʀ(ə)nɔ̃se].

RENOUER, verbe trans. [3]
Refaire un nœud à. – Fig. Recommencer, reprendre : **Renouer une liaison, la conversation**. – **Renouer avec** : reprendre une relation interrompue, se réconcilier avec. 🔊 [ʀənwe].

RENOUVEAU, subst. m.
Renaissance, regain, retour. – Fig. Printemps (littér.). 🔊 [ʀ(ə)nuvo].

RENOUVELER, verbe trans. [12]
Remplacer, rénover. – Refaire ; réitérer : **Renouveler une erreur, des excuses**. – Reconduire : **Renouveler un abonnement**. – Pronom. Recommencer. – **Artiste qui se renouvelle** : qui est toujours créatif. 🔊 [ʀ(ə)nuv(ə)le].

RENOUVELLEMENT, subst. m.
Action de renouveler. – Fait de se renouveler. 🔊 [ʀ(ə)nuvɛlmɑ̃].

RÉNOVATION, subst. f.
Action de remettre à neuf, de moderniser : **Rénovation d'un quartier**. 🔊 [ʀenɔvasjɔ̃].

RENSEIGNEMENT, subst. m.
Information. – **Renseignements généraux** : service de la préfecture de police et de la Sûreté nationale. 🔊 [ʀɑ̃sɛɲmɑ̃].

RENSEIGNER, verbe trans. [3]
Donner des indications utiles à. – Pronom. Prendre des renseignements. 🔊 [ʀɑ̃seɲe].

RENTABILISER, verbe trans. [3]
Rendre rentable. 🔊 [ʀɑ̃tabilize].

RENTABILITÉ, subst. f.
Caractère rentable de qqch. 🔊 [ʀɑ̃tabilite].

RENTABLE, adj.
Qui rapporte de l'argent. 🔊 [ʀɑ̃tabl̩].

RENTE, subst. f.
Revenu d'un bien, d'un capital placé, d'un emprunt d'État : **Il vit de ses rentes**. – **Rente de situation** : avantage tiré d'une situation privilégiée. 🔊 [ʀɑ̃t].

RENTIER, IÈRE, subst.
Personne qui vit de ses rentes. 🔊 [rɑ̃tje, -jɛr].

RENTRÉE, subst. f.
Reprise d'activité ; reprise des cours. — Retour d'un acteur à la scène. — Somme d'argent recouvrée. 🔊 [rɑ̃tre].

RENTRER, verbe [3]
Intrans. Retourner à l'intérieur, chez soi. — Reprendre ses activités. — Faire partie de : *Cela ne rentre pas dans mes attributions.* — Tenir : **Rentrer** *dans une valise.* — Pénétrer : *La pluie rentre par les trous.* — Heurter vivement : **Rentrer** *dans un mur.* — Trans. Mettre à l'intérieur : **Rentrer** *sa voiture.* — Rétracter : **Rentrer** *les griffes.* 🔊 [rɑ̃tre].

RENVERSANT, ANTE, adj.
Étonnant, stupéfiant. 🔊 [rɑ̃vɛrsɑ̃, -ɑ̃t].

RENVERSEMENT, subst. m.
Retournement complet, bouleversement. — Action de provoquer la chute de : **Renversement** *du tyran.* 🔊 [rɑ̃vɛrsəmɑ̃].

RENVERSER, verbe trans. [3]
Retourner en mettant le haut en bas ; inverser. — Répandre. — Faire tomber : **Renverser** *un piéton.* — Chasser du pouvoir : **Renverser** *un dictateur.* — Sidérer : *Cette nouvelle l'a* renversé. — Incliner en arrière : **Renverser** *la tête.* 🔊 [rɑ̃vɛrse].

RENVOI, subst. m.
Action de renvoyer. — Signe invitant le lecteur à se reporter à un autre endroit du texte. — Rot. 🔊 [rɑ̃vwa].

RENVOYER, verbe trans. [18]
Lancer en retour : **Renvoyer** *une balle.* — Réexpédier : **Renvoyer** *un colis.* — Exclure, licencier. — Réfléchir (des ondes) : *Miroir qui* renvoie *la lumière.* — Inviter à se reporter : **Renvoyer** *le lecteur au glossaire.* — Ajourner : **Renvoyer** *de huit jours.* 🔊 [rɑ̃vwaje].

RÉORGANISER, verbe trans. [3]
Organiser différemment. 🔊 [reɔrganize].

RÉOUVERTURE, subst. f.
Fait de rouvrir. — Reprise. 🔊 [reuvɛrtyr].

REPAIRE, subst. m.
Refuge d'un animal sauvage ou d'un groupe de malfaiteurs. 🔊 [r(ə)pɛr].

REPAÎTRE (SE), verbe pronom. [75]
Se nourrir, se rassasier. — Fig. Se repaître *de crimes.* 🔊 [rəpɛtr].

RÉPANDRE, verbe trans. [51]
Verser : **Répandre** *de l'eau.* — Dégager : **Répandre** *une odeur.* — Propager, semer : **Répandre** *la terreur.* — Pronom. *Se répandre en injures* : injurier copieusement. 🔊 [repɑ̃dr].

RÉPANDU, UE, adj.
Couramment admis. 🔊 [repɑ̃dy].

RÉPARATEUR, TRICE, adj. et subst.
Se dit d'une personne qui répare. — Adj. Qui rétablit, restaure : *Repos réparateur* ; *Chirurgie réparatrice.* 🔊 [reparatœr, -tris].

RÉPARATION, subst. f.
Action de réparer. — Compensation, dédommagement. 🔊 [reparasjɔ̃].

RÉPARER, verbe trans. [3]
Remettre en bon état, en état de marche : **Réparer** *un toit, une voiture ;* au fig : **Réparer** *ses forces.* — Racheter, expier : **Réparer** *sa faute.* 🔊 [repare].

REPARTIE, subst. f.
Réponse vive et spirituelle : *Avoir la repartie facile.* 🔊 On écrit aussi *répartie* : [reparti].

REPARTIR, verbe intrans. [23]
Partir de nouveau. — Retourner : **Repartir** *chez soi.* 🔊 [r(ə)partir].

RÉPARTIR, verbe trans. [19]
Distribuer selon une règle établie. — Échelonner dans le temps. 🔊 [repartir].

RÉPARTITION, subst. f.
Partage, distribution. 🔊 [repartisjɔ̃].

REPAS, subst. m.
Nourriture prise à des heures régulières : *Faire trois repas par jour.* 🔊 [r(ə)pɑ].

REPASSAGE, subst. m.
Action de repasser le linge. 🔊 [r(ə)pɑsaʒ].

REPASSER, verbe [3]
Intrans. Passer de nouveau, revenir (en un lieu). — Trans. Franchir de nouveau. — Projeter de nouveau : **Repasser** *un film.* — Lisser (du linge) au fer chaud. — Réviser : **Repasser** *une leçon.* — Affûter. 🔊 [r(ə)pase].

REPÊCHER, verbe trans. [3]
Tirer hors de l'eau : **Repêcher** *le cadavre d'un noyé.* — Soumettre (un candidat éliminé) à une épreuve de rattrapage, de repêchage (fam.). 🔊 [r(ə)peʃe].

REPENSER, verbe trans. [3]
Penser de nouveau. — Reconsidérer : **Repenser** *un problème.* 🔊 [r(ə)pɑ̃se].

REPENTIR, subst. m.
Regret, remords d'une faute. 🔊 [r(ə)pɑ̃tir].

REPENTIR (SE), verbe pronom. [23]
Regretter vivement (une faute), en ayant une intention de réparation. 🔊 [r(ə)pɑ̃tir].

REPÉRAGE, subst. m.
Action de repérer. — Recherche de lieux de tournage pour un film. 🔊 [r(ə)peraʒ].

RÉPERCUSSION, subst. f.
Contrecoup, retentissement. 🔊 [repɛrkysjɔ̃].

RÉPERCUTER, verbe trans. [3]
Renvoyer, transmettre : **Répercuter** *un son, un ordre.* — Pronom. Avoir des effets, réagir (sur). 🔊 [repɛrkyte].

REPÈRE, subst. m.
Marque servant à se situer dans le temps ou l'espace : *Point de repère.* 🔊 [r(ə)pɛr].

REPÉRER, verbe trans. [8]
Situer avec précision grâce à des repères. — Remarquer, découvrir (fam.) : **Repérer** *une erreur.* — Pronom. S'orienter, se retrouver : *Se repérer en forêt.* 🔊 [r(ə)pere].

RÉPERTOIRE, subst. m.
Recueil de renseignements classés avec méthode : *Répertoire alphabétique.* — Les œuvres interprétées par un théâtre, un artiste. 🔊 [repɛrtwar].

RÉPERTORIER, verbe trans. [6]
Classer dans un répertoire. 🔊 [ʀepɛʀtɔʀje].

RÉPÉTER, verbe trans. [8]
Redire ou refaire (qqch.). – Rapporter, ébruiter : *Répéter un secret.* – Mettre au point avant de présenter au public : **Répéter** *un rôle* ; empl. abs. : *Les acteurs* **répètent.** 🔊 [ʀepete].

RÉPÉTITIF, IVE, adj.
Qui se répète, monotone. 🔊 [ʀepetitif, -iv].

RÉPÉTITION, subst. f.
Redite : *Il y a trop de* **répétitions.** – Action de refaire : *Un fusil à* **répétition,** qui tire plusieurs coups d'affilée. – Séance de préparation d'une représentation. 🔊 [ʀepetisjɔ̃].

REPEUPLER, verbe trans. [3]
Réoccuper (une région dépeuplée). – Regarnir en espèces animales ou végétales : **Repeupler** *un étang.* 🔊 [ʀ(ə)pœple].

REPIQUER, verbe trans. [3]
Piquer de nouveau. – Replanter (un semis). – Enregistrer (un film, une musique, etc.) sur un nouveau support. 🔊 [ʀ(ə)pike].

RÉPIT, subst. m.
Arrêt, repos momentanés : *Nous travaillons sans répit,* continuellement. 🔊 [ʀepi].

REPLACER, verbe trans. [4]
Remettre en place. – Situer. 🔊 [ʀ(ə)plase].

REPLÂTRER, verbe trans. [3]
Plâtrer une nouvelle fois. – Fig. Arranger de manière superficielle. 🔊 [ʀ(ə)plɑtʀe].

REPLET, ÈTE, adj.
Dodu, potelé. 🔊 [ʀəplɛ, -ɛt].

REPLI, subst. m.
Légère ondulation. – Bord replié. – Fig. Lieu secret : *Les* **replis** *de la mémoire.* – Recul économique : *retraite militaire.* 🔊 [ʀəpli].

REPLIER, verbe trans. [6]
Plier de nouveau. – Pronom. Reculer en bon ordre : *L'armée se* **replie.** – *Se* **replier** *sur soi-même* : s'isoler. 🔊 [ʀ(ə)plije].

RÉPLIQUE, subst. f.
Vive repartie. – Texte qu'un acteur doit prononcer en réponse à ses partenaires. – Copie très ressemblante. 🔊 [ʀeplik].

RÉPLIQUER, verbe [3]
Répondre avec vivacité ou insolence, rétorquer. 🔊 [ʀeplike].

RÉPONDANT, ANTE, subst.
Personne qui sert de caution à qqn, garant. – Masc. *Avoir du* **répondant** : ne pas manquer d'argent ; avoir le sens de la repartie (fam.). 🔊 [ʀepɔ̃dɑ̃, -ɑ̃t].

RÉPONDRE, verbe trans. [51]
Trans. dir. Donner pour réponse : **Répondre** *une bêtise.* – S'exprimer en retour : **Répondre** *à une lettre, à une question.* – Trans. indir. Correspondre : **Répondre** *à un signalement.* – Marquer une même disposition : *Il* **répond** *à son amour.* – Garantir : *Je ne* **réponds** *pas de sa loyauté.* – Empl. abs. Réagir (à une action) : *Les freins ne* **répondent** *plus.* 🔊 [ʀepɔ̃dʀ].

RÉPONSE, subst. f.
Ce que l'on répond à qqn. – *Avoir* **réponse** *à tout* : faire face à toutes les situations. – Solution, explication. – Réaction à une stimulation. 🔊 [ʀepɔ̃s].

REPORT, subst. m.
Action de reporter qqch. – Renvoi à une autre date. – Copie sur un autre document. 🔊 [ʀəpɔʀ].

REPORTAGE, subst. m.
Compte rendu écrit, oral ou filmé, qui témoigne d'une enquête sur le terrain effectuée par un reporter. 🔊 [ʀ(ə)pɔʀtaʒ].

REPORTER, verbe trans. [3]
Porter une nouvelle fois au même endroit. – Remettre à plus tard. – Porter ailleurs : **Reporter** *son affection sur qqn.* – Pronom. Se référer à. 🔊 [ʀ(ə)pɔʀte].

REPOS, subst. m.
Pause dans une activité ; détente, congé : **Repos** *dominical* ; *Être de* **repos.** – Calme, tranquillité : *Troubler le* **repos** *d'un lieu.* – *Au* **repos** : immobile. 🔊 [ʀ(ə)po].

REPOSANT, ANTE, adj.
Qui repose, délasse. 🔊 [ʀ(ə)pozɑ̃, -ɑ̃t].

REPOSER (I), verbe [3]
Trans. dir. Délasser. – Trans. indir. Être établi, fondé (sur). – Intrans. Rester immobile, étendu ; être enterré. – Pronom. Se détendre ; être inactif. – *Se* **reposer** *sur qqn* : lui faire confiance, compter sur lui. 🔊 [ʀ(ə)poze].

REPOSER (II), verbe trans. [3]
Poser de nouveau : **Reposer** *une caisse, une question.* 🔊 [ʀ(ə)poze].

REPOUSSANT, ANTE, adj.
Qui inspire le dégoût. 🔊 [ʀ(ə)pusɑ̃, -ɑ̃t].

REPOUSSER (I), verbe trans. [3]
Pousser en arrière, faire reculer. – Rabrouer, éconduire. – Refuser, rejeter : **Repousser** *une offre.* – Différer, ajourner. 🔊 [ʀ(ə)puse].

REPOUSSER (II), verbe intrans. [3]
Pousser, croître de nouveau. 🔊 [ʀ(ə)puse].

REPOUSSOIR, subst. m.
Personne ou chose qui, par contraste, en fait valoir une autre. 🔊 [ʀ(ə)puswaʀ].

RÉPRÉHENSIBLE, adj.
Blâmable, condamnable. 🔊 [ʀepʀeɑ̃sibl].

REPRENDRE, verbe [52]
Trans. Prendre de nouveau : **Reprendre** *un café.* – Corriger, réprimander. – Retrouver : **Reprendre** *espoir.* – Recommencer après une interruption : **Reprendre** *le travail, le piano.* – Répéter. – Intrans. Redémarrer : *L'activité* **reprend.** – Pronom. Réagir, se ressaisir. 🔊 [ʀ(ə)pʀɑ̃dʀ].

REPRÉSAILLES, subst. f. plur.
Acte de vengeance. 🔊 [ʀ(ə)pʀezaj].

REPRÉSENTANT, ANTE, subst.
Personne qui représente qqn, un groupe, le peuple. – Commercial prospectant la clientèle pour une entreprise. 🔊 [ʀ(ə)pʀezɑ̃tɑ̃, -ɑ̃t].

REPRÉSENTATIF, IVE, adj.
Typique, caractéristique. — *Régime* représentatif : *parlementaire*. 🖾 [ʀ(ə)pʀezɑ̃tatif, -iv].

REPRÉSENTATION, subst. f.
Action, fait de représenter. — Métier du représentant de commerce. — Spectacle : *Une* représentation *théâtrale*. 🖾 [ʀ(ə)pʀezɑ̃tasjɔ̃].

REPRÉSENTER, verbe trans. [3]
Présenter de nouveau. — Rendre sensible ; exprimer, symboliser : *On* représente *la paix par une colombe*. — Figurer : *Ce tableau* représente *un port*. — Agir au nom de (qqn, un groupe). — Jouer en public. — Pronom. Se présenter, survenir une nouvelle fois. — Imaginer. 🖾 [ʀ(ə)pʀezɑ̃te].

RÉPRESSIF, IVE, adj.
Qui réprime. 🖾 [ʀepʀesif, -iv].

RÉPRESSION, subst. f.
Action de réprimer. 🖾 [ʀepʀesjɔ̃].

RÉPRIMANDE, subst. f.
Blâme, reproche sévères. 🖾 [ʀepʀimɑ̃d].

RÉPRIMANDER, verbe trans. [3]
Blâmer sévèrement. 🖾 [ʀepʀimɑ̃de].

RÉPRIMER, verbe trans. [3]
Contenir : Réprimer *un sanglot*. — Empêcher, par la loi ou la force, le développement (d'une chose jugée blâmable ou dangereuse) : Réprimer *une émeute*. 🖾 [ʀepʀime].

REPRISE, subst. f.
Action, fait de reprendre. — Regain, nouvel essor. — Rachat d'un droit ou de biens usagés. — Réparation à l'aiguille d'un tissu. — Nouvelle série de représentations d'un spectacle. — Accélération rapide d'un moteur. — Loc. adv. *À maintes* reprises : fréquemment. 🖾 [ʀ(ə)pʀiz].

REPRISER, verbe trans. [3]
Raccommoder (une étoffe). 🖾 [ʀ(ə)pʀize].

RÉPROBATEUR, TRICE, adj.
Qui marque la réprobation : *Un silence* réprobateur. 🖾 [ʀepʀɔbatœʀ, -tʀis].

RÉPROBATION, subst. f.
Blâme, jugement sévère. 🖾 [ʀepʀɔbasjɔ̃].

REPROCHE, subst. m.
Critique, blâme adressé à qqn sur son comportement. 🖾 [ʀ(ə)pʀɔʃ].

REPROCHER, verbe trans. [3]
Faire grief de (qqch.) à qqn. — Trouver à redire à (qqch.). 🖾 [ʀ(ə)pʀɔʃe].

REPRODUCTION, subst. f.
Action de reproduire ; chose reproduite, copie : Reproduction *photographique*. — Propriété qu'ont les êtres vivants d'engendrer de nouveaux individus, de perpétuer leur espèce. 🖾 [ʀ(ə)pʀɔdyksjɔ̃].

REPRODUIRE, verbe trans. [69]
Produire de nouveau ; répéter. — Faire une copie fidèle de. — Pronom. Se multiplier par génération. 🖾 [ʀ(ə)pʀɔdɥiʀ].

RÉPROUVER, verbe trans. [3]
Condamner, blâmer (littér.). 🖾 [ʀepʀuve].

REPTATION, subst. f.
Action de ramper : *La* reptation *du serpent*, son mode de locomotion. 🖾 [ʀɛptasjɔ̃].

REPTILE, subst. m.
Vertébré ovipare à peau écailleuse, à sang froid et aux membres atrophiés ou absents. — Plur. La classe correspondante. 🖾 [ʀɛptil].

RÉPUBLICAIN, AINE, adj. et subst.
Qui est favorable à la république. — Adj. Relatif à la république. 🖾 [ʀepyblikɛ̃, -ɛn].

RÉPUBLIQUE, subst. f.
Forme de gouvernement où le pouvoir est confié à des représentants élus par le corps social. — Régime politique d'un État dont le chef est élu (oppos. *monarchie*). — État ainsi gouverné. 🖾 [ʀepyblik].

RÉPUDIER, verbe trans. [6]
Renvoyer (une épouse) aux fins de rompre légalement et autoritairement le mariage. — Renier : Répudier *sa foi*. 🖾 [ʀepydje].

RÉPUGNANCE, subst. f.
Répulsion, profond dégoût. 🖾 [ʀepyɲɑ̃s].

RÉPUGNER, verbe trans. indir. [3]
Inspirer de la répugnance à : *Cette saleté me* répugne. — Ressentir de l'aversion pour : *Elle* répugne *à mentir*. 🖾 [ʀepyɲe].

RÉPULSION, subst. f.
Phys. Force par laquelle deux corps se repoussent mutuellement (oppos. *attraction*). — Fig. Répugnance, aversion. 🖾 [ʀepylsjɔ̃].

RÉPUTATION, subst. f.
Fait d'être honorablement considéré ; renommée. — Manière dont qqn ou qqch. est apprécié : *Jouir d'une* réputation *exécrable*. 🖾 [ʀepytasjɔ̃].

RÉPUTÉ, ÉE, adj.
Qui jouit d'une bonne réputation : *Région* réputée *pour son vin*. 🖾 [ʀepyte].

REQUÉRIR, verbe trans. [33]
Réclamer en justice ; empl. abs., prononcer un réquisitoire. — Solliciter : *Je requiers votre attention*. — Nécessiter : *Un travail qui* requiert *de l'expérience*. 🖾 [ʀəkeʀiʀ].

REQUÊTE, subst. f.
Demande pressante, écrite ou orale ; prière : *Accepter une* requête. — Demande adressée à un magistrat. 🖾 [ʀəkɛt].

REQUIEM, subst. m. inv.
Prière pour les défunts. — Musique composée sur ce texte. 🖾 [ʀekɥijɛm].

REQUIN, subst. m.
Squale au corps allongé et puissant, réputé pour sa voracité. — Fig. Homme d'affaires sans scrupule. 🖾 [ʀəkɛ̃].

REQUIS, ISE, adj.
Exigé, indispensable. 🖾 [ʀəki, -iz].

RÉQUISITION, subst. f.
Opération par laquelle une autorité exige la cession d'un bien ou une prestation de services. 🖾 [ʀekizisjɔ̃].

RÉQUISITIONNER, verbe trans. [3]
Dr. Se procurer (qqch.) ou obtenir les services de (qqn) par voie de réquisition : **Réquisitionner** *la troupe.* 🔊 [ʀekizisjɔne].

RÉQUISITOIRE, subst. m.
Dr. Dans une audience, rapport du ministère public exposant les griefs de l'accusation. — *Fig.* Accusation violente contre qqn, portée en détaillant les reproches. 🔊 [ʀekizitwaʀ].

RESCAPÉ, ÉE, adj. et subst.
Qui est sorti vivant d'un accident, d'une catastrophe. 🔊 [ʀɛskape].

RESCOUSSE (À LA), loc. adv.
À l'aide, en renfort. 🔊 [alaʀɛskus].

RÉSEAU, subst. m.
Entrelacement de fils. — Ensemble de lignes, de canalisations, de voies reliées entre elles : **Réseau** *routier.* — Organisation ramifiée : **Réseau** *d'espionnage.* 🔊 [ʀezo].

RÉSERVATION, subst. f.
Action de réserver une place dans un hôtel, un avion, un train, une salle de spectacle. 🔊 [ʀezɛʀvasjɔ̃].

RÉSERVE, subst. f.
Ce que l'on stocke en vue d'une utilisation ultérieure : **Réserves** *de nourriture.* — Quantité de ressources disponibles : **Réserves** *bancaires* ; **Réserves** *de pétrole d'un sous-sol* ; *Armée de* **réserve** : troupes mobilisables en cas de guerre. — Local de stockage. — Territoire attribué à des indigènes : **Réserve** *d'Indiens.* — Territoire affecté à la conservation d'un site, de sa faune et de sa flore. — *Fig.* Attitude de discrétion, de prudence : *Se tenir sur la* **réserve.** — Restriction accompagnant une approbation : *Émettre des* **réserves.** — *Sous toutes* **réserves** : sans garantie. 🔊 [ʀezɛʀv].

RÉSERVÉ, ÉE, adj.
Discret, circonspect. — Affecté à un usage particulier ; destiné exclusivement à qqn : *Pêche* **réservée.** 🔊 [ʀezɛʀve].

RÉSERVER, verbe trans. [3]
Garder pour plus tard. — Affecter à un usage exclusif ou spécial : **Réserver** *une salle aux fumeurs.* — Retenir, faire garder : **Réserver** *une chambre.* — Destiner : *Que nous* **réserve** *demain ?* — *Pronom.* Attendre le moment propice pour (faire qqch.) : *Je me* **réserve** *de soulever cette question.* — Garder de l'appétit : *Se* **réserver** *pour le dessert.* 🔊 [ʀezɛʀve].

RÉSERVOIR, subst. m.
Lieu, cavité, récipient où sont stockés des gaz ou des liquides. 🔊 [ʀezɛʀvwaʀ].

RÉSIDENCE, subst. f.
Fait de résider en un lieu ; ce lieu. — *Résidence* *surveillée* : obligation judiciaire de demeurer en un lieu. — Immeuble ou groupe d'immeubles de bon standing. 🔊 [ʀezidɑ̃s].

RÉSIDENT, ENTE, subst.
Personne qui réside dans un pays dont elle n'a pas la nationalité. 🔊 [ʀezidɑ̃, -ɑ̃t].

RÉSIDER, verbe intrans. [3]
Avoir sa demeure habituelle à : **Résider** *à Nice.* — Consister en : *Son autorité* **réside** *dans son expérience.* 🔊 [ʀezide].

RÉSIDU, subst. m.
Reste sans valeur. — Déchet qui subsiste après un traitement industriel, une opération physique ou chimique. 🔊 [ʀezidy].

RÉSIDUEL, ELLE, adj.
Qui constitue un résidu. — Qui persiste, qu'on ne parvient pas à éliminer : *Une fatigue* **résiduelle.** 🔊 [ʀezidɥɛl].

RÉSIGNATION, subst. f.
Fait de se résigner. — Soumission, fatalisme. 🔊 [ʀeziɲasjɔ̃].

RÉSIGNER (SE), verbe pronom. [3]
Se soumettre à, accepter sans protester : *Se* **résigner** *à son sort.* 🔊 [ʀeziɲe].

RÉSILIATION, subst. f.
Action de résilier : **Résiliation** *d'un bail.* 🔊 [ʀeziljasjɔ̃].

RÉSILIER, verbe trans. [6]
Dr. Mettre fin à (un contrat). 🔊 [ʀezilje].

RÉSINE, subst. f.
Substance translucide et collante sécrétée par des végétaux, notamment les Conifères. — Composé naturel ou synthétique de certaines matières plastiques. 🔊 [ʀezin].

RÉSINEUX, EUSE, adj. et subst. m.
Se dit d'un arbre qui produit de la résine. 🔊 [ʀezinø, -øz].

RÉSISTANCE, subst. f.
Action de résister à une autorité, à l'ennemi. — Capacité à supporter une épreuve morale ou physique. — Force qui s'oppose à une autre. — Solidité d'un corps. — **Résistance** *électrique* : conducteur qui convertit l'électricité en chaleur. — *Plat de* **résistance** : plat principal d'un repas. 🔊 [ʀezistɑ̃s].

RÉSISTER, verbe trans. indir. [3]
Ne pas céder : **Résister** *à la pression.* — Supporter sans faiblir : **Résister** *au froid, à une envie.* — Refuser de se soumettre. — Repousser : **Résister** *à la tentation.* 🔊 [ʀeziste].

RÉSOLU, UE, adj.
Décidé, déterminé. 🔊 [ʀezɔly].

RÉSOLUTION, subst. f.
Fait de se résoudre : **Résolution** *de l'eau en vapeur.* — Fait de disparaître : **Résolution** *d'une tumeur.* — Fait de résoudre un problème. — Décision volontaire, ferme ; détermination : *Faire preuve de* **résolution.** — Annulation d'un contrat. — Motion prise par une assemblée. 🔊 [ʀezɔlysjɔ̃].

RÉSONANCE, subst. f.
Propriété d'amplifier ou de prolonger un son. — *Fig.* Retentissement. 🔊 [ʀezɔnɑ̃s].

RÉSONNER, verbe intrans. [3]
Produire ou réfléchir un son amplifié et prolongé : *La cloche* **résonne** ; *Hall qui* **résonne.** 🔊 [ʀezɔne].

RÉSORBER, verbe trans. [3]
Éliminer peu à peu : **Résorber** *une tumeur.*
– Fig. **Résorber** *une dette.* 🔊 [ʀezɔʀbe].

RÉSORPTION, subst. f.
Fait de se résorber. 🔊 [ʀezɔʀpsjɔ̃].

RÉSOUDRE, verbe trans. [76]
Décomposer (un corps) en ses éléments.
– Résorber. – Fig. Décider : *J'ai résolu de partir.* – Trouver la solution de, élucider :
Résoudre *un problème, une énigme.* – Pronom. *Se résoudre à* : se décider à.
🔊 [ʀezudʀ].

RESPECT, subst. m.
Sentiment de considération, de déférence
envers qqn : **Respect** *filial.* – Action
d'observer, de ne pas enfreindre : **Respect**
des règles. – *Tenir qqn en respect* : sous la
menace d'une arme. 🔊 [ʀɛspɛ].

RESPECTABILITÉ, subst. f.
Caractère respectable. 🔊 [ʀɛspɛktabilite].

RESPECTABLE, adj.
Digne de respect, d'estime. – Assez important : *Somme respectable.* 🔊 [ʀɛspɛktabl].

RESPECTER, verbe trans. [3]
Considérer avec respect. – Se conformer à,
ne pas porter atteinte à : **Respecter** *les lois,
le silence.* 🔊 [ʀɛspɛkte].

RESPECTIF, IVE, adj.
Qui concerne chaque chose, chaque personne dans un ensemble : *Âges respectifs,*
de chacun. 🔊 [ʀɛspɛktif, -iv].

RESPECTIVEMENT, adv.
Chacun en ce qui le concerne : *Il a deux
enfants, nommés respectivement Luc et
Antoine.* 🔊 [ʀɛspɛktivmɑ̃].

RESPECTUEUX, EUSE, adj.
Qui fait preuve de respect. – Qui dénote
le respect. 🔊 [ʀɛspɛktɥø, -øz].

RESPIRATION, subst. f.
Action de respirer. – Processus par lequel
les êtres vivants absorbent de l'oxygène et
rejettent du gaz carbonique. 🔊 [ʀɛspiʀasjɔ̃].

RESPIRATOIRE, adj.
Qui permet la respiration. – Qui a trait à
la respiration. 🔊 [ʀɛspiʀatwaʀ].

RESPIRER, verbe [3]
Intrans. Inspirer l'air puis l'expirer : **Respirer** *par le nez.* – Fig. Avoir un moment de
répit. – Trans. Aspirer, inhaler : **Respirer**
des gaz toxiques. – Fig. Exprimer : **Respirer**
la santé. 🔊 [ʀɛspiʀe].

RESPLENDIR, verbe intrans. [19]
Briller d'un vif éclat. 🔊 [ʀɛsplɑ̃diʀ].

RESPONSABILITÉ, subst. f.
Fait d'être responsable : *Assumer ses responsabilités.* – Dr. Obligation de remplir une
charge, de réparer une faute : *Responsabilité civile.* 🔊 [ʀɛspɔ̃sabilite].

RESPONSABLE, adj. et subst.
Qui prend des décisions, qui dirige : *Un
responsable de magasin* ; *Les autorités responsables.* – Qui est la cause ou l'auteur :
Le responsable d'un accident. – Adj. Qui

doit répondre de ses actes, ou de ceux de
qqn dont il a la charge. – Sérieux, réfléchi :
Enfant responsable. 🔊 [ʀɛspɔ̃sabl].

RESSAC, subst. m.
Rejaillissement violent des vagues renvoyées
sur elles-mêmes par un obstacle. 🔊 [ʀəsak].

RESSAISIR, verbe trans. [19]
Saisir de nouveau. – Pronom. Retrouver son
sang-froid. 🔊 [ʀ(ə)seziʀ].

RESSASSER, verbe trans. [3]
Revenir continuellement sur : **Ressasser** *sa
rancœur.* – Répéter sans cesse : **Ressasser**
les mêmes histoires. 🔊 [ʀ(ə)sase].

RESSEMBLANCE, subst. f.
Rapport entre des éléments présentant des
points communs : **Ressemblance** *d'un père
et d'un fils, d'un portrait.* 🔊 [ʀ(ə)sɑ̃blɑ̃s].

RESSEMBLANT, ANTE, adj.
Qui présente une ressemblance avec qqch.,
qqn : *Dessin ressemblant.* 🔊 [ʀ(ə)sɑ̃blɑ̃, -ɑ̃t].

RESSEMBLER, verbe trans. indir. [3]
Présenter une ressemblance avec : **Ressembler** *à sa mère.* – *Cela ne lui ressemble pas* :
cela n'est pas conforme à son caractère.
🔊 [ʀ(ə)sɑ̃ble].

RESSEMELER, verbe trans. [12]
Doter d'une semelle neuve. 🔊 [ʀ(ə)səm(ə)le].

RESSENTIMENT, subst. m.
Souvenir persistant d'une offense, d'un tort
dont on veut se venger. 🔊 [ʀ(ə)sɑ̃timɑ̃].

RESSENTIR, verbe trans. [23]
Éprouver (un sentiment, une sensation).
– Être affecté par : **Ressentir** *les effets de la
crise.* 🔊 [ʀ(ə)sɑ̃tiʀ].

RESSERRE, subst. f.
Endroit où l'on range, où l'on conserve à
l'abri des outils, des denrées. 🔊 [ʀəseʀ].

RESSERRER, verbe trans. [3]
Serrer de nouveau ou plus fortement :
Resserrer *un étau.* – Fig. Rendre plus étroit :
Resserrer *des relations.* 🔊 [ʀ(ə)seʀe].

RESSERVIR, verbe [28]
Trans. Servir (qqch.) de nouveau. – Intrans.
Être réutilisé. 🔊 [ʀ(ə)sɛʀviʀ].

RESSORT (I), subst. m.
Pièce mécanique qui reprend sa forme après
compression ou torsion. – Fig. Force morale, énergie : *Manquer de ressort.* – Force
qui fait agir : *L'ambition fut le ressort de
sa vie.* 🔊 [ʀ(ə)sɔʀ].

RESSORT (II), subst. m.
Compétence : *Cette affaire est du ressort de
la justice.* – *En dernier ressort* : en dernier
lieu. 🔊 [ʀ(ə)sɔʀ].

RESSORTIR (I), verbe [23]
Trans. Sortir de nouveau (qqch.). – Intrans.
Sortir de nouveau. – Se détacher sur un
fond : *Le rouge ressort bien.* – Empl. impers.
Résulter : *Qu'en ressort-il ?* 🔊 [ʀ(ə)sɔʀtiʀ].

RESSORTIR (II), verbe trans. indir. [19]
Être du ressort de, relever de : *Cela ressortit aux tribunaux.* 🔊 [ʀ(ə)sɔʀtiʀ].

RESSOURCE, subst. f.
Possibilité, recours. – Plur. Moyens dont disposent un individu, une société ou un pays : **Ressources** *financières, humaines, naturelles.* 🐌 [ʀ(ə)suʀs].

RES(S)URGIR, verbe intrans. [19]
Surgir de nouveau. 🐌 [ʀ(ə)syʀʒiʀ].

RESSUSCITER, verbe [3]
Intrans. Revivre après la mort. – Trans. Ramener (qqn) de la mort à la vie. – Fig. Faire revivre (qqch.) par le souvenir. 🐌 [ʀesysite].

RESTANT, ANTE, adj. et subst. m.
Qui reste : *Somme* **restante** ; *Le* **restant** *de ma vie.* 🐌 [ʀɛstɑ̃, -ɑ̃t].

RESTAURANT, subst. m.
Établissement où l'on peut prendre un repas moyennant paiement. 🐌 [ʀɛstɔʀɑ̃].

RESTAURATEUR, TRICE, subst.
Artisan qui restaure des œuvres d'art ou des objets de valeur. – Tenancier de restaurant. 🐌 [ʀɛstɔʀatœʀ, -tʀis].

RESTAURATION, subst. f.
Remise en bon état : **Restauration** *d'un tableau.* – Rétablissement d'une valeur détrônée, d'un régime déchu. – Activité du tenancier de restaurant. 🐌 [ʀɛstɔʀasjɔ̃].

RESTAURER, verbe trans. [3]
Remettre en état. – Rétablir : **Restaurer** *la morale, la monarchie.* – Servir à manger à. – Pronom. Manger. 🐌 [ʀɛstɔʀe].

RESTE, subst. m.
Élément subsistant d'un ensemble. – Faible quantité : *Un* **reste** *de crainte.* – *Au* **reste** ; *Du* **reste** : d'ailleurs. – Plur. Partie non consommée d'un repas. – Cadavre, ossements humains. 🐌 [ʀɛst].

RESTER, verbe intrans. [3]
Continuer d'être dans un lieu : **Rester** *chez soi.* – Se maintenir dans le même état : **Rester** *fâché.* – Subsister. – *En* **rester** *là* : ne pas continuer. 🐌 [ʀɛste].

RESTITUER, verbe trans. [3]
Rendre à qqn (ce qui n'aurait pas dû être pris). – Fig. Reproduire fidèlement : **Restituer** *un son.* 🐌 [ʀɛstitɥe].

RESTREINDRE, verbe trans. [53]
Diminuer, limiter. – Pronom. Réduire ses dépenses, sa consommation. 🐌 [ʀɛstʀɛ̃dʀ].

RESTRICTION, subst. f.
Action de restreindre. – Condition qui restreint : *Sans* **restriction**, entièrement. – Plur. Limitation des dépenses, de la consommation. 🐌 [ʀɛstʀiksjɔ̃].

RÉSULTANTE, subst. f.
Conséquence de plusieurs facteurs conjugués. – Somme géométrique de vecteurs. 🐌 [ʀezyltɑ̃t].

RÉSULTAT, subst. m.
Ce qui résulte d'une action, d'un fait ; solution (d'un calcul, d'un problème). – Réussite ou échec ; score : *Les* **résultats** *du bac, d'un match.* – Réalisation tangible : *Sans* **résultat**, en vain. 🐌 [ʀezylta].

RÉSULTER, verbe intrans. [3]
Découler, être la conséquence (de) : *Il n'en* **résultera** *rien de fâcheux.* 🐌 [ʀezylte].

RÉSUMÉ, subst. m.
Abrégé. – *En* **résumé** : en bref. 🐌 [ʀezyme].

RÉSUMER, verbe trans. [3]
Exprimer brièvement l'essentiel de. – Pronom. Se réduire à. 🐌 [ʀezyme].

RÉSURGENCE, subst. f.
Rejaillissement à l'air libre, pour des eaux souterraines. – Fig. Réapparition : **Résurgence** *d'idées anciennes.* 🐌 [ʀezyʀʒɑ̃s].

RÉSURRECTION, subst. f.
Fait de ressusciter. – *Relig.* Retour à la vie de Jésus-Christ, trois jours après sa mort. – Fig. Nouvel essor. 🐌 [ʀezyʀɛksjɔ̃].

RETABLE, subst. m.
B.-A. Panneau peint ou sculpté qui surmonte un autel. 🐌 [ʀətabl].

RÉTABLIR, verbe trans. [19]
Établir de nouveau ; rectifier : **Rétablir** *la vérité.* – Ramener : **Rétablir** *l'ordre.* – Faire recouvrer la santé à (qqn) ; empl. pronom., guérir. 🐌 [ʀetabliʀ].

RÉTABLISSEMENT, subst. m.
Action de rétablir ; son résultat. – Guérison. 🐌 [ʀetablismɑ̃].

RETARD, subst. m.
Fait d'arriver plus tard que prévu ; délai entre l'heure prévue et l'heure réelle d'arrivée : *Un long* **retard.** – Différence négative entre l'heure que donne une horloge et l'heure exacte. – Fait de rester en arrière par rapport à une norme : **Retard** *économique.* 🐌 [ʀ(ə)taʀ].

RETARDATAIRE, adj. et subst.
Qui a du retard. – Adj. Dépassé ; rétrograde. 🐌 [ʀ(ə)taʀdatɛʀ].

RETARDEMENT, subst. m.
À **retardement** : se dit d'un engin à explosion différée. – Fig. *Réagir à* **retardement** : avec retard. 🐌 [ʀ(ə)taʀdəmɑ̃].

RETARDER, verbe [3]
Intrans. Indiquer une heure inférieure à l'heure réelle, pour une montre, une horloge. – Fig. Se montrer rétrograde. – Trans. Mettre (qqn) en retard. – Différer (qqch.). 🐌 [ʀ(ə)taʀde].

RETENIR, verbe trans. [22]
Garder (qqch.) par-devers soi. – Ne pas oublier : **Retenir** *les noms.* – Retrancher d'une somme : **Retenir** *les cotisations sociales.* – Réserver : **Retenir** *une table.* – Prendre en considération : **Retenir** *une idée.* – Réprimer : **Retenir** *ses larmes.* – Maintenir (qqn ou qqch.) en place : **Retenir** *à dîner* ; **Retenir** *ses cheveux.* – Pronom. S'accrocher à. – S'empêcher de. 🐌 [ʀət(ə)niʀ].

RÉTENTION, subst. f.
Fait de retenir, de garder pour soi : **Rétention** *d'informations.* – Accumulation anormale : **Rétention** *d'eau.* 🐌 [ʀetɑ̃sjɔ̃].

RETENTIR, verbe intrans. [19]
Produire un son éclatant. – Résonner : *L'air retentit de ses cris.* – Avoir des effets, des répercussions sur. 🔊 [ʀ(ə)tɑ̃tiʀ].

RETENTISSANT, ANTE, adj.
Qui retentit. – Dont on parle beaucoup : *Échec retentissant.* 🔊 [ʀ(ə)tɑ̃tisɑ̃, -ɑ̃t].

RETENTISSEMENT, subst. m.
Répercussion, effet atteignant un large public. 🔊 [ʀ(ə)tɑ̃tismɑ̃].

RETENUE, subst. f.
Somme retranchée d'un salaire. – Punition d'écolier. – Réserve, discrétion. – **Retenue** *d'eau* : lac artificiel, réservoir. – *Math.* Chiffre que l'on retient pour la colonne suivante, dans une opération. 🔊 [ʀət(ə)ny].

RÉTICENCE, subst. f.
Omission délibérée. – Réserve. 🔊 [ʀetisɑ̃s].

RÉTICENT, ENTE, adj.
Qui hésite, émet des réserves. 🔊 [ʀetisɑ̃, -ɑ̃t].

RÉTIF, IVE, adj.
Qui refuse d'avancer ; indocile. – Fig. Difficile à convaincre, récalcitrant. 🔊 [ʀetif, -iv].

RÉTINE, subst. f.
Membrane du fond de l'œil, qui reçoit les impressions lumineuses. 🔊 [ʀetin].

RETIRER, verbe trans. [3]
Enlever, ôter : **Retirer** *sa main, sa candidature.* – Obtenir : **Retirer** *des avantages de qqch.* – Tirer de nouveau. – Pronom. Refluer ; s'en aller. – Abandonner (une activité, une profession). 🔊 [ʀ(ə)tiʀe].

RETOMBÉE, subst. f.
Ce qui retombe. – Plur. Conséquences, effets secondaires ou nuisibles. 🔊 [ʀ(ə)tɔ̃be].

RETOMBER, verbe intrans. [3]
Redescendre au sol. – Tomber de nouveau : *Retomber dans l'oubli.* – Diminuer : *La tension retombe.* – Peser, rejaillir : *La honte retomba sur lui.* 🔊 [ʀ(ə)tɔ̃be].

RÉTORQUER, verbe trans. [3]
Répliquer, répondre vivement. 🔊 [ʀetɔʀke].

RETORS, ORSE, adj.
Rusé et tortueux. 🔊 [ʀətɔʀ, -ɔʀs].

RÉTORSION, subst. f.
Mesures de rétorsion : prises en représailles. 🔊 [ʀetɔʀsjɔ̃].

RETOUCHE, subst. f.
Légère correction d'un texte, d'une photo. – Adaptation d'un vêtement aux mesures du client. 🔊 [ʀ(ə)tuʃ].

RETOUR, subst. m.
Fait de revenir à son point de départ, de repartir en sens opposé : *L'aller et le retour* ; **Retour** *de manivelle.* – Fait de revenir à un état antérieur : **Retour** *au calme.* – Renvoi : *Par retour du courrier.* – Réapparition : *Le retour de l'été.* – *En retour* : en échange. 🔊 [ʀ(ə)tuʀ].

RETOURNEMENT, subst. m.
Changement subit et complet, renversement. 🔊 [ʀ(ə)tuʀnəmɑ̃].

RETOURNER, verbe [3]
Trans. Tourner dans l'autre sens : *Retourner un disque.* – Renvoyer, réexpédier : **Retourner** *un paquet.* – Bouleverser (fam.). – Intrans. Regagner l'endroit d'où l'on vient ; se rendre de nouveau à : **Retourner** *à l'école.* – Revenir à un état antérieur : **Retourner** *à la vie sauvage.* – Pronom. Se tourner en arrière. – Se renverser. – *S'en retourner* : repartir. 🔊 [ʀ(ə)tuʀne].

RETRACER, verbe trans. [4]
Tracer de nouveau. – Relater. 🔊 [ʀ(ə)tʀase].

RÉTRACTER (I), verbe trans. [3]
Faire rentrer dedans : **Rétracter** *ses griffes.* – Pronom. Se contracter. 🔊 [ʀetʀakte].

RÉTRACTER (II), verbe trans. [3]
Désavouer, revenir sur (littér.). – Pronom. Se dédire. 🔊 [ʀetʀakte].

RÉTRACTILE, adj.
Qui peut se rétracter (I) : *Les cornes* **rétractiles** *de l'escargot.* 🔊 [ʀetʀaktil].

RETRAIT, subst. m.
Fait de retirer ou de se retirer. – *En* **retrait** : en arrière. 🔊 [ʀ(ə)tʀɛ].

RETRAITE, subst. f.
Retrait de la vie active ; pension touchée pendant cette période. – Lieu où l'on se retire. – Gel temporaire de l'activité de qqn, aux fins de méditation. – Recul devant un ennemi : *Battre en* **retraite.** – **Retraite** *aux flambeaux* : défilé nocturne lors d'une fête. 🔊 [ʀ(ə)tʀɛt].

RETRAITÉ, ÉE, adj. et subst.
Qui est à la retraite, qui ne travaille plus. 🔊 [ʀ(ə)tʀete].

RETRAITEMENT, subst. m.
Traitement d'un produit après une utilisation. 🔊 [ʀ(ə)tʀɛtmɑ̃].

RETRANCHEMENT, subst. m.
Fortification, défense. – Fig. *Pousser qqn dans ses derniers* **retranchements** : l'acculer. 🔊 [ʀ(ə)tʀɑ̃ʃmɑ̃].

RETRANCHER, verbe trans. [3]
Ôter, soustraire. – Pronom. Se protéger, se mettre à l'abri. 🔊 [ʀ(ə)tʀɑ̃ʃe].

RETRANSMISSION, subst. f.
Diffusion d'une émission de radio, de télévision. – Cette émission. 🔊 [ʀ(ə)tʀɑ̃smisjɔ̃].

RÉTRÉCIR, verbe [19]
Trans. Rendre plus étroit. – Intrans. Devenir plus étroit. 🔊 [ʀetʀesiʀ].

RÉTRÉCISSEMENT, subst. m.
Fait de rétrécir. – Resserrement d'un orifice, d'un conduit. 🔊 [ʀetʀesismɑ̃].

RÉTRIBUER, verbe trans. [3]
Payer (qqn) pour un travail. – Payer pour (un service, une tâche). 🔊 [ʀetʀibɥe].

RÉTRIBUTION, subst. f.
Salaire, rémunération. 🔊 [ʀetʀibɥsjɔ̃].

RÉTRO, adj. inv.
Qui s'inspire d'un proche passé : *Mode* **rétro.** 🔊 [ʀetʀo].

RÉTROACTIF, IVE, adj.
Qui exerce son action sur ce qui est passé, sur des faits antérieurs. 🔊 [ʀetʀoaktif, -iv].

RÉTROGRADE, adj.
Qui va en arrière. – Fig. Qui s'oppose au progrès. 🔊 [ʀetʀogʀad].

RÉTROGRADER, verbe [3]
Trans. Ramener à un grade, à un classement inférieurs. – Intrans. Revenir en arrière. – Régresser. – Passer une vitesse inférieure, en conduisant. 🔊 [ʀetʀogʀade].

RÉTROSPECTIF, IVE, adj. et subst. f.
Adj. Relatif au passé. – Éprouvé après coup : *Peur rétrospective.* – Subst. Présentation de l'ensemble d'une production artistique. – Évocation des principaux événements d'une période. 🔊 [ʀetʀospɛktif, -iv].

RETROUSSER, verbe trans. [3]
Relever. – Fig. Retrousser *ses manches* : se mettre au travail. 🔊 [ʀ(ə)tʀuse].

RETROUVAILLES, subst. f. plur.
Fait de retrouver qqn (fam.). 🔊 [ʀ(ə)tʀuvaj].

RETROUVER, verbe trans. [3]
Trouver (ce qu'on avait perdu, ce qu'on cherchait). – Rejoindre (qqn). – Revoir (qqn qu'on avait perdu de vue) : Retrouver *un ami d'enfance.* – Pronom. Être soudainement dans une situation : *Se retrouver ruiné.* 🔊 [ʀ(ə)tʀuve].

RÉTROVISEUR, subst. m.
Petit miroir permettant à un conducteur de voir derrière son véhicule. 🔊 [ʀetʀovizœʀ].

RÉUNIFIER, verbe trans. [6]
Rétablir l'unité de. 🔊 [ʀeynifje].

RÉUNION, subst. f.
Action, fait de réunir ou de se réunir. – Assemblée de personnes ; durée de leur rencontre. 🔊 [ʀeynjɔ̃].

RÉUNIR, verbe trans. [19]
Rassembler, rapprocher. – Relier : *Autoroute qui réunit deux villes.* – Avoir en soi : Réunir *plusieurs qualités.* – Pronom. Se rassembler. 🔊 [ʀeyniʀ].

RÉUSSIR, verbe [19]
Intrans. Connaître le succès. – Parvenir à un résultat. – Trans. dir. Faire bien : Réussir *un plat.* – Trans. indir. Parvenir : Réussir *à se lever.* – Être bénéfique : *Le mariage lui réussit.* 🔊 [ʀeysiʀ].

RÉUSSITE, subst. f.
Succès, bon résultat. – Jeu de cartes en solitaire. 🔊 [ʀeysit].

REVALORISER, verbe trans. [3]
Rendre sa valeur à. – Relever la valeur de : Revaloriser *un loyer.* 🔊 [ʀ(ə)valoʀize].

REVANCHE, subst. f.
Avantage repris sur qqn. – Fait de rendre la pareille à qqn. – *Jeux* et *sp.* Seconde partie donnant une nouvelle chance au perdant de la première. – Loc. adv. *En revanche* : au contraire, inversement. 🔊 [ʀ(ə)vɑ̃ʃ].

RÊVASSER, verbe intrans. [3]
S'abandonner à la rêverie. 🔊 [ʀevase].

RÊVE, subst. m.
Production de l'activité psychique pendant le sommeil. – Production idéale ou chimérique de l'imagination. – Loc. adv. *De rêve* : idéal. 🔊 [ʀɛv].

REVÊCHE, adj.
D'un abord difficile, rébarbatif. 🔊 [ʀəvɛʃ].

RÉVEIL, subst. m.
Fait de se réveiller : Réveil *de la nature.* – Fig. Retour à la réalité. 🔊 [ʀevɛj].

RÉVEILLE-MATIN, subst. m. inv.
Petite pendule que l'on peut faire sonner à une heure précise (abrév. *réveil*). 🔊 [ʀevɛjmatɛ̃].

RÉVEILLER, verbe trans. [3]
Tirer du sommeil. – Faire renaître : Réveiller *des souvenirs.* – Pronom. Cesser de dormir. – Se raviver, se ranimer. 🔊 [ʀeveje].

RÉVEILLON, subst. m.
Repas et fête de la nuit de Noël ou de celle de la Saint-Sylvestre. 🔊 [ʀevɛjɔ̃].

RÉVÉLATEUR, TRICE, adj. et subst. m.
Qui révèle : *Un geste* révélateur, significatif. – Subst. Produit servant à développer des photos. 🔊 [ʀevelatœʀ, -tʀis].

RÉVÉLATION, subst. f.
Action, fait de révéler ; l'information révélée. – Connaissance délivrée aux hommes par des moyens surnaturels. 🔊 [ʀevelasjɔ̃].

RÉVÉLER, verbe trans. [8]
Divulguer (une découverte ou un secret) ; faire connaître (un mystère divin). – Laisser voir, manifester : Révéler *des dispositions pour.* – Pronom. Apparaître, se manifester : *Il se révéla très courageux.* 🔊 [ʀevele].

REVENANT, subst. m.
Apparition, fantôme. – Personne qu'on ne pensait plus revoir (fam.). 🔊 [ʀav(ə)nɑ̃].

REVENDICATION, subst. f.
Action, fait de revendiquer : Revendications *salariales.* 🔊 [ʀ(ə)vɑ̃dikasjɔ̃].

REVENDIQUER, verbe trans. [3]
Réclamer (son dû, un avantage). – Vouloir assumer, se proclamer l'auteur de : Revendiquer *un attentat.* 🔊 [ʀ(ə)vɑ̃dike].

REVENIR, verbe intrans. [22]
Venir de nouveau, rentrer : Revenir *chez soi, de l'école.* – Revenir *sur un sujet* : le reprendre. – Retourner : Revenir *à de bons sentiments.* – Réapparaître. – Équivaloir. – Coûter au total : Revenir *cher.* – Échoir à : *Cette part lui revient.* – Revenir *à soi* : reprendre conscience. 🔊 [ʀ(ə)vəniʀ].

REVENU, subst. m.
Gain perçu. – Revenu *national* : valeur de la production des biens et des services d'un pays. 🔊 [ʀ(ə)vəny].

RÊVER, verbe trans. [3]
Intrans. Faire des rêves. – Oublier la réalité. – Trans. Voir en rêve ; imaginer ; désirer vivement. 🔊 [ʀeve].

RÉVERBÉRATION, subst. f.
Réflexion de la lumière, de la chaleur ou d'un son par une surface. 🔊 [ʀevɛʀbeʀasjɔ̃].

RÉVERBÈRE, subst. m.
Appareil d'éclairage public. 🔊 [ʀeveʀbɛʀ].

RÉVÉRENCE, subst. f.
Salut cérémonieux. – *Tirer sa révérence* : s'en aller (fam.). 🔊 [ʀeveʀɑ̃s].

RÉVÉREND, ENDE, adj. et subst.
Titre de certains religieux, et des pasteurs anglicans. 🔊 [ʀeveʀɑ̃, -ɑ̃d].

RÉVÉRER, verbe trans. [8]
Honorer, vénérer. 🔊 [ʀeveʀe].

RÊVERIE, subst. f.
Rêve éveillé, pensée vague. 🔊 [ʀɛvʀi].

REVERS, subst. m.
Côté opposé, dos ; au fig., le mauvais côté : *Le revers de la médaille*. – Repli extérieur d'un vêtement. – Échec, défaite. – *Prendre l'ennemi à revers* : par-derrière. 🔊 [ʀ(ə)vɛʀ].

RÉVERSIBLE, adj.
Qui peut se produire en sens inverse. – Qui peut se porter à l'envers comme à l'endroit : *Tissu réversible*. 🔊 [ʀevɛʀsibl].

REVÊTEMENT, subst. m.
Matériau qui recouvre qqch. 🔊 [ʀ(ə)vɛtmɑ̃].

REVÊTIR, verbe trans. [24]
Mettre (un vêtement). – Couvrir d'un revêtement. – Fig. Prendre (un aspect) : *Revêtir de l'importance*. 🔊 [ʀ(ə)vetiʀ].

RÊVEUR, EUSE, adj. et subst.
Qui est enclin à rêver. 🔊 [ʀɛvœʀ, -øz].

REVIENT, subst. m.
Prix de **revient** : coût total de production et de distribution d'un article. 🔊 [ʀəvjɛ̃].

REVIGORER, verbe trans. [3]
Redonner de la vigueur à. 🔊 [ʀ(ə)viɡɔʀe].

REVIREMENT, subst. m.
Changement soudain et total d'opinion ou d'attitude. 🔊 [ʀ(ə)viʀmɑ̃].

RÉVISER, verbe trans. [3]
Examiner de nouveau ; corriger. – Vérifier le bon état de. – Revoir (un cours), en vue d'un examen. 🔊 [ʀevize].

REVIVRE, verbe [63]
Trans. Vivre de nouveau (qqch.). – Éprouver une nouvelle fois. – Intrans. Renaître, retrouver son énergie. 🔊 [ʀ(ə)vivʀ].

RÉVOCATION, subst. f.
Action de révoquer. 🔊 [ʀevɔkasjɔ̃].

REVOIR (I), verbe trans. [36]
Voir de nouveau. – Retrouver : **Revoir** *sa famille*. – Revenir (dans un lieu) : **Revoir** *Venise*. – Corriger, vérifier : **Revoir** *un projet*. – Réviser : **Revoir** *sa leçon*. 🔊 [ʀ(ə)vwaʀ].

REVOIR (II), subst. m.
Au **revoir** : formule de politesse utilisée pour prendre congé. 🔊 [ʀ(ə)vwaʀ].

RÉVOLTE, subst. f.
Soulèvement contre une autorité. – Vive indignation. 🔊 [ʀevɔlt].

RÉVOLTER, verbe trans. [3]
Susciter une violente indignation chez. – Pronom. S'insurger, se soulever contre : *Se révolter contre l'injustice*. 🔊 [ʀevɔlte].

RÉVOLU, UE, adj.
Passé, achevé : *Époque révolue*. 🔊 [ʀevɔly].

RÉVOLUTION, subst. f.
Rotation complète autour d'un axe ou d'un point central. – Bouleversement d'une situation politique, d'un ordre social : *La Révolution française*. – Changement profond : *Révolution industrielle*. 🔊 [ʀevɔlysjɔ̃].

RÉVOLUTIONNAIRE, adj. et subst.
Adj. Relatif à une révolution. – Qui apporte des bouleversements : *Procédé révolutionnaire*. – Subst. Partisan de la révolution ; qui y prend part. 🔊 [ʀevɔlysjɔnɛʀ].

RÉVOLUTIONNER, verbe trans. [3]
Transformer profondément. – Mettre en émoi (fam.). 🔊 [ʀevɔlysjɔne].

REVOLVER, subst. m.
Arme à feu à répétition, dotée d'un barillet : *Le colt est un revolver*. 🔊 [ʀevɔlvɛʀ].

RÉVOQUER, verbe trans. [3]
Destituer, priver de ses fonctions. – Annuler (un acte juridique). 🔊 [ʀevɔke].

REVUE, subst. f.
Examen attentif : *Passer en* **revue**. – Défilé : **Revue** *militaire*. – Spectacle de music-hall, de variétés. – Magazine. 🔊 [ʀ(ə)vy].

RÉVULSER, verbe trans. [3]
Remplir d'un profond dégoût. – Bouleverser le visage par. – Pronom. *Ses yeux se révulsent* : ils chavirent. 🔊 [ʀevylse].

REZ-DE-CHAUSSÉE, subst. m. inv.
Appartement situé au niveau de la rue, du sol. 🔊 [ʀed(ə)ʃose].

R(H)APSODIE, subst. f.
Poésie antique. – Pièce musicale d'inspiration populaire. 🔊 [ʀapsɔdi].

RHÉSUS, subst. m.
Singe du nord de l'Inde, du genre macaque. – *Facteur* **rhésus** : dont la présence ou l'absence détermine la compatibilité entre deux sortes de sang. 🔊 [ʀezys].

RHÉTORIQUE, subst. f.
Art de bien parler. – Éloquence emphatique et creuse (péj.). 🔊 [ʀetɔʀik].

RHINOCÉROS, subst. m.
Grand mammifère herbivore à peau épaisse, portant une ou deux cornes selon qu'il est originaire d'Asie ou d'Afrique. 🔊 [ʀinɔseʀɔs].

RHIZOME, subst. m.
Tige souterraine d'où partent des racines et des tiges aériennes. 🔊 [ʀizɔm].

RHODODENDRON, subst. m.
Arbuste de montagne prisé pour ses grandes fleurs ornementales. 🔊 [ʀɔdɔdɛ̃dʀɔ̃].

RHUBARBE, subst. f.
Plante à larges feuilles dont les grosses tiges ont une saveur acide. 🔊 [ʀybaʀb].

RHUM, subst. m.
Alcool de canne à sucre. 🔊 [ʀɔm].

RHUMATISME, subst. m.
Inflammation articulaire douloureuse : *Une crise de* **rhumatismes**. 🔊 [ʀymatism].

RHUME, subst. m.
Inflammation aiguë de la muqueuse nasale : **Rhume** de cerveau, des foins. 🔊 [ʀym].

RIANT, RIANTE, adj.
Gai, agréable : *Paysage riant*. 🔊 [ʀijɑ̃, ʀijɑ̃t].

RIBAMBELLE, subst. f.
Suite nombreuse de personnes ou de choses (fam.). 🔊 [ʀibɑ̃bɛl].

RICANER, verbe intrans. [3]
Rire bêtement ou ironiquement. 🔊 [ʀikane].

RICHE, adj. et subst.
Qui possède de nombreux biens ; fortuné. – Adj. Qui jouit d'une situation prospère : *Pays riche*. – Qui contient de nombreux éléments : *Langue riche*. 🔊 [ʀiʃ].

RICHESSE, subst. f.
Situation d'une personne riche ; fortune. – Abondance. – Éclat, magnificence. – Plur. Ressources. – Objets de valeur. 🔊 [ʀiʃɛs].

RICIN, subst. m.
Plante à grandes feuilles dont les graines produisent une huile purgative. 🔊 [ʀisɛ̃].

RICOCHER, verbe intrans. [3]
Faire des ricochets. 🔊 [ʀikoʃe].

RICOCHET, subst. m.
Rebond d'un objet plat lancé obliquement sur la surface de l'eau. – *Par ricochet* : par contrecoup. 🔊 [ʀikoʃɛ].

RICTUS, subst. m.
Sourire grimaçant. 🔊 [ʀiktys].

RIDE, subst. f.
Petit pli de la peau sur le visage, gén. dû au vieillissement. – Ondulation légère de l'eau. 🔊 [ʀid].

RIDEAU, subst. m.
Pièce de tissu mobile que l'on tend devant les fenêtres ou les portes. – Au théâtre, draperie séparant la scène de la salle. – Fig. Masse formant écran : *Rideau d'arbres*. – *Rideau de fer* : fermeture métallique d'une devanture de magasin. 🔊 [ʀido].

RIDER, verbe trans. [3]
Marquer de rides. 🔊 [ʀide].

RIDICULE, adj. et subst. m.
Adj. Risible, dérisoire : *Une somme ridicule*. – Absurde, déraisonnable. – Subst. Ce qui est ridicule. – *Tourner en ridicule* : se moquer de. 🔊 [ʀidikyl].

RIDICULISER, verbe trans. [3]
Rendre ridicule. 🔊 [ʀidikylize].

RIEN, pron. indéf. et subst. m.
Pron. Aucune chose (négation) : *Ne rien faire*. – Quelque chose (affirmation) : *Y a-t-il rien de plus grand ?* – *Cela ne fait rien* : peu importe ; *Rien que* : seulement ; *Pour rien* : gratuitement ; inutilement. – Subst. Chose sans importance. – *Un rien de* : très peu de. 🔊 [ʀjɛ̃].

RIEUR, RIEUSE, adj. et subst.
Se dit d'une personne qui aime rire. – Adj. Qui exprime la gaieté. 🔊 [ʀijœʀ, ʀijøz].

RIGIDE, adj.
Qui résiste à la déformation ; dur, raide. – Fig. Inflexible, sévère. 🔊 [ʀiʒid].

RIGIDITÉ, subst. f.
Caractère de ce qui est rigide. 🔊 [ʀiʒidite].

RIGOLADE, subst. f.
Fam. Amusement. – Chose sans importance ou peu sérieuse. 🔊 [ʀigolad].

RIGOLE, subst. f.
Petit conduit creusé pour l'évacuation des eaux. – Filet d'eau qui ruisselle. 🔊 [ʀigol].

RIGOUREUX, EUSE, adj.
Très sévère, inflexible. – Très rude, pénible. – Exact, précis. 🔊 [ʀiguʀø, -øz].

RIGUEUR, subst. f.
Grande sévérité. – Rudesse (du climat). – Netteté, précision. – Loc. adv. *À la rigueur* : si c'est absolument nécessaire. – Loc. adj. *De rigueur* : obligatoire. – *Tenir rigueur à qqn* : lui garder rancune. 🔊 [ʀigœʀ].

RILLETTES, subst. f. plur.
Viande de porc ou d'oie, hachée et cuite dans sa graisse. 🔊 [ʀijɛt].

RIME, subst. f.
Retour de sons identiques à la fin de deux ou de plusieurs vers. 🔊 [ʀim].

RIMER, verbe [3]
Intrans. Former des rimes : *Page rime avec sage*. – *Cela ne rime à rien* : cela n'a aucun sens. – Trans. Mettre en vers. 🔊 [ʀime].

RINCER, verbe trans. [4]
Nettoyer à l'eau pure. 🔊 [ʀɛ̃se].

RING, subst. m.
Estrade entourée de cordes où se disputent les combats de boxe ou de catch. 🔊 [ʀiŋ].

RIPER, verbe [3]
Trans. Déplacer (un fardeau) en faisant glisser. – Intrans. Glisser, déraper. 🔊 [ʀipe].

RIPOSTE, subst. f.
Réponse vive et immédiate (en paroles ou en actes) à une agression. 🔊 [ʀipost].

RIPOSTER, verbe trans. [3]
Répliquer. – Contre-attaquer. 🔊 [ʀiposte].

RIRE (I), verbe intrans. [68]
Manifester sa gaieté par des sons saccadés et par des mouvements du visage. – S'amuser, se réjouir. – Plaisanter : *J'ai dit ça pour rire*. – *Rire de* : se moquer de, railler. – Pronom. Se moquer de. 🔊 [ʀiʀ].

RIRE (II), subst. m.
Action de rire. 🔊 [ʀiʀ].

RIS, subst. m.
Cuis. Thymus de veau ou d'agneau, apprécié des gastronomes. 🔊 [ʀi].

RISÉE, subst. f.
Objet de moquerie. 🔊 [ʀize].

RISIBLE, adj.
Qui prête à rire, grotesque. 🔊 [ʀizibl].

RISQUE, subst. m.
Danger plus ou moins prévisible : *Courir un risque*. – *À risque* : qui comporte des dangers. 🔊 [ʀisk].

RISQUER, verbe trans. [3]
Trans. dir. Exposer ou s'exposer à (un risque). – Oser. – Trans. indir. *Tu risques de te choquer* : c'est une éventualité. – Pronom. Se hasarder à, dans. 🔊 [Riske].

RISQUE-TOUT, subst. inv.
Individu téméraire. 🔊 [Riskətu].

RISSOLER, verbe [3]
Dorer ou faire dorer à feu vif. 🔊 [Risɔle].

RITE, subst. m.
Ensemble de règles présidant à la pratique d'un culte. – Coutume , habitude. 🔊 [Rit].

RITOURNELLE, subst. f.
Air qui se répète à la fin de chaque couplet d'une chanson. – Fig. Rengaine (fam.).
🔊 [Riturnɛl].

RITUEL, ELLE, adj. et subst. m.
Adj. Qui constitue un rite. – Habituel. – Subst. Ensemble de rites. 🔊 [Rityɛl].

RIVAGE, subst. m.
Bord de mer, littoral. 🔊 [Riva3].

RIVAL, ALE, AUX, adj. et subst.
Qui est en compétition avec autrui pour l'obtention d'un bien, d'une faveur. – *Sans rival* : inégalable. 🔊 [Rival].

RIVALISER, verbe intrans. [3]
Vouloir surpasser : *Rivaliser de zèle avec son collègue.* 🔊 [Rivalize].

RIVALITÉ, subst. f.
Antagonisme, concurrence. 🔊 [Rivalite].

RIVE, subst. f.
Bord d'un cours d'eau, d'un lac. 🔊 [Riv].

RIVER, verbe trans. [3]
Attacher, fixer solidement. – *Être rivé à* : ne jamais quitter. – *River son clou à qqn* : le réduire au silence. 🔊 [Rive].

RIVERAIN, AINE, subst.
Personne qui habite le long d'une rivière, d'un lac, d'une rue. 🔊 [Riv(ə)rɛ̃, -ɛn].

RIVET, subst. m.
Élément d'assemblage métallique, non démontable, à tige cylindrique. 🔊 [Rivɛ].

RIVIÈRE, subst. f.
Cours d'eau qui se jette dans un cours d'eau plus important. – Fig. *Rivière de diamants* : collier de diamants. 🔊 [Rivjɛr].

RIZ, subst. m.
Céréale nourricière cultivée dans les zones chaudes et humides. – Son grain. 🔊 [Ri].

RIZIÈRE, subst. f.
Plantation de riz. 🔊 [Rizjɛr].

R.M.I., subst. m. inv.
Sigle pour « revenu minimum d'insertion », allocation versée aux démunis. 🔊 [ɛrɛmi].

ROBE, subst. f.
Vêtement féminin d'une seule pièce formé d'un corsage et d'une jupe. – Vêtement long et ample propre à certaines professions : *Robe de magistrat.* – Pelage de certains animaux. – Couleur d'un vin. 🔊 [Rɔb].

ROBINET, subst. m.
Dispositif relié à une canalisation, que l'on peut ouvrir ou fermer pour régler le débit d'un liquide ou d'un gaz. 🔊 [Rɔbinɛ].

ROBORATIF, IVE, adj.
Qui donne des forces. 🔊 [Rɔbɔratif, -iv].

ROBOT, subst. m.
Machine susceptible de remplacer l'homme dans certaines activités. – Fig. Individu totalement conditionné (péj.). – *Portrait-robot* : portrait établi par recoupement de témoignages. 🔊 [Rɔbo].

ROBOTISER, verbe trans. [3]
Équiper (une usine) de robots. – Transformer (qqn) en robot. 🔊 [Rɔbɔtize].

ROBUSTE, adj.
Vigoureux, résistant. 🔊 [Rɔbyst].

ROBUSTESSE, subst. f.
Caractère de ce qui est robuste. 🔊 [Rɔbystɛs].

ROC, subst. m.
Bloc de pierre dure. 🔊 [Rɔk].

ROCADE, subst. f.
Voie routière contournant une agglomération. 🔊 [Rɔkad].

ROCAILLE, subst. f.
Amas de pierres, de cailloux. – Terrain rocailleux. – Ouvrage de pierres cimentées décorant un jardin. 🔊 [Rɔkaj].

ROCAILLEUX, EUSE, adj.
Couvert de rocaille. – Fig. Rauque, sans harmonie : *Voix rocailleuse.* 🔊 [Rɔkajø, -øz].

ROCAMBOLESQUE, adj.
Extraordinaire, extravagant. 🔊 [Rɔkɑ̃bɔlɛsk].

ROCHE, subst. f.
Matière minérale de la surface terrestre ; bloc de cette matière. – *Clair comme de l'eau de roche* : limpide, évident. 🔊 [Rɔʃ].

ROCHER, subst. m.
Importante masse de pierre, gén. abrupte. – Gâteau, friandise en forme de petit rocher. – Partie de l'os temporal. 🔊 [Rɔʃe].

ROCHEUX, EUSE, adj.
Formé ou rempli de rochers. 🔊 [Rɔʃø, -øz].

ROCK (AND ROLL), subst. m. inv.
Musique et danse populaires très rythmées, originaires des États-Unis. – Empl. adj. inv. *Groupe, concert rock.* 🔊 [Rɔkɛnrɔl]..

ROCKING-CHAIR, subst. m.
Fauteuil à bascule. – Plur. *rocking-chairs* ; [Rɔkin(t)ʃɛr].

ROCOCO, subst. m.
Style artistique en vogue au XVIIIe s., caractérisé par une extraordinaire profusion ornementale. – Empl. adj. inv. Tarabiscoté ; désuet (péj.). 🔊 [Rɔkoko].

RODAGE, subst. m.
Action de roder. – Période où l'on rode, où l'on met au point qqch. 🔊 [Rɔda3].

RODÉO, subst. m.
Jeu sportif américain, où l'on tente de monter et de maîtriser des animaux rétifs (chevaux, vaches). – Course improvisée de motos ou de voitures (fam.). 🔊 [Rɔdeo].

RODER, verbe trans. [3]
Faire fonctionner pendant un certain temps (un moteur neuf) en deçà de ses possibilités, pour éviter d'en abîmer les pièces. – Mettre au point (une organisation, une méthode). 🕮 [ʀɔde].

RÔDER, verbe intrans. [3]
Errer avec de mauvais desseins. 🕮 [ʀode].

RÔDEUR, EUSE, subst.
Personne louche, qui rôde. 🕮 [ʀodœʀ, -øz].

RODOMONTADE, subst. f.
Fanfaronnade, vantardise. 🕮 [ʀɔdɔmɔ̃tad].

ROGNER, verbe trans. [3]
Couper les bords de. – Diminuer, entamer : Rogner ses économies. 🕮 [ʀɔɲe].

ROGNON, subst. m.
Cuis. Rein comestible d'un animal. 🕮 [ʀɔɲɔ̃].

ROGUE, adj.
Rude et méprisant : Un ton rogue. 🕮 [ʀɔg].

ROI, subst. m.
Chef d'État, monarque, gén. héréditaire, d'un royaume. – Fig. Personne qui domine dans un domaine : Roi du pétrole. – Figure de jeu de cartes ; pièce de jeu d'échecs. – Morceau de roi : mets exquis. 🕮 [ʀwa].

ROITELET, subst. m.
Petit passereau. – Roi d'un petit pays (péj.). 🕮 [ʀwat(ə)lɛ].

RÔLE, subst. m.
Ce qu'un acteur doit dire et faire dans une pièce ou un film ; le personnage que joue l'acteur. – Fonction, tâche. – Liste, registre. – À tour de rôle : chacun à son tour. 🕮 [ʀol].

R.O.M., subst. f.
Informat. Mémoire morte (read only memory). 🕮 [ʀɔm].

ROMAN (I), subst. m.
Œuvre littéraire en prose, racontant gén. les aventures de personnages imaginaires. – Fig. Histoire invraisemblable. 🕮 [ʀɔmɑ̃].

ROMAN (II), ANE, adj. et subst. m.
Ling. Se dit des langues issues du latin. – B.-A. Se dit de l'art qui a fleuri en Europe entre le Xe s. et le XIIe s., produisant des chefs-d'œuvre d'architecture et de sculpture religieuses. 🕮 [ʀɔmɑ̃, -an].

ROMANCE, subst. f.
Mélodie sentimentale. 🕮 [ʀɔmɑ̃s].

ROMANCER, verbe trans. [4]
Donner le caractère, l'apparence d'un roman à : Romancer les faits. 🕮 [ʀɔmɑ̃se].

ROMANCIER, IÈRE, subst.
Auteur de romans. 🕮 [ʀɔmɑ̃sje, -jɛʀ].

ROMANESQUE, adj.
Qui semble davantage appartenir à un roman qu'à la réalité. – Qui voit la vie comme un roman. 🕮 [ʀɔmanɛsk].

ROMANICHEL, ELLE, subst.
Péj. Tzigane. – Vagabond. 🕮 [ʀɔmaniʃɛl].

ROMANISER, verbe trans. [3]
Imposer la civilisation et la langue des Romains à : La Gaule vaincue fut romanisée. 🕮 [ʀɔmanize].

ROMANTIQUE, adj. et subst.
Se dit des écrivains et des artistes européens qui, au début du XIXe s., rompirent avec l'esthétique classique en privilégiant l'exaltation des sentiments individuels. – Adj. Qui rappelle la sensibilité, les thèmes d'inspiration des romantiques. 🕮 [ʀɔmɑ̃tik].

ROMARIN, subst. m.
Arbrisseau aromatique méditerranéen, à fleurs bleues. 🕮 [ʀɔmaʀɛ̃].

ROMPRE, verbe [51]
Trans. Briser. – Intrans. Se séparer. – Pronom. Se casser. 🕮 [ʀɔ̃pʀ].

ROMPU, UE, adj.
Épuisé, fourbu. – Expert : Il est rompu à l'escalade. 🕮 [ʀɔ̃py].

RONCE, subst. f.
Arbuste épineux à baies noires. 🕮 [ʀɔ̃s].

RONCHONNER, verbe intrans. [3]
Maugréer, manifester sa mauvaise humeur en grommelant. 🕮 [ʀɔ̃ʃɔne].

ROND (I), subst. m.
Cercle. – Objet rond : Rond de serviette. – Sou (fam.). – Faire des ronds de jambe : des politesses exagérées. – Tourner en rond : ne pas progresser. 🕮 [ʀɔ̃].

ROND (II), RONDE, adj.
Qui a la forme d'un cercle, d'une sphère. – Plein, rebondi : Des joues rondes. – Entier, complet : Chiffres ronds. – Ivre (fam.). – Empl. adv. Il ne tourne pas rond : il ne va pas bien (fam.). 🕮 [ʀɔ̃, ʀɔ̃d].

RONDE, subst. f.
Danse où l'on tourne en rond en chantant. – Visite d'inspection, de surveillance : Chemin de ronde ; Ronde de nuit. – Loc. adv. À la ronde : alentour. – Mus. Note valant deux blanches. 🕮 [ʀɔ̃d].

RONDEAU, subst. m.
Poème médiéval à forme fixe. 🕮 [ʀɔ̃do].

RONDELET, ETTE, adj.
Dodu. – Fig. Assez important : Somme rondelette. 🕮 [ʀɔ̃dlɛ, -ɛt].

RONDELLE, subst. f.
Petite pièce métallique, gén. trouée. – Petite tranche ronde. 🕮 [ʀɔ̃dɛl].

RONDEMENT, adv.
Rapidement. – Franchement. 🕮 [ʀɔ̃dmɑ̃].

RONDEUR, subst. f.
Forme ronde : Elle a d'agréables rondeurs. – Fig. Bonhomie. 🕮 [ʀɔ̃dœʀ].

RONDIN, subst. m.
Morceau de bois cylindrique. 🕮 [ʀɔ̃dɛ̃].

ROND-POINT, subst. m.
Place circulaire. 🕮 Plur. ronds-points : [ʀɔ̃pwɛ̃].

RONFLANT, ANTE, adj.
Emphatique, pompeux (péj.). 🕮 [ʀɔ̃flɑ̃, -ɑ̃t].

RONFLEMENT, subst. m.
Bruit du dormeur qui ronfle. – Bruit sourd et continu. 🕮 [ʀɔ̃fləmɑ̃].

RONFLER, verbe intrans. [3]
Respirer bruyamment par le nez ou la gorge en dormant. – Produire un bruit continu : *Le poêle ronfle doucement.* 🔊 [rɔ̃fle].

RONGER, verbe trans. [5]
Entamer à petits coups de dents. – Corroder, attaquer : *La mer ronge la falaise.* – Fig. *Les soucis le rongent,* le minent. 🔊 [rɔ̃ʒe].

RONGEUR, EUSE, adj. et subst. m.
Adj. Qui ronge. – Subst. Mammifère aux incisives tranchantes (rat, castor...) ; au plur., l'ordre correspondant. 🔊 [rɔ̃ʒœʀ, -øz].

RONRONNER, verbe intrans. [3]
Émettre un ronflement sourd, pour un chat. – Ronfler régulièrement : *Le moteur ronronne.* 🔊 [rɔ̃rɔne].

ROQUEFORT, subst. m.
Fromage fabriqué avec du lait de brebis et ensemencé d'une moisissure. 🔊 [rɔkfɔr].

ROQUET, subst. m.
Petit chien agressif qui aboie pour un rien. 🔊 [rɔkɛ].

RORQUAL, ALS, subst. m.
Grand cétacé des mers froides. 🔊 [rɔrk(w)al].

ROSACE, subst. f.
Archit. Ornement représentant une rose stylisée inscrite dans un cercle. 🔊 [rozas].

ROSAIRE, subst. m.
Grand chapelet. – Les prières récitées en égrenant un rosaire. 🔊 [rozɛr].

ROSE, adj. et subst.
Subst. fém. Fleur ornementale et odorante du rosier. – *À l'eau de rose* : mièvre. – Adj. et subst. masc. Couleur rouge pâle de certaines roses. – *Voir la vie en rose* : voir les choses du bon côté. 🔊 [roz].

ROSEAU, subst. m.
Plante des lieux humides, à longue tige souple et lisse, souv. creuse. 🔊 [rozo].

ROSÉE, subst. f.
Vapeur d'eau qui se dépose en gouttelettes fines sur les végétaux, le matin ou le soir. 🔊 [roze].

ROSERAIE, subst. f.
Plantation de rosiers. 🔊 [rozrɛ].

ROSIER, subst. m.
Arbuste épineux cultivé pour ses fleurs, les roses. 🔊 [rozje].

ROSIR, verbe [19]
Trans. Teinter de rose. – Intrans. Devenir rose. 🔊 [rozir].

ROSSE, subst. f.
Fam. Mauvais cheval. – Empl. adj. Caustique, méchant, sévère. 🔊 [rɔs].

ROSSER, verbe trans. [3]
Battre avec violence (fam.). 🔊 [rɔse].

ROSSIGNOL, subst. m.
Petit passereau, renommé pour son chant mélodieux. – Ustensile servant à crocheter les serrures (fam.). 🔊 [rɔsiɲɔl].

ROSTRE, subst. m.
Antiq. Éperon ornant la proue d'un navire antique. – *Zool.* Appendice buccal de certains insectes ; prolongement antérieur de la carapace de certains crustacés. 🔊 [rɔstr].

ROT, subst. m.
Renvoi buccal de gaz. 🔊 [ro].

ROTATIF, IVE, adj. et subst. f.
Adj. Tournant : *Mouvement rotatif.* – Subst. Presse à imprimer constituée de cylindres tournant très rapidement. 🔊 [rɔtatif, -iv].

ROTATION, subst. f.
Mouvement tournant autour d'un axe fixe. – Alternance cyclique : *Rotation des équipes.* 🔊 [rɔtasjɔ̃].

ROTER, verbe intrans. [3]
Faire des rots (fam.). 🔊 [rɔte].

RÔTI, IE, adj. et subst. m.
Adj. Cuit à la broche ou au four. – Subst. Pièce de viande cuite à feu vif. 🔊 [roti].

ROTIN, subst. m.
Tige d'une variété de palmier : *Meubles en rotin.* 🔊 [rɔtɛ̃].

RÔTIR, verbe [19]
Trans. Faire cuire (une viande) à la broche ou au four à feu vif. – Intrans. *Le poulet est en train de rôtir.* – Fig. Être soumis à une forte chaleur. 🔊 [rotir].

ROTONDE, subst. f.
Construction de forme circulaire, gén. surmontée d'une coupole. 🔊 [rɔtɔ̃d].

ROTOR, subst. m.
Élément mobile actionnant un mécanisme rotatif. – *Rotor d'un hélicoptère* : sa voilure tournante. 🔊 [rɔtɔr].

ROTULE, subst. f.
Petit os mobile, légèrement convexe, de la face antérieure du genou. – *Tech.* Articulation, dans un mécanisme. 🔊 [rɔtyl].

ROTURIER, IÈRE, adj. et subst.
Se dit d'une personne qui n'appartient pas à la noblesse. 🔊 [rɔtyrje, -jɛr].

ROUAGE, subst. m.
Chacune des pièces mobiles d'un mécanisme. – Fig. *Les rouages de l'administration.* 🔊 [ruaʒ].

ROUBLARD, ARDE, adj. et subst.
Qui parvient à ses fins grâce à son habileté, à ses ruses (fam.). 🔊 [rublar, -ard].

ROUCOULER, verbe intrans. [3]
Émettre un chant doux et monotone (le roucoulement), en parlant du pigeon. – Fig. *Roucouler de plaisir.* 🔊 [rukule].

ROUE, subst. f.
Pièce circulaire, pleine ou évidée, qui tourne autour d'un axe : *Roue d'une voiture, d'un moulin* ; *Roue de gouvernail.* – *Faire la roue* : se pavaner tel un paon ; faire tourner son corps latéralement en prenant appui sur les mains. 🔊 [ru].

ROUÉ, ÉE, adj.
Rusé, sans scrupule. 🔊 [rue].

ROUER, verbe trans. [3]
Rouer de coups : Battre avec acharnement. 🔊 [rue].

ROUET, subst. m.
Roue à rayons, actionnée par une pédale, servant à filer la laine, le lin, etc. &&& [ʀuɛ].

ROUGE, adj. et subst. m.
Couleur du sang : *Vin* **rouge** ; *Fruits* **rouges** ; **Rouge** *de colère.* − Relatif aux révolutionnaires, aux communistes, dont cette couleur est l'emblème : *Armée* **rouge**. − Subst. La couleur rouge. − **Rouge** *à lèvres* : produit cosmétique coloré dont on s'enduit les lèvres. &&& [ʀuʒ].

ROUGEÂTRE, adj.
D'une couleur proche du rouge. &&& [ʀuʒɑtʀ].

ROUGEAUD, AUDE, adj. et subst.
Se dit d'un teint trop rouge : *Des pommettes* **rougeaudes**. &&& [ʀuʒo, -od].

ROUGE-GORGE, subst. m.
Passereau insectivore dont la poitrine est rouge. &&& Plur. *rouges-gorges* ; [ʀuʒɡɔʀʒ].

ROUGEOLE, subst. f.
Maladie virale, infectieuse et contagieuse, caractérisée par l'apparition de taches rouges sur la peau. &&& [ʀuʒɔl].

ROUGEOYER, verbe intrans. [17]
Devenir rougeâtre, produire une lueur rougeâtre : *Le crépuscule* **rougeoie**. &&& [ʀuʒwaje].

ROUGET, subst. m.
Poisson de mer à grosses écailles rouges, à la chair appréciée. &&& [ʀuʒɛ].

ROUGEUR, subst. f.
Teinte rouge. − Coloration rouge du visage, due à une émotion. − Plaque rouge sur la peau. &&& [ʀuʒœʀ].

ROUGIR, verbe [19]
Intrans. Devenir rouge : *Les tomates* **rougissent** *en mûrissant* ; **Rougir** *de confusion.* − Trans. Rendre rouge. &&& [ʀuʒiʀ].

ROUILLE, adj. inv. et subst.
Subst. fém. Matière brun-rouge recouvrant par plaques les métaux ferreux exposés à l'humidité. − Maladie de certaines plantes (qui les marque de taches orange). − Adj. et subst. masc. De la couleur de la rouille. &&& [ʀuj].

ROUILLER, verbe [3]
Intrans. Se couvrir de rouille. − Trans. Couvrir de rouille. − Fig. Rendre moins alerte, moins efficace : *L'inactivité* **rouille** *les muscles.* &&& [ʀuje].

ROULADE, subst. f.
Galipette. − Cuis. Tranche de viande ou de poisson roulée et farcie. &&& [ʀulad].

ROULANT, ANTE, adj.
Qui roule, qui est équipé de roues : *Fauteuil* **roulant** ; *Escalier* **roulant**. − Fig. *Feu* **roulant** : tir nourri, continu. &&& [ʀulɑ̃, -ɑ̃t].

ROULEAU, subst. m.
Objet enroulé sur lui-même : **Rouleau** *de papier.* − Longue vague déferlante. − Objet cylindrique : **Rouleau** *à pâtisserie* ; **Rouleau** *compresseur.* − Fig. *Être au bout du* **rouleau** : épuisé. &&& [ʀulo].

ROULEMENT, subst. m.
Action de rouler. − Bruit sourd et prolongé : **Roulement** *de tambour, de tonnerre.* − Mécan. Dispositif qui réduit le frottement entre des pièces. − Fig. Alternance de personnes à un poste de travail. &&& [ʀulmɑ̃].

ROULER, verbe [3]
Trans. Déplacer (qqch.) en le faisant tourner sur lui-même. − Mettre en rouleau : **Rouler** *un tapis.* − Aplanir au rouleau. − Fig. Berner (fam.). − Intrans. Se déplacer en tournant sur soi. − Circuler à bord d'un véhicule muni de roues : *On a* **roulé** *toute la nuit.* − Avoir pour sujet : *La conversation* **roulait** *sur son mariage.* &&& [ʀule].

ROULETTE, subst. f.
Petite roue : *Patins à* **roulettes**. − Fraise de dentiste. − Jeu de hasard. &&& [ʀulɛt].

ROULIS, subst. m.
Balancement latéral (d'un flanc sur l'autre) d'un navire (oppos. *tangage*). &&& [ʀuli].

ROULOTTE, subst. f.
Grande voiture habitable, gén. remorquée : *Les* **roulottes** *des forains.* &&& [ʀulɔt].

ROUMAIN, subst. m.
Langue romane parlée principalement en Roumanie. &&& [ʀumɛ̃].

ROUND, subst. m.
Chacune des reprises d'un combat de boxe. &&& [ʀund] ou [ʀaund].

ROUPILLER, verbe intrans. [3]
Dormir (fam.). &&& [ʀupije].

ROUQUIN, INE, adj. et subst.
Qui a les cheveux roux. &&& [ʀukɛ̃, -in].

ROUSPÉTER, verbe intrans. [8]
Protester en maugréant (fam.). &&& [ʀuspete].

ROUSSEUR, subst. f.
Couleur rousse : *Taches de* **rousseur**, taches rousses constellant la peau. &&& [ʀusœʀ].

ROUSSIR, verbe [19]
Trans. Donner une couleur rousse à : *La flamme a* **roussi** *les poils du chat.* − Intrans. Devenir roux. &&& [ʀusiʀ].

ROUTE, subst. f.
Voie carrossable reliant des villes ou des villages. − Réseau de communication formé par ces voies. − Direction : *Se tromper de* **route**. &&& [ʀut].

ROUTIER, IÈRE, adj. et subst. m.
Adj. De la route. − Subst. Chauffeur de camion sur de longs trajets. &&& [ʀutje, -jɛʀ].

ROUTINE, subst. f.
Façon d'agir, de penser immuable, mécanique. − De **routine** : habituel. &&& [ʀutin].

ROUVRIR, verbe [27]
Trans. Ouvrir de nouveau : **Rouvrir** *un procès.* − Intrans. Être de nouveau ouvert : *Le musée* **rouvrira** *demain.* &&& [ʀuvʀiʀ].

ROUX, ROUSSE, adj. et subst.
Couleur orangée tirant sur le rouge. − Subst. Personne aux cheveux roux. &&& [ʀu, ʀus].

ROYAL, ALE, AUX, adj.
Relatif au roi, au royaume. – Digne d'un roi ; généreux, excellent, grandiose : *Un accueil* **royal.** [ʀwajal].

ROYALISTE, adj. et subst.
Qui soutient le roi. – Qui est partisan d'un régime monarchique. [ʀwajalist].

ROYALTIES, subst. f. plur.
Redevance versée au propriétaire d'un brevet, d'une œuvre, d'un gisement pétrolier en échange de leur exploitation commerciale. [ʀwajaltiz].

ROYAUME, subst. m.
État dont le souverain est un roi ou une reine. – Fig. Lieu, domaine qui est propre à qqn ou à qqch. [ʀwajom].

ROYAUTÉ, subst. f.
Pouvoir, dignité du roi. – Régime qui caractérise un royaume. [ʀwajote].

RUADE, subst. f.
Action de ruer. – Mouvement d'un animal qui rue. [ʀɥad].

RUBAN, subst. m.
Bande étroite de tissu ou de toute autre matière souple. [ʀybɑ̃].

RUBÉOLE, subst. f.
Maladie virale contagieuse, proche de la rougeole. [ʀybeɔl].

RUBIS, subst. m.
Pierre précieuse d'un rouge vif transparent : *Rubis du Brésil,* topaze. [ʀybi].

RUBRIQUE, subst. f.
Section d'un ouvrage, d'un journal consacrée à un thème spécifique : *La* **rubrique** *sportive.* [ʀybʀik].

RUCHE, subst. f.
Habitation des abeilles, naturelle ou fabriquée par l'homme. – Fig. Lieu qui évoque l'activité fébrile d'une **ruche.** [ʀyʃ].

RUDE, adj.
Difficile à endurer : *Climat* **rude.** – Rugueux, rêche : *Barbe* **rude.** – Fruste, brutal : *Homme* **rude.** [ʀyd].

RUDESSE, subst. f.
Caractère de ce qui est rude. [ʀydɛs].

RUDIMENTAIRE, adj.
Sommaire, peu élaboré : *Explication* **rudimentaire.** [ʀydimɑ̃tɛʀ].

RUDIMENTS, subst. m. plur.
Notions de base dans un domaine : **Rudiments** *de droit.* [ʀydimɑ̃].

RUDOYER, verbe trans. [17]
Traiter avec brutalité. [ʀydwaje].

RUE, subst. f.
Voie de passage bordée d'habitations, à l'intérieur d'une agglomération. – *L'homme de la* **rue** : le citoyen ordinaire. [ʀy].

RUÉE, subst. f.
Action de se ruer. – Déferlement subit : *La* **ruée** *des eaux.* [ʀye].

RUELLE, subst. f.
Rue étroite. [ʀɥɛl].

RUER, verbe intrans. [3]
Lancer vivement les membres postérieurs en arrière, en parlant d'un quadrupède. – Pronom. Se jeter, se précipiter. [ʀye].

RUGBY, subst. m.
Sport d'équipe qui se joue avec un ballon ovale qu'on lance à la main ou au pied. [ʀygbi].

RUGIR, verbe intrans. [19]
Pousser un cri rauque (rugissement), en parlant d'un fauve, en partic. du lion. – Hurler, crier. [ʀyʒiʀ].

RUGOSITÉ, subst. f.
État d'une surface rugueuse. – Petite aspérité sur une surface inégale. [ʀygɔzite].

RUGUEUX, EUSE, adj.
Dont la surface présente de petites aspérités. – Râpeux, rêche au toucher. [ʀygø, -øz].

RUINE, subst. f.
Destruction, effondrement total ou partiel d'une construction : *Tomber en* **ruine(s)** ; au plur., ce qui reste d'un édifice détruit. – Délabrement physique, moral ou intellectuel. – Effondrement financier. [ʀɥin].

RUINER, verbe trans. [3]
Dévaster. – Faire perdre ses biens à (qqn) : **Ruiner** *un concurrent.* – Anéantir : **Ruiner** *une réputation, un argument.* – Pronom. *Se* **ruiner** *au jeu.* [ʀɥine].

RUINEUX, EUSE, adj.
Propre à ruiner, très coûteux. [ʀɥinø, -øz].

RUISSEAU, subst. m.
Petit cours d'eau peu profond. – Liquide qui s'écoule : **Ruisseau** *de pleurs.* [ʀɥiso].

RUISSELER, verbe intrans. [12]
Couler de façon continue. – Être couvert d'un liquide qui coule : *Le mur* **ruisselle** *d'humidité.* – Fig. *Les rues* **ruissellent** *de lumière.* [ʀɥis(ə)le].

RUISSELLEMENT, subst. m.
Fait de ruisseler : **Ruissellement** *des eaux de pluie.* – Ce qui ruisselle. [ʀɥisɛlmɑ̃].

RUMEUR, subst. f.
Bruit confus ou lointain de voix. – Nouvelle incertaine qui court, qui se propage dans le public. [ʀymœʀ].

RUMINANT, ANTE, adj. et subst. m.
Adj. Qui rumine. – Subst. Mammifère possédant un estomac à plusieurs poches, qui lui permet de ruminer ; au plur., le sous-ordre correspondant. [ʀyminɑ̃, -ɑ̃t].

RUMINER, verbe trans. [3]
Mâcher une seconde fois (un aliment ingéré puis régurgité), en parlant d'un ruminant. – Fig. Tourner et retourner dans son esprit : **Ruminer** *sa vengeance.* [ʀymine].

RUPESTRE, adj.
Exécuté sur une paroi rocheuse (synon. *pariétal*) : *Peintures* **rupestres.** – Qui croît sur les rochers : *Plante* **rupestre.** [ʀypɛstʀ].

RUPTURE, subst. f.
Fracture, déchirure brusque : **Rupture** *d'une branche*. – Séparation brutale de personnes unies. – Changement soudain, contraste : **Rupture** *de ton*. 🔊 [ʀyptyʀ].

RURAL, ALE, AUX, adj.
Relatif à la campagne et aux paysans : *Monde* **rural** ; *Mœurs* **rurales**. 🔊 [ʀyʀal].

RUSE, subst. f.
Artifice trompeur dont on use pour parvenir à ses fins. – Habileté. 🔊 [ʀyz].

RUSÉ, ÉE, adj.
Qui fait preuve de ruse ; qui la dénote : *Des yeux* **rusés**. – Empl. subst. *Ah ! le petit* **rusé** ! 🔊 [ʀyze].

RUSER, verbe intrans. [3]
Agir habilement. – User de ruses. 🔊 [ʀyze].

RUSSE, subst. m.
Langue slave parlée surtout en Russie, qui s'écrit en alphabet cyrillique. 🔊 [ʀys].

RUSTICITÉ, subst. f.
Caractère de ce qui est rustique. – Absence de raffinement (péj.). 🔊 [ʀystisite].

RUSTINE, subst. f.
Rondelle de caoutchouc servant à réparer une chambre à air. 🔊 N. déposé ; [ʀystin].

RUSTIQUE, adj.
Propre à la campagne ; simple, sans façon. – Fabriqué dans le style propre d'une province : *Meubles* **rustiques**. – Robuste : *Un cheval* **rustique**. 🔊 [ʀystik].

RUSTRE, adj. et subst.
Se dit d'une personne grossière et brutale. 🔊 [ʀystʀ].

RUT, subst. m.
Période, chez les Mammifères, où ils recherchent l'accouplement. 🔊 [ʀyt].

RUTABAGA, subst. m.
Plante voisine du navet, dont la tige, renflée, est comestible. 🔊 [ʀytabaga].

RUTILANT, ANTE, adj.
Qui est d'un rouge éclatant. – Qui brille, étincelle. 🔊 [ʀytilɑ̃, -ɑ̃t].

RYTHME, subst. m.
Succession régulière dans le temps de sons, de mouvements ; allure, cadence : **Rythme** *cardiaque* ; **Rythme** *lent, rapide*. – **Rythme** *des saisons* : leur retour régulier. 🔊 [ʀitm].

RYTHMER, verbe trans. [3]
Donner du rythme à : **Rythmer** *une phrase*. – Régler selon une cadence : **Rythmer** *une production*. 🔊 [ʀitme].

S

S, s, subst. m. inv.
Dix-neuvième lettre et quinzième consonne de l'alphabet français, qui se prononce [s] ou [z]. 🔊 [ɛs].

SA, voir SON

SABBAT, subst. m.
Fête nocturne réunissant sorciers et sorcières. 🔊 [saba].

SABLE, subst. m.
Sédiment rocheux meuble, composé de très petits grains, gén. de quartz. – Empl. adj. inv. Beige clair. 🔊 [sabl].

SABLÉ, ÉE, adj. et subst. m.
Adj. Qui est recouvert de sable. – *Cuis*. *Pâte* **sablée** : pâte à tarte friable, riche en beurre. – Subst. Petit gâteau sec. 🔊 [sable].

SABLEUX, EUSE, adj.
Qui contient du sable. 🔊 [sablø, -øz].

SABLIER, subst. m.
Instrument de mesure du temps, constitué d'un récipient dans lequel du sable s'écoule d'une partie vers une autre. 🔊 [sablije].

SABLONNEUX, EUSE, adj.
Qui est naturellement recouvert de sable. – Qui est constitué de sable. 🔊 [sablɔnø, -øz].

SABORDER, verbe trans. [3]
Faire couler volontairement (un navire) ; au fig. : **Saborder** *une entreprise*, la ruiner délibérément. 🔊 [sabɔʀde].

SABOT, subst. m.
Chaussure en bois. – Chez les Ongulés, formation cornée entourant le bout des doigts. 🔊 [sabo].

SABOTER, verbe trans. [3]
Bâcler (un travail). – Détériorer, détruire ; désorganiser. 🔊 [sabɔte].

SABRE, subst. m.
Arme blanche à longue lame tranchante d'un côté, munie d'une garde. 🔊 [sabʀ].

SABRER, verbe trans. [3]
Frapper avec un sabre. – Procéder à de larges coupes dans (un écrit). 🔊 [sabʀe].

SAC (I), subst. m.
Poche souple (en cuir, en toile, etc.) servant à transporter diverses choses. 🔊 [sak].

SAC (II), subst. m.
Pillage, saccage. 🔊 [sak].

SACCADE, subst. f.
Mouvement brusque et irrégulier, à-coup. 🔊 [sakad].

SACCAGE, subst. m.
Action de saccager. – Pillage. 📻 [sakaʒ].

SACCAGER, verbe trans. [5]
Piller en ravageant. – Bouleverser, chambouler. 📻 [sakaʒe].

SACERDOCE, subst. m.
État, fonction du prêtre. – Fig. Activité exigeant le don de soi. 📻 [sasɛʀdɔs].

SACOCHE, subst. f.
Sac qu'on porte en bandoulière. 📻 [sakɔʃ].

SACRALISER, verbe trans. [3]
Conférer un caractère sacré à. 📻 [sakʀalize].

SACRE, subst. m.
Cérémonie par laquelle l'Église sacre un souverain. – Consécration. 📻 [sakʀ].

SACRÉ, ÉE, adj. et subst. m.
Adj. Qui appartient au domaine religieux. – Qui mérite un respect absolu. – Renforce un terme péjoratif ou introduit une nuance d'admiration (fam.) : *Un* sacré *musicien !* – Subst. Ce qui est sacré (oppos. *profane*). 📻 [sakʀe].

SACREMENT, subst. m.
Relig. Acte rituel qui sanctifie une personne, un événement : *Le sacrement du mariage.* 📻 [sakʀəmɑ̃].

SACRER, verbe trans. [3]
Conférer un caractère sacré à. 📻 [sakʀe].

SACRIFICE, subst. m.
Offrande rituelle à une divinité, en partic. d'un être vivant qu'on immole. – Fig. Renoncement ; privation. 📻 [sakʀifis].

SACRIFIER, verbe trans. [6]
Offrir en sacrifice. – Renoncer à. – *Sacrifier à la mode* : s'y conformer. 📻 [sakʀifje].

SACRILÈGE, adj. et subst.
Subst. Personne coupable d'une profanation, d'un outrage. – Subst. masc. Profanation de ce qui est sacré. – Adj. Qui tient du sacrilège. 📻 [sakʀilɛʒ].

SACRIPANT, subst. m.
Chenapan, garnement (fam.). 📻 [sakʀipɑ̃].

SACRISTIE, subst. f.
Lieu attenant à une église, où l'on range les vêtements sacerdotaux et les objets du culte. 📻 [sakʀisti].

SACRO-SAINT, -SAINTE, adj.
Qui a un caractère quasi sacré (souv. iron.) : *Une* sacro-sainte *habitude.* 📻 [sakʀosɛ̃, -sɛ̃t].

SACRUM, subst. m.
Os réunissant les cinq vertèbres du bas de la colonne vertébrale. 📻 [sakʀɔm].

SADIQUE, adj. et subst.
Qui prend plaisir à faire souffrir. 📻 [sadik].

SAFARI, subst. m.
Expédition de chasse au gros gibier, en Afrique noire. 📻 [safaʀi].

SAFRAN, subst. m.
Plante dont une partie de la fleur fournit une épice et un colorant. – Empl. adj. inv. Jaune orangé. 📻 [safʀɑ̃].

SAGA, subst. f.
Récit légendaire scandinave. – Épopée relatant l'histoire d'une famille. 📻 [saga].

SAGACE, adj.
À l'esprit vif et pénétrant. 📻 [sagas].

SAGAIE, subst. f.
Arme proche du javelot. 📻 [sagɛ].

SAGE, adj. et subst.
Se dit d'une personne savante, avisée. – Adj. Prudent, raisonnable ; chaste, réservé. – *Un enfant* sage : calme et obéissant. 📻 [saʒ].

SAGE-FEMME, subst. f.
Auxiliaire médicale aidant les femmes à accoucher. – Plur. *sages-femmes* ; 📻 [saʒfam].

SAGESSE, subst. f.
Discernement : *Un vieillard plein de sagesse.* – Modération. – Docilité, calme. 📻 [saʒɛs].

SAGITTAIRE, subst. m.
Neuvième signe du zodiaque. 📻 [saʒitɛʀ].

SAIGNÉE, subst. f.
Autrefois, évacuation importante de sang par incision d'une veine. – Entaille pour provoquer un écoulement : *Faire une saignée dans un arbre.* 📻 [seɲe].

SAIGNEMENT, subst. m.
Écoulement de sang. 📻 [sɛɲmɑ̃].

SAIGNER, verbe [3]
Intrans. Perdre du sang. – Trans. Pratiquer une saignée sur. 📻 [seɲe].

SAILLANT, ANTE, adj.
Proéminent. – Fig. Remarquable, frappant. 📻 [sajɑ̃, -ɑ̃t].

SAILLIE, subst. f.
Avancée, protubérance. – Mot, trait d'esprit (littér.). 📻 [saji].

SAILLIR, verbe trans. [19] et intrans. [31]
Trans. S'accoupler à (une femelle). – Intrans. Dépasser, avancer. 📻 Verbe défectif ; [sajiʀ].

SAIN, SAINE, adj.
Qui n'est pas malade. – Qui n'est pas gâté, avarié. – *Sain d'esprit* : équilibré. – Sensé. – Bon pour la santé. 📻 [sɛ̃, sɛn].

SAINT, SAINTE, adj. et subst.
Adj. Vénéré pour sa vie exemplaire ; canonisé : *Prier saint Antoine.* – Admirable, sur un plan moral ou religieux : *Quelle sainte femme !* – Qui revêt un caractère sacré : *La Semaine sainte.* – Avec une majuscule et un trait d'union, par ellipse du mot « fête » : *La Saint-Jean* ; pour une désignation : *L'église Saint-Paul.* – Subst. Personne canonisée par l'Église. – Personne vertueuse. 📻 [sɛ̃, sɛ̃t].

SAINT-BERNARD, subst. m. inv.
Grand chien que l'on peut dresser pour le sauvetage en montagne. 📻 [sɛ̃bɛʀnaʀ].

SAINTETÉ, subst. f.
Qualité d'une chose ou d'une personne saintes : *Sa Sainteté le pape.* 📻 [sɛ̃tte].

SAISIE, subst. f.
Procédure par laquelle la justice confisque un bien. – *Informat.* **Saisie** *de données* : leur enregistrement. 🔊 [sezi].

SAISIR, verbe trans. [19]
Prendre vivement, attraper. – Prendre en main (un objet). – S'emparer de : *La peur le* **saisit**. – Comprendre, discerner. – Mettre à profit : **Saisir** *une opportunité*. – *Dr.* Faire la saisie de. – *Informat.* Taper (un texte), enregistrer (des données). – Pronom. S'approprier ; prendre. 🔊 [sezir].

SAISISSEMENT, subst. m.
Vive impression causée par le froid ou par une émotion subite. 🔊 [sezismā].

SAISON, subst. f.
Chacune des quatre périodes de l'année (printemps, été, automne, hiver). – Période pendant laquelle se déroule une activité annuelle : *La* **saison** *des soldes*. 🔊 [sɛzɔ̃].

SAISONNIER, IÈRE, adj. et subst.
Adj. Relatif à la saison. – Qui dure une saison. – Subst. Personne employée pour une saison. 🔊 [sɛzɔnje, -jɛʀ].

SALADE, subst. f.
Mélange, gén. froid, d'aliments assaisonnés. – Plante potagère ainsi préparée. – **Salade** *de fruits* : macédoine de fruits agrémentée de sucre. 🔊 [salad].

SALADIER, subst. m.
Récipient arrondi dans lequel on sert la salade. – Son contenu. 🔊 [saladje].

SALAIRE, subst. m.
Rémunération d'un travail ou d'un service. – Fig. Récompense ; contrepartie. 🔊 [salɛʀ].

SALAISON, subst. f.
Action de saler un produit alimentaire pour le conserver. – Ce produit salé. 🔊 [salɛzɔ̃].

SALAMANDRE, subst. f.
Batracien ressemblant à un lézard, à la peau noire et jaune. 🔊 [salamɑ̃dʀ].

SALARIÉ, ÉE, adj. et subst.
Se dit d'une personne qui perçoit régulièrement un salaire. 🔊 [salaʀje].

SALE, adj.
Souillé, maculé ; mal lavé, négligé. – Malhonnête ; obscène ; mauvais (fam.) : *Un* **sale** *individu*. 🔊 [sal].

SALÉ, ÉE, adj.
Qui contient du sel ; qui en a le goût. – Conservé dans le sel. – Fam. Grivois. – Exagéré. 🔊 [sale].

SALER, verbe trans. [3]
Assaisonner avec du sel. – Mettre une denrée dans le sel afin de la conserver. – Répandre du sel sur. 🔊 [sale].

SALETÉ, subst. f.
État de ce qui est sale. – Chose sale, ordure. – Fig. Action vile, obscénité. 🔊 [salte].

SALIÈRE, subst. f.
Petit récipient contenant du sel, que l'on place sur la table. 🔊 [saljɛʀ].

SALIN, INE, adj. et subst.
Adj. Propre au sel ; qui contient du sel. – Subst. masc. Marais salant. – Subst. fém. Établissement où l'on produit du sel par extraction, ou par évaporation de l'eau de mer. 🔊 [salɛ̃, -in].

SALIR, verbe trans. [19]
Rendre sale, souiller. – Fig. Diffamer, avilir. 🔊 [saliʀ].

SALISSANT, ANTE, adj.
Qui salit. – Qui se salit aisément : *Un* **vêtement** *salissant*. 🔊 [salisɑ̃, -ɑ̃t].

SALIVE, subst. f.
Liquide incolore sécrété par des glandes situées dans la bouche. 🔊 [saliv].

SALIVER, verbe intrans. [3]
Produire de la salive. 🔊 [salive].

SALLE, subst. f.
Pièce d'une demeure privée. – Local réservé à un usage collectif ; ensemble des personnes présentes dans ce local. 🔊 [sal].

SALON, subst. m.
Pièce de réception d'une demeure. – **Salon** *de coiffure* : boutique du coiffeur. – Exposition, manifestation périodique. 🔊 [salɔ̃].

SALOPETTE, subst. f.
Combinaison de travail portée par-dessus les vêtements pour les protéger. – Pantalon à bavette et à bretelles. 🔊 [salɔpɛt].

SALPÊTRE, subst. m.
Couche poudreuse de nitrates, sur les vieux murs humides. 🔊 [salpɛtʀ].

SALSIFIS, subst. m.
Plante potagère cultivée pour ses racines, qui sont comestibles. – Ces racines. 🔊 [salsifi].

SALTIMBANQUE, subst. m.
Baladin, bateleur qui fait des tours ou des acrobaties dans les foires, sur les places publiques. 🔊 [saltɛ̃bɑ̃k].

SALUBRE, adj.
Favorable à la santé. – Sain. 🔊 [salybʀ].

SALUER, verbe trans. [3]
Adresser une marque, un geste de respect ou de civilité à. – Honorer ; rendre hommage à. – Fig. Accueillir : **Saluer** *l'orateur par des huées*. 🔊 [salɥe].

SALUT, subst. m.
Fait d'échapper à la mort, au malheur, à un danger. – Fait d'être sauvé du péché ; rédemption. – Marque de civilité envers une personne rencontrée. – Geste, formule de respect, d'hommage. – Empl. interj. Bonjour ; au revoir (fam.). 🔊 [saly].

SALUTAIRE, adj.
Profitable, bénéfique. 🔊 [salytɛʀ].

SALUTATION, subst. f.
Action d'adresser un salut. – Formule écrite de politesse (gén. au plur.). 🔊 [salytasjɔ̃].

SALVATEUR, TRICE, adj.
Qui sauve (littér.). 🔊 [salvatœʀ, -tʀis].

SALVE, subst. f.
Décharge simultanée d'armes à feu. – Fig. *Une* **salve** *d'applaudissements*. 🔊 [salv].

SAMEDI, subst. m.
Sixième jour de la semaine. 🔊 [samdi].

SAMOURAÏ, subst. m.
Membre de la classe des guerriers, dans la société féodale japonaise. 🔊 [samuʀaj].

SAMOVAR, subst. m.
Bouilloire traditionnelle russe utilisée pour la préparation du thé. 🔊 [samɔvaʀ].

SAMPAN(G), subst. m.
Légère embarcation chinoise. 🔊 [sɑ̃pɑ̃].

SANATORIUM, subst. m.
Établissement de soins où l'on traite certaines affections chroniques, en partic. la tuberculose. 🔊 [sanatɔʀjɔm].

SANCTIFIER, verbe trans. [6]
Rendre saint ; révérer comme saint. – Fig. Conférer un caractère sacré à. 🔊 [sɑ̃ktifje].

SANCTION, subst. f.
Peine prévue par la loi pour réprimer une infraction. – Punition. – Conséquence. 🔊 [sɑ̃ksjɔ̃].

SANCTIONNER, verbe trans. [3]
Approuver officiellement. – Punir d'une sanction, réprimer. 🔊 [sɑ̃ksjɔne].

SANCTUAIRE, subst. m.
Partie la plus sainte d'un édifice religieux. – Lieu de culte. – Fig. Lieu protégé (littér.). 🔊 [sɑ̃ktɥeʀ].

SANDALE, subst. f.
Chaussure constituée d'une semelle tenant au pied grâce à des lanières. 🔊 [sɑ̃dal].

SANG, subst. m.
Liquide vital rouge, qui circule dans les veines et les artères, et qui irrigue les tissus de l'organisme. – Fig. Vie. – Race. 🔊 [sɑ̃].

SANG-FROID, subst. m. inv.
Contrôle de soi. 🔊 [sɑ̃fʀwa].

SANGLANT, ANTE, adj.
Couvert de sang. – Qui s'accompagne d'effusions de sang : Lutte sanglante. – Fig. Offensant et cruel. 🔊 [sɑ̃glɑ̃, -ɑ̃t].

SANGLE, subst. f.
Bande de cuir ou de tissu destinée à maintenir, à serrer qqch. 🔊 [sɑ̃gl].

SANGLIER, subst. m.
Porc sauvage. 🔊 [sɑ̃glije].

SANGLOT, subst. m.
Spasme de la poitrine, dû à une émotion vive ou à une peine, qui s'accompagne en gén. de larmes. 🔊 [sɑ̃glo].

SANGLOTER, verbe intrans. [3]
Pleurer avec des sanglots. 🔊 [sɑ̃glɔte].

SANGSUE, subst. f.
Ver annelé des eaux stagnantes, qui suce le sang en se fixant à la peau de sa victime par des ventouses. 🔊 [sɑ̃sy].

SANGUIN, INE, adj.
Relatif au sang. – Un tempérament sanguin : impulsif. 🔊 [sɑ̃gɛ̃, -in].

SANGUINAIRE, adj.
Qui aime à répandre le sang, à tuer. – Fig. Cruel. 🔊 [sɑ̃gineʀ].

SANITAIRE, adj. et subst. m. plur.
Adj. Relatif à la santé publique, à l'hygiène. – Subst. Ensemble des appareils de la salle de bains, des toilettes. 🔊 [saniteʀ].

SANS, prép.
Exprime l'absence, la privation, l'exclusion ou une condition restrictive : Un hiver sans neige ; Sans cesse ; Sans tarder ; Sans vous, j'étais perdu ! ; Sans quoi : sinon. – Loc. conj. Sans que (+ subj.) : Je pars sans qu'il me voie. 🔊 [sɑ̃].

SANS-ABRI, subst. inv.
Personne qui n'a pas de logis. 🔊 [sɑ̃zabʀi].

SANS-CŒUR, adj. inv. et subst. inv.
Qui est insensible, méchant. 🔊 [sɑ̃kœʀ].

SANS-CULOTTE, subst. m.
Hist. Révolutionnaire ardent qui portait le pantalon du peuple, et non la culotte aristocratique. 🔊 Plur. sans-culottes ; [sɑ̃kylɔt].

SANS-GÊNE, adj. inv. et subst. m. inv.
Adj. Qui se conduit avec une audace, une familiarité déplacées. – Subst. Attitude désinvolte, impolitesse. 🔊 [sɑ̃ʒɛn].

SANSKRIT, subst. m.
Langue de l'Inde ancienne. 🔊 [sɑ̃skʀi].

SANSONNET, subst. m.
Étourneau. 🔊 [sɑ̃sɔne].

SANTAL, ALS, subst. m.
Arbre exotique dont le bois est utilisé en ébénisterie et en parfumerie. 🔊 [sɑ̃tal].

SANTÉ, subst. f.
Bon fonctionnement physiologique d'un être vivant. – État de l'organisme. – Santé mentale : équilibre psychique. 🔊 [sɑ̃te].

SANTON, subst. m.
Statuette provençale de plâtre peint, destinée à orner la crèche de Noël. 🔊 [sɑ̃tɔ̃].

SAOUL, voir SOÛL

SAOULER, voir SOÛLER

SAPER, verbe trans. [3]
Détruire les fondements (d'un édifice). – Fig. Ébranler, miner. – Pronom. S'habiller (fam.). 🔊 [sape].

SAPEUR-POMPIER, subst. m.
Pompier appartenant à un corps militairement organisé, dépendant de l'État ou d'une collectivité locale. 🔊 Plur. sapeurs-pompiers ; [sapœʀpɔ̃pje].

SAPHIR, subst. m.
Pierre précieuse transparente, d'un bleu lumineux. – Empl. adj. inv. De la couleur du saphir. 🔊 [safiʀ].

SAPIN, subst. m.
Conifère résineux à aiguilles persistantes, dont le fruit est un cône. 🔊 [sapɛ̃].

SAPRISTI, interj.
Juron exprimant l'irritation ou l'étonnement. 🔊 [sapʀisti].

SARABANDE, subst. f.
Danse ancienne. – Fig. Agitation bruyante (fam.). 🔊 [saʀabɑ̃d].

SARBACANE, subst. f.
Tuyau fin et long dans lequel on souffle pour lancer de petits projectiles. 🔊 [saʀbakan].

SARCASME, subst. m.
Moquerie, raillerie blessante. 🔊 [saʀkasm].

SARCASTIQUE, adj.
Qui exprime le sarcasme. 🔊 [saʀkastik].

SARCLER, verbe trans. [3]
Arracher (des mauvaises herbes) en extirpant les racines. – Désherber. 🔊 [saʀkle].

SARCOPHAGE, subst. m.
Cercueil de pierre. 🔊 [saʀkɔfaʒ].

SARDINE, subst. f.
Petit poisson de mer, qui se déplace en bancs. 🔊 [saʀdin].

SARDONIQUE, adj.
Qui exprime une moquerie amère, cruelle : *Rire sardonique.* 🔊 [saʀdɔnik].

S.A.R.L., subst. f.
Sigle pour « société à responsabilité limitée ». 🔊 [ɛsaɛʀɛl].

SARMENT, subst. m.
Jeune pousse de la vigne. 🔊 [saʀmɑ̃].

SARRASIN, subst. m.
Céréale à graines farineuses, très rustique (synon. *blé noir*). 🔊 [saʀazɛ̃].

SARRIETTE, subst. f.
Plante aromatique. 🔊 [saʀjɛt].

SAS, subst. m.
Sorte de tamis en tissu. – Bassin entre deux portes d'écluse. – Espace étanche assurant le passage d'un milieu à un autre : *Le sas d'un sous-marin.* 🔊 [sɑs].

SATANÉ, ÉE, adj.
Détestable, sacré (fam.) : *C'est un satané menteur.* 🔊 [satane].

SATANIQUE, adj.
Qui relève du diable, de Satan. – Démoniaque, infernal : *Un sourire, un regard sataniques.* 🔊 [satanik].

SATELLITE, subst. m.
Corps qui gravite autour d'un astre. – Engin lancé dans l'orbite d'une planète. – Fig. Empl. adj. *Un pays satellite* : qui est sous la dépendance politique et économique d'un autre. 🔊 [satelit].

SATIÉTÉ, subst. f.
État d'une personne repue, pleinement satisfaite. – *À satiété* : à profusion ; jusqu'à saturation. 🔊 [sasjete].

SATIN, subst. m.
Étoffe, en partic. de soie, lisse et brillante. 🔊 [satɛ̃].

SATINÉ, ÉE, adj.
Qui a l'aspect du satin. 🔊 [satine].

SATIRE, subst. f.
Discours-critique, écrit acerbe et moqueur. 🔊 [satiʀ].

SATIRIQUE, adj.
Qui tient de la satire. – Qui s'adonne à la satire. 🔊 [satiʀik].

SATISFACTION, subst. f.
Action de satisfaire. – Contentement, bien-être, plaisir. 🔊 [satisfaksjɔ̃].

SATISFAIRE, verbe trans. [57]
Répondre à l'attente de. – Assouvir (un besoin), exaucer (un désir). – *Satisfaire à* : s'acquitter de ; remplir (des conditions). – Pronom. Se contenter de. 🔊 [satisfɛʀ].

SATISFAISANT, ANTE, adj.
Qui satisfait, acceptable. 🔊 [satisfəzɑ̃, -ɑ̃t].

SATISFAIT, AITE, adj.
Dont les désirs sont comblés : *Satisfait de*, content de. – Assouvi. 🔊 [satisfɛ, -ɛt].

SATISFECIT, subst. m. inv.
Témoignage d'approbation. 🔊 [satisfesit].

SATURATION, subst. f.
Action de saturer. – État de ce qui est saturé. 🔊 [satyʀasjɔ̃].

SATURER, verbe trans. [3]
Combiner (un corps) à un autre jusqu'à un degré maximal de concentration. – Fig. Emplir à l'excès ; accabler. 🔊 [satyʀe].

SATYRE, subst. m.
Myth. grecque. Demi-dieu champêtre à corps humain poilu, à cornes et à jambes de bouc. – Fig. Individu lubrique. 🔊 [satiʀ].

SAUCE, subst. f.
Préparation plus ou moins liquide servie pour accommoder un plat. 🔊 [sos].

SAUCIÈRE, subst. f.
Récipient utilisé pour servir les sauces et les jus de viande. 🔊 [sosjɛʀ].

SAUCISSE, subst. f.
Boyau farci d'un hachis de viande, de gras et d'épices. 🔊 [sosis].

SAUCISSON, subst. f.
Grosse saucisse cuite ou séchée. 🔊 [sosisɔ̃].

SAUF (I), prép.
Excepté, hormis : *Tous étaient là sauf toi* ; *Sauf erreur de ma part.* 🔊 [sof].

SAUF (II), SAUVE, adj.
Tiré d'un danger de mort : *Sain et sauf*, sans aucun dommage. – Fig. *Les apparences sont sauves* : préservées. 🔊 [sof, sov].

SAUF-CONDUIT, subst. m.
Document officiel autorisant l'accès et le séjour dans un lieu. – Plur. *sauf-conduits.* 🔊 [sofkɔ̃dɥi].

SAUGRENU, UE, adj.
Déroutant par son caractère insolite et légèrement ridicule. 🔊 [sogʀəny].

SAULE, subst. m.
Arbre qui croît près de l'eau : *Saule pleureur*, aux branches tombantes. 🔊 [sol].

SAUMÂTRE, adj.
Qui contient du sel : *Eaux saumâtres.* – Fig. Désagréable, au goût amer. 🔊 [somɑtʀ].

SAUMON, subst. m.
Poisson de mer à la chair rose et délicate, qui fraie en eau douce. – Empl. adj. inv. Rose orangé. 🔊 [somɔ̃].

SAUMURE, subst. f.
Liquide salé et épicé dans lequel on conserve certains aliments. 🕮 [somyʀ].

SAUNA, subst. m.
Bain de vapeur sèche. 🕮 [sona].

SAUPOUDRER, verbe trans. [3]
Répandre une substance en poudre sur (un mets). – Fig. Parsemer. 🕮 [sopudʀe].

SAURIEN, subst. m.
Reptile (serpent, lézard, etc.). – Plur. Le sous-ordre correspondant. 🕮 [soʀjɛ̃].

SAUT, subst. m.
Action de sauter : Saut périlleux ; Saut à la perche. – Fig. Passage brutal d'un état à un autre. – Faire un saut quelque part : y passer rapidement. 🕮 [so].

SAUTE, subst. f.
Changement subit : Saute de température ; Saute d'humeur. 🕮 [sot].

SAUTE-MOUTON, subst. m. inv.
Jeu consistant à sauter par-dessus une personne qui se tient penchée. 🕮 [sotmutɔ̃].

SAUTER, verbe [3]
Intrans. S'élancer, avec une impulsion, en l'air ou en avant ; se jeter d'un lieu élevé. – Sauter sur qqn : bondir sur lui. – Être projeté ; exploser. – Faire sauter un aliment : le cuire à feu vif. – Trans. Franchir d'un saut : Sauter le ruisseau. – Omettre, passer : Sauter une page, un repas. 🕮 [sote].

SAUTERELLE, subst. f.
Insecte sauteur aux longues pattes postérieures. 🕮 [sotʀɛl].

SAUTILLER, verbe intrans. [3]
Faire de petits sauts. 🕮 [sotije].

SAUTOIR, subst. m.
Collier tombant sur la poitrine. – Sp. Emplacement où l'athlète prend son élan avant de sauter. 🕮 [sotwaʀ].

SAUVAGE, adj. et subst.
Qui n'est pas civilisé ; au fig., qui est peu sociable. – Qui est brutal, féroce. – Qui vit en liberté dans la nature. – Animal sauvage : non apprivoisé. – Fleur sauvage : non cultivée. – Contrée sauvage : non habitée. 🕮 [sovaʒ].

SAUVAGERIE, subst. f.
Caractère de celui ou de ce qui est sauvage. – Brutalité, férocité. 🕮 [sovaʒʀi].

SAUVEGARDE, subst. f.
Protection, garantie accordées par une autorité. – Préservation, défense : Sauvegarde d'un site. – Informat. Copie de données effectuée pour limiter les conséquences d'un effacement accidentel. 🕮 [sovɡaʀd].

SAUVEGARDER, verbe trans. [3]
Assurer la sauvegarde de. 🕮 [sovɡaʀde].

SAUVER, verbe trans. [3]
Arracher au danger, à la mort. – Préserver de la destruction, de la ruine ; au fig. : Sauver les apparences. – Relig. Apporter le salut à. – Pronom. S'enfuir. 🕮 [sove].

SAUVETAGE, subst. m.
Action de sauver qqch., de secourir qqn : Sauvetage en mer. 🕮 [sov(ə)taʒ].

SAUVETEUR, subst. m.
Personne qui prend part à un sauvetage. 🕮 [sov(ə)tœʀ].

SAUVETTE (À LA), loc. adv.
Précipitamment, de façon à rester discret : Vente à la sauvette. 🕮 [alasovɛt].

SAUVEUR, subst. m.
Celui qui apporte le salut : Le Sauveur, Jésus-Christ. – Personne qui sauve ; bienfaiteur. 🕮 [sovœʀ].

SAVANE, subst. f.
Formation végétale pauvre, à hautes herbes, des régions tropicales. 🕮 [savan].

SAVANT, ANTE, adj. et subst. m.
Adj. Qui sait beaucoup de choses. – Relatif à une culture érudite ou spécialisée : Mot savant. – Élaboré, habile : Une manœuvre savante. – Dressé, en parlant d'un animal. – Subst. Scientifique expert dans un domaine : C'est un savant réputé. 🕮 [savɑ̃, -ɑ̃t].

SAVATE, subst. f.
Vieille pantoufle usée. 🕮 [savat].

SAVEUR, subst. f.
Qualité d'un aliment perçue par le goût : Saveur sucrée. – Fig. Une histoire pleine de saveur : plaisante, piquante. 🕮 [savœʀ].

SAVOIR (I), verbe trans. [42]
Connaître par l'étude, par l'expérience : Savoir le latin ; Savoir nager. – Avoir dans la mémoire : Savoir sa leçon. – Être informé de : Savoir le nom de qqn. – Être capable de : Savoir être patient. 🕮 [savwaʀ].

SAVOIR (II), subst. m.
Ensemble des connaissances. 🕮 [savwaʀ].

SAVOIR-FAIRE, subst. m. inv.
Maîtrise acquise par la pratique, par l'expérience. – Habileté. 🕮 [savwaʀfɛʀ].

SAVOIR-VIVRE, subst. m. inv.
Connaissance et respect des convenances, des bonnes manières. 🕮 [savwaʀvivʀ].

SAVON, subst. m.
Produit à base de graisse végétale, servant à nettoyer. – Fig. Passer un savon à qqn : le réprimander (fam.). 🕮 [savɔ̃].

SAVONNER, verbe trans. [3]
Frotter avec du savon. 🕮 [savɔne].

SAVONNEUX, EUSE, adj.
Qui contient du savon. – Dont la consistance évoque le savon. 🕮 [savɔnø, -øz].

SAVOURER, verbe trans. [3]
Manger, boire lentement qqch. pour en apprécier la saveur. – Fig. Se délecter de, jouir de : Savourer sa victoire. 🕮 [savuʀe].

SAVOUREUX, EUSE, adj.
Plein de saveur, délicieux. – Fig. Plaisant : Une anecdote savoureuse. 🕮 [savuʀø, -øz].

SAXOPHONE, subst. m.
Mus. Instrument à vent en cuivre, à anche simple. 🕮 [saksɔfɔn].

SAYNÈTE, subst. f.
Petite pièce de théâtre légère comprenant une seule scène. 🔊 [sɛnɛt].

SBIRE, subst. m.
Homme à qui sont confiées des basses tâches, en partic. criminelles (littér.). 🔊 [sbiʀ].

SCABREUX, EUSE, adj.
Risqué, dangereux (littér.). – Choquant, de mauvais goût, osé. 🔊 [skabʀø, -øz].

SCALP, subst. m.
Peau du crâne avec sa chevelure, trophée de certains Indiens d'Amérique. 🔊 [skalp].

SCALPEL, subst. m.
Instrument en forme de petit couteau servant à inciser, à disséquer. 🔊 [skalpɛl].

SCALPER, verbe trans. [3]
Dépouiller qqn de son scalp, par incision. 🔊 [skalpe].

SCANDALE, subst. m.
Événement, agissements ou paroles qui choquent les consciences, offensent les bonnes mœurs ; l'émotion qu'ils produisent dans le public. – Esclandre. 🔊 [skɑ̃dal].

SCANDALEUX, EUSE, adj.
Qui cause du scandale. – Qui offusque ou révolte. 🔊 [skɑ̃dalø, -øz].

SCANDALISER, verbe trans. [3]
Choquer profondément. 🔊 [skɑ̃dalize].

SCANDER, verbe trans. [3]
Déclamer (un vers) en marquant le rythme. – Scander un slogan : le prononcer en détachant les syllabes. 🔊 [skɑ̃de].

SCANNER, subst. m.
Appareil qui balaie électroniquement une surface et restitue l'image observée sur un écran. 🔊 [skanɛʀ].

SCAPHANDRE, subst. m.
Équipement hermétiquement clos des plongeurs et des astronautes. 🔊 [skafɑ̃dʀ].

SCARABÉE, subst. m.
Coléoptère brun et brillant. 🔊 [skaʀabe].

SCARIFICATION, subst. f.
Petite incision superficielle faite sur la peau. 🔊 [skaʀifikasjɔ̃].

SCARLATINE, subst. f.
Maladie infectieuse très contagieuse, caractérisée par une éruption de rougeurs cutanées. 🔊 [skaʀlatin].

SCATOLOGIQUE, adj.
Qui a trait aux excréments : Plaisanterie scatologique. 🔊 [skatɔlɔʒik].

SCEAU, subst. m.
Cachet servant à fermer et à authentifier un document ; empreinte de ce cachet. – Fig. Marque (littér.) : Le sceau du génie. 🔊 [so].

SCÉLÉRAT, ATE, adj. et subst.
Criminel. – Coquin (littér.) : Petit scélérat ! 🔊 [seleʀa, -at].

SCELLER, verbe trans. [3]
Marquer d'un sceau. – Mettre des scellés sur. – Fermer hermétiquement. – Fixer avec du ciment. – Fig. Confirmer : Sceller un pacte. 🔊 [sele].

SCELLÉS, subst. m. plur.
Cachet de cire au sceau de l'État, apposé sur une bande de papier ou d'étoffe pour interdire l'ouverture d'une porte. 🔊 [sele].

SCÉNARIO, subst. m.
Découpage d'un film, scène par scène. – Déroulement d'une action selon un plan prévu. 🔊 On écrit aussi scenario, plur. scenarii ; [senaʀjo].

SCÉNARISTE, subst.
Auteur de scénarios. 🔊 [senaʀist].

SCÈNE, subst. f.
Plate-forme sur laquelle se joue une pièce de théâtre. – Mettre en scène : diriger la réalisation d'une pièce, d'un film. – Lieu, décor de l'action : La scène représente un bar. – Division d'un acte ; action qui s'y déroule : La scène du baiser. – Toute action représentée ou décrite dans une œuvre littéraire, artistique, cinématographique. – Fig. Événement : Le seul témoin de la scène. – Faire une scène : s'emporter, se quereller. 🔊 [sɛn].

SCEPTICISME, subst. m.
Attitude de défiance, d'incrédulité. – Philos. Refus de toute certitude. 🔊 [sɛptisism].

SCEPTIQUE, adj. et subst.
Qui fait preuve de scepticisme. 🔊 [sɛptik].

SCEPTRE, subst. m.
Bâton de commandement, marque d'une autorité suprême. 🔊 [sɛptʀ].

SCHÉMA, subst. m.
Dessin décrivant de façon simplifiée un objet, un processus. – Exposé sommaire, se limitant à l'essentiel. 🔊 [ʃema].

SCHÉMATIQUE, adj.
À l'état de schéma. – Sommaire, sans nuances. 🔊 [ʃematik].

SCHISME, subst. m.
Séparation d'avec une autorité religieuse. – Scission, dissidence. 🔊 [ʃism].

SCHISTE, subst. m.
Roche à structure feuilletée. 🔊 [ʃist].

SCHIZOPHRÉNIE, subst. f.
Psychose caractérisée par l'altération du rapport à la réalité et la tendance au repli sur soi. 🔊 [skizɔfʀeni].

SCIATIQUE, adj. et subst. f.
Adj. Relatif à la hanche : Nerf sciatique. – Subst. Douleur vive sur le trajet de ce nerf, de la fesse au creux du genou. 🔊 [sjatik].

SCIE, subst. f.
Outil à lame dentée servant à couper les matériaux durs. – Rengaine (fam.). 🔊 [si].

SCIEMMENT, adv.
De façon consciente, délibérée. 🔊 [sjamɑ̃].

SCIENCE, subst. f.
Activité visant à l'acquisition méthodique de connaissances dans un domaine donné. – Le corps de connaissances ainsi consti-

tué. – Culture, savoir étendu sur un sujet d'étude déterminé. – Savoir-faire nécessitant des connaissances. 🔲 [sjɑ̃s].

SCIENCE-FICTION, subst. f.
Genre littéraire et cinématographique qui fonde ses intrigues sur les progrès ou les dérives imaginables de la science. 🔲 Plur. *sciences-fictions* ; [sjɑ̃sfiksjɔ̃].

SCIENTIFIQUE, adj. et subst.
Adj. Qui concerne la science. – Rigoureux, méthodique, précis. – Subst. Spécialiste d'une science. 🔲 [sjɑ̃tifik].

SCIER, verbe trans. [6]
Couper avec une scie. 🔲 [sje].

SCIERIE, subst. f.
Entreprise ou atelier outillés pour scier mécaniquement (gén. le bois). 🔲 [siʀi].

SCINDER, verbe trans. [3]
Fractionner, diviser : **Scinder** *un problème, un groupe.* 🔲 [sɛ̃de].

SCINTILLEMENT, subst. m.
Éclat de ce qui scintille. 🔲 [sɛ̃tijmɑ̃].

SCINTILLER, verbe intrans. [3]
Émettre ou refléter de petits éclats de lumière vive et intermittente. 🔲 [sɛ̃tije].

SCISSION, subst. f.
Action de scinder, de se scinder. – Son résultat. 🔲 [sisjɔ̃].

SCIURE, subst. f.
Poudre d'une matière sciée. 🔲 [sjyʀ].

SCLÉROSE, subst. f.
Méd. Durcissement d'un tissu ou d'un organe. – Fig. Incapacité à s'adapter, à progresser. 🔲 [skleʀoz].

SCLÉROSER (SE), verbe pronom. [3]
Se durcir : *La lésion* **se sclérose.** – Fig. Se figer dans l'immobilisme. 🔲 [skleʀoze].

SCOLAIRE, adj.
Relatif à l'école : *Des fournitures* **scolaires.** – Banal, conventionnel. 🔲 [skɔlɛʀ].

SCOLARITÉ, subst. f.
Fait de suivre un enseignement régulier. – Durée des études. 🔲 [skɔlaʀite].

SCOLIOSE, subst. f.
Déviation latérale de la colonne vertébrale. 🔲 [skɔljoz].

SCOOP, subst. m.
Journ. Information donnée en exclusivité. 🔲 [skup].

SCORBUT, subst. m.
Maladie due à une carence en vitamine C. 🔲 [skɔʀbyt].

SCORE, subst. m.
Nombre de points marqués par chaque compétiteur lors d'un match. – Performance : **Score** *électoral.* 🔲 [skɔʀ].

SCORIE, subst. f.
Fragment résiduel d'un métal ou d'un minerai en fusion. 🔲 [skɔʀi].

SCORPION, subst. m.
Arthropode des régions chaudes, qui porte un aiguillon à venin. – Huitième signe du zodiaque. 🔲 [skɔʀpjɔ̃].

SCOTCH (I), subst. m.
Whisky d'Écosse. 🔲 Plur. *scotch(e)s* ; [skɔtʃ].

SCOTCH (II), subst. m.
Ruban adhésif. 🔲 N. déposé ; [skɔtʃ].

SCOUT, SCOUTE, adj. et subst.
Subst. Membre d'une organisation de scoutisme. – Adj. Propre au scoutisme. 🔲 [skut].

SCOUTISME, subst. m.
Mouvement qui vise à développer les qualités morales et physiques des jeunes à travers des activités communes. 🔲 [skutism].

SCRIBE, subst. m.
Antiq. Homme qui rédigeait les actes administratifs, religieux ou juridiques. 🔲 [skʀib].

SCRIPT, subst. m.
Écriture proche des caractères d'imprimerie. – *Cin.* Scénario. 🔲 [skʀipt].

SCRIPTE, subst. m.
Cin. Personne chargée de consigner les détails techniques d'un tournage. 🔲 [skʀipt].

SCRUPULE, subst. m.
Inquiétude morale sur le bien-fondé de sa propre conduite. 🔲 [skʀypyl].

SCRUPULEUX, EUSE, adj.
Qui témoigne d'une conscience exigeante. – Méticuleux, rigoureux. 🔲 [skʀypylø, -øz].

SCRUTATEUR, TRICE, adj. et subst.
Adj. Qui scrute. – Subst. Personne qui surveille le dépouillement d'un scrutin. 🔲 [skʀytatœʀ, -tʀis].

SCRUTER, verbe trans. [3]
Considérer avec soin pour déceler ce qui est caché. – Fouiller du regard. 🔲 [skʀyte].

SCRUTIN, subst. m.
Vote par dépôt d'un bulletin dans une urne. 🔲 [skʀytɛ̃].

SCULPTER, verbe trans. [3]
Tailler, façonner (une matière dure) pour obtenir un objet d'art. – Créer (une œuvre d'art en trois dimensions). 🔲 [skylte].

SCULPTEUR, subst. m.
Personne qui pratique l'art de la sculpture. 🔲 Le fém., *sculptrice,* est rare ; [skyltœʀ].

SCULPTURE, subst. f.
Action et manière de sculpter. – Œuvre sculptée. 🔲 [skyltyʀ].

S.D.F., subst. m. inv.
Sigle de « sans domicile fixe ». 🔲 [ɛsdeɛf].

SE, S', pron. pers.
Représente la 3e personne (masc. ou fém., sing. ou plur.) : *Il* **s'**admire (lui-même) ; *Ils* **se** saluent (l'un l'autre) ; *Que* **se** passera-t-il ?* (impers.). 🔲 [sə].

SÉANCE, subst. f.
Réunion des membres d'un groupe organisé ; durée de cette réunion. – Portion de temps réservée à une activité : **Séance** *de travail.* – Durée d'un spectacle ; la représentation. 🔲 [seɑ̃s].

SÉANT (I), subst. m.
Sur son **séant** : en posture assise. 🔲 [seɑ̃].

SÉANT (II), SÉANTE, adj.
Qui sied, convenable (littér.). ⬜️ [seɑ̃, seɑ̃t].

SEAU, subst. m.
Récipient cylindrique à anse : *Seau à charbon.* – Son contenu. ⬜️ [so].

SÉBILE, subst. f.
Petite coupe servant à quêter ou à mendier. ⬜️ [sebil].

SÉBUM, subst. m.
Matière grasse sécrétée par les glandes de la peau. ⬜️ [sebɔm].

SEC, SÈCHE, adj. et subst. m.
Adj. Dépourvu d'humidité ; débarrassé de son humidité naturelle : *Temps sec* ; *Figues sèches.* – Auquel rien n'a été ajouté : *Pain sec* ; *Whisky sec*, sans glaçons. – Que rien ne vient adoucir : *Style sec* ; *Bruit sec*, net et bref ; *Cœur sec*, insensible ; *Ton sec*, sévère. – À sec : sans eau ; *Au sec* : hors de l'eau. ⬜️ [sɛk, sɛʃ].

SÉCABLE, adj.
Qui peut être coupé. ⬜️ [sekabl].

SÉCATEUR, subst. m.
Gros ciseaux de jardinage. ⬜️ [sekatœr].

SÉCESSION, subst. f.
Action par laquelle une partie de la population d'un État se détache volontairement de ce dernier. ⬜️ [sesesjɔ̃].

SÈCHEMENT, adv.
De manière brève, brutale. – Avec froideur, dureté. ⬜️ [sɛʃmɑ̃].

SÉCHER, verbe [8]
Rendre sec ou devenir sec. ⬜️ [seʃe].

SÉCHERESSE, subst. f.
État de ce qui est sec. – Absence de pluie. – Fig. Froideur, indifférence. ⬜️ [sɛʃrɛs].

SÉCHOIR, subst. m.
Local où l'on fait sécher des produits. – Support sur lequel on fait sécher le linge. – Sèche-cheveux. ⬜️ [seʃwar].

SECOND, ONDE, adj. et subst.
Adj. Qui vient après le premier : *Second rang.* – Qui vient s'ajouter à qqch. de même nature : *Une seconde clef.* – État second : anormal, inconscient. – Subst. Être le second : le deuxième ; au masc., personne qui en assiste une autre. ⬜️ [s(ə)gɔ̃, -ɔ̃d].

SECONDAIRE, adj. et subst. m.
Qui représente une seconde phase : *Enseignement secondaire* (après le primaire). – Ère secondaire (ou *le secondaire*) : ère géologique caractérisée par l'apparition des Oiseaux et des Mammifères. – Adj. *Effet secondaire* : qui dérive d'un phénomène premier. – De second plan, accessoire : *Rôle secondaire.* ⬜️ [s(ə)gɔ̃dɛr].

SECONDE, subst. f.
Unité de temps, contenue 60 fois dans une minute. – Bref instant : *Une seconde, j'arrive !* ⬜️ [s(ə)gɔ̃d].

SECONDER, verbe trans. [3]
Assister, aider (qqn) dans une tâche, une mission. ⬜️ [s(ə)gɔ̃de].

SECOUER, verbe trans. [3]
Remuer en tous sens : *Secouer un arbre* ; faire tomber en agitant : *Secouer la neige de ses bottes.* – Fig. Ébranler ; toucher vivement. – Pronom. Faire un effort, réagir (fam.). ⬜️ [s(ə)kwe].

SECOURABLE, adj.
Qui aide volontiers. ⬜️ [s(ə)kurabl].

SECOURIR, verbe trans. [25]
Procurer son aide, porter assistance à. – Réconforter. ⬜️ [s(ə)kurir].

SECOURISME, subst. m.
Ensemble des méthodes destinées à secourir des personnes en danger et à leur donner les premiers soins. ⬜️ [s(ə)kurism].

SECOURS, subst. m.
Aide, assistance : *Porter secours.* – *Appeler les secours* : les équipes d'assistance. – *De secours* : que l'on utilise en cas de nécessité. ⬜️ [səkur].

SECOUSSE, subst. f.
Mouvement heurté, qui secoue. – *Secousse tellurique* : tremblement de terre. – Fig. Choc émotionnel. ⬜️ [səkus].

SECRET, ÈTE, adj. et subst. m.
Adj. Caché à la vue : *Porte secrète.* – Connu d'un petit nombre ; confidentiel : *Code secret.* – Qui ne livre pas ses pensées. – Subst. Ce qui est tenu caché. – Discrétion : *Exiger le secret.* – Intimité : *Le secret des cœurs.* – Explication, clef : *Avoir le secret du bonheur.* ⬜️ [səkrɛ, -ɛt].

SECRÉTAIRE, subst.
Personne chargée du courrier, des dossiers, du téléphone, pour le compte d'un employeur, d'un supérieur hiérarchique. – Titre attaché à certaines fonctions : *Secrétaire d'État* ; *Secrétaire général de l'O.N.U.* – Masc. Meuble à tiroirs muni d'un panneau rabattable servant de table à écrire. ⬜️ [s(ə)kretɛr].

SECRÉTARIAT, subst. m.
Charge, fonction de secrétaire. – Ensemble des secrétaires ; bureaux où ils travaillent. ⬜️ [s(ə)kretarja].

SÉCRÉTER, verbe trans. [8]
Produire par sécrétion. – Fig. Dégager : *Ce travail sécrète l'ennui.* ⬜️ [sekrete].

SÉCRÉTION, subst. f.
Élaboration et émission d'une substance par des cellules organiques. – Cette substance. ⬜️ [sekresjɔ̃].

SECTAIRE, adj. et subst.
Qui est intolérant envers les opinions d'autrui, qui a un esprit étroit. ⬜️ [sɛktɛr].

SECTE, subst. f.
Communauté fermée, à vocation gén. spirituelle, dont les membres vivent sous l'emprise d'un maître à penser. ⬜️ [sɛkt].

SECTEUR, subst. m.
Espace délimité, zone, territoire. – Champ d'activité économique : *Secteur tertiaire.* – Endroit quelconque (fam.). ⬜️ [sɛktœr].

SECTION, subst. f.
Action de couper ; endroit de la coupure.
– Surface d'une coupe transversale : **Section**
carrée d'une poutre. – Subdivision d'un
groupe, d'une organisation. – Partie d'une
route. 🔊 [sɛksjɔ̃].

SECTIONNER, verbe trans. [3]
Scinder en plusieurs sections. – Trancher
net : **Sectionner** *un câble.* 🔊 [sɛksjɔne].

SÉCULAIRE, adj.
Qui a lieu tous les cent ans. – Qui existe
depuis plusieurs siècles. 🔊 [sekylɛʀ].

SÉCULIER, IÈRE, adj. et subst. m.
Se dit d'un prêtre qui n'est lié à aucune
congrégation. 🔊 [sekylje, -jɛʀ].

SECUNDO, adv.
En second lieu, deuxièmement. 🔊 [səɡɔ̃do].

SÉCURISER, verbe trans. [3]
Rassurer ; dissiper les craintes de. – Rendre
(qqch.) plus sûr. 🔊 [sekyʀize].

SÉCURITÉ, subst. f.
Situation exempte de danger. – État serein
qui en résulte. – Ensemble de mesures ou
organisme assurant la protection de l'individu : **Sécurité** *routière* ; **Sécurité** *sociale.*
🔊 [sekyʀite].

SÉDATIF, IVE, adj. et subst. m.
Méd. Se dit d'une substance qui calme la
douleur, l'anxiété, l'insomnie. 🔊 [sedatif, -iv].

SÉDENTAIRE, adj. et subst.
Qui vit dans un lieu fixe (oppos. *nomade*) :
Peuple sédentaire. – Qui sort peu, casanier.
– Adj. Qui n'entraîne pas de déplacements :
Emploi sédentaire. 🔊 [sedɑ̃tɛʀ].

SÉDIMENT, subst. m.
Dépôt de matière laissé par le vent, les eaux
ou les glaces. 🔊 [sedimɑ̃].

SÉDITION, subst. f.
Révolte organisée contre l'autorité en place
(littér.). 🔊 [sedisjɔ̃].

SÉDUCTEUR, TRICE, adj. et subst.
Qui séduit, charme. 🔊 [sedyktœʀ, -tʀis].

SÉDUCTION, subst. f.
Action ou pouvoir de séduire. 🔊 [sedyksjɔ̃].

SÉDUIRE, verbe trans. [69]
Attirer irrésistiblement, charmer. – Obtenir
les faveurs de (qqn). 🔊 [seduiʀ].

SEGMENT, subst. m.
Portion définie, détachée d'un ensemble :
Segment de droite. 🔊 [sɛɡmɑ̃].

SÉGRÉGATION, subst. f.
Discrimination, organisée ou de fait, à
l'égard de groupes humains : **Ségrégation**
raciale, sociale. 🔊 [seɡʀeɡasjɔ̃].

SEICHE, subst. f.
Mollusque marin comestible qui projette de
l'encre contre ses agresseurs. 🔊 [sɛʃ].

SEIGLE, subst. m.
Céréale des terres pauvres, dont le grain
donne une farine brune. 🔊 [sɛɡl].

SEIGNEUR, subst. m.
Maître d'un fief, au Moyen Âge. – Titre
donné à une personne de haut rang, dans
l'Ancien Régime. – *Relig.* Dieu. 🔊 [sɛɲœʀ].

SEIN, subst. m.
Poitrine : *Tenir sur son sein.* – Chacune des
deux mamelles de la femme ; le même
organe, atrophié, chez l'homme. – Fig. La
partie intérieure, centrale de qqch. : *Au sein
de,* au milieu de, dans. 🔊 [sɛ̃].

SÉISME, subst. m.
Ébranlement de la croûte terrestre, d'origine
interne. 🔊 [seism].

SEIZE, adj. num. inv. et subst. m. inv.
Adj. Quinze plus un. – Seizième : *Chapitre*
XVI. – Subst. Le nombre **seize,** le numéro
16. 🔊 [sɛz].

SÉJOUR, subst. m.
Fait de séjourner en un lieu ; temps pendant
lequel on séjourne. – *Salle de* **séjour** : dans
une habitation, pièce consacrée aux loisirs
familiaux. 🔊 [seʒuʀ].

SÉJOURNER, verbe intrans. [3]
Résider quelque temps en un lieu, sans s'y
fixer. 🔊 [seʒuʀne].

SEL, subst. m.
Substance blanche, friable, soluble dans
l'eau, qui sert à conserver ou à assaisonner
des aliments. – Fig. Ce qui donne de
l'intérêt à qqch. ; esprit. – *Chim.* Corps
résultant de l'action d'un acide sur une
base. – Plur. Mélange acide utilisé autrefois
pour ranimer les gens évanouis. 🔊 [sɛl].

SÉLECTIF, IVE, adj.
Qui opère une sélection. 🔊 [selɛktif, -iv].

SÉLECTION, subst. f.
Action de choisir les choses, les individus
les mieux appropriés à une activité, à une
fonction particulières. – Ensemble des éléments ainsi triés. 🔊 [selɛksjɔ̃].

SÉLECTIONNER, verbe trans. [3]
Choisir par une sélection. 🔊 [selɛksjɔne].

SELLE, subst. f.
Pièce de cuir, placée sur le dos d'un cheval,
où s'assoit le cavalier. – Petit siège triangulaire d'un cycle. – Quartier postérieur de
certaines viandes : *Une selle d'agneau grillée.*
– Plur. Excréments humains. 🔊 [sɛl].

SELLER, verbe trans. [3]
Munir (une monture) d'une selle. 🔊 [sele].

SELLETTE, subst. f.
Support décoratif pour une statue, une
plante. – *Être sur la* **sellette** : être accusé,
pressé de questions. 🔊 [sɛlɛt].

SELON, prép.
D'après le point de vue de : **Selon** *moi,
il faut partir.* – Conformément à : **Selon**
votre désir. – En fonction de, suivant : **Selon**
les besoins. – Loc. conj. **Selon** *que* (+ ind.) :
suivant que. 🔊 [s(ə)lɔ̃].

SEMAILLES, subst. f. plur.
Action de semer. – Époque où l'on sème.
– Grain semé. 🔊 [s(ə)maj].

SEMAINE, subst. f.
Période de sept jours allant du lundi au dimanche. – Toute période de sept jours consécutifs. 🔊 [s(ə)mɛn].

SÉMANTIQUE, adj. et subst. f.
Adj. Qui a trait à la signification du langage. – Subst. Étude, science de la signification du langage. 🔊 [semɑ̃tik].

SÉMAPHORE, subst. m.
Poste de communication (par signaux optiques) avec les navires. – Signal d'arrêt sur une voie ferrée. 🔊 [semafɔʀ].

SEMBLABLE, adj. et subst.
Adj. Qui ressemble à, pareil à. – De ce genre, tel : *Un* **semblable** *individu*. – Subst. Être vivant de même nature qu'un autre. – Être humain : *Vivre parmi ses* **semblables**. 🔊 [sɑ̃blabl].

SEMBLANT, subst. m.
Apparence : *Avec un* **semblant** *de sourire*. – *Faire* **semblant** *(de)* : feindre. 🔊 [sɑ̃blɑ̃].

SEMBLER, verbe intrans. [3]
Intrans. Avoir l'air, l'apparence de ; donner l'impression de. – Impers. *Il* **semble** *que* : il est très probable que. 🔊 [sɑ̃ble].

SEMELLE, subst. f.
Pièce de cuir, de caoutchouc, etc., constituant le dessous d'une chaussure. – Pièce découpée que l'on glisse à l'intérieur d'une chaussure. 🔊 [s(ə)mɛl].

SEMENCE, subst. f.
Graine que l'on sème. – Sperme. – Petit clou de tapissier. 🔊 [s(ə)mɑ̃s].

SEMER, verbe trans. [10]
Mettre (des semences) en terre. – Jeter çà et là. Fig. Répandre, propager : **Semer** *la panique*. – Distancer (fam.). 🔊 [s(ə)me].

SEMESTRE, subst. m.
Chaque moitié de l'année civile. – Période de six mois consécutifs. 🔊 [s(ə)mɛstʀ].

SEMESTRIEL, IELLE, adj. et subst. m.
Adj. Qui a lieu, qui paraît tous les six mois. – Subst. Journal semestriel. 🔊 [s(ə)mɛstʀijɛl].

SEMI-, élément inv.
Placé devant un mot, exprime l'idée de moitié ou de caractère partiel. 🔊 [səmi-].

SÉMINAIRE, subst. m.
Établissement religieux qui forme les futurs prêtres. – Groupe de travail universitaire. – Réunion de spécialistes. 🔊 [seminɛʀ].

SÉMINARISTE, subst. m.
Élève d'un séminaire. 🔊 [seminaʀist].

SEMI-REMORQUE, subst.
Fém. Remorque routière, dépourvue de train avant, que l'on attelle à la cabine de traction. – Masc. L'ensemble formé par le tracteur et la remorque. 🔊 Plur. *semi-remorques* : [səmin(ə)mɔʀk].

SEMIS, subst. m.
Action de semer. – Terre ensemencée. – Ensemble des graines semées. 🔊 [s(ə)mi].

SEMONCE, subst. f.
Avertissement, remontrance. 🔊 [səmɔ̃s].

SEMOULE, subst. f.
Farine granuleuse de céréales. 🔊 [s(ə)mul].

SEMPITERNEL, ELLE, adj.
Qui n'en finit pas, perpétuel. 🔊 [sɑ̃pitɛʀnɛl].

SÉNAT, subst. m.
Assemblée politique, dans diverses démocraties. – L'édifice où elle siège. 🔊 [sena].

SÉNATEUR, subst. m.
Membre d'un sénat. 🔊 [senatœʀ].

SÉNESCENCE, subst. f.
Vieillissement physique. 🔊 [senesɑ̃s].

SÉNILE, adj.
Qui est propre à la vieillesse. – Dont les facultés sont diminuées par l'âge. 🔊 [senil].

SÉNILITÉ, subst. f.
État d'une personne sénile. 🔊 [senilite].

SENIOR, adj. et subst.
Sp. Qui appartient à la catégorie située entre celles des juniors et des vétérans. 🔊 [senjɔʀ].

SENS (I), subst. m.
Signification : *Le* **sens** *d'un mot*. – Ce qui explique, justifie : *Donner un* **sens** *à sa vie*. – Faculté de bien connaître, comprendre ou juger : *Le* **sens** *des affaires, de l'orientation*. – *Bon* **sens** : sagesse, raison. – *Les cinq* **sens** : les fonctions organiques de perception (vue, odorat, goût, ouïe, toucher). 🔊 [sɑ̃s].

SENS (II), subst. m.
Direction, orientation. 🔊 [sɑ̃s].

SENSATION, subst. f.
Phénomène ressenti par un être vivant, qui traduit la stimulation d'un de ses organes récepteurs : **Sensation** *de piqûre*. – État psychologique, affectif : **Sensation** *de lassitude*. – Forte impression : *Film à* **sensation** ; *Faire* **sensation**. 🔊 [sɑ̃sasjɔ̃].

SENSATIONNEL, ELLE, adj.
Qui frappe vivement l'attention. – Extraordinaire (fam.). 🔊 [sɑ̃sasjɔnɛl].

SENSÉ, ÉE, adj.
Qui fait preuve de bon sens. 🔊 [sɑ̃se].

SENSIBILISER, verbe trans. [3]
Rendre sensible. – Rendre (qqn) réceptif à (qqch.). 🔊 [sɑ̃sibilize].

SENSIBILITÉ, subst. f.
Faculté de réagir à des excitations externes ou internes. – Aptitude de qqn à s'émouvoir affectivement, esthétiquement, etc. – Qualité d'une chose sensible : **Sensibilité** *d'un détonateur, d'une balance*. 🔊 [sɑ̃sibilite].

SENSIBLE, adj.
Qui est apte à percevoir qqch. et à en éprouver la sensation. – Qui est capable de sentiment, d'émotion. – Qui peut être perçu par les sens : *Le monde* **sensible**. – Fragile, douloureux : *Gorge, plaie* **sensibles**. – Qui réagit au contact ou à de faibles variations : *Pellicule* **sensible**. – Dossier **sensible** : délicat, épineux. – *Progrès* **sensibles** : appréciables. 🔊 [sɑ̃sibl].

SENSORIEL, IELLE, adj.
Relatif aux organes des sens. 📖 [sãsɔʀjɛl].

SENSUEL, ELLE, adj.
Propre aux sens, à ce qui les flatte.
– Voluptueux. – Empl. subst. Personne qui
recherche les plaisirs des sens, en partic.
charnels. 📖 [sãsɥɛl].

SENTENCE, subst. f.
Jugement de tribunal. – Opinion à caractère
définitif ou solennel ; précepte. 📖 [sãtãs].

SENTENCIEUX, IEUSE, adj.
D'une solennité excessive.. 📖 [sãtãsjø, -jøz].

SENTEUR, subst. f.
Odeur agréable (littér.). 📖 [sãtœʀ].

SENTIER, subst. m.
Chemin étroit. 📖 [sãtje].

SENTIMENT, subst. m.
Connaissance immédiate et floue de qqch. ;
impression. – État affectif lié à des représentations, à des convictions ou à des émotions : *Sentiment religieux.* – Affection,
amour ; capacité de s'émouvoir. – Opinion,
manière de penser : *Donner son **sentiment**
sur un sujet.* 📖 [sãtimã].

SENTIMENTAL, ALE, AUX, adj. et
subst.
Se dit d'une personne qui s'attendrit volontiers. – Adj. Qui a trait aux sentiments,
notamment à l'amour. 📖 [sãtimãtal].

SENTINELLE, subst. f.
Soldat qui monte la garde. 📖 [sãtinɛl].

SENTIR, verbe [23]
Trans. Éprouver (une sensation physique).
– Percevoir par l'odorat. – Pressentir ;
discerner. – Intrans. Exhaler une odeur :
Sentir le romarin ; Ça sent bon ! – Pronom.
Éprouver un état : *Se **sentir** mal.* – Se
manifester, être perceptible. 📖 [sãtiʀ].

SEOIR, verbe trans. indir. [48]
Aller, convenir. 📖 Verbe défectif : [swaʀ].

SÉPALE, subst. m.
Division du calice d'une fleur. 📖 [sepal].

SÉPARATION, subst. f.
Action de séparer ou de se séparer. – Ce
qui sépare. 📖 [sepaʀasjɔ̃].

SÉPARATISME, subst. m.
Tendance, mouvement des habitants d'une
région visant à la séparer politiquement de
l'État dont elle dépend. 📖 [sepaʀatism].

SÉPARER, verbe trans. [3]
Éloigner l'un de l'autre. – Trier, classer.
– Diviser, partager. – Constituer la limite,
la frontière entre. – Pronom. Ne plus
conserver : *Se **séparer** de son vieux vélo.* – Se
quitter. 📖 [sepaʀe].

SÉPIA, subst. f.
Sécrétion de la seiche. – Matière brune
extraite de cette sécrétion, utilisée pour
dessiner ; le dessin lui-même. – Empl. adj.
inv. Brun foncé. 📖 [sepja].

SEPT, adj. num. inv. et subst. m. inv.
Adj. Six plus un. – Septième : *Chapitre VII.*
– Subst. Le nombre sept, le chiffre 7. 📖 [sɛt].

SEPTANTE, adj. num. inv.
Belg. et helv. Soixante-dix. 📖 [sɛptãt].

SEPTEMBRE, subst. m.
Neuvième mois de l'année. 📖 [sɛptãbʀ].

SEPTENNAT, subst. m.
Durée de sept ans d'une fonction, d'un mandat. – Ce mandat. 📖 [sɛptena].

SEPTENTRIONAL, ALE, AUX, adj.
Du nord. 📖 [sɛptãtʀijonal].

SEPTICÉMIE, subst. f.
Infection généralisée causée par le développement massif de germes pathogènes dans
le sang. 📖 [sɛptisemi].

SEPTIQUE, adj.
Relatif à l'infection microbienne. – *Fosse
septique* : fosse d'aisances dans laquelle les
matières fécales se décomposent sous l'action des bactéries. 📖 [sɛptik].

SEPTUAGÉNAIRE, adj. et subst.
Qui est âgé de 70 à 79 ans. 📖 [sɛptɥaʒenɛʀ].

SÉPULCRAL, ALE, AUX, adj.
Qui a trait à la tombe. – Lugubre. – *Voix
sépulcrale* : caverneuse. 📖 [sepylkʀal].

SÉPULCRE, subst. m.
Tombeau (littér.). 📖 [sepylkʀ].

SÉPULTURE, subst. f.
Lieu où l'on enterre un mort. 📖 [sepyltyʀ].

SÉQUELLE, subst. f.
Trouble qui persiste après une maladie, une
blessure. – Fig. Conséquence, contrecoup
d'un événement. 📖 [sekɛl].

SÉQUENCE, subst. f.
Suite ordonnée d'éléments. – Suite de plans
cinématographiques. 📖 [sekãs].

SÉQUENTIEL, IELLE, adj.
Relatif à une séquence. 📖 [sekãsjɛl].

SÉQUESTRE, subst. m.
Mise d'un bien litigieux sous la garde d'un
tiers en attendant le règlement d'un conflit.
– Confiscation par un État en guerre de
biens appartenant à l'ennemi. 📖 [sekɛstʀ].

SÉQUESTRER, verbe trans. [3]
Mettre sous séquestre. – Enfermer, retenir
qqn contre son gré. 📖 [sekɛstʀe].

SÉQUOIA, subst. m.
Conifère de Californie caractérisé par sa
hauteur élevée et sa longévité. 📖 [sekɔja].

SÉRAIL, subst. m.
Palais des sultans ottomans. – Harem
(abusivement). – Fig. Milieu influent et
fermé. 📖 [seʀaj].

SÉRAPHIN, subst. m.
Ange de la première hiérarchie. 📖 [seʀafɛ̃].

SERBO-CROATE, subst. m.
Langue slave parlée en Serbie, en Bosnie-
Herzégovine, au Monténégro et en Croatie.
📖 [sɛʀbokʀɔat].

SEREIN, EINE, adj.
Calme, pur : *Ciel **serein**.* – Tranquille, sans
inquiétude : *Dans cette attente, elle restait
sereine.* 📖 [sɔʀɛ̃, -ɛn].

SÉRÉNADE, subst. f.
Petit concert nocturne donné en hommage à qqn. 🔊 [seʀenad].

SÉRÉNITÉ, subst. f.
État serein, tranquillité. 🔊 [seʀenite].

SÉREUX, EUSE, adj.
Qui se rapporte au sérum, ou qui en a l'aspect. 🔊 [seʀø, -øz].

SERF, SERVE, adj. et subst.
Subst. Au Moyen Âge, personne privée de liberté, attachée à une terre. – Adj. Relatif au servage. 🔊 [seʀ(f), seʀv].

SERGENT, subst. m.
Premier grade de sous-officier. 🔊 [seʀʒã].

SÉRIE, subst. f.
Ensemble d'éléments de même nature ; suite, succession. – *Fabrication en* série : en grande quantité. – Catégorie : *Film de série B.* 🔊 [seʀi].

SÉRIER, verbe trans. [6]
Classer par séries, ordonner. 🔊 [seʀje].

SÉRIEUX, IEUSE, adj. et subst. m.
Adj. Qui fait preuve de gravité, de sagesse. – Subst. Qualité d'une personne ou d'une chose sérieuses. 🔊 [seʀjø, -jøz].

SERIN, INE, adj. et subst.
Subst. Petit oiseau chanteur, souv. jaune. – Adj. Niais, nigaud (fam.). 🔊 [s(ə)ʀɛ̃, -in].

SERINER, verbe trans. [3]
Répéter sans cesse (fam.). 🔊 [s(ə)ʀine].

SERINGUE, subst. f.
Méd. Instrument à piston, servant à prélever ou à injecter un liquide dans le corps. 🔊 [s(ə)ʀɛ̃g].

SERMENT, subst. m.
Promesse solennelle, gén. faite en public : *Le* serment *du Jeu de paume.* 🔊 [seʀmã].

SERMON, subst. m.
Discours religieux prononcé par un prêtre. – Propos moralisateur. 🔊 [seʀmõ].

SERMONNER, verbe trans. [3]
Faire des remontrances à. 🔊 [seʀmɔne].

SÉROPOSITIF, IVE, adj.
Dont le sérum contient certains anticorps ; en partic. dont l'analyse sanguine révèle la présence du virus du sida. 🔊 [seʀopozitif, -iv].

SERPE, subst. f.
Instrument à lame recourbée, servant à tailler, à élaguer, etc. 🔊 [seʀp].

SERPENT, subst. m.
Reptile sans membres qui se déplace en rampant, à la morsure parfois venimeuse. 🔊 [seʀpã].

SERPENTER, verbe intrans. [3]
Former une ligne sinueuse. 🔊 [seʀpãte].

SERPILLIÈRE, subst. f.
Carré de toile grossière utilisé pour laver les sols. 🔊 [seʀpijɛʀ].

SERRE, subst. f.
Lieu clos, vitré et parfois chauffé, qui abrite des plantes, des cultures délicates. – Griffe d'un rapace. 🔊 [seʀ].

SERRER, verbe trans. [3]
Maintenir par une pression vigoureuse ; presser contre soi, étreindre. – Comprimer, tasser ; rapprocher étroitement. – Longer de très près, frôler. 🔊 [seʀe].

SERRURE, subst. f.
Mécanisme de fermeture ou de verrouillage : *Le trou de la* serrure. 🔊 [seʀyʀ].

SERRURIER, subst. m.
Artisan qui fabrique, vend, répare des serrures, des clefs, des blindages. 🔊 [seʀyʀje].

SERTIR, verbe trans. [19]
Fixer (une pierre) dans la monture d'un bijou, enchâsser. 🔊 [seʀtiʀ].

SÉRUM, subst. m.
Liquide jaunâtre qui subsiste après la coagulation du sang. – Préparation liquide injectée pour combattre des germes infectieux ou pour s'en prémunir. 🔊 [seʀɔm].

SERVAGE, subst. m.
Condition du serf. – Fig. Asservissement, état de dépendance. 🔊 [seʀvaʒ].

SERVANTE, subst. f.
Femme, ou jeune fille, employée comme domestique. 🔊 [seʀvãt].

SERVEUR, EUSE, subst.
Personne qui sert, dans un restaurant ou un café. – Masc. Service donnant accès à des banques de données. 🔊 [seʀvœʀ, -øz].

SERVIABLE, adj.
Qui aime à rendre service. 🔊 [seʀvjabl].

SERVICE, subst. m.
Action de servir qqn, une cause, l'État, etc. : **Service** *militaire.* – Frais d'hôtel, de restaurant, etc., affectés au personnel. – Ensemble des repas servis à une heure donnée. – Assortiment de vaisselle ou de linge pour la table. – Fonctionnement d'une machine. – Action obligeante : *Rendre* **service** *à qqn,* l'aider. – Activité professionnelle : *Être de* service. – Subdivision d'une direction, d'une entreprise : *Le* service *du personnel.* – Prestation, produit immatériel fourni par une entreprise ou un artisan : *Société de services.* – Office religieux. – *Sp.* Action de servir, par ex. au tennis. 🔊 [seʀvis].

SERVIETTE, subst. f.
Linge qui sert à s'essuyer. – Cartable, porte-documents. 🔊 [seʀvjɛt].

SERVILE, adj.
Relatif au servage. – Fig. Qui se soumet bassement : *Un courtisan* servile. 🔊 [seʀvil].

SERVIR, verbe [28]
Trans. dir. S'acquitter de certains devoirs envers : Servir *Dieu, la patrie.* – Être au service de (qqn). – Présenter (à table) : Servir *un plat ;* Servir *un invité.* – Fournir ; vendre à. – Trans. indir. Servir *à* : être utilisé par ; être profitable à (qqn). – Tenir lieu de : *Ce bâton me* sert *de canne.* – Intrans. Être militaire. – *Sp.* Remettre la balle ou le ballon en jeu. – Pronom. *Se* servir *de* : utiliser ; prendre de. 🔊 [seʀviʀ].

SIDA

SERVITEUR, subst. m.
Personne qui est au service de qqn, d'une collectivité ou d'une cause. 🔊 [sɛʀvitœʀ].

SERVITUDE, subst. f.
État de dépendance d'une personne, d'un peuple ; esclavage. – Contrainte, obligation légale ou morale. 🔊 [sɛʀvityd].

SES, voir SON

SÉSAME, subst. m.
Plante dont les graines fournissent une huile comestible. 🔊 [sezam].

SESSION, subst. f.
Période pendant laquelle siège une assemblée, un tribunal. – Période de déroulement d'un examen. 🔊 [sesjɔ̃].

SET, subst. m.
Manche d'un match de tennis, de volleyball. – Ensemble de napperons de table ; l'un d'entre eux. 🔊 [sɛt].

SEUIL, subst. m.
Entrée d'une maison, d'un lieu. – Fig. Début d'une époque nouvelle. – Limite dont le franchissement modifie une situation : *Seuil de tolérance.* 🔊 [sœj].

SEUL, SEULE, adj.
Qui est isolé, sans compagnie. – Sans pareil ; unique. – Seulement : *Seul le résultat compte.* 🔊 [sœl].

SEULEMENT, adv.
Sans rien ou sans personne d'autre : *Ils sont seulement deux.* – À l'instant : *Il vient seulement d'arriver.* – Pas avant : *Ça commence seulement vers midi.* – Mais, cependant : *Il a entendu, seulement il n'a pas répondu.* – Si seulement : si au moins. 🔊 [sœlmɑ̃].

SÈVE, subst. f.
Liquide nourricier des végétaux. – Fig. Vigueur, énergie (littér.). 🔊 [sɛv].

SÉVÈRE, adj.
Enclin à punir, à condamner rapidement ; intransigeant. – Rigoureux, contraignant. – Austère, dépouillé : *Style sévère.* – Grave : *Une rechute sévère.* 🔊 [sevɛʀ].

SÉVÉRITÉ, subst. f.
Manque d'indulgence ; rigidité. – Sérieux, gravité. – Austérité. 🔊 [severite].

SÉVICES, subst. m. plur.
Brutalités physiques. 🔊 [sevis].

SÉVIR, verbe intrans. [19]
Recourir à des mesures répressives. – Agir rudement, exercer des ravages : *Le mauvais temps sévit encore.* 🔊 [seviʀ].

SEVRER, verbe trans. [10]
Priver (un enfant ou un petit d'animal) de lait maternel. – Priver (qqn) d'une chose coutumière. 🔊 [səvʀe].

SEXAGÉNAIRE, adj. et subst.
Qui est âgé de 60 à 69 ans. 🔊 [sɛksaʒenɛʀ].

SEXE, subst. m.
Organe génital mâle ou femelle. – Ensemble des caractères qui différencient le masculin du féminin. – Ensemble des personnes du même sexe. – Sexualité. 🔊 [sɛks].

SEXISME, subst. m.
Comportement, opinion discriminatoires à l'égard du sexe opposé. 🔊 [sɛksism].

SEXTANT, subst. m.
Instrument de navigation permettant de définir la hauteur des astres par rapport à l'horizon. 🔊 [sɛkstɑ̃].

SEXUALITÉ, subst. f.
Ensemble des caractères propres à chaque sexe. – Modalités selon lesquelles se manifeste l'instinct sexuel. 🔊 [sɛksɥalite].

SEXUEL, ELLE, adj.
Qui a trait au sexe. 🔊 [sɛksɥɛl].

SEYANT, ANTE, adj.
Qui sied, met en valeur. 🔊 [sejɑ̃, -ɑ̃t].

SHAMPO(O)ING, subst. m.
Lavage de cheveux. – Produit savonneux destiné à ce lavage. 🔊 [ʃɑ̃pwɛ̃].

SHÉRIF, subst. m.
Chef de police, aux États-Unis. 🔊 [ʃeʀif].

SHERPA, subst. m.
Porteur, guide, dans l'Himalaya. 🔊 [ʃɛʀpa].

SHETLAND, subst. m.
Laine, ou tissu de laine, d'Écosse. 🔊 [ʃɛtlɑ̃d].

SHINTO(ÏSME), subst. m.
Religion historique du Japon. 🔊 [ʃinto(ism)].

SHORT, subst. m.
Culotte courte. 🔊 [ʃɔʀt].

SHOW-BUSINESS, subst. m. inv.
Industrie, monde du spectacle. 🔊 [ʃobiznɛs].

SI (I), adv.
Contredit une négation : *On ne vous a rien dit ? Mais si !* – Exprime l'intensité : *Il est si grand,* tellement. – Exprime la comparaison : *Il n'est pas si grand qu'on le dit,* aussi, au même degré que. – Loc. conj. Si bien que : de sorte que. 🔊 [si].

SI (II), conj.
Introduit une condition, une supposition ou un souhait : *Il ira au cinéma s'il est sage ; Je t'aiderai si je suis là ; Et si nous sortions ?* S'élide devant *il* et *ils* : [si].

SI (III), subst. m. inv.
Mus. Septième note de la gamme. 🔊 [si].

SIAMOIS, OISE, adj. et subst.
Se dit de jumeaux rattachés l'un à l'autre par une partie du corps. – Se dit d'un chat de la race siamoise, au pelage brun clair et foncé, et aux yeux bleus. 🔊 [sjamwa, -waz].

SIBYLLIN, INE, adj.
Obscur, énigmatique. 🔊 [sibilɛ̃, -in].

SIC, adv.
Ainsi (indique, entre parenthèses, que l'on cite textuellement un auteur). 🔊 [sik].

SIDA, subst. m.
Sigle pour « syndrome immunodéficitaire acquis », très grave maladie virale, transmissible par voie sexuelle ou sanguine. 🔊 [sida].

SIDÉRAL, ALE, AUX, adj.
Qui a trait aux astres. 📖 [sideʀal].

SIDÉRER, verbe trans. [8]
Stupéfier, abasourdir (fam.). 📖 [sideʀe].

SIDÉRURGIE, subst. f.
Industrie de production du fer, de la fonte, et de l'acier. 📖 [sideʀyʀʒi].

SIÈCLE, subst. m.
Période de cent ans à partir d'un moment défini arbitrairement : *Le xx* siècle *a débuté en 1901.* – Toute période de cent ans. – Période qui paraît très longue (fam.). 📖 [sjɛkl].

SIÈGE, subst. m.
Meuble sur lequel on s'assied. – Fesses. – Place, mandat : *Briguer un* siège *de député.* – Lieu où réside une autorité, un pouvoir : **Siège** *d'un tribunal* ; **Siège** *social.* – Endroit d'où provient un phénomène : *Le* siège *d'une douleur.* – *Milit.* Action d'encercler une place forte en vue de s'en rendre maître. 📖 [sjɛʒ].

SIÉGER, verbe intrans. [9]
Tenir séance. – Avoir son siège en un lieu : *L'O.N.U.* siège *à New York.* – Occuper une place attitrée. – Être situé à. 📖 [sjeʒe].

SIEN, SIENNE, adj. poss., pron. poss. et subst.
Adj. Qui est à lui, à elle : *Un* sien *parent.* – Pron. *Le* sien*, la* sienne*, les* siens*, les* siennes : ce qui est à lui, à elle, à eux, à elles. – Subst. *Les* siens : sa famille. – *Faire des* siennes : des bêtises (fam.). – *Y mettre du* sien : faire des efforts. 📖 [sjɛ̃, sjɛn].

SIESTE, subst. f.
Repos d'après-midi. 📖 [sjɛst].

SIFFLEMENT, subst. m.
Action de siffler. – Le son ainsi produit. 📖 [sifləmɑ̃].

SIFFLER, verbe [3]
Intrans. Émettre un son aigu en soufflant de l'air à travers une ouverture étroite ou, pour un projectile, en traversant l'air. – Trans. Interpréter (un air) en sifflant. – Huer, conspuer par des sifflets. – Appeler (qqn, un animal) par un sifflement. – Boire d'un trait (fam.). 📖 [sifle].

SIFFLET, subst. m.
Petit instrument servant à siffler. – Plur. Sifflements de désapprobation : *L'artiste sortit sous les* sifflets. 📖 [siflɛ].

SIFFLOTER, verbe [3]
Siffler doucement. 📖 [siflɔte].

SIGLE, subst. m.
Suite de lettres initiales formant un mot : *O.N.U. et U.L.M. sont des* sigles. 📖 [sigl].

SIGNAL, AUX, subst. m.
Signe convenu permettant de transmettre un ordre, un avertissement, de déclencher une action. – Objet, signe matériel qui donne une indication. 📖 [siɲal].

SIGNALEMENT, subst. m.
Description physique détaillée. 📖 [siɲalmɑ̃].

SIGNALER, verbe trans. [3]
Faire remarquer ; révéler, trahir. – Indiquer par un signal, annoncer. – Pronom. Se faire remarquer, s'illustrer. 📖 [siɲale].

SIGNALISATION, subst. f.
Utilisation de signaux. – Ensemble de signaux. 📖 [siɲalizasjɔ̃].

SIGNATAIRE, adj. et subst.
Qui a signé une lettre, un acte. 📖 [siɲatɛʀ].

SIGNATURE, subst. f.
Action de signer. – Marque distinctive de qqn apposée sur une lettre, un acte, une œuvre d'art pour l'authentifier. 📖 [siɲatyʀ].

SIGNE, subst. m.
Chose vue ou ressentie qui permet de deviner, de savoir, de prévoir ; marque, indice. – Geste ou parole permettant de communiquer. – Dessin employé dans un sens convenu : **Signes** *de ponctuation.* – **Signe** *de croix* : geste de piété figurant la Croix de Jésus. – *Math.* Symbole indiquant une opération ou une relation : **Signe** *plus*, *égal.* 📖 [siɲ].

SIGNER, verbe trans. [3]
Apposer sa signature sur. – Pronom. Faire le signe de croix. 📖 [siɲe].

SIGNET, subst. m.
Ruban ou bande de carton insérés comme repère entre deux pages d'un livre. 📖 [siɲɛ].

SIGNIFICATIF, IVE, adj.
Révélateur, représentatif. 📖 [siɲifikatif, -iv].

SIGNIFICATION, subst. f.
Ce que signifie qqch. 📖 [siɲifikasjɔ̃].

SIGNIFIER, verbe trans. [6]
Avoir pour sens. – Faire connaître ; notifier. 📖 [siɲifje].

SILENCE, subst. m.
Fait de se taire. – Absence de bruit, calme. – *Mus.* Interruption plus ou moins longue du son. 📖 [silɑ̃s].

SILENCIEUX, IEUSE, adj. et subst. m.
Adj. Qui ne fait pas de bruit ; qui ne parle pas. – Où règne le silence. – Subst. Dispositif atténuant le bruit de divers engins (arme à feu, pot d'échappement). 📖 [silɑ̃sjø, -jøz].

SILEX, subst. m.
Roche dure à éclats coupants. 📖 [silɛks].

SILHOUETTE, subst. f.
Contour d'un corps. – Ombre projetée ; forme vague. – Allure de qqn. 📖 [silwɛt].

SILICE, subst. f.
Corps solide très abondant dans la nature, dans les minéraux. 📖 [silis].

SILLAGE, subst. m.
Trace laissée par un bateau en marche. – Fig. *Dans le* sillage *de qqn* : derrière lui ; à son exemple. 📖 [sijaʒ].

SILLON, subst. m.
Longue tranchée ouverte en terre par une charrue. – Fente profonde. – Rainure d'un disque gravé. 📖 [sijɔ̃].

SILLONNER, verbe trans. [3]
Parcourir en tous sens. 🔊 [sijɔne].

SILO, subst. m.
Réservoir de stockage agricole. 🔊 [silo].

SIMAGRÉE, subst. f.
Comportement affecté, manières (gén. au plur.). 🔊 [simaɡʀe].

SIMIESQUE, adj.
Qui rappelle le singe. 🔊 [simjɛsk].

SIMILAIRE, adj.
De même nature, analogue. 🔊 [similɛʀ].

SIMILI, subst. m.
Imitation (d'une matière). 🔊 [simili].

SIMILITUDE, subst. f.
Ressemblance, analogie. 🔊 [similityd].

SIMPLE, adj.
Qui ne renferme qu'un seul élément ; indivisible : *Corps* simple ; *Aller* simple. – Aisé à comprendre, à suivre : *Schéma* simple. – Qui suffit à soi seul : *Un* simple *mot*. – Qui est seulement ce que son nom indique : *Un* simple *exécutant*. – Sans prétention : *Des goûts* simples ; *Il est resté* simple. – Empl. subst. *Un* simple *d'esprit* : un débile léger. 🔊 [sɛ̃pl].

SIMPLEMENT, adv.
De façon simple. – Seulement. 🔊 [sɛ̃pləmɑ̃].

SIMPLICITÉ, subst. f.
Qualité d'une personne ou d'une chose simples. 🔊 [sɛ̃plisite].

SIMPLIFIER, verbe trans. [6]
Rendre moins complexe, moins difficile. – Ne retenir que l'essentiel, schématiser. 🔊 [sɛ̃plifje].

SIMPLISTE, adj.
Qui simplifie à l'excès. 🔊 [sɛ̃plist].

SIMULACRE, subst. m.
Apparence se présentant comme une réalité : *Un* simulacre *de pardon*. 🔊 [simylakʀ].

SIMULATEUR, TRICE, subst.
Individu qui simule, en partic. une maladie. – Masc. *Tech.* Appareil qui simule le fonctionnement d'une machine : *Simulateur de vol.* 🔊 [simylatœʀ, -tʀis].

SIMULER, verbe trans. [3]
Feindre, faire semblant de ; imiter afin de tromper autrui. – *Tech.* Reproduire artificiellement (un mouvement réel) à l'aide d'une maquette, d'un ordinateur. 🔊 [simyle].

SIMULTANÉ, ÉE, adj.
Qui a lieu en même temps. 🔊 [simyltane].

SIMULTANÉITÉ, subst. f.
Caractère de ce qui est simultané, coïncidence. 🔊 [simyltaneite].

SINCÈRE, adj.
Qui exprime franchement sa pensée, ses sentiments ; de bonne foi. – Authentique : *Joie* sincère. 🔊 [sɛ̃sɛʀ].

SINCÉRITÉ, subst. f.
Caractère de ce qui est franc, loyal, sincère. – Authenticité, vérité. 🔊 [sɛ̃seʀite].

SINÉCURE, subst. f.
Fonction bien rétribuée et exigeant peu de travail. 🔊 [sinekyʀ].

SINE QUA NON, loc. adj. inv.
Condition sine qua non : sans laquelle une chose est impossible. 🔊 [sinekwanɔn].

SINGE, subst. m.
Mammifère au cerveau développé, pourvu de mains et de pieds préhensiles. 🔊 [sɛ̃ʒ].

SINGER, verbe trans. [5]
Imiter, contrefaire par moquerie. 🔊 [sɛ̃ʒe].

SINGERIE, subst. f.
Grimace, pitrerie (gén. au plur.). 🔊 [sɛ̃ʒʀi].

SINGULARISER, verbe trans. [3]
Rendre singulier, distinguer. – Pronom. Se faire remarquer sur un point particulier. 🔊 [sɛ̃ɡylaʀize].

SINGULARITÉ, subst. f.
Caractère singulier, originalité. – Bizarrerie, excentricité. 🔊 [sɛ̃ɡylaʀite].

SINGULIER, IÈRE, adj. et subst. m.
Adj. Seul, unique. – Bizarre, excentrique. – *Combat* singulier : opposant deux personnes. – Subst. Catégorie grammaticale exprimant l'unicité : *Au* singulier *et au* pluriel. 🔊 [sɛ̃ɡylje, -jɛʀ].

SINISTRE (I), adj.
Qui annonce le malheur, fatal. – Effrayant. – Triste, ennuyeux. 🔊 [sinistʀ].

SINISTRE (II), subst. m.
Catastrophe, désastre qui occasionne de lourdes pertes. – *Dr.* Tout dommage couvert par une assurance. 🔊 [sinistʀ].

SINON, conj.
Et peut-être bien : *Sa fin est probable,* sinon *certaine*. – Autrement, sans quoi : *Pas de bruit,* sinon *gare à vous*. – Si ce n'est : *Que fait-il,* sinon *dormir ?* 🔊 [sinɔ̃].

SINUEUX, EUSE, adj.
Qui présente de multiples courbures. – Fig. Tortueux, détourné. 🔊 [sinɥø, -øz].

SINUOSITÉ, subst. f.
Boucle, courbe, méandre. 🔊 [sinɥozite].

SINUS, subst. m.
Anat. Nom de certaines cavités de l'organisme : *Sinus crânien, cardiaque*. – *Math.* Valeur d'un angle de triangle rectangle égale au rapport entre son côté opposé et l'hypoténuse. 🔊 [sinys].

SIONISME, subst. m.
Mouvement religieux et politique visant à instaurer, puis à soutenir, un État juif indépendant en Palestine. 🔊 [sjɔnism].

SIPHON, subst. m.
Tuyau coudé servant à transvaser un liquide. – Canalisation en S servant à évacuer les eaux usées. – Bouteille maintenant sous pression d'eau gazeuse. 🔊 [sifɔ̃].

SIRE, subst. m.
Titre de courtoisie donné à un souverain que l'on salue. 🔊 [siʀ].

SIRÈNE, subst. f.
Animal fabuleux à tête et à torse de femme, et à queue de poisson. – Puissant appareil produisant un signal sonore. 🕮 [siʀɛn].

SIROCCO, subst. m.
Vent chaud et sec qui souffle du Sahara vers la côte méditerranéenne. 🕮 [siʀɔko].

SIROP, subst. m.
Liquide concentré sucré, souv. mêlé à du jus de fruit ou à des substances pharmaceutiques. 🕮 [siʀo].

SIROTER, verbe [3]
Savourer en buvant à petites gorgées (fam.) : Siroter un café. 🕮 [siʀɔte].

SIRUPEUX, EUSE, adj.
Qui a la viscosité ou le goût d'un sirop. – Fig. Mièvre. 🕮 [siʀypø, -øz].

SIS, SISE, adj.
Dr. Situé, localisé. 🕮 [si, siz].

SISMIQUE, adj.
Relatif aux séismes. 🕮 [sismik].

SITE, subst. m.
Paysage pittoresque. – Lieu affecté à une activité : Un site industriel. 🕮 [sit].

SITÔT, adv.
Aussitôt, aussi vite (littér.). – Pas de sitôt : pas avant longtemps. – Loc. conj. Sitôt que : dès que. 🕮 [sito].

SITUATION, subst. f.
Position géographique de qqch. – Ensemble des conditions de vie d'une personne, d'un groupe. – État, conjoncture : Une situation délicate. – Emploi rémunéré. 🕮 [sityasjɔ̃].

SITUER, verbe trans. [3]
Définir, dans l'espace ou dans le temps, la situation de (qqn ou qqch.). – Pronom. Se trouver, être placé. 🕮 [sitɥe].

SIX, adj. num. inv. et subst. m. inv.
Adj. Cinq plus un. – Sixième : Paul VI. – Subst. Le nombre six, le chiffre 6. 🕮 [sis]. [si] devant une consonne, [siz] devant une voyelle.

SKATE-BOARD, subst. m.
Planche à roulettes. 🕮 Plur. skate-boards ; on écrit aussi skateboard ; [skɛtbɔʀd].

SKETCH, subst. m.
Courte scène, en gén. comique. 🕮 Plur. sketch(e)s ; [skɛtʃ].

SKI, subst. m.
Lame longue et étroite servant à glisser sur la neige. – Sport pratiqué avec un ou deux skis : Ski de fond, alpin ; Ski nautique, sur l'eau. 🕮 [ski].

SKIER, verbe intrans. [6]
Pratiquer le ski. 🕮 [ski(j)e].

SLALOM, subst. m.
Descente à skis sur une piste aux virages jalonnés de portes à franchir. – Parcours sinueux. 🕮 [slalɔm].

SLAVE, adj. et subst. m.
Se dit d'un groupe de langues parlées en Europe centrale et orientale. 🕮 [slav].

SLIP, subst. m.
Culotte très ajustée servant de caleçon de bain ou de sous-vêtement. 🕮 [slip].

SLOGAN, subst. m.
Formule concise et frappante, utilisée en publicité ou en politique. 🕮 [slɔgɑ̃].

SMALA(H), subst. f.
Famille ou suite nombreuse et encombrante (fam.). 🕮 [smala].

S.M.I.C., subst. m. inv.
Sigle pour « salaire minimum interprofessionnel de croissance ». 🕮 [smik].

SMOKING, subst. m.
Costume de cérémonie masculin, à revers de soie, en drap noir ou blanc. 🕮 [smɔkiŋ].

SNACK-BAR, subst. m.
Café-restaurant à service rapide. 🕮 Plur. snack-bars ; on dit aussi snack ; [snak(baʀ)].

SNOB, adj. et subst.
Qui suit la mode, qui imite les usages d'une société dite distinguée. 🕮 [snɔb].

SNOBER, verbe trans. [3]
Mépriser, traiter de haut. 🕮 [snɔbe].

SOBRE, adj.
Qui consomme avec modération. – Frugal. – Simple ; concis (littér.). 🕮 [sɔbʀ].

SOBRIÉTÉ, subst. f.
Qualité d'une personne ou d'une chose sobres. 🕮 [sɔbʀijete].

SOBRIQUET, subst. m.
Surnom familier ou ironique. 🕮 [sɔbʀikɛ].

SOC, subst. m.
Lame pointue de la charrue, qui tranche la terre et creuse le sillon. 🕮 [sɔk].

SOCIABLE, adj.
Qui aime à fréquenter autrui. – D'un tempérament agréable, facile. 🕮 [sɔsjabl].

SOCIAL, ALE, AUX, adj.
Relatif à une société, à un groupe humain. – Relatif aux rapports entre membres d'une société, ou entre divers groupes humains : Luttes sociales. – Qui vit en société : Un insecte social. – Relatif aux conditions de vie : Droit social. – Qui vise à améliorer les conditions de vie : Réforme sociale. – Relatif à une société civile ou commerciale : Siège social. 🕮 [sɔsjal].

SOCIALISME, subst. m.
Doctrine préconisant une organisation sociale, politique, économique qui mènerait à une société plus égalitaire. 🕮 [sɔsjalism].

SOCIÉTAIRE, adj. et subst.
Se dit d'un membre d'une association ou d'une société. 🕮 [sɔsjetɛʀ].

SOCIÉTÉ, subst. f.
Manière de vivre, en groupes organisés, propre à l'homme ou à certains animaux. – Ensemble organisé d'individus dont les relations sont régies par des règles, des coutumes. – Milieu humain dans lequel on vit. – Groupe restreint de personnes : La haute société. – Fréquentation d'autrui ;

compagnie. – Association de gens réunis dans un but commun. – Organisme à capitaux, fondé en vue d'une activité déterminée. 🔊 [sɔsjete].

SOCIOLOGIE, subst. f.
Étude des sociétés humaines et des phénomènes sociaux. 🔊 [sɔsjɔlɔʒi].

SOCLE, subst. m.
Base, assise d'une sculpture. 🔊 [sɔkl].

SOCQUETTE, subst. f.
Chaussette courte. 🔊 [sɔkɛt].

SODA, subst. m.
Boisson gazeuse aromatisée. 🔊 [sɔda].

SŒUR, subst. f.
Fille issue des mêmes parents que qqn. – Titre donné à une religieuse. 🔊 [sœʀ].

SOFA, subst. m.
Lit de repos, canapé, divan. 🔊 [sɔfa].

SOI, pron. pers.
Forme accentuée de « se », qui se réfère en gén. à un sujet indéterminé : *Vivre pour soi* ; *Chez soi*. 🔊 [swa].

SOI-DISANT, adj. inv. et adv.
Adj. Qui se dit tel : *Un soi-disant policier.* – Adv. Prétendument : *Il vient soi-disant pour s'instruire.* 🔊 [swadizɑ̃].

SOIE, subst. f.
Long poil raide du porc ou du sanglier. – Sécrétion filamenteuse du ver à soie ; fibre textile tirée de ce filament. 🔊 [swa].

SOIF, subst. f.
Sensation de manque d'eau ; envie de boire. – Désir intense de qqch. 🔊 [swaf].

SOIGNER, verbe trans. [3]
Porter une attention particulière à (qqn, qqch.) : **Soigner** *ses invités* ; **Soigner** *son travail.* – Donner des soins médicaux à ; traiter : **Soigner** *les lépreux, une blessure.* 🔊 [swaɲe].

SOIGNEUR, subst. m.
Personne qui veille à l'état physique d'un sportif. 🔊 [swaɲœʀ].

SOIGNEUX, EUSE, adj.
Qui prend soin de ce qu'il fait, de ce qu'il utilise. – Accompli avec minutie ; propre : *Travail soigneux.* 🔊 [swaɲø, -øz].

SOIN, subst. m.
Application, attention particulière portée à qqch., à qqn : *Prendre soin de*, veiller sur (ou à). – Mission, charge : *Il me confia le soin de conclure.* – Plur. Ensemble d'actions mises en œuvre pour entretenir ou rétablir la santé, l'hygiène : *Soins de beauté* ; *Soins dentaires* ; *Les premiers soins.* 🔊 [swɛ̃].

SOIR, subst. m.
Fin de la journée, début de la nuit. – Fig. *Soir de la vie* : vieillesse (littér.). 🔊 [swaʀ].

SOIRÉE, subst. f.
Période allant de la fin du jour au moment où l'on se couche. – Fête ou réception données le soir. – Séance du soir (d'un spectacle). 🔊 [swaʀe].

SOIT, conj. et adv.
Conj. Ou bien : *Soit lui*, *soit moi*. – C'est-à-dire : *Ses proches*, **soit** *deux personnes.* – Supposons : *Soit un triangle isocèle…* – Adv. D'accord, bon (avec réticence) : *Soit, allons-y !* 🔊 Conj. [swa] ; adv. [swat].

SOIXANTE, adj. num. inv. et subst. m. inv.
Adj. Six fois dix. – Soixantième : *Le kilomètre* **soixante**. – Subst. Le nombre **soixante**, le numéro 60. 🔊 [swasɑ̃t].

SOIXANTE-DIX, adj. num. inv. et subst. m. inv.
Adj. Sept fois dix. – Soixante-dixième : *La page 70.* – Subst. Le nombre **soixante-dix**, le numéro 70. 🔊 [swasɑ̃tdis].

SOJA, subst. m.
Plante oléagineuse alimentaire d'origine asiatique. 🔊 [sɔʒa].

SOL (I), subst. m.
Couche superficielle de l'écorce terrestre ; terre, terrain. – Surface sur laquelle on marche : *Sol carrelé.* 🔊 [sɔl].

SOL (II), subst. m. inv.
Mus. Cinquième note de la gamme. 🔊 [sɔl].

SOLAIRE, adj.
Relatif au Soleil, à la lumière ou à l'énergie qui en émane. – Qui protège du soleil : *Huile solaire.* 🔊 [sɔlɛʀ].

SOLDAT, subst. m.
Homme qui sert dans une armée ; militaire. – *Simple soldat* : sans grade. 🔊 [sɔlda].

SOLDE (I), subst. f.
Salaire d'un soldat, d'un militaire. 🔊 [sɔld].

SOLDE (II), subst. m.
Différence entre le débit et le crédit d'un compte. – *Pour solde de tout compte* : en règlement de la somme restant à payer. – Marchandise vendue au rabais (gén. au plur.). 🔊 [sɔld].

SOLDER, verbe trans. [3]
Clôturer (un compte). – Payer (ce qui reste dû). – Vendre au rabais. – Pronom. *Se solder par* : aboutir finalement à (une situation gén. défavorable). 🔊 [sɔlde].

SOLE, subst. f.
Poisson plat et ovale, à chair fine. 🔊 [sɔl].

SOLEIL, subst. m.
Astre situé au centre du système planétaire, autour duquel gravite la Terre. – Chaleur et lumière reçues de cet astre. 🔊 [sɔlɛj].

SOLENNEL, ELLE, adj.
Que l'on accomplit avec faste. – Qui revêt un caractère officiel. – Empreint de dignité, de gravité. – Pompeux (péj.). 🔊 [sɔlanɛl].

SOLENNITÉ, subst. f.
Célébration grave et majestueuse. – Caractère de ce qui est solennel. 🔊 [sɔlanite].

SOLFÈGE, subst. m.
Étude de l'écriture musicale et de ses règles. – Manuel qui les enseigne. 🔊 [sɔlfɛʒ].

SOLIDAIRE, adj.
Qui assume une responsabilité ou un devoir communs ; qui se sent lié à d'autres par des intérêts mutuels. – Se dit de choses qui sont dépendantes l'une de l'autre. ▨ [sɔlidɛʀ].

SOLIDARITÉ, subst. f.
État de celui qui est ou se sent solidaire. – Entraide, fraternité. ▨ [sɔlidaʀite].

SOLIDE, adj. et subst. m.
Se dit d'un corps qui n'est ni à l'état liquide ni à l'état gazeux. – Adj. Qui ne se brise ni ne s'use facilement. – Fig. À quoi, à qui l'on peut faire confiance. – Robuste, vigoureux. ▨ [sɔlid].

SOLIDIFIER, verbe trans. [6]
Amener (une substance) à l'état solide. – Pronom. Devenir solide. ▨ [sɔlidifje].

SOLIDITÉ, subst. f.
Qualité de ce qui est solide. ▨ [sɔlidite].

SOLILOQUER, verbe intrans. [3]
Se parler à soi-même. ▨ [sɔlilɔke].

SOLISTE, subst.
Instrumentiste ou chanteur qui interprète seul un morceau. ▨ [sɔlist].

SOLITAIRE, adj. et subst.
Adj. Qui vit seul, à l'écart d'autrui. – Retiré, inhabité : *Lieu solitaire*. – Subst. Personne qui vit seule. – Subst. masc. Animal qui vit seul (gén. un vieux mâle). – Pierre précieuse sertie seule sur un bijou. – Jeu de combinaisons auquel on joue seul. ▨ [sɔlitɛʀ].

SOLITUDE, subst. f.
Condition d'une personne qui vit seule. – Isolement moral. ▨ [sɔlityd].

SOLLICITER, verbe trans. [3]
Demander avec respect : *Solliciter une entrevue*. – Faire appel à (qqn). – Attirer, exciter (l'intérêt, l'attention). ▨ [sɔlisite].

SOLLICITUDE, subst. f.
Prévenance affectueuse et zélée, bienveillance. ▨ [sɔlisityd].

SOLO, subst. m.
Mus. Morceau joué par un seul interprète. – *En solo* : en solitaire. – Empl. adj. *Une flûte solo*. ▨ Plur. *solos* ou *soli* ; [sɔlo].

SOLSTICE, subst. m.
Époque de l'année où le jour atteint sa durée maximale ou minimale : *Solstice d'hiver, d'été*. ▨ [sɔlstis].

SOLUBLE, adj.
Qui peut être dissous dans un liquide, un solvant. – Qui peut être résolu. ▨ [sɔlybl].

SOLUTION, subst. f.
Réponse à une difficulté, à un problème ; dénouement. – Mélange liquide contenant un corps dissous. – *Solution de continuité* : interruption. ▨ [sɔlysjɔ̃].

SOLVABLE, adj.
Qui peut payer ses dettes. ▨ [sɔlvabl].

SOLVANT, subst. m.
Produit pouvant dissoudre une substance (peinture, vernis, etc.). ▨ [sɔlvɑ̃].

SOMBRE, adj.
Qui n'est guère éclairé ; foncé. – Fig. Triste, maussade ; dénué d'espoir : *De sombres perspectives*. ▨ [sɔ̃bʀ].

SOMBRER, verbe intrans. [3]
S'abîmer, couler : *Le navire sombra*. – Fig. S'enfoncer, disparaître : *Sombrer dans la misère, dans l'oubli*. ▨ [sɔ̃bʀe].

SOMMAIRE, adj. et subst. m.
Adj. Réduit à l'essentiel. – Détaillé ou élaboré succinctement. – Expéditif : *Une exécution sommaire*. – Subst. Résumé d'un texte. – Table des matières. ▨ [sɔmɛʀ].

SOMMATION, subst. f.
Dr. Mise en demeure, par huissier, de faire qqch. – Injonction lancée par un soldat ou un policier, prescrivant à qqn de s'arrêter. ▨ [sɔmasjɔ̃].

SOMME (I), subst. f.
Résultat d'une addition ; au fig., ensemble de choses qui s'ajoutent. – Quantité d'argent. – Œuvre encyclopédique. – Loc. adv. *En somme* : finalement. ▨ [sɔm].

SOMME (II), subst. f.
Bête de somme : animal qui porte des charges. ▨ [sɔm].

SOMME (III), subst. m.
Sieste, brève période de sommeil. ▨ [sɔm].

SOMMEIL, subst. m.
État de qqn qui dort. – *Avoir sommeil* : avoir envie de dormir. – Fig. *En sommeil* : temporairement inactif ou mis de côté. ▨ [sɔmɛj].

SOMMEILLER, verbe intrans. [3]
Dormir d'un sommeil peu profond. – Fig. Être à l'état latent. ▨ [sɔmeje].

SOMMELIER, IÈRE, subst.
Responsable des vins et des alcools dans un restaurant. ▨ [sɔmǝlje, -jɛʀ].

SOMMER, verbe trans. [3]
Mettre officiellement en demeure, par sommation. – Ordonner à. ▨ [sɔme].

SOMMET, subst. m.
Partie élevée, point culminant : *Sommet d'une montagne*. – Fig. Degré suprême : *Au sommet de son art*. – Point d'intersection de deux côtés d'un angle, d'un triangle, etc. ▨ [sɔme].

SOMMIER, subst. m.
Partie du lit sur laquelle repose le matelas. ▨ [sɔmje].

SOMMITÉ, subst. f.
Personne reconnue, distinguée dans un domaine. ▨ [sɔm(m)ite].

SOMNAMBULE, adj. et subst.
Se dit d'une personne qui parle ou agit durant son sommeil sans en garder le souvenir au réveil. ▨ [sɔmnɑ̃byl].

SOMNIFÈRE, adj. et subst. m.
Se dit d'un médicament qui favorise le sommeil. ▨ [sɔmnifɛʀ].

SOMNOLENCE, subst. f.
Demi-sommeil, torpeur. ▨ [sɔmnɔlɑ̃s].

SOMPTUAIRE, adj.
Qualifie des dépenses excessives, superflues. 🔊 [sɔptɥɛʀ].

SOMPTUEUX, EUSE, adj.
Splendide, fastueux, luxueux. 🔊 [sɔptɥø, -øz].

SON (I), subst. m.
Sensation auditive engendrée par une vibration de l'air ; bruit, sonorité. 🔊 [sɔ̃].

SON (II), subst. m.
Résidu de la mouture des céréales. 🔊 [sɔ̃].

SON (III), SA, SES, adj. poss.
Qui lui appartient ; qui le ou la concerne : *Son nez ; Sa vie ; La mer et ses périls.* 🔊 *Son* également devant un nom fém. commençant par une voyelle ou un *h* muet : [sɔ̃, sa], plur. [se].

SONAR, subst. m.
Appareil de repérage sous-marin utilisant les ondes sonores. 🔊 [sɔnaʀ].

SONATE, subst. f.
Forme de composition musicale à 3 ou 4 mouvements. 🔊 [sɔnat].

SONDAGE, subst. m.
Action d'explorer au moyen d'une sonde. – Enquête d'opinion. 🔊 [sɔ̃daʒ].

SONDE, subst. f.
Ligne plombée servant à mesurer la profondeur de l'eau. – Instrument servant à explorer, à prospecter : *Sonde spatiale*, engin envoyé dans l'espace. – *Méd.* Tube introduit dans un conduit à des fins thérapeutiques ou d'analyse. 🔊 [sɔ̃d].

SONDER, verbe trans. [3]
Explorer, mesurer avec une sonde. – Soumettre à une enquête d'opinion. – *Fig.* Chercher à percer le secret de. 🔊 [sɔ̃de].

SONGE, subst. m.
Rêve, rêverie. 🔊 [sɔ̃ʒ].

SONGER, verbe trans. indir. [5]
Penser, envisager : *Il songe à partir.* – *Empl. intrans.* Rêver (littér.). 🔊 [sɔ̃ʒe].

SONGERIE, subst. f.
Rêverie, vagabondage de l'esprit. 🔊 [sɔ̃ʒʀi].

SONGEUR, EUSE, adj.
Perdu dans une rêverie. – Préoccupé, perplexe. 🔊 [sɔ̃ʒœʀ, -øz].

SONNER, verbe [3]
Intrans. Produire un son, vibrer. – Se manifester par une sonnerie : *Midi a sonné.* – Prononcer clairement : *Faire sonner un mot.* – Actionner une sonnette : *On a sonné à la porte.* – *Trans. indir.* Jouer (d'un instrument à vent) : *Sonner du cor.* – *Trans. dir.* Faire résonner. – Annoncer (qqch.), appeler (qqn) en déclenchant un signal sonore : *Sonner le glas, son valet.* – Assommer, abasourdir (fam.). 🔊 [sɔne].

SONNERIE, subst. f.
Son produit par une ou plusieurs cloches. – Avertissement sonore : *Sonnerie du téléphone.* – Air militaire joué par un clairon ou un autre cuivre. 🔊 [sɔnʀi].

SONNET, subst. m.
Poème composé de 2 quatrains (4 vers) suivis de 2 tercets (3 vers). 🔊 [sɔnɛ].

SONNETTE, subst. f.
Clochette ou sonnerie électrique servant à appeler ou à avertir. 🔊 [sɔnɛt].

SONORE, adj.
Qui rend un son. – Qui a un son fort : *Rire sonore.* – Qui résonne : *Pièce sonore.* – Relatif au son. 🔊 [sɔnɔʀ].

SONORISER, verbe trans. [3]
Doter d'un équipement qui diffuse ou amplifie le son. – Joindre une bande sonore à : *Sonoriser un film.* 🔊 [sɔnɔʀize].

SONORITÉ, subst. f.
Caractère de ce qui est sonore. – Tonalité d'un son, d'un instrument. 🔊 [sɔnɔʀite].

SOPHISTIQUÉ, ÉE, adj.
Dont l'apparence est très recherchée, raffinée. – Subtil ; complexe. 🔊 [sɔfistike].

SOPORIFIQUE, adj. et subst. m.
Se dit d'une substance qui endort. – Adj. *Fig. Un discours soporifique* : très ennuyeux (fam.). 🔊 [sɔpɔʀifik].

SOPRANO, subst.
Femme ou jeune garçon dont la voix appartient au registre le plus élevé. – Masc. Ce registre. 🔊 [sɔpʀano].

SORBET, subst. m.
Glace aux fruits, sans crème. 🔊 [sɔʀbɛ].

SORBIER, subst. m.
Arbre produisant de petites baies rouges dont les oiseaux sont friands. 🔊 [sɔʀbje].

SORCELLERIE, subst. f.
Actes du sorcier. – Phénomène incompréhensible, mystérieux (fam.). 🔊 [sɔʀsɛlʀi].

SORCIER, IÈRE, subst.
Personne se targuant d'avoir des pouvoirs maléfiques, ou accusée de commercer avec le diable. – *Empl. adj. Ce n'est pas sorcier* : c'est facile. 🔊 [sɔʀsje, -jɛʀ].

SORDIDE, adj.
Misérable et sale. – *Fig.* D'une bassesse ignoble. 🔊 [sɔʀdid].

SORGHO, subst. m.
Haute céréale d'Asie et d'Afrique, également appelée gros mil. 🔊 [sɔʀgo].

SORNETTE, subst. f.
Propos futile, fadaise (gén. au plur.) : *Dire des sornettes.* 🔊 [sɔʀnɛt].

SORT, subst. m.
Destinée. – Condition, situation de qqn. – Maléfice. – *Tirer au sort* : désigner par le hasard. 🔊 [sɔʀ].

SORTE, subst. f.
Genre, espèce. – *Loc. adv. De la sorte* : ainsi. – *Loc. conj. De (telle) sorte que ; En sorte que* (+ subj.) : de manière à. 🔊 [sɔʀt].

SORTIE, subst. f.
Action de sortir. – Moment où l'on sort ; lieu par où l'on sort. – Promenade. – *Sortie d'un livre, d'un film* : leur présentation au public. 🔊 [sɔʀti].

SORTILÈGE, subst. m.
Pratique d'un sorcier qui jette un sort.
– Effet magique. 🔊 [sɔʀtilɛʒ].

SORTIR, verbe [23]
Intrans. (Auxil. « être ».) Quitter un lieu, aller au-dehors : Sortir de la maison ; Sortir avec qqn ; Sortir dîner. – Pousser : Une plante qui sort de terre. – S'échapper, provenir (de). – Paraître : Son livre sort le mois prochain. – Être issu de. – Trans. (Auxil. « avoir ») – Mener, mettre dehors : Sortir le chien, les poubelles ; extraire : Sortez vos mouchoirs ! – Faire paraître : Sortir un roman. – Tirer (qqn) d'une situation difficile. – Pronom. Se tirer d'un mauvais pas : Il s'en est bien sorti ! 🔊 [sɔʀtiʀ].

S.O.S., subst. m.
Signal de détresse émis en morse, par radio. – Appel au secours. 🔊 [ɛsoɛs].

SOSIE, subst. m.
Personne qui ressemble trait pour trait à une autre. 🔊 [sozi].

SOT, SOTTE, adj. et subst.
Qui manque d'intelligence ou de jugement. – Adj. Marqué par la bêtise. 🔊 [so, sɔt].

SOTTISE, subst. f.
Défaut de réflexion, de finesse, de jugement. – Acte, propos d'un sot. 🔊 [sɔtiz].

SOU, subst. m.
Ancienne petite pièce de monnaie. – Être sans le sou : sans argent. 🔊 [su].

SOUBASSEMENT, subst. m.
Base des murs d'une construction, reposant sur les fondations. 🔊 [subasmɑ̃].

SOUBRESAUT, subst. m.
Brusque secousse, cahot. – Tressaillement du corps. 🔊 [subʀəso].

SOUCHE, subst. f.
Partie d'un arbre abattu, qui reste en terre. – Origine, lignée. – Partie restante des feuilles d'un carnet, talon. 🔊 [suʃ].

SOUCI (I), subst. m.
État d'un esprit inquiet, contrarié ; cause de cet état. – Préoccupation. 🔊 [susi].

SOUCI (II), subst. m.
Plante à fleurs orange ou jaune vif. 🔊 [susi].

SOUCIER (SE), verbe pronom. [6]
Se soucier de : se préoccuper de. 🔊 [susje].

SOUCIEUX, IEUSE, adj.
Marqué par l'inquiétude. – Attentif (à) : Soucieux de plaire. 🔊 [susjø, -jøz].

SOUCOUPE, subst. f.
Petite assiette qui se place sous une tasse. 🔊 [sukup].

SOUDAIN, AINE, adj. et adv.
Adj. Brusque et imprévu. – Adv. Tout à coup : Soudain, il disparut. 🔊 [sudɛ̃, -ɛn].

SOUDAINETÉ, subst. f.
Caractère de ce qui survient subitement, de manière imprévisible. 🔊 [sudɛnte].

SOUDER, verbe trans. [3]
Assembler par une soudure. – Fig. Unir fortement. 🔊 [sude].

SOUDOYER, verbe trans. [17]
Acheter, corrompre (qqn). 🔊 [sudwaje].

SOUDURE, subst. f.
Réunion de deux éléments à l'aide d'un alliage qui fond à la chaleur ; partie soudée. – Méd. Adhérence : Soudure des os du crâne. 🔊 [sudyʀ].

SOUFFLE, subst. m.
Mouvement produit par l'air expiré, ou par le vent. – Respiration. – Fig. Élan créateur. 🔊 [sufl].

SOUFFLÉ, subst. m.
Mets à base de blancs d'œufs montés en neige, qui gonfle à la cuisson. 🔊 [sufle].

SOUFFLER, verbe [3]
Intrans. Expulser de l'air ; haleter. – Déplacer l'air : Le vent souffle. – Se reposer. – Trans. Envoyer de l'air sur : Souffler la bougie, l'éteindre. – Souffler le verre : le façonner en y insufflant de l'air. – Dire tout bas ; suggérer : Souffler une réponse. – Fam. Ahurir. – Voler. 🔊 [sufle].

SOUFFLERIE, subst. f.
Installation servant à souffler de l'air avec force, à produire du vent. 🔊 [sufləʀi].

SOUFFLET, subst. m.
Appareil servant à souffler de l'air sur un foyer. – Partie pliante de cuir, de tissu : Soufflet d'un accordéon. – Gifle. 🔊 [suflɛ].

SOUFFLEUR, EUSE, subst.
Personne qui souffle à l'acteur son texte en cas d'oubli. – Souffleur de verre : artisan qui façonne le verre en fusion. 🔊 [suflœʀ, -øz].

SOUFFRANCE, subst. f.
Sensation de douleur causée par un mal physique ou moral. – En souffrance : en attente. 🔊 [sufʀɑ̃s].

SOUFFRANT, ANTE, adj.
Qui est un peu malade. 🔊 [sufʀɑ̃, -ɑ̃t].

SOUFFRE-DOULEUR, subst. m. inv.
Victime désignée de mauvais traitements, de moqueries. 🔊 [sufʀədulœʀ].

SOUFFRETEUX, EUSE, adj.
De constitution maladive. 🔊 [sufʀøtø, -øz].

SOUFFRIR, verbe [27]
Intrans. Éprouver de la souffrance : Souffrir d'un mal de dents. – Être endommagé par : Les plantes ont souffert du froid. – Trans. Endurer. – Tolérer, admettre : Il ne souffre pas la critique. – Ne pas pouvoir souffrir qqn : le détester (fam.). 🔊 [sufʀiʀ].

SOUFRE, subst. m.
Élément chimique jaune citron, à l'odeur désagréable quand il brûle. 🔊 [sufʀ].

SOUHAIT, subst. m.
Aspiration à qqch. 🔊 [swɛ].

SOUHAITABLE, adj.
Qu'il faut souhaiter. 🔊 [swɛtabl].

SOUHAITER, verbe trans. [3]
Espérer ; vouloir : Je souhaite qu'il réussisse. – Former des vœux pour. 🔊 [swete].

SOUILLER, verbe trans. [3]
Salir, maculer de boue, d'ordures ; contaminer. – Fig. Déshonorer. 🔊 [suje].

SOUILLON, subst.
Personne sale, négligée (fam.). 🔊 [suj5].

SOUILLURE, subst. f.
Tache. – Flétrissure, déshonneur. 🔊 [sujyʀ].

SOUK, subst. m.
Marché arabe. – Fig. Lieu en désordre (fam.). 🔊 [suk].

SOÛL, SOÛLE, adj. et subst.
Adj. Ivre ; repu et hébété. – Subst. *Boire, dormir tout son soûl* : à satiété. 🔊 [su, sul].

SOULAGEMENT, subst. m.
Allégement ou disparition d'une souffrance physique ou morale. 🔊 [sulaʒmɑ̃].

SOULAGER, verbe trans. [5]
Décharger d'un fardeau, d'une fatigue. – Alléger, apaiser (une souffrance). – Pronom. Uriner (fam.). 🔊 [sulaʒe].

SOÛLER, verbe trans. [3]
Faire boire (qqn) à l'excès, enivrer. – Fig. Lasser. 🔊 [sule].

SOULÈVEMENT, subst. m.
Fait de soulever, d'être soulevé. – Révolte populaire. 🔊 [sulɛvmɑ̃].

SOULEVER, verbe trans. [10]
Lever légèrement. – Provoquer : *Mon projet souleva l'enthousiasme.* – Inciter à la révolte. – Susciter, poser, provoquer : *Soulever une question.* – *Cette odeur me soulève le cœur* : elle m'écœure. – Pronom. S'insurger. 🔊 [sul(ə)ve].

SOULIER, subst. m.
Chaussure basse. 🔊 [sulje].

SOULIGNER, verbe trans. [3]
Tirer un trait sous (un mot, une phrase). – Fig. Mettre l'accent sur. 🔊 [suliɲe].

SOUMETTRE, verbe trans. [60]
Placer sous sa domination. – Astreindre à une obligation. – Faire subir à. – *Soumettre une idée* : la proposer. – Pronom. Se rendre, obéir. 🔊 [sumɛtʀ].

SOUMISSION, subst. f.
Fait de se soumettre, d'être soumis. – Propension à obéir, docilité. 🔊 [sumisj5].

SOUPAPE, subst. f.
Obturateur qui se soulève sous la pression d'un fluide. – Fig. Exutoire. 🔊 [supap].

SOUPÇON, subst. m.
Sentiment de défiance envers qqn à qui l'on impute, sans certitude, un acte ou des intentions blâmables. – *Un soupçon de* : une quantité infime de. 🔊 [sups5].

SOUPÇONNER, verbe trans. [3]
Faire peser des soupçons sur. – Pressentir, flairer. 🔊 [supsɔne].

SOUPÇONNEUX, EUSE, adj.
Qui exprime la méfiance. 🔊 [supsɔnø, -øz].

SOUPE, subst. f.
Aliment liquide à base de légumes pressés, de pâtes, etc. 🔊 [sup].

SOUPENTE, subst. f.
Réduit aménagé dans un grenier ou sous un escalier. 🔊 [supɑ̃t].

SOUPER (I), verbe intrans. [3]
Dîner ou faire un souper. – *En avoir soupé de* : en avoir assez de (fam.). 🔊 [supe].

SOUPER (II), subst. m.
Dîner. – Repas pris dans la nuit, au sortir d'un spectacle. 🔊 [supe].

SOUPESER, verbe trans. [10]
Soulever avec la main pour évaluer le poids. – Fig. Examiner avec attention. 🔊 [supəze].

SOUPIÈRE, subst. f.
Grand récipient à couvercle, dans lequel on sert la soupe. 🔊 [supjɛʀ].

SOUPIR, subst. m.
Forte expiration exprimant une émotion. – *Le dernier soupir* : la mort. – *Mus.* Silence d'une durée égale à la noire. 🔊 [supiʀ].

SOUPIRAIL, AUX, subst. m.
Ouverture dans le haut d'un mur de cave, de sous-sol. 🔊 [supiʀaj].

SOUPIRANT, subst. m.
Amoureux qui fait sa cour. 🔊 [supiʀɑ̃].

SOUPIRER, verbe intrans. [3]
Pousser des soupirs. – *Soupirer après* : désirer ardemment. 🔊 [supiʀe].

SOUPLE, adj.
Qui plie sans se rompre. – Agile. – Qui s'adapte avec facilité, accommodant : *Un caractère souple.* 🔊 [supl].

SOUPLESSE, subst. f.
Qualité de celui ou de ce qui est souple. 🔊 [suplɛs].

SOURCE, subst. f.
Eau souterraine qui jaillit du sol. – Origine, provenance de qqch. 🔊 [suʀs].

SOURCIER, IÈRE, subst.
Personne censée détecter des sources à l'aide d'une baguette. 🔊 [suʀsje, -jɛʀ].

SOURCIL, subst. m.
Ligne saillante, garnie de poils, bordant l'arcade sourcilière. 🔊 [suʀsi].

SOURCILIER, IÈRE, adj.
Arcade sourcilière : saillie osseuse située au-dessus de l'œil. 🔊 [suʀsilje, -jɛʀ].

SOURCILLER, verbe intrans. [3]
Sans sourciller : sans montrer son sentiment, son émotion. 🔊 [suʀsije].

SOURD, SOURDE, adj. et subst.
Qui n'entend pas ou qui entend très mal. – Adj. *Sourd à* : indifférent à. – *Un bruit sourd* : amorti. – Qui ne se manifeste pas clairement : *Douleur sourde.* 🔊 [suʀ, suʀd].

SOURDINE, subst. f.
Mettre une sourdine à : baisser d'un ton, atténuer. 🔊 [suʀdin].

SOURD-MUET, SOURDE-MUETTE, adj. et subst.
Se dit d'une personne qui ne sait pas parler, en raison d'une surdité congénitale ou précoce. 🔊 [suʀmɥɛ, suʀd(ə)mɥɛt].

SOURIANT, ANTE, adj.
Qui sourit ; aimable. – *Un avenir* **souriant** : prometteur. 🔊 [suʀjɑ̃, -ɑ̃t].

SOURICIÈRE, subst. f.
Piège à souris. – Fig. Embuscade tendue par la police. 🔊 [suʀisjɛʀ].

SOURIRE (I), verbe [68]
Intrans. Faire un sourire. – Trans. indir. Sourire *à* : plaire à ; favoriser. 🔊 [suʀiʀ].

SOURIRE (II), subst. m.
Expression gaie ou cordiale, marquée par le relèvement de la commissure des lèvres. 🔊 [suʀiʀ].

SOURIS, subst. f.
Petit rongeur à longue queue. 🔊 [suʀi].

SOURNOIS, OISE, adj. et subst.
Qui dissimule des sentiments malveillants, fourbe. 🔊 [suʀnwa, -waz].

SOUS, prép.
Marque la position inférieure ou intérieure, par rapport à qqch. : *Se cacher* **sous** *le lit* ; *Un chèque* **sous** *enveloppe*. – Marque la dépendance, la cause ou la situation dans le temps : **Sous** *les ordres du chef* ; *Vaciller* **sous** *le choc* ; **Sous** *la Révolution*. 🔊 [su].

SOUS-ALIMENTATION, subst. f.
Apport alimentaire insuffisant en quantité et en qualité. 🔊 [suzalimɑ̃tasjɔ̃].

SOUS-BOIS, subst. m.
Espace où végétation à l'ombre des arbres d'un bois, d'une forêt. 🔊 [subwa].

SOUSCRIPTION, subst. f.
Action de souscrire à une publication, à un emprunt. 🔊 [suskʀipsjɔ̃].

SOUSCRIRE, verbe trans. [67]
Trans. dir. S'engager à payer une certaine somme en échange de (qqch.) : *Souscrire un abonnement*. – Trans. indir. Adhérer à, approuver. – Permettre la publication d'un livre en s'engageant à l'acheter. – *Souscrire à un emprunt* : y participer. 🔊 [suskʀiʀ].

SOUS-CUTANÉ, ÉE, adj.
Sous la peau. 🔊 [sukytane].

SOUS-DÉVELOPPÉ, ÉE, adj.
Pays **sous-développé** : au développement économique insuffisant. 🔊 [sudev(ə)lɔpe].

SOUS-DÉVELOPPEMENT, subst. m.
État d'un pays dont le retard économique engendre misère, analphabétisme et malnutrition. 🔊 [sudev(ə)lɔpmɑ̃].

SOUS-ENTENDRE, verbe trans. [51]
Faire comprendre une chose sans la dire expressément, suggérer. 🔊 [suzɑ̃tɑ̃dʀ].

SOUS-ENTENDU, subst. m.
Insinuation, allusion. 🔊 [suzɑ̃tɑ̃dy].

SOUS-ESTIMER, verbe trans. [3]
Estimer (qqch., qqn) au-dessous de sa valeur réelle. 🔊 [suzɛstime].

SOUS-ÉVALUER, verbe trans. [3]
Évaluer (qqch., qqn) au-dessous de sa valeur réelle. 🔊 [suzevalɥe].

SOUS-JACENT, ENTE, adj.
Situé en dessous. – Fig. Caché : *Une idée* **sous-jacente**. 🔊 [suʒasɑ̃, -ɑ̃t].

SOUS-MARIN, INE, adj. et subst. m.
Adj. Qui se situe ou qui vit sous la mer. – Subst. Navire capable de naviguer en immersion. 🔊 [sumaʀɛ̃, -in].

SOUS-OFFICIER, subst. m.
Militaire de l'un des premiers grades. 🔊 [suzɔfisje].

SOUS-PRÉFECTURE, subst. f.
Subdivision d'un département. – Ville de résidence du sous-préfet et de ses services administratifs. 🔊 [supʀefɛktyʀ].

SOUSSIGNÉ, ÉE, adj. et subst.
Qui a signé au bas d'un acte. 🔊 [susiɲe].

SOUS-SOL, subst. m.
Couche de l'écorce terrestre, située juste sous la surface du sol. – Étage inférieur au rez-de-chaussée. 🔊 [susɔl].

SOUS-TITRE, subst. m.
Titre secondaire d'un article, d'un livre. – Traduction au bas de l'écran des paroles d'un film, d'une émission. 🔊 [sutitʀ].

SOUSTRACTION, subst. f.
Opération qui consiste à soustraire une unité à une autre. 🔊 [sustʀaksjɔ̃].

SOUSTRAIRE, verbe trans. [58]
Retrancher (un nombre d'un autre). – Ôter, retirer. – Pronom. Échapper à : *Se* **soustraire** *à ses obligations*. 🔊 [sustʀɛʀ].

SOUS-TRAITER, verbe [3]
Intrans. Effectuer un travail pour le compte d'une entreprise principale. – Trans. Faire exécuter par un tiers (un travail dont on reste responsable). 🔊 [sutʀete].

SOUS-VÊTEMENT, subst. m.
Linge de corps que l'on porte à même la peau. 🔊 [suvɛtmɑ̃].

SOUTANE, subst. f.
Longue robe, boutonnée sur le devant, portée par les ecclésiastiques. 🔊 [sutan].

SOUTE, subst. f.
Partie de la cale d'un bateau ou d'un avion réservée au matériel, aux bagages. 🔊 [sut].

SOUTÈNEMENT, subst. m.
Mur de **soutènement** : destiné à contenir la poussée de la terre. 🔊 [sutɛnmɑ̃].

SOUTENIR, verbe trans. [22]
Maintenir, servir de support ou d'appui à. – Fig. Donner des forces à, encourager, prendre le parti de. – Affirmer. – *Soutenir un effort* : le faire durer. 🔊 [sut(ə)niʀ].

SOUTERRAIN, AINE, adj. et subst. m.
Adj. Qui est situé ou qui vit sous terre. – Caché, obscur. – Subst. Galerie, passage **souterrains**. 🔊 [suteʀɛ̃, -ɛn].

SOUTIEN, subst. m.
Action de soutenir qqch. ; ce qui soutient, support. – Action de soutenir qqn moralement ; personne qui soutient. 🔊 [sutjɛ̃].

SOUTIEN-GORGE, subst. m.
Sous-vêtement féminin servant à soutenir la poitrine. – Plur. *soutiens-gorge* : [sutjɛ̃gɔʀʒ].

SOUTIRER, verbe trans. [3]
Transvaser (le vin, le cidre) d'un récipient dans un autre. – Fig. Obtenir (qqch.) par tromperie ou par insistance. [sutiʀe].

SOUVENIR, subst. m.
Ce que la mémoire conserve du passé. – Ce qui rappelle qqn ou qqch. [suv(ə)niʀ].

SOUVENIR (SE), verbe pronom. [22]
Se rappeler : **Souviens-toi** *que tu as promis !* – Garder en mémoire : *Je me souviens de lui.* [suv(ə)niʀ].

SOUVENT, adv.
Fréquemment, à maintes reprises. [suvɑ̃].

SOUVERAIN, AINE, adj. et subst.
Adj. Qui a atteint le plus haut degré ; suprême. – Dont l'efficacité est absolue : *Remède souverain.* – Qui détient la puissance. – Subst. Monarque. [suv(ə)ʀɛ̃, -ɛn].

SOUVERAINETÉ, subst. f.
Autorité suprême. – Caractère d'un État indépendant. [suv(ə)ʀɛnte].

SOYEUX, EUSE, adj.
Qui est en soie. – Qui évoque la soie par sa douceur et sa brillance. [swajø, -øz].

SPACIEUX, IEUSE, adj.
Qui offre un vaste espace. [spasjø, -jøz].

SPAGHETTI, subst. m.
Pâte alimentaire en forme de longs et fins cylindres pleins. [spageti].

SPARADRAP, subst. m.
Bande de matière adhésive servant à fixer un pansement. [spaʀadʀa].

SPARTIATE, adj. et subst. f.
Adj. *Une vie* **spartiate** : austère et frugale. – Subst. Sandale à lanières. [spaʀsjat].

SPASME, subst. m.
Contraction involontaire d'un muscle. [spasm].

SPASMOPHILIE, subst. f.
Affection qui se manifeste par des spasmes, des crampes. [spasmofili].

SPATIAL, ALE, AUX, adj.
Relatif à l'espace cosmique. [spasjal].

SPATIONAUTE, subst.
Synon. d'« astronaute ». [spasjonot].

SPATULE, subst. f.
Grande cuillère aplatie. – Extrémité recourbée d'un ski. [spatyl].

SPÉCIAL, ALE, AUX, adj.
Propre à un domaine déterminé (oppos. *général*). – Réservé à un usage particulier. – Exceptionnel. – Singulier. [spesjal].

SPÉCIALISER, verbe trans. [3]
Donner un emploi spécial à. – Pronom. Acquérir une compétence dans un domaine particulier. [spesjalize].

SPÉCIALISTE, adj. et subst.
Qui a des compétences particulières dans un domaine déterminé. [spesjalist].

SPÉCIALITÉ, subst. f.
Activité professionnelle, compétence déterminées. – Mets, produit régionaux : *Une* **spécialité** *du Sud-Ouest.* [spesjalite].

SPÉCIEUX, IEUSE, adj.
Qui semble vrai, mais est mensonger ou erroné. [spesjø, -jøz].

SPÉCIFICITÉ, subst. f.
Caractère spécifique. [spesifisite].

SPÉCIFIER, verbe trans. [6]
Indiquer de manière précise. [spesifje].

SPÉCIFIQUE, adj.
Qui est propre à une espèce. – Qui offre un caractère original et exclusif. [spesifik].

SPÉCIMEN, subst. m.
Élément typique d'une espèce. – Exemplaire gratuit d'une publication. [spesimɛn].

SPECTACLE, subst. m.
Ce qui est offert à la vue, à l'attention. – Représentation scénique. [spɛktakl].

SPECTACULAIRE, adj.
Qui provoque une vive impression, saisissant. – Considérable. [spɛktakylɛʀ].

SPECTATEUR, TRICE, subst.
Témoin oculaire. – Personne qui assiste à un spectacle. [spɛktatœʀ, -tʀis].

SPECTRE, subst. m.
Fantôme. – Perspective effrayante qui hante l'esprit : *Le spectre de la guerre.* [spɛktʀ].

SPÉCULATION, subst. f.
Opération financière visant à tirer profit des variations du marché. [spekylasjɔ̃].

SPÉCULER, verbe intrans. [3]
Faire de la spéculation financière. – Fig. Miser sur (qqch.) pour réussir. [spekyle].

SPÉLÉOLOGIE, subst. f.
Étude et exploration des gouffres et des grottes. [speleoloʒi].

SPERMATOZOÏDE, subst. m.
Cellule reproductrice mâle : *Le* **spermatozoïde** *féconde l'ovule.* [spɛʀmatozoid].

SPERME, subst. m.
Liquide émis par les glandes génitales mâles, contenant les spermatozoïdes. [spɛʀm].

SPHÈRE, subst. f.
Globe. – Fig. Domaine dans lequel s'exerce une compétence, une influence. [sfɛʀ].

SPHÉRIQUE, adj.
De forme ronde. [sferik].

SPHINCTER, subst. m.
Muscle qui resserre ou ferme un orifice naturel : **Sphincter** *de l'anus.* [sfɛ̃ktɛʀ].

SPHINX, subst. m.
Être mythologique à corps de lion et à tête humaine. – Papillon de nuit. [sfɛ̃ks].

SPINAL, ALE, AUX, adj.
Relatif à la moelle épinière. [spinal].

SPIRALE, subst. f.
Courbe qui s'enroule en plusieurs boucles autour d'un axe. [spiʀal].

SPIRITISME, subst. m.
Doctrine et pratique de ceux qui croient à l'existence des esprits et tentent de communiquer avec eux. 🔲 [spiʀitism].

SPIRITUALITÉ, subst. f.
Ensemble des principes qui régissent la vie spirituelle. 🔲 [spiʀitɥalite].

SPIRITUEL, ELLE, adj.
Qui relève du domaine de l'esprit ou de la religion. – Qui a une intelligence vive et fine. 🔲 [spiʀitɥɛl].

SPIRITUEUX, EUSE, adj. et subst. m.
Se dit d'une boisson fortement alcoolisée. 🔲 [spiʀitɥø, -øz].

SPLEEN, subst. m.
Mélancolie, ennui profond. 🔲 [splin].

SPLENDEUR, subst. f.
Beauté somptueuse. 🔲 [splɑ̃dœʀ].

SPLENDIDE, adj.
Éclatant de beauté. – Magnifique : Un temps splendide. 🔲 [splɑ̃did].

SPOLIER, verbe trans. [6]
Déposséder (qqn) par la force ou la fraude (littér.). 🔲 [spolje].

SPONGIEUX, IEUSE, adj.
Qui a la structure ou la consistance de l'éponge. – Imbibé d'eau. 🔲 [spɔ̃ʒjø, -jøz].

SPONTANÉ, ÉE, adj.
Qui se produit de soi-même ; qui est naturel. – Sans préparation ni calcul ; instinctif : Un geste spontané. 🔲 [spɔ̃tane].

SPONTANÉITÉ, subst. f.
Qualité d'une personne qui exprime librement ses sentiments. 🔲 [spɔ̃taneite].

SPORADIQUE, adj.
Qui se produit çà et là, ou par moments : Des tirs sporadiques. 🔲 [spoʀadik].

SPORT, subst. m.
Activité physique, individuelle ou collective, pratiquée à des fins d'hygiène, de jeu ou de compétition et qui est susceptible d'obéir à des règles. 🔲 [spɔʀ].

SPORTIF, IVE, adj. et subst.
Qui fait du sport ou entretient sa bonne forme physique. – Adj. Journal sportif : consacré aux sports. 🔲 [spɔʀtif, -iv].

SPOT, subst. m.
Petit projecteur orientable. – Bref message publicitaire. 🔲 [spot].

SQUALE, subst. m.
Poisson de grande taille, à denture puissante, tel que le requin. – Plur. Le sous-ordre correspondant. 🔲 [skwal].

SQUARE, subst. m.
Jardin public entouré d'une grille, situé sur une place. 🔲 [skwaʀ].

SQUATTER, verbe trans. [3]
Occuper illégalement (un logement vide). 🔲 On dit aussi squattériser ; [skwate].

SQUELETTE, subst. m.
Ensemble des os du corps. – Armature, ossature. – Schéma d'une œuvre. 🔲 [skɔlɛt].

SQUELETTIQUE, adj.
Relatif au squelette. – D'une maigreur extrême. 🔲 [skɔletik].

STABILISER, verbe trans. [3]
Rendre stable. – Pronom. Cesser de s'aggraver, en parlant d'une maladie. 🔲 [stabilize].

STABILITÉ, subst. f.
Qualité d'une chose ou d'une personne stables. 🔲 [stabilite].

STABLE, adj.
Qui reste solidement en place : Un lampadaire stable. – Qui ne varie pas ; durable, constant. – Une personne stable : équilibrée. 🔲 [stabl].

STADE, subst. m.
Terrain de sport souv. entouré de gradins. – Période, phase, degré. 🔲 [stad].

STAGE, subst. m.
Période d'initiation à un métier. – Brève formation professionnelle. 🔲 [staʒ].

STAGIAIRE, adj. et subst.
Qui suit un stage. 🔲 [staʒjɛʀ].

STAGNANT, ANTE, adj.
Qui ne s'écoule pas. – Fig. Qui n'évolue pas, ne fait aucun progrès. 🔲 [stagnɑ̃, -ɑ̃t].

STAGNATION, subst. f.
État d'un fluide stagnant. – Fig. Manque d'activité ; inertie. 🔲 [stagnasjɔ̃].

STAGNER, verbe intrans. [3]
Être stagnant ; croupir. – Fig. Ne marquer aucun progrès. 🔲 [stagne].

STALACTITE, subst. f.
Colonne de calcaire qui descend de la voûte d'une grotte. 🔲 [stalaktit].

STALAGMITE, subst. f.
Colonne de calcaire qui s'élève du sol d'une grotte. 🔲 [stalagmit].

STALLE, subst. f.
Compartiment d'une écurie, d'une étable affecté à un animal. – Siège de bois situé dans le chœur d'une église. 🔲 [stal].

STAND, subst. m.
Emplacement réservé à un exposant, dans un salon. 🔲 [stɑ̃d].

STANDARD (I), subst. m.
Dispositif permettant de faire communiquer entre eux et avec l'extérieur des postes téléphoniques. 🔲 [stɑ̃daʀ].

STANDARD (II), adj. et subst. m.
Subst. Modèle, norme de fabrication. – Adj. Conforme à un prototype, à une norme. – De type courant. 🔲 [stɑ̃daʀ].

STANDARDISER, verbe trans. [3]
Soumettre à une norme. – Uniformiser. 🔲 [stɑ̃daʀdize].

STANDARDISTE, subst.
Personne préposée à un standard téléphonique. 🔲 [stɑ̃daʀdist].

STAR, subst. f.
Vedette du cinéma. – Personnage célébré par les médias. 🔲 [staʀ].

STATION, subst. f.
Position : Station *debout*. – Halte. – Endroit où s'arrête le bus, le métro. – Lieu où l'on séjourne. – Installation scientifique d'observation. – Émetteur de radio, de télévision ; canal, chaîne. ▨ [stasjɔ̃].

STATIONNAIRE, adj.
Qui a cessé d'évoluer. ▨ [stasjɔnɛʀ].

STATIONNEMENT, subst. m.
Fait de stationner. ▨ [stasjɔnmɑ̃].

STATIONNER, verbe intrans. [3]
Demeurer un certain temps au même endroit. ▨ [stasjɔne].

STATION-SERVICE, subst. f.
Poste où l'on vend du carburant et où l'on effectue l'entretien courant d'un véhicule. ▨ Plur. *stations-service* ; [stasjɔ̃sɛʀvis].

STATISTIQUE, adj. et subst. f.
Subst. Analyse systématique et chiffrée de faits socio-économiques. – Adj. Qui relève de la **statistique**. ▨ [statistik].

STATUE, subst. f.
Sculpture représentant dans sa totalité un être animé ou allégorique. ▨ [staty].

STATUER, verbe trans. indir. [3]
Se prononcer, prendre une décision sur : **Statuer** *sur un cas*. ▨ [statɥe].

STATU QUO, subst. m. inv.
État actuel d'une situation. ▨ [statykwo].

STATURE, subst. f.
Taille d'une personne. – Fig. Envergure : *Il a la* **stature** *d'un chef*. ▨ [statyʀ].

STATUT, subst. m.
Ensemble des textes qui définissent et régissent la situation d'un groupe. – Situation dans la société : *Le statut social*. – Plur. Acte écrit qui fixe légalement les objectifs, les règles d'une société, d'une association. ▨ [staty].

STEAK, subst. m.
Grillade de bœuf. ▨ [stɛk].

STÈLE, subst. f.
Monument taillé dans un seul bloc de pierre. ▨ [stɛl].

STÉNO, subst. f.
Méthode de transcription rapide de la parole, selon un code (abrév. de « sténographie »). ▨ [steno].

STENTOR, subst. m.
Une voix de **stentor** : puissante et sonore. ▨ [stɑ̃tɔʀ].

STEPPE, subst. f.
Vaste plaine à la végétation herbeuse et pauvre. ▨ [stɛp].

STÈRE, subst. m.
Mesure de bois égale à 1 m³. ▨ [stɛʀ].

STÉRÉO, adj. inv. et subst. f.
Se dit d'un procédé d'enregistrement et de reproduction des sons qui restitue le relief acoustique (abrév. de « stéréophonie »). ▨ [stereo].

STÉRÉOTYPE, subst. m.
Idée toute faite, lieu commun. ▨ [stereotip].

STÉRÉOTYPÉ, ÉE, adj.
Impersonnel. – Figé. ▨ [stereotipe].

STÉRILE, adj.
Inapte à la procréation. – *Terre* **stérile** : inféconde. – Dépourvu de germes pathogènes. – Fig. Improductif, vain. ▨ [steʀil].

STÉRILET, subst. m.
Objet contraceptif féminin, placé à l'intérieur de l'utérus. ▨ [steʀilɛ].

STÉRILISATION, subst. f.
Suppression de la capacité reproductrice. – Désinfection. ▨ [steʀilizasjɔ̃].

STÉRILISER, verbe trans. [3]
Rendre inapte à la procréation. – Aseptiser. ▨ [steʀilize].

STÉRILITÉ, subst. f.
Inaptitude à la procréation. – Aridité, pauvreté. – Fig. Inutilité. ▨ [steʀilite].

STERNUM, subst. m.
Os plat et long de la face antérieure de la cage thoracique. ▨ [stɛʀnɔm].

STÉTHOSCOPE, subst. m.
Instrument servant à ausculter le cœur et les poumons. ▨ [stetoskop].

STEWARD, subst. m.
Membre masculin du personnel navigant d'un avion. ▨ [stiwaʀt].

STIGMATE, subst. m.
Cicatrice, trace laissée par une blessure. – Fig. *Les* **stigmates** *de la drogue*. ▨ [stigmat].

STIGMATISER, verbe trans. [3]
Dénoncer avec virulence. ▨ [stigmatize].

STIMULATION, subst. f.
Action de stimuler. ▨ [stimylasjɔ̃].

STIMULER, verbe trans. [3]
Accroître l'activité, l'énergie ou l'enthousiasme de. ▨ [stimyle].

STIPULER, verbe trans. [3]
Notifier expressément. – Formuler comme clause, comme condition (dans un contrat, un acte). ▨ [stipyle].

STOCK, subst. m.
Quantité de marchandises en réserve, non vendues. ▨ [stɔk].

STOCKER, verbe trans. [3]
Mettre en réserve. ▨ [stɔke].

STOÏQUE, adj.
Qui endure la souffrance, le malheur sans se plaindre ; imperturbable. ▨ [stɔik].

STOMACAL, ALE, AUX, adj.
Relatif à l'estomac. ▨ [stɔmakal].

STOMATOLOGIE, subst. f.
Spécialité qui traite les maladies de la bouche et des dents. ▨ [stɔmatɔlɔʒi].

STOP, interj. et subst. m.
Interj. Enjoint de s'arrêter. – Subst. Panneau routier ordonnant à un véhicule de s'arrêter et de céder le passage. ▨ [stɔp].

STOPPER, verbe [3]
Intrans. S'arrêter. – Trans. Faire cesser.
📖 [stɔpe].

STORE, subst. m.
Rideau de tissu ou de lamelles de bois, de
plastique, qui se déroule devant une fenêtre,
une devanture. 📖 [stɔʀ].

STRABISME, subst. m.
Défaut de parallélisme des yeux entraînant
des troubles de la vision. 📖 [strabism].

STRANGULATION, subst. f.
Action d'étrangler. 📖 [strɑ̃gylasjɔ̃].

STRAPONTIN, subst. m.
Petit siège rabattable, dans une salle de
spectacle, dans un train, etc. 📖 [strapɔ̃tɛ̃].

STRASS, subst. m.
Verre coloré au plomb, imitant les pierres
précieuses. 📖 [stras].

STRATAGÈME, subst. m.
Ruse subtile, manœuvre. 📖 [strataʒɛm].

STRATE, subst. f.
Chacune des couches superposées constituant un terrain. – Niveau. 📖 [strat].

STRATÈGE, subst. m.
Chef militaire d'envergure. 📖 [stratɛʒ].

STRATÉGIE, subst. f.
Art d'élaborer les plans d'attaque d'une
armée ; organisation de la défense d'un
pays. – Ensemble d'actions menées habilement pour atteindre un but. 📖 [strateʒi].

STRATÉGIQUE, adj.
Qui concerne la stratégie. – Déterminant.
📖 [strateʒik].

STRATIFIÉ, ÉE, adj.
Disposé en strates. 📖 [stratifje].

STRESS, subst. m. inv.
Tension nerveuse, anxiété. 📖 [strɛs].

STRICT, STRICTE, adj.
Astreignant ; sévère, rigide. – Rigoureuse-
ment conforme à une norme. – Réduit à
la valeur minimale. 📖 [strikt].

STRIDENT, ENTE, adj.
Très aigu, désagréable. 📖 [stridɑ̃, -ɑ̃t].

STRIDULANT, ANTE, adj.
Qui émet un son aigu. 📖 [stridylɑ̃, -ɑ̃t].

STRIE, subst. f.
Chacune des lignes parallèles marquant une
surface, rainure. 📖 [stri].

STRIÉ, ÉE, adj.
Qui porte des stries. 📖 [strije].

STROPHE, subst. f.
Ensemble de plusieurs vers d'un poème.
– Couplet. 📖 [strɔf].

STRUCTURE, subst. f.
Manière dont les éléments d'un ensemble
sont organisés ou agencés. – Système
organisé considéré dans ses éléments fondamentaux. – Armature. 📖 [stryktyʀ].

STRUCTUREL, ELLE, adj.
Propre aux structures. 📖 [stryktyʀɛl].

STRUCTURER, verbe trans. [3]
Donner une structure à. 📖 [stryktyʀe].

STUC, subst. m.
Mélange de plâtre fin et de colle, qui imite
le marbre. 📖 [styk].

STUDIEUX, IEUSE, adj.
Qui étudie avec application. 📖 [stydjø, -jøz].

STUDIO, subst. m.
Logement d'une pièce. – Local aménagé
pour le tournage de films ou l'enregistrement de disques, d'émissions. 📖 [stydjo,o].

STUPÉFACTION, subst. f.
État d'une personne stupéfaite, ébahie.
📖 [stypefaksjɔ̃].

STUPÉFAIT, AITE, adj.
Qui est saisi, figé par un profond étonnement. 📖 [stypefɛ, -ɛt].

STUPÉFIANT, ANTE, adj. et subst. m.
Adj. Qui stupéfie, ébahit : *Une nouvelle* **stupé-
fiante.** – Subst. Drogue. 📖 [stypefjɑ̃, -ɑ̃t].

STUPÉFIER, verbe trans. [6]
Rendre stupéfait, abasourdir. 📖 [stypefje].

STUPEUR, subst. f.
Psych. État pathologique mêlant hébétude
et mutisme. – Extrême étonnement.
📖 [stypœʀ].

STUPIDE, adj.
Sans intelligence. – Absurde. 📖 [stypid].

STUPIDITÉ, subst. f.
Caractère d'une personne stupide. – Acte,
propos stupides. 📖 [stypidite].

STYLE, subst. m.
Forme particulière d'une écriture, d'un
langage : *Un* **style** *concis.* – Type esthétique
propre à un artiste, à un genre, à une
époque : *Style roman* ; *Style Louis XV.*
– Façon d'être, d'agir : *Style de vie.* 📖 [stil].

STYLET, subst. m.
Petit poignard. 📖 [stilɛ].

STYLISER, verbe trans. [3]
Représenter en simplifiant, en épurant les
formes. 📖 [stilize].

STYLISTE, subst.
Professionnel de l'esthétique industrielle.
– *Cout.* Créateur de modèles. 📖 [stilist].

STYLO, subst. m.
Instrument contenant une réserve d'encre
et servant à écrire. 📖 [stilo].

SUAIRE, subst. m.
Linceul. 📖 [sɥɛʀ].

SUAVE, adj.
D'une douceur exquise. 📖 [sɥav].

SUBALTERNE, adj. et subst.
Qui occupe une position subordonnée,
inférieure. – Adj. Secondaire. 📖 [sybaltɛʀn].

SUBCONSCIENT, IENTE adj. et
subst. m.
Se dit d'un état psychique dont on est
inconscient. 📖 [sypkɔ̃sjɑ̃, -jɑ̃t].

SUBDIVISER, verbe trans. [3]
Diviser de nouveau (un ensemble déjà
divisé). 📖 [sybdivize].

SUBIR, verbe trans. [19]
Supporter ; endurer. – Être l'objet de ; être soumis à. 🕮 [sybiʀ].

SUBIT, ITE, adj.
Soudain et inopiné. 🕮 [sybi, -it].

SUBJECTIF, IVE, adj.
Propre au sujet, en tant qu'être pensant. – Fondé sur les sentiments personnels : *Un avis subjectif.* 🕮 [sybʒɛktif, -iv].

SUBJECTIVITÉ, subst. f.
Caractère de ce qui relève de la seule perception du sujet. 🕮 [sybʒɛktivite].

SUBJONCTIF, subst. m.
Mode verbal qui exprime le souhait, la crainte, l'intention, etc. 🕮 [sybʒɔ̃ktif].

SUBJUGUER, verbe trans. [3]
Soumettre à sa loi. – Fasciner, envoûter. 🕮 [sybʒyge].

SUBLIME, adj. et subst. m.
Qui élève l'âme par sa perfection morale ou esthétique. 🕮 [syblim].

SUBMERGER, verbe trans. [5]
Recouvrir d'eau, inonder. – Fig. Envahir : Être submergé *par les soucis.* 🕮 [sybmɛʀʒe].

SUBMERSIBLE, adj. et subst. m.
Adj. Qui peut être recouvert d'eau. – Subst. Sous-marin. 🕮 [sybmɛʀsibl].

SUBORDONNÉ, ÉE, adj. et subst.
Qui est dans une position de dépendance. – Ling. Proposition subordonnée (ou *une subordonnée*) : dont le sens et la forme grammaticale dépendent d'une proposition principale. 🕮 [sybɔʀdɔne].

SUBORDONNER, verbe trans. [3]
Soumettre à une autorité supérieure. – Faire dépendre de (qqch.). 🕮 [sybɔʀdɔne].

SUBORNER, verbe trans. [3]
Pousser qqn à agir contre son devoir, sa conscience en le corrompant. 🕮 [sybɔʀne].

SUBSIDE, subst. m.
Aide financière allouée à qqn. 🕮 [sybzid].

SUBSIDIAIRE, adj.
Qui est accessoire, annexe. – *Question subsidiaire* : complémentaire, destinée à départager les candidats. 🕮 [sybzidjɛʀ].

SUBSISTANCE, subst. f.
Fait de subsister. – Nourriture et entretien d'une personne. 🕮 [sybzistɑ̃s].

SUBSISTER, verbe intrans. [3]
Continuer d'exister, demeurer : *Rien ne subsistait de la ville bombardée.* – Assurer sa subsistance. 🕮 [sybziste].

SUBSTANCE, subst. f.
Matière d'un corps. – Ce qui constitue le fond, l'essentiel : *La substance d'un discours.* 🕮 [sypstɑ̃s].

SUBSTANTIEL, IELLE, adj.
Nourrissant. – Essentiel, capital. – Important, considérable. 🕮 [sypstɑ̃sjɛl].

SUBSTANTIF, subst. m.
Ling. Nom. 🕮 [sypstɑ̃tif].

SUBSTITUER, verbe trans. [3]
Mettre (une personne, une chose) à la place de (qqn, qqch.). 🕮 [sypstitɥe].

SUBSTITUTION, subst. f.
Action, fait de substituer. – Remplacement. 🕮 [sypstitysjɔ̃].

SUBTERFUGE, subst. m.
Moyen ingénieux, artifice. 🕮 [syptɛʀfyʒ].

SUBTIL, ILE, adj.
Impalpable, délicat : *Parfum subtil* ; au fig. : *Différence subtile.* – Fin, ingénieux : *Esprit, propos subtils.* 🕮 [syptil].

SUBTILISER, verbe trans. [3]
Dérober (qqch.) avec habileté. 🕮 [syptilize].

SUBTILITÉ, subst. f.
Caractère de ce qui est subtil. – Plur. Pensée, propos exagérément fins. 🕮 [syptilite].

SUBVENIR, verbe trans. indir. [22]
Pourvoir, satisfaire : *Subvenir aux besoins, aux frais de qqn.* 🕮 [sybvəniʀ].

SUBVENTION, subst. f.
Aide financière consentie par l'État ou par une institution. 🕮 [sybvɑ̃sjɔ̃].

SUBVENTIONNER, verbe trans. [3]
Accorder une subvention à : *Subventionner un projet, un théâtre.* 🕮 [sybvɑ̃sjɔne].

SUBVERSIF, IVE, adj.
Propre à déstabiliser les institutions, l'ordre établi : *Œuvre subversive.* 🕮 [sybvɛʀsif, -iv].

SUC, subst. m.
Liquide végétal : *Le suc d'une fleur.* – Sécrétion organique : *Sucs digestifs.* – Fig. Le meilleur de qqch. (littér.). 🕮 [syk].

SUCCÉDANÉ, subst. m.
Produit de remplacement : *Succédané de sucre.* – Fig. Ce qui remplace, en moins bien, une chose qui fait défaut. 🕮 [syksedane].

SUCCÉDER, verbe trans. indir. [8]
Prendre la suite de (qqn ou qqch.), remplacer définitivement : *Succéder à un ministre.* – Venir après : *L'effet succède à la cause.* 🕮 [syksede].

SUCCÈS, subst. m.
Issue heureuse, victoire : *Succès militaire.* – Faveur du public : *Succès d'un film.* 🕮 [syksɛ].

SUCCESSEUR, subst. m.
Personne qui succède à une autre dans une fonction. – Personne qui poursuit l'œuvre d'une autre. 🕮 [syksesœʀ].

SUCCESSIFS, IVES, adj. plur.
Qui se succèdent : *Stades successifs d'une évolution.* 🕮 [syksesif, -iv].

SUCCESSION, subst. f.
Le fait de succéder à qqn. – Suite, série ininterrompue : *Succession de gens, d'idées.* – Dr. Transmission des biens d'une personne après sa mort, héritage. 🕮 [syksesjɔ̃].

SUCCINCT, INCTE, adj.
Bref, concis. – Fig. Simple, sommaire : *Ameublement succinct.* 🕮 [syksɛ̃, -ɛ̃t].

SUCCION, subst. f.
Action de sucer, d'aspirer. 🔊 [sy(k)sjɔ̃].

SUCCOMBER, verbe [3]
Intrans. Être vaincu dans un combat.
– Mourir. – S'affaisser : Succomber *sous
la charge*. – Trans. indir. Céder à : Succomber *à la tentation*. 🔊 [sykɔ̃be].

SUCCULENT, ENTE, adj.
Savoureux, exquis. 🔊 [sykylɑ̃, -ɑ̃t].

SUCCURSALE, subst. f.
Établissement qui dépend d'un autre, tout
en gardant quelque autonomie. 🔊 [sykyʀsal].

SUCER, verbe trans. [3]
Aspirer avec les lèvres : *Les vampires* sucent
le sang. – Presser entre la langue et le palais :
Sucer *son pouce, une pastille*. 🔊 [syse].

SUCETTE, subst. f.
Petite tétine que sucent les nourrissons.
– Bonbon fixé à un bâtonnet. 🔊 [sysɛt].

SUCRE, subst. m.
Aliment soluble de saveur douce, obtenu par
traitement du suc d'une betterave ou de la
canne à sucre : Sucre *en poudre*. – *Un*
sucre : un morceau de sucre. 🔊 [sykʀ].

SUCRER, verbe trans. [3]
Adoucir avec du sucre ou avec un succédané : Sucrer *son thé*. – Fig. Enlever,
supprimer (fam.). 🔊 [sykʀe].

SUCRERIE, subst. f.
Usine où l'on fabrique du sucre. – Friandise
à base de sucre (gén. au plur.). 🔊 [sykʀəʀi].

SUCRIER, IÈRE, adj. et subst. m.
Adj. Qui produit du sucre : *Betterave,
industrie* sucrière. – Subst. Récipient dans
lequel on met du sucre. 🔊 [sykʀije, -ijɛʀ].

SUD, adj. inv. et subst. m. inv.
Subst. L'un des quatre points cardinaux,
opposé au nord : *Naviguer plein* sud, *vers
ce point*. – Partie méridionale d'une région,
d'un pays. – Adj. Situé au sud. 🔊 [syd].

SUDATION, subst. f.
Production de sueur. 🔊 [sydasjɔ̃].

SUDORIPARE, adj.
Qui produit de la sueur. 🔊 [sydɔʀipaʀ].

SUÉDOIS, subst. m.
Langue germanique parlée en Suède et dans
une partie de la Finlande. 🔊 [sɥedwa].

SUER, verbe [3]
Intrans. Évacuer de la sueur, transpirer.
– Suinter : *Le mur* sue. – Peiner, travailler
dur. – Trans. Rendre par les pores. – Exhaler : Suer *la bêtise*. – Suer *sang et eau* : faire
de grands efforts (fam.). 🔊 [sɥe].

SUEUR, subst. f.
Sécrétion aqueuse évacuée par les pores sous
l'effet de la chaleur, de la maladie, de
l'émotion. 🔊 [sɥœʀ].

SUFFIRE, verbe trans. indir. [64]
Suffire *à, pour* : être apte à satisfaire, à
contenter. – Empl. impers. *Il* suffit *de, que* :
il faut seulement. – *Cela* suffit ! : assez !
🔊 [syfiʀ].

SUFFISANT, ANTE, adj.
Qui suffit : *Quantité* suffisante. – Fig. Qui
est imbu de lui-même. 🔊 [syfizɑ̃, -ɑ̃t].

SUFFIXE, subst. m.
Élément placé après le radical d'un mot
pour constituer un dérivé. 🔊 [syfiks].

SUFFOCANT, ANTE, adj.
Qui suffoque : *Chaleur* suffocante. – Fig.
Nouvelle suffocante. 🔊 [syfɔkɑ̃, -ɑ̃t].

SUFFOQUER, verbe [3]
Trans. Couper le souffle à (qqn) ; étouffer.
– Fig. Stupéfier. – Intrans. Respirer à
grand-peine. 🔊 [syfɔke].

SUFFRAGE, subst. m.
Volonté exprimée lors d'une élection ; vote,
voix. – Approbation. 🔊 [syfʀaʒ].

SUGGÉRER, verbe trans. [8]
Inspirer, conseiller (qqch.) à qqn. – Faire
penser à, évoquer. 🔊 [sygʒeʀe].

SUGGESTION, subst. f.
Action de suggérer : *Pouvoir de* suggestion.
– Ce que l'on suggère. 🔊 [sygʒɛstjɔ̃].

SUICIDAIRE, adj. et subst.
Qui est disposé au suicide. – Adj. Qui mène
au suicide ou, au fig., à la destruction, à
l'échec : *Un tabagisme, une démission* suici-
daires. 🔊 [sɥisidɛʀ].

SUICIDE, subst. m.
Action de se tuer volontairement. – Fait de
se détruire, de s'exposer à un danger mortel
ou, au fig., à un échec grave. 🔊 [sɥisid].

SUICIDER (SE), verbe pronom. [3]
Se tuer par suicide. – Fig. Provoquer sa
propre ruine. 🔊 [sɥiside].

SUIE, subst. f.
Dépôt noirâtre laissé par la fumée lorsque
la combustion est incomplète. 🔊 [sɥi].

SUIF, subst. m.
Graisse animale : Suif *de mouton*. 🔊 [sɥif].

SUINTER, verbe intrans. [3]
Couler lentement, en fines gouttelettes :
L'humidité suinte. – Laisser s'écouler un
liquide lentement : *Une plaie qui* suinte.
🔊 [sɥɛ̃te].

SUITE, subst. f.
Ce qui suit, ce qui vient après : *Le roi et
sa* suite ; *La* suite *au prochain numéro*.
– Succession, série : *Une* suite *de nombres*.
– *Tout de* suite : immédiatement. – *Propos
sans* suite : incohérents. 🔊 [sɥit].

SUIVANT (I), prép.
Conformément à ; en fonction de : Suivant
les usages, le temps, les cas. 🔊 [sɥivɑ̃].

SUIVANT (II), ANTE, adj. et subst.
Qui vient juste après : *Le jour* suivant ; *Au*
suivant ! – Subst. Personne qui suit qqn,
qui l'accompagne. 🔊 [sɥivɑ̃, -ɑ̃t].

SUIVI, IE, adj. et subst. m.
Adj. Continu : *Entretiens* suivis. – Cohérent.
– Subst. Surveillance régulière et prolongée :
Suivi *médical*. 🔊 [sɥivi].

SUIVRE, verbe trans. [62]
Aller derrière ; accompagner : **Suis-moi** ;
Suivre qqn du regard. – Venir après, succéder
à ; empl. pronom. : *Les jours se suivent.*
– Longer : **Suivre** *le fleuve.* – Se soumettre
à : **Suivre** *un traitement.* – Être attentif à :
Suivre *un film* ; comprendre : *Je ne suis pas
ton exposé.* 🔊 [sɥivʀ].

SUJET (I), subst. m.
Argument, thème : *Le sujet d'un devoir* ; *Au
sujet de*, à propos de. – Cause, raison : *Un
sujet de satisfaction.* – Individu : *Quel
mauvais sujet !* – *Philos.* Être pensant
(oppos. *objet*). – *Ling.* La personne ou la
chose qui fait ou qui subit l'action exprimée
par le verbe. 🔊 [sɥʒɛ].

SUJET (II), **ETTE**, adj. et subst.
Adj. Exposé à ; enclin à : *Être sujet au vertige.*
– Subst. Personne soumise à une autorité :
Les sujets du roi. 🔊 [sɥʒɛ, -ɛt].

SULFATE, subst. m.
Sel d'un acide dérivé du soufre. 🔊 [sylfat].

SULFATER, verbe trans. [3]
Traiter (une vigne) en pulvérisant du sulfate
de cuivre. 🔊 [sylfate].

SULFUREUX, **EUSE**, adj.
De la nature du soufre. – *Fig.* Hérétique :
Écrits **sulfureux**. 🔊 [sylfyʀø, -øz].

SULTAN, **ANE**, subst.
Masc. Ancien titre des souverains de divers
États islamiques. – Fém. Épouse du **sultan**.
🔊 [syltɑ̃, -an].

SUMMUM, subst. m.
Degré le plus haut, apogée : *Le summum
du raffinement.* 🔊 [sɔ(m)mɔm].

SUPER- (I), préfixe
Marque le renforcement, la supériorité.
🔊 *Gén.* soudé au mot qu'il précède ; [sypɛʀ-].

SUPER (II), subst. m.
Abrév. de « supercarburant », essence de
qualité supérieure. 🔊 [sypɛʀ].

SUPER (III), adj. inv.
Épatant, formidable (fam.). 🔊 [sypɛʀ].

SUPERBE, adj. et subst. f.
Adj. Très beau, magnifique. – Subst. Orgueil
ostentatoire (littér.) 🔊 [sypɛʀb].

SUPERCHERIE, subst. f.
Tromperie, fraude. 🔊 [sypɛʀʃøʀi].

SUPERFICIE, subst. f.
Dimension, étendue d'une terre, d'une
surface. 🔊 [sypɛʀfisi].

SUPERFICIEL, **IELLE**, adj.
Limité à la surface : *Plaie* **superficielle**. – *Fig.*
Sans profondeur, frivole. 🔊 [sypɛʀfisjɛl].

SUPERFLU, **UE**, adj.
Qui excède le nécessaire ; inutile. – Empl.
subst. *Se passer du superflu.* 🔊 [sypɛʀfly].

SUPÉRIEUR, **IEURE**, adj. et subst.
Adj. Situé au-dessus, plus haut : *Lèvre*
supérieure. – Plus grand : *Note* **supérieure**
à 10. – Qui dépasse en qualité, en valeur :

Intelligence **supérieure**. – *Fig.* Arrogant : *Air*
supérieur. – *Subst.* Personne qui domine
hiérarchiquement : *Obéir à ses* **supérieurs** ;
La **supérieure** *du couvent.* 🔊 [sypeʀjœʀ].

SUPÉRIORITÉ, subst. f.
Caractère supérieur. 🔊 [sypeʀjoʀite].

SUPERLATIF, **IVE**, adj. et subst. m.
Se dit d'un élément grammatical exprimant
le degré extrême de supériorité ou d'inféri-
rité d'une qualité. 🔊 [sypɛʀlatif, -iv].

SUPERPOSER, verbe trans. [3]
Poser l'un au-dessus de l'autre : **Superposer**
des briques. 🔊 [sypɛʀpoze].

SUPERSONIQUE, adj.
Dont la vitesse est supérieure à celle du
son : *Avion* **supersonique**. 🔊 [sypɛʀsonik].

SUPERSTITIEUX, **IEUSE**, adj. et subst.
Qui fait preuve de superstition : *Un homme,
un geste* **superstitieux**. 🔊 [sypɛʀstisjø, -jøz].

SUPERSTITION, subst. f.
Fait de prêter irrationnellement une influence (bonne ou mauvaise) à certains
actes, à certains signes. 🔊 [sypɛʀstisjɔ̃].

SUPERSTRUCTURE, subst. f.
Construction superposée à une autre qui lui
sert de base. 🔊 [sypɛʀstʀyktyʀ].

SUPERVISER, verbe trans. [3]
Contrôler dans ses grandes lignes (un
travail fait par d'autres). 🔊 [sypɛʀvize].

SUPPLANTER, verbe trans. [3]
Prendre de façon déloyale la place de,
évincer. – Remplacer. 🔊 [syplɑ̃te].

SUPPLÉANT, **ANTE**, adj. et subst.
Se dit d'une personne qui supplée qqn.
🔊 [sypleɑ̃, -ɑ̃t].

SUPPLÉER, verbe trans. [7]
Suppléer *qqn* : le remplacer, remplir ses
fonctions. – **Suppléer** *à un manque* : y
remédier, le compenser. 🔊 [syplee].

SUPPLÉMENT, subst. m.
Ce qui s'ajoute à qqch. : *Un* **supplément**
d'informations. – *En* **supplément** : en plus.
🔊 [syplemɑ̃].

SUPPLÉMENTAIRE, adj.
Qui vient s'ajouter : *Heures* **supplémen-
taires**. 🔊 [syplemɑ̃tɛʀ].

SUPPLICATION, subst. f.
Prière instante et humble. 🔊 [syplikasjɔ̃].

SUPPLICE, subst. m.
Lourde peine corporelle infligée à un
condamné. – Souffrance intense, tourment : *Être au* **supplice**, souffrir vivement.
🔊 [syplis].

SUPPLICIER, verbe trans. [6]
Soumettre au supplice. 🔊 [syplisje].

SUPPLIER, verbe trans. [6]
Implorer humblement, en insistant, en
adjurant : *Je vous en* **supplie**. 🔊 [syplije].

SUPPLIQUE, subst. f.
Requête écrite pour implorer une faveur,
une grâce. 🔊 [syplik].

SUPPORT, subst. m.
Ce qui sert d'appui, de socle : *Support d'une étagère*. – *Supports publicitaires* : affiches, magazines, télévision, etc. 🔊 [sypɔʀ].

SUPPORTER (I), verbe trans. [3]
Servir de support à, soutenir. – Endurer : *Supporter le froid.* – Subir : *Supporter la grossièreté.* – Avoir la charge de : *Supporter les frais.* 🔊 [sypɔʀte].

SUPPORTER (II), subst.
Partisan qui soutient une équipe, un sportif. 🔊 On dit aussi *supporteur, -trice :* [sypɔʀtɛʀ].

SUPPOSER, verbe trans. [3]
Admettre par hypothèse : *Supposons que...* – Impliquer, rendre nécessaire : *Cela suppose du travail.* – Juger probable, présumer : *Je suppose que vous serez là.* 🔊 [sypoze].

SUPPOSITION, subst. f.
Hypothèse. 🔊 [sypozisjɔ̃].

SUPPOSITOIRE, subst. m.
Médicament de forme conique, administré par voie rectale. 🔊 [sypozitwaʀ].

SUPPÔT, subst. m.
Serviteur d'une personne ou d'une cause nuisibles : *Suppôt de Satan.* 🔊 [sypo].

SUPPRESSION, subst. f.
Action, fait de supprimer : *Suppression d'emplois.* 🔊 [sypʀesjɔ̃].

SUPPRIMER, verbe trans. [3]
Faire cesser, faire disparaître : *Supprimer un mot, une loi.* – Assassiner. 🔊 [sypʀime].

SUPPURER, verbe intrans. [3]
Produire un écoulement de pus : *Plaie qui suppure.* 🔊 [sypyʀe].

SUPPUTER, verbe trans. [3]
Calculer par estimation indirecte, évaluer : *Supputer un gain, ses chances.* 🔊 [sypyte].

SUPRÉMATIE, subst. f.
Domination, autorité absolue : *La suprématie économique d'un pays.* 🔊 [sypʀemasi].

SUPRÊME, adj. et subst. m.
Qui est au-dessus de tout : *Une autorité suprême.* – Ultime : *Instants, volontés suprêmes.* 🔊 [sypʀɛm].

SUR, prép.
Indique une position haute : *La mouette plane sur l'océan*, au-dessus. – Marque une mise en contact : *Dessiner sur le mur ; Un béret sur la tête.* – En direction de : *Aller sur la gauche.* – Parmi : *Un sur quatre.* – Au sujet de : *Un film sur la guerre.* – D'après : *Croire sur parole.* 🔊 [syʀ].

SÛR, SÛRE, adj.
Sans danger, sans risques : *Rue sûre ; Mettre en lieu sûr.* – Digne de confiance : *Ami sûr.* – Assuré, certain : *Notre succès est sûr ; J'en suis sûr.* – Bien sûr : évidemment. 🔊 [syʀ].

SURABONDANCE, subst. f.
Abondance extrême. 🔊 [syʀabɔ̃dɑ̃s].

SURANNÉ, ÉE, adj.
Hors d'usage. – Désuet. 🔊 [syʀane].

SURCHARGER, verbe trans. [5]
Charger à l'excès ; au fig. : *Surcharger d'impôts.* – Encombrer inutilement. – Réécrire par-dessus (un texte). 🔊 [syʀʃaʀʒe].

SURCHAUFFER, verbe trans. [3]
Chauffer à l'excès. 🔊 [syʀʃofe].

SURCLASSER, verbe trans. [3]
Montrer une indéniable supériorité sur : *Surclasser ses rivaux.* 🔊 [syʀklase].

SURCROÎT, subst. m.
Ce qui vient s'ajouter à ce qui existe déjà : *Un surcroît de dépenses.* – *De, par surcroît* : en plus. 🔊 [syʀkʀwa].

SURDITÉ, subst. f.
Déficience totale ou partielle du sens de l'ouïe. 🔊 [syʀdite].

SURDOUÉ, ÉE, adj. et subst.
Se dit d'une personne douée d'une capacité intellectuelle exceptionnelle. 🔊 [syʀdwe].

SUREAU, subst. m.
Arbuste au bois très léger, donnant des baies acides rouges ou noires. 🔊 [syʀo].

SURÉLEVER, verbe trans. [10]
Augmenter la hauteur, le niveau de : *Surélever un mur.* 🔊 [syʀel(ə)ve].

SURENCHÈRE, subst. f.
Enchère supérieure à la précédente. – Action d'aller plus loin en actes, en paroles : *Une surenchère de violence.* 🔊 [syʀɑ̃ʃɛʀ].

SURESTIMER, verbe trans. [3]
Estimer au-delà de sa valeur, de son mérite, de son importance réelle. 🔊 [syʀɛstime].

SÛRETÉ, subst. f.
Qualité de ce qui est sûr : *La sûreté d'un jugement.* – *En sûreté* : à l'abri du danger, en lieu sûr. 🔊 [syʀte].

SURÉVALUER, verbe trans. [3]
Attribuer trop de valeur à. 🔊 [syʀevalɥe].

SUREXCITÉ, ÉE, adj.
Excité à l'extrême. 🔊 [syʀɛksite].

SUREXPOSER, verbe trans. [3]
Exposer trop longuement (une pellicule photographique) à la lumière. 🔊 [syʀɛkspoze].

SURF, subst.
Sport consistant à glisser sur les vagues, debout sur une planche. 🔊 [sœʀf].

SURFACE, subst. f.
Face apparente, partie extérieure d'un corps : *La surface de la Terre ; Faire surface*, émerger. – Étendue, aire : *La surface d'un triangle ; Une grande surface*, un supermarché. 🔊 [syʀfas].

SURFAIT, AITE, adj.
Inférieur à sa réputation. 🔊 [syʀfɛ, -ɛt].

SURGELÉ, ÉE, adj. et subst. m.
Se dit d'une denrée congelée. 🔊 [syʀʒele].

SURGIR, verbe intrans. [19]
Apparaître, s'élever, sortir soudainement. – Fig. *Les problèmes surgissent.* 🔊 [syʀʒiʀ].

SURHUMAIN, AINE, adj.
Qui dépasse les capacités humaines : *Force, effort surhumains.* 🔊 [syʀymɛ̃, -ɛn].

SUR-LE-CHAMP, adv.
Immédiatement, sans délai. 🔊 [syʀləʃɑ̃].

SURLENDEMAIN, subst. m.
Jour suivant le lendemain. 🔊 [suʀlɑ̃d(ə)mɛ̃].

SURMENAGE, subst. m.
Fait de surmener ou de se surmener. – État
d'épuisement qui en résulte. 🔊 [syʀmənaʒ].

SURMENER, verbe trans. [10]
Imposer un effort physique ou intellectuel
exagéré à. 🔊 [syʀmøne].

SURMONTER, verbe trans. [3]
Être situé au-dessus de. – Fig. Maîtriser,
vaincre : *Surmonter sa peur.* 🔊 [syʀmɔ̃te].

SURNAGER, verbe intrans. [5]
Se maintenir à la surface d'un liquide. – Fig.
Subsister, ne pas disparaître. 🔊 [syʀnaʒe].

SURNATUREL, ELLE, adj. et subst. m.
Adj. Qui se situe au-delà de la nature : *Lois
surnaturelles, divines.* – Que la raison ne
peut expliquer. – Subst. *Croire au surnaturel.* 🔊 [syʀnatyʀɛl].

SURNOM, subst. m.
Nom distinctif qui s'ajoute ou se substitue
au patronyme d'un individu. 🔊 [syʀnɔ̃].

SURNOMBRE, subst. m.
Quantité qui excède le nombre fixé : *Être
en surnombre.* 🔊 [syʀnɔ̃bʀ].

SURNOMMER, verbe trans. [3]
Attribuer un surnom à. 🔊 [syʀnɔme].

SURNUMÉRAIRE, adj.
Qui est en surnombre. 🔊 [syʀnymeʀɛʀ].

SURPASSER, verbe trans. [3]
Faire mieux que, surclasser. – Pronom. Aller
au-delà de ses limites. 🔊 [syʀpɑse].

SURPEUPLÉ, ÉE, adj.
Excessivement peuplé. 🔊 [syʀpœple].

SURPLOMB, subst. m.
Partie saillante au-dessus de la base : *En
surplomb,* en saillie. 🔊 [syʀplɔ̃].

SURPLOMBER, verbe [3]
S'avancer au-dessus de, dominer : *La falaise
surplombe la mer.* 🔊 [syʀplɔ̃be].

SURPLUS, subst. m.
Ce qui est en plus, en excédent : *Un surplus
de personnel.* 🔊 [syʀply].

SURPRENANT, ANTE, adj.
Qui surprend, étonne. 🔊 [syʀpʀənɑ̃, -ɑ̃t].

SURPRENDRE, verbe trans. [52]
Prendre sur le fait : *Surprendre un voleur.*
– Prendre au dépourvu : *La pluie nous a
surpris.* – Étonner. 🔊 [syʀpʀɑ̃dʀ].

SURPRISE, subst. f.
Émotion causée par qqch. d'inattendu : *Ce
qui étonne, par son caractère imprévu ;
cadeau, plaisir inattendus.* 🔊 [syʀpʀiz].

SURPRODUCTION, subst. f.
Écon. Production excessive par rapport aux
besoins. 🔊 [syʀpʀodyksjɔ̃].

SURRÉALISME, subst. m.
Mouvement littéraire et artistique du début
du XXe s., prônant les valeurs du rêve, du
désir, de l'instinct contre toutes les idées
établies. 🔊 [syʀʀealism].

SURSAUT, subst. m.
Réaction brusque du corps causée par une
émotion vive : *Se réveiller en sursaut.* – Fig.
Nouvel élan subit : *Sursaut de volonté.*
🔊 [syʀso].

SURSAUTER, verbe intrans. [3]
Avoir un sursaut. 🔊 [syʀsote].

SURSEOIR, verbe trans. indir. [47]
Différer (littér.) : *Il dut surseoir à son
départ.* 🔊 [syʀswaʀ].

SURSIS, subst. m.
Ajournement. – Suspension de l'exécution
d'une peine : *Un an de prison avec sursis.*
– Délai supplémentaire ; répit. 🔊 [syʀsi].

SURSITAIRE, subst.
Qui bénéficie d'un sursis. 🔊 [syʀsiteʀ].

SURTOUT, adv.
Principalement, avant tout : *J'aime surtout
le théâtre.* 🔊 [syʀtu].

SURVEILLANCE, subst. f.
Action de surveiller. 🔊 [syʀvejɑ̃s].

SURVEILLER, verbe trans. [3]
Observer attentivement pour contrôler ou
pour protéger. 🔊 [syʀveje].

SURVENIR, verbe intrans. [22]
Arriver inopinément, en parlant de qqn ou
de qqch. 🔊 [syʀvəniʀ].

SURVÊTEMENT, subst. m.
Vêtement chaud que les sportifs enfilent sur
leur tenue. 🔊 [syʀvɛtmɑ̃].

SURVIE, subst. f.
Le fait de rester en vie. – Fig. Existence après
la mort : *Survie de l'âme.* 🔊 [syʀvi].

SURVIVANCE, subst. f.
Ce qui survit, subsiste d'une chose dispa-
rue : *Ce rite est une survivance.* 🔊 [syʀvivɑ̃s].

SURVIVANT, ANTE, adj. et subst.
Qui survit à qqn, à un accident : *Rapatrier
les survivants.* 🔊 [syʀvivɑ̃, -ɑ̃t].

SURVIVRE, verbe [63]
Trans. indir. **Survivre** *à* : continuer à vivre
après la mort de (qqn) ; échapper à (un
danger mortel). – Intrans. Se maintenir en
vie. 🔊 [syʀvivʀ].

SURVOL, subst. m.
Action de survoler. 🔊 [syʀvɔl].

SURVOLTÉ, ÉE, adj.
Électr. Dont on a augmenté le voltage. – Fig.
Extrêmement excité. 🔊 [syʀvɔlte].

SUS (EN), loc. adv.
En plus. 🔊 [ɑ̃sys].

SUSCEPTIBILITÉ, subst. f.
Disposition d'une personne susceptible,
ombrageuse. 🔊 [syscɛptibilite].

SUSCEPTIBLE, adj.
Apte, propre à faire ou à subir qqch. :
Susceptible *d'être modifié.* – Qui se vexe
facilement : *Ne soyez pas si susceptible.*
🔊 [syscɛptibl].

SUSCITER, verbe trans. [3]
Provoquer l'apparition de, faire naître :
Susciter des vocations. 🔊 [sysite].

SUSPECT, ECTE, adj. et subst.
Adj. Qui éveille des soupçons ; de qualité douteuse. – Subst. Individu soupçonné par la police. 🔊 [syspɛ(kt). -ɛkt].

SUSPECTER, verbe trans. [3]
Soupçonner, juger suspect. 🔊 [syspɛkte].

SUSPENDRE, verbe trans. [51]
Accrocher, fixer une chose de manière qu'elle pende. – Interrompre, ajourner. – Démettre temporairement (qqn) de ses fonctions. 🔊 [syspɑ̃dʀ].

SUSPENS (EN), loc. adv.
En attente : *Laisser un travail en suspens*. – Fig. Dans l'incertitude. 🔊 [ɑ̃syspɑ̃].

SUSPENSE, subst. m.
Sentiment d'attente anxieuse, causé par l'incertitude de ce qui va arriver dans un récit, dans un film. 🔊 [syspɛns].

SUSPENSION, subst. f.
Action de suspendre : *Suspension d'audience*. – Lustre. – Dispositif servant à amortir les chocs transmis à un véhicule par ses roues. – *Ling. Points de suspension* : signe de ponctuation (...) interrompant un énoncé, une énumération. 🔊 [syspɑ̃sjɔ̃].

SUSPICIEUX, IEUSE, adj.
Empli de suspicion. 🔊 [syspisjø. -jøz].

SUSPICION, subst. f.
Sentiment de défiance à l'égard de qqch. ou de qqn estimés suspects. 🔊 [syspisjɔ̃].

SUSTENTER, verbe trans. [3]
Alimenter. 🔊 [systɑ̃te].

SUSURRER, verbe [3]
Intrans. Parler à voix basse, murmurer. – Trans. *Susurrer un secret*. 🔊 [sysyʀe].

SUTURE, subst. f.
Chir. Opération consistant à réunir des tissus en les cousant. 🔊 [sytyʀ].

SUZERAIN, AINE, adj. et subst.
Subst. *Hist.* Seigneur qui concédait des fiefs à des vassaux. – Adj. *État suzerain* : ayant autorité sur un autre. 🔊 [syz(ə)ʀɛ̃. -ɛn].

SVELTE, adj.
Fin et élancé : *Corps svelte*. 🔊 [svɛlt].

SWEAT-SHIRT, subst. m.
Chandail en coton molletonné. 🔊 Plur. *sweat-shirts* ; [swɛtʃœʀt].

SYLLABE, subst. f.
Unité phonétique constituée par un groupe de lettres, qui se prononce d'une seule émission de voix. 🔊 [si(l)lab].

SYLLOGISME, subst. m.
Raisonnement déductif qui part de deux propositions données (prémisses) pour aboutir nécessairement à une troisième (conclusion). 🔊 [si(l)lɔʒism].

SYLVESTRE, adj.
Des bois, des forêts (littér.). 🔊 [silvɛstʀ].

SYMBIOSE, subst. f.
Biol. Association d'organismes vivant en intime relation, avec un profit réciproque. – Fig. Rapprochement étroit. 🔊 [sɛ̃bjoz].

SYMBOLE, subst. m.
Figure, être ou objet qui évoque de manière imagée et instantanée une idée, un concept : *Le lion, symbole de la force*. – Personne incarnant idéalement qqch. : *Gandhi, symbole de la non-violence*. – Signe conventionnel : H_2O, *symbole de l'eau*. 🔊 [sɛ̃bɔl].

SYMBOLIQUE, adj. et subst. f.
Adj. Qui relève du symbole. – Significatif, mais sans valeur réelle : *Un geste symbolique*. – Subst. Ensemble de symboles : *La symbolique chrétienne*. 🔊 [sɛ̃bɔlik].

SYMBOLISER, verbe trans. [3]
Représenter (qqch.) au moyen d'un symbole. – Être le symbole de. 🔊 [sɛ̃bɔlize].

SYMÉTRIE, subst. f.
Correspondance dans l'espace de deux ou de plusieurs éléments par rapport à un plan, à un point, à un axe. – Équilibre d'un ensemble ; harmonie qui en résulte. 🔊 [simetʀi].

SYMÉTRIQUE, adj.
Qui a de la symétrie, régulier. 🔊 [simetʀik].

SYMPATHIE, subst. f.
Attirance, inclination naturelle pour qqn ; amitié. 🔊 [sɛ̃pati].

SYMPATHIQUE, adj.
Qui attire la sympathie. – *Une soirée sympathique* : agréable. 🔊 [sɛ̃patik].

SYMPATHISANT, ANTE, adj. et subst.
Qui a des affinités d'opinion, d'idées avec un mouvement, un parti, sans toutefois y adhérer formellement. 🔊 [sɛ̃patizɑ̃. -ɑ̃t].

SYMPHONIE, subst. f.
Œuvre musicale en plusieurs mouvements composée pour un grand orchestre. – Fig. Ensemble harmonieux (littér.) : *Symphonie de couleurs*. 🔊 [sɛ̃fɔni].

SYMPTOMATIQUE, adj.
Qui concerne les symptômes d'une maladie. – Fig. Significatif. 🔊 [sɛ̃ptɔmatik].

SYMPTÔME, subst. m.
Phénomène caractéristique qui permet de déceler une maladie. – Fig. *Les symptômes de l'amour*. 🔊 [sɛ̃ptom].

SYNAGOGUE, subst. f.
Lieu du culte israélite. 🔊 [sinagɔg].

SYNCHRONISER, verbe trans. [3]
Synchroniser un film : faire concorder le son et l'image. 🔊 [sɛ̃kʀonize].

SYNCOPE, subst. f.
Perte complète de connaissance, subite et momentanée, provoquée par une pause cardiaque. 🔊 [sɛ̃kɔp].

SYNCRÉTISME, subst. m.
Fusion de différentes doctrines philosophiques ou religieuses. 🔊 [sɛ̃kʀetism].

SYNDIC, subst. m.
Personne chargée de gérer les affaires, les intérêts d'une collectivité : *Syndic de copropriété*. 🔊 [sɛ̃dik].

SYNDICAL, ALE, AUX, adj.
Relatif à un syndicat. 🔊 [sɛ̃dikal].

SYNDICAT, subst. m.
Groupement constitué pour la défense d'intérêts professionnels communs. – Syndicat *d'initiative* : organisme local chargé de favoriser le tourisme. 🔊 [sɛ̃dika].

SYNDROME, subst. m.
Ensemble des symptômes d'une maladie. – Fig. Traumatisme collectif agissant sur le comportement. 🔊 [sɛ̃dnom].

SYNERGIE, subst. f.
Action coordonnée de plusieurs organes dans l'accomplissement d'une fonction. 🔊 [sinɛʀʒi].

SYNONYME, adj. et subst. m.
Se dit d'un mot (ou d'une expression) ayant la même signification qu'un autre. 🔊 [sinɔnim].

SYNOPSIS, subst. m.
Résumé schématique du scénario d'un film. 🔊 [sinɔpsis].

SYNOPTIQUE, adj.
Qui, par sa disposition logique et ordonnée, donne une vue d'ensemble. 🔊 [sinɔptik].

SYNTAXE, subst. f.
Partie de la grammaire qui étudie les règles d'agencement des mots, entre eux et au sein de la phrase. – Ces règles. 🔊 [sɛ̃taks].

SYNTHÈSE, subst. f.
Opération intellectuelle consistant à réunir de manière ordonnée des éléments isolés d'un tout (oppos. *analyse*). – Exposé global. – Production d'une substance à partir de plusieurs éléments chimiques. – *Tech.* Reconstitution : Synthèse *vocale.* 🔊 [sɛ̃tɛz].

SYNTHÉTIQUE, adj.
Relatif à la synthèse ; qui en résulte : *Exposé* synthétique. – Obtenu par synthèse chimique : *Tissu* synthétique. 🔊 [sɛ̃tetik].

SYNTHÉTISER, verbe trans. [3]
Regrouper selon un ordre logique ; présenter de manière synthétique. – Produire par synthèse chimique. 🔊 [sɛ̃tetize].

SYNTHÉTISEUR, subst. m.
Clavier électronique capable de synthétiser les sons de divers instruments (abrév. fam. *synthé*). 🔊 [sɛ̃tetizœʀ].

SYPHILIS, subst. f.
Maladie vénérienne infectieuse et contagieuse. 🔊 [sifilis].

SYSTÉMATIQUE, adj.
Fondé sur un système. – Structuré, méthodique. – Qui agit de manière invariable ; dogmatique (péj.). 🔊 [sistematik].

SYSTÉMATISER, verbe trans. [3]
Organiser en système : Systématiser *un savoir.* – Rendre habituel, systématique. 🔊 [sistematize].

SYSTÈME, subst. m.
Ensemble d'éléments structurés en un tout cohérent : Système *philosophique* ; Système *solaire, nerveux, métrique.* – Ensemble de méthodes, de principes contribuant à l'organisation de la vie collective : Système *politique* ; Système *monétaire.* 🔊 [sistɛm].

T

T, t, subst. m. inv.
Vingtième lettre et seizième consonne de l'alphabet français. 🔊 [te].

TA, voir **TON**

TABAC, subst. m.
Plante cultivée pour ses feuilles riches en nicotine. – Ses feuilles, traitées pour être fumées, prisées. – Commerce où l'on vend des produits dérivés du tabac. 🔊 [taba].

TABAGISME, subst. m.
Intoxication par le tabac. 🔊 [tabaʒism].

TABASSER, verbe trans. [3]
Rouer de coups (fam.). 🔊 [tabase].

TABATIÈRE, subst. f.
Petite boîte dans laquelle on mettait le tabac à priser. – Fenêtre de toit. 🔊 [tabatjɛʀ].

TABERNACLE, subst. m.
Relig. Petite armoire, sur l'autel de l'église ou dans le mur du chœur, où sont rangées les hosties. 🔊 [tabɛʀnakl].

TABLE, subst. f.
Meuble composé d'un plateau horizontal reposant sur des pieds, destiné notamment aux repas. – Liste d'informations, de données, claire et facile à consulter : **Table** *des matières d'un livre.* 🔊 [tabl].

TABLEAU, subst. m.
Panneau mural sur lequel on écrit. – Œuvre picturale exécutée sur un support autonome : *Un* tableau *de maître.* – Description. – Schéma alignant des données dans des colonnes. – Tableau *de bord* : ensemble des cadrans de contrôle, dans un véhicule, un avion. 🔊 [tablo].

TABLER, verbe trans. indir. [3]
Compter, se fonder sur : Tabler *sur une rentrée d'argent.* 🔊 [table].

TABLETTE, subst. f.
Petite planche ou surface étroites servant de support. 🔊 [tablɛt].

TABLIER, subst. m.
Vêtement destiné à protéger des taches ;
blouse. – Plate-forme supérieure d'un pont.
– Rideau de fer d'une cheminée. 🐾 [tablije].

TABOU, OUE, adj. et subst. m.
Subst. Interdit culturel ou religieux. – Adj.
Qui fait l'objet d'un **tabou**. 🐾 [tabu].

TABOULÉ, subst. m.
Semoule de blé avec menthe, citron et huile
d'olive, préparée en salade. 🐾 [tabule].

TABOURET, subst. m.
Siège sans dossier ni bras. 🐾 [taburε].

TABULATION, subst. f.
Blocage des marges, repérage des colonnes
d'un tableau, sur une machine à écrire, un
ordinateur. 🐾 [tabylasjɔ̃].

TACHE, subst. f.
Marque naturelle et colorée d'un pelage, de
la peau. – Salissure. 🐾 [taʃ].

TÂCHE, subst. f.
Travail déterminé que l'on doit accomplir.
– Mission : *Une* **tâche** *délicate*. 🐾 [taʃ].

TACHER, verbe trans. [3]
Faire une tache sur, salir par des taches.
– Fig. Souiller moralement. 🐾 [taʃe].

TÂCHER, verbe trans. [3]
Tâcher *de* : s'efforcer de. – **Tâcher** *que* : faire
en sorte que. 🐾 [taʃe].

TACHETÉ, ÉE, adj.
Parsemé de petites taches. 🐾 [taʃ(ə)te].

TACHYCARDIE, subst. f.
Accélération du rythme des battements du
cœur. 🐾 [takikaʀdi].

TACITE, adj.
Qui n'est pas exprimé de façon formelle,
sous-entendu. 🐾 [tasit].

TACITURNE, adj.
Peu loquace, renfermé, d'humeur sombre :
Un caractère **taciturne***.* 🐾 [tasityʀn].

TACT, subst. m.
Sens du toucher. – Respect délicat de la
sensibilité d'autrui. 🐾 [takt].

TACTILE, adj.
Relatif au toucher. – Perçu, commandé par
le toucher : *Écran* **tactile**. 🐾 [taktil].

TACTIQUE, subst. f.
Art ou manière de conduire une bataille.
– Méthode habile visant à atteindre un
objectif. 🐾 [taktik].

TAFFETAS, subst. m.
Tissu de soie, sans envers. 🐾 [tafta].

TAIE, subst. f.
Enveloppe de tissu amovible pour oreiller
ou traversin. – Tache de la cornée. 🐾 [tε].

TAÏGA, subst. f.
Forêt de conifères du nord de l'Eurasie et
de l'Amérique. 🐾 [tajga].

TAILLADER, verbe trans. [3]
Faire des entailles, des coupures dans
(qqch.) avec un instrument tranchant :
Taillader *un arbre*. 🐾 [tajade].

TAILLE, subst. f.
Impôt féodal. – Action, manière de tailler.
– Dimension ; mesure. – Partie resserrée du
corps, au-dessus des hanches. 🐾 [taj].

TAILLER, verbe trans. [3]
Couper (qqch.) de façon à obtenir une
forme précise. – Élaguer. 🐾 [taje].

TAILLEUR, subst. m.
Artisan qui taille des vêtements ; couturier.
– Tenue féminine composée d'une jupe et
d'une veste assorties. 🐾 [tajœʀ].

TAILLIS, subst. m.
Végétation touffue formée par les repousses
et rejets d'arbres coupés. 🐾 [taji].

TAIN, subst. m.
Couche de mercure et d'étain appliquée sur
l'envers d'un miroir. 🐾 [tε̃].

TAIRE, verbe trans. [59]
Ne pas dire, ne pas révéler. – Pronom.
Garder le silence ou cesser de parler, de faire
du bruit. 🐾 [tεʀ].

TALC, subst. m.
Poudre blanche et douce de silicate naturel
de magnésium. 🐾 [talk].

TALENT, subst. m.
Aptitude particulière à exercer une activité.
– Disposition naturelle, intellectuelle ou
artistique : *Avoir du* **talent**. 🐾 [talɑ̃].

TALION, subst. m.
Châtiment identique à la faute. 🐾 [taljɔ̃].

TALISMAN, subst. m.
Objet auquel on a conféré, par un rite, un
pouvoir magique ou protecteur. 🐾 [talismɑ̃].

TALON, subst. m.
Partie postérieure du pied de l'homme.
– Support placé sous la partie postérieure
de la semelle d'une chaussure. – Partie non
détachable d'une feuille de carnet ou de
registre à souche. 🐾 [talɔ̃].

TALONNER, verbe trans. [3]
Frapper ou presser du talon : **Talonner** *un
cheval*, l'éperonner. – Poursuivre de très
près ; harceler. 🐾 [talɔne].

TALUS, subst. m.
Terrain en pente : *Talus d'un fossé*. – Pente
d'un remblai. 🐾 [taly].

TAMANOIR, subst. m.
Mammifère d'Amérique du Sud au museau
très allongé, qui capture des fourmis avec
sa longue langue visqueuse. 🐾 [tamanwaʀ].

TAMARIS, subst. m.
Arbuste du littoral à feuillage très fin et à
petites fleurs roses. 🐾 [tamaʀis].

TAMBOUR, subst. m.
Instrument à percussion, que l'on fait
résonner avec des baguettes. – Joueur de
tambour. – Pièce cylindrique : *Tambour de
frein, de lave-linge*. 🐾 [tɑ̃buʀ].

TAMBOURIN, subst. m.
Tambour provençal allongé, que l'on bat
avec une seule baguette. 🐾 [tɑ̃buʀε̃].

TAMBOURINER, verbe [3]
Intrans. Frapper des coups rapides et répétés (sur, contre qqch.). – Trans. Annoncer, répandre partout. 📖 [tɑ̃buʀine].

TAMIS, subst. m.
Instrument utilisé pour séparer des particules solides de tailles différentes ou pour filtrer des liquides ; crible. 📖 [tami].

TAMISER, verbe trans. [3]
Passer au tamis. – **Tamiser** *la lumière* : en diminuer l'intensité. 📖 [tamize].

TAMPON, subst. m.
Matière souple, comprimée en boule, servant à absorber, à récurer, etc. – Bouchon. – Dispositif amortissant les chocs. – Plaque de caoutchouc gravée servant à oblitérer ; oblitération. 📖 [tɑ̃pɔ̃].

TAMPONNER, verbe trans. [3]
Donner des petits coups légers de tampon sur. – Oblitérer. – Heurter. 📖 [tɑ̃pɔne].

TAM-TAM, subst. m.
Tambour africain utilisé pour rythmer des chants et des danses ou pour transmettre des messages codés. 📖 Plur. *tam-tams* : [tamtam].

TANCER, verbe trans. [4]
Réprimander, admonester. 📖 [tɑ̃se].

TANCHE, subst. f.
Poisson d'eau douce, court et massif, qui recherche les fonds vaseux. 📖 [tɑ̃ʃ].

TANDEM, subst. m.
Longue bicyclette à deux places. – Association étroite de deux personnes. 📖 [tɑ̃dɛm].

TANDIS QUE, loc. conj.
Pendant que. – Alors que. 📖 [tɑ̃dik(ə)].

TANGAGE, subst. m.
Mouvement d'un navire dont l'avant et l'arrière plongent alternativement (oppos. *roulis*). – Oscillation d'une auto, d'un avion. 📖 [tɑ̃gaʒ].

TANGENT, ENTE, adj. et subst. f.
Adj. *Géom.* Qui touche en un seul point, sans couper : *Plan* **tangent** *à une surface*. – Fig. Acquis de justesse (fam.). – Subst. *Géom.* Droite tangente. 📖 [tɑ̃ʒɑ̃, -ɑ̃t].

TANGIBLE, adj.
Perceptible par le toucher. – Fig. Indéniable, incontestable. 📖 [tɑ̃ʒibl].

TANGUER, verbe intrans. [3]
Être soumis au tangage. 📖 [tɑ̃ge].

TANIÈRE, subst. f.
Retraite, abri d'une bête sauvage. – Logis, lieu où l'on se cache, s'isole. 📖 [tanjɛʀ].

TANK, subst. m.
Char d'assaut. – Citerne d'un pétrolier. 📖 [tɑ̃k].

TANKER, subst. m.
Navire-citerne, pétrolier. 📖 [tɑ̃kœʀ].

TANNER, verbe trans. [3]
Traiter une peau pour en faire du cuir. – Fig. Harceler de demandes (fam.). 📖 [tane].

TANNERIE, subst. f.
Usine où l'on tanne les peaux. 📖 [tanʀi].

TAN(N)IN, subst. m.
Substance végétale utilisée pour traiter les cuirs, fabriquer des encres. – **Tanin** *du vin* : présent dans le vin rouge. 📖 [tanɛ̃].

TANT, adv.
Tellement. – *Un* **tant** *soit peu* : si peu que ce soit. – **Tant** *s'en faut* : il s'en faut de beaucoup. – Autant. – *Si* **tant** *est que* : pour autant que. – *En* **tant** *que* : en qualité de. – Aussi bien : **Tant** *opprimé qu'oppresseur*. – **Tant** *mieux* : c'est bien ; **Tant** *pis* : c'est dommage. – **Tant** *que* : aussi longtemps que. – *Gagner* **tant** *par mois* : une quantité donnée. 📖 [tɑ̃].

TANTE, subst. f.
Sœur du père ou de la mère. – Épouse de l'oncle. 📖 [tɑ̃t].

TANTINET, subst. m.
Un **tantinet** : un peu (fam.). 📖 [tɑ̃tinɛ].

TANTÔT, adv.
Cet après-midi. – **Tantôt** *gai*, **tantôt** *triste* : alternativement gai et triste. 📖 [tɑ̃to].

TAOÏSME, subst. m.
Doctrine religieuse de Chine. 📖 [taoism].

TAON, subst. m.
Grosse mouche dont la femelle pique les mammifères et leur suce le sang. 📖 [tɑ̃].

TAPAGE, subst. m.
Bruit fort et confus, accompagné de désordre, de cris. – Publicité exagérée. 📖 [tapaʒ].

TAPAGEUR, EUSE, adj.
Qui fait du tapage. – Scandaleux. – Voyant et de mauvais goût. 📖 [tapaʒœʀ, -øz].

TAPE, subst. f.
Coup donné avec la main. 📖 [tap].

TAPE-À-L'ŒIL, adj. inv. et subst. m. inv.
Fam. Adj. Très voyant, tapageur : *Un vêtement* tape-à-l'œil. – Subst. Apparence clinquante, trompeuse. 📖 [tapalœj].

TAPER, verbe trans. [3]
Donner des coups à ; frapper sur. – Dactylographier. – **Taper** *qqn* : lui emprunter de l'argent (fam.). 📖 [tape].

TAPINOIS (EN), loc. adv.
En cachette. 📖 [ɑ̃tapinwa].

TAPIOCA, subst. m.
Fécule de manioc. 📖 [tapjoka].

TAPIR, subst. m.
Mammifère herbivore tropical, qui possède une courte trompe. 📖 [tapiʀ].

TAPIR (SE), verbe pronom. [19]
Se cacher en se blottissant. – S'enfermer pour échapper aux regards. 📖 [tapiʀ].

TAPIS, subst. m.
Ouvrage textile qu'on étend sur le sol. – Ce qui recouvre une surface : *Tapis* *de feuilles*. – Fig. Table de négociations. 📖 [tapi].

TAPISSER, verbe trans. [3]
Couvrir totalement (une surface). – Tendre
d'un papier peint. 🔊 [tapise].

TAPISSERIE, subst. f.
Pièce textile décorative, tendue sur un mur
ou couvrant un meuble. – Ouvrage d'aiguille exécuté sur un canevas. – Revêtement mural de tissu ou de papier. 🔊 [tapisʀi].

TAPOTER, verbe trans. [3]
Donner de petites tapes sur. 🔊 [tapote].

TAQUET, subst. m.
Petite pièce de bois ou de métal servant de
butée, de cale ou de verrou. 🔊 [takɛ].

TAQUIN, INE, adj. et subst.
Qui aime à taquiner. 🔊 [takɛ̃, -in].

TAQUINER, verbe trans. [3]
Se moquer gentiment de (qqn), s'amuser
à faire enrager. 🔊 [takine].

TARABISCOTÉ, ÉE, adj.
Surchargé de moulures, d'ornements. – Fig.
Compliqué à l'excès. 🔊 [taʀabiskote].

TARABUSTER, verbe trans. [3]
Fam. Houspiller, importuner sans cesse.
– Préoccuper. 🔊 [taʀabyste].

TARD, adv.
Longtemps après le temps attendu, normal,
habituel. – Empl. subst. masc. *Sur le tard* :
à une heure avancée de la journée ; à un
âge avancé. 🔊 [taʀ].

TARDER, verbe intrans. [3]
Mettre du temps à faire qqch. – Être en
retard ; se faire attendre. – *Il me tarde de* :
je suis très impatient de. 🔊 [taʀde].

TARDIF, IVE, adj.
Qui a lieu à une heure avancée. – Qui vient
tard, trop tard. 🔊 [taʀdif, -iv].

TARE, subst. f.
Poids d'un emballage, d'un contenant.
– Déficience, défectuosité organique ou
psychique, souv. héréditaire. – Défaut.
🔊 [taʀ].

TARÉ, ÉE, adj. et subst.
Qui est affligé d'une tare physique ou
psychique. – Fig. Imbécile (fam.). 🔊 [taʀe].

TARENTULE, subst. f.
Grosse araignée d'Europe méridionale, dont
la piqûre est douloureuse. 🔊 [taʀɑ̃tyl].

TARGETTE, subst. f.
Petit verrou plat. 🔊 [taʀʒɛt].

TARGUER (SE), verbe pronom. [3]
Se prévaloir, se vanter (de). 🔊 [taʀge].

TARIF, subst. m.
Liste des prix pratiqués. – Prix fixé pour un
droit, un service, une prestation. 🔊 [taʀif].

TARIR, verbe [19]
Intrans. Cesser de couler ou être mis à sec.
– *Ne pas tarir de* : être prodigue de. – *Ne
pas tarir sur* : parler abondamment de.
– Trans. Mettre à sec. 🔊 [taʀiʀ].

TAROT, subst. m.
Jeu de 78 cartes, au dessin particulier, qui
servent aussi à la divination. 🔊 [taʀo].

TARSE, subst. m.
Partie postérieure du squelette du pied,
formée de sept os. 🔊 [taʀs].

TARTE, subst. f.
Préparation de pâte amincie et garnie de
fruits, de crème, de légumes, etc. 🔊 [taʀt].

TARTINE, subst. f.
Tranche de pain sur laquelle on étale du
beurre, de la confiture, etc. – Texte très long
(fam.). 🔊 [taʀtin].

TARTINER, verbe trans. [3]
Étaler du beurre, de la confiture, etc., sur
(une tranche de pain). 🔊 [taʀtine].

TARTRE, subst. m.
Dépôt calcaire. – Matière organique qui
jaunit les dents. 🔊 [taʀtʀ].

TARTU(F)FE, adj. et subst. m.
Hypocrite. 🔊 [taʀtyf].

TAS, subst. m.
Accumulation, amoncellement en hauteur
d'objets, de matériaux. – *Un tas de* : une
grande quantité, beaucoup de. 🔊 [ta].

TASSE, subst. f.
Petit récipient à anse utilisé pour boire.
– Son contenu. 🔊 [tas].

TASSEAU, subst. m.
Petit morceau de bois allongé, servant à
fixer, à caler ou à soutenir. 🔊 [taso].

TASSEMENT, subst. m.
Action de tasser, de se tasser ; son résultat.
– Fig. Baisse, ralentissement. 🔊 [tasmɑ̃].

TASSER, verbe trans. [3]
Réduire de volume en comprimant. – Serrer,
resserrer dans un espace restreint. – Pronom. Se voûter. – *Ça se tasse* : ça se calme
(fam.). 🔊 [tase].

TÂTER, verbe trans. [3]
Explorer par le toucher. – Fig. Sonder qqn
pour connaître ses capacités ou ses intentions. – *Tâter le terrain* : s'informer discrètement avant toute action. – *Tâter de* : faire
l'expérience de. – Pronom. Hésiter. 🔊 [tate].

TATILLON, ONNE, adj. et subst.
Qui est méticuleux à l'excès. 🔊 [tatijɔ̃, -ɔn].

TÂTONNEMENT, subst. m.
Action, fait de tâtonner. 🔊 [tɑtɔnmɑ̃].

TÂTONNER, verbe intrans. [3]
Se diriger au toucher, sans voir. – Fig. Faire
différents essais avant d'agir, de se décider ;
hésiter. 🔊 [tɑtɔne].

TÂTONS (À), loc. adv.
À l'aveuglette, en tâtonnant. – Fig. En
essayant au hasard. 🔊 [atatɔ̃].

TATOU, subst. m.
Mammifère édenté d'Amérique tropicale,
pourvu d'une carapace cornée. 🔊 [tatu].

TATOUAGE, subst. m.
Action de tatouer, de se faire tatouer.
– Dessin ainsi obtenu. 🔊 [tatwaʒ].

TATOUER, verbe trans. [3]
Dessiner à l'aiguille des motifs indélébiles
sur (la peau). 🔊 [tatwe].

TAUDIS, subst. m.
Logement très misérable. 🕮 [todi].

TAUPE, subst. f.
Petit mammifère quasi aveugle, insectivore, qui creuse des galeries dans la terre. – Espion (fam.). 🕮 [top].

TAUPINIÈRE, subst. f.
Petit monticule de terre rejetée par la taupe. 🕮 [topinjɛʀ].

TAUREAU, subst. m.
Mâle non castré de la vache. – Deuxième signe du zodiaque. 🕮 [toʀo].

TAUROMACHIE, subst. f.
Art de combattre les taureaux dans l'arène. 🕮 [toʀomaʃi].

TAUX, subst. m.
Prix officiel de certains biens ou services. – Pourcentage, proportion, degré. – *Taux d'intérêt* : pourcentage auquel les intérêts d'un capital emprunté sont réglés. 🕮 [to].

TAVELÉ, ÉE, adj.
Marqué de petites taches. 🕮 [tav(ə)le].

TAVERNE, subst. f.
Café-restaurant rustique et populaire : *Une* taverne *alsacienne*. 🕮 [tavɛʀn].

TAXATION, subst. f.
Action de taxer. – Fixation de certains prix par l'État. – Imposition. 🕮 [taksasjɔ̃].

TAXE, subst. f.
Redevance perçue par un organisme public pour prix de son service. – Impôt. 🕮 [taks].

TAXER, verbe trans. [3]
Assujettir à une taxe ; frapper d'une taxe. – Fig. Accuser, qualifier (de). 🕮 [takse].

TAXI, subst. m.
Voiture avec chauffeur, louée pour une course. 🕮 [taksi].

TAXIDERMIE, subst. f.
Art d'empailler des animaux en leur gardant l'apparence de la vie. 🕮 [taksidɛʀmi].

TCHADOR, subst. m.
Voile dont les femmes musulmanes se couvrent la tête et le corps, en partic. en Iran. 🕮 [tʃadɔʀ].

TE, T', pron. pers.
Forme complément du pronom personnel de la 2ᵉ personne du singulier : *Je te remercie* ; *Je t'ai parlé*. 🕮 [tə, t].

TECHNICIEN, IENNE, adj. et subst.
Adj. Relatif à la technique. – Subst. Spécialiste, professionnel d'une technique donnée. 🕮 [tɛknisjɛ̃, -jɛn].

TECHNICITÉ, subst. f.
Caractère de ce qui est technique : *La* technicité *d'un travail*. 🕮 [tɛknisite].

TECHNIQUE, adj. et subst.
Adj. Relatif à un savoir-faire, à une pratique. – Relatif aux applications de la connaissance scientifique : *Le progrès* technique. – Subst. Ensemble des savoir-faire d'une industrie, d'un métier, etc. 🕮 [tɛknik].

TECHNOCRATE, subst.
Responsable ou haut fonctionnaire qui privilégie l'aspect technique au détriment du facteur humain. 🕮 [tɛknɔkʀat].

TECHNOLOGIE, subst. f.
Science des techniques. – Techniques propres à un domaine. 🕮 [tɛknɔlɔʒi].

TE(C)K, subst. m.
Arbre d'Asie tropicale dont le bois, imputrescible, est recherché. 🕮 [tɛk].

TEE-SHIRT, subst. m.
Maillot de coton à manches courtes, sans col, en forme de T. 🕮 On écrit aussi *T-shirt* ; plur. *tee-shirts* ; [tiʃœʀt].

TEIGNE, subst. f.
Mite. – Maladie du cuir chevelu due à un champignon. – Personne méchante (fam.). 🕮 [tɛɲ].

TEIGNEUX, EUSE, adj. et subst.
Malade de la teigne. – Méchant, hargneux (fam.). 🕮 [tɛɲø, -øz].

TEINDRE, verbe trans. [53]
Imprégner d'une substance colorante : Teindre *un tissu*. – Pronom. Donner à ses cheveux une couleur factice. 🕮 [tɛ̃dʀ].

TEINT, subst. m.
Couleur du visage, mine. – Couleur que la teinture donne à une étoffe. 🕮 [tɛ̃].

TEINTE, subst. f.
Couleur nuancée, résultant d'un mélange. – *Une teinte d'humour, de tristesse* : une touche, une petite dose. 🕮 [tɛ̃t].

TEINTER, verbe trans. [3]
Colorer légèrement. – Nuancer. 🕮 [tɛ̃te].

TEINTURE, subst. f.
Action de teindre ; son résultat. – Substance colorante. – *Pharm*. Principe actif en solution dans l'alcool. – Fig. Connaissance superficielle (littér.). 🕮 [tɛ̃tyʀ].

TEINTURERIE, subst. f.
Industrie de la teinture. – Atelier, magasin où l'on teint et nettoie les vêtements ; blanchisserie. 🕮 [tɛ̃tyʀʀi].

TEL, TELLE, adj. et pron. indéf.
Adj. Pareil, comparable : *Jamais on n'a dit de telles bêtises*. – Comme : *Il se bat tel un lion* ; *Je l'aime tel qu'il est*. – Si grand, si fort, etc. : *Une telle joie !* – Un certain : *J'arriverai à tel moment*. – Pron. Quelqu'un, cette personne (que l'on ne nomme pas) : *Tel est pris qui croyait prendre* ; *Monsieur Un* tel, *madame Une* telle. – Tel *quel* : sans modification. 🕮 [tɛl].

TÉLÉ, subst. f.
Abrév. fam. pour « télévision ». 🕮 [tele].

TÉLÉCARTE, subst. f.
Carte à mémoire permettant d'utiliser un téléphone public. 🕮 N. déposé [telekaʀt].

TÉLÉCOMMANDE, subst. f.
Équipement assurant la commande à distance d'un appareil. 🕮 [telekɔmɑ̃d].

TÉLÉCOMMUNICATION, subst. f.
Ensemble des techniques de communication à distance. 🔊 [telekɔmynikasjɔ̃].

TÉLÉCOPIE, subst. f.
Procédé de reproduction d'un document à distance. – Le document ainsi reproduit. 🔊 [telekɔpi].

TÉLÉCOPIEUR, subst. m.
Appareil de télécopie, fax. 🔊 [telekɔpjœʀ].

TÉLÉGRAMME, subst. m.
Message télégraphique. 🔊 [telegʀam].

TÉLÉGRAPHE, subst. m.
Système de transmission de messages à distance. 🔊 [telegʀaf].

TÉLÉGRAPHIQUE, adj.
Relatif au télégraphe. – *Style* **télégraphique** : bref, concis, abrégé. 🔊 [telegʀafik].

TÉLÉGUIDER, verbe trans. [3]
Diriger, piloter à distance. – Fig. Manipuler à distance et en secret. 🔊 [telegide].

TÉLÉMATIQUE, adj. et subst. f.
Se dit de l'ensemble des techniques alliant les possibilités des télécommunications et celles de l'informatique. 🔊 [telematik].

TÉLÉOBJECTIF, subst. m.
Objectif utilisé pour photographier de loin. 🔊 [teleɔbʒɛktif].

TÉLÉPATHIE, subst. f.
Transmission de pensée. 🔊 [telepati].

TÉLÉPHÉRIQUE, subst. m.
Cabine de transport suspendue à un câble. 🔊 [telefeʀik].

TÉLÉPHONE, subst. m.
Dispositif de transmission de la parole à longue distance. – Appareil qui permet cette transmission. 🔊 [telefɔn].

TÉLÉPHONER, verbe [3]
Communiquer par téléphone. 🔊 [telefɔne].

TÉLESCOPE, subst. m.
Instrument d'optique utilisé pour observer les objets éloignés, les astres. 🔊 [telɛskɔp].

TÉLESCOPER, verbe trans. [3]
Percuter violemment (qqch.), entrer en collision avec. 🔊 [telɛskɔpe].

TÉLESCOPIQUE, adj.
Fait au moyen du télescope. – Dont les éléments coulissent les uns dans les autres : *Antenne* **télescopique**. 🔊 [telɛskɔpik].

TÉLÉSCRIPTEUR, subst. m.
Appareil permettant la transmission à distance de dépêches. 🔊 [teleskʀiptœʀ].

TÉLÉSPECTATEUR, TRICE, subst.
Personne qui regarde les programmes de la télévision. 🔊 [telespɛktatœʀ, -tʀis].

TÉLÉVISEUR, subst. m.
Récepteur de télévision. 🔊 [televizœʀ].

TÉLÉVISION, subst. f.
Transmission, par câble ou sur le réseau hertzien, d'images et de sons. – Organisme qui diffuse des émissions par cette voie. – Téléviseur (fam.). 🔊 [televizjɔ̃].

TÉLEX, subst. m.
Service télégraphique dont les abonnés peuvent se transmettre des documents dactylographiés. 🔊 [telɛks].

TELLEMENT, adv.
Beaucoup, très : *Elle est* **tellement** *intelligente*. – Au point que, si : *Il va* **tellement** *vite qu'on ne le suit pas*. 🔊 [tɛlmɑ̃].

TELLURIQUE, adj.
Qui concerne la Terre. 🔊 [telyʀik].

TÉMÉRAIRE, adj. et subst.
Qui fait preuve de témérité. 🔊 [temeʀɛʀ].

TÉMÉRITÉ, subst. f.
Manière d'agir qui néglige le danger, hardiesse imprudente. 🔊 [temeʀite].

TÉMOIGNAGE, subst. m.
Action de témoigner ; le résultat de cette action. – Preuve, marque. 🔊 [temwaɲaʒ].

TÉMOIGNER, verbe [3]
Trans. Certifier la réalité de : *Il* **témoigne** *l'avoir vu*. – Marquer, manifester : **Témoigner** *sa peine*. – **Témoigner** *de* : être le signe de ; donner une preuve de. – Intrans. Révéler ce que l'on sait, le dire. – Déposer en justice, sous serment. 🔊 [temwaɲe].

TÉMOIN, subst. m.
Personne qui témoigne. – Œuvre ou artiste représentatifs de leur époque. – Empl. adj. Qui sert de référence, de repère : *Lampe* **témoin** ; *Buttes* **témoins**. 🔊 [temwɛ̃].

TEMPE, subst. f.
Région latérale de la tête. 🔊 [tɑ̃p].

TEMPÉRAMENT, subst. m.
Constitution physique ou morale d'une personne. 🔊 [tɑ̃peʀamɑ̃].

TEMPÉRANCE, subst. f.
Modération, retenue. – Sobriété, en partic. en ce qui concerne la boisson. 🔊 [tɑ̃peʀɑ̃s].

TEMPÉRATURE, subst. f.
Degré de chaleur d'un lieu, d'un corps ou de l'air ambiant. – Fièvre. 🔊 [tɑ̃peʀatyʀ].

TEMPÉRÉ, ÉE, adj.
Ni très froid ni très chaud. – Fig. Modéré. 🔊 [tɑ̃peʀe].

TEMPÉRER, verbe trans. [8]
Adoucir, atténuer (littér.). 🔊 [tɑ̃peʀe].

TEMPÊTE, subst. f.
Violente perturbation atmosphérique. – Fig. Violente manifestation. 🔊 [tɑ̃pɛt].

TEMPÊTER, verbe intrans. [3]
Manifester bruyamment sa colère, tonner. 🔊 [tɑ̃pɛte].

TEMPLE, subst. m.
Édifice consacré au culte d'un dieu. – Édifice consacré au culte protestant. 🔊 [tɑ̃pl].

TEMPO, subst. m.
Mus. Mouvement dans lequel une œuvre doit être jouée. – Rythme d'une action. 🔊 [tempo].

TEMPORAIRE, adj.
Qui ne dure qu'un temps. 🔊 [tɑ̃pɔʀɛʀ].

TEMPORAL, ALE, AUX, adj.
Relatif à la tempe. 🔊 [tɑ̃pɔʀal].

TEMPOREL, ELLE, adj.
Relatif au temps. – Matériel, par oppos. à spirituel. 🔊 [tɑ̃pɔʀɛl].

TEMPORISER, verbe intrans. [3]
Différer une action, dans l'attente d'une occasion propice. 🔊 [tɑ̃pɔʀize].

TEMPS, subst. m.
Durée marquée par la succession des événements : *La fuite du temps*. – Durée considérée comme mesurable : *Ce travail me prend trop de temps*. – Délai suffisant, loisir : *Je n'ai pas le temps de finir*. – Époque : *Le temps des cathédrales* ; *Le temps des vendanges*. – *La plupart du temps* : presque toujours. – Ensemble des conditions météorologiques : *Un temps beau et sec*. – Loc. adv. *À temps* : assez tôt. – *De tout temps* : toujours. – *Ling*. Série de formes verbales marquant le **temps** (présent, passé, futur). – *Hist.* Les Temps modernes : période de l'histoire comprise entre le Moyen Âge et la Révolution française (fin XVᵉ s.- fin XVIIIᵉ s.). – *Mus*. Division de la mesure. 🔊 [tɑ̃].

TENACE, adj.
Qui adhère fortement. – Dont on ne peut se débarrasser. – Opiniâtre. 🔊 [tənas].

TÉNACITÉ, subst. f.
Caractère tenace. 🔊 [tenasite].

TENAILLE, subst. f.
Pince en croix servant à serrer. 🔊 Employé indifféremment au sing. et au plur. ; [tənaj].

TENAILLER, verbe trans. [3]
Faire souffrir, tourmenter. 🔊 [tənaje].

TENANCIER, IÈRE, subst.
Personne qui dirige un hôtel, un café, une maison de jeu, etc. 🔊 [tənɑ̃sje, -jɛʀ].

TENANT, ANTE, adj. et subst. m.
Adj. *Séance* **tenante** : immédiatement. – Subst. Partisan. – *D'un seul* **tenant** : d'une seule pièce. – *Les* **tenants** *et les aboutissants d'une affaire* : tous les détails qui s'y rapportent. 🔊 [tənɑ̃, -ɑ̃t].

TENDANCE, subst. f.
Prédisposition, penchant. – Orientation, évolution : *Tendance politique*. 🔊 [tɑ̃dɑ̃s].

TENDANCIEUX, IEUSE, adj.
Qui manque d'objectivité. 🔊 [tɑ̃dɑ̃sjø, -jøz].

TENDEUR, subst. m.
Courroie élastique munie de crochets servant à fixer qqch. à un support. 🔊 [tɑ̃dœʀ].

TENDINITE, subst. f.
Inflammation d'un tendon. 🔊 [tɑ̃dinit].

TENDON, subst. m.
Tissu conjonctif fibreux fixant les muscles sur les os. 🔊 [tɑ̃dɔ̃].

TENDRE (I), verbe trans. [51]
Étirer, bander, rendre raide. – Présenter en avançant : **Tendre** *la main*. – **Tendre à**, avoir pour objectif ; évoluer (vers) : *Un usage* **tendant** *à se perdre*. 🔊 [tɑ̃dʀ].

TENDRE (II), adj.
Qui n'est pas dur ; peu résistant. – Doux, délicat. – Affectueux. – Empl. subst. Personne douce et affectueuse. 🔊 [tɑ̃dʀ].

TENDRESSE, subst. f.
Qualité de ce qui est tendre. – Sentiment tendre d'affection ou d'amour. 🔊 [tɑ̃dʀɛs].

TENDRON, subst. m.
Morceau de viande situé sous le thorax, chez le bœuf et le veau. 🔊 [tɑ̃dʀɔ̃].

TENDU, UE, adj.
Étiré, bandé. – Appliqué, concentré : *Avoir l'esprit tendu*. – Crispé, angoissé. – Empreint de tension, pesant. 🔊 [tɑ̃dy].

TÉNÈBRES, subst. f. plur.
Obscurité profonde. – Fig. L'enfer, le mal. 🔊 [tenɛbʀ].

TÉNÉBREUX, EUSE, adj.
Adj. Sombre, obscur. – Que l'on comprend difficilement ; mystérieux. 🔊 [tenebʀø, -øz].

TENEUR, subst. f.
Contenu précis d'un document. – Proportion d'un corps entrant dans un mélange : *Teneur en alcool*. 🔊 [tənœʀ].

TÉNIA, subst. m.
Ver parasite de l'homme et de certains animaux, aussi appelé ver solitaire. 🔊 [tenja].

TENIR, verbe [22]
Trans. dir. Avoir à la main. – Avoir en son pouvoir : *On* **tient** *les coupables*. – Maintenir dans un état : **Tenir** *les genoux serrés*. – Considérer comme : *Je vous* **tiens** *pour responsable*. – Exécuter, respecter : **Tenir** *parole*. – Recevoir ou obtenir de : *Je* **tiens** *ce talent de mon père*. – Contenir. – Trans. indir. Adhérer à : *Ce papier* **tient** *bien au mur*. – Être attaché à : *Je* **tiens** *à mes amis*. – Désirer, vouloir : *Elle* **tient** *à vous revoir*. – Résulter de : *Son erreur* **tient** *à son ignorance*. – Avoir des points communs avec : *Cela* **tient** *du vaudeville !* – Intrans. Se maintenir (dans une position) : **Tiens-toi** *droit !* – Pouvoir être contenu : *Le sac* **tient** *dans la malle*. – Être fixé, résister, durer. – Pronom. Avoir lieu, se trouver. – Garder une position, une attitude. – *S'en* **tenir** *à* : ne pas aller au-delà de. 🔊 [t(ə)niʀ].

TENNIS, subst.
Masc. Sport dans lequel 2 ou 4 joueurs munis de raquettes s'échangent une balle par-dessus un filet. – Fém. Chaussure utilisée pour ce sport. 🔊 [tenis].

TÉNOR, subst. m.
Voix d'homme élevée. – Chanteur qui a cette voix. 🔊 [tenɔʀ].

TENSION, subst. f.
Action de tendre ; résultat de cette action. – Fig. Nervosité, crispation. – Désaccord. – Concentration intellectuelle. – *Méd*. Pression artérielle. 🔊 [tɑ̃sjɔ̃].

TENTACULAIRE, adj.
Relatif aux tentacules. – Fig. Qui s'étend dans toutes les directions. 🔊 [tɑ̃takylɛʀ].

TENTACULE, subst. m.
Appendice mobile propre à certains animaux, servant à toucher, à prendre ou à se déplacer. 🕮 [tɑ̃takyl].

TENTATION, subst. f.
Attrait pour qqch. de défendu. – Désir, envie de qqch. ; la chose désirée. 🕮 [tɑ̃tasjɔ̃].

TENTATIVE, subst. f.
Action d'essayer de faire qqch. – Résultat de cette action. 🕮 [tɑ̃tativ].

TENTE, subst. f.
Abri de toile, démontable et transportable. 🕮 [tɑ̃t].

TENTER, verbe trans. [3]
Éveiller le désir, l'envie de (qqn). – Entreprendre (qqch.). – Essayer, oser. 🕮 [tɑ̃te].

TENTURE, subst. f.
Tissu d'ameublement utilisé comme rideau ou tendu sur les murs. 🕮 [tɑ̃tyʀ].

TÉNU, UE, adj.
Très mince, très fin. – Léger, subtil : Des différences ténues. 🕮 [teny].

TENUE, subst. f.
Manière ou action de tenir, de se tenir ; son résultat. – Habillement. – Tenue de route : stabilité, pour une automobile. 🕮 [təny].

TER, adv.
Pour la troisième fois. 🕮 [tɛʀ].

TERGIVERSER, verbe intrans. [3]
Retarder le moment d'agir par des prétextes, des échappatoires. 🕮 [tɛʀʒivɛʀse].

TERME (I), subst. m.
Fin d'un délai. – Achèvement d'une action, d'un état : Le terme de la vie, la mort. – À court terme : à brève échéance. – À terme : de façon certaine, après un délai plus ou moins long. 🕮 [tɛʀm].

TERME (II), subst. m.
Mot : Le terme exact ; En ces termes, avec ces mots. – Être en bons termes avec qqn : avoir de bonnes relations avec lui. 🕮 [tɛʀm].

TERMINAISON, subst. f.
Partie finale d'un mot, accolée au radical. – Extrémité, fin. 🕮 [tɛʀminɛzɔ̃].

TERMINAL (I), ALE, AUX, adj.
Qui se termine ; qui marque la fin. – Méd. Qui précède la mort de peu. 🕮 [tɛʀminal].

TERMINAL (II), AUX, subst. m.
Point où aboutit une ligne de transport ou de communication. – Informat. Poste de travail périphérique, relié à un ordinateur central. 🕮 [tɛʀminal].

TERMINER, verbe trans. [3]
Mettre fin à, achever. – Constituer l'extrémité de (qqch.). 🕮 [tɛʀmine].

TERMINOLOGIE, subst. f.
Ensemble des termes propres à un domaine précis. 🕮 [tɛʀminɔlɔʒi].

TERMINUS, subst. m.
Dernière station d'une ligne de transports, arrivée. 🕮 [tɛʀminys].

TERMITE, subst. m.
Insecte social qui cause des dégâts en creusant des galeries dans le bois. 🕮 [tɛʀmit].

TERMITIÈRE, subst. f.
Nid de termites. 🕮 [tɛʀmitjɛʀ].

TERNE, adj.
Sans éclat, peu lumineux. – Inexpressif, sans caractère ; morne. 🕮 [tɛʀn].

TERNIR, verbe trans. [19]
Rendre terne, sans éclat. – Affaiblir, porter atteinte à : Ternir une renommée. 🕮 [tɛʀniʀ].

TERRAIN, subst. m.
Espace de terre déterminé et pouvant avoir un usage particulier : Terrain de jeux. – Sol, considéré dans sa nature, ses qualités : Terrain argileux. – Fig. Domaine, matière : Le terrain politique ; Un terrain d'entente. – Méd. Ensemble des facteurs qui favorisent l'apparition d'une maladie. 🕮 [teʀɛ̃].

TERRASSE, subst. f.
Esplanade en plein air devant un édifice. – Grand balcon. – Dans une pente, partie de terre mise à l'horizontale : Culture en terrasses. 🕮 [teʀas].

TERRASSEMENT, subst. m.
Action de creuser la terre, de la transporter et de remblayer. 🕮 [teʀasmɑ̃].

TERRASSER, verbe trans. [3]
Renverser, jeter de force à terre, en luttant. – Vaincre complètement. – Consterner, abattre. 🕮 [teʀase].

TERRE, subst. f.
Planète du système solaire, habitée par l'espèce humaine. – Partie émergée de la surface terrestre. – Sol. – Matière formant la couche superficielle du globe, où croissent les végétaux : Motte de terre ; Terre à poterie. – Étendue cultivable ; champ ; domaine rural. 🕮 [tɛʀ].

TERREAU, subst. m.
Mélange de terre et d'humus, favorable au développement des végétaux. 🕮 [teʀo].

TERRE-PLEIN, subst. m.
Légère levée de terre soutenue par un muret. – Terre-plein central : bande qui sépare les deux voies d'une route. 🕮 Plur. terre-pleins ; [tɛʀplɛ̃].

TERRER (SE), verbe pronom. [3]
Se cacher sous terre, pour un animal. – Se mettre à l'abri, pour fuir un danger. 🕮 [teʀe].

TERRESTRE, adj.
Relatif à la planète Terre. – Qui se fait sur le sol : Liaison terrestre. 🕮 [teʀɛstʀ].

TERREUR, subst. f.
Sensation de peur, d'épouvante. – Recours méthodique à la violence pour diriger : Gouverner par la terreur. 🕮 [teʀœʀ].

TERREUX, EUSE, adj.
Propre à la terre. – Maculé de terre. – Teint terreux : grisâtre, terne. 🕮 [teʀø, -øz].

TERRIBLE, adj.
Qui inspire la terreur. – Fig. Violent et excessif. 🕮 [teʀibl].

TERRIEN, IENNE, adj. et subst.
Adj. Qui possède des terres. – Subst. Habitant de la planète Terre. 🔊 [tɛʀjɛ̃, -jɛn].

TERRIER, subst. m.
Cavité creusée par certains animaux pour leur servir de gîte, de refuge. – Sorte de chien de chasse. 🔊 [tɛʀje].

TERRIFIER, verbe trans. [6]
Plonger (qqn) dans la terreur. 🔊 [tɛʀifje].

TERRI(L), subst. m.
Amas de déchets miniers. 🔊 [tɛʀi(l)].

TERRINE, subst. f.
Plat de terre cuite, muni d'un couvercle. – Pâté réalisé dans ce plat. 🔊 [tɛʀin].

TERRITOIRE, subst. m.
Étendue de terre soumise à un État, à une juridiction particulière. – Zone où vit un animal. 🔊 [tɛʀitwaʀ].

TERRITORIAL, ALE, AUX, adj.
Relatif au territoire. 🔊 [tɛʀitɔʀjal].

TERROIR, subst. m.
Terre, considérée du point de vue de sa production agricole. – Fig. Région rurale, provinciale. 🔊 [tɛʀwaʀ].

TERRORISER, verbe trans. [3]
Frapper de terreur. – Soumettre à un régime de terreur. 🔊 [tɛʀɔʀize].

TERRORISME, subst. m.
Emploi systématique de la violence (attentats, prises d'otages, destructions), souv. à des fins politiques. 🔊 [tɛʀɔʀism].

TERRORISTE, adj. et subst.
Subst. Personne qui pratique le terrorisme. – Adj. Relatif au terrorisme. 🔊 [tɛʀɔʀist].

TERTIAIRE, adj. et subst. m.
Qui représente la troisième phase d'un processus, d'une évolution : *L'ère* **tertiaire** (ou *le* **tertiaire**), la troisième grande ère géologique ; *Le secteur* **tertiaire** (ou *le* **tertiaire**), qui concerne les activités de services. 🔊 [tɛʀsjɛʀ].

TERTIO, adv.
En troisième lieu. 🔊 [tɛʀsjo].

TERTRE, subst. m.
Monticule, éminence de terre. 🔊 [tɛʀtʀ].

TES, voir **TON**

TESSITURE, subst. f.
Registre des sons qu'une voix peut produire. 🔊 [tesityʀ].

TESSON, subst. m.
Débris de verre ou de poterie. 🔊 [tesɔ̃].

TEST, subst. m.
Épreuve servant à déterminer les aptitudes de qqn ou de qqch. – *Méd.* Essai, expérience servant à juger un procédé, à établir un diagnostic. 🔊 [tɛst].

TESTAMENT, subst. m.
Acte rédigé par lequel qqn dicte ses dernières volontés. 🔊 [tɛstamɑ̃].

TESTAMENTAIRE, adj.
Relatif au testament. 🔊 [tɛstamɑ̃tɛʀ].

TESTER, verbe trans. [3]
Soumettre à des essais, à un test. 🔊 [tɛste].

TESTICULE, subst. m.
Glande génitale mâle, produisant les spermatozoïdes. 🔊 [tɛstikyl].

TÉTANISÉ, ÉE, adj.
Raidi par le tétanos. – Fig. Figé, paralysé par une émotion. 🔊 [tetanize].

TÉTANOS, subst. m.
Maladie infectieuse souv. mortelle, caractérisée par des contractures musculaires douloureuses. 🔊 [tetanos].

TÊTARD, subst. m.
Larve aquatique des Batraciens. 🔊 [tɛtaʀ].

TÊTE, subst. f.
Partie supérieure du corps de l'homme et extrémité du corps de nombreux animaux, comprenant le cerveau, la face, etc. – Fig. Esprit, intelligence. – Individu, personne. – Partie supérieure ou antérieure de qqch. : *La* **tête** *du train* ; *Une* **tête** *d'épingle*. – *En* **tête** : à la première place. 🔊 [tɛt].

TÊTE-À-QUEUE, subst. m. inv.
Mouvement de volte-face d'un véhicule, gén. dû à un dérapage. 🔊 [tɛtakø].

TÊTE-À-TÊTE, subst. m. inv.
Situation de deux personnes qui sont ensemble et isolées des autres. 🔊 [tɛtatɛt].

TÊTE-BÊCHE, adv.
Dans la position de deux personnes ou de deux objets placés côte à côte, mais en sens inverse. 🔊 [tɛtbɛʃ].

TÉTÉE, subst. f.
Action de téter. – Quantité de lait absorbée en une fois par un nourrisson. 🔊 [tete].

TÉTER, verbe trans. [8]
Sucer (le sein de sa mère) pour se nourrir de lait. – Fig. Aspirer par succions. 🔊 [tete].

TÉTINE, subst. f.
Bout de la mamelle. – Embout de caoutchouc, percé, d'un biberon. 🔊 [tetin].

TÉTRAÈDRE, subst. m.
Volume à quatre faces. – Pyramide à base triangulaire. 🔊 [tetraɛdʀ].

TÉTRALOGIE, subst. f.
Ensemble de quatre œuvres (tableaux, livres, pièces...) formant une unité. 🔊 [tetralɔʒi].

TÉTRAPLÉGIE, subst. f.
Paralysie des quatre membres. 🔊 [tetrapleʒi].

TÉTRAPODE, adj. et subst. m.
Se dit d'un animal doté de deux paires de membres, apparents ou atrophiés. – Subst. plur. Le groupe correspondant. 🔊 [tetrapod].

TÊTU, UE, adj. et subst.
Obstiné, buté. 🔊 [tety].

TEXTE, subst. m.
Ensemble de mots et de phrases constituant un écrit, une œuvre ; cet écrit, cette œuvre. – Œuvre ou extrait d'œuvre littéraire. – Teneur exacte d'une loi, d'un acte, etc., par oppos. aux commentaires. – *Dans le* **texte** : dans la langue d'origine. 🔊 [tɛkst].

TEXTILE, adj. et subst. m.
Adj. Relatif à la fabrication des tissus ; qui peut être tissé. – Subst. Matière que l'on peut tisser ; tissu. 🔊 [tɛkstil].

TEXTUEL, ELLE, adj.
Exactement conforme au texte. 🔊 [tɛkstɥɛl].

TEXTURE, subst. f.
Mode d'entrecroisement des fils d'un tissu. – *Anat.* Texture *d'un muscle.* – Constitution, agencement des parties d'un matériau solide. – Fig. Structure, agencement des parties d'un ouvrage : *La texture d'une symphonie, d'un drame.* 🔊 [tɛkstyʀ].

T.G.V., subst. m.
Sigle signifiant « train à grande vitesse ». 🔊 [teʒeve].

THALASSOTHÉRAPIE, subst. f.
Thérapie par l'eau de mer et le climat marin. 🔊 [talasoteʀapi].

THÉ, subst. m.
Arbrisseau d'Extrême-Orient dont on utilise les feuilles en infusion. – Ces feuilles ; cette infusion. – Réception d'après-midi. 🔊 [te].

THÉÂTRAL, ALE, AUX, adj.
Relatif au théâtre. – Fig. Exagéré, artificiel. 🔊 [teatʀal].

THÉÂTRE, subst. m.
Édifice où l'on donne des spectacles. – Le spectacle lui-même. – Genre littéraire recouvrant les œuvres destinées à être jouées en public. – Ensemble des œuvres théâtrales d'un pays : *Le théâtre italien.* – Fig. Lieu où se déroule un événement : *Le théâtre des opérations.* 🔊 [teatʀ].

THÉIÈRE, subst. f.
Récipient à anse et à bec verseur où le thé infuse avant d'être servi. 🔊 [tejɛʀ].

THÉMATIQUE, adj. et subst. f.
Adj. Relatif à un thème. – Subst. Ensemble structuré de thèmes. 🔊 [tematik].

THÈME, subst. m.
Sujet, matière, concept d'une œuvre, d'un exposé. – Traduction d'un texte de sa langue dans une autre langue. 🔊 [tɛm].

THÉOLOGIE, subst. f.
Étude qui porte sur Dieu et sur les choses divines. 🔊 [teɔlɔʒi].

THÉORÈME, subst. m.
Proposition scientifique qu'une démonstration rend évidente. 🔊 [teɔʀɛm].

THÉORIE, subst. f.
Ensemble d'idées, de concepts sur un sujet particulier. – Connaissance abstraite, spéculative (contr. *pratique*). – Construction intellectuelle expliquant un ordre de phénomènes : *Théorie de la gravitation.* 🔊 [teɔʀi].

THÉORIQUE, adj.
Relatif à une théorie. – Envisagé abstraitement ; hypothétique. 🔊 [teɔʀik].

THÉRAPEUTIQUE, adj. et subst. f.
Subst. Partie de la médecine qui s'occupe de traiter les maladies. – Manière de traiter une maladie ; traitement. – Adj. Relatif au traitement des maladies. 🔊 [teʀapøtik].

THÉRAPIE, subst. f.
Méd. Traitement, cure, soin. 🔊 [teʀapi].

THERMAL, ALE, AUX, adj.
Relatif aux eaux minérales chaudes ou aux eaux possédant des vertus médicinales : *Cure thermale.* 🔊 [tɛʀmal].

THERMIDOR, subst. m.
Onzième mois du calendrier républicain, allant du 19-20 juillet au 17-18 août. 🔊 [tɛʀmidɔʀ].

THERMIQUE, adj.
Relatif à la chaleur. – *Centrale* thermique : qui produit de l'électricité à partir de gaz, de charbon ou de pétrole. 🔊 [tɛʀmik].

THERMOMÈTRE, subst. m.
Instrument qui permet de mesurer la température. 🔊 [tɛʀmɔmɛtʀ].

THERMOS, subst. m. ou f.
Bouteille isolante qui permet de conserver un liquide à la même température pendant plusieurs heures. 🔊 N. déposé ; [tɛʀmos].

THERMOSTAT, subst. m.
Dispositif de régulation automatique de la température. 🔊 [tɛʀmosta].

THÉSAURISER, verbe [3]
Littér. Intrans. Économiser, mettre de l'argent de côté sans le faire fructifier. – Trans. Amasser sans utiliser. 🔊 [tezoʀize].

THÈSE, subst. f.
Proposition que l'on énonce et que l'on peut défendre. – Mémoire universitaire, soutenu devant un jury pour l'obtention du grade de docteur. 🔊 [tɛz].

THON, subst. m.
Grand poisson marin migrateur. – La chair savoureuse de ce poisson. 🔊 [tɔ̃].

THORACIQUE, adj.
Relatif au thorax. 🔊 [tɔʀasik].

THORAX, subst. m.
Anat. Partie supérieure du tronc, limitée par les côtes et le diaphragme. 🔊 [tɔʀaks].

THURIFÉRAIRE, subst. m.
Flatteur, adulateur (littér.). 🔊 [tyʀifeʀɛʀ].

THUYA, subst. m.
Grand conifère ornemental, qui ressemble au cyprès. 🔊 [tyja].

THYM, subst. m.
Petite plante des régions méditerranéennes, employée comme aromate. 🔊 [tɛ̃].

THYMUS, subst. m.
Glande, située à la base du cou, qui n'existe que chez l'enfant et les jeunes animaux. 🔊 [timys].

THYROÏDE, adj. et subst. f.
Se dit d'une glande située au niveau du larynx, qui agit sur la croissance et sur le métabolisme général. 🔊 [tiʀɔid].

TIARE, subst. f.
Coiffure des rois, dans l'Orient ancien. – Haute coiffure à trois couronnes que portaient les papes ; dignité papale. 🔊 [tjaʀ].

TIBIA, subst. m.
Os de la jambe, parallèle au péroné, qui va du genou à la cheville. 🔊 [tibja].

TIC, subst. m.
Contraction convulsive involontaire de certains muscles, surtout de ceux de la face. – Manie, habitude. 🔊 [tik].

TICKET, subst. m.
Billet attestant l'acquittement d'un droit d'entrée, de transport, etc. 🔊 [tikɛ].

TIÈDE, adj.
Dont la température est modérée, entre le chaud et le froid. – Fig. Sans conviction, timoré. 🔊 [tjɛd].

TIÉDEUR, subst. f.
État d'une chose tiède. – Fig. Manque de ferveur, d'ardeur. 🔊 [tjedœʀ].

TIÉDIR, verbe [19]
Rendre ou devenir tiède. 🔊 [tjediʀ].

TIEN, TIENNE, pron. poss. et adj. poss.
Adj. À toi : *Ce livre est tien*. – Pron. Ce qui est à toi : *Mon livre et le tien*. – Empl. subst. *Les tiens* : tes proches. – *Mets-y du tien* : fais des efforts. 🔊 [tjɛ̃, tjɛn].

TIERCE, subst. f.
Jeux. Suite de trois cartes de même couleur. – *Mus.* Intervalle de trois degrés. 🔊 [tjɛʀs].

TIERCÉ, subst. m.
Pari où l'on doit désigner les trois premiers chevaux d'une course. 🔊 [tjɛʀse].

TIERS, TIERCE, adj. et subst. m.
Adj. Qui vient en troisième. – Subst. Troisième personne. – Personne étrangère à un groupe, à une affaire. – Chaque partie d'un tout divisé en trois parts égales. 🔊 [tjɛʀ, tjɛʀs].

TIERS-MONDE, subst. m.
Ensemble des pays en voie de développement. 🔊 Plur. *tiers-mondes* ; [tjɛʀmɔ̃d].

TIGE, subst. f.
Partie allongée d'une plante supportant les feuilles, les fleurs et les bourgeons. – Partie allongée de certains objets. 🔊 [tiʒ].

TIGNASSE, subst. f.
Chevelure touffue et mal peignée (fam.). 🔊 [tiɲas].

TIGRE, TIGRESSE, subst.
Félin carnassier d'Asie, très puissant, au pelage orangé rayé de noir. 🔊 [tigʀ, tigʀɛs].

TIGRÉ, ÉE, adj.
Rayé comme le pelage du tigre. 🔊 [tigʀe].

TILDE, subst. m.
En espagnol, signe (~) qui, placé sur un *n*, le fait prononcer [ɲ]. – En phonétique, signale une prononciation nasale. 🔊 [tild(e)].

TILLEUL, subst. m.
Arbre dont les fleurs jaunes odorantes sont utilisées pour préparer une tisane sédative. – Cette tisane. 🔊 [tijœl].

TIMBALE, subst. f.
Gobelet de métal ; son contenu. – *Cuis.* Moule en métal ; le mets cuit dans ce moule. – *Mus.* Instrument à percussion. 🔊 [tɛ̃bal].

TIMBRE, subst. m.
Qualité d'un son. – Vignette constatant le paiement d'une taxe : **Timbre-poste**, pour affranchir une lettre. 🔊 [tɛ̃bʀ].

TIMBRÉ, ÉE, adj.
Qui porte un timbre. – Qui a tel timbre (en parlant d'un son). – Un peu fou (fam.). 🔊 [tɛ̃bʀe].

TIMIDE, adj. et subst.
Qui fait preuve de timidité. 🔊 [timid].

TIMIDITÉ, subst. f.
Manque d'aisance, d'assurance avec autrui, d'audace. 🔊 [timidite].

TIMON, subst. m.
Pièce de bois d'une voiture, d'une charrue, à laquelle on attelle les animaux de trait. – *Mar.* Barre du gouvernail. 🔊 [timɔ̃].

TIMONIER, subst. m.
Mar. Homme chargé des signaux et de la veille à la passerelle. – Homme qui tient la barre. 🔊 [timɔnje].

TIMORÉ, ÉE, adj. et subst.
Qui redoute les responsabilités, craintif, timide. 🔊 [timɔʀe].

TINTAMARRE, subst. m.
Grand bruit accompagné de confusion et de désordre. 🔊 [tɛ̃tamaʀ].

TINTEMENT, subst. m.
Son clair que produit une cloche. – Son léger et clair. 🔊 [tɛ̃tmɑ̃].

TINTER, verbe intrans. [3]
Sonner lentement, en parlant d'une cloche. – Produire des sons clairs, aigus. 🔊 [tɛ̃te].

TINTOUIN, subst. m.
Fam. Tintamarre. – Tracas. 🔊 [tɛ̃twɛ̃].

TIQUE, subst. f.
Acarien, parasite des Mammifères (chiens, bœufs, etc.), dont il suce le sang. 🔊 [tik].

TIR, subst. m.
Action, manière de lancer un projectile à l'aide d'une arme ; résultat de cette action. – *Sp.* Action de lancer un ballon, une boule vers son but. 🔊 [tiʀ].

TIRADE, subst. f.
Long développement ininterrompu sur un sujet. – *Théâtre.* Long passage qu'un acteur dit d'une traite. 🔊 [tiʀad].

TIRAGE, subst. m.
Prélèvement au hasard : **Tirage** *du loto*. – Mouvement ascendant de la fumée dans un conduit. – Action de reproduire, d'imprimer ; ensemble des exemplaires tirés en une seule fois. – Réalisation d'une épreuve photographique ; cette épreuve. 🔊 [tiʀaʒ].

TIRAILLEMENT, subst. m.
Action de tirailler. – Sensation interne de contractions pénibles : **Tiraillements** *d'estomac*. – Conflit, opposition : **Tiraillements** *entre deux voisins*. 🔊 [tiʀajmɑ̃].

TIRAILLER, verbe [3]
Trans. Tirer par petits coups, dans tous les sens, avec insistance. – Fig. Solliciter dans

des directions diverses, contradictoires.
— Intrans. Tirer souv. un petit nombre de
coups, avec une arme à feu. 🔊 [tiʀɔje].

TIRE-BOUCHON, subst. m.
Ustensile servant à déboucher les bouteilles.
— *En tire-bouchon* : en spirale. 🔊 Plur. *tire-
bouchons* ; [tinbuʃɔ̃].

TIRE-D'AILE (À), loc. adv.
En battant des ailes avec vigueur, pour un
oiseau qui fuit. — Fig. Le plus vite possible.
🔊 [atindɛl].

TIRELIRE, subst. f.
Boîte, objet creux qui comporte une fente
par laquelle on glisse l'argent que l'on veut
économiser. 🔊 [tinliʀ].

TIRER, verbe [3]
Intrans. Exercer une traction. — Tendre
(vers). — *Une cheminée qui tire mal* : qui a peu
de tirage. — Faire usage d'une arme : *Tirer au
canon*. — Trans. Exercer une force sur qqch.
pour l'allonger, l'agrandir. — Attirer vers soi,
tracter. — Prendre au hasard : *Tirer une carte*.
— Extraire : *Tirer de l'eau*. — Déduire : *Tirer
des conclusions*. — Tracer. — Imprimer ; faire
le tirage de : *Tirer une photo*. — Lancer (un
projectile) avec une arme. — Pronom. S'enfuir (fam.). — *S'en tirer* : se sortir d'une
situation difficile. 🔊 [tiʀe].

TIRET, subst. m.
Petit trait horizontal de séparation, dans un
texte. 🔊 [tiʀɛ].

TIREUR, EUSE, subst.
Personne qui tire, qui manie une arme à
feu. — Personne qui lance une boule, un
ballon. 🔊 [tiʀœʀ, -øz].

TIROIR, subst. m.
Compartiment coulissant d'un meuble, ouvert sur le dessus, servant de rangement.
🔊 [tiʀwaʀ].

TISANE, subst. f.
Boisson préparée avec des plantes infusées.
🔊 [tizan].

TISON, subst. m.
Reste d'un morceau de bois déjà brûlé mais
encore incandescent. 🔊 [tizɔ̃].

TISONNER, verbe trans. [3]
Remuer les tisons (d'un feu). 🔊 [tizɔne].

TISSAGE, subst. m.
Action de tisser. — Son résultat. 🔊 [tisaʒ].

TISSER, verbe trans. [3]
Nouer et entrelacer (des fils, des fibres
textiles) pour obtenir un tissu, un tapis.
— Fig. Élaborer, tramer. 🔊 [tise].

TISSERAND, ANDE, subst.
Artisan ou ouvrier qui tisse. 🔊 [tisʀɑ̃, -ɑ̃d].

TISSU, subst. m.
Matière composée de fils textiles entrelacés.
— Ensemble d'éléments divers constituant
un tout : *Tissu social*. — Enchevêtrement :
Un tissu de mensonges. — Biol. Ensemble de
cellules de même structure et de mêmes
fonctions : *Tissu musculaire*. 🔊 [tisy].

TITANESQUE, adj.
Extraordinaire, gigantesque. 🔊 [titanɛsk].

TITILLER, verbe trans. [3]
Chatouiller délicatement. — Fig. Agacer pour
provoquer ; tracasser (fam.). 🔊 [titije].

TITRE, subst. m.
Nom donné à une œuvre. — Dignité, qualification honorifiques. — Acte authentique
établissant un droit, une qualité. — Chim.
Titre *en alcool d'une solution* : proportion
d'alcool. — Loc. prép. *À titre de* : en tant
que. — Loc. adj. *En titre* : en qualité de titulaire. — *À juste titre* : avec raison. 🔊 [titʀ].

TITRER, verbe trans. [3]
Donner un titre à, intituler. — Chim.
Déterminer la proportion de. 🔊 [titʀe].

TITUBER, verbe intrans. [3]
Vaciller, chanceler. 🔊 [titybe].

TITULAIRE, adj. et subst.
Se dit du détenteur officiel d'un titre, d'une
fonction, d'un grade ou d'un droit particuliers. 🔊 [titylɛʀ].

TITULARISER, verbe trans. [3]
Rendre titulaire d'un poste, d'une fonction :
Titulariser un instituteur. 🔊 [titylaʀize].

T.N.T., subst. m. inv.
Sigle pour « trinitrotoluène », explosif très
puissant. 🔊 [teɛnte].

TOAST, subst. m.
Tranche de pain grillée. — *Porter un toast* :
boire à la santé de qqn, à un succès. 🔊 [tost].

TOBOGGAN, subst. m.
Piste glissante en pente, utilisée comme jeu.
— Viaduc routier provisoire. 🔊 [tɔbɔgɑ̃].

TOC, subst. m.
Imitation sans valeur de qqch. de précieux
(fam.) : *Un bijou en toc*. 🔊 [tɔk].

TOCADE, voir TOQUADE

TOCCATA, subst. f.
Composition de forme libre écrite pour un
instrument à clavier. 🔊 [tɔkata].

TOCSIN, subst. m.
Signal d'alarme donné en sonnant une
cloche. — La cloche elle-même. 🔊 [tɔksɛ̃].

TOGE, subst. f.
Antiq. Vêtement des Romains. — Robe ample
ou costume d'apparat de certaines professions : *Toge d'avocat*. 🔊 [tɔʒ].

TOHU-BOHU, subst. m. inv.
Confusion, tintamarre (fam.). 🔊 [tɔybɔy].

TOI, pron. pers.
Forme de la 2e personne du singulier, qui
permet à celui qui parle de s'adresser à qqn :
C'est à toi ; *À toi de jouer*. 🔊 [twa].

TOILE, subst. f.
Tissu de la texture la plus simple, souv. très
solide. — Pièce de *toile* servant de support
à une peinture ; cette peinture. — *Toile
d'araignée* : réseau de fils tissés par une
araignée. — Fig. *Toile de fond* : arrière-plan ;
contexte. 🔊 [twal].

TOILETTE, subst. f.
Action de se laver, de se coiffer, de se raser :
Faire sa **toilette**. – Vêtement d'une femme.
– Plur. Les cabinets, les W.-C. 🕮 [twalɛt].

TOILETTER, verbe trans. [3]
Faire la toilette (d'un animal) : *Toiletter
un caniche*. – Fig. Retoucher légèrement :
Toiletter *un texte*. 🕮 [twalete].

TOISE, subst. f.
Tige graduée servant à mesurer la taille des
personnes. 🕮 [twaz].

TOISER, verbe trans. [3]
Regarder avec mépris, avec dédain, ou avec
défi. 🕮 [twaze].

TOISON, subst. f.
Pelage frisé des ovins. – Chevelure très
abondante. 🕮 [twazɔ̃].

TOIT, subst. m.
Couverture d'un bâtiment ou d'un véhicule.
– Maison : *Être sans* **toit**. 🕮 [twa].

TOITURE, subst. f.
Ensemble des toits d'un édifice. 🕮 [twatyʀ].

TÔLE, subst. f.
Mince plaque métallique. 🕮 [tol].

TOLÉRANCE, subst. f.
Respect des croyances et opinions d'autrui.
– Indulgence, modération. – *Méd.* Propriété,
capacité d'un organisme, à bien supporter
une substance donnée. 🕮 [tɔleʀɑ̃s].

TOLÉRER, verbe trans. [8]
Ne pas empêcher, accepter sans autoriser
formellement. – *Méd.* Supporter (un traitement). 🕮 [tɔleʀe].

TOLLÉ, subst. m.
Clameur collective d'indignation, de protestation. 🕮 [tɔ(l)le].

TOMATE, subst. f.
Plante potagère que l'on cultive pour ses
fruits rouges et charnus. – Fruit de cette
plante. 🕮 [tɔmat].

TOMBE, subst. f.
Lieu, fosse où l'on ensevelit un mort.
– Dalle qui recouvre cette fosse. 🕮 [tɔ̃b].

TOMBEAU, subst. m.
Monument élevé sur une tombe. – *À*
tombeau *ouvert* : à toute vitesse. 🕮 [tɔ̃bo].

TOMBÉE, subst. f.
La **tombée** *du jour, de la nuit* : le crépuscule.
– Chute : **Tombée** *de neige*. 🕮 [tɔ̃be].

TOMBER, verbe intrans. [3]
Être entraîné de haut en bas, faire une
chute. – Se détacher de son support : *Le fruit
mûr est* **tombé** *de l'arbre*. – Descendre vers
le sol, pour la pluie, la neige, etc. – Pendre :
Sa chevelure **tombe** *sur ses épaules*. – Cesser,
perdre sa force : *Le vent* **tombe**. – Perdre
le pouvoir : *Le gouvernement* **est tombé**.
– **Tomber** *malade* : le devenir. – Mourir au
combat. – Avoir lieu, survenir : *Sa fête*
tombe *un lundi*. – Fig. **Tomber** *sur qqn* :
se jeter sur lui ou le rencontrer à l'improviste. – *Laisser* **tomber** : délaisser (fam.).
🕮 [tɔ̃be].

TOMBEREAU, subst. m.
Voiture dont l'arrière bascule pour décharger son contenu. – Ce contenu. 🕮 [tɔ̃bʀo].

TOMBOLA, subst. f.
Loterie où les gagnants reçoivent des lots
en nature. 🕮 [tɔ̃bola].

TOME, subst. m.
Division d'un ouvrage, qui correspond le
plus souv. à un volume. 🕮 [tom].

TOM(M)ETTE, subst. f.
Petite brique plate, hexagonale et rouge,
destinée à carreler des sols. 🕮 [tɔmɛt].

TON (I), subst. m.
Hauteur d'un son : **Ton** *grave*. – Inflexion
de la voix ; timbre : **Ton** *agressif* ; **Ton** *aigu*.
– Manière, style. – Couleur : *Des tons
chauds*. – *De bon* **ton** : selon les convenances. – Fig. *Donner le* **ton** : lancer une
mode. 🕮 [tɔ̃].

TON (II), TA, TES, adj. poss.
De toi. 🕮 [tɔ̃, ta], plur. [te].

TONALITÉ, subst. f.
Son continu que l'on entend en décrochant
le téléphone. – *Mus.* Propriété caractéristique d'un ton : *Tonalité* *mineure ou majeure
d'un concerto*. – Couleur dominante d'un
tableau. 🕮 [tɔnalite].

TONDEUSE, subst. f.
Appareil servant à tondre. 🕮 [tɔ̃døz].

TONDRE, verbe trans. [51]
Couper à ras (des cheveux, une toison, de
l'herbe) : **Tondre** *sa pelouse*. 🕮 [tɔ̃dʀ].

TONIFIER, verbe trans. [6]
Revigorer, vivifier. 🕮 [tɔnifje].

TONIQUE, adj. et subst. m.
Adj. Qui a de l'énergie. – Qui accroît les
forces vitales, revigore, stimule. – Subst.
Remède ou lotion qui tonifie. 🕮 [tɔnik].

TONITRUANT, ANTE, adj.
Qui fait un bruit énorme. 🕮 [tɔnitʀɥɑ̃, -ɑ̃t].

TONNAGE, subst. m.
Capacité d'un navire exprimée en tonneaux :
Bâtiment d'un fort **tonnage**. 🕮 [tɔnaʒ].

TONNE, subst. f.
Unité de masse valant 1 000 kg. – Vaste
tonneau. 🕮 [tɔn].

TONNEAU, subst. m.
Grand récipient ventru fait de pièces de
bois : *Un* **tonneau** *de cidre*. – Accident d'une
voiture qui se retourne. – *Mar.* Unité de
jauge d'un navire (2,83 m³). 🕮 [tɔno].

TONNELIER, subst. m.
Artisan qui fabrique ou répare les tonneaux.
🕮 [tɔn(ə)lje].

TONNELLE, subst. f.
Voûte de treillage recouverte de verdure :
Déjeuner sous une **tonnelle**. 🕮 [tɔnɛl].

TONNER, verbe [3]
Impers. Gronder, en parlant du tonnerre.
– Intrans. Produire un bruit semblable au
tonnerre. – Fig. Fulminer. 🕮 [tɔne].

TONNERRE, subst. m.
Bruit de la foudre. – La foudre elle-même (littér.). – Grondement. 🔊 [tɔnɛʀ].

TONSURE, subst. f.
Petit cercle rasé au sommet du crâne des ecclésiastiques. – Calvitie. 🔊 [tɔ̃syʀ].

TONTE, subst. f.
Action de tondre. – Laine récupérée de la **tonte** des moutons. 🔊 [tɔ̃t].

TONUS, subst. m.
Vitalité, dynamisme. 🔊 [tɔnys].

TOPAZE, subst. f.
Pierre semi-précieuse, gén. jaune. 🔊 [tɔpaz].

TOPINAMBOUR, subst. m.
Plante cultivée pour ses tubercules comestibles. – Ce tubercule. 🔊 [tɔpinɑ̃buʀ].

TOPO, subst. m.
Fam. Résumé sommaire d'une situation. – Discours, exposé. 🔊 [tɔpo].

TOPOGRAPHIE, subst. f.
Technique permettant d'établir la cartographie d'un lieu, de son relief. – Configuration d'un lieu. 🔊 [tɔpɔgʀafi].

TOPONYME, subst. m.
Nom de lieu. 🔊 [tɔpɔnim].

TOQUADE, subst. f.
Engouement subit et éphémère. 🔊 [tɔkad].

TOQUE, subst. f.
Coiffure cylindrique sans bords. 🔊 [tɔk].

TOQUÉ, ÉE, adj. et subst.
Qui a l'esprit dérangé (fam.). 🔊 [tɔke].

TOQUER, verbe intrans. [3]
Frapper à petits coups. 🔊 [tɔke].

TOQUER (SE), verbe pronom. (3)
S'enticher (de). 🔊 [tɔke].

TORCHE, subst. f.
Flambeau de bois résineux. – Lampe de poche cylindrique. 🔊 [tɔʀʃ].

TORCHÈRE, subst. f.
Grand candélabre. – Haute cheminée de brûlage, dans une raffinerie. 🔊 [tɔʀʃɛʀ].

TORCHIS, subst. m.
Mélange de terre et de paille hachée, utilisé comme mortier. 🔊 [tɔʀʃi].

TORCHON, subst. m.
Pièce de tissu servant à essuyer la vaisselle. – Fam. Texte peu soigné et mal présenté ; journal peu estimable. 🔊 [tɔʀʃɔ̃].

TORDANT, ANTE, adj.
Comique, désopilant (fam.). 🔊 [tɔʀdɑ̃, -ɑ̃t].

TORDRE, verbe trans. [51]
Enrouler une chose sur elle-même en serrant : **Tordre** *du linge*. – Faire tourner avec violence : **Tordre** *un bras*. – Pronom. *Se* **tordre** *de douleur*. 🔊 [tɔʀdʀ].

TORDU, UE, adj.
Qui a subi une torsion, une déformation ; qui n'est pas droit. – *Avoir l'esprit* **tordu** : tortueux, compliqué. 🔊 [tɔʀdy].

TORERO, subst. m.
Homme qui combat les taureaux. 🔊 [tɔʀeʀo].

TORNADE, subst. f.
Tourbillon de vent très violent. 🔊 [tɔʀnad].

TORPEUR, subst. f.
Léthargie, état d'engourdissement physique et psychique. 🔊 [tɔʀpœʀ].

TORPILLE, subst. f.
Poisson voisin de la raie produisant des décharges électriques. – Engin autopropulsé sous-marin, chargé d'explosif. 🔊 [tɔʀpij].

TORPILLER, verbe trans. [3]
Détruire à l'aide de torpilles. – Fig. Faire échouer (un projet). 🔊 [tɔʀpije].

TORRÉFIER, verbe trans. [6]
Griller des grains, des feuilles, pour révéler un arôme : *Torréfier* *du café*. 🔊 [tɔʀefje].

TORRENT, subst. m.
Cours d'eau rapide et impétueux. – Fig. Écoulement abondant, flot : *Des* **torrents** *de larmes*. 🔊 [tɔʀɑ̃].

TORRENTIEL, IELLE, adj.
Relatif au torrent. – Qui a l'impétuosité du torrent. 🔊 [tɔʀɑ̃sjɛl].

TORRIDE, adj.
Extrêmement chaud : *Été* **torride**. 🔊 [tɔʀid].

TORSADE, subst. f.
Assemblage d'éléments tordus en spirale. 🔊 [tɔʀsad].

TORSADER, verbe trans. [3]
Tordre, rouler en torsade. 🔊 [tɔʀsade].

TORSE, subst. m.
Buste, poitrine d'un être humain. 🔊 [tɔʀs].

TORSION, subst. f.
Action de tordre. – La déformation ainsi obtenue. 🔊 [tɔʀsjɔ̃].

TORT, subst. m.
Ce qui est contraire à la justice, au droit, à la raison ; faute. – Dommage, préjudice. – *Avoir* **tort** : se tromper. – *Donner* **tort** *à qqn* : le désapprouver. – Loc. adv. *À* **tort** : injustement. – *À* **tort** *et à travers* : sans discernement. 🔊 [tɔʀ].

TORTICOLIS, subst. m.
Contraction douloureuse de la région du cou. 🔊 [tɔʀtikɔli].

TORTILLER, verbe [3]
Trans. Tordre à plusieurs tours. – Intrans. Marcher en ondulant (fam.). – Pronom. Se trémousser. 🔊 [tɔʀtije].

TORTIONNAIRE, subst.
Bourreau, personne qui inflige une torture. 🔊 [tɔʀsjɔnɛʀ].

TORTUE, subst. f.
Reptile à carapace dorsale, dont certaines espèces vivent sur terre et d'autres dans l'eau (douce ou salée). 🔊 [tɔʀty].

TORTUEUX, EUSE, adj.
Qui fait des détours, sinueux. – Fig. Qui manque de franchise. 🔊 [tɔʀtɥø, -øz].

TORTURE, subst. f.
Violence physique que l'on inflige à qqn. – Souffrance morale extrême. 🔊 [tɔʀtyʀ].

TORTURER, verbe trans. [3]
Faire subir une torture à. – Tourmenter, faire souffrir. 📖 [tɔʀtyʀe].

TORVE, adj.
Œil torve : au regard oblique et menaçant. 📖 [tɔʀv].

TÔT, adv.
Rapidement. – En avance, de façon précoce : *La neige arrive* tôt *cette année*. – De bonne heure. – *Au plus* tôt : le plus rapidement possible ; pas avant. – *Tôt ou tard* : un jour ou l'autre. 📖 [to].

TOTAL, ALE, AUX, adj. et subst. m.
Adj. Qui est complet, entier. – Subst. Résultat d'une addition. – *Au* total : en tout. 📖 [tɔtal].

TOTALISER, verbe trans. [3]
Additionner, faire la somme de. – Compter en tout. 📖 [tɔtalize].

TOTALITAIRE, adj.
Se dit d'un régime politique qui ne tolère aucune opposition, qui pratique le totalitarisme. 📖 [tɔtalitɛʀ].

TOTALITÉ, subst. f.
L'ensemble, considéré comme l'addition de toutes ses parties. – Le total. 📖 [tɔtalite].

TOTEM, subst. m.
Animal ou plante considérés comme les ancêtres mythiques d'un clan, chez certains peuples. – Effigie, représentation de cette plante ou de cet animal. 📖 [tɔtɛm].

TOUCAN, subst. m.
Oiseau d'Amérique tropicale très coloré, à gros bec. 📖 [tukɑ̃].

TOUCHANT, ANTE, adj.
Qui attendrit, qui émeut. 📖 [tuʃɑ̃, -ɑ̃t].

TOUCHE, subst. f.
Escrime. Coup qui atteint, qui touche l'adversaire. – Fait, pour le poisson, de mordre à l'hameçon. – Manière d'appliquer les couleurs sur une toile ; résultat d'un coup de pinceau. – Détail caractéristique dans un ensemble : *Une* touche *d'exotisme*. – Petit levier constituant, avec d'autres, le clavier d'un instrument, d'une machine. 📖 [tuʃ].

TOUCHE-À-TOUT, subst. inv.
Personne qui a de multiples activités, sans s'y intéresser sérieusement. 📖 [tuʃatu].

TOUCHER (I), verbe trans. [3]
Trans. dir. Palper avec les doigts. – Être ou entrer en contact avec. – Atteindre par un projectile. – Gagner, encaisser (de l'argent). – Concerner. – Émouvoir. – Trans. indir. Porter la main sur : *Toucher à tout*. – Consommer : *Toucher à sa nourriture*. – Aborder : *Toucher au port, à un sujet délicat*. 📖 [tuʃe].

TOUCHER (II), subst. m.
Celui des cinq sens qui permet de percevoir par la palpation ou le contact. – Action ou manière de toucher. 📖 [tuʃe].

TOUFFE, subst. f.
Ensemble d'éléments filiformes et naturellement serrés : **Touffe** *de poils*. 📖 [tuf].

TOUFFU, UE, adj.
Fourni, épais, dense. 📖 [tufy].

TOUJOURS, adv.
En permanence, sans cesse. – Encore à présent : *L'aimes-tu* toujours ? – De toute façon, quoi qu'il arrive : *Garder* toujours *le sourire*. 📖 [tuʒuʀ].

TOUNDRA, subst. f.
Végétation de lichens, de mousses, caractéristique des régions froides. 📖 [tundʀa].

TOUPET, subst. m.
Petite touffe de cheveux, de poils. – Aplomb, culot (fam.) : *Un sacré* toupet ! 📖 [tupɛ].

TOUPIE, subst. f.
Jouet en forme de cône que l'on fait tourner sur sa pointe. 📖 [tupi].

TOUR (I), subst. f.
Bâtiment étroit et construit en hauteur ; immeuble très élevé. – *Dans sa* tour *d'ivoire* : dans une retraite hautaine. 📖 [tuʀ].

TOUR (II), subst. m.
Dispositif, machine-outil animés par un mouvement de rotation, servant à façonner, à usiner des pièces. 📖 [tuʀ].

TOUR (III), subst. m.
Bordure, pourtour : *Le* tour *du lac*. – Parcours autour d'un lieu : *Tour de piste*. – Promenade : *Faire un* tour. – Mouvement de rotation. – Exercice d'habileté : *Tour de cartes*. – Évolution, tournure. – Rang, ordre successif : *Parler à son* tour. – *Jouer un* tour : faire une farce. – *Tour de reins* : lumbago. 📖 [tuʀ].

TOURBE, subst. f.
Matière d'origine végétale utilisée comme combustible. 📖 [tuʀb].

TOURBILLON, subst. m.
Mouvement tournoyant, tourbillonnant (d'air, d'eau, etc.). 📖 [tuʀbijɔ̃].

TOURELLE, subst. f.
Petite tour. – Coupole pivotante abritant une pièce d'artillerie. 📖 [tuʀɛl].

TOURISME, subst. m.
Action de voyager pour son agrément. – Secteur d'activité lié à ce type de voyage. 📖 [tuʀism].

TOURISTE, subst.
Personne qui fait du tourisme. 📖 [tuʀist].

TOURMENT, subst. m.
Vive souffrance morale (littér.). 📖 [tuʀmɑ̃].

TOURMENTE, subst. f.
Tempête violente et brutale. – Fig. Agitation politique ou sociale violente. 📖 [tuʀmɑ̃t].

TOURMENTÉ, ÉE, adj.
Qui éprouve un tourment. – Fig. Mouvementé, tumultueux, troublé. 📖 [tuʀmɑ̃te].

TOURMENTER, verbe trans. [3]
Faire souffrir ; persécuter. – Pronom. Être en proie à une vive inquiétude. 📖 [tuʀmɑ̃te].

TOURNAGE, subst. m.
Action de tourner un film. 🔊 [tuʀnaʒ].

TOURNANT, subst. m.
Virage, courbe. – Fig. Nouvelle orientation (dans une vie, une carrière, etc.). 🔊 [tuʀnɑ̃].

TOURNÉE, subst. f.
Voyage officiel ou professionnel, dont le déroulement est fixé. – *Payer une* **tournée** : offrir à boire aux gens présents. 🔊 [tuʀne].

TOURNEMAIN (EN UN), loc. adv.
En un instant (littér.). 🔊 [ɑ̃nœ̃tuʀnəmɛ̃].

TOURNER, verbe [3]
Intrans. Effectuer une rotation ; décrire une courbe. – Changer de direction, virer. – Se transformer (en), évoluer (vers) : *Le temps* **tourne** *à l'orage*. – Devenir aigre : *Le lait* **a tourné**. – *Avoir la tête qui* **tourne** : avoir le vertige. – Trans. Imprimer un mouvement de rotation à. – Présenter dans un sens différent. – Éviter : **Tourner** *une difficulté*. – Formuler : **Tourner** *un compliment*. – **Tourner** *un film* : procéder aux prises de vue. – Pronom. Changer de position. – Se diriger (vers). 🔊 [tuʀne].

TOURNESOL, subst. m.
Plante dont la fleur jaune se tourne vers le soleil, et qui est cultivée pour l'huile que fournissent ses graines. 🔊 [tuʀnəsɔl].

TOURNEVIS, subst. m.
Outil servant à serrer ou à desserrer les vis. 🔊 [tuʀnəvis].

TOURNIQUET, subst. m.
Barrière pivotante qui ne laisse passer qu'une personne à la fois. – Présentoir rotatif, dans un magasin. 🔊 [tuʀnikɛ].

TOURNIS, subst. m.
Avoir, donner le **tournis** : avoir la tête qui tourne, donner le vertige (fam.). 🔊 [tuʀni].

TOURNOI, subst. m.
Au Moyen Âge, fête qui voyait les chevaliers s'affronter en champ clos. – Compétition comprenant plusieurs épreuves. 🔊 [tuʀnwa].

TOURNOYER, verbe intrans. [17]
Tourner en rond, en spirale, autour d'un objet ou sur soi-même. 🔊 [tuʀnwaje].

TOURNURE, subst. f.
Expression. – Aspect, allure que prend une situation. – **Tournure** *d'esprit* : manière personnelle de penser. 🔊 [tuʀnyʀ].

TOURTE, subst. f.
Tarte garnie, recouverte de pâte. 🔊 [tuʀt].

TOURTEAU, subst. m.
Gros crabe à la chair appréciée. 🔊 [tuʀto].

TOURTEREAU, subst. m.
Petit de la tourterelle. – Plur. Fig. Jeunes amoureux. 🔊 [tuʀtəʀo].

TOURTERELLE, subst. f.
Oiseau voisin du pigeon, au plumage gris clair. 🔊 [tuʀtəʀɛl].

TOUSSER, verbe intrans. [3]
Chasser brusquement et par à-coups l'air contenu dans les poumons. 🔊 [tuse].

TOUSSOTER, verbe intrans. [3]
Tousser faiblement. 🔊 [tusɔte].

TOUT (I), adv.
Entièrement, complètement : **Tout** *content*. – **Tout** *à coup* : soudain. 🔊 Varie au fém. devant une consonne ou un *h* aspiré ; [tu].

TOUT (II), subst. m.
Ensemble considéré dans sa totalité par rapport aux parties qui le constituent : *Diviser le* **tout**. – L'essentiel, le plus important : *Le* **tout** *est de vouloir*. – *Pas du* **tout** : en aucune façon. 🔊 [tu].

TOUT (III), TOUTE, TOUS, TOUTES, adj. indéf. et pron. indéf.
Adj. Qui est considéré dans sa totalité. – Entier ; plein : **Tout** *l'hiver* ; *En* **toute** *confiance*. – Chaque, n'importe quel : *À* **tout** *instant*. – Pron. Chose prise dans sa totalité : **Tout** *est prêt*. – N'importe quoi : *Capable de* **tout**. – Plur. L'ensemble des éléments d'un groupe : **Toutes** *sont là*. 🔊 [tu, tut], plur. [tu(s)].

TOUT-À-L'ÉGOUT, subst. m. inv.
Installation permettant l'évacuation directe vers l'égout des eaux usées. 🔊 [tutalegu].

TOUTEFOIS, adv.
Cependant, néanmoins, mais. 🔊 [tutfwa].

TOUT-VENANT, subst. m. inv.
Ce qui se présente sans avoir été sélectionné, trié. 🔊 [tuv(ə)nɑ̃].

TOUX, subst. f.
Expiration réflexe causée par une inflammation des voies respiratoires. 🔊 [tu].

TOXICOMANIE, subst. f.
Usage habituel et excessif de substances toxiques, en partic. de drogues, qui engendre un état de dépendance. 🔊 [tɔksikɔmani].

TOXINE, subst. f.
Substance toxique élaborée par un organisme vivant. 🔊 [tɔksin].

TOXIQUE, adj. et subst. m.
Se dit d'une substance nocive pour un organisme vivant. 🔊 [tɔksik].

TRAC, subst. m.
Angoisse ressentie au moment d'agir, de paraître en public. 🔊 [tʀak].

TRACAS, subst. m.
Souci, embarras causés en gén. par des difficultés matérielles. 🔊 [tʀaka].

TRACASSER, verbe trans. [3]
Donner du tracas à, inquiéter. 🔊 [tʀakase].

TRACASSERIE, subst. f.
Désagrément provoqué par des choses futiles, par de mauvais procédés. 🔊 [tʀakasʀi].

TRACE, subst. f.
Empreinte. – Marque persistante. – Indice, témoignage. – Quantité infime. 🔊 [tʀas].

TRACÉ, subst. m.
Représentation par des lignes ; ces lignes. – Ligne continue dessinant un contour : *Le* **tracé** *des côtes*. – Parcours d'une voie, d'un cours d'eau : *Le* **tracé** *d'un fleuve*. 🔊 [tʀase].

TRACER, verbe trans. [4]
Représenter par des lignes. – Dessiner schématiquement. – Dépeindre, décrire : *Tracer un tableau de la situation.* 🔊 [trase].

TRACHÉE, subst. f.
Voie respiratoire qui va du larynx aux bronches (synon. *trachée-artère*). 🔊 [traʃe].

TRACHÉITE, subst. f.
Inflammation de la trachée. 🔊 [trakeit].

TRACT, subst. m.
Feuille de propagande. 🔊 [trakt].

TRACTATION, subst. f.
Marchandage, négociation gén. longue et officieuse. 🔊 [traktasjɔ̃].

TRACTER, verbe trans. [3]
Tirer, remorquer au moyen d'un véhicule ou d'un mécanisme. 🔊 [trakte].

TRACTEUR, subst. m.
Véhicule automobile destiné à tracter des remorques, des engins ou des machines agricoles. 🔊 [traktœr].

TRACTION, subst. f.
Fait de tirer, de tracter ; son résultat. – *Sp.* Exercice consistant à soulever son corps en tirant sur les bras. 🔊 [traksjɔ̃].

TRADITION, subst. f.
Histoire, façon d'agir et de penser transmises de génération en génération. – Habitude, coutume. 🔊 [tradisjɔ̃].

TRADITIONNEL, ELLE, adj.
Fondé sur la tradition. – Passé dans l'usage, coutumier. 🔊 [tradisjɔnɛl].

TRADUCTION, subst. f.
Action, manière de traduire un texte ; texte traduit. – Version d'un ouvrage dans une langue autre que celle dans laquelle il a été écrit. 🔊 [tradyksjɔ̃].

TRADUIRE, verbe trans. [69]
Faire passer (un énoncé) d'une langue à une autre. – *Fig.* Manifester, exprimer (un effet, un sentiment). 🔊 [traduir].

TRAFIC (I), subst. m.
Commerce illicite, clandestin. – Agissements douteux (fam.). 🔊 [trafik].

TRAFIC (II), subst. m.
Circulation de véhicules sur l'ensemble d'un réseau. 🔊 [trafik].

TRAFIQUANT, ANTE, subst.
Celui qui fait du trafic (I). 🔊 [trafikɑ̃, -ɑ̃t].

TRAFIQUER, verbe [3]
Intrans. Faire du trafic. – Trans. Falsifier. – Manigancer (fam.). 🔊 [trafike].

TRAGÉDIE, subst. f.
Litt. et théâtre. Œuvre dramatique au sujet historique ou légendaire. – *Fig.* Événement fatal ; catastrophe. 🔊 [traʒedi].

TRAGIQUE, adj.
Relatif à la tragédie. – *Fig.* Funeste, désastreux : *Un accident tragique.* 🔊 [traʒik].

TRAHIR, verbe trans. [19]
Abandonner, livrer ; ne pas être fidèle à. – *Empl. abs.* Passer à l'ennemi. – Dénaturer : *Cette traduction trahit la pensée de*

l'auteur. – Abandonner : *Ses forces l'ont trahi.* – Révéler : *Trahir un secret.* 🔊 [train].

TRAHISON, subst. f.
Action de trahir. – Son résultat. 🔊 [traizɔ̃].

TRAIN, subst. m.
Convoi ferroviaire, rame de wagons tractés par une locomotive ; chemin de fer. – File de véhicules attachés entre eux : *Un train de péniches.* – **Train avant, arrière** : partie portante d'un véhicule. – Partie du corps d'un quadrupède comprenant les membres antérieurs ou postérieurs. – Fessier (fam.) : *Se faire botter le train.* – Vitesse, allure. – Manière de vivre. – *Loc. prép. En train de* : occupé à, en voie de. 🔊 [trɛ̃].

TRAÎNE, subst. f.
Partie très longue d'un vêtement, qui traîne sur le sol. – *Être à la traîne* : s'attarder, être le dernier. 🔊 [trɛn].

TRAÎNEAU, subst. m.
Véhicule équipé de patins pour se déplacer sur la glace ou sur la neige. 🔊 [trɛno].

TRAÎNÉE, subst. f.
Empreinte, trace allongée laissée sur une surface par une substance répandue, par un corps en mouvement. 🔊 [trene].

TRAÎNER, verbe [3]
Trans. Déplacer, faire avancer en tirant derrière soi. – Emmener (qqn) de force. – Intrans. Pendre jusqu'à terre. – Être laissé en désordre. – Errer. – Accomplir qqch. avec lenteur. – Durer trop longtemps. 🔊 [trene].

TRAIN-TRAIN, subst. m. inv.
Cours routinier de la vie (fam.). 🔊 [trɛ̃trɛ̃].

TRAIRE, verbe trans. [58]
Tirer le lait des mamelles de (la vache, la brebis, etc.). 🔊 *Verbe défectif* : [trɛr].

TRAIT, subst. m.
Ligne tracée. – Manière d'exprimer, de décrire : *À grands traits,* sommairement. – Signe distinctif : *Un trait de caractère* ; au plur., lignes caractéristiques du visage. – Flèche ; au fig., propos blessant (littér.). – *Bête de trait* : propre à l'attelage. – *D'un trait* : d'un coup. 🔊 [trɛ].

TRAIT D'UNION, subst. m.
Petit tiret (-) placé entre les éléments d'un mot composé ou entre un verbe et un pronom postposé. 🔊 *Plur. traits d'union* ; [trɛdynjɔ̃].

TRAITE, subst. f.
Action de traire. – Commerce de personnes, trafic : *La traite des Blanches.* – *Fin.* Lettre de change. – *D'une (seule) traite* : en une seule fois, sans interruption. 🔊 [trɛt].

TRAITÉ, subst. m.
Ouvrage didactique dans lequel on expose un sujet, une thèse, de façon systématique. – Accord, convention entre États. 🔊 [trɛte].

TRAITEMENT, subst. m.
Action ou manière de traiter. – Ensemble des soins ou médicaments prescrits. – Rémunération d'un fonctionnaire. 🔊 [trɛtmɑ̃].

TRAITER, verbe [3]
Intrans. **Traiter** *avec qqn* : négocier avec lui.
– Trans. dir. **Traiter** *qqn avec rudesse* : agir
avec lui de cette manière. – **Traiter** *qqn de* :
le qualifier de. – Soumettre à un traitement
médical. – **Traiter** *des déchets* : les transformer par une série d'opérations. – Examiner,
développer (une question). – Trans. indir.
Traiter *de* : avoir pour sujet. ⌨ [tʀɛte].

TRAITEUR, subst. m.
Commerçant qui prépare des mets à emporter ou qui les sert à domicile. ⌨ [tʀɛtœʀ].

TRAÎTRE, TRAÎTRESSE, adj. et subst.
Se dit d'une personne qui trahit ; perfide.
– *En traître* : par surprise. ⌨ [tʀɛtʀ, tʀɛtʀɛs].

TRAÎTRISE, subst. f.
Acte déloyal. – Comportement de traître :
Prendre qqn par traîtrise. ⌨ [tʀɛtʀiz].

TRAJECTOIRE, subst. f.
Parcours, courbe que décrit un corps en
mouvement. ⌨ [tʀaʒɛktwaʀ].

TRAJET, subst. m.
Fait d'aller d'un lieu à un autre. – Espace
à parcourir, itinéraire. ⌨ [tʀaʒɛ].

TRAME, subst. f.
Ensemble des fils qui passent au travers des
fils de chaîne pour former un tissu. – Ce
qui constitue l'organisation, le fond, la
structure : *La trame d'un récit.* ⌨ [tʀam].

TRAMER, verbe trans. [3]
Préparer secrètement (une action) ; ourdir :
Tramer *un complot.* – Tisser, en croisant les
fils de trame et de chaîne. ⌨ [tʀame].

TRAMONTANE, subst. f.
Vent froid des régions méditerranéennes,
soufflant du nord-ouest. ⌨ [tʀamɔ̃tan].

TRAMPOLINE, subst. m.
Sp. Tremplin souple de toile, sur lequel on
effectue des sauts. ⌨ [tʀɑ̃pɔlin].

TRAMWAY, subst. m.
Chemin de fer urbain à traction électrique
(abrév. *tram*). ⌨ [tʀamwɛ].

TRANCHANT, ANTE, adj. et subst. m.
Adj. Qui coupe bien ; aigu, vif. – Fig.
Catégorique, sans nuances. – Subst. Le côté
tranchant d'un instrument. ⌨ [tʀɑ̃ʃɑ̃, -ɑ̃t].

TRANCHE, subst. f.
Morceau coupé dans la largeur ou l'épaisseur
de qqch. – Section perpendiculaire de cer-
taines choses : **Tranche** *dorée d'un livre*.
– Chaque partie d'un ensemble divisé :
Tranche *d'âge* ; **Tranche** *de travaux.* ⌨ [tʀɑ̃ʃ].

TRANCHÉE, subst. f.
Fossé creusé dans le sol. ⌨ [tʀɑ̃ʃe].

TRANCHER, verbe trans. [3]
Couper nettement. – Régler (une question)
énergiquement et définitivement. ⌨ [tʀɑ̃ʃe].

TRANQUILLE, adj.
Calme, paisible. – Serein. ⌨ [tʀɑ̃kil].

TRANQUILLISER, verbe trans. [3]
Rendre tranquille, apaiser. ⌨ [tʀɑ̃kilize].

TRANQUILLITÉ, subst. f.
État de ce qui est tranquille. – État d'une
personne sans inquiétude. ⌨ [tʀɑ̃kilite].

TRANSACTION, subst. f.
Arrangement entre les parties ; compromis.
– Marché commercial. ⌨ [tʀɑ̃zaksjɔ̃].

TRANSATLANTIQUE, adj. et subst. m.
Qui traverse l'Atlantique : *Un (paquebot)*
transatlantique. – Subst. Chaise longue
pliante (abrév. *transat*). ⌨ [tʀɑ̃zatlɑ̃tik].

TRANSBORDER, verbe trans. [3]
Faire passer d'un navire, d'un engin de
transport à un autre. ⌨ [tʀɑ̃sbɔʀde].

TRANSCENDANT, ANTE, adj.
Élevé ; sublime. – Qui dépasse un certain
ordre de réalités ; hors de portée de la
connaissance. ⌨ [tʀɑ̃sɑ̃dɑ̃, -ɑ̃t].

TRANSCODER, verbe trans. [3]
Traduire (une information) dans un code
différent. ⌨ [tʀɑ̃skɔde].

TRANSCRIPTION, subst. f.
Action de transcrire ; son résultat. – Reproduction officielle d'un acte. ⌨ [tʀɑ̃skʀipsjɔ̃].

TRANSCRIRE, verbe trans. [67]
Recopier fidèlement. – Reproduire avec un
autre code, d'autres signes. ⌨ [tʀɑ̃skʀiʀ].

TRANSE, subst. f.
État d'exaltation, perte du contrôle de soi.
– Plur. Grande appréhension, frayeur
extrême. ⌨ [tʀɑ̃s].

TRANSEPT, subst. m.
Nef transversale d'une église, séparant la
nef principale du chœur. ⌨ [tʀɑ̃sɛpt].

TRANSFÉRER, verbe trans. [3]
Faire passer d'un lieu dans un autre. – *Dr.*
Céder formellement (un bien, un droit).
⌨ [tʀɑ̃sfeʀe].

TRANSFERT, subst. m.
Action de transférer. – *Dr.* Acte par lequel
une personne transmet un droit, un bien
à une autre. ⌨ [tʀɑ̃sfɛʀ].

TRANSFIGURER, verbe trans. [3]
Transformer qqn ou qqch., en lui donnant
un aspect, un éclat, un rayonnement
inhabituels. ⌨ [tʀɑ̃sfigyʀe].

TRANSFORMER, verbe trans. [3]
Donner une forme nouvelle à, rendre
différent. – **Transformer** *en* : faire prendre
l'aspect de, la nature de. ⌨ [tʀɑ̃sfɔʀme].

TRANSFUGE, subst.
Personne qui abandonne son parti pour
passer dans le parti adverse. ⌨ [tʀɑ̃sfyʒ].

TRANSFUSER, verbe trans. [3]
Procéder à la transfusion (du sang). – Soumettre (qqn) à une transfusion. ⌨ [tʀɑ̃sfyze].

TRANSFUSION, subst. f.
Méd. Injection intraveineuse lente de sang
prélevé sur un donneur. ⌨ [tʀɑ̃sfyzjɔ̃].

TRANSGRESSER, verbe trans. [3]
Enfreindre, violer, ne pas se conformer à :
Transgresser *une loi.* ⌨ [tʀɑ̃sɡʀese].

TRANSHUMANCE, subst. f.
Mouvement d'un troupeau vers ses pâturages saisonniers. 🔊 [trɑ̃zymɑ̃s].

TRANSI, IE, adj.
Pénétré, engourdi par le froid. – Fig. Saisi d'une forte émotion (littér.). 🔊 [trɑ̃zi].

TRANSIGER, verbe intrans. [5]
Régler un différend par des concessions réciproques. – Fig. Ne pas se montrer ferme sur des questions morales. 🔊 [trɑ̃ziʒe].

TRANSISTOR, subst. m.
Composant électronique utilisé comme amplificateur. – Poste de radio portable muni de transistors. 🔊 [trɑ̃zistɔr].

TRANSIT, subst. m.
Passage de marchandises, de voyageurs à travers un lieu, un pays situés sur leur itinéraire. 🔊 [trɑ̃zit].

TRANSITIF, IVE, adj.
Se dit d'un verbe qui admet un complément d'objet direct (transitif direct) ou indirect (transitif indirect). 🔊 [trɑ̃zitif, -iv].

TRANSITION, subst. f.
Action de passer plus ou moins graduellement d'un état à un autre. – Passage d'une idée à une autre, d'un raisonnement à un autre. 🔊 [trɑ̃zisjɔ̃].

TRANSITOIRE, adj.
Passager. – Qui forme une transition ; provisoire. 🔊 [trɑ̃zitwar].

TRANSLUCIDE, adj.
Qui laisse passer la lumière, sans être entièrement transparent. 🔊 [trɑ̃slysid].

TRANSMETTRE, verbe trans. [60]
Faire passer (qqch.) à autrui, directement ou par un intermédiaire. – Faire parvenir, communiquer. 🔊 [trɑ̃smɛtr].

TRANSMISSION, subst. f.
Action de transmettre ; résultat de cette action. – Mécan. Ensemble des éléments qui transmettent un mouvement. 🔊 [trɑ̃smisjɔ̃].

TRANSPARAÎTRE, verbe intrans. [73]
Paraître à travers qqch. – Devenir visible ; se laisser deviner. 🔊 [trɑ̃sparɛtr].

TRANSPARENCE, subst. f.
Caractère transparent. 🔊 [trɑ̃sparɑ̃s].

TRANSPARENT, ENTE, adj.
Qui laisse passer les rayons lumineux ; au travers de quoi on voit parfaitement, nettement. – Fig. Facile à comprendre. – Qui ne dissimule rien. 🔊 [trɑ̃sparɑ̃, -ɑ̃t].

TRANSPERCER, verbe trans. [4]
Percer de part en part. – Pénétrer à travers (qqch.). 🔊 [trɑ̃sperse].

TRANSPIRATION, subst. f.
Formation, à la surface de la peau, de la sueur produite par les glandes sudoripares. 🔊 [trɑ̃spirasjɔ̃].

TRANSPIRER, verbe intrans. [3]
Suer. – Fig. S'ébruiter, commencer à être connu. 🔊 [trɑ̃spire].

TRANSPLANTATION, subst. f.
Action de déplacer un végétal, un animal, une personne de son lieu d'origine pour l'installer ailleurs. – Méd. Greffe d'organe. 🔊 [trɑ̃splɑ̃tasjɔ̃].

TRANSPLANTER, verbe trans. [3]
Faire la transplantation de. 🔊 [trɑ̃splɑ̃te].

TRANSPORT, subst. m.
Action de transporter. – Plur. Les moyens permettant de transporter des personnes, des marchandises. – Transports de joie : manifestations de joie. 🔊 [trɑ̃spɔr].

TRANSPORTER, verbe trans. [3]
Porter d'un lieu dans un autre. – Exalter, soulever : La colère le transporte. – Pronom. Se déplacer. 🔊 [trɑ̃spɔrte].

TRANSPOSER, verbe trans. [3]
Présenter sous une forme différente ou dans un autre contexte. – Intervertir. – Mus. Transcrire ou exécuter (un morceau) dans une tonalité différente. 🔊 [trɑ̃spoze].

TRANSSEXUEL, ELLE, adj. et subst.
Qui pense appartenir à l'autre sexe et se conforme à cette idée. 🔊 [trɑ̃(s)sɛksɥɛl].

TRANSVASER, verbe trans. [3]
Verser (un liquide) d'un récipient dans un autre. 🔊 [trɑ̃svaze].

TRANSVERSAL, ALE, AUX, adj. et subst. f.
Adj. En travers ; qui coupe perpendiculairement un axe principal. – Subst. Route, droite ou ligne transversale. 🔊 [trɑ̃sversal].

TRAPÈZE, subst. m.
Quadrilatère dont deux des côtés sont parallèles et inégaux. – Appareil de gymnastique formé d'une barre horizontale suspendue par deux cordes. 🔊 [trapez].

TRAPÉZISTE, subst.
Gymnaste ou acrobate spécialiste du trapèze. 🔊 [trapezist].

TRAPPE, subst. f.
Fosse dissimulée constituant un piège. – Ouverture munie d'un panneau à abattant, donnant accès à une cave, à un grenier, etc. 🔊 [trap].

TRAPPEUR, subst. m.
Chasseur de bêtes à fourrure, en Amérique du Nord. 🔊 [trapœr].

TRAPU, UE, adj.
Petit et large, massif. 🔊 [trapy].

TRAQUENARD, subst. m.
Piège. 🔊 [traknar].

TRAQUER, verbe trans. [3]
Pousser, rabattre (le gibier) vers les chasseurs. – Poursuivre avec acharnement, harceler, serrer de près. 🔊 [trake].

TRAUMATISER, verbe trans. [3]
Causer un traumatisme à. 🔊 [tromatize].

TRAUMATISME, subst. m.
Perturbation de l'état organique ou psychique due à un choc : Traumatisme crânien. – Violent choc émotionnel. 🔊 [tromatism].

TRAVAIL, AUX, subst. m.
Activité humaine exigeant un effort soutenu. – Profession, occupation rétribuées. – Ouvrage à faire ; tâche ; manière dont cet ouvrage est fait. – Modification par outils une matière, un élément naturel : *Le travail d'une poutre.* – *Méd.* Ensemble des phénomènes conduisant à l'expulsion du fœtus. – Plur. Ensemble de tâches propres à une activité : *Travaux de terrassement.* 🔊 [tʀavaj].

TRAVAILLER, verbe [3]
Intrans. Exercer un effort, une activité intellectuelle, un métier. – Trans. Soumettre (qqch.) à une action : *Travailler la terre.* – Étudier. – Chercher à perfectionner : *Travailler son style.* – Tourmenter (fam.). 🔊 [tʀavaje].

TRAVÉE, subst. f.
Espace vide entre deux rangées de tables, de sièges. – Chacune des rangées. 🔊 [tʀave].

TRAVERS, subst. m.
Biais. – Fig. Défaut, imperfection de qqn. – Loc. prép. *À travers* : en traversant. – Loc. adv. *De travers* : oblique, dévié ; *En travers* : transversalement. 🔊 [tʀavɛʀ].

TRAVERSE, subst. f.
Pièce de bois disposée en travers, sous une voie ferrée, pour maintenir les rails. – *Chemin de traverse* : raccourci. 🔊 [tʀavɛʀs].

TRAVERSÉE, subst. f.
Action de traverser (la mer, un désert, etc.). – Trajet ainsi parcouru. 🔊 [tʀavɛʀse].

TRAVERSER, verbe trans. [3]
Parcourir (un espace) d'un bout à l'autre ; passer d'un côté à l'autre : *Traverser l'océan Atlantique.* – Transpercer : *La pluie traverse mon manteau.* – Vivre, passer par : *Traverser des moments difficiles.* 🔊 [tʀavɛʀse].

TRAVERSIN, subst. m.
Oreiller cylindrique occupant la tête du lit sur toute sa largeur. 🔊 [tʀavɛʀsɛ̃].

TRAVESTI, IE, adj. et subst. m.
Adj. Qui est déguisé. Où l'on se déguise. – Modifié pour tromper. – Subst. Homosexuel qui s'habille en femme. 🔊 [tʀavɛsti].

TRÉBUCHER, verbe intrans. [3]
Perdre l'équilibre sans tomber, à la suite d'un faux pas. – Fig. Buter sur une difficulté. 🔊 [tʀebyʃe].

TRÈFLE, subst. m.
Plante portant des feuilles à trois lobes. – Une des deux couleurs noires (avec le pique) d'un jeu de cartes. 🔊 [tʀɛfl].

TRÉFONDS, subst. m.
Ce qui constitue la partie la plus profonde, le fondement de qqch. (littér.). 🔊 [tʀefɔ̃].

TREILLAGE, subst. m.
Réseau, assemblage de lattes qui supporte gén. des plantes grimpantes. 🔊 [tʀɛjaʒ].

TREILLE, subst. f.
Ceps de vigne s'élevant sur un treillage ou une tonnelle. 🔊 [tʀɛj].

TREILLIS (I), subst. m.
Assemblage de lattes ou de fils métalliques entrecroisés, servant de clôture. 🔊 [tʀɛji].

TREILLIS (II), subst. m.
Tenue de combat des militaires. 🔊 [tʀɛji].

TREIZE, adj. num. inv. et subst. m. inv.
Adj. Dix plus trois. – Treizième : *Louis XIII.* – Subst. Le nombre **treize**, le numéro 13. 🔊 [tʀɛz].

TRÉMA, subst. m.
Signe orthographique (¨) placé sur les voyelles *e, i, u* pour indiquer que celle qui précède doit se prononcer séparément ; ainsi, *ambiguë* se prononce [ɑ̃bigy], et non pas [ɑ̃big]. 🔊 [tʀema].

TREMBLEMENT, subst. m.
Agitation de ce qui tremble. – **Tremblement** *de terre* : séisme. 🔊 [tʀɑ̃bləmɑ̃].

TREMBLER, verbe intrans. [3]
Être agité de petits mouvements musculaires rapides et involontaires. – Subir des variations d'intensité, en parlant de la voix, de la lumière, etc. – Fig. Avoir peur : *Cette perspective me fait* **trembler.** 🔊 [tʀɑ̃ble].

TREMBLOTER, verbe intrans. [3]
Trembler légèrement. 🔊 [tʀɑ̃blɔte].

TRÉMOLO, subst. m.
Mus. Effet de vibration obtenu par la répétition rapide d'une note (gén. avec un instrument à cordes). – Tremblement de la voix, dû à une vive émotion. 🔊 [tʀemɔlo].

TRÉMOUSSER (SE), verbe pronom. [3]
S'agiter avec de petits mouvements vifs et irréguliers. – Se dandiner. 🔊 [tʀemuse].

TREMPE, subst. f.
Fermeté d'âme, force de caractère. – *Recevoir une* **trempe** : une correction (fam.). – *Tech.* Immersion dans un bain froid d'une pièce métallique portée à haute température, pour en augmenter la dureté. 🔊 [tʀɑ̃p].

TREMPER, verbe [3]
Trans. Mouiller abondamment ; plonger dans un liquide. – *Tech.* Soumettre (un métal) à la trempe. – Intrans. Baigner dans un liquide. – **Tremper** *dans un crime* : en être complice. 🔊 [tʀɑ̃pe].

TREMPLIN, subst. m.
Sp. Planche élastique à plan incliné permettant de s'élancer. – Fig. Ce qui aide à la réussite d'un projet. 🔊 [tʀɑ̃plɛ̃].

TRENTAINE, subst. f.
Ensemble de trente unités ; nombre d'environ trente. – L'âge de trente ans. 🔊 [tʀɑ̃tɛn].

TRENTE, adj. num. inv. et subst. m. inv.
Adj. Trois fois dix. – Trentième. – Subst. Le nombre **trente**, le numéro 30. 🔊 [tʀɑ̃t].

TRÉPANER, verbe trans. [3]
Chir. Pratiquer une ouverture dans un os, en partic. du crâne (de qqn). 🔊 [tʀepane].

TRÉPAS, subst. m.
Décès, mort : *Passer de vie à* **trépas.** 🔊 [tʀepɑ].

TRÉPASSER, verbe intrans. [3]
Mourir (littér.). 🔊 [tʀepase].

TRÉPIDATION, subst. f.
Mouvement vibratoire d'intensité plus ou moins forte. – Agitation. 🔊 [tʀepidasjɔ̃].

TRÉPIDER, verbe intrans. [3]
Être animé de trépidations. 🔊 [tʀepide].

TRÉPIED, subst. m.
Meuble ou support à trois pieds. 🔊 [tʀepje].

TRÉPIGNER, verbe intrans. [3]
Frapper des pieds sur place, d'un mouvement saccadé : *Il trépigne d'impatience.* 🔊 [tʀepiɲe].

TRÈS, adv.
Indique un degré élevé devant un adjectif, un adverbe : *Très grand* ; *Très vite.* 🔊 [tʀɛ].

TRÉSOR, subst. m.
Ensemble d'objets précieux, souv. tenus cachés. – Toute chose de grande valeur. – *Le Trésor public* : administration gérant les finances publiques. 🔊 [tʀezɔʀ].

TRÉSORERIE, subst. f.
Bureau régional du Trésor public. – Ensemble des capitaux immédiatement disponibles ou réalisables d'une personne ou d'une société. 🔊 [tʀezɔʀʀi].

TRESSAILLEMENT, subst. m.
Brusque secousse du corps due à une sensation ou à une émotion vives. 🔊 [tʀesajmɑ̃].

TRESSAILLIR, verbe intrans. [31]
Être animé de tressaillements. 🔊 [tʀesajiʀ].

TRESSAUTER, verbe intrans. [3]
Tressaillir fortement. – Être agité de secousses. 🔊 [tʀesote].

TRESSE, subst. f.
Entrelacement de trois longues mèches de cheveux ; natte. – Galon ou cordon de brins entrelacés. 🔊 [tʀɛs].

TRESSER, verbe trans. [3]
Mettre en tresse. 🔊 [tʀese].

TRÉTEAU, subst. m.
Pièce de bois ou de métal servant à soutenir une table, une estrade, etc. 🔊 [tʀeto].

TREUIL, subst. m.
Appareil fait d'un cylindre horizontal sur lequel s'enroule un câble, et qui sert à tirer ou à élever des charges. 🔊 [tʀœj].

TRÊVE, subst. f.
Arrêt momentané des combats. – Fig. Temps de répit : *Travailler sans trêve.* 🔊 [tʀɛv].

TRI, subst. m.
Action de trier ; son résultat. – *Faire un tri* : opérer une sélection. 🔊 [tʀi].

TRIAGE, subst. m.
Opération de tri, de répartition. 🔊 [tʀijaʒ].

TRIANGLE, subst. m.
Figure géométrique à trois côtés. – Instrument de musique à percussion. 🔊 [tʀijɑ̃gl].

TRIANGULAIRE, adj.
Qui a la forme d'un triangle. – Qui met en cause trois personnes, trois groupes, etc. : *Un accord triangulaire.* 🔊 [tʀijɑ̃gylɛʀ].

TRIBAL, ALE, ALS ou AUX, adj.
Relatif à la tribu. 🔊 [tʀibal].

TRIBORD, subst. m.
En regardant la proue, partie droite d'un navire (oppos. *bâbord*). 🔊 [tʀibɔʀ].

TRIBU, subst. f.
Groupe social culturellement homogène, organisé autour d'un chef. 🔊 [tʀiby].

TRIBULATIONS, subst. f. plur.
Suite d'aventures plus ou moins pénibles. 🔊 [tʀibylasjɔ̃].

TRIBUN, subst. m.
Magistrat romain. – Orateur populaire à l'éloquence efficace. 🔊 [tʀibœ̃].

TRIBUNAL, AUX, subst. m.
Le ou les magistrats formant une juridiction. – Le lieu où ils siègent. 🔊 [tʀibynal].

TRIBUNE, subst. f.
Emplacement surélevé : **Tribune** *d'église*. – Estrade d'où parle un orateur. – Ensemble de gradins. 🔊 [tʀibyn].

TRIBUT, subst. m.
Impôt dû au vainqueur par le vaincu. – *Payer un lourd tribut à* : subir de graves dommages du fait de. 🔊 [tʀiby].

TRIBUTAIRE, adj.
Qui dépend de qqn, de qqch. 🔊 [tʀibytɛʀ].

TRICEPS, adj. et subst. m.
Se dit d'un muscle dont l'une des extrémités a trois faisceaux d'insertion. 🔊 [tʀisɛps].

TRICHER, verbe intrans. [3]
Enfreindre les règles tout en feignant de les respecter. – Empl. trans. indir. **Tricher** *sur* : mentir sur. 🔊 [tʀiʃe].

TRICHERIE, subst. f.
Fait de tricher. 🔊 [tʀiʃʀi].

TRICOLORE, adj.
Qui a trois couleurs. – Qui porte les trois couleurs de la France. 🔊 [tʀikɔlɔʀ].

TRICOT, subst. m.
Tissu de mailles tricotées. – Action de tricoter. – Vêtement tricoté. 🔊 [tʀiko].

TRICOTER, verbe trans. [3]
Exécuter (un ouvrage) en tissant un réseau de mailles à l'aide d'aiguilles. 🔊 [tʀikɔte].

TRICYCLE, subst. m.
Vélo à trois roues. 🔊 [tʀisikl].

TRIDENT, subst. m.
Fourche ou harpon à trois dents. 🔊 [tʀidɑ̃].

TRIENNAL, ALE, AUX, adj.
Qui a lieu tous les trois ans. – Qui dure trois ans. 🔊 [tʀijenal].

TRIER, verbe trans. [6]
Séparer (ce que l'on garde de ce que l'on rejette) ; sélectionner. – Classer. 🔊 [tʀije].

TRIGONOMÉTRIE, subst. f.
Math. Étude des fonctions circulaires des angles et des arcs (sinus, cosinus, tangente). 🔊 [tʀigɔnɔmetʀi].

TRILINGUE, adj. et subst.
Qui parle trois langues. – Adj. Écrit en trois langues. 🔊 [tʀilɛ̃g].

TRILLE, subst. m.
Modulation musicale sur deux notes proches, en alternance rapide. 🔊 [tʀij].

TRILOGIE, subst. f.
Ensemble de trois œuvres dont les sujets sont liés : *La* **trilogie** *d'Eschyle*. 🔊 [tʀilɔʒi].

TRIMARAN, subst. m.
Voilier à trois coques. 🔊 [tʀimaʀɑ̃].

TRIMBA(L)LER, verbe trans. [3]
Fam. Traîner partout avec soi. − Pronom. Aller et venir. 🔊 [tʀɛ̃bale].

TRIMER, verbe intrans. [3]
Travailler dur à des tâches pénibles (fam.) : *Il a* **trimé** *toute sa vie*. 🔊 [tʀime].

TRIMESTRE, subst. m.
Période de trois mois. 🔊 [tʀimɛstʀ].

TRIMESTRIEL, IELLE, adj.
Qui dure trois mois. − Qui revient tous les trois mois. 🔊 [tʀimɛstʀijɛl].

TRINGLE, subst. f.
Tige, souv. métallique, utilisée en partic. pour suspendre des rideaux. 🔊 [tʀɛ̃gl].

TRINITÉ, subst. f.
Dans le dogme chrétien, réunion en un seul Dieu de trois personnes distinctes : le Père, le Fils et le Saint-Esprit. 🔊 [tʀinite].

TRINQUER, verbe intrans. [3]
Choquer les verres avant de boire. − Subir un dommage (fam.). 🔊 [tʀɛ̃ke].

TRIO, subst. m.
Composition pour trois voix ou trois instruments. − Formation de trois musiciens. − Groupe de trois personnes. 🔊 [tʀijo].

TRIOMPHAL, ALE, AUX, adj.
Qui constitue un triomphe. − *Accueil* **triomphal** : très enthousiaste. 🔊 [tʀijɔ̃fal].

TRIOMPHALISME, subst. m.
Attitude triomphante anticipée et exagérée : **Triomphalisme** *électoral*. 🔊 [tʀijɔ̃falism].

TRIOMPHANT, ANTE, adj.
Qui triomphe. − Qui exprime la joie du triomphe. 🔊 [tʀijɔ̃fɑ̃, -ɑ̃t].

TRIOMPHATEUR, TRICE, subst.
Personne qui triomphe. 🔊 [tʀijɔ̃fatœʀ, -tʀis].

TRIOMPHE, subst. m.
Grand succès, réussite éclatante déchaînant l'enthousiasme. 🔊 [tʀijɔ̃f].

TRIOMPHER, verbe [3]
Intrans. Remporter une victoire décisive. − Trans. indir. Venir à bout (de). 🔊 [tʀijɔ̃fe].

TRIPE, subst. f.
Boyau. − Plur. Mets constitué par l'estomac et les boyaux de ruminants, préparés de diverses façons. − Ce qu'il y a de plus profond chez qqn (fam.) : *Une musique qui prend aux* **tripes** (fam.). 🔊 [tʀip].

TRIPLE, adj., subst. m. et adv.
Adj. Formé de trois éléments semblables. − Multiplié par 3. − Adv. Trois fois plus. − Subst. Nombre, quantité **triples** : *Payer le* **triple** *du prix*. 🔊 [tʀipl].

TRIPLER, verbe [3]
Trans. Multiplier par 3, rendre triple. − Intrans. Devenir triple. 🔊 [tʀiple].

TRIPLÉS, ÉES, subst. plur.
Les trois enfants nés d'une même grossesse. 🔊 [tʀiple].

TRIPOT, subst. m.
Maison de jeu clandestine. 🔊 [tʀipo].

TRIPOTER, verbe [3]
Fam. Trans. Toucher sans cesse. − Caresser indiscrètement. − Intrans. Se livrer à des opérations douteuses. 🔊 [tʀipɔte].

TRIPTYQUE, subst. m.
Tableau à trois volets. − Œuvre en trois parties. 🔊 [tʀiptik].

TRIQUE, subst. f.
Bâton grossier, gourdin. 🔊 [tʀik].

TRISOMIE, subst. f.
Trisomie 21 : anomalie chromosomique se traduisant par un faciès particulier et une arriération mentale (synon. *mongolisme*). 🔊 [tʀizɔmi].

TRISTE, adj.
Qui a de la peine, du chagrin. − Qui dénote la morosité : *Un sourire* **triste**. − Qui afflige, chagrine. − Vil, méprisable. 🔊 [tʀist].

TRISTESSE, subst. f.
État d'abattement, chagrin, mélancolie. − Caractère de ce qui est triste. 🔊 [tʀistɛs].

TRITURER, verbe trans. [3]
Réduire en poudre, broyer. − Tordre en tous sens. − Pronom. *Se* **triturer** *la cervelle* : se creuser la tête (fam.). 🔊 [tʀityʀe].

TRIVIALITÉ, subst. f.
Absence d'originalité, banalité. − Grossièreté, vulgarité. 🔊 [tʀivjalite].

TROC, subst. m.
Échange de marchandises diverses sans recours à la monnaie. 🔊 [tʀɔk].

TROÈNE, subst. m.
Arbuste à fleurs blanches odorantes, utilisé pour former des haies. 🔊 [tʀɔɛn].

TROGLODYTE, subst. m.
Habitant d'une grotte ou d'une demeure creusée dans la roche. − Passereau insectivore, à queue courte et relevée. 🔊 [tʀɔglɔdit].

TROGNON, subst. m.
La partie non comestible, dure et centrale, d'un fruit, d'un légume. 🔊 [tʀɔɲɔ̃].

TROIS, adj. num. inv. et subst. m. inv.
Adj. Deux plus un. − Troisième : *Henri III*. − Subst. Le nombre **trois**, le chiffre **3**, le numéro **3**. 🔊 [tʀwa].

TROLLEYBUS, subst. m.
Autobus électrique à deux perches glissant sur une caténaire. 🔊 [tʀɔlɛbys].

TROMBE, subst. f.
Colonne d'eau ou de nuages tourbillonnant sous l'action de vents violents ; cyclone. − *En* **trombe** : vite, brusquement. 🔊 [tʀɔ̃b].

TROMBONE, subst. m.
Mus. Instrument à vent de la famille des cuivres, à coulisse ou à pistons. – Petite attache métallique. 🔊 [tʀɔbon].

TROMPE, subst. f.
Organe buccal ou nasal allongé, propre à certains animaux tels que l'éléphant. – Cor de chasse. 🔊 [tʀɔ̃p].

TROMPE-L'ŒIL, subst. m. inv.
Peinture donnant l'illusion du réel. – Fig. Faux-semblant. 🔊 [tʀɔ̃plœj].

TROMPER, verbe trans. [3]
Induire sciemment en erreur. – Trahir, commettre une infidélité envers. – Décevoir. – Pronom. Faire une erreur. 🔊 [tʀɔ̃pe].

TROMPERIE, subst. f.
Fait de tromper. – Parole, acte visant à tromper ; infidélité. 🔊 [tʀɔ̃pʀi].

TROMPETTE, subst. f.
Mus. Instrument à vent de la famille des cuivres, au son éclatant. 🔊 [tʀɔ̃pɛt].

TRONC, subst. m.
Partie de l'arbre comprise entre les racines et les branches. – Le corps sans la tête ni les membres. – Boîte à offrandes. – *Tronc commun éducatif* : partie commune d'un programme (oppos. *spécialisation*). 🔊 [tʀɔ̃].

TRONÇON, subst. m.
Portion coupée d'un objet long. – Segment de route, de voie ferrée. 🔊 [tʀɔ̃sɔ̃].

TRONÇONNER, verbe trans. [3]
Couper, scier en tronçons. 🔊 [tʀɔ̃sɔne].

TRÔNE, subst. m.
Siège d'apparat des souverains. 🔊 [tʀon].

TRÔNER, verbe intrans. [3]
Occuper une place d'honneur. – Être placé en évidence : *Le portrait de l'aïeul trône au-dessus du buffet.* 🔊 [tʀone].

TRONQUER, verbe trans. [3]
Couper, réduire. – Altérer en retranchant : *Tronquer une citation.* 🔊 [tʀɔ̃ke].

TROP, adv.
Excessivement : *Trop cher.* – En quantité excessive : *Trop d'argent.* – *Trop peu* : pas assez. – *En trop* : en excès (fam.). 🔊 [tʀo].

TROPHÉE, subst. m.
Objet attestant un succès militaire, sportif. – Partie empaillée d'un animal tué à la chasse. 🔊 [tʀofe].

TROPICAL, ALE, AUX, adj.
Qui concerne les tropiques ou la zone située entre les tropiques. 🔊 [tʀopikal].

TROPIQUE, subst. m.
Chacun des deux parallèles du globe terrestre de latitude 23° 26′ N. et S. – Plur. La zone située entre les *tropiques.* 🔊 [tʀopik].

TROP-PLEIN, subst. m.
Excédent de liquide. – Dispositif d'évacuation évitant l'inondation. – Fig. Excès, débordement. 🔊 Plur. *trop-pleins* ; [tʀoplɛ̃].

TROQUER, verbe trans. [3]
Donner en troc, échanger. 🔊 [tʀoke].

TROT, subst. m.
Allure naturelle du cheval, entre le pas et le galop. 🔊 [tʀo].

TROTTER, verbe intrans. [3]
Aller au trot. – Marcher à petits pas vifs. – Fig. *Cela me trotte dans la tête* : cela m'obsède. 🔊 [tʀɔte].

TROTTOIR, subst. m.
Passage surélevé ménagé pour les piétons des deux côtés d'une rue. 🔊 [tʀɔtwaʀ].

TROU, subst. m.
Orifice anatomique. – Cavité, creux naturels ou artificiels. – Accroc. – Fig. Endroit perdu. – *Trou de mémoire* : oubli. 🔊 [tʀu].

TROUBADOUR, subst. m.
Poète courtois de langue d'oc, au Moyen Âge. 🔊 [tʀubaduʀ].

TROUBLE, adj. et subst. m.
Adj. Qui manque de clarté, de limpidité : *Eau trouble.* – Peu net, flou. – Fig. Louche, équivoque. – Subst. Perturbation, désordre. – Émotion. – Dérèglement physique ou mental. – Défaut de limpidité, de transparence. – Plur. Agitation politique ou sociale ; émeute. 🔊 [tʀubl].

TROUBLER, verbe trans. [3]
Rendre moins limpide. – Agiter, déranger. – Émouvoir, séduire. – Pronom. Devenir trouble. – Être décontenancé, perdre son assurance. 🔊 [tʀuble].

TROUÉE, subst. f.
Percée naturelle ou artificielle ; ouverture : *Faire une trouée dans une haie.* 🔊 [tʀue].

TROUER, verbe trans. [3]
Faire un ou des trous dans. 🔊 [tʀue].

TROUPE, subst. f.
Groupe de soldats. – Réunion de gens en marche. – Groupe de comédiens, d'artistes se produisant ensemble. 🔊 [tʀup].

TROUPEAU, subst. m.
Groupe d'animaux qui vivent, se déplacent ensemble. – Foule (péj.). 🔊 [tʀupo].

TROUSSE, subst. f.
Pochette compartimentée dans laquelle on peut ranger divers accessoires. 🔊 [tʀus].

TROUSSEAU, subst. m.
Linge et vêtements d'un pensionnaire, d'une jeune mariée. – *Trousseau de clefs* : clefs attachées ensemble. 🔊 [tʀuso].

TROUVAILLE, subst. f.
Découverte heureuse, due au hasard. – Idée originale. 🔊 [tʀuvaj].

TROUVER, verbe trans. [3]
Découvrir par hasard ou à la suite d'une recherche. – *Trouver que* : penser que, estimer que. – Pronom. Être situé. – Être dans un état donné ; se sentir. – *Se trouver mal* : s'évanouir. – *Il se trouve que* : il apparaît que. 🔊 [tʀuve].

TROUVÈRE, subst. m.
Poète et jongleur de langue d'oïl, au Moyen Âge : *Les trouvères picards.* 🔊 [tʀuvɛʀ].

TRUAND, ANDE, subst.
Malfaiteur qui appartient au milieu ; bandit. – Individu malhonnête. 🔊 [tʀyɑ̃, -ɑ̃d].

TRUC, subst. m.
Fam. Astuce secrète, tour habile. – Ce qu'on ne peut ou ne veut nommer. 🔊 [tʀyk].

TRUCHEMENT, subst. m.
Par le truchement de qqn, de qqch. : par son intermédiaire. 🔊 [tʀyʃmɑ̃].

TRUCULENCE, subst. f.
Caractère haut en couleur d'un personnage, d'un langage, d'un style. 🔊 [tʀykylɑ̃s].

TRUELLE, subst. f.
Outil de maçon à lame plate en forme de triangle ou de trapèze. 🔊 [tʀyɛl].

TRUFFE, subst. f.
Champignon enfoui au pied des chênes, très prisé. – Bouchée au chocolat. – Nez du chien. 🔊 [tʀyf].

TRUFFÉ, ÉE, adj.
Garni de truffes. – Bourré, empli. 🔊 [tʀyfe].

TRUIE, subst. f.
Femelle du porc, du verrat. 🔊 [tʀɥi].

TRUITE, subst. f.
Poisson voisin du saumon, carnassier, à la chair délicate. 🔊 [tʀɥit].

TRUQUAGE, subst. m.
Ensemble de procédés destinés à créer une illusion. – Action de truquer ; fraude. 🔊 On écrit aussi *trucage* : [tʀykaʒ].

TRUQUER, verbe trans. [3]
Modifier (qqch.) de manière frauduleuse : *Truquer les dés à jouer.* 🔊 [tʀyke].

TSAR, TSARINE, subst.
Titre des anciens souverains de Russie et de Bulgarie. 🔊 [tsaʀ, tsaʀin].

TSIGANE, voir TZIGANE

TU, pron. pers.
Sujet de la 2e personne du singulier. 🔊 [ty].

TUBE, subst. m.
Cylindre creux, gén. rigide. – Conduit anatomique. – Conditionnement pour des pâtes, des pommades. – Chanson ou musique à succès (fam.). 🔊 [tyb].

TUBERCULE, subst. m.
Renflement d'une racine, réserve alimentaire de la plante. 🔊 [tybɛʀkyl].

TUBERCULEUX, EUSE, adj. et subst.
Qui souffre de tuberculose. – Adj. Qui concerne la tuberculose. – *Bot.* Pourvu de tubercules. 🔊 [tybɛʀkylø, -øz].

TUBERCULOSE, subst. f.
Maladie infectieuse et contagieuse qui provoque des lésions nodulaires, en partic. dans les poumons. 🔊 [tybɛʀkyloz].

TUBULAIRE, adj.
Qui est fabriqué avec des tubes métalliques. – Qui a la forme d'un tube. 🔊 [tybylɛʀ].

TUER, verbe trans. [3]
Faire mourir violemment. – Causer la mort de. – Exténuer (fam.). – Faire disparaître :

La routine tue les passions. – Pronom. Se suicider ; mourir dans un accident. – Fig. *Se tuer à* : s'évertuer à. 🔊 [tɥe].

TUERIE, subst. f.
Action de tuer de manière massive et sauvage. – Massacre, carnage. 🔊 [tyʀi].

TUE-TÊTE (À), loc. adv.
Crier à tue-tête : très fort. 🔊 [atytɛt].

TUILE, subst. f.
Pièce de terre cuite moulée, utilisée pour couvrir les toits. – Événement fâcheux (fam.). 🔊 [tɥil].

TULIPE, subst. f.
Plante bulbeuse cultivée en partic. en Hollande, pour sa belle fleur. 🔊 [tylip].

TULLE, subst. f.
Tissu léger et vaporeux. 🔊 [tyl].

TUMÉFIÉ, ÉE, adj.
Se dit d'une partie du corps qui est boursouflée, enflée, souv. à la suite d'un coup violent. 🔊 [tymefje].

TUMEUR, subst. f.
Grosseur pathologique, due à une prolifération cellulaire. 🔊 [tymœʀ].

TUMULTE, subst. m.
Agitation, désordre bruyant et confus d'un groupe de personnes. 🔊 [tymylt].

TUMULTUEUX, EUSE, adj.
Agité et bruyant. – *Une vie tumultueuse* : pleine d'aventures. 🔊 [tymyltɥø, -øz].

TUMULUS, subst. m.
Hist. Amas artificiel de terre ou de pierres recouvrant une sépulture. 🔊 [tymylys].

TUNIQUE, subst. f.
Vêtement féminin couvrant le buste et les hanches. – Longue veste militaire à col droit : *Tunique d'apparat.* 🔊 [tynik].

TUNNEL, subst. m.
Galerie souterraine donnant passage à une voie de communication. 🔊 [tynɛl].

TURBAN, subst. m.
Coiffure orientale masculine faite d'une bande d'étoffe ceignant la tête. 🔊 [tyʀbɑ̃].

TURBINE, subst. f.
Moteur dans lequel un fluide (eau, vapeur, gaz, etc.) entraîne la rotation d'une roue. 🔊 [tyʀbin].

TURBOT, subst. m.
Grand poisson marin plat, à la chair très fine. 🔊 [tyʀbo].

TURBULENT, ENTE, adj.
Qui est porté à faire du bruit, à s'agiter, à semer le désordre. 🔊 [tyʀbylɑ̃, -ɑ̃t].

TURC, TURQUE, adj. et subst. m
Se dit d'un groupe de langues parlées en Asie centrale. – Subst. Langue parlée en Turquie. 🔊 [tyʀk].

TURF, subst. m.
Ensemble des activités concernant les courses de chevaux. 🔊 [tyʀf] ou [tœʀf].

TURPITUDE, subst. f.
Conduite abjecte d'une personne. – Acte, parole infâmes. 🔊 [tyʀpityd].

TURQUOISE, subst. f.
Pierre fine d'un beau bleu-vert. — Empl. adj. inv. Couleur de cette pierre. 🔊 [tyʀkwaz].

TUTÉLAIRE, adj.
Qui protège (littér.) : *Génie tutélaire.* — Qui se rapporte à la tutelle. 🔊 [tytelɛʀ].

TUTELLE, subst. f.
Protection légale accordée à un mineur ou à un incapable majeur, et s'exerçant sur ses biens. — Dépendance, surveillance, protection : *Placer qqn sous tutelle.* 🔊 [tytɛl].

TUTEUR, TUTRICE, subst.
Dr. Personne chargée de veiller sur un mineur ou un incapable majeur, et de gérer ses biens. — Masc. Piquet qui soutient une plante. 🔊 [tytœʀ, tytʀis].

TUTOIEMENT, subst. m.
Action, fait de tutoyer. 🔊 [tytwamɑ̃].

TUTOYER, verbe trans. [17]
S'adresser à (qqn) en employant le pronom personnel « tu ». 🔊 [tytwaje].

TUYAU, AUX, subst. m.
Conduit cylindrique, rigide ou souple. — Information confidentielle (fam.). 🔊 [tɥijo].

TUYAUTERIE, subst. f.
Ensemble des tuyaux et des conduites d'une installation. — Ensemble des tuyaux d'un orgue. 🔊 [tɥijotʀi].

T.V.A., subst. f. inv.
Sigle de « taxe à la valeur ajoutée », impôt indirect. 🔊 [tevea].

TYMPAN, subst. m.
Anat. Membrane séparant l'oreille moyenne du conduit auditif externe et qui transmet les vibrations de l'air. — *Archit.* Paroi, souv.

sculptée, qui clôt l'arc des portails romans ou gothiques. 🔊 [tɛ̃pɑ̃].

TYPE, subst. m.
Ensemble de caractéristiques d'une catégorie. — Modèle. — Homme (fam.). 🔊 [tip].

TYPHOÏDE, adj. et subst. f.
Subst. Maladie infectieuse et contagieuse caractérisée par une forte fièvre et des troubles intestinaux. — Adj. Relatif à la **typhoïde** ou au typhus. 🔊 [tifɔid].

TYPHON, subst. m.
Cyclone dévastateur des mers de Chine et de l'océan Indien. 🔊 [tifɔ̃].

TYPHUS, subst. m.
Maladie infectieuse et contagieuse transmise par les poux. 🔊 [tifys].

TYPIQUE, adj.
Qui présente les caractéristiques, qui est un exemple parfait d'un type. 🔊 [tipik].

TYPOGRAPHIE, subst. f.
Art de composer un texte destiné à l'impression. — Présentation graphique d'un texte imprimé. 🔊 [tipɔgʀafi].

TYRAN, subst. m.
Chef politique abusant d'un pouvoir absolu, gouvernant par la peur. 🔊 [tiʀɑ̃].

TYRANNIE, subst. f.
Pouvoir absolu, oppressif, violent et injuste. — Fig. *La tyrannie des préjugés.* 🔊 [tiʀani].

TYRANNISER, verbe trans. [3]
Exercer une domination cruelle et méchante sur ; persécuter. 🔊 [tiʀanize].

TZIGANE, adj. et subst.
Se dit d'un peuple musicien et nomade, originaire de l'Inde. 🔊 [tzigan].

U

U, u, subst. m. inv.
Vingt et unième lettre et cinquième voyelle de l'alphabet français. 🔊 [y].

UBAC, subst. m.
Versant d'une montagne exposé à l'ombre, gén. au nord (oppos. *adret*). 🔊 [ybak].

UBIQUITÉ, subst. f.
Capacité à être présent en plusieurs lieux au même instant. 🔊 [ybikɥite].

ULCÈRE, subst. m.
Méd. Perte de substance du tissu cutané ou d'une muqueuse, se traduisant par une lésion qui cicatrise difficilement : *Un ulcère à l'estomac.* 🔊 [ylsɛʀ].

ULCÉRER, verbe trans. [8]
Affecter d'un ulcère. — Fig. Blesser profondément qqn. 🔊 [ylseʀe].

U.L.M., subst. m. inv.
Sigle pour « ultraléger motorisé », engin volant au moteur de faible cylindrée. 🔊 [yɛlɛm].

ULTÉRIEUR, IEURE, adj.
Géogr. Situé au-delà. — Qui vient après, postérieur : *Repousser à une date ultérieure.* 🔊 [ylteʀjœʀ].

ULTIMATUM, subst. m.
Ensemble de conditions imposées par un État à un autre, assorties d'une menace de guerre. — Sommation. 🔊 [yltimatɔm].

ULTIME, adj.
Dernier, final. 🔊 [yltim].

ULTRASON, subst. m.
Son de fréquence trop élevée pour que l'oreille humaine le perçoive. 🔊 [yltʀasɔ̃].

467

ULTRAVIOLET, ETTE, adj. et subst. m.
Phys. Se dit de radiations invisibles pour
l'œil humain, utilisées comme moyen thérapeutique (abrév. *U.V.*). 🔊 [yltʀavjɔlɛ, -ɛt].

ULULER, verbe intrans. [3]
Pousser son cri (ululement), en parlant
d'un rapace nocturne. 🔊 [ylyle].

UN (I), UNE, adj. num. et subst. sing.
Adj. Le premier des nombres entiers, exprimant une quantité unique : *Deux poires et
une* pomme. – Premier : *Acte* I. – Subst.
masc. Le nombre un, le chiffre 1, le numéro
1. – Subst. fém. *La* une : la première page
d'un journal. 🔊 [œ̃, yn].

UN (II), UNE, art. indéf.
Qualifie une personne ou une chose in-
déterminées, dont l'unicité est occasion-
nelle : *Une* pomme. – Plur. *des* ; [œ̃, yn].

UN (III), UNE, pron. indéf.
Remplace une personne ou une chose nom-
mées avant ou après, ou sous-entendues :
Venez un de ces jours. – Opposé à « autre » :
L'un aime jouer, l'autre pas ; *L'un l'autre,*
réciproquement. 🔊 Plur. *uns, unes* ; [œ̃, yn].

UNANIME, adj.
Qui exprime un avis commun à tous :
Accord unanime. – Plur. Qui sont du même
avis. 🔊 [ynanim].

UNANIMITÉ, subst. f.
Unité de vue, accord complet de tous les
membres d'un groupe. 🔊 [ynanimite].

UNI, UNIE, adj. et subst. m.
Adj. Lisse, sans aspérités. – D'une seule
couleur. – Lié par l'affection ou l'amour.
– Subst. Étoffe d'une seule couleur. 🔊 [yni].

UNICELLULAIRE, adj. et subst. m.
Se dit d'un être vivant formé d'une seule
cellule, comme les bactéries, les protozoaires, etc. 🔊 [yniselylɛʀ].

UNIFIER, verbe trans. [6]
Réaliser l'unité de (qqch.), à partir d'éléments dispersés : *Unifier l'Europe.* – Rendre
homogène, cohérent : *Unifier les mentalités.*
🔊 [ynifje].

UNIFORME, adj. et subst. m.
Adj. De forme, d'aspect identiques : *Des
emballages uniformes.* – Régulier, sans
variation : *monotone.* – Subst. Vêtement
réglementaire propre à certaines professions. 🔊 [ynifɔʀm].

UNIFORMITÉ, subst. f.
État de ce qui est uniforme. 🔊 [yniformite].

UNIJAMBISTE, adj. et subst.
Qui n'a plus qu'une jambe. 🔊 [yniʒɑ̃bist].

UNILATÉRAL, ALE, AUX, adj.
Qui ne concerne qu'un seul côté. – Qui
n'engage qu'une seule partie. – Qui n'est
le fait que d'une personne. 🔊 [ynilateʀal].

UNION, subst. f.
Fusion, association entre des personnes ou
des entités. – Rapport d'affinité intime,
d'attrait réciproque. – Mariage. 🔊 [ynjɔ̃].

UNIQUE, adj.
Seul en son genre. – Incomparable, exceptionnel. – Incroyable (fam.). 🔊 [ynik].

UNIR, verbe trans. [19]
Créer des liens d'affinité entre, associer ;
marier. – Joindre ensemble (des éléments
divers). 🔊 [yniʀ].

UNISSON, subst. m.
Mus. Accord de voix ou d'instruments
jouant des sons de même hauteur. – À
l'unisson : avec un accord parfait. 🔊 [ynisɔ̃].

UNITAIRE, adj.
Qui forme une unité, ou qui tend vers
l'unité. 🔊 [yniteʀ].

UNITÉ, subst. f.
Caractère de ce qui est un, unique, indivisible. – Harmonie, homogénéité. – Chose
qui est une. – Grandeur déterminée servant
de base à la mesure d'autres grandeurs :
Unité de longueur. – Formation militaire.
– Partie d'un ensemble plus vaste. 🔊 [ynite].

UNIVERS, subst. m.
Le monde terrestre, l'humanité. – *L'Uni-
vers* : le monde entier, tout ce qui existe.
– Fig. Domaine, milieu : *L'univers du rêve* ;
Sa maison est son seul univers. 🔊 [yniveʀ].

UNIVERSALITÉ, subst. f.
Caractère de ce qui est universel. – Qualité
d'un esprit universel. 🔊 [yniveʀsalite].

UNIVERSEL, ELLE, adj.
Qui concerne tous les individus d'une
catégorie. – Qui concerne tous les hommes.
– Dont les connaissances, les aptitudes
couvrent tous les domaines. – Qui concerne
l'Univers. 🔊 [yniveʀsɛl].

UNIVERSITAIRE, adj. et subst.
Subst. Enseignant d'université. – Adj. Qui
a trait à l'université. 🔊 [yniveʀsiteʀ].

UNIVERSITÉ, subst. f.
Établissement d'enseignement supérieur.
🔊 [yniveʀsite].

URBAIN, AINE, adj.
Qui a trait à la ville. – Qui fait preuve
d'urbanité (littér.). 🔊 [yʀbɛ̃, -ɛn].

URBANISER, verbe trans. [3]
Donner un caractère urbain à (un site, une
région). 🔊 [yʀbanize].

URBANISME, subst. m.
Science et technique de l'aménagement des
villes. 🔊 [yʀbanism].

URBANITÉ, subst. f.
Civilité, politesse (littér.). 🔊 [yʀbanite].

URÈTRE, subst. m.
Canal servant à l'évacuation de l'urine hors
de la vessie. 🔊 [yʀɛtʀ].

URGENCE, subst. f.
Caractère de ce qui est urgent. 🔊 [yʀʒɑ̃s].

URGENT, ENTE, adj.
Qui ne tolère aucun délai. 🔊 [yʀʒɑ̃, -ɑ̃t].

URINAIRE, adj.
Qui concerne l'urine. 🔊 [yʀinɛʀ].

URINE, subst. f.
Liquide formé dans les reins lors de la purification du sang. 🔊 [yʀin].

URINER, verbe [3]
Intrans. Évacuer son urine. – Trans. Évacuer (qqch.) dans l'urine. 🔊 [yʀine].

URNE, subst. f.
Vase funéraire contenant les cendres d'un défunt. – Boîte recueillant les bulletins de vote. 🔊 [yʀn].

URTICAIRE, subst. f.
Éruption cutanée accompagnée de démangeaisons. 🔊 [yʀtikɛʀ].

US, subst. m. plur.
Les us et coutumes : les traditions d'un pays, d'un peuple. 🔊 [ys].

USAGE, subst. m.
Utilisation, emploi : *Faire usage d'une pelle* ; *L'usage du latin*. – Coutume, tradition. – Plur. Règles du savoir-vivre. 🔊 [yzaʒ].

USAGÉ, ÉE, adj.
Qui a beaucoup servi : *Un vêtement usagé*. – Qui est hors d'usage. 🔊 [yzaʒe].

USAGER, subst. m.
Personne qui utilise un service public : *Usager du métro, du téléphone*. 🔊 [yzaʒe].

USER, verbe trans. [3]
Détériorer peu à peu par un usage prolongé. – Fig. Diminuer, affaiblir peu à peu. – User *de* : se servir de (littér.). 🔊 [yze].

USINE, subst. f.
Établissement industriel producteur d'énergie ou de marchandises en série. 🔊 [yzin].

USINER, verbe trans. [3]
Façonner (une pièce) avec une machine-outil. 🔊 [yzine].

USITÉ, ÉE, adj.
Couramment employé. 🔊 [yzite].

USTENSILE, subst. m.
Objet d'usage domestique. 🔊 [ystɑ̃sil].

USUEL, ELLE, adj.
D'usage courant. 🔊 [yzyɛl].

USUFRUIT, subst. m.
Droit de jouissance d'un bien dont on n'est pas propriétaire. 🔊 [yzyfʀɥi].

USURE (I), subst. f.
Intérêt monétaire d'un taux excessif au regard des normes réglementaires. 🔊 [yzyʀ].

USURE (II), subst. f.
Dégradation d'une chose matérielle au fil du temps. – Fig. Affaiblissement. 🔊 [yzyʀ].

USURPATEUR, TRICE, subst.
Personne qui usurpe. 🔊 [yzyʀpatœʀ, -tʀis].

USURPER, verbe trans. [3]
S'approprier (qqch.) de manière illégale : *Usurper un bien, le pouvoir*. 🔊 [yzyʀpe].

UT, subst. m. inv.
Mus. Synon. de *do*. 🔊 [yt].

UTÉRUS, subst. m.
Organe femelle qui reçoit l'œuf fécondé jusqu'à l'accouchement. 🔊 [yteʀys].

UTILE, adj.
Qui sert. – Qui rend service. 🔊 [ytil].

UTILISATION, subst. f.
Action, manière d'utiliser. 🔊 [ytilizasjɔ̃].

UTILISER, verbe trans. [3]
Se servir de, employer avantageusement (qqch. ou qqn). 🔊 [ytilize].

UTILITAIRE, adj. et subst. m.
Adj. Qui a pour seul but l'utilité. – Subst. Camion ou autocar. 🔊 [ytilitɛʀ].

UTILITÉ, subst. f.
Qualité de ce qui est utile. 🔊 [ytilite].

UTOPIE, subst. f.
Projet irréalisable. – Illusion. 🔊 [ytɔpi].

V

V, v, subst. m. inv.
Vingt-deuxième lettre de l'alphabet français et dix-septième consonne. 🔊 [ve].

VACANCE, subst. f.
État d'une charge, d'un poste vacants. – Plur. Période de congé accordée aux salariés, aux élèves, aux étudiants. 🔊 [vakɑ̃s].

VACANCIER, IÈRE, subst.
Personne qui est en vacances en dehors de son domicile habituel. 🔊 [vakɑ̃sje, -jɛʀ].

VACANT, ANTE, adj.
Qui est disponible, inoccupé : *Un appartement vacant*. – Qui n'a pas de titulaire : *Poste vacant*. 🔊 [vakɑ̃, -ɑ̃t].

VACARME, subst. m.
Grand bruit, tumulte, tapage. 🔊 [vakaʀm].

VACCIN, subst. m.
Substance inoculée à une personne, à un animal pour les immuniser contre une maladie. 🔊 [vaksɛ̃].

VACCINER, verbe trans. [3]
Administrer un vaccin à. – *La télé, je suis vacciné* : je ne veux plus en entendre parler (fam.). 🔊 [vaksine].

VACHE, subst. f.
Subst. Bovidé domestique, femelle du taureau. – Empl. adj. Sévère, méchant (fam.) : *Un professeur vache*. 🔊 [vaʃ].

VACILLER, verbe intrans. [3]
Trembler de faiblesse, chanceler, tituber.
– Scintiller faiblement. – Fig. Manquer
d'assurance ; s'affaiblir : *Mémoire qui va-
cille.* 🔊 [vasije].

VACUITÉ, subst. f.
État de ce qui est vide. – Vide moral ou
intellectuel. 🔊 [vakyite].

VADROUILLE, subst. f.
Promenade, balade (fam.) : *En vadrouille,*
hors de chez soi, en voyage. 🔊 [vadʀuj].

VA-ET-VIENT, subst. m. inv.
Mouvement d'aller et retour d'un mécanisme. – Allées et venues de personnes, de
véhicules. 🔊 [vaevjɛ̃].

VAGABOND, ONDE, adj. et subst.
Adj. Qui erre, qui est itinérant. – Inconstant. – Subst. Nomade. – Clochard,
personne sans domicile fixe. 🔊 [vagabɔ̃, -ɔ̃d].

VAGABONDER, verbe intrans. [3]
Mener la vie d'un vagabond. – Fig. Errer,
passer d'une chose à l'autre : *Esprit qui
vagabonde.* 🔊 [vagabɔ̃de].

VAGIN, subst. m.
Organe génital féminin constitué d'un
canal allant de la vulve à l'utérus. 🔊 [vaʒɛ̃].

VAGIR, verbe intrans. [19]
Émettre un cri (vagissement), en parlant
d'un nouveau-né, d'un crocodile ou d'un
lièvre. 🔊 [vaʒiʀ].

VAGUE (I), adj. et subst. m.
Adj. Qui ne se laisse pas définir clairement,
imprécis : *Des propos* **vagues.** – Subst. *Rester
dans le* **vague** : se montrer évasif. 🔊 [vag].

VAGUE (II), adj.
Terrain **vague** : à l'abandon, sans cultures
ni constructions. 🔊 [vag].

VAGUE (III), subst. f.
Mouvement ondulatoire à la surface des
eaux. – Fig. Masse de personnes. – Phénomène de masse qui se propage : *Une* **vague**
d'enthousiasme souleva le public. 🔊 [vag].

VAILLANCE, subst. f.
Bravoure, courage (littér.). 🔊 [vajɑ̃s].

VAILLANT, ANTE, adj.
Qui ne craint pas le danger, courageux.
– Vigoureux. 🔊 [vajɑ̃, -ɑ̃t].

VAIN, VAINE, adj.
Illusoire, sans fondement : **Vains** *espoirs.*
– Infructueux, inutile. – Loc. adv. *En* **vain** :
inutilement. 🔊 [vɛ̃, vɛn].

VAINCRE, verbe trans. [56]
Battre, venir à bout de, l'emporter sur (un
adversaire). – Triompher de : **Vaincre** *la
maladie.* 🔊 [vɛ̃kʀ].

VAINQUEUR, adj. m. et subst. m.
Qui a remporté une victoire. 🔊 [vɛ̃kœʀ].

VAISSEAU, subst. masc.
Grand navire. – **Vaisseau** *spatial* : véhicule
de l'espace. – *Anat.* Conduit dans lequel
circulent le sang ou la lymphe. 🔊 [vɛso].

VAISSELLE, subst. f.
Ensemble des récipients qui contiennent la
nourriture. – Lavage de ces récipients et des
couverts utilisés pour le repas. 🔊 [vɛsɛl].

VAL, VAUX ou VALS, subst. m.
Petite vallée, espace enserré entre deux
collines : *Par monts et par* **vaux.** 🔊 [val].

VALABLE, adj.
Qui présente les conditions requises pour
être accepté : *Passeport* **valable.** – Fondé :
Une raison **valable.** 🔊 [valabl].

VALÉRIANE, subst. f.
Plante médicinale. 🔊 [valeʀjan].

VALET, subst. m.
Serviteur, domestique. – Homme servile.
– Figure d'un jeu de cartes, située immé-
diatement avant la dame. 🔊 [valɛ].

VALEUR, subst. f.
Prix : *Valeur d'un bijou.* – Titre négociable :
Bourse des **valeurs.** – Importance donnée
à qqch. – Qualité morale ou intellectuelle.
– Critère du vrai, du beau, du bien dans
un jugement moral ou esthétique. – Quantité équivalente approximative : *Ajouter la*
valeur *d'un verre.* 🔊 [valœʀ].

VALEUREUX, EUSE, adj.
Vaillant, courageux (littér.). 🔊 [valœʀø, -øz].

VALIDE, adj.
En bonne santé. – Valable, en règle : *Ticket*
valide. 🔊 [valid].

VALIDER, verbe trans. [3]
Rendre (qqch.) valide, entériner. 🔊 [valide].

VALIDITÉ, subst. f.
Qualité de ce qui est valide. 🔊 [validite].

VALISE, subst. f.
Bagage de forme rectangulaire, muni d'une
poignée. 🔊 [valiz].

VALLÉE, subst. f.
Dépression du relief terrestre résultant de
l'action d'un cours d'eau. 🔊 [vale].

VALLON, subst. m.
Petite vallée. 🔊 [valɔ̃].

VALOIR, verbe [45]
Intrans. Être estimé à un certain prix,
coûter. – Avoir une certaine qualité.
– Trans. Être égal à : *Un franc* **vaut** *cent
centimes.* – Causer, provoquer. – Impers. *Il*
vaut *mieux* (+ inf.) : il est préférable de.
– Pronom. Être équivalent, avoir la même
valeur. 🔊 [valwaʀ].

VALORISER, verbe trans. [3]
Accroître la valeur de (qqch.). – Augmenter
le mérite de (qqn). 🔊 [valɔʀize].

VALSE, subst. f.
Danse à trois temps. – Fig. Changement
fréquent (fam.) : **Valse** *des prix.* 🔊 [vals].

VALSER, verbe intrans. [3]
Danser la valse. – Fig. Être manié avec
désinvolture ou brutalité (fam.). 🔊 [valse].

VALVE, subst. f.
Système qui ne laisse passer un flux (d'air,
d'électricité) que dans un sens. 🔊 [valv].

VAMPIRE, subst. m.
Mort-vivant qui sucerait le sang des vivants. – Grande chauve-souris d'Amérique du Sud. 🐾 [vɑ̃piʀ].

VAN, subst. m.
Fourgon à chevaux. 🐾 [vɑ̃].

VANDALE, subst.
Qui se livre au vandalisme. 🐾 [vɑ̃dal].

VANDALISME, subst. m.
Agissements malveillants de celui qui détruit des biens, des œuvres d'art. 🐾 [vɑ̃dalism].

VANILLE, subst. f.
Fruit du vanillier, qui fournit une substance aromatique. – Cette substance. 🐾 [vanij].

VANITÉ, subst. f.
Caractère de ce qui est vain, inutile (littér.). – Prétention, orgueil injustifié. 🐾 [vanite].

VANITEUX, EUSE, adj. et subst.
Qui est plein de vanité. 🐾 [vanitø, -øz].

VANNE, subst. f.
Dispositif mobile servant à régler le débit d'une canalisation. 🐾 [van].

VANNER, verbe [3]
Fatiguer, harasser (fam.). 🐾 [vane].

VANNERIE, subst. f.
Confection d'objets tressés en rotin, en osier, en raphia, etc. – Ces objets. 🐾 [vanʀi].

VANNIER, subst. m.
Artisan, ouvrier en vannerie. 🐾 [vanje].

VANTAIL, AUX, subst. m.
Panneau mobile d'une fenêtre, d'une porte ; battant. 🐾 [vɑ̃taj].

VANTARD, ARDE, adj. et subst.
Qui se vante, fanfaron. 🐾 [vɑ̃taʀ, -aʀd].

VANTARDISE, subst. f.
Attitude, caractère, propos d'une personne qui se vante. 🐾 [vɑ̃taʀdiz].

VANTER, verbe trans. [3]
Louer, célébrer, faire l'éloge de (qqn ou qqch.). – Pronom. Exagérer ses mérites ; mentir par vanité. – Se vanter de : tirer vanité de ; se faire fort de. 🐾 [vɑ̃te].

VA-NU-PIEDS, subst. inv.
Misérable, vagabond (péj.). 🐾 [vanypje].

VAPEUR, subst.
Fém. Eau à l'état gazeux ou sous forme de fines gouttelettes d'eau en suspension. – Tout corps à l'état gazeux : Vapeur d'essence. – Locomotive à vapeur : mue par la force de la vapeur d'eau. – Masc. Bateau à vapeur (vieilli). 🐾 [vapœʀ].

VAPOREUX, EUSE, adj.
Voilé de brume légère. – Fig. Dont la légèreté évoque la vapeur : Étoffe vaporeuse. 🐾 [vapoʀø, -øz].

VAPORISATEUR, subst. m.
Appareil servant à vaporiser. 🐾 [vapoʀizatœʀ].

VAPORISER, verbe trans. [3]
Transformer (un corps) en vapeur ou en gaz. – Diffuser un liquide en fines gouttelettes. 🐾 [vapoʀize].

VAQUER, verbe [3]
Intrans. Suspendre son activité (vieilli) : Les tribunaux vaquent. – Trans. indir. Vaquer à : s'occuper de, s'adonner à. 🐾 [vake].

VARAN, subst. m.
Grand lézard tropical. 🐾 [vaʀɑ̃].

VARAPPE, subst. f.
Escalade d'une paroi rocheuse. 🐾 [vaʀap].

VARECH, subst. m.
Algues rejetées par la mer, souv. utilisées comme engrais. 🐾 [vaʀɛk].

VAREUSE, subst. f.
Blouse de toile des marins. – Veste de certains uniformes. – Veste ample. 🐾 [vaʀøz].

VARIABLE, adj. et subst. f.
Adj. Qui varie ou est susceptible de varier. – Subst. Math. Symbole qui peut prendre différentes valeurs. 🐾 [vaʀjabl].

VARIANTE, subst. f.
Forme d'une chose, solution d'une question, version d'un texte légèrement différentes de l'original. 🐾 [vaʀjɑ̃t].

VARICE, subst. f.
Dilatation permanente d'une veine, gén. sur la jambe. 🐾 [vaʀis].

VARICELLE, subst. f.
Maladie contagieuse, accompagnée de boutons et de démangeaisons. 🐾 [vaʀisɛl].

VARIÉ, ÉE, adj.
Qui est divers dans ses éléments : Programme varié. – Plur. Différents, distincts les uns des autres. 🐾 [vaʀje].

VARIER, verbe [6]
Trans. Apporter de la variété à (qqch.), diversifier : Varier les plaisirs. – Intrans. Changer de valeur, d'avis : Le prix varie ; Les opinions varient. 🐾 [vaʀje].

VARIÉTÉ, subst. f.
Caractère d'un ensemble présentant des éléments variés, diversité. – Catégorie d'éléments au sein d'un ensemble : Une variété de tulipes. – Plur. Spectacle ou émission présentant des chansons et des attractions variées. 🐾 [vaʀjete].

VARIOLE, subst. f.
Grave maladie contagieuse. 🐾 [vaʀjɔl].

VASCULAIRE, adj.
Qui a trait aux vaisseaux du corps, en partic. aux vaisseaux sanguins. 🐾 [vaskylɛʀ].

VASE (I), subst. m.
Récipient utilitaire ou décoratif destiné à recevoir des fleurs. 🐾 [vaz].

VASE (II), subst. f.
Dépôt boueux qui se forme au fond des plans d'eau. 🐾 [vaz].

VASELINE, subst. f.
Substance grasse, issue du pétrole, utilisée comme lubrifiant. 🐾 [vaz(ə)lin].

VASEUX, EUSE, adj.
Qui contient de la vase. – Fam. Mal réveillé, en état de torpeur ; légèrement malade. – Confus : Explication vaseuse. 🐾 [vazø, -øz].

VASISTAS, subst. m.
Petit panneau mobile et vitré s'ouvrant dans une porte ou une fenêtre. 🔊 [vazistas].

VASQUE, subst. f.
Bassin ornemental peu profond. – Large coupe décorant une table. 🔊 [vask].

VASSAL, ALE, AUX, adj. et subst.
Au Moyen Âge, se disait d'une personne liée à un suzerain par les obligations féodales. – Se dit d'un homme ou d'un groupe qui dépend d'un autre. 🔊 [vasal].

VASTE, adj.
De grande étendue. – De grande ampleur : Un vaste projet. 🔊 [vast].

VA-TOUT, subst. m. inv.
Coup sur lequel un joueur risque tout son argent. – Jouer son va-tout : le tout pour le tout. 🔊 [vatu].

VAUDEVILLE, subst. m.
Litt. et théâtre. Comédie légère. 🔊 [vod(ə)vil].

VAUDOU, subst. m.
Culte pratiqué en Haïti. 🔊 [vodu].

VAU-L'EAU (À), loc. adv.
Au fil de l'eau. – Aller à vau-l'eau : péricliter, se désorganiser. 🔊 [avolo].

VAURIEN, IENNE, subst.
Garnement, galopin. 🔊 [voʀjɛ̃, -jɛn].

VAUTOUR, subst. m.
Grand oiseau de proie qui se nourrit de charognes : Le vautour moine des Pyrénées. – Fig. Homme dur et rapace. 🔊 [votuʀ].

VAUTRER (SE), verbe pronom. [3]
Se coucher, s'affaler. 🔊 [votʀe].

VA-VITE (À LA), loc. adv.
De manière hâtive. 🔊 [alavavit].

VEAU, subst. m.
Petit de la vache. – Viande ou cuir de cet animal. 🔊 [vo].

VECTEUR, subst. m.
Ce qui joint, véhicule, transporte ou transmet (qqch.). – Math. Segment de droite orienté. 🔊 [vɛktœʀ].

VÉCU, UE, adj. et subst. m.
Adj. Réel, qui s'est effectivement passé. – Subst. Expérience de la vie. 🔊 [veky].

VEDETTE, subst. f.
Acteur ou artiste de variétés en renom. – Personnalité, célébrité dans un domaine particulier. – En vedette : en évidence, en valeur. – Bateau léger à moteur. 🔊 [vədɛt].

VÉGÉTAL, ALE, AUX, adj. et subst. m.
Subst. Être vivant fixé au sol, plante. – Adj. Qui a trait aux plantes. 🔊 [veʒetal].

VÉGÉTARIEN, IENNE, adj. et subst.
Dont la nourriture ne comprend pas de viande. 🔊 [veʒetaʀjɛ̃, -jɛn].

VÉGÉTATIF, IVE, adj.
Relatif aux fonctions vitales des plantes et des animaux. – Fig. Qui se limite aux fonctions vitales de l'homme, en excluant toute activité intellectuelle : Vie végétative. 🔊 [veʒetatif, -iv].

VÉGÉTATION, subst. f.
Ensemble des végétaux d'un lieu. – Plur. Méd. Excroissances charnues qui obstruent les fosses nasales. 🔊 [veʒetasjɔ̃].

VÉGÉTER, verbe intrans. [8]
Croître avec difficulté. – Fig. Vivre dans la médiocrité ou l'inaction. 🔊 [veʒete].

VÉHÉMENCE, subst. f.
Fougue, impétuosité. 🔊 [veemɑ̃s].

VÉHÉMENT, ENTE, adj.
Fougueux, impétueux. 🔊 [veemɑ̃, -ɑ̃t].

VÉHICULE, subst. m.
Ce qui sert à communiquer. – Engin de déplacement, de transport. 🔊 [veikyl].

VÉHICULER, verbe trans. [3]
Transporter. – Faire circuler. – Propager, répandre : Véhiculer un microbe. 🔊 [veikyle].

VEILLE, subst. f.
Action de veiller. – Garde de nuit. – Jour précédant celui dont on parle. 🔊 [vɛj].

VEILLÉE, subst. f.
Soirée conviviale qui s'étend entre le dîner et le coucher. – Action de veiller un malade, un mort. – Veillée d'armes : soirée qui précède un jour important. 🔊 [veje].

VEILLER, verbe [3]
Intrans. Rester délibérément en éveil la nuit. – Trans. indir. Veiller à qqch. : y faire attention. – Veiller sur : prendre soin de. – Trans. dir. Veiller un malade : l'assister pendant la nuit. 🔊 [veje].

VEILLEUR, subst. m.
Veilleur de nuit : garde chargé de surveiller un établissement la nuit. 🔊 [vɛjœʀ].

VEILLEUSE, subst. f.
Petite lampe à faible lumière. – Petite flamme permanente servant à l'allumage automatique d'un appareil à gaz ou à mazout. – En veilleuse : au ralenti. – Plur. Feux de position d'un véhicule. 🔊 [vɛjøz].

VEINE, subst. f.
Vaisseau véhiculant le sang vers le cœur. – Filon de minerai. – Dessin sinueux dans la pierre ou le bois. – Fig. Inspiration. – Chance (fam.). 🔊 [vɛn].

VEINÉ, ÉE, adj.
Aux veines apparentes. – Dont le motif évoque les veines. 🔊 [vene].

VEINEUX, EUSE, adj.
Qui concerne les veines. 🔊 [vɛnø, -øz].

VÊLER, verbe intrans. [3]
Mettre bas, pour la vache. 🔊 [vele].

VÉLIN, subst. m.
Peau très mort-né, utilisée autrefois comme parchemin. – Papier luxueux, très blanc et fin. 🔊 [velɛ̃].

VELLÉITAIRE, adj. et subst.
Qui fait preuve de velléité. 🔊 [veleitɛʀ].

VELLÉITÉ, subst. f.
Volonté faible et fugitive, rarement suivie d'actes. 🔊 [veleite].

VÉLO, subst. m.
Bicyclette. 🔊 [velo].

VÉLOCE, adj.
Rapide et vif (littér.). 🔊 [velɔs].

VÉLOCIPÈDE, subst. m.
Ancêtre du vélo. 🔊 [velɔsipɛd].

VÉLOCITÉ, subst. f.
Rapidité (littér.). 🔊 [velɔsite].

VÉLODROME, subst. m.
Piste entourée de gradins, réservée aux courses cyclistes. 🔊 [velɔdʀom].

VÉLOMOTEUR, subst. m.
Petite motocyclette, dont la cylindrée va de 50 à 125 cm³. 🔊 [velɔmɔtœʀ].

VELOURS, subst. m.
Étoffe d'aspect lourd, rase sur l'envers et couverte de poils courts et drus sur l'endroit. – Ce qui est doux au toucher (littér.) : *Une peau de velours.* 🔊 [v(ə)luʀ].

VELOUTÉ, ÉE, adj. et subst. m.
Qui évoque la douceur du velours. – Subst. Potage onctueux. 🔊 [vəlute].

VELU, UE, adj.
Qui a des poils en abondance. 🔊 [vəly].

VENAISON, subst. f.
Chair du gros gibier. 🔊 [vənɛzõ].

VÉNAL, ALE, AUX, adj.
Qui se fait payer au mépris de l'intégrité, de la dignité. – Qui a trait à la valeur en argent d'un bien. 🔊 [venal].

VENDANGE, subst. f.
Cueillette du raisin. – Plur. Époque où cette cueillette a lieu. 🔊 [vãdãʒ].

VENDANGER, verbe [5]
Trans. Cueillir le raisin de (la vigne). – Intrans. Faire la vendange. 🔊 [vãdãʒe].

VENDÉMIAIRE, subst. m.
Premier mois du calendrier républicain, qui s'étendait du 22-24 septembre au 21-23 octobre. 🔊 [vãdemjɛʀ].

VENDETTA, subst. f.
Coutume corse qui fait obligation à tous les membres d'une famille de venger une offense. 🔊 [vãdeta].

VENDEUR, EUSE, adj. et subst.
Adj. Qui favorise la vente. – Subst. Particulier qui vend un bien. – Professionnel de la vente. 🔊 [vãdœʀ, -øz].

VENDRE, verbe trans. [51]
Céder (qqch.) contre un paiement. – Faire le commerce de : *Vendre des fruits et légumes.* – Fig. Trahir. 🔊 [vãdʀ].

VENDREDI, subst. m.
Cinquième jour de la semaine, veille du samedi. 🔊 [vãdʀədi].

VENDU, UE, adj. et subst.
Qui est vénal ou traître (péj.). 🔊 [vãdy].

VENELLE, subst. f.
Petite rue étroite (littér.). 🔊 [vənɛl].

VÉNÉNEUX, EUSE, adj.
Se dit d'une plante qui contient un poison dangereux. 🔊 [venenø, -øz].

VÉNÉRABLE, adj.
Qui suscite une attitude de vénération. – Respectable. 🔊 [veneʀabl].

VÉNÉRATION, subst. f.
Respect des choses sacrées. – Grand respect teinté d'admiration. 🔊 [veneʀasjõ].

VÉNÉRER, verbe trans. [8]
Avoir de la vénération pour. 🔊 [veneʀe].

VÉNERIE, subst. f.
Art de la chasse à courre. 🔊 [venʀi].

VÉNÉRIEN, IENNE, adj.
Relatif aux maladies sexuellement transmissibles. 🔊 [veneʀjɛ̃, -jɛn].

VENGEANCE, subst. f.
Action ou désir de se venger. – Châtiment, revanche. 🔊 [vãʒãs].

VENGER, verbe trans. [5]
Réparer le tort fait à (qqn, qqch.) en punissant l'auteur de l'offense : *Venger son honneur, un ami.* – Pronom. Réparer une offense, se faire justice : *Se venger de qqch., de qqn.* 🔊 [vãʒe].

VENGEUR, ERESSE, adj. et subst.
Qui venge. 🔊 [vãʒœʀ, -(ə)ʀɛs].

VÉNIEL, IELLE, adj.
Qui peut être absous. – Insignifiant, anodin (littér.). 🔊 [venjɛl].

VENIMEUX, EUSE, adj.
Qui sécrète du venin. – Fig. Haineux ; malveillant (littér.). 🔊 [vənimø, -øz].

VENIN, subst. m.
Substance toxique que sécrètent certains animaux pour se défendre. – Fig. Haine ; malveillance (littér.). 🔊 [vənɛ̃].

VENIR, verbe intrans. [22]
Rejoindre l'endroit où l'on est attendu. – Arriver, survenir. – Venir de : provenir, émaner de ; être issu de. – Apparaître. – Venir de (+ inf.), avoir fait récemment : *Il vient de partir.* 🔊 [v(ə)niʀ].

VENT, subst. m.
Mouvement de l'air qui se déplace dans l'atmosphère. – Tendance, mouvement : *Un vent de fronde.* – Instrument à vent : instrument de musique dans lequel on souffle pour produire un son. 🔊 [vã].

VENTE, subst. f.
Action de céder un bien contre paiement : *La vente d'un immeuble.* 🔊 [vãt].

VENTER, verbe impers. [3]
Faire du vent. 🔊 [vãte].

VENTEUX, EUSE, adj.
Où souffle le vent. 🔊 [vãtø, -øz].

VENTILATEUR, subst. m.
Appareil qui déplace de l'air pour rafraîchir, ou pour refroidir un moteur. 🔊 [vãtilatœʀ].

VENTILATION, subst. f.
Action de faire circuler de l'air. – Fig. Répartition d'argent, d'objets, de personnes : *Ventilation des frais.* 🔊 [vãtilasjõ].

VENTILER, verbe trans. [3]
Faire circuler l'air (en un lieu) pour aérer ou rafraîchir. – Fig. Répartir. 🔊 [vãtile].

VENTÔSE, subst. m.
Sixième mois du calendrier républicain, allant du 19-21 février au 20-21 mars. 🔊 [vɑ̃toz].

VENTOUSE, subst. f.
Organe adhésif de certains animaux. – Rondelle de caoutchouc qui adhère à une surface plane par pression. 🔊 [vɑ̃tuz].

VENTRAL, ALE, AUX, adj.
Qui concerne le ventre. – Qui est placé contre le ventre. 🔊 [vɑ̃tral].

VENTRE, subst. m.
Région du corps, opposée au dos, qui abrite les intestins. – Renflement de qqch. : *Le ventre d'un flacon*. 🔊 [vɑ̃tr].

VENTRICULE, subst. m.
Chacune des deux cavités inférieures du cœur. 🔊 [vɑ̃trikyl].

VENTRILOQUE, adj. et subst.
Se dit d'un artiste qui réussit à parler sans remuer les lèvres. 🔊 [vɑ̃trilɔk].

VENTRIPOTENT, ENTE, adj.
Qui a un gros ventre. 🔊 [vɑ̃tripotɑ̃, -ɑ̃t].

VENTRU, UE, adj.
Qui a un gros ventre. – Qui présente un renflement. 🔊 [vɑ̃try].

VENU, UE, adj. et subst.
Adj. Qui vient : *Bien, mal venu*. – Subst. Personne qui vient d'arriver : *Nouveau venu*. – *Le premier venu* : n'importe qui. – Subst. fém. Fait de venir, d'arriver, de se produire. – *Venue au monde* : naissance. 🔊 [v(ə)ny].

VER, subst. m.
Petit animal mou et allongé, sans pattes. – Larve de certains insectes : **Ver** *à soie*. 🔊 [vɛr].

VÉRACITÉ, subst. f.
Qualité de ce qui est vrai. 🔊 [verasite].

VÉRANDA, subst. f.
Pièce entièrement vitrée ajoutée au bâtiment principal. 🔊 [verɑ̃da].

VERBAL, ALE, AUX, adj.
Qui se fait de vive voix, oral. – Qui concerne la parole. – *Ling.* Relatif au verbe. 🔊 [vɛrbal].

VERBALISER, verbe intrans. [3]
Dresser un procès-verbal. 🔊 [vɛrbalize].

VERBE, subst. m.
Parole (littér.). – *Ling.* Mot autour duquel s'articule une phrase, et qui exprime une action, un état, un devenir. 🔊 [vɛrb].

VERBEUX, EUSE, adj.
Qui utilise beaucoup trop de mots et, de ce fait, manque de clarté. 🔊 [vɛrbø, -øz].

VERBIAGE, subst. m.
Profusion de paroles creuses. 🔊 [vɛrbjaʒ].

VERDEUR, subst. f.
Vigueur de la jeunesse. – Âpreté, acidité d'un vin, d'un fruit. – Crudité d'un langage. 🔊 [vɛrdœr].

VERDICT, subst. m.
Décision d'un tribunal rendue après délibération. – Jugement quelconque, décision rendue. 🔊 [vɛrdik(t)].

VERDIR, verbe [19]
Devenir ou rendre vert. 🔊 [vɛrdir].

VERDOYANT, ANTE, adj.
Qui devient vert. – Couvert d'une végétation bien verte. 🔊 [vɛrdwajɑ̃, -ɑ̃t].

VERDURE, subst. f.
Couleur verte de la végétation. – L'herbe et les feuillages. – Plante potagère mangée en salade. 🔊 [vɛrdyr].

VÉREUX, EUSE, adj.
Qui renferme des vers. – Fig. Corrompu, malhonnête. 🔊 [verø, -øz].

VERGE, subst. f.
Baguette de bois souple utilisée pour châtier. – Membre viril. 🔊 [vɛrʒ].

VERGER, subst. m.
Champ planté d'arbres fruitiers. 🔊 [vɛrʒe].

VERGETURE, subst. f.
Trace nacrée qui strie une peau distendue. 🔊 [vɛrʒətyr].

VERGLACÉ, ÉE, adj.
Couvert de verglas. 🔊 [vɛrglase].

VERGLAS, subst. m.
Mince couche de glace qui se forme sur le sol, en partic. sur la route. 🔊 [vɛrgla].

VERGOGNE, subst. f.
Sans vergogne : sans pudeur ni honte ; sans scrupule. 🔊 [vɛrgɔɲ].

VERGUE, subst. f.
Mar. Barre placée en travers du mât, qui porte la voile. 🔊 [vɛrg].

VÉRIDIQUE, adj.
Qui dit la vérité (littér.). – Conforme à la vérité. 🔊 [veridik].

VÉRIFICATION, subst. f.
Action de vérifier. – Opération de contrôle : *Vérification des comptes*. 🔊 [verifikasjɔ̃].

VÉRIFIER, verbe trans. [6]
Contrôler l'exactitude, la conformité ou le bon état de. – Confirmer : *Résultat qui vérifie l'hypothèse*. 🔊 [verifje].

VÉRIN, subst. m.
Appareil de levage. 🔊 [verɛ̃].

VÉRITABLE, adj.
Conforme à la vérité. – Vrai, réel, naturel : *Cuir* véritable. – Digne de son nom : *Une* véritable *épopée*. 🔊 [veritabl].

VÉRITÉ, subst. f.
Caractère de ce qui est vrai, conforme à la réalité, au démontré. – Sincérité. 🔊 [verite].

VERMEIL, EILLE, adj. et subst. m.
Adj. D'un rouge vif et léger. – Subst. Argent recouvert d'une dorure. 🔊 [vɛrmɛj].

VERMIFUGE, adj. et subst. m.
Se dit d'un médicament qui provoque l'évacuation des vers intestinaux. 🔊 [vɛrmifyʒ].

VERMILLON, adj. inv. et subst. m.
Rouge vif tirant sur l'orangé. 🔊 [vɛrmijɔ̃].

VERMINE, subst. f.
Parasites externes de l'homme, des animaux. – Fig. Individus vils ; canaille. 🔊 [vɛrmin].

VERMISSEAU, subst. m.
Petit ver. – Petite larve. 🐚 [vɛʀmiso].

VERMOULU, UE, adj.
Se dit du bois rongé par les vers. – Fig. Vieux et près de s'effondrer. 🐚 [vɛʀmuly].

VERNIR, verbe trans. [19]
Enduire de vernis. 🐚 [vɛʀniʀ].

VERNIS, subst. m.
Solution résineuse brillante dont on protège ou décore un support. – Fig. Apparence brillante, mais superficielle. 🐚 [vɛʀni].

VERNISSAGE, subst. m.
Opération qui consiste à vernir. – Inauguration, sur invitation, d'une exposition de peinture. 🐚 [vɛʀnisaʒ].

VERNISSÉ, ÉE, adj.
Se dit d'une poterie vernie. 🐚 [vɛʀnise].

VÉROLE, subst. f.
Syphilis (fam.). 🐚 [veʀɔl].

VERRAT, subst. m.
Porc mâle reproducteur. 🐚 [vɛʀa].

VERRE, subst. m.
Substance minérale, dure, cassante et transparente. – Plaque, lame de verre. – Lentille conçue pour corriger la vue. – Récipient utilisé pour boire ; son contenu. 🐚 [vɛʀ].

VERRERIE, subst. f.
Fabrication et commerce du verre. – Objets en verre. 🐚 [vɛʀʀi].

VERRIER, IÈRE, adj. et subst. m.
Adj. Du verre. – Subst. Ouvrier, artisan en verrerie ou en vitraux. 🐚 [vɛʀje, -jɛʀ].

VERRIÈRE, subst. f.
Partie vitrée d'un toit. – Grande surface vitrée. 🐚 [vɛʀjɛʀ].

VERROTERIE, subst. f.
Bijoux de verre coloré et travaillé, de faible valeur ; pacotille. 🐚 [veʀɔtʀi].

VERROU, subst. m.
Pièce de métal coulissante servant à fermer une porte. – Barrage, obstacle. 🐚 [veʀu].

VERROUILLAGE, subst. m.
Action de fermer au verrou ; son résultat. – Blocage. 🐚 [veʀujaʒ].

VERROUILLER, verbe trans. [3]
Fermer au verrou. – Bloquer. – Empêcher l'évolution de. 🐚 [veʀuje].

VERRUE, subst. f.
Petite excroissance cutanée. 🐚 [veʀy].

VERS (I), subst. m.
Ligne rythmée d'une œuvre poétique. 🐚 [vɛʀ].

VERS (II), prép.
En direction de. – Environ. 🐚 [vɛʀ].

VERSANT, subst. m.
Chacune des pentes d'une vallée ou d'une montagne. – Chacun des deux aspects opposés d'une même chose. 🐚 [vɛʀsɑ̃].

VERSATILE, adj.
Qui change souv. d'opinion. 🐚 [vɛʀsatil].

VERSE (À), loc. adv.
Il pleut à verse : en abondance. 🐚 [avɛʀs].

VERSÉ, ÉE, adj.
Qui connaît à fond un domaine : **Versé** *dans les arts.* 🐚 [vɛʀse].

VERSEAU, subst. m.
Onzième signe du zodiaque. 🐚 [vɛʀso].

VERSEMENT, subst. m.
Action de verser de l'argent ; paiement, règlement. – Somme versée. 🐚 [vɛʀsəmɑ̃].

VERSER, verbe [3]
Trans. Faire basculer sur le côté. – Transvaser ; répandre. – Remettre (de l'argent à qqn). – Intrans. Se renverser. – Se laisser aller à : **Verser** *dans l'orgueil.* 🐚 [vɛʀse].

VERSET, subst. m.
Subdivision numérotée d'un chapitre d'un livre sacré : *Un verset du Coran.* 🐚 [vɛʀse].

VERSEUR, EUSE, adj. et subst. f.
Adj. Qui sert à verser. – Subst. Cafetière à poignée horizontale. 🐚 [vɛʀsœʀ, -øz].

VERSIFIER, verbe [6]
Intrans. Composer des vers. – Trans. Mettre (un texte) en vers. 🐚 [vɛʀsifje].

VERSION, subst. f.
Traduction d'un texte écrit dans une langue étrangère. – Interprétation d'un fait ; narration que l'on en fait. – Variante d'une œuvre littéraire ou artistique. 🐚 [vɛʀsjɔ̃].

VERSO, subst. m.
Envers d'une page (oppos. *recto*). 🐚 [vɛʀso].

VERT, VERTE, adj. et subst. m.
Couleur combinant le jaune et le bleu. – Adj. Relatif à la campagne. – Pas mûr ; acide. – Resté vigoureux, jeune. – Sévère : **Verte** *réprimande.* – Blême : **Vert** *de peur.* – Subst. Écologiste. 🐚 [vɛʀ, vɛʀt].

VERT-DE-GRIS, subst. m. inv.
Dépôt verdâtre dû à l'humidité, patinant le bronze ou certains alliages. – Empl. adj. inv. Gris verdâtre. 🐚 [vɛʀdəgʀi].

VERTÉBRAL, ALE, AUX, adj.
Qui se rapporte aux vertèbres : *Colonne* **vertébrale**, tige de vertèbres qui supporte le squelette. 🐚 [vɛʀtebʀal].

VERTÉBRÉ, ÉE, adj. et subst. m.
Se dit d'un animal possédant une colonne vertébrale. – Subst. plur. L'embranchement correspondant. 🐚 [vɛʀtebʀe].

VERTÈBRE, subst. f.
Chacun des os courts formant la colonne vertébrale. 🐚 [vɛʀtɛbʀ].

VERTEMENT, adv.
Avec sévérité et vivacité. 🐚 [vɛʀtəmɑ̃].

VERTICAL, ALE, AUX, adj. et subst. f.
Adj. Parallèle au fil à plomb ; perpendiculaire à un plan horizontal. – Subst. Position, droite verticales. 🐚 [vɛʀtikal].

VERTIGE, subst. m.
Perte du sens de l'équilibre face au vide. – Trouble, égarement. 🐚 [vɛʀtiʒ].

VERTIGINEUX, EUSE, adj.
Propre à donner le vertige. – Fig. Impressionnant. 🐚 [vɛʀtiʒinø, -øz].

VERTU, subst. f.
Bonne moralité. – Qualité morale estimée.
– Chasteté féminine (littér.). – Propriété,
effet, pouvoir. – Loc. prép. *En vertu de* : au
nom de, en conséquence de. 📖 [vɛʀty].

VERTUEUX, EUSE, adj.
Qui fait preuve de vertu. 📖 [vɛʀtɥø, -øz].

VERVE, subst. f.
Inspiration créatrice. – Éloquence brillante.
– Brio, fantaisie. 📖 [vɛʀv].

VERVEINE, subst. f.
Plante herbacée ornementale ou médicinale. – Tisane calmante. 📖 [vɛʀvɛn].

VÉSICULE, subst. f.
Organe en forme de sac. – Petite cloque sur
la peau. 📖 [vezikyl].

VESSIE, subst. f.
Organe où s'accumule l'urine. – Membrane
gonflée d'air. 📖 [vesi].

VESTE, subst. f.
Vêtement couvrant le buste, court et à
manches, ouvert devant. – Fig. Défaite,
échec (fam.). 📖 [vɛst].

VESTIAIRE, subst. m.
Lieu où l'on dépose manteaux et parapluies.
– Local où l'on se change. 📖 [vɛstjɛʀ].

VESTIBULE, subst. m.
Pièce ou couloir d'entrée d'une maison,
d'un bâtiment. 📖 [vɛstibyl].

VESTIGE, subst. m.
Reste du passé, ruine. 📖 [vɛstiʒ].

VESTIMENTAIRE, adj.
Qui a trait aux vêtements. 📖 [vɛstimɑ̃tɛʀ].

VESTON, subst. m.
Veste d'un complet d'homme. 📖 [vɛstɔ̃].

VÊTEMENT, subst. m.
Toute pièce de tissu qui sert à couvrir ou
à protéger le corps humain. 📖 [vɛtmɑ̃].

VÉTÉRAN, subst. m.
Ancien combattant. – Sportif âgé de plus
de 35 ans. 📖 [vetɛʀɑ̃].

VÉTÉRINAIRE, adj. et subst.
Adj. Relatif à la médecine des animaux :
Médicament vétérinaire. – Subst. Spécialiste
de la médecine animale. 📖 [veteʀinɛʀ].

VÉTILLE, subst. f.
Petit fait insignifiant. 📖 [vetij].

VÊTIR, verbe trans. [24]
Mettre un, des vêtements à. 📖 [vetiʀ].

VETO, subst. m. inv.
Droit qu'a une institution de s'opposer à
l'entrée en vigueur d'une loi. – Interdiction ; refus. 📖 [veto].

VÉTUSTE, adj.
Vieux et en mauvais état. 📖 [vetyst].

VÉTUSTÉ, subst. f.
État de ce qui est vétuste. 📖 [vetyste].

VEUF, VEUVE, adj. et subst.
Dont le conjoint est mort. 📖 [vœf, vœv].

VEULE, adj.
Sans énergie, lâche, faible. 📖 [vøl].

VEUVAGE, subst. m.
État d'une personne veuve et non remariée.
📖 [vœvaʒ].

VEXATION, subst. f.
Acte ou propos qui vexe. 📖 [vɛksasjɔ̃].

VEXATOIRE, adj.
Qui vise à humilier. 📖 [vɛksatwaʀ].

VEXER, verbe trans. [3]
Blesser dans son amour-propre. 📖 [vɛkse].

VIA, prép.
En passant par. 📖 [vja].

VIABILITÉ, subst. f.
Aptitude à vivre d'un organisme naissant.
– Caractère de ce qui peut se développer.
📖 [vjabilite].

VIABLE, adj.
Apte à vivre. – Capable de se développer,
susceptible d'aboutir : *Ce projet est viable*.
📖 [vjabl].

VIADUC, subst. m.
Pont élevé, gén. à plusieurs arches, franchis-
sant une vallée, un fleuve. 📖 [vjadyk].

VIAGER, ÈRE, adj. et subst. m.
Se dit d'une rente versée jusqu'à la mort
de celui qui la reçoit. – *En viager* : en
échange d'une telle rente. 📖 [vjaʒe, -ɛʀ].

VIANDE, subst. f.
Chair comestible des animaux. 📖 [vjɑ̃d].

VIATIQUE, subst. m.
Aide, secours, soutien. – *Relig.* Communion
administrée à un mourant. 📖 [vjatik].

VIBRANT, ANTE, adj.
Qui vibre. – Passionné, émouvant : *Hommage vibrant*. 📖 [vibʀɑ̃, -ɑ̃t].

VIBRATION, subst. f.
Mouvement de ce qui vibre. – Modulation
d'un son. 📖 [vibʀasjɔ̃].

VIBRATOIRE, adj.
Constitué d'une suite de vibrations : *Mouvement vibratoire*. 📖 [vibʀatwaʀ].

VIBRER, verbe intrans. [3]
Être agité d'un tremblement léger et rapide.
– Ressentir une vive émotion. 📖 [vibʀe].

VICAIRE, subst. m.
Prêtre desservant une paroisse sous l'autorité d'un curé. 📖 [vikɛʀ].

VICE, subst. m.
Mauvais penchant irrépressible ; perversion
sexuelle. – Défaut, malfaçon. 📖 [vis].

VICE-ROI, subst. m.
Dans un État monarchique, gouverneur
d'une province ayant rang de royaume :
Vice-roi des Indes. 📖 Plur. *vice-rois* ; [visʀwa].

VICE VERSA, loc. adv.
Inversement. 📖 [vis(e)vɛʀsa].

VICIÉ, IÉE, adj.
Corrompu, pollué. 📖 [visje].

VICIEUX, IEUSE, adj. et subst.
Qui est dépravé, corrompu, pervers. – Adj.
Fautif, incorrect : *Un tour vicieux*. – Exécuté
avec ruse. 📖 [visjø, -jøz].

VICINAL, ALE, AUX, adj.
Se dit d'un chemin qui relie entre eux des villages, des hameaux. 🔊 [visinal].

VICISSITUDES, subst. f. plur.
Événements malheureux qui jalonnent une vie. 🔊 [visisityd].

VICOMTE, ESSE, subst.
Titre de noblesse immédiatement inférieur à celui de comte. 🔊 [vikɔ̃t, -ɛs].

VICTIME, subst. f.
Personne tuée ou blessée dans une guerre, un accident. – Personne qui subit les conséquences de la malveillance d'autrui ou de ses propres agissements. 🔊 [viktim].

VICTOIRE, subst. f.
Succès dans une guerre, un combat. – Succès dans une compétition. 🔊 [viktwar].

VICTORIEUX, IEUSE, adj.
Qui a remporté la victoire. – Propre au vainqueur : *Air victorieux.* 🔊 [viktɔrjø, -jøz].

VICTUAILLES, subst. f. plur.
Vivres, nourriture. 🔊 [viktɥɑj].

VIDANGE, subst. f.
Opération qui consiste à vider pour nettoyer : *Vidange d'un réservoir.* – Dispositif d'évacuation d'un liquide. 🔊 [vidɑ̃ʒ].

VIDANGER, verbe trans. [5]
Procéder à la vidange de. 🔊 [vidɑ̃ʒe].

VIDE, adj. et subst. m.
Adj. Qui ne renferme rien. – Inoccupé ; désert. – Fig. Qui manque d'intérêt ; morne. – Subst. Espace vide. – Néant. 🔊 [vid].

VIDÉO, adj. inv. et subst. f.
Se dit des techniques d'enregistrement, de traitement et de restitution sur écran d'images et de sons. 🔊 [video].

VIDER, verbe trans. [3]
Rendre vide. – Évacuer. – Expulser d'un établissement (fam.). – Ôter les boyaux (d'un animal). – Fig. Mettre un terme à, régler. – Épuiser (fam.). 🔊 [vide].

VIE, subst. f.
Ensemble des phénomènes qui caractérisent l'activité des organismes animaux et végétaux, de leur naissance à leur mort. – Fait de vivre. – Ensemble des événements qui jalonnent l'existence de qqn. – Vitalité, entrain ; animation, inspiration. – Manière de vivre. – Ensemble des moyens matériels nécessaires pour vivre. 🔊 [vi].

VIEIL, VIEILLE, voir **VIEUX**

VIEILLARD, subst. m.
Homme très âgé. 🔊 Le fém., *vieillarde*, est rare et litt. (ou péj.) : [vjɛjar].

VIEILLERIE, subst. f.
Vieille chose, usée et démodée. 🔊 [vjɛjʀi].

VIEILLESSE, subst. f.
Période ultime de la vie ; fait d'être vieux. – Ensemble des personnes âgées. 🔊 [vjɛjɛs].

VIEILLIR, verbe [19]
Intrans. Avancer en âge ; devenir vieux. – Subir les effets du temps. – Se démoder. – Trans. Rendre plus vieux. 🔊 [vjɛjiʀ].

VIEILLISSEMENT, subst. m.
Fait de vieillir. – Processus physiologique de la vieillesse. – Évolution que le temps fait subir à une chose. 🔊 [vjejismɑ̃].

VIERGE, adj. et subst. f.
Adj. Qui n'a pas eu de relations sexuelles. – Pur, intact, inexploré. – Subst. Fille qui n'a jamais eu de rapports sexuels. – Sixième signe du zodiaque. – *Relig. La Sainte Vierge* : Marie, mère du Christ. 🔊 [vjɛʀʒ].

VIEUX, VIEIL, VIEILLE, adj. et subst.
Qui est d'un grand âge. – Adj. Qui dure depuis longtemps. – Qui appartient au passé ; révolu. – Subst. Fam. Père ou mère ; ami. – Subst. masc. Ce qui est ancien. 🔊 Adj. masc. *vieil* (plur. *vieux*) devant un n. commençant par une voyelle ou un h muet : [vjø, vjɛj].

VIF, VIVE, adj. et subst.
Adj. Vivant. – Plein de vitalité, éveillé : *Un enfant vif.* – Intense ; violent. – Subst. *Dr.* Personne vivante. – Chair : *À vif*, avec la chair à nu. – Fig. Point le plus sensible ou le plus intéressant : *Entrer dans le vif du sujet.* 🔊 [vif, viv].

VIGIE, subst. f.
Matelot qui veille à bord d'un navire. – Surveillance ainsi exercée. 🔊 [viʒi].

VIGILANCE, subst. f.
Surveillance très soutenue et scrupuleuse. 🔊 [viʒilɑ̃s].

VIGILANT, ANTE, adj.
Qui fait preuve de vigilance. 🔊 [viʒilɑ̃, -ɑ̃t].

VIGILE, subst. m.
Agent de surveillance. 🔊 [viʒil].

VIGNE, subst. f.
Arbrisseau qui donne le raisin, aussi cultivé pour la production du vin. – Vignoble. 🔊 [viɲ].

VIGNERON, ONNE, adj. et subst.
Se dit de celui qui cultive la vigne, qui produit du vin. 🔊 [viɲ(ə)ʀɔ̃, -ɔn].

VIGNETTE, subst. f.
Petit ornement de première page ou de fin de chapitre d'un livre. – Timbre attestant le paiement d'une taxe, ou servant au remboursement d'un médicament par la Sécurité sociale. 🔊 [viɲɛt].

VIGNOBLE, subst. m.
Terrain planté de vignes. – Ensemble des vignes d'une région, d'un pays. 🔊 [viɲɔbl].

VIGOUREUX, EUSE, adj.
Qui est plein de vigueur. 🔊 [viguʀø, -øz].

VIGUEUR, subst. f.
Force physique. – Énergie. – Fermeté et puissance de l'expression. – *En vigueur* : en pratique, en application. 🔊 [vigœʀ].

VIL, VILE, adj.
Méprisable (littér.) : *Une vile manœuvre.* – De piètre valeur. 🔊 [vil].

VILAIN, AINE, adj. et subst.
Adj. Méchant, bas, malhonnête. – Qui rebute par sa laideur. – Fig. Déplaisant,

fâcheux. – Subst. Personne, gén. enfant, qui se conduit mal. – Subst. masc. Au Moyen Âge, paysan libre. 🔊 [vilɛ̃, -ɛn].

VILENIE, subst. f.
Action vile (littér.). 🔊 [vil(e)ni].

VILIPENDER, verbe trans. [3]
Dénoncer (qqn, qqch.) comme méprisable. 🔊 [vilipɑ̃de].

VILLA, subst. f.
Antiq. Domaine agricole ou riche résidence d'été. – Maison individuelle, de plaisance ou d'habitation, avec jardin. 🔊 [villa].

VILLAGE, subst. m.
Agglomération en milieu rural. 🔊 [vilaʒ].

VILLAGEOIS, OISE, adj. et subst.
Adj. Propre au village. – Subst. Habitant d'un village. 🔊 [vilaʒwa, -waz].

VILLE, subst. f.
Réunion importante d'habitations disposant des structures nécessaires à la vie sociale. – La population qui y vit. 🔊 [vil].

VILLÉGIATURE, subst. f.
Séjour passé dans un lieu propice au repos, à la détente. – Le lieu de ce séjour. 🔊 [vil(l)eʒjatyʀ].

VIN, subst. m.
Boisson alcoolique obtenue à partir de la fermentation de raisin. 🔊 [vɛ̃].

VINAIGRE, subst. m.
Liquide produit par la fermentation acétique du vin. 🔊 [vinɛgʀ].

VINDICATIF, IVE, adj.
Dont la rancune est tenace. 🔊 [vɛ̃dikatif, -iv].

VINGT, adj. num. inv. et subst. m. inv.
Adj. Deux fois dix. – Vingtième : *Les années* vingt. – Subst. Le nombre vingt, le numéro 20. 🔊 Par exception, *vingt* est variable dans *quatre-vingts* ; [vɛ̃] ou [vɛ̃t].

VINGTAINE, subst. f.
Ensemble constitué de vingt, ou d'environ vingt unités. 🔊 [vɛ̃tɛn].

VINICOLE, adj.
Relatif à la production du vin. 🔊 [vinikɔl].

VINIFICATION, subst. f.
Ensemble des opérations de transformation du raisin en vin. 🔊 [vinifikasjɔ̃].

VINYLE, subst. m.
Matière plastique : *Disque en* **vinyle**. 🔊 [vinil].

VIOL, subst. m.
Agression sexuelle. – Profanation d'un lieu sacré ou interdit. – Transgression (d'une opinion, d'une loi). 🔊 [vjɔl].

VIOLATION, subst. f.
Fait de violer (un lieu, une loi). 🔊 [vjɔlasjɔ̃].

VIOLE, subst. f.
Instrument de musique à cordes et à archet : **Viole** *de gambe*. 🔊 [vjɔl].

VIOLENCE, subst. f.
Caractère de ce ou de celui qui est violent. – Force brutale. – Plur. Actes agressifs. 🔊 [vjɔlɑ̃s].

VIOLENT, ENTE, adj. et subst.
Qui est brutal, coléreux, sans retenue. – Adj. Très intense, puissant. – Qui requiert une grande énergie physique. 🔊 [vjɔlɑ̃, -ɑ̃t].

VIOLER, verbe trans. [3]
Se rendre coupable de viol sur (qqn). – Profaner (un lieu) ; pénétrer de force dans (un lieu). – Enfreindre (une loi) ; trahir (un secret). 🔊 [vjɔle].

VIOLET, ETTE, adj. et subst. m.
Adj. D'un bleu mêlé de rouge. – Subst. La couleur **violette**. 🔊 [vjɔlɛ, -ɛt].

VIOLETTE, subst. f.
Plante des bois à petites fleurs violettes parfumées. 🔊 [vjɔlɛt].

VIOLON, subst. m.
Instrument de musique à quatre cordes et à archet, tenu entre l'épaule et le menton. 🔊 [vjɔlɔ̃].

VIOLONCELLE, subst. m.
Grand instrument de musique de la famille du violon, dont on joue assis. 🔊 [vjɔlɔ̃sɛl].

VIPÈRE, subst. f.
Serpent venimeux, à tête triangulaire. – Fig. Personne médisante, malfaisante. 🔊 [vipɛʀ].

VIRAGE, subst. m.
Mouvement d'un véhicule qui change de direction. – Partie courbe d'une route : **Virage** *dangereux*. – Fig. Modification brusque d'orientation. 🔊 [viʀaʒ].

VIRAL, ALE, AUX, adj.
Qui relève d'un virus. 🔊 [viʀal].

VIREMENT, subst. m.
Fin. Transfert d'argent de compte à compte. – *Mar.* Action de virer de bord. 🔊 [viʀmɑ̃].

VIRER, verbe [3]
Trans. indir. Changer d'aspect, de couleur, de caractère : **Virer** *à l'aigre*. – Trans. dir. Transférer (une somme) d'un compte à un autre. – Congédier ; expulser d'un lieu (fam.). – Intrans. Tourner sur soi. – Opérer un virage. – **Virer** *de bord* : changer de direction. 🔊 [viʀe].

VIREVOLTER, verbe intrans. [3]
Tourner rapidement sur soi. – Fig. Aller en tous sens. 🔊 [viʀvɔlte].

VIRGINAL, ALE, AUX, adj.
Qui a la pureté, l'innocence d'une vierge. 🔊 [viʀʒinal].

VIRGINITÉ, subst. f.
État d'une personne vierge. – Caractère de ce qui est vierge. 🔊 [viʀʒinite].

VIRGULE, subst. f.
Signe de ponctuation (,) servant à séparer les membres d'une phrase. – *Math.* Signe séparant, dans un nombre décimal, la partie entière de la partie décimale. 🔊 [viʀgyl].

VIRIL, ILE, adj.
Propre à l'homme en tant que mâle. – Fort, résolu, énergique. 🔊 [viʀil].

VIRILITÉ, subst. f.
Caractères physiques de l'homme. – Puissance sexuelle de l'homme. 🔊 [viʀilite].

VIRTUEL, ELLE, adj.
Qui est susceptible d'être, mais n'est pas ; possible, potentiel. 🔊 [virtɥɛl].

VIRTUOSE, subst.
Musicien talentueux. – Personne très habile dans un domaine particulier. 🔊 [virtɥoz].

VIRULENCE, subst. f.
Caractère de ce ou de celui qui est virulent : *Virulence d'une réplique*. 🔊 [virylɑ̃s].

VIRULENT, ENTE, adj.
Violent, corrosif. 🔊 [virylɑ̃, -ɑ̃t].

VIRUS, subst. m.
Micro-organisme parasite des cellules vivantes, agent infectieux. – Fig. *Le virus de* : la passion de. – *Informat.* Instruction qui, introduite dans un système informatique, en perturbe le fonctionnement. 🔊 [virys].

VIS, subst. f.
Tige filetée, gén. à tête ronde, qui s'enfonce en tournant dans la pièce à fixer. 🔊 [vis].

VISA, subst. m.
Mention portée sur un document, le validant ou certifiant le paiement d'un droit. – Cachet apposé sur un passeport, autorisant qqn à entrer dans un pays. 🔊 [viza].

VISAGE, subst. m.
Face de l'homme, partie antérieure de la tête. – Mine, air. – Apparence, aspect des choses. 🔊 [vizaʒ].

VIS-À-VIS, loc. prép. et subst. m.
Loc. prép. *Vis-à-vis de* : en face de ; au fig., en regard de, envers. – Subst. Personne ou chose placée en face d'une autre. 🔊 [vizavi].

VISCÉRAL, ALE, AUX, adj.
Qui se rapporte aux viscères. – Profond, instinctif : *Peur viscérale*. 🔊 [viseral].

VISCÈRE, subst. m.
Chaque organe interne du corps. 🔊 [visɛʀ].

VISÉE, subst. f.
Direction de la vue, d'une arme, d'un objectif photographique vers un point donné. – Fig. Dessein, prétention (gén. au plur.). 🔊 [vize].

VISER, verbe trans. [3]
Trans. dir. Braquer son regard, son arme vers (le but à atteindre). – Fig. Rechercher, briguer. – Concerner. – Trans. indir. Viser *à* : chercher à. 🔊 [vize].

VISIBILITÉ, subst. f.
Caractère de ce qui est visible. – Possibilité de voir plus ou moins loin. 🔊 [vizibilite].

VISIBLE, adj.
Qui peut être vu. – Concret, tangible. – Manifeste, ostensible. 🔊 [vizibl].

VISIÈRE, subst. f.
Dans une coiffure, bord faisant saillie et abritant les yeux. 🔊 [vizjɛʀ].

VISION, subst. f.
Perception par la vue. – Façon de voir, de se représenter les choses. – Hallucination ; apparition. 🔊 [vizjɔ̃].

VISIONNAIRE, adj. et subst.
Qui a des visions surnaturelles. – Qui a une vision juste de l'avenir. 🔊 [vizjɔnɛʀ].

VISITE, subst. f.
Inspection, examen : *Visite des lieux* ; *Visite médicale*. – Fait de visiter un lieu. – *Rendre visite à qqn* : aller le voir chez lui. 🔊 [vizit].

VISITER, verbe trans. [3]
Procéder à la visite, à l'inspection de. – Aller à la découverte (d'un lieu, d'un pays). – Rendre visite à (qqn). 🔊 [vizite].

VISON, subst. m.
Petit mammifère carnivore, proche du putois, à la fourrure recherchée. 🔊 [vizɔ̃].

VISQUEUX, EUSE, adj.
Qui s'écoule avec difficulté, sirupeux. – Dont la surface est gluante. 🔊 [viskø, -øz].

VISSER, verbe trans. [3]
Fixer avec des vis. – Visser *un couvercle* : fermer, en effectuant un mouvement de rotation. 🔊 [vise].

VISUALISER, verbe trans. [3]
Rendre visible (un phénomène qui ne l'est pas naturellement). – *Informat.* Faire apparaître à l'écran (du texte, des images). 🔊 [vizɥalize].

VISUEL, ELLE, adj. et subst. m.
Adj. Qui concerne la vue : *Mémoire visuelle*, mémoire de ce qui a été vu. – Subst. Aspect graphique d'une publicité (oppos. *rédactionnel*). 🔊 [vizɥɛl].

VITAL, ALE, AUX, adj.
Qui concerne la vie. – Nécessaire à la vie. – Fig. Crucial, très important. 🔊 [vital].

VITALITÉ, subst. f.
Caractère de ce qui est plein de vie, de vigueur, de dynamisme. 🔊 [vitalite].

VITAMINE, subst. f.
Substance indispensable au bon fonctionnement de l'organisme, gén. apportée par l'alimentation. 🔊 [vitamin].

VITE, adv.
À vive allure. – En hâte. – Bientôt, sous peu : *Je reviendrai vite*. 🔊 [vit].

VITESSE, subst. f.
Capacité à se déplacer ou à agir vite. – Rapport entre la distance parcourue et le temps mis à la parcourir. – *Mécan.* Chacune des combinaisons d'engrenage du système de traction d'un véhicule. 🔊 [vitɛs].

VITICULTURE, subst. f.
Culture de la vigne. 🔊 [vitikyltyʀ].

VITRAGE, subst. m.
Action de poser des vitres. – Ensemble des vitres d'un édifice. 🔊 [vitʀaʒ].

VITRAIL, AUX, subst. m.
Panneau constitué de morceaux de verre colorés formant motif, que l'on fixe au châssis d'une fenêtre. 🔊 [vitʀaj].

VITRE, subst. f.
Panneau de verre isolant que l'on fixe à une baie, à une portière. 🔊 [vitʀ].

VITREUX, EUSE, adj.
Qui a l'aspect du verre. – *Œil* **vitreux** : qui a perdu son éclat. ✍ [vitʀø, -øz].

VITRIFIER, verbe trans. [6]
Transformer (une matière) en verre par fusion. – Revêtir (un sol) d'une couche protectrice transparente. ✍ [vitʀifje].

VITRINE, subst. f.
Devanture vitrée d'un magasin. – Meuble vitré où sont exposés des objets. ✍ [vitʀin].

VITRIOL, subst. m.
Acide sulfurique concentré. – Fig. *Au* **vitriol** : incisif, corrosif. ✍ [vitʀijɔl].

VITUPÉRER, verbe trans. [8]
Vitupérer *qqn* (ou *contre qqn*) : le blâmer vivement. ✍ [vitypeʀe].

VIVABLE, adj.
Supportable. ✍ [vivabl].

VIVACE, adj.
Qui peut vivre longtemps : *Plante* **vivace**. – Fig. Tenace, persistant. ✍ [vivas].

VIVACITÉ, subst. f.
Promptitude à agir, à comprendre ou à s'emporter. – Intensité ; éclat ; ardeur, entrain. ✍ [vivasite].

VIVANT, ANTE, adj. et subst.
Adj. Animé par la vie, en vie : *Être* **vivant**. – Vif, dynamique ; plein d'animation : *Enfant* **vivant** ; *Quartier* **vivant**. – *Langue* **vivante** : qui est en usage. – Subst. Être doué de vie. – *Du* **vivant** *de qqn* : du temps où il vivait. ✍ [vivɑ̃, -ɑ̃t].

VIVARIUM, subst. m.
Établissement où l'on conserve des insectes, des reptiles dans leur milieu naturel reconstitué. ✍ [vivaʀjɔm].

VIVE, VIVENT, interj.
Acclamation d'enthousiasme, souhait de prospérité : **Vive(nt)** *les vacances !* ✍ [viv].

VIVEMENT, adv. et interj.
Adv. Rapidement : *Se saisir* **vivement** *de qqch*. – Intensément. – Interj. Marque un désir intense : **Vivement** *l'été !* ✍ [vivmɑ̃].

VIVIER, subst. m.
Bassin réservé à l'élevage et à la conservation des poissons vivants. – Fig. Milieu propice au développement (d'idées, de personnalités). ✍ [vivje].

VIVIFIER, verbe trans. [6]
Donner de la vigueur, de la vitalité (physique ou psychique) à. ✍ [vivifje].

VIVIPARE, adj.
Se dit d'un animal qui donne naissance à un petit dont le développement est achevé (contr. *ovipare*). ✍ [vivipaʀ].

VIVISECTION, subst. f.
Opération pratiquée à des fins expérimentales sur un animal vivant. ✍ [vivisɛksjɔ̃].

VIVRE, verbe [63]
Intrans. Être, demeurer en vie. – Durer, exister. – Habiter. – Connaître un mode de vie ; se conduire : *Vivre* **seul**, *sagement*. – Assurer sa subsistance : **Vivre** *du produit de sa pêche*. – Trans. Faire l'expérience de ; mettre en pratique : **Vivre** *des revers de fortune* ; **Vivre** *son engagement*. ✍ [vivʀ].

VIVRES, subst. m. plur.
Provisions, aliments. ✍ [vivʀ].

VIZIR, subst. m.
Ministre d'un sultan. – *Grand* **vizir** : Premier ministre de l'Empire ottoman. ✍ [viziʀ].

VOCABULAIRE, subst. m.
Ensemble des mots d'une langue. – Ensemble des mots utilisés par une personne. – Termes propres à un domaine. ✍ [vɔkabylɛʀ].

VOCAL, ALE, AUX, adj.
Qui concerne la voix. – Destiné au chant : *Ensemble* **vocal**. ✍ [vɔkal].

VOCALISE, subst. f.
Exercice de chant consistant à moduler sa voix sur une seule syllabe. ✍ [vɔkaliz].

VOCATION, subst. f.
Appel à la vie religieuse. – Vive inclination pour une activité, un état. ✍ [vɔkasjɔ̃].

VOCIFÉRER, verbe [8]
Intrans. S'exprimer avec colère, en criant. – Trans. **Vociférer** *des injures*. ✍ [vɔsifeʀe].

VODKA, subst. f.
Eau-de-vie de grain (blé, seigle). ✍ [vɔdka].

VŒU, VŒUX, subst. m.
Promesse faite à Dieu ; engagement religieux. – Souhait. – Intention. ✍ [vø].

VOGUE, subst. f.
Renom, succès plus ou moins passager : *Être en* **vogue**, à la mode. ✍ [vɔg].

VOGUER, verbe intrans. [3]
Naviguer (littér.). ✍ [vɔge].

VOICI, prép.
Présente celui ou ce qui est le plus proche. – Annonce ce qui va suivre. ✍ [vwasi].

VOIE, subst. f.
Route, chemin. – Subdivision d'une route large : *Autoroute à trois* **voies**. – **Voie** *ferrée* : chemin de fer. – Mode de transport : *Par* **voie** *aérienne*. – Moyen, intermédiaire : *Par* **voie** *diplomatique*. – Conduit naturel : *Voies* **respiratoires**. – Fig. Vocation : *Chercher sa* **voie**. – *En* **voie** *de* : en cours de. – *En bonne* **voie** : près de réussir. ✍ [vwa].

VOILÀ, prép.
Présente celui ou ce qui est plus éloigné ; rappelle ce qui vient d'être dit. ✍ [vwala].

VOILE (I), subst. m.
Pièce d'étoffe qui couvre la tête et parfois le visage. – Tissu léger et fin. – Fig. Ce qui altère la vision ou masque une réalité : *Un* **voile** *de brume, de mystère*. ✍ [vwal].

VOILE (II), subst. f.
Toile qui capte la force du vent, servant à la propulsion d'un navire. – Navigation sportive sur bateau à **voile**. ✍ [vwal].

VOILER (I), verbe trans. [3]
Recouvrir d'un voile. – Fig. Dissimuler ; atténuer. – Pronom. *Le ciel se* **voile** : il se couvre de nuages. ✍ [vwale].

VOILER (II), verbe trans. [3]
Déformer, fausser (un objet). 🕮 [vwale].

VOILIER, subst. m.
Bâteau à voile. 🕮 [vwalje].

VOILURE, subst. f.
Ensemble des voiles d'un bateau. – Surface portante d'un avion. – Toile d'un parachute. 🕮 [vwalyʀ].

VOIR, verbe trans. [36]
Percevoir par le sens de la vue. – Assister à, être témoin de. – Regarder avec attention ; juger ; constater. – Rencontrer ; rendre visite à (qqn). – *Je ne vois pas* : je ne comprends pas ; *Je vois bien* : je me rends compte. – Pronom. S'imaginer, se considérer. – Se produire. 🕮 [vwaʀ].

VOIRE, adv.
Et même : *Il est doué, voire génial.* 🕮 [vwaʀ].

VOIRIE, subst. f.
Ensemble des voies de communication aménagées et entretenues par les pouvoirs publics. – Administration chargée de cet entretien. 🕮 [vwaʀi].

VOISIN, INE, adj. et subst.
Qui habite, qui se trouve près de qqn. – Adj. Proche. – Fig. Qui présente des similitudes : *Un sens voisin.* 🕮 [vwazɛ̃, -in].

VOITURE, subst. f.
Véhicule de transport à roues. – Automobile. – *Ch. de fer.* Véhicule remorqué servant au transport des voyageurs. 🕮 [vwatyʀ].

VOIX, subst. f.
Ensemble des sons émis par le larynx ; manière d'émettre ces sons. – Sentiment intime servant de guide : *La voix de la sagesse.* – Suffrage, vote. – *Ling.* Forme que prend le verbe selon que le sujet exécute ou subit l'action : *Voix active, passive.* 🕮 [vwa].

VOL (I), subst. m.
Action de voler (I) ; espace parcouru en volant. – Oiseaux volant ensemble : *Un vol de grues.* – *Saisir au vol* : au passage. 🕮 [vɔl].

VOL (II), subst. m.
Action de voler (II) ; acte frauduleux. – Produit d'un vol. 🕮 [vɔl].

VOLAGE, adj.
Inconstant, en partic. en amour. 🕮 [vɔlaʒ].

VOLAILLE, subst. f.
Ensemble des volatiles d'une basse-cour. – Un de ces volatiles ; sa chair. 🕮 [vɔlaj].

VOLANT, subst. m.
Jeux. Petit cône léger que l'on lance avec une raquette. – Bande d'étoffe froncée qui orne le pourtour d'un vêtement, d'un rideau. – Instrument circulaire, organe de direction d'une automobile. 🕮 [vɔlɑ̃].

VOLATIL, ILE, adj.
Qui s'évapore facilement. 🕮 [vɔlatil].

VOLATILE, subst. m.
Oiseau, en partic. de basse-cour. 🕮 [vɔlatil].

VOLATILISER (SE), verbe pronom. [3]
Se transformer en vapeur. – Fig. Disparaître subitement. 🕮 [vɔlatilize].

VOLCAN, subst. m.
Relief formé par l'émission de matière en fusion issue des profondeurs de l'écorce terrestre. 🕮 [vɔlkɑ̃].

VOLCANOLOGIE, subst. f.
Étude des volcans. 🕮 [vɔlkanɔlɔʒi].

VOLÉE, subst. f.
Action de voler (I). – Bande d'oiseaux qui volent ensemble. – Tir simultané. – **Volée** *de coups* : série de coups. 🕮 [vɔle].

VOLER (I), verbe intrans. [3]
Se mouvoir en l'air au moyen d'ailes. – Se déplacer en avion. – Être projeté en l'air, flotter. – Se précipiter : **Voler** *au secours de qqn.* 🕮 [vɔle].

VOLER (II), verbe trans. [3]
S'emparer illicitement de (qqch.). – S'approprier le bien de (qqn). 🕮 [vɔle].

VOLET, subst. m.
Panneau utilisé pour clore une baie. – Feuillet rabattable d'un document : *Les volets d'un dépliant.* – Fig. Partie : *Le premier volet d'une émission.* 🕮 [vɔle].

VOLEUR, EUSE, adj. et subst.
Se dit d'une personne qui a volé ou qui a l'habitude de voler (II). 🕮 [vɔlœʀ, -øz].

VOLIÈRE, subst. f.
Grande cage à oiseaux. 🕮 [vɔljɛʀ].

VOLLEY-BALL, subst. m.
Sport opposant 2 équipes de 6 joueurs qui se renvoient un ballon par-dessus un filet. – Plur. *volley-balls* ; 🕮 [vɔlebol].

VOLONTAIRE, adj. et subst.
Adj. Fait délibérément, sans contrainte. – Qui a de la volonté. – Subst. Personne qui accomplit une mission, une tâche de son plein gré. 🕮 [vɔlɔ̃tɛʀ].

VOLONTÉ, subst. f.
Faculté de se déterminer à agir ou à ne pas agir. – Qualité d'une personne qui exerce avec énergie et constance cette faculté. – Décision, souhait. – Disposition à agir d'une certaine manière : *Bonne, mauvaise* **volonté**. – Plur. Caprices. – *À volonté* : tant que l'on veut. 🕮 [vɔlɔ̃te].

VOLONTIERS, adv.
Spontanément et de bon gré. 🕮 [vɔlɔ̃tje].

VOLTE-FACE, subst. f. inv.
Demi-tour effectué pour faire face. – Fig. Changement subit d'opinion, de comportement. 🕮 [vɔltəfas].

VOLTIGE, subst. f.
Exercice acrobatique effectué sur un cheval, sur une corde ou au trapèze volant. – **Voltige** *aérienne* : exécutée par le pilote d'un avion. – Fig. Entreprise risquée. 🕮 [vɔltiʒ].

VOLTIGER, verbe intrans. [5]
Voler çà et là. – Flotter dans l'air au gré du vent. 🕮 [vɔltiʒe].

VOLUBILE, adj.
Qui parle beaucoup et avec rapidité. – Se dit d'une plante qui s'élève en s'enroulant autour d'un support. 🕮 [vɔlybil].

VOLUME, subst. m.
Livre broché ou relié. – Espace occupé par un corps ; la mesure de cet espace. – Masse, quantité. – Intensité sonore. 🔊 [vɔlym].

VOLUMINEUX, EUSE, adj.
D'un grand volume. 🔊 [vɔlyminø, -øz].

VOLUPTÉ, subst. f.
Plaisir sensuel ou intellectuel fortement ressenti. – Plaisir sexuel. 🔊 [vɔlypte].

VOLUPTUEUX, EUSE, adj.
Qui recherche, procure ou exprime une certaine volupté. 🔊 [vɔlyptɥø, -øz].

VOLUTE, subst. f.
Motif ornemental en spirale. – Ce qui est en spirale : Volutes de fumée. 🔊 [vɔlyt].

VOMIR, verbe trans. [19]
Rejeter par la bouche (les aliments qu'on avait ingérés). – Projeter avec force au dehors. 🔊 [vɔmiʀ].

VOMISSEMENT, subst. m.
Fait de vomir. – Matière vomie. 🔊 [vɔmismã].

VORACE, adj.
Qui mange avec avidité. – Fig. Insatiable : Appétit vorace. 🔊 [vɔʀas].

VOTE, subst. m.
Action de voter. – Suffrage ainsi exprimé : Un vote majoritaire. 🔊 [vɔt].

VOTER, verbe [3]
Intrans. Exprimer son opinion, son choix par un suffrage, lors d'une élection. – Trans. Adopter au moyen d'un vote. 🔊 [vɔte].

VOTRE, VOS, adj. poss.
Qui est à vous, qui vous appartient, qui vous concerne. 🔊 [vɔtʀ], plur. [vo].

VÔTRE, adj. poss. et pron. poss.
Adj. Qui est à vous : Ce succès est vôtre. – Pron. Ce qui est à vous : Mes préoccupations sont les mêmes que les vôtres. – Empl. subst. Les vôtres : vos proches. 🔊 [votʀ].

VOUER, verbe trans. [3]
Engager de manière irrévocable : Vouer son amitié à qqn. – Consacrer : Vouer sa vie à la science. – Être voué à : être condamné à. 🔊 [vwe].

VOULOIR (I), verbe trans. [40]
Avoir la volonté de. – Exiger, commander. – Désirer : Je voudrais vous parler. – Pouvoir : La voiture ne veut pas démarrer. – Vouloir bien : accepter. – Vouloir dire : signifier. – En vouloir à qqn : lui garder rancune. – Pronom. Vouloir paraître. – S'en vouloir de : se reprocher de. 🔊 [vulwaʀ].

VOULOIR (II), subst. m.
Volonté, intention : Selon votre bon vouloir. 🔊 [vulwaʀ].

VOUS, pron. pers.
Sert à s'adresser à plusieurs personnes ou à une personne que l'on vouvoie. 🔊 [vu].

VOÛTE, subst. f.
Ouvrage de maçonnerie en arc formé de pierres taillées. – Partie supérieure courbe (d'une cavité, d'un objet). 🔊 [vut].

VOUVOYER, verbe trans. [17]
Employer le « vous », et non le « tu », en s'adressant à (qqn). 🔊 On dit aussi voussoyer ; 🔊 [vuvwaje].

VOYAGE, subst. m.
Déplacement vers un lieu assez éloigné : Un voyage à l'étranger. – Trajet effectué pour transporter qqch. 🔊 [vwajaʒ].

VOYAGER, verbe intrans. [5]
Faire un voyage. – Être déplacé, transporté : Voyager en avion. 🔊 [vwajaʒe].

VOYANT, ANTE, adj. et subst.
Adj. Qui attire l'œil. – Subst. Personne qui jouit de la vue (oppos. aveugle). – Personne qui possède le pouvoir surnaturel de connaître le passé et le futur. – Subst. masc. Signal optique. 🔊 [vwajã, -ãt].

VOYELLE, subst. f.
Son émis par la voix résonnant dans la cavité buccale plus ou moins ouverte. – Lettre représentant ce son. 🔊 [vwajɛl].

VOYOU, subst. m.
Jeune délinquant. – Individu sans moralité. – Garnement. 🔊 [vwaju].

VRAC (EN), loc. adv.
Sans emballage. – Pêle-mêle, en désordre : Prendre des notes en vrac. 🔊 [ãvʀak].

VRAI, VRAIE, adj., subst. m. et adv.
Adj. Conforme à la réalité, à la vérité. – Sincère, franc. – Dont l'apparence ne trahit pas la nature : Vrais cheveux. – Unique, principal : Le vrai problème. – Subst. La vérité. – Adv. Parler vrai. – Loc. adv. À vrai dire : pour être sincère. 🔊 [vʀɛ].

VRAIMENT, adv.
Véritablement. – Tout à fait. 🔊 [vʀemã].

VRAISEMBLABLE, adj.
Qui semble vrai, probable. 🔊 [vʀɛsãblabl].

VRAISEMBLANCE, subst. f.
Caractère vraisemblable. 🔊 [vʀɛsãblãs].

VROMBIR, verbe intrans. [19]
Faire entendre un ronflement vibrant, en parlant d'un insecte volant ou d'un moteur. 🔊 [vʀɔbiʀ].

VROMBISSEMENT, subst. m.
Bruit de ce qui vrombit. 🔊 [vʀɔbismã].

V.T.T., subst. m. inv.
Sigle pour « vélo tout terrain ». 🔊 [vetete].

VU, VUE, adj., subst. m. et prép.
Adj. Être bien vu : bien considéré. – Loc. conj. Vu que : attendu que. – Prép. Vu la quantité : étant donné, eu égard à. – Subst. Au vu et au su de qqn : ouvertement. 🔊 [vy].

VUE, subst. f.
Faculté de l'œil à percevoir l'environnement ; cette perception elle-même. – Action de regarder ; ce que l'on voit : À la vue de, en voyant ; Avoir vue sur la mer. – Représentation figurée d'un lieu ; photographie : Une vue aérienne. – Fig. Façon de voir, d'envisager les choses ; idées, intentions. – En vue de : afin de. 🔊 [vy].

VULGAIRE, adj.
Banal, sans originalité. – *Nom vulgaire* : qui appartient à la langue usuelle. – Grossier, qui manque d'élévation morale. 🕮 [vylgɛʀ].

VULGARISER, verbe trans. [3]
Mettre (des connaissances) à la portée de tous. 🕮 [vylgaʀize].

VULGARITÉ, subst. f.
Caractère de ce ou de celui qui est vulgaire, trivial. 🕮 [vylgaʀite].

VULNÉRABILITÉ, subst. f.
Caractère vulnérable. 🕮 [vylneʀabilite].

VULNÉRABLE, adj.
Qui peut être facilement blessé, atteint. – Sensible, faible : *Le grand âge l'a rendu vulnérable.* 🕮 [vylneʀabl].

VULVE, subst. f.
Ensemble des organes génitaux externes chez la femme et les Mammifères femelles. 🕮 [vylv].

W X Y Z

W, w, subst. m. inv.
Vingt-troisième lettre de l'alphabet français et dix-huitième consonne. 🕮 [dubləve].

WAGON, subst. m.
Ch. de fer. Véhicule remorqué, servant au transport des marchandises, des animaux et (abusivement) des personnes. 🕮 [vagɔ̃].

WAGONNET, subst. m.
Petit wagon utilisé sur les chantiers ou dans les mines. 🕮 [vagɔnɛ].

WALKMAN, subst. m.
Baladeur. 🕮 N. déposé ; [wɔ(l)kman].

WALLABY, subst. m.
Nom de diverses espèces de petits marsupiaux australiens. 🕮 Plur. *wallabys* ou *wallabies* ; [walabi].

WAPITI, subst. m.
Grand cerf du Canada, d'Alaska et de Sibérie. 🕮 [wapiti].

WATER-CLOSET, subst. m.
Lieux d'aisances, toilettes (abrév. *W.-C.*). 🕮 Plur. *water-closets* ; on dit aussi *les waters* ; [watɛʀklozɛt].

WATER-POLO, subst. m.
Sport de ballon qui se pratique dans l'eau entre 2 équipes de 7 joueurs. 🕮 Plur. *water-polos* ; [watɛʀpolo].

WEEK-END, subst. m.
Temps de repos en fin de semaine, le samedi et le dimanche. 🕮 Plur. *week-ends* ; [wikɛnd].

WESTERN, subst. m.
Film d'aventure exaltant l'Ouest américain au temps des pionniers. 🕮 [wɛstɛʀn].

WHISKY, subst. m.
Eau-de-vie de grain. 🕮 Plur. *whiskys* ou *whiskies* ; [wiski].

WHIST, subst. m.
Jeu de cartes, ancêtre du bridge, pratiqué surtout au XIXᵉ s. 🕮 [wist].

WHITE-SPIRIT, subst. m.
Solvant pétrolier utilisé comme diluant de peinture. 🕮 Plur. *white-spirits* ; [wajtspiʀit].

X, x, subst. m. inv.
Vingt-quatrième lettre et dix-neuvième consonne de l'alphabet français. 🕮 [iks].

XÉNOPHOBE, adj. et subst.
Qui n'aime pas les étrangers, qui leur manifeste de l'hostilité. 🕮 [gzenofob].

XÉNOPHOBIE, subst. f.
Hostilité de principe à l'égard des étrangers. 🕮 [gzenofobi].

XÉRÈS, subst. m.
Vin d'Espagne. 🕮 On écrit aussi *jerez* ; [kseʀɛs].

XYLOPHONE, subst. m.
Mus. Instrument formé de lamelles de bois que l'on frappe avec de petits marteaux. 🕮 [gzilofon].

Y (I), y, subst. m. inv.
Vingt-cinquième lettre et sixième voyelle de l'alphabet français. 🕮 [igʀɛk].

Y (II), pron. pers. et adv.
Adv. Ici, à cet endroit-là : *Allez-y.* – *Il y a* : il existe, il se trouve, il est. – Pron. À cela, à lui, à elle : *J'y pense.* 🕮 [i].

YACHT, subst. m.
Bateau de plaisance, à voiles ou à moteur. 🕮 [*jɔt].

YACHTING, subst. m.
Navigation de plaisance. 🕮 [*jɔtiŋ].

YA(C)K, subst. m.
Ruminant du Tibet, massif et à longs poils. 🕮 [*jak].

YAOURT, subst. m.
Lait caillé à l'aide de ferments lactiques. 🕮 [*jauʀt].

YARD, subst. m.
Unité de longueur anglo-saxonne, équivalant à 0,914 m. 🕮 [*jaʀd].

YÉTI, subst. m.
Hominien qui, selon la légende, vivrait dans l'Himalaya. 🕮 [*jeti].

YEUX, voir ŒIL

YIDDISH, subst. m. inv.
Langue germanique parlée par les Juifs d'Europe centrale et orientale. 📖 [*jidiʃ].

YLANG-YLANG, subst. m.
Arbre d'Asie dont les fleurs sont utilisées en parfumerie. 📖 Plur. *ylangs-ylangs* : [ilãilã].

YOGA, subst. m.
Discipline corporelle et spirituelle originaire d'Inde. 📖 [*joga].

YOGI, subst. m.
Celui qui pratique le yoga. 📖 [*jogi].

YOG(H)OURT, voir YAOURT

YOURTE, subst. f.
Tente des populations nomades d'Asie centrale. 📖 [*jurt].

YOUYOU, subst. m.
Petit canot de transbordement. 📖 [*juju].

YUCCA, subst. m.
Plante ornementale originaire d'Amérique tropicale et ressemblant à l'aloès. 📖 [*juka].

Z, z, subst. m. inv.
Vingt-sixième (et dernière) lettre et vingtième consonne de l'alphabet français. 📖 [zɛd].

ZAKOUSKI(S), subst. m. plur.
Hors-d'œuvre russes variés. 📖 [zakuski].

ZAPPER, verbe intrans. [3]
Changer de chaîne de télévision au moyen de la télécommande. 📖 [zape].

ZÈBRE, subst. m.
Équidé sauvage d'Afrique, au pelage rayé noir et blanc. – Fig. Individu, personne étrange. 📖 [zɛbʀ].

ZÉBRÉ, ÉE, adj.
Qui est marqué de raies rappelant la robe du zèbre. 📖 [zebʀe].

ZÉBU, subst. m.
Bœuf domestique d'Afrique ou d'Asie ayant une bosse sur le garrot. 📖 [zeby].

ZÉLATEUR, TRICE, subst.
Partisan zélé, ardent. 📖 [zelatœʀ, -tʀis].

ZÈLE, subst. m.
Vive ardeur, empressement à accomplir une tâche, à servir qqn ou une cause. 📖 [zɛl].

ZÉLÉ, ÉE, adj.
Qui fait preuve de zèle. 📖 [zele].

ZEN, adj. inv. et subst. m.
Se dit de l'une des formes du bouddhisme pratiqué au Japon. 📖 [zɛn].

ZÉNITH, subst. m.
Point de la sphère céleste situé sur la verticale d'un lieu donné. – Fig. Degré le plus élevé, apogée : *Être au zénith de sa gloire.* 📖 [zenit].

ZÉPHYR, subst. m.
Brise légère et agréable. 📖 [zefiʀ].

ZÉRO, adj. num. inv. et subst. m.
Adj. Aucun. – Subst. Symbole numérique (0) de valeur nulle, mais qui, placé à la droite d'un nombre, le décuple. – Point de départ de diverses graduations. – Quantité nulle ; rien : *Profits réduits à zéro.* – Fig. Personne nulle. 📖 [zeʀo].

ZESTE, subst. m.
Partie externe de l'écorce des agrumes. – Fig. Petite dose : *Un zeste d'ironie.* 📖 [zɛst].

ZÉZAYER, verbe intrans. [15]
Prononcer le son [z] pour [ʒ], et le son [s] pour [ʃ]. 📖 [zezeje].

ZIBELINE, subst. f.
Martre très recherchée pour sa fourrure. – Cette fourrure. 📖 [ziblin].

ZIGZAG, subst. m.
Ligne brisée. – Tracé sinueux. 📖 [zigzag].

ZIGZAGUER, verbe intrans. [3]
Avancer en zigzag. – Former des zigzags. 📖 [zigzage].

ZINC, subst. m.
Métal blanc bleuté, utilisé pour les toitures, les gouttières. – Fam. Comptoir de bar. – Avion. 📖 [zɛg].

ZIRCON, subst. m.
Silicate de zirconium, utilisé en joaillerie pour imiter le diamant. 📖 [ziʀkɔ̃].

ZIZANIE, subst. f.
Discorde, mésentente. 📖 [zizani].

ZODIAQUE, subst. m.
Zone céleste où s'effectuent les mouvements apparents du Soleil, de la Lune et des principales planètes du système solaire. – Cette zone, divisée en douze parties. 📖 [zɔdjak].

ZOMBI(E), subst. m.
Dans le vaudou, mort-vivant. – Fig. Personne amorphe, à l'air absent. 📖 [zɔ̃bi].

ZONA, subst. m.
Maladie virale caractérisée par une éruption de vésicules. 📖 [zona].

ZONE, subst. f.
Étendue de territoire, aire. – Domaine : *Zone d'activité, d'influence.* – Secteur soumis à un statut, à des lois. – Banlieue défavorisée. 📖 [zon].

ZOO, subst. m.
Parc ouvert au public, regroupant de nombreuses espèces animales. 📖 [z(o)o].

ZOOLOGIE, subst. f.
Science naturelle dont l'objet est d'étudier les animaux. 📖 [zɔɔlɔʒi].

ZOOM, subst. m.
Objectif à distance focale variable. – Effet obtenu avec cet objectif. 📖 [zum].

ZOUAVE, subst. m.
Soldat d'un corps d'infanterie française d'Afrique. – Fig. Imbécile, pitre. 📖 [zwav].

ZUT, interj.
Exclamation de dépit, d'irritation. 📖 [zyt].

ZYGOMATIQUE, adj.
Relatif à la pommette. – Empl. subst. *Les zygomatiques* : les trois muscles de la pommette. 📖 [zigomatik].

TABLEAU DES CONJUGAISONS

1. ÊTRE, verbe auxiliaire

INDICATIF				SUBJONCTIF		
Présent		**Passé composé**			**Présent**	
je	suis	j'	ai	été	que je	sois
tu	es	tu	as	été	que tu	sois
il	est	il	a	été	qu'il	soit
nous	sommes	nous	avons	été	que ns*	soyons
vous	êtes	vous	avez	été	que vs*	soyez
ils	sont	ils	ont	été	qu'ils	soient
Imparfait		**Plus-que-parfait**			**Imparfait**	
j'	étais	j'	avais	été	que je	fusse
tu	étais	tu	avais	été	que tu	fusses
il	était	il	avait	été	qu'il	fût
nous	étions	nous	avions	été	que ns	fussions
vous	étiez	vous	aviez	été	que vs	fussiez
ils	étaient	ils	avaient	été	qu'ils	fussent
Passé simple		**Passé antérieur**			**Passé**	
je	fus	j'	eus	été	que j'	aie	été
tu	fus	tu	eus	été	que tu	aies	été
il	fut	il	eut	été	qu'il	ait	été
nous	fûmes	nous	eûmes	été	que ns	ayons	été
vous	fûtes	vous	eûtes	été	que vs	ayez	été
ils	furent	ils	eurent	été	qu'ils	aient	été
Futur simple		**Futur antérieur**			**Plus-que-parfait**	
je	serai	j'	aurai	été	que j'	eusse	été
tu	seras	tu	auras	été	que tu	eusses	été
il	sera	il	aura	été	qu'il	eût	été
nous	serons	nous	aurons	été	que ns	eussions	été
vous	serez	vous	aurez	été	que vs	eussiez	été
ils	seront	ils	auront	été	qu'ils	eussent	été

CONDITIONNEL						
Présent		**Passé 1ʳᵉ forme**			**Passé 2ᵉ forme**	
je	serais	j'	aurais	été	j'	eusse	été
tu	serais	tu	aurais	été	tu	eusses	été
il	serait	il	aurait	été	il	eût	été
nous	serions	nous	aurions	été	nous	eussions	été
vous	seriez	vous	auriez	été	vous	eussiez	été
ils	seraient	ils	auraient	été	ils	eussent	été

INFINITIF	PARTICIPE	IMPÉRATIF
Présent	**Présent**	**Présent**
être	étant	sois, soyons, soyez
Passé	**Passé**	**Passé**
avoir été	été ; ayant été	aie été, ayons et ayez été

* Lorsque l'encombrement du texte dépasse la justification de la colonne, *nous* et *vous* sont abrégés respectivement en *ns* et *vs*.

2. AVOIR, verbe auxiliaire

INDICATIF				SUBJONCTIF		
Présent				*Présent*		
j'	ai			que j'	aie	
tu	as			que tu	aies	
il	a			qu'il	ait	
nous	avons			que ns	ayons	
vous	avez			que vs	ayez	
ils	ont			qu'ils	aient	
Imparfait				*Imparfait*		
j'	avais			que j'	eusse	
tu	avais			que tu	eusses	
il	avait			qu'il	eût	
nous	avions			que ns	eussions	
vous	aviez			que vs	eussiez	
ils	avaient			qu'ils	eussent	

INDICATIF				SUBJONCTIF		
Passé composé						
j'	ai	eu				
tu	as	eu				
il	a	eu				
nous	avons	eu				
vous	avez	eu				
ils	ont	eu				
Plus-que-parfait						
j'	avais	eu				
tu	avais	eu				
il	avait	eu				
nous	avions	eu				
vous	aviez	eu				
ils	avaient	eu				

INDICATIF

Présent			*Passé composé*			*Présent*		
j'	ai		j'	ai	eu	que j'	aie	
tu	as		tu	as	eu	que tu	aies	
il	a		il	a	eu	qu'il	ait	
nous	avons		nous	avons	eu	que ns	ayons	
vous	avez		vous	avez	eu	que vs	ayez	
ils	ont		ils	ont	eu	qu'ils	aient	
Imparfait			*Plus-que-parfait*			*Imparfait*		
j'	avais		j'	avais	eu	que j'	eusse	
tu	avais		tu	avais	eu	que tu	eusses	
il	avait		il	avait	eu	qu'il	eût	
nous	avions		nous	avions	eu	que ns	eussions	
vous	aviez		vous	aviez	eu	que vs	eussiez	
ils	avaient		ils	avaient	eu	qu'ils	eussent	
Passé simple			*Passé antérieur*			*Passé*		
j'	eus		j'	eus	eu	que j'	aie	eu
tu	eus		tu	eus	eu	que tu	aies	eu
il	eut		il	eut	eu	qu'il	ait	eu
nous	eûmes		nous	eûmes	eu	que ns	ayons	eu
vous	eûtes		vous	eûtes	eu	que vs	ayez	eu
ils	eurent		ils	eurent	eu	qu'ils	aient	eu
Futur simple			*Futur antérieur*			*Plus-que-parfait*		
j'	aurai		j'	aurai	eu	que j'	eusse	eu
tu	auras		tu	auras	eu	que tu	eusses	eu
il	aura		il	aura	eu	qu'il	eût	eu
nous	aurons		nous	aurons	eu	que ns	eussions	eu
vous	aurez		vous	aurez	eu	que vs	eussiez	eu
ils	auront		ils	auront	eu	qu'ils	eussent	eu

CONDITIONNEL

Présent			*Passé 1ʳᵉ forme*			*Passé 2ᵉ forme*		
j'	aurais		j'	aurais	eu	j'	eusse	eu
tu	aurais		tu	aurais	eu	tu	eusses	eu
il	aurait		il	aurait	eu	il	eût	eu
nous	aurions		nous	aurions	eu	nous	eussions	eu
vous	auriez		vous	auriez	eu	vous	eussiez	eu
ils	auraient		ils	auraient	eu	ils	eussent	eu

INFINITIF	PARTICIPE	IMPÉRATIF
Présent	*Présent*	*Présent*
avoir	ayant	aie, ayons, ayez
Passé	*Passé*	*Passé*
avoir eu	eu, eue ; ayant eu	aie eu, ayons et ayez eu

3. ÔTER, verbe du 1er groupe*

INDICATIF					SUBJONCTIF		
Présent (a)**		**Passé composé**			**Présent** (e)		
j'	ôte	j'	ai	ôté	que j'	ôte	
tu	ôtes	tu	as	ôté	que tu	ôtes	
il	ôte	il	a	ôté	qu'il	ôte	
nous	ôtons	nous	avons	ôté	que ns	ôtions	
vous	ôtez	vous	avez	ôté	que vs	ôtiez	
ils	ôtent	ils	ont	ôté	qu'ils	ôtent	
Imparfait (b)		**Plus-que-parfait**			**Imparfait** (f)		
j'	ôtais	j'	avais	ôté	que j'	ôtasse	
tu	ôtais	tu	avais	ôté	que tu	ôtasses	
il	ôtait	il	avait	ôté	qu'il	ôtât	
nous	ôtions	nous	avions	ôté	que ns	ôtassions	
vous	ôtiez	vous	aviez	ôté	que vs	ôtassiez	
ils	ôtaient	ils	avaient	ôté	qu'ils	ôtassent	
Passé simple (c)		**Passé antérieur**			**Passé**		
j'	ôtai	j'	eus	ôté	que j'	aie	ôté
tu	ôtas	tu	eus	ôté	que tu	aies	ôté
il	ôta	il	eut	ôté	qu'il	ait	ôté
nous	ôtâmes	nous	eûmes	ôté	que ns	ayons	ôté
vous	ôtâtes	vous	eûtes	ôté	que vs	ayez	ôté
ils	ôtèrent	ils	eurent	ôté	qu'ils	aient	ôté
Futur simple (d)		**Futur antérieur**			**Plus-que-parfait**		
j'	ôterai	j'	aurai	ôté	que j'	eusse	ôté
tu	ôteras	tu	auras	ôté	que tu	eusses	ôté
il	ôtera	il	aura	ôté	qu'il	eût	ôté
nous	ôterons	nous	aurons	ôté	que ns	eussions	ôté
vous	ôterez	vous	aurez	ôté	que vs	eussiez	ôté
ils	ôteront	ils	auront	ôté	qu'ils	eussent	ôté

CONDITIONNEL							
Présent (g)		**Passé 1re forme**			**Passé 2e forme**		
j'	ôterais	j'	aurais	ôté	j'	eusse	ôté
tu	ôterais	tu	aurais	ôté	tu	eusses	ôté
il	ôterait	il	aurait	ôté	il	eût	ôté
nous	ôterions	nous	aurions	ôté	nous	eussions	ôté
vous	ôteriez	vous	auriez	ôté	vous	eussiez	ôté
ils	ôteraient	ils	auraient	ôté	ils	eussent	ôté

INFINITIF	PARTICIPE	IMPÉRATIF
Présent	**Présent** (h)	**Présent** (j)
ôter	ôtant	ôte, ôtons, ôtez
Passé	**Passé** (i)	**Passé**
avoir ôté	ôté, ôtée ; ayant ôté	aie ôté, ayons et ayez ôté

* Tous les verbes se terminant par -er appartiennent au 1er groupe, sauf **aller** (21), et se conjuguent sur le modèle d'**ôter**.

** Ces lettres, de (a) à (j), renvoient au tableau des verbes du 1er groupe (nos 4 à 18) qui présentent des formes particulières de conjugaison.

VERBES 4 à 18, cas particuliers du 1er groupe*

4. -cer (forcer)
le c devient ç devant un
a ou un o :
(b) je laçais,
(a) ns laçons

5. -ger (venger)
le g reste suivi du e
devant un a ou un o :
(b) il nageait,
(a) ns rangeons

6. -ier (prier)
un second i suit le i du
radical aux 1re et
2e personnes du plur.
dans :
(b) ns niions,
(e) que vs sciiez

7. -éer (créer)
présence fréquente de
deux e consécutifs
(trois au participe passé
fém. : créée) ; le é de
ces verbes reste toujours
fermé

8. -é(-)er (céder)
(a) et (e) le é de
l'avant-dernière syllabe se
transforme en è quand
la syllabe finale est
muette :
(que) j'espère,
(que) ns espérons
(d) et (g) le é reste
fermé car la syllabe
muette n'est pas une
finale : il réglera,
vs régneriez ;
ainsi se conjuguent les
verbes en : -ébrer, -écer,
-écher, -écrer, -éder,
-égler, -égner, -égrer,
-éguer, -éler, -émer,
-éner, -éper, -équer,
-érer, -éser, -éter,
-étrer, -évrer, -éyer

9. -éger (siéger)
verbes cumulant les
particularités des conjug. 5
et 8 :
(a) il piège, ns piégeons

10. -e(-)er (semer)
le e muet de l'avant-
dernière syllabe de
l'infinitif se transforme
en è devant toutes les
syllabes muettes :
(a) tu pèses, il lève,
(d) ns relèverons
(mais : (a) vs soulevez) ;
ainsi se conjuguent les
verbes en : -ecer, -emer,
-ener, -eper, -erer, -eser,
-ever, -evrer

11. -eler (peler)
les verbes suivants ne
doublent pas le l devant
un e muet (cf. 12) ; ils
suivent la règle de la
conjug. 10 (è devant une
muette) : celer (déceler,
receler), ciseler,
démanteler, écarteler,
geler (congeler, dégeler,
surgeler), harceler,
marteler, modeler, peler

12. -eler (appeler)
doublement du l devant
un e muet :
(j) appelle !
(d) j'attellerai,
(a) ils chancellent (mais :
(b) ns appelions),
ainsi se conjuguent les
verbes autres que ceux
suivant la conjug. 11

13. -eter (fureter)
verbes suivant la règle des
conjug. 10 et 11 (le t ne
double pas) : acheter,
bégueter, corseter,
crocheter, fileter, fureter,
haleter, racheter

14. -eter (jeter)
doublement du t devant
un e muet (cf. 12) :
(a) je brevette,
(d) il jettera ;
ainsi se conjuguent les
verbes autres que ceux
suivant la conjug. 13

15. -ayer (rayer)
devant un e muet, on
peut soit conserver l'y,
soit le changer en i :
(e) qu'il balaye ou balaie,
(d) vs payerez ou paierez ;
dans certains temps, et
aux deux 1res personnes
du plur., l'y est suivi
d'un i :
(b) vs payayiez,
(e) que ns payions ;
mais les verbes en -eyer
gardent toujours l'y et
suivent la conjug. 3

16. -uyer (essuyer)
devant un e muet,
l'y se change toujours
en i :
(a) ils appuient ;
présence du i derrière l'y
(cf. 15)

17. -oyer (noyer)
même règle que la
conjug. 16

18. -oyer (envoyer et
renvoyer)
futur et conditionnel
irréguliers :
(d) j'enverrai (-erras,
-erra, -errons, -errez,
-erront),
(g) je renverrais (-errais,
-errait, -errions, -erriez,
-erraient) ;
pour les autres temps,
même règle que la
conjug. 16

---

* La conjugaison de base reste celle du tableau n° 3 ; pour les temps composés des
verbes exigeant l'auxiliaire être à la forme active (arriver, par ex.), voir la conjugaison
d'aller (21).
Les lettres, de (a) à (j), renvoient aux temps du tableau n° 3.

19. FINIR, verbe du 2ᵉ groupe*

INDICATIF					SUBJONCTIF		

INDICATIF

Présent		*Passé composé*			*Présent*		
je	finis	j'	ai	fini	que je	finisse	
tu	finis	tu	as	fini	que tu	finisses	
il	finit	il	a	fini	qu'il	finisse	
nous	finissons	nous	avons	fini	que ns	finissions	
vous	finissez	vous	avez	fini	que vs	finissiez	
ils	finissent	ils	ont	fini	qu'ils	finissent	

Imparfait		*Plus-que-parfait*			*Imparfait*		
je	finissais	j'	avais	fini	que je	finisse	
tu	finissais	tu	avais	fini	que tu	finisses	
il	finissait	il	avait	fini	qu'il	finît	
nous	finissions	nous	avions	fini	que ns	finissions	
vous	finissiez	vous	aviez	fini	que vs	finissiez	
ils	finissaient	ils	avaient	fini	qu'ils	finissent	

Passé simple		*Passé antérieur*			*Passé*		
je	finis	j'	eus	fini	que j'	aie	fini
tu	finis	tu	eus	fini	que tu	aies	fini
il	finit	il	eut	fini	qu'il	ait	fini
nous	finîmes	nous	eûmes	fini	que ns	ayons	fini
vous	finîtes	vous	eûtes	fini	que vs	ayez	fini
ils	finirent	ils	eurent	fini	qu'ils	aient	fini

Futur simple		*Futur antérieur*			*Plus-que-parfait*		
je	finirai	j'	aurai	fini	que j'	eusse	fini
tu	finiras	tu	auras	fini	que tu	eusses	fini
il	finira	il	aura	fini	qu'il	eût	fini
nous	finirons	nous	aurons	fini	que ns	eussions	fini
vous	finirez	vous	aurez	fini	que vs	eussiez	fini
ils	finiront	ils	auront	fini	qu'ils	eussent	fini

CONDITIONNEL

Présent		*Passé 1ʳᵉ forme*			*Passé 2ᵉ forme*		
je	finirais	j'	aurais	fini	j'	eusse	fini
tu	finirais	tu	aurais	fini	tu	eusses	fini
il	finirait	il	aurait	fini	il	eût	fini
nous	finirions	nous	aurions	fini	nous	eussions	fini
vous	finiriez	vous	auriez	fini	vous	eussiez	fini
ils	finiraient	ils	auraient	fini	ils	eussent	fini

INFINITIF	PARTICIPE	IMPÉRATIF
Présent	*Présent*	*Présent*
finir	finissant	finis, finissons, finissez
Passé	*Passé*	*Passé*
avoir fini	fini, -ie ; ayant fini	aie fini, ayons et ayez fini

* Les verbes du 2ᵉ groupe se terminent par -ir et ont un participe présent en -issant.
À noter :
bénir a deux participes passés (-i, -ie ou -it, -ite), heure *bénie*, eau *bénite* (consacrée rituellement) ;
fleurir a deux imparfaits de l'indicatif (*fleurissait* et *florissait*) et deux participes présents (*fleurissant* et *florissant*), la seconde forme ne s'employant que dans les sens figurés ;
maudire se conjugue comme **finir** et non comme **dire** (65), sauf au participe passé (*maudit, -ite*) ;
bruire, verbe défectif, se conjugue comme **finir** et non comme **conduire** (69) ; usité seulement à l'infinitif, aux 3ᵉˢ personnes et au participe présent.

20. HAÏR, verbe du 2e groupe

Il conserve le ï partout, sauf aux trois personnes du sing. de l'indicatif présent et à l'impératif sing. : Je hais, tu hais, il hait ; hais ! ; le ï remplace donc le î au passé simple de l'indicatif et à l'imparfait du subjonctif : Nous haïmes, qu'il haït.

21. ALLER, verbe du 3e groupe*

INDICATIF				SUBJONCTIF		
Présent		**Passé composé**		**Présent**		
je	vais	je	suis	allé	que j'	aille
tu	vas	tu	es	allé	que tu	ailles
il	va	il	est	allé	qu'il	aille
nous	allons	nous	sommes	allés	que ns	allions
vous	allez	vous	êtes	allés	que vs	alliez
ils	vont	ils	sont	allés	qu'ils	aillent
Imparfait		**Plus-que-parfait**		**Imparfait**		
j'	allais	j'	étais	allé	que j'	allasse
tu	allais	tu	étais	allé	que tu	allasses
il	allait	il	était	allé	qu'il	allât
nous	allions	nous	étions	allés	que ns	allassions
vous	alliez	vous	étiez	allés	que vs	allassiez
ils	allaient	ils	étaient	allés	qu'ils	allassent
Passé simple		**Passé antérieur**		**Passé**		
j'	allai	je	fus	allé	que je	sois	allé
tu	allas	tu	fus	allé	que tu	sois	allé
il	alla	il	fut	allé	qu'il	soit	allé
nous	allâmes	nous	fûmes	allés	que ns	soyons	allés
vous	allâtes	vous	fûtes	allés	que vs	soyez	allés
ils	allèrent	ils	furent	allés	qu'ils	soient	allés
Futur simple		**Futur antérieur**		**Plus-que-parfait**		
j'	irai	je	serai	allé	que je	fusse	allé
tu	iras	tu	seras	allé	que tu	fusses	allé
il	ira	il	sera	allé	qu'il	fût	allé
nous	irons	nous	serons	allés	que ns	fussions	allés
vous	irez	vous	serez	allés	que vs	fussiez	allés
ils	iront	ils	seront	allés	qu'ils	fussent	allés

CONDITIONNEL						
Présent		**Passé 1re forme**		**Passé 2e forme**		
j'	irais	je	serais	allé	je	fusse	allé
tu	irais	tu	serais	allé	tu	fusses	allé
il	irait	il	serait	allé	il	fût	allé
nous	irions	nous	serions	allés	nous	fussions	allés
vous	iriez	vous	seriez	allés	vous	fussiez	allés
ils	iraient	ils	seraient	allés	ils	fussent	allés

INFINITIF	PARTICIPE	IMPÉRATIF
Présent	**Présent**	**Présent**
aller	allant	va, allons, allez
Passé	**Passé**	**Passé**
être allé	allé, -ée ; étant allé	sois allé, soyons et soyez allés

* S'en aller se conjugue comme aller ; l'auxiliaire être est placé entre en et aller aux formes composées : je m'en suis allé ; à l'impératif : va-t'en, allons-nous-en, allez-vous-en.

22. TENIR, verbe du 3e groupe en -ir*

INDICATIF				SUBJONCTIF		

Présent (a)**

je	tiens
tu	tiens
il	tient
nous	tenons
vous	tenez
ils	tiennent

Passé composé

j'	ai	tenu
tu	as	tenu
il	a	tenu
nous	avons	tenu
vous	avez	tenu
ils	ont	tenu

Présent (e)

que je	tienne
que tu	tiennes
qu'il	tienne
que ns	tenions
que vs	teniez
qu'ils	tiennent

Imparfait (b)

je	tenais
tu	tenais
il	tenait
nous	tenions
vous	teniez
ils	tenaient

Plus-que-parfait

j'	avais	tenu
tu	avais	tenu
il	avait	tenu
nous	avions	tenu
vous	aviez	tenu
ils	avaient	tenu

Imparfait (f)

que je	tinsse
que tu	tinsses
qu'il	tînt
que ns	tinssions
que vs	tinssiez
qu'ils	tinssent

Passé simple (c)

je	tins
tu	tins
il	tint
nous	tînmes
vous	tîntes
ils	tinrent

Passé antérieur

j'	eus	tenu
tu	eus	tenu
il	eut	tenu
nous	eûmes	tenu
vous	eûtes	tenu
ils	eurent	tenu

Passé

que j'	aie	tenu
que tu	aies	tenu
qu'il	ait	tenu
que ns	ayons	tenu
que vs	ayez	tenu
qu'ils	aient	tenu

Futur simple (d)

je	tiendrai
tu	tiendras
il	tiendra
nous	tiendrons
vous	tiendrez
ils	tiendront

Futur antérieur

j'	aurai	tenu
tu	auras	tenu
il	aura	tenu
nous	aurons	tenu
vous	aurez	tenu
ils	auront	tenu

Plus-que-parfait

que j'	eusse	tenu
que tu	eusses	tenu
qu'il	eût	tenu
que ns	eussions	tenu
que vs	eussiez	tenu
qu'ils	eussent	tenu

CONDITIONNEL

Présent (g)

je	tiendrais
tu	tiendrais
il	tiendrait
nous	tiendrions
vous	tiendriez
ils	tiendraient

Passé 1re forme

j'	aurais	tenu
tu	aurais	tenu
il	aurait	tenu
nous	aurions	tenu
vous	auriez	tenu
ils	auraient	tenu

Passé 2e forme

j'	eusse	tenu
tu	eusses	tenu
il	eût	tenu
nous	eussions	tenu
vous	eussiez	tenu
ils	eussent	tenu

INFINITIF	PARTICIPE	IMPÉRATIF
Présent tenir	**Présent (h)** tenant	**Présent (j)** tiens, tenons, tenez
Passé avoir tenu	**Passé (i)** tenu, -ue ; ayant tenu	**Passé** aie tenu, ayons et ayez tenu

* Les verbes en -ir du 3e groupe ont un participe présent en **-ant** (et non en **-issant** comme ceux du 2e groupe). Tenir, venir et leurs dérivés suivent cette conjugaison 22 ; seul varie l'emploi de l'auxiliaire : venir et ses dérivés se conjuguent avec l'auxiliaire **être** (sauf circonvenir, prévenir, subvenir) ; attention à **convenir** (nous *sommes convenus* d'un rendez-vous, cette solution nous *a convenu*).

** Ces lettres, de (a) à (j), renvoient au tableau des autres verbes du 3e groupe en -ir (nos 23 à 35) qui présentent des formes particulières de conjugaison.

23. Mentir, partir, sentir, sortir...**

(a) je *mens*, il *sent*, ns *sortons*
(b) je *partais*
(c) je *sortis*
(d) je *sentirai*
(e) que je *sorte*
(f) que je *sentisse*
(h) *partant, se départant* (**départir** se conjugue comme **partir** et non comme **répartir**, du 2e groupe)
(i) *démenti, -ie* (mais *menti*, inv.)

24. Vêtir...

(a) je *vêts*, il *vêt*, ns *vêtons*
(b) je *vêtais*
(c) je *vêtis*
(d) je *vêtirai*
(e) que je *vête*
(f) que je *vêtisse*
(h) *vêtant*
(i) *vêtu, -ue*

25. Courir...

(a) je *cours*, il *court*, ns *courons*
(b) je *courais*
(c) je *courus*
(d) je *courrai*
(e) que je *coure*
(f) que je *courusse*
(g) je *courrais*
(h) *courant*
(i) *couru, -ue*

26. Mourir

voir conjug. 25, sauf :
(a) je *meurs*, tu *meurs*, il *meurt*
(e) que je *meure*
(i) *mort, -te*
(j) *meurs* ;
il s'emploie avec l'auxil. **être**

27. Couvrir, ouvrir, offrir, souffrir...

(a) j'*ouvre*, il *offre*, ns *offrons*
(b) je *couvrais*
(c) je *souffris*
(d) j'*ouvrirai*
(e) que j'*offre*
(f) que j'*ouvrisse*
(h) *couvrant*
(i) *ouvert, -te*

28. Servir...

(a) je *sers*, il *sert*, ns *servons*
(b) je *servais*
(c) je *servis*
(d) je *servirai*
(e) que je *serve*
(f) que je *servisse*
(h) *servant*
(i) *servi, -ie*
(**asservir** est du 2e groupe)

29. Dormir...

(a) je *dors*, il *dort*, ns *dormons*
(b) je *dormais*
(c) je *dormis*
(d) je *dormirai*
(e) que je *dorme*
(f) que je *dormisse*
(h) *dormant*
(i) *dormi*
(mais *endormi, -ie*)

30. Cueillir...

(a) je *cueille*, il *cueille*, ns *cueillons*
(b) je *cueillais*
(c) je *cueillis*
(d) je *cueillerai*
(e) que je *cueille*
(f) que je *cueillisse*
(g) je *cueillerais*
(h) *cueillant*
(i) *cueilli, -ie*

31. Assaillir, défaillir, tressaillir...

(a) j'*assaille*, il *défaille*, ns *tressaillons*
(b) j'*assaillais*
(c) j'*assaillis*
(d) j'*assaillirai*
(e) que j'*assaille*
(f) que j'*assaillisse*
(h) *assaillant*
(i) *assailli, -ie*

saillir (« déborder ») fait :
(d) il *saillera*,
(g) ils *sailleraient* ;
faillir est essentiellement employé à l'infinitif, aux temps composés et aux formes (c), (d), (g), (h), (i)

32. Fuir, enfuir (s')

(a) je *fuis*, il *fuit*, ns *fuyons*
(b) je *fuyais*
(c) je *fuis*
(d) je *fuirai*
(e) que je *fuie*
(f) que je *fuisse*
(h) *fuyant*
(i) *fui, fuie*

33. Quérir...

(a) j'*acquiers*, il *acquiert*, ns *acquérons*
(b) je *conquérais*
(c) je *conquis*
(d) j'*acquerrai*
(e) que j'*acquière*
(f) que j'*acquisse*
(h) *requérant*
(i) *acquis, -ise*

34. Bouillir

(a) je *bous*, il *bout*, ns *bouillons*
(b) je *bouillais*
(c) je *bouillis*
(d) je *bouillirai*
(e) que je *bouille*
(f) que je *bouillisse*
(h) *bouillant*
(i) *bouilli, -ie*

35. Ouïr

rares emplois : infinitif, temps composés et
(i) *ouï, ouïe*
(j) *oyons, oyez*

Gésir

seuls emplois :
(a) je *gis*, il *gît*, ns *gisons*, etc.
(b) je *gisais*, etc.
(h) *gisant*

---

* Les personnes et les temps donnés permettent de reconstituer les conjugaisons, à partir de **tenir** (22) ; le conditionnel (g), comme l'impératif (j), se formant respectivement sur le futur (d) et le présent (a), sont rarement précisés.

** Les ... suivant un titre signifient : et verbes composés.

36. VOIR, verbe du 3e groupe en -oir*

INDICATIF		SUBJONCTIF

Présent (a)**

			Passé composé		
je	vois		j'	ai	vu
tu	vois		tu	as	vu
il	voit		il	a	vu
nous	voyons		nous	avons	vu
vous	voyez		vous	avez	vu
ils	voient		ils	ont	vu

Présent (e)

que je	voie
que tu	voies
qu'il	voie
que ns	voyions
que vs	voyiez
qu'ils	voient

Imparfait (b)

			Plus-que-parfait		
je	voyais		j'	avais	vu
tu	voyais		tu	avais	vu
il	voyait		il	avait	vu
nous	voyions		nous	avions	vu
vous	voyiez		vous	aviez	vu
ils	voyaient		ils	avaient	vu

Imparfait (f)

que je	visse
que tu	visses
qu'il	vît
que ns	vissions
que vs	vissiez
qu'ils	vissent

Passé simple (c)

			Passé antérieur		
je	vis		j'	eus	vu
tu	vis		tu	eus	vu
il	vit		il	eut	vu
nous	vîmes		nous	eûmes	vu
vous	vîtes		vous	eûtes	vu
ils	virent		ils	eurent	vu

Passé

que j'	aie	vu
que tu	aies	vu
qu'il	ait	vu
que ns	ayons	vu
que vs	ayez	vu
qu'ils	aient	vu

Futur simple (d)

			Futur antérieur		
je	verrai		j'	aurai	vu
tu	verras		tu	auras	vu
il	verra		il	aura	vu
nous	verrons		nous	aurons	vu
vous	verrez		vous	aurez	vu
ils	verront		ils	auront	vu

Plus-que-parfait

que j'	eusse	vu
que tu	eusses	vu
qu'il	eût	vu
que ns	eussions	vu
que vs	eussiez	vu
qu'ils	eussent	vu

CONDITIONNEL		

Présent (g)

			Passé 1re forme		
je	verrais		j'	aurais	vu
tu	verrais		tu	aurais	vu
il	verrait		il	aurait	vu
nous	verrions		nous	aurions	vu
vous	verriez		vous	auriez	vu
ils	verraient		ils	auraient	vu

Passé 2e forme

j'	eusse	vu
tu	eusses	vu
il	eût	vu
nous	eussions	vu
vous	eussiez	vu
ils	eussent	vu

INFINITIF	PARTICIPE	IMPÉRATIF
Présent	**Présent (h)**	**Présent (j)**
voir	voyant	vois, voyons, voyez
Passé	**Passé (i)**	**Passé**
avoir vu	vu, vue ; ayant vu	aie vu, ayons et ayez vu

* Se conjuguent comme **voir** : entrevoir, revoir et prévoir (mais ce dernier fait au futur et au conditionnel présent : je *prévoirai*, je *prévoirais*).

** Ces lettres, de (a) à (j), renvoient au tableau des autres verbes du 3e groupe en -oir (nos 37 à 50) qui présentent des formes particulières de conjugaison.

VERBES 37 à 50, 3e groupe en -oir*

37. Pourvoir
se conjugue comme **voir** (36)
sauf :
(c) je pourvus
(d) je pourvoirai
(f) que je pourvusse
(g) je pourvoirais
(dépourvoir ne s'emploie
guère qu'à l'infinitif,
aux formes (c) et (i) et
aux temps composés)

**38. Apercevoir, concevoir,
décevoir, percevoir, recevoir**
suivi d'un o ou d'un u, le c
devient ç :
(a) je reçois, il reçoit,
ns recevons
(b) je recevais
(c) je reçus
(d) j'apercevrai
(e) que je déçoive
(f) que je perçusse
(h) recevant
(i) conçu, -ue

39. Pouvoir
(a) je peux ou je puis, tu peux,
il peut, ns pouvons
(b) je pouvais
(c) je pus
(d) je pourrai
(e) que je puisse
(f) que je pusse
(g) je pourrais
(h) pouvant
(i) pu
(j) pas d'impératif

40. Vouloir
(a) je veux, il veut, ns voulons
(b) je voulais
(c) je voulus
(d) je voudrai
(e) que je veuille,
que ns voulions
(f) que je voulusse
(h) voulant
(i) voulu, -ue
(j) veuille ou veux, voulons,
veuillez ou voulez

41. Devoir, redevoir
(a) je dois, il doit, ns devons
(b) je devais
(c) je dus
(e) que je doive, que ns devions
(f) que je dusse
(h) devant
(i) dû, due

42. Savoir
(a) je sais, il sait, ns savons
(b) je savais
(c) je sus
(d) je saurai
(e) que je sache,
que ns sachions
(f) que je susse

(h) sachant
(i) su, sue
(j) sache, sachons, sachez

43. Falloir
verbe impersonnel
(a) il faut
(b) il fallait
(c) il fallut
(d) il faudra
(e) qu'il faille
(f) qu'il fallût
(i) fallu

44. Pleuvoir
verbe impersonnel
(a) il pleut
(b) il pleuvait
(c) il plut
(d) il pleuvra
(e) qu'il pleuve
(f) qu'il plût
(h) pleuvant
(i) plu
(au sens fig., on emploie
aussi ce verbe à la
3e personne du plur. :
les reproches pleuvent,
pleuvaient, plurent)

**45. Valoir, équivaloir,
prévaloir, revaloir**
(a) je vaux, il vaut, ns valons
(b) je valais
(c) je valus
(d) je vaudrai
(e) que je vaille,
(mais, que je prévale)
(f) que je valusse
(h) valant
(i) valu, -ue

46. Asseoir
(a) j'assieds, il assied,
ns asseyons, ils asseyent
ou j'assois, il assoit,
ns assoyons, ils assoient
(b) j'asseyais ou j'assoyais
(c) j'assis
(d) j'assiérai ou j'assoirai
(e) que j'asseye,
que ns asseyions ou
que j'assoie,
que ns assoyions
(f) que j'assisse,
que ns assissions
(g) j'assiérais ou j'assoirais
(h) asseyant ou assoyant
(i) assis, -ise
(j) assieds, asseyons
ou assois, assoyons

47. Surseoir
(a) je sursois
(b) je sursoyais
(c) je sursis
(d) je surseoirai
(e) que je sursoie
(f) que je surssisse
(g) je surseoirais

(h) sursoyant
(i) sursis, -ise
(j) sursois

48. Seoir (« convenir »),
messeoir
ne se conjuguent qu'aux
3e personnes sing. et plur. et
à certains temps simples :
(a) il sied, ils siéent
(b) il seyait
(d) il siéra, ils messiéront
(e) qu'il siée
(g) il siérait
(h) séant ou seyant, messéant
(seoir, au sens d'« être assis »,
n'existe qu'au participe :
séant et sis, sise)

**49. Mouvoir, émouvoir,
promouvoir**
(a) je meus, il meut,
ns mouvons, ils meuvent
(b) je mouvais
(c) je mus
(d) je mouvrai
(e) que je meuve,
que ns mouvions
(f) que je musse
(h) mouvant
(i) mû, mue
(mais, ému, émue ; promu, -ue)

50. Choir, échoir
s'emploient avec l'auxil. **être**
et ne se conjuguent qu'à
certaines personnes et à
certains temps simples

choir
(a) je chois, tu chois, il choit,
ils choient
(c) je chus, il chut
(d) je choirai ou je cherrai
(g) qu'il chût
(g) je choirais ou je cherrais
(i) chu, chue

échoir
(a) il échoit, ils échoient
(c) il échut, ils échurent
ou il échet, ils échéent
(d) il échoira, ils échoieront
ou il écherra, ils écherront
(e) qu'il échoie
(f) qu'il échût
(g) il échoirait, ils échoiraient
ou il écherrait, ils écherraient
(i) échu, -ue

déchoir
à toutes les personnes
(avec **être** ou **avoir**)
(a) je déchois,
ns déchoyons
(c) je déchus
(d) et (g) je déchoirai(s)
ou je décherrai(s)
(e) que je déchoie
(f) que je déchusse
(i) déchue, -ue

---

* Les personnes et les temps donnés permettent de reconstituer les conjugaisons, à partir de **voir** (36).

51. TENDRE, verbe du 3e groupe en -re*

INDICATIF				SUBJONCTIF		
Présent (a)**		**Passé composé**		**Présent (e)**		
je	tends	j'	ai tendu	que je	tende	
tu	tends	tu	as tendu	que tu	tendes	
il	tend	il	a tendu	qu'il	tende	
nous	tendons	nous	avons tendu	que ns	tendions	
vous	tendez	vous	avez tendu	que vs	tendiez	
ils	tendent	ils	ont tendu	qu'ils	tendent	
Imparfait (b)		**Plus-que-parfait**		**Imparfait (f)**		
je	tendais	j'	avais tendu	que je	tendisse	
tu	tendais	tu	avais tendu	que tu	tendisses	
il	tendait	il	avait tendu	qu'il	tendît	
nous	tendions	nous	avions tendu	que ns	tendissions	
vous	tendiez	vous	aviez tendu	que vs	tendissiez	
ils	tendaient	ils	avaient tendu	qu'ils	tendissent	
Passé simple (c)		**Passé antérieur**		**Passé**		
je	tendis	j'	eus tendu	que j'	aie	tendu
tu	tendis	tu	eus tendu	que tu	aies	tendu
il	tendit	il	eut tendu	qu'il	ait	tendu
nous	tendîmes	nous	eûmes tendu	que ns	ayons	tendu
vous	tendîtes	vous	eûtes tendu	que vs	ayez	tendu
ils	tendirent	ils	eurent tendu	qu'ils	aient	tendu
Futur simple (d)		**Futur antérieur**		**Plus-que-parfait**		
je	tendrai	j'	aurai tendu	que j'	eusse	tendu
tu	tendras	tu	auras tendu	que tu	eusses	tendu
il	tendra	il	aura tendu	qu'il	eût	tendu
nous	tendrons	nous	aurons tendu	que ns	eussions	tendu
vous	tendrez	vous	aurez tendu	que vs	eussiez	tendu
ils	tendront	ils	auront tendu	qu'ils	eussent	tendu

CONDITIONNEL						
Présent (g)		**Passé 1re forme**		**Passé 2e forme**		
je	tendrais	j'	aurais tendu	j'	eusse	tendu
tu	tendrais	tu	aurais tendu	tu	eusses	tendu
il	tendrait	il	aurait tendu	il	eût	tendu
nous	tendrions	nous	aurions tendu	nous	eussions	tendu
vous	tendriez	vous	auriez tendu	vous	eussiez	tendu
ils	tendraient	ils	auraient tendu	ils	eussent	tendu

INFINITIF	PARTICIPE	IMPÉRATIF
Présent	**Présent (h)**	**Présent (j)**
tendre	tendant	tends, tendons, tendez
Passé	**Passé (i)**	**Passé**
avoir tendu	tendu, -ue ; ayant tendu	aie tendu, ayons et ayez tendu

* Se conjuguent comme **tendre** tous les verbes en -endre, -andre, -ondre, -erdre et -ordre, sauf **prendre** (52) et ses composés ; même conjugaison pour les verbes en -ompre (seule différence, à la 3e personne du sing. du présent de l'indicatif : il *rompt*).

** Ces lettres, de (a) à (j), renvoient au tableau des autres verbes du 3e groupe en -re (nos 52 à 80) qui présentent des formes particulières de conjugaison.

52. Prendre...*****
(a) je prends, il prend,
    ns prenons
(b) je prenais
(c) je pris
(d) je prendrai
(e) que je prenne,
    que ns prenions
(f) que je prisse
(h) prenant
(i) pris, prise

53. -eindre (peindre)
(a) j'atteins, il atteint,
    ns atteignons
(b) je peignais, ns peignions
(c) j'éteignis
(d) je feindrai
(e) que je teigne
(f) que je peignisse
(h) peignant
(i) atteint, -einte

54. -aindre (craindre)
(a) je crains, il craint,
    ns plaignons
(b) je craignais
(c) je plaignis

55. -oindre (joindre)
(a) je joins, il joint, ns joignons
(b) je joignais
(c) je joignis

56. Vaincre, convaincre
(a) je vaincs, tu vaincs,
    il vainc, ns vainquons
(b) je vainquais
(c) je vainquis
(d) je vaincrai
(e) que je vainque
(h) vainquant
(i) vaincu, -ue

57. Faire...
(a) je fais, il fait,
    ns faisons, vs faites, ils font
(b) je faisais
(c) je fis
(d) je ferai
(e) que je fasse, que ns fassions
(f) que je fisse
(g) je ferais
(h) faisant
(i) fait, faite

58. Traire...
(a) je trais, il trait, ns trayons
(b) je trayais
(d) j'extrairai
(e) que je traie, que ns trayions
(h) soustrayant
(i) trait, traite
(c) et (f) n'existent pas

59. Plaire...
(a) je plais, il plaît, ns plaisons
(b) je plaisais
(c) je plus
(d) je plairai
(e) que je déplaise

(f) que je complusse
(h) plaisant
(i) plu
taire, même conjugaison,
sauf :
(a) il tait (pas de î)
(i) tu, tue

60. Mettre...
(a) je mets, il met,
    ns mettons
(b) je remettais
(c) j'omis
(d) je mettrai
(e) que j'admette
(f) que je permisse
(h) mettant
(i) transmis, -ise

61. Battre...
(a) j'abats, il bat,
    ns débattons
(c) je battis
(e) que j'abatte
(f) que je battisse
(h) battant
(i) battu, -ue

62. Suivre...
(a) je suis, il suit, ns suivons
(b) je suivais
(c) je poursuivis
(d) je suivrai
(e) que je suive
(f) que je suivisse
(h) suivant
(i) suivi, -ie
s'ensuivre s'emploie avec
l'auxil. **être**

63. Vivre...
(a) je vis, il vit, ns vivons
(b) je vivais
(c) je vécus
(d) je vivrai
(e) que je survive
(f) que je vécusse
(h) vivant
(i) vécu, -ue

**64. Confire, déconfire,
suffire, frire, circoncire**
(a) je confis, il confit,
    ns confisons
(b) je confisais
(c) je confis
(d) je confirai
(e) que je confise
(f) que je confisse
(h) confisant
(i) confit, -ite
(mais suffi ; circoncis, -ise)

65. Dire, redire
(a) je dis, il redit, ns disons,
    vs dites
(b) je disais
(c) je dis
(d) je redirai
(e) que je dise

(f) que je disse
(h) disant
(i) dit, dite
**contredire, dédire, interdire,
médire** et **prédire**, même
conjugaison sauf :
(a) vous médisez
(j) interdisez
maudire se conjugue sur
finir (19)

66. Lire, relire, élire, réélire
(a) je lis, il lit, ns lisons
(b) j'élisais
(c) je relus
(d) je lirai
(e) que je lise
(f) que je lusse
(h) lisant
(i) lu, lue

67. Écrire... et
verbes en **-scrire**
(a) j'écris, il décrit,
    ns inscrivons
(b) je décrivais
(c) j'écrivis
(d) je récrirai
(e) que j'écrive
(f) que j'inscrivisse
(h) écrivant
(i) écrit, -ite

68. Rire, sourire
(a) je ris, il rit, ns rions
(b) je riais, ns riions
(c) je ris
(d) je sourirai
(e) que je rie, que ns riions
(f) que je risse
(h) riant
(i) souri

69. -uire (conduire)
(a) je conduis, il nuit,
    ns cuisons
(b) je produisais
(c) je cuisis
(d) je nuirai
    (mais je (re)luis,
    ils (re)luisent)
(e) que je luise
(f) que je luisisse
(h) instruisant
(i) cuit, cuite
(mais lui, relui et nui, inv.)
bruire se conjugue sur
finir (19)

70. Boire
(a) je bois, il boit,
    ns buvons
(b) je buvais
(c) je bus
(d) je boirai
(e) que je boive,
    que ns buvions
(f) que je busse
(h) buvant
(i) bu, bue

.../...

71. Croire
(a) je *crois*, il *croit*,
 ns *croyons*
(b) je *croyais*, ns *croyions*
(c) je *crus*
(d) je *croirai*
(e) que je *croie*,
 que ns *croyions*
(f) que je *crusse*
(h) *croyant*
(i) *cru, crue*
accroire n'existe qu'à
l'infinitif

72. Croître...
présente un **î** ou un **û** dans les
formes homonymes de croire
et garde l'accent circonflexe
sur l'i suivi d'un t :
(a) je *croîs*, tu *croîs*, il *croît*,
 ns *croissons*
(b) je *croissais*
(c) je *crûs*, ils *crûrent*
(d) je *croîtrai*
(e) que je *croisse*
(f) que je *crûsse*
(h) *croissant*
(i) *crû, crue*
décroître, accroître, recroître,
même conjugaison mais ne
gardent l'**î** que devant un t
recroître donne au participe
passé : *recrû, ue*

73. Connaître, paraître
gardent l'**î** devant le t
(a) je *connais*, il *connaît*,
 ns *connaissons*
(b) je *paraissais*
(c) je *parus*
(d) je *connaîtrai*
(e) que je *connaisse*
(f) que je *parusse*
(h) *paraissant*
(i) *connu, -ue*

74. Naître
î devant t (cf. 73)
(a) je *nais*, il *naît*,
 ns *naissons*
(b) je *naissais*
(c) je *naquis*

(d) je *naîtrai*
(e) que je *naisse*
(f) que je *naquisse*
(h) *naissant*
(i) *né, née*
renaître, même conjug. mais
(i) et les temps composés
n'existent pas

75. Paître
pas de temps composés et
seulement quelques temps
simples :
(a) je *pais*, il *paît*,
 ns *paissons*
(b) je *paissais*
(d) je *paîtrai*
(e) que je *paisse*
(g) je *paîtrais*
(h) *paissant*
(j) *pais, paissez*
repaître, même conjug.,
plus tous les temps composés
et :
(c) je *repus*
(f) que je *repusse*
(i) *repu, -ue*

76. Absoudre, dissoudre
(a) j'*absous*, il *absout*,
 ns *absolvons*
(b) je *dissolvais*
(c) et (f) n'existent pas
(d) je *dissoudrai*
(e) que j'*absolve*
(h) *absolvant*
(i) *absous, -oute*
résoudre, même conjugaison,
sauf :
(c) je *résolus*
(f) que je *résolusse*
(i) *résolu, -ue*

**77. Coudre, découdre,
recoudre**
(a) je *couds*, il *coud*,
 ns *cousons*
(b) je *cousais*
(c) je *cousis*
(d) je *coudrai*
(e) que je *couse*
(f) que je *cousisse*

(h) *cousant*
(i) *cousu, -ue*

78. Moudre
(a) je *mouds*, il *moud*,
 ns *moulons*
(b) je *moulais*
(c) je *moulus*
(d) je *moudrai*
(e) que je *moule*
(f) que je *moulusse*
(h) *moulant*
(i) *moulu, -ue*

**79. Conclure, exclure,
inclure, occlure**
(a) je *conclus*, il *exclut*,
 ns *incluons*
(b) je *concluais*
(c) j'*exclus*
(d) j'*exclurai*
(e) que je *conclue*,
 que ns *concluions*
(f) que j'*exclusse*
(h) *incluant*
(i) *conclu, -ue, exclu, -ue*
(mais *inclus, -use* et
occlus, -use)
reclure, essentiellement à
l'infinitif et aux temps
composés ; attention au (i)
reclus, -use

80. Clore
(a) je *clos*, tu *clos*,
 il *clôt*, ils *closent*
(pas de 1re ni de 2e personne
du plur.)
(d) je *clorai*
(e) que je *close*,
 que ns *closions*
(h) *closant*
(i) *clos, close*
(j) *clos* (sing. seul)
(b), (c), (f) n'existent pas
enclore
(a) il *enclot*, ns *enclosons*,
 vs *enclosez*
(j) *enclosons, enclosez*
éclore s'emploie surtout à la
3e personne et **déclore** à
l'infinitif et au (i)

---

* Les personnes et les temps donnés permettent de reconstituer les conjugaisons, à partir de **tendre** (51).

** Les ... suivant un titre signifient : et verbes composés.

L'ACCORD DU PARTICIPE PASSÉ

SANS AUXILIAIRE

Le p.p. (= participe passé) s'accorde, tel un adjectif, avec le nom ou le pronom auquel il se rapporte :
Des hommes corrompus ; Trahie, la nation se rebella.

⇒ S'il a valeur de préposition, le p.p. est invariable quand il est placé avant le nom auquel il se rapporte :
Excepté les enfants ; Vu la situation ; Ci-joint la clef.
Placé après le nom, il s'accorde :
La notice ci-incluse ; Les femmes y comprises.

AVEC L'AUXILIAIRE ÊTRE

Le p.p. (valeur attributive ou passive) s'accorde avec le sujet (ou l'objet) :
La page est déchirée ; Jetez les fleurs qui sont fanées ; Nous avions été étonnés.
L'accord se fait aussi aux temps composés des verbes intrans. exigeant le verbe être à la voix active :
Nous sommes venus à pied.
Attention au pluriel de majesté ou à l'emploi de *on* :
Nous, roi de France, sommes décidé à abdiquer ; Alors, on est toujours fâchées, mesdemoiselles ?

⇒ Cette règle ne s'applique pas aux verbes impersonnels (*Quelle étrange histoire il nous est arrivé !*) ou pronominaux (voir plus loin).

AVEC L'AUXILIAIRE AVOIR

Le p.p. s'accorde avec le C.O.D. (complément d'objet direct) quand celui-ci, nom ou pronom, précède le participe :
Quelle belle soirée tu as organisée ! (organisé quoi ? la soirée) ; *La soirée nous a épuisés* (épuisé qui ? nous). Mais : *Cette soirée nous a plu* (plu à qui ? à nous, complément d'objet indirect) ; *Cette soirée a épuisé les enfants* (complément d'objet direct placé après).

⇒ L'accord du p.p. ne peut donc se faire qu'avec des verbes transitifs directs – les verbes transitifs indirects, intransitifs ou impersonnels n'ayant pas de C.O.D. :
Les problèmes dont on a parlé (mais *que l'on a réglés*) ; *Nous cherchons les personnes qui ont disparu* ; *Que de précautions il nous a fallu prendre !*

⇒ Une bonne compréhension du sens de la phrase et la recherche du véritable C.O.D. permettent d'éviter les erreurs

d'accord du p.p., même en présence de cas particuliers, tels que ceux détaillés ci-après.

VERBES TANTÔT PERSONNELS, TANTÔT IMPERSONNELS

Forme impersonnelle, le p.p. est toujours invariable : *La grande chaleur qu'il a fait.*
Forme personnelle, le p.p. s'accorde avec le sujet : *La bêtise qu'il a faite.*

VERBES TANTÔT TRANSITIFS, TANTÔT INTRANSITIFS

Ne pas confondre un complément circonstanciel (répondant à la question **combien ? comment ?**...) et un C.O.D. (répondant à la question **qui ?** ou **quoi ?**) ; dans le premier cas, le p.p. est invariable et dans le second, il peut s'accorder : *Les trois kilomètres que j'ai couru* (couru combien ?) ; *Les périls que j'ai courus* (couru quoi ?) ; *Les vingt kilos que cet enfant avait pesé* (pesé combien ?) ; *Les enfants que le médecin a pesés* (pesé qui ?) ; *Des paroles que j'ai bien pesées* (pesé quoi ?).

⇒ Attention donc au sens de verbes tels que *coûter, valoir, peser, courir, vivre, dormir,* etc.

⇒ Attention aussi à certains verbes transitifs, tantôt directs, tantôt indirects : *La patrie qu'il a si bien servie ; Les omelettes que l'on nous a servies ; Les documents qui vous ont servi.*

PARTICIPE PASSÉ + INFINITIF

Il y a accord du p.p. avec le C.O.D. (placé avant) si celui-ci fait l'action exprimée par l'infinitif ; si le C.O.D. subit l'action, le p.p. est invariable : *L'actrice que j'ai vue jouer* (l'actrice joue) ; *La pièce que j'ai vu jouer* (la pièce ne joue pas, elle est jouée) ; *Les prisonnières qu'on a laissées partir* (les prisonnières partent) ; *Les prisonnières qu'on a laissé condamner* (les prisonnières sont condamnées).

⇒ *Fait* suivi d'un infinitif est toujours invariable :
Les maisons qu'il s'est fait construire.

⇒ Suivi d'un infinitif, le p.p. des verbes d'opinion ou de déclaration est toujours invariable :
La solution que j'ai voulu adopter ; Les langoustes que je vous ai dit venir de Bretagne.

⇒ Attention aux p.p. tels que *cru, dû, voulu, pensé...* ; ils sont invariables quand leur C.O.D. est un infinitif sous-entendu : *Je n'ai pas fait les efforts que j'aurais dû* (faire).

.../...

PARTICIPE PASSÉ + À ou DE + INFINITIF

Quand le C.O.D. (placé avant) se rapporte au p.p., celui-ci s'accorde :
La voiture que j'ai donnée à réparer (j'ai donné **quoi** ? la voiture à réparer).

Si le C.O.D. se rapporte à l'infinitif, le p.p. reste invariable :
La solution que j'ai eu à trouver (j'ai eu **quoi** ? pas la solution mais à la trouver).

Parfois, les deux règles peuvent s'appliquer :
La dictée qu'il a eu(e) à refaire (il a eu **quoi** ? la dictée à refaire ou à refaire la dictée...).

PARTICIPE PASSÉ + QUE

Si la proposition introduite par *que* constitue le C.O.D. du p.p., celui-ci reste invariable :
Quelle punition avais-tu cru que tu recevrais ?

LE ou L' (pronom neutre) + PARTICIPE PASSÉ

Le p.p. suivant un C.O.D. neutre reste invariable :
Cette affaire est très délicate, comme je l'avais prévu (pour vérifier que le pronom est bien neutre, mettre la phrase au pluriel : *Ces affaires sont... je l'avais prévu*).

Mais on dira : *Cette affaire est réglée, je l'aurais crue plus délicate* (car au pluriel : *Ces affaires... je les aurais crues plus délicates*).

EN + PARTICIPE PASSÉ

Quand *en* joue le rôle de pronom à valeur partitive (et non d'adverbe), il constitue un C.O.D. neutre du p.p., qui reste donc invariable :
J'ai cueilli des cerises et j'en ai offert.

⇒ On reconnaît que *en* est un C.O.D. neutre quand on ne peut pas le supprimer de la phrase :
Il a reçu des cadeaux mais il n'en a pas fait (sans *en*, la phrase perd tout sens) ;
Le site correspond à la description que vous en aviez faite (*en* n'est pas indispensable).

⇒ Attention à *en* complété par un adverbe de quantité ! Si l'adverbe précède *en*, le p.p. s'accorde :
De ces tulipes, combien en avez-vous cueillies ?
Si l'adverbe suit *en*, le p.p. reste invariable :
De ces tulipes, j'en ai beaucoup cueilli.

VERBES PRONOMINAUX

Aux temps composés, les verbes pronominaux se conjuguent avec l'auxiliaire *être* ; ici encore, le bon sens et la logique aideront à trouver l'accord du p.p.

VERBES ESSENTIELLEMENT PRONOMINAUX

Le p.p. de ces verbes, qui n'existent qu'à la forme pronominale (*s'écrier, s'évanouir, se méfier, s'obstiner, se repentir, se souvenir,* etc.), s'accorde avec le sujet :
Elles se sont abstenues ; Ils s'étaient méfiés.

⇒ Une exception, *s'arroger*, qui est transitif direct ; son p.p. s'accorde donc avec le C.O.D. (quand celui-ci est placé avant) :
La prérogative qu'il s'est arrogée ;
(mais : *Il s'est arrogé une prérogative*).

VERBES PRONOMINAUX PAR GALLICISME

Le p.p. de ces verbes, auxquels l'usage a retiré tout sens réfléchi ou réciproque (*s'apercevoir, s'attendre, se douter, se jouer,* etc.), s'accorde aussi avec le sujet :
Les erreurs dont ils se sont aperçus ;
Elle s'est jouée de lui.

VERBES PRONOMINAUX DE SENS PASSIF

Leur p.p. s'accorde également avec le sujet :
Cette année, les pommes se sont bien vendues.

VERBES ACCIDENTELLEMENT PRONOMINAUX

Quand ils ne sont pas employés à la forme pronominale, ces verbes se conjuguent avec l'auxiliaire *avoir* ; il suffit donc d'imaginer leurs p.p. construits avec *avoir* pour savoir s'il y a accord ou non.

On verra ainsi qu'à la forme pronominale, le p.p. des verbes impersonnels, intransitifs ou transitifs indirects est invariable, de même que le p.p. des verbes transitifs directs qui ont leur C.O.D. placé après :
Elle s'est vue dans la glace (elle a vu **qui** ? elle - le pronom réfléchi « s' » est le C.O.D. placé avant) ;
La voiture qu'il s'est achetée (il a acheté **quoi** ? la voiture, C.O.D. placé avant) ;
Il s'est acheté une voiture (le C.O.D. est placé après) ;
Ils se sont salués (ils ont salué **qui** ? eux - le pronom réciproque « se » est le C.O.D. placé avant) ;
Ils se sont parlé (ils ont parlé à **qui** ? à eux - le pronom réciproque « se » est un complément indirect).

LES LIEUX ET LEURS GENTILÉS*

ÉTATS

ÉTATS	GENTILÉS	ÉTATS	GENTILÉS
Afghanistan	Afghan, -ane	Finlande	Finlandais, -aise
Afrique du Sud	Sud-Africain, -aine	France	Français, -aise
Albanie	Albanais, -aise	Gabon	Gabonais, -aise
Algérie	Algérien, -ienne	Gambie	Gambien, -ienne
Allemagne	Allemand, -ande	Géorgie	Géorgien, -ienne
Andorre	Andorran, -ane	Ghana	Ghanéen, -enne
Angola	Angolais, -aise	Grande-Bretagne	Britannique
Arabie Saoudite	Saoudien, -ienne	Grèce	Grec, Grecque
Argentine	Argentin, -ine	Guatemala	Guatémaltèque
Arménie	Arménien, -ienne	Guinée	Guinéen, -enne
Australie	Australien, -ienne	Guinée-Bissau	Bissauguinéen, -enne
Autriche	Autrichien, -ienne	Guinée équatoriale	Équatoguinéen, -enne
Azerbaïdjan	Azéri, -ie	Guyana	Guyanien, -ienne
Bangladesh	Bangladais, -aise	Haïti	Haïtien, -ienne
Belgique	Belge	Honduras	Hondurien, -ienne
Bélize	Bélizais, -aise	Hongrie	Hongrois, -oise
Bénin	Béninois, -oise	Inde	Indien, -ienne
Biélorussie	Biélorusse	Indonésie	Indonésien, -ienne
Birmanie	Birman, -ane	Irak	Irakien, -ienne
Bolivie	Bolivien, -ienne	Iran	Iranien, -ienne
Bosnie-Herzégovine	Bosniaque	Irlande	Irlandais, -aise
Botswana	Botswanais, -aise	Islande	Islandais, -aise
Brésil	Brésilien, -ienne	Israël	Israélien, -ienne
Brunei	Brunéien, -ienne	Italie	Italien, -ienne
Bulgarie	Bulgare	Jamaïque	Jamaïcain, -aine
Burkina	Burkinabais, -aise	Japon	Japonais, -aise
Burundi	Burundais, -aise	Jordanie	Jordanien, -ienne
Cambodge	Cambodgien, -ienne	Kazakhstan	Kazakh
Cameroun	Camerounais, -aise	Kenya	Kenyan, -ane
Canada	Canadien, -ienne	Kirghizistan	Kirghiz
Cap-Vert	Capverdien, -ienne	Koweït	Koweïti(en), -i(enn)e
Centrafrique (1)	Centrafricain, -aine	Laos	Laotien, -ienne
Chili	Chilien, -ienne	Lettonie	Letton, -on(n)e
Chine	Chinois, -oise	Liban	Libanais, -aise
Chypre	C(h)ypriote	Liberia	Libérien, -ienne
Colombie	Colombien, -ienne	Libye	Libyen, -enne
Comores	Comorien, -ienne	Liechtenstein	Liechtensteinois, -oise
Congo	Congolais, -aise	Lituanie	Lituanien, -ienne
Corée	Coréen, -enne	Luxembourg	Luxembourgeois, -oise
Costa Rica	Costaricain, -aine	Macédoine	Macédonien, -ienne
Côte d'Ivoire	Ivoirien, -ienne	Madagascar	Malgache
Croatie	Croate	Malaisie	Malais, -aise
Cuba	Cubain, -aine	Mali	Malien, -ienne
Danemark	Danois, -oise	Malte	Maltais, -aise
Djibouti	Djiboutien, -ienne	Maurice	Mauricien, -ienne
El Salvador	Salvadorien, -ienne	Mauritanie	Mauritanien, -ienne
Équateur	Équatorien, -ienne	Mexique	Mexicain, -aine
Érythrée	Érythréen, -enne	Moldavie	Moldave
Espagne	Espagnol, -ole	Monaco	Monégasque
Estonie	Estonien, -ienne	Mongolie	Mongol, -ole
États-Unis	Américain, -aine	Monténégro	Monténégrin, -ine
Éthiopie	Éthiopien, -ienne		

---

* **Gentilé** : appellation de l'habitant ou de la personne originaire d'un lieu (synon. *ethnonyme*). Sans majuscule, le gentilé devient l'adjectif correspondant au nom du lieu concerné. Ex. : un Afghan (habitant), la musique afghane.

ÉTATS	*GENTILÉS*	*ÉTATS*	*GENTILÉS*
Mozambique	Mozambicain, -aine	Slovaquie	Slovaque
Namibie	Namibien, -ienne	Slovénie	Slovène
Népal	Népalais, -aise	Somalie	Somalien, -ienne
Nicaragua	Nicaraguayen, -enne	Soudan	Soudanais, -aise
Niger	Nigérien, -ienne	Sri Lanka	Sri Lankais, -aise
Nigeria	Nigérian, -iane	Suède	Suédois, -oise
Norvège	Norvégien, -ienne	Suisse	Suisse (une Suissesse)
Nouvelle-Zélande	Néo-Zélandais, -aise	Surinam	Surinamien, -ienne
Oman	Omanais, -aise	Swaziland	Swazi
Ouganda	Ougandais, -aise	Syrie	Syrien, -ienne
Ouzbékistan	Ouzbek, -èke	Taïwan	Taïwanais, -aise
Pakistan	Pakistanais, -aise	Tanzanie	Tanzanien, -ienne
Panama	Panaméen, -enne	Tchad	Tchadien, -ienne
Paraguay	Paraguayen, -enne	Tchéquie [2]	Tchèque
Pays-Bas	Néerlandais, -aise	Thaïlande	Thaïlandais, -aise
Pérou	Péruvien, -ienne	Togo	Togolais, -aise
Philippines	Philippin, -ine	Tunisie	Tunisien, -ienne
Pologne	Polonais, -aise	Turkménistan	Turkmène
Portugal	Portugais, -aise	Turquie	Turc, Turque
Qatar	Qatari	Ukraine	Ukrainien, -ienne
Roumanie	Roumain, -aine	Uruguay	Uruguayen, -enne
Russie	Russe	Vatican	Vatican, -ane
Rwanda	Rwandais, -aise	Venezuela	Vénézuélien, -ienne
Saint-Marin	Saint-Marinais, -aise	Viêt-nam	Vietnamien, -ienne
Sénégal	Sénégalais, -aise	Yémen	Yéménite
Serbie	Serbe	Yougoslavie	Yougoslave
Seychelles	Seychellois, -oise	Zaïre	Zaïrois, -oise
Sierra Leone	Sierra-Léonais, -aise	Zambie	Zambien, -ienne
Singapour	Singapourien, -ienne	Zimbabwe	Zimbabwéen, -enne

(1) Aussi appelée *République centrafricaine.*
(2) Aussi appelée *République tchèque.*

Afr. Afrique ; All. Allemagne ; Amér. Amérique ; Austr. Australie ; Autr. Autriche ; Belg. Belgique ; Bulg. Bulgarie ; Can. Canada ; Dan. Danemark ; Esp. Espagne ; É.-U. États-Unis ; Eur. Europe ; Fr. France ; G.-B. Grande-Bretagne ; It. Italie ; Lux. Luxembourg ; P.-B. Pays-Bas ; Pol. Pologne ; Port. Portugal.

ENTITÉS	GENTILÉS	ENTITÉS	GENTILÉS
Abyssinie (ou Éthiopie)	Abyssin, -ine	Cerdagne (Fr., Esp.)	Cerdan, -ane
		Cévennes (Fr.)	Cévenol, -ole
Acadie (Can.)	Acadien, -ienne	Ceylan (Sri Lanka)	Ceylanais, -aise
Afrique	Africain, -aine	Champagne (Fr.)	Champenois, -oise
Alpes (Eur.)	Alpin, -ine	Cochinchine (Viêt-nam)	Cochinchinois, -oise
Alsace (Fr.)	Alsacien, -ienne	Corfou (Grèce)	Corfiote
Amazonie (Brésil)	Amazonien, -ienne	Corse (Fr.)	Corse
Amérique	Américain, -aine	Crète (Grèce)	Crétois, -oise
Andalousie (Esp.)	Andalou, -ouse	Dalmatie (Croatie)	Dalmate
Andes (Amér.)	Andin, -ine		
Angleterre (G.-B.)	Anglais, -aise	Danube (Eur.)	Danubien, -ienne
Anjou (Fr.)	Angevin, -ine	Dauphiné (Fr.)	Dauphinois, -oise
Annam (Viêt-nam)	Annamite	Écosse (G.-B.)	Écossais, -aise
Antilles	Antillais, -aise	Elbe (île d') (It.)	Elbois, -oise
Aoste (val d') (It.)	Valdôtain, -aine	Émilie (It.)	Émilien, -ienne
Aquitaine (Fr.)	Aquitain, -aine	Escaut (Fr., Belg.)	Scaldien, -ienne
Arabie (Asie)	Arabe	Étolie (Grèce)	Étolien, -ienne
Aragon (Esp.)	Aragonais, -aise	Étrurie (It.)	Étrusque
Arcadie (Grèce)	Arcadien, -ienne	Europe	Européen, -enne
Ardennes (Fr., Belg.)	Ardennais, -aise	Flandre (Belg.)	Flamand, -ande
Armorique (Fr.)	Armoricain	Formose (ou Taïwan)	Formosan, -ane
Artois (Fr.)	Artésien, -ienne	Franche-Comté (Fr.)	Franc-Comtois, -oise
Asie	Asiatique		
Asturies (Esp.)	Asturien, -ienne	Frise (P.-B., All.)	Frison, -onne
Auvergne (Fr.)	Auvergnat, -ate	Galice (Esp.)	Galicien, -ienne
Bade (All.)	Badois, -oise	Galicie (Pol.)	Galicien, -ienne
Bali (Indonésie)	Balinais, -aise	Galilée (Israël)	Galiléen, -enne
Balkans (Eur.)	Balkanique	Galles (pays de) (G.-B.)	Gallois, -oise
Baltique (Eur.)	Balte		
Basque (pays)	Basque	Gascogne (Fr.)	Gascon, -onne
Bavière (All.)	Bavarois, -oise	Grisons (Suisse)	Grison, -onne
Béarn (Fr.)	Béarnais, -aise	Groenland (Dan.)	Groenlandais, -aise
Beauce (Fr.)	Beauceron, -onne	Guadeloupe (Fr.)	Guadeloupéen, -enne
Bengale (Asie)	Bengalais, -aise	Guernesey (G.-B.)	Guernesiais, -iaise
Béotie (Grèce)	Béotien, -ienne	Guyane (Fr.)	Guyanais, -aise
Berry (Fr.)	Berrichon, -onne	Hainaut (Belg.)	Hennuyer, -ère
Biscaye (Esp.)	Biscaïen, -ïenne	Hesse (All.)	Hessois, -oise
Bohême (Tchéquie)	Bohémien, -ienne	Hollande (P.-B.)	Hollandais, -aise
Borinage (Belg.)	Borain, -aine	Île-de-France (Fr.)	Francilien, -ienne
Bourbonnais (Fr.)	Bourbonnais, -aise	Indochine (Asie)	Indochinois, -oise
Bourgogne (Fr.)	Bourguignon, -onne	Ionie (Asie)	Ionien, -ienne
Brabant (Belg.)	Brabançon, -onne	Java (Indonésie)	Javanais, -aise
Brandebourg (All.)	Brandebourgeois, -oise	Jersey (G.-B.)	Jersiais, -iaise
Bresse (Fr.)	Bressan, -ane	Judée (Israël)	Judéen, -enne
Bretagne (Fr.)	Breton, -onne	Jura (Fr.)	Jurassien, -ienne
Brie (Fr.)	Briard, -arde	Kabylie (Algérie)	Kabyle
Calabre (It.)	Calabrais, -aise	Labrador (Can.)	Labradorien, -ienne
Californie (É.-U.)	Californien, -ienne	Languedoc (Fr.)	Languedocien, -ienne
Camargue (Fr.)	Camarguais, -aise	Laponie (Eur.)	Lapon, -one
Canaries (Esp.)	Canarien, -ienne	Léon (Fr.)	Léonard, -arde
Castille (Esp.)	Castillan, -ane	Levant (Asie)	Levantin, -ine
Catalogne (Esp.)	Catalan, -ane	Ligurie (It.)	Ligurien, -ienne
Caucase (Asie)	Caucasien, -ienne		

ENTITÉS	GENTILÉS	ENTITÉS	GENTILÉS
Limousin (Fr.)	Limousin, -ine	Quercy (Fr.)	Quercinois, -oise
Loire (Fr.)	Ligérien, -ienne	Réunion (Fr.)	Réunionnais, -aise
Lombardie (It.)	Lombard, -arde	Rhénanie (All.)	Rhénan, -ane
Lorraine (Fr.)	Lorrain, -aine	Rhin (Eur.)	Rhénan, -ane
Louisiane (É.-U.)	Louisianais, -aise	Rhodes (Grèce)	Rhodien, -ienne
Madère (Port.)	Madérien, -ienne	Rhône (Suisse, Fr.)	Rhodanien, -ienne
Maghreb (Afr.)	Maghrébin, -ine	Rif (Maroc)	Rifain, -aine
Maine (Fr.)	Manceau, -elle	Romagne (It.)	Romagnol, -ole
Majorque (Esp.)	Majorquin, -ine	Rouergue (Fr.)	Rouergat, -ate
Mandchourie	Mandchou, -oue	Roumélie (Bulg.)	Rouméliote
(Chine)		Roussillon (Fr.)	Roussillonnais, -aise
Manitoba (Can.)	Manitobain, -aine	Ruthénie (Ukraine)	Ruthène
Martinique (Fr.)	Martiniquais, -aise	Saint-Pierre-	Saint-Pierrais, -aise ou
Mayotte (Fr.)	Mahorais, -aise	et-Miquelon	Miquelonnais, -aise
Mélanésie (Fr.)	Mélanésien, -ienne	Samarie (Israël)	Samaritain, -aine
Mésopotamie	Mésopotamien, -ienne	Samos (Grèce)	Samien, -ienne
(Asie)		Sardaigne (It.)	Sarde
Meuse (Fr., Belg.)	Mosan, -ane	Sarre (All.)	Sarrois, -oise
Minorque (Esp.)	Minorquin, -ine	Savoie (Fr.)	Savoyard, -arde
Moravie	Morave	Saxe (All.)	Saxon, -onne
(Tchéquie)		Scandinavie (Eur.)	Scandinave
Morvan (Fr.)	Morvandeau, -elle	Seine (Fr.)	Séquanais, -aise
Moselle (Fr., All.)	Mosellan, -ane	Siam (Thaïlande)	Siamois, -oise
Navarre (Fr., Esp.)	Navarrais, -aise	Sibérie (Russie)	Sibérien, -ienne
Normandie (Fr.)	Normand, -ande	Sicile (It.)	Sicilien, -ienne
Nouvelle-	Néo-Calédonien,	Silésie (Pol.)	Silésien, -ienne
Calédonie (Fr.)	-ienne	Sologne (Fr.)	Solognot, -ote
Nouvelle-Écosse	Néo-Écossais, -aise	Tahiti (Fr.)	Tahitien, -ienne
(Can.)		Tasmanie (Austr.)	Tasmanien, -ienne
Nubie (Afrique)	Nubien, -ienne	Terre-de-Feu	Fuégien, -ienne
Océanie	Océanien, -ienne	(Amér. du Sud)	
Ombrie (It.)	Ombrien, -ienne	Terre-Neuve	Terre-Neuvien, -ienne
Ontario (Can.)	Ontarien, -ienne	(Can.)	
Oural (Russie)	Ouralien, -ienne	Texas (É.-U.)	Texan, -ane
Palatinat (All.)	Palatin, -ine	Thessalie (Grèce)	Thessalien, -ienne
Palestine (Asie)	Palestinien, -ienne	Tibet (Chine)	Tibétain, -aine
Péloponnèse	Péloponnésien, -ienne	Tonkin	Tonkinoise, -oise
(Grèce)		(Viêt-nam)	
Pennsylvanie	Pennsylvanien, -ienne	Toscane (It.)	Toscan, -ane
(É.-U.)		Touraine (Fr.)	Tourangeau, -elle
Perche (Fr.)	Percheron, -onne	Transylvanie	Transylvain, -aine
Périgord (Fr.)	Périgourdin, -ine	(Roumanie)	
Perse (Iran)	Persan, -ane	Tyrol (Autr.)	Tyrolien, -ienne
Phocide (Grèce)	Phocidien, -ienne	Valachie	Valaque
Picardie (Fr.)	Picard, -arde	(Roumanie)	
Piémont (It.)	Piémontais, -aise	Valais (Suisse)	Valaisan, -ane
Pô (It.)	Padan, -ane	Vaud (Suisse)	Vaudois, -oise
Poitou (Fr.)	Poitevin, -ine	Vosges (Fr.)	Vosgien, -ienne
Polynésie (Fr.)	Polynésien, -ienne	Wallonie (Belg.)	Wallon, -onne
Provence (Fr.)	Provençal, -ale	Westphalie (All.)	Westphalien, -ienne
Prusse (All.)	Prussien, -ienne	Wurtemberg (All.)	Wurtembergeois, -oise
Pyrénées (Fr., Esp.)	Pyrénéen, -enne	Zélande (P.-B.)	Zélandais, -aise
Québec (Can.)	Québécois, -oise		

VILLES	GENTILÉS	VILLES	GENTILÉS
Abbeville (Fr.)	Abbevillois, -oise	Bruges (Belg.)	Brugeois, -oise
Agen (Fr.)	Agenais, -aise	Bruxelles (Belg.)	Bruxellois, -oise
Aire-sur-l'Adour (Fr.)	Aturin, -ine	Cadix (Esp.)	Gaditan, -ane
		Caen (Fr.)	Caennais, -aise
Aire-sur-la-Lys (Fr.)	Airois, -oise	Cahors (Fr.)	Cadurcien, -ienne
Aix (Fr.)	Aixois, -oise	Caire (Le) (Égypte)	Cairote
Ajaccio (Fr.)	Ajaccien, -ienne	Calais (Fr.)	Calaisien, -ienne
Albi (Fr.)	Albigeois, -oise	Cambrai (Fr.)	Cambrésien, -ienne
Alençon (Fr.)	Alençonnais, -aise	Cannes (Fr.)	Cannois, -oise
Alep (Syrie)	Aleppin, -ine	Canton (Chine)	Cantonais, -aise
Alès (Fr.)	Alésien, -ienne	Carcassonne (Fr.)	Carcassonnais, -aise
Alexandrie (Égypte, It.)	Alexandrin, -ine	Carpentras (Fr.)	Carpentrassien, -ienne
		Carthage (Tunisie)	Carthaginois, -oise
Alger (Algérie)	Algérois, -oise	Casablanca (Maroc)	Casablancais, -aise
Ambert (Fr.)	Ambertois, -oise		
Amboise (Fr.)	Amboisien, -ienne	Castres (Fr.)	Castrais, -aise
Amiens (Fr.)	Amiénois, -oise	Cayenne (Fr.)	Cayennais, -aise
Amsterdam (P.-B.)	Amstellodamois, -oise	Châlons-sur-Marne (Fr.)	Châlonnais, -aise
Ancône (It.)	Anconitain, -aine		
Angers (Fr.)	Angevin, -ine	Chalon-sur-Saône (Fr.)	Chalonnais, -aise
Angoulême (Fr.)	Angoumoisin, -ine		
Annecy (Fr.)	Annécien, -ienne	Chambéry (Fr.)	Chambérien, -ienne
Annonay (Fr.)	Annonéen, -enne	Chamonix (Fr.)	Chamoniard, -iarde
Anvers (Belg.)	Anversois, -oise	Chantilly (Fr.)	Cantilien, -ienne
Apt (Fr.)	Aptésien, -ienne	Charleroi (Belg.)	Carolorégien, -ienne
Arezzo (It.)	Arétin, -ine	Charleville-Mézières (Fr.)	Carolomacérien, -ienne
Arles (Fr.)	Arlésien, -ienne		
Arras (Fr.)	Arrageois, -oise	Chartres (Fr.)	Chartrain, -aine
Athènes (Grèce)	Athénien, -ienne	Châteaubriant (Fr.)	Castelbriantais, -aise
Auch (Fr.)	Auscitain, -aine	Châteaudun (Fr.)	Dunois, -oise
Aurillac (Fr.)	Aurillacois, -oise	Château-Gontier (Fr.)	Castrogontérien, -ienne
Autun (Fr.)	Autunois, -oise		
Auxerre (Fr.)	Auxerrois, -oise	Châteauroux (Fr.)	Castelroussin, -ine
Avignon (Fr.)	Avignonnais, -aise	Château-Salins (Fr.)	Castelsalinois, -oise
Bâle (Suisse)	Bâlois, -oise		
Barcelone (Esp.)	Barcelonais, -aise	Château-Thierry (Fr.)	Castrothéodoricien, -ienne
Bar-le-Duc (Fr.)	Barisien, -ienne		
Bastia (Fr.)	Bastiais, -iaise	Chaumont (Fr.)	Chaumontais, -aise
Bayonne (Fr.)	Bayonnais, -aise	Cherbourg (Fr.)	Cherbourgeois, -oise
Beauvais (Fr.)	Beauvaisin, -ine	Cholet (Fr.)	Choletais, -aise
Belfort (Fr.)	Belfortin, -ine	Clermont-Ferrand (Fr.)	Clermontois, -oise
Belgrade (Serbie)	Belgradois, -oise		
Belley (Fr.)	Belleysan, -ane	Cognac (Fr.)	Cognaçais, -aise
Berlin (All.)	Berlinois, -oise	Colmar (Fr.)	Colmarien, -ienne
Berne (Suisse)	Bernois, -oise	Cologne (All.)	Colonais, -aise
Besançon (Fr.)	Bisontin, -ine	Cordoue (Esp.)	Cordouan, -ane
Béziers (Fr.)	Biterrois, -oise	Corte (Fr.)	Cortenais, -aise
Biarritz (Fr.)	Biarrot, -ote	Courtrai (Belg.)	Courtraisien, -ienne
Blois (Fr.)	Blésois, -oise	Cracovie (Pol.)	Cracovien, -ienne
Bologne (It.)	Bolonais, -aise	Créteil (Fr.)	Cristolien, -ienne
Bordeaux (Fr.)	Bordelais, -aise	Damas (Syrie)	Damascène
Boston (É.-U.)	Bostonien, -ienne	Dax (Fr.)	Dacquois, -oise
Boulogne (Fr.)	Boulonnais, -aise	Die (Fr.)	Diois, dioise
Bourg-en-Bresse (Fr.)	Burgien, -ienne	Digne (Fr.)	Dignois, -oise
		Dijon (Fr.)	Dijonnais, -aise
Bourges (Fr.)	Berruyer, -ère	Dole (Fr.)	Dolois, -oise
Brest (Fr.)	Brestois, -oise	Douai (Fr.)	Douaisien, -ienne
Brive-la-Gaillarde (Fr.)	Briviste	Draguignan (Fr.)	Dracenois, -oise
		Dreux (Fr.)	Drouais, -aise

VILLES	GENTILÉS	VILLES	GENTILÉS
Dunkerque (Fr.)	Dunkerquois, -oise	Mantoue (It.)	Mantouan, -ane
Édimbourg (G.-B.)	Édimbourgeois, -oise	Marseille (Fr.)	Marseillais, -aise
Épernay (Fr.)	Sparnacien, -ienne	Mayence (All.)	Mayençais, -aise
Épinal (Fr.)	Spinalien, -ienne	Meaux (Fr.)	Meldois, -oise
Évreux (Fr.)	Ébroïcien, -ienne	Melun (Fr.)	Melunais, -aise
Ferrare (It.)	Ferrarais, -aise	Metz (Fr.)	Messin, -ine
Fez (Maroc)	Fassi, -ie	Milan (It.)	Milanais, -aise
Florence (It.)	Florentin, -ine	Millau (Fr.)	Millavois, -oise
Foix (Fr.)	Fuxéen, -enne	Modène (It.)	Modenais, -aise
Fontainebleau (Fr.)	Bellifontain, -aine	Montauban (Fr.)	Montalbanais, -aise
Fort-de-France (Fr.)	Foyalais, -aise	Montélimar (Fr.)	Montilien, -ienne
Francfort (All.)	Francfortois, -oise	Montluçon (Fr.)	Montluçonnais, -aise
Fribourg (Suisse, All.)	Fribourgeois, -oise	Montpellier (Fr.)	Montpelliérain, -aine
		Montréal (Can.)	Montréalais, -aise
Gand (Belg.)	Gantois, -oise	Moscou (Russie)	Moscovite
Gap (Fr.)	Gapençais, -aise	Moulins (Fr.)	Moulinois, -oise
Gênes (It.)	Génois, -oise	Mulhouse (Fr.)	Mulhousien, -ienne
Genève (Suisse)	Genevois, -oise	Munich (All.)	Munichois, -oise
Gex (Fr.)	Gessien, -ienne	Namur (Belg.)	Namurois, -oise
Grenade (Esp.)	Grenadin, -ine	Nancy (Fr.)	Nancéien, -ienne
Grenoble (Fr.)	Grenoblois, -oise	Nantes (Fr.)	Nantais, -aise
Guéret (Fr.)	Guérétois, -oise	Naples (It.)	Napolitain, -aine
Halifax (Can.)	Haligonien, -ienne	Narbonne (Fr.)	Narbonnais, -aise
Hambourg (All.)	Hambourgeois, -oise	Nazareth (Israël)	Nazaréen, -enne
Hanovre (All.)	Hanovrien, -ienne	Neuchâtel (Suisse)	Neuchâtelois, -oise
Havane (La) (Cuba)	Havanais, -aise	Neufchâteau (Fr.)	Néocastrien, -ienne
Havre (Le) (Fr.)	Havrais, -aise	Nevers (Fr.)	Neversois, -oise
Haye (La) (P.-B.)	Haguenois, -oise	New York (É.-U.)	New-Yorkais, -aise
Issoire (Fr.)	Issoirien, -ienne	Nice (Fr.)	Niçois, -oise
Issoudun (Fr.)	Issoldunois, -oise	Nîmes (Fr.)	Nîmois, -oise
Istanbul (Turquie)	Istanbuliote	Niort (Fr.)	Niortais, -aise
Jérusalem (Israël)	Hiérosolymite	Nyons (Fr.)	Nyonsais, -aise
Langres (Fr.)	Langrois, -oise	Oran (Algérie)	Oranais, -aise
Laon (Fr.)	Laonnois, -oise	Orléans (Fr.)	Orléanais, -aise
Lausanne (Suisse)	Lausannois, -oise	Ostende (Belg.)	Ostendais, -aise
Laval (Fr.)	Lavallois, -oise	Padoue (It.)	Padouan, -ane
Leipzig (All.)	Leipzigois, -oise	Palerme (It.)	Palermitain, -aine
Lens (Fr.)	Lensois, -oise	Pamiers (Fr.)	Appaméen, -enne
Liège (Belg.)	Liégeois, -oise	Paray-le-Monial (Fr.)	Parodien, -ienne
Lille (Fr.)	Lillois, -oise		
Lima (Pérou)	Liménien, -ienne	Paris (Fr.)	Parisien, -ienne
Limoges (Fr.)	Limougeaud, -aude	Parme (It.)	Parmesan, -ane
Lisbonne (Port.)	Lisbonnin, -ine	Pau (Fr.)	Palois, -oise
Lisieux (Fr.)	Lexovien, -ienne	Pavie (It.)	Pavesan, -ane
Lodève (Fr.)	Lodévois, -oise	Pékin (Chine)	Pékinois, -oise
Londres (G.-B.)	Londonien, -ienne	Périgueux (Fr.)	Périgourdin, -ine
Longwy (Fr.)	Longovicien, -ienne	Pérouse (It.)	Pérugin, -ine
Lons-le-Saunier (Fr.)	Lédonien, -ienne	Perpignan (Fr.)	Perpignanais, -aise
		Pézenas (Fr.)	Piscénois, -oise
Lourdes (Fr.)	Lourdais, -aise	Philadelphie (É.-U.)	Philadelphien, -ienne
Louvain (Belg.)	Louvaniste		
Louviers (Fr.)	Lovérien, -ienne	Pise (It.)	Pisan, -ane
Lure (Fr.)	Luron, -onne	Pithiviers (Fr.)	Pithivérien, -ienne
Luxembourg (Lux.)	Luxembourgeois, -oise	Plaisance (It.)	Placentin, -ine
Lyon (Fr.)	Lyonnais, -aise	Pointe-à-Pitre (Fr.)	Pointois, -oise
Mâcon (Fr.)	Mâconnais, -aise	Poitiers (Fr.)	Pictavien, -ienne
Madrid (Esp.)	Madrilène	Pont-à-Mousson (Fr.)	Mussipontain, -aine
Malines (Belg.)	Malinois, -oise		
Mans (Le) (Fr.)	Manceau, -elle	Pontarlier (Fr.)	Pontissalien, -ienne

VILLES	GENTILÉS	VILLES	GENTILÉS
Pont-l'Évêque (Fr.)	Pontépiscopien, -ienne	Saumur (Fr.)	Saumurois, -oise
Pont-Saint-Esprit (Fr.)	Spiripontain, -aine	Sens (Fr.)	Sénonais, -aise
		Séville (Esp.)	Sévillan, -ane
Prague (Tchéquie)	Pragois, -oise	Sienne (It.)	Siennois, -oise
Privas (Fr.)	Privadois, -oise	Smyrne (Turquie)	Smyrniote
Puy-en-Velay (Le) (Fr.)	Ponot, -ote	Soissons (Fr.)	Soissonnais, -aise
		Soleure (Suisse)	Soleurois, -oise
Québec (Can.)	Québécois, -oise	Spa (Belg.)	Spadois, -oise
Quimper (Fr.)	Quimpérois, -oise	Strasbourg (Fr.)	Strasbourgeois, -oise
Rambouillet (Fr.)	Rambolitain, -aine	Tarbes (Fr.)	Tarbais, -aise
Ravenne (It.)	Ravennate	Thèbes (Grèce)	Thébain, -aine
Reims (Fr.)	Rémois, -oise	Thiers (Fr.)	Thiernois, -oise
Remiremont (Fr.)	Romarimontain, -aine	Tolède (Esp.)	Tolédan, -ane
Rennes (Fr.)	Rennais, -aise	Toronto (Can.)	Torontois, -oise
Rio de Janeiro (Brésil)	Carioca	Toulon (Fr.)	Toulonnais, -aise
		Toulouse (Fr.)	Toulousain, -aine
Rochelle (La) (Fr.)	Rochelais, -aise	Tourcoing (Fr.)	Tourquennois, -oise
Roche-sur-Yon (La) (Fr.)	Yonnais, -aise	Tournai (Belg.)	Tournaisien, -ienne
		Tours (Fr.)	Tourangeau, -elle
Rodez (Fr.)	Ruthénois, -oise	Trèves (All.)	Trévire
Rome (It.)	Romain, -aine	Trévise (It.)	Trévisan, -ane
Rouen (Fr.)	Rouennais, -aise	Trieste (It.)	Triestin, -ine
Sables-d'Olonne (Les) (Fr.)	Sablais, -aise	Troyes (Fr.)	Troyen, -enne
		Tulle (Fr.)	Tulliste
Sablé-sur-Sarthe (Fr.)	Sabolien, -ienne	Tunis (Tunisie)	Tunisois, -oise
		Turin (It.)	Turinois, -oise
Saint-Brieuc (Fr.)	Briochin, -ine	Uzès (Fr.)	Uzétien, -ienne
Saint-Claude (Fr.)	Sanclaudien, -ienne	Valence (Fr.)	Valentinois, -oise
Saint-Denis (Fr.)	Dionysien, -ienne	Valenciennes (Fr.)	Valenciennois, -oise
Saint-Dié (Fr.)	Déodatien, -ienne	Vannes (Fr.)	Vannetais, -aise
Saint-Dizier (Fr.)	Bragard, -arde	Varsovie (Pol.)	Varsovien, -ienne
Saint-Étienne (Fr.)	Stéphanois, -oise	Venise (It.)	Vénitien, -ienne
Saint-Flour (Fr.)	Sanflorain, -aine	Verdun (Fr.)	Verdunois, -oise
Saint-Gall (Suisse)	Saint-Gallois, -oise	Vérone (It.)	Véronais, -aise
Saint-Lô (Fr.)	Saint-Lois, -Loise	Versailles (Fr.)	Versaillais, -aise
Saint-Malo (Fr.)	Malouin, -ine	Vesoul (Fr.)	Vésulien, -ienne
Saint-Nazaire (Fr.)	Nazairien, -ienne	Vevey (Suisse)	Veveysan, -ane
Saint-Pétersbourg (Russie)	Pétersbourgeois, -oise	Vicence (It.)	Vicentin, -ine
Saint-Quentin (Fr.)	Saint-Quentinois, -oise	Vichy (Fr.)	Vichyssois, -oise
Saintes (Fr.)	Saintais, -aise	Vienne (Autr., Fr.)	Viennois, -oise
Salonique (Grèce)	Salonicien, -ienne	Villers-Cotterêts (Fr.)	Cotterézien, -ienne
Salzbourg (Autr.)	Salzbourgeois, -oise	Vitry-le-François (Fr.)	Vitryat, -ate
Sâo Paulo (Brésil)	Pauliste		
Sarlat (Fr.)	Sarladais, -aise	Viviers (Fr.)	Vivarois, -oise
Sarrebruck (All.)	Sarrebruckois, -oise	Winnipeg (Can.)	Winnipegois, -oise
Saulieu (Fr.)	Sédélocien, -ienne	Zurich (Suisse)	Zurichois, -oise

LES MONNAIES

Pays	Symbole	Monnaie
Afrique du Sud	R	rand
Algérie	DA	dinar algérien
Allemagne	DM	deutsche Mark
Argentine	$A	peso
Australie	$A	dollar australien
Autriche	SCH	Schilling
Belgique	FB	franc belge
Bénin	FCFA	franc C.F.A.
Bolivie	BOLV	boliviano
Brésil	CZ	cruzeiro
Bulgarie	LVA	lev (plur. leva)
Burkina	FCFA	franc C.F.A.
Cambodge	δ	riel
Cameroun	FCFA	franc C.F.A.
Canada	$CAN	dollar canadien
Centrafrique	FCFA	franc C.F.A.
Chili	$	peso chilien
Chine	-	yuan
Colombie	$COL	peso colombien
Congo	FCFA	franc C.F.A.
Corée du Nord	KPW	won
Corée du Sud	KRW	won
Côte d'Ivoire	FCFA	franc C.F.A.
Croatie	HD	dinar croate
Cuba	$CU	peso cubain
Danemark	KRD	couronne danoise
Égypte	£EG	livre égyptienne
Équateur	SUC	sucre
Espagne	PTA	peseta
États-Unis	$US	dollar US
Éthiopie	-	birr
Finlande	MF	mark finlandais
France	F	franc
Gabon	FCFA	franc C.F.A.
Grande-Bretagne	£	livre sterling
Grèce	DR	drachme
Haïti	G	gourde
Hongrie	FOR	forint
Inde	RS	roupie indienne
Irak	DIK	dinar irakien
Iran	RL	rial
Irlande (Rép. d')	£IR	livre irlandaise
Islande	KIS	couronne islandaise
Israël	ILS	shekel
Italie	LIT	lire
Japon	Y	yen
Koweït	KD	dinar koweïtien
Liban	£LIB	livre libanaise
Libye	DLY	dinar libyen
Luxembourg	FLUX	franc luxembourgeois
Madagascar	FMG	franc malgache
Mali	FCFA	franc C.F.A.
Maroc	DH	dirham
Mexique	$MEX	peso mexicain
Népal	-	roupie népalaise
Niger	FCFA	franc C.F.A.
Norvège	KRN	couronne norvégienne
Nouvelle-Zélande	$NZ	dollar néo-zélandais
Panama	BAL	balboa
Pays-Bas	FL	florin
Pérou	S	inti
Pologne	ZL	zloty
Portugal	ESC	escudo
Roumanie	LEI	leu (plur. lei)
Russie ; C.E.I.	RBL	rouble
Sénégal	FCFA	franc C.F.A.
Slovaquie	Sk	couronne slovaque
Suède	KRS	couronne suédoise
Suisse	FS	franc suisse
Tchad	FCFA	franc C.F.A.
Tchéquie	Kč	couronne tchèque
Thaïlande	-	baht
Togo	FCFA	franc C.F.A.
Tunisie	DTU	dinar tunisien
Turquie	£TQ	livre turque
Union europ.	-	écu
Venezuela	BOLV	bolivar
Viêt-nam	DON	dông
Yougoslavie	DIN	dinar
Zaïre	ZA	zaïre

SIGLES FRANÇAIS ET ÉTRANGERS

A.E.L.E.	Association européenne de libre-échange
AFNOR	Association française de normalisation
A.F.-P.	Agence France-Presse
A.J.	Auberges de la jeunesse
A.N.P.E.	Agence nationale pour l'emploi
A.S.E.	Agence spatiale européenne
ASSEDIC	Association pour l'emploi dans l'industrie et le commerce
BIRD	Banque internationale pour la reconstruction et le développement
B.I.T.	Bureau international du travail
B.N.	Bibliothèque nationale
B.V.P.	Bureau de vérification de la publicité
C.A.F.	Caisse d'allocations familiales
C.E.A.	Commissariat à l'énergie atomique
C.E.E.	Communauté économique européenne
C.E.I.	Communauté des États indépendants
C.F.A.	Communauté financière africaine
C.F.D.T.	Confédération française démocratique du travail
C.F.T.C.	Confédération française des travailleurs chrétiens
C.G.T.	Confédération générale du travail
C.H.S.C.T.	Comité d'hygiène, de sécurité et des conditions de travail
C.I.A.	Central Intelligence Agency (Agence centrale de renseignements ; États-Unis)
C.I.D.J.	Centre d'information et de documentation pour la jeunesse
C.I.O.	Comité international olympique
C.N.A.C.	Centre national d'art et de culture (centre Georges-Pompidou)
CNAM	Conservatoire national des arts et métiers
C.N.C.	Centre national de la cinématographie
CNES	Centre national d'études spatiales
CNIT	Centre national des industries et techniques
C.N.P.F.	Conseil national du patronat français
C.N.R.S.	Centre national de la recherche scientifique
C.O.B.	Commission des opérations de bourse
C.-R.F.	Croix-Rouge française
C.R.S.	Compagnies républicaines de sécurité
C.S.A.	Conseil supérieur de l'audiovisuel
D.D.E.	Direction départementale de l'équipement
D.S.T.	Direction de la surveillance du territoire
E.D.F.	Électricité de France
E.N.A.	École nationale d'administration
E.T.A.	Euskadi ta askatasuna (sigle du mouvement nationaliste basque Euskadi)
F.A.O.	Food and Agriculture Organization (Organisation pour l'alimentation et l'agriculture)
F.B.I.	Federal Bureau of Investigation (Bureau fédéral d'investigation ; États-Unis)
FIDES	Fonds d'investissement pour le développement économique et social
F.I.S.	Front islamique du salut (Algérie)
F.L.N.	Front de libération national (Algérie)
F.M.I.	Fonds monétaire international
F.N.	Front national
F.O.	Force ouvrière
F.S.M.	Fédération syndicale mondiale
GATT	General Agreement on Tariffs and Trade (Accord général sur les tarifs et le commerce)
G.D.F.	Gaz de France
H.E.C.	Haute école de commerce
I.G.F.	Impôt sur les grandes fortunes
I.G.N.	Institut géographique national
I.N.A.	Institut national de l'audiovisuel
I.N.C.	Institut national de la consommation
INRA	Institut national de la recherche agronomique
INSEE	Institut national de la statistique et des études économiques
INSERM	Institut national de la santé et de la recherche médicale
I.R.A.	Irish Republican Army (Armée républicaine irlandaise)
IRCAM	Institut de recherche et de coordination acoustique-musique

| J.O. | .... | *Journal officiel* |

J.O. .... *Journal officiel*
K.G.B. .... Komitet Gossoudarstvennoï Bezopasnosti (Comité de sécurité d'État ; ex-Union soviétique)
LICRA .... Ligue internationale contre le racisme et l'antisémitisme
NASA .... National Aeronautics and Space Administration (Administration nationale de l'aéronautique et de l'espace ; États-Unis)
O.A.S. .... Organisation armée secrète
O.C.D.E. ...... Organisation de coopération et de développement économique
O.I.T. .... Organisation internationale du travail
O.L.P. .... Organisation de libération de la Palestine
O.M.S. .... Organisation mondiale de la santé
O.N.U. .... Organisation des Nations unies
OPEP .... Organisation des pays exportateurs de pétrole
OTAN .... Organisation du traité de l'Atlantique Nord
P.C. .... Parti communiste
P.S. .... Parti socialiste
P.S.U. .... Parti socialiste unifié
P.T.T. .... Postes, télécommunications et télédiffusion
R.A.T.P. ...... Régie autonome des transports parisiens
R.F. .... République française
R.P.R. .... Rassemblement pour la République
SACEM .... Société des auteurs, compositeurs et éditeurs de musique
S.D.N. .... Société des Nations
SEITA .... Société nationale d'exploitation industrielle des tabacs et des allumettes
SICOB .... Salon international de l'informatique et de l'organisation du bureau
S.M.E. .... Système monétaire européen
S.M.I. .... Système monétaire international
S.N.C.F. ...... Société nationale des chemins de fer français
S.P.A. .... Société protectrice des animaux
U.D.F. .... Union pour la démocratie française
UNESCO ..... United Nations Educational Scientific and Cultural Organization (Organisation des Nations unies pour l'éducation, la science et la culture)
UNICEF ...... United Nations International Children's Emergency Fund (Fonds international des Nations unies pour l'enfance)
URSSAF ...... Unions de recouvrement des cotisations de sécurité sociale et d'allocations familiales

LES CHIFFRES ROMAINS

I	V	X	L	C	D	M
=	=	=	=	=	=	=
1	5	10	50	100	500	1000

Une barre horizontale au-dessus d'une lettre en multiplie la valeur par 1 000 :

$$\bar{L} = 50\ 000 \ ; \ \bar{C} = 100\ 000$$

Principe

Une lettre est égale ou supérieure en valeur à celle qui suit, on additionne les deux valeurs :

CC = 200 ; LI = 51 ; XXX = 30 ; VII = 7

Une lettre est inférieure en valeur à celle qui suit, on soustrait sa valeur de la suivante :

IV = 4 ; XL = 40 ; CDXCIX = 499

I ne se soustrait que de V et de X
X ne se soustrait que de L et de C
C ne se soustrait que de D et de M

Exemples

Le XIXᵉ siècle (19ᵉ s.) s'achève en MCM (1900) ; Napoléon III (trois) ; Louis XVI (seize) ; Henri IV (quatre) ; Ouvrage édité en MDCXLII (1642) ; Acte II (deux), scène IV (quatre)

Écriture

1758 = MDCCLVIII
(1 000 + 700 + 50 + 8 = M + DCC + L + VIII)

444 = CDXLIV (400 + 40 + 4 = CD + XL + IV)

995 = CMXCV (900 + 90 + 5 = CM + XC + V)

PRINCIPALES UNITÉS DE MESURE
(système international)*

GÉOMÉTRIE

⇒ *Longueur*

km	kilomètre
hm	hectomètre
dam	décamètre
m	mètre
dm	décimètre
cm	centimètre
mm	millimètre
μm	micromètre
(a.l.	année de lumière)

⇒ *Longueur d'onde*

Å	angström

⇒ *Superficie*

km²	kilomètre carré
m²	mètre carré

⇒ *Surface agraire*

ha	hectare
a	are

⇒ *Volume*

m³	mètre cube
dm³	décimètre cube
cm³	centimètre cube
hl	hectolitre
dal	décalitre
l (ou L)	litre
dl	décilitre
cl	centilitre

⇒ *Angle*

rad	radian
(tr	tour)
°	degré
′	minute (d'angle)
″	seconde (d'angle)

MASSE

t	tonne
q	quintal
kg	kilogramme
hg	hectogramme
dag	décagramme
g	gramme

TEMPS

⇒ *Durée*

h	heure
min	minute
s	seconde
μs	microseconde

⇒ *Fréquence*

MHz	mégahertz
kHz	kilohertz
Hz	hertz

MÉCANIQUE

⇒ *Vitesse*

m/s	mètre par seconde
(km/h	kilomètre par heure)

⇒ *Force*

kN	kilonewton
N	newton

⇒ *Énergie*

GJ	gigajoule
MJ	mégajoule
kJ	kilojoule
J	joule
eV	électronvolt
(kWh	kilowattheure)
(Wh	wattheure)
(kcal	kilocalorie)
(cal	calorie)

⇒ *Puissance*

MW	mégawatt
kW	kilowatt
W	watt
(ch	cheval-vapeur)
(CV	cheval fiscal)

⇒ *Pression*

Pa	pascal
bar	bar
mbar	millibar

ÉLECTRICITÉ

⇒ *Intensité*

kA	kiloampère
A	ampère

⇒ *Tension*

V	volt
mV	millivolt

⇒ *Résistance*

MΩ	mégohm
Ω	ohm

⇒ *Charge*

C	coulomb

⇒ *Capacité*

F	farad
nF	nanofarad

⇒ *Flux magnétique*

Wb	weber

TEMPÉRATURE

K	kelvin
°C	degré Celsius

OPTIQUE

⇒ *Intensité*

cd	candela

⇒ *Flux*

lm	lumen

⇒ *Éclairement*

lx	lux

⇒ *Vergence*

δ	dioptrie

RAYONNEMENT IONISANT

⇒ *Activité*

Bq	becquerel

⇒ *Exposition*

C/kg	coulomb par kg

⇒ *Dose*

Gy	gray

SON

⇒ *Intensité*

B	bel
dB	décibel

* Les unités entre parenthèses sont légales en France mais n'entrent pas dans le système officiel international.

SYMBOLES CHIMIQUES

Symboles	Éléments	Symboles	Éléments	Symboles	Éléments
Ac	Actinium	Ha	Hahnium	Pu	Plutonium
Ag	Argent	He	Hélium	Ra	Radium
Al	Aluminium	Hf	Hafnium	Rb	Rubidium
Am	Américium	Hg	Mercure	Re	Rhénium
Ar	Argon	Ho	Holmium	Rf	Rutherfordium
As	Arsenic	I	Iode	Rh	Rhodium
At	Astate	In	Indium	Rn	Radon
Au	Or	Ir	Iridium	Ru	Ruthénium
B	Bore	K	Potassium	S	Soufre
Ba	Baryum	Kr	Krypton	Sb	Antimoine
Be	Béryllium	La	Lanthane	Sc	Scandium
Bi	Bismuth	Li	Lithium	Se	Sélénium
Bk	Berkélium	Lu	Lutécium	Si	Silicium
Br	Brome	Lw	Lawrencium	Sm	Samarium
Cd	Cadmium	Md	Mendélévium	Sn	Étain
C	Carbone	Mg	Magnésium	Sr	Strontium
Ca	Calcium	Mn	Manganèse	Ta	Tantale
Ce	Cérium	Mo	Molybdène	Tb	Terbium
Cf	Californium	N	Azote	Tc	Technétium
Cl	Chlore	Na	Sodium	Te	Tellure
Cm	Curium	Nb	Niobium	Th	Thorium
Co	Cobalt	Nd	Néodyme	Ti	Titane
Cr	Chrome	Ne	Néon	Tl	Tallium
Cs	Césium	Ni	Nickel	Tm	Thulium
Cu	Cuivre	No	Nobélium	U	Uranium
Dy	Dysprosium	Np	Neptunium	Une	Meitnerium
Er	Erbium	O	Oxygène	Unh	Unnilhexium
Es	Einsteinium	Os	Osmium	Uno	Hassium
Eu	Europium	P	Phosphore	Uns	Nielsbohrium
F	Fluor	Pa	Protactinium	V	Vanadium
Fe	Fer	Pb	Plomb	W	Tungstène
Fm	Fermium	Pd	Palladium	Xe	Xénon
Fr	Francium	Pm	Prométhéum	Y	Yttrium
Ga	Gallium	Po	Polonium	Yb	Ytterbium
Gd	Gadolinium	Pr	Praséodyme	Zn	Zinc
Ge	Germanium	Pt	Platine	Zr	Zirconium
H	Hydrogène				

MULTIPLES et SOUS-MULTIPLES : préfixes et symboles

10^{18} =	1 000 000 000 000 000 000	exa-	E	10^{-1} =	0,1	déci-	d
10^{15} =	1 000 000 000 000 000	peta-	P	10^{-2} =	0,01	centi-	c
10^{12} =	1 000 000 000 000	téra-	T	10^{-3} =	0,001	milli-	m
10^{9} =	1 000 000 000	giga-	G	10^{-6} =	0,000 001	micro-	μ
10^{6} =	1 000 000	méga-	M	10^{-9} =	0,000 000 001	nano-	n
10^{3} =	1 000	kilo-	k	10^{-12} =	0,000 000 000 001	pico-	p
10^{2} =	100	hecto-	h	10^{-15} =	0,000 000 000 000 001	femto-	f
10^{1} =	10	déca-	da	10^{-18} =	0,000 000 000 000 000 001	atto-	a

IMPRIMÉ EN UNION EUROPÉENNE
le 13 juillet 1995
P/047-95 — Dépôt légal, Juillet 1995